Abnormal Child Psychology

아동이상심리학 제6판

Eric J. Mash·David A. Wolfe 지음 | 송영혜 · 김귀남 · 한종수 옮김

CENGAGE 박학사

Andover • Melbourne • Mexico City • Stamford, CT • Toronto • Hong Kong • New Delhi • Seoul • Singapore • Tokyo

Abnormal Child Psychology

6th Edition

Eric J. Mash
David A. Wolfe

Original edition © 2016 Wadsworth, a part of Cengage Learning.
Abnormal Child Psychology, 6th Edition by Eric J. Mash and David A. Wolfe
ISBN: 9781305105423

This edition is translated by license from Wadsworth, a part of Cengage Learning, for sale in Korea only.

ISBN-13: 978-89-98521-62-2

Cengage Learning Korea Ltd.
14F YTN Newsquare 76 Sangamsan-ro
Mapo-gu Seoul 03926 Korea
Tel: (82) 2 330 7000
Fax: (82) 2 330 7001

Cengage Learning is a leading provider of customized learning solutions with office locations around the globe, including Singapore, the United Kingdom, Australia, Mexico, Brazil, and Japan. Locate your local office at: **www.cengage.com/global**

Cengage Learning products are represented in Canada by Nelson Education, Ltd.

For product information, visit **www.cengageasia.com**

Printed in Korea
1 2 3 4 21 20 19 18

역자 서문

지루하고 힘든 작업이었지만, 아동의 문제 행동을 발달 및 심리학적 관점에서 기술하는 Mash의 이 책(*Abnormal Child Psychology*, 6th)을 독자들과 함께 읽고 싶다는 마음으로 견딜 수 있었다. 이 책은 경북대학교 심리학과 조현춘 교수의 권유로 처음 인연(2001년 출판)을 맺었다. *Abnormal Child Psychology* 4판 개정판을 혼자 번역할 것인지를 망설이고 있을 때 김귀남의 한마디("선생님, 제가 도와 드릴게요.")에 힘을 얻어 끝낼 수 있었다(2012년 출판). 그 이후, 언어와 문화가 다른 사람이 쓴 내용을 그대로 전달하는 능력의 부족함과 답답함 때문에 다시는 번역하지 않겠다고 결심했지만 *Abnormal Child Psychology* 6판의 내용을 보고 마음이 흔들려서 번역을 하게 되었다. 처음 번역을 시작한 두 사람(송영혜, 김귀남)이 개인적인 사정으로 번역 작업이 표류하고 있을 때 한종수의 합류로 번역 작업이 무사히 끝났다.

이 책은 저자가 서문에서 밝힌 것처럼 장점이 아주 많다. 그중에서도 특히 강조하고 싶은 것은 장애를 갖고 있는 사람들의 일인칭 설명과 사례 히스토리이다. 일인칭 설명은 독자들로 하여금 장애를 갖고 있는 당사자의 입장에서 장애를 생각해 보게 하고, 사례 히스토리는 이들이 성장하면서 어떤 대접을 받고 어떻게 변해 가는지를 볼 수 있게 해주어서 독자들이 아동의 장애에 대해 친근해지고 그들의 시각에서 문제를 생각해 보게 할 것이다. 또한 각 장(chapter)마다 관련된 수많은 최신 정보들은 문제가 있는 아동들과 만나는 사람들이 이 아동들에게 어떻게 접근하는 것이 최선인지에 대해 구체적으로 생각해 보는 계기가 될 것이다(이 책을 처음 만나는 독자들은 책의 두께 때문에 질릴 수 있지만 궁금하고 필요할 때마다 원하는 부분을 찾아서 읽어도 좋은 책이라고 생각한다).

이 책을 번역하면서 M. Lowenfeld를 자주 떠올렸다. 전쟁터에서 4개 국어로 통역을 하던 Lowenfeld는 다른 사람의 생각을 언어로 정확하게 전달할 수 없다고 강조하고 아동의 문제를 해결하는 한 가지 방법으로 놀이 치료라는 개념을 처음 도입했다. 이 책도 그러한 생각을 많이 하게 했다. 아동은 성장하는 과정에 있으므로 발달 수준에 따라 동일한 문제 행동이라도 다르게 이해해야 한다고 강조하고 문제의 진단보다는 심리적 서비스에 중점을 두는 시각으로 기술되어 있기 때문이다. Mash의 이러한 생각을 전달하는 용어의 사용에서도 미묘함이 있었다. 번역하는 과정에서 번역자들끼리 의견 통일을 한 후에도 편집된 교정지를 수정하는 과정에서 다시 설왕설래하게 되었고 일부는 기존에 번역되어 있는 책에서 사용한 용어로 바뀌었다. 가장 많이 고심한 것은 treatment와 therapy, disability, disorder, disturbance 등이다. 일반적으로 treatment와 therapy는 구분하지 않고 '치료'로 번역하고, learning disability와 learning disorder는 학습장애로, intellectual disability와 intellectual disorder는 지적 장애로 번역한다. 그러나 책에서 Mash는 한 문장 안에서 treatment와 therapy, disability와 disorder, disorder와 disturbance를 구분해서 기술했다. 그래서 처음에 생각한 대로 treatment는 처치로, therapy는 치료로, disability는 불능으로, disorder는 장애로, disturbance는 방해로 번역했다. learning disability는 학습 불능으로, learning disorder는 학습장애로, intellectual disability는 지적 불능으로, intellectual disorder는 지적 장애로 번역했다. Mash가 책에서 기술했듯이, 즉 disorder는 진단 용어이며 disability는 심리적 서비스에 좀 더 초점을 맞춘 것이라고 설명한 것처럼, 번역에서는 심리적 서비스 관점을 유지하고 싶었다. 혹시 불능이나 처치라는 단어가 불편한 독자들이 있다면, 처치는 치료로 생각하고 불능이나 방해는 장애로 보면 된다. 이 밖에도 기존의 번역과 다르게 번역된 용어가 있을 수 있는데, 이는 괄호 안에 영어 표기를 해두었다.

번역된 책을 교재로 사용하다 보면, 의미가 다양한 단어 때문에 원서를 다시 찾아보는 경우가 있다. 그때 영어 단어 하나만 표기해 놓으면 쉽게 이해할 수 있을 텐데 하는 아쉬움이 있었다. 그래서 독자들의 이해를 위해서 필요하다고 생각한 부분에서는 괄호 안에 영어 표기를 해 놓았다. 그러나 가능한 한 문장이 간결하도록 단원 요약에 제시되어 있는 용어는 본문에서 영어 표기를 하지 않았다.

Mash와 Wolfe가 기술한 내용을 그대로 전달하려고 노력했지만 잘못 전달된 부분이 있을 것이다. 특히 함께 번역한 두 사람(김귀남, 한종수)이 바르게 번역한 부분을 다시 수정하는 과정에서 의미가 달라졌을 수도 있다. 좋은 책의 내용을 빨리 전하고 싶다는 조급한 마음에서 저지른 실수라고 생각하고 독자들의 이해를 구하고 싶다.

마지막으로, 좋은 책을 독자들에게 소개할 수 있는 기회를 준 박학사의 구본하 사장님, 꼼꼼하게 교정하고 표현이 이상한 부분을 쪽지에 일일이 적어서 의견을 구한 신현경 님, 특히 이 책의 교정과 편집을 총괄적으로 관리해 준 김재석 님, 여러분의 노력으로 책이 나올 수 있게 되어서 고맙습니다.

이 책에서 소개하는 특성을 갖고 있는 아이들이 삶을 살아가는 데에서, 그리고 이 아이들과 작업하는 다양한 학문 영역의 전문가들이 아이들을 이해하고 그들에게 더 나은 서비스를 제공하는 데에 아주 작은 보탬이 되었으면….

역자 대표 송영혜

저자 서문

여섯 번째 개정판을 출시하게 만든『아동이상심리학』의 크나큰 성공이 기쁘다. 지난 15년 동안, 우리는 책의 내용을 활기 있고 능동적인 현장에서 다룰 수 있는 다양하고 중요한 주제와 밀접하게 연관시키기 시작했고, 이는(우리의 개인적인 생각으로는) 정상 발달 과정 및 이상 발달 과정이 영향을 미치는 수많은 심리학 영역에서 학생들이 관심을 보인 중요한 핵심적인 지식을 확립하게 되었다. 이렇게 확장되는 지식의 기반과 보조를 맞추기 위해, 우리는 이 분야에서 크고 작은 영역 전반에 걸쳐서 수천 개의 문헌을 검토해 왔고, 결과적으로 시중에 나와 있는 것 중에서는 가장 최신의 포괄적인 내용이 되었다.

우리 책의 이전 판에 대한 학생 및 강사들로부터의 긍정적인 반응 그리고 유용한 피드백은『아동이상심리학』이 여전히 학생들의 친근한 교재가 되도록 해 주었다. 여섯 번째 개정판은 장애가 아닌 아동에게 초점을 유지하면서, 한편으로는 이 분야에서 학문적으로 그리고 실질적인 발전의 최첨단의 본문 내용을 유지하고 있다.

DSM-5에 맞추어서 진단 용어 및 준거에서의 주된 변화는 이 책의 새로운 조직과 내용으로 반영되었다. 예를 들어 특정 장애에 관한 장(chapter)은 발달상으로 조직되었고 신경발달장애(즉, 지적 불능, 자폐 스펙트럼 장애, 의사소통장애 및 특정 학습장애, 주의력결핍/과잉행동장애)로 시작하고 있다. 외상 및 스트레스 관련 장애에 관한 새로운 장은 그러한 장애들이 기타 행동장애 및 정서장애와 구별된다는 DSM-5의 합의를 반영하기 위해 첨가했다. 또한 이번 개정판은 지난 몇 년 동안의 중요한 새로운 발전과 관련해서 계속 확장되었다. 진단, 유병률, 원인, 하위 유형, 동시 발병, 발달 경로, 위험 요인 및 보호 요인, 성별, 증거 중심 처치, 조기 개입 및 예방에 관한 최신의 연구 결과들을 총망라하여 언급되어 있다. 뇌의 구조, 기능, 연결성에 관한 새로운 연구뿐만 아니라 최근에 급증하고 있는 유전자의 역할과 유전자-환경 상호작용에 관한 연구는 이 책 전반에서 다루고 있는 아동기 장애에 관해 우리가 이해하는 데에서 지대한 영향을 미치고 있다.

동시에, 여섯 번째 개정판은 아동 정신병리, 아동 및 청소년 이상 심리, 발달 정신병리, 특이한 발달, 아동기 및 청소년기의 행동장애와 관련된 수업을 하는 데에서 가장 성공적인 교재 중 하나라는 품질을 보증하는 특징이 있다. 이러한 특징들 중에서 핵심 주제와 아동 및 그 가족의 경험 간의 강력한 연결을 만들어 내도록 설계된 일인칭 이야기와 사례 히스토리가 관심을 끌고 있다. 다음의 특징들 또한 이 책의 기본을 이루고 있다.

아동 및 청소년 이상심리학에서의 발전에 주목함

지난 10여 년 동안에 아동 이상심리 및 청소년 이상심리에 수반된 특정의 주제를 이해하게 되는 엄청난 발전이 있었다. 오늘날, 아동 및 청소년의 서로 다른 장애 중에서 각기 다른 장애라고 가정하게 하는 공통의 특징과 기저에 있는 기제에 대한 인식이 증가했을 뿐만 아니라, 구별하는 능력도 훨씬 커졌다. 발전된 연구들은 지적 불능, 자폐 스펙트럼 장애, 의사소통장애 및 특정 학습장애, 주의력결핍/과잉행동장애, 운동장애, 적대적 반항장애 및 품행장애, 우울장애 및 양극성 장애, 10대 자살 및 물질남용, 불안장애, 강박장애, 외상 및 스트레스 관련 장애, 급식장애 및 섭식장애, 만성적인 건강 문제에서 초래된 장애처럼 이해가 부족하고 잘 간파하지 못했던 문제들에 대해 더 많이 인식하게 했다. 유사하게, 아동이상심리학 분야에서는 아동 및 청소년의 심리적 장애가 성인과는 구별되는 방식이라는 것을 더 많이 인식하게 되었고, 일생을 거치면서 아동기 장애의 경과를 이해하는 데에서 발달적 관점을 강력하게 유지하는 것이 얼마나 중요한지

를 잘 알게 되었다.[1]

비교적 단시간에, 아동 이상심리 및 청소년 이상심리에 관한 연구는 개별 아동과 그 가정을 훨씬 벗어나서 통합적이고 발달적으로 민감한 방식으로 지역사회 및 사회적·문화적 역할을 고려하는 것으로 이동해 가고 있다. 이와 비슷하게 이 분야에서 일하는 우리와 같은 사람들은 심리적 장애가 있는 아동 및 청소년이 직면하고 있는 어려움과 더불어 정신건강, 교육, 의학, 청소년 법체계에 부과된 요구 사항과 비용에도 익숙해져 있다.

장애가 아닌 아동에게 초점을 맞춤

아동기 또는 청소년기의 특정 문제를 학생들에게 소개하는 최선의 방법 중의 하나는 실제 아동을 설명하는 것이라고 생각한다. 접근 가능하고 호소력 있는 방식으로 기록된 임상적 설명은 강의를 듣는 학생들이 맥락 내에서 아동의 문제를 이해하는 데 도움이 되고 장애의 본질을 완전히 탐색할 수 있는 틀을 제공한다. 각각의 장에서는 우리의 임상 파일과 동료들의 임상 파일에서 장애가 있는 아동과 청소년의 사례들을 소개하고 있다. 그다음에는 장애의 경과를 기술할 때 이 아동들에 대해 언급하는데, 이는 이들의 가족, 또래, 지역사회, 문화의 맥락에서 아동 또는 청소년의 다양한 모습을 학생들이 잘 그려 볼 수 있게 한다.

임상 사례 자료 이외에, 장애가 있는 아동과 그 가정이 겪는 현실적인 어려움에 학생들이 초점을 유지하도록 돕기 위해서 각 장 전반에서 발췌문, 인용, 사진을 사용했다. 일인칭 설명과 사례의 기술은 문제가 있는 아동과 청소년의 일상을 독자들이 더욱 잘 이해하게 해 주고, 개개인의 강점과 한계에 대해 더욱 현실적으로 기술해 준다.

포괄적이고 통합적인 접근

이 분야가 확장된 것을 반영하기 위해, 다양한 아동기 장애의 원인과 영향을 생물학적·심리학적·사회적·정서적 영향과 이것들의 상호의존성을 인정하는 통합적 관점에서 설명했다. 이러한 전략은 각각의 장애를 형성하고 각 장애가 나타남으로써 형성되는 발달적 진행 과정을 고려하여 더 깊게 지도해야 한다는 것이다. 발달에 영향을 미치는 가족, 또래, 학교, 지역사회, 문화, 사회라는 광범위한 맥락 역시 아동 및 청소년의 장애를 이해하는 데에서 중요한 고려 사항이고, 이 책의 핵심적인 특징이기도 하다.

우리는 장애를 설명할 때 범주적 접근과 차원적 접근 둘 다를 사용하는데, 각 접근은 각기 독특하고 중요한 정의와 관점을 제공해 주기 때문이다. 각 주제 영역은 임상적 기술, 사례, 실증적으로 도출된 차원들이 수반된 DSM-5 진단 준거를 이용하여 정의했다. 각 장애의 이러한 임상적 특징은 학생들이 생애 전반에 걸친 장애의 기본 차원과 표현을 확실하게 파악할 수 있게 해 주는 방식으로 기술되어 있다. 심리 서비스에 의뢰된 아동과 청소년들은 전형적으로 진단적 범주가 중복되는 증상을 보이기 때문에 각 장에서는 진단적 결정을 알아내는 데 도움이 되는 흔한 동시 발병 및 발달적 규준에 대해 이야기하고 있다.

발달 경로 및 성인이 되어서의 결과 모두에 주목함

균형을 제공하기 위해, 우리는 각 장애를 온전한 아동(whole child)이라는 관점에서 접근했다. 진단 준거에는 개인의 강점에 대해 그리고 각 장애의 발달 경과에 영향을 미치는 환경적 상황에 대해 강조하는 것도 추가되어 있는데, 이는 영아기 및 아동기에 조기에 시작하여 청소년기를 거쳐 초기 성인기까지 이어져 있다. 우리는 어린 연령 집단 및 나이 많은 연령 집단과 관련된 특별한 쟁점 그리고 발달 경로에 영향을 미치는 위험 요인과 보호 요인을 강조했다. 이러한 방식으로, 발달적 연속성과 비연속성을 살펴보고, 다른 사람은 어려움을 겪지 않는데 문제를 가지고 있는 일부 아동은 청소년이나 성인이 되어서도 계속 어려움을 겪는 이유를 알려고 했다.

다양성에 대해 강조함

문제를 가지고 있는 아동과 그 가족을 이해하고 돕는 데

[1] 주의: 『아동이상심리학』 6판은 영아기부터 초기 성인기까지 연령 범위를 다룬다. '아동(child)'은 종종 이러한 광범위한 연령 범위에서 약칭으로 사용된다.

에서 다양성을 인정하는 것이 중요하다는 것을 책 전반에 걸쳐 강조했다. 새로운 연구들은 아동 및 청소년 문제의 확인, 표현, 유병률, 원인, 처치 그리고 결과에 작용하는 사회경제적 지위(SES), 성별, 성적 지향성, 인종, 민족성, 문화와 같은 요인들의 역할에 대해 계속해서 알려 주고 우리가 더 많이 이해하게 한다. 이러한 요인들에 대해 좀 더 분명하게 강조하는 데에서, 우리는 다양성과 아동 이상 발달 분야에서 전문가로 활약하는 Wellesley 대학의 Sumru Erkut 박사에게 조언을 듣는 행운이 있었다. Erkut 박사의 조언에 따라, 우리는 논의 중인 각각의 아동기 문제에 대한 SES, 성별, 인종, 민족 또는 문화 집단과 관련된 차이를 조사해 왔다. 덧붙여서 각각의 성별, 민족, 문화 집단에서 특정 문제와 연관된 과정을 이해하는 방식으로서 그들 자신의 권리 안에서 별개의 집단으로 연구해야 하는 중요성도 인정하고 있다. 아동기 장애와 다양성의 문제에 관한 새로운 정보들을 강조하면서, 우리는 심리적 장애 및 문제를 가지고 있는 아동과 청소년의 태도, 행동, 생물학적 · 심리적 과정에 대한 각기 다른 범문화적 연구가 상대적으로 부족하다는 것을 이 책 전반에 걸쳐서 경고하면서 이러한 상황이 변화되기 시작하는 지점이라는 것 또한 지적한다.

외상 및 스트레스 관련 장애, 아동 학대, 관계에 기초한 장애를 포괄함

이 책이 다른 책과 구별되는 특징으로는 손상 모델이나 범주적 접근에 쉽게 들어맞지 않는 발달 정신병리의 비교적 최근의 중요한 몇몇 영역을 확장하고 강조한 것이다. 이러한 새로운 영역 중 하나는 외상 및 스트레스 관련 장애인데, 이는 아동의 발달과 생애 과정에 영향을 미치는 많은 형태의 끔찍한 사건들에서 유래되는 특정한 장애라고 DSM-5에서도 이제 인식되어 있다. 여섯 번째 개정판에서는 아동의 삶에서 고통스럽고 외상적인 사건의 역할에 관해 그리고 그러한 사건들이 심리적 장애에 직접적인 원인이 되거나 또는 영향을 미칠 수 있는 방식에 관해 상세히 덧붙였다. 우리는 아동기에 겪는 주요 형태의 고통과 외상이 종종 중요한 타인과의 건강하지 못한 관계를 초래하는 방식을 보여 주기 위해 아동 학대의 본질에 대해 기술했다. 발달과 행동을 이끄는 데에서 생물학적 성향이 중요하다는 인식과 함께, 우리는 아동의 행동 패턴과 적합한 양육 환경의 유용성 간의 강력한 관련성 그리고 초기 경험이 어떻게 유전자의 표현과 뇌 발달 모두에 영향을 미칠 수 있는지에 대해 기술했다. 수업을 듣는 학생들은 겉으로 드러난 아동의 증상이 때로는 특정 상황에서 또는 비전형적인 또는 학대적인 양육 관행에서 어떻게 적응적이 되는지를 인식할 수 있고 전통적인 진단 명칭이 왜 도움이 되지 않는지를 알게 될 것이다.

처치와 예방의 통합

처치(treatment)와 예방에 접근하는 방식은 특정한 장애를 이해하는 데에서 필수적인 부분이다. 아동기 장애의 임상적 특징과 발달 과정에 관한 정보를 이러한 문제가 있는 아동과 그 가족에게 이득이 될 수 있게 적용하는 것은 항상 학생들에게 흥미를 유발시키고 그들이 자료에 대한 변별력을 키우는 데 도움이 된다. 그래서 우리는 각 장에서 처치와 예방에 대한 현재의 접근을 강조했고, 그러한 정보는 특정한 아동기 문제에 맞추어서 맞춤식으로 만들 수 있다. 책임성을 요구하는 현재의 건강 체계에 맞게, 우리는 최선의 실천 지침에 대해 이야기하면서 실증적 지지를 받고 있는 개입을 강조했다.

사용자에게 더욱 유연하고 친근한 본문 내용

이 책은 개별 장애에 대한 이해 및 자료 전반을 쉽게 습득하도록 4부로 구성되어 있다. 제1부를 구성하는 도입 부분의 장들에 뒤따라서, 내용은 강사의 목표와 선호성에 맞추어 어떤 순서로든지 학생들에게 쉽게 제시할 수 있다. 다음은 책의 4부에 대한 개요이다.

제1부. 아동이상심리학의 이해(정의, 이론, 임상적 기술, 연구, 평가, 처치와 관련된 쟁점)

제2부. 신경발달장애(지적 불능, 자폐 스펙트럼 장애와 아동기 발병 조현병, 의사소통장애와 특정 학습장애, 주의력결핍/과잉행동장애)

제3부. 행동장애와 정서장애(품행장애, 우울장애와 양극성 장애, 불안장애와 강박장애, 외상 및 스트레스 관련 장애)

제4부. 신체건강과 정신건강에 관련된 문제(건강 관련

문제와 물질 사용 장애, 급식장애와 섭식장애)

본문의 전체 길이는 전적으로 학생들을 고려해서 학업 기준을 희생하지 않고 내용과 범위를 관리할 수 있게 했다. 수많은 일인칭 설명과 사례 히스토리는 학생들이 현실 세계에서 장애의 영향을 파악하도록 돕는다. 두 개의 지침—장(chapter)의 사례와 임상적 측면의 사례—는 교사와 학생들이 가능한 한 쉽게 책의 방향을 읽는 데 도움이 되도록 본문의 앞부분에 제시되어 있다.

덧붙여서, 장들은 강사가 학생들의 수준에 적합하지 않거나 주어진 과정에 맞지 않는 특정 하위 주제를 다루는 부분(예: 아동기 발병 조현병 또는 소아 양극성 장애)을 피하는 데 도움이 되도록(예: 생물학적 원인) 일관되게 구성했다. 좀 더 자세한 연구 결과를 제시하고 싶은 강사는 원래 연구의 여러 최신 인용 구절에서 보충이 되는 읽을거리를 찾을 수 있다.

각 주제를 풍성하게 하는, 관련성은 있지만 덜 중요한 정보들이 '살펴보기'에 제시되어 있다. 학생들은 제시된 자료가 각 장의 주요 내용에 대해 좀 더 깊이 있는 통찰이나 사례를 보충하려는 것이라는 점을 쉽게 알 수 있을 것이다.

마지막으로, 각 장에는 학생들이 자료를 접하고 알맞게 학습하도록 돕는 유용한 교육학적 특징이 제시되어 있다. 핵심 용어는 본문에서 언급되는 곳에 표시되고 정의되어 있고, 장의 마지막 부분에 목록으로 나열되어 있으며, 학생들이 중요한 용어를 쉽게 파악할 수 있도록 돕기 위해 책 뒷부분에 별도의 용어 해설에 정의되어 있다. DSM-5 표는 진단 준거를 요약하기 위해 일반적인 표에 덧붙여서 제시하는데, 중요 항목(bullet point)은 장 전반에 걸쳐 학생들을 주요 개념으로 안내해 줄 것이고, 중간에 있는 '단원 정리'는 학생들이 각 장의 핵심 개념을 확립하는 데 도움이 된다. 핵심 용어의 목록 이외에, 학생들은 공부하면서 쉽게 참고할 수 있도록 각 장의 말미에서 '단원 요약'의 목록을 찾을 수 있다.

핵심 특징의 요약

- 앞에서 언급한 '살펴보기'는 학생들이 자료에 대해 잘 이해하고 각 주제가 매력적인 정보로 풍부해질 수 있도록 이 교재의 전반에 걸쳐서 제시되어 있다. 사례들의 일부를 소개하면 "아동 학대의 장기적인 범죄 결과는 무엇인가?", "유아기, 아동기, 청소년기에 흔한 공포", "다윈은 공황장애가 있었는가?" 등이다.
- 학생들의 이해를 보완하기 위해 사진, 그림뿐만 아니라 만화, 표, 단원을 시작하는 인용구와 같은 시각적인 학습 자료들이 책 전반에 걸쳐서 핵심 개념을 설명하고 있다.
- 아동 및 청소년 장애의 표현, 결정 요인, 결과 등에서 중요한 성 차이에 대한 세심한 관심뿐만 아니라 정상적인 발달 과정의 역할을 저자가 깊이 있게 다룸으로써 좀 더 잘 이해할 수 있게 한다.
- 특정 장애의 DSM 진단 준거에 대한 신뢰성과 타당성에 관한 현재의 연구 결과들이 주제, 특징, 장애들과 함께 새롭게 논의되어 있다.

여섯 번째 개정판에서 변화되고 업데이트된 주목할 만한 내용

이번 책에서 내용이 변화되고 업데이트되어 강조된 것은 다음과 같다.

- 각 장애의 성별 분포, 발병 연령, 유병률에 관한 가장 최근의 정보가 들어 있는데, 여기에는 자폐 스펙트럼 장애의 유병률 증가에서 보고된, 증가를 둘러싼 쟁점들에 대해 논의되어 있다.
- ADHD, 품행장애, 불안장애 및 우울장애가 있는 여자 청소년의 표현, 발달, 결과에 관한 재미있는 새로운 연구 결과들을 포함해서 문화 및 민족성이 다른 집단의 아동에 관한 풍부한 내용들이 있다.
- 섭식장애의 아동기 전조를 포함해서 서로 다른 장애들의 발달 경로에 관한 가장 최근의 이론들이 있다.
- ADHD, 품행 문제, 불안장애, 우울장애, 자폐 스펙트럼 장애, 아동 학대의 통합적인 발달 프레임이 있다.
- 초기 경험과 뇌 발달 사이의 상호작용에 관한 재미있는 새로운 결과들이 있는데, 여기에는 학대와 같은 초기의 스트레스 요인이 스트레스를 조절하는 것과 연관된 뇌 체계를 어떻게 변화시키며 불안장애 또는 우울장애와 같은 이후의 문제가 생기는 데에서 어떻게 아동이 취약하게 되는지가 포함되어 있다.
- 자폐 스펙트럼 장애, ADHD, 특정 학습장애 및 의사소통장애와 같은 신경발달장애에 관한 최근의 유전적 발견들이 있다.

- 신경생물학적 원인을 밝히는 ADHD, 자폐 스펙트럼 장애, 불안, 우울증에 대한 뇌 영상 연구에서 나온 결과들이 있다.
- 외현화 장애 및 내면화 장애에서 가족 요인에 관한 새로운 정보 그리고 발달장애에 관한 새로운 정보들이 있다.
- ADHD, 적대적 반항장애, 품행장애처럼 서로 다른 표현형, 차원, 장애를 위한 명시자에 관한 새로운 연구 결과들이 있다.
- 어린 사람들 사이에서 사이코패스의 전조의 발달에 관한 최근의 연구 결과들이 있다.
- ADHD와 아동기 우울을 치료하는 약물의 사용과 오용의 패턴에 관한 새로운 연구 결과들이 있다.
- 지적 불능과 적응 행동에 관한 새로운 정의가 있다.
- 학대 및 방임의 해로운 영향 그리고 신경인지 발달에 관한 스트레스 및 외상의 유사한 형태를 보여 주는 최신의 뇌 영상 연구 결과들이 있다.
- 반응성 애착장애(RAD)와 탈억제성 사회적 유대감 장애(DSED)의 DSM-5 범주에 대해 논의하고 있다.
- 자폐 스펙트럼 장애가 있는 아동의 조기 개입, 품행장애 아동을 위한 Fast Track, ADHD가 있는 아동을 위한 다중 양식 처치와 같은 획기적인 조기 개입 및 예방 프로그램에서 나온 가장 최신의 추후 검사 결과들이 있다.
- 증거 중심 평가 및 처치에 관해 더 많이 집중했다. 여기에는 다음 사항이 포함된다.
  - 자폐 스펙트럼 장애의 조기 판별 및 새로운 처치에서의 발전
  - 사회적(실용적) 의사소통장애처럼, 새로운/개정된 의사소통장애 및 학습장애에 대한 설명
  - ADHD를 위한 행동치료, 정신약물, 그리고 처치들의 연합(8장)
  - 적대적 반항장애 및 품행장애를 위한 부모 관리 훈련, 문제해결 기술 훈련
  - 우울증을 위한 인지-행동 치료, 대인관계 치료(10장)
  - 불안장애를 위한 인지-행동 치료, 노출, 모델링(11장)
  - 물질 남용 문제가 있는 아동 및 청소년을 위한 처치(13장)
  - 식사 거부 및 폭식의 처치에 관한 결과 연구들(14장)
- 현대의 주제에 관해 덧붙여진 내용의 범위에는 다음 사항이 포함된다.
  - ADHD의 부주의 우세형 및 정서적 충동성에 관한 새로운 연구 결과처럼 장애의 표현형(8장)
  - 기질 및 성격장애(2장과 4장)
  - 적대적 반항장애의 서로 다른 증세들의 군집(9장)
  - 표현 양식(2, 9, 10, 11, 12장)
  - 정신질환의 낙인(1장과 4장)
  - 아동이상심리학에서의 연구 결과와 이 교재 전반에서 공중보건 정책의 함의 사이의 상호작용
- 공중 위생국(Surgeon General), 세계보건기구, 그 밖에 앞으로 아동 정신건강에서 연구와 현장을 만들어 갈 기관에서 나온 중요한 보고 내용들(1장과 2장)
  - 부모 및 아동을 위한 조직들은 강사 매뉴얼에 나열되어 있고, 선택할 수 있는 다중 매체 및 대화형의 학습 자원이 아주 많아졌는데, 이러한 새로운 비디오 클립 중에서 저자가 선택한 가장 중요한 것이다. 이러한 상품 중에서 현재 가장 독특하고 관심이 있는 것은 자폐, 따돌림, 생활 기술, 다운증후군과 같은 주제에 집중되어 있다.

포괄적인 가르침 및 학습 자료

『아동이상심리학』 여섯 번째 개정판에는 강의실 안 그리고 강의실 밖에서 강사와 학생에게 최신의 경험을 촉진시키는 보충 자료들이 있다. 네 번째 개정판부터 시작된 보충 자료들은 완전히 개정되고 갱신되어 왔다. 나머지는 이 책에서 새롭게 보충되었다. Cengage Learning은 여러분이 가르치고 배우는 도구로서 충분한 도움이 될 수 있도록 여러분을 초대하며 각각에 대해 다음에 기술된 것을 준비해 왔다.

문제은행이 있는 강사 매뉴얼

문제은행이 있는 강사 매뉴얼은 교재와 아주 잘 매치되어 있으며 강의의 개요 및 노트, 학습 목표, 여러 가지 활동 및 프린트, 비디오 및 추천 웹사이트, '경고 사인' 슬라이드 원판, 부모와 아동을 위한 지지 기관의 목록 등으로 구성되어 있다. 포괄적인 문제은행 이외에 이 자료에는 '5분 더 살펴보기'라는 과외의 자료도 있는데, 여기에는

뇌, 주간 보호, 이중 언어처럼 특정한 주제에 관한 추가적인 강의 내용, 슬라이드/디지털 슬라이드 원판, 활동들이 제시되어 있다. 강사 매뉴얼은 책에 수록된 웹사이트에서 출력할 수 있고 전자 형태로도 이용할 수 있다(암호로 보호됨).

감사의 글

이번 과제에서 가장 보람 있었던 것 중 하나는 많은 사람들이 자신의 지식과 노력을 기꺼이 그리고 자발적으로 공유하도록 해 준 것이다. 책에 부족한 점이 있다면 그것은 오로지 나의 책임이라는 것을 인정하면서 책의 완성에 도움을 준 모든 분들에게 기쁨과 감사를 전하고 싶다.

Calgary에서 Alison Wiigs와 Megan Wiigs는 지금도 그러하겠지만 창조적이며 재능 있는 엄마와 딸 팀으로서 여섯 차례의 편집을 통해 이 프로젝트의 모든 국면에서 지대하게 기여했다. 이 프로젝트에 대한 그들의 헌신에 대해 우리는 특별한 감사를 표한다. 우리는 또한 Carlie Montpetit와 Camille Popovich에게 감사하는데, 학생의 시각에서 통찰력 있고 유용했던 피드백 그리고 근거 자료와 참고 자료들을 배치하는 데에서 지대한 도움이 되었다. Toronto에서, Anna-Lee Straatman와 Debbie Chiodo가 근거 자료를 배치하고 원고를 검열하는 솜씨와 재능은 아무리 칭찬해도 지나치지 않다. 우리는 또한 이번 개정판과 이전의 개정판에서 사례 자료 및 기타 정보들을 아낌없이 제공해 준 동료들, Thomas Achenbach, Ann Marie Albano, Russell Barkley, David Dozois, Scott Henggeler, Giuseppe Iaria, Charlotte Johnston, Alan Kazdin, Philip Kendall, David Kolko, Ivar Lovaas, Margaret McKim, Robert McMahon, Douglas Murdoch, Joel Nigg, Gerald Patterson, John Pearce, William Pelham, John Piacentini, Phyl Prout, Rachel Prout, Jerry Sattler, David Shaffer, Rosemary Tannock, 그리고 Fred Weizmann에게도 고마움을 전하고 싶다. 다양성에 대해 초점을 맞춘 이번 교재의 이전 개정판에 대한 전문적 검토를 해 준 Wellesley 대학의 Wellesley 여성 센터 고령자 연구 학자이자 부소장인 Sumru Erkut 박사께 한 번 더 깊은 감사를 드린다. 우리의 수업에 참여한 많은 학생들 그리고 이번 개정판에 관한 유용한 피드백을 우리에게 제공해 준 타 대학의 학생들에게도 깊은 감사를 드린다. Ontario 주 London의 Jeff St. Pierre 박사가 우리의 교재를 사용해서 아동이상심리학을 지도하는 방법을 개선시키는 데 헌신적으로 배려해 준 것은 말로 표현할 수 없을 정도로 고맙다. 교재의 출판에서는 특별히 감사해야 하는 드러나지 않은 사람들이 있다. 프로젝트 관리자인 Tim Matray는 이번 여섯 번째 개정판이 제작되는 데에서 지원을 해 주었다. 컨텐츠 선임 개발자인 Tangelique Williams-Grayer와 미디어 선임 개발자인 Jasmin Tokatlian는 시종일관 창의적인 아이디어와 유용한 조력 및 친절한 현실적인 검토를 해 주었다. Cengage Learning과 관련해서 헌신하고 재능을 발휘해 준 사람들, 즉 콘텐츠 출판 매니저 Michelle Clark, 아트 디렉터 Vernon Boes, MPS 제한 프로젝트 관리자 Lynn Lustberg, 부편집자 Nicole Richards, 사진 조사원 Veerabhagu Nagarajan, 승인받은 연구자 Pinky Subi이며, 이들 모두가 이 책이 최고의 품질을 갖출 수 있도록 기여했다는 것을 인정하며 고마움을 전한다. 우리는 매우 중요하고 아주 강력한 이와 같은 프로젝트에 투입되는 요구적이고 과도한 부담에 대해 꾸준한 지지와 인내심을 보여 준 가족에게도 고마움을 전하고 싶다. 이 책을 준비하는 데에서 상당한 시간적 부담이 있었는데, 그들의 끈기 있는 지지와 격려에 감사를 표한다. Eric Mash는 아내이자 영혼의 동반자인 Heather Henderson Mash의 사랑과 지지, 이러한 프로젝트가 가정생활에서 빼앗는 시간에 대한 인내심, 이 책에 관련된 많은 사안들에서 현명한 조언을 해 준 데 대해 감사하고 있다. David Wolfe는 영감, 정보, 유머, 사진(!)의 놀라운 원천이었던 세 아이들 Amy, Annie, Alex에게 감사한다. 그의 아내, Barbara Legate가 보여 준 지적이고 정서적인 지원은 모든 개정판에서 시금석이었다.

검토자들

이 교재의 저술에서 결정적인 부분은 학생들, 교사들, 그리고 전문가들로부터의 피드백이 관여되어 있다. 이 책 대부분의 장들을 읽고 우리에게 상세한 정보와 제안들을 제공하여 이번 개정판의 최종 원고를 구성하는 데 지대하게 공헌한 여러 헌신적인 검토자들과 학자들에게 감사를 표하고자 한다.

마이애미 대학교의 Rebecca Ezechukwu,
버펄로 주립 대학의 Jill Norvilitis,

노스플로리다 대학교의 Brian Fisak,
몬태나 대학교의 Nicole McCray,
헌터 대학의 Jan Weiner

우리는 또한 이전 개정판에서 통찰과 직관으로 우리에게 도움을 준 검토자들에게 다시 한 번 고마움을 전하고 싶다. 플로리다 국제 대학교의 Daniel M. Bagner, 이스트스트라우즈버그 대학교의 Paul Bartoli, 산호세 주립 대학교의 Greg Berg, 뉴욕 주립 대학교(Albany)의 Kristin Christodulu, 신트 글레스카(Sinte Gleska) 대학교의 Mary Ann Coupland, 라이어슨(Ryerson) 대학교의 David Day, 워싱턴 주립 대학교(Pullman)의 Maria Gartstein, 서던 코네티컷 주립 대학교의 Claire Novosad, 캘리포니아 주립 대학교(Monterey Bay)의 Roberto Weisskirch, 미주리 컬럼비아 대학교의 Debora Bell-Dolan, 인디애나 대학교 Northwest의 Richard Clements, 산호세 주립 대학교의 Nancy Eldred, 버지니아 대학교의 Robert Emery, 미시시피 대학교의 Virginia E. Fee, 유타 대학교의 Paul Florsheim, 캘거리 대학교의 Gregory Fouts, 캘리포니아 폴리테크닉 주립 대학교(San Luis Obispo)의 Laura Freberg, 드폴(DePaul) 대학교의 Gary Harper, 위스컨신 루터란 대학의 Casey A. Holtz, 캔사스 대학교의 Yo Jackson, 네바다 대학교(Las Vegas)의 Christopher Kearney, 마이애미 대학교의 Elizabeth J. Kiel Luebbe, 플로리다 주립 대학교의 Janet Kistner, 중부 텍사스 대학교의 Bertha Kondrak, 볼링 그린 주립 대학교의 Marvin Kumler, 샌프란시스코 주립 대학교의 June Madsen Clausen, 달호시(Dalhousie) 대학교의 Patrick McGrath, 미주리 대학교(St. Louis)의 Kay McIntyre, 캘리포니아 대학교(Berkeley)의 Clark McKown, 시몬 프라저(Simon Fraser) 대학교의 Robert McMahon, 캔터키 대학교의 Richard Milich, 성 토마스 아퀴나스 대학의 Susan K. Marell, 아르콘(Akron) 대학교의 Martin Murphy, 버펄로 주립 대학의 Jill Norvilitis, 와이오밍 대학교의 Narina Nunez, 툴레인(Tulane) 대학교의 Stacy Overstreet, 클린턴 커뮤니티 대학의 Lauren Polvere, 캔사스 대학교의 Michael Roberts, 캘리포니아 대학교(Santa Cruz)의 Donald T. Saposnek, 소노마 주립 대학교의 Dana Schneider, M.A., MFT, 오하이오 주립 대학교의 Michael Vasey, 캘리포니아 대학교(Irvine)의 Carol K. Whalen, 노스캐롤라이나 대학교의 Eric A. Youngstrom, Ph.D.이다.

우리는 또한 유타 대학교의 Paul Florsheim의 학생들, Trisha Aberton, Julie Blundell, Josh Brown, Kimbery Downing, Jaime Fletcher, Jeff Ford, Nick Gilson, Regina Hiraoka, Trisha Jorgensen, Michael Lambert, Monica Stauffer, Matthew Warthen, Heather Woodhouse, Kristen Yancey, 그리고 Matthew Zollinger에게도 감사한다.

마지막으로, 이 책을 자신의 학생들에게 교재로서 사전 검증을 해 주었던 산호세 주립 대학교의 Nancy Eldred에게 특히 감사한다. 그녀는 이 일을 자발적으로 지원해 주있고 그녀의 조언은 후속 판에 대한 학생들의 초점을 선명하게 하는 데에서 아주 큰 도움이 되었으며 매우 고맙게 여긴다. 우리는 또한 Gabriela Beas, Maria Brown, Sara Carriere, Gina Costanza, Gera-Lyne Delfin, Julene Donovan, Brieann Durose, Shelly Gillan, Rochelle Hernandez, Keri Kennedy, Doris Lan, Maggie Lau, Christine McAfee-Ward, Deisy Muñoz, Shirat Negev, Kristi Pimentel, Veronica Rauch, Sandra Ronquillo, Becky Schripsema, Dianalin Stratton, Loyen Yabut, Melissa Zahradnik에게도 고마움을 전한다.

Eric J. Mash
David A. Wolfe

차례

제2부

신경발달장애

제3부

행동장애와 정서장애

제4부

신체건강과 정신건강에 관련된 문제

이 책의 **참고 문헌**은 지면상 싣지 못했습니다.
출판사 웹사이트(http://www.pakhaksa.co.kr)의 '자료실'에 가시면 내려 받을 수 있습니다.

그림 차례

표 차례

1

아동 및 청소년의 정상 행동과 이상 행동에 대한 소개

인류는 아동에게 최선을 다해야 한다.

—UN 아동 권리 협약(1989)

이 장 미리 보기

침묵, 오해, 공공연하게 학대하던 시대가 지난 후, 이제 아동 정신건강 문제와 이에 대한 요구는 최근에 아동 복지에 대한 사회적 관심의 증가와 더불어 더 많은 관심을 받고 있다. 다행스럽게도, 오늘날 여러분과 같은 많은 사람들이 아동 및 청소년의 요구를 이해하고 이를 해결해 주고 싶어 한다. 여러분은 아동의 정신건강 문제가 성인의 정신건강 문제와는 다르다는 것을 인식하고, 더 자세히 살펴보게 되었을 것이다. 여러분은 아동의 특별한 요구에 대한 지식이 필요한 교육, 상담, 의학, 법률, 재활 또는 심리학과 관련한 직업을 계획하고 있을지도 모른다. 이 책을 읽는 이유가 무엇이든지 간에 우리는 흥미진진하고 왕성한 연구의 장으로 여러분을 초대하게 되어 기쁘며, 이 연구의 장은 여러분에게 깊이 있고 지속적인 영향력을 미치는 개념과 쟁점을 제시해 줄 것이라고 믿는다. 아동 및 청소년의 정신건강 주제는 전문가 · 지역사회 구성원 · 부모로서 우리의 현재의 역할 그리고 앞으로의 역할에서 상당한 관련이 있으며, 훈련된 인적 자원에 대한 요구가 증가하고 있다(McLearn, Knitzer, & Carter, 2007).

Georgina의 문제에 대해 생각해 보는 것으로 시작하려 하는데, 이는 아동의 **심리적 장애**를 이해하도록 도와주는 몇 가지 기초적인 질문을 우리에게 제기한다. 여러분 자신에게 물어보라. Georgina의 행동이 비정상적인가? 아니면 특정 상황에서는 정상이라고 볼 수 있는가?

여러분은 Georgina의 문제를 어떻게 설명할 수 있겠는가? 정서적인 문제인가? 학습 문제가 있는가? 아니면 발달장애인가? Georgina의 환경에는 이러한 의식을 야기할 만한 것이 있는가, 아니면 우리가 알지 못하는 어떤 내적 단서에 대한 반응인가? Georgina가 남자 아이거나 아프리카계나 히스패닉계 아동이라 해도 똑같이 이러한 관점에서 볼 것인가? 이러한 행동은 계속될 것인가? 만약 계속된다면, 우리는 어떤 도움을 줄 수 있는가?

도움이나 충고를 구할 때, 부모는 종종 자녀의 행동에 대해 이와 유사한 질문을 하며, 앞으로의 진행 경과 및 결과를 알고 싶어 한다. 이러한 질문은 또한 아동기 이상심리 연구에 대한 연구 조사가 다루고자 하는 쟁점들을 보여 준다.

- 연령, 성별, 인종 및 문화적 배경이 각기 다른 아동들에게 있어서 정상 행동과 비정상 행동이 무엇인지를 정의하기
- 아동기 이상 행동의 원인과 상호 관계성을 파악하기
- 장기적인 결과의 예후를 파악하기
- 처치 그리고(또는) 예방을 위한 방법을 개발하고 평가하기

아동이 보이는 문제와 이러한 문제가 가져올 위험이나 손상에 대해 기술하는 것은 문제의 본질을 이해하는 첫 번째 단계이다. 11장에서 우리가 논의하듯이, Georgina의 증상은 강박장애 진단 준거에 들어맞는다. 완벽하지는 않더라도 이러한 진단명은 장애의 본질, 진행되는 경과, 가능한 처치에 관해서 많은 것을 알려 준다.

Georgina의 문제는 또한 대부분의 아동 및 청소년 장애를 구별해 주는 중요한 특징을 나타낸다.

- 아동을 위한 서비스를 성인이 찾을 때, 그것이 누구의 '문제'인지가 종종 명확하지 않다. 아동은 흔히 성인—부모, 소아과 의사 또는 학교 상담가—이 제기한 걱정 때문에 정신건강 서비스를 찾아오는 것이므로 아동 자신은 이 문제에서 선택권이 거의 없다. 아동은 스스로 처치를 받겠다고 자신을 의뢰하는 것이 아니다. 이는 우리가 아동의 문제를 어떻게 지각하고, 어떻게 반응해야 하는지에 관해 중요한 의미를 전해 준다.
- 아동 및 청소년의 많은 문제는 기대하는 것만큼의 발달적 진전이 나타나지 않는 것과 관련이 있다. 이러한 문제는 밤에 오줌 싸는 대부분의 유형이 그러한 것처럼 일시적일 수도 있고, Georgina의 사례에서 보듯이 좀 더 심각한 문제의 초기 지표일 수도 있다. 따라서 문제라고 결정하려면 이상 발달뿐만 아니라 정상이라고 하는 것에 대해서도 잘 알아야 한다.
- 아동과 청소년들이 보이는 많은 문제 행동을 완전히 '비정상(abnormal)'이라고 할 수는 없다. 어느 정도는, 대부분의 아동과 청소년은 특정한 문제 행동을 갖고 있다. 예를 들어, 때때로 물건을 잃어버린다거나 기억이 나지 않는 것에 대해 걱정하는 것은 흔히 일어나는 일이다. 그러나 Georgina의 행동은 정상적인 염려를 넘어서는 것 같다. 따라서 어떻게 할 것인지를 결정하려면 알려져 있는 심리적 장애와 문제 행동에 대해 잘 알고 있어야 한다.
- 아동 및 청소년기 장애에 대한 개입은 단순히 이전 기능 수준으로의 회복이라기보다는, 더 나아가 발달의 촉진을 위한 것이다. 성인 장애에 대한 대부분의 개입과는 달리, 많은 아동에게 있어서 개입의 목표는 괴로움을 없애는 것뿐만 아니라 그들의 능력과 기술을 강하게 만드는 데 있다.

GEORGINA

안전감을 위한 숫자 세기

10세 때, Georgina의 이상한 증상은 어머니가 시급하게 해결해야 할 정도에 이르렀다. 2년쯤 전에 Georgina 자신과 가족이 위험에 빠질 것에 대한 이야기를 시작했을 때, 이러한 행동이 처음 걱정거리가 되었다. 어머니는 Georgina가 3학년 때부터 방과 후 집에 돌아와서는 "나는 끝내야 할 일이 있는데 끝낼 수 있을 것 같지 않아요.", "난 까먹지 않고 기억하기 위해 계속해서 생각해야 해요." 하고 호소했던 것을 기억했다. 어머니는 자신의 좌절과 걱정을 드러냈다. "5세 정도였을 때, 내 기억에는 Georgina가 특정한 방식에 따라 물건을 만지고 정리했어요. 특정 순서대로 양치질을 하는 것처럼 말이에요. 때로는, 반복해서 출입문을 통해 왔다 갔다 하며, 그 애의 방식대로 물건을 확인하고 정리해야만 방을 나올 수 있는 것 같았어요." Georgina의 어머니는 이러한 문제를 가족 주치의에게 말했고 다음과 같은 말을 들었다. "이것은 Georgina가 거쳐야 하는 단계인 것 같군요. 금이 간 곳을 밟으면 엄마의 등이 부러진다는 미신처럼 말이에요. 그냥 무시하면 없어질 것입니다."

어머니는 내게 이렇게 호소했다. "그러나 Georgina는 멈추지 않았어요. 단어나 물건을 세는 의식이 좀 더 정교해졌으며, 특히 4와 관련해서 더욱 그랬어요." Georgina는 어머니에게 이렇게 말했다. "나는 물건을 세어야 하고 특별한 방법으로 나눠야 해요. 난 단지 어떻게 해야 하는지 그 규칙만 알아요." Georgina가 내 사무실에 왔을 때, Georgina는 이렇게 말했다. "나에게 말을 하는 사람이 있거나 뭔가를 읽게 되면 나는 4의 묶음으로 단어들을 헤아린 다음에 이것을 더 큰 4의 묶음으로 다시 더 큰 묶음으로 묶어야 돼요." Georgina는 사무실 안에 있는 잡지 더미와 선반에 있는 책을 쳐다보았는데, 우리가 이야기를 하는 동안에 이 잡지와 책을 세어서 분류하고 있었다고 무미건조하게 설명했다! Georgina는 말의 어떤 구절이나 물건 이름을 까먹을까 봐 끊임없이 두려워했다. 자신이 이러한 숫자 세기를 끝내지 않으면 끔찍한 사고가 자신과 가족들에게 생길 것이라고 믿었다. 밤 시간은 최악이었는데, "숫자 세기를 끝내기 전에는 잠을 잘 수 없고, 수를 세는 것이 아주 오래 걸리기 때문"이라고 설명했다. (사실, 몇 시간이 걸린다고 어머니가 확인해 주었다.) 당연히, 낮 시간 동안의 숫자 세기 의식은 학업과 친구 관계에 대해 나쁜 결과를 가져왔다. 어머니는 성적표를 나에게 보여 주었는데, Georgina는 평균 이상의 점수도 받고 몇몇 과목은 거의 낙제에 가까운 점수를 받았다. (Piacentini & Graae, 1997에서 인용)

© iStockphoto.com/snapphoto

5세일 적에도, Georgina의 이상한 숫자 세기 의식은 그녀의 강박장애 증상이었다.

아동 및 청소년의 이상 행동에 대한 정의를 살펴보기 전에, 이상 행동에 대한 사회적인 관심과 노력이 아동 및 청소년의 정신건강과 생활의 질을 얼마나 개선시켰는지를 살펴보는 것도 값진 일일 것이다. 많은 아동들, 특히 특별한 도움이 필요한 아동이 과거에는 석탄을 캐거나 들에서 일하기, 또는 구걸하기와 같은 일을 하도록 강요되었으며 비참한 생활을 했다. 아동의 요구, 권리, 보살핌에 대한 관심은 20세기 이전에는 존재하지 않았던 사회적 민감성과 각성을 지속적으로 요구한다(Aries, 1962). 아래의 역사적 흐름을 읽으면서, 아동 이상심리에 관한 비교적 짧은 역사가 성인이 아동을 어떻게 인식하고 대우하는지에 대한 철학적 · 사회적 변화로 인해서 얼마나 큰 영향을 받았는지를 주목하라(Borstelmann, 1983; V. French, 1977).

역사적 관점과 비약적인 발전

열이 있고 우울한 시기였다. 나는 머리를 들거나 달(moon)이나 천체들을 볼 생각을 할 수 없었다. 나의 눈은 등불이 켜 있는 넓은 거리와 앞이 보이지 않는 어두움 속에서 밤새도록 정원의 나무들이 살랑거리는 것을 내려다보고 있었다.

— Robert Louis Stevenson, 아동기 질병과 우울에 대한 기억을 설명하기(Calder, 1980에서 인용함)

아동이 정상적인 생활을 누리고 능력을 개발하도록 도우려면, 아동이 가치가 있다고 여겨야 하고 그 밖의 다른 목적과 분리해서 아동을 인식해야만 한다. 아동에 대한 이러한 관점은 오늘날 우리에게는 당연한 것이라고 생각하겠지만, 이전 사회에서는 스스로의 권리가 있는 한 개인으로서 가치 있는 아동—그리고 아동의 발달을 위해 의학적 · 교육적 · 심리적 지원을 제공하는 것—으로 인정받지 못했다. 초기의 문헌에 따르면 초기 그리스의 도시국가에서 아동은 그 도시의 하인으로 간주되었다고 암시한다. 고대 그리스와 로마 시대에는 신체적 장애나 심리적 장애, 기형이 있는 사람—어리든지 늙었든지 간에—은 경제적 짐이고 사회적 수치라고 믿었으며, 따라서 이러한 사람들은 매를 맞거나, 버려지거나, 죽임을 당했다(V. French, 1977).

18세기 이전에는, 아동의 정신건강 문제—성인의 장애와는 달리—는 전문 분야나 그 밖의 다른 분야에서도 좀처럼 언급되지 않았다. 아동의 이상 행동에 대한 가장 초기의 역사적 관심 역시 거의 18세기 말에 표면화되었다. 교회는 아동의 문제 행동이 미개하고 악하게 타고난 본성의 탓이라고 생각하게 만드는 데에서 강력한 영향력을 행사했다(Kanner, 1962). 사실, 이 시기에 사람들이 필요로 한 유일한 설명은 악마에 사로잡혔다는 것이었기 때문에 이상 행동을 비종교적으로 설명하는 것은 거의 주목받지 못했다(Rie, 1971). 자신 역시 악마에게 사로잡혔다거나 악마와 거래를 했다는 취급을 받을 수 있기 때문에 어느 누구도 이러한 견해에 대항하려 하지 않았다.

슬프게도, 17세기, 18세기에는 치명적인 병을 치료하는 항생제 또는 이와 유사한 약이 없었기 때문에 아동들의 2/3이라는 많은 수가 5세가 되기 전에 죽었다(Zelizer, 1994). 많은 아동이 부모로부터 무관심이나 가혹한 대접을 받아야만 했다. 극심한 무관심 및 방임에서부터 신체 학대와 성적 학대에 이르는 잔혹한 행동은 알려지지 않았고, 이것은 아동을 교육하거나 훈육하는 어른의 권리라고 생각했다(Radbill, 1968). 여러 세대에 걸쳐, 아동이 부모의 독점적인 재산이나 책임이라는 사회의 암묵적 관점은, 아동을 좀 더 인간적으로 대우하자는 어떠한 반대운동에 의한 도전도 없었다. 예를 들어, 아동에게 복종을 강요할 수 있는 부모의 특권은 1654년의 매사추세츠 고집불통 아동 법(Massachusetts' Stubborn Child Act of 1654)에 의해 공식화되었는데, 이것은 고집불통 아동에 대한 벌로서 부모가 죽일 수도 있다는 법이었다. (다행히, 이런 운명에 처해진 사람은 없었다.) 1800년대 중반에, 심각한 발달장애가 있는 아동을 우리(cage)나 지하실에 가두는 것을 허락하는 법도 생겨났다(Donohue, Hersen, & Ammerman, 2000).

사회적 양심의 출현

망가진 사람을 고치는 것보다 강한 어린이를 만드는 것이 훨씬 더 쉽다

— Frederick Douglass

다행히도, 아동과 청소년의 상황은 19세기에 점차 개선되었고, 20세기 후반에는 중요한 진전이 있었다. 그러나 법과 태도에 대한 최근의 변화가 있기 전까지 아동(여성, 소수 집단 사람, 특별한 도움이 필요한 사람과 더불어)은 사회의 번영으로 인해 발생되는 이득을 취하지 못했고 사회가 가지고 있는 단점의 주된 피해자였다. 뒤늦은 통찰과 함께 우리는, 진정한 변화가 일어나려면 사회가 특정 구성원들의 특별한 요구를 어떻게 인식하고 다룰 것인가에 대한 인간적인 이해의 철학이 필요하다는 것을 알게 되었다. 인간적인 믿음뿐만 아니라, 사회는 개인, 특히 아동의 권리를 다방면에서 인식하고 보호하기 위한 방법과 수단을 반드시 만들어야만 한다(UN Convention on the Rights of the Child, 1989). 이와 같은 주요한 진전은 아동의 정신건강 문제에 대한 오늘날의 접근에서 중요한 배경이 되었다.

서구사회에서는 사회적 양심의 전제조건이 되는 막연한 생각이 17세기에 처음 일어났는데, 이때 인간 돌봄에 대한 철학과 사회 보호기관이 막 뿌리를 내리기 시작했다. 이러한 변화의 선봉에 섰던 사람이 John Locke(1632~1704)이며, 그는 출산과 양육에 대한 오늘날의 태도와 실제에 영향을 미친 유명한 영국 철학자이자 내과의사였다. Locke는 개인의 권리에 대한 굳건한 믿음이 있었으며 무관심과 가혹한 대우가 아니라 생각과 관심으로 아동을 길러야 한다는 새로운 의견을 내놓았다. 그는 아동을 미개한 야만인으로 보지 않았으며, 오히려 관심과 이해로 대하고 적절한 교육의 기회를 주어야 하는 정서적으로

살펴보기 1.1

아베롱의 VICTOR

'아베롱의 야생 소년'으로 알려져 있는 Victor는 나이가 열한 살 또는 열두 살 무렵에 프랑스에서 사냥꾼에게 발견되었으며, 숲에서 혼자서 계속 살았던 것 같았다. 그 당시에 젊은 의사인 Jean Marc Itard는 이 소년이 사회적 · 교육적 방임으로 인해 '정신적으로 성장이 막힌' 것으로 믿었으며, 이런 지체가 회복될 수 있는지를 증명하려고 했다. Victor—처음에는 말을 하지 못했으며, 네발로 기어 다녔고, 땅에 엎드려서 물을 먹었으며, 물고 할퀴던 소년—를 동물이 키웠다는 소문이 퍼지면서, Victor는 대중의 관심 대상이 되었다. Victor는 더럽고, 말을 못 하고, 주의력이 없고, 뜨겁고 차가운 것에 관한 기본 감각조차 느낄 수 없었다. Victor의 외모와 행동에도 불구하고, Itard는 환경 자극이 그를 인간으로 만들 수 있을 것이라고 믿었다. 그가 한 훈련에 대해 기록한 Itard의 저서는 이 특별한 아동을 대상으로 한 연구에서 겪었던 낙관, 좌절, 희망, 낙담을 가슴 아프게 보여 준다. 그의 경험은 책임감이 비슷한 우리의 경험과 유사하다.

© Mary Evans Picture Library/Alamy

Itard는 Victor가 감각 경험을 인식하도록 하기 위해 다양한 방법을 사용했다. 가령, 뜨거운 목욕, 마사지, 간지럼, 정서적 흥분, 전기 자극까지도 사용했다. Itard가 훈련을 한 5년 후에, Victor는 사물을 판별하고, 알파벳을 판별하고, 많은 단어들을 이해했으며, 사물과 대상의 일부에 이름을 붙일 수 있게 되었다. 또한 Victor는 야생의 고립보다는 사회생활을 더 좋아했다. 이런 성취에도 불구하고, Itard는 이 소년을 사회화해서 정상으로 만들겠다는 목표를 이루지 못했기 때문에 자신의 노력이 실패했다고 생각했다. 그럼에도 불구하고, Victor의 사례는 특별한 요구가 있는 아동을 돕고자 하는 노력에서 획기적인 사건이었다. 어른이 특별한 아동의 마음과 정서를 진정으로 이해하려는, 느끼고 알려는 노력을 처음 시도했으며, 심각한 결함이 있는 아동이 적절한 훈련을 통해 개선될 수 있다는 것을 증명했다. 다른 사람이 아동의 요구와 감정에 자신의 일부를 진심으로 투자한 노력은 오늘날까지도 돕기를 지향하는 데에서 중요한 측면으로 남아 있다.

출처: A History of the Care and Study of the Mentally Retarded, by L. Kanner, 1964, p. 15. Courtesy of Charles C. Thomas, Publisher, Springfield, Illinois.

민감한 존재로 보았다(Illick, 1974). 그는 "세상에 맞서는 유일한 울타리(fence)[고어 사용, '방어(defense)'의 의미]는 그것에 대해 철저히 아는 것이다."라는 말도 했다.

19세기가 되면서, 특수 아동을 위한 노력에 관해 기술한 최초의 문서 중 하나는 Jean Marc Itard(1774~1838)가 남긴 것이다. **살펴보기 1.1**은 Itard가 심각한 발달 지연을 보이는 Victor(파리 교외의 숲에서 생포됨)를 수용 시설로 보내지 않고 어떻게 다루었는지를 설명하고 있다. 상징적으로 이 작업은 특수 아동을 도와줄 방향과 관련한 새로운 시대를 열었는데, 이는 후에 '정신적 결함'이라고 정의된 사람을 보호, 처치, 훈련하는 것에 집중되어 있다.

Locke와 그 외 사람들의 영향으로 인해 19세기 후반에 유럽과 북아메리카에 보편적인 교육이 확대되면서, 학교의 요구를 감당할 수 없는 아동이 눈에 띄기 시작하면서 문제 집단이 되었다. Leta Hollingworth(1886~1939)와 같은 심리학자들은 정신적 결함이 있는 많은 아동이 어른의 부적절한 대우 그리고 적절한 인지적 도전이 부족해서 정서적이고 행동적인 문제로 고통을 받고 있다고 주장했다(Benjamin & Shields, 1990). 이 견해는 비록 그 당시에 명확한 것과는 거리가 있었겠지만, 정신지체['백치(imbeciles)']가 있는 사람과 정신과 장애 또는 정신장애['정신 이상(lunatics)']가 있는 사람에 대한 중요하고도 기본적인 구별을 하게 했다. 특히, 지방정부는 인지적 발달이 정상인데도 심각한 정서 문제나 행동 문제가 있는 아동을 돕는 일이 누구의 책임인지를 분명히 밝혀야만 했다. 지적 결함이 있는 아동과 행동 및 정서 문제가 있는 아동을 구별하기 위해 그들이 가지고 있던 유일한 지침은 비도덕적 행동에 대한 종교적 견해에서 나온 것이었다. 정상적인 인지 능력이 있지만 문제가 있는 아동은 도덕적 문제가 있다고 여겼으며 이것은 인성이나 성격의 결함을 암시했다(Pritchard, 1837). 정신의학의 선구자였던 Benjamin Rush(1745~1813)는, 아동은 성인과 같은 정신 이상이 있을 수 없는데, 자라고 있는 뇌의 미성숙함 때문에 아동은 정신 이상을 야기하는 심리적 사건을 계속해서 기억할 수 없기 때문이라고 했다(Rie, 1971). 결과적으로, **도덕적 이상**(moral insanity)이라는 용어는 인지와는 관련이 없는 아동의 이상 행동을 설명하는 수단으로 점점 더 허용되었다.

이러한 기본적인 구별에 대한 함의는 전문가들 사이에서 간단하지만 중요한 낙관론을 생성했다. 정신적 및 행동적 문제가 있는 아동의 어려움과 복지를 위한 관심이 두 가지 주요한 영향과 함께 생기기 시작했다. 첫 번째, 약물 · 생리학 · 신경학의 발전과 함께 심리적 장애에 대한 도덕적 이상의 관점은 기질성 질환 모델(organic disease model)로 대체되는데, 이는 좀 더 인간적인 형태의 처치를 강조했다. 이러한 발전은 19세기 중반에, 이전에는 지하 또는 우리에 갇혀 있었던 문제 행동 아동의 처치(treatment)를 위해 인간적인 정신병원 32개를 설립한 Dorothea Dix(1802~1887)와 같은 지지자들에 의해 더욱더 발전되었다(Achenbach, 1982). 두 번째, Locke와 그 외 사람들의 철학적 영향력의 증가는 아동에게 도덕적 지도와 지지가 필요하다는 관점으로 이끌었다. 이러한 관심의 변화는 도덕 교육, 의무 교육에 대한 관심을 증가시켰으며, 건강관리를 개선시켰다. 아동을 도와주기 위한 초기의 이러한 노력은 생물학적 · 환경적 · 심리학적 · 문화적 영향이 결합한 결과로서 '아동 이상심리 행동'의 관점이 발전하는 데에서 근간이 되었다.

초기 생물학의 공헌

19세기 후반, 감염성 질병의 성공적인 처치(treatment)는 질병과 질환(정신질환 포함)이 생물학적 문제로 인해 생긴다는 믿음을 강화시켰다. 그러나 일탈 행동 또는 이상 행동에 대한 생물학적 설명의 초기 시도들은 원인이 개인의 잘못에 있는 것으로 심하게 편향되어 있었다. 대중들은 일반적으로 '미친' 사람 또는 '악마에 사로잡힌' 사람 또는 '유사한 악의 힘을 보이는' 사람이라고 불신 또는 질책했다. **살펴보기 1.2**는 자위행위에 대해 묘사하고 있는데, 이는 이러한 생각이 객관적인 과학적 이해와 전체 인구 집단의 자위행위 비율에 상관없이 이상 행동을 어떻게 설명하고 있는지를 보여 주는 좋은 예이다. 또한 지배적인 정치적 분위기와 사회적 분위기가 아동의 이상심리의 정의에 어떻게 영향을 미치는지도 보여 주는데, 이러한 사실은 과거에 그러했듯이 오늘날에도 마찬가지이다. 자위행위에 대한 관점은 육체의 죄악이라는 도덕적 판단에서부터 신체적 건강에 해가 된다는 의학적 견해, 성적 탐닉이 정신 이상을 일으킨다는 정신과적 단정으로까지 발전되었다.

19세기 말까지 지속되던 정신장애가 있는 사람에 대한 대중들의 일반적인 무지 및 회피와는 대조적으로 정신위생운동은 정신장애가 있는 아동과 성인을 대하는 태도 변화에서 기준이 되었다. 1909년, 심각한 정신병으로부터 회복한 평범한 시민 Clifford Beers는 자기와 비슷한 고통을 당하는 사람의 어려움을 도와주기 위한 변화에 앞장섰다. 정신장애가 일종의 질병이라고 믿은 Beers는 사회의 무지와 무관심을 비판했으며 표준적인 처치와 믿을 만한 정보를 보급함으로써 정신장애를 예방하려 했다(M. Levine & Levine, 1992). 그 결과, 발견과 개입 방법은 고통받는 사람에 대해 좀 더 인내하는 데 기초를 두는—여전히 꽤 무섭고 잘 모르지만—것이 성행하기 시작했다.

불행하게도, 이 패러다임은 생물학적 질병 모델에 기초하기 때문에 개입은 정신증이나 심각한 지적 불능처럼 눈에 분명하게 드러나는 사람으로 제한되었다. 정신병리학에 대한 초기 관점에 발달적 설명이 일부 포함되어 있다고 해도, 너무나 제한적이었다. 질병의 발달은 진행하고 돌이킬 수 없다고 생각되었으며, 아동이 자람에 따라 다르게 나타난다는 점에서만 아동의 발달과 연결되었으며, 처치나 교육과 같은 그 외의 영향에 대해서는 간과되었다. 할 수 있는 것은 엄격한 처벌에 의한 최악의 징후를 막고, 걸리지 않도록 보호하는 것이었다.

슬프게도, 정신장애가 있는 사람을 도와주기 위한 초기의 교육적 모델과 인간적 모델은 20세기 초에 보호관리 모델(custodial model)로 되돌아갔다. 정신적 또는 지적 불능이 있는 사람에 대한 태도는 신중한 낙관론에서

살펴보기 1.2

자위행위는 미친 짓

오늘날 대부분의 부모는 자녀가 몇 가지 자기 자극 양식에 몰두하고 있다는 것을 발견하는 것이 어렵지 않다. 그들은 이를 자아 발견 및 쾌감의 정상적인 부분으로 간주하고 있다. 그러나 이에 대해 항상 인내심을 발휘할 수 있는 것은 아니다. 사실, 아이들의 자위는 아동과 청소년에서 나타난 첫 번째 '장애'였기 때문에 역사적으로 중요하다(Rie, 1971). 100년 전에 **자위행위**는 정신질환의 일종이었고, 그 시대의 관점에서는 그것이 개인 내적인 문제이자 아주 성가신 문제로 여겨졌다(Rie, 1971; Szasz, 1970).

18세기경, 자위에 대한 사회적 반론은 과학의 영향이 점차 커짐으로써 증대된 종교적 관점에서 비롯되었다(Rie, 1971; Szasz, 1970). 자위의 악함에 대한 도덕적 확신은 「*Onania, or the Heinous Sin of Self-Pollution*」과 같은 유사과학(pseudoscientific) 논문(1710년경)에 근거하여 심각한 의학적 파문을 일으킨 생리학적 설명으로 이어졌다(Szasz, 1970). 자위에 관한 의학적 관점은 처음에는 신체적 건강에 나쁜 영향을 주는 것에 집중했으나, 19세기 중반에는 정신건강과 신경계 기능에 부정적 영향을 준다는 가정에 집중하는 것으로 이동했다. 놀라운 속도로 자위는 아동의 정신병리의 '원인'으로 가장 자주 언급되었다.

자위는 미친 짓이라는 데 대한 관심은 19세기 말에 이르러 점차 쇠퇴했지만, 정신분석적 이론이 수용되면서 여전히 지지받는 입장이었다. 결국, 자위행위는 미친 짓이라는 개념은 신경증의 개념으로 바뀌었다. 20세기 후반이 되어서야 자위행위와 정신질환 사이의 관계에서 잘못 알려지고 거짓된 믿음이 사라졌다. 이러한 예는 이상 행동에 대한 새로운 설명과 이론을 확신 또는 확신하지 않는 과학적 회의론의 중요성을 우리에게 일깨워 준다. (저자의 사례 자료에서 인용)

다시 지독한 비관론, 적대감, 경멸로 바뀌었다. 특히 지적 불능이 있는 아동, 청소년, 성인은 우려에 뒤이어 범죄와 사회적 병폐라고 비난받았다(Achenbach, 1982). Locke가 주장했듯이, '아는 것'을 보호의 한 형태로 보기보다는, 사회는 정신질환과 정신지체가 그냥 두면 전염될 수 있는 질병이라는 견해로 되돌아갔다. 이후 20년 동안 많은 지역사회들이 정신장애가 있는 사람을 분리시키거나 시설에 수용시키고 확산을 막으려고(우생학) 했다. 이와 같은 중요한 발전에 대해서는 5장 지적 불능(지적 발달장애)의 역사에서 다시 이야기할 것이다.

초기 심리학의 공헌

아동 이상심리를 개념화하고 이해하려면, 생물학적 영향이 가족·또래 집단·학교가 포함된 발달적 요인 및 문화적 요인의 중요성과 균형을 이루어야 한다. 물론 이러한 견해가 항상 당연시되었던 것은 아니다. 이상 행동이 개인 내적인 장애라는 오래된 의학적 견해는 불행하게도 개인의 주변 상황, 맥락, 관계, 그리고 이러한 요인들의 상호작용의 중요성을 간과하게 만들었다.

심리적 영향에 대한 인식은 20세기 초반에 생겨났는데, 이때에는 주요 심리적 장애에 대한 중요성과 질병의 분류가 관심을 끌고 있었다. 이러한 인식은 연구자들이 다양한 심리적인 문제들을 구별하는 방식을 조직화하고 분류하게 했고, 이해하고 있는 외관이 되어서 통제할 수 있게 했다. 그러나 동시에 아동과 성인이 가지고 있는 광범위한 정신건강 요구를 인식하려는 시도는 의도와 달리 역효과가 날 수 있고 좀 더 심각한 장애가 있는 사람을 경시할 수도 있다는 우려 또한 있었다. 관점에서의 이러한 전환과 지식의 증가는 진단적 범주 및 새로운 형사 범죄의 발달, 일탈 행동에 대한 기술의 확장, 개개인에 대한 포괄적인 모니터링 절차를 추가시켰다(Costello & Angold, 2006). 두 가지 주요 이론적 패러다임—정신분석 이론과 행동주의—이 이와 같은 심리적 영향과 환경적 영향을 조성하는 데 도움이 되었다. 여기에서는 두 패러다임의 역사적 중요성으로만 제한할 것이지만, 그 시대에 어떠한 영향을 미쳤는지에 관한 추가 내용은 2장의 이론과 원인에서 제시했다.

정신분석 이론

20세기 초, Freud 시대에 많은 아동 정신과 의사 및 심리학자들은 보호 또는 고통 완화 처치 이외에 아동의 정신장애를 치료하는 자신들의 능력에 대해 점점 더 회의를 느끼기 시작했다. Freud는 그러한 비관론을 거부하고,

이러한 장애의 기원은 초기 아동기로 거슬러 올라가는 것으로서 새로운 처치 가능성을 처음 시사했던 사람이다(Fonagy, Target, & Gergely, 2006). 비록 그가 개인이 타고난 욕구와 경향성이 발달에 강하게 영향을 미친다고 믿고 있었다고 해도, 경험 역시 정신병리에서 중요한 역할을 한다고 믿었다. 정신장애의 경과를 피할 수 없다고 보지 않았고, 적절한 환경이나 처치 또는 둘 다가 제공된다면, 성인이나 아동은 도움을 받을 수 있다고 여겼다.

정신분석 이론은 우리가 정신장애의 원인과 처치에 관한 생각을 발전시키는 데 상당한 영향을 미쳤다. 아동 이상심리의 발전에서 가장 중요했던 것은 Freud가 처음으로 정신장애의 개념을 아동기 경험과 연관시켰다는 것일 것이다(Rilling, 2000). 그의 급진적인 이론은 초기 아동기 발달이 아동 정신과학과 심리학의 주류에 의해 무시를 당하고 있던 시대에 발달적 개념을 정신병리의 이해에 통합시켜 나갔다. 특정의 단일 요인(그 당시 질병 모델의 뚜렷한 특징)에 초점을 맞추기보다는, 정신분석 이론은 성격과 정신건강이 여러 가지 뿌리가 있을 수 있음을 강조했다. 정신건강은 시간의 경과에 따라 독특한 방식으로 변하는 발달 진행과 상황적 과정의 상호작용에 크게 좌우된다(Fonagy et al., 2006). 사실, Freud의 저서는 아동을 순진무구하거나 미비한 존재라고 보는 것에서, 생물학적 욕구의 통제를 수행하고 가족이라는 작은 우주를 통해 자신을 사회에서 수용받는 존재로 만들기 위해 고군분투하는, 격동 속의 인간이라는 관점으로 이동했다(Freud, 1909/1953).

임상가 및 이론가들은 Freud의 일부 가르침이 깨어지고 임상에서 새롭게 통찰하면서, Freud 이론에 기초한 공헌은 20세기 초에 계속 확장되었다. Freud의 딸 Anna Freud(1895~1982)는 특히 아동의 증상이 성인의 증상에 비해 발달 단계와 어떻게 더 연관성이 있는지를 주목하면서 Freud의 이론을 아동에게로 확장시켜 나가는 데에서 중요한 역할을 했다. Anna와 동시대에 활동한 Melani Klein(1882~1960) 역시 모든 행동이 무의식적 환상이라는 측면에서 해석될 수 있다고 주장하면서, 아동의 놀이의 의미에 관심을 보였다. 이 두 여성의 작업은 어린 아동의 분석을 가능하게 했고 모든 연령대 환자들과의 비언어적 의사소통에 대해 인식하게 했다(Mason, 2003).

최근에 정신병리에 대한 현상학적(기술적) 접근이 크게 인기를 얻고 있으며, 아동 이상심리에 대한 정신분석 이론의 접근이 임상 실제와 교육에 미치는 영향력은 줄고 있다(Costello & Angold, 2006). 그럼에도 불구하고, 현재의 **질병분류학**(심리적 장애를 기술적 범주로 분류하려는 노력)은 발달적으로 접근하는 것이 아니다. 개인의 발달이라는 맥락에서 질병의 발달을 기술하고자 시도하는 대신(Freud 학파가 발달적 접근을 했던 것과 달리), 『정신장애의 진단 및 통계 편람(*Diagnostic and Statistical Manual of Mental Disorders*)』(DSM-5; American Psychiatric Association, 2013)과 같은 질병분류학은 모든 연령 단계에서 똑같이 보이는 뚜렷한 특징을 기술하기 위한 공통점을 찾으려고 시도한다(Achenbach & Rescorla, 2006). 타당한 비판, 정신분석 이론의 내용에 대한 경험적 타당성의 부족, 그것에서 파생된 다양한 문제들에도 불구하고, 아동의 정상 발달과 이상 발달 간의 상호연계성을 강조한 점은 아동 이상심리의 모델로서 여전히 상당한 매력이 있다.

행동주의 이론

아동, 청년, 가족의 증거 중심 처치의 발달은 고전적 조건 형성의 기초를 확립한 Pavlov의 실험 연구, 그리고 아동의 공포 조건 형성 및 제거에 관한 고전적 연구에서 보듯이, 1900년대 초의 행동주의의 발흥으로 거슬러 올라간다(Jones, 1924; J. B. Watson & Rayner, 1920). 초기에, '행동주의의 아버지'인 John Watson(1878~1958)은 Freud의 개념을 고전적 조건화라는 새로운 학습 이론에 근거하여 좀 더 과학적인 용어로 설명하고자 했다.

아이러니하게도, Watson은 자신이 의도한 것보다 Freud의 이론으로부터 영감을 더 깊게 받은 것 같다. 조건화된 정서 반응이라는 용어를 사용하여 무의식과 전이와 같은 용어를 설명하고자 시도하면서(그래서 정서에 대한 Freud의 이론을 불신한), Watson은 사실상 Freud 이론의 일부를 과학적으로 연구한 개척자이다(Rilling, 2000). **살펴보기 1.3**은 Watson의 업적을 둘러싼 논쟁뿐만 아니라 그의 과학적 야망과 유명한 Little Albert 연구를 강조한다.

Watson은 정서 이론으로 잘 알려져 있는데, 이 이론에서 그는 정상적인 행동으로부터 이상 행동에 대한 추론을 이끌어 냈다. 그의 유명한 말은 학습과 행동에 관한 실험실 기반의 연구를 하는 초기 연구자들, 그리고 대중의 믿음을 잘 보여 준다. "나에게 건강한 12명의 유아를 주시오. 그러면 내가 무작위로 골라서 훈련시켜서, 재능·좋아하는 것·성향·능력·직업·인종에 상관없이

살펴보기 1.3

Little Albert, 큰 공포, 광고에 나타난 성

우리 대부분은 Little Albert 그리고 흰쥐와 그 밖의 흰색 털을 가진 대상들에 대한 공포에 관한 이야기를 잘 알고 있고, John Watson과 그의 대학원생 조교(이후 아내가 됨)의 작업에 대해 감사한다. 그러나 John Watson의 시대와 배경을 이해하는 것은 광의의 역사적 관점에서 이 선구적인 노력을 볼 수 있게 하고, 그 시대에는 연구 윤리에 대한 관심이 제한되어 있음을 알 수 있다.

Watson이 공포 연구에 매력을 느끼고 인생을 바친 것은 어두움을 무서워하던 자신의 공포증 때문일 수 있고, 이는 성인이 되어서도 삶에 영향을 미쳤다. 아동 발달에 관한 연구를 위해 존스홉킨스 대학교에 연구실험실을 만들 기회가 생긴 것은 Watson의 경력에서 좋은 기회였다. 쥐를 조건 형성하는 대신에 공포 조건 형성에 대한 자신의 새 이론을 검증하기 위해 그때는 인간을 이용할 수 있었다. 그러나 그 시대에 인간 피험자를 구할 수 있는 방법은 하찮거나 자신을 보호할 적당한 힘이 없는 사람, 예를 들면 고아, 정신병 환자, 죄수들이었다. 그는 쥐를 우리에서 연구하듯이 아기 침대에서 아기를 연구했다.

분명히, 연구 피험자를 구하고 이들을 실험하는 그의 방법은 오늘날에는 비윤리적인 것으로 간주될 것이다. 아기에게 공포가 어떻게 조건 형성이 되는지를 증명하기 위해, Watson과 Rayner는 자신들이 Albert B라고 부르는 11개월 된 고아에게 공포 조건을 설정했는데, Albert에게 만질 수 있는 조그만 흰쥐를 주었고, Little Albert는 이 쥐를 무서워하지 않았다. 이러한 준비 이후에, 아기가 쥐를 만지려고 할 때마다 Watson은 망치로 금속 막대를 쳤다. 쥐를 만지려고 하면 놀라게 하는 큰 소리가 나는 것을 반복한 후에, "아기는 심하게 뛰면서 앞으로 넘어져 울기 시작했다." 이 과정은 간헐적으로 반복되었으며, Albert가 쥐를 보면 결국 넘어져 울고, 필사적으로 기어서 도망치려 할 정도로 충분한 시간이었다. Watson과 Rayner는 아동이 쥐에게 공포를 느끼도록 성공적으로 조건 형성을 시켰다. 그런 다음, 이들은 Albert에게 토끼, 개, 모피 코트, 그리고—믿거나 말거나—산타클로스 가면에도 조건 형성을 시켰다.

Albert는 탈조건 형성을 시도하기 전에 떠나 버려서, 그가 고통당했을 그의 정체성과 공포의 낯선 조합을 가지고 수십 년을 살게 되었다는 것이 당혹스럽다. 2009년에, 심리학자 팀이 Albert의 정체성과 운명을 추적했는데, 그는 Douglas Merritte로 확인되었다. 그의 어머니는 대학 캠퍼스의 병원에서 일을 했고 아기가 연구에 참여하는 것에 대해 1달러를 받았다. 슬프게도, 그 팀은 Douglas가 6세 때 뇌수종에 걸려서 죽었다는 것을 알았다(Beck, Levein-son, & Irons, 2009).

Watson이 대학교에서 쫓겨나서 광고회사에서 경력을 쌓았나는 것이 더 아이러니하다(대학원생과의 염문 때문에: Benjamin et al., 2007). 인간 행동을 예상하고 통제하는 것에 대한 주장에 맞게 행동주의라는 그의 상표는 매디슨 가(Madison Avenue)에서 부적절하게 성공했다. 그가 설명하듯이, "그것이 무엇이든 당신은 뛰어난 동물학자처럼 실험동물—소비자—의 시각을 절대로 놓쳐서는 안 된다." 우리는 가능할 때마다 남자와 여자에 대한 성적 욕망을 폭발시키는 것으로 상품의 이미지를 창조하게 된 1930년대 광고계의 극적인 변화에 대해 John Watson에게 경의를 표한다.

출처: Karier, 1986에서 인용.

전문가, 즉 의사, 변호사, 예술가, 사업가, 거지나 도둑까지도 만들어 보이겠소."(J. B. Watson, 1925, p. 82)

연구실에서의 작업 이외에, Watson의 집 역시 흥미로운 장소임에 틀림없었다. 아래의 글을 통해 미국 최초의 '아동 전문가' 중의 한 사람과 그의 아내가 아동 양육에 대해 가지고 있는 상반된 견해와 조언을 생각해 보자.

> John Watson(1925): 절대로 아이들을 안아 주거나 입맞춰 주지 마시오. 아이들을 당신의 무릎에 앉히지도 마시오. 만약 해야겠다면, 잠자리에 들기 전에 잘 자라는 인사를 할 때 이마에 한 번 입을 맞추시오. 아침에는 악수를 하시오.

> Rosalie Rayner Watson(1930): 아이들에 대한 애정을 정말로 억제할 수가 없다. 아이들과 즐겁고 유쾌한 시간을 보내는 것 그리고 재잘대는 것을 좋아한다. 행동주의자들은 재잘대는 것을 부적응의 징후라고 생각한다. 그래서 아이들이 재잘대고 싶어 할 때 나는 무표정한 얼굴을 하거나 서둘러서 각자의 방으로 보낸다.

이 사례와 Little Albert에 대한 연구는 오래된 문제에서 처음에는 만병통치약처럼 보일 수 있는 새로운 진전 사항과 시각에 대한 관점을 유지하는 것의 중요성을 설명하고 있다. 양육 전문가들이 주장하듯이, 아동의 문제를 다루는 데에는 쉬운 방법이나 해결책이 존재하는 것이 아니다. 양육은 기술일 수 있으며, 지혜이기도 하고, 운도 따라야 한다. 그럼에도 불구하고, 가족 · 공동체 · 사회적 및 문화적 가치는 성공적인 아동 양육의 철학이 아동에게 이득이 되는 방식을 결정하는 데에서 강력한 역할을 한다.

처치의 발전 형태

1930~1950년대는, 이후의 시대와는 대조적으로 아동 이상심리에 대한 연구와 처치에서 아주 조용했다. 1930년대의 몇몇 보고서에는 야뇨증(O. H. Mowrer & Mowrer, 1938), 말더듬(Dunlap, 1932), 공포(F. B. Holmes, 1936)와 같은 국한되어 있는 문제를 위한 행동치료가 설명되어 있다. 이 외에는 시대적으로 정신역동적 접근이 치료에서 우세했다. 1800년대가 지나가면서 지적 장애 또는 정신장애가 있는 대부분의 아동은 여전히 시설에 수용되었다. 이러한 관행은 1940년대 후반에 비판을 받는데, 이때는 René Spitz가 수용시설에서의 생활이 아동의 성장과 발달에 끼치는 나쁜 영향에 대해 심각한 의문을 제기한 시점이다(R. Spitz, 1945). 그는 시설에서 어른과의 신체적 접촉 및 자극 없이 성장한 아동이 심각한 신체적 문제와 정서적 문제가 있다는 것을 발견했다. 수용시설을 폐지하고, 의존적이고 까다로운 아동을 위탁가정이나 그룹 홈에 수용하려는 노력이 행해졌다. 1945년에서 1965년까지 20년 동안, 위탁가정과 그룹 홈에 있는 아동의 수가 증가한 반면, 시설에 수용된 아동의 수는 급격히 감소했다.

1950년대와 1960년대 초반에는 행동치료가 아동 및 가족의 장애에 대한 처치에서 체계적인 접근으로 부상했다. 치료는 실험실에서의 동물 연구를 통해 확립된 조작적 조건화 및 고전적 조건화 원리에 근거하고 있다. 바람직하지 않은 행동을 수정하고 적응적인 행동을 형성하기 위한 초기 행동치료의 형태—실험 연구에 근거한—는 내적 갈등과 무의식적 동기의 해결을 강조했던 주류의 정신분석적 접근과는 완전히 대조를 이루었다. 행동치료는 초기에는 정신지체 또는 심각한 장애가 있는 아동에게 초점을 맞추었다. 이들에게 정신분석적 접근이 비효율적이고 부적절한 것으로 인식되었다. 행동을 효과적으로 바꾸기 위해 필요한 환경적 통제를 제공할 수 있는 수용시설이나 학교에서 이와 같은 초기 접근이 주로 제공되었다. 이후, 행동치료는 이러한 관점에서 확대되었으며, 아동의 다양한 장애를 대상으로 하는 주된 치료 형태로 부상했다(Ollendick, King, & Chorpita, 2006; Weisz, & Kazdin, 2010).

법률의 진전

일부 나라들이 아동과 청소년을 위한 인간적이고 평등한 처치를 얼마나 발전시켜 왔는지는, 특별한 도움이 필요한 이들의 권리를 보호하기 위해 과거 수십 년간 제정된 다양한 법을 통해 알 수 있다. 예를 들어, 미국의 장애인교육법(Individuals with Disabilities Education Act, IDEA; 공법 104-446)은 다음과 같이 제정되어 있다.

- 제한을 최소한으로 하는 환경에서 무료의 적절한 공교육을 받을 수 있는 권리를 보장한다.
- 특별한 요구가 있는 모든 아동은 연령에 상관없이 문화적으로 적절한 검사를 통해 평가되어야 한다.
- 개개 아동들은 그들의 요구에 맞는 맞춤식의 개별화된 교육 프로그램(IEP)이 있어야 하며, 재평가가 있어야 한다.

장애가 있는 아동의 권리를 보호하기 위한(그리고 적절한 자원을 이용할 수 있게 하는) 유사한 법들이 캐나다, 영국, 그 외의 나라에도 있다.

2007년, UN 총회(United Nations General Assembly)는 세계 도처에서 장애가 있는 사람의 권리를 보호하기 위한 새로운 협약을 채택했다. 이 협약은 '특별한 요구'를 소개하는 것에서부터 이들의 권리를 인식하면서 남아 있는 신체적 · 언어적 · 사회적 · 문화적 장벽을 제거하는 것으로 이동함을 보여 준다. 이 협약을 승인한 나라들은 장애인의 권리를 개선시킬 수 있는 법 및 기타 수단을 제정하고, 또한 장애가 있는 사람을 차별하는 법, 관습, 관행을 폐지할 것에 동의한다. 이러한 노력은 장애가 있는 사람의 처치(treatment) 패러다임이 변했다는 것을 의미—장애가 있는 사람을 동정 어린 시각으로 보았던 것에서 인간적 권리가 있는 한 개인으로 보는 것—한다. 장애가 있는 아동의 요구를 다루는 구체적인 원칙이 **살펴보기 1.4**에 제시되어 있다.

살펴보기 1.4

UN 장애인 권리 협약(2007)

[7조, 아동의 권리에 관한 세칙]

1. 주 정부는 장애가 있는 아동이 다른 아동과 동등한 기초 위에 인간의 권리와 기본 자유를 충분히 누릴 수 있게 하는 데 필요한 모든 수단을 시도할 것이다.
2. 장애가 있는 아동과 관련된 모든 활동에서 아동에 대한 최선의 관심은 기본적인 배려일 것이다.
3. 주 정부는 장애가 있는 아동이 자신에게 영향을 미치는 모든 사항에 대해 자유롭게 자신의 견해를 표현할 권리가 있고, 그들의 견해는 다른 아동과 동등하게, 나이와 성숙의 정도에 따라 존중되며, 이러한 권리를 인식하도록 하기 위해 장애 및 나이에 적절하게 조력해 준다.

출처: UN Convention on the Rights of Persons with Disabilities, 2007. Office of the United Nations High Commissioner for Human Rights.

단원 정리

역사적 관점과 비약적인 발전

- 아동 이상 행동에 대한 초기의 생물학적 설명은 문제의 원인을 개인 내적인 것으로 보는 경향이 있었으며, 이것은 행동의 원인을 지나치게 단순화하거나 부적절한 믿음을 야기했다.
- 초기의 심리적 접근은 타고난 진행 과정에 관한 기본 지식과 행동, 정서, 인지를 형성하는 환경적 조건을 통합하려고 시도했다.
- 최근에 아동 및 청소년의 문제에 대한 지대한 관심은 이들의 삶과 정신건강의 질을 개선시켜 왔다. 이러한 개선은 20세기가 전환점이 된 이후, 아동이라는 특수한 입장 및 요구에 대한 사회적 인식과 민감성이 증가했기 때문이었다.

아동 및 청소년의 이상 행동이란 무엇인가?

ADAM LANZA

초기의 어려움

여러분은 그가 곤혹스럽게 되는 것에 대해 아주 불편해한다고 말할 수 있을 것이고, 나는 그가 정당한 관심이나 도움을 받은 적이 없었을 것이라고 생각한다. 나는 그가 주목받지 못해서 사람들이 여기에서 실제로 무슨 다른 일이 있었을 것이고, 일종의 정신적 도움을 얻거나 이야기 나눌 필요가 있는지를 알기 위해 멈추는 것조차도 하지 않고 지나쳤을 것이라고 생각한다. 고등학교에서 실제로 시간을 내어서 살펴보고 "그는 왜 이런 방식으로 행동하지?"라고 생각한 사람은 아무도 없었다(Halbfinger, 2012).

"Adam Lanza가 왜 현실과의 싸움이라고 느끼는지를 이해하는 것은 쉽다. 삶은 어린 소년에게 고행이다. 강렬한 불빛, 큰 소리, 접촉까지도 그를 위축시키고 비언어적이 되게 만들 수 있다. 그는 오늘날의 둔감한 사회에서조차도 이상할 만큼 폭력에 지나치게 집착하게 되었다. 폭력적인 영화, 폭력적인 글, 폭력적인 시. 폭력적인 비디오 게임을 하면서 그리고 인터넷에서는 무기와 연쇄 살인범을 찾아보면서 시간을 보냈다. Adam Lanza는 자신을 죽음으로 둘러싸고 있는 세상을 만들었다."

출처: Lysaik(2013, 12월 6일). Newtown massacre. Inside. Out. *Newsweek*. Available T: http:// mag.newsweek.com/2013/12/06/newtown-massacre-inside-out.html

Kateleen Foy/Getty Images

Adam Lanza의 아동기에서, 이후 그의 폭력성을 시사해 주는 단서가 있었는가?

위의 글은 Olivia DeVivo가 Sandy Hook 초등학교에서 Aadm Lanza라는 소년과 보냈던 시간을 회상하며 쓴 글이다. Olivia와 다른 친구들이 언급하는 것처럼, Lanza는 '외톨이'이며, 다른 사람들과 함께 있는 것을 불편해하고, 함께 하기 위한 아무런 노력도 하지 않는 '이상한' 성격으로 여겨졌다. 같은 집에 살고 있는데도 불구하고, Lanza

는 이메일로 어머니와 소통했다. 이 사례는 아동의 행동이란 것이 원인, 발현, 영향을 미치는 요인으로 분류하는 것이 어렵다는 것을 보여 준다. 그리고 몇 가지 주요 질문도 제기한다. 첫째, 정상이라는 것을 우리는 어떻게 판단해야 하는가? 많은 아동이 청소년기에 '외톨이'가 되고, 또래와 관계 맺는 데 어려움이 있을 수 있다. 둘째, 이슈가 언제 문제로 바뀌는가? 이 사례에서 Lanza의 사회적 단절이 심각한 사회적 문제 및 정신적 문제 때문인지, 또는 문제로 이어질 것이라고 생각한 사람이 있었는가? 마지막으로, 일부 아동의 이상 행동 패턴이 초기 아동기부터 청소년기 및 성인기로 비교적 연속적인 반면에, 어떤 아동은 좀 더 변하는(비연속성) 이유는 무엇인가? 그가 몇 년 후에 Sandy Hook 초등학교에서 무고한 아이들과 교사를 죽이게 될 것을 암시하는 행동이 있었는가?

이러한 질문이 아동 이상 행동을 정의하고 이해하는 데에서 가장 중심적이고 깊이 있는 연구를 위해서 필요하다고 해도, 간단하고 명확한 답은 존재하지 않는다(심리학을 전공하는 여러분에게는 이것이 낯설지 않을 것이다). 대개 아동기 장애는 눈에 쉽게 드러나는 것(비행 행동 또는 폭력처럼)에서부터 감지하기 어렵지만 중요한 문제(괴롭힘 또는 또래 거부처럼), 더 많이 숨겨져 있고 체계적인 문제(우울 또는 양육 거부처럼)에 이르기까지 다양한 이상 행동이나 발달상의 문제를 동반한다.

정신건강 전문가는 아동의 약점을 이해하려고 하면서도 의도치 않게 이들의 강점은 간과하는 때가 많다. 그러나 심리적 장애로 인한 한계에도 불구하고 삶의 다른 영역에서는 잘 대처해 나가는 아동이 많다. 아동 개개인의 강점과 능력에 대해 아는 것은 아동의 건강한 적응을 돕는 방법을 제시해 줄 것이다. 일부 아동은 약한 정도의 어려움 또는 장애가 완전히 발현되지 않고 초기의 증상만을 나타낼 수 있다. 따라서 비정상을 판단하려면 각 아동의 발달 단계에 민감해야 하며, 각 아동이 가지고 있는 독특한 대처 능력과 어려움을 보상하는 방법을 고려해야 한다(Achenbach, 2010).

아동기 장애는 성인기 장애와 마찬가지로 정상으로부터의 일탈이라는 관점에서 보지만, 정상과 비정상의 구성에서는 여전히 합의점을 찾지 못하고 있다. 이어지는 논의를 계속 읽으면서, 정상적인 기능과 비정상적인 기능 사이의 경계를 확립하려는 것이 자의적일 수 있으며, 현재의 지침은 정확성, 완전성, 유익성을 끊임없이 검토하고 있다는 것을 기억해야 한다.

심리적 장애 정의하기

이상 행동에 대한 연구는 종종 우리가 타인의 행동을 설명하기 위해 사용하는 방식에 대해 좀 더 민감해지고 조심하게 만든다. '정상'에 관한 누구의 기준을 채택할 것인가? 이러한 자의적인 표준에서 벗어났다는 것을 누가 결정할 것인가? 한 영역에서의 이상 행동(예: 기분)이 전인적 인간(whole person)이라는 관점에서 함축되어 있는 의미는 무엇인가?

이러한 질문에 대해 간단하게 대답할 수는 없겠지만, Georgina의 실생활의 문제는 심리적 장애(또는 정신장애)를 정의하는 방식에 대한 합의가 있어야 한다. **심리적 장애**는 전통적으로 개인이 나타내는 행동적 · 인지적 · 정서적 · 신체적 증상의 양상이라고 정의되어 왔다. 이러한 양상은 다음의 세 가지 현저한 특징 중의 하나 이상과 관련이 있다.

- 개인은 공포 또는 슬픔과 같은 어려움을 어느 정도 가지고 있다.
- 그들의 행동은 신체적 · 정서적 · 인지적 · 행동적 영역이 포함된, 하나 이상의 기능 영역에서의 결함처럼, 어느 정도의 불능(disability)이 나타난다.
- 이러한 어려움 또는 불능(disability)은 죽음, 고통, 불능, 자유의 상실처럼 더 많은 고통 또는 위해와 같은 위험을 증가시킨다(American Psychiatric Association [APA], 2013).

때때로 일상적이지 않은 상황(사랑하는 사람을 잃는 것과 같은)에서 고통, 불능, 위험의 징후를 보인다는 사실을 설명하기 위해, 심리적 장애의 정의에서는 개인의 문화적 배경에서 정의하는 상황이 배제된다. 또한 심리적 장애의 세 가지 주요 특징은 일정한 환경 안에서 인간이 보일 수 있는 반응과 그렇지 않은 반응을 설명한 것일 뿐이다. 이러한 특징은 이상 행동의 원인이나 이유를 그 개인에게로 귀인하지도 않는다. 이와 반대로, 개인이 가진 특정한 결함을 이해하려면 개인 그리고 상황적 환경의 인식과 균형이 맞아야 한다.

명칭은 사람이 아닌 행동을 설명한다

이상 행동을 기술하기 위해 사용된 용어는 사람을 기술하는 용어가 아님을 명심해야 한다. 그것은 일정한 상황에서만 일어나거나 일어나지 않는 행동 양상만을 기술할 수 있다. 우리는 '불안 아동' 또는 '자폐 아동'과 같은 표현에서 나타나는 것과 같이 장애가 있는 개인을 판단하는 실수를 하지 않도록 아주 조심해야 한다. 아동 및 성인의 정신건강 분야에서는 **낙인**이라는 문제가 종종 제기되는데, 이는 정신질환이 있는 사람에 대해 공포, 거부, 차별을 불러일으키는 부정적인 태도와 믿음에 관한 것이다(Heflinger & Hinshaw, 2010). 낙인은 인종, 민족성, 장애, 성적 지향, 신체조건, 생물학적 성, 언어, 종교적 신념 등에 근거한 편견과 차별을 만들어 내기도 한다. 정신장애가 있는 사람은 낙인으로 인해 낮은 자존감, 단절, 무력감을 겪기도 하며, 당황스러움 또는 수치심을 갖게 되어서 증상을 숨기거나 처치를 찾지 않는다(Puhl & Latner, 2007). 따라서 이 책에서 우리는 "Ramon은 불안한 아동이다"가 아닌 "Ramon은 불안을 가지고 있는 아동이다"라고 표현해서 아동과 장애를 분리시키고자 한다. Ramon과 같은 아동은 포괄적인 기술이나 부정적인 명칭 때문에 간과되어서는 안 되는 여러 가지 다른 특징들이 있다.

너구나, 일부 아동이 보이는 문제점은 비정상적이거나 특이한 상황에 적응하려는 시도로 인한 것일 수 있다. 만성적인 건강 문제가 있는 아동은 그들의 의학적 식이요법 및 또래 친구로부터 받는 부정적 반응에 적응해야만 한다. 학대 또는 방임 환경에서 자라는 아동은 타인과 적응적으로 관계를 맺고, 때때로 과도하게 엄습할 수 있는 감정을 조절하는 방법을 배워야만 한다. 따라서 아동과 청소년의 심리 상태를 기술하기 위해 **장애** 또는 **이상 행동**이란 용어를 사용하는 일차적인 목적은 임상가와 연구자들이 다양한 행동 양상과 관련된 복잡한 특징을 기술하고, 조직화하며, 표현하는 것을 도우려는 것이다. 이상 행동의 원인은 거의 항상 다면적이고 상호작용적이기 때문에 공통의 원인을 함의하는 용어는 절대로 사용하지 말아야 한다.

이상 행동을 정의하는 이러한 접근 방식은 정신장애를 분류하고 진단하기 위해 가장 많이 사용하는 접근법과 유사한데, DSM-5(APA, 2013)의 지침에 따른다. 우리는 임상적 및 기술적 유용성이라는 점에서 이 접근법을 이용해서 이 책의 구조 및 생각을 안내한다. 그러나 이상 행동의 정의와 진단 분류 체계의 광범위한 발전에도 불구하고 애매한 부분은 여전히 남아 있으며, 특히 아동의 특정한 부적응적 역기능을 정의하는 데에서는 더욱 그러하다(Rutter, 2010; Zachar & Kendler, 2007). 정상 상태와 이상 상태를 구성하는 것의 경계 또는 서로 다른 비정상적인 상태들 사이에서의 구분은 쉽게 결론을 내리기 어렵다. 지금은 DSM-5 접근이 아동 이상심리에 대한 임상가들 사이의 의사소통을 촉진하고 연구와 임상적 지식의 기준을 증가시켜 준다는 점에서 그 가치를 인정받고 있다. 4장에서는 아동기 장애의 분류에 대한 현재의 대안들과 DSM-5를 살펴볼 것이다.

능력

아동 이상 행동의 정의는 아동의 **능력**, 즉 환경에 성공적으로 적응하는 능력을 반드시 고려해야 한다. 발달상의 능력은 성공적인 적응을 성취하기 위해 아동이 내적 및 외적 자원을 사용할 수 있는 능력에 잘 반영된다(Masten, 2011). "성공적이란 무엇이지?"에 관해 의문이 생길 것이다. 성공적인 적응이란 문화와 민족성에 따라 달라질 수 있기 때문에 아동의 능력을 정의할 때 전통, 믿음, 언어, 특정 문화의 가치 체계를 고려하는 것이 중요하다. 비슷하게, 일부 아동은 환경에 적응하는 데에서 다른 아동이 겪는 것보다 훨씬 더 많은 장애물이 있을 수 있다. 소수 집단 아동 및 가족은 사회경제적 불이익과 마찬가지로 인종주의, 편견, 차별, 억압, 격리에 대처해야 하는데, 이 모든 것은 아동의 적응과 발달에 큰 영향을 미친다(Children's Defence Fund, 2007).

일탈의 판단은 아동의 발달 과정과 문화적 맥락에 대해 아는 것뿐만 아니라, 동일한 연령의 또래와 비교한 아동의 수행에 대해서도 알아야 한다. 사실, 아동 이상심리 연구에서는 아동이 보여 주는 부적응 행동의 정도뿐만 아니라 그들이 성취한 정상적인 발달 또한 고려한다. 일탈에서, 능력을 정의하는 규준은 매우 구체적이고 좁게 초점을 맞춘 것도 있고, 우리가 원하는 대로 충분하고 넓은 범위가 될 수도 있다(Masten & Wright, 2010)

우리는 어떤 아동이 잘하고 있는지 아닌지를 어떻게 아는가? 그리고 부모 · 교사 · 전문가로서 우리의 기대를 어떻게 지도하는가? **발달 과제**, 행동 수행 및 학업 수행과 같은 광범위한 영역의 능력이 포함된 발달 과제는 아동이 성장함에 따라 각 영역 내에서 그들이 어떻게 전형적으로 진행하는지를 말해 준다. 발달 과제에 대해 알게 된 것은 아동 또는 청소년의 발달적 진행과 결함을 고려하는 중요한 배경이 된다. 중요한 발달 과제의 예가 **표 1.1**에 제시되어 있다.

행동은 **표 1.1**에서 기본 영역의 하나인데, 개인이 특

표 1.1 발달 과제의 예

시기	과제
유아기에서 취학 전기 	• 돌보는 사람에 대한 애착 • 언어 • 환경으로부터 자신을 구별
아동기 중반 	• 자기 통제와 순종 • 학교에 적응(출석, 적절한 행동) • 학업 성취(예: 읽기, 산수를 배우기) • 친구와 잘 지내기(수용, 친구 사귀기) • 규칙을 따르는 행동(도덕적 행동과 친사회적 행동을 하는 사회 규칙 따르기)
청소년기 	• 성공적으로 중학교 진학 • 학업 성취(고등교육 또는 직업에 필요한 기술 배우기) • 특별활동에 참여하기(예: 운동이나 사교 모임) • 가까운 동성 또는 이성 친구 만들기 • 응집력 있는 자기 정체성 형성하기

출처: "The Development of Competence in Favorable and Unfavorable Enviroments: Lession from Research on Successful Children," by A. S. Masten and J. D. Coatsworth, 1998, *American Psychologist*, *53*, 205-220. Copyright © 1998 by the American Psychological Association. APA는 번역의 정확성에 대해서 책임이 없음.

Photo Credits: (위에서 아래로) © Flashon Studio/Shutterstock.com; © Gelpi JM/Shutterstock.com; © OLJ Studio/Shutterstock.com.

정한 사회의 규칙을 얼마나 잘 따르는지를 나타낸다. 어릴 때부터 아동이 자신의 행동을 통제하기 시작하고 부모의 요구에 따를 것이라고 기대하고 있다. (그렇다고 아동이 항상 그렇게 한다는 의미는 아니다.) 학교에 입학할 때, 아동이 교실에서 행동 규칙을 따르고 다른 사람에게 해를 주지 않을 것이라고 기대한다. 청소년이 되면, 직접 감시하지 않아도 학교, 집, 사회에서 정한 규칙을 따르도록 기대된다. 이와 유사한 발달상의 진전이 자신의 내적 영역 안에서도 일어나는데, 여기서 아동은 처음으로 환경과 그들 자신을 구분하는 것을 배우고, 점차적으로 자기 정체성과 자율성을 발달시켜 간다. 이어지는 장에서 이루어지는 장애의 논의에서는, 가능할 때마다 이상 행동에 대한 정보를 아동의 능력 및 강점에 대한 인식이 증가하는 것에 맞추어 설명할 것이다.

발달 경로

초기 경험이 유사한 아동들이 후에 유사한 문제를 보이지 않는 이유는 무엇일까? 반대로, 동일한 장애를 가지고 있는 아동 및 청소년이 초기 경험과 가족의 특징이 매우 다른 이유는 무엇일까? 일탈을 판단하는 또 다른 측면은 아동의 행동이 언제 좀 더 두드러진 양상으로 바뀌기 시작했는지, 특히 아동은 발달하면서 행동에서 상당한 변화와 변동을 보이기 때문에 두드러진 양상이 되기 시작한 시기를 결정하는 것과 연관이 있다. 따라서 우리는 정상적인 적응과 비정상적인 적응 사이를 구분하는 것 이외에, 초기 아동기에 일시적으로 나타나는 문제와 후에 문제가 될 가능성의 여부를 반드시 고려해야 한다.

발달 경로란 특정 행동의 결과 및 시기 그리고 시간이 지나면서 나타나는 행동들 간의 관계를 말한다. 이 개념은 '발달'을 각기 다른 시작과 결과를 설명해 줄 수 있는 적극적이고 역동적인 과정으로 볼 수 있게 해 준다(Pickles & Hill, 2006). 발달 경로는 정상 발달 및 이상 발달의 과정과 본질을 이해할 수 있게 돕는다. 그림 1.1에서 두 가지 경우의 발달 경로를 볼 수 있다. 그림 1.1(A)에서 아동은 어린 나이에 학대를 당한다. 학대는 아동의 초기 발달을 상당히 변화시키며, 따라서 섭식장애, 기분장애, 품행장애와 같이 종종 예측하기 어려운 다양한 결과들을 초래한다. 이 예는 다양한 결과들이 사실은 하나의 시작(이 사례에서는 아동 학대)에서 출발한 것일 수도 있는 **다중 결말**을 보여 준다.

이와 대조적으로, 아주 다른 강점과 약점을 가지고 발달이라는 여행을 시작하지만, 이후에 유사한 장애를 갖게 되는 아동들도 있다. 그림 1.1(B)를 보면, 각 아동의 유전적 요인, 가족 특성, 환경 특성이 유사한 결과(품행장애)로 진행된 것을 볼 수 있다. 이 예는 각기 다른 초기의 경험과 발달 경로에서 유사한 결과가 초래될 수도 있

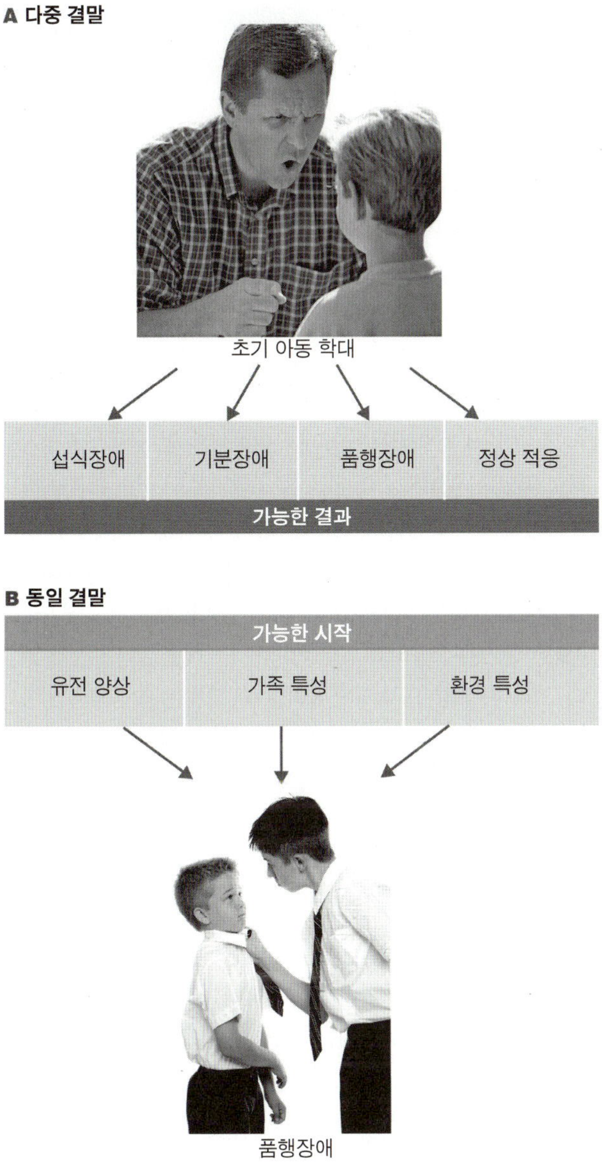

그림 1.1 (A) 다중 결말: 유사한 초기 경험이 다른 결과를 초래한다. (B) 동일 결말: 다른 요인들이 유사한 결과를 초래한다.

Photo Credits: (A) SW Productions/Jupiter Images; (B) © iStockphoto.com/yellowsarah.

다는 **동일 결말**을 보여 준다. 9장에서 보게 될 품행장애 아동들은 시작되는 초기 경험과 위험 요인이 여러 가지 다르지만 이후에는 비슷한 행동 양상을 보여 준다. 가능한 발달 경로를 살펴봄으로써 우리는 시간에 따라 변하기도 하고 유지되기도 하는 방식에 대해 더 잘 이해할 수 있다.

요약하면, 아동이 심리적 강점과 약점을 획득하는 방식에서의 다양성은 아동 이상심리의 특징이라고 할 수 있다. 각 아동 및 청소년에게 원인-결과의 명백한 관계가 없기 때문에 아래의 가설을 명심해야 할 것이다(Hayden & Mash, 2014).

- 각 개인에게 장애라는 결과를 가져오는 요인은 많다.
- 기여 요인은 장애가 있는 개인들 사이에서 차이가 있다.
- 동일한 특정의 장애가 있는 개인들 간에도 어려움은 서로 다른 방식으로 표현되기도 한다(예: 품행장애가 있는 일부 아동은 공격적 특징을 보이는 반면, 물건을 파괴하거나 절도와 같은 일을 저지르는 아동도 있다).
- 특정한 장애에 이르는 경로는 단일 경로라거나 고정된 것이 아니라 수가 많고 상호작용적이다.

단원 요약

아동 및 청소년의 이상 행동이란 무엇인가?

- 심리적 장애의 정의는 개인이 보이는 특정한 양상의 행동적·인지적·신체적 증상에 대한 합의점(동의)과 관련이 있다.
- 이상 행동을 설명하기 위해 사용되는 용어는 사람을 기술하기 위한 명칭으로 사용하는 것이 아니라 행동을 정의하기 위한 것이다.
- 이상 행동을 정의하기 위해서는 역기능 또는 결함뿐만 아니라 행동에서의 적응의 실패 또는 해로움과 관련된 판단이 필요하다.
- 아동이 심리적 강점과 약점을 획득하는 데에서의 다양함은 아동 이상심리의 특징이라고 할 수 있다. 이상 행동에 대한 수많은 기여 인자들은 유사한 장애가 있는 개인 내 및 개인 간에서도 차이가 있을 수 있다.
- 심리적 장애에 대한 연구는 현재 가지고 있는 문제 및 능력을 기술하고, 문제의 기여 요인을 이해하고, 그것의 처치 또는 예방하는 것과 관련이 있다.
- 발달 경로는 정상 발달 및 이상 발달의 과정과 본질을 기술하는 데 도움이 된다. 다중 결말은 다양한 결과가 유사한 시작으로 유래된 반면, 동일 결말은 유사한 결과가 서로 다른 초기 경험에서 유래되었다는 것을 의미한다.

위험과 회복력

몇 가지 예외적인 경우를 제외하고, 나는 한 가지 형태 또는 다른 불행한 아동기가 특별한 재능을 형성하는 데에서 필수적이라고 확신한다.

— Thornton Wilder(1897~1975)

RAOUL과 JESSE
왜 다른가?

Raoul과 Jesse는 마약과 범죄가 난무하는 동네에 있는 황폐한 공영주택에서 함께 자란 어릴 때 친구이다. 10세가 될 때까지 그들은 가정 폭력과 동네 폭력에 아주 익숙해져 있었고, 두 사람은 각기 부모가 이혼한 후에 어머니와 형들과 살았다. 이들은 각기 아버지를 거의 만나지 못했고, 만났다고 해도 유쾌한 경험은 아니었다. 이들이 6학년이 될 무렵에는 학교에서 뒤처졌으며, 밤늦게 돌아다니며 아이들과 싸우고 차를 부숴 경찰과 문제를 일으키기 시작했다. 계속되는 이러한 문제에도 불구하고 Raoul은 고등학교를 마쳤고, 지방의 훈련학교에서 2년간 교육을 받았다. Roule은 이제 30세이고 공장에서 일을 하며 아내와 두 명의 자녀와 함께 살고 있다. Raoul은 자신의 삶을 '내가 가고자 하는 곳에 이르기 위해 총알을 피하는 것'으로 요약했다. 그러나 그는 안전한 지역에 살고 있어서 행복하고 자녀를 대학에 보낼 희망으로 행복하다.

그러나 친구 Jesse는 고등학교를 졸업하지 못했다. Jesse는 학교에 총을 가져간 일로 퇴학을 당했고 여러 번 감옥에 갔다. 30세인 Jesse는 술을 지나치게 많이 먹고 일을 계속 찾기에는 경력이 나빴다. 여러 번의 잠깐 동안의 관계로 두 명의 자녀가 있으나 이들을 방문한 적은 거의 없으며, 이 아이들의 어머니들과 결혼을 한 적도 없다. 몇 년에 걸쳐 여러 지역에서 살았으나 대부분은 자신의 오래되고 변함없는 이웃들과 살았다. (Zimmerman & Arunkumar, 1994에서 인용)

이러한 간단한 생활사는 같은 장소에서 시작한 매우 다른 두 가지 발달 경로를 보여 준다. Jesse의 문제는 비정상적인 발달에 관한 현재의 지식에 근거해 볼 때, 예견될 수도 있었을 것이다. 그러나 Raoul과 같은 몇몇 아동이 억압과 역경에도 불구하고 어떻게 고난을 극복했는지에 관해 설명하기는 어렵다. 여러분은 역경 및 자원이 제한되었는데도 불구하고 정상에 도달한 사람들(소설이나 연예가 현장, 개인적인 친분을 통해서)을 알고 있을 것이다. Jay Z(**살펴보기 1.5** 참조)와 같은 사람이 역경을 이겨내고 목표를 성취하는 것에 대해 어떻게 생각하는가?

살펴보기 1.5

역경 극복하기

때때로 우리는 유명한 사람의 사적인 이야기에서 많은 것을 배울 수 있다. 인기 있는 래퍼, 음악 프로듀서, 패션 디자이너, 출판업자, 엔터테이너이자 농구 팀 및 레스토랑 소유자인 Shawn Corey 'Jay Z' Carter와 같은 사례의 이야기들은 인생 과정에서 그들에게 놓여 있던 역경 또는 상실의 초기 경험을 보여 준다.

1980년대 브루클린에서, Carter는 어려운 환경에서 성장했다. 그가 12세 때 아버지는 어머니, 여동생 두 명, 남동생을 남겨두고 떠났다. 아버지상 및 인생 롤 모델도 없이 어린 래퍼는 브루클린의 거리로 향했다. 친구 한 명이 마약을 거래하고 그 밖의 활동들로 어떻게 돈을 버는지를 그에게 보여 주었다. Jay Z는 다음과 같이 기억하고 있다. "어느 누구도 공중 광고 문자를 쓰는 비행사를 고용하거나 클랙(마약)의 도착을 알려 주지 않았다. 그러나 여러분의 머리에 떨어질 때, 그것은 총 경영권 인수였다." 그러나 Carter는 이 새로운 현실을 회피하는 방식을 취했다. 어머니에게 크리스마스에 대형 휴대용 카세트 라디오를 받았을 때, 그의 삶이 바뀌었다. 그 예술가는 브루클린 거리에서 랩을 부르기 시작했다. 지역의 DJ는 그가 마약 파는 것을 그만두고 자신의 경력에 집중할 것이라고 확신했다. 26세가 되는 1996년, 그의 첫 데뷔 앨범이 나왔다. 1998년 그의 두 번째 앨범, *Hard Knock Life*는 그에게 그래미상을 안겨 주었다.

일하는 내내, Carter는 자신의 초기 경험을 경제적으로 그리고 사회적으로 모두 성공하기 위한 야망으로 돌렸다. 그는, 랩 문화에 빠져 있는 것은 범죄자라는 것을 의미한다는 전제를 부정하면서, 아프리카계 미국인 및 래퍼의 권리를 주장해 오고 있다. 그는 무료 콘서트를 열고 오바마 대통령 대신 연설해서 더 많은 아프리카계 미국인 투표자들이 투표소로 가게 도왔다. 그의 이야기는 회복력이 있는 개인은 삶의 상황을 더 좋게 변화시킬 수 있고 더 잘 적응할 수 있다는 것을 보여 주었다.

출처: Amy Legate-Wolfe, 2013(개인적인 대화)

이러한 복잡한 질문에 대한 대답은 초점 맞추기가 어려운데, 아동의 발달 과정에 영향을 미치는 보호 요인뿐만 아니라 위험 요인에도 주목하는 연구들 덕분에 명확해지고 있다(Compas & Andreotti, 2013). **위험 요인**은 부정적인 결과에 선행하고, 결과가 일어날 가능성을 증가시키는 변인이다. 이와 반대로, **보호 요인**은 아동이 장애를 발달시킬 가능성을 감소시키는 개인적 또는 상황적

Michael Caulfield Archive/WireImage for BET Network/Getty Images

Shawn Corey 'Jay Z' Carter의 삶은 회복력의 전형적인 예이다.

변인이다. 짐작할 수 있듯이, Raoul이나 Jesse와 같이 사회 폭력이나 부모의 이혼과 같은 위험 요인을 가지고 있는 아동은 이상 발달에 취약하다. 만성적 역경뿐만 아니라 단기간의 스트레스 상황도 아동의 성공적인 발달을 위태롭게 한다. 만성적인 가난, 심각한 양육 결핍, 부모의 정신병, 이혼, 무주택, 인종적 편견은 특히 보상적인 힘과 자원이 없을 때에는 정신병리에 대한 아동의 취약성을 증가시킨다(Evans, Li, & Whipple, 2013; Kim-Cohen & Gold, 2009).

그러나 Raoul처럼 취약하지만 문제로 이어지지 않는 아동도 있다. 이들은 어려운 환경에도 불구하고 회복력이 있고, 정신병리를 갖게 될 위험 요인이 많은데도 불구하고 긍정적인 발달을 성취해 나가는 것처럼 보인다. 강한 자신감, 대처 기술, 능력을 통해 위험한 환경을 극복하는 아동은 회복력이 있다고 간주되는데, 이들은 자신의 불운과 싸우거나 회복할 수 있는 것 같다(Luthar, 2006). 이들은 힘든 상황 속에서도 자신의 능력을 잃지 않고, 외상 사건이나 어려운 환경 뒤에도 건강했던 이전의 수준으로 돌아가는 것으로 보인다(Kim-Cohen & Gold, 2009). **회복력**이 보편적 · 절대적 · 고정적인 것은 아니다. 오히려 회복력은 스트레스의 종류, 환경, 비슷한 요인에 따라 변한다(Rutter, 2012). 개개 아동은 일부 특정한 스트레스 요인에서 회복력이 높을 수 있으나 모든 스트레스 요인에서는 다르며, 이 회복력은 시간이나 상황에 따라 변할 수 있다. 예외적인 환경이 있을 수 있지만, 아동의 회복력은 범문화적으로 발견된다(Kirmayer et al., 2011; Ungar, 2010).

회복력이란 개념은 어떤 직접적인 원인적 경로가 특정한 결과로 이어지지 않는다는 것을 떠올리게 한다. 아동 내의 보호 요인과 위험 요인 간에, 그리고 아동과 환경 사이에서의 보호 요인과 위험 요인, 심지어는 위험 요인들 사이에서도 상호작용은 계속 이루어진다. 보호 요인은 장애의 가능성을 감소시키는 개인적 또는 상황적 변인이다. 위험 요인은 보호 요인과는 반대로 작용하는데, 즉 문제의 가능성을 증가시킨다. 전체적인 맥락에 따라서 같은 사건이나 상황이라도 위험 요인이나 보호 요인 둘 다가 될 수 있기 때문에 이것들을 절대적인 것으로 생각하기보다는 과정으로 보아야 할 것이다(Rutter, 2007a). 예를 들어 심각한 학대를 받고 있는 어린 아동의 경우는 다른 가정에 맡기는 것이 보호 요인이 될 수 있다. 그러나 친부모와 같이 있을 수 없다는 사실은 많은 스트레스를 유발할 수 있다는 점에서 이들의 취약성을 증가시킬 수도 있다. 각 장들에서, 특정 환경과 장애의 관계에서 아동의 취약성과 회복력을 보여 주는 예를 제시하고 있다.

그림 1.2는 회복력이 높은 아동과 청소년의 요인을 보여 주는데, 이것은 이상 발달의 설명에서 종종 간과되었다. 이러한 특성들은 보호 요인의 자원과 건강을 촉진하는 개인, 가정, 학교 및 사회의 세 가지 차원으로 되어 있다(Luthar, 2006). 보호 요인은 아주 많을 수 있는데, 이 모든 자원이 다 필요한 것은 아니다. 일부 아동에게는, 한 명의 지지적인 조부모 또는 교사가 있다는 사실이 이들의 발달 과정에서 효과적인 변화를 가져오기도 한다. 일부 아동에게는 좀 더 나은 학습 환경, 사회적 안전, 충분한 가족 자원과 같이 좀 더 추가적이고 특별한 보호 요인이 필요할 수도 있다.

단원 정리

위험과 회복력

- 아동의 정상 발달은 위험 요인으로 인해 위험에 처해질 수도 있는데, 여기에는 스트레스를 주는 단기간의 상황이나 만성적인 역경이 있을 수 있다.
- 일부 아동은 위험 요인이 있는데도 좀 더 나은 회복력을 보여 주기도 한다. 회복력은 역경과 싸우거나 떨쳐 내는 능력뿐만 아니라 높은 자신감, 대처 기술, 위험 상황을 피하는 능력과도 관련이 있다.
- 아동의 회복력은 개인적인 기회, 친밀한 가족 유대, 개인 및 가족

자원	특성
개인 	좋은 지적 기능 사람을 끄는, 사교적, 유순한 성향 자기 효능감, 자기 확신, 높은 자존감 재능 신념
가정 	돌보는 부모상들과의 친밀한 관계 권위가 있는 양육 방식, 따뜻함, 구조화, 높은 기대, 사회경제적 장점 확대된 지지적 가족 연결망과의 연결
학교 및 지역사회 	아동의 복지를 향상시키는 데 관심이 있는 가족 이외의 성인 사회적 조직과의 연결 효과적인 교육에 참여

그림 1.2 역경 속에서 회복력을 보이는 아동 및 청소년의 특성.

Photo Credits: (위에서 아래로) © Odua Images/Shutterstock.com; © Apollofoto/Shutterstock.com; © iofoto/Shutterstock.com.

© iStockphoto.com/Brandy Taylor

세상에서 가장 부유한 나라인 미국에서, 아동 4명 중 거의 1명(23.1%)은 가난하게 살고 있고, 아동 가난이라는 면에서 35개 선진국 중에서 미국은 두 번째이다.

을 지지해 주는 사회공동체 자원이 포함된 세 가지 보호 차원과 연결되어 있다.

아동 및 청소년 정신건강 문제의 중요성

우리 아이들에게 좀 더 나은 세상을 만들어 주는 것은 우리 각자에게 달려 있다.

— Dr. Benjamin Spock

최근까지, 아동의 정신건강 문제는 대중적인 문헌 및 과학 문헌 둘 다에서 민속학의 영역이며 입증되지 않은 영역이었다. 학교에서의 과잉자극(overstimulation)을 정신착란의 원인으로 본 것은 단지 몇 세대 전인 19세기 중반이었고(Makari, 1993), 자폐증이 부적절하고 양육적이지 못한 부모 때문에 발생한다고 생각했던 것은 한 세대 전인 20세기 중반이었다(Bettelheim, 1967).

지금 우리는 아동과 청소년의 정신건강 문제가 자주 발생하며 전 세계적으로 중요한 사회적 우려라는 것을 인식하고 있다. 예를 들어, 2020년에는 행동적 건강 장애는 세계적으로 불능의 주요 원인으로 모든 생리적 질환을 능가할 것이다(물질 남용 및 정신건강 서비스국[SAMHSA], 2011; 세계보건기구[WHO], 2007). 아마도 "**대부분의 경우, 장애는 아동기나 청소년기에 처음 나타난다.**"(Costello, Egger, & Angold, 2005a, p. 972, 고딕체를 덧붙임; Kessler et al., 2009)는 것이 분명하다.

북아메리카와 그 밖의 지역에서 8명 중 대략 1명의 아동이 유의미하게 기능에 결함이 있고(Costello et al., 2005a), 영아와 걸음마기 유아에게서도 발견(Skovgaard et al., 2007)되는 정신건강 문제를 가지고 있다. 많은 아동들이 이후에 심리적 장애의 발달에 취약해지는 문제를 갖고 있다. 놀랍게도, 최근의 종단 연구에 따르면 5명 중 3명의 젊은 성인은 21세가 되기 전에 특정 정신장애의 진단 기준을 충족시킨다(Copeland et al., 2011). 어떤 아동은 학교 또는 가정 환경에 적응하는 데 어려움이 있고, 그래서 발달적으로나 상황적으로 적절하지 않은 방식으로 행동한다. 다른 아동은 한 가지 이상의 아동기 또는 청소년기 장애를 암시하는 빈약한 발달과 부적응 양상을 뚜렷이 보이기도 한다. 좀 더 전문적인 관심을 가지고 보아야 하는 문제와 발달 과정에서 자연스럽게 없어질 수도 있는 문제를 결정하려면 아동의 정상적인 발달과 행동 그리고 이상 발달과 행동 두 가지 모두를 잘 알고 있어야 한다.

오늘날 아동의 정신건강 요구가 큰데도 불구하고, 어린 아동(18세 이하) 인구의 25%만이 약간의 처치를 선택할 뿐이며, 선택에 관한 비용 역시 턱없이 부족하다(Weisz & Kazdin, 2010). 슬프게도, 정신건강 서비스가 필요한 많은 아동 및 청소년이 서비스를 받지 못하고 있는데, 대개는 정신장애에 대한 이해가 부족하고 개입에 대한 접근이 제한되어 있기 때문이다(Mark et al., 2008; McEwan, Waddell, & Barker, 2007). 10년 후에는 아동 정신건강 서비스의 수요가 두 배로 늘어날 것으로 보이는데, 그 이유는 아동 및 청소년 정신건강 전문가가 필요한 만큼 증가하지 못하고 있기 때문이다(Health Resources and Services Administration, 2010). 아동 정신건강 전문가는 없는가?

이어질 장에서는 문제를 표현하는 방식과 그 심각성의 정도가 시간이 지나면서 변하고 있지만 아동기 문제를 극복해 나가지 못하는 아동의 비율이 심각하다는 것을 설명하고 있다. 아동기의 발달적 결함은 이후의 가정생활, 직업, 사회적 적응, 더 이상 장애가 없을 때조차도 지속적으로 부정적인 영향을 미칠 수 있다.

아동 정신건강에 대한 인식의 변화

알려진 심리적 장애가 있는 모든 아동과 청소년의 사진을 찍을 수 있다면, 현재의 사진은 한 세대 전의 사진보다 굉장히 선명할 것이다. 이렇듯 초점이 개선되고 자세해진 것은 아동의 심리적 장애에 대한 평가와 인식을 증가시키려고 노력한 결과이다. 과거에는 평가 장치들이 여러 가지 증후군 및 증상의 진단군(clusters)의 분류에 민감하지 못했기 때문에, 다양한 정신건강과 교육이 필요한 아동이 부적응과 같은 포괄적인 용어로 묘사되곤 했다(Achenbach & Rescorla, 2007). 오늘날 우리는 여러 장애들을 더 잘 구별할 수 있는 능력이 있다. 이전에는 이해가 부족하여 발견하지 못했던 학습장애, 우울증, 10대의 자살, 섭식장애, 품행장애, 학대와 방임이 야기하고 만성적인 건강 문제가 야기하는 여러 문제들에 대해 더 많이 인식하게 되었다.

오늘날의 사진에서 나타나는 또 다른 차이는 집단의 구성이다. 사진에서 어린 아동(Skovgaard et al., 2007)과 10대(Wolfe & Mash, 2006)를 더 자주 볼 수 있는데, 이는 이들의 독특한 정신건강 문제에 대한 인식이 증가했다는 것을 반영한다. 예를 들어, 특정 의사소통장애와 특정 학습장애는 최근에서야 취학 전 및 어린 학령기 아동 사이에서 중요한 문제로 인식되었다. 유사하게, 청소년기에 극적으로 증가하는 불안 및 우울 같은 정서 문제(Rudolph, Hammen, & Daley, 2006)는 행동이나 학습 문제에 비해 눈에 드러나지 않고 다른 사람에게 피해를 주지 않기 때문에 이전에는 간과된 경향이 있었다.

우리의 현재 사진에서도 변하지 않은 것이 있다면 적절한 서비스를 받는 아동의 비율이다. 정신건강 문제가 있는 아동의 10% 미만이 개인적 · 가족적 · 상황적 요인과 관련된 결함을 다루는 적절한 서비스를 받고 있다(Costello et al., 2005a). 제한되고 단편적인 자원들은 아동이 적절한 시기에 적절한 정신건강 서비스를 받고 있지 않음을 의미한다. 다행스럽게도 이러한 상황이 바뀌기 시작하는데, 많은 아동기 장애에 대한 증거 중심의 예방 및 처치 프로그램에 대한 관심 그리고 학교 체계 내에서 아동을 위한 더욱 통합된 서비스를 요구하기 때문이다(Kirby & Keon, 2006; Weisz & Kazdin, 2010).

정신건강 문제가 불균형적으로 분포되어 있기 때문에 사진 속에 있는 아동 및 10대가 모든 아동을 무작위로 골라 반영한 것이 아니다. 이렇게 불균형적으로 정신건강 문제로 괴로움을 겪는 아동은 다음과 같다.

- 취약한 가정과 동네에 사는 아동(Brooks-Gunn, Schneider, & Waldfogel, 2013)
- 학대 또는 방임 가정의 아동(Cicchetti et al., 2010; Wekerle et al., 2006)
- 양육이 부적절한 아동(Pollak et al., 2010)
- 어머니의 흡연, 다이어트, 알코올이나 약물 남용으로 인해 저체중으로 태어난 아동(D'Onofrio et al., 2010)
- 정신질환이나 물질 남용 문제가 있는 부모에게서 태어난 아동(Davis et al., 2011; Mellin, 2010)

사진에 있는 아동들은 종종 환경적 스트레스와 심리사회

조사 연구들은 아동 8명 중 1명은 발달을 방해하는 정신건강 문제를 가지고 있고, 10명 중 1명은 구체적인 심리적 장애를 가지고 있는 것으로 추정하고 있다.

적 박탈을 복합적으로 겪고 있기 때문에 이와 같은 분류에 따라 쉽게 나누어지지 않는다. 이러한 아동은 이상 행동을 보이거나 심리적 장애를 겪고 있다고 보일 정도로 건강한 발달에 특히 취약하다.

정신장애의 표현과 발생률에 영향을 미치는 것은 무엇인가? 주요 요인 살펴보기

새로운 압력과 사회적 변화는 어린 나이에 장애가 나타날 위험성을 높일 수 있다(Obradovic et al., 2010). 오늘날의 수많은 스트레스 요인들은 과거에 우리 부모와 조부모가 받아 왔던 것과는 차이가 있다. 만성적인 가난, 불평등, 가정의 붕괴, 한 부모 가정 등은 세대에 걸쳐서 존재하기도 한다. 무주택, 이민 가정 아동의 적응 문제, 일하는 부모로 인한 부절적한 양육, 조산과 관련된 병, 부모의 HIV, 코카인이나 알코올 남용 등은 오늘날 더 많이 일어나거나 더 두드러지게 보이기도 한다(Chapman, Dube, & Anda, 2007). 의학의 발전은 환영할 만하지만 부정적인 영향도 있다. 치명적인 손상에서도 살아남은 아동의 비율이 높아져서 어린 나이에 전문적인 서비스가 필요한 행동 및 학습 곤란이 있는 아동의 수가 증가한 것이다.

개인의 환경이 장애의 과정(예: 진행)에 영향을 미치는 것과 환경으로 인해 문제가 생긴 것을 구분해야 한다는 것을 명심해야 한다. 즉, 가난, 아동 학대, 안전의 부족과 같은 환경적 스트레스 요인은 적응 불량 또는 취약한 아동의 장애까지도 발생시키는 비특정적 스트레스 요인으로 기능한다. 반대로, 동일한 환경적 영향이 다른 아동에게는 문제를 가중시킴으로써 장애의 경과에 영향을 미치기도 한다(Schreier & Chen 2013; Williams & Steinberg, 2011). 아동 정신병리를 발달시키고 출현시키는 주요 요인의 예가 아래에 나와 있으며, 장애를 다룬 각 장의 논의에서 다시 다루어진다.

빈곤과 사회경제적 약점

미국에서 아동이 성장하는 데 가장 위험한 환경은 인종과 가난이 교차하는 지점이다

— 아동보호기금(2007)

우리가 가정해서 찍은 사진 속에 있는 아동들의 얼굴의 이면을 본다면, 많은 사례에서, 정신건강 문제가 있는 아동 및 청소년의 배경과 환경이 그들의 기원에 대한 명확한 단서로 제시된다는 것을 알아차릴 것이다. 가장 두드러지는 단서는 가난, 불이익, 폭력 등이며, 이것은 아동의 정신건강에 점점 더 영향을 미친다.

아동기의 가난은 미국(U.S. Census Bureau, 2011a)에서 4명 중 약 1명, 캐나다(Statistics Canada, 2011)에서 7명 중 1명의 아동이 겪고 있는 현실이며, 특히 미국 원주민과 캐나다 원주민과 아프리카계 아동들 사이에서 더욱 빈번하다(Spicer & Sarche, 2006). 가난 속에서 성장한다는 것은 아동 및 청소년의 복지에 실질적인 영향, 특히 학습 능력 및 학업 성취에서의 결함이라는 측면에 영향을 미친다. 더욱이, 낮은 수입은 다양한 불이익들, 즉 교육 기회의 감소, 임금이 낮은 직업, 적절하지 못한 건강관리, 한 부모 가정, 자원의 제한, 영양 결핍, 폭력에 노출될 위험의 증가 등과 연관이 있다. 이 중에서 어떤 불이익이라도 아동의 발달 과정을 심각하게 손상시킬 수 있다(Razza, Martin, & Brooks-Gunn, 2010).

가난이 아동기에 미치는 영향은 뚜렷하다. 가난한 가정의 아동은 그렇지 않은 가정의 아동보다 품행장애, 만성적 질병, 학교 문제, 정서장애, 인지/학습 문제를 더 많이 겪고 있다(McMahon & Luthar, 2007). 이러한 손상은 만성적 가난이라는 사회적 불평등이 전전두 피질 발달에 심각한 영향을 미쳤기 때문이다(Kishiyama et al., 2009; Luby et al., 2013). 많은 아동이 어려운 환경을 잘 헤쳐 나가기 때문에 경제적 박탈 하나만으로는 이와 같이 높은 비율을 설명하지 못한다. 그럼에도 불구하고 불평등, 무기력, 삶을 통제할 수 없는 정도가 높을수록 아동의 신체건강 및 정신건강은 더 많이 해를 입을 것 같다(Aber, Jones, & Raver, 2007).

빈곤은 아동의 적응에 심각하지만 간접적인 영향을 미치게 되는데, 이는 아동의 일상생활에서 빈곤 경험을 입증하는 부정적인 영향, 특히 혹독하고 비일관적인 양육과 급성 및 만성 스트레스 요인에 대한 노출의 증가와 연합하기 때문인 것 같다. 예를 들면, 도시 빈민가에 거주하고 지역사회 폭력을 목격하는 청소년은 학습과 정신건강 둘 다에 영향을 미치는 인지 지연 및 인지 결함(Farah et al., 2006)뿐만 아니라 외상 후 스트레스 장애를 가지고 있을 가능성 또한 높다(Kiser, 2007).

Rob Crandall/SCPhotos/Alamy

미국에서 집이 없는 가정의 88%는 여자가 가장이다.

성별 차이

우리는 여아와 남아가 문제를 표현하는 방식이 때때로 다르다는 것을 알고 있다(Zahn-Waxler et al., 2006). 예를 들면, 과잉행동, 자폐증, 아동기의 파괴적 행동장애, 학습장애 및 의사소통장애는 여아보다 남아에게서 더 흔하게 나타난다. 대부분의 불안장애, 청소년 우울증, 섭식장애는 반대로 여아에게서 더 많다. 우리는 이러한 차이가 정의 또는 편견에 의한 것인지(더 '방해가 되는' 문제는 정신건강 기관의 관심을 더 많이 받는다), 아니면 표현에서의 차이에 의한 것인지 이해하지 못한다(Martel, 2013). 예를 들어, 공격적인 행동은 남아가 더 직접적으로 표현하고(싸움), 여아는 간접적으로 표현(예: 소문을 퍼뜨리는 것)한다. 여아의 정신건강 문제는 연구가 덜 이루어졌으나, 이러한 상황은 변하고 있고, 따라서 우리는 각 장에서 여아와 남아가 문제를 표현하는 방식을 고려하고 있다.

문제 행동에서의 성별 차이는 3세 미만의 아동은 무시할 수 있지만 연령과 함께 증가한다(Achenbach & Rescorla, 2006). 주로 청소년기에 발병의 정점을 찍으면서, 남아는 신경발달상의 손상과 관련된 장애의 초기 발현 비율이 높은 편이며, 여아는 정서 문제를 좀 더 많이 보인다. 예를 들어, 남아는 일반적으로 읽기장애, 자폐스펙트럼 장애, 주의력 결핍장애 및 초기에 발생해서 지속되는 품행장애의 비율이 높은 반면, 여아에게는 우울장애와 섭식장애의 비율이 높다(Copeland et al., 2011; Rutter et al., 2004).

그림 1.3은 내재화 문제와 외현화 문제 두 차원에서 연령에 따른 남녀의 발달적 궤도를 보여 준다. **내재화 문제**에는 불안, 우울, 신체 증상의 호소, 철회된 행동이 포함된다. **외현화 문제**에는 공격성이나 비행 행동과 같이 좀 더 표출된 행동이 있다. 그림 1.3(A)의 그림을 보면, 취학 전 및 초기 학령기에 여아보다 남아의 외현화 문제의 발생 점수가 더 높은 곳에서 시작하고, 양쪽 모두에서 점차 감소해서 18세 정도가 되면 비슷해지는 것을 볼 수 있다. 내재화 문제에서는 이와 반대의 패턴이다. 부모는 초기 아동기에는 남녀에서 내재화 문제의 비율을 비슷하게 보고하지만, 나이가 들면서 이러한 문제는 남아보다 여아에게서 가파르게 증가한다(Bongers et al., 2003). 이 모든 경향은 우리가 이 책 전반에 걸쳐 논의하는 다수의 추가적인 요인과의 관계를 고려해야 하지만, 문제 행동의 이 같은 발달적 궤도는 정상 과정과는 구별해야 할 '일탈'에 관한 유용한 근거이다.

마지막으로, 역경에 부딪혔을 때 회복력을 예측해 볼 수 있는 아동 양육 환경의 유형 역시 남녀 아동이 다르다는 것 또한 흥미롭다. 남아의 회복력은 남성의 역할 모델을 할 수 있는 가족(아버지, 할아버지, 형), 가족의 구조, 규칙, 정서적 표현의 지지에 달려 있다. 반면에 여아의 회복력은 여성 양육자(어머니, 할머니, 언니)의 지지가 있는 위험 추구와 독립심이 결합된 가정에서 나온다(Werner, 2005).

인종과 민족성

인간이란 종에서 신체적 변형이란 인간들이 거기에 붙인 사회적인 것 이외에는 의미가 없다.

— 미국인류학회(1998)

소수인종 및 소수민족 사람은 여러 나라의 실질적이면서도 생생한 부분을 보여 주는데, 이는 각 공동체들이 좀

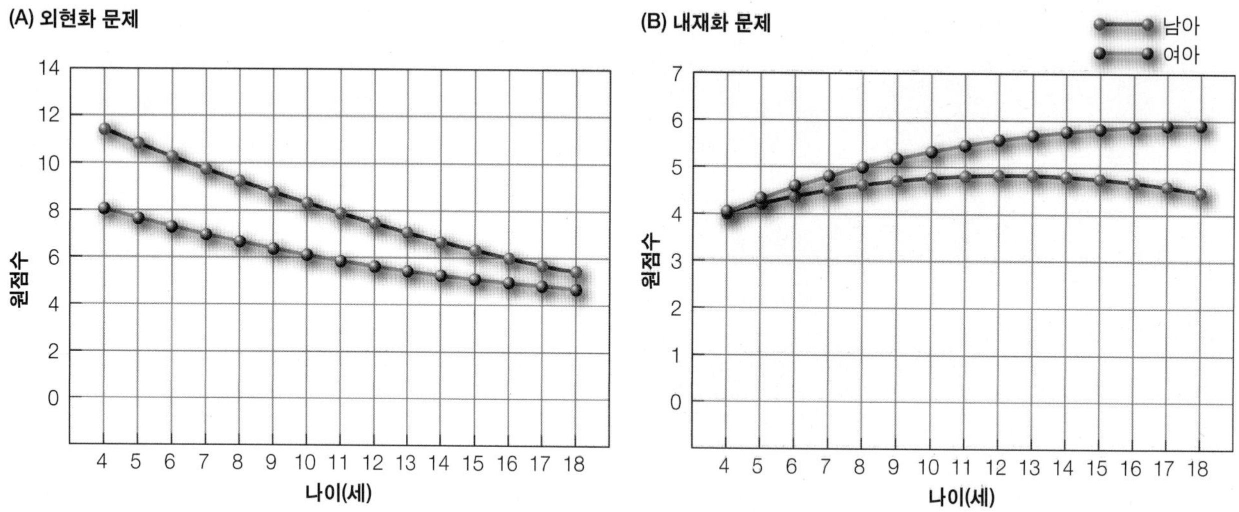

그림 1.3 아동 행동 체크리스트(CBCL)에서 외현화 문제(A)와 내재화 문제(B)의 규준적 발달 궤도. *x*축은 나이, *y*축은 원점수를 나타낸다(점수가 높으면 문제가 많다는 것을 의미한다).

출처: "The normative development of child and adolescent problem behavior", by Bongers, I. L., Koot, H. M., van der Ende, J., & Verhulst, F. C., 2003, *Journal of Abnormal Psychology*, 112, 179-192에서 인용. Copyright © 2003 by the American Psychological Association. 허락하에 게재. APA는 번역의 정확성에 대해서 책임이 없음.

더 독특한 강점, 문화적 전통, 중요한 기여를 제공하여 풍성하게 만든다. 미국에서 소수민족의 수가 급격히 증가하고 있어서, 2050년이 되면 소수 집단의 아동이 현재 전국의 44%에서 62%를 차지할 것으로 보인다(U.S. Census Bureau, 2011b).

위의 인용 글에서 보듯이, 오늘날 대다수의 문화인류학자들은 인종이 문화적으로 구성된 개념이므로 생물학적 개념이 아니라고 믿고 있다(Crisp & Turner, 2011; Sternberg, Grigorenko, & Kidd, 2005). 이것은 각기 다른 인종 집단에서 아동기의 정서장애 및 행동장애 발생률이 거의 차이가 없는 이유를 설명하는 데 도움이 된다. 미국에서 소수 집단 아동은 물질 남용, 비행, 10대 자살과 같은 장애의 발생 비율에서 지나치게 많이 기술되는 경우가 있다(Nguyen et al., 2007). 그러나 사회경제적 상태(SES), 성별, 연령, 의뢰 수준이 통제되면(즉, 이러한 요인들의 독특한 영향이 제거되거나 설명되면) 인종이나 민족성과 관련하여 아동기 심리적 장애의 발생 비율은 거의 차이가 없다(Roberts, Roberts, & Xing, 2006). 사실, SES를 통제한 일부 소수 집단은 정신병리의 비율이 낮다(Nguyen et al., 2007; Roberts et al., 2006).

문제의 발생 비율이 유사하다고 해도, 소수 집단 아동에 대한 질적인 면과 결과 및 보호에 대해서는 여전히 장벽이 높다(Alegria, Vallas, & Pumariega, 2010). 결과적으로, 미국 원주민, 알래스카 원주민, 아프리카계 미국인, 아시아계 미국인, 히스패닉계 미국인, 태평양 섬 주민은 정신장애로 인한 불능이라는 무거운 짐을 지고 있다(Agency for Healthcare Research and Quality, 2011). 특히, 지배문화는 문화적으로 다양한 집단의 역사, 전통, 신념, 언어, 가치 체계를 통합하는 것을 경시해 왔다. 잘못 이해하고 오해하는 행동은 소수 집단을 범죄 및 비행 체계로 밀어 넣는 것을 포함해서 끔찍한 결과를 야기하고 있다(Pumariega, Rothe, Song, & Lu, 2010).

소수 집단의 아동과 청소년은 가난 그리고 사회적 이익으로부터 배제되는 것과 같은 다중적인 불이익을 겪고 있다. 이러한 배제는 종종 사회에서 배제시키고, 결과적으로 자신을 이방인으로 느끼는 것, 사회적 결속의 상실, 큰 집단이 가지고 있는 규준에서의 이탈을 초래할 수 있다. 가난과 소외에 저항하려면 특별한 개인적인 힘과 가족의 지지가 필요하다. 낮은 SES의 소수민족 및 종족의 아동은 지나치게 많이 기술될 수 있다. 따라서 아동기 장애를 논의할 때 자주 거론되는 SES, 민족, 행동 문제의 관계를 주의해서 해석해야 한다. 북아메리카의 다양한 소수민족이 증가하는데도, 아동 정신병리와 처치 분야에서 민족적 대표성 및 민족성과 관련된 쟁점은 연구와 조사에서 비교적 주목받지 못하고 있다는 것을 알아야 한다(Coll, Akerman, & Cicchetti, 2000; Schwartz et al., 2010).

SES 및 성별 차이와 마찬가지로, 서로 다른 민족 집단의 서로 다른 유형의 문제에 대한 유병률의 전반적인 비교 역시 거의 알려져 있지 않다. 다시 말하면, 각기 다른 소수 집단에서 나타나는 여러 장애의 관련 요인, 장애에 영향을 미치는 과정, 결과 등에 대한 연구는 우리가 민족성과 아동 이상심리와의 관계를 더 잘 이해하게 해 줄 것이다.

문화적 이슈

특정한 민족문화 집단이 갖고 있는 가치, 믿음, 관습은 아동기 장애의 발달과 표현 그리고 아동의 문제에 대한 사람들 및 기관의 반응 방식에 영향을 미친다(Rescorla et al., 2011). 아동의 사회적 행동의 의미는 그 문화의 믿음과 가치관에 의해 영향을 받기 때문에, 아동의 문제가 문화에 따라 다소 다르게 표현된다는 사실은 놀라운 일이 아니다. 예를 들어, 아동의 수줍음과 과민함이 서양문화에서는 또래 거부, 사회 부적응과 연관이 있다고 보는 반면, 상하이에 있는 중국 아동은 리더십, 학업 능력, 학업 성취와 연관 짓는다(Chen, Rubin, & Li, 1995; Rubin et al., 2006).

문화적 영향을 생각해 볼 때, 지지할 만한 증거나 연구가 없으면 하나의 문화에서 이루어진 아동 이상 행동에 대한 연구를 다른 문화로 일반화하지 않아야 한다. 감정 조절 및 사회적 능력과의 관계처럼 일부 기저에 있는 과정은 여러 문화에 걸쳐 유사할 수 있다(Eisenberg, Smith, & Spinrad, 2011). 비슷하게, 일부 장애—특히 강력한 신경생물학적 근거가 있는 장애(예: ADHD, 자폐 스펙트럼 장애)—역시 문화적 영향에 덜 민감한 편이다. 그럼에도 불구하고, 사회적 및 문화적 믿음과 가치는 이러한 행동에 주어지는 의미, 행동에 대해 반응하는 방식, 표현의 유형, 결과에 영향을 미치는 것 같다(APA, 2013). 정신장애가 있는 아동의 태도, 행동, 생물학적 및 심리적 과정을 서로 다른 문화 전반에서 비교한 연구는 거의 없다. 그러나 책 전반에 걸쳐서 우리는 이러한 상황이 변하기 시작하는 지점을 지적할 것이다.

아동 학대와 사고가 아닌 외상

전 세계에서 방임과 학대를 당하는 아동 및 청소년의 비율은 놀랄 만한 수치이다(WHO, 2010). 미국에서는 해마다 약 100만 건(아동 1000명당 10명의 비율)의 아동 학대와 방임 사례가 확인되고 있으며(U.S. Department of Health and Human Services, 2010), 캐나다에서는 8만 건 이상이다(Public Health Agency of Canada, 2010). 10세에서 16세 사이의 아동과 청소년에게 실시한 미국의 전화 조사(U.S. phone surveys)에 따르면, 1/3 이상(600만 명)이 가족뿐만 아니라 학교나 이웃의 아는 사람으로부터 신체적/성적 폭행을 당한 적이 있는 것으로 추정되었다(Finkelhor, 2011).

사고가 아닌 외상의 형태—학교에서 폭력의 피해자가 되는 것 또는 집이나 동네에서 폭력에 노출되는 것—는 아동과 청소년에게 심각한 정신건강 문제를 일으킬 수 있다.

12세에서 17세 사이의 아동과 청소년에게 실시한 4,000명 이상의 전화 조사에서, 소년의 16%와 소녀의 19%가 폭력과 관련된 외상 후 스트레스 장애, 주요 우울 삽화, 또는 물질 남용/의존의 범주에 속했다(Kilpatrick et al., 2003). 이러한 학대와 외상은 아동에게 평생 동안 직·간접적인 해를 입히며, 이러한 피해로 인해 미국에서 매년 1240억 달러가 소요되는 것으로 추정하고 있다(Fang, Brown, Florence, & Mercy, 2012). 이러한 학대/폭력이 유의미하게 증가하고 있기 때문에, 학대와 외상에 노출된 아동을 도와주고, 이를 예방하는 방법을 개발하도록 더 많은 관심이 필요하다. 학대 그리고 외상과 관련된 이슈는 12장의 외상 및 스트레스 관련 장애에서 논의할 것이다.

청소년 및 성 소수 청소년과 관련된 특별 이슈

초기에서 중기 청소년기는 건강한 적응 대 문제가 있는 적응의 과도기이기 때문에 특히 중요하다(Cicchetti & Rogosch, 2002; Wolfe & Mash, 2006). 물질 사용, 위험한 성적 행동, 폭력, 우발적 외상, 정신건강 문제는 청소년기를 특히 더 취약하게 만드는 주요 이슈 중 극히 일부이다. 문제가 되는 것은, 위험한 행동과 관련된 사망률이 후기 아동기와 초기 성인기 사이의 3배 이상이라는 점이다(Centers for Disease Control and Prevention, 2010).

후기 아동기와 초기 청소년기는 또한 레즈비언, 게이, 양성애자, 트랜스젠더를 의미하는 LGBT(역자 주: 레즈비언, 게이, 양성애자, 트랜스젠더의 첫 알파벳을 딴 것임) 청소년들이 그들의 건강과 안녕에 영향을 미칠 수 있는 여러 가지 어려움에 처할 수 있는 시기이다. 이성애자들이 우세하고, 성 정체성이 다른 사람에 대한 편견이 많은 사회에서 성장하는 것은 이성애자가 아닌 청소년에게는 특히 힘든 일이다. 중고등학교에 다니는 LGBT 청소년들에 대한 대규모 조사에 따르면, 이들은 가족뿐만 아니라 또래에 의한 피해자가 되기 쉽고, 다른 학생들보다 따돌림·놀림·괴롭힘·신체적 공격을 더 많이 당한다(Kosciw, Greytak, & Diaz, 2009). 예를 들면, 이들의 81%는 LGBT와 관련된 언어적 폭력을 경험했고, 38%는 신체적 공격에 대한 협박을 받았으며, 22%는 거절을 경험했고, 15%는 신체적 공격, 16%는 성적 공격을 받은 것으로 보고되었다(D'Augelli, 2006). 사회의 여러 분야에서 낙인과 편견이 존재한다고 볼 때, 이성애자인 다른 청소년에 비해 LGBT 청소년이 우울증, 자살 행동, 물질 남용, 위험한 성적 행동이 포함된 정신건강 문제 발생의 비율이 높다는 것은 놀랄 일이 아니다(Coker, Austin, & Schuster, 2010).

우려가 증가한 것에 대한 반응으로, 청소년의 특별한 요구와 문제에 대한 관심이 많아지고 있는데, 특히 심각한 결과들을 예방할 수 있기 때문이다. 예를 들면, 다양한 건강 관련 기관과 정부 당국은 청소년의 위험 행동과 실험적 행동을 줄이기 위해 학교, 지역사회 프로그램, 건강관리 장면에서 캠페인을 실시하고 있다(Beardslee, Chien, & Bell, 2011). 청소년기의 문제는 아동기의 문제에 비해 소홀히 취급되는 경향이 있기 때문에, 이 책 전반에 걸쳐서 각 장애의 출현을 가능한 한 아동기와 청소년기 모두에서 살펴볼 것이다.

생애에 미치는 영향

장기적인 면에서, 아동의 정신건강 문제의 영향은 문제가 몇 개월 또는 몇 년 동안 치료되지 않고 지속될 때 대부분 심각해진다. 발달 과정과 진행을 방해하는 정서장애 및 행동장애라는 추가의 부담이 없어도, 아동기의 발달 과업은 충분히 어려움이 따르는 시기이다. 가장 만성적이고 심각한 장애가 있는 아동의 약 20%는 살아가면서 큰 어려움에 직면한다(Costello & Angold, 2006). 이들은 학교를 졸업하는 것이 어려우며, 대부분은 성인기에도 생활의 여러 측면에 영향을 미치는 사회적 문제 또는 정신과 장애를 갖고 있을 가능성이 크다.

아동기 정신병리와 연관된 평생 지속되는 결과는 경제적인 영향 또는 인간적인 고통이라는 면에서 큰 비용을 지불한다. 건강·교육·정신건강·사법 체계와 같은 지역사회 자원에 대한 요구, 생산성의 손실, 반복되고 장기적인 중재, 고통받는 아동 및 아동의 가족 그리고 이들이 만나는 지역사회 구성원의 인간적인 고통에 대한 비용은 막대하다. 환경과 기회가 건강한 적응과 능력을 촉진시켜 줄 때, 아동과 청소년이 큰 장애들을 극복해 나갈 수 있다는 점은 다행스럽다.

이 장에서 제시된 우려에 대해 점점 더 인식하게 되어서 예방과 도움이라는 목표를 수행하려는 몇 가지 계획이 도출되었다. 이러한 계획들은 목표를 성취하기 위한 권장사항으로 정부의 여러 가지 보고서에 요약되어 있다. 이와 같은 중요한 보고서들은 인터넷에서 찾아볼 수 있는데(**살펴보기 1.6** 참조), 이러한 발전들과 친숙해지라고 권고한다.

단원 정리

정신장애의 표현과 발생률에 영향을 미치는 것은 무엇인가? 주요 요인 살펴보기

- 성장하면서도 지속될 문제와 성장과 더불어 극복해 넘길 수 있는 문제를 결정하려면 아동의 정상적인 발달과 행동 그리고 이상 발달과 행동 모두에 대해 분명히 알아야 한다.
- 아동 8명 중 1명은 기능에 심각한 결함이 있는 정신건강 문제를 가지고 있다.
- 어려움이 표현되는 방식은 시간이 지나면서 형태와 정도가 변한다고 해도, 의미 있게 큰 비율의 아동들이 성장하면서 아동기 문제를 해결하지 못하고 있다.
- 정신건강 문제는 고르게 분포되지 않는다. 사회경제적 불이익을 겪는 아동 그리고 폭력과 부적절하고 유해한 환경에 노출된 아동은 정신건강 문제를 가지고 있을 가능성이 더욱 높다.
- 아동의 생물학적 성·민족성·문화적 환경은 그 아동의 행동 및 정서적 문제가 표현되고 다른 사람들에게 인식되는 방식에서 중요한 기여 요인이다.
- 아동기의 많은 문제가 아동과 사회 모두에게 일평생 영향을 미친다.

살펴보기 1.6

아동 및 청년의 정신건강 관련 주제에 관한 보고서

1999년도 정신건강에 관한 미국 공중 위생국(U.S. Surgeon General)의 보고서가 나온 이후, 정신건강에 문제가 있는 아동 및 청년을 이해하고 도와주려는 국가 또는 세계적인 주요 보고서와 의제들이 많다. 놀랄 정도로 풍부한 정보의 시대는 정보에 대해 자유롭게 접근하는 것이 가능해졌다(교재를 읽는 것이 충분하지 않은 것처럼!). 아래에는 그 분야에서 중요한 문서의 목록이 나열되어 있다. 여러분의 Psychology CourseMate(역자 주: 한 학기 단위로 소정의 이용료가 부가됨)는 이러한 문서의 대부분과 연결되어 있다.

정신건강

U.S. Public Health Service Office of the Surgeon General. (1999). *Mental health: A report of the Surgeon General*. Rockville, MD: Department of Health and Human Services, U.S. Public Health Service.

발달 및 정신병리

Institute of Medicine. (2000). *From neurons to neighborhoods: The science of early childhood development*. Washington, DC: National Academies Press.

아동의 권리

UNICEF (2013): Convention on the Rights of the Child. Protecting and realizing children's rights. Available at: http://www.unicef.org/crc/index_protecting.html.

문화, 인종, 민족성

U.S. Public Health Service Office of the Surgeon General. (2001). *Mental health: Culture, race, and ethnicity: A supplement to Mental health: A report of the Surgeon General*. Rockville, MD: Department of Health and Human Services, U.S. Public Health Service.

아동의 정신건강

Report of *Healthy Development: A Summit on Young Children's Mental Health* (2009). Partnering with communication scientists, collaborating across disciplines, and leveraging impact to promote children's mental health. Washington, DC: Society for Research in Child Development. Available at: www.apa.org/pi/families/summit-report.pdf

아동의 정신건강에 관한 연구

Children's Health Policy Centre: Children's Mental Health Research Quarterly. Available at: http://childhealthpolicy.ca/the-quarterly

정신건강: 세계적 관점

World Health Organization. (2007). *The world health report 2007*. Geneva: World Health Organization.

정신건강 관리의 변화

Transforming mental health care in America. Rockville, MD: Substance Abuse and Mental Health Services Administration (SAMHSA). Available at: http://www.samhsa.gov/federalactionagenda/NFC_TOC.aspx.

Out of the Shadows At Last: Transforming Mental Health, Mental Illness and Addiction Services in Canada. The Standing Senate Committee on Social Affairs, Science and Technology. Available at: http://www.parl.gc.ca/Content/SEN/Committee/391/soci/rep/rep02may06-e.htm

물질 남용

Substance Abuse and Mental Health Services Administration. (2011). *Results from the 2010 National Survey on Drug Use and Health: Summary of National Findings* (NSDUH Series H-41, HHS Publication No. (SMA) 11-4658. Rockville, MD. Available at: http://oas.samhsa.gov/nsduhlatest.htm

자살 방지

U.S. Department of Health and Human Services. *Suicide Prevention: Resources and Publications*. Substance Abuse and Mental Health Services Administration. Available at: http://www.samhsa.gov/prevention/suicide.aspx

National Strategy for Suicide Prevention: Goals and Objectives for Action. A Report of the U.S. Surgeon General and of the National Action Alliance for Suicide Prevention (2012). Available at: http://www.surgeongeneral.gov/library/reports/nationalstrategy-suicide-prevention/index.html

(다음 쪽에 계속)

살펴보기 1.6

아동 및 청년의 정신건강 관련 주제에 관한 보고서(계속)

청소년 폭력

U.S. Public Health Service Office of the Surgeon General. (2001). *Youth violence: A report of the Surgeon General.* Rockville, MD: Department of Health and Human Services, U.S. Public Health Service.

Centers for Disease Control and Prevention. *Injury Prevention and Control: Youth Violence.* Available at: http://www.cdc.gov/ViolencePrevention/youthviolence/index.html

건강 위험 감소시키기

World Health Organization. (2012, September). *What are the key health dangers for children?* Available at: http://www.who.int/features/qa/13/en/index.html

폭력과 건강

World Health Organization. (2002). *World report on violence and health.* Geneva: World Health Organization. Also see: WHO Violence and Injury Prevention. Available at: http://www.who.int/violence_injury_prevention/violence/en

성 소수 청소년

Centers for Disease Control and Prevention. (2011, June). *MMWR: Sexual Identity, Sex of Sexual Contacts, and Health-Risk Behaviors Among Students in Grades 9–12—Youth Risk Behavior Surveillance, Selected Sites, United States, 2001–2009.* Available at: http://www.cdc.gov/healthyyouth/disparities/smy.htm

더 살펴보기

우리는 아동 이상심리를 정의하는 각기 다른 수많은 개인과 가족 및 사회적·문화적 영향을 고려함과 동시에 아동 정신건강 문제의 중요성을 이 책 전반에 걸쳐 반복해서 언급해 왔다. 아동은 자신의 행동을 스스로 옹호할 수 없고, 이들의 정신건강의 필요와 발달적 문제는 성인과는 뚜렷한 차이가 있기 때문에, 이러한 우려를 기억하고 있어야 한다. 더욱이 아동의 문제는 분명하게 구별되고 정리되는 것이 아니다. 책에서 논의되는 많은 장애들은 증상, 특징, 처치(treatment)의 필요성과 같은 부분에서 다른 장애들과 중복된다. 다시 말하면, 아동 및 청소년의 이상심리를 이해하는 최고의 전략은 진단 규준을 확고한 규칙이 아닌 지침으로 삼으면서 아동 전체를 보는 것이다.

뒤이은 2, 3, 4장에서는 이론, 원인, 연구 및 임상적 쟁점들에 대해 살펴볼 것이다. 2장에서는 아동과 청소년의 장애를 보는 현재의 관점에 대해 살펴보게 될 것이다. 여기에는 뇌에 대한 새로운 발견으로 인해 가능하게 된 흥미로운 진전 및 이러한 진전이 아동의 발달과 장애에 영향을 미치는 생물학적 및 심리적 과정을 이해하는 데에서 어떻게 통합되었는지가 포함되어 있다. 3장에서는 특징, 원인, 과정, 처치 방법에 대한 이해를 돕기 위해 아동, 청소년, 가족에 관한 연구 방법을 검토할 것이다. 4장에서는 아동의 정신건강, 특히 평가·진단·처치에 대한 현재의 접근과 관련된 임상적 이슈에 대해 논의할 것이다. 심리적 개입은 장애에 따라 크게 달라질 수 있기 때문에, 적용되는 장애의 맥락 내에서 특정 장애를 위한 가장 최신의 그리고 효과적인 처치에 대해 기술할 것이다. 이렇게 함으로써 처치 및 처치의 효과성에 대한 정보를 장애에 대한 설명과 그 원인을 이해하는 데 통합시킬 수 있을 것이다.

5장부터 14장까지는 아동 및 청소년의 구체적인 장애에 대해 논의한다. 우리는 이 장애들을 세 가지의 일반적인 범주로 체계화했다.

- 신경발달장애. 5장부터 8장까지는 발달의 초기에 나타나서 개인적·사회적·학업적 기능에 포괄적으로 손상을 끼치는 장애들을 살펴볼 것이다. 이러한 발달적 손상은 흔히 만성적이고 정상적인 학습 또는 성취 능력에 영향을 미치는데, 지적 불능, 자폐 스펙트럼 장애, 의사소통장애 및 학습장애, 주의력결핍/과잉행동장애(ADHD)가 포함된다.

- **행동장애 및 정서장애.** 9장부터 12장까지는 중기 아동기에서 후기 아동기 그리고 청소년기에 전형적으로 나타나는 행동장애와 정서장애를 다룰 것이다. 여기에는 파괴적 및 품행장애(환경과 갈등을 일으켜서 종종 외현화 문제라고 언급됨), 기분장애와 불안장애(타인의 눈에는 두드러지지 않으면서 내적으로 많은 갈등을 일으킨다는 점에서 내재화된 문제라고 언급됨), 외상 및 스트레스 관련 장애가 포함된다. 우리는 또한 학대 및 기타 형태의 사고에 의한 것이 아닌 외상이 아동의 발달 진행과 과정에 미치는 중요성을 고려하여 아동기 학대를 외상 및 스트레스 관련 장애에서 살펴보게 될 것이다.
- **신체 및 정신건강과 관련된 문제.** 13장과 14장에서는 만성 질환, 물질 남용, 섭식장애처럼 아동의 총체적인 심리적 기능에 영향을 미치기도 하고 영향을 받기도 하는 의학적 · 신체적 질병으로부터 유래된 장애에 대해 살펴볼 것이다.

책에서 우리는 건강한 아동의 기능 그리고 성장하면서 찾아오는 어려움에 어떻게 적응하는지에 대한 관심보다는 이상 발달을 기술하고 분류하는 네 아주 많은 관심을 쏟았다. 이와 같은 불균형에 비추어, 우리는 본문 전체를 통해 아동의 정상적인 지적 발달(지적 불능 부분에서), 정상 범위에 속하는 잘못된 행동과 행동 표출(품행장애와 관련하여)과 같이 각 장애를 정상적인 발달 과정의 논의와 함께 살펴볼 것이다. 또한 특정 장애의 출현과는 별개로 아동의 강점과 적응 능력을 고려할 것이고, 기타 결함들이 있는데도 불구하고 건강한 적응을 격려한다고 믿어지는 요인에 대해서도 고려할 것이다. 각 장애의 핵심 특징(과잉행동-충동성, 슬픈 기분, 또는 반사회적 행동 같은)을 제시하고, 뒤이어 관련된 중요한 특징들(자존감, 또래 관계에서의 문제 또는 물질 남용 같은)을 제시해 놓았다.

아동 이상심리라는 긴 여행을 시작하면서, 오늘날 아동이 처한 위험—가난, 만성 질환, 학대, 무관심—이 중요한 변화를 만들어 내고 유지될 수 있을 만큼의 사회적 인식을 일으키는 데에는 실패했으나, 그렇다고 이 위험이 과거의 그것보다 중요하지 않은 것이 아님을 기억해야 할 것이다. 아동의 노동과 아동 학대, 또는 여러 다른 형태의 실제적 피해 및 잠재적 피해가 법으로 금지된 나라에서도 초기 아동기의 환경이 아동의 건강, 안녕, 능력에 얼마나 중요한지에 대해서는 최근에 인식하기 시작했다. 다행스럽게도, 아동 및 청소년을 영원히 무관심한 존재로, 사회에서 비용이 드는 짐으로 생각하지는 않을 것 같다. 이 책의 각 장에서 지적하듯이, 아동과 청소년을 향한 정책과 계획을 변화시키려는 노력이 점점 증가하고 있다.

✳ 학습 자료

단원 요약

역사적 관점과 비약적인 발전
아동 및 청소년의 이상 행동이란 무엇인가?
위험과 회복력
아동 및 청소년 정신건강 문제의 중요성
정신장애의 표현과 발병률에 영향을 미치는 것은 무엇인가?
더 살펴보기

핵심 용어

낙인(stigma)
내재화 문제(internalizing problem)
능력(competence)
다중 결말(multifinality)
동일 결말(equifinality)
발달 경로(developmental pathway)
발달 과제(developmental task)
보호 요인(protective factor)
심리적 장애(psychological disorder)
외현화 문제(externalizing problem)
위험 요인(risk factor)
질병분류학(nosologies)
회복력(resilience)

2

이론과 원인

모든 것은 가능한 한 간단하게 해야 하지만, 지나치게 간단하지 않아야 한다.

—Albert Einstein

이 장 미리 보기

모호하게 들릴 수도 있지만, 거의 모든 아동의 문제와 가족의 문제는 다차원적이며, 위험 요소와 과정이 상호작용해서 나온 것이다. 가정이나 학교 상황에서 일어난 사건은 개인의 발달 과정에 상당한 영향을 미친다(1장의 '위험과 회복력'에 대한 논의 참조). 그러므로 아동에게 일어난 문제는 어떤 한 가지 요인보다는 여러 차원들—개인, 가정, 사회, 문화—의 영향을 고려해야 한다. 심리적 장애의 원인이 중요하기 때문에, 이 장에서는 주요한 생물학적 및 심리학적 영향에 대해 설명한다.

이 장에서는 여러 다른 방식으로 계속되는 아동의 발달을 만들어 가는 영향력과 관련된 이론 및 연구에 대해 살펴본다. 이러한 영향 중 일부(예: 생물학적 · 환경적 요인)는 아동 안에 존재하는 반면에, 다른 것(예: 가족 패턴이나 문화 규범)은 아동을 둘러싸고 있는 다양한 환경에서 비롯된다. 아동의 비정상적인 발달을 좀 더 잘 이해하기 위해서 이와 같은 다양한 인과적 영향이 어떻게 기여하고 있는지, 그리고 개념적으로 서로 어떻게 관련되어 있는지를 살펴볼 것이다.

Jorge의 현재 상황과 부모의 의뢰 사유를 살펴보는 것으로 시작할 것인데, 이는 중요한 쟁점을 제기할 것이다. Jorge는 학습 결함이 있는 경도 지적 장애가 있는가? Jorge가 학습장애가 있다고 보는 그의 어머니의 생각이 맞는가? Jorge는 지적 불능과 상관없이 학업에 영향을 미치는 특정 의사소통 문제나 학습 문제를 가지고 있는가? 그의 학교 환경 및 가정 환경이 학습 곤란과 학교에 대한 두려움에 영향을 미쳤을 것이다. 부모와 교사는 Jorge가 실패할 것이라고 예상했는가? Jorge에게 많은 지원이 주어졌는가? Jorge는 가정에서 학대 또는 방임되어 왔는가?

Jorge 문제의 원인은 무엇인가?

학업이 어려운 이유를 찾기 위해 Jorge, 부모, 교사를 면담한다고 가정해 보자. 이러한 일을 어떻게 진행할 것인가? 특히 중요하다고 생각하는 정보는 무엇인가? 또한 그의 문제에 대해 여러 가능한 이유를 체계화하고 탐색하기 위해 어떤 계획을 세우겠는가? 대체로 여러분은 무엇을 묻고 왜 묻는지를 결정하는 데 도움이 되는 이론을 구성할 것이다. 처음에 여러분의 이론은 매우 기본적이면서도 다듬어지지 않았을 것이다. 학교에서 Jorge가 겪는 문제는 그가 부모와 교사로부터 받는 부정적인 피드백 및 압력과 연관시킬 것이다. 진행될수록, Jorge의 문제에 대한 여러분의 이론은 점차 확대되고 구체적이 되어서, 더욱 세밀한 질문을 할 수 있을 것이다.

Jorge의 행동과 관련되는 가능한 원인을 살펴보자.

1. 생물학적 영향. Jorge의 초기 발달에 대해서는 거의 아는 것이 없기 때문에 Jorge의 어머니에게 태내 히스토리를 물어볼 것인데, 여기에는 중요한 질병, 상해, 임신 중에 영향을 미칠 수 있는 부부 문제나 임신 중 스트레스가 포함되어 있다. Jorge의 문제는 또한 행동 억제에 대한 아동의 성향을 반영하는데, Jorge가 새롭거나 도전적인 상황에서 다른 아동보다 극심한 걱정과 두려움을 가지고 접근하는 것일 수도 있다(Gleason et al., 2011).

두려움 및 불안이 있는 아동, 몸 안에 돌아다니는 스트레스 호르몬 수준으로 인해 영향을 받은 아동은 그 부모 역시 유년기에 아동과 유사한 문제가 있었을 가능성이 높다(Micco et al., 2009). Jorge도 고조된 각성 또는 민감하게 환경에 반응하는 경향성을 타고났을 수도 있다. 그렇지 않으면, 아동의 뇌에 형성된 초기 신경학적 발달과 대뇌 연결의 패턴이 Jorge가 유아였을 때 부모의 양육 방식으로 인해 영향을 받았을 수도 있다. 결국 이러한 초기의 패턴은 Jorge가 새로운 과제를 받아들이고, 비판에 반응하고, 타인과 관계를 맺는 방식에 영향을 미친다(Belsky & Haan, 2011). 또 다른 가능성은, Jorge가 음운 인식에 영향을 미치는 한 가지 이상의 유전자를 물려받은 것일 수도 있다. 이로 인해 자신의 음운(개별 소리)을 인식하고 처리하지 못해서 읽기장애를 겪는 것일 수도 있다(Scerri & Schulte-Körne, 2010).

2. 정서적 영향. Jorge와 유사한 아동은 자신의 스트레스에 단서가 되는 방식으로 생각하고 행동할 뿐만 아니라, 초기에는 명백히 드러나지 않는 다양한 정서적 신호를 보인다. 정서적 표현은 Jorge의 내적 세계, 특히 읽기와 같은 어려움에 도전하는 Jorge의 정서적 반응을 들여다보는 또 다른 독특한 창문이 된다. 다음과 같은 가능성을 고려해 보자. 읽기 숙제 또는 다음 날 아침에 학교에 다시 가야 한다는 생각 때문에, Jorge는 두려움에 압도되고 공황 상태가 될 수도 있을 것이다. 심장은 뛰고, 호흡은 가빠지고, 그의 생각은 이 악몽 같은 상황에서 가능한 한 빨리 벗어날 수 있는 방법에 몰두해 있을 것이다. 이러한 감정 및 걱정에 빠져 있어서 집중력은 더욱 떨어진다.

Jorge가 경고 없이 표면화되는 각성, 스트레스, 흥분 감정을 조절하는 능력이 없다는 것이 Jorge의 현재 문제를 설명하는 핵심 요인이다. 그러나 그것이 어떻게 유래

JORGE
따라갈 수가 없어요

Jorge는 열네 살 무렵에 학업상의 문제로 나에게 의뢰되었다. 4학년이 된 이후부터 Jorge의 학업 수행은 평균 이하였으며 주의 집중에 어려움을 보였고, 학급에서는 '너무 조용하고 초조해 보이는' 아이로 여겨졌다. 지난 4년간 여름방학에 그는 읽기 능력을 향상시키기 위해 수업 외의 레슨을 받았지만, 현재 3학년 수준이다. 그 결과, 그의 부모는 학교로부터 그가 다른 부분에서 향상을 보이지 않는다면 진급하지 못할 것이라는 통지서를 받았다. Jorge가 또래 집단을 따라가지 못하는 것에 대해 모든 사람들이 그에게 화가 나 있었다.

내가 Jorge를 만났을 때, 학교 문제에 대한 그의 생각은 간단하면서도 명확했다. Jorge는 시선을 바닥에 두고 의자에서 몸을 뒤척이며 "선생님이 문제예요."라고 말했다. "나에게 소리만 지르는데 내가 어떻게 배우겠어요? 국어 선생님에게 책을 덜 읽었다고 하니까 선생님은 제 마음이 산만하고 집중하지 않아서 오래 걸리는 거라고 말했어요." 좀 더 이야기를 한 후, Jorge는 자신의 문제에 대해 조용하면서도 언짢은 목소리로 다음과 같이 말했다. "내 머리로는 어떤 것도 잘하지 못할 것이라는 걸 알아요. 나도 내가 뭔가를 빨리 배운다는 것은 상상도 할 수 없어요. 선생님도 많이 도와주는 것은 아니에요. 학교 생각만 해도 불안해집니다. 내가 제대로 하지 못해서 모두가 나를 비웃을까 봐 두려워요."

© SW Productions/Getty images

모든 사람들이 Jorge에게 화난 것처럼 보인다.

Jorge의 어머니와 아버지는 나와 따로따로 만났으며, Jorge가 학교에서 잘하지 못하는 이유가 무엇인지에 대한 자신들의 견해를 덧붙였다. 그의 가족은 Jorge가 2학년 때 스페인어를 쓰는 동네에서 이사를 했다. Jorge는 학교에서 영어를 배우는 데 어려움이 있었는데, 그 이유는 부모가 집에서 영어를 사용하지 않기 때문이었다. 어머니는 Jorge가 학교에 가기 싫다고 하거나 학업을 따라가지 못한다고 말할 때 화가 치밀어서 소리를 지르게 된다고 시인했지만, 그것이 문제가 된다고 생각하지는 않았다. Jorge의 어머니는 "학습장애에 대해 읽어 본 적이 있는데 아마도 Jorge가 그런 것 같아요. Jorge는 마음을 한 곳에 집중하지 못하고 학교에 가는 걸 두려워하고 숙제를 하지 않으려고 하는 데 그의 인생을 건 것 같아요."라고 덧붙였다. 면담이 끝날 무렵에 Jorge의 부모가 Jorge에게 분노해 있음이 분명해졌다. 그들은 Jorge가 자신의 노력이 부족한 것을 교사 탓으로 돌리고 있었으며, Jorge가 차분해지고 학교에 대해 너무 걱정하지 않도록 하기 위해 특수학급과 약물이 필요할 것이라고 생각했다. (저자의 사례 자료에서 인용)

되었는지는 여전히 확신할 수 없다. 정서 반응성과 정서 표현은 영아 및 어린 아동이 주위 환경과 제일 먼저 의사소통하는 방법이며, 이들이 적응하면서 정서를 통제하는 능력은 양육자와의 초기 관계에서 아주 중요한 측면이다(Eisenberg, Smith, & Spinrad, 2011). 정서는 강력한 것으로, 아동이 자신의 정서적 충동을 감소시키거나 통제할 수 있는 방법을 알고 있어야만 한다. 가장 적응적인 방법은 양육자로부터 위안을 찾는 것인데, 이는 아동이 점진적으로 스스로 조절하는 방법을 배울 수 있도록 도와준다. Jorge의 등교 거부 또는 공포증은 어릴 때 그의 어머니가 유용한지(availability)에 대한 불안으로 인해 나타날 수 있고, 점점 더 확고하고 일반화된 불안정으로 커졌을 수도 있다(Bernstein & Victor, 2010).

3. 행동적 및 인지적 영향. Jorge는 읽기 성적이 평균 이하이다. 우리가 알고 있는 학습 원리를 사용해서, 공포나 회피를 유발하는 사건의 관점에서, 그리고 불쾌한 반응을 감소시킴으로써 회피를 유지하게 하는 사건의 관점에서 Jorge의 현재 상황을 탐색해 볼 수 있을 것이다. Jorge가 나아지지 않는 것을 부모가 비난하거나 교사가 지목할 때, 이것은 징벌적 사건이 될 수도 있다.

Jorge 문제에 대한 행동적 접근은 환경적 측면, 즉 그가 느리게 숙제를 하는 것에 대해 부모나 교사로부터 받게 될 관심과 같은 것을 바꾸려고 노력할 것이며, 이러한 접근이 Jorge의 학업 수행과 회피에 어떤 작용을 하는지 파악하려고 할 것이다. 또한 우리는 Jorge가 공포를 느끼게 하는, 학교에서 또래의 놀림이나 거부를 고려해 볼 수 있다. 학교에서 Jorge의 모습을 관찰하고, 그가 공포를 느낄 수 있는 사건의 목록을 좁혀 가면서, Jorge의 학습 발달사에 대한 가설, 그리고 더 중요한 것은 문제를 교정할 수 있는 방법을 찾아내기 시작할 것이다. 한 가지 가능성은 Jorge가 숙제를 마치고자 노력하는 것에 수반된 강화를 증가시키는 것이 될 수 있다(Little, Akin-Little, & Newman-Eig, 2010).

사건에 대한 개개인의 해석과 같은 인지적 영향 또한 중요한 고려 사항이다. Jorge가 상황을 어떻게 보고 있으며, 그러한 관점은 정확한가? 공포 및 걱정이 있는 아동은 때때로 자기 파괴적인 신념 체계를 발달시키며, 이와 같은 신념 체계는 아무리 노력해도 실패할 것이라고 믿게 만든다(Beidel & Turner, 2007). Jorge는 학교에서 읽기 및 그 외 상황에서 실패를 경험해 왔으며, 이로 인해 학업 및 친구들과 더 많은 어려움이 있을 것이라고 예견하는 것은 타당하다. Jorge의 말은 이러한 관점을 분명하게 보여 준다. "그들이 나를 바보라고 생각하는데 내가 뭘 배우겠어요?" "내 머리로는 어떤 것도 하기 힘들어요." "학교를 생각하는 것만으로도 불안해져요." 이러한 생각은 그를 더 불안하게 만들고, 가능한 한 학교를 더 회피하게 만들 것이다. 요컨대, 학교에서 자신의 수행에 대한 Jorge의 예상은 실패나 조롱, 또는 관심을 끌 만한 사건에 대해 심한 공포를 일으킨다. 아동의 자기표현 및 인지는 내적 세계의 창문이 되며, 이는 우리가 아동의 행동을 관찰할 때 놓치는 단서들을 제공한다.

4. 가족 · 문화적 · 민족적 영향. 가족 및 또래 관계, 사회적 환경, 좀 더 큰 문화적 및 민족적 정체성에 대해 고려해야만 Jorge가 겪는 문제의 가능한 원인을 이해할 수 있다(Marks, Patton, & Coll, 2011). 부모와의 초기 관계가 감정을 적응적으로 조절하는 능력이 부족하게 만들었을 수 있지만, 현재의 교사 · 또래 · 가족 구성원과의 관계는 또 다른 단서가 될 수 있다. 가족 수준에서 볼 때, 부모는 그의 한계를 얼마나 예민하게 인식할 수 있고, 얼마나 기꺼이 Jorge에게 대안적인 전략을 가르치려고 하는가? 그의 어머니는 삶 또는 자기 자신의 문제(직업을 포함하여)뿐만 아니라 자녀에 대한 희망과 기대 수준이 높다. 어머니는 Jorge에게 잘하려고 하지만, 그녀의 행동은 이해되지 않는 부분이 있으며, 민감성의 부족은 여전히 문제가 될 수 있다. "학습장애에 대해 읽어 본 적이 있는데, Jorge가 그런 것 같아요."라고 어머니가 말한 것은 Jorge의 문제라고 해 버림으로써 문제를 회피하려 한다는 것을 시사한다. 부모 중 누구도 다른 가능성에 대해서는 고려하지 않는 것 같다. 더욱이 어머니는 화가 나면 Jorge에게 소리를 지른다고 시인했다. 이러한 것은 Jorge의 약한 자기 개념 및 공포와 각성을 통제하고자 하는 Jorge의 시도에 어떤 영향을 미쳤을까?

문제가 있는 아동뿐만 아니라 모든 아동은 자신의 독특한 욕구와 능력에 민감하고 자기 통제를 발전시키는 데에서 한계가 적절하게 제시되는 양육이 필요하다(Morris et al., 2011). Jorge의 가정과 학교에 있는 중요한 성인 모두는 그에게 민감하게 반응하지 않았으며, 따라서 시간이 지나면서 Jorge의 행동이 악화되었다는 것은 놀랄 일이 아니다.

이와 같은 맥락에서, Jorge의 행동이 문화적 규준 또는 기준에 의해 영향받는 방식에 대해 생각해 보는 것도 중요하다. 즉, 학교와 집에서 어떻게 행동해야 하는지에 대한 그의 가족의 기대는 그의 비히스패닉계 또래에게는 이상하게 보일 것이다(Trommsdorff & Cole, 2011). 소수 문화 집단의 아동은 문화를 받아들이는데, 즉 '문화 적응'이라고 하는 어려움이 있을 수 있고, Jorge는 두 문화 사이에 갇힌 것일 수도 있다. 시간이 지나면서 그는 이러한 대립적인 요구와 기대 사이에서 균형 잡는 법을 배워 갈 것이며, 특히 이중 문화 환경에서 살고 있다면 더욱 그러하다. 자신의 전통 문화와 받아들여야 하는 문화 둘 다에 적응을 해야 하는 아동 및 청소년에게 두 문화 공존이 문화 적응의 가장 적응적인 접근이라는 증거가 증가하고 있다(Schwartz et al., 2013).

마지막으로, 건강한 발달을 위해 아동은 안전한 공동체 · 괜찮은 학교 · 적절한 건강과 영양 · 자기 나이에 맞는 또래에게 접근 · 확대가족 또는 지역사회 구성원들과

그림 2.1 Jorge의 문제: 어디에서 개입을 해야 하는가?

Photo Credit: Kin Images/Photodics/Jupiter Images

의 친밀한 관계를 만들 수 있는 기회 등이 있는 양질의 기본 생활이 필요하다. 이러한 기회 및 필요성은 모든 아동의 발달에서 근간이 되며, 부모가 이혼했거나 빈곤한 가정의 아동에게는 아주 심각한 문제로 부각될 수 있다(Fabricius & Luecken, 2007; Rutter, 2003).

Jorge의 문제에서 고려해 볼 필요가 있는 몇 가지 중요한 요소들이 **그림 2.1**에 제시되어 있다. 생각해 보아야 하는, 'Jorge를 힘들게 하는 것'이 많은데, 임상가 및 연구자는 종종 이를 적절히 다루는 사정과 개입을 위해 다중 원인으로 시각화하려고 시도한다.

단원 정리

JORGE 문제의 원인은 무엇인가?

- Jorge 사례는 아동의 심리적 문제를 일으키거나 영향을 미치는 수많은 상호 연관된 요소들의 예시이다.
- 아동 이상 행동의 원인에 관한 연구에는 생물학적 · 심리적 · 사회적 · 문화/민족성 요인에 대한 이론 및 결과가 내포되어 있다.
- 생물학적 요인에는 유전적 및 신경생물학적 기여 요인 등이 포함된다.
- 심리적 영향에는 정서 및 관계의 영향뿐만 아니라 행동의 역할 그리고 인지적 과정이 포함된다.
- 아동의 문제에 기여한 주요 사회적 요인에는 가정의 패턴, 또래 관계, 사회적 요소, 문화적 기대가 포함된다.
- 이러한 영역의 각 요인들이 영향을 미치며 서로 상호작용한다.

이론적 배경

아동의 지속적인 적응과 발달이라는 맥락에서 비정상을 정의하는 것 그리고 문제에 대한 가장 그럴듯한 원인을 골라내는 것은 복잡 미묘한 과정이다. 원인-결과의 관계가 간단하거나 직접적인 경우는 거의 없다. 아동 이상 행동에 관한 연구에서는 특정 아동에게 주요한 영향을 미치는 개별적인 사건 및 상황적 사건뿐만 아니라 발달 과정에 대한 평가가 필요하다. 정상 발달을 연구하는 것은 이상 발달에 관한 이론을 알려 주고, 그 반대의 경우도 마찬가지이다.

대부분의 임상 활동 및 연구 활동은 안내와 정보를 위한 이론을 형성하는 것에서부터 시작된다. 이론은 우리가 가지고 있는 지식을 좀 더 통합적으로 조합하고 의사소통하게 해 주는 과학의 언어이다. 이론은 지식의 표본에서 행동에 대해 추측하고 예견할 수 있게 하고, 나아가 가능한 설명을 탐색하도록 우리를 움직이게 한다. 단서와 지침을 제공하는 보물지도처럼, 이론은 우리가 인과적 설명을 할 수 있는 지침을 제공한다. 이러한 이론적 단서를 생활(삶, 인간)로 가져오려면 지식, 기술, 증거들이 추가되어야 한다.

아동기 장애의 원인에 대한 연구는 **병인학**이라고 알려져 있는데, 이는 생물학적 · 심리적 · 환경적 과정이 어떻게 상호작용하고 시간이 흐르면서 관찰되는 결과를 생성하는지에 대해 고려한다. 생물학적 결정 요인에 대한 연구는 뇌의 구조적 손상 또는 역기능, 신경전달물질의 불균형, 유전적 영향과 같은 가능한 원인에 초점을 맞춘다. 심리적 및 환경적 모델은 환경적 독소, 초기 경험, 학습의 기회, 훈육 관행, 가족 체계, 사회문화적 맥락 등의 역할을 강조한다. 이러한 요인들이 종종 가능한 '원인'으로 기술되기도 한다. 사실상 이들은 연관된 특정 장애의 주요 위험 요인이고 상관이 있지만, 이러한 인과적 역할이 항상 명확한 것은 아니다.

수많은 이론 모델들이 아동의 심리적 장애를 설명하고 처치(treatment)를 시사하고 있지만, 대부분의 이론은 입증되지 않거나 검증조차 되지 않았다(Weisz & Kazdin, 2010). 최근까지 대부분의 모델은 다른 영향이나 상호작용을 고려하지 않고 단일 설명에 초점을 맞추었다. 일차원 모델은 연구의 증거들이 증가하고 있는 아동 이상 행동의 복잡성을 잡아 내지 못한다(Kazdin & Whitley, 2006). 단일 요인 설명에 대한 대안은 좀 더 복잡하고 더 많은 정보를 제공해 준다. 이는 시간의 흐름에 따라 다양한 방법으로 상호작용하고, 정상 발달 및 이상 발달에 영향을 미치는 다중 원인들을 고려한다. 원인이 다중적이며 상호작용적이라는 핵심 주제를 마음에 새기면, 이 책에서 논의될 각 장애의 복잡성을 이해하는 데 도움이 될 것이다.

발달 정신병리 관점

발달 정신병리는 발달의 과정 및 발달 과업의 중요성을 강조하는 방식으로 아동기, 청소년기의 장애를 기술하고 연구하는 접근이다. 이 접근은 신체적 · 인지적 · 사회-정서적 · 교육적 발달의 이정표 및 순서를 둘러싼 아동 이상심리의 연구를 조직화하는 데에서 유용한 구조 틀을 제공한다. 또한 이상 발달을 통해 정상 발달의 정보를 제공해 주며, 그 반대도 마찬가지이다(Cicchetti, 2006; Hinshaw, 2013). 간단히 말하면, 발달 정신병리는 적응적 발달 및 부적응적 발달을 형성하는 데에서 발달 과정, 맥락의 중요성, 다중적이고 상호작용하는 사건들의 영향을 강조한다. 우리는 발달에서 정상 또는 비정상적인 결과를 야기하는 역동적이고 다차원적인 과정을 설명하기 위한 조직화의 구조 틀로 이 관점을 채택하고자 한다(Hayden & Mash, 2014).

발달 정신병리의 핵심적인 믿음은 부적응 행동을 적절히 이해하려면 주어진 발달 기간 동안의 규준적인 것에 비추어 보아야 한다는 것이다(Cicchetti, 2006). 주된 초점은 발달 결과의 극단과 변이를 살펴봄으로써 언어 및 또래 관계 그리고 이들이 어떻게 기능하는지와 같은 발달의 진행 과정을 강조하는 것이다. 그렇게 함으로써 발달적 관점은 발달적 변화를 예측하고 이해하는 데에서 생물학적 · 가계성 · 사회문화적 요인의 중요성과 복잡성을 강조한다. 따라서 심리학, 정신의학, 사회학, 신경과학과 같은 학문에서 지식들을 모으고 이 지식들을 발달이라는 틀 안에서 통합한다(Hinshaw, 2013).

이론의 가치는 답을 제공하는 것뿐만 아니라 새로운 질문을 제기하고 익숙한 문제를 다른 각도에서 보도록 하는 데 있다. 아동 이상심리학의 이론, 연구, 임상 모두는 이 영역에서 기저에 있는 가설을 이해하라고 요구한다. 발달 정신병리 관점에서 도출된 세 가지 중요한 가설 및 이 세 가지 가설이 우리를 아동 이상심리학에 어떻게 접근시키는지 살펴보자.

이상 발달은 복합적으로 결정된다

첫 번째 기저에 있는 우리의 가정은 비정상적인 발달이 **복합적으로 결정된다**는 것이다. 따라서 우리는 아동이 현재 보이는 증상의 이면을 볼 수 있어야 하고, 발달 경로 및 시간이 지나면서 특정 장애의 표현에 영향을 미치는 사건들의 상호작용을 고려해야 한다.

이러한 가정을 설명하기 위해 Jorge의 문제로 다시 돌아가자. Jorge의 문제를 보는 한 가지 방법은 동기가 부족하다고 말할 수 있다. 이것이 합리적인 설명이라고 해도, Jorge의 읽기 문제를 기저에 있는 하나의 원인으로 추적하려는 시도는 지나치게 단순한 것이다. 과학적 방법은 변인들을 중요한 것으로 단순화해야 한다고 강조하지만 여러 가능한 설명(예: 유전적 요인, 강화 요인, 또래 문제)을 밝히지 않고 한 가지 유력한 설명에 초점을 맞추면 발달 경로(1장에서 논의됨)의 개념을 고려할 수 없게 된다. 특정 문제나 장애는 다양한 원인에서 유래될 수 있으며 유사한 위험 요인이라도 각기 다른 결과를 야기할 수 있다.

Jorge의 어려움을 살펴보는 또 다른 방법—우리가 여기서 강조하는 방법—은 발달 프로파일 및 능력, 가정 환경 및 학교 환경, 이러한 요인들 사이에서 지속적이고 역동적인 상호작용을 고려하는 것이다. Jorge의 읽기 문제를 다차원적 관점에서 다루기 위해, 우리는 먼저 여러 출처의 자료를 이용하여 각기 다른 환경에서 그가 보이는 능력을 평가할 것이다. 우리의 관심이 그의 읽기 능력에만 있다고 해도, 읽기 문제의 신호가 된다고 믿는 것 이외에 그가 갖고 있는 여러 특징들을 고려할 것이다. 그렇지 않으면, 우리가 읽기 문제의 본질에 대해 가정할 때 고려해야 하는 다른 가능한 설명들을 방해할 것이다. 비

Courtesy of David Wolfe

아동은 환경이 편안함을 그들의 행동으로 보여 준다.

판 및 엄마의 야단이 Jorge의 집중이나 자존감에 영향을 미쳤을까? Jorge는 문자 언어와 언어 소리를 인식하는 능력이라는 면에서 다른 아이들과 다른가? 이러한 것들이 이론적으로 안내된 의사결정 전략을 사용하면서, 주의 깊은 관찰과 평가를 통해서 우리가 답을 구하는 질문들이다.

아동과 환경은 상호의존적이다

우리의 두 번째 가정은 아동과 환경이 **상호의존**, 즉 서로에게 영향을 미치는 방식을 강조함으로써 다중 원인들의 영향을 확장한다는 것이다. 이 개념은 환경이 아동에게 영향을 미쳐서 아동의 발달에 변화를 가져온다는 전통적인 관점과 구별되며, 대신에 아동 역시 그가 속한 환경에 영향을 미친다고 주장한다. 간단한 용어로, 상호의존이란 개념은 천성과 양육이 어떻게 함께 작용하고, 실제로 서로 어떻게 연관되는지를 평가한다(Rutter, 2011a). 따라서 아동은 동일한 환경에서도 서로 다른 반응을 이끌어 내는데, 가정 또는 학교처럼 서로 다른 환경들 역시 동일한 아동으로부터 각기 다른 반응을 이끌어 낼 수 있다.

아동과 환경의 역동적인 상호작용을 **교류**라고 한다(Sameroff, 2010; Sameroff & MacKenzie, 2003). 아동과 환경 양쪽 모두는 장애의 표현에 영향을 미치며, 이 둘은 분리되지 않는다. 교류의 관점은 아동과 환경 모두가 적응적 및 부적응적 행동의 능동적 기여 요인이라고 간주한다. 아동을 가장 잘 아는 사람들, 즉 부모, 교사, 아동을 돌보는 사람 등은 Jorge의 사례에서처럼, 아동이 환경에 영향을 미치고 환경 역시 아동에게 영향을 미친다는 견해가 가장 타당하다는 데 동의할 것이다. 이러한 교류의 관점에서 볼 때, 아동의 심리적 장애는 아동에게만 책임이 있는 것도, 환경에게만 전적으로 책임이 있는 것도 아니다. 흔히 장애는 요인들이 결합해서 출현하는데, 이는 조직화되어 있는 발달의 일반적인 법칙을 따르는 방식으로 상호작용한다.

Michael Shaw/The New Yorker Collection/The Cartoon Bank

"나의 과학 프로젝트 주제는 '내 동생: 천성인가 아니면 양육인가'예요."

교류적 관점이 모든 아동에게 적용될 수 있는 발달의 일반 원칙이라고 보지만, 결과에 영향을 미치거나 결과를 변화시킬 수 있는 개별적인 환경, 즉 아동의 가정 또는 생물학적 원인에도 민감하다. 이 책은 이처럼 규준에서 벗어난 일탈에 대해 알아 가고 있다.

이상 발달에는 연속성과 비연속성이 포함되어 있다

Jorge의 다양한 문제들이 어떻게 시작되었으며, 시간이 지남에 따라 어떻게 변했는지, 아니면 사라졌는지에 대해 잠시 생각해 보자. 현재 Jorge의 문제—학교와 숙제를 회피하는 것—는 읽기에서의 초기 문제와 관련이 있는가? 이것은 질적으로 다른 문제인가, 아니면 동일한 문제의 다른 표현인가? 현재 그가 보이는 문제에는 학교와 숙제를 거부하는 것이 포함되어 있기 때문에 어릴 때 Jorge가 보이는 문제와는 질적으로 다른 문제인가?

심리적 장애 또는 결함이 경고 징후 또는 초기의 발달적 이슈와 연관되지 않고 갑자기 발생하는 일은 드물다. 예를 들어, 조기 발병해서 지속되는 품행 문제는 이러한 연관성이 명백한데, 부모 또는 그 외 성인들은 어릴 때부터 아동의 행동에 문제가 있다고 보고 있으며, 이러한 문제들은 청소년기나 성인기가 되면서 다른 형태로 지속된다(Reef, van Meurs, Verhulst, & van der Ende, 2010). 그러나 비정상적인 아동 발달의 일부가 아동기, 청소년기, 성인기를 거치면서 연속적일지 또는 비연속적일지, 일관되는지 또는 변형되는지에 주목하는 것이 중요하다(Schulenberg, Sameroff, & Cicchetti, 2006).

연속성은 발달적 변화가 점진적이고 양적(즉, 키와 몸무게같이 숫자로 측정될 수 있는 양으로 표현되는 것처럼)으로 변화되어서 차후의 행동 패턴은 더 일찍 나타나는 초기의 행동 패턴을 통해 예견할 수 있음을 암시한다. 이와 대조적으로, **비연속성**은 발달적 변화가 갑자기 그리고 질적인 것(즉, 기분 또는 표현의 변화처럼 숫자로 측정할 수 없으며 질적으로 표현되는 것처럼)으로, 초기의 행동 패턴이 차후 행동 패턴을 예견할 수 없다고 본다.

또래에게 신체적 공격성을 보이는 취학 전 아동을 예

로 들어 보자. 여러분은 10년 후 이 아동이 어떻게 되리라고 기대하는가? 연속성의 견해에 따르면, 이 아동은 청소년 및 성인이 되면서 점차 반사회적인 행동이나 비행을 더 많이 보일 것이다. 즉, 문제 행동의 패턴(이 사례에서 신체적 공격)은 형태와 강도에서 점진적으로 변하긴 하지만 발달 기간을 거치면서 지속된다. 친구를 밀치는 것이 다른 누군가를 주먹이나 물건으로 때리는 것으로 바뀔 수도 있다. 중요한 것은, 연속성이란 특정한 증상이 아니라 시간이 지나도 유지되고 있는 행동의 패턴이다. 조기 발생 및 지속되는 품행장애가 이를 잘 지지해 주는데, 이는 나중에 심각한 반사회적 행동을 할 가능성이 높다(Lynam et al., 2009).

섭식장애와 같은 그 외 문제 행동들은 비연속성 패턴을 좀 더 따르는 것 같다. 즉, 갑작스럽게 발생하고 사전 경고 없이 갑자기 발생한다. 이러한 사례에서, 이 아동이 왜 초기 청소년기에 음식을 제한하거나 폭식을 시작하는지에 대해 초기 아동기의 행동에서 잘 예측해 주는 행동적 예측인자는 거의 없다(14장 참조). 때때로 비연속성은 예기치 않거나 비전형적인 결과를 말하는데, 예를 들면 생후 18개월까지 정상 발달을 보이다가 갑자기 언어의 상실, 사회적 참여의 감소(자폐증이 있는 일부 아동의 특징)를 보이는 것이다. 그러한 상황에서 초기 패턴과 이후 패턴 사이의 연결성은 난데없이 비연속적이 되며, 이는 부모를 당혹스럽게 만든다.

우리는 각 장애에 대한 논의를 통해 이를 살펴볼 것인데, 빈곤이나 차별과 같은 부정적 요인뿐만 아니라 개인의 능력이나 사회적 개입과 같은 긍정적 요인 또한 발달에서 연속성과 비연속성에 영향을 미친다(Rutter, Kim-Cohen, & Maughan, 2006). Jorge로 돌아가서, 그의 행동 패턴(만약 있다면)의 어떤 것이 연속적이고 어느 것이 비연속적인 것으로 보이는가? 아동 이상심리학에서 나타나는 많은 문제처럼, Jorge의 현재 행동 패턴은 연속성과 비연속성 둘 다 포함하고 있다. 학교 회피 및 숙제 회피와 같은 그의 문제는 초기의 읽기 문제와는 질적으로 다른 문제(비연속성)이다. 반면에, 읽기와 이해가 느린 것과 같은 행동은 초기의 학업 문제에서 이어지는 것(연속성) 같다.

연속성과 비연속성 개념이 이상 발달과 정상 발달을 이해하는 데 적용될 수 있음을 기억하라. 그러나 문제가 표현되는 방식에서 차이가 있을지라도, 아동은 자신의 경험을 조직하고, 환경과 상호작용하는 방식에서 어느 정도 일관성을 보이며, 이 일관성은 적응적인 것일 수도 있고 부적응적인 것일 수도 있다(Sroufe, Coffino, & Carlson, 2010). 연속성과 비연속성의 정도는 아동과 환경 간의 교류 및 변화하는 환경적 상황의 기능에 따라 다양할 것이다. 반대로 이러한 연속적인 변화는 아동의 발달 과정과 방향에 영향을 미칠 것이다.

요약하면, 우리가 말하는 기본 가정의 핵심 주제는, 아동 이상 발달의 연구에서는 인생주기에서 나타나는 다차원적이고 상호의존적인 원인과 주요 발달 변화를 반드시 고려해야 한다는 것이다. 최근까지, 아동 이상 행동의 발달적 측면은 행동적 및 정서적 측면과 관련해서 간과되어 온 경향이 있다(Cicchetti, 2006). 이와 같은 불균형을 다시 소개하기 위해, 이 책 전반에 걸쳐서 각 장애의 과정, 증상, 본질에 적합한 발달적 주제에 대해 논의할 것이다.

변화, 전형적인 것과 비전형적인 것

그림 2.2에는 연령에 따라 발달이 일어나는 기간의 개관이 제시되어 있다. 여기에는 일반적으로 가장 많이 보고되는 행동 문제와 각 단계에서 전형적으로 눈에 띄는 임상적인 장애뿐만 아니라 각 단계에서의 정상 발달 수행의 예시도 있다. 몇몇 중요한 차원에 걸쳐 있는 전형적인 발달 순서의 지침이 도움이 되겠지만, 나이는 발달의 연속적 순서를 나누기 위한 임의적인 방식이라는 것을 명심해야 한다. 아동의 정상 발달과 이상 발달을 재정립하기 위해 여기에 있는 표를 다시 보게 될 것이다.

아동의 행동, 적응 행동과 부적응 행동 둘 다는 환경과 상호작용하며, 그들의 생물학적 구성으로부터 영향을 받는다. 최근, 발달 정신병리 영역은 어떤 아동기 문제는 지속되어 후에 큰 문제가 되고 또 어떤 것은 그렇지 않은지를 설명하는 데 도움이 되는 발달적 종속(cascade)에 관심이 있다(Masten & Cicchetti, 2010). **발달적 종속**이란 아동의 이전 상호작용과 경험이 다른 체계로 퍼져 나가서 발달 경과를 변화시키는, 일종의 연쇄 반응과 같은 과정을 말한다(Masten & Cicchetti, 2010). 이 개념은 한 가지 수준 또는 영역의 행동(호기심 같은)에서의 기능이 후에 아동이 다른 도전 과제에 적응하는 방식(학업 수행 같은)에 영향을 미칠 수 있는 진행 방법을 설명하는 데 도움이 된다(Cox et al., 2010). 이 책 전반에 걸쳐서 발달 정신병리 관점은 범주적으로 기초가 되어 있는 DSM-5의 장애에 대해 그리고 조기 개입 가능성에 대해 발달적으로 타당함과 풍부함을 보태 줄 것이다.

연령	정상적인 발달 수행	흔한 행동 문제	임상적 장애
0~2	섭식, 수면, 애착	고집, 떼쓰기, 배변 문제	정신지체, 섭식장애, 자폐장애
2~5	언어, 배변, 자기 보호 기술, 자기 조절, 또래 관계	논쟁하기, 요구하기, 주의 끌기, 불복종, 두려움, 과잉행동, 수면 거부	언어장애, 아동 학대와 방임으로 인한 문제, 공포증과 같은 일부 불안장애
6~11	학업기술과 규칙, 규칙이 있는 게임, 단순한 책임감	논쟁하기, 집중의 어려움, 자기의식, 자기자랑	ADHD, 학습장애, 등교 거부 행동, 품행 문제
12~20	이성과의 관계, 주체성, 가족과의 분리, 책임감의 향상	논쟁하기, 허풍 떨기	폭식증, 식욕부진증, 비행, 자살 시도, 약물과 알코올 남용, 조현병, 우울

그림 2.2 발달 개관.

Photo Credits: (위에서부터 아래로) © Michael Pettigrew/Shutterstock.com; © YUYI /Shutterstock.com; © iStockphoto.com/aabejon; © iStock-photo.com/bmcent1. Achenbach, 1982; Tully & Goodman, 2007에서 인용.

통합적 접근

아동의 행동에 영향을 미치는 수많은 환경적 및 개인적 요인들을 어떻게 알 수 있을까? 수많은 행동이나 장애를 설명해 주는 단일 이론은 없다. 따라서 많은 이론들과 개념적 모델과 친숙해져야 하는데, 이는 정상 발달과 이상 발달에 대해 통찰시킬 것이다.

한 가지 이상의 주요 원인을 생각하는 모델이라도 원리 또는 지향성의 경계로 인해 한계가 있을 수 있다. 예를 들어, 생물학적 설명은 정신병리에 영향을 미치는 요인으로 유전적 돌연변이, 신경 구조, 신경생물학적 기제를 강조한다. 유사하게, 심리학적 설명은 불안정 애착, 인지 왜곡, 부적응적 강화 그리고(또는) 학습 이력과 같은 인과적 요인으로 강조한다. 생물학적 모델과 심리학적 모델 양쪽은 특정 사건과 과정에 따른 상대적인 중요성이라는 면에서 다요인적이며 구별이 된다. 각각의 모델은 이상 행동을 설명하는 데에서 한계가 있기 때문에 다른 모델의 주요 구성요소들을 통합하지 못한다. 다행스럽게도, 각 이론 모델들은 다른 모델로부터 도출된 중요한 요인을 고려하면서 이론적 경계의 규정이 점차 감소하고 있다. 예를 들면, 행동이나 인지와 같은 심리적 요인이 어떻게 상호작용해서 심리적 장애를 야기했는지를 설명할 때에도 생물학적 영향력을 고려하기도 한다 (Cicchetti & Curtis, 2006; Sameroff, 2010).

시간이 지나면서 아동 이상심리의 주요 이론들은 점차 다른 이론들과 양립될 수 있게 되었다. 각 이론들은 대립의 관점을 제시한다기보다는 비전형적인 발달에 대한 하나 이상의 퍼즐 조각을 제공한다. 유용한 퍼즐들이 모두 조합될 때, 특정 아동 또는 청소년 장애의 모습이 점점 더 분명해진다. 심리학 이론은 인간 행동을 연구하는 도구에 불과한데, 이러한 도구가 할 수 있는 것과 없는 것 그리고 어떤 목적을 위해서 어떤 도구를 사용할 수 있는지를 여러분이 알게 될수록 여러분은 능숙하게 될 것이다. 현재의 아동 이상심리학 연구에서 제시된 다양한 관점과 이해들을 충분히 아우를 수 있는 단일의 통합이론은 없다는 것을 기억하라.

단원 정리

이론적 배경

- 이론은 이미 있는 지식에 기초해서 행동에 대한 추측과 예상을 할 수 있게 하고 가능한 설명들을 경험적으로 탐색해 볼 수 있게 한다.
- 발달 정신병리는 신체적 · 인지적 · 사회–정서적 · 교육적 발달의 이정표 및 순서를 둘러싼 아동 이상심리의 연구를 조직화하는 유용한 틀을 제공한다.
- 이 책의 핵심 주제는 전형적으로 일어나는 주된 발달적 변화와 함께 이상 행동에 대한 복합적이고 상호작용적인 원인들을 고려하는 것이 중요하다는 것이다.
- 이상 발달에서 강조하는 세 가지 기저에 있는 가정은 복합적으로 결정된다는 것, 아동과 환경이 상호작용한다는 것, 이상 발달은 시간이 지나면서 행동 패턴의 연속성과 비연속성에 관여한다는 것이다.
- 아동 이상 행동의 복잡성은 아동의 발달에 영향을 미치는 생물학적 · 심리학적 · 사회문화적 요인들을 충분히 고려하라고 요구한다.

발달적 고려 사항

아동의 심리적 장애들은 증상과 원인이 아주 다르다고 해도 공통된 부분이 있는데, 발달에서 한 가지 이상의 영역에서 적응의 실패를 예견한다는 것이다(Rutter & Sroufe, 2000). **적응의 실패**는 발달 이정표를 수행하는 데에서 습득하지 못하거나 진전이 없다는 것이다. 다시 말하면, 광범위한 수준에서 심리적 장애가 있는 아동은 같은 연령의 아동과 비교했을 때 정상 발달의 몇몇 측면에서 차이가 있다. 다시 말하면, 이러한 실패나 일탈이 한 가지 원인에 의한 경우는 매우 드물며, 대체로 개개인의 발달과 환경조건 사이에서 진행되는 상호작용의 결과이다.

아동 이상 행동의 원인과 결과는 시간이 지나면서 역동적이고 상호작용하여 작동하므로, 명확히 구분하기 어렵다. Jorge의 읽기 문제처럼, 특정한 장애에 대한 원인이나 결과로서 특정 요인을 지명한다는 것은 그 문제에 대해 우리가 주목하고 있는 관점을 반영해 준다. 예를 들어, Jorge의 읽기 문제는 본질적 속성(읽기 학습장애처럼)에서 오는 장애, 그가 겪고 있는 다른 어려움(빈약한

아동의 발달은 양육자와의 긍정적인 경험을 통해 길러지는 조직화되어 있는 패턴을 따른다.

학습 습관, 적대적 행동)에서 오는 장애, 또는 다른 조건이나 장애의 결과(의사소통장애처럼)에서 오는 장애라고 볼 수 있다. 이후의 장들을 읽어 가면서 여러분은 아동 이상 행동에 대해 더 잘 이해하게 될 것이며, 아동의 행동과 환경은 서로 연결되어 있다는 것을 기억하라.

발달의 구성

변화 및 재조직은 생물학 및 행동 체계의 기본적인 측면이다(Sameroff, 2010). 조직화의 관점은 이러한 체계들이 서로에게 영향을 미치는 방법을 설명할 수 있는 심리적 과정을 자세히 고찰하고 있다. 이상 발달을 이해하려는 시도에서, 우리는 이러한 조직화 과정의 일부, 또는 모든 측면에 초점을 맞출 수 있다. **발달의 구성**이라는 관점에서 보면, 유아의 눈 맞춤 또는 소리와 같은 초기의 적응 패턴은 시간이 흐를수록 구조가 발달하고, 말이나 언어와 같은 고차적 기능으로 이동한다. 아장아장 걷는 유아가 언어 사용 능력을 발달시키기 전에 발성을 먼저 배우는 것처럼, 적응의 이전 패턴들은 성공적인 재조직을 통해 발달의 다음 단계로 통합된다.

발달의 구성이라는 관점은 지속적인 변화와 변형의 적극적이고도 역동적인 과정을 강조한다. 아동의 생물학적 능력이 각 단계에서 전개되면서, 아동은 환경 요인과 상호작용하면서 발달 경로대로 직진을 하거나 우회한다. 발달은 조직화되어 있기 때문에, **민감기**는 정상 행동과 이상 행동을 논의하는 데에서 중요한 의미가 있다. 민감기는 그것이 좋은 영향이든 나쁜 영향이든 간에 발달에서 환경의 영향이 증가되는 시기이다(Roth & Sweatt, 2011a). 예를 들어, 유아는 정서적 단서 및 양육자에게의 접근성에 아주 민감한데, 이는 안정 애착을 발달시키는 데 도움이 된다(R. A. Thompson & Meyer, 2007). 걸음마기 유아는 언어의 기본적인 소리에 민감한데, 이는 소리를 구별하고 이를 단어의 형태로 결합하도록 돕는다(Shafer & Garrido-Nag, 2007). 민감기는 학습의 기회를 증가시키지만, 유일한 기회는 아니다. 변화는 언제라도 일어날 수 있다. 예를 들어, 고아원에 입양된 아동은 시설에 있으면서 초기 박탈로 인해 발달의 부정적인 결과를 많이 보일 수 있다. 그러나 이러한 결과는 입양 후 얻게 되는 환경적 경험으로 인해 변화될 수 있다(Reeb et al., 2009). 인간 발달은 일직선의 경로라기보다는 서로 연결되어 있는 연결망과 유사한, 분화와 통합의 과정이다.

아동의 정상 발달과 이상 발달에 영향을 미치는 원인—끝도 없을 것 같이 보이는 원인들의 목록—을 이해하려는 시도는 발달이 일반적으로 조직화와 위계적 방식으로 진행된다는 사실 때문에 좀 더 쉽게 이루어질 수 있다(Sameroff, 2010). 간단히 말하면, 아동의 현재 능력이나 한계는 이전의 수행에 의해 영향을 받은 것이며, 이는 초등학교 때 습득한 산수 공식이 삼각법 또는 미적분을 풀 수 있는 밑바탕인 것과 같다. 아동이 능력을 개발 또는 적응 실패의 징후를 보일 때, 이러한 변화는 앞으로 있을 발달의 성공 또는 실패에 영향을 미친다. 발달 정신병리 관점에서 아동의 이상 행동을 연구하는 것은, 앞에서 설명하듯이, 아동의 능력과 어려움(문제)의 상호적이고 진행적인 성질에 대한 이해를 키우려는 것이다.

단원 정리

발달적 고려 사항

- 아동의 발달은 구성되는데, 이는 적응의 초기 패턴이 시간이 지나면서 진화하며, 구조화되고 예측 가능한 방식으로 고차적 기능 수준으로 변한다는 의미이다.

이제 아동 이상 발달의 세 가지 주요 관점에 대해 살펴본다. 즉, (1) 유전적 및 신경생물학적 요인 모두가 들어 있는, 출생 및 출생 직후에 형성(그렇다고 고정되었다는 의미는 아님)된 생물학적 관점, (2) 정서, 관계, 사고 과정과 같은 심리학적 관점, (3) 가족·사회적·문화적 영향인데, 정상 발달과 이상 발달에 대한 추가의 매개변수(parameter)를 설정한다.

생물학적 관점

대체로 신경생물학적 관점은 아동 및 성인의 심리적 장애의 기저에 있는 원인으로 뇌와 신경계를 고려한다. 아주 어린 아동의 뇌 발달에 미치는 생물학적 영향에는 유전 및 구성적 요인, 신경해부학, 성숙의 속도가 포함된다. 뇌의 영역은 다양한 생화학 물질 또는 신경 호르몬에 의해 크게 영향을 받으며, 이것이 서로 다른 상호작용을 거쳐 개인의 심리적 경험에 영향을 미친다(Cicchetti & Cannon, 1999). 이러한 과정은 진행 중인 뇌의 과정에 직접 또는 간접적인 역할을 하는 환경적 요인에 따라 다르다. 신경생물학적 관점은 장애를 설명하는 데에서 환경적 영향을 통합할 필요가 있다는 것을 인식하고 인지해야 한다는 것을 기억하라.

뇌 발달은 오랫동안 수수께끼로 남아 있었지만, 그 비밀이 점차 드러나고 있다. 생물학적 영향에 대한 평가는 신경세포의 성장과 분화 과정의 놀라운 진행과 함께 시작된다. 임신 기간 동안 태아의 뇌는 하나의 다목적 세포로부터 시작되어 세분화된 수백만 개의 분화되고 상호 연결된 뉴런으로 구성된 복잡한 기관으로 발달한다(Johnson & de Haan, 2006). 이렇게 생성되는 뉴런이 이동하는 속도와 거리는 실로 놀라우며, 다양한 뇌의 구조와 기능을 형성하기 위해 뉴런의 수가 급속도로 증가한다. 뇌간은 심장 박동과 호흡을 조절하고, 소뇌는 운동감각 통합을 통제하고 협응하며, 대뇌피질은 사고와 지각(인식)이 일어나는 곳이다.

배아의 발달은 초기에 과잉의 뉴런을 생성한다(Innocenti, 1982). 처음에 이 세포들은 대체로 미분화되어 있지만, 자신의 목적지에 도달해서, 뇌의 다른 부분에 전기적 신호를 보내는 신경돌기를 가진 뉴런이 된다. 이와 같은 신경돌기의 연결, 또는 시냅스는 뇌의 회로를 만들고, 향후 성장과 분화를 위한 기초가 된다. 특히, 유전자는 신경돌기들이 이동하여 뇌의 연결을 만드는 주요 통로를 결정한다. 그러나 특정 목표 세포에 도달하기 위해 신경돌기는 다양한 목적지의 방향을 알려 주는 통로를 따라 나타나는 화학적 단서를 따라간다.

태내 발달 5개월이 되면, 목표 세포가 수용할 수 있는 것보다 아주 많은 신경돌기들이 있지만, 대부분의 신경돌기들은 자신의 일반적인 목적지에 도달한다. 따라서 초기 아동기에 시냅스가 증식되면, 그다음에는 중요한 뇌 기능을 점차적으로 형성하고 분화시키는 방식으로 선택적 제거(selective pruning)를 해서 시냅스 연결의 수를 감소시킨다(Johnson & de Haan, 2006). 신경계는 새로운 성장을 위해 스스로 준비시키는 것같이 보이며 보강을 통해 보낸 다음에 환경이 필요한 것을 다 가졌다고 하면 삭감시키라고 요구한다. 일생을 통해 우리는 구조와 기능 간의 차이를 좁히는 순환을 겪는다. 신경계 수준에서 뇌의 미세한 부분들은 성인이 되어서의 요구와 필요를 충족시키기 위해 끊임없이 재정립해 간다. 나무의 가지치기와 같이, 이 과정은 개인의 필요와 환경적 요구에 맞추어 뇌의 각기 다른 영역의 건강한 성장을 촉진하고, 건강한 성장을 제한하는 연결들은 제거해 나간다.

이러한 초기의 뇌의 연결이 얼마나 오랫동안 남아 있게 되는가? 이 질문은 서로 다른 이론들을 제기하고, 자녀의 초기 발달의 중요성에 대해 걱정하는 수많은 부모들을 고통스럽게 한다. 예를 들어, 초기 뇌 기능이 변하지 않는다면, 이것은 초기 경험이 일생 동안의 발달 과정을 설정한다는 것을 의미한다. Freud의 이론 역시 개인의 핵심 성격이 초기에 형성되고, 이것이 앞으로의 성격 형성을 위한 속도와 경계를 설정한다고 주장한다. 그러나 이와 대조적으로, 현재 과학자들은 뇌의 기능이 환경적 요구에 적응하면서 끊임없이 변화한다고 믿고 있다(Fox, Levitt, & Nelson, 2010),

신경 가소성과 경험의 역할

초기의 많은 신경 연결들은 안정적이지 않다. 일부는 사용을 해서 더 강해지고 더 많이 생겨나는 반면, 나머지는 퇴화하거나 사라진다. 따라서 초기 연결의 영구성에 관한 질문에 대한 대답은 뇌가 발달 과정을 통해 신경 가소성을 보인다는 것이다(Nelson, 2011). **신경 가소성** 또는 유연성은 뇌의 해부학적 분화가 사용에 의존한다는 것을 의미하는데, 천성(nature)은 기본 과정을 제공하는 반면, 양육(nurture)은 각각의 사용과 기능에 근거하여 가장 적응적인 연결망을 선택하는 데 필요한 경험을 제공한다. 천성과 양육이 합동하여 그처럼 고도로 구체적이고 적응적인 중추신경계 기능을 만들어 낸다는 것은 정말로 환상적이다.

진행 중인 작업으로서 뇌 발달에 대해 생각해 보면, 환경은 뇌의 이러한 과정 중에서 역동적인 과제의 감독자로서 중요한 역할을 하는 것 중의 하나이다(그림 2.3 참조). 사실, 지금은 환경적 경험 그 자체가 뇌 조직의 분화에 결정적이라고 인식되어 있다. 본성은 인간의 뇌와 중추신경계를 만들 계획을 가지고 있지만, 환경적 기회와 한계는 출발부터 이러한 계획에 중요하게 영향을 미친다. 따라서 교류 모델은 정상 발달과 이상 발달을 설명해 준다. 아동의 뇌 구조는 출생 후 몇 개월 또는 몇 년 동안까지도 놀라울 정도로 유연하며, 진행 중인 뇌의 발달과 환경적 경험 사이에서 교류가 이루어지고, 천성 또는 양육 어느 것도 발달하는 뇌를 설명하기에는 충분하지 않다(Fox et al., 2010).

TOM BARRICK, CHRIS CLARK, SGHMS/Science Source

그림 2.3 MRI 스캔으로 본 뇌 백질 경로의 옆모습. 백질은 대뇌(영상에서 위쪽)와 뇌간(밑의 중심 부분)에서 신경세포들 간에 정보를 전달하는 수초화된 신경세포 섬유들로 구성되어 있다.

물론 경험의 형태와 크기는 다양하다. 아동기의 질병이나 섭식과 마찬가지로 태아기 환경 역시 중요한 경험으로 간주되며, 학대 및 부적절한 자극도 마찬가지이다. 아동의 초기 돌봄의 경험은 정서, 성격, 행동과 관련된 뇌의 부분을 설계하는 데에서 특히 중요한 역할을 한다(O'Connor, 2006). 예를 들어, 정상적이고 건강한 양육 방식은 아동의 학습 능력이나 스트레스에 대처하는 능력을 높여 주기도 한다(Belsky & de Haan, 2011). 반면에, 학대와 방임은 일생 동안 뇌가 스트레스에 대처하고 건강한 관계를 형성하려고 고군분투하게 할 수 있다(De Bellis, Woolley, & Hooper, 2013).

뇌의 구조는 일생 동안 재구조화되고 성장하면서, 뇌의 성숙은 이전의 기능 위에 세워지는 체계적이고도 위계적인 과정이다. 기본 감각과 운동 기술을 지배하는 뇌의 원시적인 영역이 가장 먼저 성숙해서 생후 3년 동안에 가장 극적인 재구조화가 일어난다. 더구나 이러한 지각의 중심들은 변연계와 같은 선천적인 중심들과 함께 초기 아동기의 경험에 의해 강하게 영향을 받으며 이후 발달의 근간이 된다(Nelson, 2011). 계획과 의사결정을 통제하는 전두엽과 운동 기술의 중심을 이루는 소뇌는 5세에서 7세가 될 때까지 배선이 바뀌지 않는다. 뇌의 주요 재구조화는 사춘기 발달과 관련하여 9세에서 11세 사이에 일어나며, 청소년기 내내 뇌는 또다시 불필요한 시냅스 연결망을 제거한다. 따라서 뇌는 생후 3년 후 발달을 멈추는 것이 아니다. 일부 기능은 그 즈음에 영향이 끝나기 시작하지만, 일부 기능은 그때 영향을 미치기 시작한다. 우리의 뇌 기능은 성장의 자연스러운 부산물을 재구조화하면서, 일생을 통해 변화를 겪는다.

뇌는 초기 경험의 영향에 의해 고유하게 형성되기 때문에 부적절한 경험이나 외상 경험은 오래 지속되고 변하기가 아주 어렵다(Glover, 2011). 이와 같은 뇌의 성장과 분화가 일어날 때에는 많은 것이 잘못될 수도 있고, 그 때문에 뉴런의 형태나 상호연결 방식이 달라질 수 있다. 어릴 때 일어나는 문제 및 방해는 전형적으로 좀 더 심각한 기질적 장애와 중추신경계의 합병증과 연관된다. 임신 기간 동안 적절한 태내 관리, 적절한 영양 공급, 담배나 알코올의 금지는 일생 동안 지속되는 장애와 합병증의 위험을 감소시키는 방법이 될 수 있다.

유전적 기여

유전학은 당신이 당신의 아버지를 왜 닮았는지를 설명해 주고, 만약 당신이 닮지 않았다면 왜 그런지를 설명해 준다.

— Tammy, 8세

유전적 영향을 이해하려면, 우리는 유전의 본질에 대해 먼저 이해해야 하는데, 아동이 보이는 특성은 환경과 유전적 요인의 상호작용에 의한 것이라는 것을 마음에 새긴다(Rutter, 2011a). 유전학적 용어와 기능을 검토하면 아동의 비정상적인 행동의 일부 원인을 이해하는 데 도움이 될 것이다.

각 개인의 독특한 유전 정보는 정자와 난자가 수정될 때 확립되며 대략 20,000~25,000개의 유전자로 구성되어 있다(International Human Genome Sequencing Consortium, 2004). 유전자는 각 부모로부터 받은 유전적 정보를 가지고 있으며, 이는 22쌍의 상염색체와 1쌍의 성염색체에 분포되어 있다. 남자의 경우, 성염색체의 쌍은 하나의 X와 하나의 Y 염색체로 이루어져 있고(XY), 여성의 경우, 두 개의 X염색체를 가지고 있다(XX).

유전적 요인은 이 책에서 논의되고 있는 모든 아동기 장애와 관련이 있다. 행동 억제나 수줍음과 같이 일부 유전적 영향은 발달의 초기에 표현되는 반면(Nigg, 2006), 우울한 인지 양식과 같이 좀 더 나중에 보이는 것도 있다(Garber & Flynn, 2001). 더욱이 유전적 영향의 표현은 사회적 환경에 따라 가변적이고 반응적이다. 긍정적인 환경적 상황은 유전적 성향이 있음에도 불구하고 아동이 심각한 장애로 발전할 확률을 '깨뜨리도록' 도울 수 있다(Masten & Wright, 2010).

유전자의 성질

유전자는 기본적으로 DNA의 펼쳐짐으로, 유전자 자체로는 행동, 정서, 스쳐 지나가는 생각조차도 산출할 수 없다. 오히려, 유전자는 단백질을 산출한다. 단백질은 뇌가 기능하는 데에서 필수적이기는 하지만, 이 단백질이 행동을 일어나게 만들 수는 없다. 대신에, 단백질은 특정한 방식으로 환경에 반응하게 하는 경향성을 만들어 낸다(Sapolsky, 1997). 우리 개개인은 유전적 취약성, 경향, 성향이 있을 수 있지만, 이러한 유전적 결과를 피할 수 없는 것은 아니다. 여기서 얻을 수 있는 교훈은 단순하지만 중요하다. 우리가 잘못 인식하고 있는, 즉 유전자가 행동을 결정한다는 잘못된 인식은, 우리가 환경에 반응하는 방식에 영향을 미치고, 환경은 우리의 유전자에 영향을 미친다는 것으로 대체되어야 한다. 오늘날 연구자들은 **살펴보기 2.1**에 제시되어 있는 **유전자-환경 상호작용**(G×E)에 높은 관심을 보이고 있다.

행동유전학

천성과 양육 간의 상호작용의 영향을 가려내는 쉽지 않은 과제가 **행동유전학**인데, 이는 유전적 성향과 관찰된 행동 간에 가능한 연관성을 탐색하는 유전학의 한 분야이며, 환경적 영향과 유전적 영향을 고려한다. 행동유전학 연구자들은 흔히 가족력 연구를 수행하는 것으로 조사를 시작한다. 그들은 해당되는 가계에서 장애나 특징에 대한 비무선 군집(nonrandom clustering)을 탐색하고, 이러한 결과를 일반 집단에서 장애 또는 특성의 무선 분포와 비교한다(Rende & Waldman, 2006). 예를 들면, 아동기 발병 조현병 아동의 부모는 표준 집단에서의 발생

살펴보기 2.1

아동 이상심리에서의 유전자-환경 상호작용

정상 아동 발달 및 이상 아동 발달은 천성과 양육 간의 복잡한 상호작용의 결과이며, 유전자와 환경적 영향뿐만 아니라 유전자와 환경이 만나는 시기에도 영향을 받는다(Lenroot & Giedd, 2011). 연구자들은 천성과 양육 간의 상호작용을 **유전자-환경 상호작용**(gene-environment interactions, G×E) 이라 부른다. 유전적 구조에 기여하는 생물학적 변화는 **후생적**(epigenetic) 기제의 결과인데, 이것은 독성물질, 섭식, 스트레스 등과 같은 다양한 환경적 요인으로부터 초래된 유전자 활동의 변화와 관련이 있다. 즉, 환경은 작동하도록 유전자를 열고 닫을 수 있다(Roth & Sweatt, 2011b). 성장하고 있는 발달 신경과학 분야는 경험이 우리 신체 기관, 특히 뇌 발달에 생물학적으로 영향을 미치면서, 이러한 후생적 변화가 초기 생활 경험의 장기적인 영향에서 중심 역할을 한다는 것을 보여 준다(Shonkoff, 2010).

G×E는 유사한 환경적 사건에 당면해서 장애를 보이는 사람도 있고 다른 사람은 왜 그렇지 않은지에 대한 이유를 설명하는 데 도움이 된다. 예를 들면, 아래의 첫 번째 그림(A)의 위쪽에서 보듯이, 아동은 가정에서 가정 폭력이나 학대(높은 환경적 스트레스 요인)에 노출되지만, 유전자형을 가지고 있는 아동만이 이후에 심각한 문제를 보인다. 반대로, (B)에서 아동은 특정한 장애에 대한 취약성이 높은 것으로 알려진 유전자형을 가지고 있지만 이 장애는 특정한 환경적 위험(예: 유해한 태내기 환경이나 출생 후 환경)에 노출된 아동들만 장애를 보인다(Wermter et al., 2010).

약물이나 행동 개입을 통해서 후생적 변화가 바뀔 수도 있다. 유전자-환경 상호작용에 대한 연구는 조기 개입을 위한 최고의 시기와 전략을 결정할 수 있는 새로운 기회—특정 위험 요인(유전적이거나 환경적, 또는 둘 다)을 표적으로 하는—의 문을 열어 가고 있다(Bakermans-Kranenburg & Van Ijzendoorn, 2011; Ellis et al., 2011).

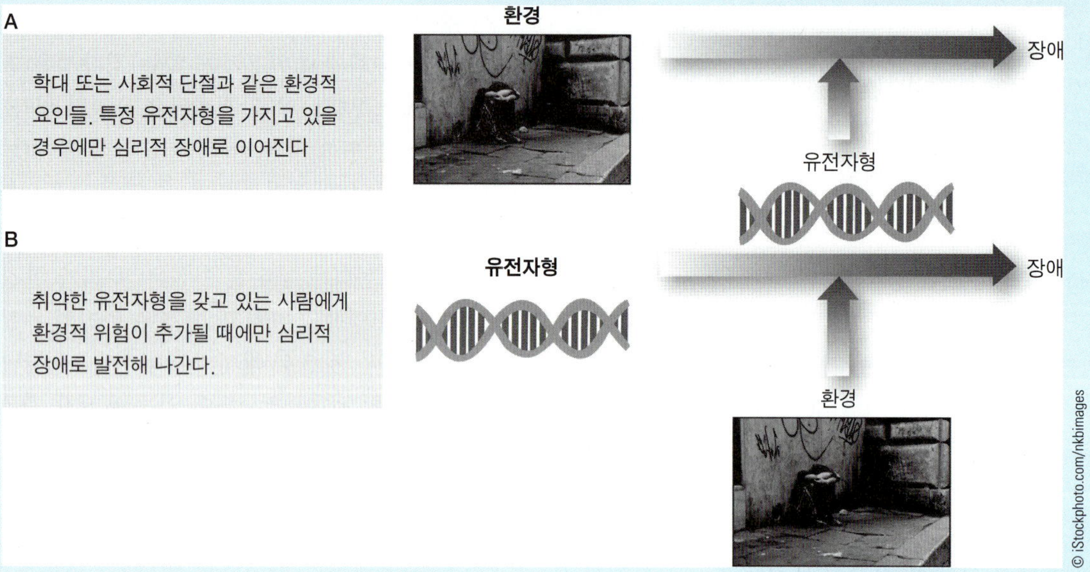

률에 비해 조현병 스펙트럼 장애의 발생률이 더 높다.

가족 공격성 연구는 특정 결과에 영향을 미치는 환경 변인을 모두 통제할 수는 없다. 예를 들어, 아동은 자신의 유전적 성향이 아니라 부모의 양육 방식 때문에 불안할 수도 있다. 가계 집단 연구에 뒤따르는 과학적 엄정성을 높이기 위해 연구자들은 유전적 요인의 영향을 통제하는 쌍둥이 연구를 실시한다(Ehringer et al., 2006). 쌍둥이 연구에서는 동일한 유전자를 가진 일란성(MZ) 쌍둥이뿐만 아니라 각기 다른 유전자의 절반을 공유하는 형제나 이란성(DZ) 쌍둥이를 비교한다. 중요한 과학적 의문은 일란성 쌍둥이들이 이란성 쌍둥이에 비해 동일한 특성(예: 난독증)을 더 공유하는가 하는 문제이다. 쌍둥이에 관한 연구는 정신과 장애와 비정신과 장애 모두에서 유전적 영향의 역할을 평가하는 강력한 연구 전략을 제공한다. 그러나 쌍둥이들이 분리되어 양육되지 않는 한, 공유된 환경이 쌍둥이 연구에 잠재적인 혼합 변인으로 작용할 수도 있다(Ehringer et al., 2006).

분자유전학

비뚤어진 모든 사고의 뒤에는 비뚤어진 분자가 있다.

— Ralph Waldo Gerard(1900~1974)

행동유전학과 비교해서, 분자유전학은 아동의 정신병리에 대한 유전의 영향을 더욱 직접적으로 지지한다. **분자유전학**은 DNA 배열에서의 변인과 특정 성향 또는 성향들 간의 연관성을 직접 평가한다. 따라서 연관성보다는 유전자 배열에서의 변인이 특정 성향의 원인으로 간주된다(Rutter & Dodge, 2011). 이 책 전반에 걸쳐 살펴보듯이, 분자유전학 방법은 자폐증, 주의력결핍/과잉행동장애, 학습장애를 포함한 수많은 아동기 장애의 특정 유전자를 밝히는 데 이용된다(그러나 이 책에서 이야기하는 대부분의 장애는 특정 유전자가 밝혀지지 않았다). 어떤 유전자 또는 다른 것의 돌연변이가 아동 정신병리의 특정 형태에 영향을 미치는지에 대한 발견은 이제 시작일 뿐이다. 장기 목표는 각기 다른 정신병리에서 유전적 변이가 뇌가 발달하고 행동이 발달하는 데에서 유전적 기능을 바꾸는 방법을 밝히는 것이다(Rende & Waldman, 2006).

특정 유전자의 판별은 장애와 장애의 특정 요소를 더 잘 이해하게 만들 가능성이 있다. 그러나 장애의 특정 유전자를 밝히는 것은 유전적 위험의 일부를 소개하는 것에 불과하다. 단일 유전자보다는 유사한 유전자 및 다중의 상호작용 유전자가 원인이 되기 쉽다. 더욱이 유전적 영향은 결정적이라기보다는 확률적이며, 환경적 요인과 유전적 요인의 중요성은 일반적으로 동등하다(Rutter & Dodge, 2011). 아동 이상 행동의 대부분의 형태는 다유전자성(polygenic)이며, 유전자끼리 그리고 환경의 영향과 상호작용하는 수많은 취약 유전자가 관여해서 우리가 관찰할 수 있는 수준의 결함을 일으킨다(Rende & Waldman, 2006).

신경생물학적 영향

그림 2.4, 그림 2.5, 그림 2.6에서 보듯이, 아동 이상심리학 연구는 뇌 구조와 친숙해져야 한다. 이 단원에서는 후에 특정 장애의 맥락에서 언급하게 될 뇌의 주요 구조에 대한 개관을 제시한다. 뇌의 다양한 영역과 기능에 친숙해지면, 지금까지 이룬 놀라운 발견들을 이해하는 데 필요한 기본적인 어휘를 배울 수 있을 것이다.

뇌 구조와 기능

흔히 뇌는 각각의 분리된 기능 때문에 **뇌간**과 **전뇌**로 나뉜다. 뇌간(그림 2.5 참조)은 뇌의 아랫부분에 위치하는 것으로, 생명을 유지하는 데 필요한 자율신경계 기능 대부분을 담당한다. 뇌간의 가장 아랫부분을 **후뇌**라고 부르며, **연수**, **뇌교**, **소뇌**가 있다. 후뇌는 호흡, 심장 박동, 소화와 같은 자율신경계 활동의 중요한 조절을 담당하고, 소뇌는 운동을 조절한다. 뇌간에는 또한 **중뇌**가 있는데, 중뇌는 입력된 감각 자극의 이동을 조절한다. 중뇌에는 **망상활성체계**(RAS)가 있는데, 이는 각성과 긴장의 과정에 관여한다.

뇌간의 맨 위쪽에는 **간뇌**가 있는데, 이것은 전뇌의 바로 밑에 위치한다. 간뇌에는 **시상**과 **시상하부**가 있는데, 이 둘은 행동 조절과 정서 조절에 필수적이다. 간뇌는 일차적으로 전뇌와 뇌간의 나머지 아래쪽에 있는 영역들 간에 중계하는 기능을 한다.

다음은 전뇌인데, 이것은 인간이 고도로 전문화된 기능을 하도록 진화했다. 전뇌의 아랫부분은 **변연계**이다(그림 2.6 참조). 변연계에는 **해마**, **대상회**, **중격** 및 **편도체**와 같이 정신병리의 원인이라고 추정할 만한 수많은 구조들이 있다. 이와 같은 중요한 구조들은 정서적 경험과 표현을 조절하고, 학습 및 충동 조절에서도 중요한 역할을 한다. 변연계는 또한 성, 공격, 배고픔, 갈증에 대한 기본 욕구도 조절한다.

전뇌의 하단에는 **기저핵**이 있는데, 여기에 **미상핵**이 있다. 연구자들은 이 영역이 인지, 정서, 기분, 운동 기능과 관련된 정보를 조절하고 체계화하고 여과한다는 것을 발견했으며, 주의력결핍/과잉행동장애(8장에서 논의되는 ADHD), 틱과 떨림, 그리고 강박장애(11장에서 논의되는 OCD)와 같이 운동 행동에 영향을 미치는 장애를 시사해 왔다.

전뇌의 가장 넓은 부위인 **대뇌피질**은 인간으로서의 질을 가장 뚜렷하게 하고, 우리가 추론 및 창조뿐만 아니라 계획을 하게 해 준다. 대뇌피질은 두 개의 반구로 나뉘는데, 이들은 언뜻 보기에는 비슷해 보이지만 각기 다른 특성이나 기능이 있다. 좌반구는 언어 및 그 외 인지적 과정에서 주된 역할을 한다. 우반구는 사회적 지각과 창의성에서 더 우세하다. 연구자들은 각각의 반구가 의사소

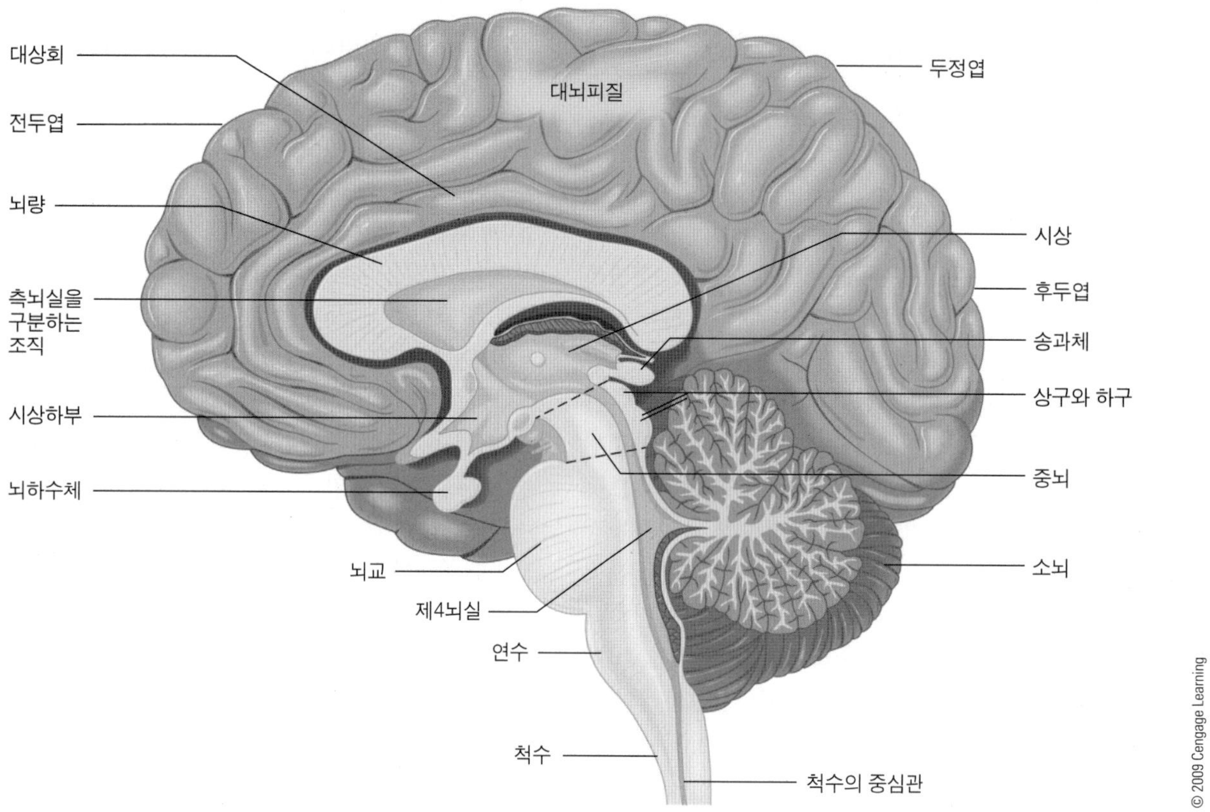

그림 2.4 인간의 뇌 구조.

출처: Kalat, *Biological Psychology*, 10E에서 인용.

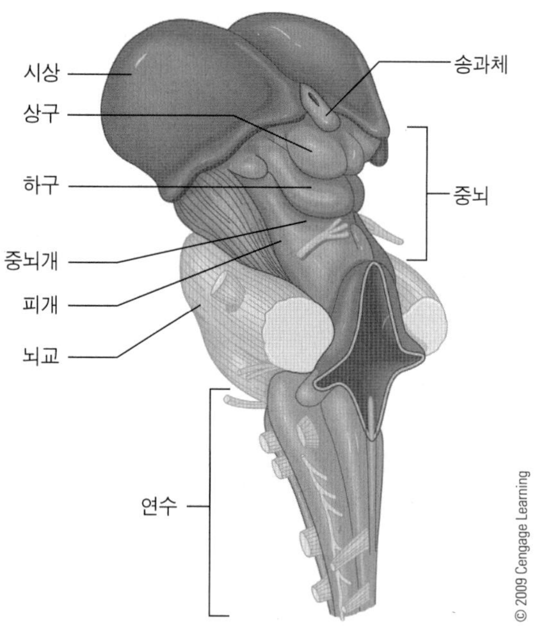

그림 2.5 뇌간(다른 구조들을 나타내기 위해 소뇌는 제외).

출처: Kalat, *Biological Psychology*, 10E에서 인용.

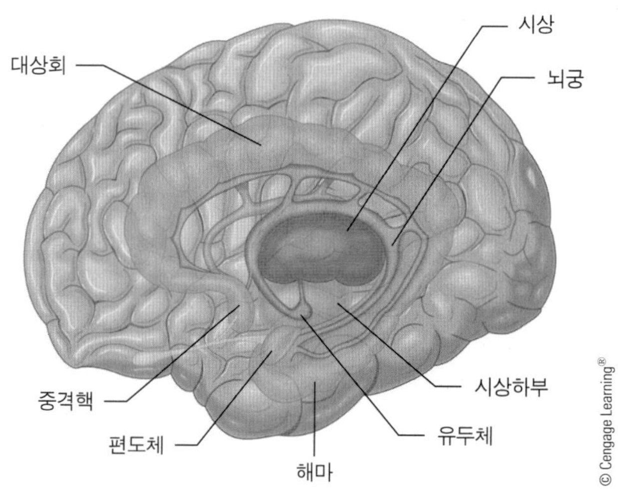

그림 2.6 변연계의 구조.

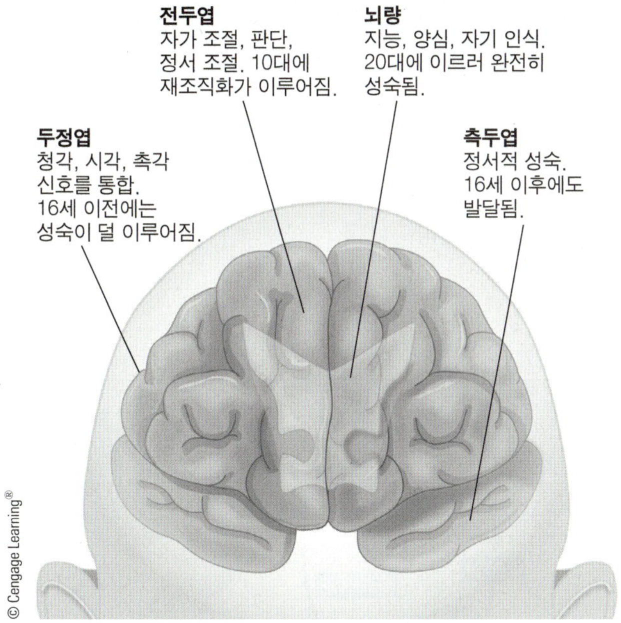

그림 2.7 뇌의 각 엽과 그 기능.

동장애 및 학습장애와 같은 특정의 심리적 장애에서 각기 다른 역할을 한다고 믿고 있다.

사춘기 즈음, 뇌에서 새로운 세포와 신경 연결이 만들어지고, 그러면 다시 재조직되고 통합되기 시작된다(Benes, 2006). 이러한 새로운 성장과 재구조화는 장차 뇌엽(lobe)의 성숙을 가져온다. **그림 2.7**에는 뇌의 **측두엽**, **두정엽**, **전두엽** 및 이것들의 중요한 기능이 제시되어 있다. **전두엽**은 장애에 대한 이후의 장(chapter)에서 자주 볼 것이며, 주의 깊게 볼 필요가 있다. 전두엽은 기억이 포함된 사고와 추론의 기능을 담당한다. 이러한 기능을 통해 우리는 사회적 관계와 관습에 대해 알 수 있고 우리를 둘러싼 세계 및 사람들과 관계를 맺을 수 있는데, 이 점이 아동 이상심리 연구에서 관심이 많은 이유이다. 다행히도, 이러한 모든 기능들은 청소년 후기 및 성인 초기까지 계속 성숙한다. 말하자면, 여러분이 청소년기였을 때의 뇌는 여러분의 지금의 뇌가 아니다.

이러한 중요한 뇌 영역들은 통합되고 조화롭게, 중요한 조절 체계와 신경전달물질이 덧붙여져서 그들의 기능을 수행하는데, 전체는 부분을 합친 것 이상이 되게 한다. 그러나 이 책에 나오는 많은 장애들은 이러한 뇌 영역의 하나 또는 그 이상이 다른 문제의 결과이든지, 아니면 장애의 주요 원인이든지 간에 그들이 해야 하는 기능을 적절히 수행하지 못한다.

내분비 체계

내분비 체계는 아동과 성인 모두에서 불안 및 기분장애와 같은 특정한 심리적 장애와 연관되어 있는 중요한 조절 체계이다. 이것은 여러 개의 내분비선들로 구성되어 있으며, 각각은 특정한 호르몬을 생성하여 혈류로 내보낸다. 부신(신장의 상단에 위치)은 스트레스에 반응하는 **에피네프린**(또는 아드레날린)을 생성하기 때문에 가장 익숙하다. 에피네프린은 우리에게 에너지를 주고 우리 몸이 위협이나 어려움에 대비할 수 있게 해 준다. 신진대사와 성장에 필요한 호르몬인 **티록신**을 생성하는 갑상선은 아동과 청소년의 섭식장애와 관련되어 있다(14장에서 논의). 마지막으로, 뇌 안의 깊은 곳에 위치한 **뇌하수체**는 에스트로겐과 테스토스테론을 포함한 다양한 호르몬을 조절해서 신체 기능을 조정한다. 내분비 체계는 질병이나 기타 수많은 생물학적 위협으로부터 우리를 보호해 주는 면역 체계와 관련되어 있기 때문에 다양한 장애, 특히 건강 및 스트레스 관련 장애와 연루된다는 사실은 놀랄 일이 아니다(13장에서 논의).

일부 심리적 장애와 연관된 뇌 연결 중의 하나가 시상하부와 내분비 체계이다. 시상하부는 인접한 뇌하수체와 다른 호르몬으로부터 받은 명령을 실행하는데, 배고픔과 갈증을 조절하는 것과 같은 것이다. 뇌하수체는 에피네프린과 **코르티솔**이라고 알려진 스트레스 호르몬을 생성하기 위해 부신을 자극한다. 시상하부는 뇌하수체 및 부신으로 연결된 중추를 통제하는데, 이는 **시상하부-뇌하수체-부신(HAP) 축**이라고 알려진 뇌의 조절 체계를 구성한다. **살펴보기 2.2**는 이러한 축이 몇몇의 심리적 장애, 특히 불안장애와 기분장애처럼 스트레스에 대한 개인의 반응과 정서를 조절하는 능력과 연관된 장애들에서 연루되는 방식에 대해 설명하고 있다.

신경전달물질

신경전달물질은 뇌의 생화학적 흐름과 아주 유사하다. 이 흐름은 조직화된 방식으로 발달하여 사고나 감정과 같이 더 포괄적인 기능을 제공하는 의미 있는 연결을 만들어 낸다. 세로토닌과 같은, 한 가지 유형의 신경전달물질에 특히 더 민감한 뉴런들은 함께 뭉쳐지는 경향이 있고, 뇌의 이 부위에서 저 부위로 이동하는 **뇌 회로**를 형성한다(R. R. Dean et al., 1993). 우리 뇌에는 몇만 개의 회로가 작동한다. 뇌 회로 및 신경전달물질은 특정한 심리적 장애와 연결되어 있고, 목표에 맞추어 처치(treat-

살펴보기 2.2

HPA 축과 스트레스 조절

HPA 축은 스트레스에 대한 뇌의 신경내분비 반응의 중심 구성 요소이다. 시상하부가 자극을 받으면 부신피질 자극 방출 호르몬(CRH)을 분비하며, 이는 뇌하수체를 자극하여 혈류 속으로 뇌하수체 호르몬(ACTH)이 분비된다. 그다음으로, ACTH는 위협적인 상황에 대항하기 위해 신체를 각성시키는 익숙한 스트레스 호르몬, 코르티솔을 방출하기 위해 부신을 자극한다. 다른 많은 체계들처럼, 이 체계는 피드백 회로로 작동되는데, 코르티솔은 CRH의 지속된 방출을 억제하기 위해 시상하부에 작용함으로써 스트레스 반응을 조절한다(Sternberg & Gold, 1997). 연구자들은 우리의 각성과 불안 수준을 조절하는 이러한 중요한 피드백 회로가 다양한 외상 및 통제 불가능한 사건을 통해 심각하게 방해받거나 손상될 수 있다는 것을 발견했다. 이러한 사건들은 아동 및 청소년이 아주 오랫동안 독소가 되는 두려움 또는 경계 상태를 유지하게 하는 원인이 될 수 있다(Bremner, 2007).

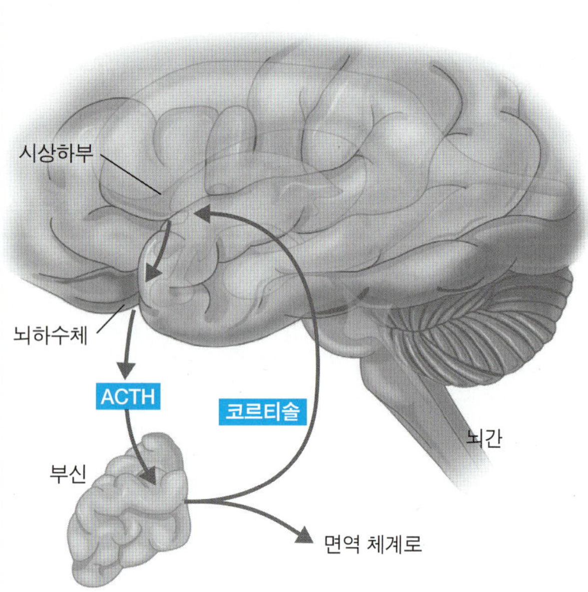

ment)를 하게 한다. 정신 활성 약물은 다양한 신경전달물질의 흐름을 증가 또는 감소시킴(예를 들면, ADHD의 자극 약물 사례에서 도파민을 증가시킴)으로써 효과를 발휘한다(Vitiello, 2007). 그러나 유전의 영향과 마찬가지로, 신경전달물질 활성화에서의 변화는 사람들이 일정한 상황에서 일정한 행동 유형을 더 드러나게 하거나 덜 드러나게 하지만, 행동을 직접 일으키지는 않는다. 표 2.1에는 심리적 장애와 관련해서 가장 자주 언급되는 네 가지 신경전달물질 체계가 요약되어 있다.

단원 정리

생물학적 관점

- 뇌 기능은 환경적 요구에 적응함으로써 계속 변화하는데, 이를 신경 가소성이라고 한다.
- 유전적 영향은 환경에 따라 다르다. 유전적 소인은 행동, 정서, 사고에 영향을 미치는데, 유전적 영향이 표출되려면 환경적 사건이 반드시 필요하다.
- 유전자-환경 상호작용(G×E)는 후생유전학(epigenetics)이라고 알려진 과정을 통해 환경이 우리의 유전자를 형성하는 방식을 설명해 준다.
- 아동 이상 행동에 대한 신경생물학의 기여는 뇌 구조, 내분비 체계, 신경전달물질 등에 관한 지식이며, 이것은 통합되고 조화로운 방식으로 각자의 기능을 수행한다.

심리학적 관점

이 단원에 기술되어 있는 주요한 각각의 심리학적 관점은 정신병리의 발달을 설명해 주는 데 가치가 있다. 동시에, 각 관점은 한계가 있으며 특정 장애나 상황에 더 많이 적용되거나 덜 적용된다. 다시 반복해 보면, 이상 행동은 환경적 영향과 개인적 영향 간의 상호작용을 통해 발생한다는 것을 기억해야 한다. 환경의 영향과 경험이 결합된 아동의 타고난 특성은 현재의 아동 모습을 만든다. 지나친 두려움이나 경계심과 같이 겉으로 보이는 일부 부적응 행동은 부모의 학대나 학교 폭력과 같이 아동이 처한 환경적 맥락을 고려할 때 실제로 잘 이해할 수 있을 것이다.

우리는 이상 행동의 심리적 토대에 관심을 두고, 유아가 새로운 환경에 적응하는 능력을 형성하는 데에서 정서의 역할에 초점을 맞추어 시작하고자 한다. 유아는 표

표 2.1 주요 신경전달물질 및 정신병리와 관련된 역할

신경전달물질	정상적 기능	관련된 역할
벤조디아제핀-GABA	• 각성을 감소시키고 분노, 적대감, 공격성과 같은 정서 반응을 매개한다. • 불안 및 불쾌감과 연계된다.	• 불안장애
도파민	• 다른 신경전달물질이 정서 또는 행동을 억제하거나 촉진시키면서 다양한 뇌 회로망을 작동시키는 스위치가 될 수 있다. • 탐색적, 외향적, 쾌락추구 활동에 관여한다.	• 조현병 • 기분장애 • 주의력결핍/과잉행동장애
노르에피네프린	• 응급반응과 경고반응을 촉진하거나 통제한다. • 정서 조절 및 행동 조절에서 역할을 한다.	• 특정 장애에 직접 관여하지 않음(일반적으로 행동 경향성을 조절하고 바꾸는 역할)
세로토닌	• 정보처리와 운동 협응에서 역할을 한다. • 아동이 환경을 탐색하려는 경향성을 억제한다. • 섭식, 수면, 분노 표현과 같은 중요한 행동을 매개하고 조절한다.	• 섭식장애 및 수면장애와 같은 조절 문제 • 강박장애 • 조현병 및 기분장애

출처: © Cengage Learning®

현 및 해석의 수단에 한계가 있는데, 유아의 정서는 새로운 정보를 조직하고 잠재적인 위험을 피하게 하는 최초의 여과기이다. 이와 유사하게, 한 명 이상의 양육자와의 초기 관계를 통해 이러한 정서 반응을 구조화하고 조절한다. 아동이 자라면서, 어린 아동이 자기 세계에 대한 감각을 형성하고, 언어 발달이나 또래 관계, 그리고 이와 유사한 기술들과 관련된 새로운 도전에 직면하면서 불필요하거나 부적응적일 수도 있는 초기의 기능을 재조직하도록 돕는 데에서 큰 역할을 하는 것은 자기 효능감과 같은 인지적 과정이다. 뇌 발달과 함께, 아동이 환경과 상호작용하는 기능으로서 정서 및 인지가 발달해 가는 어떤 시점에서도 문제는 발생할 수 있다.

정서적 영향

정서와 감정적 표현은 인간의 심리적 경험의 핵심 요소이다. 출생부터 이런 요소는 유아의 활동과 조절에서 핵심적인 특징이다(Sroufe, 2005). 우리의 삶 전반에서, 정서적 반응은 우리의 투쟁/도피 반응에서 우리를 돕는다. 진화론적 관점에서, 정서는 사건에 대해 특별한 가치를 두고 가장 일어나기 쉬운 특정한 행동을 하게 한다. 사실, 정서는 주의를 집중해야 하는 것과 무시해야 하는 것, 접근해야 하는 것과 피해야 하는 것에 대해 알려 준다. 이러한 중요한 역할을 감안하면, 코르티솔과 같은 강력한 스트레스 조절 호르몬의 도움을 받아서, 정서는 건강하게 적응하는 데에서 꼭 필요하다.

정서 과정 및 아동 이상 행동과의 관련성에 대한 관심이 최근에 상당히 증가하고 있다(Arsenio & Lemerise, 2010). 아동의 정서 경험, 표현, 조절은 이들의 사회적 상호작용 및 관계의 질에 영향을 미치기 때문에 초기 성격 발달에서 기초가 된다. 연구자들은 아동의 삶에서 정서적 영향의 역할과 관련된 풍부한 정보를 발견하고 있다. 정서는 사건을 이득이 있거나 위험한 것으로 평가하도록 고안된 중요한 내적 감독 및 지도 체계일 뿐만 아니라 행동을 하게 하는 동기도 된다(Hastings, Zahn-Waxler, & Usher, 2007).

아동은 타인의 정서적 단서에 주의를 기울이려는 선천적인 경향성이 있으며, 이는 아동이 자신의 정서를 해석하고 조절하는 것을 배우도록 돕는다. 이들은 아주 어릴 때부터 타인의 정서적 표현을 통해 학습한다(Bretherton, Munholland, 2008). 생후 첫해에, 아동은 정서가 의사소통하고 조절하는 데 중요하다는 것을 배운다. 2세에는, 원인을 정서적 표현에 귀인시키는 능력도 갖게 된다. 아동 이상심리학의 관심사 중 하나는 아동이 '무슨 일이지?'라는 기본적인 이해를 형성하는 데 필요한 정보를 제공해 주는 양육자의 정서 표현과 단서를 아동이 찾고 있다는 발견이다. 정서는 어린 아동이 독립성을 증가시키면

얼굴 표정, 몸짓, 자세, 목소리의 단서를 읽어서 타인의 정서 상태를 추론할 수 있는 능력은 중요한 적응적 기능인데, 특히 영아 및 걸음마기 유아에게는 더욱 그러하다.

서 자기 세계를 탐색하게 해 주는 의사소통의 기본적인 형태이다(LaFreniere, 2000).

정서 반응성과 조절

우리는 정서적 과정을 정서 반응성과 정서 조절이라는 두 개 차원으로 나눌 수 있다. **정서 반응성**은 정서적 경험에서 역치와 강도의 개인차를 말하는데, 이것은 환경에 대한 민감성 및 개인적인 고통 수준에 대한 단서가 된다. 반면에, **정서 조절**은 정서적 각성을 확장, 유지, 억제하는 것과 관련되는데, 주로 구체적인 목적이나 목표에 따라 행해진다(Perlman & Pelphrey, 2011; Southam-Gerow & Kendall, 2002). 예를 들면, Jorge는 특정한 학습 과제에 대해 정서적으로 반응하는데, 화를 내고 집중을 할 수 없다. 이러한 정서 반응은 조절력의 빈약으로 이어지며, Jorge가 아주 흥분해서 때때로 다룰 수 없게 된다. 이는 다시 교류적 과정이 되어, 정서 반응은 조절의 필요성을 촉구하고, 이것은 향후 정서 표현에 영향을 미친다.

조절(regulation)에서의 문제와 실조(dysregulation)에서의 문제를 좀 더 구분할 수 있다. 조절 문제는 Jorge가 학급에서 집중하는 데 어려움이 있는 것과 같이 통제 구조가 미약하거나 없는 것과 연루되는 반면, 실조는 현재 갖고 있는 조절 구조가 부적응적으로 작동하는 것을 의미한다(Izard et al., 2006). 예를 들면, 아동이 환경에서 두렵거나 불안한 이유가 없을 때에도 두려워할 수 있다.

흔히 정서 반응성과 정서 표현으로 나타나는 아동의 정서 조절은 정상 발달 및 이상 발달의 중요한 신호이다. 정서는 또한 자신의 감정과 행동을 확인하고 점검하는 학습 과정의 일부로서, 어린 아동이 자신과 환경에 대해 더 많이 학습하도록 돕는다. 아동-양육자 관계는 아동이 정서를 표현하고, 양육 지침을 경험하고, 아동에게 제한을 설정하는 기본적인 환경을 제공하기 때문에 중요한 역할을 한다. 권위 있는 부모는 아동 개개인의 발달과 욕구 모두에 민감하고, 이와 동시에 아동이 자기 통제와 건강한 조절을 키우라고 요구하는 제한을 설정한다(Maccoby & Martin, 1983). 정서 발달에서 이러한 생생한 역할 때문에, 아동-양육자 관계는 아동기 장애를 논의할 때마다 반복해서 나올 것이다.

정서 실조의 일부 형태는 어떤 환경 또는 어떤 시점에서는 적응적일 수 있지만 다른 상황에서는 부적응적일 수 있다. 정서적 · 성적 학대를 당한 아동은 무감각(numbing)이라고 알려진 피상적인 정서를 나타낼 수 있는데, 이는 감당할 수 없는 고통과 외상으로부터 아동을 보호하기 위한 외상 후 스트레스 반응의 증상이다(12장에서 설명). 그러나 무감각이 이후의 삶에서 스트레스에 대처하는 특징적인 방식이 되면, 이는 적응적인 기능을 방해하고 장기 목표들을 방해할 수도 있다.

기질과 초기 성격 양식

여러분이 항상 듣는 말은 "아기가 병원에서 집으로 온 바로 그날부터 아기는 순했어요." 또는 "잠이요? 그게 뭐죠? 어린 Freddy가 태어나면서부터 우리는 밤새 먹이고, 기저귀 갈아 주고, 달래 주어야만 했어요."이다. 어떤 유아는 다른 유아보다 차분하고, 또 어떤 유아는 더 활동적이며, 그리고 또 어떤 유아는 더 신경질적인데, 이러한 차이는 생후 며칠 또는 몇 주 안에 알게 된다(Thomas & Chess, 1977). 이것은 이상 발달과 어떤 관련성이 있는가?

정서 조절이나 실조의 발달은 사회화와 타고난 성향(즉, 기질) 양쪽 모두에서 기인한다고 보고 있다. **기질**은 까다로움, 두려움처럼 발달의 초기에 보이는 행동의 체계화된 양식으로, 이것은 환경에 대한 아동의 접근을 형성하고 반대로 아동에 대한 환경의 접근도 형성한다. 기질은 광범위한 성격의 부분집합이기 때문에, 종종 성격을 형성하는 덩어리로 간주된다(Kagan, 2013). 기질의 다음 세 가지 주요 차원이 아동 이상 발달의 위험성과 관련이 있다(Rothbart & Posner, 2006).

1. 긍정적 정서 및 접근. 이 차원은 자신의 환경에 일반적으로 접근할 수 있고 적응적이며, 섭식, 수면, 배설

과 같은 기본 기능을 비교적 쉽게 조절하는 능력이 있는 '순한 아동'을 기술한다.

2. **두려움 또는 거리낌.** 이 차원은 새롭거나 도전해야 하는 상황에 접근할 때 조심하는 '서서히 적응하는 아동'을 기술한다. 이들은 자기 조절과 적응성에서 변화가 많으며, 일부 상황에서는 고통 또는 부정성을 보이기도 한다.
3. **부정적 정서 또는 성마름.** 이 차원은 대체로 부정적이거나 기분이 아주 안 좋고, 적응성이 전혀 없고, 불규칙적인 '까다로운 아동'을 기술한다. 이런 기질이 있는 아동은 새롭거나 도전적인 상황에 직면했을 때 고통을 보이는 아동도 있고, 일반적인 고통 또는 제지를 당하면 성마름의 경향을 보이는 아동도 있다.

이러한 기질 차원, 또는 초기의 자기 조절 유형은 새로운 상황에 대한 아동의 '조심스러운' 대 '적극적인' 접근의 기저에 있는 대조적인 뇌 활성화와 연결되어 있으며, 이는 기질이 초기 뇌 발달 동안에 형성된다는 것을 암시한다(Berger & Berger, 2011; Perlman & Pelphrey, 2010). 어린 아동의 기질은 몇 가지 방식에서 정신병리 또는 위험 조건과 관련될 수 있다. 몇몇 사례에서, 기질 양식이 특정의 장애와 크게 관련되기도 한다. 다른 사례에서는 질병이 기질과 밀접하게 관련된 특징에서부터 발달되지만, 질병 그 자체와는 관련이 없을 수도 있다(Rothbart & Posner, 2006). 예를 들면, 유아가 정서적 자극에 대해 아주 예민한 것은 유아기나 취학 전에는 타인으로부터 철회하는 경향성에 영향을 미칠 수도 있다. 시간이 지나면서 이러한 경향성은 스스로 보고하는 타인에 대한 감정 결여가 특징인 대인관계 양식으로 변형될 수 있고, 결과적으로 또래 거부나 그 외 위험 상태에 직면할 수 있다. 유아의 부정적 감정 역시 어머니가 철회하거나 무관심하게 되는 원인이 될 수 있고, 이는 불안정 애착 및 이와 관련된 위험을 발생시킬 수 있다.

Courtesy of David Wolfe

성마름 기질이 있는 어린 아동은 그들에게 요구하는 상황이 될 때 고통을 보일 수 있다.

기질은 아동의 자기 조절에 영향을 미침으로써 이후의 발달에 영향을 미칠 수 있다. 특히, 어릴 때 두려워하거나 조심스러운 기질은 더 나은 자기 통제와 관련이 있는데, 이는 아동이 덜 충동적이고 선택을 하기 전에 시간이 있기 때문이라고 추정한다(Tarullo, Obradovic, & Gunnar, 2009). 그러나 아동심리학 대부분의 다른 측면들처럼, 기질과 자기 조절은 합리적인 균형을 이루어야 하는데, 높은 정도의 자기 조절력은 활기 있는 걸음마기 유아에게는 긍정적인 것이지만, 수줍음이 많은 아동/청소년에게는 문제가 될 수 있는데, 이는 다른 사람들이 아동을 사회적으로 철회되었다고 볼 수 있기 때문이다(White et al., 2011). 따라서 **자기 조절**(self-regulation)이라고 알려진, 정서 반응성과 자기 통제 간의 균형은 건강하고 정상적인 적응을 하는 데에서 최선의 공식이다.

성격장애는 청소년 후기 또는 초기 성인기가 될 때까지 진단이 잘 내려지지 않는데, 그 시기가 되어야 개인의 행동 패턴이나 내적 경험이 지속적이고 문제가 있다는 것이 분명해지기 때문이다(Shiner, 2007). 따라서 성격장애는 아동 이상심리학의 뒷부분에 있는 장(chapter)에서 다루지 않는다. 그러나 성격장애라는 개념에 친숙해지고 이를 아동과 청소년에 적용해 볼 수 있도록 도움을 주기 위해 아래에 개괄적으로 제시했다.

DSM-5에 기술된 바와 같이(APA, 2013), 성격장애에는 반사회성, 경계성, 연극성, 편집성, 조현성, 조현형, 자기애성, 회피성, 의존성, 강박성 성격장애가 포함된다. 이 열 가지 유형은 진단 준거에서 공통적인 것이 있다.

- 개인의 문화적 기대로부터 현저히 벗어나는 내적 경험과 행동의 지속적인 패턴. 예를 들면, 한 개인이 그가 속한 문화와 비교해서 사고, 감정, 행동이 아주 다른 방식이다.
- 비정상적인 사고, 감정, 행동의 지속적인 패턴이 고정적이고 여러 상황에 걸쳐 만연되어 있고 임상적으로 심각한 고통 또는 기능에서 심각한 결함을 초래한다.

드물게 발생되는 성격장애를 아동과 청소년에게 진단 내리려면 다음의 추가적인 고려 사항이 있어야 한다(APA, 2013, p. 647).

- 성격장애 범주를 아동이나 청소년에게 적용하려면 개인의 특정한 부적응적 성격 특색이 전반적이고, 지속적이고, 특정한 발달 단계에서만 제한적으로, 또는 다른 정신장애로 인한 것이 아니어야 한다.
- 성격장애를 18세 이전의 사람에게 진단 내리려면, 그 특성이 최소 1년 이상 나타나야 한다. 한 가지 예외는 반사회성 성격장애인데, 이는 18세 이전에 진단 내릴 수 없다.

성인기에서는 병리적으로 간주되는 일부 성격 특색이 청소년기 동안에는 비교적 정상적인 것(기분 변화 및 충동성처럼!)으로 간주될 수 있다는 것을 기억하라. 이러한 이유 때문에 진단 준거는 성격 특색이 성격장애의 증상이라고 간주될 만큼 문화적 기대에서 **현저하게 벗어나야** 한다는 점을 강조하고 있다.

정서 반응성 및 정서 조절이 일생 동안 중요하다는 것은, **살펴보기 2.3**에서 설명하듯이, 초기 행동 양식과 30년 후 성인이 되어서의 성격 특징을 연결하는 강력한 경험적 증거가 증가하기 때문에 지지를 받고 있다.

행동적 · 인지적 영향

아동 이상 행동에 대한 행동적 · 인지적 설명은 학습의 원리와 인지를 강조하는데, 학습과 인지는 아동의 행동과 아동을 둘러싸고 있는 것에 대한 해석을 만들어 간다. 행동적 · 인지적 접근은 행동을 이해하는 인지 개념과 절차를 적용하는 정도에서 근본적으로 다르다. 이런 연속선의 한쪽 끝에 있는 응용 행동 분석은 관찰 가능한 행동에 초점을 맞추며, 인지적 매개가 행동을 설명하는 데에서 필수 고려 사항이라는 생각을 거부한다. 연속선의 다른 한쪽 끝에는 사회학습 이론이 있는데, 이는 인지적 과정과 설명에 더 광범위하게 의존한다.

대부분의 행동적 설명은 안정적인 특성이라는 측면 보다는 아동이 특정 상황에서 하는 행동으로 아동을 가장 잘 이해하고 설명할 수 있다고 가정한다. 아동의 독특한 학습 과거력에 관심이 있지만, 행동주의적 방법은 특정의 문제 행동에 대한 가장 실용적이고 간결한 설명에 초점을 맞추고 있다. 같은 이유로, 이 접근은 문제 행동의 성공적인 변화는 문제 행동의 기원에 대해 아는 것을 의미하지 않으며, 오히려 **변인의 통제**라고 하는 동시 발생적인 원인을 강조한다. 반면에, 인지 이론가들은 특정 사고의 패턴이 시간의 흐름에 따라 어떻게 발달하고, 이것이 문제해결과 같이 특정 행동 전략에 어떻게 관련되느냐에 관심이 있다. 주요 행동 이론과 인지 이론의 일부가 뒤이어 제시된다.

응용 행동 분석

B. F. Skinner의 고전적 연구를 근간으로 하는 응용 행동 분석(applied behavior analysis, ABA)은 행동 및 그것의 선행사건 그리고 결과 간의 관련성을 확인하는데, 이는 행동에 대한 **기능적 접근**이라고 알려져 있다. 이상 행동의 기저 욕구 또는 동기에 대한 암묵적 가정은 존재하지 않으며, ABA는 자극, 반응, 결과 사이의 기능적 관련성을 설명한다. ABA는 네 가지 주요 조작적 학습 원리에 근거하는데, 이는 특정 결과로 인해 행동이 어떻게 획득되는지 또는 변화되는지를 설명한다. 이 네 가지 원리는 여러분에게 친숙할 것인데, **정적 강화**와 **부적 강화**는 목표 반응을 증가시키려는 행동이다. **소거**와 **처벌**은 반응을 감소시키는 효과가 있다. 아동은 자신의 행동과 그것의 결과 사이의 유관성을 배울 수 있고, 이 중 일부를 자신에게 적용하는 신비한 능력이 있다. 이러한 조작적 조건화의 원리는 기본적인 실험 연구에서부터 임상적 처치에 이르기까지 적용되는 다양한 영역들에 영향을 미치고 있다(DeGrandpre, 2000).

고전적 조건화

Pavlov의 유명한 학습 시행과 Watson의 Little Albert 실험(1장 참조)의 연장선에서, 고전적 조건화는 일탈 행동의 획득을 이전의 중성 자극(수학 문제와 같은)과 짝지어진 무조건적 자극(음식 또는 비판과 같은)의 연합에 근거하여 설명한다. 중립적 사건은 이미 일정한 반응을 이끌어 내는 사건과 함께 짝지어서 시간이 충분히 주어진다면 **조건화된 자극**이 될 수 있다. 원래의 연합이 무엇인지 알 수 없다고 해도, 짝지어진 연합은 아동과 청소년의 수많은 적응 문제를 설명하는 데 도움이 된다. 뿐만 아니라, 하나 이상의 학습 패러다임이 동시에 발생할 수 있다. 이러한 이유 때문에, 바람직하지 않은 행동에 대해 종종 이중학습(즉, 조작적 조건화와 고전적 조건화의 양쪽 특성의 결합)으로 설명한다.

Jorge의 문제로 돌아가서, 그가 읽기(중립적 사건)를 창피함 또는 불안(무조건적 자극)과 연합시킨다고 생각해 보자. 이는 그가 행동을 회피하거나 도피하게 할 것이

살펴보기 2.3

아동의 초기 행동 양식과 성인의 성격 및 안녕에서의 유사성

Caspi 등(2003)은 아동의 초기 기질 양식과 후에 성인이 되어서의 성격 특성 간의 연관성이라는 역사적인 연구를 했다. 이들은 3세 아동 1000명을 관찰하고 이들의 기질을 다섯 가지 차원에 따라 평가했는데, 통제되지 않는 기질, 억제된 기질, 자신감 있는 기질, 내성적인 기질, 잘 적응하는 기질이다. 23년 후에 이들은 같은 사람들을 다시 평가했으며, 이 기간이 지나면서 성격 양식의 일부 흥미로운 일관성을 발견했다.

3세 때 관찰했을 때, 통제되지 않는 기질로 분류된 아동(표본의 10%)은 성마르고, 충동적이고, 지칠 줄 모른다고 평가되었다. 26세가 되었을 때, 이들은 '부적 정서성'과 연관된 성격 특성에서 점수가 높았다. 이들은 화를 잘 내고 대체로 작은 일에도 과잉 반응을 보이고, 타인이 자신을 잘 대우해 주지 않고, 속이고, 배신한다고 보고했다. 억제된 기질로 분류된 아동(표본의 8%)은 다소 두려워하며 화를 잘 내는 것으로 간주되었으며, 26세가 되었을 때 이들은 주장을 못 하고 생활에서 즐거움이 별로 없는 것으로 기술되었다. 연구자들은 나머지 세 가지 기질 집단은 성인이 되어서 두드러진 성격 특성을 보이지는 않지만, 시간이 흘렀는데도 불구하고 성격 양식에서 연속성이 꽤 지속되고 있음을 발견했다. 자신감 있는 아동(표본의 28%)은 성인이 되어서 우호적이고 적극적으로 탐색하는 것으로 보였고, 가장 논쟁이 적고 가장 외향적이었다. 내성적인 아동(표본의 15%)은 소심하고 다소 불편한 것으로 기술되었으며, 성인이 되어서 이들은 스스로 주장적이지 않다고 보았고 타인이 자신을 내향적으로 생각한다고 기술했다. 마지막으로, 잘 적응하는 아동(표본의 40%)은 3세 연령에 맞으면서도 상황에서 적절하게 행동했던 집단인데, 평균적이고 잘 적응하는 성인과 아주 닮은 성격 특성을 보였다.

이야기는 여기에서 끝나지 않는다. 연구자들은 이 표본을 계속해서 추적해 나갔으며 아동이 30대 초반 성인이 되어서의 건강, 물질 사용 문제, 개인적 재정, 범죄에 대한 예측을 하는 것으로 자기 통제의 정도를 조사했다(Moffitt et al., 2011). 이러한 결과는 아동의 초기 행동 양식이 성인이 되어서 전형적으로 어떻게 행동하고, 생각하고, 느낄 것인지를 예측할 수 있는 가장 장기적이고 가장 강력한 증거가 된다. 이것은 또한 아동의 지기 통제 기술을 가르치는 대규모의 프로그램을 어릴 때 제공한다면 개인 및 사회에 엄청난 이득이 있을 것이라는 것도 시사한다.

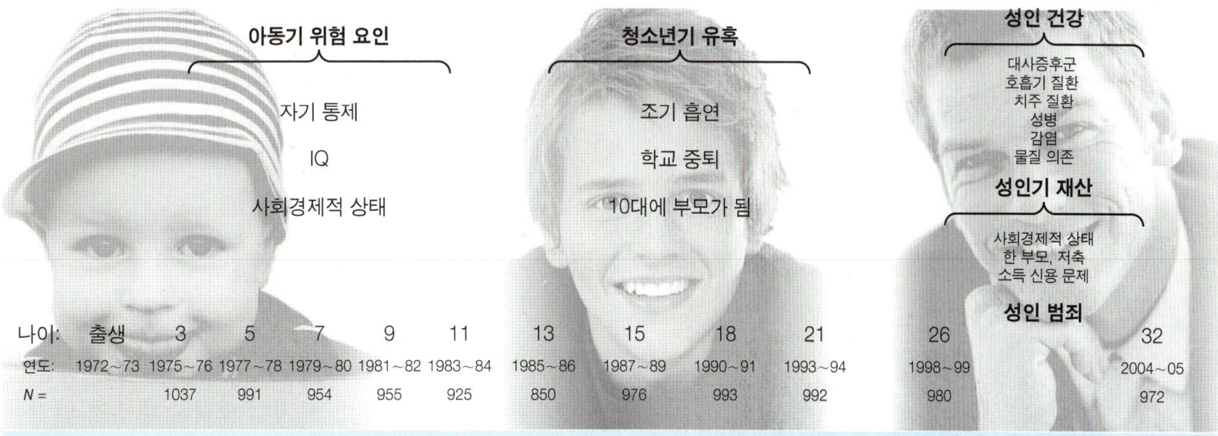

© Zdenek Rosenthaler/Shutterstock.com © Yuri Arcurs /Shutterstock.com © Yuri Arcurs /Shutterstock.com

다. 이제 그의 회피는 그 결과에 의해 부적 강화를 받는데, 불안이 감소되고 창피함을 피할 수 있다. 이런 분석은 Jorge의 학습 내력의 일부로서 도구적(조작적) 조건화와 반응적(고전적) 조건화 둘 다를 고려하고 있다. 여러분은 Jorge의 행동을 바람직하게 바꿀 수 있는 가능한 환경적 변화 또는 유관성을 생각할 수 있는가?

사회학습과 인지

사회학습의 설명은 Jorge의 학교 문제처럼 겉으로 드러난 행동뿐만 아니라, 행동에 직접적으로나 간접적으로 영향을 미칠 수 있는 가능한 인지적 매개자의 역할도 고려한다. Albert Bandura(1977, 1986)의 사회학습 이론에 따르면, 행동은 조작적 조건화와 고전적 조건화를 통해서뿐만 아니라 관찰(대리) 학습을 통해 간접적으로 학습될 수도 있다. 아동은 명백한 강화나 연습 없이 다른 사람의 행동을 보는 것만으로도 새로운 행동을 학습할 수 있다.

사회학습은 또한 바람직한 행동과 바람직하지 않은 행동을 획득하는 데에서 사회인지의 역할을 통합한다. **사회인지**는 아동이 자신 및 타인에 대해 어떻게 생각하는지와 연관되며, 이는 자신, 그들의 관계, 사회적 세계에 대한 정신적 표상을 형성하게 한다. 이러한 표상은 고정되어 있지 않고, 성숙과 사회적 상호작용의 토대 위에서 지속적으로 새로워진다(Herrmann et al., 2007). 아동의 인지가 추론하기, 문제해결하기, 귀인하기 등에서 계속 발달하는 것은 자신이 누구이며 자신의 주변과 어떻게 관련되는지를 이해할 수 있게 돕는다. 사회학습 관점과 사회인지 관점은 문제 행동의 기원과 유지 모두에서 정서의 역할과 가족이나 또래와 같은 맥락적 변인의 중요성 또한 고려한다(Arsenio & Lemerise, 2010).

기질 및 정서 조절에서 개인차가 있는 것처럼, 아동이 정보를 처리하고 그들의 사회적 세계를 이해하는 방식에 큰 차이가 있다. 성인들처럼, 아동은 다양한 환경에서 자신의 행동을 평가하려는 자연스런 욕망이 있으며, 특히 실패, 해로움, 개인적 위험의 가능성이 있는 요소들과 관련될 경우에 더욱 그러하다. 아동 · 10대 · 성인의 일부는 이러한 자기 평가가 잘못된 신념 또는 왜곡에 기초하기도 하고, 또 다른 사람들은 자신의 능력 또는 타인의 의도에 대한 귀인적 편견이 그들로 하여금 자신과 타인에 대해서 그들이 이미 갖고 있는 신념에 맞추어 사건을 재해석하게 만들기도 한다("시험이 아주 쉽게 나와서 나는 수학에서 좋은 점수를 받을 수 있었어요.", "그는 바보야, 내가 그를 놀린다고 누가 뭐라 하겠어?")(Lansford et al., 2010).

아동의 인지 능력의 향상은 정상 발달과 이상 발달 모두에서 중요한 역할을 한다.

1960년대 초에 관찰학습에 대해 처음 기술한 이후, 인지 모델은 더욱 풍부해지고 복잡하게 발전되었는데, 이 모델의 구성 개념은 이 책 전반에 걸쳐 꽤 자주 나온다. 인지 왜곡, 불충분한 인지적 중재 및 귀인 양식과 기대의 역할은 아동 및 청소년의 행동 문제와 정서 문제의 발달과 처치(treatment)에서 중요한 결정 인자이다(Bierman et al., 2010).

단원 정리

심리학적 관점

- 정서 반응성과 정서 조절은 초기 발달 및 그 이후의 발달에서 중요한 측면이며, 일생 동안 아동의 사회적 상호작용과 관계의 질에 영향을 미친다.
- 이상 행동에서 학습 원리에 근거한 세 가지 중요 접근법은 응용행동 분석, 고전적 조건 형성, 사회학습 이론 및 사회인지 이론이다. 사회학습 이론과 사회인지 이론은 외현적 행동보다 인지 과정을 더 중시한다.

가족 · 사회적 · 문화적 관점

생물학적 영향과 심리학적 영향 이외에, 아동의 정상 발달 및 비정상적인 발달은 사회적 맥락과 환경적 맥락에 따라 다르다. 맥락을 이해하려면 사건이 특정 상황의 특정 시간에 아동에게 직접적으로 영향을 미치는 것뿐만 아니라, 근접한(가까이에서) 사건과 거리가 먼(동떨어진) 사건 모두 고려해야 한다. 가족 맥락 및 또래 맥락 그리고 사회적 맥락 및 문화적 맥락과 관련해서 이러한 광범위한 환경 조건과 학습 경험을 고려해야 한다.

아동의 환경을 언급할 때 정확하게 그 의미가 무엇인가? 가족? 또래 집단? 깨끗한 공기? 아동의 환경은, 호수나 시냇물이 계절과 같이 거리가 먼 사건에 의해 영향을 받기도 하고 비바람과 같이 가까운 사건에 의해서 영향을 받는 것처럼, 환경의 많은 요인들과 관련되어 끊임없이 변한다.

환경적 영향은 공유된 유형과 공유되지 않은 유형으로 나눈다. **공유된 환경**은 같은 집에 사는 형제자매 사이에 발달적 결과에서 비슷한 모습을 야기하는 환경 요인들을 말한다. 예를 들어, 형제자매가 공유된 유전적 요인에 의해 기대되는 것보다 더 많이 비슷하다면, 이것은 부부 갈등 또는 빈곤에 노출되었다거나 또는 비슷한 방식으로 양육된 것처럼 그들이 공유한 환경의 영향을 시사한다. 일란성 쌍둥이의 사례에서 공유된 환경의 영향은 일란성 쌍둥이의 상관관계에서 추정된 유전성을 추적함으로써 쌍둥이 간의 상관관계로부터 간접적으로 추정한다. **공유되지 않은 환경**이란 형제자매 사이에서도 행동의 차이를 만들어 낼 수 있는 환경적 요인을 말하며, 1.0에서부터 이란성 쌍둥이의 상관관계를 추적하여 계산할 수 있다(Pike & Kretschmer, 2009; Pike & Plomin, 1996).

흥미롭게도, 변인의 큰 부분에 기여하는 것으로 보이는 형제자매 간의 차이를 만들어 내는 것은 공유되지 않은 환경 요인이다. 공유되지 않은 환경이라고 가정되고 있는 환경적 요인에는 부모가 다르게 취급하는 것, 또래 영향, 학교 환경이 있다(Eley & Lau, 2005).

그림 2.8은 Bronfenbrenner(1977)의 생태학 모델을 보여 주는데, 이 모델은 일련의 다양한 층들의 상호 연결된 구조로 묘사함으로써 아동 환경의 다양한 층들의 풍성함과 깊이를 나타낸다. 아동은 이 영향권의 중심에 있으며, 이 영향권에는 의미 있는 방식으로 상호 관련된 다양한 수준이 있다는 것에 주목하라. 아동의 즉각적인 환경은 가족 구성원과 가정 주변에서 시작하지만, 아동이 유치원에 가고, 동네 공원에 가고, 친구를 만들면서 이러한 환경은 순식간에 더 복잡하게 커진다.

사회적 장면 역시 아동이 이러한 영향을 직접 경험하지 않을 때에도 아동에게 영향을 미친다. 부모의 친구와 부모의 직업, 건강 및 복지 프로그램 같은 가족 지원 서비스의 유용성, 긍정적 또는 부정적 활동 및 유사한 지역사회 자원 역시 아동의 좀 더 큰 사회적 틀을 구성한다(Sameroff, 2010). 마지막으로, 아동의 일상 활동과 상관이 없다고 해도, 문화적 이념이나 정체성은 아동을 취급하는 방식(예: 체벌의 묵인), 배워야 하는 것, 성취해야 할 중요한 목표를 좌우한다(Achenbach & Rescorla, 2007). 이러한 환경적 영향의 수준 및 이들 간의 상호 연계성(환경은 아동에게 영향을 미치고, 아동은 환경에 영향을 미친다)은 아동 학대와 방임 그리고 그 외 수많은 아동 및 청소년 장애의 본질을 이해하는 데에서 핵심 요소이다.

유아-양육자 애착

이상 발달에 대한 연구는 아동-양육자 관계에 관한 광범위한 연구가 도움이 되고 있는데, 아동의 정서 건강에서 초기 양육자 애착의 중요성을 극적인 그림으로 묘사해 왔다(Sweeney, 2007). 영국의 아동 정신과 의사 John Bowlby(1973, 1988)는 애착에 관한 자신의 이론을 도출하기 위해 진화의 생물학적 측면을 그 당시 있던 초기 경험에 관한 정신역동 개념과 통합시켰다. **애착**은 부모나 다른 중요한 인물과 정서적 유대를 형성하고 유지하는 과정이다. 이 과정은 계속 진행되는 과정으로, 전형적으로 생후 6~12개월 사이에 시작되며, 유아가 자기 세계를 탐색하고 배울 수 있도록 안전하고 일관된 토대가 된다(Sroufe, 2005).

애착 이론에서, 본능적 행동은 엄격하게 미리 정해져 있는 것이 아니다. 학습과 목표 교정적 피드백을 통해 유연하고 목표 지향적인 체계로 조직되기 시작한다. Bowlby는 유아가 쳐다보기, 웃기, 울기, 매달리기, 신호 보내기를 하고, 그리고 점차 움직일 수 있게 되면 가까이 다가가기와 같은 관계 증진 행동을 하도록 '미리 예정되어' 있다고 추론했다. 그러나 생존하려면 유아는 자신의 욕구에 유용하고 반응적인 특정한 사람(사람들)과 애착되어야만 한다. 유사하게, 어른은 유아의 욕구에 반응하기 위해 애착 유발 행동이 준비되어 있으며, 이는 유아의 요구, 즉 웃기, 접촉하기, 안기, 흔들기 등에 상호 보완적이다.

유아-양육자 관계의 발생은 유아가 자신의 행동과 정서를 조절하도록 돕는데, 특히 위협이나 스트레스 상황에서 그러하다. 따라서 애착은 스트레스를 감소시키는 중요한 기능을 한다. 유아는 친근함을 유지하려는 욕구와 새로운 정보를 추구하고 탐색하려는 욕구 사이에서 균형을 유지하도록 동기 유발되어 있다. 애착 인물이 탐색을 위한 안전지대를 제공할 때 자기 신뢰가 발달된다(Bretherton & Munholland, 2008). 더욱이 관계에 대한 아동의 내적 작동 모델—아동이 타인으로부터 기대하는 것과 타인에게 관계 맺는 방식—이 중요한 초기의 관계를 통해서 나타나고 또한 이후의 관계로 넘어간다. 애착의 구조화된 주요 세 가지 패턴(그리고 혼란된 패턴)은

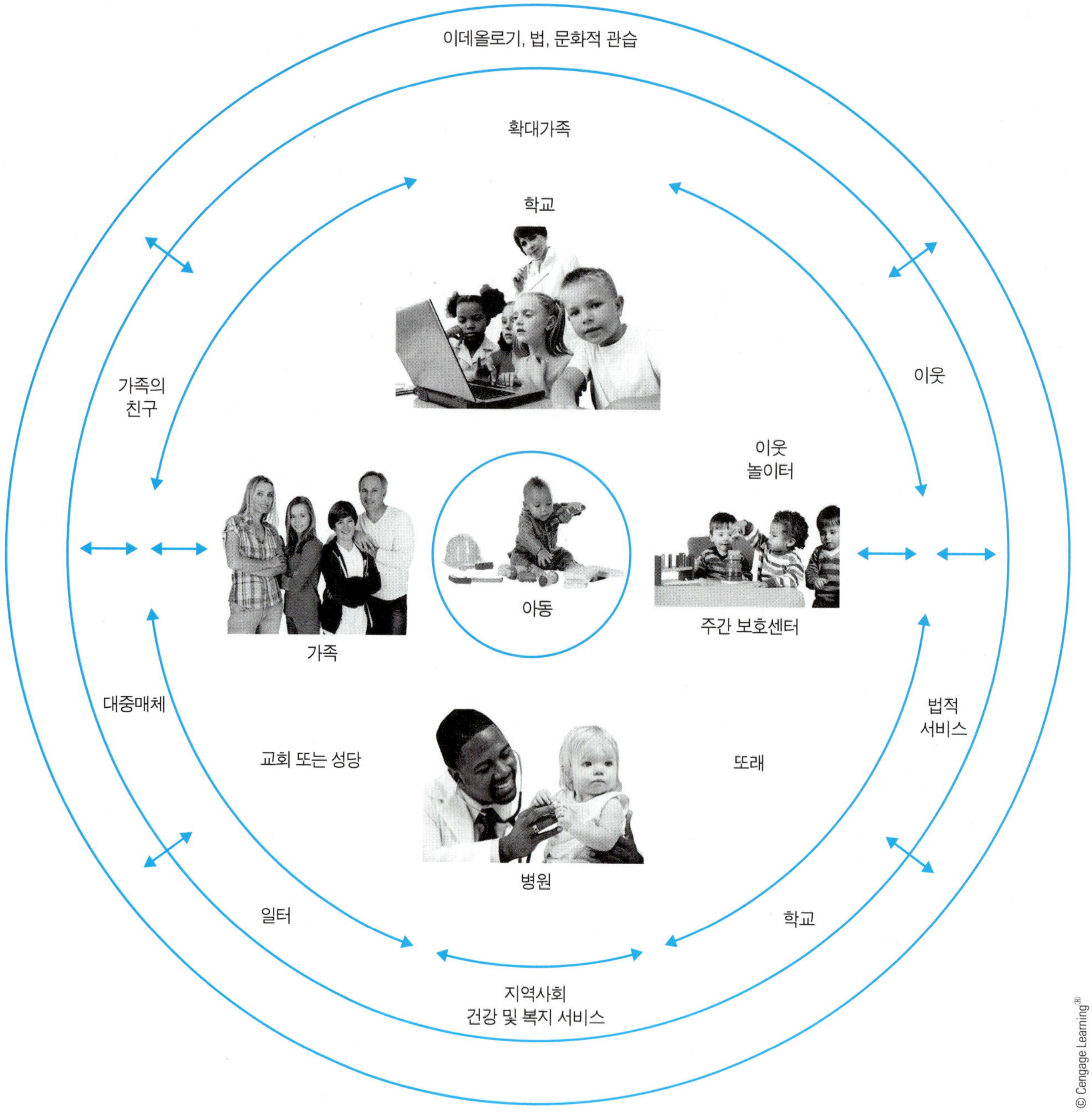

그림 2.8 환경적 영향에 관한 생태적 모델.

Photo Credits: (위 가운데부터 시계 방향으로): © glenda/Shutterstock.com; © Pressmaster/Shutterstock.com; © iStockphoto.com/lostinbids; © iStockphoto.com/Sean Locke; © Goodluz/Shutterstock.com

다양한 정신병리 형태에 대한 애착의 이론적 및 경험적 연결에 따라 표 2.2에 요약되어 있다. 그러나 애착 특징은 단지 인간관계의 한 측면일 뿐이라는 것을 기억하라. 수많은 아동기 장애에서 불안정 애착이 시사되지만, 특정 애착 패턴과 특정 장애 사이의 일대일 관련성은 존재하지 않는다(Sroufe, 2005).

가족 맥락 및 또래 맥락

아동 정신병리 연구는 점차 가족 체계의 역할, 가족 내의 복합적인 관계, 가정의 다양한 하위 체계들 사이의 상호 영향에 초점을 맞추고 있다. 문제가 있는 가정 내에서 발생하는 과정과 이러한 과정이 가족 개개 구성원 및 하위

표 2.2 애착의 유형 및 장애가 있는 결과와의 관계

애착의 유형	낯선 상황에서의 묘사[1]	관계에서 가능한 영향	가능한 장애의 결과
안정	유아는 양육자와 쉽게 분리되고, 탐색을 즐긴다. 타인에 의한 불안 또는 분리로 인한 고통 시, 아동은 양육자와 접촉을 시도하거나 양육자에게 가고자 한다. 그리고 접촉 후 다시 돌아와 탐색하거나 놀이를 한다.	안정 애착 이력이 있는 사람은 지지 관계를 찾고, 효과적으로 이용하는 경향이 있다.	안정 애착 이력이 있는 사람은 심리적 고통을 경험하더라도, 그들의 관계 전략은 장애의 결과에 대한 보호 요인으로 기능한다.
불안정 불안, 회피 유형	유아는 탐색을 하지만 양육자와 정서적 상호작용이 거의 없다. 유아는 낯선 사람을 거의 경계하지 않고, 대체로 혼자 남겨졌을 때에만 화를 낸다. 스트레스가 증가하면 회피도 증가한다.	초기 애착의 불안정, 회피 패턴을 보이는 사람(아동, 성인)은 정서적 표현을 감추는 경향이 있다. 이들은 흔히 자신이 상처받기 쉽고 타인을 신뢰할 수 없다고 믿는다.	품행장애, 공격적 행동, 우울 증상(대개 자기 의지 이미지를 만들지 못했기 때문에)
불안정 불안, 저항 유형	유아는 탐색과 놀이에 흥미가 없거나 저항하고 새로운 상황이나 낯선 사람을 경계한다. 양육자와 다시 만났을 때, 유아는 진정되지 않고, 적극적으로 접촉하고자 하는 모습과 울고 안달복달하는 모습을 복합적으로 보인다.	초기 애착의 불안정, 저항 패턴의 사람(아동, 성인)은 불안을 관리하는 데 어려움이 있다. 이들은 정서를 과장하고, 자신에 대한 부정적인 믿음을 지속한다.	공포증, 불안, 정신 신체적 증상, 우울
붕괴되고 혼란된 유형(조직적인 전략이 아닌)	유아는 애착에 대한 일관된 전략이 부족하다. 새로운 상황에 직면했을 때 붕괴된 것처럼 보이고, 정서 조절에서 일관된 패턴이 없다.	붕괴되고 혼란된 유형의 사람은 타인과의 친밀한 애착을 형성하는 데 어려움이 있다. 무차별적인 친밀감을 보인다(선택적인 애착이 거의 없음).	의견이 분분하지만 일반적으로 광범위한 성격장애(van Ijzendoorn et al., 1999)

[1]낯선 상황은 유아-양육자 애착을 평가하는 방법이다. 일상에서 전형적으로 일어날 수 있는, 즉 낯선 사람을 만나고 혼자 남겨지는 것과 같이 고통스러운 분리와 재회의 시리즈로 되어 있다(Ainsworth, Blehar, Waters, & Wall, 1978).

주: 애착 양식과 이상 발달 간의 관계는 이론적 결과와 경험적 결과에 기초하고 있다. E. A. Carlson과 Sroufe(1995)(Sroufe et al., 1999)에서 요약함.

출처: © Cengage Learning®

체계 모두에게 영향을 미치는 공통적인 방식 및 독특한 방식을 고려할 필요가 있다. 가정에서 어머니-아동 및 부부 하위 체계의 역할이 가장 많은 관심을 받아 왔으며, 형제자매(Defoe et al., 2013) 또는 아버지(Smith et al., 2012)는 관심이 적었다.

가족 체계 이론가들은 아동과 같은 특정 가족 구성원의 행동을 가족의 다른 구성원들과 떼어 내어 이해 또는 예측하기 어렵다고 주장한다(P. A. Cowan & C. P. Cowan, 2006). 이러한 관점은 아동의 이상 발달에 관한 우리의 초기 논의, 즉 개별 아동 또는 10대가 아니라 관계가 주요 초점이라는 것과 같은 맥락이다. 그러나 이 관점은 종종 정신병리에 대한 주류 심리학의 관점 및 정신과적 접근과는 상반되지만, 발달상의 과정과는 양립될 수 있다.

갈수록 점점 더, 개별 요인에 대한 연구와 아동의 맥락에 대한 연구는 이론과 개입 모두에서 서로 화합할 수 있고 유익한 것으로 보인다. 더구나, 하나의 단위로서 가족의 태도는 아동의 조절과 적응에서 도구적인 역할을 하는 전형적인 스트레스 또는 비전형적인 스트레스를 다룬다. 스트레스 사건의 결과는, 부분적으로는 스트레스의 성질과 정도, 스트레스가 있기 전의 가족 기능 수준, 가족의 대처 기술과 자원에 달려 있다. 긍정적이거나 견딜 만한 스트레스, 즉 학교가 바뀌거나 가족 수입의 감소는 가정의 변화 · 성장 · 재조직을 가져오며, 이것이 아동의 발달에 항상 유해한 것은 아니다(Masten & Wright, 2010; Rutter, 2011a). 그러나 일부 형태의 스트레스는 아동 발달에서 독소로 간주되는데, 성인의 보호와 지지가 없는 상태에서 강렬하고 빈번하게 지속되는 아동의 스트레스 반응을 야기하기 때문이다(Shonkoff, 2010). 이 책 전반에 걸친 아

살펴보기 2.4

발달의 '핵심 이야기'

신경과학자, 발달 심리학자, 소아과 의사, 그 밖의 사람들로 이루어진 집단에서는 아동이 사회적 문제를 감소시키고 성공적인 발달의 기회를 높여 주는 행동으로, 복잡한 사고와 결과를 실행하려는 노력의 일환으로 아동 발달의 '핵심 이야기'에 대한 작업을 몇 년 동안 해 오고 있다. 우리는 이 같은 핵심적인 이야기의 주제에 관한 간단한 목록이 이 장에서 여러분이 읽었던 중요한 이슈들을 정리해 줄 것이라고 생각해서 제시했다.

1. 아동 발달은 지역사회 발달과 경제적 발달의 근간이 되는데, 유능한 아동이 번영하고 지속 가능한 사회의 근간이 되기 때문이다.
2. 뇌의 구조는 출생 이전부터 시작하여 성인기까지 이어지는 지속적인 과정을 통해 구성된다. 이러한 구조의 질은 뒤따르는 모든 능력과 행동에서 튼튼한 기초 또는 깨지기 쉬운 기초를 확립한다.
3. 밑에서부터 위로, 뇌가 위계적인 방식으로 만들어지면서 기술은 기술을 만들어 나간다. 시간이 흐르면서 간단한 회로와 기술 위에 점점 더 복잡한 회로와 기술이 형성된다.
4. 유전자와 경험의 상호작용은 발달하는 뇌의 회로를 만든다. 어린 아동은 그들의 욕구에 반응적이거나 무반응적인 성인과의 상호작용에 자주 당면한다. 이러한 '주고받기' 과정은 뇌의 배선에 필수적이며, 특히 어린 나이에는 더욱 그러하다.
5. 인지적 · 정서적 · 사회적 능력은 밀접하게 관련이 있다. 학습, 행동과 신체 및 정신건강 모두는 삶의 과정 속에서 크게 관련되어 있다. 다른 영역의 영향을 배제하고 한 영역을 다룰 수는 없다.
6. 관리 가능한 수준의 스트레스가 정상적인 것이고 성장을 촉진하기도 하지만, 어린 나이에 유해한 스트레스(예: 심각한 빈곤, 모의 우울증과 같이 부모의 심각한 정신건강 장애, 아동 학대, 그리고(또는) 가정 폭력)는 발달 중인 뇌의 구조에 손상을 줄 수 있고, 신체질환 및 정신질환에 걸리기 쉬운 것뿐만 아니라 학습 문제와 행동 문제로 이어진다.
7. 뇌 가소성 및 행동을 바꿀 수 있는 능력은 시간이 지나면서 감소된다. 결과적으로, 늦은 시기에 고치려고 하는 것보다는 빨리 바로잡을수록 사회와 개인 모두가 더 나은 결과를 얻을 수 있고 비용도 절감된다.

출처: Shonkoff & Bales, 2011에서 인용.

National Scientific Council on the Developing Child and the FrameWorks Institute가 지원함.

동기 장애에 관한 논의에서 제기되는 좀 더 영향을 미치는 가족 관련 이슈에는 부모의 우울, 아동 학대, 부모의 알코올 중독, 이혼, 부부 폭력, 부모의 범죄가 있다.

엄격히 구분한다고 해도, 이러한 주요한 가족 이슈와 개인적인 이슈는 아동 발달에 미치는 영향이라는 점에서 공통 요소가 있는데, 기본적이고 예측할 수 있는 아동 돌봄 및 기본적으로 필요한 것을 방해하고, 지장을 주고, 간섭한다. 그와 같은 방해 또는 결함이 이번에는 또래, 교사, 다른 성인들과의 만족스러운 관계를 형성하고 스트레스를 관리하는 아동의 지속적인 발달에 영향을 미치며 평생 동안의 심리적 어려움으로 이어질 수 있다(Cox et al., 2010; Obradović, Burt, & Masten, 2010).

살펴보기 2.4에는 정상적인 발달과 비정상인 발달에 영향을 주는 주요 과정을 이해하기 위해 이 장에서 논의되었던 개념이 정리되어 있다.

단원 정리

가족·사회적·문화적 관점

- 아동 이상 행동에 대한 애착 접근은 유아–양육자 관계를 강조하는데, 특히 애착은 위협이나 스트레스 상황에서 유아가 행동과 정서를 조절하는 것을 도와준다.
- 아동의 정상 발달과 이상 발달은 다양한 사회적 상황과 환경적 상황에 따라 다른데, 여기에는 아동의 가족 및 또래 체계와 좀 더 큰 사회적 맥락 및 문화적 맥락 등이 있다.

더 살펴보기

아동 및 청소년의 건강에 대한 사회적 인식은, 정상 발달이 점차적으로 더욱 전체적이고 건강 증진을 지향하는 쪽으로 진행하며, 이는 아동의 정신건강과 관련된 정의 및 서비스에도 영향을 미친다(Barry, 2009; Lewin-Bizan, Bowers, & Lerner, 2010). 건강에 대한 역동적이고 상호적 관점의 출현은 긍정적인 발달을 성취하는 데에서 개인적 요인과 환경적 요인 둘 다의 중요성을 인식하고 있다. 인간의 건강과 행동에 대한 신경과학적 관점 및 생태적 관점은 정상적인 맥락 내에서 인간의 적응을 고려하기 때문에 이러한 관점의 성장에 가속이 붙게 한다.

오늘날 아동 및 청소년의 건강과 성공적인 적응은 아동 이상 발달의 연구에서도 가치 있고 적절한 측면인 것 같다. **건강 증진**에 대한 강조가 증가하는 것과 함께, 오늘날의 연구 및 생각은 다양한 아동기 장애가 많은 임상적 특징과 원인을 공유하고 있다는 견해를 받아들이고 있다. 건강 증진은 개인의 건강 잠재력을 성취하기 위해 변화, 기회, 능력을 격려하고 있다(R. M. Kaplan, 2000; Ungar, 2010). 아동에게 적용해 보면, 이 관점은 많은 아동 및 청소년 심리적 장애가 다중 원인(multicausal) 그리고 상호작용하는 성질과 맥락적 요인이 중요하다는 것을 인식하게 된다. 또한, 환경적 위험이나 환경적 어려움과 개인의 능력이 균형을 잡는 것이 중요하다고 말할 수 있다(Kirmayer et al., 2011; Masten & Wright, 2010). 이 책을 통해 우리는 아동 이상심리가 발달적으로 민감하고 체계 지향적인 방식으로 연구될 수 있는 많은 방법들을 살펴볼 것이다.

이와 같은 개념의 전환은 소아과 · 심리학 · 정신과 · 사회복지 · 간호 · 교육 · 아동 발달을 위한 중요한 시사점과 함께, 점차로 아동과 청소년을 위한 정신건강 및 교육 서비스 측면을 변화시키고 있다. 개인이 건강에 대해 생각하는 방식, 일상생활이 체계화되고 경험되는 방식, 사회정책이 개발되는 방식, 사회적 자원이 할당되는 방식, 이러한 정책을 실행하기 위해 훈련받는 방식 등은 자신을 위해 스스로 목소리를 높일 수 없는 어린 사람들 집단을 돕는 서비스에서 주요한 개선을 이루려는 역사에서 가장 큰 가능성으로 다가가고 있다. 정신건강 분야, 특히 아동 및 청년에게 이러한 엄청난 영향이 아직 현실화되지 못했지만, 아동의 요구를 다루는 데에서 사회의 발전된 방식은 우리를 격려하고 있다.

✳ 학습 자료

단원 요약

Jorge 문제의 원인은 무엇인가?
이론적 배경
발달적 고려 사항
생물학적 관점
심리학적 관점
가족 · 사회적 · 문화적 관점
더 살펴보기

핵심 용어

가족 체계(family systems)
건강 증진(health promotion)
공유되지 않은 환경(nonshared environment)
공유된 환경(shared environment)
교류(transaction)
기질(temperament)
뇌 회로(brain circuits)
민감기(sensitive periods)
발달의 구성(organization of development)
발달적 종속(developmental cascade)
발달 정신병리(developmental psychopathology)
병인학(etiology)
분자유전학(molecular genetics)
비연속성(discontinuity)
사회인지(social cognition)
사회학습(social learning)
상호의존(interdependent)
성격장애(personality disorder)
시상하부-뇌하수체-부신 축(hypothalamic-pituitary-adrenal[HPA] axis)
신경 가소성(neural plasticity)
애착(attachment)
연속성(continuity)

에피네프린(epinephrine)
유전자-환경 상호작용(gene-environment interaction, G×E)
적응의 실패(adaptational failure)
전두엽(frontal lobes)
정서 반응성(emotion reactivity)
정서 조절(emotion regulation)
코르티솔(cortisol)
행동유전학(behavioral genetics)
후생적(epigenetic)

3

연구

우리가 하고 있던 것을 알고 있었다면, 연구라고 부르지 않겠지요?

—Albert Einstein(1879~1955)

이 장 미리 보기

이 장에서는 연구의 과정 그리고 문제를 가지고 있는 아동 및 그 가족을 연구할 때 직면하게 되는 수많은 어려움에 대해 살펴보려고 한다. **연구**란 의문에 대한 답을 찾아가는 체계적인 방법, 즉 일정한 규칙을 따르는 질문 방식이라고 본다.

과학적 접근

과학의 목표는 무한한 지혜의 문을 여는 것이 아니라 무한한 오류에 제한을 설정하는 것이다

— Brecht, 『갈릴레오의 삶』

과학적인 연구 전략은 문제를 갖고 있는 아동을 이해하고 그들을 도와줄 수 있는 방법을 아는 데 이용될 수 있다. 과학적 접근은 상식의 사용 그리고 우연적인 관찰의 사용을 개선시키겠다는 강력한 요구를 조사하는 체계화된 방법이다. 그러나 과학은 상식의 체계화 그 이상이다. 과학에서 요구하는 것은, 주장이 대안적인 설명을 검증하고 결론을 내리기 전에 관찰을 검토하고 반복하는, 잘 설계된 연구에서 얻은 자료가 엄호하는 이론에 기초해 있어야 한다는 것이다(Rutter & Solantaus, 2014). 과학적 접근은 아동 이상심리학에서 특히 더 중요하다. 관심 있는 변인들 간의 관계가 인과적으로 관찰—한 아동이 설탕을 과다 섭취하고 과잉행동을 보인다—될 때 명백한 것같이 보이지만, 이러한 관계가 종종 보는 것처럼 단순하지는 않다. 우리는 원인과 결과 간의 단순한 연결이 복잡한 상호작용 및 변인들의 조합으로 인해 모호해질 수 있다는 것을 먼저 생각해야 한다. 아동과 함께 작업하는 전문가 및 부모는 자신들의 신념 체계와 경험에 따라 정보를 해석하고 연관시키려는 경향이 있다. 때때로 이러한 관계들이 사실(fact)에 의해 지지되는지의 여부와는 상관없이 견고하게 확립되기도 한다. 심지어 설탕과 과잉행동 사이의 상관관계를 지지하는 연구가 부족하다는 새로운 정보가 나왔을 때에도, 이미 가지고 있던 관점이나 알고 있는 것을 바꾸는 것이 어려울 수 있다.

아동 이상심리학의 비과학적 영역에는 닭고기 스프에서부터 돌고래와 수영하는 것에 이르기까지 전통 문화, 민간요법, 유행하는 처치(treatment)들이 있다. "설탕은 과잉행동의 원인이다."처럼 단순한 설명 또는 "매를 아끼면 아이를 망친다."처럼 단순한 해결책이 부모나 교사들에게 매력적일 수 있는데, 이는 복잡한 문제에 대한 간단한 해답이나 신속한 해결책을 약속하기 때문이다. 전통 문화 및 유행하는 처치는 의도적이든지 아니든지 간에 문제를 갖고 있는 아동의 부모, 즉 아동을 위한 최선의 답을 필사적으로 찾고 있는 부모의 취약함에 작용한다. 대개, 쉬운 해답 또는 신속한 해결책은 효과가 없으며, 때때로 결과가 더 나쁘게 되거나 큰 대가를 치르기도 한다.

사람들은 새로운 지식으로 이끌어 가는 과학적 연구에 대해 항상 회의적이다. 다음 말을 생각해 보자.

> 냄비 안에서 몇 차례 번쩍거린 후, 우리는 Edison과 그의 전기 전등에 대해 더 이상 들을 수 없을 것이다. 그의 모든 주장들이 검증되었고, 비현실적이라고 증명되었다(*New York Times*, 1880년 1월 16일).

> Louis Pasteur의 세균 이론은 터무니없는 허구이다(Pachet, 생리학 교수, Toulouse, 1872).

다행스럽게도, 회의적으로 보았던 백열등, 파스퇴르 저온 살균법, 그리고 그 외 많은 아이디어들이 분명히 실현되었다. 그럼에도 불구하고, 아동 이상심리학의 연구에 대해 회의적일 수밖에 없는 네 가지 이유가 있다. 첫째, 아동기 문제에 대한 전문가들 사이에서 종종 의견이 일치하지 않는다. 뉴스, 잡지, 웹사이트, TV 토크쇼에는 늘 이러한 갈등을 보여 주는 의견들이 제시된다. 우리가 얻는 답(예: TV의 폭력은 아동이 더 공격적이 되게 하고, 보육시설은 아동의 정서적 적응에 해가 된다)은 누구에게 질문했느냐에 따라 다르다.

둘째, 대중매체에 비쳐지는 연구들은 종종 지나치게 단순한 경향이 있으며, 결과가 제시되는 방법이 다소 그럴듯하다. 예를 들면, 사람들은 동일한 결과를 뇌 영상 사진 없이, 또는 막대그래프를 사용하여 제시한 것에 비해 뇌 영상 사진으로 제시했을 때 결과에 훨씬 쉽게 동의한다(McCabe & Castel, 2008). 뇌 영상 절차의 한계에 대한 정보 없이, 결과들이 잘못 제시되거나 잘못 이해될 수 있다.

셋째, 아동 이상심리학에서의 연구 결과들은 종종 갈등이 있을 수 있다. 예를 들어, 대부분의 연구에서 초등학교 여학생이 남학생에 비해 우울한 경향이 있다고 알려져 있지만, 남학생의 우울증 비율이 더 높다고 보고되는 연구도 있고, 차이가 없다는 연구도 있다. 이처럼 비일관적이고 때로는 반대되는 결과를 어떻게 이해해야 하

자폐 스펙트럼 장애가 있는 아동을 이해하고, 진단하고, 치료하는 것을 돕기 위해 로봇을 사용하는 것처럼, 아동 이상심리는 새로운 연구 방법들을 이용한다

는가? 이 장에서 논의되겠지만, 서로 대립적인 결과들은 종종 연구가 실행되는 방식의 차이, 예를 들면 우울증의 정의 또는 연구에 참여하는 아동의 선발 방법(예: 임상 집단에서나 일반 집단에서)에 따른 결과이다.

회의가 들게 하는 네 번째 이유는, 연구가 문제를 갖고 있는 아동에게 도움을 주는 방법에 관한 제안이 달라진다는 것이다. 동일한 처치(예: 항우울제 약물)가 도움이 되는 것으로, 효과가 없는 것으로, 심지어는 해로운 것으로 나타나기도 한다. 한 임상가는 회의장에서 효과적인 새로운 처치 방법에 대해 듣고는 "이것이 효과가 없다는 연구가 나오기 전에 서둘러서 빨리 사용하는 것이 좋겠다."라고 말하기도 했다! 아동에 대한 연구를 통해 나온 결론은 제한적일 수 있으며, 단순 명료한 답이 나오는 경우는 거의 없다. 적절한 정도의 규율은 좋지만 너무 적거나 너무 지나칠 때에는 해롭다. 어떤 처치들은 일부 아동에게는 효과적이지만, 다른 아동에게는 효과가 없을 수 있다. 어린 아동에게는 효과가 있지만 큰 아동에게는 효과가 없을 수 있으며, 특정 문화권의 아동에게는 효과가 있지만 다른 문화권에서는 효과가 없을 수 있다.

마지막으로, 과학적 증거가 비교적 명백하고 결과가 일치해도, 많은 부모 및 전문가들은 이러한 결과들을 믿지 못하는데, 대부분 개인적 경험에서 나온 예외가 있기 때문이다. 예를 들어, 부모가 습관적으로 가혹한 체벌을 하는 것은 아동의 발달에서 아주 부정적인 영향을 미칠 수 있다는 것을 보여 주는 연구가 아주 많은데도 아직도 "내가 어릴 때 아버지가 허리띠로 나를 때리곤 했는데, 이 때문에 나는 바르게 행동해야 한다는 것을 확실히 배웠다!"라고 말하는 부모도 있다.

완벽한 연구가 존재하지 않기 때문에, 이 분야를 발전시키는 것은 하나의 연구가 아니라 현장 연구 결과들의 **축적**이라는 것을 기억해야 한다. 과학적 접근을 사용하는 아동 이상심리학 연구가 문제를 갖고 있는 아동 및 이들에게 가장 도움이 되는 방법을 알게 하는 흥미롭고 새로운 발전을 이끌어 낸다. 예를 들면, 6장에서는 자폐증이 있는 아동들의 뇌 이상을 확인한 최근의 연구들에 대해 살펴볼 것인데, 이 연구들은 자폐증이 있는 아동이 사람들과 사회적 관계를 맺는 것이 어려운 이유를 알려 준다. 다른 연구—이후 2~3세에 자폐증 진단을 받은, 생후 12개월 아동의 홈 비디오 녹화를 이용—를 통해 이들이 '이름을 불렀을 때 반응이 없거나', 또는 '눈 맞춤이 거의 없는' 것과 같은 초기 사회적 결함의 단서를 확인할 수 있다. 이러한 생물학적 표시 및 사회적 표시의 발견은 그 어느 때보다 더 어린 연령의 자폐 아동을 더 일찍 발견하는 데 도움이 된다. 이것이 특히 중요한 이유는 도움을 일찍 받을수록 경과가 더 좋기 때문이다. 자폐증 및 기타 장애의 연구에서, 서로 다른 연구의 결과들이 항상 일치하는 것은 아니다. 그럼에도 불구하고, 신경생물학, 초기 사회성 발달, 자폐증이 있는 아동을 위한 개입에 대한 과학적 연구의 결과들이 축적되면서, 이러한 장애를 이해하는 데에서 상당한 발전이 있었으며, 이 아동들을 도와줄 수 있는 새로운 방법을 지속적으로 제시해 주고 있다.

과학이 무시되었을 때

지식의 가장 큰 적은 지식의 무시가 아니라, 지식에 대한 환상이다.

— Stephen Hawking

촉진된 의사소통(facilitated communication, FC)은 과학적 방법과 증거가 무시되거나 일축되었을 때를 보여 주는 예이다. FC는 자폐증 또는 의사소통하는 데 결함이 있

촉진된 의사소통: 누가 의사소통하고 있는가?

는 기타 아동들을 가르치는 데에서 잘 고안된 것같이 보이지만 논쟁의 여지가 많고 잘못 사용된 절차이다. 촉진자는 아동이 키보드를 누르거나 또는 알파벳 판의 철자를 지적해서 의사소통하게 하면서, 아동의 손 · 손목 · 팔을 가볍게 잡는 것(사진 참조)으로 수동(manual)의 보조를 제공한다. 촉진자가 해 주는 수동 보조의 목적은 아동이 원하는 키를 누르도록 도와주려는 것이지, 키의 선택에 영향을 주려는 것이 아니다. 그러나 이러한 보조는 끊임없이 지속되어야 하므로, 촉진자의 존재가 직접 영향을 미칠 수 있다.

FC를 받은 아동이 읽고 쓰는 능력 및 지적 능력으로 추정되는 능력을 훨씬 능가해서 향상되었다는 보고 때문에 FC가 매체에서 널리 다루어졌다(Biklen, 1990). 결과가 특히 놀랍다고 생각되었는데, FC를 사용한 전형적인 아동들은 자폐증 또는 심각한 수준의 정신지체, 또는 둘 다를 가지고 있으며 전혀 말을 하지 못하던 아동들이었기 때문이었다(Jacobson, Mulick, & Schwartz, 1995). 이 방법을 통해, 자폐증이 있는 아동이 복잡한 기억 및 감정을 기술하는 단어와 문장을 생성해 내고, 기타 언어 기술이 향상되었다고 주장했다(Biklen & Cardinal, 1997).

그러나 FC를 비평한 사람들은 이것이 돌팔이가 하는 엉터리 방법이고 점괘판과 차이가 없다고 보았다. FC로 인한 놀라운 결과가 사실인가? 꾸며 낸 이야기인가? 과학적 연구는 FC가 허구임을 나타낸다. 통제된 연구에서 일관되게 밝혀진 것은, 아동이 의사소통한다고 추정된 것이 실제로는 촉진자에 의해 통제되고 있다는 것이다(Mostert, 2001). 한 연구에서 흥미로운 사실을 보여 주는데, 촉진자들과 16~30세의 자폐증이 있는 사람들에게 헤드폰을 통해 각기 다른 질문을 전달했다(양쪽 모두는 질문이 다르다는 것을 몰랐다). 내담자의 답은 내담자에게 제시된 질문이 아니라 촉진자에게 제시된 질문과 일치했으며, 이는 의사소통을 하는 사람이 촉진자라는 것을 나타낸다(Wheeler et al., 1993).

불행하게도, FC는 전 세계에서 장애가 있는 수천 명의 아동이 매일 사용하고 있으며(Grayson et al., 2012), 이것은 과학적 증거에 근거하지 않은 방법의 사용이 위험할 수 있다는 것을 보여 준다(Lilienfeld, 2007; Mostert, 2010). 자폐증이 있는 어린 아들을 둔 아버지의 글에서 볼 수 있듯이, 자식에게 최선을 다하고 싶은 부모는 의심스러운 개입의 거짓 약속에 특히 더 취약하다.

> 전문가들은 자폐아의 능력을 쉽게 간과한다. 그래서 촉진된 의사소통(FC) 제안자가 궁지에서 길을 발견했다고 했을 때, 부모들은 잽싸게 믿고 (…) 그러나 (…) 워크숍 비용은 250달러이다. 장비는 800달러가 넘는다. 그리고 우리가 그 돈으로 얻은 것은 무엇인가? 부모들은 "촉진시킬 수 없었다."라고 우리에게 말한다. 우리 아이들은 촉진된 의사소통이 평생 필요하고, 스스로는 의사소통을 결코 하지 못할 것이다. 간단히 말해서, 우리가 아이와 의사소통하려고 지불한 돈은 낯선 사람이 우리 자식들과의 관계를 개입하도록 한 것에 대한 비용이고 낯선 사람이 한 모든 말을 맹목적으로 믿은 것에 대한 비용이다(Mark S. Painter, Sr. [Dillon, 1993]).

FC는 연구의 과학적 접근에 대한 논의에서 특히 흥미를 끄는데, 이는 많은 부분이 **사이비 과학**(pseudoscience)의 기준에 해당하기 때문이다. 즉, 효과의 증명이 일화나 사용한 사람의 추천서에 근거하고 있고, 아동의 기초 능력과 자발적인 개선의 가능성이 무시되고, 관련된 과학적 절차를 사용하지 않았다. 과학적 주장과 사이비 과학의 주장과의 차이는 단순히 증거가 있느냐 없느냐가 아니다(Finn, Bothe, & Bramlett, 2005). 이 장의 후반부에서 논의되듯이, 주장이 과학적으로 믿을 수 있는지의 평가에서 중요한 증거의 질, 결과가 획득된 방법, 제시된 방법의 문제이다. 과학자들이 틀린 주장을 할 수도 있다. 과학자와 사이비 과학자가 구별되는 점은 과학의 규칙에 따라 연구를 실행하고, 그들이 틀렸을 때 받아들일 준비가 되어 있고, 그리고 새로운 증거에 근거한 변화에 대해 개방적이라는 것이다(Lilienfeld, Lynn, & Lohr, 2003). 과학적 접근의 연구는 다양하고 복잡하며, 이 접근이 아동 이상심리학에 어떻게 적용되었는가를 보여 주려면 수많은 기준, 방법, 임상이 필요하다. 이어지는 부분에서 이것을 중점적으로 보고자 한다. 즉, 아동기 장애를 연구하는 연구자들이 전형적으로 다루고자 하는 아이디어나 연구 문제에서부터 연구 과정, 아동 문제를 연구할 때 사용되는 방법과 연구 설계에 이르기까지 아동 이상심리학에서의 연구에 대해 살펴볼 것이다. 마지막 부분에서, 우리는 중요한 윤리 및 실용성 주제에 대해 논의할 것이다. 이 책을 통해 우리가 제시하는 연구는 아동 이상심리학에 과학적으로 접근해야 함을 강조하는 것이다. 이 여행을 시작하면서, 과학은 인간에 의해 착수된 사회적인 사업이며, 연구는 과학자의 가치관에 따라 영향을 받을 수밖에 없다는 것을 기억해야 한다(Sonuga-Barke, 2011).

단원 정리

과학적 접근

- 아동 이상심리학에서의 과학적 접근은 구체적인 방법들, 임상, 또는 절차들을 단순히 축적해 놓은 것이 아니라, 관심이 있는 궁금증에 대해 최선의 이해와 해답을 구하는 방법에 관한 사고방식이다.
- 과학은 통제된 연구에서 나온 증거에 의해 이론이 지지되고, 결론을 도출하기 전에 관찰에 의해 확인되고 반복되어야 한다.
- 촉진된 의사소통은 사이비 과학의 많은 기준을 충족시키는데, 효과의 증명이 일화 또는 사용한 사람의 추천서에 근거하고, 아동의 기초 능력과 자발적인 개선의 가능성이 무시되고, 관련된 과학적 절차를 사용하지 않았다.
- 과학이 사이비 과학과 구별되는 점은, 과학자가 과학의 규칙에 따라 연구를 실행하고, 틀렸을 때 이것을 인정할 준비가 되어 있고, 그리고 변화에 대해 개방적이라는 것이다.

연구 과정

> 과학은 사실들의 수집이 아니고, 오페라는 음표를 모아 놓은 것 이상이다. 이것은 하나의 통찰 위에 기초한 과정, 사고의 방식이다. 아이디어가 얼마만큼 사실처럼 보이느냐는 진짜 사실과는 아무 관계가 없다. 사실과 거짓을 구별하는 방법은 그것을 검증해 보는 것이다.
>
> – Ferris(1998)

아동 이상심리학 연구의 가장 큰 특징은 여러 지점에서 중요한 결정을 하는 다단계 과정이라는 것이다. 과정은 전형적으로 연구자가 관찰, 이론, 이전의 결과에 기초해서 가설(연구 문제)을 개발하고, 연구의 일반적인 접근에 관해 결정하면서 시작된다. 그다음 단계는 연구할 표본을 구하고, 측정 방법을 선택하고, 연구 설계와 절차를 개발하는 것이다. 연구 설계와 절차는 조사 중에 가설을 도입하도록 연구에 적절한 실제적인 고려 사항과 균형을 이루어야 한다. 마지막 단계는 자료를 수집해서 분석하고, 연구를 처음 하게 만든 문제를 해결하는 데에서 이론 및 이전의 결과와 연관시켜서 결과를 해석하는 것이다. 이처럼 진행되는 과정에서, 연구에서 나온 결과와 해석은 추후의 연구 문제를 생성하고, 앞으로의 연구를 활성화하는 데 사용될 수 있다.

연구 진행의 주요 단계가 그림 3.1에 요약되어 있다. 아동 및 가족에 대한 연구를 실시할 때에는 이 과정의 각 단계마다 윤리적인 문제를 고려해야 한다는 것을 명심해야 한다. 윤리적인 고려 사항에 대해서는 이 장의 마지막 부분 '윤리적인 문제와 실용적인 문제'에서 논의할 것이다.

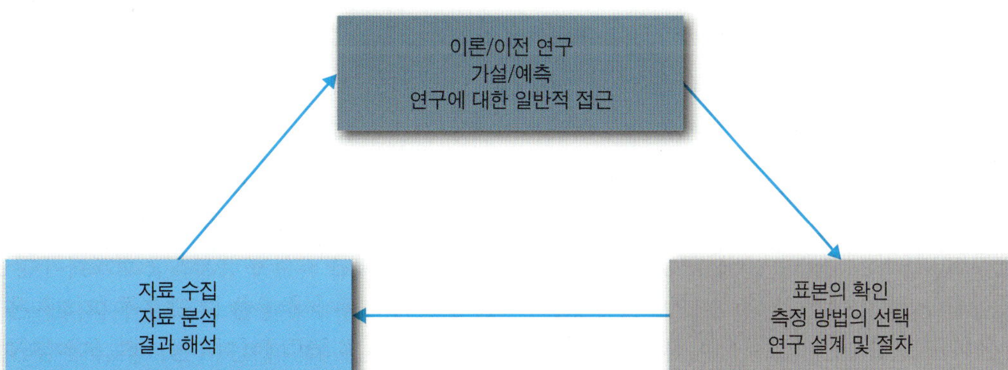

그림 3.1 아동 이상심리학에서의 연구 과정.

출처: © Cengage Learning®

연구에서 '정확한' 한 가지 접근이란 없기 때문에, 아동이상심리학에서 대부분의 문제들은 다양한 접근과 전략을 사용하여 연구하는 것이 최선이다(Rutter & Solantaus, 2014). 연구는 의사결정 과정과 아주 유사하다. 이 과정에서는 어떤 방법과 전략이 적절한지 또는 그렇지 않은지를 연구자가 현명하게 결정할 수 있도록 개념적·방법적·현실적 고려 사항을 이해하는 것이 필요하다. 아동이상심리학을 연구하기 위해, 연구자들은 직접 효과 및 간접 효과의 구분, 여러 장애에 대해 각기 다른 원인 경로를 구분할 수 있는 연구 설계 및 자료 분석 방법을 포함시켜야만 한다(Cicchetti & Hinshaw, 2003). 이제 아동 이상심리학에서 흔히 제기되는 연구 과제와 주제 및 연구 과정의 단계에서 발생하는 특정한 쟁점들을 살펴보자.

일반적인 연구 과제와 주제

부모는 전형적으로 자녀에 대해 유사한 질문을 하는데, Whitney(14세)와 Tito(7세)의 예에서 볼 수 있다.

WHITNEY

항상 슬퍼하다

나는 내 딸이 늘 슬퍼하는 이유를 이해할 수 없다. 내 딸은 남동생과 싸우고, 학교를 싫어하고, 친구도 없다. 항상 시무룩해 있지만 내가 남편과 이혼한 후에 더 나빠졌다. 내 딸의 우울한 성격 때문인가, 이혼 때문인가? 아니면 아이가 이렇게 느끼게 하는 무엇인가가 집이나 학교에 있는 것일까? (저자의 사례 자료에서 인용)

TITO

끊임없는 싸움질

Tito는 학교에서 아이들이랑 끊임없이 싸운다. 우리가 그에게 요구하는 것을 그는 한 적이 없다. 자기 마음대로 안 되면 무척 화를 내고, 물건을 집어던지거나 부순다. 남편은 Tito가 거친 아이이기 때문에, 아이에게 필요한 것은 엄격한 훈련밖에 없다고 생각한다. 남편은 허리띠로 Tito를 때리곤 하지만, 달라진 건 없는 것 같다. 정말 걱정된다. Tito의 행동이 나아질 수 있을까? 남편이 이렇게 엄하게 해야만 하는가? 내가 무엇을 할 수 있을까? (저자의 사례 자료에서 인용)

이러한 사례에는 부모가 자녀의 문제 행동과 발달에 대해 묻는 전형적인 질문이 포함되어 있다. 그것은 아동 이상 행동 연구를 하게 만드는 질문이다. 예를 들어, Whitney의 사례에서 부모의 이혼은 아동의 기분과 행동에 영향을 주는가? Tito의 사례에서, 나이가 들면서 싸움과 파괴적인 행동이 감소될 것인가? 위에서 언급했듯이, 연구는 전형적으로 이론에 근거한 가설에서 시작하며, 이는 특정의 결과 또는 행동을 예측하게 해 준다. 연구 가설은 특정 질문에 관한 해답에 가장 적절한 방법 및 연구 설계를 선택하도록 안내해 준다. 연구 과제 및 주제는 종종 전형적이지 않은 발달과 행동의 이론에 근거하고 있다(2장에서 논의). 몇몇 연구는 하나의 이론으로부터 나온 예측을 검증하기도 하고, 반면에 다른 연구들은 다른 이론에 근거한 예측을 검증한다. 이용할 이론적 지식이 거의 없을 때, 명백한 예측 없이 연구의 질문을 개발할 수도 있다. 예를 들면, 요즈음 아동은 1세기 전 아동보다 더 우울한가? 아동 학대는 다른 나라보다 우리 사회에서 더 자주 발생하는가?

아동기 장애의 본질과 분포

아동기 장애의 본질과 분포에 관한 질문에는 장애가 정의되고 진단되는 방식, 연령이 다르고 환경이 다를 때 표현되는 방식이 들어 있다. 이와 관련된 질문은 증상의 양상, 다양한 문제 및 능력의 기저 비율, 그리고 시간이 지나면서 문제와 능력의 자연스런 진행 등에 관한 것이다. 그러한 질문들은 주로 **역학 연구**를 통해 소개되는데, 역학 연구란 임상적으로 의뢰된 표본 집단과 지역 표본 집단에서 아동기 장애와 능력의 범위, 출현, 동시 발병에 관해 조사하는 연구이다(Costello, Egger, & Angold, 2005a). **발생률**은 장애의 새로운 사례가 특정 기간 동안 나타나는 정도(예: 학교 다니는 동안에 우울장애가 발생한 아동의 수)를 나타내며, **유병률**은 새롭게 또는 이전에 있었든지 간에 특정 기간 동안 관찰된 모든 사례(예: 2012년과 2013년에 일반 집단에서 품행장애가 있는 10대 아동의 수)를 나타낸다. 발생률이나 유병률의 추정치는 6개월처럼 비교적 단기간에 획득되기도 하고, 장기간에 걸쳐 실시되기도 한다. 예를 들면, **평생 유병률**(lifetime prevalence)은 표본 집단의 아동이 언제이든지 간에 장애를 가진 적이 있는지에 관한 것이다.

일생 동안 개개인의 장애 위험, 표현 등에 관해 알면 장애의 속성을 이해하게 되고, 이러한 이해는 예방과 처치(treatment)의 기초로 이용할 수 있게 도와준다(Costello & Angold, 2006). 예를 들어, 오랜 시간에 걸쳐 실시한 10대들의 연구에서는 많은 아동과 청소년에게 우울증이 장기적인 결과가 좋지 않은 재발성 장애임이 밝혀졌다. 장애의 경과에 대한 이러한 지식은 청소년의 우울증을 치료하고 예방하는 새로운 접근법을 찾을 수 있게 하며, 이는 10장 '우울장애와 양극성 장애'에 제시되어 있다.

1장에서 논의한 것처럼, 전 세계에서 아동의 약 10~20%는 임상적으로 진단할 수 있는 장애가 있으며, 그보다 더 많은 아동들이 구체적인 증상을 보이거나 준임상적 문제를 가지고 있다(Belfer, 2008). 그러나 이러한 전체 비율은 연구마다 보고되는 비율이 다르기 때문에 모호하다. 동일한 장애에 관한 연구에서 대체로 동일한 시점에서 한 연구는 1%의 유병률을, 다른 연구는 20%의 유병률을 보고할 때 매우 혼란스럽다. 마찬가지로, 아동이 보이는 문제의 비율이 교사가 보고할 때에는 6%에서 20% 사이에, 부모가 보고한 경우에는 10%에서 40% 사이에 이른다(Costello & Angold, 2006). 일부 연구는 당신이 만나게 되는 거의 모든 아동이 특성 문제를 가지고 있다고 결론을 내린다. 그러나 다른 연구에서는 이 특정한 문제가 너무 드물어서 존재를 의심한다. 어느 결론이 정확한 것일까?

이 질문에 답하려면 역학 연구와 사례의 추정치(예: 장애 또는 문제가 있는 아동)가 만들어지는 방식을 알아야 한다. 사례들은 가능한 원인 및 관련된 특징이 있는 단일 증상, 다중 증상, 또는 증상의 양상이라는 관점에서 정의된다. 유병률의 추정치는 우리가 어떤 정의를 사용하는지에 따라 크게 변할 수 있으며, 증상의 양상보다는 단일 증상에 초점을 맞춘 추정치의 유병률이 높아진다. 예기적 방법(동일한 표본 아동을 일정 기간 동안 주기적으로 연구하는 것)을 통해 정신장애의 평생 유병률을 조사할 경우에 회고적(사람들에게 이전에 일어났던 것을 질문하는 것) 연구에서 발견된 것에 두 배가 된다는 것은 놀랄 만한 일이며, 이것은 피험자가 회상을 하지 못했기 때문이다(Moffitt et al., 2010). 아동 이상심리학에서 사례를 정의하기가 복잡한데, 이는 아동이 스스로 처치를 받겠다고 의뢰하는 것이 아니기 때문이다. 그러므로 처치(treatment)를 찾는 것과 질병을 동일하게 보는 것은 오해의 소지가 있다. 의뢰하게 만드는 요인은 아동의 행동보다는 부모, 교사, 의사에 의한 것이 더 많다. 그러므로 임상가에게 의뢰되는 아동과 마찬가지로 의뢰되지 않는 아동의 문제를 연구하는 것 역시 중요하다. 이 책 전반에 걸쳐서, 연구가 지역사회 표본에 또는 임상 집단 표본에 집중되었는지에 따라 유병률과 연구 결과가 얼마나 달라지는지에 관한 예를 보게 될 것이다.

유병률 또한 사례가 증상의 패턴 측면에서 정의되었는지, 기능의 결함(예: 집 또는 학교에서의 어려움) 측면에서 정의되었는지, 또는 양쪽 측면에서 정의되었는지에 따라 다양하다. 증상과 기능의 결함 모두에 기초할 때에는 둘 중 하나만 기초할 때보다 사례의 발생이 적다.

아동기 증상 및 장애의 비율과 표현은 사회경제적 상태(SES, 예: 가족의 수입, 교육, 직업처럼 측정에서 반영되는 것으로 아동이 살고 있는 사회적 · 경제적 · 물리적 환경), 부모의 결혼 상태, 아동의 연령, 성별, 문화적 배경처럼 인구통계학적 변인 및 상황적 변인에 따라 종종 달라진다. 결론적으로 말해서, 이러한 변인들은 대부분의 연구에서 평가되고 통제되어야 한다. 예를 들어, 특정한 인종 집단의 아동은 다른 인종 집단의 아동보다 학업 문제의 비율이 더 높을 수 있고, SES가 낮을 수도 있다. SES를 고려하지 않는다면, 영양 부족, 학습 기회 부족과 같이 SES와 관련되는 요인의 기능 내신에 학습의 차이가 인종 집단과 연관된다고 결론 내릴 수 있다. 이와 유사하게, 품행 문제는 백인 아동보다는 아프리카계 아동에게서 더 많다고 보고되었으나(McLaughlin, Hilt, & Nolen-Hoeksema, 2007), 이러한 결과는 SES와 더 관련이 있는 것 같다. 즉, 품행 문제는 SES가 낮은 가정에서 유병률이 더 높고, 아프리카계 아동이 북아메리카에서 이러한 가족들을 중복 대표하기 때문에, 인종과 품행 문제 간의 연계는 가난한 가정에서 성장하는 것과 관련이 있는 스트레스가 많다는 조건으로 설명할 수 있다(Bird et al., 2001).

© Rawpixel/Shutterstock.com

아동의 사회경제적 배경 및 문화적 배경은 아동기 증상 및 장애의 비율과 표현에서 중요한 역할을 한다.

살펴보기 3.1

범문화적 역학조사 연구: 7개 문화에서 아동의 부모가 보고한 행동 문제

난민이나 이민자들의 세계적인 이동은 아동을 새롭고 낯선 환경에 놓이게 한다. 이 아동들의 정신건강 평가는 이상 행동을 구성하는 것이 무엇인지, 그런 행동을 어떻게 확인하는지, 이상 행동에 대해 어떻게 해야 하는지에 있어서 문화적 변인들 때문에 어려울 수 있다. Crijnen, Achenbach와 Verhulst (1997)는 7개 문화에서 CBCL(Achenbach, 1991)이라는 동일한 측정도구를 사용한 연구에서 부모나 대리 양육자가 보고한 아동 문제의 6개월간 유병률을 조사했다. 도표에서 보듯이, 푸에르토리코 아동들과 중국 아동들의 총 문제 점수는 전반적인 평균보다 높았다. 대조적으로, 이스라엘과 독일, 오스트레일리아 아동들의 총 문제 점수는 전반적인 평균에 비해 낮았다. 이런 역학 연구를 통해서 서로 다른 문화의 부모들이 자녀의 문제 행동 비율을 다르게 보고한다는 것을 알 수 있다. 그러나 연구는 이런 차이가 발생하는 이유를 제시하지는 않는다. 이 질문에 답하려면 다른 유형의 연구를 해야 한다. 예를 들면, 아동 양육 현장에서 문화적 변인 또는 아동 행동에 대한 부모의 기대를 연구해야 한다(Achenbach & Rescorla, 2007).

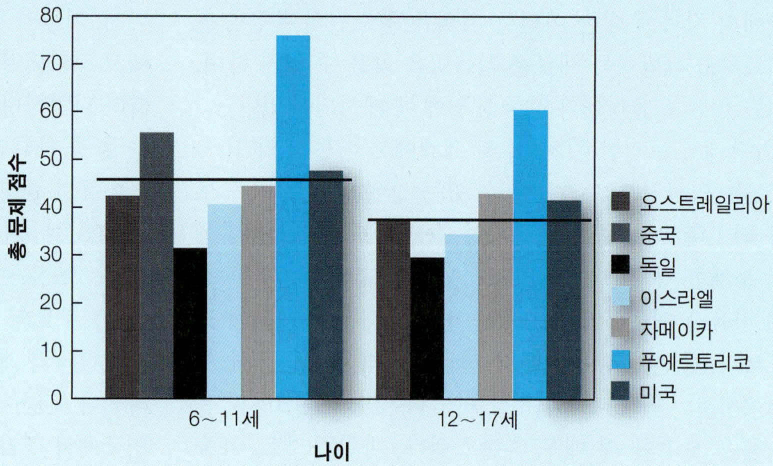

7개 국가의 아동 총 문제 점수. 6~11세와 12~17세 아동 행동 체크리스트(CBCL)의 전체 평균 점수와 각 국가의 평균 점수. 각 연령 집단의 범문화적 전체 평균 점수는 수평선으로 제시되어 있다. 중국의 12~17세 아동의 경우는 분석할 만큼 충분하게 제시되지 않았다.

출처: "Comparisons of Problems Reported by Parents of Children in 12 Cultures: Total Problems, Externalizing, and Internalizing," by A. A. M. Crijnen, T. M. Achenbach and F. C. Verhulst, 1990, *Journal of the American Academy of Child and Adolescent Psychiatry*, 36, 1269-1277에서 인용.

이를 지지하는 것으로, 중류 계층 표본에서는 품행 문제가 백인 아동과 아프리카계 아동에게서 큰 차이가 없다(Sameroff, Peck, & Eccles, 2004). 문화적 차이의 중요성은 **살펴보기 3.1**에 나와 있는데, 7개 문화권의 부모들이 보고한 행동 문제 유형에 대한 역학조사 연구의 예이다.

상관변인, 위험 요인 및 원인

지속적인 슬픔을 보이는 Whitney(이 장의 앞부분에서 기술)는 몇 가지 변인, 즉 우울한 아동이었던 내력, 부모의 이혼, 학교에서의 문제, 친구가 없음과 연관이 있는 것 같다. 이 변인들 중 어느 것—단일 변인 또는 조합—이 Whitney의 슬픔을 설명해 줄까? 어떤 방식으로 설명할 것인가? 아동 이상심리학에서 관심 있는 세 가지 변인은 상관변인, 위험 요인이나 보호 요인, 그리고 기타 변인들의 원인이다. 아동 이상심리학의 많은 연구들은 일반적으로 이 세 유형의 변인과 아동기 장애의 관계에 대한 질문에 답하도록 설계된다. 모든 아동기 장애는 시간이 지나면서 서로 영향을 미치는 여러 유형의 다중 변인들의 결과이기 때문에, 이 질문에 관한 대답이 간단한 경우는 드물다.

상관변인(correlates)이란, 한 변인이 다른 변인보다 앞에 일어난다는 분명한 증거는 없으나 특정 시점에서 관련이 있는 것을 말한다. 예를 들어, Whitney가 친구가 없다는 것은 그녀의 슬픔과 관련이 있다. Whitney는 친구가 없어서 슬픈 것인가, 아니면 그녀의 슬픔이 친구 사귀는 것을 방해하는가? 첫 번째 변인을 알 수 없기 때문에 친구가 없는 것과 슬픔은 상관변인이다.

위험 요인(risk factor)이란, 관심이 있는 결과보다 선행하며 부정적인 결과가 발생할 기회를 증가시키는 변인이다(1장 참조). 예를 들어, Whitney의 우울한 기분은 부모의 이혼 이후에 더욱 심해졌다. 부모의 이혼이 아동의 우울증 및 기타 문제들의 발달에 위험 요인이라고 생각하는가? 위험 요인이란 어떤 결과가 발생할 기회를 증가시키는 것이라는 것을 기억하라. 반드시 일어난다는 것을 의미하지는 않으며, 발생할지 또는 발생하지 않을지는 요인들에 따라 다르다. 부모가 이혼한 대부분의 아동이 임상적으로 우울해지는 것은 아니다. 이혼이 아동의 우울증 및 낮은 자존감의 필연적인 원인은 아니지만 위험 요인이 될 수 있다(Hetherington, Bridges, & Insabella, 1998). 보호 요인(protective factor)이란, 관심을 갖고 있는 결과에 선행하며, 부정적 결과가 발생할 가능성을 감소시키는 변인이다. Whitney와 엄마가 서로 좋아하는 친밀 관계는 앞으로의 우울 삽화를 방지하는 보호 요인이 될 수 있다.

위험 요인과 보호 요인에 대한 연구는 큰 표본 집단을 대상으로 연구가 이루어져야 하며, 또한 기능의 다중 영역, 즉 신체적 · 지적 · 심리사회적 영역을 장기간에 걸쳐 평가해야 한다. 이렇게 해야 하는 이유는 (1) 문제를 일으킬 위험이 있는 아동 중 일부만 장애가 실제로 생기고, (2) 영향을 받게 되는 아동의 기능 영역과 어떻게 영향을 받게 되는지를 미리 알 수 없고, (3) 장애가 발생하고 재발되는 연령을 미리 알 수 없기 때문이다. 때때로 유아기나 초기 아동기에 위험 요인에 노출된 것의 영향이 청소년기나 성인기가 되기 전에는 드러나지 않을 수도 있다. 영향이 지연되거나 잠복되어 있을 가능성은 위험 요인과 보호 요인의 연구를 더욱 복잡하게 만들며, 이는 지연된 효과가 탐지되지 않을 경우에 오랫동안 아동을 연구해야 하기 때문이다.

마지막으로, 기타 변인들은 원인이다. 원인은 직접적으로 또는 다른 변인을 통해 간접적으로 행동이나 장애의 발생에 영향을 미친다. Tito의 아버지는 Tito가 잘못된 행동을 하면 심하게 처벌했다. 이 처벌이 Tito의 공격적 행동의 원인일까? Tito는 아버지로부터 공격 행동을 학습했는가? 원인에 관한 질문들이 복잡해지는데, 원인이 될 만한 것은 관심이 있는 변인들에 따라 변할 것이며, 인과적 연쇄의 시간을 얼마나 거슬러서 추적될 수 있는지에 따라 달라질 것이기 때문이다. 아동기 장애는 함께 활동하는 다중 요인들의 결과이며, 연구자들의 도전 과제는 각 요인들의 상대적 기여도 그리고 더 중요한 것은, 특정한 결과를 일으키는 데에서 각 요인들이 결합되는 방식과, 시간이 지나면서 상호작용하는 방식을 확인하는 것이다(Dodge & Pettit, 2003). 아동기 장애가 있을 때, "거의 예외 없이, 단일로서, 필요 충분적인 원인은 없다"(Rutter, 2007b, p. 378). 그러나 과학적 연구는 일부 변인과 다른 변인들 사이에서 인과론적 관계에 관한 일정한 추론을 강화하거나 약화시키는 데 도움이 될 수 있다.

중개변인과 매개변인

중개변인과 매개변인의 핵심적인 차이는, 중개변인은 두 변인들 사이에 존재하는 관계에서 영향이 독립적인 반면, 매개변인은 두 변인 간의 명백한 관계를 일부, 또는 모두 설명해 준다. **중개변인**은 관심 있는 변인들 사이의 관계에서 **방향** 또는 **정도**에 영향을 미친다. 두 변인 간의 연합은 아동의 성별, 나이, SES, 인종, 문화적 배경과 같은 중개변인의 함수에 의해 좌우되거나 차이가 난다. 예를 들어, **그림 3.2**에서 보듯이, 청소년이 신체 학대 경험의 자기 보고와 내재화된 문제(우울, 불안과 같은)에 대한 자기 보고 간의 관계를 조사한 연구에서, McGee, Wolfe와 Wilson(1997)은 심각한 학대의 내력과 내재화된 문제 간의 상관이 남아에 비해 여아에게 더 크다는 것을 발견했다. 아동의 성별이 중개변인인데, 즉 변인들 사이의 두 변인관계(이 경우에, 학대와 내재화 문제들)는 제3의 변인(즉, 참가자가 소년인지 소녀인지)에 따라 달라진다.

매개변인이란 특정한 결과를 만드는 과정 · 기제 · 수단에 관한 변인이다. 매개변인들은 하나의 변인이 다른

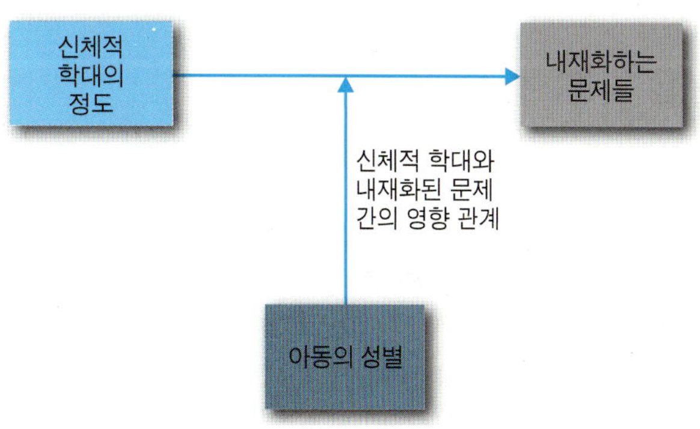

그림 3.2 중개변인의 예: 아동의 성별은 학대와 내재화된 문제 간의 관계를 중개한다.

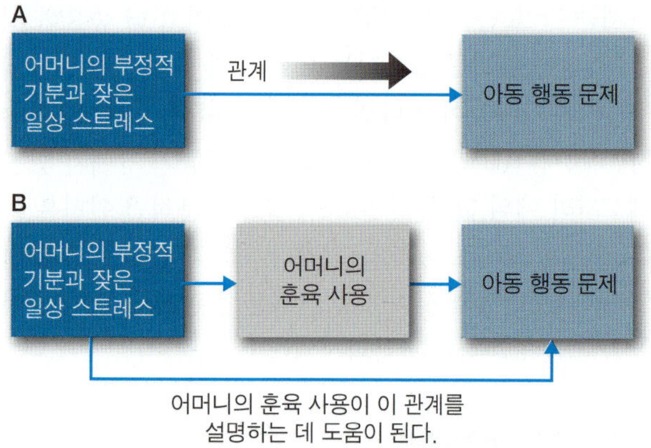

그림 3.3 매개변인들: 스트레스를 받는다고 느낀 날에 어머니가 사용한 양육 유형은 어머니의 스트레스와 아동의 행동 문제의 관계를 매개한다.

변인으로부터 유래되는 방식을 설명하기 위해 심리적 수준이나 신경생물학적 수준에서 일어나는 것을 설명한다. 한 연구에서, Snyder(1991)는 4~5세 아동의 어머니들이 부정적 기분과 자잘한 스트레스를 겪는 날에는 자녀의 잘못된 행동에 부정적으로 반응하고 어머니-아동의 갈등이 있는 동안에 아동의 억지 떼쓰기 전략을 강화시킬 가능성이 크다는 것을 알게 되었다. 이러한 어머니의 훈육 방법은 동일한 날 아동의 행동 문제를 증가시키는 것과 관련이 있다. 그림 3.3에서 보듯이, 이러한 결과들은 어머니의 스트레스와 아동의 품행 문제 간의 관련성은 어머니가 기분이 나쁜 날 사용하는 훈육 방법에 의해 부분적으로 매개된다는 것을 알 수 있다. 어머니의 훈육 전략은 어머니의 스트레스와 아동의 품행 문제 간의 관련성을 설명하는 데 도움이 된다.

결과

문제를 겪고 있는 아동의 장기적인 결과는 무엇인가? 많은 아동기 문제들이 성장하면서 감소되거나 사라지지만, 우리는 대략 몇 세 때 개선될 것이라고 기대할 수 있는지 알아야 한다. 마찬가지로, 아동이 문제, 말하자면 침대에 오줌을 싸거나 학업에 대해 지나치게 걱정하는 것 때문에 자신이 못났다고 생각하는 것처럼 다른 문제가 생길 것인가? Tito의 적대적이고 공격적인 행동으로 다시 돌아가 보자. 나이가 들면서 그의 문제가 감소하거나 사라질 것이라고 기대할 수 있는가? 또래와의 지속적인 갈등, 미래의 학업 문제, 이후에 사회적 적응의 어려움을 예측할 수 있는가? 아동 이상심리학에서 결과에 대한 연구는 오늘날 이 영역에서 가장 중요한 연구 중 하나일 것이다.

개입

우리가 아동기 문제를 치료하거나 예방하는 방법은 얼마나 효과가 있는가? 좀 더 효과적인 처치의 유형이 있는가? 처치와 예방에 관한 질문은, 심리적 · 환경적 · 생물학적 처치의 장기-단기 효과를 평가하는 것, 각기 다른 유형의 처치와 통합적인 처치의 상대적인 효과를 비교하는 것, 특정한 처치의 작업이 효과적인 이유를 확인하는 것과 관련이 있다. 질문은 또한 의뢰와 처치 과정에 영향을 미치는 요인을 확인하고, 아동-치료자 관계처럼 과정이 처치의 결과에 영향을 미치는 방식을 이해하고, 아동 · 부모 · 교사에게 동등한 형태의 처치를 적용할 수 있는지를 평가한다.

상황이 꾸준히 개선되고 있는데도 불구하고, 아동과 청소년에게 사용하는 많은 치료들이 평가되어 있지 않다(Silverman & Hinshaw, 2008). 오늘날 많은 연구들이 **무선 통제 시행**(RCTs)을 이용하여 치료의 결과를 평가하고 있는데, 특정한 문제를 갖고 있는 아동들을 무작위로 각기 다른 처치 및 통제 조건에 배정한다. 무선 배분의 중요성에 대해서는 이 장의 후반부에서 논의한다. 통제된 연구에서 나온 결과는 처치를 받은 아동이 처치를 받지 않은 아동보다 일반적으로 더 좋아진다고 밝히고 있다.

그러나 처치 효율성과 처치 효과를 구분하는 것이 중요하다. **처치 효율성**이란 통제가 잘된 조건에서 처치가 변화를 일으킬 수 있는지를 말한다. 효율성 연구에서는 사례의 선택, 치료자, 처치 시행과 처치에 대한 모니터링을 세심하게 통제한다. 대조적으로, **처치 효과**는 통제가 잘된 연구 장면이 아니라 임상 현장에서 작용하는지를 보는 것이다. 효과에 관한 연구에서, 처치는 임상 현장에서 그대로 평가되며, 내담자를 선정하는 것이 아니라 종종 의뢰된 대상자이며, 치료자는 연구에서 사용되는 엄격한 통제를 하지 않고 서비스를 제공한다. 문제를 갖고 있는 아동의 처치에서 얻는 이득은 일반적으로 임상 현장(효과의 검증)에서는 통제된 연구 장면(효율성의 검증)에서보다 이득이 작다고 밝혀졌다(Weisz et al., 2013). 결과적으로 개입에 관한 연구의 우선순위는 아동의 임상 서비스가 제공되는 현장에서 개입을 개발하고 검증하며, 연구 · 정책 · 임상 실제 사이의 연결을 강화시키는 방법을 찾는 데 있다(Chorpita & Daleiden, 2014; Weisz, 2014; Weisz, Ng, & Bearman, 2014). 관련해서, 개입 연구와 임상 실제 간의 차이를 줄일 수 있는 서비스 전달 체계로서, 새로운 기술의 설계·개발·연구에 대한 관심이 증가하고 있다(Jones, 2014).

단원 정리

연구 과정

- 연구는 가설의 생성, 전반적인 계획의 설계, 측정 방법의 선택, 연구 설계와 절차의 개발, 자료 수집과 분석, 결과의 해석이 포함되는 다단계의 과정이다.
- 아동 이상 행동에서 이론은 연구할 변인, 연구 방법의 결정, 연구 결과의 해석을 결정한다.
- 아동기 문제의 본질과 분포에 관한 질문은 임상에 의뢰된 아동과 지역사회 표본 집단을 중심으로 아동기 장애의 발생률과 유병률에 관한 역학 연구를 통해 다루어진다.
- 아동 이상심리학에서 기타 흔한 주제들은 아동기 장애의 상관관계, 위험 요인과 보호 요인, 원인, 중개변인과 매개변인, 결과, 개입에 집중되어 있다.

행동 연구의 방법

아동의 행동 및 정서 문제에 관한 연구에서는 이러한 문제를 측정하는 데 사용하는 방법들이 신뢰롭고 타당한 점수를 만들어 내야 한다. 이것이 쉬운 과제는 아니다. 아동의 문제는 성인들의 시각 차이를 종종 반영해 주는 각기 다른 상황(예: 집 또는 학교)에서의 행동 표본에 근거해서 평가해야만 한다. 이러한 평가는 아동의 연령, 성별, 문화적 배경 및 평가자의 개인적인 기대와 가치에 따라 영향을 받기 쉽다. 따라서 아동의 문제에 대한 정확한 이해를 제공하는 한 가지 측정이란 있을 수 없으며, 다중 측정 그리고 정보의 출처가 다양해야 한다.

표준화, 신뢰도, 타당도

아동 및 가족의 행동을 연구하기 위해 우리가 사용하는 방법과 측정은, 우울·불안·지적 불능과 같은 구성 요인을 얼마나 잘 측정하는지를 결정하도록 세심하게 연구

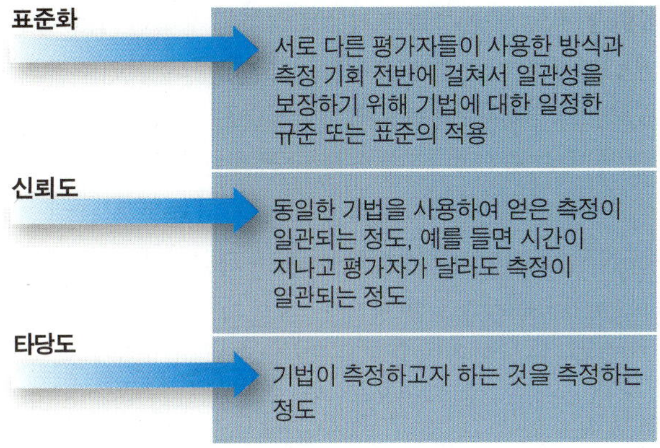

그림 3.4 우리가 측정 및 평가한 방법에 대한 가치를 결정하는 개념.

되어야만 한다. 그림 3.4에서 보듯이, 과학적 연구의 핵심은 잘 표준화되고, 신뢰로우며, 타당한 측정과 절차를 사용하는 것이다.

표준화란 관심 있는 구성 개념이 서로 다른 평가에서도 일정하게 사용되는 측정 방법의 표준화된 세트 또는 규준을 구체화하는 과정이다. 이러한 표준과 규준은 평가 실시, 채점, 결과의 평가, 예를 들어 지능검사의 매뉴얼이 구체화되어 있는 것처럼 따라야만 하는 절차이다. 표준화가 되어 있지 않으면, 측정 방법을 이용해서 획득한 정보를 되풀이하기는 거의 불가능하다. 게다가 결과가 얻어지는 상황에 따라 달라지기 쉽고, 다른 상황에 적용할 수 없을 것이다. 일부 사례에서, 측정이 연령, 성별, 인종, SES, 진단이 다른 수많은 아동들에게 적용될 수도 있다. 그런 후에 점수는 비교를 목적으로 활용될 수 있다. 예를 들어, SES가 낮은 8세 소년의 검사 점수를 SES가 높은 16세 소녀의 점수와 비교해서는 안 되며, 그와 비슷한 다른 아동의 점수와 비교해야 한다.

신뢰도는 구체적인 측정 방법을 사용해서 얻은 결과에 대한 일관성 또는 반복성에 관한 것이다. 신뢰도의 한 가지 유형인 **내적 일관성**(internal consistency)은 측정 방법의 모든 부분이 정보를 수집하는 방식에 영향을 미치는지에 관한 것이다. 신뢰롭게 되려면, 정보가 한 명의 관찰자나 임상가에게만 의존하지 않고, 다양한 사람들이 자신들이 본 것에 관해서 서로 일치해야 한다. 이것을 **평정자 간 신뢰도**(interrater reliability)라고 한다. 여러분의 자녀를 세 명의 심리학자에게 데려가고 서로 다른 세 개의 진단을 받고 세 개의 다른 처치를 권유받았다면 어떻

게 할 것인지 생각해 보자. 어느 것이 정확한지를 어떻게 알 수 있을까? 이 사례에서, 두 명 이상의 심리학자의 진단이 일치하지 않았기 때문에 진단은 신뢰할 수 없다. 마찬가지로, 단기간 내에 반복된 검사 또는 면접은 두 경우에 비슷한 결과가 나와야 한다. 즉, 결과는 시간이 지나도 안정적이어야 하며, 이를 **검사-재검사 신뢰도**(test-retest reliability)라고 한다.

그러나 신뢰도만으로는 측정 방법이 연구자의 목표를 반영하고 있는지를 결정하는 데 충분하지 않으며, 타당도가 반드시 입증되어야 한다. **타당도**란 연구자가 측정하기 위해 설정한 차원이나 구성 개념이 실제로 측정된 정도를 말한다. 타당도는 완전하다거나 없다는 개념이 아니라 정도의 문제이며, 여러 가지 방법으로 평가될 수 있다. 첫째, 측정도구의 **안면 타당도**(face validity)로 평가될 수 있는데, 관심 있는 구성 개념으로 보이는 정도를 평가하는 것으로, 보이는 범위가 검사될 수 있다. 시험을 치기 전에 긴장이 되는지를 묻는 질문지는 시험 불안의 안면 타당도 측정인 반면, 당신이 앵무새 같다고 생각하느냐는 질문은 시험 불안의 안면 타당도 측정이 될 수 없다. **구성 타당도**(construct validity)는 측정도구의 점수가 이론 또는 과거의 연구에 의해 예측된 대로 되었는지에 관한 것이다. 예를 들어, 지능검사에서 점수가 낮은 아동에 비해 점수가 높은 아동이 학업 성적이 좋고, 개념의 이해, 언어적 추론, 기억, 지능에 대한 부모 평가가 더 좋다면 구성 타당도가 있는 것이다. 구성 타당도의 두 가지 요소는 수렴 타당도와 변별 타당도이다. **수렴 타당도**(convergent validity)는 관련이 있다고 기대되는 측정들 간의 상관관계를 반영하는데, 예를 들면 선별 면접에서 자신의 우울에 대한 10대의 자기 보고와 우울 질문지에서의 점수가 이에 해당한다. 이 사례에서 우울에 대한 두 측정치 간의 유사 또는 관련된 구성 개념을 평가하는 정도의 지표이다. 이와 반대되는 개념은 **변별 타당도**(discriminant validity)인데, 서로 관련된다고 기대하지 않는 측정들 간의 상관 정도를 나타낸다. 예를 들면, 우울증을 평가하기 위해 고안된 측정도구와 지능을 측정하기 위해 고안된 측정도구는 서로 상관이 없어야 한다.

마지막으로, **준거 관련 타당도**(criterion-related validity)는 그럴 것이라고 예상되는 상황에서 측정도구가 얼마나 행동을 잘 예측해 주는지—동시(공존 타당도, concurrent validity) 또는 미래(예언 타당도, predictive validity)—를 말한다. 예를 들면, 사회불안 측정에서 아동의 높은 점수는 아동이 현재 사회적 상황에서 불안과 회피를 보일 것이고 앞으로 친구를 사귀는 데 어려움이 있을 것이라는 것을 예측해야만 한다. 준거 관련 타당도는 측정에서의 점수가 의도한 목적으로 사용될 수 있는지를 말해 준다.

측정 방법

다양한 측정 방법의 선택 사항들은 아동의 인지, 행동, 정서, 신경발달 기능에 관한 중요한 차원을 평가하는 데 유용할 수 있다. 이러한 방법들은 관심 있는 변인들 간의 비교적 명백한 관계를 밝힐 수 있는 방식으로 아동 및 주변을 관찰하고 평가하는 명백한 계획이다.

아동 이상심리학에서 사용되는 측정 방법의 선택에는 면접, 질문지, 체크리스트와 평정 척도, 정신생리적 기록, 뇌 영상, 수행평가, 직접적인 행동 관찰 등이 있다(Mash & Barkley, 2007). 다양한 종류의 지능검사, 학업검사, 신경심리검사도 사용될 수 있다(Sattler, 2008). 이 장에서는 연구에서 이 방법들이 사용되는 방식에만 주로 초점을 맞추고자 한다. 임상 현장에서의 사용 그리고 검사 또는 검사 실시와 관련해서는 4장에서 더 자세히 살펴볼 것이다.

자료 수집에서 가장 흔히 사용하는 세 가지 방법, 즉 면접, 질문지, 관찰을 비교함으로써 중요 차원에서 방법들이 서로 어떻게 다른지를 알 수 있다. 아동 및 가족에게서 수집한 정보는 사용된 방법의 기능에 따라 다양하기 때문에, 연구자들은 관심 있는 구성 개념을 정의하고 평가하기 위해 종종 여러 가지 방법에 의존한다.

보고하기

보고하기 방법은 아동·부모·교사의 지각, 사고, 행동, 느낌, 과거 경험을 평가한다. 이러한 도구에는 비교적 구조화되지 않은 임상 면접, 매우 구조화된 진단적 면접, 질문지 등이 있다. 보고하는 방법에 관한 중요한 문제는 행동에 관해 누가 보고하는지와 관련이 있다. 예를 들어, **자기 보고 측정**의 사용에서 아동이나 부모가 자신의 행동, 감정, 사고에 관한 정보를 제공할 것이다. 대안적으로, **정보자 보고 측정**의 사용에서 아동과 친숙한 사람, 대개는 부모 또는 교사가 자신의 관찰에 근거하여 아동의 행동·기분·생각에 관한 정보를 제공한다.

표 3.1 면접, 질문지, 관찰

	면접	질문지	관찰
상황 구조	반구조화 또는 구조화	아주 구조화됨	구조화 또는 비구조화
반응 구조	탐색, 확장, 명료화할 수 있음	아주 구조화됨. 탐색이나 명료화의 기회 없음	모든 행동의 집중적인 관찰부터 구체적인 행동을 아주 선별해서 부호화하는 것(예: '미소'의 수)까지 다양할 수 있음
필요조건	면접 및 반응 부호화에 상당한 시간이 요구됨	실시하는 데 실험시간이 거의 필요 없음	관찰 및 관찰 부호화에 엄청난 시간 필요
편향(bias)의 발생	참가자가 보고하고자 하는 의지와 지각에 달려 있음. 반응은 면접자의 특성과 타성이 영향을 미칠 수 있음	참가자의 지각과 보고하고자 하는 의지에 달려 있음	참가자가 특정한 정보를 제공하는 데 좌우되지는 않으나 관찰되고 있다는 것은 관찰자의 존재 때문에 영향을 미칠 수 있음
자료 정리	담화식 반응의 분석이나 범주별 기록이 필요	자료 정리가 거의 필요 없음	관찰 체계의 복잡성에 따라 크게 영향을 받음

자기 보고 및 정보자 보고 둘 다 가지고 있는 문제는, 아동 · 부모 · 교사가 자신이나 타인의 생각, 기분, 행동을 얼마나 정확하게 보고하느냐 하는 것이다. 중요한 사건을 기억하지 못하거나, 선택적인 기억 또는 오류, 일부 사례에서 의도적인 왜곡이 일어나면서 보고의 정확성이 떨어진다. 실제보다 자기 자신 또는 타인을 더 좋게 또는 더 나쁘게 보이려고 하는 사람들도 있다. 보고 방법은 일정 수준의 언어적 능력도 필요하므로 자신을 표현하는 데 어려움이 있는 사람을 정확히 평가할 수 없다. 어린 아동이 이에 해당하는데, 대체로 7~8세 이하의 아동은 자기 행동에 관한 신뢰할 만한 보고자가 아니다. 보고 방법을 개발한 사람과 문화적 배경이 다른 사람은 일정한 질문을 이해하고 대답하는 데 어려움이 있을 수 있다. 이러한 이유 때문에, 사용되는 보고 방법은 평가받는 사람의 언어와 문화적 배경에 민감해야 한다.

정신생리적 검사

정신생리적 검사 방법은 아동의 전형적이지 않은 발달과 행동에 영향을 미치는 신경계 구조와 과정을 밝히기 위해 생리적 과정과 행동 간의 관련성을 평가한다. 가장 흔하게 이용되는 방법에는 심장 박동 수, 혈압, 호흡, 동공 확장, 피부의 전기적 전도와 같은 자율신경계 활동이 있다. 예를 들어 심장 박동 수의 변화는 정서적 반응과 관련될 수 있다. 게다가 특정 패턴의 자율신경계 각성은 아동의 기질에서의 차이, 즉 수줍음 또는 새로운 사건에 대한 반응의 정도와 연관될 수 있다(11장에서 논의).

정신생리적 측정은 제한이 많은데, 특히 어린 아동에게서 더욱 그러하다. 때때로 이런 측정에서의 결과는 연구에 따라 일관성이 없고, 연구자들은 아동이 특정 사건이나 자극을 처리하는 방식에 대해 추론하기도 한다. 또한 아동의 생리적 반응은 기록 장치에 대한 아동의 반응, 배고픔, 피로, 귀찮음 등과 같은 여러 다른 요인들에 의해서도 쉽게 영향을 받는다. 따라서 정신생리적 측정에 근거해서 결론을 내릴 때에는 이러한 관련 없는 영향들을 최소화해야 한다.

뇌 기능의 **전기생리적 측정**을 사용하는 연구가 많은데, **뇌전도검사**(EEG)는 계속 진행 중인 사고, 정서, 각성 상태와 뇌의 측정 가능한 전기적 활동을 연결시킨다. EEG는 아동의 두피에 부착한 전극을 통해 뇌의 전기적 활동을 기록한다. EEG 파형은 각성 상태에 따라 달라지기 때문에, EEG 패턴 활동의 차이는 수면장애 또는 다양한 정서적 상태를 암시한다. 예를 들어, 좌뇌 전두엽에 비해 우뇌 전두엽에서 전기적 활동이 큰 것은 불안 및 우울과 연관되어 있다(McManis et al., 2002).

뇌 영상 방법

뇌 영상 방법은 움직이는 뇌의 구조 그리고(또는) 기능을 검사하는 데 사용된다(Wong, Grunder, & Brasic, 2007).

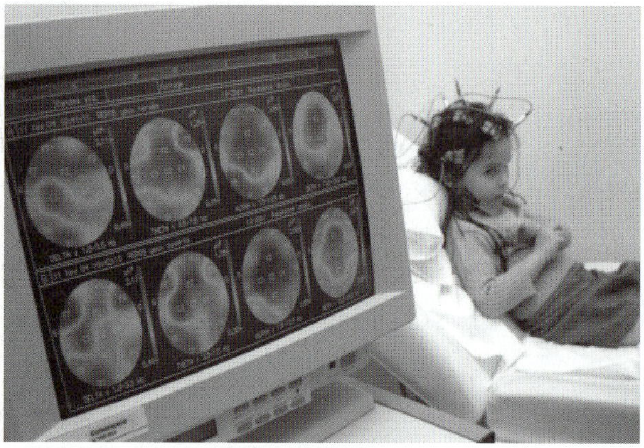

AJ PHOTO/BSIP SA/Alamy

여자 아이의 뇌의 전기활동을 모니터하는 데 뇌전도검사(EEG)가 사용된다.

이러한 방법은 많은 아동기 장애에서 신경생리학적 및 기타 이론들을 검사할 수 있는 새로운 방법, 예를 들면 특정 뇌 영역의 구조 또는 기능에서 그리고 뇌의 영역들이 의사소통하는 방식에서 이상성을 확인함으로써 새로운 방법을 제시한다. 이러한 뇌 이상, 예를 들면 자폐 아동이 사람의 얼굴 표정을 인식하는 데 어려움이 있을 수 있다. **구조적**(structural) 뇌 영상 절차에는 **자기 공명 영상법**(magnetic resonance imaging, MRI), **컴퓨터 단층 촬영**(computerized tomographic, CT) 등이 있다. MRI는 뇌 구조의 정밀 분석을 위해 강한 자기장에서 생성된 방사능 신호를 뇌 조직으로 통과시킨다. CT도 뇌의 다양한 구조들을 보여 준다. 8장에서 다시 살펴보겠지만, CT 또는 MRI 연구를 통해 주의력결핍/과잉행동장애(ADHD)가 있는 아동에게서 비정상적인 신경계 성숙과 같은 가설을 이끌어 냈다

기능적 뇌 영상 절차의 두 가지 유형은 **기능적 자기 공명 영상법**(functional magnetic resonance imaging, fMRI)과 **양전자 방사 단층 촬영법**(positron emission tomography, PET)이다. fMRI는 뇌의 기능 영역에서 신경 활동을 등록한다. 이렇게 함으로써, 특정 유형의 문제해결이나 공포를 유발하는 자극에 대한 반응과 같이 특정한 정신 활동 동안에 뇌가 활성화되는 부분을 볼 수 있다. PET는 대뇌 포도당 신진대사를 측정한다. 포도당은 뇌의 주 에너지원이기 때문에, 이것이 얼마나 사용되는지의 측정은 뇌의 활동 수준을 결정하는 좋은 방법이다.

확산 MRI(diffusion MRI, dMRI)는 뇌 영역들 간의 연결을 보여 주는 이미지를 산출해 내는 자기 영상 방법이다. 이 방법은 **인간 신경망의 도식화**(human connectome)에서 핵심 기술인데, 이는 중추신경계 전반에 걸친 연결망의 구조와 조직이다.

뇌 영상 연구는 특정 장애가 있는 아동이 뇌의 어떤 부분에서 활동의 구조적 차이가 있는지, 또는 뇌의 어떤 부분의 활동 수준이 낮은지를 알려 준다. 그러나 이유를 말해 주지는 않는다. 지난 20년 동안 뇌 영상 절차의 사용을 아동에게 적용하는 데 있어서 괄목할 만한 진전이 있었지만, 발달장애의 진단 또는 이해하는 데에서의 진전은 이제 막 시작되었다(Insel, 2010; Peterson, 2003).

관찰 방법

보는 것만으로도 많은 것을 관찰할 수 있다.

— Yogi Berra

체계적 관찰 방법을 사용하여, 연구자는 아동의 자연스러운 상황에서 비구조화된 관찰(**자연관찰**이라 한다)에서부터 흔히 진료실 또는 실험실에서 하는 특정 과제 또는 지도가 포함된 매우 구조화된 상황의 **구조화된 관찰**에 이르기까지 다양한 환경조건에서 아동과 사람들의 행동을 직접 관찰할 수 있다. 자연관찰법을 사용할 때, 연구자는 아동의 집, 학교, 보육 시설에 직접 가서 아동의 행동, 그리고 때때로 아동이 상호작용하는 부모, 교사, 형제자매, 또래의 행동까지도 관찰하고 기록한다. 대안으로, 연구자는 일상생활에서 행동을 비디오로 녹화해서 나중에 분석할 수도 있다.

연구실 또는 임상 장면에서 구조화된 관찰을 이용하는 연구자는 자신이 관심을 가지고 있는 행동을 유도하기 위해 특정 상황을 설정하거나 지시를 한다(Roberts &

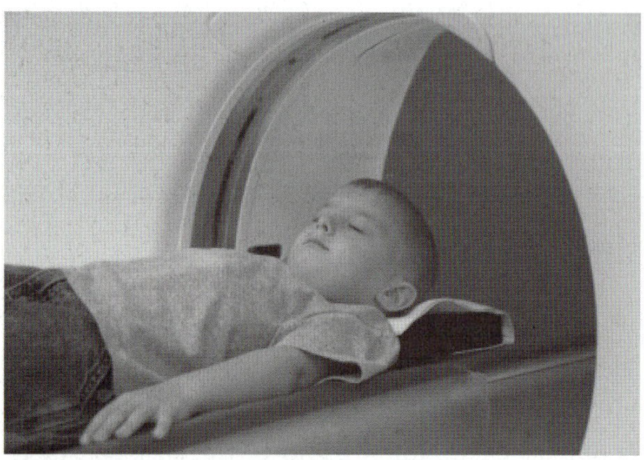

Butch Martin/Alamy

컴퓨터 단층 촬영(CT)으로 검사를 받는 아이

Hope, 2001). 예를 들면, 아동-양육자 애착에 관한 많은 연구들은 **낯선 상황** 절차를 이용해서 어린 아동이 양육자와 떨어져 있다가 다시 만나는 스트레스 상황에서 어떤 반응을 보이는지를 평가한다(Ainsworth et al., 1978). 구체적인 애착 행동(예: 엄마에게 가까이 가려는 행동)을 유발하는 상황을 구조화한 낯선 상황에서, 연구자들은 아동이 고통스러울 때 돌봐 주는 사람에게서 효과적으로 위안을 얻어 내는 방식을 살펴봄으로써 아동의 애착 안정성과 불안정성을 평가할 수 있다.

구조화된 실험실이나 임상 장면에서의 관찰법을 사용할 경우, 비용이 절감될 뿐만 아니라 관심 있는 현상에 관한 관찰에 집중할 수 있다는 이점이 있다. 이 방법은 특히 일상생활에서 자주 일어나지 않는 아동의 행동을 연구하는 데 유용하다. 구조화된 관찰법은 자연관찰법보다 상황을 통제하기가 훨씬 쉬우며 다른 평가 과정을 병행할 수도 있다. 예를 들어, 가족 토의 과정을 비디오에 담았을 때, 토의 과정 동안에 가족 구성원들이 무슨 생각을 하고 있었는지를 물어보기 위해 토의가 담겨 있는 비디오 장면을 재사용할 수 있다(Sanders & Dadds, 1992). 이 방법의 한 가지 부정적 측면은 실험실 또는 임상 장면에서의 관찰이 연구하고자 하는 행동을 대표할 수 있는 표본을 제공하는지에 관한 의문이 있을 수 있다(Mash & Foster, 2001). 일방경을 통해 관찰을 당하는 것은 어항 속에 있는 것과 비슷할 수 있다. 아동과 부모는 실생활 장면에서처럼 행동하지 않을 수도 있다. 그럼에도 불구하고 일반적으로 관찰 방법을 통해, 실험실 또는 실생활 환경에서 얻은 행동 표본에는 많은 정보가 들어 있다. 그러나 관찰자의 존재가 관찰당하고 있는 아동-부모의 행동에 영향을 미칠 가능성이 크기 때문에 '관찰자가 있는 상황에서의 행동'으로 간주되어야 한다.

Tom & Dee Ann McCarthy/Corbis

연구자는 아동의 정서적 문제의 원인을 알아내기 위해 다른 친구들과 운동장에서 놀 때 아동의 행동을 관찰하기도 한다.

단원 정리

행동 연구의 방법

- 아동과 가족의 행동을 연구하기 위해 사용되는 측정 및 방법은 표준화되고, 신뢰할 수 있고, 타당해야 한다.
- 자기 보고 및 보고자 보고 방법에는 구조화되지 않은 임상 면접, 구조화된 진단 면접, 질문지 등이 있다.
- 정신생리적 방법에는 생리적 과정과 행동 사이의 관계를 평가하는 데 사용되며, 심장 박동 수, 혈압, 호흡, 동공 확장, 피부의 전기전도 측정 등이 있다.
- 뇌전도검사와 같은 전기생리적 측정은 뇌의 전기적 활동과 진행 중의 생각, 정서, 각성 상태를 연계한다.
- 신경 영상 방법은 뇌의 구조 그리고(또는) 기능, 뇌 영역 간의 관계를 평가하는 데 사용한다.
- 관찰 방법은 집 · 학교 · 운동장과 같이 구조화되지 않은 환경에서, 또는 실험실이나 임상 장면에서의 구조화된 과제 상황에서 아동 및 기타 사람들의 행동을 직접 관찰할 수 있다.

연구 전략

문제가 있는 아동을 연구하는 데 사용되는 연구 전략은 궁극적으로는 연구 결과 및 결론의 정확성에 영향을 미친다. 연구자가 피험자 선정에서 편향되어 있거나 연구에 사용된 과제가 연구하려는 문제를 제대로 대표하지 못한다면, 여기서 얻은 결과의 타당성이 부족할 것이다. 즉, 연구가 제기된 연구 문제에 맞지 않을 수 있다.

외적 타당도 및 내적 타당도를 검증하는 연구도 있다. **내적 타당도**는 특정 변인들(외부 영향이 아닌)이 결과, 변화, 집단 차이에 영향을 미치는 정도를 반영한다. 결과로 설명될 수 있는 관련 없는 영향들을 **내적 타당도에 대한 위협**(threats to internal validity)이라고 부른다. 여기에는 성숙, 검사 효과, 피검자 선택 시의 편향 등이 있다. 예를 들어, 당신이 5세 아동 집단을 대상으로 몇 개월간 이완 훈련을 실시한 결과, 이 아동들의 밤 공포증이 감소했다고 가정하자. 이런 결과는 외적 영향에서 기인되었을 가능성이 있다. 즉, 이완 훈련을 받아서가 아니라, 나이가 들었기 때문이거나 반복적으로 측정되었기 때문일 수 있다.

두려움의 감소는 **피험자 선정의 편향**(subject selection biases) 때문일 수도 있는데, 즉 피험자를 무선 표집하지 않았거나, 연구기간 중에 연구자의 기대에 적합한 피험자는 남기고 그렇지 않은 피험자를 제외했을 수도 있다. 예를 들면, 경미한 공포증이 있는 아동을 연구에 선정했다면, 이들은 심한 공포증이 있는 아동에 비해 처치를 하지 않더라도 시간이 지나면서 나아질 가능성이 높아진다. 또한 심한 공포증이 있거나 이완 훈련의 효과가 적은 아동이 연구 중에 탈락되었다면, 공포의 감소는 처치보다는 선택적인 피험자 탈락 때문일 수 있다.

외적 타당도는 연구 결과를 일반화할 수 있는 정도, 즉 특정의 연구를 넘어서 사람, 환경, 시간, 측정, 특성들이 확장될 수 있는 정도를 말한다. 외적 타당도를 위협하는 요인에는 다른 사람들에게는 적용되지 못하는 참가자들만의 특성, 연구에 참여한 피험자의 반응성, 연구가 수행된 특정 상황, 측정이 행해진 시간 등이 있다. 예를 들면, 아동 이상심리학의 많은 연구들이 참여자의 모집이 어렵기 때문에 소수 문화권이나 SES 배경이 낮은 아동들을 표집하지 못하고 있는데, 그 이유는 이들이 문제에 대해 정신건강 서비스를 받는 경우가 적기 때문이다(Cummings & Druss, 2011). 이 때문에 연구에서 얻은 결과를 소수 문화나 낮은 SES 아동 집단에게 일반화하는 데에는 어려움이 있다. 또 다른 예로, 아동이나 부모가 친숙하지 않은 환경에서 자연스럽게 행동하지 않는다는 것이다. 실험실에서 실시된 연구의 결과가 실생활에서 얻은 결과와 아주 다르다면, 연구의 외적 타당도 역시 낮다고 할 수 있다.

가능하다면, 내적 타당도 및 외적 타당도를 위협할 수 있는 요인들이 연구를 설계할 때 미리 다루어져야 한다. 다음 단락에서 논의하는 것처럼, 표본을 어떻게 선정하고 확인할 것인지, 연구하고자 하는 변인들을 어떻게 정의하고 측정할 것인지, 참가자들을 어떤 조건 또는 집단에 배정하고 사용될 통제 집단에 대해 세심하게 주의하는 것은 결과가 외적인 영향이 아니고 연구에서 가정하고 있는 요인 때문이라는 우리의 확신을 증가시키는 데 필요한 수많은 고려 사항 중 하나이다.

연구 표본 확인하기

아동 이상심리학에서의 연구 타당도는 연구에 참여한 아동 표본들을 확인하는 데 사용되는 분류 체계에 달려 있다. 첫째, 표본에 대한 세심한 정의는 다른 연구 결과들과 비교하고 연구자들 간에 명확한 의사소통을 하는 데에서 중요하다. 그와 같은 균일한 표준이 없다면, 다양한 아동기 장애에서 추정되는 기저 비율 및 기타 수많은 연구 결과들과는 큰 차이가 있을 것이다.

둘째, 표본의 정의 이외에, 표본 내에서 가능한 **동시 발병**을 고려해야 한다는 것이다. 동시 발병은 두 가지 이상의 아동기 장애가 동시에 일어난 것으로, 이는 개별 장애의 일반 모집단을 통해 예상할 수 있는 비율보다 훨씬 더 흔하게 발생한다. 이것은 연구 참여자의 선정 및 결과 해석과 직접 관련이 있다. 임상 모집단에서 가져온 연구 표본은, 처치에 의뢰될 때에는 모든 장애들의 복합적인 증상에 근거해서 의뢰될 가능성이 높기 때문에 동시 발병률이 불균형적으로 높다.

동시 발병을 고려하지 못하면, 한 가지 장애와 관련시켜서 결과를 해석하게 될 것이며, 이때 이 결과들은 제2의 장애 또는 장애들의 조합에 근거하여 귀인하는 것이

© iStockphoto.com/ktaylorg

동시 발병: 자폐증, 뇌전증, 지적 불능을 모두 갖고 있는 10세 아동

더 타당하다. 연구 표본에서 동시 발병의 문제를 해결하기 위해, 일부 연구자는 단일, 또는 순수하게 한 가지 장애만 있는 참여자를 선정할 수 있다. 이 전략은, 결과를 다른 집단으로 일반화하기 어려운 아주 작은, 보편적이지 않은 표본이 된다. 동시 발병에 관한 의문을 다루는 단일 연구는 없지만, 단일 장애를 보이는 아동과 동시 발병 장애를 보이는 아동을 비교하는 연구는 동시 발병의 효과를 배제시키는 데 필요하다. 또한 장애들 간에 동시 발병의 대부분은 별개의 조건에서 동시 발생하기보다는 아동기 장애의 정의와 진단에 사용되는 증상에서의 중복과 더 관련이 있는, 인위적인 것일 수 있다는 것을 인식해야 한다(Drabick & Kendall, 2010; Rutter, 2010).

셋째, 연구에 아동을 의뢰하는 원천(source)과 장면에 민감해야 한다는 것이다. **무선 표집**(random selection)이란 연구를 위해 선택될 확률이 모두에게 동일한 방식을 통해 모집단에서 피험자를 구하는 것이다. 이것은 아동 정신병리 연구에서는 아주 드물다. 스펙트럼의 한쪽 끝에는 **편의적 표본**(samples of convenience)이 있는데, 관심 있는 조건이나 의문사항에 대해 적절한 검증이 있었는지에 관계없이 표본이 갖는 유용성 때문에 피험자를 선택하게 된다. 아동 이상심리학에서 연구 표본은 다양한 환경, 즉 신경정신과 외래 환자, 학교, 병원, 주간 보육 시설, 지역사회 등에서 선정해 왔다. 서로 다른 환경과 관련된 효과들은 종종 누가 의뢰했는지(예: 의사, 교사, 부모)와 관련된 효과와 혼동될 수 있는데, 의뢰하는 사람 또한 환경마다 다르기 때문이다.

일반적인 연구 전략

다양한 장점과 단점이 있는 연구 설계 접근들이 다르기는 하지만 상호 보완할 수 있다. 접근의 선택은, 다루게 될 연구의 의문사항, 아동기 장애의 본질, 자료 원천의 접근성에 의해 좌우된다(Hartmann, Pelzel, & Abbott, 2011).

실험 연구 대 비실험 연구

과학적 연구의 목적 중 하나는 더 면밀한 연구를 할 수 있도록 변인들을 단순화하고 따로 떼어 내는 것이다. 연구 결과에 영향을 미칠 수 있는 다른 요인들을 통제한 상태에서 관심 있는 변인의 값을 변화시키거나 조작함으로써 이러한 목적을 충족시킨다. 이렇게 함으로써 관심 있는 특정 변인들 간의 관련성을 연구할 수 있다. 실험 연구와 비실험 연구의 기본적 차이는 연구자가 실험변인을 조작할 수 있는가 하는 것이며, 조작할 수 없는 경우에는 연구자가 관심을 둔 여러 변인들의 자연적 공변량 검증에 의존한다. **독립변인**(independent variable)은 연구자에 의해 조작된다. 실험 가설에 근거하는데, 독립변인은 다른 변인의 변화를 유발할 것이라고 기대한다. 독립변인에 의해 영향을 받을 것이라고 예상되는 변인은 **종속변인**(dependent variable)이다. 연구자가 독립변인을 통제할 수 있는 정도가 클수록 연구는 진 실험(true experiment)에 가까워진다.

진 실험에서 연구자는 독립변인 또는 관심 있는 조건을 최대한 통제할 수 있고, 피험자를 무선적으로 집단에 할당할 수 있으며, 필요한 통제 조건을 포함시키면서 편향 가능성의 원천을 통제할 수 있다. 반대로, 참여자를 독립변인에 노출시킬지 아닐지의 결정에서 연구자의 통제가 적을수록 더 비실험적 연구가 된다. 아동의 장애의 본질 또는 정도, 양육 현장, 유전적 영향 등을 포함해서, 아동 정신병리에서 관심 있는 대부분의 연구 변인들을 직접 조작할 수는 없다. 결과적으로, 장애가 있는 아동과 그 가족을 대상으로 하는 대부분의 연구는 비실험적 연구, 상관관계 연구에 주로 의존한다.

상관관계 연구(correlational studies)에서 연구자는 두 변인 간의 연합 정도를 말해 주는 **상관계수**를 이용해서 변인들의 관계를 알아본다. 상관계수의 범위는 +1.00에서 −1.00이다. 상관계수의 크기는 두 변인 간의 관련성 정도를 나타낸다. 상관계수가 0이면 관계가 없음을 뜻하며, 계수가 +1.00 또는 −1.00에 가까워질수록 관련성이 커진다. 상관계수의 부호(+ 또는 −)는 관련성의 방향을 나타낸다. 정적 계수(+)는 한 변인의 값이 증가하면 나머지 변인의 값도 증가한다는 것을 의미하며, 부적 계수(−)는 한 변인의 값이 커지면 다른 변인의 값은 줄어든다는 것을 가리킨다.

예를 들어, 불안 증상과 우울 증상 간의 상관이 +.70이라면, 불안 증상이 많은 아동은 우울 증상도 많이 보일 것이다. 역으로, 불안 증상이 거의 없는 아동은 우울 증상도 거의 보이지 않을 것이다. 그러나 우울 증상과 사회성 기능 간의 상관이 −.70이라면, 우울 증상이 많은 아동은 사회적 기능은 거의 없다는 것을 나타낸다.

상관관계 연구의 주요한 한계는 인과관계의 해석을 할 수 없다는 것이다. 두 변인 간의 상관이, 한 변인이 다른 변인의 원인이라는 의미는 아니다. 아동의 우울과 부모

아동의 불안 증상과 우울 증상은 흔히 정적 상관관계가 있다.

의 우울 간의 상관을 알았다면, 이는 아동의 우울이 부모의 우울을 야기했다는 의미일 수도 있고, 부모의 우울이 아동의 우울을 야기했다는 의미일 수도 있고, 아동과 부모의 우울 모두가 우울에 대한 유전적 성향의 공유와 같이 좀 더 근본적인 다른 요인에 의해서 발생했다는 의미일 수도 있다.

실험 연구에서 연구자는 결과의 정확성을 감소시키는 참여자의 특성을 통제하는 조처를 한다. 예를 들어, 두 집단의 아동들이 교육 · 지능 · SES · 관련된 장애의 유무 등에서 다르다면, 결과가 이러한 특징들로 인한 결과인지 독립변인의 결과인지를 결정하는 것은 불가능하다. 처치 조건에 참여자를 **무선 할당**하는 것은 이런 문제를 방지하는데, 피험자가 어떤 집단에 속할 가능성이 동등하기 때문이다. 동전을 던지거나, 모자에서 숫자를 뽑거나, 난수표를 이용하는 것과 같은 원칙에 근거하여 참여자를 조건에 할당함으로써 독립변인 이외의 다른 특징들이 처치 집단에 균등하게 분포될 가능성을 증가시킨다.

언급한 것처럼, 아동 이상심리학의 많은 가설들은 조건에 참가자를 무선 할당하거나 실생활에서 상황을 조작해서 검증하는 것이 어렵다. 자연 실험을 사용한 절충안인 준 실험 설계(quasi-experimental design) 또는 알려진 집단 비교(known-group eomparison)를 이용한다. **자연 실험**은 이미 존재해 있는 조건들 또는 처치들 간에 비교한다. 이러한 실험에는 가지고 있는 장애가 상이한 아동들, 서로 다른 문제를 가지고 있는 부모, 또는 다른 가정 환경(예: 방임된 아동과 그렇지 않은 아동) 등과 관련된 실험이 이루어진다. 이러한 연구들은 본질적으로 상관이 있지만, 이러한 특징들은 독립변인을 제외하고 비교할 수 있으므로 확인하기 위해 피험자들을 선정한다. 이미 존재하는 집단을 균등하게 하기 위해 연구자가 극도로 주의함에도 불구하고, 자연 실험은 진 실험 연구와 동등한 수준의 정확성 및 엄격성을 수행할 수 없다. 그럼에도 불구하고, 아동 이상심리학의 많은 중요한 의문들에 대해서는 알려진 비교 집단을 사용하는 자연 실험이 유일한 선택이다(Rutter, 2007b).

예기적 연구와 회고적 연구

아동기 장애의 원인 및 장기적 결과에 대한 연구 설계는 표본을 확인하는 시기 및 자료를 수집하는 시기와 관련해서 다를 수 있다. **회고적 설계**에서는 현재 시점에서 표본을 확인해서 이전에 관련된 정보에 관해 질문한다. 개개인은 관심 있는 결과를 이미 보이고 있다고 확인되었으며, 이들을 관심 있는 결과를 보이지 않는 통제 집단과 비교한다. 평가는 과거의 특성에 초점을 맞추고, 과거 특성과 현재 결과에 관해 추론한다. 예를 들면, 약물 사용 장애가 있는 젊은 성인 표본에게 초기 가정 경험에 대한 기술과 회고적 평정(retrospective rating)을 하게 하는 것이다.

회고적 연구에서는 자료가 즉시 이용 가능하지만, 회상에서 편견이나 왜곡이 일어날 수 있다. 조현병 진단을 받은 10대를 둔 부모는 아동이 어렸을 때의 행동이나 친구 관계를 왜곡해서 기억하고 자녀의 아동기에 대한 자신들의 견해를 재해석할 수 있다. 더구나 회고적 설계는 특정한 초기 경험에 노출되었지만, 문제를 발생시키지 않은 사람을 확인할 수 없다. 섭식장애가 있는 젊은 여성은 아동기 때 성 학대의 경험을 더 많이 보고할 수 있다. 그러나 이 결과는 아동기 성 학대가 젊은 여성의 섭식장애의 구체적인 전조가 된다는 근거는 되지 못한다. 회고적 연구로는 아동기 성 학대를 경험했으나 성인이 되어 섭식장애를 발생시키지 않은 사람을 확인하지 못한다.

실시간 예기적 설계에서, 연구 표본을 확인한 다음에 시간의 흐름에 따라 특정한 시간 간격을 두고 자료를 수집한다. 시간의 흐름에 따라, 중학교 입학이나 청소년기와 같은 중요한 발달적 전환기 동안의 변화 과정 또는 차이를 이해하려면 시간이 지난 후에 동일한 청소년들을 추적하거나 평가한다. 예를 들면, 새로운 사건에 대한 반응으로 공포를 느끼는 유아와 공포를 느끼지 않는 유아를 비교해서 나중에 불안장애 또는 다른 문제를 나타내는지를 알아보기 위해 이들을 장기간 추적할 수 있다.

예기적 설계는 회고적 연구와 관련된 몇몇 문제를 보완할 수 있다. 시간의 흐름에 따라 표본을 추적함으로써 장애를 발생시키는 아동과 그렇지 않은 아동을 확인할 수 있다. 실시간으로 정보를 수집하기 때문에, 회상에서 오는 편견이나 왜곡과 관련된 문제가 최소화된다. 예기적 설계의 단점은 시간이 지나면서 표본이 누락되는 것과 시간에 따른 변화를 반영하는 자료를 수집하는 데 장시간이 요구된다는 것이다.

의사 연구

의사 연구는 일반화하려는 상황과 유사하거나 근접한 조건에서 관심 있는 구체적인 변인을 평가한다. 의사 연구는 잘 통제된 조건에 국한된 연구 문제에 초점을 맞춘다. 흔히, 연구 목적은 다른 방법으로는 연구하기 어려운 구체적인 과정을 조명하는 데 있다.

예를 들어, Lang 등(1989)은 주의력결핍/과잉행동장애(ADHD)와 품행장애(CD)가 있는 소년의 아버지가 정상 비율보다 알코올을 많이 소비하는 것은 다루기 어려운 아동과의 상호작용으로 인한 고통 때문일 수 있다고 가정했다(이 연구자들 역시 이러한 부모들이있을 것이다!). 연구자들은 사교적으로 음주를 하는 미혼 남녀 대학생들이 전형적인 아동의 행동(친근하고 협조적인)을 보이도록 훈련받은 소년 집단과 ADHD/CD(과잉행동적이고 파괴적인) 행동을 보이도록 훈련받은 소년 집단과 상호작용하도록 무선 할당했다. 참가자들은 아동과 상호작용하기 전후에 자신의 기분을 평정했다. 상호작용 후 참가자에게 20분의 휴식시간이 주어졌으며, 그동안 이들은 동일한 아동과의 또 다른 상호작용을 예상했다. 휴식 시간 동안 이들은 맥주를 자유롭게 마실 수 있었다. 남자 참가자와 여자 참가자 모두 ADHD/CD 역할을 한 아동과 상호작용한 후에 고통스런 기분이 상당히 증가했다고 보고했다. 그러나 이러한 아동과 상호작용한 남자만이 혈중 알코올 수준이 증가될 정도의 맥주를 마셨다.

이 결과는 ADHD/CD가 있는 아동과 상호작용하는 것이 아버지의 알코올 소비량을 증가시킬 수 있음을 암시한다. 그러나 의사 연구는 관심이 있는 조건과 유사할 뿐이다. 즉, 연구 참가자들은 미혼 대학생이고 실제로 ADHD/CD가 있는 아동의 아버지가 아니며, 아동들 역시 진짜 ADHD/CD가 아니며, 음주 역시 인위적인 실험 장면이며, 맥주를 이용했을 뿐이다. 따라서 실생활에서도 유사한 영향이 일어난다고 생각하기는 어렵다(일부 부모가 아이 때문에 술을 마시게 된다는 일화적 보고가 있었음에도!). 이러한 조건은 외적 타당도, 또는 연구 결과의 일반화에 의문을 제기한다.

연구 설계

연구 설계는 관심 있는 의문사항을 확인하기 위해 사용되는 전략이다. 연구 설계는 관심 있는 변인에 대한 타당한 추론을 이끌어 내기 위해서 연구자가 조건을 정하는 방법에 관한 것이다.

사례 연구

아동 개인에 관해서 집중적이고 대체로 일화적이며, 관찰과 분석을 하는 **사례 연구**는 이상 발달 및 행동 연구에서 오랜 전통이 있다. 아베롱의 야생 소년 Victor에 관한 Itard의 서술, Little Hans의 공포증에 대한 Freud의 처치, Little Albert에 대한 Watson의 조건 형성 외에 수많은 유사한 사례 연구들이 아동 문제에 관해 우리가 생각하고 있는 방식을 구성하는 데에서 중요한 역할을 해 왔다. 특히, 임상 장면에서 사용되는 사례 연구는 면접 · 관찰 · 검사 결과가 포함된 여러 정보 원천으로부터 아동 개개인에 관한 폭넓은 정보가 나온다. 사례 연구의 목표는 아동의 심리적 기능, 현재 환경, 발달사의 그림을 가능한 한 완성하는 것이다. 때로는 아동에 대한 처치 효과의 기술을 목표로 한다.

사례 연구는 세부사항이 풍부한 서술체이며, 아동의 장애와 연관이 있는 요인들에 관해 중요한 통찰을 하게 한다. 그럼에도 불구하고 이 연구법에도 결점이 있다. 사례 연구가 비과학적이며 결점이 있는 것으로 보이는 이유는 통제되지 않은 방법 및 선택적인 편향, 다양한 관찰 내용을 통합해야 한다는 본질적인 어려움, 관심 있는 변인들 사이에서 타당한 추론을 이끌어 내는 것, 관심이 있는 특정한 아동 한 명에 대한 연구를 다른 아동들에게 일반화하는 것 등의 특징 때문이다. 그러므로 사례 연구는 좀 더 큰 표본과 좀 더 통제된 방법을 사용하는 연구에서 후속의 가설 검증을 위한 기초를 제공하는 기술(記述)적 정보가 풍부한 자료 원천으로 여겨져 왔다. 또한 새로운 처치 기법을 개발하고 도출해 내는 원천이 되기도 한다.

사례 연구의 비과학적인 성질에도 불구하고, 체계적으로 수행되는 사례 연구는 아동기 장애 연구에서 계속 유용한 역할을 할 것 같다. 첫째, 아동기 발병 조현병과 같은 일부 아동기 장애는 드물게 발생하기 때문에, 연구를 위한 큰 표본 집단이 만들어지기 어렵다. 둘째, 개별 사례의 분석은 드물게 일어나거나, 때로는 숨어 있어서 직접 관찰하기 어려운 아동기 장애의 여러 증상들을 이해하는 데 기여한다. 셋째, 외상 후 스트레스 장애(12장 참조)와 같은 주요한 아동기 장애는 종종 자연재해, 심각한 외상, 학대의 결과로 일어난다. 이와 같은 극한 사건들 및 환경은 통제된 방법의 사용이 쉽지 않다.

단일 사례 실험 설계

단일 사례 실험 설계는 아동 문제에 대한 강화 또는 자극 약물과 같은 임상 처치의 영향을 평가하기 위해 가장 자주 사용되어 왔다(Kazdin, 2011). 통제되지 않은 사례 연구와 단일 사례 실험 설계를 구분해 주는 주된 특징에는 시간의 흐름에 따른 행동의 체계적인 반복 평가, 시간이 지나면서 동일한 피험자에게 실시되는 처치 효과의 반복 검증, 모든 처치 조건을 경험함으로써 참가자 자신이 통제 조건의 역할을 하는 것 등이 있다(Barlow, Nock, & Hersen, 2009). 단일 피험자 설계는 수많은 형태가 있으며, 가장 흔한 것은 모든 행동 · 상황 · 사람들에게 실행되는 A-B-A-B(반전) 설계와 중다 기초선 설계이다.

A-B-A-B(반전) 설계에서, 행동의 기초선(A)이 처음 도입되고, 개입 단계가 뒤따르고(B), 그다음에 개입이 제거되는 동안에 다시 기초선 단계로 돌아간 단계(A), 다시 개입으로 돌아가는 마지막 단계(B)로 이루어진다. 행동의 변화가 개입이 있는 단계 동안에만 일어났을 때, 이 행동 변화는 개입에 의한 것이라는 증거가 된다. **반전 설계**를 이용한 연구 결과가 **그림 3.5**에 제시되어 있다. 이 예에서, 최고도(profound)의 정신지체와 중복 장애가 있는 5세 소녀 Ann의 자해 행동(self-injurious behavior, SIB)을 감소시키기 위해 행동 개입이 사용되었다. Ann의 SIB는 양치질과 같은 몸단장을 할 때, 손과 손목을 물어뜯는 것이다. 이러한 행동은 점점 더 심해졌으며, 부상의 원인이 되었다. 처음 기초선 단계에서, 양치질을 하는 세 번의 짧은 기간 동안에 Ann이 SIB를 보인 간격의 비율은 20~60% 범위이다.

개입은 Ann이 적절한 경쟁 행동(이 사례에서, '멈춰' 메시지가 나왔을 때 버튼을 누르는 것)을 수행했을 때 몸단장 활동에서 잠시 벗어나게 하는 부적 강화 절차로 구성했다. 또한 SIB를 할 때마다 양치질을 하도록 훈련자가 Ann을 신체적으로 지도했다. 개입 단계 동안 이 절차

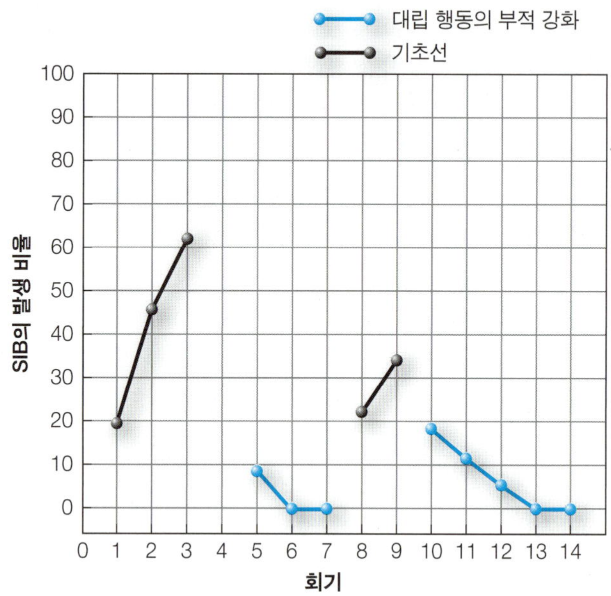

그림 3.5 A-B-A-B(반전) 설계: Ann의 자해 행동(SIB)의 처치.

출처: "Use of Negative Reinforcement in the Treatment of Self-Injurious Behavior," by M. W. Steege et al., 1990, *Journal of Applied Behavior Analysis*, *23*, 459-467에서 인용.

를 시행했을 때, SIB는 10%로 즉각 감소했고, 다음 두 회기에는 SIB가 일어나지 않았다. 반전 단계, 또는 기초선으로 돌아가는 단계에서 처치는 철회되었고, Ann의 SIB가 이전의 기초선 수준으로 다시 증가했다. 처치가 시작되었을 때 SIB는 다시 감소했고, 마지막 두 회기 동안에는 물어뜯는 행동이 관찰되지 않았다. 이 자료는 Ann의 SIB 수준이 개입 단계 동안에만 감소하고 기초선 단계 또는 기초선으로 되돌아간 단계 동안에는 감소하지 않았음을 보여 주며, Ann의 SIB 감소가 개입 절차에 의한 것임을 암시한다.

반전 설계가 광범위한 행동 문제에 유용하게 적용될 수 있다고 해도 제한이 있다. 한 가지 제한점은, 처치가 실제로 작용했다면, 기초선으로 되돌아간 단계에서 문제 행동이 다시 나타나지 않았을 것이다. 이 설계의 또 다른 제한점을 찾을 수 있겠는가? 개입 후 Ann의 SIB가 멈추었다면, 실험 목적 때문에 다시 해로운 행동을 하게 하는 것이 정당하다고 생각하는가? 우리는 A-B-A-B 설계의 주요 제한점을 설명하기 위해 의도적으로 이 예를 선택했는데, 이는 바람직하지 않은 행동 또는 위험한 행동까지도 효과적인 처치 후에 기초선으로 되돌아가는 단계를 둘러싼 윤리적인 문제이다. 우리가 다음에 설명할 중

다 기초선 설계에서는 이러한 문제를 피할 수 있는데, 개입이 도입 되면 반전을 할 필요가 없기 때문이다.

여러 행동에 대한 **중다 기초선 설계**에서는 동일한 사람의 여러 행동을 확인하고 변화를 평가할 수 있는 기초선을 알기 위해 시간을 두고 측정한다. 그런 다음, 각 행동은 차례대로 수정된다. 만약 각 행동을 다룰 때(처치)에만 변화한다면 처치와 행동 변화 간에 원인-결과 관계가 추론된다. 중다 기초선 설계의 흔한 변형은, 한 사람이 상이한 상황에서 동일한 행동을 하는지에 대한 처치의 성공적인 도입 또는 동일한 상황에서 여러 사람들이 동일한 행동을 하는지에 대한 처치의 성공적인 도입을 알아보기도 한다. 중다 기초선 접근의 중요한 특징은 처치가 실시될 때에만 변화가 일어나고, 처치의 목표가 되는 행동 · 상황 · 사람에게만 변화가 일어나야 한다는 것이다. 각각의 처치가 목표로 한 시점까지 동시적인 변화가 치료하지 않는 행동 · 상황 · 사람에게는 일어나지 않아야 한다.

다양한 상황에서 중다 기초선 설계를 사용한 결과들이 그림 3.6에 제시되어 있다. 이 예에서, 심각한 정신지체 및 중복 장애가 있는 6세 소년 Dennis의 자해 행동(SIB)을 감소시키기 위해 Ann에게 사용된 것과 동일한 개입 절차가 사용되었다. Dennis의 SIB는 양치질, 세수, 머리 빗기처럼 몸단장 행동을 하는 동안에 자신의 손과 손목, 팔을 물어뜯는 것이다. Dennis의 SIB는 점차 심해져서 심한 부상을 입게 되었다. 처음 기초선 단계에서 Dennis가 SIB에 몰두하는 간격의 비율은 양치질, 세수, 머리 빗기 동안 평균 50% 이상이었다. 양치질을 하는 동안에 개입했을 때, Dennis의 SIB 간격은 처치 내내 일관성 있게 감소했다. 더구나 Dennis의 SIB 변화는 세수하거나 머리를 빗는 상황에 대한 개입이 있기 전까지는 이 상황들을 관찰했을 때 변화가 없었다.

Dennis의 SIB 변화가 각각의 특정 상황에서 개입이 실행되었을 때만 나타났기 때문에, 개입이 변화를 일으킨다는 가설이 지지된다. 중다 기초선 설계는 위험하거나

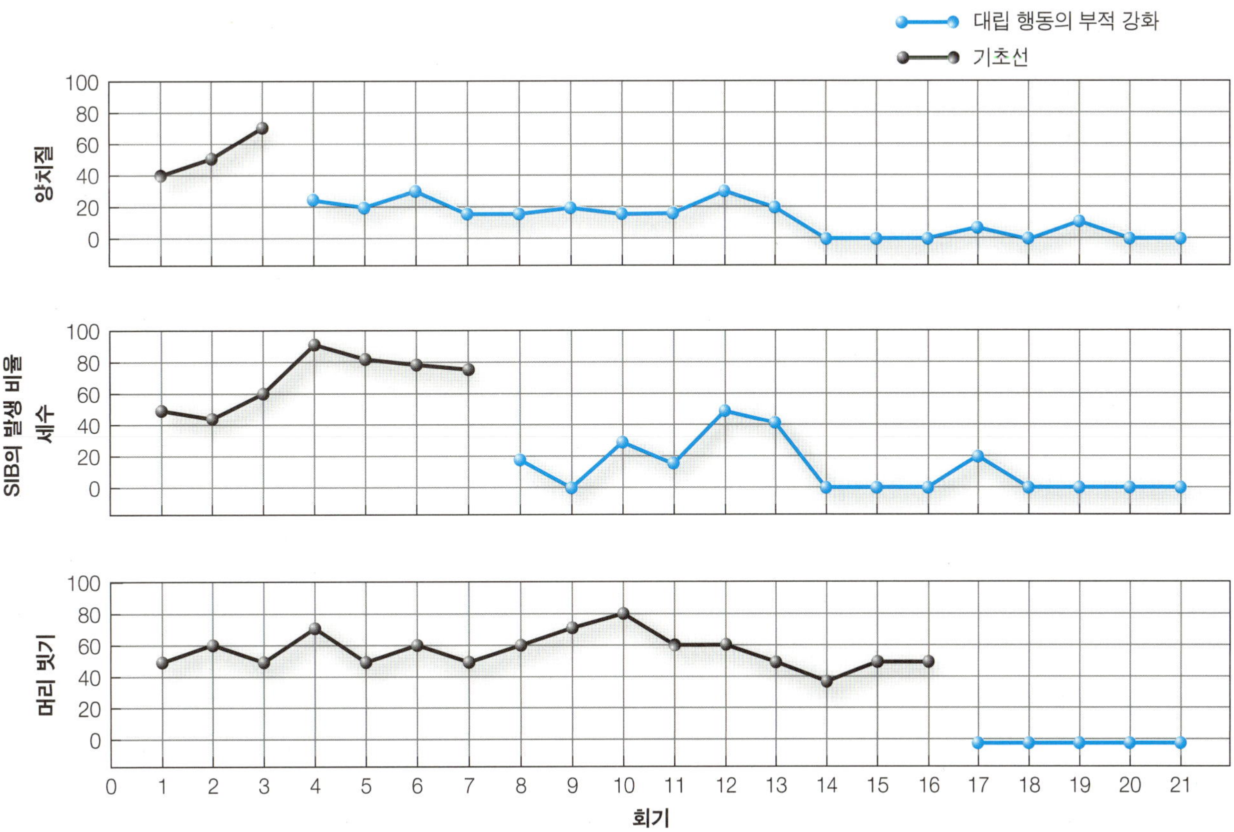

그림 3.6 다양한 상황에서의 중다 기초선 설계: Dennis의 자해 행동(SIB)의 처치.

출처: "Use of Negative Reinforcement in the Treatment of self-Injurious Behavior," by M. W. Steege et al., 1990, *Journal of Applied Behavior Analysis*, *23*, 459-467에서 인용.

불필요한 행동을 다룰 때 기초선으로 되돌아가야 하는 단계가 있는 반전 설계에서의 문제를 피할 수 있다.

단일 사례 실험 설계의 사용과 관련된 몇 가지 장점과 제한점이 있다. 이 설계들은 사례 연구가 갖고 있는 개별적인 특성을 유지하면서도, 성숙 및 관찰에 대한 반응성의 영향처럼 대안적인 설명을 할 수 있는 가능성을 일부 통제할 수 있다. 또한 개별 사례에서 처치의 객관적인 평가를 제공하고, 희귀한 장애의 연구를 가능하게 하며, 대안적 또는 혼합된 형태의 처치의 개발과 평가를 촉진시킬 수 있다. 이 설계의 부정적 측면은, 특정한 처치가 특정 아동의 독특한 특성과 상호작용할 가능성, 연구의 결과를 다른 사례로 일반화하는 데에서의 한계, 자료를 평가하는 데에서 통계적 분석이라기보다는 시각적 관찰로 인해 생기는 주관성 등이다. 제시된 두 사례(Ann과 Dennis)의 결과는 꽤 분명하다. 기초선 자료와 관찰된 변화에서 변동이 클 때 해석하는 데에서 어려움이 발생한다.

집단 간 비교 설계

많은 연구 설계들이 하나 이상의 조건에 할당된 아동 집단과 하나 이상의 다른 조건에 할당된 다른 아동 집단 간의 비교에 기초를 두고 있다. 피험자가 집단에 무선적으로 할당되고, 집단들이 다른 모든 측면에서 동등한 것으로 가정될 때, 한 집단은 **실험 집단**으로 기능하고, 나머지 집단은 **통제 집단**이 된다. 관찰되는 집단 간의 차이는 실험조건이다.

적절한 통제 집단 또는 비교 집단의 선택은 종종 연구하기 전에 우리가 알고 있는 것 그리고 우리가 답을 얻고자 하는 질문에 따라 달라진다. 예를 들면, 청소년의 우울에 이미 효과적인 처치가 있을 때, 처치를 하지 않는 통제 집단과 비교하여 새로운 접근법을 검증하는 것은 효과적인 처치를 하지 않은 것에 대한 윤리적인 문제가 제기되는 것뿐만 아니라, 잘못된 질문에 대한 대답이 되기 쉽다. 우리는 아무것도 하지 않는 것보다 새로운 접근법을 사용하는 것이 낫다는 것을 알고 싶은 것이 아니다. 최선의 유용한 대안적 처치보다 더 좋은지를 알고 싶은 것이다.

많은 사례에서, 참여자를 집단에 할당하는 것이 가능하지 않을 수도 있으며, 특히 우울증으로 임상에 의뢰된 아동 대 우울증이 있지만 의뢰되지 않은 아동처럼 이미 알려졌거나(known) 드러나지 않은(intact) 집단 간의 비교를 원할 때는 더욱 그러하다. 이처럼 알려진 집단 비교의 유형에서는 피험자의 할당이 없으며, 오히려 피험자를 집단에 참여시킬지 배제할지에 대한 선택 기준을 세심하게 확인해야 한다.

횡단 설계와 종단 설계

발달 정신병리에 관심이 있는 연구자들은 아동 및 청소년이 시간의 흐름에 따라 변하는 방식에 관한 정보가 필요하다. 이러한 정보를 얻기 위해, 연구자들은 서로 다른 연령에서 얻은 측정을 포함시키는 상관관계 또는 실험적 접근을 확장한다. 횡단 설계와 종단 설계는 모두 연구에서 편향으로 작용하는, 연령이 다른 아동들을 비교하는 연구 전략이다.

횡단 연구에서는 연령이나 발달 단계가 다른 사람들을 시간상 같은 시점에서 연구한다. 반면에, **종단 연구**에서는 동일한 아동들을 연령이나 발달 단계가 다른 시점에서 연구한다. 횡단 연구에서, 연구자들은 오랜 기간에 걸쳐 아동 집단 표본을 연구하는 것과 관련된 문제들은 걱정하지 않아도 된다. 참여자를 한 번만 평가했을 때, 연구자는 선택적 누락, 연습 효과, 연구가 끝났을 때 연구 결과가 구식이 되어 버리는 일반적인 변화와 같은 걱정은 하지 않아도 된다. 횡단적 접근이 효율적이지만, 발달적 변화와 관련해서 제공할 수 있는 정보에는 한계가 있다. 개인적인 변화에 대한 증거를 이용하지 못할 수도 있는데, 비교는 연령 집단의 평균으로 제한된다.

종단 설계는 예기적으로 수행된다. 자료 수집은 관심 있는 하나 이상의 모집단의 구성원 중에서 처음에 선택한 동일한 사람으로부터 특정 시점에 수집한다. 아동 정신병리 연구에서 관심이 있는 모집단은 흔히 수많은 요인들 중에 노출되었기 때문에 발달상의 문제를 가질 위험이 있는 아동—예를 들면, 우울한 어머니를 둔 아동이나 학대 가정에서 자란 아동들로 구성되어 있다.

예기적 종단 설계를 통해 연구자는 모든 아동들에게 공통된 패턴을 확인할 수 있고 아동이 자라면서 발달 경로에서의 차이를 추적할 수도 있다. 예를 들면, 종단 연구를 통해서 모든 아동은 나이를 먹으면 특정 유형의 공포가 감소하지만, 일부 아동은 불안 성향이 있고 연령이 증가해도 특정 유형의 공포가 덜 감소한다는 것을 알 수 있다. 동일한 사람으로부터 자료를 시간 1과 시간 2에 수집하기 때문에, 이전 사건과 나중 사건, 그리고 시간적 순서에 근거한 행동 간에 인과 추론을 할 수 있다. 이러한 인과 추론은 횡단 설계에서는 할 수 없으며, 횡단 연

살펴보기 3.2

종단 연구: 아동 학대는 시간이 지나면서 또래 거부로 이어지는가?

Dodge, Pettit과 Bates(1994)는 대표적 표본 585명의 소년, 소녀를 대상으로 생애 첫 5년 동안 신체 학대를 평가한 다음, 연이어 5년간, 즉 유치원에서 4학년까지 추적했다. 표본의 12%가 학대의 경험이 있는 것으로 확인되었다. 아동의 또래, 교사, 어머니가 독자적으로 아동을 평가했는데, 해마다 이루어진 평가에서 아동은 학대받지 않은 아동에 비해 덜 좋아하고, 더 인기가 없고 사회적으로 더 철회된 것으로 평가되었다. 시간이 지나면서 이러한 차이는 증가했다. 표에서 볼 수 있듯이, 4학년에서, 학대받지 않은 아동에 비해 학대받은 아동이 또래 집단에 의해 거부되는 정도가 두 배 이상이었다. 이러한 결과는 인생 초기의 학대가 어른과의 관계를 붕괴시킬 수 있으며, 이는 또래와 효과적인 관계를 형성하는 능력을 손상시킨다는 것이다.

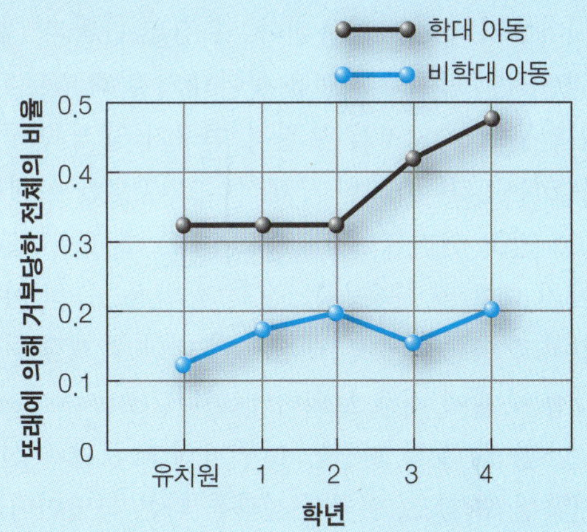

또래 집단에 의해 거부된 학대 아동과 비학대 아동의 비율

출처: "Effects of Physical Maltreatment on the Development of Peer Relations," by K. A. Dodge, G. S. Pettit, and J. E. Bates, 1994, *Development and Psychopathology*, 6, 43–55에서 인용.

구에서는 상이한 사람들을 두 시점에서 평가한다. 또한 종단 연구를 통해 개인들 전체에 대한 평균적인 자료로 인해 숨겨져 있던 각 개인의 발달 경향을 확인할 수 있다. 사춘기 전의 급격한 성장은 이러한 예를 보여 주는데, 집단에 걸쳐 상이한 연령에서 발생하는 급속한 성장이 전반적인 청소년들의 평균화된 측정에서는 반영되지 않는다. 종단 연구의 예가 **살펴보기 3.2**에 제시되어 있다.

많은 장점에도 불구하고, 종단 설계는 실용성과 설계에서 많은 어려움이 있다(Hudziak & Novins, 2013). 실질적인 문제는 여러 해 동안 연구 기금과 자원을 구해서 이를 유지해야 하고, 자료를 얻기 위해서 오래 기다려야 한다는 점이다. 설계의 어려움에는 연령 효과, 동질 집단 효과가 있다. **연령 효과**(aging effect)는 참여자의 연령이 증가하면서 신체적 강점, 충동 조절, 사회적 기회 등의 증가로 인해 발생하게 되는 전반적인 변화이다. **동질 집단 효과**(cohort effect)는 특정한 **동질 집단**, 즉 동시대에서 동일한 문화적 또는 역사적 사건을 경험한 사람들의 집단이라는 것과 관련된 영향을 말한다. 예를 들면, 1990년대 초에 전쟁을 겪은 유고슬라비아에서 살던 10대 동질 집단은 1990년대 초에 기술의 발달 시대를 살고 있는 북아메리카의 10대들과는 많은 점에서 다르다.

반복해서 연구되고, 관찰되고, 인터뷰되고, 검사되는 경험 역시도 종단 연구의 타당성을 위협한다. 아동과 성인은 연구가 진행되는 상황에서는 사고, 감정, 행동에 좀 더 민감해질 수 있으며, 따라서 그들에 대한 생각과 변화는 연령에 따른 변화가 아니다. 더욱이 검사를 반복함으로써, 참가자는 검사 항목에 대한 친숙함, 과제 수행 기술이 나아지는 것이 포함된 연습 효과 때문에 향상될 수 있다. 마지막으로, 아동 이상심리 분야 내에서의 변화가 오랫동안 진행되는 종단 연구의 문제를 만들어 내기도 한다. 이론과 방법은 계속해서 변하고 있으며, 최신이었던 처음의 종단 연구가 시대에 뒤처진 것이 되기도 한다.

질적 연구

질적 연구는 이야기식의 설명과 기술, 해석, 맥락, 의미에 초점을 맞춘다(Denzin & Lincoln, 2011). 질적 연구의 목적은 관심이 있는 현상이 일어난 맥락에서 이 현상을 기술하여 해석하고 이해하는 데 있다(Daly, 2007; Patton, 2002). 이러한 접근은 양적인 접근과는 대비를 이루는데, 양적인 접근은 조작적 정의, 피험자에 대한 세심한 통제, 관심 있는 변인들을 따로 떼어 내려는 시도, 관심 있는 영역의 수량화, 통계적 분석 등을 강조한다. 이미 개발된 객관적 체계나 평가 도구를 가지고 시작하기보다는, 질적 연구를 하는 사람들은 참가자의 관점에서 현상을 이해하고자 노력한다. 질적인 자료는 전형적으로 일반적인 관찰이나 개방형 면접을 통해 수집되고, 예를 들면, 사례 노트가 이야기식으로 기록된다. 수집된 관찰과 기술은 좀 더 일반적인 범주와 패턴을 찾아내기 위해 검토된다.

질적 연구의 지지자들은 질적 연구가 양적 연구로는 얻을 수 없는 상황에 대한 구체적이고 생생한 이해를 제공한다고 믿고 있다(Denzin & Lincoln, 2011). 사례 또는 이야기 내용을 사용하는 질적 방법은, 특히 아동에게 몰입하고 아동에게 연구 상황에 대한 통제감을 주면서 민감한 주제에 대해 토의하게 한다(Barter & Renold, 2000). 반면에, 질적 연구는 연구자의 가치관과 선호에 따라 편향될 수 있고, 연구의 결과를 다른 사람이나 상황에 일반화하기가 쉽지 않다. 그럼에도 불구하고, 양적 연구와 질적 연구 방법은 상호 보완적인 방법으로 사용될 수 있다(Lyons & Coyle, 2007). 질적 방법은 질적으로 검증될 수 있는 중요한 차원과 이론을 밝히는 데 사용될 수 있다. 대안적으로, 질적 사례 연구는 양적 연구로부터 도출된 결과의 의미를 설명하는 데 사용될 수 있다(Guerra et al., 2011). 덧붙여, 질적인 자료에서 단어 수 또는 주제의 빈도를 숫자로 바꾸면 양적 방법을 사용해서 분석할 수 있다.

질적 연구의 예를 보기 위해 Petalas와 동료들(2009)이 연구한 것을 살펴보자. 이들은 자폐 스펙트럼 장애(ASD) 아동이 있는 가정에서 자란 형제자매의 경험과 관점에 흥미가 있었다. ASD 형제를 둔, 8명의 정상 발달 아동들(9~12세)을 인터뷰했다. **해석적 현상학적 분석**(interpretive phenomenological analysis, IPA)을 사용하여 반구조화 면접을 분석했는데, IPA는 참여자의 이야기로부터 나오는 중심 주제를 드러내 주며 참여자의 설명에 대해 풍부함과 다양성을 잡아 낸다(Smith, Flowers, & Larkin, 2009). 모든 형제자매 참여자들이 자신의 경험에 대한 전문가로 보인다. 각 형제의 인터뷰는 평균적으로 약 20분간 진행되었고, 음성 녹음과 전체 기록이 이루어졌으며 70쪽 정도의 자료가 모아졌다. 자료의 분석은 주제가 드러날 때까지 기록을 읽고 또 읽는다. 연구자 중 한 명은 기록을 듣고 다시 읽어서 인터뷰 내용에 익숙해지도록 구술된 내용을 글로 옮긴 것을 읽었다. 글로 옮긴 기록은 한 줄씩 읽고 가장자리에 논평(예: '의미의 요약')을 해놓는다. 글로 옮긴 것은 함께 군집을 이루는 형제들의 코멘트가 묶여져서 특정 주제가 나타날 때까지 여러 번 다시 읽는다. 그런 후에 연구자들은 자료에 근거하여 주제를 다시 확인하고 타당화시켰다. 이 과정을 통해 5개의 주요 주제를 찾아냈으며 이는 각 주제의 근거가 되는 형제자매의 코멘트들의 예시와 함께 **살펴보기 3.3**에 제시되어 있다.

주제와 예시에서는 ASD 형제를 둔 형제자매들이 겪는 경험의 몇 가지 특징이 나타났다. 경험에 대한 형제자매들의 태도와 해석이 다르며, 정도가 다양하며, 참여자 모두 ASD 형제를 둔 것의 긍정적인 측면에 대해 언급했다. 참여한 형제자매들은 또한 사회적 고립, ASD 형제의 기이한 버릇이나 공격 행동에 대처하기 위해 자신의 행동을 바꾸고, 가족과 여가 및 오락을 하는 시간이 적은 것처럼 ASD 형제를 둔 것이 영향을 미친 점에 대해 각기 다르게 언급했다. 이러한 질적 연구를 통해 도출된 탐색 결과는 향후 더 큰 크기의 연구와 양적 연구를 위해 사용될 수 있다. 이것은 현장에 대한 함축적인 의미가 있는데, 예를 들면, ASD 형제를 둔 형제자매들을 위해 강화된 지지 서비스의 개발이 필요하다는 것이다(Petalas et al., 2009).

단원 정리

연구 전략

- 아동 이상심리 연구에서 표본을 확인하는 방식은 세심한 주의를 필요로 하는데, 여기에는 관심이 있는 장애를 어떻게 정의하는지, 연구에 포함된 기준들, 동시 발병, 피험자가 선발되는 환경 및 표본의 크기와 같은 주제들이 포함된다.
- 연구자가 실험변인을 조작하는 정도에 근거하여 비실험 연구와 실험 연구를 구별할 수 있으며, 또는 대안적으로 관심 있는 변인들의 공변량을 검증해야 한다.
- 예기적 연구에서, 표본은 시간의 흐름에 따라 추적되며, 일정한 간격을 두고 자료가 수집된다. 회고적 연구에서, 표본은 현재 시점에서 확인되고 표본 구성원들에게 과거에 관한 정보를 묻는다.
- 의사 연구는 연구자가 일반화하고 싶은 상황과 유사한 조건 내에서 특정 변인을 평가한다.
- 사례 연구는 아동 개인에 관해서 집중적, 흔히 일화적, 관찰 및 분석에 관여한다.
- 단일 사례 설계들은 시간을 두고 동일 피험자를 반복 평가, 동일 피험자 내에서 보이는 처치 효과의 반복성, 자기 스스로 통제하는 역할을 한다. 두 가지 일반적인 예에는 A-B-A-B(반전) 설계, 그리고 행동 · 상황 · 사람을 달리하는 중다 기초선 설계가 있다.
- 집단 간 설계는 실험 집단과 같이 서로 다른 조건에 할당된 사람

살펴보기 3.3

질적 연구: ASD가 있는 남자 형제에 대한 형제자매들의 말

주제 1. ASD가 있는 남자 형제와 산다는 것: 자신과 가족에게 미치는 영향에 대한 형제자매의 설명

- "나는 막내라고 생각한 적이 없어요. 내가 어렸을 때조차도. 나는 마치 더 어린 동생이 있는 것처럼 사람들을 돌보는 방법을 배웠다고 생각해요." [Lizzie]
- "우리가 이야기를 하고 있을 때 Jake는 큰 소리를 내고, 내 방으로 뛰어오는 것을 멈추지 않아요. 그리고 우리와 계속 놀고 싶어 하지요. 나는 짜증이 나지만 그를 내보낼 수는 없어요. 내가 내 방의 문을 걸어 잠그는 이유예요." [Maddie]
- "나는 아주 화가 나요. 왜냐하면 좋은 시간을 보내고 있는데 그 애가 망치기 때문이에요. 엄마 아빠가 우리를 위해 돈을 써도 그 애가 기질 폭발을 하고 망쳐 버리기 때문에 나는 아주 슬퍼요." [Kevin]

주제 2. 다른 사람의 반응: 형제자매를 위한 의미

- "다른 사람들이 Jack을 있는 그대로 보지 않아서 짜증이 나요. 그들은 Jack이 아스퍼거가 있고, 사람들을 짜증나게 하는 사람으로만 봐요." [Leah]
- "그가 욕을 하거나 발로 차기 시작하면, 있잖아요, 아주 당황스러운데요, 왜냐하면 사람들이 엄마 아빠가 그렇게 행동하도록 가르쳤다고 생각할 것 같아요. 다른 사람들이 우리 가족과 나, 내 동생을 모욕하는 것 같아서 부끄러워요." [Kevin]
- "때때로 여러분은 이런 것, 음, 새 친구를 사귈 때 친구들은 내 동생이 왜 그러는지 물어보고 나는 설명해야만 해요. 익숙해지면서 그 아이에 대해 알아가게 되지요. 여러분은 친구들에게 많은 것들을 알려 주어야 해요. 그들에게 이야기도 하고 관련된 것을 말해 주어야 해요." [Lizzy]

주제 3. 수용 및 필요한 변화

- "Jack은 보통 사람과 똑같아요. 그는 아스퍼거가 있어요. 그렇지만 그냥 평범한 사람이에요. 단지 아스퍼거가 있는 것이에요. 그는 정상적인 남동생과 똑같아요, 나는 그가 우리와 다른 사람이라고 생각해 본 적이 없어요. 나는 다른 사람과 똑같이 생각해요." [Dylan]
- "나는 있는 그대로의 그가 좋아요. 그는 내 동생이에요. 나는 내 동생을 정상으로 만들 수 없어요. 내가 알고 있기 때문이에요. 그는 일반 사람들하고는 다르지만, 나는 다른 모습의 그를 상상할 수가 없어요. 그것은 변하지 않는 사실이지요." [Lizzy]
- "내가 얼마나 고마워하는지 그에게 말해 주고 싶어요. 왜냐하면 그런 말을 충분히 하지 않았기 때문이에요. 그는 종종 나에게 '너는 세상에서 최악의 형제이고 나는 너를 좋아하지 않아.' 라고 말해요. 지금보다 내가 고마워하는 것을 그에게 더 많이 보여 줄 수 있어요." [Kevin]

주제 4. 긍정적 관점과 경험

- "그는 기억력이 좋아요. 그가 뭔가를 책 위에 올려놓았다면 그는 그것이 거기 있다는 것을 기억할 거예요. 다른 사람들보다 훨씬 쉽게 기억할 거예요." [Eddie]
- "그가 항상 자신의 모습대로 보여 주는 것을 나는 좋아해요. 그는 인격이 있고 사람이라는 것을 보여 주지요. 그가 말하지 않는다는 것이 말할 게 없다는 걸 의미하진 않아요. 그는 자신만의 방법으로 말을 하지요. [Lizzy]
- "작년에 그 애는 승마를 해서 컴퓨터를 탔어요. 그가 이긴 것은 아니지만 잘해서 컴퓨터를 타게 됐는데 나는 정말 믿을 수가 없어요. 컴퓨터를 타서가 아니라 그가 잘해 낸 것이 기뻤어요." [Kevin]

주제 5. 지지

- "그 애를 데리고 나가서 재미있게 놀아 주는 사람, Lana라고 부르는데요, 그 애가 가고 싶어 하지 않는 곳에 우리가 가게 해줘요. 가족처럼. 그 애는 데리고 가지 않는데요, 그래서 그 애는 그 애가 가고 싶어 하는 곳에 가고, 우리가 가고 싶은 곳에 우리끼리 갈 수 있어요. 소풍처럼 말이에요." [Lizzy]
- "나는 짜증이 나기도 해요. 내가 Jack에게 화가 날 때, 그리고 그가 자기 마음대로 할 때 내가 얼마나 화가 나는지 이야기할 사람이 없기 때문이에요." [Leah]
- "엄마는 Ryan과 같은 아이를 둔 사람들의 모임에 갔고 나도 한 번 따라간 적이 있어요. 거기서 여자아이 둘을 만났는데요, 자폐가 있는 남동생이 있는데요, 여러분은 여전히 그들과 웃을 수 있지만 그들은 그것을 잘 알고 있어서 좋아요." [Kelsey]

출처: Petalas, M. A., Hastings, R. P., Nash, S., Dowey, A., & Reilly, D. (2009). "I like that he always shows who he is": The perceptions and experiences of siblings with a brother with autism spetrum disorder. *International Journal of Disability, Development and Education*, *56*, 381-399.

들의 행동을 집단으로, 또는 비교 집단과 통제 집단을 비교하는 것이다.

- 횡단 연구는 발달 단계 또는 나이가 다른 아동들을 동일 시점에서 연구하는 것이며, 종단 연구는 동일 아동들을 발달 단계나 연령을 다르게 해서 연구하는 것이다.
- 질적 연구는 이야기식의 설명 · 서술 · 해석 · 맥락 · 의미에 초점을 맞추며, 참여자의 관점과 참여자가 경험한 맥락에서 현상을 이해하려고 노력한다.

윤리적인 문제와 실용적인 문제

실험에서 아동을 실험용 기니피그처럼 사용하면서 백색의 실험실 안에서 지나치게 열성적으로 연구하는 연구자의 이미지는 지금의 아동 이상심리 연구 현장과는 전혀 다르다. 연구자들 및 정책 입안자들은 연구 절차의 윤리적 오용 가능성에 대해 점점 더 민감해지고, 연구 절차를 통제하는 기준의 필요성을 한층 더 자각하고 있다(Fisher et al., 2013; Hoagwood & Cavaleri, 2010).

아동 이상심리 연구는 고통스러운 절차로부터 아동 및 가족을 보호할 수 있는 기준을 지켜야만 한다. 어떤 연구라도 수행되기 전에 세심한 윤리적 검토가 이루어져야 한다. 아동 연구에 대한 현재의 윤리 지침은 사회조사국(institutional review boards), 연방 재단 기관(federal funding agencies), 미국심리학회(APA) 및 아동발달연구협회(SRCD)와 같은 전문가 조직을 통해 제시되고 있다.

아동을 대상으로 하는 연구의 윤리 기준은 과학적 의문사항에 대한 자유를 보장하는 것과 연구 참여자의 사생활과 복지에 대한 권리를 보호하는 것 사이에서 균형을 이루고자 노력한다. 이러한 균형 찾기가 항상 쉬운 것은 아니며, 특히 아동일 때에는 더욱 그러하다. 연구자들이 해롭지 않은 절차를 사용하고 연구와 연관된 치료적 이득이 실현된다고 하지만, 잠시 동안 부모와 분리되거나 불안을 야기하는 자극에 노출되는 것과 같은 경미한 스트레스 상황에 노출되기도 한다. 아동은 성인보다 신체적 및 심리적 해로움에 더 취약하고 미성숙하기 때문에 연구 참여의 의미를 정확히 평가하기가 어렵다. 이러한 현실을 고려할 때, 연구 과정에서 아동의 권리를 보호할 수 있는 예방조치가 필요하다.

사전 동의와 찬성

강제성을 띠지 않고 얻어 낸, 참여한다는 개인의 사전 동의는 연구 참여자에게 가장 중요한 보호 규제이다. **사전 동의**는, 모든 연구 참여자들이 참가하겠다고 동의하기 전에, 연구의 위험 · 이익 · 기대되는 결과 · 대안과 더불어 연구의 특성까지 충분히 고지해야 한다. 사전 동의에는 참가자들이 언제라도 그 연구에서 빠질 수 있고 연구에 참여하든 안 하든 간에 다른 서비스를 받을 자격에 영향을 미치지 않는다는 사실도 포함되어 있다.

아동을 대상으로 하는 연구에서는 아동의 동의 이외에 부모의 사전 동의 및 그 외 법적 후견인과 아동의 찬성 모두를 구하는 것으로 확대된다. **동의**는, 연구에 대해 충분히 이해하지 못해도 아동이 일정한 형태의 동의를 해야 함을 의미하는데, 어린 아동의 인지적 능력이 연구를 충분히 이해할 만큼 발달되지 않았기 때문이다. 아동의 동의를 구하는 것에 관한 지침에서는 아동이 7세 이상이기를 요구한다. 연구자는 학령기 아동에게는 아동이 이해할 수 있는 말로 연구에 대해 충분히 설명해 주어야 한다. 아동의 동의를 구할 때 특히 주의가 필요한 요인들에는 연령, 발달적 성숙, 심리 상태, 가족 요인, 동의를 구하는 연구자의 영향 등이 포함된다(Meaux & Bell, 2001). 연구가 학교, 주간 보호 센터, 병원과 같은 곳에서 실행될 때에는 부모 및 아동 이외에 기관장과 같이 아동을 대신하는 사람의 동의가 있어야 한다.

자발적 참여

연구에 참여하는 것은 자발적이어야 한다. 그러나 다른 사람에 비해 미묘한 압력과 강제성에 더 예민한 사람도 있다. 아동을 포함해서 취약한 집단에 대한 보호는 상당한 관심을 끌고 있다. 위험 요인이 있는 유아 및 아동의 가정이 더 취약할 수 있는데, 이는 부분적으로는 아동의 위험한 상태에 대한 가족의 고통 때문이다. 그렇지 않다고 안내하지만, 사회 서비스 기관이나 병원에서 모집된 가족은 연구에 참여하지 않으면 처치나 보호의 질이 떨어질 것이라고 느낄 수 있다. 자녀를 잘못 양육하는 부모는 연구에 참여하지 않으면 아이를 잃거나, 교도소에 보내지거나, 서비스를 받을 수 없다고 생각할 수 있다.

연구자의 역할은 참여자에게 잠재적인 압력을 가하지 않으면서 참여자를 성공적으로 모집하는 것과 균형을 맞추어야 한다. 자발적 참여는 그 자체가 편향이 될 수 있다. 연구에 참여하겠다고 동의하는 사람들은, 접근은 하지만 참여를 거부하는 사람들과는 분명히 다르다. 자발적 참여가 관심 있는 변인들에 대한 결과를 심각하게 편향시키는지에 대한 의문은 여전히 해답이 없다.

비밀보장과 익명성

연구에 참여함으로써 드러나게 되는 개인의 정보는 비밀로 유지되어야 한다. 대부분의 기관에서는 개인이 밝힌 모든 정보는 비밀로 유지될 것이며 비밀보장 예외에 관해 알려 준다는 것을 공지하라고 요구한다. 성인 참가자의 경우, 연구 참여에 앞서 비밀보장의 한계에 대해 미리 알려 주어야 한다. 아동을 대상으로 한 연구에서 비밀보장과 관련해서 가장 자주 당면하는 어려운 문제 중 하나는, 아동이나 부모가 미래의 학대 가능성을 암시해 주는 과거의 학대 또는 정보가 드러났을 때 발생한다. 이와 같은 상황을 다루는 절차는 연구에 따라 다를 수 있다. 정보 노출의 상황(예: 치료의 맥락 내에서 성인이 노출하는) 및 주(state) 또는 지역의 보고 요구에 따라 다르다.

유해하지 않은 절차

아동에게 신체적으로나 심리적으로 해를 줄 수 있는 연구 절차를 사용해서는 안 된다. 가능할 때마다, 연구자는 아동과 가족에게 스트레스를 최소화하는 절차를 사용해야 할 의무도 있다. 일부 사례에서는 심리적 해로움에 대한 정의가 아주 어렵지만, 의심이 든다면 연구자는 다른 사람들에게 자문을 구해야 하는 책임이 있다. 유해가 불가피하다면, 다른 대안을 찾거나 연구를 포기해야 한다. 연구와 관련해서 치료적 이익이 인정되고 있고 아동을 스트레스 상황에 노출시키는 것이 필요한 사례에서는, 조사위원회의 세심한 조사 그리고 위험 및 이득에 대한 분석이 필요하다.

기타 윤리적인 문제와 실용적인 문제

윤리적인 문제의 신중성은, 연구가 잠재적으로 침해적 절차 · 속임수 · 처벌의 사용 · 피험자의 보수 또는 기타 인센티브의 사용, 또는 강제성의 가능성이 있을 때 특히 중요하다. 종단 연구에서 연구자들은, 연구 결과가 아동의 안녕과 복지를 위해 또 다른 행동의 과정이 필요함을 암시할 때, 예견하지 못한 위기 · 예상치 못한 결과 · 연구의 지속을 둘러싼 문제 등이 발생하는지를 신중하게 살펴야 한다.

표준화된 검사와 절차를 통해 전형적으로 소개되는 수많은 연구 문제들은, 새로운 연구 과제에 대한 아동의 제한된 경험과 이해 그리고 문제가 있는 아동 및 가족의 특성으로 인해 오염될 수 있다. 특히 정신건강 문제 그리고 (또는) 발달장애가 있는 아동과 작업하는 연구자는 이러한 연구가 갖는 독특한 어려움에 직면하게 된다. 여기에는 아동을 동기 유발시키는 것, 제한된 시간을 지키게 하는 것, 지시를 제대로 이해하는지 확인하는 것, 지겨움 · 주의분산 · 피로에 대처하는 것 등이 있다. 이와 유사하게, 문제를 가지고 있는 아동의 가족은 흔히 자신들이 연구 참여 또는 개입을 어렵게 하는 특성이 있다. 이러한 특성에는 높은 수준의 스트레스, 부부간 불화, 부모의 정신과 질환, 물질 사용 장애, 제한된 자원들 그리고(또는) 연구에 필요한 시간, 또는 언어 능력의 한계 등이 있다.

모든 연구 프로젝트의 윤리적 성실성에 대한 마지막 책임은 연구자에게 있다. 정부기관이 제공하는 자금으로 연구를 진행할 경우, 동료에게 도움을 구해야 한다. 병원, 대학, 학교 조직, 그 밖의 기관에는 위험과 이득에 근거해서 연구를 평가하는 전문위원회가 있다. 이 평가에서는 지식의 발전 및 아동의 생활 환경을 향상시키는 연구의 가치와 불편감이나 심리적 또는 신체적 해로움의 대가를 비교한다. 연구가 보장해 주지 못하는 아동 또는 가족의 안전과 복지에 대한 위험 요인이 있을 경우, 항상 참여자가 최우선이다.

단원 정리

윤리적인 문제와 실용적인 문제

- 아동 이상심리학에서의 연구는 스트레스를 줄 수 있는 절차로부터 아동과 가족을 보호하기 위해 일정한 기준을 충족시켜야 하는데, 여기에는 사전 동의, 자발적 참여, 비밀보장 또는 익명성, 해가 없는 절차 등이 포함된다.
- 연구가 윤리 기준을 충족시키려면, 연구자는 동료로부터 조언을 구하고, 자신의 연구에 관해 윤리조사위원회로부터 평가를 받아야 한다. 연구의 윤리적 문제에 대한 최종 책임은 연구자에게 있다.

✳ 학습 자료

단원 요약

과학적 접근
연구 과정
행동 연구의 방법
연구 전략
윤리적인 문제와 실용적인 문제

핵심 용어

구조화된 관찰(structured observation)
내적 타당도(internal validity)
뇌 영상(neuroimaging)
뇌전도검사(electroencephalogram, EEG)
단일 사례 실험 설계(single-case experimental designs)
동시 발병(comorbidity)
동의(assent)
동질 집단(cohort)
매개변인(mediator variables)
무선 통제 시행(randomized controlled trials, RCTs)
무선 할당(random assignment)
발생률(incidence rates)
사례 연구(case study)
사전 동의(informed consent)
상관계수(correlation coefficient)
신뢰도(reliability)
실시간 예기적 설계(real-time prospective designs)
역학 연구(epidemiological research)
연구(research)
연구 설계(research designs)
외적 타당도(external validity)
유병률(prevalence rates)
의사 연구(analogue research)
자연관찰(naturalistic observation)
자연 실험(natural experiments)
종단 연구(longitudinal research)
중개변인(moderator variables)
중다 기초선 설계(multiple-baseline design)
진 실험(true experiment)
질적 연구(qualitative research)
처치 효과(treatment effectiveness)
처치 효율성(treatment efficacy)
타당도(validity)
표준화(standardization)
회고적 설계(retrospective design)
횡단 연구(cross-sectional research)
A-B-A-B(반전) 설계(A-B-A-B reversal design)

4

평가, 진단, 처치

아동에게서 변화를 원한다면 우선 그것을 자세히 살펴보고,
우리 스스로의 변화가 더 필요한 것은 아닌지를 알아야 한다.

—C. G. Jung

이 장 미리 보기

대부분의 아동 및 청소년들은 중복된 문제를 가지고 평가와 치료에 의뢰된다. 대개는 시간이 지나면서 이런 문제들이 축적되어서 의뢰된다. 우리는 대부분의 아동기 장애들이 정상적인 발달에서 실패한 것이라는 것을 강조한다. 예를 들어, Felicia(아래의 글상자 참조)는 청소년기의 요구—부모로부터 자율성 획득, 또래들과 어울리기, 학교 성적 잘 받기, 자아 정체성 확립하기, 자신의 정서 조절하기—에 대처하는 데 어려움이 있다. Felicia는 또한 어머니가 폐렴 때문에 병원에 입원한 것에 대한 부수적인 스트레스도 경험했다.

임상가는 Felicia가 일상생활에서 사건에 대처하는 방법을 평가할 필요가 있을 것이다. 즉, 사건에 대한 평가, Felicia의 신체 상태 · 인지 능력 · 행동 기술 · 성격, 부모 · 교사 · 또래로부터의 지지 등이다. 이런 복합적이고 상호작용하는 힘의 중요성을 가려내기 위해 우리는 진단 및 처치를 결정하는 효과적인 평가 계획을 세워야 한다. 이러한 주제들이 어떻게 다루어지는지를 보기 위해 Felicia의 사례를 본문 전반을 통해 또다시 살펴보게 될 것이다.

임상적 이슈

이 장에서는 심리적 문제와 행동적 문제가 있는 아동을 도와주는 데 사용되는 임상적 전략과 방법 그리고 아동기 장애의 분류와 진단에 관한 다양한 접근을 강조하고 있다. 또한 처치에 대해 짧게 소개, 즉 각각의 장애에 대해서는 각 장에서 자세히 살펴보게 될 것이다. 우리는 평가, 진단, 치료를 둘러싼 의사결정 과정을 살펴보면서 임상적 쟁점에 대한 개요를 시작하려고 한다.

의사결정 과정

Felicia에게 전문가의 관심이 필요한 심리적 장애가 있는지, 그녀의 문제가 성장하면서 간단하게 없어지거나 스스로 극복할 수 있는지를 어떻게 결정할까? 정신건강 전문가들은 아동의 기본적인 문제를 이해하고, 진단 내리고, 처치 계획을 세우는 데에서 중요한 문제들을 체계적으로 고려해야 한다. 이 과정은 여러 면에서 훌륭한 탐정 업무와 흡사하다. 그것은 전문가의 관심을 불러일으켜

FELICIA
복합적인 문제

©Jaren Jai Wicklund/Shutterstock.com

Felicia는 불행하고, 집과 학교에서 철회된 것처럼 보인다.

Felicia(13세)는 집과 학교에서 우울, 등교 거부, 사회적 철회, 수면 문제로 인해 의뢰되었다. Felicia의 부모가 이러한 문제에 대해 처음 알아차린 것은 1년 전이며, Felicia의 어머니가 폐렴으로 입원한 직후였다. Felicia는 8학년이었고 등교 거부를 시작했다. Felicia는 자주 배가 아파서 학교에 갈 수 없다고 호소했다. 사회적 행동 또한 이 시기에 더 나빠졌다. 어머니와 항상 함께 있으려고 했고, 숙제나 기타 해야 할 일에서는 어머니에게 도움을 자주 청했다. Felicia는 극도로 말이 없어졌고, 슬프고 불행해 보였으며, 사회적 활동에서 철회되었다. 얼마 있지 않아서, Felicia는 수면 문제와 식욕 상실을 호소하기 시작했다. 이 무렵, 학교 성적은 대부분 B에서 C나 D로 떨어졌다. Felicia는 아무도 자신을 좋아하지 않으며, 잘할 수 있는 것이 없고, 자기 인생은 희망이 없다고 보고했다.

출처: "Depression," by D. J. Kollo, 1987. In M. Hersen and V. B. Van Hasselt(Eds.), *Behavior Therapy with Children and Adolescents: A Clinical Approach*, p. 160.

서 아동 또는 청소년을 데려오게 되는 많은 요인들을 자세히 살펴보고, 대안적인 가설과 계획을 확인하는 것이 필요하다. 이런 지속적인 의사결정 과정은 아동이 갖고 있는 장애 및 경과 그리고 선택할 수 있는 처치의 당면한 문제 및 장기적인 문제에 대한 답을 발견하려는 것이다(Mash, 2006).

의사결정 과정은 대개 임상평가와 함께 시작된다. **임상평가**는 어려움이 있는 아동 및 그의 가족 그리고 학교 환경을 알기 위해 체계적인 문제해결 전략을 사용한다(Mash & Hunsley, 2007). 이러한 전략에는 전형적으로 환경 요인의 역할과 더불어 아동의 정서적 · 행동적 · 인지적 기능에 대한 평가가 있다(Sattler & Hoge, 2006). 이러한 전략들은 과학적인 증거 및 임상적 전문 지식에 기초해야 하는데, 문제의 성질 · 문제의 원인 · 처치를 하거나 하지 않았을 경우에 일어날 수 있는 결과에 관해서 유연하고도 지속적인 가설 검증 과정의 기초를 형성한다(Haynes, Smith, & Hunsley, 2011).

임상평가는 면접이나 검사보다는 훨씬 더 광범위하다. 평가의 궁극적인 목적은 아동과 가족이 직면하고 있는 문제에 대한 효과적인 해결책을 수행하는 것이고, 그들의 안녕을 촉진하고 강화하는 것이다. 임상평가는 실용적이고 효과적인 개입을 가져올 정도로 의미가 있다. 즉, 평가와 개입 사이의 긴밀하고 지속적인 동반자 관계가 꼭 필요한데, 이 둘은 별개의 과정이 아니다(Mash & Hunsley, 2005; Youngstrom, 2013).

임상평가의 초점은 개개 아동 또는 가족을 독특한 실체(Felicia와 그녀의 가족처럼)로 자세히 이해하는 데 있으며, 이를 **개별 기술적 사례 형성**이라 한다. 이것은 **법칙 정립적 형성**과는 대조되는데, 법칙 정립적이라는 것은 개인들이 모인 큰 집단(예: 우울장애가 있는 아동들)에 적용될 수 있는 더 일반적인 법칙을 강조한다. 심리 평가, 정상 및 비정상 아동/가족의 발달, 구체적인 아동기 장애의 일반적인 원칙에 대한 임상가의 법칙 정립적 이해는 개별 기술적 수준보다 나은 가설을 만들어 내게 한다(Haynes, Mumma, & Pinson, 2009).

임상평가는 훌륭한 탐정 작업과 비슷하다.

상상하듯이, 의사결정 과정은 동시에 몇 가지 시험공부를 하는 것과 유사하다. 여러분은 기본적인 정보(아동기 우울증이나 학습장애와 같은)를 알아야 하며, 특정의 문제를 해결하는 데 도움이 되도록 적용할 수 있는 새로운 방식으로 이러한 지식을 통합할 수 있어야 한다. 시험공부처럼, 처음에 이 과정은 중요한 것을 뽑아내기 위해 모든 것을 깔때기 속으로 넣는 것과 같다. 그러나 시험공부와는 달리, 아동 및 가족과 작업하고 당신의 훈련과 경험을 새로운 상황에 적용하는 것은 종종 아주 즐거운 일이다!

임상가들은 평가와 함께 의사결정 단계를 시작하는데, 평가는 아동과 부모에 대한 임상 면접에서부터 좀 더 구조화된 행동 평가 및 심리검사까지 있다. 평가는 아동이나 가족만 하는 것이 아니라, 아동 · 가족 · 교사 모두 능동적인 역할을 하는 협력 과정이라는 것을 기억하라. 아동의 문제가 무엇인지를 정의하고 정보를 제공하는 중요한 역할을 하는 사람은 성인이기 때문에, 성인들과 신뢰 관계를 형성하는 것이 중요하며, 가족과 교사의 능동적인 참여가 평가 및 개입 모두에서 중요하다(Dowell & Ogles, 2010).

발달적 고려 사항

다양성이란 우리 모두가 공통적으로 가지고 있는 한 가지 진실이다. 매일 다양성을 축하하라.

— 작자 미상

아동과 가족의 평가에서는 전형적인 아동 발달과 비전형적인 아동 발달에 대한 규준적인 정보뿐만 아니라 아동의 연령, 성별, 문화적 배경에 민감해야 한다. 이러한 지식은 임상가가 개별 아동과 가족의 행동 및 환경을 평가하고 이해하는 맥락이 된다.

연령, 성별, 문화

평가 및 처치의 중요한 구성 요소는 연령이 서로 다른 아동들의 발달적 기능 및 능력 안에 있는 다양성을 인식시킨다. Felicia의 연령, 성별, 문화적 배경은 우리가 평가, 진단, 처치에 접근하는 데에서 어떤 영향을 미칠까?

Felicia처럼, 13세 아동의 등교 거부는 학업의 기회와 사회적 기회를 잃게 하기 때문에 심각하다. 대조적으로, 13세 아동이 비행기 여행을 거부하는 것은 불편하거나 고통스럽겠지만, 대부분의 사례에서 등교 거부와 같은 심각한 결과를 초래하지는 않는다. 아동의 연령은 일탈에 대한 판단뿐만 아니라, 가장 적절한 평가와 처치 방법을 선택하는 데에도 중요한 의미가 있다. 예를 들면, 아동이 면접에서 신뢰할 만한 정보를 제공할 수 있는 나이는 몇 세인가? 처치에 관해서, 잘못된 행동을 하는 3세 아동에 대한 타임아웃과 학령기 아동의 타임아웃은 어떻게 달라야 하는가?

연령과 마찬가지로, 아동의 성별 역시 평가 및 처치와 연루되어 있다. 아동기 장애의 비율과 표현에서 성별의 차이가 있음을 보고한 연구들이 많다(Bell, Foster, & Mash, 2005). **표 4.1**에서 보듯이, 일부 아동기 장애 및 조건들은 여아보다 남아에게 더 많이 나타나며, 여아에게 더 많이 나타나는 장애도 있고, 남녀에게 비슷하게 나타나는 장애도 있다(Rutter, Caspi, & Moffitt, 2003). 일반적으로, 남아는 자폐 스펙트럼 장애(ASD), 주의력결핍/과잉행동장애(ADHD)처럼 장애의 초기 발병을 보일 가능성이 여아보다 3~4배 높은 반면, 여아는 우울장애 및 섭식장애처럼 청소년기에 최고 정점의 장애 발생을 보일 가능성이 더 많다.

강조해 왔듯이, 대부분의 아동기 장애는 성인에 의해

표 4.1 아동 및 청소년의 몇몇 장애에 대한 성별 패턴

남아에게서 더 흔하게 보고되는 장애	
주의력결핍/과잉행동장애	자폐장애
아동기 품행장애	언어장애
지적 불능	특정 학습장애
유뇨증	
여아에게서 더 흔하게 보고되는 장애	
불안장애	섭식장애
청소년 우울증	성 학대
남아와 여아에게서 유사하게 보고되는 장애	
청소년 품행장애	급식장애
아동기 우울증	신체 학대와 방임

출처: "Gender Diffrences in Diagnosis of Mental Disorders: Conclusions and Controversies of DSM-IV," by C. M. Hartung and T. A. Widiger, 1998, *Psychological Bulletin*, 123, 260-278. Copyright © 1998 by the American Psychological Association. 저자와 출판사의 허락하에 인용. APA는 이 번역의 정확성에 대해서는 책임이 없음.

정의 내려지는데, 보통은 성인이 아동의 증상이 특히 두드러지거나 문제가 있다고 알게 되기 때문이다. 일반적으로 과잉행동과 공격성은 여아보다는 남아에게 더 흔하며, 여아는 슬픔 · 두려움 · 부끄러움처럼 잘 관찰되지 않는 방식으로 자신의 문제를 표현하는 경향이 있다(Chaplin & Aldao, 2013). 사실, 처치에 의뢰되는 남아를 가장 잘 구별해 주는 증상은 '과시하거나 우스꽝스러운 행동'(부모에 의한 보고)을 하고 '다른 학생을 방해'(교사에 의한 보고)하는 것이다(Achenbach & Rescorla, 2001). 따라서 남아는 지나치게 많이 의뢰될 수 있으며, 여아는 고통의 형태가 눈에 덜 뜨이기 때문에 간과되기 쉽다. 우리는 평가와 개입에서 성별 및 성별의 차이와 관련해서 의뢰에서 일어날 수 있는 편견의 가능성에 민감해야 한다. 진정한 성별의 차이와 보고에서의 성별 차이를 구별하는 데에서의 어려움은 1990년대 초와 1990년대 중반 사이에 ADHD 진단율이 남아에서 약 두 배 증가한 반면에, 여아에서는 약 세 배 증가했다는 결과로도 설명될 수 있다(Robison et al., 2002). 여아에서 ADHD의 비율이 10년 사이에 세 배로 증가한다는 것이 가능한가? 장애에 대한 인식 및 여아에서 ADHD의 다양한 표현 형태에 대한 인식이 증가한 것이 ADHD 진단의 극적인 증가에 영향을 미쳤을 것 같다(Hinshaw & Blachman, 2005). 성별 차이의 고려에서, 남녀 사이의 차이뿐만 아니라 각 집단 내에서도 큰 차이가 존재한다는 것을 기억하는 것이 중요하다. 뿐만 아니라, 정서 표현 및 행동에서의 성별 차이는 아동의 연령, 아동이 평가되는 대인관계 맥락, 상황에 대한 개인적 관련성 및 요구에 따라서도 달라질 수 있다(Chaplin & Aldao, 2013).

성별 차이에 대한 연구는 아동기 장애를 이해하고 평가하는 데 크게 기여했다(Rose & Rudolph, 2006). 그러나 남아와 여아를 구별된 각각의 집단으로서 연구하는 것 역시 매우 중요하다. 성의 차이에만 초점을 맞춘다면 남아 또는 여아 집단에서 특정 장애의 표현이나 기저의 과정에 대한 세심한 연구가 늦어질 수 있다(Hinshaw, 2008). 예를 들면, 화가 날 때 여아의 사회적 공격성에 관한 연구에서, 여아들은 언어적 공격, 험담, 고자질, 따돌림, 앙갚음, 또는 제3의 집단과 연합하여 보복하기 등을 통해 간접적으로 공격성—**관계적 공격성**—을 보인다는 것이 밝혀졌다(Crick & Rose, 2000). 여아들은 청소년기로 옮겨 감에 따라 공격 행동의 기능이 점차적으로 집단에서 수용되는 것과 친밀감에 집중된다. 대부분의 여아들에게 두드러지는 쟁점[예: 인간관계, 신체상(body image)]과 관련시켜서 적응 문제를 연구했을 때, 여아들은 아동기에 유의미한 문제를 경험하는 것으로 나타났다. 이러한 문제에는 관계적 공격성 그리고 이기적이고, 외형적으로 직접 나타나고, 타인을 해치려는 의도가 있는 행동들이 있다. 관계적 공격성과 신체적 공격성의 조합은 여아의 앞으로의 심리적-사회적 적응 문제를 가장 강력하게 예측해 준다(Crick, Ostrov, & Werner, 2006). 흥미롭게도, 자신의 성별에서 전형적으로 나타나는 사회적 공격성의 형태를 보이지 않는 아동(뚜렷하게 공격성을 보이는 여아 또는 관계적 공격성을 보이는 남아)은 성별 규준적(gender-normative) 형태의 공격성을 보이는 아동에 비해 심각하게 더 부적응적이다(Crick, 1997).

마지막으로, 아동과 가족에 대한 평가와 처치에서 문화적 요인 역시 주의 깊게 고려해야 한다(Achenbach & Rescorla, 2007; Nikapota, 2009). 다민족 및 다문화 국가가 되면서 미국의 인구학적 · 문화적 모습은 급속도로 변하고 있다. 2030년이 되면, 미국에 있는 18세 이하의 유럽계 미국인은 더 이상 다수 인종이 아니며, 이것은 8세 이하 아동에서는 벌써 사실이 되었다(U.S. Census Bureau, 2013). 결과적으로, 정서 및 행동의 문제가 있는 아동과 가족에 대한 평가, 진단, 처치에서 문화적 민감성은 상당히 중요한 문제가 되었다(Pumariega et al., 2013). 이러한 관점과 일관되게, 『정신장애의 진단 및 통계 편람』의 최근 개정에서는 문화적 강조가 확대되었다(DSM-5; APA, 2013). DSM-5에는 아동 및 가족의 문화적 정체성에 근거해서 아동 장애에 대한 문화적 공식화(formulation)를 개발하기 위한 틀이 포함되어 있는데, 즉 고통에 대한 문화적 개념, 심리사회적 스트레스 요인 및 취약성과 탄력성에 대한 문화적 특징, 아동 · 가족 · 임상가 사이의 관계에서 문화적 측면, 문화적으로 적절한 처치 계획이 들어 있는 전반적인 문화적 평가가 포함된다. 이를 돕기 위해 DSM-5에는 또한 아동 청소년용 '문화적 공식적 면접'도 들어 있는데 이를 통해 아동의 현재 문제와 처치에 함축된 내용에 대한 문화적 영향에 관한 정보를 얻는다(PAP, 2013; www.psychiatry.org/practice/dsm/dsm5/online-assessment-measures에서 이용 가능)

문화적 패턴은 구성원들 사이에서 공유된 가치 및 학습된 행동을 반영하며, 시간이 지나면서 집단 구성원들에게 전달되며, 다른 집단의 구성원들과 구별시킨다. 문화에는 민족성, 언어, 종교적 믿음이나 영적 믿음, 인종, 성별, 사회경제적 상태(SES), 연령, 성적 지향성, 지리적 기원, 집단의 역사, 교육과 양육, 생활 경험 등이 포함될

Courtesy of David Wolfe

Courtesy of David Wolfe

생물학적 차이와 사회적 관습이 상호작용하여 남아와 여아의 관심과 행동을 다르게 만드는 것 같다.

수 있다.

소수민족의 아동/청소년은 잘못 진단될 위험성이 크다. 예를 들면, 심리적 문제로 입원한 아프리카계 청소년은 백인 10대에 비해 기질적/정신병적 장애 진단을 훨씬 더 많이 받고, 기분/불안장애의 진단은 적게 받는 것으로 나타난 연구도 있다(Kilgus, Pumariega, & Cuffe, 1995). 뿐만 아니라, 아프리카계 아동 및 라틴계 아동은 백인 아동에 비해 처치를 덜 받는다(Zimmerman, 2005). 문화적으로 경쟁력 있는 평가 및 처치 장면에서는 임상가들이 자신의 신념 체계 및 그들의 임상 현장을 안내해 주는 문화에 기초를 둔 가설을 검증해 보아야 한다.

문화적 공식화는 아동 및 가족과의 관계를 확립하고, 가족 구성원이 변하겠다는 동기를 부여하고, 타당한 정보를 수집하고, 정확한 진단에 도달하고, 처치에 관한 의미 있는 제언을 개발하는 데에서 필요하다. 민족의 정체성과 인종적 사회화는 모든 아동과 가족의 평가에서 고려되어야 하는 주요 요인으로서, 우세 문화의 것도 포함되어야 한다(Dishion & Stormshak, 2007b).

문화적 증후군이란 특정 문화 집단 · 지역성 · 맥락과 관련된, 비교적 일정하고 동시 발생하는 패턴을 말한다(APA, 2013). 예를 들면, 'mal de ojo'('evil eye, 독기 서린 눈초리')는 지중해 지역의 문화와 라틴계 지역사회 등에 널리 퍼져 있는 개념이다. 아동에게 특히 취약한 심각한 병폐는 악한 사람이 증오스럽게 쳐다보거나 흘겨봄으로써 생긴다고 믿으며, '독기 서린 눈초리'로 인해 아동이 선잠을 자거나, 뚜렷한 이유 없이 울음, 설사, 구토, 발열을 보일 수 있다. 문화적 증후군은 서양의 한 가지 진단 분류에 들어맞는 경우가 거의 없다(Alarcón, 2009). 또한 서양의 진단 준거의 범문화적 타당성이 장애에 따라 차이가 매우 큼에도 불구하고, 많은 아동기 장애들의 범문화적 타당성에 대한 자료가 부족하다(Canino & Alegria, 2008). 따라서 임상가는 아동의 문화적 배경과 맥락이 개개인의 증상과 임상적 장애에 미치는 영향의 정도를 사정해야 한다. 문화적 증후군이 발생한 문화 내에서는 장애로 인식되지 않더라도, 외부 관찰자가 고통과 그 외 질병의 특징을 인식할 수 있다(APA, 2013).

아동의 비정상적인 행동이라고 생각될 수 있는 것은 문화 집단에 따라 다를 수 있다(Serafica & Vargas, 2006). 예를 들면, 아동의 수줍음 및 과잉 민감성은 서구 문화에서 또래 거부나 사회적 부적응으로 이어질 가능성이 높은 반면, 동일한 특성이 중국 아동에서는 리더십, 학업 경쟁력, 학업 수행과 연관될 수 있다(Chen, Rubin, Li, &

임상가의 중요한 역할은 인종 집단에 따른 다양성을 인식하는 것이다.

Li, 1999). 뿐만 아니라 정신건강 문제를 특히 금기시한다면, 낯선 사람이 사적인 가족 문제에 개입하는 것을 부정적으로 본다면, 그 문화 내에서는 질병의 원인이 물리적이거나 영적인 것으로 보고 있다면, 그런 문화권에서 온 부모가 참여하기란 어렵다(Yasui & Dishion, 2007).

정신질환에 대해 임상가가 가지고 있는 개념을 공유하지 못하는 아동 및 가족과 처치 계획을 협의할 때, 임상가는 반드시 생활양식과 문화변용의 패턴에서 인종 및 민족 집단마다 차이가 있을 수 있음(예: 우세 문화 대 고유의 문화에 대한 적응의 수준)을 인식해야 한다. 문화적 관행에 대한 일반화는 흔히 이러한 지역적 · 세대적, SES 및 생활양식의 차이를 이해하지 못하게 한다. 예를 들면, SES 수준은 다양한 문화들 사이에서 정신병리 비율의 차이를 밝혀내는 데에서 혼란을 줄 수 있는 주요 원인인데, 소수민족 문화가 낮은 SES 집단과 중복되는 경우가 종종 있기 때문이다(Glover & Pumariega, 1998). 개인의 문화변용 수준 역시 평가 및 이에 뒤따르는 개입에 큰 영향을 미칠 수 있다. 문화변용의 수준이 낮을수록 정신병리 측정 점수가 높을 수 있으며, 특히 SES 및 교육 수준이 낮은 것과 겹쳐질 때에는 더욱 그러하다(Cuéllar, 2000). 문화적 관습 및 가치가 평가 및 처치에 대한 행동, 지각, 반응에 영향을 미칠 수 있음을 인식하고, 덧붙여서 SES와 이 같은 문화적 요인들 간의 혼란을 인식한다면, 임상가는 의미 있는 평가 및 개입 전략을 더 잘 개발할 수 있게 될 것이다.

규준적 정보

Felicia의 등교 거부와 슬픔은 그녀 어머니가 입원한 이후에 시작되었다. 고통스러운 생활 사건에 대한 Felicia의 정상적인 반응인가? 부모와 잠시 분리된 이후에, 그녀 또래의 소녀들이 이런 증상을 보이는 것은 얼마나 흔한가? Felicia는 사회적 접촉으로부터 철회되고 수면장애를 보이기도 했다. 많은 아동에게 청소년기는 생물학적 · 사회적 격변의 시기이다. 따라서 우리는 이 문제와 관련해서 Felicia가 또래의 다른 소녀와 다른 점이 있는지를 알 필요가 있다. 만약 다르다면, 관심을 가지고 행동을 취해야 할 시점은 언제인가?

아동의 발달 규준에 대한 지식, 경험, 기본 정보와 행동 문제는 아동의 문제 또는 아동의 요구가 전문가의 관심을 어떻게 끌게 하는지를 알게 하는 중요한 시작이다. 많은 부모가 느끼는 것처럼, 연령에 따라 자녀에게 예상되는 것을 알아내는 것은 어려운 일이다. 부모는 어떤 어려움이 만성적인지, 일반적인지, 과도기적인지를 결정하고, 다른 사람으로부터 언제 조언을 구해야 하고, 자녀에게 최선의 처치가 무엇인지를 결정해야 한다. 최소 두 가지 다른 문화를 탐험해 가는 이민 2세대 아동의 행동을 이민 온 부모가 평가하고자 할 때에는 어려움이 더 많다(Falicov, 2003).

행동 및 정서 문제와 별개인 증상들은 일반적으로 아동의 전반적인 적응과 거의 일치하지 않는다. 보통, 개인적인 증상보다는 연령에 부적절함, 심각성, 증상의 패턴이 아동기 장애를 정의해 준다. 아동의 기능에 결함을 야기하는 증상의 정도 또한 핵심적인 고려 사항이다. 그럼에도 불구하고, 평가와 처치에 의뢰되는 아동에게 좀 더 흔하게 일어나는 증상이 있다. 처치에 의뢰된 6~18세 아동과 치료에 의뢰되지 않은 동일한 연령의 아동을 가장 잘 구분해 주는, 부모 및 교사가 보고한 증상이 표 4.2에 제시되어 있다. 표에서 볼 수 있듯이, 이러한 증상은 모든 아동이 어느 정도 가지고 있는 흔한 행동—슬픔, 집중력 부족, 관심의 요구—이다.

평가의 목적

아동 및 가족의 평가에는 한 가지 이상의 목적이 있다. 이러한 목적은 특정 평가 방법의 사용을 결정하는 것이 포함된 평가 과정을 안내해 준다. 아래에 기술된 것처럼, 평가의 세 가지 흔한 목적은 진단, 예후, 처치 계획의 기술이다(McLeod, Jensen-Doss, & Ollendick, 2013).

표 4.2 의뢰된 아동과 의뢰되지 않은 아동을 잘 구분해 주는 부모 평가와 교사 평가

• 행복하지 않음, 슬픔, 또는 우울함	• 조바심
• 집중할 수 없음	• 저조한 학업 수행
• 관심 요구	• 부주의
• 학교에서의 반항	• 고집
• 잘 지내지 못함	• 까다로움
• 충동적인	• 부루퉁함
• 심술	

출처: Achenbach, T. M. & Rescorla, L. A. (2001), *Manual for the ASEBA School Age Forms & Profiles*, ISBN 978-0-938565-73-4. Burlington. VT: University of Vermont, Reserach Center for Children, Youth, and Families, p. 144에서 인용.

기술 및 진단

진단은 임상의 끝이 아니라 시작이다

— Fisher(1879~1962)

아동의 문제를 이해하는 데에서 첫 번째 단계는 **임상적 기술**을 하는 것인데, 이는 아동의 심리적 장애의 특징을 구성하는 독특한 행동, 사고, 정서를 요약하는 것이다. 임상적 기술은, 아동(그리고 대개 부모)이 현재 보이는 어려움, 특히 행동이나 정서가 동일한 연령의 성별 및 사회경제적 · 문화적 배경을 가진 다른 아동들과 어떻게 다른지, 또는 유사한지에 관한 기본 정보를 확립하려고 시도한다.

여러분이 Felicia를 평가한다면, 여러분의 임상적 기술에 포함시키는 가장 중요한 정보는 무엇인가? 여러분은 Felicia의 행동이 같은 연령의 소녀들이 보이는 정상 행동과 어떻게 다른지를 기술하는 것에서부터 시작할 수 있을 것이다. 첫째, Felicia가 보이는 문제의 **강도**, **빈도**, **정도**를 평가하고 기술하는 것은 행동이 얼마나 과하거나 부족한지, 어떤 상황에서 문제가 생겼는지, 얼마나 자주 일어나는지 또는 일어나지 않는지, 얼마나 심각한지에 대한 감각을 전달할 것이다. 둘째, Felicia가 가지고 있는 어려움의 **발병 연령**과 **기간**을 기술해야 한다. 일시적으로 나타나서 자연스럽게 사라지는 문제가 있는 반면, 시간이 지나도 지속되는 문제도 있다. 문제 행동의 빈도 및 강도와 마찬가지로, 발병 연령과 기간은 반드시 그 연령의 아동에서 규준이라고 생각되는 것에 맞추어 평가되어야 한다. 마지막으로, 여러분은 Felicia의 **다른 증상들과**

그 증상들의 배치에 관한 전체 그림을 전달하고 싶을 것이다. Felicia가 학교 및 또래 관계에서의 특정한 문제 때문에 도움이 필요하지만 그녀가 가진 장애의 가능한 경과, 결과, 처치에서 잘 알고 선택하려면 장애의 전체 범위, 양상, 그녀의 강점과 약점을 모두 알아야 한다.

Felicia의 주 호소에 대한 초기 그림이 그려진 후에, 이것이 하나 또는 그 이상의 심리적 장애 진단 준거를 충족시키는지를 결정할 수 있다. **진단**은 정보를 분석하여 문제의 성질이나 원인에 대한 결론을 도출하는 것, 또는 공식적인 진단을 내리게 되는 것을 의미한다. Felicia는 우울장애의 표준 진단 준거를 충족시키는가? 만약 그렇다면 원인은 무엇인가?

진단은 두 가지 별개의 의미가 있으며, 혼동될 수 있다. 첫 번째 의미는 **분류학적 진단**이며, 이것은 DSM-5(APA, 2013)나 경험적으로 도출된 범주(이 장의 뒷부분에서 논의)와 같은 분류 체계에서 도출된 특정 범주에 사례를 공식 배치하는 데 초점을 둔다(Achenbach & Rescorla, 2001). 두 번째, 진단의 좀 더 넓은 의미인 **문제해결 분석**은 임상평가와 유사하며 개인이 가지고 있는 문제의 본질, 가능한 원인, 선택할 수 있는 처치와 결과를 이해하기 위해 사용된 정보의 수집 과정을 진단이라고 본다.

따라서 Felicia의 평가는 가능한 한 가장 포괄적인 그림을 그릴 수 있는 완벽한 진단적(문제해결) 분석을 할 것이다. 뿐만 아니라, Felicia의 공식적 진단은 주요 우울장애(10장에서 논의)인데, 이것은 그녀가 같은 장애(분류학적 진단)가 있는 것으로 추정되는 유사한 아동과 연결되는 특성이 있다는 의미이다. 분리불안장애나 학교 공포증과 같은 불안장애의 이차적 진단은, Felicia 또래의 소녀들에게서 우울과 불안이 흔하게 공존하기 때문에 Felicia에게도 필요할 수 있다. 동시 발병(comorbidity)은 아동 및 청소년들 중에서 일정한 장애가 동일한 사람 안에서 동시에 발병, 특히 수많은 증상을 공유하는 장애들이 발병하기 쉬울 때 존재한다(3장 참조). 한 가지 장애에 대한 인식은 또 다른 장애가 생길 가능성이 증가된다는 것을 우리에게 경각시킨다. 품행장애(CD)는 주의력결핍/과잉행동장애(ADHD)와, 자폐 스펙트럼 장애(ASD)와 지적 불능, 아동기 우울증과 불안장애가 보다 흔하게 공존한다(Drabick & Kendall, 2010).

예후와 처치 계획

예측은 매우 어려운데, 특히 미래에 관한 것은 더욱 그러하다.

— Niels Bohr(1885~1962)

예후는 구체적인 조건 아래에서 미래 행동에 대한 예측의 공식화이다. Felicia가 그녀의 문제에 대해 도움을 받지 않는다면 앞으로 그녀에게 어떤 일이 발생할 것인가? 나이가 들면서 그녀가 가진 문제는 감소할 것인가, 아니면 더 나빠질 것인가?

부모와 그 외 사람들이 아동에게 있을 수 있는 단기적인 결과와 장기적인 결과, 그리고 이를 변화시킬 수 있는 구체적 사안을 당장 알고 싶어 하는 것은 당연하다. 공포, 걱정, 오줌 싸기와 같은 수많은 아동기 문제가 특정 연령에서 흔하기 때문에 아동이 갖고 있는 특정 문제의 치료를 결정하려면 알려져 있는 예후에 근거해야 함을 기억하라. 임상가는 필요한 처치 과정뿐만 아니라 처치를 하거나 하지 않았을 때 상황이 그대로 유지되거나 개선되거나 악화될 가능성을 가늠해야만 한다.

또한 아동 및 청소년에 대한 처치는 단순히 증상을 제거하거나 이전 기능 수준을 회복하는 것보다는 종종 아동의 발달을 강화하는 데 초점을 둔다. 예를 들어, Felicia의 사례에서, 평가 결과는 그녀가 사회 기술이 결여되어 있음을 보여 주기 때문에 개입 계획은 사회적 관계의 어려움이 지속되는 기회를 감소시키는 한편, 이러한 기술을 가르치는 것에 초점을 둘 수 있다. 세심한 평가에 근거한 예후는 차후 주요 문제가 발생할 가능성을 줄이기 위해 부모와 그 외 사람들이 현재 해야 할 것을 제시할 수도 한다.

처치 계획 및 평가는 아동의 문제를 다루어 줄 계획을 만들어 내기 위해 평가 정보를 사용하는 것과 처치의 효과를 평가하는 것을 의미한다. Felicia의 어머니는 Felicia가 복통을 호소할 때 학교에 가지 않고 집에 있도록 했고 그녀의 숙제도 해 주었다. 이러한 정보는 행동의 가능한 경과를 암시하는가? Felicia는 자신이 아무것도 잘해 내지 못한다고 생각한다. 그녀가 이러한 생각 및 다른 비합리적인 신념을 변화시킬 수 있도록 돕는 것이 그녀의 우울도 변화시킬 수 있는가? 조치를 취할 때, 바람직한 효과를 가져왔는지 아닌지를 어떻게 평가해야 하는가?

처치 계획과 평가에는 문제에 영향을 미쳤을 수 있는 것들의 명시 및 평가, 변화를 위한 동기 부여 및 자원의 결정, 아동과 가족에게 가장 실행 가능하고 수용할 만하고 효과적인 처치에 대한 권고가 포함된다. 예를 들면, Felicia의 부모는 그녀가 학교에 가지 않을 때 큰 관심을 보임으로써 의도하지는 않았지만 그녀의 신체 증상 호소와 등교 거부를 강화시킨 것은 아닌가? Felicia는 자신이 왜 등교를 거부하는지를 치료자와 기꺼이 논의할 것인가? Felicia의 부모는 노력했지만 실패한 과거 경험에도 불구하고 Felicia의 행동을 제한하겠는가?

단원 정리

임상적 이슈

- 임상적 평가는 아동의 행동 · 인지 · 정서 문제에 영향을 미칠 수 있는 환경적 영향, 아동의 강점 및 능력을 구별하고, 정의하고, 측정하는 것이다.
- 평가는 효과적인 개입을 도출할 정도로 의미가 있다. 평가와 개입 사이에는 밀접하고 지속적으로 같이 가야 하는 관계이어야 한다.
- 나이, 성별, 문화는 아동의 증상과 행동이 표현되고 인식되는 방식에 영향을 미치며, 가장 적절한 평가 및 처치 방법을 선택하는 데에서도 함축된 의미가 있다.
- 아동기 장애는 개개 증상보다는 나이에 적절하지 않음, 심각성, 증상의 패턴에 따라 정의한다.
- 평가의 세 가지 목적은 다음과 같다. (1) 아동 문제의 본질과 가능한 원인을 결정하는 임상적 기술 및 진단, (2) 구체적으로 명시된 조건에서 미래의 행동을 예견하는 예후, (3) 처치의 계획과 평가.

장애 평가하기

어떤 것이 존재한다면 양적으로 존재할 것이다. 양적으로 존재한다면, 측정할 수 있다.

— René Descartes

중요한 모든 것이 측정되지는 않으며, 측정되는 모든 것이 중요한 것도 아니다.

— Albert Einstein

여러분이 Felicia의 문제를 평가하려고 계획한다면, 어디에서부터 시작하고 평가에는 무엇을 포함시킬 것인가? 여러분은 Felicia의 부모, Felicia, 그녀의 선생님을 면담할 것인가? Felicia의 집에서 그녀를 관찰할 것인가? 학교에서 관찰할 것인가? 지능 · 정서 · 주의집중력 · 사회적 기술 · 학습 능력처럼, Felicia의 강점과 약점을 정확하게 가려 줄 심리검사 또는 질문지가 있는가?

여러분은 의사결정 과정이 얼마나 복잡한지를 이미 깨달았을 것이다. 이러한 복잡성의 관점에서, 많은 임상 장면에서는 다학제 팀 접근으로 평가를 한다. 심리검사 실시 및 해석 전문가들은 아동의 정신건강 필요성에 대한 가장 완벽한 그림을 그려 내기 위해 다른 사람들과 함께 일한다. 다학제 팀에는 심리학자, 의사, 교육 전문가, 언어병리학자, 사회복지사 등이 참여할 수 있다.

일부 아동은 신체적 문제가 그들의 장애와 관련되어 있는지를 조사하는 종합적 평가의 일부로 의학적 검사에 의뢰할 필요가 있다. 예를 들면, 생리적 문제가 특정 아동의 오줌 싸기 또는 수면장애의 원인일 수 있다. 의사가 실시하는 철저한 의학적 검사는 Felicia의 복통, 수면장애, 체중 감소를 진단평가 할 수 있고 Felicia의 우울증이 약물 사용이나 갑상선 기능 저하(낮은 갑상선 호르몬 수준)와 같은 일반적인 의학 질병과 관련이 있는지를 결정하는 데 사용되었다.

이상적으로, 아동이 겪고 있는 어려움에 대한 임상평가는 **다중방식 평가 접근법**을 따르며, 이것은 다양한 환경에서 각기 다른 정보원으로부터 정보를 얻는 것과 면접, 관찰, 질문지, 검사가 포함된 다양한 방법을 사용하는 것이 중요하다고 강조한다. 특정 사례에서 가장 좋은 평가의 결정은, 평가가 진단 · 처치 계획 · 처치에 대한 평가인지 아닌지에 달려 있는데, 문제가 관찰 가능한지(공격성과 같은) 또는 내적인 문제(불안 같은)인지에 달려 있으며, 아동 및 가족의 특성과 능력 등에 달려 있다. 또한 사용되는 방법은 신뢰롭고, 타당하고, 비용 효율이 높고, 처치에 유용해야 한다(Hunsley & Mash, 2008).

임상평가는 구체적인 상황에서 발생하는 아동의 사고, 감정, 행동을 이해하도록 고안된 여러 전략 및 절차들로 구성된다. 임상 면접은 부모와 아동을 따로 실시하기도 하고 가족 면접으로도 실시되며, 이러한 면접들은 아동 및 가족과 좋은 작업 관계를 확립하는 데 도움이 된다. 임상 면접은 아동과 가족 구성원이 현재의 문제를 보는 시각에 관한 기본 정보를 얻고 차후 질문에 대한 방향을 결정하는 데 아주 유용하다. 행동 평가, 체크리스트, 평정 척도, 심리검사가 의사결정 접근과 부합하게 사용된다. 정보는 아동과 다양한 장면에서 상호작용하는 교사 및 기타 주요 인물들로부터 수집할 수도 있다. 이는 이용 가능한 자원 안에서 적절한 처치 계획을 개발하고 실행할 수 있는 가장 완벽한 그림을 그리려는 것이다.

포괄적 평가는 기본적인 언어 및 자조 기술에서부터 대처 능력과 리더십 능력에 이르는 영역 범위에서 아동의 강점 및 약점을 평가하는데, 이때 몇 가지 고려 사항이 있다. 우리의 탐색 작업이 특정 영역의 기능을 더 자세히 조사하는 것이 필요하다고 암시한다면, 그 영역에서 더 깊이 있는 평가가 보장되어야 한다. 그러나 초기 평가에서 특정 기능 영역의 문제가 아니라고 지적하면, 추후 평가가 필요하지는 않다. 예를 들어, 학교에서의 수행이 저조한 학생에게는 지적 기능과 학업 수행에 관한 평가가 중요하다. 반대로, 집에서는 문제가 있지만 학교에서는 잘하고 있다면 지적 기능과 학업 기능에 대한 평가는 불필요하다. 정신건강 문제가 있는 젊은이가 전형적으로 평가되는 장면에서 실질적으로 사용될 수 없다면 가장 포괄적인 평가 절차라도 임상적인 영향이 없음을 기억하라. 그래서 임상가와 정책을 만드는 사람들은 실제 서비스 전달 장면에서 사용할 수 있는 비용 효율적이고 실용 가능한 평가 프로토콜을 점점 더 찾고 있다(Ebesutani et al., 2012).

임상 면접

아동과 청소년은 스스로 처치를 받겠다고 찾아가지 않는다. 전형적으로, 이들의 행동이 타인에게 미치는 영향 때문에 의뢰된다. 따라서 종종 아동과 청소년들은 자신이 왜 정신건강 전문가를 만나야 하는지를 이해하지 못하고, 실제로 그들은 심리적 불편을 느끼거나 걱정거리의 원인을 인식하지도 못한다. (공정하게 말하면 일부 성인들 역시 그렇다!) 초기 임상 면접은 정보를 수집하는 것뿐만 아니라 아동, 가족 구성원, 기타 관련된 사람들과 협동 및 협조하는 단계를 구축하는 데에서도 매우 중요할 수 있다.

임상 면접은 부모 및 아동에게 흔히 사용되는 평가 절차이다. 그러나 면접자의 이론적 성향 · 스타일 · 목적에 따라, 면접은 수집된 정보의 종류와 그 정보의 의미가 상당히 다양하다(Sattler & Mash, 1998). 면접은 여러 회기에 걸쳐서 전문가들이 유연한 방식으로 정보를 수집하게 한다. 그다음에 면접의 결과는 가족 관찰이나 심리검사와 같이 좀 더 시간이 걸리는 평가들과 통합할 수 있다.

임상 면접은 아동 또는 부모가 가장 완벽할 수 있는 그림을 제시하는 데 도움이 되는 유연하고, 일상적인 대화의 양식을 사용한다. 면접을 받는 사람들은 최소한의 지도(guidance)로 자신의 이야기를 하도록 격려되며, 이는 아동과 부모가 일상생활에서 자신이 생각하는 방식과 거의 비슷한 방식으로 자신의 생각과 감정을 전달하게 한다. 임상 면접에서 면접자는 얼굴 표정 · 몸짓 · 목소리 · 태도 · 그 외 동작과 같이, 부모와 아동이 보이는 비언어적 의사소통을 관찰할 수 있다. 이와 같은 비공식적인 관찰은 주 호소 문제와 처치 계획의 방향을 결정하는 데에서 관련 있는 아동-부모 관계에 대해 부수적으로 통찰시킬 수 있다.

임상 면접은 단기간에 많은 양의 정보를 제공해 줄 수 있다. 예를 들어, 한 시간 동안의 부모 면접은 아동의 발달사, 좋아하는 것과 싫어하는 것, 행동의 강점과 결점, 훈육에 대한 반응, 타인과의 관계, 학교 수행에 대한 상세한 내용을 수집하는데, 이는 동일한 시간 동안 부모와 아동의 상호작용을 관찰해서 얻을 수 있는 것보다 훨씬 더 많이 알려 준다(Sattler, 1998).

많은 임상가들은 학령기 아동 및 청소년과 그들의 상황에 대해 이야기하는 자기만의 방식을 개발한다. 우리는 아동이 좀 더 편안하게 느낄 수 있도록 도와주기 위해 비디오 게임, 만들기, 유사한 매력적인 것을 종종 사용한다. 어린 아동이 의뢰되면, 처음에 부모 중 한 사람을 게임이나 활동에 참여시키는 것이 적절할 수 있다. 어린 아동은 낯선 사람보다는 부모와 함께 있을 때 더 자연스럽게 '자기의 모습'을 드러내기 때문이다. (이 연령 집단에게 그림 그리기, 색칠하기, 이와 유사한 즐거운 활동은

©Lesley Rigg/Shutterstock.com

정신건강 전문가를 만나는 아동이 처음 보이는 반응은 흔히 두려움과 저항이다.

새로운 관계를 시도할 때 거의 항상 성공한다.) 또한 어린 아동이나 지적 불능 아동은 발달 수준 때문에 자신의 내적 상태, 행동, 상황에 대한 일반적인 인상만을 제공할 수도 있다.

아동의 연령에 따라서, 여러분은 아동의 발달 수준, 문제의 본질, 면접 목적에 적합한 면접을 하기 위해 아동에게 친근한 접근을 하고 싶을 것이다. 면접은 전형적으로 아동의 자기 지각 및 타인 지각에 관한 정보를 알아내고, 또한 아동이 어른과 함께 있는 사회적 상황에서 반응하는 방식에 대한 표본을 구하려고 시도할 것이다. 자신이 상담소에 오게 된 이유에 대한 아동의 생각, 개선에 대한 기대, 평가 상황에 대한 이해는 부모의 이혼 또는 가정 폭력과 같이 그들의 삶에서 중요한 사건을 해석하는 방식과 함께 고려해야만 하는 중요한 것이다. 하기 싫어하는 아동을 참여시키기는 어렵다. 전형적으로 아동을 대신해서 다른 사람들이 도움을 구하기 때문에, 일부 아동과 청소년은 자신들에게 문제가 있다고 생각하지 않으며 면접할 필요가 없다고 생각한다.

여러분이라면 Felicia의 부모에게 어떤 질문을 하겠는가? 당신은 Felicia가 얼마나 오랫동안 부모와 떨어지지 않으려고 했는지, 이전에 도움을 받으려고 한 적이 있는지 알고 싶을 것이다. 또한 그녀의 부모가 걱정하고 있는 문제의 정확한 본질에 대해 이야기를 나누고 평가 및 처치 과정에서 다음 단계에 대한 지시도 제시하고 싶을 것이다.

발달력과 가족력

초기 평가에는 **발달력** 또는 **가족력**이 종종 포함되는데, 이러한 정보는 아동이 겪고 있는 현재의 어려움에 영향을 주었을 수도 있는 주요 발달 이정표 및 사건들에 관한 정보를 부모로부터 얻는 것이다. 이 정보는 전형적으로 아래의 영역들이 포함된 배경 정보에 대한 질문 또는 면접을 통해 수집된다(Sattler, 1998).

- 임신과 출산 또는 임신 중 약 복용, 음주, 흡연과 같이 아동의 출산 및 출산과 관련된 사건
- 걷기, 말하기, 대소변 가리기, 자립 기술과 같은 아동의 발달 이정표
- 상해, 사고, 수술, 질병, 처방된 약물 등이 포함된 아동의 의료적 발달사
- 가족 구성원들의 연령, 직업, 문화적 배경, 혼인 여부 및 부모와 형제자매의 의료·교육·정신건강 이력이 포함된 가족의 특성과 가족력
- 어른 또는 다른 아동과의 관계, 놀이와 사회적 활동이 포함된 아동의 대인관계 기술
- 다녔던 학교, 학업 성적, 학교에 대한 태도, 교사 및 또래와의 관계, 특별 서비스가 포함된 아동의 교육력
- 동성 및 이성 또래와의 관계가 포함된 청소년의 직업력 및 관계
- 문제 및 주변 사건에 대한 자세한 설명, 과거에 부모가 문제를 해결하기 위해 시도한 방법이 포함된 현재의 문제에 대한 설명
- 자녀 및 부모 자신에 대한 평가와 처치에 대한 부모의 기대

다음은 Felicia의 부모에게서 얻은 발달력과 가족력이다.

FELICIA

발달력

Felicia의 부모는 Felicia가 첫 유산, 아들의 입양, 그리고 딸의 출산 후에 계획하지 않은 임신으로 태어났다고 말했다. 임신과 Felicia의 어린 시절은 별다른 문제가 없었고 전반적으로 행복했다고 설명했다. Felicia는 발달이 늦은 편이었고 발달 과제를 위해 추가적인 도움이 필요했고, 매우 내성적이고 말이 없었으며,. 조음에 문제가 있었다. 부모는 Felicia가 '느린' 것처럼 보였기 때문에 '아기'로 대했다고 말했다. 교사 역시 그녀가 발달적으로 미숙하다고 보고했다. 그 결과, 그녀는 출석과 학업 수행이 일관되게 괜찮았는데도 1학년을 또 다녔다.

Felicia의 입양된 오빠는 23세로 대학에 다니면서 함께 살았다. 16세인 고등학생 언니 또한 같이 살고 있었다. Felicia의 어머니는 간호사 교육을 받고 있었으며, 그녀의 아버지는 화학 분야의 박사학위를 가졌으며 큰 회사에서 연구부서의 책임자였다. 오빠의 독립과 관련된 약간의 어려움을 제외하고는 형제자매들의 다른 문제는 보고되지 않았다.

Felicia의 어머니는 임신 때마다 심한 우울증을 경험했고 1년 전에 외할아버지가 돌아가셨다고 보고했으며, 이러한 상실은 Felicia에게도 매우 고통스러운 것이었다고 보고했다. Felicia의 아버지는 특별한 어려움이 없었으며, 안정적이고 믿을 수 있는 사람이라는 평을 듣는다고 보고했다.

출처: "Depression," by D. J. Kolko, 1987. In M. Hersen and V. B. Van Hasselt (Eds.), *Behavior Therapy with Children and Adolescents: A Clinical Approach*, pp. 163-164에서 인용.

이러한 발달력 및 가족력에서 나타난 수많은 사건들은 Felicia의 현재 문제에 관한 평가와 관련이 있으며, 평가가 진행되면서 탐색되어야 한다. 예를 들어, Felicia의 부모가 Felicia를 '아기'처럼 다룬다고 설명한 것은 등교 거부의 원인이 될 수 있는 부모에 대한 과잉 의존성이라는 좀 더 일반적인 패턴을 나타내는 것일 수도 있다. 임신 후 Felicia의 어머니가 겪은 주요 우울증은 우울증에 대한 가족력의 위험을 암시할 수도 있다. 1년 전에 Felicia의 외할아버지의 죽음은 Felicia와 Felicia의 어머니 모두에게 기분장애를 일으키는 촉발 사건일 수도 있다. 평가의 초기 단계에서 이것은 가설이 되며, 지속적인 탐색 작업으로 증거가 축적되면서 가설은 지지될 수도 있고 새로운 자료로 인해 거부될 수도 있다.

반구조화된 면접

아동 및 부모에게 실시되는 대부분의 면접은 구조화되지 않은 것이다. 임상가들은 비공식적이고 유연한 방법으로 다양한 질문을 하기 위해 장애에 대한 지식뿐만 아니라 그들이 선호하는 면접 양식 및 형식을 사용하게 된다. 구조화되지 않은 임상 면접은 임상적인 가설에 대한 풍부한 자원을 제공해 준다. 그러나 표준화되지 않은 것은 신뢰성이 낮고, 선택적으로 또는 편향된 자료를 수집하게 할 수 있다. 이러한 문제를 다루기 위해 때때로 임상가들은 누가 면접을 하든지 간에 비교적 일관된 방식으로 정보를 이끌어 내도록 설계된 특정한 질문들의 **반구조화된 면접**을 사용한다. 면접의 형식은 대개는 특정 장애의 가장 중요한 측면을 다룰 수 있게 한다. 반구조화된 면접의 가장 매력적인 특징은, 특히 나이가 든 아동과 청소년은 컴퓨터로 실시할 수 있다는 것이며, 이는 많은 아동이 재미있다고 여기고 얼굴을 보면서 하는 면접보다 처음에 덜 위협적으로 느낀다. 좀 더 어린 아동에게는 손가락 인형을 이용한 반구조화된 상호작용 면접을 통해 아동의 정서, 행동, 또래 문제에 관한 유용한 정보를 알 수 있다 (Ringoot et al., 2013).

반구조화된 면접의 일관성과 범위는 아동과 임상가 사이에 자발성이 없다는 것 때문에 상쇄될 수 있는데, 면접이 지나치게 엄격하게 실시될 경우에 특히 더 그러하다. 그와 같은 상황에서 아동과 청소년은 면접자의 질문과 직접 관련되어 있지 않은 중요한 정보를 자발적으로 내어놓는 것을 꺼릴 수 있다. 그러나 적절히 바꾸어서 면접 과정을 따라가기 쉽게 한다면, 반구조화된 면접은 아동의 광범위한 증상을 사정하는 데에서 신뢰롭고 매우 유용한 방법이 될 수 있다(Edelbrock, Crnic, & Bohnert, 1999). 우울증을 경험하는 Felicia와 같은 아동을 위한 반구조화된 면접의 표본 질문이 표 4.3에 제시되어 있다.

표 4.3 우울증이 있는 나이 든 아동 및 청소년용 반구조화된 면접 질문지

우울 기분/성마름
• 슬프다고 느끼는가? • 기분이 침체되었는가?
흥미의 상실
• 취미와 같은, 뭔가를 하는 것에 흥미를 잃은 적이 있는가? • 하고 싶은 것이 있는가?
자기 비하적 생각
• 자신이 무가치하다고 느끼는가? • 자살 생각을 해 본 적이 있는가?
수면장애
• 최근에 수면에 어려움이 있는가? • 최근에 평상시보다 잠을 더 많이 자는가?
학업 수행에서의 변화
• 학교에서 집중하는 데 어려움이 있는가? • 학교 가기를 거부한 적이 있는가?
사회성의 감소
• 친구들과의 관계에서 변화가 있는가? • 혼자 있고 싶다고 느끼는가?
신체적 증상
• 복통이 있는가? • 근육통이나 통증이 있는가?
일상 에너지의 손실
• 뭔가를 할 에너지가 없다고 느끼는가? • 자주 피곤하다고 느끼는가?
식욕 그리고(또는) 체중의 변화
• 억지로 먹으려고 노력하는가? • 체중에 변화가 있는가?

출처: *Clinical and Forensic Interviewing of Children and Families: Guidelines for the Mental Health, Education, Pediatric, and Child Maltreatment Fields*, by J. M. Sattler, pp. 938–940.

행동 평가

이 장에 서술된 임상 면접은 부모와 학령기 아동으로부터 정보를 끌어내는 데 매우 유용하다. 이는 아동과 가족이 생각하고 느끼고 행동하는 방식에 대한 초기의 인상 그리고 아동의 문제에 영향을 미칠 수 있는 요인에 대한 초기 가설을 제공한다. 그러나 집 또는 학교의 일상생활 상황에서 아동의 행동을 직접 보라고 요청하거나 누군가에게 아동의 행동을 규칙적으로 지켜보라고 요청하는 것이 필요할 때도 종종 있다.

행동 평가는 특정한 장면에서 아동의 사고 · 감정 · 행동을 평가하는 전략이며, 그다음에 이러한 정보는 문제의 본질 및 문제를 위해 무엇을 할 것인지에 대한 가설을 형성하는 데 사용된다(Haynes & Heiby, 2004). 행동 평가에서는 아동이 그린 그림이나 잉크반점에 대한 그들의 설명에 근거하여 아동이 생각하고, 느끼고, 행동하는 방식을 추론하기보다는 아동의 행동을 직접 관찰한다.

행동 평가를 사용하여 임상가 또는 아동을 정기적으로 보는 그 밖의 사람들은 **목표 행동**을 확인하는데, 이는 관심이 있는 주요 문제로서 이후 이 행동을 통제하거나 이 행동에 영향을 미칠 수 있는 특정 원인이 무엇인지를 결정하기 위한 것이다. 때때로 이것은 월요일 아침마다 아프다고 호소하고, 결과적으로 그날 결석하는 아동에게는 쉬운 일이다. 집이나 학교에서 복합적인 문제를 보이는 아동의 사례도 있다. Felicia의 등교 거부는 사회적 철회, 우울증, 분리불안의 가능성이 있는 좀 더 큰 문제 패턴의 일부인 것 같다.

괴롭히는 문제를 확인하는 것이 단순한 것 같지만 아동에게는 어려운 일이다. 아동에게 문제가 있다고 결정하고 평가에 의뢰하는 사람이 어른임을 기억하라. 성인은 아동이 가지고 있는 문제의 본질에 대해 종종 의견이 다르며, 특히 아동을 관찰하는 장면이 다를 때에는 더욱 그러하다(De Los Reyes & Kazdin, 2005). 다양한 사람들에 의한 평정(rating)은 그들의 문화와 아동의 문화 사이의 차이가 영향을 미칠 수도 있다. 예를 들어, 문화적 배경이 다른 교사가 청소년을 평정할 경우에는 유사한 배경의 교사, 부모, 아동 자신이 평정할 때보다 행동 문제와 정서 문제를 더 높게 평정할 수 있다(Skiba, Knesting, & Bush, 2002). 더욱이 아동이 가지고 있는 현재 문제는 개입에서 목표(target)라고 확인되는 문제와는 종종 다르다.

행동 평가에서 결과를 조직화하는 데 주로 사용되는 간단한 구조를 '평가의 ABC'라고 부른다.

A = 선행사건, 또는 행동 바로 전에 일어나는 사건
B = 관심이 있는 행동(들)
C = 결과, 또는 행동에 뒤따르는 사건

Felicia의 사례에서 우리는 다음의 일련의 순서를 관찰할 수 있다. (A) Felicia의 어머니가 Felicia에게 학교에 가라고 할 때마다(선행사건) (B) Felicia는 배가 아프다고 불평하며 학교 가기를 거부한다(행동). (C) 어머니는 Felicia에게 집에 있으라고 한다(결과). 이러한 선행사건-행동-결과의 순서는 학교에 가지 않아도 됨으로써 Felicia의 신체적 증상과 등교 거부가 강화되고 있음을 암시해 준다. 게다가 학교 가는 것에 대한 정적 결과가 없고, 집에 머무는 것에 대한 부적 결과도 없기 때문에 Felicia는 차후에도 이러한 행동을 할 것이다. ABC 평가는 기술한 바와 같이, 전반적인 평가의 틀로서 구체적인 맥락에서 정보를 조직하는 데 사용될 수 있다.

행동 분석 또는 **행동의 기능적 분석**은 선행사건, 행동, 결과의 측면에서 평가 정보를 체계화하고 이용하는 좀 더 일반적인 접근이다(Hanley, Iwata, & McCord, 2003). **그림 4.1**에서 보는 것처럼, 기능적 분석은 Felicia의 등교 거부와 우울증에 영향을 미칠 수 있는 선행사건과 결과를 폭넓게 확인하는 데 사용될 수 있다. Felicia의 행동에서 선행사건과 결과에는 당면한 상황에서의 사건들(불안의 감소), 시공간상으로 더 먼 사건들(학교에서 놀림당함), 외부 환경에서의 사건, Felicia의 내적 사고 및 감정이 포함되어 있다.

기능적 분석의 목적은 아동의 문제 행동, 사고, 감정에 영향을 미칠 가능성이 있는 수많은 요인들을 확인하고, 가장 중요한 그리고(또는) 쉽게 바뀔 수 있는 요인들에 관한 가설을 개발하는 것이다. 일부 사례에서 가설은 행동이 바뀔 것인지를 보기 위해 선행사건과 결과를 바꾸어 봄으로써 확인되거나 거부될 수 있다. 예를 들어, 우리는 불안을 감소시키기 위해 Felicia에게 학교에 가는 것을 편하게 생각하도록 가르쳐서(선행사건을 바꿈으로써) 이것이 Felicia의 등교 거부를 감소시키는지를 알아볼 수 있다. 또는 Felicia가 부정적 자기 암시("나는 잘 할 수 있는 것이 없어.") 대신에 긍정적인 자기 암시("나는 학교에서 잘할 수 있어.")를 하도록 가르침으로써, 이것이 그녀의 우울 증상을 감소시키고 자존감을 높이는지를 알아볼 수 있다. 이러한 예들에서, 여러분은 기능적 분석을 실행할 때 평가와 개입 사이의 밀접한 상호 관련성을 확인할 수 있을 것이다.

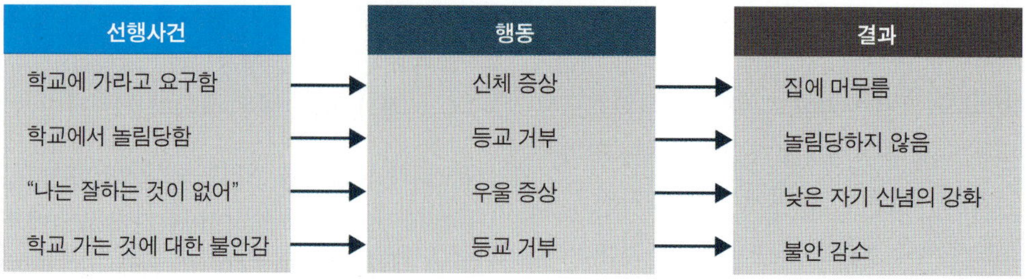

그림 4.1 기능적 분석: 선행사건, 행동, 결과.

특정한 장면에서 아동의 행동에 관한 정보를 수집하는 과정에는 다양한 형태가 있다. 종종 이것은 특정 상황에서 일어나는 일에 대해 부모, 교사, 아동에게 묻거나 관찰한다. 임상가들은 면접하는 동안에 부모와 아동이 제공한 정보에 근거해서 초기 가설을 생성해 낸다. 그리고 체크리스트나 평정 척도와 같은 행동 평가, 실생활이나 역할극에서 관찰한 행동을 이용하여 더 많은 가설들을 추구해 간다. 일반적으로 행동 평가는 개별 아동에 대한 평가 정보를 체계화하고, 처치에 대한 가설을 개발하는 접근법으로 간주된다(Francis & Chorpita, 2004).

체크리스트와 평정 척도

아동의 행동 및 적응에 관한 보고는 포괄적인 체크리스트와 문제 집중 평정 척도를 사용해서 얻을 수 있다. 포괄적인 행동 체크리스트는 부모, 교사, 때로는 아동 스스로 다양한 행동이 있거나 없음을 평정하고, 이러한 행동의 빈도와 강도를 평정하게 한다.

임상 면접과 달리, 잘 만들어진 체크리스트는 표준화에서 알고 있는 정도 및 아동의 점수를 비슷한 연령 및 같은 성별 아동의 참조 집단과 비교할 수 있다는 장점이 있다(Fernandez-Ballesteros, 2004). 체크리스트는 실시하고 채점하는 데 경제적이다. 또한 아동의 행동에 대해 부모나 교사가 어떻게 지각하는지에 관해 많은 정보를 제공해 주는데, 여기에는 가정 내에서 아버지와 어머니의 지각 차이, 부모와 교사의 지각 차이 등이 있다. 그러나 정보 전달자는 각기 다른 환경과 상황에서 아동과 상호작용하기 때문에 아동의 강점과 약점에 대한 관점에 차이가 있다는 것을 명심해야 한다. 이러한 불일치가 반드시 나쁘다고는 할 수 없는데, 이러한 정보에서 아동의 가능한 행동 범위, 목표 행동을 증가시키거나 감소시키는 것이 가능한 상황들, 아동에게 비현실적일 수 있는 요구 또는 기대 등을 임상가에게 알려 주기 때문이다. 그럼에도 불구하고 이러한 차이는 다양한 관찰자로부터 정보를 수집하는 것이 중요하다고 강조한다(Grigorenko, Geiser, Slobodskaya, & Francis, 2010).

Thomas Achenbach와 동료들이 개발한 아동 행동 체크리스트(CBCL)는 6~18세 사이의 아동과 청소년의 행동 문제를 평가하는 데에서 가장 많이 알려진 체크리스트이다(Achenbach & Rescorla, 2001). CBCL은 처치 장면과 학교에서 널리 사용되는데, 많은 연구를 통해 신뢰도와 타당도가 축적되어 왔다. 부모용 CBCL은 교사 보고 및 아동 보고, 교실 관찰법, 동일한 아동의 행동 문제를 평가하기 위해 설계된 면접 등과 함께 사용할 수 있다(Achenbach, 2009). CBCL의 주목할 만한 특징은 전 세계의 80개 이상의 문화 집단에서 아동을 평가하는 데 사용되고 있다는 점이며, 따라서 이민자, 난민 등 출신 배경이 다양한 소수민족 아동을 평가하는 데에서도 탄탄한 측정을 하게 한다(Achenbach et al., 2008).

CBCL 척도는 임상가에게 아동의 행동 문제에 관한 다양성 및 정도에 대한 전반적인 그림을 제시해 줄 수 있는 프로파일을 만드는 데 이용할 수 있다. Felicia의 어머니가 작성한 체크리스트에서 도출된 CBCL 프로파일은 **그림 4.2**에 제시되어 있다. 프로파일을 살펴보면, Felicia에 대한 어머니의 주된 근심 영역은 **불안/우울**(예: '학교를 무서워한다', '많이 운다'), **철회/우울**(예: '혼자 있는', '즐기는 것이 거의 없는'), 그리고 **신체적 증상**(예: '어지러운', '아픈')이다. 이러한 영역에서 Felicia의 점수가 아주 높았으며, 비슷한 연령의 소녀들과 비교했을 때 상위 5% 이상(임상적 범위 또는 거의 임상적 범위에 해당)이었다.

CBCL처럼 간단한 문제 행동 체크리스트는 아동이나 양육자에게 실시할 수도 있는 간단한 평정 척도 또는 면접 형식이다. 이러한 체크리스트는 처치에서 지속적인

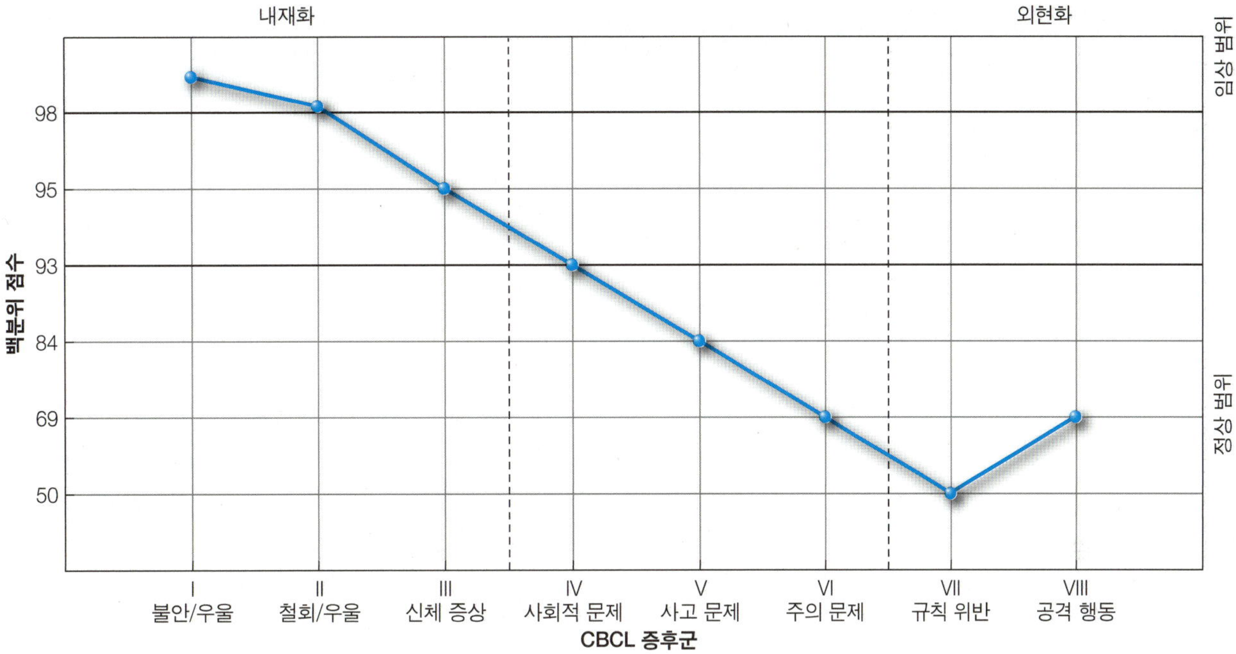

그림 4.2 Felicia의 아동 행동 체크리스트(CBCL) 프로파일.

출처: Achenbach & Rescorla, 2001. Reference Crediting: Achenbach, T.M., & Rescorla, L.A. (2001). *Manual for the ASEBA School-age Forms & Profiles*. Burlington. VT: University of Vermont, Reserach Center for Children, Youth, and Families.

진전을 평가하고, 우리의 평가에서 진전이 없는 것으로 나타나면 처치의 수정도 생각해 볼 수 있는 실용적이고 비용 효과적인 방법이다(Achenbach et al., 2011; Chorpita et al., 2010). 그 외에 아동이나 부모에게 중요하다고 파악된 소수의 '중요 문제'와 관련된 진전을 평가하는 체크리스트도 있다(Weisz et al, 2011).

광범위한 행동 문제를 재는 CBCL과 같은 체크리스트 이외의 평정 척도들은 우울 · 불안 · 자폐 · ADHD 또는 품행장애와 같은 특정 장애에 주로 집중되어 있거나, 사회적 능력 · 적응 행동 · 학업 수행과 같은 특정 영역의 기능 수준에 주로 초점을 맞추고 있다(Mash & Barkley, 2007). 아동에 대한 평정은 주로 부모나 교사가 한다. 임상가는 아동이 관심을 보이고, 아동이 우호적으로 자료에 대해 흥미를 증가시킬 수 있도록 자기 보고 체크리스트를 채택할 수도 있다. 우리는 청소년의 경우에 컴퓨터로 질문지를 직접 작성하게 하는 것을 선호하는데 청소년들이 이 방법을 더 재미있어 하기 때문이다. 어린 아동과 할 때 우리는 이 연령 집단에게 흥미를 끌 수 있도록 행복한 얼굴, 슬픈 얼굴, 그리고 유사한 아이콘을 사용하여 이들이 갖고 있는 반응을 보여 주는 카드로 하는 것을 선호한다. 평정 척도는 전반적인 행동 체크리스트가 제공해 주는 것보다 좀 더 특정 문제에 집중해서 볼 수 있게 해 준다. 뒤에 나오는 여러 장들에서는 특정 문제를 평가하는 데 사용되는 평정 척도의 많은 예들을 볼 수 있을 것이다.

행동 관찰과 기록하기

일부 아동은 자신의 행동을 보고할 수 있을 만큼 나이가 많지 않거나 기술이 부족하기 때문에 부모, 교사, 임상가가 특정한 목표 행동을 주의 깊게 기록할 수 있다. 부모 또는 그 밖의 다른 관찰자는 변화되기를 희망하는 한두 가지 문제에 대한 **기초선**(개입 이전의) 자료를 기록하는데, 예를 들면 아동이 그들의 요청에 순응하거나 기질 발작을 보이는 빈도이다(Dishion & Granic, 2004). 부모 또는 나이가 좀 있는 아동에게 특정 증상이나 문제를 하루에 여러 번 '그 순간에' 기록하고 평정할 수 있도록 해 주는 휴대용 전자기기 역시 값진 정보를 제공해 줄 수 있다(Whalen et al., 2011).

부모에 의한 기록은 임상가가 관찰할 수 없는 일상생활 장면에서의 문제 행동에 관한 지속적인 정보를 제공해 준다는 이점이 있다. 부모의 점검은 평가와 직접 관

살펴보기 4.1

행동 관찰하기: 전체 그림을 보기

부모와 함께 있는 아동을 관찰하는 것은 때때로 아주 유용하다. 최근, 심각한 행동 문제를 가지고 있는 4세 아동 Sammy의 어머니는 도움을 받기 위해 센터를 방문했다. 면접에서 그녀는 임상가에게 아들이 '도저히 옷을 입힐 수가 없고', '엄마가 하는 말을 하나도 듣지 않는다'고 말했다. 친척 중 한 명은 Sammy가 '과잉행동' 같다고 했으며, 어머니가 진단받기를 고집해서 가족 주치의는 심리 평가를 받아 보라고 권유했다.

유치원 교사는 Sammy에 대해 어머니와는 다르게 보고 있었다. 담당 교사는 Sammy가 오랜 시간 동안 지시를 따르거나 과제에 집중할 수 있는 기술은 아직 발달하지 않았지만, 좋아하는 것을 발견한 후에는 다른 아이들과 마찬가지로 얌전하다고 언급했다. Sammy는 센터에 왔을 때에도 차분했고, 따라서 우리는 집과 학교를 방문하여 상황들에 대한 좀 더 분명한 그림을 그리기로 했다.

집을 방문했을 때, 문제가 금방 드러났다. 집은 그의 장난감으로 어지러웠으며 어머니는 아이가 장난감을 쏟고, 이리저리 두는 것을 내버려 두었다. 놀이와 기타 활동들에 대해 구조화하려는 시도는 두 사람 사이에 즉각적인 대립을 야기했는데, Sammy는 그냥 돌아서서 원하는 장난감을 가져갔고 어머니는 화가 나서 그를 쫓아다니며 장난감을 정리하라고 소리를 질렀다. 어머니는 관찰자에게 돌아서며 말했다. "보셨지요? Sammy는 내가 하라고 하는 것을 하지 않아요." 이때 Sammy는 장난감을 놓고 TV를 켰으며, TV 앞에 털썩 앉았다. 교사가 칭찬과 그 외 긍정적인 보상을 이용하여 즉시 활동에 다시 참여시키는 데 성공은 했지만, 교사가 하라고 시키는 것을 피하려고 하는 Sammy의 모습은 비슷하게 관찰되었다.

어머니가 아들의 행동에 대해 우리에게 해 준 설명과 묘사에는 정확한 진단을 가능하게 하는 몇몇 세부사항이 대부분 빠져 있었다. 또한 어머니는 Sammy가 말을 '듣지 않을 때' 얼마나 화가 나는지, 그리고 가정 환경이 아동 연령에 비해 비교적 혼란스럽고 구조화되지 않았다는 점은 전달하지 않았다. 집을 방문하여 관찰하지 않고 어머니가 추정한 것처럼 아동의 행동을 일차적으로 과잉행동에 의한 것으로 보았다면 문제의 평가와 처치를 위한 제언이 상당히 달라졌을 것이다. 우리는 아동에게 친근한 방식으로 집을 구조화하는 방법, 아들과 놀면서 시간 보내는 방법, 간단한 요청과 칭찬, 관심, 그가 좋아하는 활동을 이용하여 그의 순응을 격려하는 방법을 어머니에게 가르치는 전략을 세웠다.

행동 관찰은 특정 환경에서 아동의 행동을 정확하게 이해하는 데 직접적으로 도움이 된다.

출처: 저자의 사례 자료에서 인용.

련되지 않는 이차적인 이득을 제공해 주는데, 즉 부모에게 더 나은 관찰 기술을 가르치고, 부모의 동기를 평가하고, 처치의 효과와 관련해서 아동의 반응 비율에 대한 현실적인 기대치와 피드백을 제공해 줄 수 있다. 그러나 부모가 정확하게 기록하게 하는 데에는 많은 문제가 생길 수 있는데, 예를 들면 아동은 자신이 관찰되고 있다는 것을 알고 종종 다르게 반응한다. **살펴보기 4.1**은 행동 관찰이 임상평가의 유용한 부분이 되는 이유를 설명해 주고 있다.

임상가는 아동과 가족이 함께 게임을 하는 방식처럼 집이나 학교, 또는 문제해결 상황에서 어떻게 하는지를 보기 위해 치료실에서 역할극 상황을 설정할 수도 있다(Roberts & Hope, 2001). 예를 들면, 취학 전 자녀를 신체적으로 학대한 가정을 관찰하기 위해서 우리는 부모-아동 협력과 갈등 모두를 잘 이끌어 낼 수 있는 활동을 선택한다. 우리는 부모의 교육 방식을 관찰할 수 있도록 부모에게 먼저 아동과 놀아 보라고 요구한 다음에 아동이 좋아하는 장난감을 치우게 하는데, 이는 종종 불순종과 갈등을 초래한다.

Felicia의 사례에서, Felicia의 사회적 기술을 평가하기 위해 역할극 상황이 활용되었다. 임상가는 먼저 Felicia에게 다음과 같은 상황을 설명했다. "네가 혼자 학교 식당에서 점심을 먹고 있는데 네가 듣는 수학반의 Maria가 너의 식탁으로 와서 너의 맞은편에 앉았어." 그런 후, 임상가는 Maria의 역할을 하면서 말한다. "안녕, Felicia. 점심은 어떠니?" 그다음에 Felicia가 반응하고, 상호작용이 지속되는데, 이것은 임상가가 일상생활 상황에서 Felicia의 사회적 기술을 직접 관찰할 수 있는 기회가 될 수 있다.

직접 관찰이 결코 간단한 것이 아니라는 것을 기억하라. 임상가는 정보 제공자, 아동, 문제의 본질, 가족과 문화적 맥락을 반드시 고려해야 하는데, 이러한 것들이 결과를 왜곡할 수도 있기 때문이다. 이러한 한계에도 불구하고, 직접 관찰은 자발적으로 도움을 구하고 평가와 처치 계획에 걸쳐서 무엇을 해야 하는지를 이해하고 있는 대부분의 가족의 의사결정 과정에서 타당하고 유용한 단계이며, 마찬가지로 동기가 부족한 가족에게도 유용하다.

심리검사

검사는 흔히 아동의 지식, 기술, 성격의 일부 측면을 평가하려는 목적으로 표준 상태에서 실시하는 과제 또는 과제들의 모음이다. 대부분의 검사는 **규준 집단**(norm group)이라고 하는 참조 집단, 예를 들면 특정 연령, 성별, 아동의 SES에 대한 명확한 정의에 따라 표준화되어 있다. 개별 아동의 점수는 비교할 집단의 아동의 점수와 비교하여 규준으로부터 일탈된 정도를 결정할 수 있다. 우리 문화에서는 검사를 사용하는 것이 널리 퍼져 있고 가시성 때문에, 몇몇 사람은 검사하는 것(testing)과 심리평가(psychological assessment)가 동일한 것이라고 오해하기도 한다. 검사가 아동의 평가에서 중요한 역할을 하지만 이는 전체 의사결정 과정에서 일부일 뿐이다.

심리검사는 범위가 좁고 제한된 표본으로 '규준'이 만들어졌기 때문에 규준이 만들어진 인종, 민족, 문화 집단 이외의 개인에게 검사를 하는 것은 적합하지 않다는 것을 기억해야 한다. 수많은 표준화된 검사, 특히 지능검사와 성취검사는 문화적으로 편향되어 있고, 유럽계 미국(문화적 배경) 중산층(SES) 가정의 아동 이외의 다른 아동에게는 불리할 수밖에 없다는 논쟁이 지속되고 있다. 이러한 점과 그 외 근거 있는 비판 때문에 검사가 개선되었다. 예를 들면, 지금의 검사 개발자들은 인구 집단을 대표할 수 있는 규범 집단과 문화적 편견을 가능한 한 배제할 수 있는 검사 항목을 채택한다. 뿐만 아니라 몇몇 전문가 조직들이 연합해서 공정한 검사 실행 규정(Code of Fair Testing Practices)을 개발했는데, 이것은 '연령, 성별, 장애, 인종, 민족성, 출신 국가, 종교, 성적 지향성, 언어적 배경, 또는 그 외 개인 특성에 상관없이 검사를 받는 모든 사람들에게 공정하게 제공하고 사용할 의무를 이행'하도록 전문가에게 제시되는 지침이다(Joint Committee on Testing Practices, 2004, p. 2). 이러한 노력의 결과, 임상가들은 검사의 실시와 해석에서 문화적 요인에 대해 점점 더 민감해졌다(Sattler, 2008).

임상가들은 아동의 발달 · 학습 · 행동에 장애가 있는지를 평가하기 위해 흔히 발달 척도, 지능검사와 교육검사, 부사검사, 성격검사, 신경심리검사를 사용한다(Sattler & Hoge, 2006). 사실, 검사(특히 지능검사)는 가장 흔하게 사용되는 아동 평가 방법 중의 하나이다(Cashel, 2002). 검사 점수는 다른 평가 정보의 맥락 내에서 해석해야 한다는 것을 기억하라. 종종 검사 상황에서 아동 행동을 관찰하는 것은 검사 점수만큼이나 아동에 대해 많은 것을 알려 주기도 한다.

발달검사

발달검사는 유아 및 어린 아동을 평가하는 데 사용되며, 일반적으로 초기 발달의 선별 · 진단 · 평가를 목적으로 실시된다. **선별**이란 위험에 처한 아동을 확인하는 것을 말하며, 선별된 아동은 더 철저하게 평가하기 위해 의뢰된다. 이후에 정신건강 문제로 발전하는 취약한 영아와 어린 아동의 평가는 이제 더 자주 평가되고 있다. 이는 조기 확인, 개입, 예방의 중요성을 점점 더 인식하게 된 결과이며, 반대로 그러한 선별을 요구하는 새로운 법과 공공정책을 이끌어 내었다(National Infant & Toddler Child Care Initiative, 2010; Wissow et al., 2013). 6장에서 논의되고 있듯이, 조기 개입을 핵심으로 하는 ASD 조기 선별검사가 최근 강조되고 있다. 선별검사는 간단하기 때문에, 어린 아동의 발달에 대한 좀 더 철저한 평가를 요구하기도 한다.

지능검사

아동의 지능과 교육 기능을 평가하는 것은 광범위한 아동기 장애의 임상평가에서 핵심 구성 요인이다(Sattler, 2008). 일부 아동의 사고 및 학습의 결함은 행동 문제 또는 정서 문제 때문일 수 있다. Felicia의 학점이 B에서 C와 D로 떨어진 것은 우울증이 등교 거부 및 학업 수행에 영향을 미쳤기 때문일 수 있다. 다른 아동의 경우, 특히 지적 장애 또는 학습 및 언어장애가 있을 경우, 사고와 학습의 문제는 장애 자체의 일부일 수 있다.

다른 많은 사례에서, 아동의 장애와 사고 및 학습에서의 어려움 간에 무엇이 관련되었는지는 분명하지 않다. 예를 들면, ADHD가 있는 아동은 그렇지 않은 아동에 비해 표준화된 지능검사에서 점수가 더 낮고, 학교에서의 수행도 더 저조하다. 낮은 수행은 검사 상황이나 교실에서의 부주의와 관련이 있는가? 그들이 정보를 처리하는 방식에서 기본적인 결함이 있는가? 지적 평가와 교육 평가는 이러한 질문에 대답하는 데 도움이 될 수 있다.

여러분은 지능을 어떻게 정의하는가? 서구 문화에서 대부분의 사람들은 지능이 문제해결 능력, 언어적 능력, 사회적 지능과 관련이 있다고 생각한다. 아동의 지능을 평가하는 데 가장 흔하게 사용되는 검사 중의 하나를 만든 David Wechsler는, 지능이란 '주변 세계를 이해하고 대처할 수 있는 개인의 총체적 능력'이라고 정의했다(Wechsler, 1974, p. 5). 이 정의는 흔히 사용되는 지능검사들이 기반으로 하는 이론들과 일관성이 있다. 지능을 정의하는 방식에 대해서는 논쟁이 있지만, 지능검사는 정규학급에서 공부하는 데 어려움이 있는 아동을 판별하고 개입을 계획하는 임상 장면에서 주로 사용된다.

아동용 지능검사가 많이 있고, 각기 나름대로의 장점과 약점이 있다. 오늘날 가장 인기 있는 아동용 Wechsler 지능검사(WISC-IV; Wechsler, 2003)는 60년 전에 소개된 검사의 가장 최신판이다. WISC-IV는 10개의 필수 하위검사와 5개의 보충 하위검사로 구성되어 있으며, 검사의 연령 범위는 6~16세이다. Weschler에 따르면, 이 하위검사들은 아동의 전반적인 능력을 각기 다른 방식으로 평가해 주지만, 지능의 다른 유형을 대표하는 것은 아니다. 초기 판에 비해, WISC-IV는 유동적 추론 능력, 위계순서적 추론, 정보처리 속도를 더 많이 강조하고 있고, 산수 지식과 같이 외적으로나 문화적으로 영향받을 가능성이 높은 요인은 덜 강조하고 있다(Prifitera, Saklofske, & Weiss, 2005). 어린 아동의 지능을 평가하는 검사들에는 Weschler 미취학용 지능 척도 개정판(Wechsler Preschool and Primary Scale of Intelligences—III, WPPSI-R)(Wechsler, 2002), 스탠퍼드-비네 지능검사(Stanford-Binet Intelligence Scales, 5th edition, SB5)(Roid, 2003), Kaufman 아동용 검사(Kaufman Assessment Battery for Children, K-ABC-II)(Kaufman & Kaufman, 2004)가 있다.

WISC-IV의 각 하위검사에 포함되는 질문과 항목의 예가 **살펴보기 4.2**에 제시되어 있다. WISC-IV는 잘 훈련된 검사자가 지시된 절차에 따라 아동에게 개별적으로 실시한다. 검사는 전체 IQ 점수를 산출하며, 이는 언어 이해 지표, 지각 추론 지표, 작업 기억 지표, 처리 속도 지표의 네 가지 지표로부터 도출된다. 이 네 가지 능력에 대한 프로파일은 학습장애, 실행 기능, 주의력 장애, 외상적 뇌손상, 지적 불능, 영재성, 그 외 다양한 의학적 및 신경학적 우려의 평가에서 중요하다고 간주되는 인지적 강점과 약점의 주요 지표를 나타낸다(Prifitera et al., 2005). 그렇지만 최상의 증거들은 WISC-IV를 해석할 때 각각의 지수보다 전체 일반 지능 점수가 더 선호됨을 지적하고 있다(Watkins, 2010). 전통적으로, WISC-IV의 IQ 점수는 학업 수행의 좋은 예측 지표도 된다.

Felicia는 언어 이해 IQ가 107, 지각 추리 지수가 105, 작업 기억 지수가 104, 처리 속도 지수가 105로, WISC-IV에서 나타난 전체 IQ는 106이며, 이는 그녀의 지능이 평균 범위라는 것을 의미한다. 이 정보와 함께, 그다음에 임상가는 그녀의 검사 점수들이 어떻게 서로 관련이 있는지, 그리고 그녀의 상대적인 강점과 약점을 밝혀 주는 패턴이 있는지를 고려해야 한다. 검사자는 Felicia의 수행에 영향을 미칠 수 있는 검사 장면에서의 상황, 즉 불안 · 성격 요인 · 동기 · 약물을 고려해야 하며, 연령 · 학년 · 민족 집단 · 장애 등과 비교 가능한 다른 소녀들의 점수와 비교해야 한다. 마지막으로, 가장 중요한 것으로, 검사 점수가 처치 계획과 교육 계획에 어떻게 사용될 것인지를 고려해야 한다. 처치를 계획하는 데 도움이 되도록, WISC-IV의 핵심 하위검사와 추가검사를 이용하여 아동이 한 가지 이상의 하위검사에서 어떻게 그리고 왜 점수가 낮았는지에 대한 추가 정보를 얻을 수 있다(Benson, Hulac, & Bernstein, 2013).

투사검사

투사검사는 잉크반점 또는 인물화와 같은 모호한 자극을

살펴보기 4.2

WISC-IV에 있는 것과 유사한 문항

I. 언어 이해

공통성(23문항)

- 연필과 크레용의 같은 점은 무엇입니까?
- 차와 커피의 같은 점은 무엇입니까?
- 인치(inch)와 마일(mile)의 같은 점은 무엇입니까?
- 쌍안경과 현미경의 같은 점은 무엇입니까?

어휘(36문항)

- '공'이 무엇입니까?
- '달리기'란 무슨 뜻입니까?
- '시'란 무엇입니까?
- '소란스러운'은 무슨 뜻입니까?

이해(21문항)

- 우리는 왜 신발을 신습니까?
- 누군가 물건을 떨어뜨리는 것을 보면 어떻게 해야 합니까?
- 양초보다 램프가 더 좋은 이유를 두 가지 말해 주세요.
- 미국에서 배심원단이 판결하는 이유는 무엇입니까?

상식(33문항)

- 당신의 다리는 몇 개입니까?
- 물을 얼리려면 어떻게 해야 합니까?
- 상대성 이론은 누가 만들었습니까?
- 프랑스의 수도는 어디입니까?

단어 추리(24문항)

단서의 시리즈로 설명하고 있는 일반 개념을 확인하는 과제이다.

- 단서 1: 이것은 모터가 있고 …
- 단서 2: … 그리고 잔디를 깎는 데 사용된다.

II. 지각 추리

토막 짜기(14문항)

4개 또는 9개의 토막을 이용하여 제시한 모양대로 만드는 과제이다(아래 그림 참조).

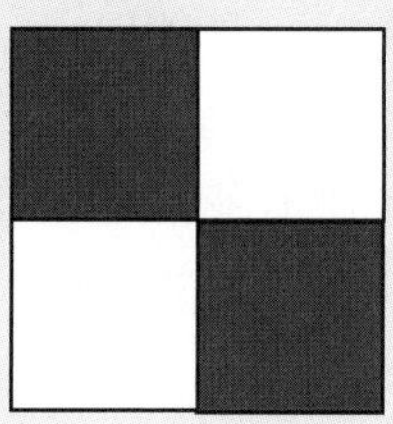

그림 개념(28문항)

공통적인 특징을 가지고 있는 그림을 찾아내는 과제이다(아래 그림 참조).

행렬 추리(35문항)

불완전한 행렬을 파악한 후, 빈칸에 가장 알맞은 것을 5개 중에서 찾는 과제이다(아래 그림 참조).

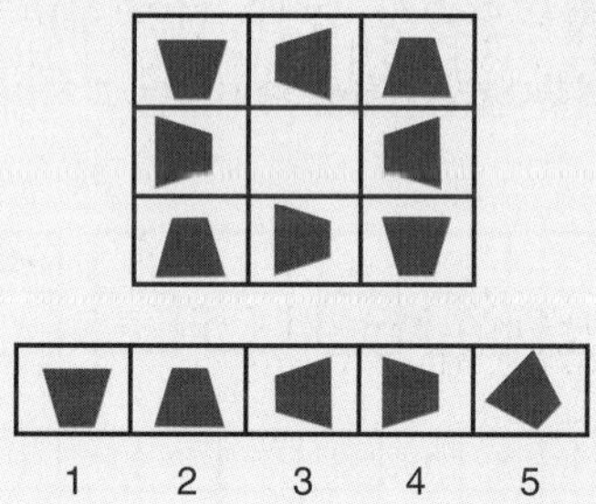

그림 완성(38문항)

바퀴가 없는 자동차, 손잡이가 없는 가위, 버튼에 번호가 없는 전화기처럼 그림에서 빠져 있는 중요한 부분을 찾는 과제이다(아래 그림 참조).

III. 작업 기억

숫자 외우기(16문항: 바로 외우기 8문항, 거꾸로 외우기 8문항)

일부에서는 검사자가 불러 주는 2~9개의 숫자를 그대로 따라 하는 과제(예: 1-8)이다. 다른 부분에서는 2~8개의 숫자를 거꾸로 따라 말하는 과제(예: 6-4-9)를 반복한다.

(다음 쪽에 계속)

살펴보기 4.2

WISC-IV에 있는 것과 유사한 문항(계속)

글자-숫자 배열(10문항, 각각 세 번 시행)

2~8개로 이루어진 글자와 숫자를 들은 후(예: 1-b) 이를 수의 순서대로 말하고, 뒤이어 알파벳의 순서대로 말하는 과제이다(예: e-6-d-9는 6-9-d-e로 반복한다).

산수(34문항)

내가 사탕 한 개를 갖고 있는데 또 한 개를 얻는다면 나는 몇 개의 사탕을 갖게 될까요?

하나에 1,200원 하는 비누 4개의 값은 얼마입니까?

옷을 정가의 1/2에 판다면 12만 원짜리 옷의 가격은 얼마입니까?

IV. 처리 속도

기호 쓰기(A형은 59문항, B형은 119문항)

주어진 단서대로 상징 기호를 모사하는 과제이다(아래 그림 참조).

1	2	3	4	5	6
x	o	=	L	/	V

2	4	1	5	6	3	5	2	1	6	4	3

동형 찾기(A는 45문항, B는 60문항)

주어진 자극 단서가 옆에 제시된 열에 있는지를 찾는 과제이다(아래 그림 참조).

⌂	◊	☼	□	◊	±	D	=	¤	YES	NO
☼	±	◊	D	±	□	=	¤	⌂	YES	NO
=	¤	D	⌂	☼	□	±	x	◊	YES	NO

선택(2문항, 하나는 무작위로, 하나는 순서대로)

무작위 배열된 그림과 순서대로 배열된 그림을 보고 제한 시간 안에 표적(동물)을 찾는 과제이다(아래 그림 참조).

주: WISC-IV에 있는 것과 유사한 문제들이며 실제 검사 문제는 아니다.

출처: Sattler, J. M., Assessment of Children: WISC-IV and WPPSI-III에서 인용.

Assessment of Children에 있는 Exhibit 9-1에서 추가. *Cognition Foundation*, 6판, 2008(pp. 268-269).

아동에게 제시한 후, 어떻게 보이는지 설명하게 한다. 투사검사는 아동이 다른 사람이나 사물과 같은 모호한 자극에 대해 자신의 성격—무의식적인 두려움, 욕구, 내적 갈등—을 '투사'할 것이라고 가정한다. 자각이 없이, 아동은 자신의 무의식적인 사고와 감정을 임상가에게 노출하게 되며, 따라서 직접적인 질문에 대한 반응으로 알 수 없는 정보를 드러내게 된다(Leichtman, 2004). 어린 아동을 위해 '아동용(junior-sized)' 투사검사가 많이 개발되어 있고, 여기에서 모호한 자극들은 가족 장면이나 동물의 사진과 결합해서 아동에게 친숙하게 만들어지고 있다(Levitt & French, 1992).

투사검사는 지난 100년 동안 다른 어떤 임상평가보다도 논쟁이 많았다. 대부분의 임상가들은 찬성이든지 반대이든지 간에 투사검사에 대한 자신의 견해가 분명하다. 여러분도 Rorschach 잉크반점검사나 이와 비슷한 기법에 대한 생각이 있을 것이다. 투사검사가 아동의 대처양식, 감정, 자기 개념, 대인관계 기능, 정보를 처리하는 방법에 관한 풍부한 정보를 제공해 준다고 믿는 임상가가 있다(Mihura et al., 2013). 투사검사가 신뢰도와 타당도 면에서 최소한의 기준을 만족시키지 못한다는 점에서 부적절하다고 보는 임상가도 있다(Lilienfeld, Wood, & Garb, 2006; Wood et al., 2000).

사용을 둘러싼 논쟁에도 불구하고, 투사검사는 가장 자주 사용되는 임상평가 방법 중 하나가 되고 있다(Cashel, 2002). 아동과 청소년에게 사용되는 대표적인 투사 기법에는 인물화 검사, Rorschach 잉크반점검사, 주제통각검사가 있으며, 아동에게 가족 · 친구 · 혼자 있는 일상적인 장면에서 아동의 그림에 대한 이야기를 해 보라고 요구한다. 임상가들은 놀이를 통해서, 예를 들면 인형의 사용, 이야기 만들기, 기타 자료들을 통해서 아동의 내적 생활을 평가할 수도 있다(Chethik, 2000). 공식적인 투사검사는 아니지만, 일부 임상가들은 놀이와 그림 검사가 아동의 무의식적인 과정을 들여다보는 창문으로서 투사검사와 비슷한 기능을 한다고 가정하고 있다.

성격검사

성격은 흔히 개인을 특징짓고 상호작용하는 방식을 결정하는 지속적인 특성 또는 특성의 패턴이라고 보고 있다(Roberts & DelVecchio, 2000). 예를 들면, 부모는 사회적 접촉으로부터 철회되어 있는 아동을 수줍음이 많다고 특징지을 수 있으며, 사회적으로 바쁜 아동을 사교적이라고 특징짓는다. 어느 정도는 아동의 초기 기질(2장에서 논의)이 성격을 형성하는 기초가 된다. 성격의 몇몇 차원이 밝혀지고 있는데, 여기에는 아동 또는 청소년이 소심한지 대담한지, 동조적인지 비동조적인지, 의존적인지 의존적이지 않은지, 긴장하고 있는지 이완되어 있는지, 사려가 깊은지 경솔한지의 여부가 포함되어 있다(Shiner, 2007). 이와 같은 성격의 중심 차원을 'big 5'라고 부른다(Mervielde & Fruyt, 2002). 이미 논의된 면접, 투사검사, 행동 측정과 같은 많은 방법들이 아동의 성격에 관한 정보를 일부 제공해 준다. 그러나 아동이나 부모가 정보 제공자가 되어서 성격에만 특징적으로 초점을 맞추는 객관적인 질문지들이 많다. 아동에게 자주 사용되는 두 가지 성격검사는 청소년용 미네소타 다면적 인성검사(Minnesota Multiphasic Personality Inventory—Adolescent, MMPI-A)(Butcher et al., 1992/2006)와 아동용 인성검사(Personality Inventory for Children, Second Edition, PIC-2)(Lachar, 1999)이다. 성격 질문지에 포함되는 내용의 예가 표 4.4에 있다.

표 4.4 자기 보고 성격검사의 정의

구성	정의
불안	초조감, 근심, 공포감, 문제에 대해 압도되는 경향
학교에 대한 태도	학교와 관련된 소외감, 적대감, 불만
교사에 대한 태도	교사에 대한 분노와 혐오감, 교사가 불공평하고 비보호적이며 과도하게 요구한다는 생각
특이성	기괴한 사고 또는 이상하다고 여겨지는 그 외의 사고와 행동 경향
우울	불행, 슬픔, 낙담의 감정. 잘되는 것이 없다고 믿음
대인관계	좋은 사회적 관계 및 또래와의 우정에 대한 지각
통제 위치	보상과 처벌이 외부 사건이나 다른 사람에 의해 지배된다는 믿음
부모와의 관계	부모와의 긍정적인 관계와 그들에게서 존중받는다는 느낌
자아 존중	자존감, 자기 가치감, 자기 수용감

출처: Behavior Assessment System for Children, Second Edition (BASC-2)에서 인용.

신경심리 평가

간단히 말하면, 신경심리학은 뇌 행동 관련의 학문이다(Pennington, 2009). 임상 장면에서, **신경심리 평가**는 손상되지 않은 중추신경계에 의존된다고 알려진 행동의 객관적인 측정과 뇌 기능을 연계시키려고 시도한다. 예를 들어, 눈을 감은 다음에, 넷째손가락으로 코의 윗부분을 오른손으로 먼저 만지고 다음에 왼손으로 만져라. 만약 수면이 박탈된 상태에서 이 과제를 시행한다면, 여러분은 할 수 있을 것 같은가? 이처럼 아주 단순한 과제조차도 많은 심리적 기능과 손상되지 않은 신경계의 기능을 요구한다. 특정 유형의 뇌손상이나 기능에 이상이 있는 아동은 이러한 과제를 실행하는 것이 어려울 수 있다.

신경심리 평가의 기저에 있는 전제는 행동 측정이 중추신경계 역기능에 대한 추론, 더 중요하게는 아동의 역기능의 결과를 추론하는 데 사용될 수 있다는 것이다. 신경심리 평가는 진단을 결정하고, 처치를 계획하고, 회복 과정을 기록하고, 미묘하지만 의미 있는 개선을 측정하고, 신경학적 결함이나 학습장애가 있는 아동의 추후 관리를 수행하는 데에서 이 정보를 사용한다(Reynolds & Fletcher-Janzen, 2009).

신경심리 평가는 흔히 심리적 기능의 전 범위를 평가하는 종합 배터리로 구성되어 있다. 즉, 언어 · 추상적 추론 · 문제해결과 같은 언어적 및 비언어적 인지 기능, 시각 · 청각 · 촉각-근 운동감각이 포함된 지각 기능, 강도 · 수행 속도 · 협응 · 손재주와 관련된 운동 기능, 그리고 주의 · 집중 · 좌절에 대한 인내, 정서적 기능과 같은 정서/실행 조절 기능이 포함되어 있다.

신경심리 평가가 원래는 기저에 있는 뇌손상 또는 진행 과정을 판별하기 위해 사용되었으나, 이는 더 이상 신경심리 평가의 주요 목적이 아니다. 뒤섞거나 내용이 다른 신경심리 결과들과 결합해서 사용하는 정례적인 신경영상 절차(3장 참조)는 진단으로부터 기능의 강점과 약점에 대한 정보를 얻는 것으로 그 초점이 이동되었다. 이 정보는 광범위한 신경발달 문제 및 학습 문제가 있는 아동의 효과적인 개입으로 이어질 수 있다(Riccio, Sullivan, & Cohen, 2010).

단원 정리

장애 평가하기

- 임상평가는 다중 기법으로 평가해야 하는데, 다양한 상황에서 서로 다른 정보 제공자로부터 정보를 수집하고 다양한 접근 방식의 사용을 강조한다.
- 임상 면접은 여전히 가장 보편적으로 사용하는 부모 및 아동과의 평가 절차이다.
- 비구조화된 면접에서 면접자는 비공식적이고 유연한 태도로 다양한 질문을 계속하기 위해 자신이 선호하는 스타일이나 형식을 사용한다. 이와 대조적으로, 반구조화된 면접에는 면접을 실시하는 사람에 관계없이 비교적 일관된 방식으로 정보를 이끌어 낼 수 있도록 고안된 특정한 질문들이 들어 있다.
- 행동 평가는 구체적인 상황에서 아동의 사고 · 느낌 · 행동을 평가하고, 이 정보는 문제의 본질과 무엇을 해야 하는지에 대한 가설을 세우는 데 이용된다.
- 아동 행동 및 적응에 관한 보고는 전반적인 체크리스트나 문제에 초점을 맞춘 평정 척도를 통해서 얻을 수 있다. 개개 아동의 점수는 비슷한 연령 및 성별이 같은 아동으로 구성된 규준 집단과 비교할 수 있다.
- 검사는 아동의 지식, 기술, 성격의 일부 측면을 평가하려는 목적으로 표준 조건에서 주어지는 과제들이다.
- 아동의 지적 기능의 평가는 광범위한 아동기 장애에 대한 임상평가에서 중요한 부분이다.
- 투사검사는 성격 측면을 반영하는 아동의 내적 사고 및 감정을 평가하기 위해 아동에게 모호한 자극을 제시한다.
- 객관적인 성격검사는 아동이 소심한지 대담한지, 동조적인지 동조적이지 않은지, 의존적인지 의존적이지 않은지, 긴장하고 있는지 이완되어 있는지, 사려가 깊은지 경솔한지 등을 평가한다.
- 신경심리 평가는 중추신경계 기능에 의해 좌우된다고 알려진 행동을 객관적으로 측정해서 뇌의 기능과 연계시키려고 한다.

분류와 진단

지난 20년 동안, 아동기 장애의 분류에서 주된 변화가 있었다(Rutter & Uher, 2012). **분류**란 아동 정신병리의 주요 범주 또는 차원, 그리고 그들 사이의 경계 및 관계를 나타내는 체계를 의미한다. 기억하는 것처럼, **진단**에 관한 한 가지 정의는 이러한 분류 체계의 어느 한 범주에 사례들을 배당하는 것이다.

아동 및 청소년을 분류하고 진단하는 이유를 생각해 보는 것으로 이 주제에 대한 논의를 시작하고, 현재의 접근방식에 대해 상세하게 들어가고자 한다. 진단에는 비판이 따르기 때문에 아동에게 명칭을 붙이는 것의 영향에 대한 인식도 제기할 것이다. 지금까지 우리는 Felicia의 문제를 아주 개인적인 측면에서 살펴보았다. Felicia의 우울증, 등교 거부, 사회적 기술 결손을 살펴보았고, Felicia의 전반적인 지적 기능과 행동을 평가했다. 이 정보는 Felicia에게 독특한 것이 무엇인지, Felicia가 또래 아동과 어떻게 다른지에 대해 알려 준다. 이것으로 충분하지 않은가? 우리는 Felicia에게 '주요 우울장애'와 같은 진단 명칭을 붙여서 분류할 필요가 있는가? 우리가 알게 된 Felicia의 독특한 특성에 근거해서 Felicia의 문제를 도와줄 방법을 찾으면 되는 것이 아닌가?

모든 아동을 독특한 것으로 취급하는 것은 문제가 있다. 즉, 아동기 장애의 처치와 원인에 대한 연구는 수행이 불가능하게 되고, 개별 사례의 처치에서 진행에 대한 방향을 거의 찾을 수 없게 된다(Waldman & Lilienfeld, 1995). 이런 이유로, Felicia가 유사한 문제나 증상을 보이는 다른 아동과 공통된 면이 무엇이고 많은 아동에게 적용될 수 있는 일반적인 원칙이 무엇인지를 고려할 필요도 있다. 실제로 우리는 아동 및 청소년기 장애, 유병률과 경과, 예후, 처치에 대해 알아 가면서 이 책 전반에 걸쳐서 이에 관한 이야기를 할 것이다. 비교하는 데 이용할 정보도 없이, Felicia의 문제와 조치의 경과에 대한 최선의 결정을 내리기는 어려울 수밖에 없다.

앞서 논의에서 떠올리듯이, 임상평가와 진단은 주어진 아동에게 최선의 계획을 결정하는 데 관련된 두 가지 전략과 연루되어 있다. 우리는 아동의 독특한 상황, 성격, 문화 배경 및 그 아동의 특정한 환경과 관련되는 기타 특성을 강조하고자 할 때에는 **개별 기술적 사례**(idiographic) 전략을 사용한다. 평가를 받으러 오는 각 아동은 '교과서적'인 사례에서 기술하는 것과는 약간 차이가 있는 자신만의 독특한 강점이나 어려움이 있다.

덧붙여, 우리는 그 문제나 그 장애에 관해 축적된 모든 정보에서 이득을 얻기 위해 그리고 현재의 문제가 속해 있는 일반적인 유목을 결정하는 평가의 일부로서 **법칙 정립적**(nomothetic) 전략을 사용한다. 즉, 우리는 DSM-5(APA, 2013), ICD-10(국제질병분류, 10판), 정신 및 행동장애 분류(WHO, 1992/2010)와 같이 현존하는 진단 체계를 사용하여 문제를 명명하거나 분류하려고 시도한다. 문제를 분류하는 것은 아동과 가족에 대한 이해를 이끌어 내고, 다른 임상가들과의 의사소통을 돕고, 연구를 통해 유사한 어려움이 있는 아동에게 효과적이라고 나타난 개입을 선택할 수 있게 해 준다.

우리 대부분은 의학적 문제 및 심리적 문제에 대한 분류 체계가 가지고 있는 이점을 인식하고 있지만, 임상 실제에서 잘 사용할 수 있는 간단하고 간결한 분류 체계를 개발하는 것이 쉬운 일은 아니다(Taylor, 2011). 실제로 수년간의 노력에도 불구하고 아동기 장애에 대해 세계적인 하나의, 의견 일치된, 믿을 만한, 타당한 분류 체계는 없다. DSM이 북아메리카에서는 표준이 되어 광범위한 연령의 아동들에게 사용되고 있지만, 아동기 장애를 총망라하는 데에서의 한계, 이러한 문제들을 특징짓는 발달적 복잡성(예: 연령에 따른 증상 표현의 변화)에 대해 민감하지 못하고, 매우 어린 아동에게는 특히 더 민감하지 못하다는 문제가 지속되고 있다(Pine et al., 2011; Regier et al., 2011). 계속 논의되듯이, DSM-5는 이 문제와 기타 우려들을 다루려고 노력하고 있으나 논란이 수그러들지 않는다.

범주와 차원

아동 정신병리를 진단하는 첫 번째 접근은 범주적 분류 체계를 사용하는 것이다. **범주적 분류** 체계는 일차적으로 잘 알고 있는 전문가들의 합의에 기초하고 있으며, 아동(그리고 성인) 정신병리 영역에서 지배적인 접근이다(APA, 2000). **고전적**(또는 순수한) 범주 접근에서 모든 진단은 중추신경계 감염 또는 기능 이상과 같이 분명한 기저의 원인이 있다고 가정하며, 각 장애는 근본적으로 모든 다른 장애와 상이하다고 가정한다. 따라서 개별 사례들은 서로 다른 범주에 배치될 수 있다.

예를 들어, Felicia는 주요 우울장애의 준거를 충족시키지만 분리불안장애의 준거를 충족시키지 않는다고 말할 수 있다. 물론 이러한 접근이 갖고 있는 단점은 아동의 행동이 설정된 범주에 명쾌하게 떨어지는 일이 드물기 때문에 어느 정도 혼란이 있다는 것이다. 게다가 행동의 범주(일부 의학적 질병과는 상반되게)는 전형적으로 동일한 기저의 원인을 공유하지 않을 수도 있다. 따라서 정신건강 영역은 현재 가지고 있는 지식을 수용하기 위해 고전적 범주적 접근을 수정해야만 했다. 동일한 진단을 받은 아동들이 반드시 동일한 원인을 가지고 있는 것은 아니며, 동일한 처치에 반응을 보이는 것도 아니다. 그러므로 현재의 진단 범주는 증상이 함께 군집하는 방식에 대해 우리가 현재 가지고 있는 지식을 대표하는 것일 뿐이라고 이해해야 한다.

아동 이상 행동을 기술하는 두 번째 접근은 경험에 기초한 차원 분류이다. **차원적 분류** 접근은 행동의 수많은 독립된 차원이나 특질이 존재하고, 모든 아동은 그것을 가지고 있는 정도가 다양하다고 가정한다. 예를 들어, Felicia의 증상이 주요 우울장애의 범주에 적합하다기보다는 그녀가 우울과 불안의 차원에서 유의미하게 평균 이상(흔히 임상적 범위 내에 있다고 언급되는)이라고 말할 수 있다. 전형적으로, 이런저런 특질이나 차원은 각 차원에 속한 범위를 설정하기 위해 임상적으로 의뢰되거나 의뢰되지 않은 아동 표본들을 통계적 기법을 사용해서 도출한다(Achenbach & Rescorla, 2001).

통계 자료에 기초하고 있는 차원적 접근이 임상적으로 도출된 범주적 체계보다 좀 더 객관적이고 좀 더 신뢰할 수 있지만 차원적 접근도 한계가 있다. 가장 주된 점은 도출된 차원이 아동의 연령 및 성별과 마찬가지로 표집, 방법, 정보 제공자의 특성에 따라 다르다는 것이다(Mash & Hunsley, 2007). 결과적으로, 서로 다른 방법으로, 다양한 정보 제공자들로부터, 시간의 경과와 여러 상황에 걸쳐서 얻은 정보를 통합하는 것은 어려울 수 있다(De Los Reyes et al., 2013). 차원적 접근은 맥락적 영향에 민감하지 못하다. 예를 들어, 당신이 부모이고 자녀가 '너무 어리게 행동하는지'의 여부에 대해 '전혀 아니다, 때로 그렇다, 자주 그렇다'와 같은 척도를 이용해서 기술하라는 요구를 받았다. 여러분은 아동이 그렇게 행동하게 되는 맥락과 상황을 명확히('내가 식료품점에 데리고 갈 때마다' 또는 '다른 아이들과 놀 때마다') 하고 싶을 것이다. 차원은 다른 아동에게 나타나지 않는 일정한 특성(다른 특성은 아님)을 평가하는 데에는 어느 정도 유용한 추정치를 제공하지만, 종종 아동의 독특한 상황과 발달상의 기회에 대해서는 맞춤식이 되어야 한다.

표 4.5 아동 정신병리에서 흔히 확인되는 차원 및 각 차원을 반영하는 항목의 예

불안/우울	철회/우울	사회적 문제
• 많이 운다 • 걱정한다 • 무가치하다고 느낀다 • 신경질, 긴장	• 혼자 있고 싶어 한다 • 말하기를 거부한다 • 비밀스럽다 • 수줍은, 소심한	• 지나치게 의존적이다 • 또래와 지내지 못한다 • 놀림당한다
신체 증상	**사고의 문제**	**공격적 행동**
• 어지럼을 느낀다 • 극도로 지친 • 아픔, 통증 • 두통	• 무엇인가를 듣는다 • 무엇인가를 본다 • 이상한 행동 • 이상한 생각	• 논쟁한다 • 못되게 군다 • 사람을 공격한다 • 타인의 물건을 부순다
주의의 문제	**규칙 파괴 행동**	
• 부주의 • 집중할 수 없다 • 가만히 앉아 있지 못한다 • 혼란스럽다	• 죄책감의 결여 • 나쁜 친구 • 거짓말한다 • 가출한다	

출처: Achenbach, T. M., & Rescorla, L. A. (2001). *Manual for the ASEBA School-Age Forms & Profiles*. (Burlington, VT: University of Vermont, Research Center for Children, Youth, and Families, 2001.)

연구를 통해 아동 정신병리의 많은 차원들이 밝혀지고 있다. 여기에는 외현화 행동과 내재화 행동 차원이 있고, 각각은 공격적/규칙 파괴 행동과 불안/철회/우울 행동을 반영한다. 아동과 청소년에서 확인된 가장 흔한 차원 중 일부가 구체적으로 관련된 문제 행동의 예와 함께 표 4.5에 제시되어 있다.

'최상'의 접근에 대한 논쟁은 아직 해결되지 않았지만, 각각의 접근이 아동기 장애를 분류하는 데 가치가 있고, 결합된 접근이 필요하다는 데에는 점점 더 동의하고 있다(Pickles & Angold, 2003). 사실, 현재의 접근들은 어느 정도 이러한 시도를 하고 있다. 예를 들면, DSM-5에는 ADHD 또는 ASD와 같은 범주적 진단에 차원적으로 심각성의 평정이 들어 있으며, 불안/우울과 같이 경험적으로 도출된 차원의 항목들은 DSM 범주와 일치하는지를 서로 다른 문화의 전문가들이 확인하는 합리적인 DSM 척도를 개발해 왔다. 그러나 이 두 접근을 혼합하는 것이 한 가지 접근을 사용하는 것과 비교하여 진단에서 주목할 만한 차이를 만들어 내는지는 아직 알 수 없다(Ebesutani et al., 2010). 지적 불능의 일부 심각한 형태는 질적으로 구분된 조건(범주)으로 개념화가 잘 될 수 있는 반면, 우울증이나 불안과 같은 그 밖의 대부분의 아동기 장애들은 한 가지 이상의 연속적인 차원에서 극단 지점(extreme point)으로 더 잘 기술될 수 있을 것이다.

목적이 임상적 진단에 있는지 또는 연구에 있는지에 따라, 하나의 접근이 다른 접근보다 더 유용할 수 있다. 행동, 정서, 인지 능력과 같이 아동의 심리적 요인을 개념화하는 차원적 접근은 둘 또는 그 이상의 변인들 사이의 관련 정도를 결정짓는 연구 방법에 적합할 것이다. 따라서 차원적 접근은 주로 심리학적 연구를 하는 사람들이 더 선호한다. 반면에 범주적 접근은 임상적 목적에 더 적합한데, 임상적 목적은 아동 행동의 전체 패턴을 의미 있는 진단 및 처치 계획으로 통합시키려는 것이다. 더욱이 범주들은 임상가들이 서로 의사소통하는 데 유용하고 범주적 진단은 임상적 결정—예를 들면, 아동의 특별 서비스의 결정—을 하는 데 필요하다. 차원과 범주가 제공하는 각기 다른 유형의 정보에 따라 범주적 결정을 실행하는 방법을 찾는 한편, 차원을 현재의 진단상의 실제에 통합시키는 것이 중요할 것이다.

『정신장애의 진단 및 통계 편람(DSM-5)』

아동 및 청소년 정신장애에 대한 인식이 얼마나 발전되었는지를 보여 주기 위해 현재 진단 체계의 진화에 대한 간단한 개요와 함께 DSM-5에 대한 논의를 시작하려고 한다. 이전 체계의 용어와 초점은 그 당시의 정신질환에 대한 주요 이론적 관점을 반영했는데, 좀 더 객관적이고 정통한 접근이 1990년에 일어나서 오늘날까지 계속되고 있다.

역사적 맥락

1948년, 『국제질병분류(*International Classification of Diseases-6*, ICD-6)』가 정신장애에 대한 부분을 포함시키면서 정신장애의 출현과 중요성에 대한 공식적인 인식의 과정이 서서히 시작되었다(WHO, 1948). 초기 ICD 체계가 부적절하다는 생각이 컸기 때문에, 1952년 미국정신의학회(APA, 1952)는 자체의 『정신장애의 진단 및 통계 편람(DSM-I)』을 개발했고, 이는 1968년에 개정(DSM-

II)되었다(APA, 1968). 이러한 노력이 크게 성공하지는 못했지만 정신장애 분류를 개선시키려는 지속적인 노력을 시작하게 했고, 그 노력은 오늘날까지 이어지고 있다. 안타깝게도, DSM 초기 판에서는 아동과 청소년이 경시되었다. 정신지체(지적 불능), 아동기 발병 조현병, 행동 또는 기분의 일시적 장애를 제외한 대부분의 아동기 장애는 성인의 범주에서 가볍게 다루어졌다.

DSM-III와 DSM-III-R(APA, 1980, 1987)은 초기 판을 뛰어넘는 의미 있는 발전을 거두었다. DSM-III와 DSM-III-R에서는 초기 판에서 사용되던 원인에 대한 정신역동적 가설을 폐기하고 관찰 가능한 징후와 증상에 대한 비이론적인 서술적 접근을 지지했다. 임상적 기술은 진단의 신뢰성을 돕기 위해 명시적인 진단적 규준으로 대체되었다. 덧붙여, 아동 범주가 더 포함되었으며 경험적 자료를 크게 강조했다. 이러한 변화는 진단적 체계와 인과적 모델에 전환을 가져왔다. 즉, 장애의 초점이 아동 내에서만 강조되지 않고 문제가 발생한 환경 맥락에 대한 강조가 더해졌다. DSM-III-R은 아동이 모든 증상 규준을 충족시키지 않아도 특정 하위 증상만으로도 진단을 받을 수 있는 **원형적**(prototypical) 분류 체계로 개발되었다. 이것은 중요한 변화이며, 특히 대부분의 아동기 장애와 연관된 증상이 이질적(異質的, heterogeneity)이라는 관점에서 더 그러하다(Mash & Hunsley, 2007). 반면, 이는 동일한 진단을 받은 사람이라도 증상 패턴이 종종 매우 다를 수 있음을 의미한다. 반사회성 성격장애의 DSM-III-R 진단 준거를 충족시키는 거의 1500만 개의 각기 다른 패턴이 있다고 생각해 보라(Widiger, 1993). DSM-IV는 1994년에 출판되었으며 뒤이어 2000년에 개정되었다(DSM-IV-TR). 새로운 연구들을 따라잡고, 사실에 기반을 두고 오류를 수정하고, 새로운 정보를 제공하기 위해 분류 체계 · 진단 준거 · 서술적 내용에서 많은 변화들이 이루어졌다.

DSM-5 장애들

DSM-5는 DSM-IV 이후 거의 20년이 지난 2013년에 출판되었다. 지난 20년 동안 아동 및 청소년에 대한 이해는 극적으로 바뀌었다. 이러한 변화들은 개념적 · 진단적 · 절차적 개정을 필요로 했으며, 이는 장애에 관한 뒤의 장(chapter)에 설명되어 있다. 먼저 우리는 아동과 청소년에게 적용되는 DSM-5에 있는 장애들을 소개하려 한다. 첫 번째 장애군, 신경발달장애는 표 4.6에서 볼 수 있고, 이후의 장에서 자세하게 논의될 것이다. 역사적으로, 이 장애들은 아동기에 처음 발생하며, 아동에게만 발생한다고 생각되는 장애들이다. 그러나 현재는 이러한 조기 발생 장애들은 많은 영향을 미치며 청소년기, 성인기까지 지속된다는 것이 분명해졌다. 이 장애군은 어릴 때 발병할 뿐만 아니라 다른 장애군과는 공유되지 않는다고 제안된 중복 위험(예: 유전적 · 발달적 궤도)에 기초한다(Andrews et al., 2009). 또한, 이 장애군은 신경발달장애들과 종종 중복된 증상을 가지고 있고, 한 개인 안에서 동시 발병(예: ASD와 ADHD 또는 특정 학습장애)이 흔하다고 인식되어 있다(Pattersson et al., 2013).

표 4.6 신경발달장애

DSM-5

지적 불능
지적 불능(지적 발달장애) (경도, 중등도, 고도, 최고도), 전반적 발달 지연

자폐 스펙트럼 장애(지적 결함이나 언어 결함을 동반 또는 동반하지 않는 경우)

의사소통장애(언어장애, 말소리장애, 아동기 발병 유창성 장애(말더듬), 사회적(실용적) 의사소통장애)

특정 학습장애(읽기, 쓰기 표현, 수학에서 결함을 보임)

주의력결핍/과잉행동장애(과잉행동/충동 우세형, 부주의 우세형, 또는 복합 표현 우세형)

운동장애(발달성 협응장애, 상동증적 운동장애, 투렛 장애, 지속성(만성적) 운동 또는 음성 틱장애)

출처: *Diagnostic and Statistical Manual of Mental Disorders*, 5th ed. American Psychiatric Association.

표 4.7에는 아동과 청소년에게 적용되는 기타 주요 장애들이 제시되어 있다. DSM-5의 지침 아래, 거의 모든 장애(예: ADHD, ASD, 기분장애, 불안장애, 섭식장애, 수면장애)에 대한 진단 기준은 성인뿐만 아니라 아동에게 적용될 수 있고, 연령이나 맥락과 같은 발달적 요인을 일부 조정해서(예: 6세 이하 아동의 PTSD) 두 집단 모두 본질적으로 같은 기준을 사용하여 진단할 수 있다. 아동은 한 가지 이상의 DSM-5 진단을 받을 수 있고(자주 있는 일이다), 이때 주 진단이 첫 항목(예: ADHD, 그리고 불안장애)으로 쓰여진다. 지금까지 논의된 모든 용어들을 당장 외울 필요는 없다. 체계에 대해 간단히 이해하면서 이후의 논의를 따라갈 수 있을 것이다.

표 4.7 아동기와 청소년기의 기타 선택적 장애

DSM-5

파괴적, 충동 조절 및 품행장애[적대적 반항장애, 품행장애(아동기 발병형 또는 청소년기 발병형; 제한된 친사회적 정서 있음), 반사회성 성격장애]

우울장애[파괴적 기분 조절 곤란 장애, 주요 우울장애, 지속성 우울장애(기분저하증)]

양극성 장애(제1형 양극성 장애, 제2형 양극성 장애, 순환성 장애)

불안장애[분리불안장애, 선택적 함묵증, 특정 공포증, 사회불안장애(사회공포증), 공황장애, 광장공포증, 일반화된 불안장애)]

강박 및 관련 장애[강박장애, 신체 이형 장애, 저장장애, 발모광(머리털 뽑기 장애), 찰과 장애(피부 뜯기 장애)

외상 및 스트레스 관련 장애[반응성 애착장애, 탈억제성 사회적 유대감 장애, 외상 후 스트레스 장애(6세 이하 아동의 외상 후 스트레스 장애 포함), 급성 스트레스 장애, 적응장애]

급식장애와 섭식장애(이식증, 되새김장애, 음식 섭취 회피/제한 장애, 신경성 식욕부진증, 신경성 폭식증, 폭식장애)

배설장애(유뇨증, 유분증)

수면-각성 장애(불면장애, 과다수면장애, 기면증, 호흡 관련 수면 장애, 사건수반 수면장애)

신체 증상 및 관련 장애[신체 증상 장애, 질병불안장애, 전환장애, 기타 의학적 상태에 영향을 주는 심리적 요인, 인위성 장애(스스로에게 부여된 인위성 장애와 타인에게 부여된 인위성 장애 포함)]

기타: 물질 관련 및 중독 장애, 성격장애

출처: *Diagnostic and Statistical Manual of Mental Disorders*, 5th ed. American Psychiatric Association.

DSM-5 명시자

DSM-5 진단 준거를 이용하여 평가를 한 후, 특정한 특징을 공유하는 동종 하위 집단 사람들을 기술하고, 장애의 처치에 대한 적절한 정보를 의사소통하기 위해 **명시자**가 사용된다. 명시자는 적당한 장애의 하위 유형, 동시 발병 상태, 장애의 심각성 또는 과정을 평가하는 데 이용될 수 있다. 흔한 예로는 ADHD 아동에서 '부주의 증상 우세', ASD가 있는 아동에서 '언어 결함'이나 '지적 결함'과 같은 동시 발생 상태 명시, 품행장애 아동에서 '10세 이전 발병'과 같이 과정 명시, 지적 불능 아동에서 '경도', '중등도', '고도', '최고도' 처럼 심각성 명시가 있다(APA, 2013).

또한, 명시자는 정신장애의 이해 또는 관리와 관련한 일반적인 의학 상태를 표시하기 위해 사용되기도 한다. DSM-5는 정신장애가 신체 및 생물학적 요인과 밀접하게 연관이 있다고 가정하기 때문에, 평가를 철저하게 하고, 건강관리 제공자 간의 의사소통을 강화하기 위해서 일반적 의학 상태를 명시하는 것이다. 일반 의학적 상태는 여러 가지 방식으로 정신건강과 연관된다. 일부 사례에서, 우울증으로 인한 수면의 방해와 같이 정신장애가 신체적 문제의 발달에서 직접적인 역할을 하기도 한다. 또 다른 사례에서, 아동의 임상 장애(예: 불안)가 의학적 상태(예: 아동기 암 또는 당뇨병)에 대한 심리적 반응이 되기도 한다. 전체적인 이해를 하게 되고, 적절한 처치 계획을 개발하기 위해 동시 발병 및 문제의 시간적 순서를 기록하는 것이 중요하다.

기타 고려 사항

진단을 내릴 때, 임상적 장애의 진단, 처치, 예후에 영향을 미치는 **심리사회적 · 환경적 문제**를 고려하는 것 역시 중요하다. 이러한 문제에는 부정적 생활 사건, 환경적 붕괴 또는 결핍, 가족 또는 그 외 대인관계 스트레스, 사회적 지원 또는 개인적 자원의 부족이 있다. 전형적으로, 임상가들은 과거 사건(예: 자동차 사고)이 정신장애에 영향을 미치지 않을 경우에 몇 년 동안 지속되어 온 현재의 문제만 표시한다. 맥락적 요인(예: 아동 학대 또는 부모의 실직)은 개인의 행동과 정서를 이해하는 데 잠재적으로 중요할 수 있다. 우리는 아동 및 청소년의 여러 장애에 대한 논의 전반에서 이러한 고려 사항들을 상기시키고자 하는데, 전체적인 그림을 볼 수 있다면 아동의 현재 문제를 더 잘 이해할 수 있기 때문이다. DSM-5는 심리사회적 및 환경적 문제에 대한 자체 분류를 개발하지 않았지만, 임상가들은 ICD 최신판의 코드를 선택하여 사용할 수 있다(ICD-10; WHO, 1992/2010).

우리의 임상평가에 근거할 때, Felicia는 DSM-5의 '가벼운 불안 고통'이 있는 '주요 우울장애 단일 삽화', 그리고 '중등도의 심각성(증상의 수 및 강도 그리고 Felicia의 사회적 손상과 학교에서의 기능에 근거할 때)'으로 진단되었다. 주요 우울장애(MDD)의 진단은, 10장에서 논의될 것인데, Felicia가 보여 준 우울 기분, 거의 모든 활동에서의 흥미 상실, 심각한 체중 감소, 거의 매일 밤의 불면증, 2주 이상 지속되는 무가치감, 이전 기능과는 뚜렷한 차이가 있는 변화의 증상 때문이다. 이러한 증상은 Felicia의 사회적 및 학업 기능에 심각한 고통과 손상을 가져왔다. Felicia의 보고에 따라 그녀가 경미한 불안 증상을 가지고 있고, 대부분의 우울한 날에는 집중하기가 어렵다는 점 역시 명시되었다. 외할아버지의 죽음이 Felicia의 우울증에 하나의 요인이 된 것 같지만, 그녀의 증상을 설명해 주는 주요 요인으로 보이지는 않는다.

DSM-5에 대한 비판

DSM-5는, 비록 경험적 연구에 대한 강조가 증가하고 진단 준거가 더욱 명쾌해졌기 때문에 이전 판에 비해 많이 개선되었다고 해도 결점이 없는 것은 아니다. DSM-5는 범주를 만드는 기본으로 증상의 서술에 초점을 맞추고 있다. 따라서 아동의 정신병리를 이해하고 치료하는 데 중요하다고 확인된 복잡한 적응, 교류, 상황이 미치는 영향을 놓칠 우려가 있다는 비판이 있다(Mash & Hunsley, 2007). DSM-5는 성인 장애에 비해 유아 및 아동기 장애에 대한 관심이 적고, 많은 아동기 장애들 사이에 존재한다고 알려진 상호 관계 및 중복된 부분을 충분히 잡아 내지 못한다.

아동기 장애 진단 준거로서 DSM-5가 가지고 있는 좀 더 심각한 문제는 임상적 진단을 내리는 데에서 다양한 장애를 둘러싸고 있고 장애에 영향을 미치는 상황적 요인 및 맥락적 요인에 대한 강조가 비교적 부족하다는 것이다(Beauchaine, 2003). 이는 DSM-5가 정신장애를 심리사회적 적응 또는 조절의 문제라기보다는 개인의 정신병리 또는 정신병리에 취약한 것으로 본다는 점을 반영한다. 그러나 DSM-5는 각 장애의 표현과 관련되는 문화, 연령, 성별과 같은 요인을 고려하고 있으며, 가족 문제 및 가족 외적인 관계 문제가 중요하다는 인식이 증가하고 있다. 십중팔구, 아동기 장애에서 이러한 맥락에 대한 인식의 증가는 장애를 진단하는 데 있어서 발달적 요인에 좀 더 민감해지라고 격려할 것이다.

DSM-5에 대한 또 다른 비판은 분류 체계 자체보다는 어떻게 사용되는지에 관한 것이다. 일부 사례에서, DSM-5의 범주적 진단은 아동이 필요한 것을 다루어 주

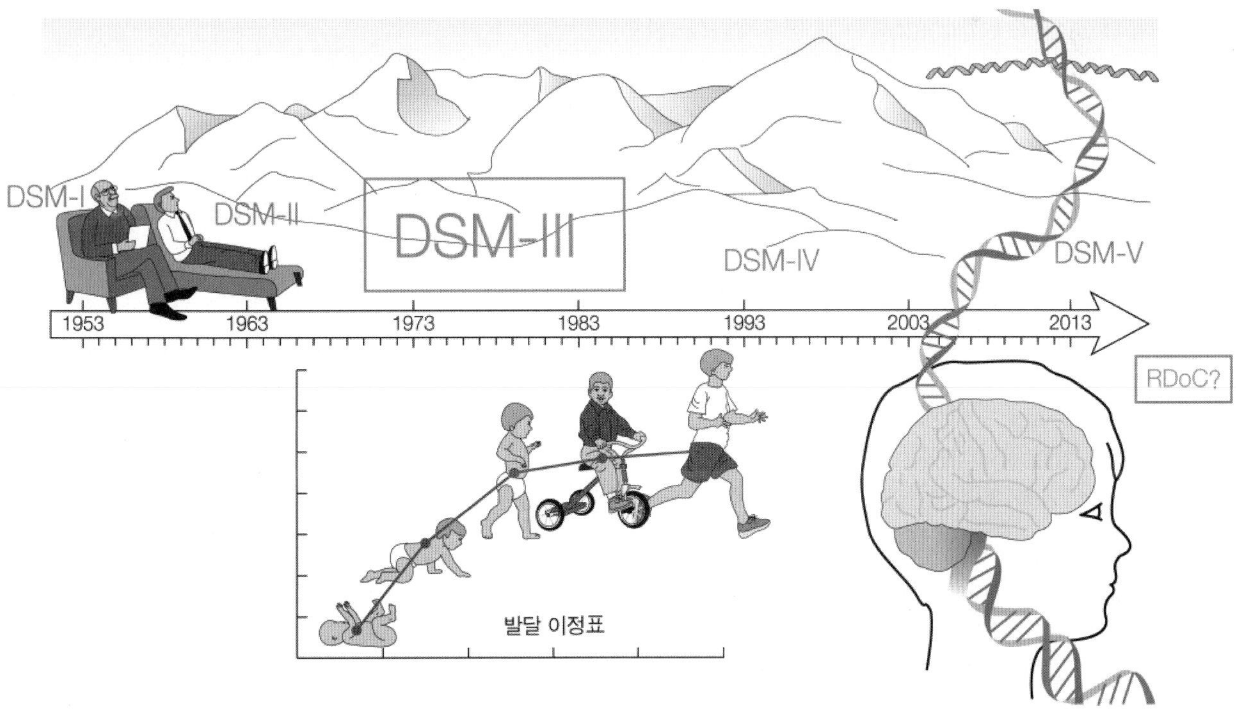

그림 4.3 아동과 청소년 장애의 분류: 60년 동안 그리고 아직도 개발 중에 있는 아동과 청소년의 진단은 1980년에 DSM-III의 출현과 함께 극적으로 증가했다. RDoC와 같이, 현재는 유전, 뇌 및 기타 아동과 청소년 장애의 기저에 있는 과정에 대해 우리가 알고 있는 것에 기초한 분류의 개발에 초점을 맞추고 있다.

출처: Pine, D. (2013). "A 60-Year Climb on the Mountine of Nosology," *Journal of the American Academy of Child & Adolescent Psychiatry*, 55, 1254.

는 적절한 서비스를 얻는 데 방해가 될 수도 있다. 예를 들어, 아동이 특수학급에 있을 자격을 얻으려면 학습장애의 구체적인 진단 준거를 충족시켜야 한다. '전형적' 사례에서는 대개 이 조건이 충족된다. 그러나 일부 아동은 진단 준거를 충족시킬 만큼 장애가 심하지 않거나 그들의 문제가 하나 이상의 DSM 범주와 관련될 수도 있다. 이러한 아동은 도움이 된다고 증명된 서비스를 받을 자격이 없을 수도 있다. 이러한 맥락에서, 위험군 아동이 앞으로 보이게 되는 문제를 방지하는 프로그램에 접근하는 것이 어려워질 수도 있다.

마지막으로, DSM-5와 같은 현재 분류 체계에 대한 우려가 많다. 한 가지 우려는, 현재의 분류 체계가 타당성이 제한된—특히 처치의 선택 및 결과의 개선과 관련하여—진단 준거를 과도하게 많이 포함하고 있다는 것이다(Uher & Rutter, 2012). 두 번째는, DSM이 장애에 대한 기저의 원인을 파악하는 데 실패한 채 관찰이 가능한 징후와 증상에 근거하여 장애를 정의한다는 것이다. 이에 대한 반응으로 미국 국립정신건강연구소(National Institute of Mental Health, NIMH)는 생물학적 발생에 근거하여 정신장애를 분류하기 위한 작업—연구 영역 기준(Research Domain Criteria, RDoC)—을 착수했다(Insel et al., 2010; Sanislow et al., 2010). RDoC의 목표는 관찰 가능한 증상이 아닌, 기저의 병리생리학을 밝혀 주는 기능 영역에 대한 연구 결과에 근거해서 향후 분류 체계를 개발하는 것이다. 예비 작업을 통해 기능의 다양한 영역을 정의(예: 인지 체계, 각성/조절 체계)하고, 유전적 · 분자학적 · 신경적 · 행동적 수준의 분석 단위가 되는 영역(예: 주의, 24시간 주기 리듬) 내에서의 특성 구성을 구분했다(Cuthbert & Kozak, 2013; Insel et al, 2010). 전부는 아니지만 이러한 수준의 분석들이 현재 정의되어 있는 장애에 영향을 미칠 것이라는 것을 알고 있으며, 이는 기저의 신경생물학적 체계에 근거한 대안적 접근이 필요함을 제시한다(Hayden & Mash, 2014).

RDoC 지지자들은 이 접근이 결국 현재의 분류 체계를 대신하고, 실험실 기반의 접근이 임상평가의 분류 체계를 대체하며, 좀 더 정확하고 효과적인 처치의 확인으로 이어질 수 있을 것이라고 믿는다(Insel, 2013; Insel et al., 2010). 치료 반응 또는 그 외 중요한 임상적 결과를 예측하기 위한 유전적 및 신경 영상 결과는, 현재의 능력의 한계에 빛을 밝혀 주겠다는 야심찬 목적이 있다. 현재로서는 임상적 결과(예: 발병 연령, 부정적인 생활 사건)를 예측하는 대부분의 구성 요인은 생물학적인 것보다는 '심리적' 또는 '행동적'인 것으로 여겨질 수 있다(Hayden & Mash, 2014). RDoC는 아직 걸음마 단계이다. 이 접근이 설정한 목표를 성취하고, 임상 장면에서 사용이 가능한 분류 체계로 이어질 것인지는 아직 미지수이다.

진단 명칭에 대한 논란

이름이 있다는 것은 무엇인가. 하루살이가 말했다. "만약 이름을 불러도 대답하지 않는다면?" 앨리스가 말했다. "하지만 이름을 붙인 사람들한테는 유용할 거야. 그렇지 않다면 왜 모든 것이 이름을 가지고 있겠니?"

— Lewis Carroll(1871)

많은 노력에도 불구하고, 정신장애 분류의 역사는 이 장애들을 서술하기 위해 사용된 명칭에 따라올 수밖에 없는 폄하 및 부정적 어감을 피할 수 없다(Hinshaw & Stier, 2008). 예를 들어, **바보**, **멍청이**, **백치**라는 용어는 지적 기능의 수준이 낮은 것을 의미하는 중립적인 단어로, 1900년대 초에 처음 선택되었는데, 일상 용어로 쓰일 때에는 즉시 욕이 되었다. 그 결과, **정신 결함**(mental deficiency)이 되었고 그다음에는 **정신지체**(mental retardation)라는 용어를 쓰게 되었고, 현재는 거의 이와 같은 이유 때문에 **지적 불능**(intellectual disability)이라는 용어로 바뀌었다. 아는 것처럼 낙인은 용어에서의 이러한 변화를 재빨리 따라잡는다.

아동에게 진단 명칭을 붙이는 것에 대한 긍정적 측면과 부정적 측면에 관해 많은 글이 발표되고 있다. 긍정적인 측면에서, 명칭은 임상가가 환자를 관찰한 결과를 요약하고 정리할 수 있도록 돕는다. 이는 전문가들끼리의 의사소통을 촉진하고, 때로는 자녀의 문제에 대한 인식과 이해를 제공함으로써 부모에게 도움이 되기도 한다. 아동의 장애가 가족 또는 아동의 통제를 벗어나서 발생한 상태이고(예: 신경발달학적 장애), 부모 때문이 아님을 알려 줄 수 있는 진단명을 제공하는 것은 환영받을 일이기도 하다. 더구나 서술적인 명칭은 범주의 측면에서 생각하는 자연스런 경향성과도 일치한다. 즉, 우리는 자신, 친구, 자녀에 대해 말할 때 숫자가 더 정확하게 설명해 준다고 해도 정서의 범위를 나타내는 척도의 점수를 사용하기보다는 '행복한, 화난, 우울한, 두려움'과 같은 단어로 말하는 경향이 있다. 마지막으로, 서술적 용어 또는 명칭은 임상가가 세부적인 연구 및 임상 자료에 관한 합당한 맥락을 정하는 데 도움이 되고, 특정 장애의 원인, 역학, 처치에 관한 연구를 촉진한다.

부정적 측면은, 현재의 진단명이 앞에서 언급한 목적을 수행하는 데에서 효과적인지에 관한 비판이다. 아동에게 명칭을 붙이는 것과 관련된 부정적 영향 및 낙인에 대한 우려도 있다(Ben-Zeev, Young, & Corrigan, 2010; Hinshaw, 2007a). 대중적인 낙인 및 대중매체의 메시지는 명칭이 있는 아동의 성장을 둘러싸고 부정적 태도를 갖게 한다. 일단 명칭이 붙으면, 사람들은 아동을 다르게 보고 대할 수 있다("저 아이는 과잉 활동적인 아이야. 그가 얌전히 듣게 할 수는 없어."). 학급친구들이 명칭의 사용을 알아차리고, 특히 약물을 복용하는 것과 같이 눈에 띄는 처치와 관련된 명칭일 때 더욱 그러하다. ADHD가 있는 소년에 대해 그의 급우가 한 말은 이를 잘 반영해 주는데, "Jack은 아파요, 그는 약을 먹고 있어요. 약을 먹고 그가 조용히 앉아 있게 되기를 바랍니다." 쉽게 눈에 띄고, 다른 친구들에게 놀림을 받는 것은 문제를 더 악화시킬 수 있다. 명칭은 자기 자신과 자신의 행동에 대한 아동의 관점에도 영향을 미칠 수 있다. 흔히, 다르게 보이거나, 신체질환에 비해 정신질환을 진단받은 사람에 대해 사람들은 명칭에서부터 적절하지 않은 반응을 하고 일반화하는 경향이 있다(Corrigan, 2000; Martinez et al., 2011).

단원 정리

분류와 진단

- 분류는 아동 정신병리의 중요한 범주 및 범주들 간의 관계를 나타내는 체계이다.
- 진단은 분류 체계의 범주에 사례를 할당하는 것이다.
- 아동기 장애는 범주와 차원을 사용해서 분류되고 있다.
- 범주적 분류 체계는 주로 정통한 전문가들의 합의와 외적인 증세에 근간을 두고 있다.
- 차원적 분류 접근은 많은 독립적인 차원 또는 특성이 존재하고 모든 아동이 가지고 있는 정도는 다양하다고 가정한다.
- 초기 분류 체계의 초점 및 전문 용어는 그 시대에 정신질환에 대한 주요 이론적 관점을 반영한다. 좀 더 객관적이고 잘 알려진 접근으로의 전환은 1990년대에 시작되었으며 오늘날까지 이어지고 있다.
- DSM-5에는 아동기 초기에 발생하는 수많은 신경발달상의 장애뿐만 아니라 아동과 관련한 광범위한 임상 장애가 포함되어 있다.
- DSM-5는 특정한 특징을 공유하는 동종 하위 집단 사람들을 정의 내리고, 장애의 처치에 관한 적절한 정보를 의사소통하기 위해 '명시자(specifiers)'의 사용을 통합하고 있다.
- DSM-5는 아동 정신병리의 복잡성을 잡아 내지 못하고, 성인의 장애에 비해 유아 및 아동의 장애에 대한 관심이 적고, 상황적 요인 및 맥락적 요인에 대한 강조가 비교적 부족하고, 기저의 원인보다는 증상을 강조한다는 비판이 있다.
- 진단 명칭이 전문가 사이의 의사소통을 촉진한다고 해도, 아동에게 명칭을 붙이는 것과 연관된 부정적 영향 및 낙인에 대한 우려가 제기되고 있다.

처치와 예방

내가 알게 된 것은, 당신의 아이에게 조언을 해 주는 최상의 방법이 아이가 원하는 것을 찾은 다음에 그들에게 그것을 하라고 조언하라는 것이다.

— Harry S. Truman

지난 20년 동안, 행동 문제 및 정서 문제가 있는 아동과 그 가족에게 효과적인 처치 접근방식은 세련되고 폭넓게 성장해 왔다(Chorpita et al., 2011; Kaslow et al., 2012). 오늘날 개입은 지속적이고 발달적으로 민감한 방식으로 특정 문제에 대해 가장 효과적인 접근들을 결합해서 계획을 짠다(Mash, 2006). 예를 들면, 행동 보상 프로그램들은 나이가 어리고 까다로운 자녀에게 바람직한 행동을 격려하는 방법을 부모에게 가르치는 데 유용하다. 아동이 자라면 친구 사귀기 또는 갈등 회피하기처럼 사회적 상황에 대해 아동이 생각하는 방식을 다루는 인지-행동 방법이 도움이 될 수 있다.

Felicia와 심리적인 문제가 있는 그 밖의 아동과 가족을 돕는 데에서 중요한 첫 단계는 철저한 임상평가와 진단이다. 그러나 평가와 진단은 계속 지속적으로 도와주는 과정의 시작일 뿐이다. 그다음으로 우리는 "Felicia의 우울감과 무기력을 감소시키고, 수면 문제와 다른 신체적 증상을 제거하고, 학교 출석 및 성적이 나아지고, 친구들 또는 부모와의 관계 및 사회적 기술을 개선시키기 위해 어떻게 도울 수 있는가?"에 관해 질문해야 한다. 이것이 개입이 들어가는 지점이다.

Felicia와 같은 아동 및 다른 문제를 가지고 있는 아동에게 가장 좋은 개입 형태를 어떻게 결정하는가? 책에 나오는 각 장에서 어느 정도 구체적으로 이 질문을 다룰 것이며, 따라서 이 단원에서 처치 및 예방의 범위는 간략한 소개 정도로 제시하려 한다. 구체적인 문제를 소개하는 이후의 장에서 개입에 대한 논의는 특정한 아동기 장애의 성질, 경과, 관련 특성, 잠재적인 원인에 대해 우리가 알고 있는 것에 근거해서 가장 유용한 처치라는 일반적인 확신에서 나온 것이다. 그러나 이것만으로는 충분치 않다. 우리의 개입 작업을 보여 주는 자료가 필요하다(Silverman & Hinshaw, 2008). 처치의 분명한 지침과 함께 특정 문제에 초점을 맞춘 개입이 가장 효과적인 것 같다. 따라서 각각의 장에서 제시된 치료의 범위는 선택적인 것이며, 각 장애에 대해 우리가 알고 있는 것에 맞추어 재단한 개입 그리고 이 장애가 있는 아동을 치료하는 데에서 효과가 입증된 개입에 주로 초점을 맞출 것이다.

이 단락에서는 개입, 처치에서 문화적 고려 사항, 처치 목표, 윤리적이고 법적인 고려 사항, 문제가 있는 아동 및 가족을 돕기 위한 주요 접근법, 어린 사람을 위한 개입의 효과에 대한 개요를 제시하고 있다. 전체적인 목표는 아동 및 그 가족에 대한 개입과 관련된 주요 기본적 이슈들을 소개하는 데 있다.

개입

계곡에 구급차를 두는 것보다 절벽 위에 더 강력한 울타리를 치는 것이 낫다.

— Joseph Malins(1895)

개입이란 아동과 가족이 그들의 현재 및 미래 환경에 보다 효과적으로 적응하도록 도와주는 수많은 이론 및 임상 장면들을 포함하는 광의의 개념이다. 아동 및 가족과 작업하는 데에서 가장 좋은 한 가지 접근이란 없으며, 다양한 문제는 다양한 해결책이 필요하다. 임상평가와 진단 뒤에는 개입에 가장 유망한 접근을 선택하고 실행하려는 노력이 뒤따른다. 전형적으로, 심리적 장애는 아동 그리고(또는) 사회적 환경에 책임이 있는 적응에서의 실패를 나타내기 때문에 문제해결 전략은 처치, 유지, 예방이라는 활동 스펙트럼의 일부이다.

그림 4.4는 아동과 가족을 위한 개입의 스펙트럼 및 개입 환경을 보여 주고 있다. 보는 것처럼, 아동/청소년, 그들의 가족, 지역사회, 문화의 힘은 협력적인 보호 체계를 사용하는 다양한 생활 환경 전반에서 효과적인 개입을 통해 길러지고 유지된다(AACAP, 2007a). 그림의 상위 부분에서 개입은 왼쪽의 가장 보편적인 부분(특정 위험 · 문제 · 장애가 없는 집단에게 맞춤)에서부터 오른쪽에 있는, 특히 장기간 지속되는 질환(예: 자폐증)을 가진 아동/청소년에게 구체적으로 초점을 맞추는 것까지 다양하다(Weisz et al., 2005).

개입은 예방부터 유지에 이르기까지 활동 범위가 광범위하다는 데 주목하라. **예방** 노력은 장차 좋지 않은 결과가 발생할 가능성의 감소를 겨냥하는 것이다(Ialongo et al., 2006). 이것은 문제가 발생하기 전에 건강을 증진시키고 문제를 예방하는 것이 본질적으로 더 낫다는 전제에 근거하고 있는데, 예를 들면 학교에 기반을 둔 프로그램을 통해 따돌림 및 피해자가 되는 것을 예방하는 것이다(Farrington & Ttofi, 2009). **처치**는 이미 발생한 바람직하지 못한 결과의 영향을 제거하거나 감소시킴으로써 성공적으로 적응할 수 있게 하려는 교정적 활동을 말한다. **유지**는 문제의 재연 또는 재발을 막기 위해 시간이 지남에 따라 처치 준수를 증가시키려는 노력을 말한다. 예방, 처치, 유지의 노력은 각기 다른 방식과 각기 다른 환경에서 확인된 아동의 문제가 발달하는 데에서 각기 다른 단계에 초점을 맞춤으로써 서로를 보완해 주는데, 여기에는 한 번도 도움을 구한 적이 없는 사람도 포함된다. 가지고 있는 문제/장애와 취약성 둘 다를 목표로 함으로써 예방과 처치의 조합은 광범위한 환경 전반에서 다양한 아동/청소년과 가족에게 접근할 수 있는 가능성을 높인다(Weisz, Donenberg et al., 1995).

개입은 우리가 이 장 전반에 걸쳐 강조하고 있는 지속적인 의사결정 접근법의 일부로서 잘 묘사되어 있다. 평가는 개입에 필요한 많은 의문 사항에 우리가 답할 수 있게 도움이 되어야 한다. Felicia의 사례에서 뒤에 나오는 질문의 일부에 대한 대답은 우리가 수많은 유효한 처치를 선택(만약 있다면)할 수 있게 안내해 줄 것이다.

- Felicia의 문제는 치료되어야만 하는가? 만약 그렇다면, 어떤 문제인가? 우울? 등교 거부? 사회적 기술 결함? 가족 구성원과의 관계? 이 모든 것들인가?
- 처치가 없다면, Felicia에게 예상되는 결과는 무엇인가?
- 증거에 근거할 때, Felicia의 우울, 등교 거부, 사회적 기술 부족에 대해 가장 효과적이고, 효율적이고, 비용 효과적인 처치는 어떤 것인가?
- Felicia와 가족이 가장 잘 받아들일 수 있는 처치는 무엇인가?

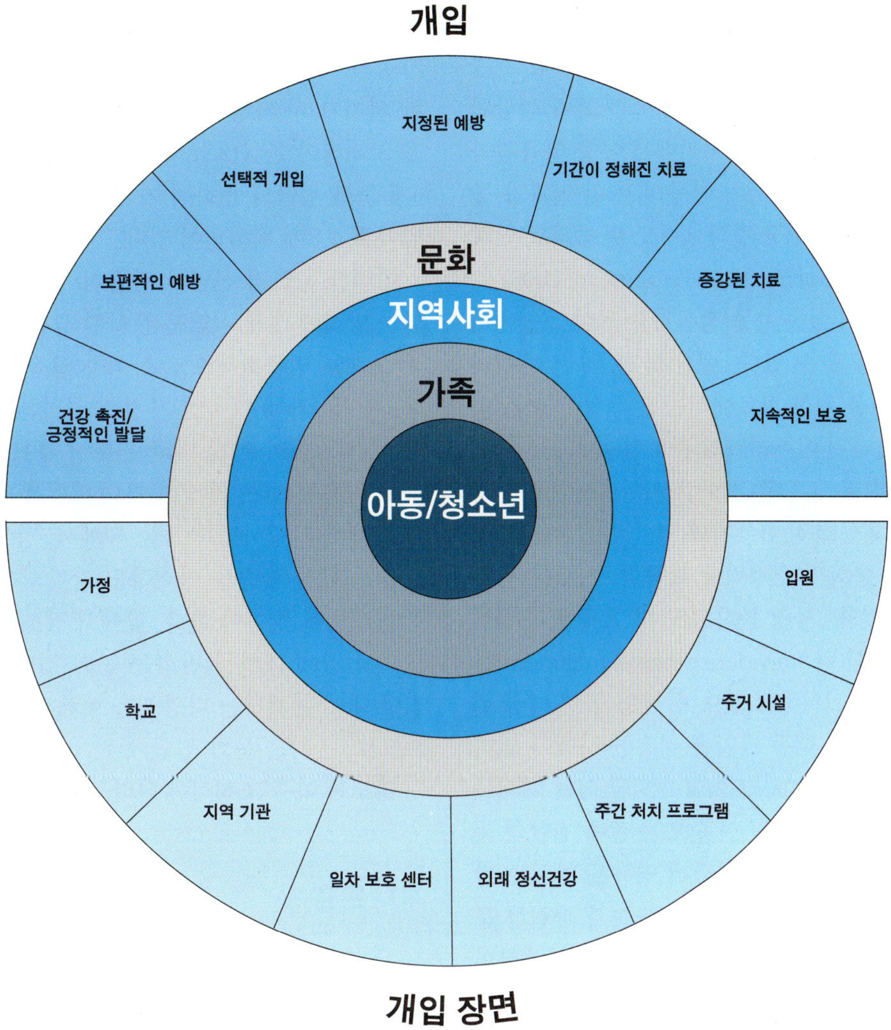

그림 4.4 아동기 장애에 대한 개입 스펙트럼과 개입 장면.

출처: Weisz, J.R., Sandler, I.N., Durlak, J.A., Anton, B.S. (2005). *Promoting and Protecting Youth Mental Health Through Evidence-Based Prevention and Treatment*에서 인용.

- Felicia를 위한 처치는 언제 시작되어야 하는가? 그리고 언제 종결되어야 하는가?
- 개입은 Felicia의 행동에 바람직한 영향을 미치는가? 변화는 Felicia와 가족에게 의미 있는가? 그들의 삶을 실질적으로 변화시킬 것인가?

이러한 질문을 소개하는 궁극적인 목적은 Felicia와 그녀의 가족, 그리고 Felicia와 같은 다른 아동들이 직면한 문제에 대한 효과적인 해결책을 찾고 장기적으로 적응을 촉진하고 강화하려는 것이다.

문화적 고려 사항

어려움이 있는 젊은이들을 위한 대부분의 개입은 소수민족 아동 및 가족의 고유한 경험을 통합시키지 못하고 있다(Yasui & Dishion, 2007). 그러나 증거에 입각한 개입들이 발전되면서 심리적 개입을 받는 아동과 가족의 문화적 맥락에 대한 인식도 증가하고 있다(Huey & Polo, 2008; Scott et al., 2010). 부모가 인종 집단과 문화가 다르면 양육의 가치가 다르고 사용하는 훈육 방법도 다르다. 또한 아동기 문제에 대한 생각, 정신건강 서비스가 제공되는 방법, 도움을 구할 때 아동의 문제를 설명하는 방법, 선호하는 개입에서도 차이가 있다(Yasui & Dishion, 2007; Yeh et al., 2005). **문화 양립성 가설**은 처치가 아동과 가족의 문화적 패턴과 양립될 수 있을 때 가장 효과적이 될 것이라고 말한다. 처치에서 문화에 민감함을 중시하는 것은 일부 문제 및 처치에서 아동 양육자와 치료자 사이의 인종적 유사성이 아동의 처치 결과가 좋은 것과 관련이 있다는 연구 결과에서도 반영되고 있다(Halliday-Boykins, Schoenwald, & Letourneau, 2005).

문화적으로 경쟁력 있는 아동 정신건강 서비스는 여러 가지 방법으로 제공될 수 있다. 예를 들면, 라틴 아메리카 아동 및 청소년을 위한 치료에서는 민족성이 같은 임상가를 배치하고, 라틴 아메리카의 문화적 가치 · 신념 · 관습(예: 가족주의, 유심론, 존경)에 처치(treatment)를 맞추고, 또는 인종 및 문화적 이야기와 역할극을 치료(therapy)에 통합해서 문화적 경쟁력을 획득할 수 있다(Malgady, 2010). 최근에는 특정 문화 집단의 요구를 충족시키기 위해 증거 중심 처치(evidence-based treatment)를 성공적으로 적용 및 실시하고 있으며, 예를 들면 미국 원주민 청소년에게 인지-행동 개입을 적용한 사례가 있다(Goodkind, LaNoue, & Milford, 2010). 지금 있는 처치들에 대한 문화적 적용처럼 특정 인종 또는 종족 집단의 독특한 요인—예를 들면 외상이 건강에 영향을 미치는 방식 및 이러한 문제를 취급하는 문화적 관습과 관련한 문화적 신념—에 초점을 맞춘 심층적인 구조적 변화뿐만 아니라 치료의 표면적 구조에서의 변화(예: 처치 자료, 전달 서비스, 처치 장면에서의 변화)가 포함된다.

아동을 위한 처치 서비스는 나타난 증상에만 관심을 기울이는 것이 아니고 수많은 문화들 속에서 특정의 가치관 · 규준 · 기대감, 다양한 종교적 신념과 관습, 각 가정의 다양한 종교적 신념 및 실제, 이 가정에서 성공한 처치가 저 가정에서는 실패하게 만드는 기타 상황들을 고려해야 한다(Schwoeri, Sholevar, & Combs, 2003). 5개 문화 집단의 문화적 가치와 공통의 양육 관습 및 신념이 표 4.8에 제시되어 있다.

"나는, 다음 세대는 이전 세대보다 치료가 덜 필요할 것이라고 생각하고 싶어요."

이러한 문화적 신념과 관습이 서로 다른 치료를 하게 하는 방식에 대해 여러분은 어떤 생각을 하겠는가? 한 가지 문제는 범문화적으로 상이한 양육 스타일이 될 것이다. 아프리카계 미국인 가정은 엄격한 규율을 강조하는 반면, 히스패닉계 및 미국 원주민 부모들은 일반적으로 다소 허용적이다. 가정이 자녀에게 효과적인 규율과 훈육 형태를 확립하도록 돕는 데에서, 임상가는 이러한 중요한 문화적 관습을 인식하고 각각의 부모가 사용하기 편한 방법을 찾아야 한다. 앞에서 강조했듯이, 문화적 관습과 신념에 대한 일반화는 문화 집단 간, 그리고 문화 집단 내에 존재하는 다양성을 이해하지 못하게 할 수 있으므로, 우리는 문화 집단에 관계없이 개인을 정형화하지 않도록 아주 조심해야 한다.

처치 목표

처치의 전형적인 목표는 무엇인가? 증상(문제) 감소, 아동이 장기적으로 기능을 강화시킬 수 있는 좀 더 실질적인 변화를 만들어 내는 것인가? 또는 둘 다인가? 둘 모두가 중요하기 때문에 처치 목표는 종종 문제 행동만 제거하거나 주관적인 스트레스를 간단히 감소시키는 것보다는 장기적인 적응을 촉진할 수 있도록 아동의 적응 기술을 형성하는 데 초점을 둔다. 기타의 치료 목표와 결과도 아동, 가족, 사회에 매우 중요하며(Jensen, Hoagwood, & Petti, 1996; Kazdin, 1997), 다음의 사항이 포함되어 있다.

- 아동의 기능과 관련된 결과: 증상의 감소 또는 제거, 기능에서의 결함이 감소된 정도, 증진된 사회적 능력, 개선된 학업 성적
- 가족의 기능과 관련된 결과: 가족의 역기능 수준의 감소, 부부 및 형제 관계의 개선, 스트레스 감소, 삶의 질 향상, 근심거리의 감소, 가족 지지의 강화
- 사회적 중요성에 대한 결과: 학교 관련 활동에서 아동의 참여 개선(주의집중 증가, 무단결석의 감소, 학교 중퇴의 감소), 청소년 사법 제도에 관한 연루의 감소,

표 4.8 문화적 가치와 양육 관습 및 신념

	아프리카계 미국인	라틴계 미국인	아시아계 미국인	미국 원주민	유럽계 미국인
문화적 가치	• 의사소통주의 • 개인주의 • 가족 화합 • 통합 • 창의성 • 협력 • 진실성 • 인종적 정체성	• 가족에 충실 • 대인관계적 • 연결성 • 상호존중 • 자기 존중	• 자기 통제 • 사회적 예의 • 정서적 성숙 • 연장자에 대한 존경	• 가족 중심 • 공유 • 조화 • 겸손	• 독립성 • 자율성 • 개인주의 • 주도성 • 기술 획득 • 자기 발달 • 개인의 권리를 중시함
양육 관행과 신념	• 권위주의적 양육 • 간단명료한 양육 • 일방적인 부모 의사결정 • 평등한 가족 구조 • 엄격한 훈육 • 부부 공동 양육	• 권위주의적 양육 • 가부장적 가족 구조 • 부모의 따뜻함을 많이 표현 • 자유	• 권위주의적 양육 • 구조적이며 관리적인 부모 참여 • 가부장적 가족 구조 • 엄격한 훈육 • 부모 통제 • 갈등의 협상 • 교사로서의 부모	• 허용적이며 느슨한 양육 • 훈육으로서의 수치심 • 가부장적 및 모계 중심 가족 구조 • 부부 공동 양육	• 권위주의적 양육 • 평등한 가족 구조 • 관리자로서의 부모 • 요구적임

출처: Forehand와 Kotchik(1996)과 Yasui와 Dishion(2007)에서 인용.

특정 서비스에 대한 요구 감소, 사고로 인한 부상 또는 약물 남용의 감소, 신체건강 및 정신건강의 증진

대부분의 아동기 장애의 특징이라고 할 수 있는 신체적 · 행동적 · 사회적 · 학습적 어려움이 서로 맞물려 있는 연결망은 이러한 처치 목표 및 예방 목표를 달성하기 위해 다학제 접근을 요구한다. ADHD, 자폐증, 섭식장애, 우울, 만성적인 의학적 질환에서 볼 수 있듯이, 많은 사례에서 아동은 심리사회적 개입이 공동작업 할 수 있는 약물이나 의료적 개입이 요구된다. 따라서 처치들을 결합해서 사용하는 것이 점차 보편화되고 있다. 뿐만 아니라, 아동과 청소년을 위한 심리적 개입은 뒤에 나오는 학습장애, 의사소통장애, 지적 불능에서 설명하듯이 효과적인 교수 전략과의 통합이 자주 필요하다. 마지막으로, 일부 아동에게는 보호와 기본적인 욕구를 도와줄 지역사회 및 사회적 서비스와의 통합이 필요하며, 이 부분에 대해서는 12장 아동 학대와 방임에서 논의할 것이다.

윤리적 · 법적 고려 사항

우리가 알고 있는 것처럼, 처치와 평가에 의뢰된 대부분의 아동은 여러 가지 불이익을 당하고 있고, 특별한 도움과 보호를 주장할 필요가 있다. 윤리적으로나 법적으로, 아동 및 그 가족과 함께 일하는 임상가들은 자신의 조치가 아동에게 미칠 영향뿐만 아니라, 아동 및 부모와 관련된 책임 · 권리 · 관계에 대해서도 생각해야만 한다 (Dishion & Stormshak, 2007a; Prout & Prout, 2007).

미국 아동 및 청소년 정신의학회(2009)나 미국심리학회(2002, 2010) 같은 전문 기관들의 윤리 규정은 임상에서 지켜야 할 최소한의 윤리적 기준을 제시하고 있는데, 여기에는 (a) 내담자에게 최선의 이익을 가져다줄 수 있는 처치 목표와 절차를 선택하기, (b) 내담자의 참여가 적극적이고 자발적임을 분명히 하기, (c) 목표를 달성하는 데에서 처치의 효과성을 입증하는 문서를 기록으로 남기기, (d) 치료적 관계에 대한 비밀보장, (e) 치료자의 자질 및 능력에 대한 보증이 포함되어 있다. 아동이 자신의 심리적 처치 및 의학적 처치와 관련된 결정에서 능동적인 참여자로서, 발달 수준에 맞게 아동이 참여하는 것에 대한 강조 역시 증가하고 있다(McCabe, 1996, 2006)

이러한 일반적인 윤리적 기준 이외에, 아동과 그 가족의 정신건강 개입과 관련된 특수한 어려움 및 윤리적 딜레마에 대해 세심하게 노력할 필요가 있다는 인식 또한

© Studio 10one/Shutterstock.com

© Anastasia Shilova/Shutterstock.com

문화적 배경은 아동의 독특성과 기대를 이해하는 데에서 중요한 고려 사항이다.

표 4.9 아동 및 가족과의 임상작업에서 윤리적 이슈

1. 아동은 성인보다 선천적으로 더 취약한 존재이다.
2. 아동의 능력은 변동의 가능성이 더 많고 시간이 지나면서 변한다.
3. 아동은 타인에게 그리고 그들의 환경에 더 의존적이다.
4. 성인의 처치에서의 윤리적 원칙과 실행은 아동의 현재 발달 능력과 법적 상태에 맞게 조정되어야만 한다.
5. 아동과 작업할 때에는 성인과의 작업에서보다도 경계와 역할의 문제가 더 많이 발생하고 더 복잡하다.
6. 성인에 관한 임상 실제, 성인에 관한 지식에 기초한 것이 아동과의 작업에서 신뢰롭게 적용되는 것은 아니다.
7. 임상가는 가족, 기관, 체계와 작업할 수 있는 기술을 개발해야만 한다.
8. 자신의 행동과 동기를 반드시 점검하는 것이 중요하다.
9. 자문과 조언을 구하는 것은 어려운 상황에서 도움이 된다.
10. 환자의 안전과 안녕을 위해 헌신을 유지하는 것은 필수이다.

출처: Belitz, J. & Bailey, R. A., "Clinical ethics for the treatment of children and adolescents: A guide for general psychiatrists," *Psychiatric Clinics of North America*, *32*, 243-257에서 인용. Copyright © 2009, Elsevier로부터 허락받음.

증가하고 있다(Belitz & Bailey, 2009). 아동과 가족에 대한 정신건강 개입의 몇 가지 핵심적인 윤리적 이슈를 성인의 개입과 비교해서 표 4.9에 강조해 놓았다. 아동과 관련된 윤리적 이슈는 자기 결정권 및 사생활을 포함하여 아동의 법적 신분이 계속 변하고 있고, 미성년자의 법적 권리에 대한 인식의 추세 때문에 복잡하다(Melton, 2000). 그러나 더 근본적인 이슈는 아동이 그러한 법적 권리가 있느냐에 있는 것이 아니라 미성년자가 스스로 의사결정을 할 능력이 있는지를 결정하는 것이다. 아동과 함께 일하는 임상가가 직면하는 몇 가지 어려운 이슈에는 미성년자가 처치에 동의하거나 거절할 수 있는 시기를 결정하는 것과 비밀보장에 관한 부모의 권리나 가족의 통합을 거부하는 아동의 권리와 균형을 유지하는 것이 들어 있다.

이러한 윤리적 · 법적 문제 이외에 좀 더 포괄적인 윤리적인 질문에는 아동과 가족에 대한 서비스의 보급에 관한 것이 있다. 복합된 문제를 가지고 있는 아동을 치료하는 데 현재 사용되는 수많은 개입들은 범위가 제한된 것—예를 들어, 치료는 일주일에 1시간—으로 알려져 있고, 현실적으로 아동이 겪고 있는 심각한 문제에 대해 의미 있고 지속적인 영향을 미친다고 기대할 수 없다. 더구나 현재 사용되는 많은 개입들은 침해적이고, 비용이 많이 들고, 지지하는 자료도 없다(Kazdin, 2000). 몇몇 사례에서 더 기본적이고 골치 아픈 윤리적인 의문은 처치를 해도 차이가 없거나, 더 나빠질 수 있다는 것을 알고 있을 때에도 처치를 제공해야 하는지이다.

아동 및 그들의 부모와 일하는 임상가들은 특별한 요구가 있는 아동의 평가와 처치 모두에 영향을 미칠 수 있는 연방법, 주법, 지방법에 대해 알고 있어야 한다. 이러한 법의 대부분은, 정신장애 및 신체장애가 있는 아동에게 적용될 수 있고, 장애란 인간이 경험하는 자연스런 부분이고, 모든 시민(아동을 포함)은 동등한 처치와 교육을 받을 자격이 있다는 인식에 기초하고 있다. 장애가 있는 아동을 위한 서비스에 큰 영향을 미친 두 개의 법은, 전(全)장애아동교육법(1975)과 개정된 법, 장애인교육법(2004)이다. 다음은 이러한 법이 가지고 있는 여러 목적 중 두 가지이다.

- ▶ 장애가 있는 모든 아동이 특수교육 및 그들의 독특한 요구를 충족시키고 직업 그리고 독립된 생활을 준비할 수 있도록 고안된 관련 서비스를 강조하는 적절한 무상 공교육을 이용할 수 있도록 한다.
- ▶ 장애가 있는 아동 및 장애가 있는 자녀를 둔 부모의 권리를 보호한다.

처치에 대한 일반적 접근

아동에 대한 처치가 엄청나게 다양해지고 숫자도 늘어나고 있다. 현재까지 550개가 넘는 처치들이 아동을 돕는 데 사용되어 왔다(Kazdin, 2000). 이 장의 남은 부분에서는 그중 몇몇 주요 접근의 개요를 제시한다. 아동 및 가족과 일하는 개업 임상가들의 70% 이상이 자신의 접근을 **절충적**이라고 밝히고 있는데, 이는 문제와 상황이 다른 아동에게는 접근을 다르게 한다는 의미이며, 이들은 이러한 접근의 대부분은 가치가 있는 것으로 보고 있다. 이러한 관례에 비추어 위에서 지정한 아주 많은 처치들이 아동에게 사용된 폭넓은 처치들을 과소평가하기 쉽다. 이제 처치에 대한 일반적인 접근 몇 가지에 대해 기술하고, 이 접근들이 Felicia에게 어떻게 적용되는지 살펴보자.

정신역동적 처치

정신역동적 접근은 아동의 정신병리가 무의식적 또는 의식적 갈등에 기초해서 결정된다고 본다(Lesser, 1972). 따라서 아동이 자신의 문제에 영향을 미칠 수 있는 무의식적인 요소를 의식할 수 있도록 도와주는 데 초점을 맞춘다(AACAP, 2012; Galatzer-Levy et al., 2000). 어린 아동에게 있어서 이러한 인식은 놀이치료를 통해 일어날 수 있고(Chethik, 2000), 나이가 있는 아동에게는 치료자와의 언어적 상호작용을 통해 일어난다. 기저에 있는 갈등이 드러나면서 치료자는 아동이 갈등을 해결하고 좀 더 적응적인 대처 방법을 개발할 수 있도록 돕는다. 향후에 통제된 연구가 더 필요하겠지만, 아동과 청소년에 대한 장기 및 단기 정신역동 심리치료 접근의 효과성을 지지하는 연구들이 있다(Abbass et al., 2013; Midgley & Kennedy, 2011).

Felicia의 사례에서, 치료자는 집중적인 심리치료, 아마 몇 개월 또는 몇 년간의 과정을 통해 Felicia가 자신의 문제에 대해 통찰할 수 있도록 도울 수 있다. 치료자는 아동의 긍정적인 기억과 부정적인 기억을 회상시켜서 부모와의 관계에 대한 초기 기억을 탐색하고, 아동이 자신의 아동기 기억 및 관계를 어떻게 구성하고 있는지를 탐색하려고 할 것이다. Felicia가 어머니와의 불안정 애착과 같은 기저에 있는 문제를 해결한다면, Felicia가 나타내는 우울증 · 사회적 철회 · 등교 거부 · 신체적 증상과 같은 증상들이 경감될 것이라고 가정한다(Muratori et al., 2003).

행동적 처치

행동적 접근에서는 대부분의 아동 이상 행동이 학습된다고 가정한다. 따라서 처치의 초점은 학습 이론이나 다른 연구를 통해 도출된 절차를 사용하여 아동을 재교육하는 데 있다. 이러한 절차에는 긍정적 강화, 타임아웃, 모델링, 체계적 둔감화가 있다(Morris & Kratochwill, 2007). 행동적 처치는 흔히 부모 및 교사와 작업함으로써 아동의 환경을 변화시키는 데 중점을 둔다.

Felicia의 사례에서, 치료자는 부모에게 Felicia가 저항할 때 집에 머물지 않게 하도록 교육하고, 학교에 갔을 때 칭찬과 좋아하는 활동을 강화해서 그녀의 등교 거부를 감소시키고자 할 것이다. 또한 치료자는 Felicia가 좀 더 효과적인 사회적 기술을 배울 수 있도록 돕기 위해 모델링, 역할극, 강화된 실습을 사용할 것이다.

인지적 처치

인지적 접근은 아동 이상 행동이 아동의 생각에 결함 또는 왜곡으로 인해 생긴다고 보는데, 여기에는 지각적 편향, 비합리적 신념, 잘못된 해석이 있다(Kendall, 2011b). 예를 들어, A학점을 받은 매력적인 소녀가 자신은 못생기고 학업에서 실패할 것이라고 생각하는 것이다. 처치의 초점은 이러한 잘못된 생각을 변화시키는 데 있다. 생각이 바뀌면 아동의 행동과 감정도 바뀔 것이라고 기대한다.

Felicia의 사례에서, Felicia는 자신이 학교에서 잘 해낼 수 없고, 자신이 학교에 가면 엄마에게 위험한 일이 생길 것이고, 또는 학급 친구들이 자신을 멍청하다고 생각한다고 확신할 수도 있다. 이러한 생각을 반박하게 하고 Felicia가 좀 더 합리적이고 적응적인 형태의 생각을 발달시킬 수 있도록 도움으로써 부정적인 관점이 변하면, 행동을 변화시킬 것이다.

인지-행동적 처치

인지-행동적 접근은 심리적 장애가 잘못된 사고 패턴, 그리고 잘못된 학습 및 환경적 경험 양쪽의 결과로 본다. 이러한 접근의 기본전제는 아동과 부모가 그들의 환경에 대해 생각하는 방식이 환경에 반응하는 방식을 결정한다는 것이다(Meichenbaum, 1977). 행동적 모델과 인지적 모델 둘 다의 요인을 갖추고 있는 인지-행동적 접근은 행동치료자들이 아동과 가족 양쪽의 처치에서 인지의 중요한 역할에 집중하면서 급속히 발전했다(Kendall, 2011a).

변화의 목표가 되는 오류적 사고 패턴에는 인지적 내용(예: 잘못된 신념)과 인지적 과정(예: 비합리적인 사고와 잘못된 문제해결)에서의 왜곡이 포함되어 있다. 여러분도 알게 되겠지만, 우울증, 품행장애, 불안장애를 포함해서 다양한 문제를 가지고 있는 아동에게서 인지 왜곡과 편향이 확인되고 있다.

인지-행동적 처치의 주요 목표는 부적응적인 인지를 확인해서 이것을 좀 더 적응적인 것으로 대체하는 것, 아동이 특정한 상황에서 인지적 대처 전략과 행동적 대처 전략 모두를 사용하도록 가르치는 것, 아동이 자신의 행동을 조절하는 것을 배우도록 돕는 것이다. 처치에는 아동의 부적응 행동에 대해 타인이 반응하는 방법도 포함된다. 인지-행동적 접근을 사용하여, 치료자는 Felicia가 더욱 긍정적으로 생각하는 것과 효과적인 사회성 기술과 대처 전략을 사용하는 것을 배울 수 있게 도울 것이다.

내담자 중심 처치

내담자 중심 접근에서 아동 정신병리는, 아동에게 부과되어 있는 사회적 상황과 환경적 상황 그리고 아동의 개인적인 성장과 적응적 기능에 대한 아동의 기본적인 능력이 방해를 받은 결과이다. 이러한 방해는 아동이 자아감 및 정서적 안녕의 상실 또는 결함을 겪게 하고, 추가의 문제까지도 겪게 하는 원인이 된다. 치료자는 아동에게 공감적인 방식으로, 무조건적이고 판단을 하지 않고 아동을 인간으로서 진솔하게 수용하고, 어린 아동에게는 주로 놀이 활동을, 그리고 나이 든 아동에게는 언어적 상호작용을 이용하여 관계를 맺는다(Axline, 1947). 치료자는 치료자의 충고나 코치 없이도 스스로 자신의 목표를 달성할 수 있는 아동의 능력을 존중하고, 아동의 자기 지향적인 능력을 존중한다.

Felicia의 사례에서, Felicia의 발달이 늦다고 생각하는 부모가 그녀를 아기 취급하는 것은 그녀의 적응 기능을 간섭하게 되고 자존감을 낮게 만들 수 있다. 처치에서, 치료자는 Felicia가 그녀의 느낌과 행동을 점점 더 일치시키게 하고 그녀의 느낌을 이해하도록 돕기 위해 Felicia가 말하는 것과 느끼는 것에 대해 언급한다. 처치에서는 Felicia가 길을 안내하고 치료자는 그녀의 뒤를 따라갈 것이다.

가족 처치

가족 모델에서는 정신병리가 아동에게만 있다는 생각에 대해 반박하고, 대신에 정신병리가 아동이 속해 있는 좀 더 큰 가족 체계에서 작용하는 요인에 의해 결정된다고 본다. 다른 접근과 마찬가지로, 다양한 수많은 가족 치료들은 기저에 있는 가설과 처치에 대한 접근에서 아주 다르다. 그러나 모든 접근은 개개 아동의 장애가 가족관계에서 나타나는 혼란의 표현이라고 본다(Rivett, 2008).

처치는 치료자가 관여하거나 때때로 가족 전체와 상호작용하거나 또는 부모와 아동 또는 남편과 아내와 같은 하위 가족 구성원을 선택하는 공동 치료자와 함께 한다. 전형적으로, 처치는 문제 행동의 기저에 있는 가족 문제에 집중된다. 접근법에 따라 치료자는 가족의 상호작용, 의사소통, 역동, 유관 관리, 가족 간의 경계, 또는 동맹에 중점을 둘 수 있다. 가족 개입을 가족의 문화적 맥락에 맞추어 적용시키는 것 또한 중요하다(Kumpfer et al., 2002).

Felicia의 사례에서, 전반적인 무력감 및 신체 증상은 가정에서 아기의 역할을 유지할 수 있도록 기능했거나 Felicia의 문제에 집중함으로써 부부의 어려움을 회피하는 방법이었을 수도 있다. 치료자는 Felicia와 가족이 이러한 점과 더불어 가족 구성원이 서로에게 관련되는 역기능적인 방법을 판단하고 변화시키도록 도울 것이다.

신경생물학적 처치

의학적 모델은 아동 정신병리가 신경생물학적 결함 또는 역기능의 결과라고 간주하고, 처치는 주로 약물과 기타 생물학적 접근법에 의존한다. 사례에는 ADHD의 처치에서 흥분제의 사용, 조현병이나 심각한 공격성 및 파괴적 행동에 대한 처치에서 항정신병 약물의 사용, 우울이나 불안에 대한 처치에서 프로작과 같은 선택적 세로토닌 재흡수 억제제(SSRIs)를 사용하는 것이 있으며, 약물 사용에 대한 지침이 있다(AACAP, 2009a). 또한 매우 초기 단계이기는 하지만 유전자 표현, 신경전달 이상이나 그 외 아동기 장애의 기저에 있는 비정상적 과정과 같은 기본 기제를 타겟으로 하는 약학적 개입의 개발에 대한 관심이 증가하고 있다(Vitiello & Grabb, 2013). 표 4.10에는 아동과 청소년에게 전형적으로 사용되는 약물이 요약 정리되어 있으며, 이는 다른 장에서 논의되는 구체적인 장애에 대한 치료를 검토하는 데에도 유용할 것이다.

그 외 논란이 되기도 하는 생물학적 개입에는 심한 우울증에 전기충격 치료(ECT)를 하는 것, 자폐증이 있는 아동에게 다량의 비타민 또는 미네랄을 투여하는 것, ADHD가 있는 아동의 식사 조절에서 식품 첨가제나 보존제를 주도면밀하게 제거하는 것이 있다. Felicia의 사례에서 정신과 의사들은 우울 증상을 치료하기 위해 SSRIs를 고려할 수 있다. 그림 4.5에서 보듯이, 아동 정신건강 문제에 대한 향정신성 약물 사용은 1980년 후반부터 1990년 중반까지 의미 있게 증가했는데, 이는 그 기간에

표 4.10 아동과 청소년에게 흔히 쓰이는 약물[a]

약물 유형	사용되는 처치	예
ADHD의 자극제 및 비자극제 약물	주의력결핍/과잉행동장애(ADHD)	• 자극제: 덱스트로암페타민(Dexedrine, Adderall), 메틸페니데이트(Ritalin, Metadate, Concerta, Focalin) • 비자극제: 아토목세틴(Strattera)
항우울제 약물	우울, 학교 공포증, 공황발작, 기타 불안장애, 오줌 싸기, 섭식장애, 강박장애, 성격장애, 외상 후 스트레스 장애, ADHD	• 선택적 세로토닌 재흡수차단제(SSRIs): 플루옥세틴(Prozac), 세르트랄린(Zoloft), 파록세틴(Paxil), 플루보사민(Luvox), 벤라팍신(Effexor), 시탈로프람(Celexa), 에스시탈로프람(Lexapro) • 삼환계 항우울제(TCAs): 아미트리프틸린(Elavil), 클로미프라민(Anafranil), 이미프라민(Tofranil), 노르트리프틸린(Parnate) • 모노아민 산화효소 억제제(MAOIs): 페넬진(Nardil), 트라닐시프로민(Parnate)
항정신병 약물	정신병적 증상(망상, 환각), 와해된 사고, 운동 틱, 투렛 증세의 통제 때때로 심한 불안을 치료하기 위해 사용되기도 하고 심한 공격적 행동의 감소에 도움이 되기도 한다.	• 1세대 항정신병 약물: 클로프로마진(Thorazine), 티오리다진(Mellaril), 플루페나진(Prolixin), 트리플루오페라진(Stelazine), 티오티신(Navane), 할로페리돌(Haldol) • 2세대 항정신병 약물(비정형적 또는 새롭다고 알려진): 클로자핀(Clozaril), 리스페리돈(Risperdal), 큐티아핀(Seroquel), 올란자핀(Zyprexa), 지프라시돈(Geodon), 아리피프라졸(Abilify), 일로페르돈(Fanapt), 루라시돈(Latuda), 아세나핀(Saphris)
기분 안정제 및 항경련제 약물	양극성 장애, 심한 우울 증상 및 기분 동요(조증 및 우울), 공격적 행동 및 충동 통제 장애	• 리튬(lithium carbonate, Eskalith), 발프로산(Depakote, Depakene), 카르바마제핀(Tegretol), 라모트리진(Lamictil), 옥스카르바제핀(Trileptal)
항불안 약물	선택적 세로토닌 재흡수 억제제는 아동 및 청소년의 불안을 조절하는 데 사용하고, 위의 항우울제 부분에 포함된다. 성인의 불안을 조절하는 데 사용되는 다른 약물은 아동이나 청소년에게 거의 사용되지 않지만, 심한 불안을 잠시 조절하는 데 도움이 되기도 한다.	• 벤조디아제핀: 알프라졸람(Xanax), 로라제팜(Ativan), 디아제팜(Valium), 클로나제팜(Klonopin) • 항히스타민: 디펜히드라민(Benadryl), 하이드록시진(Vistraril) • 비전형: 부스피론(BuSpar), 졸피뎀(Ambien)

[a] 이 약물들은 심리치료나 부모 교육 등의 개입과 함께 자주 사용된다.

출처: "Part. II: Types of medications, American Academy of Child & Adolescent Psychiatry," 2004, Psychiatric medication for children and adolescents, 2012년 5월 업데이트.

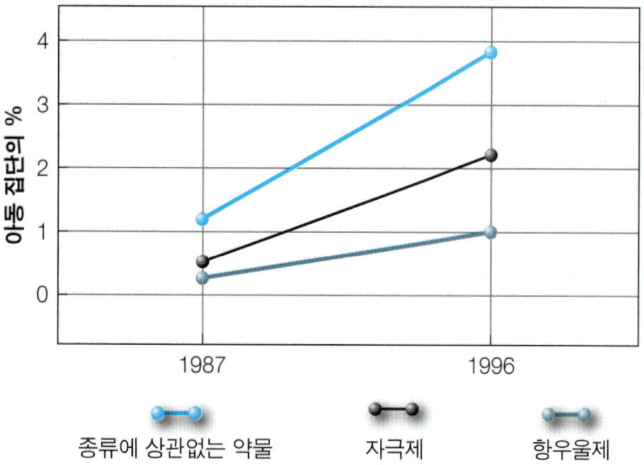

그림 4.5 1987~1996년 미국에서의 정신과 약물 사용.

출처: Olfson, M., Marcus, S. C., Weissman, M. M., & Jensen, P. S. (2005). "National trends in the use of psychotropic medications by children," *Journal of the American Academy of child and Adolescent Psychiatry*, 41, 514-521에서 인용.

아동 및 청소년의 정신건강 문제에 대한 처치의 일부로서 이 같은 약물의 사용을 대중들이 점차 수용하게 되었기 때문이다(Olfson et al., 2002). 지난 10년 동안 아동 정신건강 문제를 위한 약물 사용의 증가가 감소되고 있으나, 한 가지 이상의 약물을 이용하는 아동의 비율은 증가했다(Comer, Olfson, & Mojtabai, 2010). 약물 사용의 증가와 더불어, 아동 특히 아주 어린 아동에게 약물을 자주 사용하는 것에 대한 우려(Chirdkiatgumchai et al., 2013; Gleason et al., 2007)와 청소년에 의한 빈번한 오용과 남용(Zosel et al., 2013)에 대한 우려가 제기되고 있다. 처방 약물의 사용은 인종/민족 상태에 따라 차이가 있다. 예를 들면 비히스패닉계 백인 청소년의 경우에는 20% 이상이 우울증에 대해 처방 약물을 사용한다고 보고한 반면, 아시아계, 아프리카계, 히스패닉계 젊은이들은 4~9%로 보고되었다(Cummings & Druss, 2011).

연합된 처치들

연합된 처치는 두 가지 이상의 개입을 사용하는 것을 말하며, 각각은 그것의 고유한 처치 전략에 기초한다(Kazdin, 1996a). 일부 사례에서, 독립적인 개입의 연합은 서로 다른 개념적 접근, 즉 ADHD가 있는 아동에게 행동적 부모 훈련과 약학적 처치를 사용하는 것, 또는 인지-행동적 처치와 가족 치료를 연합하여 사용한다. 또 다른 예에서, 연합된 처치는 동일한 전반적인 개념적 접근에서 도출되기도 하는데, 즉 사회공포증이 있는 청소년을 위한 집단 처치 프로그램에서 사회적 기술 훈련과 인지 재구조화를 사용하는 것, 또는 적대적 반항장애가 있는 아동의 처치에서 개별적인 행동관리와 가족 행동치료를 사용하는 것에서 나오기도 한다.

현재는 더 많은 지역사회들이 아동에게 포괄적인 정신건강 프로그램을 실행하고 있고, 이는 종종 대부분의 아동과 가족이 접근할 수 있도록 학교 체계를 통해 전달되기도 하고 정신건강 개입과 교육을 통합하기도 한다(Walker & Gresham, 2013). 덧붙여, 학교 중심의 일반적인 사회 및 정서 학습 프로그램에 참여한 아동은 사회적 기술과 정서적 기술, 태도, 행동, 학업 수행에서 유의미하게 개선되기도 했다(Durlak et al., 2011).

살펴보기 4.3은 지역사회에서 문화가 다른 가족에게 특히 주목되는 혁신적인 학교 중심 프로그램에 대해 설명하고 있다.

Felicia의 사례에서는 우울에 대한 인지-행동적 처치, 등교 거부에 대한 행동적 처치, 그리고 사회적 기술 훈련이 들어 있는 연합된 처치 접근을 사용했다.

FELICIA
중다 해결책

Felicia에 대한 우리의 임상평가는 중요한 세 가지 문제, 즉 등교 거부, 우울, 사회적 어려움을 다룰 필요가 있음을 암시했다.

Felicia의 등교 거부를 치료하기 위해, 그녀가 날마다 학교에 가도록 요구하는 행동 프로그램을 실시했다. Felicia가 출석, 학급 참여, 학급 과제를 끝내면 점수를 얻었으며, 이것은 후에 영화 보기와 같이 Felicia가 좋아하는 활동이나 그녀가 미리 선택해 놓은 음악 앱 또는 기타 물건들을 살 수 있는 돈으로 교환할 수 있었다.

Felicia가 학교 가기를 거부하면 점수를 잃고, 긍정적인 강화로부터 잠시 타임아웃이 주어졌다. 주방에 혼자 앉아 있어야 했고 책을 읽거나 TV를 볼 수 없었다. 이 행동 프로그램은 지속적인 학교 출석과 학업 수행을 크게 향상시켰다.

Felicia의 우울 증상을 치료하기 위해, 우리는 인지-행동적 접근을 사용했다. Felicia는 할아버지의 사망, 많은 부정적 생각, 친구가 없는 것 등과 같은 수많은 이유로 인해 우울이 발생할 수 있다는 것을 배웠다. 그다음, 우리는 Felicia에게 즉시 경감시킬 수 있는 이완 방법을 가르치고, 성공적인 경험을 제공했다. 그다음, Felicia는 날마다 자신의 기분을 점검하고 평가하는 방법 및

살펴보기 4.3

포괄적인 정신건강 프로그램 모델: 문화적으로 경쟁력 있는 학교 중심 정신건강 프로그램

프로그램	**Dallas 학교 중심 아동 가족 센터**
목표	전국에서 12번째로 큰 학교 체계에 있는 정신건강 보호(mental health care)에서 가장 포괄적이고, 문화적으로 경쟁력 있는 학교 중심의 프로그램을 만드는 것. 프로그램은 서비스가 충분치 못한 소수 집단이 낙인찍힘 또는 적절하게 보호받지 못하는 것을 막는다.
특징	해마다 낮은 임금을 받는 3,000가정의 아동과 가족에게 필요한 신체 및 정신건강 보호를 제공한다. 정신건강 요소는 부모 그리고 가족과의 협력, 처치(전형적으로 6회기), 교사와의 추후 조사로 이루어진다. 자질을 갖춘 요원들이 서비스를 제공하는 집단의 인종 및 민족적 요소를 반영하고(70% 이상이 라틴계 미국인과 아프리카계 미국인이다), 학교 간호사, 상담가, 학교장이 문제를 확인하고 각 아동의 요구를 충족시킬 수 있는 해결책을 만들어 내도록 훈련한다.
결과	출석, 징계 의뢰, 아동 수행에 대한 교사의 평가에서 개선됨. 예비 연구 결과는 전국 및 지역 규준에 관해서 아동의 표준화된 검사의 점수가 개선되었다.
최대의 어려움	변화에 대한 저항이나 관할권의 장벽에도 불구하고 협력 파트너들과 재정적인 지원 및 구조적인 지원을 유지하는 것. 350만 달러라는 프로그램 기금은 학군으로부터 제공받고 있으며 Parkland 병원에서 추가로 150만 달러를 받음.
다른 기관이 채택할 수 있는 방법	인종이나 민족성에 상관없이 모든 아동의 성공적인 학교생활을 위한 정신건강의 중요성을 인식해야 한다. 학교 체계가 문화적으로 경쟁력 있는 학교 중심 정신건강 서비스를 제공할 수 있도록 주 정부 기금 및 연방 기금과 더 효율적으로 협력하는 방법을 재고하라.
지역	Texas 주의 Dallas와 Fort Worth
추후 관리	이 모델 프로그램은 학교 중심의 질적인 심신 건강 보호를 아동과 가족에게 계속 제공하고 있다. 프로그램은 가정의 전체성(wholeness)을 촉진하고, 가족이 아동의 건강과 교육에 몰두해서, 학업적 성공의 장벽을 감소시킨다. 11번째 아동 가족 센터가 2012년 Dallas에서 개원되었다.

출처: President's New Freedom Commision on Mental Health, 2003; www.dallasisd.org/page/1427.

긍정적 기분과 부정적 기분 둘 다에 수반되는 생각과 사건을 확인하는 방법을 배웠다. Felicia는 부정적 생각을 확인하고, 그에 반박하고, 변화시킴으로써 긍정적인 사고를 증가시켰다. 몇 주간의 처치가 있은 후, 그녀의 긍정적 기분 평가에서 매일 나타나고 부모에 의해 보고되듯이, 덜 우울해지기 시작했다.

Felicia의 교사와 부모는 그녀의 우울증이 집과 학교에서 사회적 상호작용의 어려움 때문이고, 따라서 이러한 문제가 감소하면 그녀가 덜 우울해할 것이라고 생각했다. 따라서 그녀의 우울한 증상과 대인관계 어려움을 다루는 사회-인지 기술 훈련 프로그램이 동시에 실시되었다. 이 프로그램은 세 부분으로 구성된다. 첫째, Felicia는 교육, 적절한 사회적 행동과 부적절한 사회적 행동에 대한 모델링, 역할극과 연습 · 코칭 · 피드백, 그리고 마지막으로 역할놀이를 했다. 이 훈련은 시선 접촉과 분명히 말하기와 같은 사회적 기술에 초점을 맞추고 있으며, 사회적 기술은 초기 평가에서 Felicia에게 부족한 부분임이 확인되었다. 훈련은 Felicia와 치료자가 문제가 된다고 생각하는 상황을 토대로 했는데, 예를 들면, 앞서 기술한 것과 같이 학교 식당에서 Felicia가 앉아 있는 식탁에 어떤 10대가 앉는 역할놀이를 한다.

처치의 두 번째 부분에서는 일반적인 문제해결 기술, 자기 평가, 자기 강화가 포함되어 있는 인지 기술에 초점을 맞추었다. Felicia는 서로 다른 상황에서 각각의 사회적 기술을 정확히 사용하게 될 확실한 단서를 사용하는 것을 배웠다. 예를 들면, "내가 하고 싶은 것은 무엇인가?" 또는 "이것을 어떻게 해야 하는가?"이다. 또한 Felicia는 자신의 사회적 행동의 적절성을 평가하는 것과 각각의 사회적 기술에서 향상되었는지를 평가하는 것을 배웠다. Felicia가 이러한 전략을 사용하는 것을 지지하기 위한 세 번째 행동주의적 구성요소에는 역할놀이에서 그녀의 사회적 기술의 유효성과 정확성에 대해 Felicia가 점수를 획득할 수 있게 하는 것이다. 행동주의 역할놀이 사회적 기술 개입의 결과는 그림 4.6에 나와 있다.

처치에 뒤이서, Felicia는 집에서 감정 표현과 사회적 반응이 증가하기 시작했다. 그녀는 좀 더 자주 웃었으며, 부모와의 논쟁은 줄었다. 그녀는 자신을 좀 더 적절하게 주장하기 시작했다. 학급에서 그녀가 자신의 의견을 말할 수 있도록 하기 위한 교사의 시도가 성공한 것과 맞물렸다. 점차 그녀는 다른 아이들과 더 많이 상호작용했고 활동 등에 참여하기 시작했다. 또한 그녀의 기분은 대화를 시작하려고 노력함에 따라 밝아졌고, 다른 아이들, 교사, 부모와 더 많이 상호작용하려고 했다. 처치 프로그램의 마지막에 Felicia는 더 많이 상호작용하고 자기 의견을 주장했으며, 상호작용을 하는 동안에 사회적으로 더 적절하게 되는 것을 배웠다. 그녀는 덜 우울해하고 더 활기차게 되었다.

처치 이후 1년이 지났을 때, Felicia는 절망 상태의 느낌 및 우울증을 보고하지 않았다. 그녀는 규칙적으로 학교에 출석했고 학업성적도 개선되었다. 그리고 활동에도 참여하고 다른 아이들과 더 많이 상호작용했다. 이 예에서 인지-행동치료, 행동주의적 사회적 기술 훈련, 인지적 문제해결 훈련이 연합된 접근은 Felicia와 그녀의 부모를 돕는 데에서 성공적이었다.

출처: "Depression," by D. J. Kolko, 1987. In M. Hersen and V. B. Van Hasselt (Eds.), *Behavior Therapy with Children and Adolescents: A Clinical Approach*, pp. 159-160에서 인용.

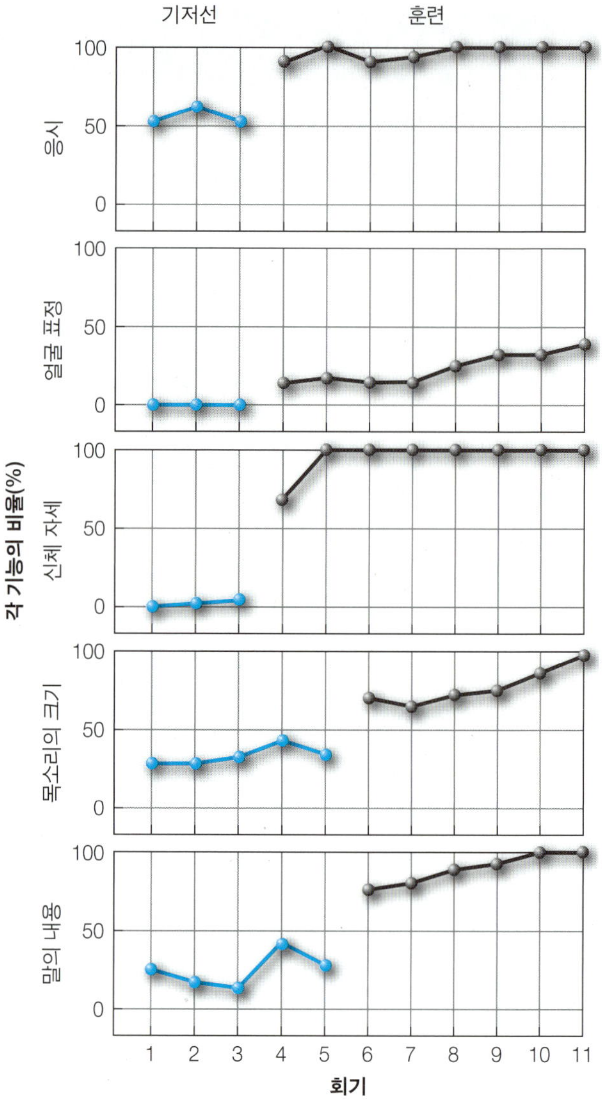

그림 4.6 행동적 역할놀이 개입의 결과.

출처: "Depression," by D. J. Kolko, 1987. In M. Hersen and V. B. Van Hasselt (Eds.), *Behavior Therapy with Children and Adolescents: A Clinical Approach*, pp. 163-164에서 인용.

처치의 효과

향상된 결과와 정신건강 비용의 감소에 대한 강조는 심리적 문제가 있는 아동과 가족을 치료하는 데에서 최상의 실행지침을 이끌어 냈다. **최선의 실행지침**은 임상가와 환자가 구체적인 임상 상태의 적절한 처치에 관한 결정을 하도록 돕기 위해 체계적으로 개발된 지침이다. 이러한 지침은 특정한 문제를 갖고 있는 아동과 가족에게 가장 효과적이고 비용 효과적인 처치에 대해 제언해 주려는 것이다(March et al., 2007).

최선의 실행지침을 개발하는 데에서 두 가지 주요 접근이 사용되어 왔다. 과학적 접근은 현재까지의 연구 결과에 대한 전반적인 검토를 통해 지침을 도출한다. 이 접근은 **증거 중심 처치**(EBTs)를 강조하는데, 이는 특정 집단에 대한 통제된 연구에서 효과를 보인 구체화된 처치를 말한다(Weisz & Kazdin, 2010). 대부분의 EBTs는 수많은 아동 및 다른 EBTs 또는 다른 형태의 처치(예: 약물)가 포함된 큰 규모의 임상 실험을 통해 평가된다. 전문가 합의 접근은 과학적 문헌과의 차이를 메우기 위해 전문가의 의견을 이용하는데, 예를 들면 연구가 결론에 도달하지 못하거나 다문화적 문제에 대한 정보가 부족할 때 이용된다. 따라서 증거 중심의 실행은 연구 결과를 맹목적으로 적용하는 것이 아니라, 개개인의 좋은 임상 전문 지식과 이용 가능한 최상의 과학적 증거를 결합해서 소비자의 선택, 선호, 문화에 대비하게 한다(Institute of Medicine, 2011; Sackett et al., 2000).

아동과 가족에게 서비스를 제공하는 많은 전문가 조직들이 탁월한 최선의 실행지침을 개발해 왔으며, 예를 들면, 임상 아동 청소년 심리학회(www.effectivechildtherapy.com), 미국 아동 청소년 정신의학회(www.aacap.org)가 있다. 우리는 각 장에서 특정한 문제가 있는 아동에게 권장되는 많은 개입들에 대해 논의하게 될 것이다

향상된 결과를 점점 더 강조하는 것과 일관되게, 아동기 장애에 대한 처치를 평가하려는 노력들 역시 증가하고 있다(Chorpita et al., 2011; Weisz & Kazdin, 2010). 이러한 노력들 덕분에 흔히 사용되고 있는 치료 방법의 전반적인 효과에 대해 더 자세히 살펴볼 수 있게 되었다.

먼저, 좋은 소식부터 시작해 보자.

- 심리치료를 받은 아동이 달성한 변화는 치료를 받지 않은 아동의 변화에 비해 일관되게 더 높다.
- 처치를 받은 아동의 평균은 치료가 끝났을 때 치료를 받지 않은 아동에 비해, 특히 증상 감소에서 최소 75% 이상 더 좋아졌다.
- 처치는 내재화 장애 아동 및 외현화 장애 아동 모두에게 똑같이 효과적이다.
- 처치 효과는 처치 뒤에 즉시 발견되는 효과와 비슷하게 추후 조사(치료 후 6개월 정도)에서도 지속되는 경향이 있다.
- 효과는 비특정적 기능 영역에서 변화된 것보다 처치 시에 구체적으로 표적이 된 문제에서 약 두 배 정도 컸다. 이 결과는 아동이 어떻게 느끼는지에 대한 변화처럼 처치가 비특정적이거나 전반적인 효과를 산출하기보다는 불안과 같이 표적이 된 영역에서 집중된 변화를 만들어 낸다는 것을 시사한다(Weisz, 1998).
- 아동이 통원 치료 회기가 많을수록, 증상이 더 많이 개선되었다(Angold et al., 2000).

그럼 나쁜 소식은 어떤 것일까? 연구 결과들이 일반적으로 아동 심리치료, 특히 행동적 접근과 인지-행동적 접근에서 대개 긍정적임을 제시하고 있지만, 중요한 제한점 역시 많다.

첫째, 연구들은 대부분의 처치가 불안, 우울증, 적대적 행동과 같은 증상의 감소에 효과적임을 보여 주고 있으나 아동의 생활 기능에서의 결함을 감소시킨다는 증거를 증명한 처치는 20% 미만이다(Becker, Chorpita, & Daleiden, 2011). 따라서 아동의 전체 생활 기능에서 의미 있는 변화를 가져오는 개입의 개발과 평가에 대해 더 많은 관심이 있어야 한다. 둘째, 우리는 실험실에서 수행되는 연구에서의 치료(reseach therapy)와 지역사회에 있는 임상에서 실시되는 치료 간의 차이를 인식해야 한다(Wagner, Swenson, & Henggeler, 2000). 대부분의 증거 중심 처치 결과 연구들은 연구 치료(research therapy)의 범주에 해당한다. 그러나 연구 치료와 비교했을 때, 임상에서 실시되는 치료는 흔히 좀 더 심각한 사례에서, 다양한 문제를 가지고 있거나 다양한 아동에게 맞추어져 있으며, 많은 아이들을 치료해야 하는 전문적인 경력이 있는 치료자에 의해 클리닉이나 병원에서 수행된다(Weisz & Weiss, 1993). 일반적으로, 임상 치료는 연구 치료보다는 덜 구조화되고 좀 더 융통성이 있으며, 비교적 정신역동이나 절충적 접근과 같은 비행동적(nonbehavioral) 방법을 더 많이 사용한다. 연구 치료의 결과와는 대조적으로, 임상 치료 연구를 통한 유사한 분석에서는 효과가 미미하거나 없다(Andrade, Lambert, & Bickman, 2000; Weisz et al., 2013). 이러한 결과들은 아동을 위한 전통적인 서비스가 효과를 제한시킬 수 있다는 점을 암시한다. 상황이 변하고는 있지만, 전형적으로 수행된 장면에서 아동 치료(child therapy) 결과에 대한 통제된 연구는 거의 없다. 따라서 임상에서의 경험적인 자료가 나타나기 전에 임상 및 지역사회 연구에 대한 결과로부터 결론을 도출하는 것은 성급한 일이다(Weisz, Jensen-Doss, & Hawley, 2006; Weisz et al., 2013).

요약하면, 아동 및 청소년 정신건강 문제에 대한 처치의 효율성이 상당하다고 해도, 이러한 처치들을 실제 장면에서 효과성과 비용 대비 효과성을 검증하는 것 그리고 이러한 정보를 보급하고 공공 장면에서 활용하는 것은 더 많은 관심이 요구되는 주요 문제이다(Novins et al., 2013).

새로운 방향

아는 것만으로는 충분하지 않다. 우리는 적용해야 한다.

의지만으로 충분하지도 않다. 우리는 반드시 해야 한다.

— Goethe

효과적일 수 있는 많은 평가와 처치 절차의 유용성에도 불구하고, 심각한 정신건강 문제가 있는 아동과 가족의 70~80%는 평가와 처치 서비스를 받지 못한다(Merikangas et al., 2011). ADHD 및 기타 행동장애가 있는 아동의 서비스 비율은 높지만, 불안 · 섭식 · 물질 남용 장애 청소년의 서비스 비율은 5명 중 1명 이하이다. 이러한 상황은 수입이 낮은 가정의 아동, 소수민족 젊은이, 아동 복지 및 청소년 사법 체계에 있는 아동 및 청소년에게는 더욱 심각하다. 이것은 현재의 증거 중심 임상이, 수가 많고 인식도 안 되어 있고 서비스를 받지 못하는 아동 집단을 도울 수 있는 방법이 될 것인지, 그리고 아동의 정신건강 요구와 효과적인 서비스에 대한 이용 가능성과 접근성 사이의 간격을 줄일 수 있는 가능한 방법인지에 관한 커다란 쟁점을 제기하고 있다(Kazak et al., 2010).

그에 대한 반응으로 이러한 어려움을 다루고 증거 중심 평가 및 처치 현장을 공중보건, 학교, 정신건강 체계에서 적극적으로 활용하도록, 많은 가족 · 대중 · 전문가 · 과학 기관들이 행동을 개시해야 한다고 요구하고 있다. 이로 인해 다양한 관계자 간의 파트너십 기회가 증가했으며, 이러한 노력을 지지하기 위한 주 정부 및 연방 수준의 재정적 장려정책 역시 증가했다. 이것은 다음에 초점을 두고 새로운 시도를 하게 했다.

1. 비전문가뿐만 아니라 교육, 복지, 청소년 사법, 건강 관리 전문가들 사이에서 아동 정신건강 필요성에 대한 인식이 증가한다(Jensen et al., 2011).
2. 다음에 기초한 광범위한 아동 정신건강 서비스 전달 모델을 개발한다. (a) 새로운 기술의 사용(예: 시골 지역 아동을 위한 인터넷, 스마트폰, 비디오를 이용한 평가와 처치 서비스[Duncan, Valasquez, & Nelson, 2014; Trull & Ebner-Priemer, 2013]), (b) 비전통적인 서비스 제공자(예: 부모, 건강 상담가), (c) 자조 개입(예: 자기 도움 책, 기록, 인터넷), (d) 매체(예: 교육 엔터테인먼트), (e) 정신건강 서비스가 필요한 아동이 전형적으로 존재해 있는 특수 장면(예: 학교, 일차 기관, 지역사회 중심 아동 복지 센터)(Kazdin & Blase, 2011; Rotheram-Borus, Swendeman, & Becker, 2013; Weist et al., 2014).
3. 다중 체계와 지침이 포함되도록 아동 정신건강 평가와 개입 서비스를 위한 조직 및 전달 체계를 확장한다(Chorpita & Daleiden, 2014; Kazak et al., 2010).

이 같은 새로운 시도들의 목표는 증거 중심 임상이 실제 장면으로 전달되어서 개인적인 수준과 사회적 수준 모두에서 아동 정신건강 문제에 대한 개별적 · 사회적 · 경제적 비용을 유의미하게 감소시키는 데 있다.

단원 정리

처치와 예방

- 아동기 장애의 개입은 예방, 처치, 유지와 관련되는 광범위한 전략과 장면들을 다룬다.
- 처치 목표에는 사회적 중요성뿐만 아니라 아동의 기능 및 가족의 기능과 관련된 결과들이 포함된다.
- 윤리적 및 법적 모두에서, 아동과 일하는 임상가들은 자신의 행동이 자신이 만나는 아동에게 미치는 영향뿐만 아니라 아동이 부모와 연관된 관련성, 책임, 권리에 대해서도 고려해야 한다.
- 정신역동, 행동, 인지, 인지-행동, 내담자 중심, 가족, 생물학적, 연합 접근을 포함하여 아동 및 가족을 위한 다양하고 수많은 처치들이 있다.
- 최선의 실행지침은 임상가와 가족이 특정한 아동기 장애에 적절한 처치를 결정할 수 있도록 돕기 위해 연구 결과와 임상적 합의에서 도출되어 체계적으로 개발된 진술이다.
- 통제된 처치 결과 연구의 검토를 통해 치료를 받은 아동이 받지 않은 아동에 비해 일관되게 더 큰 변화가 있다는 것이 밝혀졌다. 그러나 이러한 차이는 임상 표본에 근거한 처치의 결과 연구에서는 일관되지 않는다.
- 새로운 처치 시도의 목표는, 정신건강 문제가 있지만 인식되지 않고 서비스가 충분하지 못한 아동이 서비스를 받을 수 있도록 하고, 증거 중심 임상이 실제 장면으로 전달되어서 이러한 문제와 관련된 개인적 · 사회적 · 금전적 비용을 유의미하게 감소시키는 데 있다.

✷ 학습 자료

단원 요약

임상적 이슈
장애 평가하기
분류와 진단
처치와 예방
새로운 방향

핵심 용어

가족력(family history)
개별 기술적 사례 형성(idiographic case formulation)
개입(intervention)
검사(test)
다중방식 평가 접근법(multimethod assessment approach)
명시자(specifiers)
목표 행동(target behaviors)
문화 양립성 가설(cultural compatibility hypothesis)
문화적 증후군(cultural syndromes)
반구조화된 면접(semistructured interviews)
발달검사(evelopmental tests)
발달력(developmental history)
범주적 분류(categorical classification)
법칙 정립적 형성(nomothetic formulation)
분류(classification)
선별(screening)
신경심리 평가(nueropsychological assessment)
예방(prevention)
예후(prognosis)
유지(maintenance)
임상적 기술(clinical description)
임상평가(clinical assessments)
증거 중심 처치(evidence-based treatments(EBTs)
진단(diagnosis)
차원적 분류(imensional classification)
처치(treatment)
처치 계획 및 평가(treatment planning and evaluation)
최선의 실행지침(best practice guidelines)
투사검사(projective tests)
행동 분석(behavior analysis)
행동의 기능적 분석(functional analysis of behavior)
행동 평가(behavioral assessment)

5

지적 불능(지적 발달장애)

모든 사람은 천재이다. 그러나 여러분이 나무를 기어오르는 능력으로 물고기를 판단한다면, 그 물고기는 자신이 멍청이라고 믿으면서 평생을 살 것이다.

— Albert Einstein

이 장 미리 보기

지능과 지적 불능
- 우생학
- 아동의 지능과 적응 행동을 정의하고 측정하기
- IQ에 대한 논란

지적 불능의 특징
- 임상적 기술
- 손상의 정도
- 유병률

발달 경과와 성인이 되어서의 결과
- 동기
- 능력에서의 변화
- 언어 및 사회적 행동
- 정서 및 행동 문제
- 기타 신체적 및 건강상의 능력 부족

원인
- 유전과 환경의 역할
- 유전적 요인과 체질적 요인
- 신경생물학적 영향
- 사회적 차원과 심리적 차원

예방, 교육, 처치
- 산전 교육과 선별검사
- 심리사회적 처치

19세기 중반까지, 지금이라면 지적 불능이 있다고 진단되었을 아동과 성인을 '멍청이'라고 불렀고, 종종 정신장애 또는 의학적 질병이 있는 사람들과 함께 묶었다. 사람들은 흔히 이들을 무시하거나 두려워했으며 심지어 의료 전문가들까지도 그러했는데, 외모나 능력에서의 차이를 이해하지 못했기 때문이다.

비록 아주 오래된 두려움, 분개, 경멸로 인해서 보통 이하의 지능에 관한 중요한 발견들이 계속해서 빛을 잃었다고 해도, 지적 불능의 영역은 원인 규명과 서비스 제공 측면에서 지난 세기 동안에 엄청난 발전이 있었다. 이와 같이 지적 불능이 있는 아동의 발달을 이해하는 데에서의 발전은, 유전학 · 정신병리학 · 기타 분야의 연구와 더불어 이 분야에 대한 국면을 극적으로 바꾸고 있다.

정신박약(mental retardation)이라는 용어는 『정신장애의 진단 및 통계 편람(*Diagnostic and Statistical Manual of Mental Disorders,* 5th edition, DSM-5)』에서 **지적 불능**(intellectual disability, ID)이라는 용어로 대체되었고, 이는 전문가, 옹호 집단, 지식이 없는 대중 간의 합의에 기초했다. 지적 불능은 신경발달장애인데, 사회적 · 개인적 · 학업적 · 직업적 기능에 결함을 초래하는, 발달기에 발병하는 상태의 집단이다(APA, 2013). 지적 불능은 정신적 능력(예: 추리, 계획, 판단)에서의 심각한 제한이 일상생활을 수행하는 데 필요한 개념적 · 사회적 · 실질적인 기술과 같은 적응적 기능에 결함을 초래한다는 특징이 있다(Tassé et al., 2012). 이름이 바뀌었다고 해도, 이러한 조건을 정의하는 세 가지 중요 요인은 지난 50년 동안 그대로 유지되는데, 지적인 한계 · 적응적 기술의 손상 · 조기 발병이다.

중요한 점은, 지적 불능에 대한 현재의 정의에서는 개인의 지적 기능을 그 개인의 또래 및 또래가 속한 문화에서 전형적인 것이 무엇인가라는 맥락에서 개인의 지적 기능을 고려한다는 것이다. 결손 또는 불능을 결정하려면 의사소통, 감각, 운동, 행동적 요인의 차이뿐만 아니라 문화 및 언어적 다양성을 주의 깊게 고려해야 한다(American Association on Intellectual and Developmental Disabilities[AAIDD], 2010). 극복해야 할 편견과 무시에 대한 이해뿐만 아니라 지적 불능에 관한 지식 및 처치에 관한 지식에서의 발전을 이해하려면 이 장애가 시간의 흐름에 따라 어떻게 인식되어 왔는지를 살펴보는 것이 도움이 될 것이다.

지능과 지적 불능

역사 기록을 통틀어, 지능 및 기타 불능이 있는 사람은 다른 사람으로부터 경멸과 거부를 당해 왔는데, 대체로 두려움과 무시 때문이었다. 지적 불능이 있는 아동에 대해 만연되어 있는 오해와 잘못된 취급은 '아베롱의 야생소년'(1장에서 논의됨), Victor처럼 야생의 아이들이 발견되고 노예, 죄수, 정신병자, 신체장애인과 같이 탄압받고 무시당하던 집단을 도우려는 인도주의적인 노력이 확산되는 18세기 말까지는 거의 변화가 없었다.

19세기 중반, 정신박약의 개념은 프랑스와 스위스에서부터 북아메리카와 유럽의 많은 곳으로 퍼져 갔다. 같은 시기에, Samuel G. Howe 박사는 지능이 모자라는 사람을 훈련시키고 교육시키는 것은 사회적 책임이라고 그 시대 사람들을 납득시킨 후, 지적 불능인을 위한 북아메리카 최초의 인도주의 기관, 즉 백치 및 지능이 부족한 청소년을 위한 매사추세츠 학교를 열었다. 지적 불능(ID) 아동의 부모들은 진보된 관점을 믿기 시작했으며, 과거에 만연된 대중 및 전문가들의 의견과는 아주 다른 장기간 관리의 필요성에 반응했다. 1940년대에 이르러, 부모들은 집단을 형성하기 시작했으며, 인도적인 보호의 유용성을 증대시키기 위해 지역의 진단센터와 지도센터를 만들기 시작했다. 1950년에 이러한 집단들은 '지체된 아동을 위한 전국협회(National Association for Retarded Children)'를 구성했으며, 전국협회는 재빨리 지적 불능이 있는 사람에 대해 연구하고, 예방하고, 관리할 수 있는 모든 전문 영역을 대표하는 과학위원회를 설립했다(Kanner, 1964). 이와 같은 노력은 지적 불능이 있는 여

무지는 지적 불능이 있는 아동을 분리시켰고, 이들은 비인간적인 대접을 받았다. 오늘날 ID가 있는 대부분의 아동은 정규학급에 통합되어 있다.

살펴보기 5.1

악명 높은 KALLIKAK 가계

20세기 초에 가장 큰 지적 불능인들의 훈련학교 중 하나를 시작한 심리학자 Henry Goddard는 유명한 퇴화 이론과 우생학도 제안했다. 그의 책, *The Kallikak Family: A Study in the Heredity of Feeble-Mindedness*(1912)에서, 그는 혁명전쟁의 군인이었던 Martin Kallikak의 두 가계의 후손들을 추적했다. Kallikak는 전쟁 중에 저능인 접대부와의 사이에서 한 아이를 낳음으로써 첫 번째 가계를 형성했고, 전쟁이 끝난 후 '훌륭한 가문의 딸'과 결혼하여 아이를 낳음으로써 두 번째 가계를 형성했다. Kallikak라는 이름은 '매혹적인, 유쾌한'을 의미하는 *Kalos*와 '나쁜, 악마'를 뜻하는 *kakos*라는 두 개의 그리스어를 Goddard가 결합시켜 만들어 낸 것이다.

Goddard는 첫 번째 가계의 많은 후손들은 저능인, 주정뱅이, 범죄자인 반면에, 두 번째 가계의 후손들에서는 우수한 인물들이 배출되었다고 보고했다. 비록 두 가계에 영향을 미쳤을 명백한 환경적 차이를 간과했을지라도, 이러한 결과는 지능의 유전적 측면을 지지하는 증거라고 주장했다(Achenbach, 1982). 책의 서문에서 이를 부인하는 살펴보기는 다음과 같이 말하고 있다. "우리가 좀 더 독단적인 언급을 해 왔고 또한 자료에 의해 과학적으로 입증되지 않은 결론을 이끌어 냈다는 것은 사실이다." (저자의 사례 자료에서 인용)

동생을 둔 케네디 대통령 때 탄력이 붙었고, 1962년에 대통령 직속 정신박약위원단(President's Panel on Mental Retardation)을 구성해서 지적 불능을 방지하는 국가적인 프로그램을 요구했다. 뒤이어 ID가 있는 사람을 독방 감금 및 통제하는 것이 대중매체에서 폭로되면서 이들에 대해 대중들이 인식하게 되고 이들의 처우에 대해 격분하기 시작했다.

우생학

백치에 대해서는 3세대면 충분하다.

— Oliver Wendell Holmes Jr. 판사,
대법원의 1927년 우생학적 불임 법안을 지지하며

19세기에 널리 퍼져 있던 진화론적 퇴화 이론은 지적 불능이 아동의 지적 문제 및 사회적 문제가 인간 진화의 초기 단계로 퇴행하는 것이라는 데 영향을 미쳤다(Bowler, 1989). 사실, 19세기에 정신 결핍에 관한 전문가들은 인간과 하위 종들 사이의 '빠진 고리'를 발견했다고 믿었다(Gelb, 1995). J. Langdon H. Down은 자신의 이름을 딴 유전증후군에 대한 임상적 기술로 유명한데, 자신의 지적 불능자 의학적 표본 중에서 '묘하게 이상한' 사람을 몽고 인종으로의 '진화론적 후퇴'라고 해석했다(Down, 1866). Down은 어떤 인종 집단의 부모들은 다른 인종 집단에서는 '퇴화'로 받아들여지는 지적 불능이 있는 아동을 낳을 수 있다고 믿었다. 추측과 잘못된 결론에 근거를 두면서, 진화론적 퇴화 이론과 열등감의 개념은 19세기 후반까지 정신 이상, 정신적 결함, 사회적 일탈을 설명하는 것으로 점점 더 지지를 받았다. **살펴보기 5.1**은 이러한 대중적인 이론이 바람직하지 않은 인간 특징을 설명하는 데 어떻게 편리하게 이용되었는지를 보여 주고 있다.

1910년, 우생학 움직임은 탄력을 받았다. 1883년 Francis Galton경(Charles Darwin의 사촌)은 **우생학**을 '인종의 타고난 자질을 향상시키는 모든 영향을 다루는 과학'이라고 처음 정의했다(Kanner, 1964, p. 128에서 인용). 대중 및 전문가들의 강조는 점차 지적 불능이 있는 사람의 요구에서 사회의 요구를 고려하는 것으로 이동했고, 사회는 지역사회에 이러한 사람들이 존재함으로써 있을 수 있는 피해를 막아야 했다.

결과적으로, 지적 불능이 있는 사람은 그 당시에 사회의 악이라고 비난받았으며, 이는 문제에 대한 명명이 그 문제에 대한 판단과 해석에 어떻게 영향을 미치는지를 보여 주는 강력한 예이다. 사실, **살펴보기 5.2**는 그 당시 대중의 생각을 반영하는 1912년 *New York Times* 기사이다. 지적 불능이 있는 사람의 외모, 능력, 행동은 도덕적 기질이 부족한 증거라고 보았으며, 그러한 믿음으로 인해 이러한 차이를 묘사하고 설명하는 진단 용어인 **정신적 치우자**(moral imbecile), 또는 **정신박약자**(moron)라고 하게 되었다. 이 개념은 일탈 행동에 대한 솔직한 설명이 되었고, 이러한 사람을 식별하고 통제하려는 폭넓은 시도가 정당화되었다. 지적으로 가장 덜 손상된 것으로 여

살펴보기 5.2

20세기 초 정신박약에 관한 견해들

정신박약이 범죄자의 대부분을 차지하다

Henry Goddard 박사는 이들을 격리시킴으로써
사회적 문제들을 해결할 수 있다고 말한다.

그들을 결혼하게 해서는 안 된다

이 정책이 범죄, 질병, 술주정뱅이 대부분을 줄일 것이라고
그는 믿고 있다.

미국에서 30만 명의 저능한 사람들이 술주정뱅이, 범죄자, 극빈자, 그 밖의 사회적 부랑자의 대부분을 차지한다. 소년원에 있는 소년, 소녀 중 25%는 정신력이 부족해서 옳고 그름의 차이를 구별할 수 없고 잘못된 일에 연루될 때마다 옳은 일을 할 수 있는 인격이 부족하다. 아동의 65%는 부모 중 한 명, 또는 부모 모두가 정신박약이다. 이 나라는 지금까지 이와 같은 무책임한 사람을 격리시키는 어떠한 조치도 취하지 않았기 때문에 그들의 수는 계속 증가하고 있다.

이러한 무리들은 범죄자, 극빈자, 술주정뱅이, 식충이(ne'er-do-well), 기타 사회적으로 적응하지 못하는 사람들의 대열에 가담한다. 그들의 무능력 때문에 그들은 어떤 형태로든 사회의 짐이 될 것이며, 사실, 조사에 따르면 범죄자, 극빈자 등 실제로 정신적으로 무책임한 사람 중 많은 부분을 차지한다.

출처: *The New York Times*, March 10, 1912.

겨지는(대략 경도 정신지체와 비슷한) 정신박약은 사회에 대한 위협으로 생각되었는데, 정신 이상과는 달리, 쉽게 정상으로 보일 수 있기 때문이었다(Gelb, 1995). 지적으로 결함이 있는 사람과 기타 '바람직하지 않은 사람'은 공공을 위협하는 것으로, 두렵고 추방되어야 하는 것으로 여겨졌다.

아동의 지능과 적응 행동을 정의하고 측정하기

1900년경, 프랑스의 선구적인 두 교육자 Alfred Binet와 Theophile Simon은 아동의 지적 기능이라는 분야에서 주요한 성과를 이루었다. Binet와 Simon은 학교에서 특별한 도움이 필요한 아동을 선별할 방법을 개발해 달라는 요청을 받았다. 그들은 높은 수준의 사고의 기본 과정이라고 믿었던 판단 및 추리 능력을 측정하는 최초의 지능검사를 개발하는 기념비적인 작업에 착수했다. 이 검사의 초기 질문들은 블록이나 도형처럼 친숙하지 않은 도구를 조작하고 퍼즐을 풀고 사물 중에서 관계 있는 부분을 짝짓게 하는 것이었다. 이후에 이 검사는 스탠퍼드-비네(Stanford-Binet) 검사가 되었고, 현재 가장 널리 쓰이는 지능검사 중의 하나이다.

지능검사의 이러한 시작에서부터, **일반 지적 기능**은 현재 Wechsler 아동용 지능검사(Wechsler Intelligence Scales for Children, WISC-IV), 스탠퍼드-비네 지능검사(Stanford-Binet intelligence scales, SB5), Kaufman 아동용 지능검사(Kaufman Assessment Battery for Children, KABC-II)와 같이 개별적으로 실시하고 표준화된 하나 이상의 평가에 기초한 지능지수(IQ)로 정의하고 있다. 이 검사들은 다양한 언어적 및 시공간 기술(세상에 관한 지식, 추론, 유사점 및 차이점처럼)과 수학적 개념을 평가하는데, 이는 우리가 지능이라고 알고 있는 일반적인 개념을 구성하는 것이라고 가정한다.

관례에 따라, 지능검사 점수(평균 100, 표준편차 15)는 개인의 나이와 검사 점수에 기초한 표준화된 표에서 나온 것이다. 지능은 정상분포에 따라 정의되기 때문에, 모집단의 약 95%의 점수는 평균의 표준편차 2 이내(즉, 70과 130 사이)에 있다. 따라서 평균 이하의 지능은 지능지수 약 70 이하(대략 평균의 표준편차 2 이하)라고 정의된다.

이 장의 후반에서 논의하겠지만, 지적 불능의 정의에는 평균 이하의 지적 기능뿐만 아니라 평균 이하의 적응 기능도 포함된다. **적응 기능**이란 개인이 일상생활의 요구에 얼마나 효과적으로 대처하고, 얼마나 독립적으로 삶을 영위하며 지역사회 기준에 따라 살 수 있는지를 말한다(Hodapp et al., 2011). 지능검사로 평가된 지능이 낮은데도 불구하고 환경에 잘 적응하는 것을 배우며, 따라서 지적 불능이라고 생각되지 않는 아동도 있다는 것에 주목하라. 표 5.1은 적응 행동의 세 가지 주요 범주(개념적 · 사회적 · 실제적 적응 기술)의 예를 나타낸다. IQ와 유사하게, 이러한 기술들은 적응 행동 평가 체계 2판(Adaptive Behavior Assessment System—Second Edition, ABAS-II; Harrison & Oakland, 2003) 또는 Vineland 적응 행동 척도 2판(Vineland Adaptive Behavior Scales—Second Edition, VABS-II; Sparrow, Cicchetti, & Balla,

표 5.1 적응 행동 기술의 구체적인 예

개념적 기술
• 수용 언어 및 표현 언어 • 읽기 및 쓰기 • 돈의 개념 • 자기 주도성
사회적 기술
• 대인관계 • 책임성 • 자존감 • 잘 속음(사기당하거나 조정당하기 쉬움) • 순진 • 규칙 따르기 • 법을 지킴 • 속임 피하기
실제적 기술
• 먹기, 옷 입기, 움직이기, 배설하기와 같은 일상생활에 관한 개인 활동 • 음식 준비하기, 약 먹기, 전화 사용하기, 돈 관리, 교통수단 이용 및 집안일과 같은 일상생활의 중요한 활동
직업 기술
• 안전한 환경 유지하기

출처: The American Association on Intellectual and Developmental Disabilities(AAIDD).

2005)처럼 표준화된 도구를 사용하여 평가한다.

IQ에 대한 논란

시간이 흘러도 개인의 지능이 비교적 안정되어 있다면, 그것은 대체로 선천적이며 불변하는 것이라고 결론 내릴 수 있을 것이다. 반면에, 지적 발달과 인지 발달이 환경에 의해 형성되는 것이라면, 인지적 성장은 생의 초기에 더 촉진될 수 있고 지적 불능의 수준도 감소될 수 있을 것이다.

지능은 또래 집단과 연관시켜서 측정되기 때문에, 일반적으로 IQ는 아동기에서 성인기까지 안정되어 있다(Carr, 2005; Whitaker, 2008). 이러한 일반적인 규칙에서 한 가지 예외는 상당한 변동이 지속되는 유아기 초기에 측정된 IQ이다. 전형적인 발달을 하는 아동에게, 출생 후 1세가 되기 전에 측정한 IQ는 12세 때 측정한 점수와 실제로 상관이 없지만, 4세 때 측정한 IQ와 12세 때의 IQ 사이에는 상관관계($r = 0.77$)가 높다(Neisser et al., 1996).

그러나 발달 지연이나 지적 불능이 있는 유아와 아동의 경우는 극적으로 차이가 있다. 낮은 수준의 IQ(말하자면, 50 이하)에서는 아주 어린 유아라도 시간이 지나도 안정성을 보여 주는데, 유아와 아동기의 지능검사 상관계수는 .50에서 .97에 이른다(Sattler, 2006). 연구자들은 경도에서 중도의 지적 지연을 보이는 아동들 사이에서는 중기 아동기에서부터 초기 성인기에 이르기까지 안정적인 IQ의 유사한 패턴을 발견했다(Mortensen, et al., 2003; Toth & King, 2010).

비록 인지적으로 지체된 유아 및 어린 아동의 IQ가 변하지 않을 것 같다고 해도, 적절한 환경이 뒷받침된다면 자신의 잠재력을 최대한 달성하는 데 도움이 될 것이다. 1960년대 초 이래로, 아동 발달과 지적 불능을 연구하는 연구자들은 발달 지체가 있는 아동이 자신이 갖고 있는 강점을 키울 수 있게 돕는 초기 자극 프로그램을 제공하는 방법을 탐색해 왔다. 강력한 유전적 요소에도 불구하고, 정신 능력이 경험에 의해 항상 수정되고 있다. 유아기부터 초기 아동기는 지적 능력에 영향을 미칠 수 있는 가장 중요한 기회라는 것이 놀랄 일은 아닌데, 어린 아동의 뇌가 급속하게 발달하고 환경 자극에 대한 어린 아동의 뇌 반응 때문이다(Campbell, & Ramey, 2010; Pungello et al., 2010).

유전적 구조의 중요성에도 불구하고, 사람에 따라 IQ는 아동기와 청소년기에 10~20점 정도 변할 수 있고 변하기도 한다(Simonoff, Bolton, & Rutter, 1996). 결과에서의 차이는 각 아동이 배우고 개발할 수 있는 기회에 따라 크게 달라진다. 양육자가 적절한 수준의 자극을 제공하고, 주위의 스트레스를 해결할 수 있도록 도와주는 건강한 환경에서 살고 있는 아동은 자신의 잠재력을 가장 잘 달성할 것 같다. 더욱이 검사는 지적 능력의 제한된 범위에서만 표집할 수 있고, 각 개인의 독특한 학습 내력은 설명할 수 없다(Sattler, 2006).

우리는 실제로 영리해지는가?

검사를 시작한 이래, IQ 점수는 한 세대 사이에 5점에서 25점 정도로 상당히 가파르게 상승되고 있다(Kanaya, Scullin, & Ceci, 2003). 1987년, James Flynn이 IQ 점수가 올라가는 현상을 과학자들이 주목하게 했을 때, 이것은 'Flynn 효과(Flynn effect)'로 알려졌다. 10년마다 평균

3점이 증가했으며, 이 증가의 합은 1940년 이후로 표준편차 하나보다 더 컸다. 검사가 다시 표준화되면(대략 15년에서 20년마다) 평균은 100으로 다시 설정되고, IQ 점수에서 이러한 상승은 간단히 뒤집힌다.

Flynn 효과를 설명하기 위해, 과학자들은 나아진 삶의 수준, 좋아진 학교 교육과 영양상태, 의학의 발달, 더 나은 환경 자극, 컴퓨터 게임과 복잡한 장난감의 영향까지도 고려했다(Flynn, 2007, 2012). 검사에 있는 것과 유사한 문제, 즉 시리얼 포장상자 또는 패스트푸드 가방에서 볼 수 있는 미로나 퍼즐 같은 것에 아동이 노출되기도 했기 때문에 IQ 검사 자체도 다시 검토되었다. 그러나 단순하게 검사 방법에 익숙했기 때문이라고 보기에는 IQ 점수가 일관되게 증가하는 양이 너무 크다.

Flynn 효과의 정확한 원인은 아직 알 수 없지만, 아동의 지능을 다루는 전문가들은 오늘날 점수의 증가가 지적 성장 및 발달에 관한 의미 있는 측면을 반영한다는 것에 대해 의문을 제기한다. 비교적 허용적이고 아동에게 초점을 맞춘 양육 방식이 최근 몇십 년 동안 나타났으며, 이것이 아동의 언어적 능력과 전반적인 인지 능력을 촉진했을 수도 있다. 더욱이 일상생활과 직업적 경험이 과거에 비해 오늘날에는 훨씬 더 복잡해지면서 성공적인 세대들 간의 문화적 차이는 전례가 없었다. 그러나 Flynn 효과에도 단점이 있다. 다시 표준화한 후에 경계선 및 경도 정신지체가 있는 사람은 검사 점수가 평균 5.6점 떨어지고, 이는 적절한 교육 배치와 기타 관련 서비스를 받는 아동의 자격에 상당한 영향을 미칠 수도 있다(Kanaya et al., 2003).

지능검사는 편향되었거나 불공평한가?

아프리카계 미국인의 지능검사 점수 분포의 평균이 비교적 낮고, 전형적으로 백인의 평균에 비해 약 1 표준편차(약 15점) 낮은 것에 대해 많은 사람들이 관심을 보였다(Jencks & Phillips, 1998). 최근 추정치는 아프리카계 미국인이 비히스패닉계 미국인에 비해 4~7점 더 얻는 것으로 제시되었지만(Dickens & Flynn, 2006), 검사 결과에 차이가 나는 이유에 대해서는 관심이 많았다.

IQ 점수 차이에 대한 논란은, IQ의 약 80%는 유전되는 것이며, 따라서 많은 부분이 유전적으로 결정된다고 주장하는 연구자들에 의해 불이 붙었다(Rushton & Jensen, 2006). 다른 연구자들은 경제적 · 사회적 불평등—검사 편향이나 인종 차별이 아닌—이 아프리카계 미국인과 백인 사이에 존재하는 집단 차이를 가장 단순하게 설명하는 것이라고 주장했다(Brooks-Gunn, Klebanov, Smith, Duncan, & Lee, 2003; Nisbett et al., 2012). 예를 들면, 개인적 특징, 가계의 배경 특징이 통계적으로 통제될 때, 아프리카계 아동과 백인 아동이 유사한 검사 점수를 획득할 것이라는 것이다. 그러나 이 학생들이 학교에 들어가면서 이들 간의 차이는 더욱 커지며, 연구자들은 이들이 사는 가난한 동네에 있는 학교의 수준이 낮기 때문이라고 믿었다(Levitt & Fryer, 2004; Nisbett, 2009). 다른 나라의 아동뿐만 아니라 미국 내에 있는 아프리카계 아동과 소수민족 집단 아동들 중에서 빈곤의 비율이 높고, 백인과 비교할 때 발전할 수 있는 기회가 적다. 빈곤과 불평등은 빈약한 영양, 부적절한 산전 관리, 지적 자원의 부족 및 아동이 지능을 발달시키는 데 부정적인 영향을 미치는 유사한 현실들과 연계되어 있다(Christian et al., 2013; Sternberg, 2010).

단원 정리

지능과 지적 불능

- 지적 불능(ID)의 초기 역사는 무시와 비난으로 얼룩져 있다.
- 20세기 중반, 지적 불능을 이해하려는 쪽으로 급속하게 진행되었으며, 부모, 연구자, 정치가, 대중 모두가 ID의 원인에 대한 해답을 찾으려 했고, 아동 및 성인 ID 모두를 돕는 데에서 더 나은 방법을 찾고자 했다.
- 지적 불능은 지능과 적응 행동 두 가지에서 한계가 있지만, 이러한 장애가 있는 많은 사람들은 학습할 수 있으며 충만한 삶을 살 수 있다.
- 결점을 갖고 있는데도 불구하고, IQ는 아동이 갖고 있는 기타 기술 및 능력과 더불어 지적 불능의 진단에서 주요한 기준이 되어 왔다.

지적 불능의 특징

MATTHEW

자기 속도대로 좋아짐

심리 평가에 의뢰되었을 때 Matthew는 대략 여섯 살이었다. 간략한 학교 기록부에는 그가 '발달적으로 지체된' 아동이라고 기술되어 있었으며, 학교에서는 그의 어휘 및 사회적 기술이 매우 제한되어 있다고 우려했다. Matthew는 또한 집에서 분노발작을 보였고, 입학 후 1학년 담임교사는 Matthew가 학급에서 다른 아동에게 하는 공격 행동에 대해 우려를 표명했다.

처음에 나는 Matthew를 그의 집에서 만났다. 나는 "네가 가장 좋아하는 장난감이나 게임이 뭔지 보여 줄래?"라고 제안했는데, 그는 자기 집에서 낯선 사람과 있을 때 어떻게 해야 하는지에 대한 확신이 없었다. 그는 말랐고, 곱슬머리에다 조심스러웠으며, 말수가 적었다. 내가 그의 부모와 이야기할 동안 그는 나를 말없이 몇 분간 쳐다보았다. 그가 "알았어요."라고 말하기는 했지만, 나는 그가 무엇을 의미하는지 확신할 수 없었다. 그는 조용히 앉아 있었고, 내 질문에는 관심이 없었다. Matthew는 몇 개월 전에 여섯 살이 되었으나, 나는 그의 옷 입는 수준, 게임 및 어휘는 세 살인 내 딸 수준임을 알아차렸다. 가장 좋아하는 과목이 무엇인지 묻자 그는 "나는 쓰레기 같은 학교 얘기는 하고 싶지 않아요."라고 소리 질렀고, 꽤 큰 소리로, "나는 쉬는 시간과 점심시간만 좋아해요. 젠장, 그들은 종이 울릴 때까지 당신을 꼼짝 못 하게 할 거에요."라고 대답했다. 그가 의도했다고 생각하지는 않지만, 그의 말에는 어느 정도 진실과 유머가 있었다.

내가 몇 가지 검사 도구들을 가져왔을 때 Matthew는 어느 정도 관심을 보였다. 그는 걸음마기 유아용 퍼즐을 완성했고 퍼즐에 있는 동물의 소리를 낼 수 있었다. 그러나 그의 정서 표현은 가라앉아 있었고 자발적인 웃음이나 즐거움이 거의 없었다. 그는 경계하고 신중했다. 나는 Matthew에게 공을 가지고 싸우고 있는 동물이 그려져 있는 카드를 보여 주면서, "이 그림에서 무슨 일이 일어날 것 같니? 또 코끼리와 얼룩말의 성격은 어떤 것 같니?"라고 질문하자, Matthew는 "그(코끼리)는 얼룩말에게서 공을 낚아채어서는 숲 속으로 달아나려 하고 있어요. 그게 다예요."라고 대답했다. 더 상세한 내용을 끌어내려는 나의 시도는 꼬치꼬치 캐물으려는 것처럼 보일 뿐이었다.

몇 분 후에 우리는 휴식을 취했고, 그는 장난감을 가지고 왔다. 그는 내게 "『해리 포터』를 좋아하세요?"라고 물었다. 우리는 책에서 주인공들 사이의 몇 가지 공통점을 찾았고, 이런 '이상적인' 상태에서 Matthew의 의사소통은 좀 더 용이해지고 자발적이 되었다. 그는 면담에서 다양한 정서를 표현했고, 자신만의 편안한 수준의 관계 맺음이 되었다. 우리는 좀 더 이완된 놀이로 시간을 보냈고, 점차로 그의 어휘도 많아졌다.

개인적으로, Matthew의 어머니는 다른 아동과의 행동 문제, 즉 때리기, 깨물기, 물건 집어던지기, 관심 요구하기에 대해 이야기했다. 세 살짜리 여동생이 방에 들어왔을 때, 나는 그러한 행동상의 문제를 목격했다. 그는 "나가! 이 아저씨는 나랑 놀아주기 위해 여기 온 거야!"라고 소리쳤다. Matthew는 예컨대, 자기 방식대로 즉시 되지 않으면 소리를 지르거나 밀어내는 식으로 아주 어린 아이처럼 행동했다. 나의 사무실에서 두 번째 만났을 때, Matthew의 WISC-IV 전체 척도 IQ는 64였고, 어머니의 보고에 근거한 적응 행동 척도에서 적응 능력 점수는 68이었다. 그러나 경도 정신지체임에도 불구하고, Matthew는 지난 몇 년간 학교에서 향상을 보여 왔고, 마찬가지로 발달 이정표에서도 진전을 보이고 있다. (저자의 사례 자료에서 인용)

당신은 외모나 말하는 것, 또는 검사가 보여 주는 것으로 그 사람을 판단한다. 그러나 그 사람의 내면이 어떠한지에 대해서는 결코 알지 못한다.

— Ed, 정신지체라고 분류되어 15세 때 주립기관에 배치된 27세 젊은이(Bogdan & Taylor, 1982)

지적 불능은 아동기 장애 중에서도 인지 능력 및 행동 능력에서 가장 큰 편차를 보인다. 이들 중 일부 아동은 학교와 지역사회에서 기능을 아주 잘하는 반면, 일부는 심각한 신체적 결함과 인지적 결함이 있어서 일상생활의 관리나 보조가 필요하다. 6세인 Matthew와 8세인 Vanessa의 상황은 지적 불능이 있는 아동이 날마다 당면하는 그들만의 어려움의 일부를 보여 준다.

Matthew는 경도 지적 불능(mild intellectual disability)이 있다고 진단받았다. 말과 언어가 지체되어 있기는 해도, 그는 언어적 기술을 효과적으로 발달시켜 나갔으며, 정규수업에도 참여할 수 있었다. 학교에서 친구들과 사귀는 것이 때때로 문제가 되었는데, 그가 게임 규칙을 이해하는 것이 느렸고, 느린 것 때문에 몇몇 아동들이 놀렸기 때문이다.

Vanessa는 중등도 지적 불능이 있다고 진단되었다. 최소한의 도움으로 식사를 하고 옷을 입을 수 있고, 비록 가족 이외의 사람들이 항상 인식할 수 있는 것은 아니지만 짧은 문장으로 의사소통할 수 있다. Vanessa는 자신의 일상 습관을 수행하려면 일상적인 도움을 필요로 하지만, 하루 중 몇 시간은 지역에 있는 학교에 다닐 수도 있다. 이러한 사례에서 보는 것처럼 두 아동 모두의 특별한 요구는 경제 및 교육적 한계 때문에 가려지기도 하는데, 부모, 교사, 기타 전문가들의 창의성과 협조적인 도움이 필요하다.

VANESSA
집에서 향상되다

Vanessa(8세)는 중등도 지적 불능(IQ = 52)이 있고, 의사소통 기술에 한계가 있다. Vanessa는 4세가 되기 전에 말의 발성과 기본적인 자립 기술의 학습 능력이 부족한 이유를 알기 위해 의학적 검사와 심리검사를 실시한 후에 진단을 받았다. Vanessa의 어머니는 정신지체아 특수학교에서는 딸에게 특별히 필요한 것들을 충족시켜 주지 않아서, 지역사회의 도움을 받아 집에서 그녀를 키우겠다고 결정하게 된 것에 대해 우리에게 말했다.

> "우리 가족이 1990년에 이곳으로 이사 왔을 때, 우리는 집에서 아이를 돌보는 데 한 달에 75달러를 받거나 아동훈련센터에서 살 수 있다고 했어요. Vanessa는 4세 이전에 중등도 정신지체라고 진단을 받았거든요. 우리는 집에서 아이를 돌보는 데에는 한계가 있다는 것을 알아요. 그래서 훈련센터에 보내기로 어려운 결정을 내렸어요. Vanessa는 매주 집에 오긴 했지만, 뭔가 아이의 인생에서 중요한 것들을 잃어버리고 있다는 느낌이 들었어요. 직원들의 관심이나 돌봄 이전에 그 애를 성장시키기 위해서는 다른 뭔가가 필요했어요."

약 2년 후, 모든 것이 극적으로 변했다. 또 다른 기숙생이 Vanessa에게 상처를 입혔고, 우리는 Vanessa를 일단 집으로 데려오기로 결정했다. 우리는 우리 지역사회에서 아이를 훈련시키고 교육시키기에 적합한 서비스 기관을 찾으려고 무척 노력했다. Vanessa는 현재 오빠와 같은 학교의 통합반에 다니는데, 담임 교사는 아이의 행동과 언어가 아주 좋아졌다고 평가했다. Vanessa는 레크리에이션 프로그램에도 참가했고, 수영선수와 농구선수로 활약하기도 했다. (저자의 사례 자료에서 인용)

임상적 기술

정신과 의사와 면담을 할 때 의사 앞에는 나의 기록이 있었다. 그는 내가 지적으로 지체되었다는 것을 이미 알고 있었다. 이것은 모든 사람들에게 마찬가지이다. 당신이 지적으로 지체되었다고 간주되면, 당신이 이길 수 있는 방법은 없다. 그들이 당신에게 호의적으로 기록해 줄 방법이 없다.

— Ed, 주립기관의 접수 면담 중에서
(Bogdan & Taylor, 1982)

지적으로 불능이 있는 아동은 능력 및 대인관계의 질의 범위가 상당히 넓다. 적절한 도움이 있으면, Matthew처럼 경미한 지적 결함이 있는 아동은 다른 아동과 마찬가지로 일상적인 일을 수행할 수 있다. 이들은 정규수업에 참여하고, 신체적 및 지적 어려움에 대한 요구에 적응할 수 있으며, 또래 및 성인과 의미 있고 지속적인 관계를 발달시킬 수 있다. 많은 사람이 정상적인 신체 발달을 보이며, 자전거를 타는 데 필요한 신체 협응을 배운다. Vanessa처럼, 좀 더 심한 결함이 있는 사람은 아동기 내내 그리고 때로는 초기 성인기에도 일상생활에서 더 많은 감독과 보호가 필요한데, 이 시기에 좀 더 독립적으로 살아가는 데 필요한 기술을 발달시킬 수 있다.

그러나 Matthew와 Vanessa는 거의 모든 일상생활 영역에서 한계를 경험한다. 그들이 가장 뚜렷하게 보이는 어려움은 효과적으로 의사소통하는 것을 배우는 것인데, 말과 언어 기술이 제한되어 있기 때문이다. 궁극적으로, Matthew는 효과적인 언어적 의사소통을 배우게 되었지만, Vanessa는 몇 년간 신호 언어와 비언어적 표현에 의존하거나 몸짓으로 자신의 요구를 표현했다. 두 아동 모두는 다른 아동이 표현하는 것을 이해하는 능력이 제한되어 있었기 때문에 다른 아동과 친구가 되는 데 어려움이 있었고, 특히 체력 또는 공식적인 규칙이 필요한 게임 및 사회활동에 어려움이 있었다. 언어 및 문제해결 기술과 같은 대부분의 인지 능력이 영향을 받는데, 따라서 대부분의 ID 아동은 학습의 일부 측면에서 어려움이 있다. 어려움의 정도는 인지적 결함의 정도에 따라 다른데, 이는 정신지체에 대한 현재의 정의가 이 측면을 강조하는 주된 이유이다.

표 5.2에는 지적 불능(또는 지적 발달장애)에 대한 DSM-5 진단 준거가 요약되어 있다. 이 준거는 아동과 성인에서 이 장애를 설명하는 세 가지 핵심 특징으로 이루어져 있다. 첫째, 이들은 추리, 문제해결, 계획, 추상적 사고, 판단, 학문적 학습, 경험 학습과 같은 지적 기능에서 손상이 있다. 그러한 손상은 전형적으로 임상적 평가 및 지능검사에서 결정된다. 그러나 DSM-5는 이전 판에 있는 사례에서처럼 진단 준거를 충족시키는 구체적인 IQ 절단점 한계가 제시되어 있지 않다.

둘째, 적응 기능에서의 손상이 있다. 이는 개인적인 독립성 및 사회적 책임성을 위한 발달 규준 및 사회 문화적 규준을 충족시키지 못하는 실패를 초래한다. 사실, 정상 이하 IQ 점수는 지적 불능의 진단의 근거로는 충분하지 않다. 적응 행동에서도 심각한 한계가 있어야 하는데,

표 5.2 지적 불능(지적 발달장애)의 진단 준거

DSM-5

지적 장애(지적 발달장애)는 발달기에 발병되는 장애인데, 개념적·사회적·실행적 영역에서 지적 기능 및 적응 기능 모두에 손상이 있다. 다음의 세 가지 준거가 충족되어야 한다.

(A) 지적 기능(예: 추리, 문제해결, 계획, 추상적 사고, 판단, 학문적 학습, 경험 학습)에서의 손상이 임상적 평가와 개별적으로 실시된 표준화된 지능검사로 확인된다.

(B) 적응 기능에서의 손상이 개인의 독립성과 사회적 책임성에 필요한 발달적·사회문화적 표준을 충족시키지 못하게 한다. 지속적인 보조가 없으면 적응 손상으로 인해 환경 전반(가정, 학교, 일터, 공동체)에서 한 가지 이상의 일상 활동(의사소통, 사회적 참여, 독립적인 생활) 기능에 한계가 있다.

(C) 지적 손상과 적응 기능의 손상은 발달 기간 동안에 시작된다.

주의: 지적 불능이라는 진단 용어는 ICD-11의 지적 발달장애와 동등한 용어이다.

현재의 심각도 구분(표 5.3 참조): 경도, 중등도, 고도, 최고도

출처: *Diagnostic and Statistical Manual of Mental Disorders*, 5th ed. American Psychiatric Association.

예를 들면 의사소통, 자조, 사회/대인관계 기술, 학업 기능, 또는 작업 기술이다(Lancioni et al., 2009). 정의에서 이 측면은 중요한데, 자기 주변에서는 잘 적응하고 있지만, 여러 가지 이유 때문에 표준화된 IQ 검사를 잘 수행하지 못한 사람을 배제시키기 때문이다. 중요한 것은 이와 같은 여러 가지 적응 기술을 아동 또는 청소년이 드러내는 것은 능력뿐만 아니라 경험 및 기회와도 관련이 있다는 것이다. 대중교통 이용, 걸어서 동네 가게에 가기, 간단한 구매 등은 개인이 거주하는 장소(예: 도시 대 농촌), 또는 동네의 안전함에 대한 우려에 따라 영향을 미친다. 임상가 및 교육자들은 검사에 있는 특정의 기술을 경험하지 않은 사람에 대해서는 일정한 과제를 수행하는 개인의 잠재력에 관해 경험에서 우러난 추측을 해야 한다.

지적 불능의 셋째이자 마지막 준거는 아동의 지적 손상 및 적응 손상이 발달 기간 동안에 시작되어야 한다는 것이다. 이러한 발병 연령 상한선을 설정하는 목적은 두 가지가 있다. (1) 지적 불능은 아동기 및 청소년기에 분명한 발달장애라는 것을 인정하는 것이다. 학습 및 이해에서의 문제는 전형적으로 이 시기에 뇌 발달의 변화가 빠르게 일어난다는 것이다. (2) 이러한 연령 준거는 알츠하이머병 또는 두부 외상에 의한 것처럼 성인기에 발병한 퇴행성 질환으로 인해 발생된 정신 결함자를 배제한다.

지적 불능의 진단은 DSM-5에 있는 다른 장애와 유사하게 결함 수준—경도, 중등도, 고도, 최고도—을 구체화한다. 이러한 결함의 네 수준이 이전 판과 동일하다고 해도, 아래에 기술한 것처럼 더 자세하게 상당히 구체화되었다. 유사하게, 위에서 언급한 것처럼 DSM-5는 진단 준거를 충족하기 위한 구체적인 IQ 절단점은 제시하지 않고, 적응 기능 및 요구될 수 있는 보조(지원)의 수준에 좀 더 초점을 맞추게 한다. 그러나 ID가 있는 개인은 일반적으로 모평균 2 표준편차 또는 그 이하(예: 70점 또는 그 이하, 오차 범위 5점 허용)이다

DSM-5에서 준거의 변화는 IQ 점수보다는 개인의 본성과 본질에 초점을 두려고 했는데, 수년간의 IQ 측정에 관한 논쟁 및 사회적 영향에 근거했다(Toth & King, 2010). 이러한 준거는 ID—전에는, 경도 범위에 해당하는 지적 불능이라고 진단받은 사람의 대부분—가 있다고 진단된 수많은 사람들 사이에서 주요한 이동을 하게 한 것 같지는 않다. 그러나 지적 불능이 있다고 진단된 일부 사람들에게 미치는 영향이 심각할 수 있기 때문에 개인의 정신 능력을 제한할 수 있는 기타 요인을 고려하는 모든 시도를 해야 한다. Ed가 잘 설명하고 있는 것과 같이, 지적 불능이 있는 사람의 특별한 요구를 확인하는 것과 다소 인위적인 것에 기초해서 불능이 있는 사람이라고 명명하는 것 사이에는 세심하게 균형이 맞아야 한다(Schalock et al., 2007).

더구나 지적 불능의 정의와 판별은 우리 사회 기관에 따라 다소 다르다. 아동이 학교 체계에 입학하면, 아동의 능력을 비교하는 중요한 시점이 되고 부족함이 감지될 것이다. 아동이 자신의 학습 능력과 잘 맞지 않는 열악한 환경에 놓인다면 그들의 발달 진전은 방해될 것이다. 그들이 수년간의 학교생활을 한 후, 경도의 학업 불능이 있는 사람은 종종 거대한 인구 집단에 섞이게 되고 그들의 '진단'은 더 이상 의미가 없다(Hodapp et al., 2011).

손상의 정도

표 5.3에 언급한 심각도의 네 가지 수준은 세 가지 주요 영역, 즉 개념적·사회적·실행적 영역에서의 적응 기능

표 5.3 지적 불능의 심각도 수준

심각도	개념적 영역	사회적 영역	실행적 영역
경도	• 취학 전 아동: 분명한 개념적 차이가 없다. • 학령기 아동과 성인: 읽기 · 쓰기 · 계산 · 시간 · 돈과 관련된 학업 기술을 배우는 데 어려움이 있으며, 연령에 적합한 기능을 하려면 하나 이상의 기능에서 도움이 필요하다. • 성인: 결함이 있는 추상적 사고, 실행기능, 단기 기억, 학업 기술의 기능적 사용. 연령 또래에 비해서 문제 및 해결에 다소 구체적으로 접근한다.	아동: • 사회적 상호작용에서 미숙하다. • 또래의 사회적 신호를 인지하는 데 어려움이 있다. • 연령에 비해 의사소통, 대화, 언어가 미숙하거나 좀 더 구체적인 수준이다. • 연령에 부적절한 정서 및 행동을 조절하는 데 어려움을 보이고, 또래가 이를 주목할 수 있다. • 연령에 비해 사회적 판단이 미숙하다. • 다른 사람이 조종할 위험이 있다(잘 속는다).	아동: • 연령에 적합하게 기능하고 자기 관리를 할 수 있다. • 복잡한 일상생활의 과제는 또래에 비해 약간의 도움이 필요하다. 성인: • 전형적으로 장보기, 교통수단 이용하기, 가사 및 아이 돌보기, 조직하기, 요리하기, 금전관리와 같은 영역에서 도움이 필요하다. • 연령 또래와 유사한 여가 활동 기술을 가지고 참여한다. • 개념적 기술이 강조되지 않는 직업을 구할 수 있다. • 건강관리나 법률과 관련된 결정을 내리고 직업활동을 배우는 데 보조가 필요하다. • 가족을 부양하는 데 종종 보조가 필요하다.
중등도	• 개념적 기술이 또래에 비해 현저히 뒤처진다. • 취학 전 아동: 언어 및 학습 준비 기술이 느리게 발달한다. • 학령기 아동: 학업 기술이 더디게 발달하고 또래에 비해 제한적이다. • 성인: 학업 기술은 전형적으로 초등학교 수준이고, 개인생활과 직장에서 학업 기술을 사용하는 데 보조가 필요하다. • 일상생활에서의 개념적 과제를 하는 데 도움이 필요하다.	개인: • 발달 전반에 걸쳐, 사회적 행동과 의사소통 행동에서 또래와 확연한 차이가 있다. • 사회적 의사소통의 주요 수단으로서 복잡한 구어를 덜 사용한다. • 가족 및 친구와 일생 동안 연결되는 대인관계 능력이 있다. • 사회적 신호를 부정확하게 지각하거나 부정확하게 해석할 수 있다. • 사회적 판단과 결정 능력에 제한이 있다. • 중요한 결정을 내릴 때에는 보호자의 도움이 필요하다. • 정상 발달하는 또래와 친구가 될 수 있는데, 의사소통이나 사회적 제약이 종종 영향을 미친다. • 직업 영역에서 사회적 및 의사소통에서 보조가 필요하다.	성인: • 장기간의 교육, 연습, 기억나게 한 후에 식사, 옷 입기, 배변, 위생관리는 가능하다. • 장기간의 교육 후에 모든 전형적인 집안일에 참여한다. • 제한된 개념적 기술과 의사소통 기술이 요구되는 작업에 독립적인 취업이 가능하지만, 동료 작업자/관리자의 상당한 보조가 필요하다. • 다양한 여가 활동 기술을 발달시킬 수 있지만, 부수적이고 포괄적인 보조와 학습 기회가 필요할 것이다. • 의미 있는 소수에서는 부적응적인 행동을 보이며 사회적 문제를 일으킨다.

(다음 쪽에 계속)

표 5.3 지적 불능의 심각도 수준(계속)

심각도	개념적 영역	사회적 영역	실행적 영역
고도	개인: • 개념적 기술을 거의 습득할 수 없다. • 글 또는 숫자와 연관된 개념을 거의 이해하지 못한다. • 보호자는 인생 전반에 걸쳐 문제해결을 보조할 필요가 있다.	개인: • 어휘나 문법이라는 면에서 구어에 한계가 있다. • 한 단어 또는 문구를 사용해서 말을 하고 다른 보완적 방법으로 내용이 보충될 수 있다. • 현재에 초점이 맞추어진 말 및 의사소통을 한다. • 설명보다는 사회적 의사소통을 하기 위해 언어를 사용한다. • 간단한 말이나 몸짓 의사소통을 이해할 수 있다. • 즐거움 및 도움을 구하기 위해 가족 구성원 및 친밀한 타인과 인간관계를 맺는다.	개인: • 일상생활(예: 식사, 옷 입기, 목욕, 배변)을 하는 데 보조가 필요하다. • 보조와 감독이 항상 필요하다. • 자신이나 타인의 안녕에 관한 책임 있는 결정을 내릴 수 없다. • 모든 영역에서 기술습득을 하는 데 장기간의 교육과 지속적인 보조가 필요하다. • 의미 있는 소수에서는 자해와 같은 부적응적 행동이 있을 수 있다.
최고도	개념적 기술은 일반적으로 상징적 과정보다는 물리적 세계와 연루된다. 개인: • 자기 관리, 작업, 여가를 위해 목표 지향적인 방식으로 사물을 이용할 수 있다. • 물리적 특성에 기초해서 짝짓기 및 분류하기와 같은 단순한 시공간적 기능을 이용할 수 있다. 그러나 동반된 운동 및 감각 결함이 사물의 기능적 사용을 방해할 수 있다.	개인: • 말 또는 몸짓에서 상징적 의사소통에 대한 이해가 매우 제한적이다. • 일부 간단한 지시나 몸짓을 이해할 수 있다. • 자신의 욕구나 감정을 주로 비언어적 · 비상징적으로 표현한다. • 친숙한 가족 구성원, 보호자, 친한 사람과의 관계를 즐긴다. • 몸짓 및 정서적 신호를 통한 사회적 의사소통에 대한 반응을 시도한다. • 동반된 감각적 · 신체적 결함이 있을 수 있고, 이는 다양한 사회적 활동을 방해할 수 있다.	개인: • 일상적인 신체관리, 건강, 안전의 모든 면에서 타인에게 의존해야 한다. • 심각한 신체적 손상이 없으면 집에서 일상적인 일을 보조할 수 있다. • 장기간에 걸친 보조가 있으면, 직업 활동과 관련해서 물체로 간단한 활동을 수행할 수 있다. • 타인의 보조를 받아서 여가 활동을 즐긴다. • 집, 여가 활동, 직업 활동에 참여하지 못하게 하는 신체적 및 감각적 결함이 있을 수 있다. • 부적응적 행동이 나타날 수 있다(의미 있는 소수에서만).

출처: *Diagnostic and Statistical Manual of Mental Disorders*, 5th ed. American Psychiatric Association.

에 기초해서 정의되어 있다. 이러한 정의는 IQ 점수에 초점을 맞춘 것에서 필요한 보조 쪽으로 이동했다는 것을 나타낸다. 이러한 이동은 지적 불능이 있는 사람의 전반적인 적응 그리고 안녕을 촉진하는 데 필요한 자원과 전략을 강조한다. 개인의 구체적인 요구가 평가되고 전략과 서비스가 개인의 기능에 맞게 개발된다. 지원 영역 및 지원 활동의 구체적인 사례는 표 5.4에 있다.

지적 불능이 있는 아동은 장애의 정도에서 매우 다양하다. 일부는 유아 초기부터 언어의 한계 및 자기 조절의 불량과 같은 인지적 결함을 보이고, 반면에 다른 결함은 초등학교 시절까지 비교적 주목되지 않고 지나간다. 인지 기능 및 결함에서의 광범위한 차이 때문에, 지적 불능의 분류 체계는 항상 인지적 결함의 다양한 정도를 묘사하려고 시도했다. DSM-5는 불능을 경도(mild), 중등도(moderate), 고도(severe), 최고도(profound)로 구분하는 전통을 지속하고 있다. 그러나 이러한 지정은 주로 능력에 기초하고 있으며, 과거처럼 IQ 점수에 기초하기보다는 필요한 보조에 기초하고 있다.

표 5.4 지원 영역 및 지원 활동의 예

지원 영역	지원 활동의 예	
지도 및 교육 활동	• 훈련자 및 교사와 상호작용하기 그리고 훈련생 및 학생 따르기 • 학습 및 문제해결 전략 사용하기	• 학습 기자재 사용하기 • 학습 및 기능적 학문 사용하기(표시 읽기, 변화 헤아리기 등)
가정생활 활동	• 음식 준비하기 및 먹기 • 집 지키기 및 청소하기	• 옷 입기 • 목욕하기 및 개인위생 관리와 몸단장 요구
지역사회 생활 활동	• 교통수단 이용하기 • 여가 활동 참여하기	• 친구 및 가족 방문하기 • 물건 구매 및 돈 지불하기
직업 활동	• 구체적인 직업 기술의 학습 및 이용 • 동료 작업자와 상호작용 하기	• 속도 및 질적으로 작업 과제 수행하기 • 위기 개입에 접근해서 도움을 얻기
건강 및 안전 활동	• 치료 서비스에 접근해서 서비스 받기 • 건강 위험 요소와 안전 위험 요소 피하기	• 응급 서비스에 접근하기 • 정신건강/정서적 안녕 유지하기
행동적 활동	• 적절하게 결정하는 것을 배워서 결정 내리기 • 사람들이 있는 곳에서 사회적으로 적절한 행동 유지하기	• 일상 활동에 개인적 취향 결합하기 • 분노와 공격성을 관리하기
사회적 활동	• 오락 활동과 여가 활동에 참여하기 • 적절한 성적(sexual) 결정을 하기	• 친구 사귀고 유지하기 • 사랑하는 관계 및 친밀한 관계에 몰두하기
보호 활동 및 옹호 활동	• 돈 및 개인 재정 관리하기 • 착취로부터 자신을 보호하기	• 법적 권리와 책임성 연습하기 • 은행 및 현금 수표 사용하기

출처: 지적 불능에 관해 자주하는 질문 및 AAIDD(The American Association on Intellectual and Developmental Disabilities)의 정의, AAIDD(2010).

경도 지적 불능이 있는 아동 및 성인은 가장 큰 집단을 이루는데, 장애가 있는 사람의 약 85%로 추정된다(King et al., 2009). **경도 지적 불능**이 있는 아동은 종종 취학 전 연령에서 발달이 약간 지연되지만, 전형적으로 초등학교 저학년에서 학업과 행동의 문제가 나타나기 전까지는 확인되지 않는다. 이 범주는 또한 소수 집단 구성원들에 대해 과잉 대표성을 가질 수도 있는데, 대체로 앞에서 언급되었듯이 사회적 및 경제적 격차 때문일 것 같다.

경도 지적 불능이 있는 아동은, 집단으로 볼 때, 전형적으로 취학 전(0~5세)에 사회적 기술 및 의사소통 기술을 발달시키는데, 표현 언어에서 약간 지체되었을 것이다. 대개 이들은 감각운동 결함이 없거나 약간 있을 수 있고 또래와 쉽게 어울린다(또래는 이들이 미숙하다고 보겠지만). Matthew와 같이 몇몇 ID 아동은 학업 및 또래 관계에서 어려움이 있다는 것을 알게 될 수도 있다. 10대 후반에 이들은 대략 6학년 정도의 학업 기술을 획득할 수 있다. 성인기 동안, 이들은 대체로 최소한의 자기 보조로 사회 기술 및 직업 기술을 획득하겠지만, 지도 감독 · 안내 · 도움이 필요할 수도 있는데, 특히 사회적 또는 경제적 스트레스가 있을 때 더욱 그러하다. 적절한 보조가 있으면, 경도 지적 불능이 있는 사람은 독립적으로 또는 감독을 받으면서 지역사회에서 성공적으로 살 수 있다.

중등도 지적 불능이 있는 사람은 ID가 있는 사람의 약 10%를 차지한다. 이 결함 수준에 있는 사람은 경도 지적 불능에 비해 좀 더 인지적으로, 적응적으로 결함이 있고, 대개는 취학 전 연령에서 확인되는데, 초기 발달 이정표 달성에서 지연을 보이면서 구분이 된다. 학교에 들어갈 시기가 되면, 단 단어와 몸짓을 결합해서 의사소통할 수 있고, 2~3세 수준과 유사한 자조 및 운동 기술을 보인다. 다운증후군이 있는 많은 사람들이 중등도 결함 수준에서 기능한다. 이들의 사회적 판단과 의사결정 능력이 제한되어 있기 때문에 중등도 ID의 아동 및 청년은 일상생활을 하는 데 약간의 보조 서비스가 종종 필요하다.

Vanessa와 같은 지적 불능 수준에 있는 대부분의 사람은 생의 초기 동안 의사소통이 제한되며, 12세가 되어야 실제적인 의사소통 기술을 사용할 수 있다. 이들은 중간 정도의 지도 감독이 있는 직업 훈련이 도움이 되며, 개인적인 자기 관리를 할 수 있다. 이들은 사회적 및 직업적 기술 훈련이 도움이 되겠지만, 학과목에서는 2학년 수준 이하에 머무는 것이 보통이다. 중등도 지적 불능이 있는 청소년은 종종 적절한 옷차림이나 유머와 같은 사회적 관습을 인식하는 데 어려움이 있는데, 이는 또래 관계에 방해가 된다. 성인이 되면, 전형적으로 사회에서 생활하는 데 잘 적응하고, 보호 작업장(지적 불능이 있는 사람을 훈련하고 감독하는 특수한 제조업체)이나 일반 작업장에서 관리 감독 아래 비숙련 또는 반숙련 일을 수행할 수 있다.

고도 지적 불능은 ID의 4% 가까이 차지하고 있다. 이들 중 대부분은 유전적 기형과 같은 하나 이상의 기질적 원인의 결함이 있으며, 발달이 상당히 지연되고 가시적인 신체적 특징 또는 이상함 때문에 아주 어릴 때에도 확인이 된다. 서기, 걷기, 배변 훈련과 같은 발달 이정표에서 현저한 지체를 보일 수 있고, 기본적인 자조 관리 기술은 통상적으로 약 9세에 이르러서야 획득된다. 지적 결함 이외에 신체적 움직임에서의 문제나 호흡, 심장, 신체적 합병증과 같이 건강과 관련된 문제가 있을 수도 있다.

이 수준에서 기능하는 대부분은 그들의 삶에서 특별한 도움이 필요하다. 초기 아동기 동안에 이들은 의사소통 언어가 없거나 약간 있으며, 12세에 이르면 두세 단어구를 사용한다. 13~15세에 이들의 학업 능력과 적응 능력은 대개 4~5세 아동과 비슷하다. 알파벳 및 간단한 계산 같은 학과목 준비에서 한계가 있지만, '뜨거운', '위험', '멈춤'과 같은 '생존'에 필요한 단어의 일부를 읽는 기술을 습득할 수 있다. 성인이 되면, 타인이 가까이에서 감독해 주는 장면에서는 단순 과제를 수행할 수 있다. 특별한 간호 또는 기타 관리가 필요한 장애가 없으면, 대부분은 지역사회에서 잘 적응한다(Toth & King, 2010).

최고도 지적 불능이 있는 사람은 ID의 약 2%를 차지한다. 이들은 발달에서의 현저한 지연과 비대칭적인 안면 특징과 같은 생물학적 기형을 보이기 때문에 전형적으로 유아기에 확인되고 있다. 초기 아동기에 이들은 감각운동 기능에서 상당한 결함을 보이는데, 예를 들어 4세 때 이들이 보이는 반응은 대개 1세 유아의 반응과 비슷하다. 이들은 기초적인 의사소통만을 배울 수 있고, 기본적인 먹기 · 몸 가누기 · 배변 · 옷 입기 행동을 배우려면 집중적인 훈련이 필요하다. 최고도 지적 불능이 있는 사람은 일생 동안 보호와 도움이 필요하다. 이들 중 대부분은 ID에 대한 기질적 원인이 있고, 선천적인 심장 기형이나 뇌전증과 같이 심각한 의학적 문제를 동시에 가지고 있는데, 때때로 아동기나 초기 성인기에 사망할 수도 있다. 이들은 대부분 관리 감독이 있는 집단 가정이나 소규모 특수시설에서 살아간다. 지속적인 도움을 주는 고도로 구조화된 환경 및 돌보는 사람과의 개별화된 관계를 통해 최적의 발달이 가능하다. 자기 돌봄 및 의사소통 기술과 마찬가지로, 운동 발달 또한 적절한 훈련이 제공되었을 때 향상될 수 있다. 예를 들어, 최고도 지적 불능이 있는 사람도 밀착된 관리 감독이 있으면, 손을 씻고 옷을 갈아입는 것과 같은 단순한 과제를 수행할 수 있다.

DSM-5에 있는 ID 준거는 필요한 보조에 초점을 맞추고 있고, 이는 지적 불능이 있는 사람의 기능 수준을 결정하는 것은 사람과 환경 간의 상호작용에 기초해야 한다는 합의를 반영하고 있다(AAIDD, 2010). 준거는 또한 구체적인 IQ의 절단점과 범위를 없앴는데, 이는 IQ점수가 그들의 실제 능력에 대해 부가적인 정보가 필요한 개인의 정신 능력의 근사치라는 것을 인정하는 것이다. DSM-5의 지적 불능의 진단과 더불어(중등도의 심각도), Vanessa는 '집에서의 생활, 학업 기술, 자조 자립 기술의 발달에서 제한적인 보조가 필요한 지적 불능이 있는 아동'이라는 기술적 진단을 받을 것이다. Matthew의 진단(경도의 심각도) 또한 명확한데, '예를 들면 학교가 바뀔 때, 새로운 친구를 사귈 때, 학업에서 새로운 문제에 부딪쳤을 때처럼, 특히 스트레스가 있거나 필요할 때 보조가 필요한 지적 불능 아동'이다.

유병률

유용한 증거 및 추정치에 기초해 보면, 지적 불능이 있는 아동 및 성인은 전체 인구의 대략 1%이다(Maulik et al., 2011). 그러나 개개인은 환경에서 좀 더 적응적이거나 덜 적응적일 수 있는 자신만의 독특한 방식으로 자신의 능력을 적용한다. 따라서 유병률 추정치는 IQ 측정 문제, ID 정의의 차이, 연구 설계의 다양함으로 인해 시기 및 나라에 따라 다양하다.

성별 비율

경도 지적 불능(가장 흔한 진단)에서는 남성이 1.6:1의 비율로 여자보다 수적으로 우세하다. 남성은 다른 심각도 수준에서도 여성보다 수적으로 우세하지만, 이런 비율은 연구들마다 비일관되고 감소하는 경향이 있다. 지

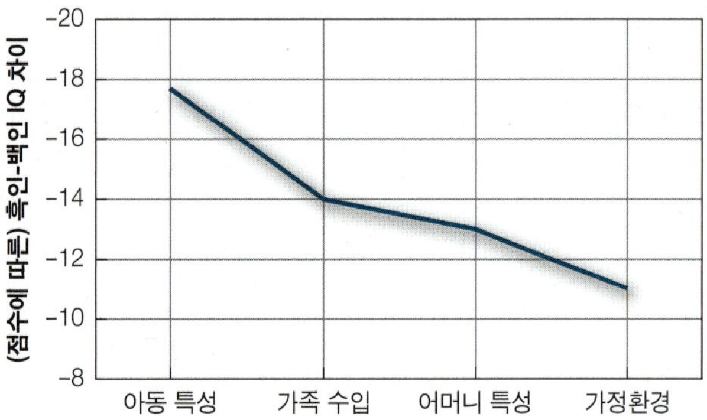

그림 5.1 5세의 아프리카계 아동과 백인 아동 간의 IQ 차이에 대한 요인들.

출처: Brooks-Gunn, J., Klebanov, p. K., Smith, J., Duncan, G. J., & Lee, K. (2003). "The Black-White test score gap in young children: Contributions of test and family characteristics," *Applied Developmental Science*, 7(4), pp. 239-252.

적 불능의 진단에서 인종 차이와 유사하게 ID에서의 성별의 차이는 인위적인 판별이 될 수 있는데, 유병률에서의 진정한 차이라기보다는 인위적인 의뢰 패턴일 수 있다(Einfeld et al., 2010). 지적 불능에서 남성이 정말로 많다면, 이것은 취약 X 증후군(이 장의 후반부에서 논의)과 같이 X 연관 유전적 장애에 기인한 것일 수 있는데, 이는 여성보다는 남성에게 더 큰 영향을 미치기 때문이다(Handen, 2007).

사회경제적 · 문화적 영향

정신지체가 사회경제적 지위(SES)가 낮은 아동과 소수 집단 아동들 사이에서 유병률이 더 높다는 것은 잘 알려진 사실이다(Witwer et al., 인쇄 중). 이러한 연결은 주로 경도 지적 불능 범위의 아동에게서 나타나며, 좀 더 중증의 수준에서는 인종이나 경제 집단 간에 차이 없이 거의 비슷하게 나타난다. 기질적 원인이라는 신호가 있든 없든 간에, 경도 지적 불능의 진단은 SES가 높은 아동에게서는 거의 제로에서부터 낮은 SES의 아동에게서는 약 2.5%로 가파르게 증가한다(APA, 2000). 이 수치는 SES 요인이 지적 불능의 원인과 지적 불능이 있는 사람을 구분하는 것과 명명하는 것 둘 다에 영향을 미친다는 점을 시사한다(Maulik et al., 2011).

경도 지적 불능이 있는 집단에서 소수 집단과 낮은 SES 아동에 대한 과잉 대표성은 복잡하면서도 풀리지 않는 문제이다. 앞서 언급되었듯이, 아프리카계 미국인 집단의 평균 IQ 수준은 백인의 평균 IQ 수준에 비해 낮으며, 많은 아프리카계 미국인 아동이 경도 지적 불능 표본에 들어가게 된다. IQ 점수에서 이러한 불균형을 만들어 내는 구체적인 상황은 무엇인가? 이 질문에 답하기 위해, Brooks-Gunn 등(2003)은 이러한 차이가 부분적으로는 사회적 · 경제적 불이익에 기초해서 설명될 수 있는 이론을 검증했다. 그들은 아프리카계 아동과 백인 아동 간에 17점이 넘는 초기 IQ 점수 차이는 경제적 박탈, 가정 환경, 어머니 특성 등의 독립 효과라고 간주했다. **그림 5.1**에 나와 있듯이, 성별과 출생 시 몸무게를 통제했을 때, 5세 된 아프리카계 아동과 백인 아동 표본 간 초기 IQ 차이는 거의 18점이다. 그러나 가난과 가정 환경을 조정한 후 이러한 차이가 약 71% 감소했다. 아동이 노동자 계급에서 중류 계층으로 입양되었을 때 IQ 수행에서의 유사한 득점은, 개인의 지적 및 적응적 능력의 형성에서 환경의 역할이 중요함을 강조한다(Nisbert et al, 2012). 지적 불능 진단의 가능성이 인종 구분, 빈곤, 문화적 둔감함처럼 사회적 및 문화적 세력에 의해 형성되고 영향을 받는다는 것을 떠올리게 한다.

단원 정리

지적 불능의 특징

- 지적 불능의 DSM-5 진단 준거(IQ 검사 및 임상평가에 의해 확인된)는, 지적 기능에서의 손상, 적응 기능에서의 손상, 지적 및 적응적 손상의 발달 기간 동안 발병으로 구성되어 있다.
- 지적 불능이 있는 아동은 불능의 정도 및 기능 수준이 매우 다르다.
- IQ 점수는 더 이상 결함의 수준을 결정하지 않는다. DSM-5는 필요한 보조의 수준을 결정하는 적응적 기능에 기초해서 4개의 심각도 수준—경도, 중등도, 고도, 최고도—을 기술하고 있다.
- 지적 불능은 인구 집단의 추정치 1%에서 발생하고, 여성보다 남성에게서 더 흔하다.
- 지적 불능은 낮은 사회 계층 및 소수 집단에서 더 자주 발생한다. 경제적 불이익 및 차별 관행이 이러한 결과를 종종 설명한다.

발달 경과와 성인이 되어서의 결과

지적 장애가 있는 아동이 다양한 발달 이정표를 성취하는 방식을 이해하려면, 전형적으로 발달하는 아동이 자신을 표현하는 방식을 고려해야 한다. 자신의 세상을 탐색하는 유아는 환경에 대해 학습하기 위해 원시적 감각운동 기능—대상을 만지기, 맛보기, 조작하기—에 의존한다. 이 발달 단계에서는 모든 것이 새롭고, 뇌는 문자 그대로 매일 수백만 개의 새로운 연결을 구축하게 된다.

이후, 생후 18~24개월의 걸음마기 유아는 언어를 획득하고 현재를 이해하는 데 덧붙이기 위해 과거 경험에 대한 기억을 이끌어 내기 시작한다. 지적으로 정상인 아동에게 이 단계는 아동의 환경조건 및 기회가 학습에 대한 열의를 예측하고 지적인 정교함의 근원을 구축하는 데에서 중요한 역할을 하는 것으로 알려져 있다. 대부분의 지적 불능 아동이 정상 아동과 대체로 동일한 방식으로 각 발달 이정표를 통과한다고 해도, 그들의 발달 수행에는 중요한 차이가 분명하게 있다.

지적 불능이 있는 아동의 발달 경과 및 성인이 되어서의 결과와 관련된 기타 쟁점에 대해 알려진 대부분은 다운증후군 아동에 대한 연구에서 도출되었다. 염색체 이상은 중등도에서 고도 지적 불능까지 가장 흔한 단일 원인이다. **다운증후군**은 염색체 이상으로 인한 가장 흔한 장애인데, 그들 부모와 마찬가지로 정상적으로 발달하는 또래의 발달과 비교하는 연구에 자주 참여하고 있다.

다운증후군이 있는 15세 Dan의 사례는 발달이 많이 느렸지만 초기 발달은 남동생과 비슷했음을 기술한다.

DAN

아우의 도움으로

내가 세 살이고 누나가 다섯 살이었을 때, 남동생이 태어났다. 나는 동생이 우유 먹는 것을 도왔으며, 동생이 거의 세 살이 될 때까지 그를 돌보았다. 내가 다섯 살이 되자, 나는 동생이 할 수 있는 것을 모두 할 수 있었으나, 그 시기에 동생은 나를 따라잡았다. 그때까지 동생이 할 수 없는 것을 내가 할 수 있는 것도 있었지만, 그리 많지는 않았다. 동생은 내가 하기 어려운 것들을 할 수 있었다. 우리는 좋은 친구가 되었다. 동생이 새로운 기술을 배울 때마다, 나는 동생과 함께 그것을 배우거나, 동생이 나중에 나에게 가르쳐 주기도 했다. 나는 내 나이에 비해 작았기 때문에 우리는 덩치가 비슷했다. 우리는 선반식 침대, 장난감, 옷 등을 함께 사용했다. 또한 우리는 많은 것을 함께 배웠다. 동생이 자전거를 배울 때 나는 아직 배울 준비가 되어 있지 않았고, 그래서 부모님은 나에게도 파워휠이 장착된 자전거를 사 주셨고, 그래서 나도 자전거를 탈 수 있었다. 동생이 글 읽는 것을 배울 때, 그는 나에게 그 방법을 가르쳐 주었다. 동생이 야구와 축구를 할 때, 그는 나를 데리고 다니면서 함께했다.

그 시절, 나는 다른 지역의 학교에 다녔는데, 내 친구의 대부분은 동생의 친구들이었다. 같은 학교에 다니는 지금, 동생은 나도 친구를 사귀고 있다는 것을 거의 기억하지 못한다. 나는 내가 형임을 동생이 알게 해야 한다. 동생은 때때로 내가 그의 형이라는 사실 때문에 학교에서 놀림을 당하지만, 싸우는 대신에 설명하는 것을 배우고 있다. 대체로 친구들은 우리에게 잘해 준다. (저자의 사례 자료에서 인용)

중등도 지적 불능의 Dan의 사례에서, 정상 지능의 남동생 Brian이 2세가 되는 시점에서 어떻게 형을 따라잡고 빠른 속도로 발달 이정표를 통과하는지를 보여 주었다. Dan의 발달은 그의 남동생과 똑같이 조직화된 순서로 진행되어 왔는가? Dan의 발달은 언어와 같은 특정한 지적 능력에서 결함을 보이는가? 궁극적으로 Dan은 동생의 발달을 따라잡을 것인가? 이 사례는 발달 대 차이에 대한 논쟁을 나타내는데(Weiss, Weisz, & Bromfield, 1986), 이 주제는 아동 발달과 지적 불능 영역에서 한동안 관심을 불러일으켰다. 간단히 말하면, **발달 대 차이 논쟁**은 다음과 같은 것이다. 모든 아동—지적 결함에도 불구하고—이 유사한 순서로 동일한 발달 이정표를 거치지만 속도에서의 차이인가? 아니면 지적 불능 아동의 발달은 정상 지능 아동과 달리 덜 순차적이며, 덜 조직화된 방식으로 진행되는가?

기질적 결함이 없는 개인에게 주로 적용하는 발달적 입장은 두 가지 가설이 있다. 첫째, 유사 순서 가설(similar sequence hypothesis)은 지적 불능의 유무를 막론하고 모든 아동은 똑같은 순서(불변의)대로 인지적 발달 단계를 거치는데, 속도와 발달의 상한선에서 차이가 있을 뿐이라고 주장한다(Bennett-Gates & Zigler, 1998). 둘째, 유사 구조 가설(similar structure hypothesis)은 지적 불능이 있는 아동 역시 동일한 수준의 인지 기능(Dan과 그의 동생이 각각 5세와 2세에서 동일한 비슷한 발달을 보인 것처럼)에서 전형적인 발달을 보이는 아동과 마찬가지로 똑같은 행동과 기저의 과정을 거친다고 제안했다. 즉, 지적 불능이 있는 아동과 전형적으로 발달하는 아동 간에 정신 연령을 맞춘다면, 지체 아동은 문제해결, 철자법, 도덕 추리와 같은 인지 과제에서 동등한 수행을 보일 것이다. 발달적 입장은 지적 불능 아동이 특정한 손상이나 차이가 있다는 개념을 거부하고, 대신에 이들이 전형적인 발달 단계를 거치는 아동에 비해 얼마나 발달 속도가 느린지, 그리고 발달 상한(ceiling)이 얼마나 낮은지를 강조한다(Bennett-Gates & Zigler, 1998).

이와 반대로, **차이 관점**은 지적 불능이 있는 아동의 인지적 발달은 지체가 없는 아동과 비교할 때 발달 속도나 상한선 이상의 차이가 있다고 주장한다. 이 입장에 따르면, Dan의 정신 연령이 남동생과 동일해도 Dan은 추리력과 문제해결 전략에서 질적으로 차이가 날 것이고 일정 수준을 넘어선 과제는 성취할 수 없을 것이다.

이 주제가 완전히 해결되지는 않았지만, 가계성 유형의 지체 아동(기질성 유형은 아님)에서 발달적 가설을 지지하는 증거가 있지만, 이 주제가 해결된 것은 아니다. 가계성 지적 불능이 있는 아동은, 정상 지적 능력의 아동과 마찬가지로 발달 단계의 순서가 변하지 않으며, 자폐 또는 뇌 이상이 동시에 있는 일부 아동은 예외이다(Bennett-Gates & Zigler, 1998). 유사 구조 가설은, 일부 예외는 있지만 가계성 지적 불능이 있는 아동의 경우에 지지된다. 가계성 지적 불능 아동은 정신 연령을 맞춘 지체되지 않은 아동과 비교할 때 기억과 정보처리에서 약간의 손상을 보였는데(Schuchardt, Gebhardt, & Mäehler, 2010), 이는 반복되고 지루한 과제를 수행하기 위해 아동의 동기가 유지되는 데에서의 어려움 때문일 수 있다(Weisz, 1999).

기질적 원인이 있는 지적 불능 아동(다운증후군이 있는 Dan처럼)에 대한 그림은 더욱 분명하다. 이들은 종종 정신 연령이 동등한 지체되지 않은 아동에 비해 수행을 더 나쁘게 하는 한 가지 이상의 특정한 손상 영역이 있다. 따라서 Dan은 표현 언어를 포함해서 일부 발달 영역에서 수행에 차이를 보이기 쉽다. 그럼에도 불구하고, 비록 속도는 늦을지라도 그는 남동생과 동일한 발달 순서를 밟을 것이다.

동기

경도 지적 불능 범위에 속하는 많은 아동은 정규 학교와 수업에 참여하여 배울 만큼 영리하다. 그러나 이들은 무력감과 좌절에 좀 더 민감한데, 이것이 사회적 발달 및 인지적 발달에서 과외의 부담이 된다. 그 결과, 이들은 할 수 있는 과제조차도 실패를 예상하고 적절한 지시가 없으면 새로운 요구를 해내고자 하는 동기가 감소된다(Harris, 2006).

초등학교에서 그의 선생님이 했던 말을 설명하면서, Ed는 이러한 현상을 잘 표현하고 있다.

© Denis Kuvaev/Shutterstock.com

"우리 아이들의 차이는 인정하지만, 이들의 독특성은 존중해 주세요."—다운증후군이 있는 아동의 부모

> 나에 대한 선생님의 부정적인 인상은 마치 아픈 손가락과 같은 느낌이었다. 그것은 나와 비슷한 사람들 모두가 가지고 있는 문제이다. 학교와 선생님들은 우리가 문제가 있다는 것을 찾아내고, 그들은 그것에 주목하고, 그러고는 우리를 포기한다. 내가 자기 반에 있다는 것을 알아채고는 매우 화를 낸 선생님도 있었다. 선생님은 나를 참아 내야만 했던 것이다(Bogdan & Taylor, 1982).

결과적으로, 정상적으로 발달하는 정신 연령이 같은 아동과 비교해 볼 때, 지적 불능이 있는 아동은 성공을 기대하지 않고, 스스로 목표를 낮게 설정하며, 더 잘할 수 있을 때에도 최소한의 성공에 만족한다(Weisz, 1999). 이러한 학습된 무력감은 성인에 의해 부지불식간에 용납될 수 있다. 아동이 '지체되었다'라는 말을 듣게 되면 성인은 실패한 이후에 동일한 인지 발달 수준의 정상 아동을 독려하는 것보다는 덜 독려할 것이다. 반면에, 경도 지적 불능이 있는 나이 어린 아동은 환경 자극과 양육자의 보조가 주어졌을 때 과제를 지속하는 능력이 개선되고 목표 지향적인 행동을 발달시킨다(Wilkins & Matson, 2009).

능력에서의 변화

지적 불능이 반드시 평생 지속되는 장애라고 말할 수는 없다. 비록 이것이 아동기에서부터 성인기에 걸쳐 비교적 안정된 상태이지만, IQ 점수는 결함의 수준과 지체 유형에 따라 변동될 수 있다. Matthew와 같이 경도 지적 불능이 있는 아동은 적절한 훈련과 기회가 주어지면 다른 영역에서는 적응 기술을 잘 개발할 수 있고, 지적 불능 진단에 필요한 결함 수준을 능가할 수 있다.

아동의 지적 불능의 주된 원인은 아동의 IQ 수준에 확실히 영향을 미치고 적응 능력을 바꿀 수 있다. 일반적인 지적 불능 과정을 대표하는 것은 아니지만, 다운증후군 아동은 아동기 중반에는 안정된 상태를 유지하다가 시간이 지남에 따라 IQ가 감소한다. 예를 들어, 1~6세 다운증후군 아동은 연령에 맞는 적응 기능을 획득하지만, 연령이 증가함에 따라 그들의 발달 속도는 수준이 멈추거나 감소된다(Margallo-Lana et al., 2007). 연령이 증가하면서 유사한 쇠퇴가 이들의 사회적 발달의 비율에서도 종종 보인다(Hazlett et al., 2011). 이를 **느림 및 안정성 가설**(slowing and stability hypothesis)이라 부르며(Hodapp et al., 2011), 다운증후군 아동이 기능하는 데 이득이 있는 기간과 약간 또는 전혀 없는 기간 사이에는 변화가 있을 수 있다는 것이 확실하다. 이들의 지능이 계속 발달한다고 해도 그 발달 속도는 아동기 전반에 걸쳐 점차 느려진다.

언어 및 사회적 행동

다운증후군이 있는 아동과 청소년의 언어 발달 및 사회적 기능에 대한 연구들은 이들의 발달이 많은 부분에서 예측 가능하고 체계화된 경과를 따른다고 제시하고 있다(Filippi, & Karmiloff-Smith, 2013). 이들의 인지 발달, 놀이, 자기인식 및 타인에 대한 인식은 조직화되고 의미 있는 방식으로 상호 관련되어 있기 때문에, 다운증후군이 있는 아동의 기저에 있는 상징 능력은 대체로 손상되지 않은 것으로 보인다.

그러나 다운증후군과 전형적인 발달 과정을 거치는 동일 연령의 아동 간에는 언어 발달에서 중요한 차이가 존재한다. 가장 현저한 차이는 다운증후군 아동이 독립된 생활을 하는 기술을 확립하는 데 필요한 표현 언어 발달에서 상당한 지연이 있다는 것이다. 이들의 표현 언어는 수용 언어보다 훨씬 더 취약한데, 특히 다운증후군 아동은 생후 24개월이 넘어야 의사소통 능력을 획득한다(Filippi, & Karmiloff-Smith, 2013).

유아기와 초기 아동기 발달에서 또 다른 중요 이정표는 양육자와 안정된 애착관계를 형성하는 능력이다. 이들의 애착이 보통보다는 느리게 형성되지만, 많은 다운증후군 아동들이 발달 연령 12~24개월에 안정 애착관계를 형성한다(Dykens, Hodapp, & Evans, 2006). 그러나 다른 아동에 비해 정서를 덜 표현하기 때문에, 여전히 많은 아동이 안정된 애착을 발달시키는 데 문제가 있을 수 있다. 한 연구에서, 다운증후군이 있는 아동은 낯선 상황에서 지체되지 않은 아동에 비해 엄마나 낯선 사람이 덜 안아 주는 것으로 나타났다(아동-양육자 애착을 평가하는 방법인 '낯선 상황'에 대한 표 2.2의 설명 참조). 다운증후군 아동이 적절한 접촉 신호를 하면서 접근할 때에도 엄마와 낯선 사람은 접촉을 거의 수행하지 못했으며, 이는 전형적으로 부모에게 "날 안아 주세요!" 하는 표시인 울기, 뻗치기, 잡기와 같은 불편함의 신호를 보이지 않았기 때문일 것이다(Vaughn, Contreras, & Seifer, 1994). 이 결과는 다운증후군이 있는 어린 아동의 부모에게 중요한 의미가 있다. 즉, 이들이 접촉과 관련하여 불편함 또는 접촉을 원한다는 신호가 거의 없을지라도 이 영아나 걸음마기 유아들 역시 다른 아동처럼 안아 주고 양육이 필요하다는 것이다.

애착이 일어나는 기간에 뒤이어 중요한 발달 이정표는 자아감의 출현인데, 이는 성격에 대한 초기의 기반을 형성한다. 이러한 이정표가 자주 지연된다고 해도, 다른 아동처럼 다운증후군이 있는 걸음마기 아동도 사진이나 거울 속의 자신을 보고 즐거워한다. 대부분의 유아는 자기인식을 경험하면 즉시 미소나 웃음을 보이는데, 이는 다운증후군 걸음마기 아동 역시 마찬가지이다(Mans, Cicchetti, & Sroufe, 1978). 시각적인 자기인식에 동반하는 긍정적 정서는 이들이 자기 자신에 대해 좋은 감정이 있다는 것을 시사한다. 그러나 걸음마기 또는 취학 전 아동처럼, 다운증후군 아동은 내적 상태 언어(internal state language), 즉 자신이나 타인에 대한 인식('화난', '기쁜'과 같은 언어를 사용해서)의 출현을 반영하는 언어에서 기능의 지연 및 일탈을 보인다. 내적 상태 언어는 사회적 상호작용을 조절하고 초기의 자기 및 타인을 이해하는 데에서 기초가 되기 때문에, 이 아동들은 자아 체계의 발달에서 부수적인 문제를 일으킬 위험이 증가할 수 있다(Huck, Kemp, & Carter, 2010).

지적 불능이 있는 아동, 특히 정도에서 중등도의 결함이 있는 아동은 다른 아동이 하는 것과 동일한 방식으로 상징놀이—게임, 인형 놀이, 스포츠—를 배운다. 그럼에도 불구하고 정규교육 장면에서 또래의 수용을 얻는 데에서 종종 실패하는데, 사회적 기술과 사회-인지적 능력에 결함이 있기 때문이다(Cook & Oliver, 2011). 지적 불능이 있는 아동의 사회적 발달에 대한 우려가 점점 더 증가하는데, 기관이나 특별시설에 배치하기보다는 능력 수준에 차이가 있는 아동을 정규학급 및 학교에 넣으려는 움직임 때문이다. 전형적인 발달을 보이는 아동은 자신과 비슷한 아동과 노는 것을 더 좋아하기 때문에, 결과적으로 지적 불능이 있는 아동은 또래로부터 사회적으로 더 고립된다(Guralnick, Connor, & Johnson, 2011). 이들의 사회적 기술에 한계가 있는데도 불구하고, 이같이 통합된 학급은 지적 불능이 있는 아동이 전형적인 발달을 보이는 또래와 상호작용할 수 있도록 해 주며, 이것은 그들의 사회적 지위에 긍정적인 영향을 미친다(Leffert, Siperstein, & Widaman, 2010; Siperstein, Glick, & Parker, 2009).

정서 및 행동 문제

PATTIE

방해가 되는 또는 방해를 하는?

Pattie는 정신지체라는 명칭이 붙어 있고 10세 때 주립학교에 맡겨지기 전까지 20군데가 넘는 집과 시설에서 살았다. 20세 때, Pattie는 자신의 경험과 감정을 다음과 같이 말했다. "나는 내가 큰 장애가 있다고 생각한다. 나는 그것을 장애라고 불렀지만 내가 매우 당혹스러울 때에만 그러했다. 시설에 있을 때 많은 사람들이 내가 장애가 있다고 말했다. 그렇기 때문에 나는 장애가 있고 나는 지체되었다. 그래서 나는 내 삶의 전부가 장애였다고 생각한다. 내가 했던 일들을 되짚어 보면 나는 정말 장애가 있음에 틀림없다. 당혹감과 장애는 내 마음에는 똑같은 것이다. 나를 미치게 하는 것은 또 있다. 누군가가 정말 가 버리는 것이다. 정말이다. 그냥 그렇게 하는 누군가를 그냥 그렇게 죽인다. 내가 미치겠다고 말하는 것은 그것이다. 내가 하는 것은 정서장애라고 생각한다. 정말로. 너무 많은 것들이 나를 괴롭히는 시간에만 정서장애이다. 내가 신경질이 나거나 아주 혼란스럽게 될 때까지 점점 더 심해진다. 나의 마음은 이러한 변화와 차이 나는 일들을 살피기만 한다. 때문에 내 속에서 너무 많은 것들이 나를 괴롭혔다." (Bogdan & Taylor, 1982에서 인용)

여러 기관에서 사는 동안에 자신의 감정에 대한 Pattie의 설명은 자신의 행동이 얼마나 '방해(disturbing)'될 수 있는지를 보여 준다. 그러나 자신의 환경과 개인적인 제약은 그녀의 감정 때문인가? 지적 불능이 있는 많은 아동 및 청소년들은 지적 · 신체적 · 사회적 결함과 관련된 여러 가지 장애물에 직면해야만 하고, 종종 이들은 자신의 삶을 거의 통제하지 못한다.

1970년대 초, 지적 불능이 있는 아동 및 성인과 지적 불능이 없는 아동 및 성인이 가지고 있는 정신과 장애의 정도를 이해하기 위한 연구(Rutter et al., 1976)가 실시되었다. 부모 및 교사 평가에 따르면, 경도 지적 불능 아동의 약 1/3과 좀 더 심한 지적 불능 아동의 절반이 정서장애의 중요 징후를 보였는데, 이는 이러한 문제가 흔하다는 것을 암시한다. 그 이후, 지적 불능이 있는 아동의 정서장애 및 행동장애의 위험이 정상 발달 아동에 비해 3~5배 더 많은 것으로 평가되었다(Einfeld, Ellis, & Emerson, 2011). 이러한 문제는 이 아동 및 청소년들이 당면하는 의사소통 기술의 한계, 추가의 스트레스 요인, 신경학적 손상이 더 많기 때문이었다(Adams & Oliver, 2011).

지적 불능이 있는 아동 및 청소년이나 그렇지 않은 아동 및 청소년에서 정신과 장애의 성질과 경과는 매우 유사할 것이다. 경도 불능이 있는 젊은이와 중등도 불능이 있는 젊은이의 문제 행동은 그들의 발달 경과가 유사하게 안정적이고 지속적이다(de Ruiter et al., 2008: Einfeld et al., 2011). 지적 불능이 있는 아동에게 가장 흔한 진단은 충동조절장애, 불안장애, 기분장애이다. 때때로 이러한 문제들이 심각하고 개입이 필요할 때도 있지만, 이것이 다른 정신질환의 지표라기보다는 지적 불능과 함께 가지고 있는 문제 스펙트럼의 일부인 것 같다(Hodopp et al., 2006). 초기 성인기에 이르러, 지적 불능이 있는 사람은, 주의 및 공격성과 관련된 문제가 아동기 때보다 의미 있게 감소하지만, 일반 집단에 비해 정신병리에 대한 취약성은 계속해서 더 높아진다(Buckles, Luckasson, & Keefe, 2013).

다른 정신장애에 대해 DSM-5 진단 준거가 적용되는 방식은 대체로 조정이 필요하다. 지적 불능이 있는 아동이 보이는 분노발작, 과잉행동, 기분장애와 같은 문제의 빈도는 지체의 수준이 비슷한 다른 아동과 비교하여 정상 또는 전형적인지를 고려해야 한다. 예를 들어, 주의력결핍/과잉행동장애(ADHD)의 진단은 개인의 발달 수준에서 적절하지 않은 행동장애가 있어야 한다. 최고도 지적 불능이 있는 사람들이 보이는 주의 폭, 산만성, 과제를 하는 행동은 아주 다양하다. 최고도 지적 불능이 있는 사람이 다른 정신과적 방해 문제가 있는지를 진단하려면 최고도 지적 불능이 있는 다른 아동과 비교해야만 한다(APA, 2013).

내재화 문제

청소년기는 기분장애 또는 그 외의 내재화 증상에 대한 위험이 높은 발달 시기이며, 이는 지적 불능이 있는 사람에게도 맞는 말이다(Hodapp & Dykens, 2009). 정상적으로 발달하는 또래처럼, 다운증후군 및 그 외 다른 형태의 지적 불능이 있는 청소년은 이전의 사회적이고 쾌활한 행동에서 감소를 보이며, 일부 사례에서는 심각한 우울 및 사회적 위축 증상으로 인해 고통받을 수 있다.

ADHD와 관련된 증상

지적 불능이 있는 아동 및 청소년의 교사와 부모는 공통적으로 지시 및 아동 관리 전략에서 조정이 필요한 ADHD 관련 증상을 보고한다(Neece et al., 2013). 적절한 행동과 활동에 대한 참여를 촉진하기 위해 교사가 있을 때에는, 지적 불능이 있으면서 ADHD가 있는 아동이나 ADHD가 없는 아동 모두 과제에 집중할 것이다. 그러나 교사의 보조 없이 과제를 지시할 때에는, ADHD가 있는 아동과 없는 아동 사이에 차이가 있다(Handen et al., 1998). 지적 불능과 ADHD가 모두 있는 아동은 흥분제를 투약할 때, 과제에 더 오래 머무르고 인지 과제에서의 정확성이 개선되고, 정상 IQ 아동의 반응과 유사한 반응을 보인다(Simonoff et al., 2013).

기타 증상

지적 불능이 있는 아동 및 성인은 특별하게 문제가 될 수 있는 부수적인 증상을 보이기도 한다. 부식성 및 위험한 물질을 먹는, 이식증(14장 참조)은 지적 불능이 있는 아동 및 성인에게 더 심각한 유형인 것 같다. **자해 행동**(SIB)은 ID가 있는 어린 아동 5명 중 1명에게 영향을 미치는 심각하면서도 때로는 생명을 위협하는 문제이다(MacLean & Dornbush, 2012). SIB의 흔한 유형에는 머리 박기, 눈 찌르기, 심하게 긁기, 먹은 것을 다시 올려 내어서 씹기, 또 다른 형태의 이식증, 피부 속에 뭔가를 찔러 넣기 등이 있다. 이식증과 SIB의 장기적인 예후는 좋지 않다. 정서적 위축, 상동증(같은 자세, 동작, 일종의 말의 빈번한 반복—예: 머리 박기, 손 또는 몸 움직임), 눈 맞춤의 회피는 고도 유형의 지적 불능이 있는 사람이 20년 이후까지도 명백하게 가지고 있다.

따라서 지적 불능이 있는 아동은 특별한 인식 및 학습 책략을 요구하는 정서 문제나 행동 문제를 보일 수도 있다. 일반적으로 이러한 문제는 주요 정신과적 장애는 아니지만, 자신의 요구와 환경에 대한 적응을 표현하는 것을 배우는 것이 아주 어려운 문제임을 반영하는 것이다. 예를 들면, 경도 지적 불능이 있는 7세 된 여아는 전형적으로 발달하는 4세 아동 수준이다. 그러므로 교실에 앉아서 과제를 지속하는 것이 어려울 수 있다. 그 아동은 학급에 있는 다른 7세 아동이 하는 것과 똑같이 자신의 정서나 행동을 항상 통제할 수는 없으며, 때로는 웃음이나 화가 폭발할 수도 있다. 이러한 문제를 발달적 관점에서 이해하는 것이 중요하다. 우리는 4세 된 아동이 나이가 더 많은 아동처럼 행동할 것이라고 기대하지 않으며, 우리의 기대 또는 지도 방법을 조정해야 한다. Ed나 Pattie에게서 잘 나타나는 것처럼, 병리나 무능을 의미하는 진단 명칭을 아동에게 붙이는 것은 때로는 잘못된 것이며, 역효과를 가져온다. 이러한 용어는 자해 행동처럼 특별한 주의를 기울여야만 하는 상황에서만 드물게 사용되어야 한다.

기타 신체적 및 건강상의 능력 부족

지적 불능이 있는 아동은 건강과 발달에 대해 광범위하게 영향을 미치는 신체적 및 발달상의 불능(disability)을 겪기도 한다. 이러한 불능은 대개 지적 결함의 정도와 관련이 있다. 31개의 연구를 메타 분석한 것에 기초해서 이들의 모집단에서 만성적인 건강 상태의 유병률은 일반 모집단보다 아주 높다(Oeseburg et al., 2011). 그림 5.2

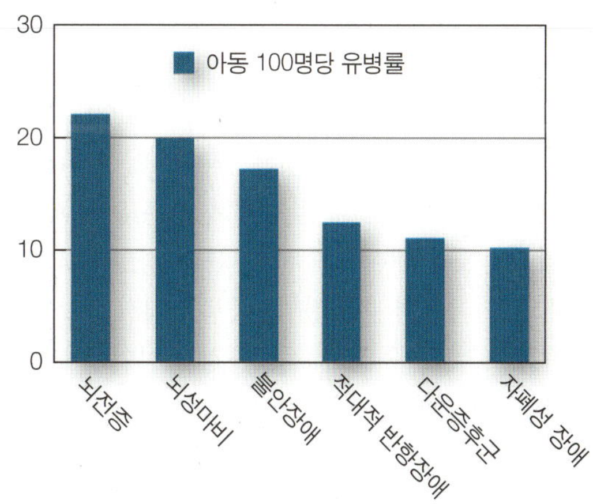

그림 5.2 지적 불능이 있는 아동의 만성적인 건강 상태.

출처: Oeseburg et al., 2011에서 자료 인용

는 지적 불능이 있는 아동들 사이에서 발견되는 흔한 발달상의 불능을 보여 준다. 주요 동시 발병 신체적 불능과 발달상의 불능에도 불구하고 다운증후군이 있는 아동 및 성인은 이제 기대 수명이 거의 60세에 근접하고, 대체로 호흡기 감염과 선천적인 심장질환에 대한 의료적 처치가 나아졌기 때문이다(Dykens, 2013). 그러나 40세 이상까지 생존하는 다운증후군이 있는 대부분의 사람들은 인지적 쇠퇴(알츠하이머병 같은)를 보여 주며, 이는 21번 염색체 유전적 결함 때문이다(Torr et al., 2010).

단원 정리

발달 경과와 성인이 되어서의 결과

- 지적 불능이 있는 아동은 전형적으로 발달하는 아동과 동일한 순서의 발달 단계를 따른다. 그러나 좌절감 때문에 목표와 동기가 낮아지는데, 이는 종종 실패를 기대하는 것으로 이어진다.
- 적절한 훈련 및 기회가 제공된다면, 적응 기술과 결함의 수준은 시간이 지남에 따라 개선되는데, 특히 경도 지적 불능이 있는 아동에게서 더욱 그러하다.
- 발달상의 불능—말 및 언어 그리고 행동상의 방해 문제—이 흔하다. 정서 문제 및 행동 문제는 정신장애의 지표라기보다는 지적 불능과 함께 존재하는 문제의 스펙트럼상의 일부인 것 같다.
- 지적 불능이 있는 아동은 건강과 발달에 광범위하게 영향을 미칠 수 있는 뇌성마비, 뇌전증, 정서장애 및 행동장애와 같은 신체적 불능 및 발달상의 불능도 가지고 있을 가능성이 아주 크다.

원인

기질적 원인 이외에, 지적 불능과 연관된 1,000개 이상의 유전적 장애가 고려된다는 것은 놀라운 일이다(Hodapp & Dykens, 2009). 그러나 알려진 수많은 원인에도 불구하고, 과학자들은 대다수의 사례, 특히 경도 지적 불능의 주요 원인을 확신하지 못한다. 중등도에서 최고도 지적 불능의 거의 2/3는 유전적 또는 환경적 원인이 알려진 반면, 경도 지적 불능이 있는 사람의 대략 1/4 정도만 원인이 알려졌다(McDermott et al., 2007; Bokhoven, 2011). 일부 원인은 유전적 장애나 자궁 내에서 문제가 생기는 것처럼 출생 전(태내)에 발생한다. 다른 원인으로는 미숙아나 출산 시 산소 부족처럼 출산과 관련이 있다. 또 다른 원인으로는 뇌수막염, 두부 손상, 또는 출생 후에 발생하는 그 외 요인이다.

역사적으로, 지적 불능의 원인은 두 가지 꽤 구별되는 집단—기질적 집단과 문화-가계성 집단—으로 나눈다(Hodapp & Dykens, 2003). **기질적 집단**은 분명한 생물학적 원인이 있으며 대개 고도 및 최고도 지적 불능과 연관이 있는 반면에, **문화-가계성 집단**은 분명한 기질적 원인이 없으며 대개 경도 지적 불능과 연관이 있다(Hodapp et al., 2006).

지적 불능에 기여하는 위험 요인의 4개 주요 범주는 생물학적 · 사회적 · 행동적 · 교육적 범주이다. 이러한 4개의 위험 요인은 시간 전반에 걸쳐 그리고 부모에서 아동에게로 세대에 걸쳐 상호작용을 하고 지적 결함과 연관이 있는 문제의 원인들이 서로 상호작용하는 것을 포괄적으로 설명해 준다(AAIDD, 2010; Chapman, Scott, & Stanton-Chapman, 2008). 이러한 4개 위험 요인에 기초한 지적 불능의 정의, 특성, 원인은 표 5.5에 요약되어 있다.

기질적 위험 요인과 비기질적 위험 요인 간의 구분이 지적 불능의 기저에 있는 원인을 명확히 해 주지만, 지적 불능이 심각한 형태에서보다는 경한 형태에서 구분이 덜 분명하다는 것을 기억하라. 예를 들면, 지적 결함이 좀 더 심각한 수준에 있는 사람들의 대다수(96%)가 장애의 원인이 분명한 반면, 경미한 결함이 있는 사람들의 꽤 큰 비율(32%)은 그렇지 않다(Simonoff et al., 1996).

강력한 생물학적 요인과 연루되었기 때문에 기질적 지적 불능에 대해서는 알려진 것이 상당하다. 또한 문화-가계성 원인에 비해 기질적 문제를 진단하는 능력이 발달되어서 이러한 유형의 지적 장애를 추정하는 것도 향상되었는데, 지적 불능이 있는 모든 사람의 약 1/3에서 1/2 정도가 명백한 기질적 원인을 나타낸다(Hodapp et al., 2006). 이와 대조적으로, 문화-가계성 집단은, 지적 불능이 있는 모든 사람의 1/2에서 2/3를 구성하고 있다고 해도, 다소 이해하기 힘들다(Witwer et al., 인쇄 중). 표 5.5에서 언급한 것처럼 유력한 의심은 빈곤, 부적절한 아동 관리, 영양 불량, 부모의 정신병리처럼 환경 및 상황적 요인인데, 이는 대체로 아동 발달에 생물학적 요인이 아닌, 심리적 요인이 영향을 미친다는 것이다. 그러나 구체적인 원인-경과 관련성은 결정되어 있지 않다. 따라서 유전적 요인과 환경적 요인 모두는 경도 지적 불능의 형태에서는 연루되어 있지만, 결정되는 방식에서는 아직 아니다.

환경의 상대적인 중요성은 두 집단의 구분에서도 두

표 5.5 지적 불능의 위험 요인

시기	생물학적 요인	사회적 요인	행동적 요인	교육적 요인
태내	1. 염색체 장애 2. 단일 유전자 장애 3. 증후군 4. 대사장애 5. 대뇌 이상발육 6. 어머니의 질환 7. 부모의 연령	1. 빈곤 2. 어머니의 영양실조 3. 가정 폭력 4. 산전 관리의 부실	1. 부모의 약물 사용 2. 부모의 알코올 사용 3. 부모의 흡연 4. 부모의 미숙함	1. 지원을 받지 못하는 부모의 인지적 불능 2. 부모가 되는 준비가 없음
출산 전후 (주산기)	1. 미숙 2. 분만 상해 3. 신생아 장애	1. 산전 관리의 부실	1. 부모의 돌봄 거부 2. 부모의 아동 유기	1. 퇴원 시 개입 서비스를 위한 의료 알선의 결여
생후	1. 외상적 뇌 상해 2. 영양실조 3. 수막뇌염 4. 발작 장애 5. 퇴행성 장애	1. 결함이 있는 아동-양육자 상호작용 2. 적절한 자극의 결여 3. 빈곤 가정 4. 만성 질환이 있는 가정 5. 시설 수용	1. 아동 학대 및 방임 2. 가정 폭력 3. 부적절한 안전장치 4. 사회적 박탈 5. 까다로운 아동 행동	1. 결함이 있는 양육 2. 진단의 지연 3. 부적절한 조기 개입 서비스 4. 부적절한 특수교육 서비스 5. 부적절한 가족 지원

드러진다. 기질적 집단의 사회경제적 배경은 일반 모집단에서와 대충 비슷한데, 이는 고도 지적 불능의 형태는 SES와 상관없이 누구에게나 영향을 미칠 수 있다. 가계성 집단은 낮은 SES와 사회적 불이익 집단이 지나치게 많고 지적 불능의 가족력과 의미 있게 관련이 있다. 이것은 개선된 사회적 환경이 지적 성장 및 능력에 미세한—결정적인 것은 아닌—방식으로 영향을 미칠 수 있다는 주장과 맞아떨어진다.

대부분의 사례에서, 지적 불능의 위험 요인은 비기질적 위험 요인이라는 면에서 초기에 언급한 것처럼 일부 수정을 해서 경험적으로 지지되고 있다. 첫째, 분명한 기질적 원인이 있는 사람의 비율은 유전 및 기질적 원인에 대한 지식이 증가하는 것에 힘입어 지난 몇십 년 동안 증가해 왔다. 또한 경도 지적 불능이 생물학적(기질적) 원인에 의한 것이 아니라고 하는 원래의 가설은 뇌전증, 뇌성마비, 그리고 다른 기질적 장애가 지적 불능이 없는 사람에서보다는 경도 지적 불능이 있는 사람에게서 더 자주 나타난다는 연구 결과로 인해 기질적 원인이 아니라고 하는 것을 완화해야 한다(Hodapp, 2011).

유전과 환경의 역할

인간 지능에 관한 연구는 유전적 표현에 영향을 주는 유전자 구성과 환경적 요인이 관여하는 기본 절차라는 면에서 가장 큰 관심을 받고 있다. 유전과 환경의 상대적인 기여와 관련된 지루한 논쟁은 아직까지 충분한 답을 얻지 못하고 있다(McDermott et al., 2007). 수정(modification)할 수 있는지는 또 다른 문제가 될 수 있겠지만, 발달에 미치는 유전적 영향은 환경적인 투입에 의해 바뀔 가능성이 있다. 비슷하게, 발달에 미치는 환경적 영향은 그 유전자에 기여하는 유전자 또는 구조와 관계가 있다(Neisser et al., 1996). 간단히 말하면, 아동은 IQ를 물려받는 게 아니라 **유전자형**을 물려받는데, 이는 지능과 관련되는 유전자들의 집합이다. 환경에서 유전자형의 표현—유전자-환경의 상호작용—을 **표현형**이라고 한다. 특성의 **유전성**은 인구 집단에서 유전적 영향에 기여하는 변인의 분산 비율을 나타낸다(Neisser et al., 1996). 따라서 주어진 특성의 유전성 정도는 전혀 없는 0%부터 100%까지 유전적으로 결정될 수 있다.

지능의 유전성을, 함축적으로는 지적 불능의 유전성을 추정하는 것이 가능할 것인가? 이러한 흥미 있는 질문에 대해서 이제는 어느 정도 확신을 가지고 대답할 수 있게 되었지만, 팡파르는 거의 없다. 넘쳐나는 증거들은 지능의 유전성이 약 50%라고 지적한다. 즉, 유전적 요인과 비유전적 요인이 지능의 구조와 표현에서 강력한 역할을 한다(Davis, Arden, & Plomin, 2008).

지적 불능에 대한 구체적인 유전적 원인이 많기 때문에 환경적 영향의 중요성에 대한 회의적인 시각이 여전히 존재한다. 판별하기 · 정확히 찾아내기 · 구체적인 측정의 어려움, 비유전적 변인이 환경적 중요성에 대한 딜레마를 가중시킨다. 그러나 불리한 배경의 아동에서 주요 환경적 변이가 인지적 수행 및 환경적 적응에 영향을 미치는 것을 나타내는 증거가 상당히 많다(Ramey, Ramey, & Lanzi, 2007). 예를 들어, 사회적으로 불리한 부모에게서 태어난 다음에 좀 더 나은 환경으로 입양을 간 아동은 불리한 환경의 친부모 밑에서 자란 형제자매보다 IQ 점수가 더 높고, 자존감이 더 강하고, 비행 행동이 더 적었다(Juffer & van Ijzendoorn, 2007; van der Voort et al., 2013).

태내환경 역시 이전에 평가된 것보다 더 크게 IQ에 영향을 미친다. 쌍둥이와 쌍둥이가 아닌 형제에 대한 연구에서는 공유된 태내환경(즉, 어머니가 같은 아동 모두)이 쌍둥이에서는 IQ 유사성의 20%를 설명해 주지만, 쌍둥이가 아닌 형제자매 사이에서는 5%만을 설명한다고 밝혔다(Devlin, Daniels, & Roeder, 1997). 이러한 결과들은 영양, 호르몬 수준, 독소물질과 같은 태내의 영향이 실제로는 환경적 요인임에도 불구하고 유전이라고 잘못 확인될 수 있다는 것을 시사한다(Rutter, 2011). 이 연구의 실용적 이점은 고려해야 할 만큼 중요한데, 만약 초기 환경(태내기)의 영향이 지적 기능에 중요한 영향을 미친다면, 어머니의 영양을 개선하고 태내기에 독소에 노출되는 것을 감소시키는 공중보건 증진의 확대가 어머니의 임신 중 관리를 개선시킬 뿐만 아니라, 아동의 지적 · 인지적 기능을 개선시킬 수도 있다.

유전적 요인과 체질적 요인

지적 불능과 연관이 있는 유전적 기제의 조건에 관한 지식의 급속한 확장에도 불구하고, 지능의 결함을 초래하는 실질적인 생물학적 기제에 대해 아는 것은 아직 미미하다(Hodapp & Burack, 2006). 유전자의 이상 또는 특정 장애의 위험을 증가시키는 유전자의 확인은 유전적 선별과 상담에서 아주 중요하지만, 이러한 확인이 지적 불능에 대한 효과적인 처치의 형태를 구체화해 주지는 않는다.

지적 불능의 원인이 되는 조건이 아주 많기 때문에, 여기서는 다운증후군, 취약 X 증후군, Prader-Willi 증후군, Angelman 증후군, 단일 유전자 조건을 포함한 몇 가지 장애 및 장애의 분류에 초점을 두고자 한다. 각 장애는 유전적 장애의 각기 다른 유전적 기제의 측면을 보여 주고 있다. 유전자가 환경적 영향과 상호작용하는 다양한 방식도 강조할 것이다.

염색체 이상

염색체 이상으로 인해 일어나는 가장 흔한 장애는 다운증후군이다. 이러한 이상은 성염색체의 수에서도 일어날 수 있는데, 이는 Klinefelter 증후군(XXY, 남성이 X 염색체를 하나 더 가짐), 그리고 Turner 증후군(XO, 여성에게서 두 번째 X 염색체가 없는 장애)과 같은 지적 불능 증후군을 초래한다. 이러한 후자의 장애들은 다소 흔한 장애로 400명 중 대략 1명 발생하지만, 유전적 불규칙성으로 인한 장애에 비해서는 지적 기능에 미치는 영향이 일반적으로 덜 파괴적이다(Simonoff et al., 1996).

다운증후군이 있는 아동의 수는 지난 20년 동안 700명 중 1명에서 1,000명 중 1명으로 점차 감소되었는데, 이는 태내 선별검사를 하는 비율이 증가하고 다운증후군이 진단되면 임신 중단(낙태)이 증가했기 때문이다(Roizen & Patterson, 2003). 다운증후군에서는 몇 가지 구별되는 신체적 특징이 나타나는데, 여기에는 작은 두개골, 작은 입에서 불거지는 큰 혀, 경사진 눈썹에 아몬드 모양의 눈, 평평한 콧마루, 짧고 굵은 새끼손가락, 손바닥을 가로지르는 하나의 손금이 있는 네모진 손(원숭이처럼)이 있다. 이러한 신체적 특징은 때로는 드러나지 않을 수도 있으며, 신체적 특징에는 차이가 있을 수도 있다.

대부분의 다운증후군 사례에서 염색체가 하나 더 있는 것은 **비분리** 때문인데, 감수분열에서 어머니의 21번 염색체 쌍이 잘못된 것이다. 어머니의 두 개의 염색체가 아버지의 21번 염색체 하나와 결합하지 못하여, 정상적인 두 개 염색체 대신에 21번 염색체가 세 개(21번 삼염색체성이라고 알려진)가 되는 것이다. 비분리는 산모의 연령과 강력한 관련이 있기 때문에, 다운증후군 발생률은 어머니의 나이가 35세 이하일 때에는 1,000명당 1명의 확률이지만 어머니의 연령이 45세 이상이 되면 1,000명당

20명으로 증가한다(Wu & Morris, 2013).

다운증후군의 염색체 기준을 잘 알고 있다고 해도, 다운증후군이 있는 아동에게서 보이는 지적 불능의 구체적인 원인은 아직 모른다. 21번 염색체의 유전자 지도는, 일부 유전자들이 뇌 발달에 대한 영향을 국한시킨다고 생각하게 했다(Roizen, 2007). 기능적 관점에서 이 이론을 검증하기 위해 연구자들은 다운증후군이 있는 아동과 없는 아동의 신경심리검사에 근거해서 해마 기능에서의 차이를 찾아내었다(Pennington et al., 2003). 해마가 장기기억에서 중요한 역할을 하기 때문에, 이러한 결과는 다운증후군이 있는 아동이 정상적인 언어 기술(IQ의 기본적인 면)을 습득하는 능력에 영향을 미치는 기저 과정 중 일부를 설명하는 데 도움이 된다.

취약 X 증후군은 물려받는 지적 불능의 가장 흔한 원인이다(다운증후군이 더 빈번하게 발생하지만 물려받는 경우는 드물다). 이 장애는 남성 4,000명 중 1명, 여성 8,000명 중 1명 발생한다(Hagerman, 2011). 취약 X 증후군의 신체적 특징은 다운증후군보다 더 미묘한데, 큰 이마, 돌출된 턱, 낮고 돌출된 귀가 그 특징이다. 지적 불능은 일부 아동에서는 아주 심하고 일부에서는 지능이 정상 범위이지만, 일반적으로 경도 정도에서 중등도 범위이다(Cornish et al., 2013). 취약 X 증후군은 남자에게 더 유해한 영향을 끼치는데, 여자에서는 절반 정도에서 지적 불능이 있는 데 비해, 남자에서는 대부분 지적 불능이 있다(Reiss & Hall, 2007).

FMR-1 유전자라고 알려진 취약 X 증후군의 유전자가 X 염색체에 위치해 있다고 해도, 이 증후군은 전통적인 X 연관 유전 패턴을 따르지 않는다. 이 장애를 가지고 있으면서 전달하는 여성의 1/3에서 1/2 정도는 자기 자신도 증후군의 변형에 걸리며 인지적 또는 정서적 결함을 조금 보인다. 또한 FMR-1 유전자가 있는 남성의 약 20%는 이 장애를 전달하지만 그들 자신은 영향을 받지 않는다(Fatemi & Folsom, 2011).

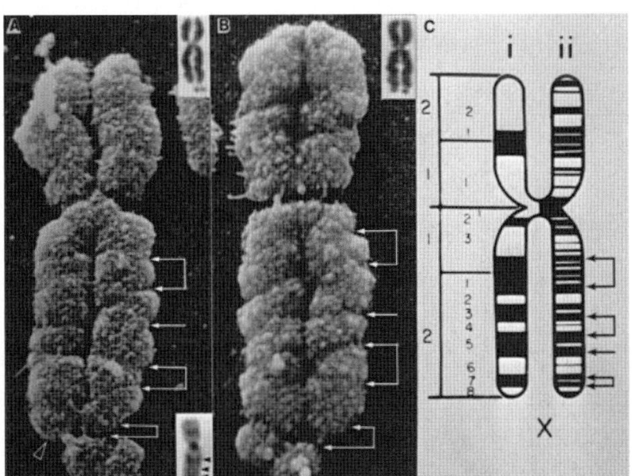

취약 X 증후군에서 발견되는 '초췌한 염색체'를 보여 주는 현미경 사진

취약 X 증후군의 행동적 특징은 종종 미묘하지만 구별된다. 영향을 받은 남성의 대부분은 인지와 의사소통 발달이 상당히 지연될 뿐만 아니라, 수줍음과 빈약한 시선 접촉이 현저한 특이한 사회적 패턴 및 의사소통 패턴이 있다(Einfeld, 2005). 이 장애가 있는 여아는 지적 불능이 동반되지 않을 때에도 사회적 불안과 회피 또한 흔하다(Gerenser & Forman, 2007). 주목할 것은, 취약 X 증후군이 있는 대부분의 남성과 여성의 약 1/3은 손뼉 치기, 자신을 깨물기, 반복된 행동, 발끝으로 걷기처럼 자폐증과 유사한 행동을 보이며, 이 장애가 있는 아동의 절반 가까이는 자폐증 진단 준거를 충족한다(MaCary & Roberts, 2013).

Prader-Willi 증후군은 작은 외모, 지적 불능 또는 학습 불능, 불완전한 성적(sexual) 발달, 낮은 근육 긴장 상태, 그리고 끊임없는 식탐 충동이 있는 복합 유전적 장애이다. 이 증후군은 드물며, 10만 명 중 5~10명 정도 걸린다고 추정한다(Dykens, Cassidy, & DeVries, 2011). 이 증후군이 있는 아동은 2~6세에 지나치게 많이 먹고, 음식을 찾아다니고, 음식을 숨긴다. 이들은 작기 때문에 적절한 몸무게를 유지하려면 정상보다 칼로리를 적게 섭취해야 하므로, 어쩔 수 없이 비만이 된다(Hinton, Isles, Williams, & Parkinson, 2010; Theodora, Talebizadeh, & Butler, 2006).

Angelman 증후군은 대개 중등도에서 최고도의 지적 불능과 연관이 있다. 이 장애가 있는 아동의 행동은 운동실조(어색한 걸음걸이), 경련이 있는 움직임, 손뼉 치기, 발작, 발성의 상실과 같은 특징을 보인다. 구별되는 안면 특징은 큰 턱과 벌린 입이다(Didden et al., 2009).

Prader-Willi 증후군과 Angelman 증후군은 15번 염색체의 이상과 연관이 있으나 선천적인 것으로 간주되지는 않는다. 오히려 이 증후군들은 수정될 때나 수정이 될 무렵에 발생하는 자연적인 유전자 발생 결함 때문이라고 여겨진다. 어머니의 15번 염색체 부위에 영향을 미치는 유전자가 표현이 되지 않은(기능적) 이유는 아직 알려져 있지 않다. 유전자 및 서로에게 아주 밀접한 유전자들의 이러한 결여가 관련된 증후군들을 일으키는 것 같다. 유전적 물질의 부재—어머니에 의한 것이든 아버지에 의

이 소년은 8세이며, Prader-Willi 증후군을 가지고 있다(왼쪽). 19세인 Danna는 Angelman 증후군을 가지고 있고, 일반 학생들과 함께 있는 것이 허용되는 학교 프로그램에 일부 참여하고 있다(오른쪽).

한 것이든—는 표현형이 뚜렷하게 차이 나는 원인인 것 같다.

지적 능력 및 적응 능력에 관한 유전적 영향에 대해서는 많이 밝혀졌다. 이러한 영향은 결코 균일하거나 정확한 것이 아니기 때문에, 이러한 영향이 지능 및 표현형에서의 변화를 야기하는 기제에 대해서는 연구가 더 필요하다. 예를 들면, 다운증후군에서도 IQ의 범위는 경도 지적 불능에 있고, 일부는 정상 범위에 있는 사람도 있다. 자료에 대해 아는 것이 극히 제한되어 있지만, 분자 유전자 및 생물학적 기술은 이러한 변인이 일어나는 이유를 이해할 수 있게 만들기 시작했다(Handen, 2007).

단일 유전자 질환

지능과 인지 기능에 영향을 미치는 그 밖의 증후군들은, 물질 대사의 선천적 이상이라고 알려진, 유전적인 신진대사 결함 때문일 수 있다. 이러한 결함으로 인해 특정 발달 단계에서 필요한 일정한 화학물질이 과잉 또는 부족하게 된다. 물질 대사의 선천적 이상은 심한 지적 불능 사례의 3~7%에 해당한다(Antshel & Arnold, 2007; Wolfe & Krasnewich, 2013).

단일 유전자 질환 중 가장 잘 알려진 것은 **페닐케톤뇨증**(phenylketonuria, PKU)으로, 대략 15,000명당 1명 발생하는 드문 질병이다(Waisbren, 2011). 다운증후군의 원인이 되는 염색체 이상과는 달리, PKU의 원인은 전형적인 Mendel 법칙에 의해 전달되는 수용형 유전자이다. 아동은 부모 양쪽으로부터 유전자—부모 둘 다 PKU가 없더라도—를 받는데, 이 유전자는 아미노산 페닐알라닌을 다른 필수 아미노산인 티로신으로 변환시키는 데 필요한 간(liver) 효소가 부족하게 만든다. 티로신은 정상적으로는 신체 발달에 필요한 다른 화학물질로 변환된다. 많은 음식에 들어 있는 페닐알라닌을 대사 작용할 수 없기 때문에 몸에 축적되고 또 다른 대사 이상 산물, 페닐피루브산으로 변환된다. 또한 이러한 대사 산물은 뇌손상, 지적 불능, 몸에서 나는 곰팡이 냄새, 과잉 활동, 발작 등을 유발하고, 피부와 머리카락을 버석거리게 만들고 탈색시키기도 한다.

PKU는 환경 변화를 통해 성공적으로 치료할 수 있는 유전적 장애의 좋은 예이다. 현재는 모든 유아들이 출생 시 이러한 결함이 있는지를 선별하며, 장애가 있는 사람은 즉시 엄격한 식이요법을 실시한다. 그러나 영향을 받은 개인이 초기에 처치를 받는다고 해도, PKU가 있는 젊은 여성은 대사 산물을 재생산하며, 이는 출생 기형 및 자손에게 차후에 지적 불능의 비율을 높인다. 임신 전에 시작되는 엄격한 섭식 제한은 현재 이러한 문제에서 최선의 예방책이다(Waisbren, 2011).

신경생물학적 영향

태아의 발달 및 유아의 발달은 영양 부족, 유독물질에 대한 노출, 임신이나 출산 시 스트레스 요인과 같은 다양한

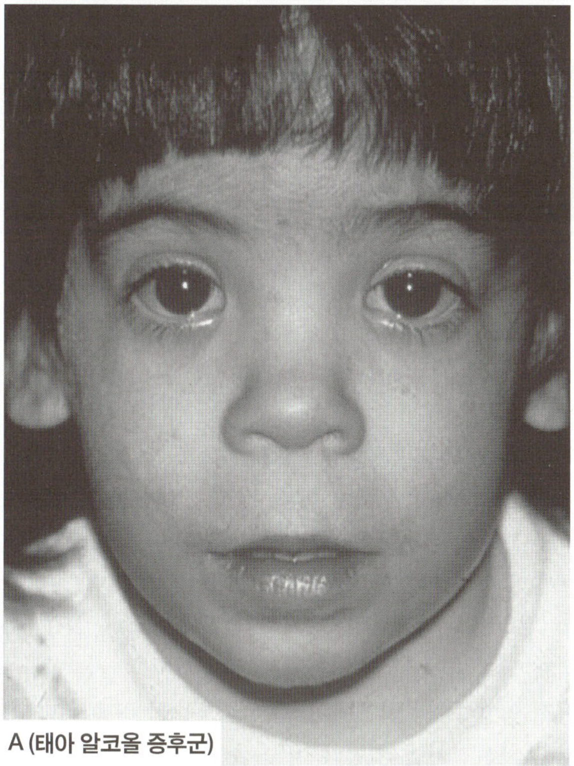

A (태아 알코올 증후군)

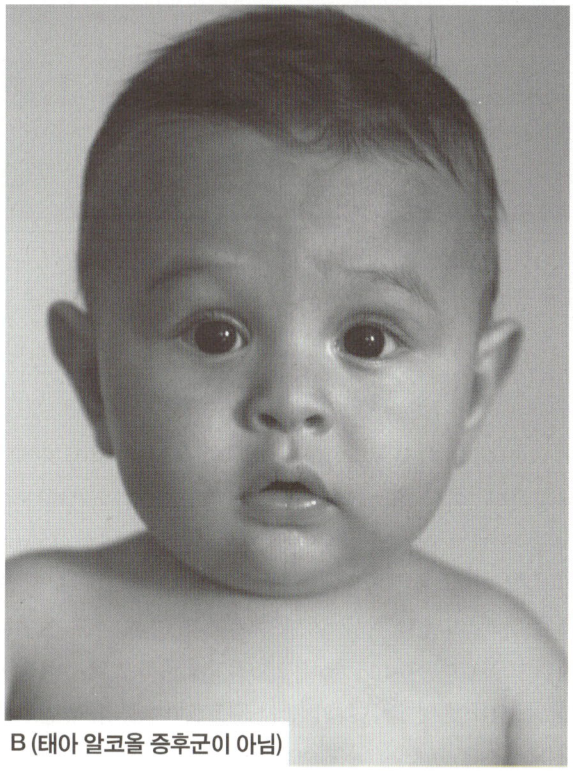

B (태아 알코올 증후군이 아님)

태아 알코올 스펙트럼 장애(FASD)가 있는 아동(왼쪽)과 장애가 있다는 증거가 없는 아동(오른쪽). FASD가 있는 아동은 눈의 가장자리 피부 주름, 낮은 콧대, 짧은 코, 평평한 인중 홈, 작은 머리 둘레, 작은 눈구멍, 작은 얼굴 중앙, 얇은 윗입술이 특징이다. 이러한 안면 특징은 지리적 위치 전반에 걸쳐 그리고 서로 다른 민족 배경 전반에 걸쳐 태아 알코올 스펙트럼 장애가 있는 아동들에게 일관되게 나타난다.

생물학적 환경에 의해서도 영향을 받을 수 있다. 이러한 조건은 직접적으로나 간접적으로 낮은 지능 및 지적 불능의 원인(반드시 모든 환경이 그러한 것은 아니지만 때때로)이 된다. 이 영향은 태아에게 미치는 정도와 태아 발달 시기(처음 3개월이 가장 민감한 시기)에 따라 종종 달라진다. 임신과 분만은 전체 지적 불능의 대략 10%를 설명하는 외상, 감염, 다른 합병증의 위험에 가장 예민한 시기이다. 감염 · 외상 · 중독 사고처럼, 유아 또는 아동기에 발생하는 다른 일반적인 의학적 문제는 지적 불능의 원인이라고 알려졌거나 추정되는 사례의 5%를 설명한다(Hodapp et al., 2011).

임신 중에 모체의 음주를 통한 태내기의 알코올 노출은 예방될 수 있는, 가장 널리 인식되고 있는 지적 불능의 원인이다. 태아 알코올 스펙트럼 장애(Fetal Alcohol Spectrum Disorder, FASD)는 임신 기간 중 그 수준에 상관없이 알코올에 노출된 것과 연관이 있는 모든 결과를 포괄하는 용어이다(Riley, Infante, & Warren, 2011). 소량의 알코올이라도 태아의 성장과 지적 능력에 부정적인 영향을 미칠 수 있다. 예를 들어, 어머니가 하루에 평균 한 번 이하로 마신 태내 알코올에 노출되었던 청소년 중에서 신체 발달의 중대한 손상이 발견되었고, 첫 3개월의 후반부에 노출되면 특히 더 위험하다(Day et al., 2002; Feldman et al., 2012).

FASD의 가장 심각한 형태는 **태아 알코올 증후군**인데, 이는 지적 결함과의 분명한 연계성 때문에 지적 불능의 원인으로 잘 알려져 있다. 태아 알코올 증후군은 1,000명의 정상 출산 중 0.5~2명 발생하는 것으로 추정되지만(Centers for Disease Control and Prevention, 2011c), 이 추정치는 과소 진단된 것으로, 실제로는 좀 더 흔할 것 같다. 놀랍게도, 이러한 발생률은 주류(majority) 인구 집단과 비교했을 때, 아프리카계 미국인에게서 4배 그리고 미국 원주민에게서 16배 더 높다(MMWR, 2002). 지난 20년 동안 임신 전후 즉시 알코올을 중단하라고 공중보건에서 경고하고 있지만 태아 알코올 스펙트럼 장애는 감소하지 않고 있다(Watson et al., 2011).

태아 알코올 증후군은 중추신경계(CNS)의 역기능, 안

코와 윗입술 사이의 공간

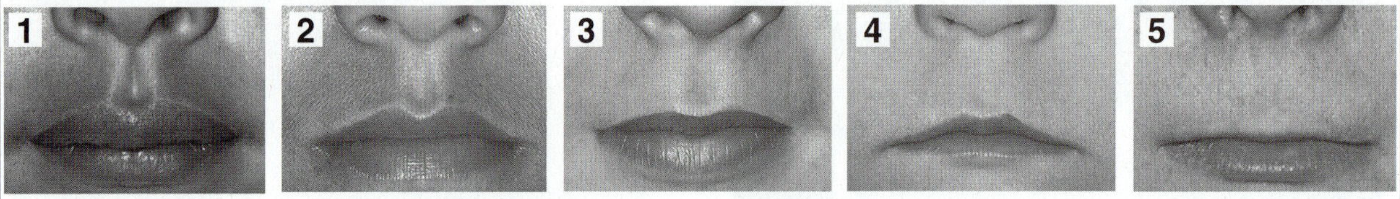

이 사진들은 평평한 인중 홈을 좀 더 자세히 살펴보게 한다. 사진 1은 정상적인 입술-인중 홈을 보여 준다. 오른쪽으로 갈수록 점진적으로 평평해진다. 사진 5에서는 FAS의 평평한 특성을 보여 주고 있다.

면 특징에서 이상성, 10%에 미치지 못하는 성장지체가 특징이다. 이상성(abnormality)의 원인이 되는 기제는 아직 분명하지 않지만 중추신경계의 발달에 대한 알코올의 **기형 발생**(태아 발달을 손상시키는) 영향 그리고 알코올 중독과 연관된 대사 및 영양 문제로 인한 피해와 연루된다고 믿고 있다(Niccols, 2007). 평균적으로, 이 장애가 있는 아동 및 젊은이의 IQ는 경도 지적 불능의 범위이다(Streissguth, 2007). 지적 결손 이외에, 이들은 주의력 결핍, 낮은 충동 조절, 심각한 행동 문제를 포함해서 종종 ADHD와 유사한 장기적인 어려움을 가지는데, 이는 종종 성인기까지 지속되고 치료 비용이 아주 많이 든다(Amendah, Grosse, & Bertrand, 2011; Vaurio, Crocker, & Mattson, 2013).

알코올 이외에 다른 기형 발생 물질이 중추신경계 발달에 영향을 미치기 때문에, 지적 불능의 위험을 증가시키는 것으로 알려져 있다. 임신 3개월 전에 모체가 풍진(독일 홍역)과 같은 바이러스에 감염되면 태아에게 심각한 손상을 가져올 수 있다. 그러나 대부분의 선진국에서는 면역 조치에 의해 이러한 지체의 원인은 사라지고 있다. 매독, 성홍열, 중추신경계에 발생한 결핵, 퇴행성 신경 질환, 때로는 홍역이나 유행성 이하선염 등도 지적 불능으로 이어질 수 있다. 또한 ID는 X선 촬영, 임신 중 모체가 복용한 약물, 출산 시 아동의 머리에 가해진 기계적 압력, 출산 시 호흡 지연에 의한 산소결핍증, 납이나 일산화탄소 같은 독성, 뇌의 종양이나 낭종에 의해서도 발생할 수 있다(Hodapp & Dykens, 2003). 본질적으로, 모체의 면역 체계나 조절 체계에 의해 파괴되거나 조절되지 않는 생화학적 또는 전염성 물질도 태아의 발달에 위험이 되고 뒤따라서 지적 능력에도 위험이 될 수 있다.

사회적 차원과 심리적 차원

지적 불능의 원인이 되거나, 지적 불능 발생과 연관이 있는 요인들의 마지막 집단은 가장 알려지지 않았으며 매우 다양하다. 포괄적으로 정의하면, 이러한 요인에는 신체적 및 정서적 돌봄과 유아 자극의 박탈과 같은 많은 환경적 영향, 자폐성 장애처럼 지적 불능이 종종 동반되는 다른 정신질환들이 있다. 이러한 요인들을 합치면 지적 불능의 대략 15~20%를 설명할 수 있다. 범위가 꽤 넓기는 하지만, 개인 및 가정 상황의 정도가 다르고 각기 다른 층(layer)에 숨겨져 있기 때문에 이러한 영향은 대체로 간접적이며 증명되지 않는다. 학대나 방임과 같은 부모의 일탈 그리고 이것이 지적 발달과 행동 발달에 어떠한 영향을 미치는지에 대해서는 12장에서 좀 더 자세히 다룰 것이다.

부모는 아동에게 유전자만 물려주는 것이 아니라 아동의 심리적 환경이 처음부터 지시되고 조성되도록 양육 환경과 분위기를 제공한다. 다음의 예에서 다운증후군이 있는 어린 아동의 아버지 이야기를 생각해 보자. 그는 적절한 도움을 요청하고 다른 다운증후군 아동의 가정과도 연결하는 방법을 배워야만 했다.

> 나는 이 아이들이 얼마나 배울 수 있는지에 대해 간호사가 말하던 때를 결코 잊을 수 없다. 다운증후군 아동 지역협회에 연락해 보라는 간호사의 충고는 중요한 시발점이 되었다. 이 협회에 있던 다른 부모들은 다운증후군이 질병이 아니라 염색체 이상이라는 것을 내게 가르쳐 주었고, 도움을 찾는 방식(충고해 줌)에 대해서도 알려 주었다. 한 달 만에 내 아들은 다른 사람과 지내는 법을 배우기 위해 물리치료를 받기 시작했다. Jake는 이제 세 살이고, 그는 삶으로 충만해 있다. 그는 걷고, 몇몇 단어를 반복할 수 있으며, 지시를 알아듣는다

(Martin, 1995에서 인용).

지적 불능이 있는 아동이 있는 가정은 아동의 건강한 발달 또는 반대로 아동의 장애 감소에 어떻게 영향을 미치는가? 최근의 지적 불능 분야에서는 이러한 질문을 다루는 방식에서 중요한 변화가 나타나고 있다. 가족의 부정적인 영향에 초점을 두기보다는, 연구자들은 지적 불능이 있는 아동을 양육할 때의 부가적인 스트레스와 요구 사항에 대해 성공적으로 대응하는 방법을 배우는 몇몇 가정에 대해 관심이 있다. 다른 스트레스들을 다룰 때와 마찬가지로, 장애 아동을 양육하면서 가족 개개인과 가정은 부정적인 영향을 받을 수도 있고, 특별한 요구가 있는 아동을 돌보면서 더 친밀해지는 경우처럼 긍정적인 영향도 받을 수 있다(Hodapp & Dykens, 2012; Lobato et al., 2011; Neece, Blacher, & Baker, 2010).

특별한 도움이 필요한 아동에게 성공적으로 적응하는 한 가지 방법은, 비록 사람에 따라 선호하는 지원의 형태가 다르고 때로는 어머니에게 도움이 되는 지원이 아버지에게는 도움이 되지 않을 때도 있지만, 사회적 지원과 지역사회 자원을 이용하는 것이다. 어머니는 지적 불능 아동을 양육하는 것이 남편과의 관계에 영향을 미칠 수 있다는 것과 이러한 아동의 양육으로 인해 가정에서 자신의 역할이 제한될 것에 대해 걱정하는 반면, 아버지는 아이에게 친근감이 없는 것에 대해 걱정한다. 즉, 어머니와 아버지는 지적 불능이 있는 아동을 이해하고 관계 맺는 방식, 양육하면서 스트레스를 경험하는 측면, 스트레스를 가장 완화시켜 주는 요인에서 차이가 있다(Gerstein, Crnic, Blacher, & Baker, 2009).

다운증후군이 있는 젊은 사람들의 사회적 기능 및 독립적 기능을 이해하는 것은 지역사회에서의 삶에 적응하는 데 영향을 미치는 요인을 확인하는 데 도움이 된다. 언어와 같은 영역에서 보이는 것처럼, 아동의 초기 인지 발달이 발달 진행 및 자기 충족감의 강력한 예측인자가 된다는 것은 놀라운 일이 아니다(Filippi & Karmiloff-Smith, 2013). 그러나 가족 요인 또한 중요한데, 특히 아동의 문제에 대처하는 어머니의 전략과 가족이 받는 사회적 지원의 수준 또한 중요하다(Gray et al., 2011).

단원 정리

원인

- 두 집단 접근은 지적 불능의 기질적 원인과 문화-가계성 원인 간에 중요한 병인론적 차이를 강조한다.
- 기질적 원인에는 염색체 이상, 단일 유전자 질환, 신경생물학적 영향과 같은 유전적 요인 및 체질적 요인이 있다.
- 지적 불능의 원인으로 추정되는 문화-가계성(또는 기질적이 아닌) 원인에는 다양한 사회적 · 행동적 · 교육적 위험 요인이 있다.
- 지적 불능의 위험 요인으로 확립된 것에는 태내 발달 또는 출생 이후 발달에 영향을 미치는 알코올, 납, 기타 독성이나 상해가 있다. 기타 위험 요인은 신체적 돌봄과 정서적 돌봄 그리고 유아 및 어린 아동에 대한 자극의 질(빈곤 및 부적절한 가족 지원처럼)이 영향을 미친다.

예방, 교육, 처치

우리는 스스로를 변론할 수 없는 사람들을 변론한다.

— Highgate의 표어, 지적 불능이 있는 사람들을 위해 영국 런던에 설립된 최초의 공립 시설, 1847년 10월

지적 불능이 있는 아동의 처치 방법(treatment method)에 대한 논의로 돌아가서, Vanessa 또는 Matthew와 같은 아동을 가장 잘 도와주는 심리적 · 교육적 처치에 대한 지식을 어떻게 적용할지에 대해 생각해 보자. 당신은 먼저 Matthew의 행동 문제를 통제한 다음에 그에게 기술을 가르칠 것인가? Vanessa에게는 점진적인 언어 훈련과 자조 기술을 강조하는 개별적인 처치가 도움이 되겠는가?

ADHD와 품행장애처럼 앞에서 논의한 몇몇 장애에 맞는 것같이, 현재 보이는 주요 문제—이 사례에서 지적 결손과 제한된 적응 능력—가 발달의 중요한 많은 영역에 걸쳐서 제한을 가져오는 만성적인 상태이다. 결과적으로, 프로그램은 흔히 개개 아동의 교육 및 발달 수준에 맞추어 설계되어야 하며, 이것은 행동 문제 또는 불안 문제가 있는 아동의 처치 프로그램일지라도 동일할 것이다. 적응 문제에서 위험을 증가시킬 수도 있고, 또한 그러한 문제로부터 아동을 보호할 수도 있는 주요 환경적 특성과 개인적 특성을 검토하면서 이 일을 시작하는 것이 도움이 된다.

아동의 전반적인 적응은 개인의 지적 기능 수준, 기본 기질, 다른 특정한 손상(개인적 측면에서)과 결합된 부모의 참여, 가족 자원, 사회적 지원(환경적 측면에서)에 대한 기능이다. 처치는 아동이 가지고 있는 자원 그리고 특정 기술이나 학습 능력을 증강시키려는 노력에서 강점을

확립하도록 고안되어야 한다. 다시 말하면, 아동의 부족한 점에 초점을 두는 것이 아니라, 현실적이고 실용적인 목표를 이룰 수 있는 아동의 수준과 능력에 알맞은 교육 및 처치 방법이어야 한다. 따라서 ID가 있는 아동의 처치와 교육에는 아동 개인의 발달과 그 아동의 가족이나 제반 여건, 아동이 속해 있는 지역사회 내에서 아동의 욕구를 고려한 다요소적이며 통합적인 전략이 되어야 한다(Wilkins & Matson, 2009).

지적 불능의 심각도는 적절한 예방조치를 통해 어느 정도 줄이거나 막을 수 있다. 따라서 우리는 부모 교육과 태아 선별검사가 포함된 현재의 건강관리 실태를 이야기하면서 이 부분을 시작한다. 많은 지역사회에서 시행되고 있는 이러한 절차는 부모에게 적절한 태내 관리와 위험에 대해 알려 주고, 비정상적인 태아 발달을 파악하기 위해 만들어졌다. 그다음에, 지적 불능이 있는 아동과 그 가족을 위한 심리사회적 처치에 대해 이야기하는데, 이는 수많은 처치 계획과 교육 계획에서 공통된 부분이다. 간단히 말하면, 처치는 부모와 양육자에게 지지를 제공하는 방식과 기술을 가르치는 것뿐만 아니라, 언어 · 개인적인 관리 및 위생 · 사회성 기술처럼 아동에게 필요한 기술과 능력을 가르치는 데 초점을 둔다.

지적 불능이 있는 아동과 성인을 위한 정신약물 개입은 향정신성 약물이 행동을 통제하기 위해 사용된다는 전문가들 및 대중의 견해 모두에서 제한(과거에 유감스럽고 부적절하게 사용되었다는 생각과 약물의 주요 부작용에 대한 생각 때문에)되어 왔다. 비록 지난 10년 동안 부작용을 감소시키려는 새로운 종류의 많은 혼합 약물들이 사용되어 왔지만, 이러한 화합물이 지적 불능이 있는 사람에게 사용되는 것에 대해서는 체계적으로 연구되지 않았다. 그럼에도 불구하고, 약물은 일부 사례에서 효과가 있다. 다른 아동기 장애와 마찬가지로, 약물은 기저에 있는 장애 그 자체를 치료하기보다는 충동성, 공격성, 자해와 같은 특정 행동이나 측면에서의 바람직한 변화를 목표로 한다(Golombek & King, 2010; Ghuman et al., 2009).

산전 교육과 선별검사

건강한 결과를 촉진할 수 있는 가장 좋은 기회는 태내 발달 기간이다(Hodapp & Burack, 2006). 지적 불능의 모든 유형을 태아기 때 방지할 수 있는 것은 아니지만, 태아 알코올 증후군, 납중독, 풍진과 관련된 많은 유형들은 적절한 예방을 통해 막을 수 있다. 특히, 생후 처음 2년 동안 특정 위험에 대한 예방뿐만 아니라 적절한 아동 관리가 촉진된다면, 더 많은 아동이 태교와 건강관리에 의해 긍정적인 영향을 받는다.

얼마 전까지, 임신한 여성은 출산 전에 몇 차례씩 진찰을 받으며, 책이나 가족들을 통해 부가적인 지식을 얻을 수 있었다. 그 당시에는 대체로 임신과 관련된 의학적 필요에 초점이 맞춰졌으며, 아동을 기른다는 것이 어떤 의미이며 양육과 관련된 추가의 스트레스 또는 복잡성을 어떻게 준비할지에 대해 생각해 보는 기회는 거의 없었다.

오늘날, 대부분의 지역사회에는 부모를 위한 임신 프로그램이 있고, 아버지도 임신에서 많은 역할을 담당한다. 부모는 태아 발달 기간에 따라 정보를 제공받고 임신 중에 알코올, 담배, 처방받지 않은 약물과 카페인 등에 대해 주의한다. 이러한 프로그램은 흔히 공중보건 간호사, 지역 대학, 교회, 기타 지역사회 단체가 운영하며, 부모가 아이를 낳기 전에 필요로 하는 기본적인 의학적 조치와 기본적인 아이 돌봄 간의 서비스에서의 격차를 메워 준다. 아기 출산 및 출산 후 적응과 관련된 스트레스에 대해 설명을 해 주는데, 부모에게는 아동의 건강과 안전을 위해 필요한 변화나 필요한 지원을 찾아보는 기회이다. 많은 프로그램들에서 특별한 도움이 필요한 아동에 대한 이야기를 나누므로 부모는 혼란스럽거나 혼자라는 기분이 들지 않는다(Ramey et al., 2007).

이처럼 중요한 산전 서비스를 제공하는 데에서, 수혜자의 문화적 배경을 적절하고도 민감하게 고려하는 다문화적 집중이 증가하고 있다(Pumariega et al., 2013). 이제 우리는 가족 구성원들이 문화적 영향에 근거하여 선택한다는 것을 인식하고 있다. 크게 도움이 되려면, 출산 전후의 서비스는 문화적으로 다양하고, 문화에 민감해야 한다. 이 목표를 충족시키려면 개인의 선택을 증대시키는 방법으로 정보 지원 및 교회, 지역사회 및 종교 지도자, 지역사회 조직과 같은 조력 네트워크를 이용해야 한다. 산전 프로그램은 점차로 정해진 교과과정에서 탈피하여, 각 문화 집단이나 지역사회에 적합하도록 수정된다. 예를 들어, 교통수단이 제한되고 수입이 제한된 사람에게 보건관리 및 가족 서비스에 관한 정보를 제공한다.

태아 선별검사는 태아가 다운증후군과 같이 심각한 장애로 이어질 수 있는 유전적 이상이 있는지를 결정하는 데 이용되는 특정 형태의 유전학적 선별검사이다. 초음파 검사는 신체적 결함과 관련된 수많은 질환을 감지할 수 있으며, 태아 발달 기간 동안 양수를 검사함으로써 DNA 수준에서 밝힐 수 있는 염색체 이상이나 유전병을 진단할 수 있다(Roizen & Patterson, 2003). 유전학적 선별검사에서의 향후 발전은 더 정밀한 유전 상담을 가능하게 할 것이다. 예를 들어, 비(非)침투성 분자유전학 기술이, 일정한 염색체 이상의 위험이 증가해 있는 임신 여성에게 하는 양수검사와 같은 침투적 기법을 대체하여, 광범위한 유전적 장애를 좀 더 신속하게 진단할 것이다(Devers et al., 2013). 그러나 유전적 정보를 병 또는 질환 예방에 이용하는 것과 원하는 개인의 특성(또는 원하지 않는 특성을 제거하는)을 촉진시키기 위해 유전적 물질을 바꾸는 것 사이에는 근본적인 차이가 있기 때문에, 윤리적이고 실질적인 지침이 먼저 검토되어야 한다.

심리사회적 처치

우리가 고려하는 첫 번째 심리사회적 처치는 어린 아동이 있는 가정을 위한 집중적이고도 광범위한 조기 개입 서비스인데, 위험 요인을 감소시키고 건강한 아동 발달을 촉진시키도록 설계되어 있다. 이를 보급하는 데에는 비용이 많이 들지만, 이러한 서비스는 장기적으로 볼 때 아동과 가족에게 상당히 도움이 되며, 단순하게 지적 결손만 감소시키는 것 이상을 얻을 수 있다. 이제 지적 불능의 수준이 다양한 아동들에게 성공적으로 도움이 되는 교육적이고 치료적인 기법에 대해 상세히 살펴볼 것이다. 그리고 아동의 각기 다른 요구에 가장 잘 맞출 수 있는 알려져 있는 처치들의 통합을 강조하면서, 행동적 개입, 인지-행동적 개입, 가족 지향적 개입의 적용에 대해 이야기하려 한다.

심리사회적 처치에 대해 이야기하기 전에, 우리는 장애가 있는 사람이 대인관계 기술 및 실용적 기술 그리고 자신감을 발달시키는 방법들 중에서 하나를 선택하게 제시해 주는 지역사회 중심 활동의 중요성을 인식해야 한다. 특수 올림픽에 참여했던 선수들에 대한 연구는 이 선수들이 참여하지 않은 대조 집단에 비해 사회적 능력에서 점수가 더 높았으며, 긍정적인 자기 지각 역시 더 높다는 것을 보여 준다(Special Olympics, 2007).

조기 개입

지난 50년 동안, 지적 불능, 학습장애, 환경 자극이 열악한 아동을 포함해서 발달 불능이 있는 어린 아동의 지적 기술과 사회적 기술을 향상시키는 가장 좋은 방법은 양육자 및 기타 성인이 조기에 아동에게 집중된 활동에 관여하는 것이다(Wilkins & Matson, 2009). 이러한 아동의 대부분은 불리하거나 고위험으로 기술되곤 했는데, 낮은 수입 · 충분하지 않은 건강관리 · 열약한 주거환경과 같은 가정 상황, 낮은 IQ · 빈약한 적응 능력 · 신체적 불능 또는 건강상의 불능과 같은 아동의 특성, 또는 두 개가 복합된 것과 동일한 용어로 설명된다. 조기 교육적 개입은 고위험 아동이 학교에 입학하기 전에 보충 교육의 경험을 제공하려는 체계적인 노력으로 구성되어 있으며, 이러한 개입에는 흔히 다른 가족 및 아동에 대한 서비스가 포함된다.

조기 교육 개입의 가장 성공적인 예들 중 하나는 Carolina Abecedarian 프로젝트이다(Campbell & Ramey, 2010). 개입은 빈곤한 가정의 아동들(이들의 98%는 아프리카계 미국인)을 대상으로 이루어졌는데, 어린 영아부터 취학 전에 이르기까지 풍부한 환경을 제공했다. 100명이 넘는 아동의 추후 검사에서는 2세까지 풍부한 환경 집단 아동의 검사 점수가 통제 집단 아동의 검사 점수보다 높으며, 프로그램이 끝난 10년 후, 15세가 되었을 때 이들의 점수가 통제 집단 아동의 점수보다 5점 이상 높았다. 15세 때, 치료를 받은 집단의 아동은 지적 불능 또는 지적 기능의 정상 범주 아래에 해당하는 점수일 가능성이 낮았다. 또한 풍부한 환경 집단은 읽기와 수학 모두에서 10년 동안 학업 성취가 통제 집단보다 뛰어났으며, 유급되거나 특수학급에 있는 사례가 더 적었다(Ramey et al., 1999, 2000). 30세 때, 개입이 있었던 사람들은 교육적 성취가 더 좋았고, 마찬가지로 경제적 이득도 있다는 일부 증거도 있다(Campbell et al., 2002; Campbell et al., 2012; Pungello et al., 2010).

이러한 연구 결과 및 이와 관련된 다른 결과에 근거해 볼 때, 개입의 최상의 시기는 취학 전 연령인 것 같다(Hodapp & Burack, 2006). Abecedarian 프로젝트와 같은 조기 교육 프로그램은 지적 불능에서 환경적 영향에 대한 문제와 크게 관련이 있는데, 이 프로그램이 사회적으로 불리한 배경에 있는 아동과 관련이 있고, 이들은 지적 불능에 대해 아주 취약하기 때문이다. 프로그램의 효과가 분명하다고 해도, 효과의 지속은 건강한 아동 발달을 촉진하는 환경적 변화의 안정성 및 지속성에 달려 있다. **살펴보기 5.3**은 조기 개입을 통해 아동의 삶을 향상시키기 위한 실제적인 조언이다.

살펴보기 5.3

조기 개입을 통해 아동의 삶을 향상시키기 위한 실제적인 조언

- **탐색에 대한 격려.** 아동은 성인에 의해서 환경을 탐색하고 환경에 대한 정보를 획득하도록 격려된다.
- **기본 기술 점검하기.** 믿을 수 있고 친근한 성인이 명명하기, 분류하기, 순서에 맞게 나열하기, 비교하기와 같은 기초적인 인지 기술을 교육한다.
- **발달상의 진전을 축하.** 가족 및 아동을 알고 있는 사람들은 아동이 보이는 각각의 성취를 축하하고 강화한다.
- **안내된 연습과 새로운 기술의 확장.** 책임이 있는 사람들은 아동이 획득한 새로운 기술의 연습과 확장을 돕는다.
- **반감, 놀리기, 처벌과 같은 해로운 표현으로부터의 보호.** 수용할 수 없는 행동에 대해 건설적인 비판과 부정적인 결과를 사용한다.
- **풍부하고 반응적인 언어 환경.** 성인은 의사소통에서 예상 가능하고 이해할 수 있는 환경을 제공한다. 구어 및 문어는 정보를 전달하고, 사회적 보상을 제공하고, 새로운 자료와 기법의 학습을 격려한다.

출처: C. T. Ramey와 S. L. Ramey(1992).

Dan의 어머니는 자신의 경험에 근거하여, 다음과 같은 몇 가지 생각을 덧붙였다.

> 창조적이 되어라. Dan은 반복을 통해 배운다. 그래서 '집(house)' 체계를 철저하게 따를수록, 학과목의 모든 주제를 철저하게 조정할수록 Dan과 그 밖의 학생들이 더 쉽게 배울 수 있다. Dan은 과학 실험실에서 접하는 목록의 단어 철자를 배울 수 있다. 그 주일의 도서관 도서와 관련된 역사를 배울 수 있다. 주제의 모든 단계가 관련되도록 교과 계획과 결합하라.

행동적 처치

앞에서 언급했듯이, 오랫동안 ID가 있는 사람이 직면하는 문제를 다루는 방식은 이들을 시설로 보내거나 또는 분리된 학교에 입학시켜서 이들을 사회로부터 격리하는 것이었는데, 현장은 정상적으로 발달하는 또래와 상호작용하는 능력을 축소시키는 것이다. 행동적 개입은 이런 제한된 장면이라는 맥락에서 처음 생겨났으며, 처음에는 공격성이나 자해 행동과 같은 부정적인 행동을 통제하거나 다른 방향으로 돌리는 수단으로 여겼다.

관심이 있는 행동치료사들의 노력으로, 충분하게 사전 공지를 해 줄 수 있는 아동과 성인에게 행동적 방법을 실시한다는 중요한 원칙이 확립되었다. 행동분석학회(Association for Behavior Analysis, ABA) 대책위원회는 개개인이 안전하고 의미 있게 행동을 변화시키는 처치를 받을 권리뿐만 아니라, 최소한으로 제한한 효과적인 처치를 받을 권리도 명시하고 있다(Van Houten et al., 1988). 부모 및 교육자들의 지속적인 투입과 더불어, 이러한 노력은 지적 불능이 있는 아동 및 청소년이 가장 평범한 방식에 적응하도록 도와주는 학교 및 지역사회에서 기초 학업과 사회적 기술을 가르치는 긍정적 방식을 더 많이 강조하게 만들었다.

Vanessa의 처치 계획은 몇 가지 중요한 행동적 방법이 성공적으로 적용되는 방식을 잘 보여 준다. 언어 훈련은 흔히 지적 불능이 있는 아동에게 더 나은 능력을 가르치기 위한 기본 출발점인 것 같으며, 행동적 방법은 이 목적에 아주 적합하다(Matson, Matson, & River, 2007; van der Schuit et al., 2011). Vanessa를 위해 개발된 계획은 이러한 방법이 적용되는 방식에 대한 유용한 예이다. Vanessa는 개별 처치 회기에 참여했는데, 여기에서 그녀는 치료사의 소리를 모방하여 소리를 발성하는 것에 대해 강화(먹을 것과 칭찬)를 받았다. 언어 치료자는 **조성**(shaping) 절차를 사용했으며, 조성은 목표 반응(이 사례에서 go라는 단어)과 점진적으로 점점 더 유사해지는 반응('ge', 'ga', 'oh'처럼)에 대한 목록을 작성하는 것으로 시작되었다. Vanessa가 첫소리를 습득한 후에는 목록에 있는 그다음 소리를 시도했을 때에만 강화를 받았으며, 원하는 소리나 단어가 점차적으로 형성될 때까지 계속했다.

Vanessa의 말소리와 단순한 언어가 기능적 말과 언어가 될 수 있게 격려하기 위해 치료자는 그림을 보여 주면서 그림의 이름을 따라 하도록 가르친다. 만일 그녀가 그림의 이름, '개'와 같은 것을 몇 초 이내에 말한다면, 그녀는 필요하다면 사탕처럼 만질 수 있는 보상을 받는다. 그림 이름을 말하는 데 익숙하게 되면, 치료자는 "이것이 무엇이지요?"처럼 그가 묻는 질문에 대한 반응에서 몇 가지 훈련시킨 단어를 사용하기 시작한다. 점차적으로, Vanessa의 부모는 치료자와 함께 회기에 참석해서 그녀가 하는 이와 비슷한 질문에 답을 하며 기능적 언어 사용을 촉진하기 시작한다. 그녀의 언어가 나아지면서, 새로운 단어와 짧은 문장—집이나 식당에서 Vanessa가 일상적으로 사용하는, 그리고 화장실에서 사용하도록 요구하는—을 도입한다.

식사시간에 Vanessa의 행동도 부모에게는 꽤 문제가 되었다. 그녀는 음식을 포크나 숟가락으로 먹는 데 어려움이 있었기 때문에, 부모에게는 모델링과 점진적 안내의 단순한 방법을 사용하도록 가르쳤다. 부모는 숟가락을 사용하는 방법을 시범 보인 후에 음식을 어떻게 담아서 어떻게 입으로 가져가는지를 보여 주었다. 그들은 매 단계(숟가락으로 퍼서 입에 넣는 것까지)를 조심스럽게 시범 보이고, 그녀가 시도할 때마다 칭찬해 주었다. 필요에 따라, 부모는 각 단계가 어떻게 행해지는지 보여 주기 위해 그녀의 손을 잡고 안내했다.

불행하게도 경고도 없이, Vanessa는 음식을 던지거나 뱉어 버렸기 때문에, 부모는 그와 같은 돌출 행동에 대응하는 방법도 배웠다. 이러한 행동을 멈추게 하는 첫 번째 시도는 30초 이내에 음식을 치워 버리는 것이었다. 그러나 이 방법으로 문제를 해결하지 못하거나 더 공격적이 되면, 부모는 강화로부터 타임아웃을 시켰다. 그들은 간단한 훈계("음식을 던지면 안 돼!")를 하고, 왜 타임아웃 되는지 말해 주었다. 예고 의식 없이, 부모는 1분 정도 그녀의 의자를 구석을 향해 돌려놓았다. 그녀의 행동이 안정된 것으로 보이면 즉시 의자를 돌려서 자신들의 얼굴을 볼 수 있게 해서 다시 긍정적이 되게 했으며, 스스로 식사하는 것을 배우는 데 도움이 되는 방법을 안내했다.

언어 및 학습 준비를 촉진하는 기본 기술의 훈련 이외에, ID가 있는 나이 든 아동과 청소년에게는 정규수업 및 기타 활동에 통합되는 것을 촉진하는 특정 사회적 기술의 훈련이 도움이 된다. 앞에서 말한 것처럼, 지적 불능이 있는 사람은 의사소통, 자기 통제, 분노 관리, 타인의 감정에 대한 정확한 인식과 명명, 사회적 문제해결, 또래에 의해 희생당하게 만드는 그 밖의 다수의 대인관계 제약에서 어려움을 겪고, 어려움의 정도는 다양하다(Fisher, Moskowitz, & Hodapp, 2013).

학생 개개인의 요구에 맞추어서, 사회적 기술 훈련은 미소 짓기, 공유하기, 도움 청하기, 참여하기, 차례 지키기, 지시 따르기, 문제해결하기와 같은 중요한 대인관계 기술을 가르치고 보상하는 정적 강화 전략을 사용한다(Kemp et al., 2013). 장애가 없는 또래들 또한 사회적 통합이라고 알려진 방식으로, 지적 불능이 있는 아동과 사회적으로 상호작용하는 효과적인 방법을 배울 수 있다. 이 방법은 장애가 있는 아동과 장애가 없는 또래들 간의 상호작용의 양과 질을 증가시키고 우정의 발달을 촉진시키는 데에서 성공적이다(Harada et al., 2011; Siperstein et al., 2009)

인지-행동치료

다른 유형의 학습 문제 및 행동 문제가 있는 아동을 위해 개발된 인지치료 기법과 동일한 이론이 지적 불능이 있는 아동에게도 일반적으로 적용된다. 이 방법은 시각적 촉구와 신체적 촉구를 이용해서 조심스럽고 장기적인 훈련을 한 후에 Vanessa가 획득하게 된 기술처럼, 약간의 수용 언어와 표현 언어 기술이 있는 아동에게 아주 효과적이다. 아동이 성인의 언어적 지시를 따르고, 자신의 행동을 언어적으로 설명할 수 있게 되면, 언어적 자기 조절 훈련 프로그램이 도움이 될 수 있다(Cobb et al., 2006; Bexkens et al., 2014). 자기 교수 훈련은 언어적 유창성을 다소 발달시킨 아동에게 가장 유익하지만, 지시를 이해하고 따르는 데에서 여전히 어려움이 있다. **자기 교수 훈련**은 언어적 단서의 사용을 아동에게 가르치는데, 처음에 교사나 치료사가 가르치고, 정보를 처리하고, 과제를 지속하고("나는 보지 않을 거야. 나는 계속해서 할 거야."), 새로운 과제에 접근하는 방법을 스스로 기억하는 데에서 언어적 단서를 사용하는 방법("무엇을 해야 하지? 먼저 ~을 해야 돼.")을 아동에게 가르친다.

지적 불능이 있는 아동의 교육은 특정한 인지 기술을 배울 수 있다는 사실을 바탕으로 성행했으나, 이들이 새로운 상황에서 기술을 적용하기에는 상위의 능력(메타인지)이 여전히 부족하다. 지적 불능이 있는 아동은 그러한 불능이 없는 아동에 비해 기억과 학습 과제 상황에서 소수의, 단순한, 수동적인 인지 전략을 사용한다(Hodapp et al., 2011). 따라서 평균이나 평균 이상 능력의 학습자를 위해 개발된 교수 방법은 효과적이지 않다. 이러한 우려와 연결해서 정상 아동과 정상이 아닌 아동에게 행동 및 인지적 기술을 가르치기 위해 언어적 지시에만 계속해서 의존한다는 문제가 있다.

언어 문제는 언어적 교수 방법을 특정 아동의 강력한 학습 채널을 활용하는 방법으로 대체하는 것이 필요할 것이다. 이런 방법은 언어적 · 상징적 표상에 덜 의존하며, 모델링이나 그림 단서와 같이 지각적이거나 시각적인 기법에 더 의존한다.

특정 학습 기법은 또한 기억과 학습을 개선시키는 데

에도 사용된다. 예를 들어, 다양한 기본적인 산수 기술을 배우는 이외에, 학생들은 수학 문제의 유형을 구별하는 것과 문제를 풀기 위한 적절한 전략을 선택하는 것을 배울 수 있다. 이 훈련의 첫 번째 목표는, 아동이 **전략적**으로 되게 하는 것—인지 전략을 사용하는 것—이고 그다음에는 **초전략적**이 되도록 하는 것, 즉 다양한 상황에서 다양한 방법을 어떻게 적용할 것인지를 변별하는 것이다. 이 방법은 수학이나 언어와 같은 다양한 적응적 기술의 학습에 어려움이 있는 아동을 가르치는 데에서 성공적이었다(Hay et al., 2007).

가족 지향적 전략

가정에 지적 불능이 있는 아동이 있다는 것은 곤란한 문제이지만, 극복할 수 없는 것은 아니다. 가정은 아동의 발달에서 중심이지만, 지적 불능이 있는 아동의 관리는 많은 시간, 에너지, 기술과 관련이 있다. 아동의 요구는 가족이 때로는 생소할 수도 있는 다양한 지역사회 서비스와 교육 체계에 참여하게 한다. 지적 불능이 있는 아동의 부모 대부분은, 평균보다 스트레스 수준이 높고 우울 증상을 경험하고는 있지만, 결국에는 자녀가 자신들 가정과 삶의 질에 대해 긍정적인 기여를 한다고 보게 된다(Gerstein et al., 2009; Hodapp & Dykens, 2012). 가족 구성원들이 좀 더 적극적으로 참여할 때 아동에게 제공되는 개별 서비스가 더욱더 효과적이라는 결과를 감안하면, 아동을 긍정적인 기여자로 보는 관점은 고무적이다(AAIDD, 2010).

지적 불능이 있는 아동의 부모가 가장 효과적인 기여자가 되려면 정확하게 무엇이 필요한가? 가족 구성원들은 지지와 안내, 필요한 서비스에 접근, 주말 휴식처럼 양육에서 잠시 갖는 휴식, 수면의 방해 · 부부간 불화 · 제한된 여가 및 사회적 기회와 같이 양육을 하는 일에서 실제적인 어려움과 요구 사항에 대처하기 위한 목표 지향적인 상담을 받는 기회 등이 필요하다. 문제에 초점을 둔 부모용 단기 행동치료가 가장 성공적인 접근 중 하나이다(Bagner & Eyberg, 2007). 각 가정의 처치 목표는 개별적으로 개발된 다음에, 부모는 그들의 필요에 맞춘 해결을 제시받는다. 예를 들어, 부모는 주장 기술이나 행동 관리 기법(이후 단락에서 살펴볼 것이다)을 배울 수 있다. 몇몇 사례에서, 해결책은 교사나 주간 보호 직원으로부터 또는 이웃이나 친척으로부터 새로운 자원을 얻을 수 있다.

부모 훈련은 지적 불능이 있는 아동의 부모를 돕기 위해 널리 사용되어 왔다. 다른 많은 부모 훈련의 주된 초점과는 반대로, 지적 불능이 있는 아동의 부모를 대상으로 한 행동 변화에서의 주된 초점은 문제 행동의 감소보다는 기술의 습득이다(Bagner & Eyberg, 2007). 일차적인 교사로서의 부모 역할은 종종 정상적인 아동기가 지난 후에도 계속되며, 따라서 부모 훈련은 가족이 각각의 새로운 과제에 부딪혔을 때 준비할 수 있게 하는 데 초점을 둔다.

가족의 생활 주기에서 부모 훈련과 가족 상담이 가장 효과적인 세 개의 결정적 시기, 그러나 배타적이지는 않은 시기가 있다. 첫 번째 시기는 아동의 유아기와 걸음마 시기인데, 부모가 아동의 장애와 관련하여 초기 언어 형성 및 유사한 발달 기술을 돕기 위해 적절한 자극을 제공하는 방법을 배우는 데에서 도움이 필요할 것이다. 두 번째 결정적 시기는 취학 전 시기 및 학령기인데, 부모는 종종 아동에게 기본적인 학업 기술 및 사회적 기술을 가장 잘 가르칠 수 있는 방법을 알고자 한다. 부모에게 상당한 시간을 요구하는 집중적인 프로그램은 가족이 아동의 발달적 문제에 가장 집중해 있는 취학 전 시기가 가장 적합할 것이다(Brown et al., 2008). 끝으로, 부모의 걱정은 아동이 초기 성인기가 될 때 다시 나타난다. 이 연령에서, 아동은 더 이상 정해져 있는 학교에 적합하지 않으며, 독립적인 생활과 연관된 새로운 가정생활, 직업, 대인관계 및 재정적 계획이라는 새로운 문제들이 걱정되기 시작한다.

지적 불능이 있는 많은 아동이 정규 학교에 다닌다. **통합 운동**(그리고 장애인교육법)은 불능이 있는 아동이 불능의 심각성에 관계없이 정규학급에 있을 수 있는 선택권을 주었다. 학교 교육과정은 지적 불능이 있는 아동의 개인적인 요구와 능력에 맞게 조정되어야 한다. 예를 들어, 다운증후군이 있는 아동은 강력한 시각적 단기 기억을 갖고 있기 때문에 이들에게 읽기를 가르치는 방식은 시각적인 것에 기초한 접근이 전통적인 음성적 접근보다 더 효과적인 것으로 결정되어야 한다(Harzlett et al., 2011). 더구나 이러한 운동은 지적 불능이 있는 사람이 전문가나 또래에 의해 어떻게 지각되고 취급되는지에 관한 새로운 문제를 제기했다.

지적 불능이 있는 일부 아동과 청소년은 **거주 보호** 또는 집 밖에 거주함으로써 도움을 받을 수 있는데, 이것 역시 가족 구성원의 독특한 책임이 필요하다. 거주 보호 서비스는 가족의 사랑과 관심을 완전히 대체하지는 못하지만, 아동이 공격적인 행동을 보일 때나, 집이나 정규학교 장면에서는 제공받을 수 없는 전문화된 언어 기술 훈련 또는 사회적 기술 훈련이 필요한 상황에서는 도움이 될 수 있다. 거주 보호(또는 일시적 위탁)는 매일 저녁 또는 주말에 집으로 돌아가는 시간제 보호에서부터, 집에 자주 가지 않는 전일제 보호에 이르기까지 광범위하다. 일부 거주 프로그램은 그룹 홈처럼 소수의 아동에게만 서비스를 제공하기도 하고, 일부는 다양한 장애의 모든 연령의 사람을 대상으로 하는 대규모의 제3의 다학제 보호시설도 있을 수 있다.

연구에 따르면, 거주 프로그램 또는 일시적 위탁 서비스의 구조에 상관없이, 가족의 참여는 아동의 적응 및 그러한 장면에서 도움을 받는 데에서 중요한 역할을 한다. 주말 방문, 학급활동 참여와 같이, 가족의 참여를 촉진하는 방법을 제공하는 시설은 지적 불능이 있는 아동과 그 가족 간의 중요한 애착을 증진시킨다(Grant, Ramcharan, & Flynn, 2007). 거주 보호의 한 가지 목적은 아동이 집에서 또는 집과 유사한 장면에서 지낼 수 있게 하려는 것이기 때문에, 가족의 참여를 유지하려는 노력은 가치가 있다(Chan et al., 2012).

단원 정리

예방, 교육, 처치

- 개입은 조기에, 특히 취학 전에 제공될 때 가장 성공적이다.
- 지적 불능이 있는 아동을 위한 개입은 아동의 개별적인 요구와 능력에 맞추어야 하며, 가족, 학교, 지역사회와 통합되어야 한다.
- 성공적인 개입에는 종종 특정 기술을 가르치고 바람직하지 않은 행동을 감소시키는 교육적 요소와 행동적인 것에 기초한 훈련이 포함된다.

✳ 학습 자료

단원 요약

지능과 지적 불능
지적 불능의 특징
발달 경과와 성인이 되어서의 결과
원인
예방, 교육, 처치

핵심 용어

거주 보호(residental care)
경도 지적 불능(mild intellectual disability)
고도 지적 불능(severe intellectual disability)
기질적 집단(organic group)
다운증후군(Down syndrome)
문화-가계성 집단(cultural-familial group)
발달 대 차이 논쟁(developmental-versus-difference controversy)
비분리(nondisjunction)
우생학(eugenics)
유전성(heritability)
유전자형(genotype)
일반 지적 기능(general intellectual functioning)
자기 교수 훈련(self-instructional training)
자해 행동(self-injurious behavior, SIB)
적응 기능(adaptive functioning)
중등도 지적 불능(moderate intellectual disability)
차이 관점(difference viewpoint)
최고도 지적 불능(profound intellectual disability)
취약 X 증후군(fragile-X syndrome)
태아 알코올 증후군(fetal alcohol syndrome, FAS)
통합 운동(inclusion movement)
표현형(phenotype)
Angelman 증후군(Angelman syndrome)
Prader-Willi 증후군(Prader-Willi syndrome)

6

자폐 스펙트럼 장애와 아동기 발병 조현병

그 애는 언어만 이해하지 못하는 것이 아니었다. 주변을 의식하는 것 같지도 않았다. 그 애는 세상이 어떻게 돌아가는지를 이해할 수 없었고, 열쇠를 문에 끼우는 것이나 스위치를 누르면 전등이 꺼진다는 것, 냉장고에 우유가 있다는 것을 학습하지 못했다. 그 애가 무엇인가에 집중하는 것이 있다면, 양탄자에서 주운 아주 작은 먼지나 머리카락이었는데, 아주 집중해서 탐구했다. 더 심각한 것은, 다른 사람의 감정을 알아차리는 것 같지 않다는 것이었다.

—Catherine Maurice, 자폐증이 있는 아동의 어머니(1993a)

이 장 미리 보기

자폐 스펙트럼 장애(ASD)

이 장의 시작 부분에서 설득력 있는 설명, 즉 2세 된 딸에 대한 이야기를 하는 어머니의 말에서는 모든 아동기 장애 중 가장 관심을 끌면서 가장 많이 이야기되는 자폐증이라는 미스터리를 잠시 들여다보게 해 준다. **자폐증**, 또는 **자폐 스펙트럼 장애**(ASD)는 사회적 의사소통 및 비정상적인 행동과 관심이 특징인 복합적인 신경발달장애이다. 자폐증, 또는 자폐 스펙트럼 장애(ASD)는 아동이 자신을 둘러싼 세상과 상호작용하는 모든 측면에 영향을 미치며, 대뇌의 많은 부분들과 관련되며, 우리를 인간답게 만드는 특성—사회적 반응성, 의사소통 능력, 다른 사람에 대한 감정—을 약화시킨다.

ASD가 있는 아동은 환경의 감각 측면에 대한 특이한 관심, 특이한 얼굴 표정, 타인에 대한 관심이 결여됨을 보이는 것처럼 평범하지 않고 종종 이해하기 어려운 방식으로 행동한다.

기술과 역사

당신이, 품에 안고 눈을 들여다보아도, 당신의 애정이나 접촉에 반응하지 않는 영아 또는 유아의 부모라고 상상해 보라. 처음부터 사회적 존재인 다른 아이들과는 달리, 당신의 아이는 상호작용을 하면서 당신과 사랑하는 관계를 형성하는 것 같지 않다. 사실, 아이는 정상적인 관계를 형성하거나 다른 사람과 의사소통을 할 수 없는 것처럼 보인다. 또한 자라면서 말도 거의 하지 않는다. 말을 할 때에도 그는 특이한 방식, 예를 들면, 당신이 그에게 한 말을 앵무새처럼 따라 하거나, "공룡은 울지 않는다."처럼 의미 없는 말을 불쑥 내던진다. 당신의 아이는 자신의 요구를 전달하기 위해 자신의 감정이 어떤지를 말하기 위해 얼굴 표정이나 몸짓을 사용하지 않는다. 미소도 없고, 고개 끄덕임도 없고, 머리를 흔들지도 않고, 당신에게 장난감을 들어 보여 주지도 않는다. 당신이나 다른 사람들이 아이를 사회적으로 참여시키기 위해 얼굴에 미소를 짓는 것도 아이는 이해하지 못하는 것 같다. 아이는 당신이나 어느 누구와도 자부심이나 즐거움을 함께 나누는 데 관심이 없다. 생후 첫 몇 년이 지나면 아이는 점점 더 고립되기 시작한다. 의식과 흥미로 이루어진 자신만의 작은 세계에 갇히게 되며, 이것이 깨지면 극도로 화를 내기 시작한다. 심각하게 잘못되었다. 자연히, 여러분은 걱정을 하고 의문이 생긴다.

이 장에서 우리는 ASD가 있는 아동의 가족이 던지는 몇 가지 중요한 질문(Interagency Autism Coordination Committee[IACC], 2011)을 다룬다. 질문들에는, 언제 걱정해야 하는가? 일어나고 있는 일을 어떻게 이해해야 하는가? 원인은 무엇인가? 어떤 처치가 도움이 되는가? 서비스를 받으려면 어디에 알아보아야 하는가? 내 아이가 10대나 성인이 되었을 때 어떻게 될 것인가? 이 장을 읽어 가면서, 이 질문들을 기억하고 싶어 할 수 있는데 ASD에 대해 더 많이 알아 가면서 당신이라면 그들에게 어떻게 대답해 줄 것인지 생각해 보라.

ASD는 사회적 상호작용 및 의사소통 기술에서의 심각하고 지속적인 손상 그리고 제한적이고 반복적인 행동과 관심이 특징인 DSM-5에 있는 장애이다(APA, 2013). 앞으로 살펴보겠지만, ASD는 특정한 하나의 모습이 아니다. ASD가 있는 모든 아동이 핵심 특징을 보이기는 하지만, 증상의 형태나 생활에 스며 있는 정도, 심각성, 능력, 관련 질병, 필요한 지원에서 아주 다르다.

아동기 발병 조현병(childhood-onset schizophrenia, COS)은 DSM-5에 있는 자폐 스펙트럼에 있지는 않지만, 따로 떼어서 이 장애에 관한 것을 이 장에 포함시켰다. 역사적으로, 자폐증과 COS는 같은 질병이라고 생각해 왔다. 그 뒤에, 이 두 장애는 가족력, 결과, 관련된 특징이 각기 다른 구별되는 장애라는 것이 분명해졌다(Fitzgerald, 2014). 그러나 새로운 연구 방법을 사용한 최근의 연구에서 나온 결과들은 예전에 생각했던 것보다는 두 장애 간에 중복되는 것이 더 많음을 제시하고 있으며, 두 장애가 연결되어 있을 가능성은 좀 더 검토해 볼 필요가 있다(de Lacy & King, 2013; Sullivan et al., 2013).

대체로 사람들은 대중매체를 통해 자폐증에 대해 듣거

나 알게 되었을 것이다. ASD에 대한 관심은 역대 최고이지만, 고대 신화에는 이 장애가 있는 아동이 몇 세기 동안 있었다고 암시하고 있다. 예를 들어, '작은 인간'에게 납치되어 현실 속 인간 아기들의 장소에 오게 된 요정 어린이의 이야기는 '바꿔치기한' 이 아이들을, ASD가 있는 아동과 아주 유사한, 낯설고 쌀쌀맞은 것으로 설명하고 있다(Wing & Potter, 2002). 자폐증의 실질적인 역사는 1943년에 정신과 의사 Leo Kanner가 생애 초기에 사람보다는 물체에 더 관심을 보이고, 눈 맞춤을 피하고, 사회적 인식이 부족하고, 언어가 제한되거나 언어가 없고, 정형화된 운동 활동을 보이는 11명의 아동을 기술했을 때부터 시작되었다. 이들은 또한 **동일성에 대한 집착**을 보이는데, 이것은 일상생활과 활동에서 동일함을 유지하고자 하는 불안하고 강박적인 고집이다. 아동 이외에 누구도 방해할 수 없다. 아동의 부모는 '마치 사람이 거기에 없는 것 같은', '주변에 있는 것을 감지하지 못하는 것 같은'이라고 이들을 설명한다(Kanner, 1943, p. 242). 비슷한 시기에 오스트리아의 의사, Hans Asperger는 아스퍼거 장애라고 알려지게 된, 이 장애의 경미한 형태를 설명하고 있다(Asperger, 1944). 자신이 연구한 아동들의 철두철미한 관심 및 이러한 관심에 대한 장황한 설명 때문에, 그는 이들을 '건망증이 있는 교수(absent-minded professors)'로 비유했다. 흥미롭게도, Asperger 박사의 집착, 관심, 사회적 무관심은 자신도 장애의 증상을 갖고 있음을 암시하고 있다(Lyons & Fitzgerald, 2007).

Kanner(1943, 1944)는 이 아동들을 설명하기 위해 조기 유아 자폐증(글자 그대로 *autism*은 '자기 안'을 의미한다)이라는 용어를 사용했다. Kanner의 말에 따르면, "외부로부터 아동에게 오는 어떤 것에도 관심이 없고, 무시하고, 차단하는 극도의 자폐적 고립(1943, p. 242)"이 있다. Kanner는 그가 관찰한 아동의 부모를 자식과의 관계에서 냉정하고, 기계적이고, 관계에서 분리된, 지능이 높고 강박적인 부모—냉장고 부모—라고 묘사했다. Kanner는 분명하게 자폐가 선천적인 결손이라고 보았지만, '유아기 자폐증의 촉발 요인은 자녀가 없었으면 하는 부모의 바람'이라는 정신분석학적 관점의 씨앗도 뿌렸다(Bettelheim, 1967, p. 125). 그러나 자폐증이 지적이고 냉정하고 적대적인 부모로부터 아동이 방어적인 철회를 했기 때문이라는 초기의 관점은 지지되지 않았다. 자폐증이 있는 아동은 정신장애 때문에 현실로부터 철회된 것이 아니고, 오히려 그들은 발달에서 광범위하고 심각한 장애 때문에 현실에 진입하지 못한 것이라고 본다. 지금 자폐증은 생애 첫 몇 년 안에 나타나는 강력한 생물학적 기초가 있는 평생 지속되는 신경발달장애라고 인식되고 있다(Rutter, 2013).

ASD가 있는 아동은 특이하고 종종 난해한 방식으로 행동한다. 이들은 장난감 자동차의 바퀴가 돌아가는 모습이나 소리에 흥분하여 소리를 지르고, 누군가가 같이 놀고자 시도하면 무시하거나 극도로 화를 낸다. 때때로 이들은 당신이 유리창인 것처럼 못 본 척하지만, 당신의 얼굴을 직접 응시하거나 그들이 원하는 무엇인가 때문에 당신의 팔을 힘껏 잡아당길 때도 있다. 자폐증이 있는 아동과 말을 하고자 하면, 이들은 마치 들리지 않는 것처럼 행동하다가, 다른 방에서 나는 희미한 사탕 포장지 소리에 재빨리 관심을 돌리기도 한다.

ASD가 있는 일부 아동은 흐르는 물, 흔들리는 것, 엘리베이터, 건전지로 작동되는 장난감(심지어 바람 소리까지도)처럼 소리가 나거나 움직이는 물체를 두려워하거나 회피한다. 한 아동은 진공청소기를 너무 무서워해서 진공청소기가 보관된 벽장 근처에도 가지 못한다. 누군가가 집에서 진공청소기를 사용할 때 그는 차고로 달려가서 귀를 막고 있다. 그러나 이 아동은 위험한 고속도로에서 나는 자동차의 소음에 대해서는 지각하지 못한다. 자폐증이 있는 아동이 두려워하는 것이 많다고 해도, 어떤 물체와 활동—예를 들면, 돌아가는 선풍기 또는 깜빡거리는 전구—에 매력을 느끼고 집착하기도 한다. 이 아동들은 종종 고무줄, 사포, 끈과 같이 이상한 물체에 대해 비정상적인 애착이나 반응을 보인다.

ASD가 있는 또 다른 아동은 범상치 않은 지각 능력이 있는데, 예를 들어 소리만으로 진공청소기의 상표를 알아낼 수도 있다. 이러한 지각 능력은 환경의 미세한 변화에 대한 반응으로 스트레스를 야기할 수 있다. 예를 들면, 방에서 의자의 위치가 바뀐 것 때문에 다른 사람들에게 소리치거나 발로 차거나 때리기도 한다. 이들은 방구석에서 몇 시간이고 혼자 있을 수 있는데, 물체를 흔들고 나열하고 잡지를 휙휙 넘기면서 손이나 손가락을 반복적으로 파닥거리는 것처럼 정형화되고 반복적인 동작 행동에 열중한다. 자폐증이 있는 아동은 그림의 전체보다는 작은 일부분, 자신의 셔츠에 있는 작은 점과 같이 자신의 세계 속에서 작은 물체 또는 사건에 집착하기 쉽다. 우리 대부분은 숲의 나무를 전체적으로 보는 반면, 자폐증이 있는 아동은 솔잎 하나에 집착하는 것 같다.

단원 정리

자폐 스펙트럼 장애(ASD)

- ASD는 사회적 상호작용과 의사소통 기술에서의 심각하고 지속적인 손상 그리고 행동 · 관심 · 활동에서 제한적이고 반복된다는 특징을 가진 DSM-5 장애이다.
- 역사적으로, 자폐증과 아동기 발병 조현병은 단일 질병으로 함께 분류되었으나, 현재는 분리된 장애로 인식되고 있으며, 최근 연구는 이전에 생각했던 것보다 두 장애 간에 중복되는 부분이 더 많음을 암시하고 있다.
- ASD는 생애 첫 몇 년 이내에 보이는 생물학적 기반의 신경발달 장애라는 인식이 점점 더 증가하고 있다.
- ASD가 있는 아동은 특이하고 종종 난해한 방식으로 행동한다.
- ASD가 있는 아동은 정형화되고 반복적인 동작 활동에 몰두해서 많은 시간을 보내며, 자신의 전체 환경보다는 자기 세계의 극도로 사소한 것에 집중한다.

DSM-5: ASD의 특징 정의하기

ASD의 DSM-5 진단 준거가 표 6.1에 제시되어 있다. 보는 것처럼 ASD의 핵심 특징은 다음 두 가지 증상 영역으로 대표된다. (1) 사회적 의사소통과 사회적 상호작용, (2) 제한적이고 반복적인 행동, 관심, 활동. 이 영역들은 연구에 의해 분명히 지지되고 있다(Guthrie et al., 2013). ASD의 진단을 받으려면 아동은 두 가지 영역에서 증상을 보여야만 한다. 증상은 또한 지속적이어야 하고, 여러 상황에서 나타나야 하고, 발달의 초기에 나타나야 한다. 사회적 의사소통과 상호작용에서만 결함이 있지만, 제한적이고 반복적인 행동을 보이지 않는 아동은 새로 지정된 언어장애의 새로운 진단 유형인 사회적(실용적) 의사소통장애(7장 참조) 진단을 받을 수 있다.

사회적 의사소통과 상호작용. DSM-5에서는 이 범주에 세 가지 증상 유형을 나열하고 있는데, ASD 진단을 하려면 세 가지 모두에 해당되어야 한다. (1) 사회-정서적 상호성의 손상. (2) 사회적 상호작용을 위한 비언어적 의사소통 행동에서의 손상. (3) 관계를 유지하고 관계를 이해하기를 발전시키는 데에서의 손상. 표 6.1에는 각 유형의 증상에 관한 구체적인 사례들이 있다.

제한적이고 반복적인 행동. 이 범주에는 네 가지 증상 유형이 명시되어 있으며, ASD 진단을 하려면 최소 두 가지 유형에 해당되어야 한다. (1) 상동적 또는 반복적인 운동성 동작, 물건의 사용 또는 말하기. (2) 동일성에 대한 고집, 판에 박힌 일상에 대한 융통성 없는 집착, 또는 의식화된 패턴의 언어 또는 비언어적 행동. (3) 정도 또는 집중에서 비정상적으로 아주 제한적이고 고착된 관심. (4) 감각 정보에 대한 과잉 반응 또는 과소 반응 또는 환경의 감각 측면에 대한 특이한 관심. 표 6.1에는 각 유형에 대한 구체적 증상의 사례들이 있다.

DSM-5는 각 영역에서 보이는 증상의 **심각성**의 정도를 구체화하고 있다. 심각성 평가는 증상이 아동의 기능을 방해하는 정도를 반영한다. 손상이 심각할수록 더 높은 수준의 지원을 요구하는 것으로 평가되는데, 다음과 같다. 지원을 요구하는 단계(1단계), 상당한 지원을 요구하는 단계(2단계), 상당히 많은 지원을 요구하는 단계(3단계). 심각성 수준의 평가는 아동과 가족을 돕기 위해 필요한 프로그램과 서비스의 유형을 안내하는 데 도움이 되어야 한다. 그러나 증상의 심각성은 상황과 시간의 흐름에 따라 변동이 있기 때문에 이러한 평가는 아동이 서비스에 적격성이 있는지를 결정하는 데 사용하려는 것이 아니다.

DSM-5의 ASD 진단에서는 자폐증을 보는 비교적 새로운 방법을 제시한다. DSM-IV에서 DSM-5로 바뀌면서 ASD 진단에서의 몇몇 핵심적인 변화와 이러한 변화가 만들어진 이유를 강조하고 있다. 첫째, 증상에 대해 두 가지 영역으로 나눈 DSM-5의 체계는 DSM-IV에서의 변화를 대표하는데, 여기에서 사회적 상호작용의 손상과 의사소통의 손상은 제한적이고 반복적인 행동이라는 세 번째 영역과 더불어 분리된 증상 영역으로 보고 있다. 그러나 연구에서는 사회적 상호작용과 의사소통을 별개의 영역으로 보는 것을 지지하지 않으며(Frazier et al., 2012), 임상가들은 각 증상을 분리시키는 것을 어려워한다. 예를 들면, 양방향 대화의 어려움이 사회적 상호성의 손상인가, 아니면 의사소통 기술의 손상인가?(Klinger et al., 2014)

둘째, DSM-5는 ASD의 이전 하위 유형(예: 자폐 장애, 아스퍼거 장애, 전반적 발달장애, 달리 명시되지 않은 PDD[PDD-NOS]는 모두 삭제하고, 하나의 아주 중요한 단일 장애 범주인 ASD로 대체했다. 이렇게 대체한 한 가지 이유는 ASD 진단에 대한 일치성을 높이기 위해서이다. DSM-IV에서는 자폐 하위 유형의 준거가 잘 개념화되거나 정의되지 않았다. 임상가들이 ASD와 다른 신경발달장애(예: 지적 장애, 특정 학습장애)를 쉽게 구별

표 6.1 자폐 스펙트럼 장애(ASD)의 진단 준거

DSM-5

(A) 다양한 맥락 전반에서 다음의 사항이 나타난다. 즉, 사회적 의사소통 및 사회적 상호작용에서 지속적인 손상이 현재 있거나 과거력이 있다(예시들이 완전하게 모두 설명하고 있는 것은 아니다).

(1) 사회-정서적 상호성의 손상. 범위는, 예를 들면 비정상적인 사회적 접근 및 정상적인 대화의 실패에서부터, 흥미 · 감정 · 정서 공유의 감소, 사회적 상호작용의 시도 및 반응의 실패까지이다.

(2) 사회적 상호작용을 위해 사용하는 비언어적인 의사소통 행동에서의 손상. 범위는, 예를 들면 언어적 및 비언어적 의사소통이 불완전하게 통합되는 것에서부터, 비정상적인 눈 맞춤 및 몸짓 언어, 몸짓의 이해 및 사용에서의 손상, 얼굴 표정 및 비언어적 의사소통이 전혀 없음까지이다.

(3) 관계를 발달시키고, 유지하고, 이해하는 데에서의 손상. 범위는, 예를 들면 다양한 사회적 맥락에 적합하도록 행동을 조절하는 데에서의 어려움에서부터, 상상 놀이를 함께하거나 친구 만들기가 어려움, 또래에게 관심이 없음까지이다.

사회적 의사소통의 결함, 제한적이고 반복적인 행동 패턴에 기초하여 현재의 심각도를 명시한다.

(B) 제한적이고 반복적인 행동 · 흥미 · 활동. 다음의 증상 중에서 최소한 두 가지 이상이 현재 있거나 과거력이 있다(예시들이 완전하게 모두 설명하고 있는 것은 아니다).

(1) 정형화된 또는 반복적인 운동 동작, 물체의 사용, 또는 말하기(예: 단순한 운동 상동증, 장난감 나열하기 또는 물체를 휙휙 넘기기, 반향어, 개인에게만 해당하는 문구)

(2) 동일성에 대한 고집, 판에 박힌 일상에 대한 융통성 없는 집착, 또는 의식화된 패턴의 언어 또는 비언어적 행동(예: 작은 변화에 대한 극심한 고통, 전환의 어려움, 엄격한 사고 패턴, 의례적인 인사, 같은 길로 다녀야 하거나 매일 같은 음식 먹기)

(3) 정도 또는 집중에서 비정상적으로 아주 제한적이고 고착된 관심(예: 특이한 물체에 대한 강한 애착 또는 집착, 지나치게 국한된 또는 집요하게 반복된 관심)

(4) 들어온 감각 정보에 대한 과잉 반응 또는 과소 반응, 또는 환경의 감각적인 측면에 대한 특이한 관심(예: 통증/온도에 대한 명백한 무관심, 특정한 소리 또는 질감에 대한 부정적 반응, 물체에 대해 과도하게 냄새 맡기 또는 만지기, 빛 또는 움직임에 대한 시각적 매료)

사회적 의사소통의 결함, 제한적이고 반복적인 행동 패턴에 기초하여 현재의 심각도를 명시한다.

(C) 증상은 초기 발달기에 있어야 한다(그러나 사회적 요구가 제한된 능력을 초과하기 전에는 증상이 완전히 나타나지 않을 수 있고, 나중에는 학습된 책략에 의해 증상이 감춰질 수 있다).

(D) 증상은 사회적, 직업적, 또는 현재의 기타 중요한 기능 영역에서 임상적으로 심각한 결함을 일으킨다.

(E) 이러한 방해는 지적 불능(지적 발달장애) 또는 전반적 발달 지연으로는 잘 설명되지 않는다. 지적 불능 및 자폐 스펙트럼 장애는 동시 발병이 빈번하다. 자폐 스펙트럼 장애와 지적 불능을 동시 발병으로 진단하려면, 사회적 의사소통이 일반적인 발달 수준에서 기대되는 것보다 낮아야 한다.

주의: DSM-IV 진단에 잘 들어맞는 자폐성 장애, 아스퍼거 장애, 달리 구체화되지 않는 전반적 발달장애로 진단된 사람은 진단이 자폐 스펙트럼 장애로 내려져야 한다. 사회적 의사소통에 뚜렷한 손상이 있지만 증상이 자폐 스펙트럼 장애의 다른 준거를 충족시키지 않으면 사회적(실용적) 의사소통장애로 평가해야 한다.

다음 항목이 있다면 명시한다.

지적 결함을 동반 또는 동반하지 않음

언어적 결함을 동반 또는 동반하지 않음

알려진 의학적 상태나 유전적 상태 또는 환경적 요인과 연관됨

다른 신경발달장애, 정신장애, 행동장애와 연관됨

긴장증 있음

출처: *Diagnostic and Statistical Manual of Mental Disorders*, 5th ed. American Psychiatric Association.

할 수 있었지만, 하위 유형 간의 구분은 신뢰롭지 못하고 비일관적이었으며, 아동의 ASD 증상보다는 진단을 받게 되는 기관, 아동의 지적 능력 수준, 동시 발생 질환과 관련성이 높았다(Lord et al., 2012). 하위 유형보다 단일 ASD 범주를 사용하게 된 두 번째 이유는 발달 수준의 변화가 증상 출현의 변화를 가져올 수 있다는 인식 때문이다. ASD 진단이 2년 이후에도 안정적임에도 불구하고 사회적 기술과 인지적 기술에서 연령 관련 변화 때문에 아동의 진단은 종종 하위 유형이 바뀐다(van Daalen et al., 2009). 즉, 진짜 변화가 일어났다기보다, 진단에서의 이 같은 연령 변동 및 기술 관련 변동은 단일 장애 내에서의 가변성으로 보는 것이 최선이다.

DSM-5 하위 유형의 삭제가 이러한 하위 구분이 중요하지 않다는 것을 의미하지는 않는다. 우리가 주목해 왔듯이, ASD는 한 가지가 아니며 장애 내에는 이질적인 것이 무수히 많다. 중요한 것은 이러한 변동성을 만족시킬 수 있는 분류 체계를 갖는 것이다(Rutter, 2013). 이를 위해, DSM-5에서는 **명시자**를 사용하여 지적 그리고(또는) 언어적 손상과 같은 다른 중요한 장애가 있는지, 아동의 ASD가 다른 의학적 질병이나 유전적 질병, 신경발달장애, 정신장애, 행동장애와 연관성이 있는지를 나타내 준다. 이렇게 함으로써 아동 문제의 범위와 심각성에 대해 좀 더 자세히 기술할 수 있게 되는데, 이는 적절한 처치 계획을 개발하는 데에서 필수적이다.

단일 ASD 범주 사용의 개념적 타당성에 대한 지지가 있다. 수많은 ASD, 그 가족, 변호 집단, 임상가들은 진단을 받을 사람이 적어질 것인데, 특히 이전에는 아스퍼거 장애로 진단을 받은, 즉 증상이 경미하고 지적 능력이 평균인 사람들은 더욱 그러할 것이라고 제시한다. 따라서 DSM-5의 사용은 이러한 아동을 위한 서비스 적격성을 감소시킬 수 있다. 지금까지의 연구는 아스퍼거 장애를 진단받은 대부분의 아동이 DSM-5 준거를 사용하여 ASD의 진단을 받을 것이라고 제시하지만(Huerta et al., 2012), 임상 현장에서 실제로 그렇게 될지는 아직 모른다. DSM-5의 변화로 인해 불이익을 당하는 아동이 있는지는 모니터링과 평가를 더 많이 해 보아야 한다(Kent et al., 2013).

범 스펙트럼 ASD

자폐증 또는 자폐 스펙트럼 장애(ASD)라는 말을 들으면, 우리는 영화 《Rain Man》의 주인공인 Raymond나 동물 과학 교수이며, 인도주의적인 가축 관리 산업 분야의 최고의 과학자이고 자문가이며, ASD가 있는 사람들을 대변하며, 고기능 및 통찰력이 있는 ASD 여성, Temple Grandin(HBO 영화사의 주인공)(Grandin & Panek, 2013)을 떠올릴 것이다. 자폐증이 있는 사람들 중의 일부는 영화에 나오는 것처럼 능력과 특별한 재능을 보여 주지만 대부분은 그렇지가 않다.

Vera Anderson/WireImage/Getty Images

Temple Grandin 박사(왼쪽)와 많은 찬사를 받는 영화 《Temple Grandin》에서 Temple Grandin 역할로 상을 받은 배우 Clare Danes.

ASD는 **스펙트럼 장애**인데, 이는 증상, 능력, 특징들의 조합이 서로 다르고 심각성의 정도도 다르게 표현되기 때문이다(Lai et al., 2013). 따라서 ASD는 '양자택일적인' 현상이 아니다. 스펙트럼의 한쪽 끝에는 자기 방의 구석에 웅크리고 앉아서 몇 시간 동안 끝도 없이 종이 고정 클립을 돌리며 말을 하지 않는 소년이 있다. 스펙트럼의 다른 한쪽 끝에는 고객과의 상호작용을 요구하지 않으면 협력 작업을 할 수 있는 연구원이 있다. ASD가 있는 아동은 지적 능력, 언어, 연령, 사회경제적 상태(SES), 성별, 인종에서 아주 다양하지만, 대다수는 핵심적인 장애 특징을 대부분 가지고 있다(Mayes & Calhoun, 2011). 하지만 핵심 특징의 유사성에도 불구하고, 증상의 표현과 심각성에서는 아주 큰 변동성을 보인다. ASD가 있는 아동에서 이 변동성은 이들의 사회적 의사소통 및 행동적인 결함 전반에 걸쳐서 폭넓게 적용된다(Jones & Klin, 2009).

ASD가 있는 아동은 핵심 증상에서 크게 차이가 날 뿐만 아니라, 자폐증에 특정적이라고 할 수 없는 여러 특징들 또한 보이기도 하는데, 대체로 지적 장애와 뇌전증이다. 따라서 ASD 진단을 받는 아동들 사이에서도 지적 능력, 언어 문제의 정도, 진행 정도에서 서로 아주 다르다. 이 점을 설명하기 위해 자폐증 진단을 받은 두 아이 Lucy와 John을 비교하고 대조해 보자.

LUCY
정신지체를 동반한 자폐증

Lucy의 부모는 임신과 출산에서 너무나 많은 어려움이 있었기 때문에, 태어난 때부터 Lucy의 발달을 지켜보았다. 진통은 예정보다 3주 일찍 시작되었으며, 분만은 23시간이나 걸렸다. 그래서 분만을 돕기 위한 집게가 사용되었다. Lucy는 산소 공급을 받았으며, 4일간 특별 관리실에 있어야 했고, 황달에 대한 처치도 받아야 했다.

사실, Lucy의 발달에서 모든 것이 문제인 것 같았다. 예를 들어, 먹이는 것이 너무 어렵다거나 급하게 먹다가 토하기도 했다. 밤에도 나을 것이 없었다. 잠이 드는 데 몇 시간이 걸렸고 항상 일찍 깨었다. 한 살이 되어서 겨우 자세를 바로 할 수 있었지만 여전히 기지는 못했다. 가족 주치의는 Lucy가 발달이 지체되었다고 말했다. 생후 14개월이 되어서야 기기 시작했으며(보통은 생후 6개월에 기기 시작한다), 생후 19개월에서야 가구를 잡고 일어설 수 있었다(대체로 12개월 정도에 한다). 다른 영역에서도 발달이 느렸다.

두 살이 되어서도 Lucy는 말을 한 마디도 못 했으며, 부모가 까꿍 놀이처럼 단순한 놀이를 시도해도 반응이 없었다. 생후 30개월에 Lucy는 걷기 시작했다(대부분의 아동은 생후 14개월이 되면 걷는다). 그러나 Lucy가 주로 내는 소리는 혀 뒤에서 나는 이상한 소음과 같은 소리였으며, 다양한 비명을 질러 댔다. 자신이 원하는 것이 아니라, Lucy는 주변에 사람(부모를 포함하여)이 있다는 사실조차 모르는 것 같았다. 소아과 의사는 Lucy의 발달 지체가 분만 시의 문제 때문일 수 있으며, 1년마다 검사를 받아 보라고 권유했다.

Lucy는 파란색과 빨간색으로 된 특정한 딸랑이를 가지고 노는 것을 좋아했는데, 몇 시간이고 이 딸랑이를 흔들거나 돌리곤 했다. 손에 딸랑이를 쥐고 있을 때는 사람을 쳐다보지도 않았으며, 누군가 이것을 뺏으려고 하면 비명을 지르거나 바닥에 머리를 쾅쾅 박곤 했다. 이것은 부모에게 재앙이었다. Lucy는 냄새에도 지대한 관심이 있어서 음식, 장난감, 옷, 사람의 냄새(부모를 당황시킬 정도로)를 맡았다. 그녀는 또한 무엇인가를 느끼는 것을 좋아해서 여자들(심지어 낯선 사람까지도)이 신고 있는 스타킹을 만지기도 했다. 부모가 그것을 말리려고 하면 Lucy는 심한 짜증과 화를 냈다.

Lucy가 네 살이 되었을 때 소아과 의사는 Lucy가 ASD인 것 같다고 생각하고 자세한 평가를 위해 심리학자에게 의뢰했다. 진단이 확정되었고, 부모는 Lucy의 발달이 전반적으로 지체되어 있다는 말을 들었다. Lucy의 부모는 상심했지만, 드디어 Lucy가 절실하게 필요한 도움을 얻게 되었다고 생각했다. (*Autism: The Facts*, Baron-Cohen & Bolton, 1993, pp. 1–8)

JOHN
평균 지적 능력의 ASD

John은 정상적인 임신과 출산 과정을 거쳐 태어났다. 유아 때, John은 잘 먹고 잠을 잘 자는, 기르기 쉬운 아기였다. 그는 행복해 보였으며 몇 시간이고 아기침대에 누워 있는 것에도 편안해 보였다. 생후 6개월경에는 스스로 앉았으며(정상 발달 범위), 곧 기기 시작했다. 부모는 그가 독립적이고 의욕이 넘치는 아이라고 보았다. John의 할머니는 John이 사람에 대한 관심이 부족하다고 생각했다.

John은 한 살 때 걷기 시작했지만(30개월 때까지 걷지 못한 Lucy와는 대조적으로), 두 살 무렵에는 기대만큼 발달이 진행되지 않았다. 소리를 냈지만 말을 하지 못했고, 의사소통 능력이 아주 제한되어서 세 살이 되었을 때에도 엄마는 John이 무엇을 원하는지 정확히 알 수 없어서 추측할 뿐이었다(마치 나이보다 훨씬 더 어린 아동처럼). 때때로 그는 엄마의 손목을 잡고 싱크대로 잡아끌기도 했지만 여전히 '물'과 같은 말은 하지 못했다.

그때쯤, 부모는 John의 과도한 독립성에 대해 걱정하게 되었다. 넘어져서 다쳤을 때에도 John은 부모에게 도움을 구하러 오지 않았다. 엄마가 외출할 때 John을 이웃이나 친척에게 맡길 때에도 전혀 화를 내지 않았다. 그는 사람보다는 장난감 벽돌에 더 관심이 있는 것처럼 보였다. 그는 장난감 벽돌을 정확하게 같은 방식으로 그리고 같은 색상별로 나열하는 데 많은 시간을 보냈다.

John이 세 살이 넘으면서, 의사가 괜찮다고 했음에도 불구하고 부모는 점점 더 걱정이 되었다. John은 말을 하지도 않았고, 다른 아동에게 관심을 보이지도 않았다. 손을 흔들어 인사를 하지도 않았으며, 까꿍 놀이를 시도했을 때에도 좋아하지 않았다. 엄마가 안으려고 하면 John은 항상 엄마 품을 빠져나가려고 했으며, 아빠와의 거친 놀이만 좋아하는 것처럼 보였다. John의 엄마는 자신이 잘못한 것이 있는지 걱정했으며, 우울하고 거절당한 느낌과 죄책감을 느꼈다.

세 살 반이 되었을 때 John은 소아정신과 의사에게 의뢰되었고, 부모는 John이 자폐증이라는 말을 들었고, 공간지각 과제(퍼즐과 같은) 영역에서 John의 능력은 정상 지능이었다. John이 어떻게 진행될지에 대해 말하기는 아직 이르지만, 대부분의 ASD 아동보다는 좋다는 징후도 있었다. John은 언어 치료를 받았으며, 심리학자는 부모에게 의사소통을 격려하고 John의 짜증을 감소시킬 수 있는 방법을 계획할 수 있도록 도왔다.

네 살이 되었을 때, John은 완전한 문장으로 말을 하기 시작했다. 그러나 그의 말은 꽤 특이했다. 예를 들어, 부모가 뭐라고 말하든 그것을 반복해서 대답했다. 부모가 "너 물 먹고 싶어?(Do you want a drink?)"라고 물으면 "너 물 먹고 싶어.(You want a drink.)" 하고 대답했다. 더 놀라운 경우도 있었다. 이를테면, 며칠 전에 그 말을 했던 이웃 사람과 아주 똑같은 목소리로 "정말 우습군."이라고 말을 하는 식이었다. 그러나 이 문장을 그가 사용한 것과 그가 하는 말의 대부분은 상황에 적절하지 않으며, 분명한 의미도 없었다. (*Autism: The Facts*, Baron-Cohen & Bolton, 1993, pp. 1-8)

Lucy와 John은 둘 다 ASD를 정의하는 특징을 보인다. 이들은 생후 첫 몇 년 동안에 정상적인 양방향의 사회적 관계 및 의사소통이 발달되지 않았고, 반복하는 것에 흥미와 집착을 보인다. Lucy의 부모는 Lucy가 어렸을 때를 '유리 거품 속에서 사는 것' 같다고 묘사했다. 극도의 사회적 무반응은 수많은 ASD 아동의 전형적인 특징이다. John은 다른 사람과 관계를 맺을 때 좀 더 사회적이고 말이 많다. 그러나 사회적 접촉에서 그의 노력 역시 반복적이고 자연스럽지 않다. 의사소통에서의 이 같은 비정상은 그의 사회적 손상에 비해서는 덜 심각한 편인데, 그의 말은 일방적이고 정형화된 문장으로 이루어져 있다. 이와 대조적으로, Lucy는 의사소통 능력이 심각하게 부족하고, 대부분의 시간을 침묵으로 보낸다(Baron-Cohen & Bolton, 1993).

사회적 발달과 언어 발달에서 잘못된 것 이외에 John과 Lucy 모두 의식 행동(ritualistic behavior)이 있다. Lucy는 집에 있는 모든 의자에 자신이 묶어 놓은 작은 실 조각의 위치를 확인한다. 그리고 John은 매일 정확히 똑같은 길로 학교에 갈 것을 고집한다. John과 Lucy는 반복하는 데 관심이 있는데, John은 가로등을 세는 것을, Lucy는 허락만 된다면 똑같은 비디오를 반복해서 보는 것을 좋아한다. 두 아이 모두는 제한된 관심 외에는 여러 시간 집중해서 하는 일이 없는데, 이러한 강박은 또 다른 문제를 일으킬 수 있다. 예를 들면, John과 Lucy는 자신의 일상적인 의식 중에서 작은 변화라도 있으면 격렬하게 비명을 지를 것이다(Baron-Cohen & Bolton, 1993).

John과 Lucy가 보이는 많은 유사점에도 불구하고, 이들의 이야기는 ASD가 있는 아동들이 아주 다를 수 있다는 것을 보여 주기도 한다. 다음 세 가지 중요한 요인이 이러한 차이에 영향을 미친다.

- **지적 능력 수준:** 지적 능력의 범위는 매우 심한 정신지체에서부터 평균 이상의 지능까지이다. John의 지능은 평균인 반면, Lucy는 고도 정신지체가 있다. 지적 능력으로 인해 Lucy는 모든 영역에서 발달지체를 보인다. 전반적인 기능 수준의 한계 때문에, Lucy는 John보다는 관심과 활동의 범위가 무척 좁다.
- **언어 문제의 심각성 정도:** John은 비교적 말이 많은 반면, Lucy는 말이 없다. ASD가 있는 아동은 이와 같은 양극단 사이의 어딘가에 해당할 수 있다.
- **연령에 따른 행동 변화:** 진전을 거의 보이지 않는 아동이 있는 반면에, 말이 늘고 사교적으로 되는 아동도 있다. 상당한 성과가 이루어진 경우에는 평균 또는 평균 이상의 지능을 갖게 되고 어릴 때 말을 한, John과 같은 아이들이다.

단원 정리

DSM-5: ASD의 특징 정의하기

- DSM-5에서 자폐증 또는 ASD는 초기 발달에서 발병하는 심각한 신경발달장애이며, 이는 사회적 상호작용 및 의사소통 기술에서 심각하고 지속되는 손상이 있고 상동적인 패턴의 행동, 관심, 활동을 한다는 특징이 있다.
- ASD는 스펙트럼 장애이며, 이는 증상과 특징이 서로 다르게 조합되고 심각성의 정도가 서로 다른 수많은 표현이 있다는 의미이다.

ASD의 핵심 손상

70년 이상의 연구에도 불구하고, ASD의 핵심 손상에 대해서는 아직까지도 상당한 논쟁이 벌어지고 있다. 대개 ASD는 한 가지 주요 손상보다는 몇 가지 손상이 있기 쉽고, 아동의 사회-정서·언어·인지 발달에 영향을 미친다(Dawson & Toth, 2006). ASD의 각각의 핵심 특징을 살펴보면서 발달의 이러한 측면들이 서로 연관되어 있음—따로따로 발달하는 것이 아님—을 기억하라. 예를 들어, ASD가 있는 아동은 각성 수준을 조절하는 능력의 감소를 보이며, 이는 반대로 사회적 의사소통에서의 결함이 증가하는 것과 관련이 있다(Keehn et al, 2010).

사회적 상호작용 및 의사소통의 손상

사회적 상호작용의 손상

ASD가 있는 아동은 사람들과의 관계에서 심각한 어려움을 겪고 있는데, 이는 지능이 평균 또는 평균 이상일 때에도 그러하다(Pelphrey et al., 2011). 이들은 어릴 때부터 초기 사회성 발달에서 중요한 많은 기술이 손상되어 있다. 이러한 손상에는 다음이 포함된다.

- 타인의 사회적 활동에 대한 모니터링의 부족
- 사회적 상호성 및 정서적 상호성의 부족
- 특이한 얼굴 표정의 사용, 시선 응시, 자세, 사회적 상호작용을 조절하는 몸짓과 같은 특이한 비언어적 행동
- 타인, 특히 다른 아동에 대한 관심의 부족 그리고(또는) 관계 맺기의 어려움
- 타인과 즐거움 및 관심을 공유하지 못함(예: Landa et al., 2011; Shic et al., 2011)

또한 이들은 타인의 사회적 행동을 모방, 타인과 관심을 공유, 가상 놀이를 하는 데 어려움이 있다(Klinger et al., 2014).

ASD가 있는 아동은 사회적 단서에 대한 사회적 표현성 및 민감성이 제한되어 있고, 일상생활에서의 복잡한 정서 및 정신적 상태에 대한 인식에 결함이 있으며, 다른 사람과의 경험이나 감정의 공유가 거의 일어나지 않는다. 이들은 친한 사람과 인사할 때 필요한 사회성, 의사소통, 정서 행동을 통합하는 데에서 심각한 어려움이 있다. 사회적 동반자라는 이해가 부족한 것은 사람을 사물처럼 대하게 되고, 아동이 제지를 당할 때는 제지하는 사람보다는 제지하는 손을 공격하는 것처럼 다른 사람의 신체 부분을 향해 행동을 하게 한다(Phillips et al., & Riviere, 1995).

ASD가 있는 아동은 얼굴과 얼굴 표정의 처리가 특이하다(Dawson, Webb, & McPartland, 2005). 사람의 얼굴에 관한 정보를 처리하는 데에서, 이들은 대부분의 아동이 얼굴 전체 형태나 눈에 집중하는 것에 비해 입과 같은 얼굴의 한 부분을 지나치게 강조할 수 있다(Joseph & Tanaka, 2003). 아동이 눈보다 입에 집중하는 것은 소리와 움직임이 발생하는 자극에 주의를 기울인다는 것을 반영한다(Klin et al., 2009). 이들은 또한 얼굴 표정에서 정서를 인식, 특히 두려움을 발견하는 데 손상이 있다. 이것은 두려움의 확인이 다른 정서보다 눈 부위에 크게 의존하는데, 자폐증이 있는 사람은 얼굴을 볼 때 다른 사람만큼 눈을 보지 않기 때문일 것이다(Boraston et al., 2008). ASD가 있는 아동의 비전형적인 얼굴 처리 과정은 덜 일반화되거나 폭이 좁은 안면 탐지 체계와 관련이 있으며, 이는 사회적 흥미의 감소에 영향을 미칠 수도 있다(Churches, Baron-Cohen, & Ring, 2012).

ASD가 있는 아동은 **주의의 연합**에서 결함을 보이는데, 이것은 사회적 파트너에게 그리고 서로 관심 있는 사물 또는 사건에 대해 주의를 조절할 줄 아는 능력이다(Mundy & Newell, 2007). 주의의 연합은 전형적으로 생후 9~14개월에 나타나는데, 손가락으로 가리키고 보여 주고 쳐다보면서, 그리고 공유하고 있는 관심에 대해 의사소통함으로써 다른 사람들과 사회적으로 연결되도록 한다. ASD가 있는 아이도 타인에게 사물을 가져온다거나 원하는 것이 있는 경우에 그것을 가리킬 수는 있지만, 이들은 상호작용의 기쁨을 위해 다른 사람과 주의와 흥미를 공유하려는 욕구는 거의 보이지 않는다. 생애 첫 1년 동안 부모-아동 상호작용 동안에 일어나는 눈 맞춤과 미소 짓기의 불량함은 이후 ASD로 진단되는 아동에서 2세경에 주의의 연합에서의 손상과 관련될 수도 있다(Clifford & Dissanayake, 2008). 반대로, 주의의 연합에서의 손상은 또한 20개월경에 ASD가 있는 유아의 언어 발달을 방해하는 것으로 밝혀졌으며, 42개월경에 언어, 의사소통, 사회적 행동에서의 심각한 문제를 예견하는 것으로도 밝혀졌다(Charman, 2003; Luyster et al., 2008).

이러한 아동이 부모와 사회적 유대를 형성하지 못하고 또는 부모와 다른 사람을 구별한다고 말할 수 없다고 생각한 적이 있었지만, 이것이 틀렸다고 증명한 연구가 있다(Rutgers et al., 2004). ASD가 있는 대부분의 아동은 친숙하지 않은 성인보다는 자신의 양육자에게 더 많은 반응을 보이고, 잠시 분리된 후에 낯선 사람보다는 부모에게 사회적 행동을 더 많이 보이고 가까이 가려고 한다(Dissanayake & Sigman, 2000). 뿐만 아니라, ASD가 있

는 아동의 산만하고 혼란스러운 반복적인 근육운동을 고려해 볼 때, ASD 아동 역시 부모에 대해 정상 통제 집단보다 약간 낮지만, 그러나 상당한 비율의 안정 애착을 보인다. 낮은 안정 애착을 보이는 아동은 대개 지적 능력이 낮고 ASD의 정도가 심각하다(Naber et al., 2008). 이들은 낯선 사람보다는 엄마를 더 좋아하고, 엄마를 탐색을 위한 안전기지로 삼으며, 어려움이 있을 때 엄마로부터 위안을 받는다. 중요한 것은, ASD가 있는 어린 아동에게 엄마-아동 애착의 질이 아동의 놀이 행동 발달에 상당한 영향을 미친다는 것이며, 이는 사회적 기술의 발달에서 중요하다(Naber et al., 2007).

ASD가 있는 아동은 애착을 형성하는 능력이 전반적으로 손상된 것이 아니다. 오히려 사회적 정보를 이해하고 반응하는 능력의 손상이다(Rogers, Ozonoff, & Maslin-Cole, 1993). **살펴보기 6.1**에서 보는 것처럼, ASD가 있는 아동은 엄마가 자리를 비우면 이를 알아차리고 엄마를 찾을 것인데, 이것은 모두 애착의 징후이다. 그러나 정상 아동과는 다르게 일어난 사건을 이해하지 못하거나 상황을 바꾸기 위해 반응하는 방법을 모르며, 이것이 애착이 없는 것처럼 보이게 한다. 따라서 ASD가 있는 아동은 부모와 애착되어 있다고 해도, 그들이 애착을 표현하는 방법은 특이해서 '이를 알기(read)' 어렵다. 그 결과, 부모는 자녀가 전혀 애착되지 않았다고 생각하고, 전형적인 애착 행동에 동반되는 안기, 다가오기, 반응성이 부족한 것으로 인해 낙담하게 된다.

전통적인 애착 평가 방법인 낯선 상황은 안정/불안정 개념과 관련하여 사회적 기능에서의 손상을 개념화해 주지만, 이것이 대부분의 ASD 아동을 특징짓는 사회적 기능에서의 손상을 이해하는 것과 상관이 없을 수 있다는 데 주목해야 한다. 그 결과, 낯선 상황이 ASD와 관련된 비정상적인 사회적 관계의 질을 평가하는 데에서 유용한 방법인지 아닌지에 대한 의문이 제기되어 왔다(Rutter, Kreppner, & Sonuga-Barke, 2009).

ASD가 있는 아동은 사회적 어려움 이외에 신체언어,

살펴보기 6.1

ASD가 있는 아동의 애착

ASD가 있는 이 어린 아동은 엄마가 방을 떠났다는 것을 알아차린다. 그는 엄마를 찾아 방을 돌아다니지만 표정에서는 별다른 변화가 없다. 그는 이 사건을 변화시키기 위해 어떻게 해야 할지를 아는 것 같지 않다.

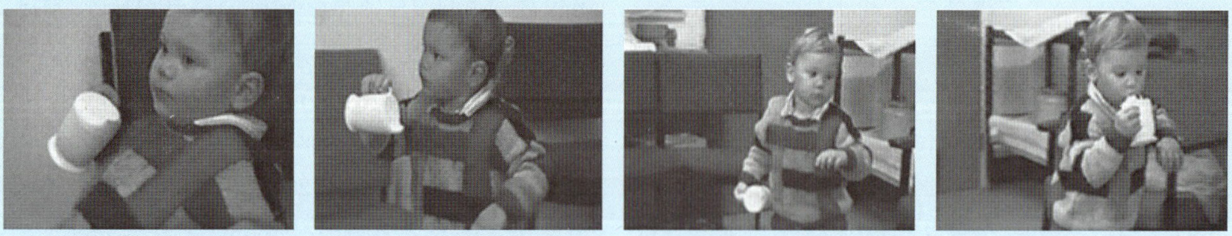

© 1991 Alvin Perlmutter

ASD가 없는 같은 나이의 아동은 다음과 같은 반응을 보인다.

© 1991 Alvin Perlmutter

아동의 얼굴 표정은 10초 안에 "오, 엄마가 정말로 떠난 것은 아닐 거야."에서 "아닐 거야.", "오, 세상에 정말로 가 버렸어."로 변한다. 아동은 울지만, 엄마가 돌아오자마자 편안함을 느끼고 괜찮아진다.

출처: Behavior Disorders of Childhood, produced by Alvin H. Perlmutter, Inc. in association with Toby Levine Communications.

몸짓, 얼굴 표정, 목소리에 동반되는 정서적 정보를 처리하는 데 어려움이 있다. 학령 전 ASD 아동은 다른 사람이 제공하는 정서 단서를 찾거나 주의를 기울이지 않는다. 같은 정신 연령의 다른 아동과 비교해서, 이들은 정서 표현에 의하기보다는 사람이 쓰고 있는 모자의 유형에 따라 사진을 분류한다(Weeks & Hobson, 1987).

ASD 아동은 정서적 정보를 이해하는 데 어려움이 있고 자신의 정서를 신체로 표현하는 것—종종 자발적인 몸짓 표현이 제한적이고, 기괴하고 경직되거나 기계적인 얼굴 표정이 특징적으로 나타난다—도 일반 아동의 정서 표현과 다르다(Loveland et al., 1994; Trevarthen & Delafield-Butt, 2013). 이들은 타인의 신체 움직임을 보고 정서를 인식하는 데에도 어려움이 있다(Atkinson, 2009). 따라서 ASD가 있는 아동은 특이한 방식으로 정서적 정보를 처리하고 표현한다.

사회적 의사소통 손상

자폐증이 있는 어린 소년의 엄마는 2년 동안 아들이 말하는 것을 교정해 주곤 했다. "그렇게 하지 마. 정상처럼 보이지 않아." 아들은 부적절한 행동을 멈추었다. 그런 후 엄마는 "너는 정상처럼 보이고 싶지 않니?"라고 덧붙였다. 아들은 "예." 하고 대답했다. 그러던 어느 날 엄마가 아들에게 물었다. "정상이라는 말이 무슨 말인지 아니?" 아들은 "예."라고 대답했다. 엄마는 감동했다. 엄마가 아들에게 말의 뜻을 묻자 아들이 대답했다. "그것은 세탁기 왼쪽 끝에서 두 번째 버튼이에요."

— "Our Old Ways Just Aren't Working: Donnellan, by Karin Melberg Schwier," p. 8, Saskatchewan Association for Community Living, Dialect, February 1988

대부분의 아동은 3세쯤에 언어를 배우는 과정에서 거치는 예측 가능한 이정표를 통과한다. 가장 초기에 나타나는 것 중 하나가 옹알이이다. 첫돌이 되면, 보통의 유아는 단어를 말하고, 이름을 부르면 고개를 돌리고, 자신이 원하는 장난감이 있으면 그것을 가리키고, 마음에 들지 않는 것을 줄 때 "아니."라고 분명하게 대답한다. 이와 대조적으로, ASD가 있는 아동은 발달 초기에 의사소통과 언어에서 심각한 이상을 보이며, 이것이 지속된다(Mitchell et al., 2006). 초기의 이상한 발성은 ASD 가족력이 있는 유아가 이후의 ASD 증상의 위험성 증가에 대한 민감한 지표가 된다(Paul et al., 2011). 말하는 것을 배우기 전이라도, 아동은 자신의 요구, 관심, 감정을 의사소통하기 위해 얼굴 표정, 소리, 몸짓을 풍부하게 나타낸다. 언어 손상의 첫 징후 중 하나가 이러한 초기 언어 이전 의사소통의 사용이 비일관적이라는 것이다. 예를 들어, ASD가 있는 보통의 아동은 자신이 원하는 봉제인형이 손에 닿지 않을 때 손으로 가리킨다. 이렇게 함으로써 **요구 대상 지시 몸짓**—욕구를 표현하기 위해 사용하는 몸짓이나 발성—을 사용하는 능력을 드러낸다. 그러나 **관심 유발 몸짓**—다른 사람의 시각적 관심을 공유된 대상으로 향하게 하는 몸짓이나 발성—을 사용하는 것은 실패할 것이다.

관심 유발 몸짓의 일차적 목적은 다른 사람을 상호작용으로 끌어들이는 것이다. 예를 들어, 걸음마기 유아는 자기가 본 매력적인 창조물로 엄마의 관심을 향하게 하기 위해 흥분해서는 개를 가리킨다. 관심 유발 몸짓은 공유된 사회적 관심이 필요하고 다른 사람들이 생각하는 것에 대한 내포된 의미—ASD가 있는 아동에게 부족한 능력—가 필요하다. 이들은 그 외 다른 관심 유발 몸짓 역시 보이지 않는다. 예를 들어, **보여 주기 몸짓**이 있는데, ASD가 없는 어린 아동은 새롭게 발견한 물건(예: 면도용 크림, **살펴보기 6.2** 참조)과 같이 무언가를 다른 사람에게 보여 주기 위해 사용한다.

ASD가 있는 아동의 절반에 해당하는 많은 아동들—말을 하기 시작한 후 퇴행을 보이는 아동을 포함—은 대략 12개월에서 30개월 사이에 유용한 언어를 발달시키지 못한다. 말이 없거나 제한된 말만 하는 ASD 아동은 엄마의 손을 원하는 곳으로 잡아당기거나 열어 달라고 상자가 있는 곳으로 엄마를 데리고 가는 것과 같은 원시적인 형태의 의사소통에 의존한다. ASD가 있는 아동은 원하는 것을 즉시 얻기 위해 누군가에게 하는 **도구적 몸짓**은 사용할 수 있으나 감정을 전달하기 위한 **표현적 몸짓**은 사용하지 못한다(Frith, 2003). 이 두 가지 형태의 몸짓은 **그림 6.1**에 설명되어 있다.

언어가 발달된 ASD 아동은 대개 5세 이전에 말을 한다. ASD가 있는 아동의 대부분이 언어 발달에서 지연을 보인다고 해도, 가장 두드러지는 것은 자발어의 부족과 질적으로 특이한 형태의 의사소통의 사용이다(Chiang & Carter, 2008). 그들이 사용하는 말의 리듬과 억양이 종종 특이하지만(Peppe et al., 2007), 가장 주목할 것은 바로 사회적 담화의 부족—사회적 의사소통을 하는 언어를 사용하지 못함—이다. ASD가 있는 아동의 부모와 교사는 이들의 의사소통이 터무니없고, 유치하고, 일관성

살펴보기 6.2

ASD에서의 초기 의사소통

소량의 면도용 크림을 ASD가 있는 아동의 손에 놓으면, 아동은 면도용 크림에 관심을 갖고 관심을 기울이는 것이 전부이다. 그는 아버지가 멀리 떨어져 있고 어머니가 옆에 가까이 있다는 사실을 잊고 있다. 그는 자신의 경험을 다른 사람과 공유하고 싶다는 어떠한 단서도 보이지 않는다.

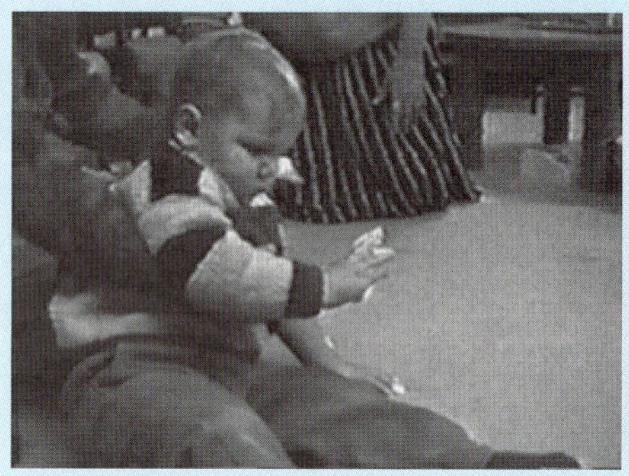

정상 발달을 하고 있는 이 아동도 면도용 크림을 가지고 즐거워하며, 손에 가지고 있는 것을 어머니에게 보여 줌으로써 즉시 모든 사람을 자신의 경험 안에 포함시켰다. 아동은 의사소통할 무엇인가를 가지고 있고, 모두에게 그것을 함께하기를 원한다.

출처: Behavior Disorders of Childhood, produced by Alvin H. Perlmutter, Inc.

이 없고, 부적절하며, 일어난 상황과 의미 있게 연결되지 않는다고 설명한다. 이러한 모습은 표현 언어가 많은 5세 ASD 아동, Jerry와의 인터뷰에서 잘 드러난다(Bemporad, 1979, pp. 183-184).

> 면담자: "너는 남자 또는 여자를 그릴 수 있니?"
> Jerry: "남자는 여자에게 사업이다."
> 면담자: "그게 무슨 뜻이니?"
> Jerry: "아니요. 남자는 숙녀를 위해 존재해요. 예, 예, 예. 라디오. 숙녀는 페달을 줘요. 아주 큰 손수건과 냅킨. 모두 접혀 있어요. 보세요, 거기 있잖아요. 우리는 그림을 그려서 액자에 넣을 거예요."

ASD가 있는 아동의 언어 결함은 많은 수준에서 발생한다(Stefanatos & Baron, 2011). 예를 들면, ASD가 있는 아동에서 흔한 언어 결함은 **대명사 전도**인데, 이는 아동이 상황에 맞게 대명사를 변화시키지 않고 들은 대로 정확하게 인칭대명사를 반복할 때 발생한다. 예를 들어, Tim이라는 아동은 "네 이름은 뭐니(What's your name)?"라고 물을 때 "나의 이름(My name)은 Tim이야."가 아니라 "너의 이름(Your name)은 Tim이야."라고 대답한다. 하지만 이들의 주요 문제는 언어의 기계적(소리, 단어, 문법) 또는 의미론적 사용에서는 그렇게 심하지 않다. 그보다 이들은 언어의 **화용론**에서 심각한 결함을 보이는데, 실용적 언어는 사회적 맥락 및 의사소통 맥락에

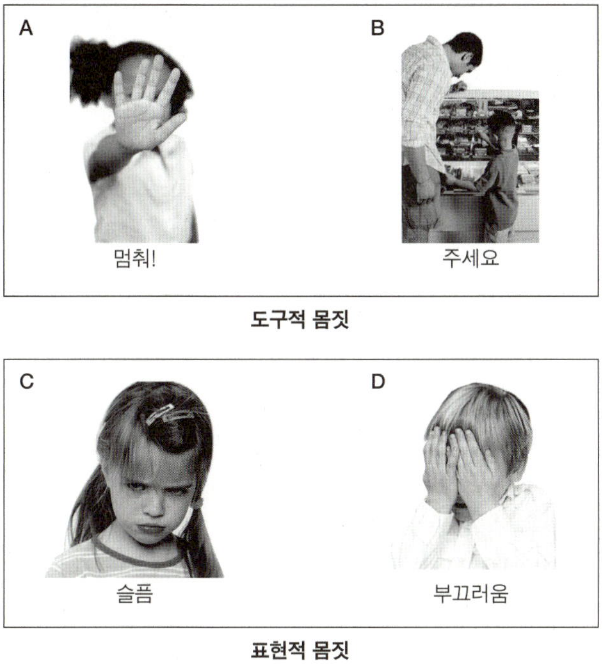

그림 6.1 도구적 몸짓과 표현적 몸짓. ASD가 있는 아동은 다른 사람이 하게 하는 몸짓은 이용할 수 있지만 감정을 전달하지는 못한다.

Photo Credits: (A) Karin Dreyer/Stockbyte/Getty Images (B) Image Source/Photodisc/Getty Images, (C) Michaela Begsteiger/Getty Images (D) Digital Vision/Photodisc/Getty Images

서 언어를 적절하게 사용하는 것을 말한다. 실용적 사용의 예(실용적 사용이 부족한 경우의 예)가 **그림 6.2**에 나와 있다. "나 좀 쳐다볼 수 있니?"라는 질문의 핵심은 행동을 취하도록 요구하는 것이며, 엄마를 쳐다볼 수 있는 아동의 능력에 관한 정보를 묻는 것이 아니다. 이를 이해하려면 아동은 단어가 말하는 것 이상을 알아야 하며, 이 말이 사용되는 맥락을 읽어야만 한다. 실용적 능력이 부족한 ASD 아동은 종종 말 이면의 뜻을 이해하거나 자신의 언어를 상황에 맞게 조정하는 데 어려움이 있다(Dawson, 1996; Tager-Flusberg, 1993).

어순을 습득하고 많은 어휘를 알고 있는 고기능 ASD 아동도 실용성에서 결함을 계속 보일 수 있다. 또한 타인의 사고, 감정, 의도의 인식에서 기본적인 실패를 나타내는 언어적 손상과 비언어적 손상 모두를 계속 보인다. 비언어적 수준에서, 이들의 단조로운 어조와 부족한 몸짓은 정서를 전달하는 데 어려움이 있음을 시사한다. 언어적 수준에서 자세함이 결여된 이야기 및 타인에게 충분한 정보를 전달하는 것의 어려움이 포함된 서술적인 담

그림 6.2 ASD가 있는 아동은 언어의 실용적 사용에 어려움이 있다.

PhotoAlto/Eric Audras/Getty images

화(narrative discourse)에 어려움이 있다. 나이가 들면서 ASD 아동은 사회적 모임을 위한 언어—예를 들어, 다른 사람에게 인사하거나 정중하게 대하는 것—를 거의 사용하지 않는다. ASD의 모든 의사소통 손상의 기저에 있는 공통 요소는 언어가 타인에게 정보를 제공하고 영향을 미치는 데 사용될 수 있다는 것을 이해하지 못한다는 것이다(Tager-Flusberg, Paul, & Lord, 2005).

제한적이고 반복적인 행동과 흥미

ASD가 있는 아동은 수학에만 관심이 있다거나, 장난감을 나열하고, 같은 길로만 학교에 가겠다고 고집하는 것처럼 제한적이고 반복적이며 협소한 패턴의 흥미와 활동을 보인다(Leekam, Prior, & Uljarevic, 2011). **제한적이고 반복적인 행동**은 고정된 방식으로만 아주 자주 반복하고, 환경에서 동일성을 추구하는 것이 특징이다. 어떤 아동은 땀이 날 정도로 손바닥이나 팔을 치거나 뒤집는 것과 같이 정형화된 신체 동작을 하기도 하고, 일상에서의 사소한 변화에 폭발적인 반응을 보이는 아동도 있다. 또 다른 아동은 전기선과 같은 물건에 집착하기도 한다. 이들은 다른 활동에 참여하도록 명확하게 지시되지 않을 때에는 정형화되고 반복적인 행동을 보이는데, 이는 스스로 활동을 시작하는 능력의 손상 가능성을 시사한다. 다른 상동 행동은 예측할 수 없는 상황이나 까다로운 상황에서 발생하는데, 이는 아동에게 환경에 대한 통제감 또는 이해되지 않는 변화에 대처하는 방법을 제공해 주는 것일 수도 있다(Klinger et al., 2014).

제한적이고 반복적인 행동 범주는 DSM-5에서 확장되었는데, DSM-IV에서 이전에 의사소통 손상이라고 했던 반복적인 말과 자신에게만 해당하는(idiosyncratic) 문장도 포함시켰다. ASD가 있는 아동에서 반복적인 말의 흔한 유형은 **반향어**인데, 이것은 아동이 자신이 들은 단어나 단어의 조합을 즉시 또는 시간이 지난 후에 앵무새처럼 반복하는 것이다. "과자를 원하니?"라는 질문을 받은 아동은 "과자를 원하니?"를 반복하여 말한다. 반향어가 병리적인 것이라고 생각된 적도 있었으나, 실제로 ASD가 있는 많은 아동에게 반향어는 언어 획득에서 중요한 첫 단계이다. 반향어 및 **보속언어**—한 가지 주제에 대해서만 말하거나 과도한 질문—는 ASD가 있는 아동에서는 다양한 의사소통 및 발달적 기능의 역할도 할 수 있다. 이러한 행동들이 매우 원시적인 방법이기는 해도, 의사소통하고자 하는 아동의 욕구를 반영할 수도 있다(Prizant, 1996; Prizant & Wetherby, 1989).

연구들은 ASD가 있는 아동의 제한적이고 반복적인 행동은 두 가지 차원으로 확인하는데, (1) '반복적인 감각 및 운동 행동'(예: 손과 신체의 상동 행동, 반복적인 물건 사용, 특이한 감각적 흥미), (2) '동일한 행동에 대한 고집'(예: 강박과 의식, 변화에 대한 거부)이다. 앞의 것의 빈도는 시간이 흐르면서도 상대적으로 높게 남아 있는 반면, 나중의 것은 낮게 시작해서 시간이 지나면서 점차 증가하거나 악화된다(Richler et al., 2010).

자기 자극 행동은 반복적인 신체의 움직임이나 물체를 움직이는 것과 마찬가지로 정형화되어 있다. 손을 흔들거나 연필을 회전시키는 것이 그 예이다. 자기 자극 행동과 반복적인 행동은 다른 형태의 신경발달장애가 있는 아동에게도 발생하지만, ASD가 있는 아동에게 더 흔하고 더 지속적으로 일어난다(Leekam et al., 2011; Watt et al., 2008). 눈앞에서 손가락을 움직이는 것과 같은 특정한 자기 자극 행동이 아동기에서 성인기까지 지속될 수 있다. 제시된 Pamela의 사진을 보면, 20년이 지났는데도 불구하고 그녀의 자기 자극은 놀라울 정도로 유사하다. 예를 들어 빛을 응시하기, 흔들기, 냄새 맡기와 같은 자기 자극은 한 가지 이상의 감각이 관여될 수 있다.

많은 이론들이 있기는 해도, ASD가 있는 아동이 자기 자극 및 그 외 반복적인 행동을 하는 정확한 이유는 아직 밝혀지지 않았다(Turner, 1999). 한 가지 이론은 아동이 자극을 갈망하고, 자기 자극은 이들의 신경계를 흥분시킨다는 것이다. 또 다른 이론에서는, 환경이 이들에게 너무나 자극적이어서 자극을 차단하고 원치 않는 자극을 조절하는 방법으로 반복적인 자기 자극에 열중한다. 그 외 이론들은 자기 자극이 강화로 제공되기 때문에 유지된다고 주장하거나 반복적인 행동이 극단의 정서 수준을 조절하는 방법으로써 진정 효과를 제공한다고 주장한다(Joosten, Bundy, & Einfeld, 2009). 마지막으로, 제한적이고 반복적인 행동은 유전적 장애와 연결될 수 있는데, 예를 들면 취약 X 증후군이 ASD와 동시 발병될 수 있다(Moss et al., 2009). 개별 아동의 사례에 대해 이 이론들 중에서 어느 하나를 적용할 수 있을 것이다(Leekam et al., 2011).

감각 투입에 대한 특이한 반응이나 환경의 감각 측면에서의 흔치 않은 관심이 DSM-5에서 제한적이고 반복적인 행동 범주에 포함되었다(Mandy, Charman, & Skuse, 2012). 대부분의 아동이 평범하게 여기는 수많은 광경, 소리, 냄새, 질감이 ASD가 있는 아동에게는 혼란스럽거나 매우 고통스러운 것이 될 수 있다. ASD가 있는 아동은 특정한 사람의 목소리를 아주 큰 비명으로, 팔을 살살 어루만지는 것을 날카로운 고통으로 지각하고 반응할 수도 있다. Templen Grandin은 자신이 엄마랑 접촉하기 싫은 것이 아니라 "껴안는 것의 감각적 과부하로 인해 내 신경계가 합선이 되었다."라고 말했다(Grandin & Panek, 2013, p. 8). 이 같은 **감각 과반응성**은 감각 자극에 대한 부정적 반응 또는 회피하게 하고, 뇌의 일차적 감각 영역 및 정서를 처리하고 조절하는 것과 관련된 영역의 과잉 뇌 반응을 동반한다(Green et al., 2013; Voos, Pelphrey, & Kaiser, 2013). ASD가 있는 아동에게는 다양한 감각 이상이 흔하고 지속되는데, 90% 이상이 두세 개의 감각 영역에서 문제가 있으며 성인기까지 지속된다(Klintwall et al., 2011; Leekam et al., 2007). 여기에는 특정 자극에 대한 과민성이나 둔감함(예: 청각 자극에 대한 흔치 않은 반응), 감각 유입에 대한 과잉 선택적이고 결함이 있는 주의 전환, 감각 양식들 전반에 걸친 혼합에서의 결함, 즉 예를 들어 박수 치는 사람의 움직임을 보고, 박수 소리 듣는 것을 동시에 하지 못한다(Reynolds & Lane, 2008; Rogers & Ozonoff, 2005).

ASD가 있는 아동은 감각 우세와 자극 과잉선택성과 같은 손상이 있을 수도 있다. **감각 우세**는 다른 것에 비해 투입되는 일정한 유형의 감각 자극에 집중하는 경향성인데, 예를 들면 소리보다 빛을 좋아하는 것을 말한다. **자극 과잉선택성**은 동등하게 중요한 다른 중요한 특징은 무시하면서 환경에서의 사건이나 물체의 한 가지 특징에 집중하는 경향성이다. 다른 중요한 특징을 무시하면서 환경의 세밀한 한 부분에 선택적으로 집중하는 것은 ASD 아동이 터널식 시야 또는 터널식 청각을 가지게 하고, 이는 세상에 대해 학습하는 것을 매우 어렵게 만든다(Robertson et al., 2013).

단원 정리

ASD의 핵심 손상

- ASD가 있는 아동은 사회적 자극에 적응하기, 타인을 모방하기, 관심의 초점을 타인과 공유하기, 다른 사람의 감정을 알아차리고 이해하기에서의 손상을 포함하여 타인과의 관계에서 심각한 어려움을 겪고 있다. 이들은 언어 이전의 발성 및 몸짓 사용에서의 손상, 대명사 전도와 같은 언어적 특이함, 사회적 맥락에서 적절한 언어 사용의 어려움을 포함하여 사회적 의사소통에서 심각한 이상을 보인다.
- ASD가 있는 아동은 행동, 관심, 활동에서 제한적이고 반복적인 패턴을 보인다. 이러한 패턴은 일반적으로 두 개의 범주로 나뉜다. (1) **반복적인 감각과 운동 행동**으로, 여기에는 특정 자극에 대한 흔치 않은 감각적 관심, 일정한 자극에 대한 과잉 민감성 또는 둔감성, 정형화된 손 및 신체 움직임, 반복적인 말 또는 사물의 사용이 포함된다. (2) **동일 행동에 대한 고집**으로, 여기에는 강박과 의식(rituals), 변화에 대한 저항이 포함된다.

ASD 관련 특성

ASD가 있는 아동은 핵심적인 손상 이외에 여러 가지 관련된 특징이 있다. 관련된 특징에는 지적 결손 및 강점, 인지적 손상 및 동기의 손상, 질환 및 신체적 특징이 있다.

지적 결함과 강점

지적 불능(intellectual disability, ID)은 ASD가 있는 아동에게 흔하고, 추후의 기능에 대한 강력한 지표이다(Matson & Shoemaker, 2009). ASD가 있는 아동의 지적 능력은 심각한 불능에서부터 우수한 능력에 이르기까지 범위가 매우 넓다. 능력이 우수한 아동은 가끔 언론의 관심을 받기도 하지만, 실제로는 ASD 아동의 약 70%가 동시 발병 지적 불능이 있는 것으로 추정된다. 대략 40% 정도는 고도에서 최고도 수준이고, 30% 정도는 경도에서 중등도이다. 나머지 30%는 지능이 평균 또는 평균 이상이다(Fombonne, 2003, 2005). 그러나 최근의 보고에 따르면 ASD가 있는 아동에서 ID는 더 적게 발생하는데, 40%에서 50%에 가깝다(Centers for Disease Control and Prevention[CDC], 2014; Charman et al., 2011). 이처럼 최근에 ID 비율이 낮은 것은 조기 개입을 받는 아동이 많아지는 것과 마찬가지로 고기능 개인에서 ASD의 진단이 증가했다는 것을 반영하는 것 같다(Matson & Shoemaker, 2009).

ASD가 있는 아동의 지적 능력을 평가하기가 어려운데, 주로 이들에게 제한되어 있는 언어나 모방과 같은 기술을 지능검사가 종종 요구하기 때문이다(Klinger, O'Kelley, & Mussey, 2009). ASD가 있는 아동의 지능은 전형적으로 아동용 Wechsler 지능검사(Wechsler Intelligence Scale for Children)를 사용하여 평가한다(WISC-IV; Mayes & Calhoun, 2008). ASD가 없는 대부분의 지적 불능(ID) 아동은 이 검사에서 나타난 지적 기능의 모든 영역에 걸쳐 일반적인 지체를 보인다. 반대로, ASD가 있는 아동의 수행은 WISC 하위검사에 따라 고르지 않은 경향이 있다. 한 가지 흔한 패턴은 이해와 같은 언어 하위검사에서는 비교적 점수가 낮고, 숫자와 같은 단기기억과 구체적인 패턴을 만드는 토막 짜기 같은 비언어적 하위검사에서는 비교적 점수가 높다. 그러나 ASD가 있는 아동이 한 가지 뚜렷한 IQ 검사 프로파일을 보인다는 증거는 제한적이다(Chaman et al., 2011). 연구에서는 ASD가 있는 아동이 WISC-IV로 평가했을 때보다 다른 지적 능력 검사에서 점수가 좀 더 높다는 것이 밝혀졌으며, 이는 이들 인구 집단에서의 지능이 이전에 추정된 것보다는 높을 가능성을 제기하는 것이다(Dawson et al., 2007).

지적 손상에도 불구하고, 수가 작기는 하지만 의미 있는 수의 ASD 아동들은 **조각난 기술**(splinter skill) 또는 **능력의 아주 작은 섬**(islet of ability)으로 발달한다. 이들의 특별한 재능은 철자, 읽기, 수학, 음악, 그림 등이 될 수도 있다. ASD 아동들의 25%가 일반 인구 집단의 평균보다 높고 자기 지능의 일반적인 수준보다 훨씬 높은 특별한 인지 기술이 있다(Howlin et al., 2004). 이러한 특별한 능력은 사회적 상호작용과 의사소통에서 그들이 갖고 있는 손상보다는 ASD가 있는 아동의 제한적이고 반복적인 그들의 특성과 더 강하게 관련이 있다(Vital et al., 2009).

게다가, ASD가 있는 아동의 약 5%는 정상적으로 발달하는 같은 연령의 아동보다 훨씬 뛰어난, 동떨어지고 종종 뚜렷이 구분되는 재능이 있다. **자폐 서번트**(autistic

(Age 5)

그림 6.3 Nadia가 5세 때 그린 말 그림.

출처: *Nadia: A Case of Extraordinary Drawing Ability*, L. Selfe, 1977. Copyright Elsevier 1977.

savant)라고 불리는 이 아동들은 계산, 기억, 퍼즐, 음악, 그림에 천부적인 능력을 보인다(Treffert, 2010). ASD가 있는 한 소년은 IQ는 60이었으나 지난 5년 동안 일어난 일일 복권 숫자들을 암송할 수 있었다. 또 다른 소년은 Brahms에서 Bacharach에 이르기까지 라디오에서 들은 모든 음을 다시 피아노로 칠 수 있었다. 이 소년을 연구한 심리학자들은 그의 머릿속에 2,000개 이상의 곡이 있다고 추정했다(Gzowski, 1993, p. 91). ASD가 있는 소녀 Nadia는 말에 집착했다. Nadia는 불과 3세 때 놀랄 만한 생생함과 정확성으로 수백 장의 그림을 그렸다. Nadia가 5세 때 그린 그림이 **그림 6.3**에 나와 있다. 이야기책에서 말의 그림을 본 후, Nadia는 말이 취하는 자세에 따라 달라질 모습을 끝도 없이 상상해서 만들 수 있었다(Baron-Cohen & Bolton, 1993). 흥미롭게도 Nadia는 나이가 들어 가면서 서번트 기술을 더 이상 갖고 있지 않았으며, 이는 일부 아동의 경우에 이후에 발달하는 인지 기술이 특수한 능력을 지원하는 처리 유형에 방해가 됨을 암시한다(Selfe, 2011).

ASD가 있는 소수의 아동들이 가지고 있는 특별한 재능이 손상되지 않은 능력을 반영하는지, 아니면 인지적 손상을 지적하는지는 분명치 않다. 그러나 ASD가 있는 아동이 보이는 뛰어난 수행은 진짜 지능을 나타낸다고 하기보다는 비정상적인 뇌 기능의 부작용이라고 보고 있다. 한 가지 추측은 자폐 서번트들이 전체를 보기보다는 정보를 부분들로 조각내는 경향이 있으며, 이것이 특정 분야에서 비범한 수행을 하게 한다는 것이다(Pring, Hermelin, & Heavey, 1995). 또 다른 설명은 ASD 아동은 추상 개념보다는 이미지로 생각을 하고, 이는 카메라나 녹음기처럼 자료를 기억하게 한다는 것이다(Hurlbert, Happé, & Frith, 1994). 불행하게도, 자폐 서번트가 갖고 있는 기술에 대한 환상과 매력에도 불구하고, 대부분의 사례에서 이러한 기술이 일상생활을 향상시킬 수 있게 건설적으로 사용되지는 않는다.

인지 및 동기의 손상

ASD가 있는 아동의 기저에 있다고 제안된 두 가지 형태의 인지적 제한은, (1) 사회-정서적 정보를 처리하는 데에서의 특정한 인지적 손상, (2) 정보의 처리, 계획, 주의에서의 좀 더 일반적인 인지적 손상이다.

사회-정서적 정보처리에서의 손상

ASD가 있는 아동의 사회성 및 의사소통에서의 손상은 이들의 정서 표현, 표정 및 음성의 단서, 내적 정신 상태와 같은 사회-정서적 정보를 처리하는 방식에 대해 많은 관심을 불러일으켰다. 우리가 이야기하고 있듯이, 이들의 흔치 않은 사회적 행동은 사회적 민감성에서의 심각한 결함을 시사한다. 사회적 상호작용이 전혀 없거나 전적으로 결함이 있다기보다는 사회적 이해가 요구되는 상황에서 큰 어려움이 있다는 것이다.

생후 12개월 무렵이 되면, 정상적으로 발달하는 대다수의 유아는 자신 및 다른 사람이 같은 것에 관심을 갖게 될 때 이를 말할 수 있다. 이들은 사람들의 행동이 욕구에 의해서 행해지고 또는 목표를 향해 있음을 인식하기 시작한다. 이러한 능력은 가장 놀이 또는 가상 놀이의 출현에 기여한다. 그러나 ASD가 있는 어린 아동은 가장하는 것을 이해하지 못하고, 가장 놀이에 열중하지도 않는다(Stanley & Konstantareas, 2007). 예를 들어, 정상적으로 발달하는 아동은 빈 컵으로 인형에게 물을 먹이면서 적절한 물 마시는 소리를 낼 수 있지만, ASD가 있는 아동은 단순히 컵을 반복해서 돌리기만 할 뿐이다. ASD가 있는 어린 아동의 자발적 가장 놀이의 손상은 이들이 자신의 믿음, 욕구, 직접 볼 수 없는 자신이나 타인의 내적 정신 상태를 이해하는 데에서 결함이 있다는 가정을 하게 한다. 자신 및 타인의 정신 상태에 대한 이 같은 인식의 발달을 **정신화** 또는 **마음 이론**(ToM)이라 한다(Baron-Cohen, Tager-Flusberg, & Cohen, 2000). 4세가 되면, 대부분의 아동은 다른 사람들이 알고 생각하고 믿는 것에 대해 이해할 수 있으며, 나이 많은 ASD 사람이 이해하기 어려운 것까지도 이해하기 시작한다. ASD에 대한 ToM 가설은 다른 사람의 외부 행동으로부터 그들의 의도, 신념, 감정, 욕구를 알아내는 능력이 인간의 진화에서 적응상 중요하다는 전제에서 시작한다. ToM은, 모든 인간은 선천적으로 마음을 읽는 사람이라고 제안한다. 우리는 다른 사람의 신념이나 의지를 알 수 있게 해 주는 미묘한 신호를 읽으면서 살아간다. 우리는 자동적으로 의식적인 노력은 거의 없이 이것을 행한다.

예를 들어, 한 학생이 수업이 시작된 지 10분쯤 뒤에 교실로 걸어들어 왔고, 교실을 둘러보고, 그다음에 나갔다고 생각해 보자. 여러분은 이 학생의 행동을 어떻게 설명할 것인가? 마음을 읽는 사람으로서 당신은 다음과 같이 생각할 수 있다. "잃어버린 책을 **찾으려고** 했을 거야. 책을 이 교실에 두었다고 **생각했겠지**." 또는 "이 수업을 듣는 친구를 찾고 **싶었을** 거야. 친구가 이 날은 수업이 없다는 것을 **알아차렸을** 거야." 의심할 여지 없이, 당신은 이 학생의 행동에 대한 많은 설명을 생각해 낼 것이고, 대부분은 이 학생의 정신 상태에 기초(고딕체 표시 단어)할 것이다. 이유가 100% 정확할 수는 없지만, 여러분은 여러 가능성을 쉽게 생각해 낼 수 있다.

ASD가 있는 사람이 가지고 있는 일차적인 문제는 ToM 기제의 결함에 의한 것이라고 제안되어 왔다. 다시 말하면, ASD가 있는 아동은 '마음 맹(mindblindness)'에서 다양한 정도로 고통을 당하고 있는데, 즉 '그들은 정상적인 방법으로 마음을 읽는 능력을 개발시키지 못한다'(Baron-Cohen, 1995, p. 5). 흥미롭게도, 뇌가 하는 일에 대해 물었을 때, 대부분의 5세 아동은 머리가 생각하고 꿈꾸고 비밀을 간직하는 등의 일을 한다고 대답한다. 그러나 ASD가 있는 아동에게 이 질문을 했을 때, 뇌가 사람을 움직이게 하는 것—정신적 활동에 관해서는 말하지 못한다—이라고 말한다(Baron-Cohen, 1995). ToM에 손상이 있는 아동은 사회적 세계에 대해 뭔가를 배우고 기억하고 알 수 있지만, 그것의 의미는 거의 이해하지 못한다.

타인의 마음 상태를 추적하는 아동의 능력을 평가하기 위해 사용된 최초의 검사는 Sally-Anne 검사이다. 유사한 검사가 **살펴보기 6.3**에 나와 있다. 지극히 단순한 이 검사는 일상의 ToM이 갖는 의미가 무엇인지를 보여 준다.

ASD가 있는 아동 중에서 작지만 의미 있는 수의 아동들(다소 폭넓게, 15%에서 60%로 추정됨)이 ToM에 대해 약간 이해한 것으로 나타났다. 이들은 Sally-Anne 검사 또는 이와 유사한 검사를 통과했다(Happé, 1995a). 거짓 믿음 검사(false-belief test)를 통과하지 못한 ASD 아동과는 대조적으로, 이 검사를 통과한 ASD 아동은 통찰력 있고, 상호작용 행동을 보였으며, 언어 능력과 의사소통 능력이 더 나았다(Frith & Happé, 1994). 이들은 또한 같은 생활 연령의 다른 아동보다 언어 능력이 훨씬 좋았는데, 이는 이들이 ToM 과제를 계획적이고 논리적인 방식으로 했을 것이라는 것을 암시한다(Happé, 1995a, 1995b). ASD 아동을 포함해서 ToM 과제를 성공한 모든 아동은 거짓말을 하거나 농담을 하는 것과 같이 말하는 사람(speaker)의 은유, 아이러니, 감정의 범위를 대체로 이해했다. 그러나 거짓 믿음을 알고 있는 ASD 아동/청소년은 자신의 통찰에 대해 힘들게 설명했는데, 이는 정신 상태를 식별하기 위한 의식적이고도 신중한 전략의 사용을 암시하는 것이다. 이와 대조적으로, 그러한 답변을 도출한 방식을 설명하는 것이 어려운 대부분의 아동은 거짓 믿음을 이해하는 것이 너무도 자연스럽고, 자동적이며, 무의식적이다(Happé, 1995a).

뇌 스캔 연구는, 정신화 능력이 사회적 인지와 관련된 뇌 영역의 넓게 퍼진 연결망과 연결된 뇌의 특정 부분과 연관이 있다고 제시한다(van Veluw & Chance, 2013). ASD가 있는 아동이 보이는 어려움으로 미루어 볼 때, 이러한 연구 결과들은 ASD의 신경학적 근거를 이해하는 함축적 의미가 있는데, 이에 대해서는 후에 다시 살펴볼 것이다. 특정 사회-정서적 인지의 결함—ToM에서처럼—가 ASD가 있는 아동에게 매우 흔한데도 불구하고, ASD가 있는 모든 아동에게 일어나는 것은 아니라는 사실은 자폐증에서 인지적 손상을 설명하려면 ToM 이외에 다른 기제가 필요하다는 것을 암시한다.

살펴보기 6.3

SALLY-ANNE 검사: 마음 이론이 있다는 것은 무슨 의미인가?

Sally와 Anne라는 두 인형이 도구로 사용된다. Sally는 바구니, Anne는 상자를 가지고 있다. Sally는 자신의 바구니에 구슬을 넣고 덮은 다음에 방을 떠난다. Anne가 이 바구니에서 구슬을 꺼내서 자신의 상자에 숨긴다. 그다음, Sally가 방에 돌아와서 자신의 구슬을 가지고 놀고 싶어 한다. 중요한 질문은 이것이다. Sally는 구슬을 어디에서 찾을 것인가?

대부분의 4세 아동은 이 질문에 확실하게 대답을 할 수 있다. 즉, Sally는 자신이 구슬을 두었던 바구니에서 구슬을 찾을 것이다. 지적 불능이 있는 아동이라도 Sally는 자신이 두었던 곳에 구슬이 있을 것이라고 생각한다는 것을 안다. 이들은 Anne가 구슬을 옮겨 놓을 때 Sally는 방에 없었기 때문에 Anne가 한 것을 모른다는 사실 또한 지적한다.

이러한 이해는 어린 아동이 다른 사람에게 정신적 상태를 귀인한다는 것을 증명해 준다. 이들은 상황에 대한 거짓 믿음이 있을 수 있다는 것을 파악한다. 거짓 믿음은 물리적 상태가 아니라 정신적 상태이며, 행동을 설명하고 예견하는 데 큰 도움이 될 수 있다. 예를 들면, Sally가 바구니에서 구슬을 찾을 것이다. 거짓 믿음을 이해하는 것은 옳은 믿음, 앎과 무지, 의도와 감정에 대한 이해를 자연스럽게 암시한다. 이것이 마음 이론이다.

대부분의 ASD 아동은 정신 연령이 4세가 훨씬 넘었다고 해도 Sally-Anne 검사를 어려워하고 맞히지 못하는 경향이 있다. 이들은 Sally가 Anne의 상자(실제 있는 곳)에서 구슬을 찾을 것이라고 말한다. 이들은 Sally가 바구니에 구슬을 넣었고, Anne가 이것을 자신의 상자로 옮겼을 때 Sally가 없었다는 사실을 정확하게 기억하고 있는데도 불구하고 이런 대답을 한다. 이들은 단순한 일련의 사건들을 기억하는데도, Sally가 거짓 믿음을 가졌다고 추론할 수 없다. 그래서 이들은 Sally가 생각하는 것은 고려하지 않는다. 그들은 중요한 변화(이전의 Sally의 정확한 믿음이 이제는 거짓)를 놓친다. 그러므로 이들은 Sally의 행동을 예측할 수 없다. 거짓 믿음에 대한 이러한 이해 부족은 다른 사람들의 정신 상태에 대한 이해가 부족함을 반영한다. 따라서 ASD가 있는 사람은 마음 이론(ToM)을 가지고 있지 않다고 주장하는 것이다.

출처: Uta Frith, "Autism", *Scientific American*, June 1993에서 인용.

일반적인 손상

ASD가 있는 아동은 고차원적 순서의 계획하기와 조절 행동에서 일반적인 손상이 있다(Russell, 1997). 실행 기능(executive functions)이라고 부르는 이러한 과정을 통해, 부적절한 행동을 억제하고, 사려 깊은 행동을 하고, 과제 수행을 유지하고 자기 점검을 하고, 피드백을 활용하고, 한 과제에서 다른 과제로 유연하게 전환하면서 효과적으로 문제를 해결할 수 있게 한다. ASD가 있는 아동이 실행 기능에서 일반적인 손상이 있는지를 암시하는 것, 즉 계획하기와 조직화하기, 새로운 인지 세트로 바꾸기, 핵심적인 자극과 거리를 두기, 새롭고 예측 불가능한 환경에서 정보를 처리하기, 이전에 배운 정보를 새로운 상황으로 일반화하기에 의해서 알 수 있다(O'Hearn et al., 2008). 수많은 형태의 실행 기능이 있으며, 따라서 ASD가 있는 사람이 특정적으로 보이는 실행 기능의 손상을 구체적으로 밝히는 것이 중요하다(Russo et al., 2007). 예를 들어, 실행 기능에서 손상을 보이는 ASD 아동은 ADHD에서 보이는 것보다 더 일반화되고 심각하고, 아동은 ADHD 아동이 갖고 있는 일부 손상(예: 경계, 억제)을 함께 갖고 있으며, 다른 기타 손상(예: 인지적 유연성, 스위치하기)도 함께 가지고 있다(Corbett et al., 2009).

ASD에서 가정되는 또 다른 인지적 결함은 **중앙 응집**을 하려는 추동이 미약한 것인데, 이는 더 넓은 상황을 고려하여 비교적 포괄적인 방법으로 자극을 해석하려고 하는 인간의 강한 경향성을 말한다(Frith, 1993). 이렇게 함으로써 우리는 다양하고 복잡한 정보들에서 의미를 추출할 수 있고 정확한 세부사항보다는 요점을 기억할 수 있다. ASD가 있는 사람은 중앙 응집 경향성이 미약하기 때문에 정보를 큰 그림으로 보기보다는 작은 조각들로 처리하는 경향이 있다고 가정해 왔다(Frith & Happé, 1994). 다른 사람의 말·몸짓·감정을 이해한다는 것은, 이러한 중앙 응집이 결여된 사람에게는 극도로 어려울 수 있다. 이러한 장애를 가지고 있는 것이 어떤 것인지를 광범위하게 기록해 온 ASD 성인 Donna Williams의 다음 진술을 보자.

연결되지 않은 채, 맥락에 대해 지각하지 못한 채, 단지

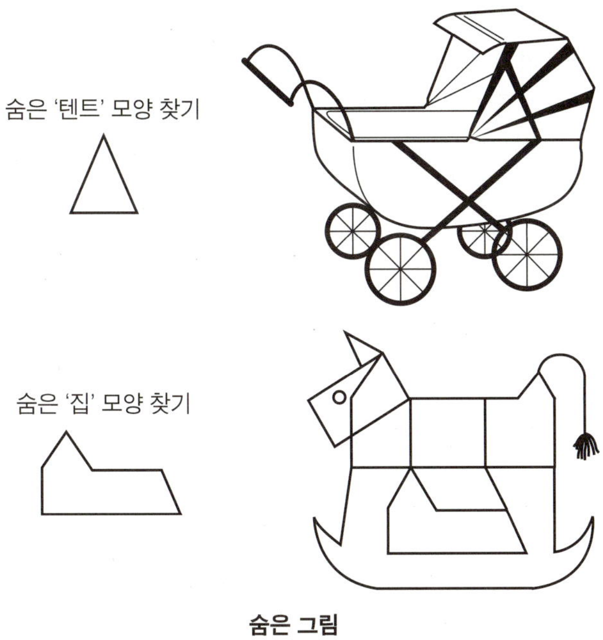

그림 6.4 숨은 그림 찾기: ASD가 있는 아동은 전반적인 패턴보다 미세 부분에 주목해야 하는 과제는 비교적 잘 수행한다.

출처: *A Manual for the Embedded Figures Test*, by H. A. Witkin, P. K. Oltman, E. Raskin, and S. A. Karp, pp. 21-26. Consulting Psychologists Press, Inc. Copyright © 1971 by Stephen Karp. S. A. Karp의 허락하에 게재.

> 그 사람의 몸통 그다음에 손과 눈과 코와 움직이는 모든 조각들을 지각할 때, 그 사람이 느끼는 것에 관심을 갖거나 신경을 쓰기란 매우 어렵다(Nemeth, 1994, p. 49).

중앙 응집에서의 전반적인 결함과 일관되게, ASD가 있는 사람은 전체 패턴보다 자극의 부분에 초점을 맞추는 과제는 놀랍도록 잘 수행하며, 이것이 수행을 촉진한다. 그러한 과제 중의 하나인 숨은 그림 찾기(Jolliffe & Baron-Cohen, 1997)가 **그림 6.4**에 제시되어 있다. 이 과제에서 ASD가 있는 사람의 장점은 도형을 연결하지 않고 의미 없는 단위로 자발적인 정신적 분할을 하는 것일 것이다(Brosnan, Gwilliam, & Walker, 2012). 이러한 분할은 전체 패턴 속에 숨겨져 있는 도형의 판별을 촉진시켜서 이 과제에서 높은 점수를 받게 된다.

ASD가 있는 아동에서 ToM 및 미약한 중앙 응집과 같은 결함은 소풍을 가는 것과 같은 일상의 실제 사건에 대한 아동의 일반적인 지식에 영향을 미칠 수도 있다(Loth, Gomez, & Happé, 2008). 이러한 유형의 정신적 스크립트는 실제 생활 사건을 둘러싸고 있는 변화를 설명해 주는 동시에 아동의 사회적 경험을 구성하는 데에서 중요한 도구가 되며, ASD가 있는 아동은 이 부분이 손상된 것일 수도 있다.

이러한 인지적 손상이 ASD에서만 나타나는가?

우리가 설명한 인지적 손상 중에서 ToM은 ID 또는 언어장애가 있는 아동과 비교해서 ASD가 있는 아동에게 가장 특징적인 것으로 보인다. 그러나 조현병, ADHD, 품행장애를 포함해서 여러 장애에게 실시한 ToM 연구는 이 아동들도 타인의 의도를 정확하게 해석하는 데 어려움이 있다는 것을 제시해 준다(Sprung, 2010). 사회-정서적 정보를 처리하는 데에서의 손상은 ASD가 ToM에 손상이 있는 것보다는 덜 특정적인 것으로 보이는데, 전자는 조현병 및 지적 불능을 포함해서 다른 많은 장애에서 발생한다. 실행 기능의 손상은 진단적 특수함이 더욱 적은데, ADHD나 품행장애를 포함해서 여러 임상 집단에서 나타난다(Griffith et al., 1999). ASD가 있는 아동의 실행 기능에서의 손상 유형과 다른 문제를 가지고 있는 아동의 실행 기능에서의 손상이 구별되는 것인지를 결정하려면 더 많은 연구가 필요하다(Hill, 2004).

이러한 인지적 결함은 ASD가 있는 모든 사람에게서 발견되는가?

말했듯이, ASD가 있는 사람의 일부는 ToM 테스트를 통과한다. 그러나 정상 지능의 ASD가 있는 사람이 실제로 ToM을 발달시키는지는 아직 분명하지 않다. ASD가 있는 고기능 학령기 아동 및 청소년 연구들은 이들이 고급 정신 상태 추론의 이론적 원리를 이해할 수는 있지만, 이것을 일상생활 상황에서 적용하지는 않는다고 암시한다(Scheeren et al., 2013).

인지적 이상(abnormality) 하나로 ASD에게 있는 모든 손상을 설명할 수는 없을 것 같다(Tager-Flusberg, 2007). 다면적 인지 결함—일부는 구체적이고 일부는 일반적인—은 ASD가 유형도 많고 심각성의 정도가 다른 이유를 설명할 수 있게 도와준다. 마지막으로, 비록 ASD에서 나타나는 인지적 기능에서의 일반적인 손상과 구체적인 손상을 개별적으로 이야기했지만, 이것은 서로 서로 연결되어 있다. 예를 들어, 일정한 실행 기능의 발달과 아동의 ToM의 출현 사이에는 연관성이 있는 것 같다.

앞에서 논의한 인지 결함 이외의 또 다른 관점은 ASD

가 있는 아동이 사회적 동기에서 기저에 결함이 있다는 것, 즉 이들은 사회적 자극이 본질적으로 가치 있다는 것을 알지 못하는 것 같다(Dawson et al., 2002). 예를 들어, 대부분의 유아는 시선 접촉과 같은 사회적 상호작용을 하면서 긍정적인 정서를 주고받는 것의 가치를 알게 되고, 이것은 유아가 사회적 단서와 정서적 단서에 주목하고 참여하도록 동기를 유발한다. 대조적으로, 후에 ASD 진단을 받는 유아도 초기에는 ASD를 보이지 않는 유아와 비슷하게 시선 접촉을 하지만, 그다음에 2개월에서 6개월 사이에 시선 접촉이 감소하는데, ASD가 없는 유아는 이러한 패턴을 보이지 않는다(Jones & Klin, 2013). ASD가 있는 아동은 시선 접촉의 보상을 발견하지 못하므로 동기 유발이 덜 된다. 그래서 사회적 단서에 주의를 기울이고 다른 사람의 정서 표현에서 의미를 찾고, 사회적 상호작용에 참여시키는 동기화가 덜 되는 것 같다. 그 결과, 이들은 사회적 의사소통과 언어가 발달하는 데에서 핵심적인 행동에 몰두할 기회가 적어진다(Garcia-Perez, Hobson, & Lee, 2008; Hobson, 2002/2004). 어느 ASD 청소년이 "사람들이 있다는 것을 나는 계속 상기시켜야만 해요."라고 말한다. 동기 이론은 ASD가 있는 아동의 조망 수용 기술의 부족이 그들의 조망 수용 능력에서 인지적 손상의 표시일 뿐만 아니라, 이들 자체가 자신의 관점을 전환하려는 열의가 부족하다는 것도 반영하는 것일 수 있다는 것을 떠올리게 한다.

의학적 질환과 신체적 특징

ASD가 있는 아동의 대략 10%가 ASD의 원인이 될 수 있는 의학적 질환을 동시에 가지고 있다(Challman et al., 2003; Fombonne, 2003). 여기에는 운동 및 감각 결함, 발작, 면역 이상과 대사 이상, 수면 문제, 위장 증후군이 있다(IACC, 2011). ASD가 있는 사람의 약 25%는 발작을 경험한다(Mouridsen, Rich, & Isager, 2011). 발작의 발병은 대개 초기 아동기 또는 좀 더 흔하게는 후기 청소년기나 초기 성인기에 발생하며(Bolton et al., 2011; Parmeggiani et al., 2010), 발작의 조기 발병은 전형적으로 더 심한 ID 그리고 좋지 않은 결과와 관련이 있다(Saemundsen, Ludvigsson, & Rafnsson, 2008). 수면장애도 흔한데, ASD 아동의 약 65%에서 발생하며, 이는 전형적으로 수면-각성 리듬 및 수면의 시작과 유지의 문제와 관련이 있다(Dawson, 2010; Hollway & Aman, 2011). ASD가 있는 아동의 수면장애는 다양한 문제 행동과 연관이 있기 때문에, 이 아동들과 작업을 할 때에는 이러한 장애들에 대한 사정과 처치가 중요하다(Rossignol & Frye, 2011; Schwichtenberg et al., 2013). 복부 통증, 변비, 장 팽창, 설사, 구토와 같은 위장 증상 역시 흔한데, ASD 아동의 약 50%에서 발생한다(Chaidez, Hansen, & Hertz-Picciotto, 2013). 이러한 위장 증상은 음식의 선택과 특이한 섭식 습관 그리고 섭식의 사소한 문제에서부터 파괴적인 식사시간 행동 및 임상적으로 심각한 섭식 문제와 불안에 이르는 강박과 연관되어 있다(Mazurek et al., 2013; Seiverling, Williams, & Sturmey, 2010).

ASD가 있는 아동은 외모가 대체로 정상적이거나 매력적이라고 묘사되며, ASD와 관련되지 않은 심각한 ID에 종종 동반된 가시적인 신체적 일탈은 보이지 않는다. 이들은 얼굴 비대칭과 같은 미묘하지만 구별되는 미세한 외관상 비정상이 있을 수 있는데, 이는 유전이나 출생 전 요인의 영향 때문임을 암시한다(Ozgen et al., 2010).

ASD가 있는 사람의 90%가 머리 크기가 평균 이상이다. ASD가 있는 사람의 약 20%는 정상보다 머리가 큰데, 일반 인구 집단의 상위 3%에 해당한다(Redcay & Courchesne, 2005). 이러한 특징은 고기능 개인들에게서 더 흔하며, ID · 언어장애 · ADHD가 있는 사람과 구분된다(Gillberg & de Souza, 2002). 흥미롭게도, ASD가 있는 유아는 출생 시에는 평균보다 머리 둘레가 작지만, 생후 6개월에서 12개월 사이에 급격히 커져서 이후 연령에서 관찰되는 평균 이상의 머리 둘레가 되며, 그다음에 머리의 성장이 감소한다(Courchesne, Carper, & Akshoomoff, 2003; Dawson et al., 2007). 생후 1년 동안 이러한 급성장의 원인은 알려지지 않았으나, 한 가지 함축된 의미는 뇌 연결망의 지나치게 급속한 과잉 생성이 ASD가 있는 아동이 적응하고 자신의 경험을 다루는 발달을 어렵게 만든다는 것이다(Lewis & Elman, 2008). 그러나 ASD 연구에서 머리 둘레의 자료를 최근에 재평가한 것에 따르면, 이전의 결과들은 오래된 기준의 사용으로 인한 인위적 결과이며, 초기 뇌 성장에 대한 최근의 기준을 사용했을 때 ASD 아동과 다른 아동들 사이의 초기 뇌 성장에서 차이가 거의 없다(Raznahan et al., 2013). 따라서 머리 크기의 '급'성장은 동시대 기준을 사용했을 때 ASD 아동에게 특정적인지, 또는 이러한 성장이 건강한 아동 표본 및 다른 정신과 장애가 있는 아동에서도 발생하는지를 확실히 해야 한다(Rommelse et al., 2011).

동반되는 장애와 증상

ASD에 가장 자주 동반되는 두 가지 장애는 ID와 뇌전증이다(Bolton et al., 2011). 부수적인 행동 및 정신과 증상에는 ADHD(Hanson et al., 2013), 품행 문제(Guttmann Steinmetz, Gadow, & DeVincent, 2009), 불안과 공포(Hallett et al., 2013), 기분 문제(Magnuson & Constantino, 2011)가 있다. ASD가 있는 일부 아동은 심각하면서도 때때로 생명을 위협하는 **자해 행동**(self-injurious behavior, SIB)에 몰두한다. 어떤 자해 행동이라도 아동 자신의 신체 조직에 해가 될 수 있다(5장 참조). SIB의 가장 흔한 형태는 머리 박치기, 손이나 팔 물어뜯기, 과도한 긁기나 문지르기이다. 머리 박치기의 경우에 그대로 두면 출혈이나 두뇌 손상을 야기할 수도 있다. SIB는 다양한 이유, 즉 자기 자극, 주의 끌기, 원하지 않는 요구를 철회시키기 등의 이유로 나타나며, 뚜렷한 이유 없이 나타날 때도 있다(Furniss & Biswas, 2012). 이유가 무엇이든 간에 ASD 아동의 자해로 인한 응급/병원 치료의 발생 비율은 전형적으로 발달하는 아동보다 7배나 높다(McDermott, Zhou, & Mann, 2008). 그러나 다른 형태의 발달 지연이 있는 아동에 비해 ASD가 있는 어린 아동에게 SIB가 더 자주 발생하는 것은 아니다. ASD, ID, 감각 처리를 비정상적으로 하는 아동에게 동일성, 반복적인 행동, 충동성은 SIB의 발생에서 가장 위험한 요인들이다(Duerden et al., 2012; Richman et al., 2013).

단원 정리

ASD 관련 특성

- ASD가 있는 아동의 약 70%는 ID가 있다고 이전에는 추정했다. 그러나 최근의 보고들은 ID가 있는 ASD 아동은 40~50% 정도로 잡고 있는데, 이러한 감소는 고기능 ASD의 진단이 증가하고 초기 개입의 효과와 연관이 있는 것으로 보인다.
- ASD가 있는 아동은 마음 이론(ToM), 즉 신념, 의도, 감정, 소망을 포함해서 자기 및 타인의 마음을 이해하는 능력에서 결함을 보인다.
- ASD가 있는 아동은 순차적 계획 및 조절 행동(예: 실행 기능)에서 전반적인 결함이 있다.
- ASD가 있는 아동은 발작, 수면 문제, 위장 증상, 또는 머리 둘레의 증가와 같은 의학적 질환과 신체적 특징을 보이기도 한다.
- ASD가 있는 아동은 ADHD, 품행 문제, 불안과 공포, 기분장애와 의 동시 발병 증상을 보일 수도 있다.

ASD의 유병률과 경과

수십 년 동안, ASD는 드물게 나타나는 장애로, 아동 2,500명당 1명이라고 생각해 왔다(Tanguay, 2000). 그러나 전 세계에 걸친 최근의 연구는 훨씬 높은 유병률, 즉 아동 68명당 1명 또는 1~2%임을 보여 주고 있다(CDC, 2014; Elsabbagh et al., 2012). ASD가 있는 사람은 미국에서 200만 명 이상이고 전 세계에서 수천만 명 이상이다(Autism Speaks, 2013). 경제적 부담이라는 측면에서, 미국에서 ASD가 있는 아동을 돌보는 데 소요되는 연간 사회적 비용은 115억 달러 이상으로 추정된다(Ganz, 2007; Levelle et al., 2014). ASD가 있는 아동의 건강관리 비용은 ASD가 없는 아동에 비해 최소 6배 이상이며, ID · ADHD · 뇌전증과 같은 동시 발병 장애가 있을 때에는 더욱더 높다(Peacock et al., 2013). ASD의 유병률 증가 및 ASD 아동의 조기 판별과 개입에 대한 강조가 더 커지는 것을 감안할 때, 이러한 비용은 계속해서 증가할 것 같다.

이처럼 ASD가 극적으로 증가한 원인으로 여러 가지가 제기—백신, 수은, 섭식, 아세트아미노펜, 카페인, 항생제, 알레르기, 환경 오염, 방사능—되고 있지만, 현재까지 과학적으로 정확히 입증된 것은 없다. 그러나 이러한 유병률의 증가는, 전적으로 그렇다고 할 수는 없지만, 대체로 부모 및 전문가들 사이에서 인식이 증가하고, 몇년에 걸쳐서 ASD 개념 및 정의가 확대되고, 경미한 형태의 ASD에 대한 인식 및 진단이 증가하고 진단 준거 및 범주가 변화되고, 진단이 대체되고(즉, ASD 아동의 수는 증가한 반면에 지적 불능, 언어 손상, 학습장애로 인해 특수교육을 받는 아동의 숫자는 ASD의 진단이 증가하면서 감소했다), 사례를 밝혀내는 방법이 좋아졌기 때문인 것 같다(King & Bearman, 2009; Wazana, Besnahan, & Kline, 2007). 하지만 밝혀지지 않은 원인 때문에 유병률이 실제로 증가했는지는 의문으로 남아 있다. 흥미롭게도, ASD 유병률의 증가가 주로 인식과 진단 현장의 변화 때문이라는 과학적 견해와 대조적인 것은, 많은 일반인들은 ASD의 증가가 새로운 환경, 의학, 기술적 위험(예: 백신, 휴대전화 기지국)에 대한 노출의 증가 때문이라고 믿기 때문이다(Russell, Kelly, & Golding, 2009).

ASD는 모든 사회적 계층에서 전 세계적으로 나타난

다. 여아에 비해 남아가 4~5배 많으며, 이 비율은 세월이 흘러도 비교적 안정적인데, 증가한 유병률 추정치에서도 그러하다(CDC, 2014). 성별의 차이는 IQ가 평균 또는 평균 이상의 아동들 사이에서 가장 뚜렷이 나타나며, 고기능 개인에서 10:1이나 된다. 그러나 ASD와 최고도 ID가 함께 있는 아동의 경우, 남녀 비율이 비슷하다. 따라서 여아는 남아보다 ASD에 의한 영향이 덜하지만, 장애가 발생했을 때에는 지적 결함이 더 심각한 경향이 있다(Dworzynski et al., 2012). 지적 결함이 없는 ASD 여아는 남아에 비해 공식적인 진단이 더 늦는 것 같다(Giarelli et al., 2010). 남아만큼 ASD 증상의 심각성 수준이 높은 여아 역시 진단이 덜 되는 경향이 있는데, 이는 진단에서의 편향 또는 지적 손상이나 행동적 손상이 동시 발병되지 않은 여아가 동일한 수준의 ASD 증상의 남아보다 더 잘 대처한다는 것을 암시한다(Constantino & Charman, 2012). 인지 프로파일에서는 약간 차이가 있으나, 일반적으로 ASD의 임상적 표현은 남아와 여아가 유사하다(Carter et al., 2007). 예를 들어, ASD가 있는 여아는 남아보다 가장 놀이를 더 많이 보이는 것으로 밝혀졌으며, 이는 가장하기에서의 결함이 여아에서는 문제가 덜 될 수 있음을 암시한다(Knickmeyer, Wheelwright, & Baron-Cohen, 2008). 연구 결과는 남성과 여성에서 ASD의 기저에 있는 뇌의 차이도 암시하고 있다(Lai et al., 2013).

ASD가 있는 여성에 비해 남성의 비율이 높은 것에 대해, Simon Baron-Cohen(2002, 2009)은 **ASD의 남성 뇌 극단 이론**(extreme male brain theory of autism)을 제안했다. ASD가 있는 아동은 체계화하는 것(무생물의 세계를 이해하는 것)과 연관이 있는 인지적 능력의 연속선의 위쪽 극단에 위치하고, 공감하는 것(사회적 세계를 이해하는 것)과 관련이 있는 능력의 아래쪽 극단에 위치하는 것으로 가정한다. 이 두 능력은 남녀 모두에게서 나타나지만, 남자는 체계화를 더 많이 하고 여자는 공감하기를 더 많이 보여 준다고 가정한다. ASD가 있는 사람에게 빈번하게 생기는 관심과 행동(예: 세부에 대한 관심, 수집하기, 수학에 대한 흥미, 기계에 관한 지식, 과학적 및 기술적 정보)은 남자 뇌의 체계화 영역의 극단, 공감(예: 마음 읽기, 공감, 시선 접촉, 의사소통)은 상대적으로 없다는 것을 반영하는 것이라고 가정한다(Baron-Cohen et al., 2003). 흥미롭게도, ASD가 있는 여성이 신경 수준에서 남성화(masculinization)를 보인다는 것을 발견한 연구가 있다(Lai et al., 2013). 남성 뇌 극단 이론은 흥미롭기는 하지만, 논쟁의 여지가 있다. 따라서 그에 대한 추론을 하기 전에 ASD가 있는 사람에서 이러한 영역의 신경 인지적 측면에 대한 연구가 더 필요하다.

ASD의 비율은 서로 다른 인종 및 민족 집단 전반에 걸쳐 비교할 만하다. 차이는 있지만, 다른 집단의 아동보다는 비히스패닉계 백인 아동에서 유병률이 더 높은데, 이는 대개 비히스패닉계 흑인 아동과 히스패닉계 아동 사이에서 판별이 덜 되기 때문인 것 같다(CDC, 2012a). 인종과 민족 집단이 다르다고 해서 ASD의 핵심 증상과 위험 요인이 다른 것은 아니다(CDC, 2012a, Cuccaro et al., 2007). 그러나 아프리카계 아동의 경우에는 ASD라는 진단을 받기 전에 ADHD나 적응장애와 같은 그 외의 진단을 받게 될 가능성이 백인 아동에 비해 세 배 더 많고, 개입이 있기까지 시간이 더 많이 지체된다(Mandell et al., 2007). ASD를 자신의 문화적인 틀에 통합시키는 방식은 사회마다 다르다. 예를 들어, ASD를 질병으로 보는 것과 대조적으로 ASD가 있는 아동이 특별한 능력이 있거나 영적 세계와 더 많이 접촉하고 있다고 보는 문화도 있다. 문화적 관점은 ASD를 축복받은 것으로 보는 나바호족에서부터(Kapp, 2011) ASD 아동의 형제자매 역시 문제가 있는 것으로 여겨지거나 결혼을 하지 못하게 될까 봐 자폐 아동을 숨기는 한국에 이르기까지 다양하다(Grinker, 2007).

발병 연령

ASD의 진단은 대개 취학 전 시기나 그 이후에 이루어진다. 그러나 ASD가 있는 아동의 부모는 진단을 받기 1년 또는 훨씬 더 전에, 전형적으로는 아동이 두 번째 생일을 맞이하기 전부터 아동에 대해 심각하게 걱정한다(McConkey, Truesdale-Kennedy, & Cassidy, 2009). 이 무렵에 언어, 상상 놀이, 사회적 관계에서 진전이 없는 것은 같은 나이의 다른 아동이 급속한 발달을 보이는 것과 뚜렷하게 대비된다. ASD의 손상이 약 2세경에 두드러진다고 해도, Anne가 첫 번째 생일파티에서 무반응을 보인 것처럼, 요인들은 훨씬 전에도 있었고 눈에 띈다(Yirmiya & Charman, 2010).

ANNE-MARIE

첫 번째 생일

우리는 Anne의 첫 번째 생일을 축하해 주려고 팡파르와 함께 케이크를 들고 입장하려고 했어요. 두 살 반 된 Anne의 오빠 Daniel도 몹시 즐거워하며 노래를 같이 불렀어요. Anne는 높은 의자에 앉아 케이크를 아주 엄숙하게 바라보면서 움직이지도 않고 웃지도 않았어요. 나는 다시 이 아이의 오빠와 비교하지 않을 수 없었어요. 오빠는 첫 생일 때 기쁨으로 소리를 질러 댔는데…. 누가 알았겠어요, Anne의 첫 번째 징조를…. 언제부터 Anne가 우리로부터 멀어지기 시작했는지를…. 첫 번째 생일 때부터였는지…. 그 이전 또는 그 이후였는지…. (Maurice, 1993b)

현재, ASD가 가장 신뢰롭게 추적될 수 있는 가장 빠른 시기는 생후 12개월에서 18개월 사이이다. 예를 들면, 일반적으로 ASD 아동이 생후 6개월까지는 장애의 신호를 보이지 않지만, 생후 6개월에서 12개월 사이에 새로운 사회적 기술을 습득하지 못하거나 이전에 획득한 사회적 기술을 상실한다는 것을 발견한 흥미로운 연구가 있다(Ozonoff et al., 2010). ASD가 있는 대부분 아동은 부모가 눈치 채지 못하는데 생후 6개월에서 8개월 사이에, 특정한 사회적 기술의 미묘하고 점진적인 상실을 보인다. 이러한 발견은, ASD의 증상이 출생 때부터 존재한다거나 아동이 좀 더 나이가 들면서 극적인 퇴행을 보인다는 전통적인 관점으로는 ASD 아동이 발달하는 방식을 정확하게 묘사하지 못하고 있음을 시사한다. 대신, 증상의 발병은 이전에 획득한 기술이 상실된 양과 상실 시기에 근거한 연속선으로 더 정확하게 묘사할 수 있다(Ozonoff et al, 2009). 이러한 관점과 일관되게, 생후 6개월에서 12개월 사이에 일어나는 특정한 사회적 기술의 점진적 상실에 선행해서 생후 6개월 이후에 시선 접촉의 조기 감소가 일어난다는 최근 연구가 있다. 후에 ASD로 발전되는 아동과 전형적으로 발달하는 아동 간에 생애 초기에는 시선 접촉에 차이가 없지만, 생후 6개월 이후에 시선 접촉이 점차 감소한다(Jones & Klin, 2013).

현재, 2~3세 무렵에 내린 ASD 진단은 대부분의 아동에서 안정적이다(Bryson, Rogers, & Fombonne, 2003; Kleinman et al., 2008). 그러나 ASD 위험이 있는 유아에 대한 초기 핵심 지표에 관한 연구가 증가하고 있으며, 위험이 있는 유아(예: 장애 형제가 있는 경우)에 대한 체계적인 선별검사 및 직접 관찰을 통해—특히 지능이 낮은 아동—더 일찍 발견할 수 있고 신뢰롭게 발견될 것이다(Bryson et al., 2008; Oosterling et al., 2010; Pierce et al., 2011). ASD에서 발견되는 것과 매우 유사하지만 덜 심각한 특이한 발달적 특징이 ASD가 있는 아동의 유아 형제에게서 1세경에 발견할 수 있었다(Ozonoff et al., 2014). ASD의 가능한 초기 지표에는 '사회적 흥미를 나타내는 몸짓을 거의 사용하지 않는다', '이름을 불렀을 때 반응이 없다', '상호작용할 때 시선 접촉이 거의 없다', '제한된 옹알이, 특히 사회적 관계에서', 그리고 '손이나 손가락을 움직이는 데에서 기묘하거나 반복된 행동을 보인다'가 있다(Zwaigenbaum et al., 2009). ASD가 있는 아동은 생후 12~24개월에 이러한 지표에서 전형적으로 발달하는 아동과 차이가 있다. 그러나 ASD가 있는 아동과 발달 지연 또는 언어적 손상이 있는 아동을 구별해 주는 것은 초기 의사소통적 제스처뿐이라고 밝힌 연구가 있다(Vaness et al., 2012). 개입을 위한 조기 판별의 중요성에 대한 인식을 키우는 캠페인의 일부로, 미국소아과학회(AAP)는 최근 생후 18~24개월의 모든 아동이 ASD 선별검사를 받아야 한다고 제안한다(Hampton, 2007). Autism Speaks 기구는 흔하게 이용되는 처치의 사례뿐만 아니라 ASD의 초기 징후를 보이는 어린 아동의 비디오를 볼 수 있는 웹사이트(www.autismspeaks.org)와도 연결되어 있다. 지금까지, 지역사회 현장에서 선별검사를 실시하려는 노력의 결과는 긍정적이다. 그러나 이러한 결과가 진단받기까지의 시간을 줄여 주고 서비스에 등록하게 했는지에 대해서는 아직 검증되지 않고 있다(Daniels et al., 2013).

과정과 결과

ASD가 있는 아동들이 보여 주는 경로는 서로 다르다. 일부 아동은 출생 직후 비정상적인 행동을 보이기도 하고, 일부 아동(25% 이상)은 초기 1년 또는 그 이상 동안 정상적인 발달을 보이다가 **퇴행**(ASD의 발병과 함께 이전에 획득한 언어와 사회적 기술의 상실)을 보이고(Parr et al., 2011), 시간이 지나면서 유의미하게 개선되는 아동도 있다(Fein et al., 2013). ASD가 있는 아동의 증상은 시간이 지나면서 변한다. 대부분의 경우, 많은 문제를 겪고 있기는 하지만 나이가 들면서 점점 개선된다. 청소년기에 과잉행동, 자해, 충동성과 같은 일부 증상은 악화될 수 있다(Spector & Volkmar, 2006). 후기 청소년기와 성인기 동안에는 고기능이 있는 사람이라도 정형화된 동작, 불안, 사회적으로 부적절한 행동과 같은 이상성(abnormality)을 흔히 나타내며, 이들은 종종 외로움, 사회적 문제,

직업에서 어려움을 겪는다(Howlin, 2013). 복합된 강박-충동 의식 행위가 생길 수 있고, 언어에서는 개인에게만 해당하는 반복된 언어, 단조로운 어조, 혼잣말이 특징이다(Newsom & Hovanitz, 2006).

제한된 도움을 받는 ASD 아동에 대한 초기 연구의 결과에 따르면, 대다수(70% 이상)에서 발전이 제한적이고 장애 때문에 독립된 생활을 하지 못한다는 좋지 않은 결과가 나왔다(Lotter, 1978). 최근의 추후 연구에서는 조금 나아졌지만, 결과는 꽤 유사하다(Eaves & Ho, 2008; Howlin et al., 2004; Howlin et al., 2013). ASD가 있는 극소수의 성인만이 높은 수준의 독립성을 달성한다. 대부분은 친구가 거의 없고 상근 직장도 없이, 가족에게 의지하거나 기타 지원 서비스를 받는다(Roux et al., 2013). 이들은 지속적으로 의사소통에서의 문제, 정형화된 행동 및 관심, 읽기 및 철자 능력에서의 문제가 있다. 종합적으로 볼 때, 진단받을 당시에 언어 기술이 더 좋고, 지적 능력이 더 높고, 사회적 상호작용의 측정에서 점수가 더 높은 아동은 장기적 결과가 더 좋지만, 고기능이라도 결과에서 변동이 있을 수 있다(Bennett et al., 2008). 어릴 때 진단받고, 고기능이며, 집중적인 조기 개입이 있었던 최근 세대의 아동은 장기적인 결과가 더 좋을 수 있다. 그러나 향후 종단 연구를 해야만 알 수 있다. 결과가 무엇이든 간에, ASD가 있는 아동은 성장하고 있으며, 나이에 적절한 지지와 서비스가 필요하다는 것이 현실이다. 지금까지, ASD가 있는 청소년과 성인보다는 아동을 위한 연구, 프로그램, 서비스에 대한 관심이 훨씬 더 많다. 좀 더 나이가 많은 ASD의 요구를 다루어 주려는 노력이 절실하게 필요하다(Bailey, 2012; Wilczynski, 2013).

단원 정리

ASD의 유병률과 경과

- ASD는 68명 중 한 명 또는 1~2% 발생하는 장애이다. 여아에 비해 남아에서 4~5배 더 많다. 사회적 계층에 상관없이 발생하며, 연구가 행해진 모든 나라에서 확인되고 있다.
- ASD는 훨씬 이전부터 요인들이 존재하지만, 2세 즈음에 가장 자주 확인된다.
- ASD가 있는 아동이 발달해 가는 경로는 다르다. 출생 직후에 이상 행동을 보이는 아동도 있고, 생후 첫 1년이나 그 이상 정상적인 발달을 보이다가 퇴행하는 아동도 있고, 시간이 지나면서 유의미하게 개선되는 아동도 있다.
- ASD가 있는 대부분의 아동은 나이가 들면서 증상이 점차 개선되지만, 일생을 통해 다른 사람과는 구별되는 사회적 손상을 계속해서 보인다.
- ASD가 있는 아동이 성인이 되어서의 결과를 가장 강력하게 예언하는 두 가지 예측 지표는 지적 능력과 언어 발달이다.

ASD의 원인

ASD와 관련된 모든 결함, 장애의 모든 형태, 경도에서 고도에 이르는 범위를 설명할 수 있는 하나의 이상성(abnomality)은 없다. ASD에 대한 정확한 원인은 여전히 알려져 있지 않지만, 가능한 기제에 대해서는 극적으로 많이 알려지고 있다(Klinger et al., 2014). 이러한 발전은, 불과 얼마 전에 자폐증이 차갑고 애정이 없는 부모 때문에 생긴다고 생각했던 것에 비추어 볼 때 더욱 명백하다. 지금은 ASD가 생물학적으로 다양한 유전적 위험 요인 및 환경적 위험 요인이 있는 신경발달상의 장애에 기초한다는 의견이 일반적이다(Faja & Dawson, 2013). 자폐증을 이해하려면 초기 발달에서의 문제, 유전적 영향, 신경심리 및 신경생물학적 연구 결과를 고려해야만 한다.

초기 발달의 문제

ASD가 있는 아동은 그렇지 않은 아동보다 임신, 출산, 출산 직후에 건강상의 문제를 더 많이 겪는다. 독립적인 위험 요인으로 증명된 것은 없지만, 미숙아 출산, 임신 중 출혈, 임신중독증(혈액 중독), 바이러스 전염이나 감염, 분만 후 기력의 부족 등과 같이 태내기 및 신생아기 합병증이 ASD가 있는 아동들 중 소수에게서 확인되었다(Gardener, Spiegelman, & Buka, 2009, 2011). 아주 빠른 조산(26주 이전)은 ASD의 아주 높은 발생률과 관련이 있고, 11세에 진단받는 아동의 8% 정도는 유병률과 관련이 있다고 밝힌 연구가 있다(Johnson et al., 2010). 태내 환경에 영향을 미치는 그 외 다른 위험 요인들도 태아의 ASD 위험을 증가시킨다. 여기에는 산모가 고령, 체외수정, 산모의 처방 및 비처방 약물 사용, 임신 중 환경 내의 독성 화학 물질, 산모의 고열 및 임신 중 당뇨 및 감염, 만성 고혈압, 임신 전 비만과 같은 산모의 질병이 있다(Szatmari, 2011). 예를 들면, 부모의 나이와 관련하여, 캘리포니아 주에서 700만 명 이상의 아동을 대상으로 한 연구에서는, 부모의 나이가 많으면 나이 어린 부모에 비해 ASD 자녀를 가질 가능성이 더 높았다(Grether et al., 2009). 어머니의 나이가 열 살 더 많으면 자녀가 ASD일 위험이 38% 더 높아지고, 아버지의 나이가 열 살 더 많으면 22% 더 높아진다. 부모 연령의 증가와 ASD 간의 관련성은 연령이 ASD의 증가에 대한 기여 요인이 될 수 있다고 제시하며, 이는 연령 관련 유전적 변이 또는 후생적 역기능을 포함해서 가능한 기제에 대한 의문을 제기하게 한다(Sandin et al., 2012). 임신 초기 3개월 동안에 항우울제 약물(SSRIs)에 노출되는 것도 ASD의 위험을 증가시키는 것으로 밝혀졌다(Croen et al., 2011). 임신과 출산 동안 일어나는 이러한 문제가 ASD의 일차 원인은 아니라고 해도, 이 문제들이 태아나 신생아의 발달을 손상시킨다고 제안하고 있다(Szatmari, 2011).

단어 몇 개를 말하고 사회적 의사소통 행동이 있다가 생후 2년 안에 사라지는 ASD 아동의 일부 사례가 백신과 연관되어 있을 수 있다는 논란은 널리 알려진 제안이었다. 두 가지 가설이 가장 관심을 끌고 있다. 한 가지는 홍역(measles)–볼거리(mumps)–풍진(rubella)의 MMR 조합 백신에서 홍역 성분 때문이라는 것이다(Wakefield et al., 1998; *retracted* February, 2010). 두 번째는 기타 백신들에서 방부제로 사용되는 에틸 수은에 노출되었다는 것이다(Ball, Ball, & Pratt, 2001). 두 가지 가설 모두 ASD의 '급속한 확산'이 3세 이전에 권장된 아동기 백신의 수가 증가했기 때문에 MMR의 도입 그리고(또는) 티메로살에 노출이 증가한 것과 일치한다고 주장한다. 그러나 최근의 과학적 증거는 MMR 백신이나 티메로살과 자폐증 사이의 관련성을 지지하지 않는다(Fombonne, 2008; Institute of Medisine, 2004; The Editors of The Lancet, 2010 참조). 그럼에도 불구하고, ASD가 있는 아동의 부모 중 50% 이상이 자녀의 자폐증이 백신 때문이라고 여전히 믿고 있다(Harrington et al., 2006).

유전적 영향

특정 염색체 이상과 유전적 장애에 관한 연구, 가족 및 쌍둥이 연구에서의 결과, 특정의 유전 연구는 자폐증에서 유전적 요인이 상당한 역할을 하고 있다고 지적한다(Rutter, 2005). 그러나 유전적 영향에 대한 강력한 증거 및 수백 개의 유전자 검사를 통한 괄목할 만한 결과에도 불구하고, 유전자 발견의 진전은 아직 느리며, ASD의 유전적 구조는 여전히 알려지지 않은 부분이 많다(El-Fishawy & State, 2010).

염색체 장애 및 유전자 장애

ASD가 있는 아동의 약 2~3%가 취약 X 증후군(5장 참조)을 가지고 있다는 발견은 취약 X 증후군을 포함하여 ASD와 관련이 있을 수 있는 기타 염색체 이상에 대한 관심을 증가시켰다(Turk & Graham, 1997). 일반적으로 ASD가 있는 사람은 염색체 이상이 있을 위험성이 약 5% 상승된다(Barton & Volkmar, 1998; Dykens & Volkmar, 1997). 그러나 ASD는 여러 다른 염색체 이상과도 관련이 있기 때문에 이러한 이상만으로 장애의 기저에 있는 특정 유전자의 위치를 지적하지는 않는다(Freitag et al., 2010).

ASD는 드물게 나타나는 단일 유전자 질병인 **다발성 경화증**과도 관련이 있다. 다발성 경화증은 가벼운 정도에서부터 심한 정도까지 다양하게 나타나며, 신경 손상, 발작, 학습장애가 나타날 수 있다. 대부분의 사례는 질병의 가족력을 보이지 않는 새로운 돌연변이 유전자에서 유래한다(Bailey, Phillips, & Rutter, 1996). 다발성 경화증이 있는 아동의 대략 25% 이상이 ASD가 있다. 이것은 유전에 기초를 둔 다른 어떤 질환보다도 ASD와 다발성 경화증 사이에 연관성이 크다.

가족 및 쌍둥이 연구

ASD가 있는 아동의 형제자매의 15~20%가 장애를 갖고 있다는 것을 발견한 연구들이 있는데, 이 숫자는 이전에 보고되었던 것의 약 두 배이다(Ozonoff et al., 2011). 또한, 3세경에 ASD를 진단받지 않은 고위험 형제자매는 위험 가능성이 낮은 아동에 비해 ASD의 증상이 더 심각하고 발달 기능 수준이 더 낮았다(Messinger et al., 2013). ASD가 있는 가족 구성원은 또한 사회적 결손 및 언어적 손상의 비율이 더 높고, 심하지는 않지만 ASD에서 보이는 것과 유사한 성격적 특징이 있을 가능성이 더 많다(Gerdts et al., 2013; Ozonoff et al., 2014). **광의의 자폐증 표현형**(broader autism phenotype)이라 할 수 있는 이러한 손상에는 무관심·눈치 없음·경직성과 같은 사회적 특이함, 지나치게 수다스럽거나 의사소통 부족과 같은 실용적 언어 문제, 언어 이해의 부족이 있다. 그러나 광의의 표현형이 있는 가족 구성원들은 자폐증의 공식적인 진단과 연관이 있는 특이한 언어(예: 대명사 전도), 극도의 정형화되고 반복적인 행동, ID 및 뇌전증은 보이지 않는다(Rutter, 2000). 이러한 연구 결과들은 ASD가 유전적으로 매개되는 일반적인 가족 위험성이라는 점과 일치한다. 또한 많은 연구들이 ASD가 있는 아동과 그렇지 않은 그들의 형제자매 사이의 유사한 신경생리학적 상관관계(예: 비전형적인 뇌 활성화, 백질의 감소)를 보고하고 있는데, 이는 다수의 뇌 영역과 연결망이 관여하는 ASD에 대한 가족 취약성을 암시하고 있다(Barnea-Goraly, Lotspeich, & Reiss, 2010; Belmonte, Gomot, & Baron-Cohen, 2010).

쌍둥이 연구에서는 일란성 쌍둥이에서의 ASD 일치성 비율이 70~90%인 반면, 이란성 쌍둥이에서의 일치성 비율은 거의 0%이다(Rutter, 2005). 이러한 결과는 ASD의 기저에 있는 골칫거리의 유전성이 90%나 되며, 시간이 지나면서 ASD의 발현 및 안정성에서 거의 모든 변인들이 물려받은 유전적 영향에 기여할 수 있음을 암시하고 있다(Freitag et al., 2010; Holmboe et al., 2013; Lichtenstein et al., 2010). 한 가지 예외적인 결과는 ASD 취약성의 많은 부분이 **공유된 환경 경험**(58%)으로 설명될 수 있고, 유전성(38%)이 차지하는 부분은 적다는 것이다(Hallmayer et al., 2011). 이 결과는 ASD에 대한 취약성이 중간 정도의 유전성 요소와 쌍둥이의 상당한 정도의 공유된 환경적 요소가 있을 수 있다. 지금까지 ASD 연구의 주요 초점은 유전적 영향이 대부분이었고 환경적 요인에 대한 관심은 미비했다. 공유된 환경적 경험이 ASD 취약성에 상당한 영향을 미친다는 발견은 생후 1년 이내 또는 1년 말에 발생하는 환경적 위험 요인이 중요한 역할을 할 수 있음을 제시한다. 따라서 출생 시 저체중, 다태아, 임신 중 모의 감염, 부모의 나이와 같이 앞서 논의된 초기 발달의 문제에 대한 향후 연구들이 우리가 ASD에 대해 더 많이 알게 도와줄 것이다(Hertz-Picciotto, 2011).

분자유전학

분자유전학을 이용한 새로운 연구는 ASD에 **민감한 유전자**의 가능한 위치로서 여러 많은 염색체들의 특정 영역을 지적하고 있다(Klinger et al., 2014). 민감한 유전자가 ASD의 민감성에 원인적으로 연루될 수 있지만, 유전자 자체가 ASD를 직접 발생시키는 것은 아니다. ASD를 발생시키는 주요 유전자에 대한 연구들이 시도되어 왔지만 일관된 결과는 얻지 못했다(Freitag et al., 2010). 대부분의 ASD 사례에 타당한 단일 유전자는 밝혀지지 않았다. 유전자를 밝히는 연구의 결과가 비일관적인 이유는 ASD 안에서도 상당한 병인 이질성이 있고 그것이 표현되는 방식이 다양하기 때문일 것이다. ASD는 단일 유전자보다는 그러한 유전자를 가진 소수의 ASD 개인에게 강력한 영향을 미치는 희귀한 돌연변이, 그리고 대부분의 ASD 사례에서 요인인 것같이 보이는 몇몇 유전자에서 약간 영향을 미치는 일반적인 변이들과 연관이 있다(Anney et al., 2012). 따라서 ASD는 희귀한 돌연변이 및 다중의 유전자에서 동시적인 유전적 변이(예: DNA의 초현미경적인 결손 또는 DNA 조각의 삽입) 둘 다로부터 발생하는 복합적인 유전적 장애인 것 같다(El-Fishawy & State, 2010). 더구나 ASD 유전자(들)의 표현은 주로 태아의 뇌 발달 동안에 일어난 후속(second hit)의 환경적 요인(예: 약물에의 노출, 어머니의 질병)의 영향을 받는 것 같다. ASD에서 이러한 유전자-환경 상호작용(G×E)의 가능한 역할과 유전자-환경 상관관계(gene-environment correlations, rGEs)에 대해서는 더 많은 연구가 필요하다(Corrales & Herbert, 2011; Meek et al., 2013).

마지막으로, 후천적인 이상(기저에 있는 DNA 염기 서열의 변화 이외의 기제로 인한 유전자 표현에서의 변화)이 ASD의 발생과 관련될 수 있다. 예를 들면, 취약 X 증후군이나 후천적으로 비정상적인 조절을 보이는 유전자 또는 게놈 지역(genomic regions)과 같은 동시 발병 유전적 질병(Grafodatskaya et al., 2010)이 ASD와 관련될 수 있다. 따라서 ASD를 발생시키는 유전적 변화를 찾을 때 특정 유전자의 돌연변이나 변인을 예견해서 유전자 기능의 후성적 조절을 살펴보는 것 역시 필요하다(Rangasamy, D'Mello, & Narayanan, 2013).

뇌 이상

ASD를 일으키는 생물학적 표식은 아직 알려지지 않았지만, 이 장애의 생물학적 근거를 축적해 나가는 데에서 많은 발전이 있다(Neuhaus, Beauchaine, & Bernier, 2010; Pelphrey et al., 2011). 현재 연구는 ASD의 행동 특징이, 태내 발달의 추적이 가능한 신경발달의 초기 손상과 일치하는 뇌 구조 및 기능에서의 이상으로 인해 나타난다고 제시하고 있다(Minshew, Johnson, & Luna, 2000; Stoner et al., 2014; Xiao et al., 2014). 중요한 것은, 많은 뇌 영역이 연루되어 있다고 해도, 이 장애가 뇌의 어느 한 부분의 이상에 기인한다고 보지 않는다. 오히려 ASD

핵심 특징의 기저에 있는 뇌 연결망 전반에 걸쳐 정상적인 연결이 결여되었기 때문인 것 같다(Rudie et al., 2012; Stigler et al., 2011; Waterhouse & Gillberg, 2014).

ASD에서 신경심리학적 손상은 여러 영역에서 일어나는데, 여기에는 언어성 지능, 주의 기울이기 및 선택적 주의, 기억, 실용언어, 실행 기능이 있다(Dawson et al., 2002). 이렇듯 손상이 광범위하다는 것은 뇌의 여러 영역들이 피질과 피질하 수준 둘 다에 연루되어 있음을 암시한다(Happé & Frith, 1996). 신경심리학적 손상의 유형은 아동의 장애 정도에 따른 기능에 따라서 달라질 수 있다. 예를 들면, 기능 수준이 낮은 ASD 아동은 뇌의 내 측두엽의 영향을 받는 시각적 인지 기억과 같은 기본적인 기억 기능에서 결함을 보일 수 있다(Barth, Fein, & Waterhouse, 1995). 반대로, 고기능 아동은 작업 기억에서 또는 좀 더 복잡한 언어적 자료를 부호화하는 데에서 미묘한 결함이 있을 수 있는데, 이것은 고차적인 대뇌 피질의 기능이 관여됨을 암시하고 있다(Dawson, 1996).

생물학적 발견

뇌 영상 연구에서는 뇌 발달의 구조적 이상 및 기능적 이상 또는 ASD의 증상과 일관되게 관련이 있는 뇌의 영역을 찾으려고 했다(Williams & Minshew, 2007). 뇌 발달의 이상이라는 면에서, 1.5세에서 5세까지 정상 발달을 하는 영유아들과 4세경에 ASD가 확진된 영유아들을 대상으로 여러 시점에서 뇌의 성장을 검사한 종단 연구가 있다(Schumann et al., 2010). ASD가 있는 영유아는 2.5세, 즉 그들의 임상적 증상이 나타나기 시작할 즈음에 모든 영역에서 대뇌 회백질이 과잉 성장했다는 증거가 있다. 거의 대부분의 뇌 영역이 비정상적인 속도로 발달했으며, 이러한 결과는 여아에게서 더 분명했다.

뇌의 이상이 있는 위치(국소적인 뇌 이상)라는 면에서, 연구들은 소뇌와 내측두엽 및 관련된 변연계 구조에서 구조적 이상을 일관되게 확인하고 있다(Bauman & Kemper, 2005; Courchesne et al., 2007). 뇌간 근처에 위치하고 뇌의 비교적 큰 부분인 **소뇌**는 동작 움직임과 가장 자주 관련되는 부분이다. 그러나 이것은 정서 조율, 언어, 실행 기능, 학습, 사고, 주의와도 부분적으로 연관이 있다(Hodge et al., 2010). ASD가 있는 아동/청소년은 소뇌의 특정 영역들이 정상보다 유의미하게 작으며, 특히 기능 수준이 높을 경우에 더욱 그렇다(Scott et al., 2009). ASD 아동이 이 자극에서 저 자극으로 주의를 재빨리 전환하는 문제의 기저를 이루는 것은 소뇌의 이상이라고 제안해 왔다(Courchesne et al., 2007).

두 번째 국소적인 뇌 이상은 편도체 및 해마처럼 내측두엽 및 관련된 변연계에 있다(Groen et al., 2010; Johnson et al., 2013; Schumann & Amaral, 2009). 뇌의 이 영역들은 종종 ASD 아동이 손상을 보이는 기능, 예를 들면, 학습, 기억, 정서 조절과 연관이 있다(Mazefsky et al., 2013). 편도체는 자극의 정서적 의미를 인식하는 것, 사회적 자극을 지향하게 하는 것, 눈의 응시 방향에 대한 지각 등에서 특히 중요한 역할을 하며, 해마와 함께 장기 기억에도 기여한다(Schulkin, 2007). 뇌 영상 연구에서 나온 결과들은 ASD가 있는 사람들(모든 사례가 전부 해당되지는 않지만)에게 편도체의 구조적 이상과 기능적 이상이 모두 있음을 암시하고 있다(Monk, 2008). 예를 들면, ASD가 있는 유아의 편도체 확장은 이들의 사회적 결함 및 의사소통 결함의 정도와 관계가 있다(Schumann et al., 2009).

ASD가 있는 사람의 뇌의 물질대사에 관한 연구는 전두엽 및 측두엽에서 혈류의 감소를 암시한다. 또한 ASD가 있는 미취학 아동의 전뇌 부분에서 대뇌 혈류의 감소가 지적되듯이, 피질과 피질하부 간의 기능적 연결의 감소도 발견되었다(Zilbovicius et al., 1995).

특정 대뇌 영역과 구획들(뇌의 한 영역에서 다른 영역으로 신호를 운반하고 두 반구 간에 의사소통을 가능하게 하는 뇌의 부분들) 사이의 연결성과 관련해서, 뇌량, 전두엽 피질, 그 외 대뇌 구획의 이상이 ASD가 있는 아동/청소년(Kumar et al., 2010; Shukla, Keehn, & Muller, 2011) 및 ASD가 아닌 형제자매(Barnea-Goraly et al., 2010)에게서 발견되고 있다. 뇌량(반구를 연결하는 주요 섬유 부분)의 감소가 ASD가 있는 아동에게서 발견되어 왔으며, 이는 연결성에서의 이상이 장애에서 역할을 한다는 것을 지지하고 있다(Frazier & Hardan, 2009). 또 다른 연구에서는 ASD에서 기능적 관련성이 있는 대뇌 특정 영역에서 뇌 반구 사이의 연결성이 유의미하게 감소된 것을 발견했다(Anderson et al., 2011). 전두엽 영역의 단일 신경돌기에 대한 사후 연구들은 뇌의 장거리 경로들의 단절, 인접한 영역들 간의 과잉 연결성, 정서를 위한 경로에서의 비효율성을 드러냈는데, 이는 ASD가 있는 사람들이 왜 주의의 전환이 어렵고, 반복적인 행동을 하고, 사회적 상호작용을 피하는지를 설명해 준다(Zikopoulos & Barbas, 2010).

디폴트 모드 연결망(default mode network, DMN)의

비전형적인 패턴의 연결성 역시 ASD 아동에게서 발견되고 있다(von dem Hagen et al., 2013). DMN은 사람이 외부 세계에 초점을 두지 않고, 뇌가 잠을 자지 않는 상태에서 휴식을 취할 때—백일몽, 미래에 대한 생각, 자서전적 기억의 검색, 타인의 관점 평가해 보기처럼 내적 과제에 초점을 두기—활성화되는 뇌 영역 연결망이다. DMN은 ASD 아동에서 손상되어 있는 고차원적인 사회-인지적 과정, 예를 들면 기억, 마음 이론, 정보의 통합에 관여한다고 가정하는 뇌 영역(예: 내전두엽 피질, 내측두엽)이 포함되어 있기 때문에 이러한 발견은 중요하다(Stigler et al., 2011).

위험 및 적응장애로서의 ASD

앞에서 논의했던 원인적 요인에 근거할 때, ASD가 어떻게 발달되는지를 이해하려면 위험과 적응에 관한 모델이 필요하다. 유전적 요인과 환경적 요인은 뇌 발달의 이상으로 이어지고, 이것은 또한 아동이 정보를 처리하고 환경과 상호작용하는 방식에서의 전반적인 장애로 이어진다(Faja & Dawson, 2013). 이러한 장애들은 초기의 민감한 시기에 뇌 발달에 영향을 미치는 핵심적인 입력을 방해하는 것 같다(Dawson et al., 2002). 따라서 자폐증에 대한 아동의 초기 위험과 후에 나타날 결과 사이의 관계는 아동이 자신의 환경과 어떻게 상호작용하고 적응하느냐에 따라 매개될 것이다. 예를 들면, Wan 등(2013)은 생후 12~15개월경에 ASD 위험이 있는 유아와 양육자 간의 상호작용의 질이 3세 때 자폐증 진단과 관련이 있다고 밝혔다. 초기 위험 요인과 아동이 발달하고 있는 환경 간의 상호작용에 따라, 아동들마다 각기 다른 발달 경로를 따라갈 것이다. 이러한 경로들은 발달의 어떤 시점에서도 달라질 수 있지만, 아동이 부적응적인 경로에 오래 머물수록 변화가 일어나기는 더욱더 어렵다. 따라서 처치 단락에서 논의되겠지만, 자폐증이 일찍 발견되고 개입이 빨리 시작될수록 아동이 더 좋은 결과를 얻을 가능성이 커질 것이다(Sigman, Spence, & Wang, 2006).

단원 정리

ASD의 원인

- ASD는 여러 원인들에 의해 발생할 수 있는 생물학적 토대를 둔 신경발달장애이다.
- ASD가 있는 일부 아동은 출생 시 저체중, 임신 중 출혈, 임신중독증(혈액 중독), 바이러스 감염이나 바이러스 노출, 출생 후 활력 부족을 경험한다.
- ASD에 크게 영향을 미치는 특정 유전자는 아직 확인되지 않았지만, ASD는 유전적 장애이다. 또한 희귀한 돌연변이 및 여러 유전자에서 동시에 생긴 유전적 변이로부터 발생하는 복합적인 유전적 장애이다.
- ASD가 있는 사람의 비자폐 친척도 자폐증에서 볼 수 있는 손상과 유사한 성질의 사회적 · 언어적 · 인지적 손상이 정상적인 발생률보다 높지만, 손상의 정도는 덜 심각한 편이며, 지적 손상이나 뇌전증과는 연관되지 않는다.
- 신경심리학적 결함은 지능, 주의, 기억, 언어, 관리 기능 등이 포함된 여러 기능 영역에서 발생한다.
- 소뇌와 내측두엽, 전두엽 피질, 연관이 있는 변연계의 구조적 이상이 밝혀지고 있다.
- ASD는 뇌의 어느 한 부분의 국소적인 이상이기보다는, ASD 핵심 특징을 나타내는 뇌 연결망 사이의 정상적인 연결성과 소통의 부족에 의한 것이다.
- ASD의 아동 초기 위험과 나중의 결과 간의 관계는 아동이 환경과 상호작용하고 적응하는 방식에 따라 매개될 것이다.

ASD의 처치

약물, 섭식, 행동 프로그램…. 내가 시도해 본 것들을 세어보지는 않았다. 전부 500개가 존재한다면, 우리가 시도해 본 것은 500개보다는 적으리라. 나는 믿는다. 나는 아들이 좋아질 것이라 믿는다.

— Swackhamer(1993)

자폐성 사람들은 생물학적 흠 때문에 고통받는다. 비록 이들이 치유될 수는 없을지라도, 삶을 개선시키기 위해 할 수 있는 것은 많다.

— U. Frith(1997)

여기에 있는 두 개의 인용문—ASD가 있는 아동의 엄마가 말한 첫 인용문, ASD 전문가가 말한 두 번째 인용문—은 ASD가 있는 아동 및 그 가족을 도우려는 노력을 둘러싸고 있는 약속, 고통, 불확실성을 강조하고 있다. ASD가 있는 아동을 둔 부모는 자녀에게 평균 7~9개의 치료들을 시도해 보았으며 현재는 4~6개의 치료를 받고 있다고 보고한다(Goin-Kochel, Myers, & Mackintosh, 2007). ASD가 있는 사람들에게 약 400개의 서로 다른 처치들이 사용되는 것으로 추정된다(Interactive Autism Network, 2011). 어떠한 처치도 ASD의 증상을 완전히 제거하지는 못한다는 사실은 ASD 아동을 둔 많은 부모가 새롭게 나타나는 극적인 개선을 주장하는 유혹에 취약하게 한다. 특히, 비타민, 영양 보충, 식이요법(예: 글루텐이나 카세인이 들어 있지 않은 음식), 약물(예: 항정신병 약물, 자극제, 항우울제), 고압 산소 치료(아동을 고압 산소 방에 두는 것), 킬레이션 치료(몸속의 중금속을 제거하는 것), 무게가 있는 조끼('진정되는' 자극을 제공하기 위한 것), 세크레틴(소화를 통제하는 호르몬). 면역치료(추측은 되지만 아직 증명되지 않은 면역체계 이상을 표적으로 하는 물질의 이용), 청각 훈련, 음악 치료, 춤/운동 치료, 반복적인 두부 자기 자극(운동 활동성을 개선하기 위해 주요 운동 피질 부분을 자극함), 감각 통합, 촉진된 의사소통, 승마, 훈련된 강아지의 이용, 심지어는 돌고래와 함께 수영하기처럼 널리 대중화된 아주 많은 처치들에 대해서는 더욱 그러하다(Schreck, Russell, & Vargas, 2013). 불행하게도 이러한 처치들의 대부분은 과학적 검증을 받지 못했으며, 일부는 해가 되기도 한다(Research Autism, 2013; Umbarger, 2007).

행동적·교육적·의학적 처치를 통해 학습과 행동이 개선되고 소수의 아동은 거의 정상의 기능을 수행하도록 개선되기도 하지만, ASD에 대해 알려진 치료는 없다. 대부분의 처치의 목표는 ASD의 핵심 문제를 최소화하면서 아동의 독립성과 삶의 질을 극대화하는 것, 아동과 가족이 장애에 더 효율적으로 대처하도록 돕는 것이다(Myers, Johnson, & Council on Children with Disabilities, 2007). 이러한 목표는 발달과 학습을 강화시키고, 비적응적인 행동을 감소시키고, 이러한 목표를 실행할 수 있도록 부모를 지지하고 교육시킬 수 있도록 고안된 처치를 통해서 촉진될 수 있다. 아동의 ASD 원인에 대한 부모의 신념을 이해하는 것 역시 처치에서 중요하다(Dardennes et al., 2011).

조기 개입, 지역사회에 기반을 둔 교육, 지역사회 생활에 대한 촉망받는 새로운 프로그램들은 모두 ASD가 있는 아동의 결과를 개선시킬 수 있다고 낙관하고 있다(Rogers & Wallace, 2011; Volkmar et al., 2014). 발달적으로 지향하고, 부모가 관여하고, 특수교육적 접근에 따른 조기 행동 프로그램에서 가장 큰 이득이 있을 것 같다(Rutter, 2006b). 이와 같은 새로운 방법으로 처치를 받은 대부분의 아동은 언어, 의사소통, 측정된 IQ에서 의미 있게 개선되고 자폐증의 핵심 증상이 약간 감소했다(Virués-Ortega, 2010; Young et al., 2010). 그러나 얼마나 집중적인 개입이 필요하고(예: 주당 20시간 또는 40시간), 어느 정도의 변화를 성취할 수 있고, 어떤 변화가 개입으로 인해 직접적으로 영향을 받았는지에 관해서는 여전히 의문이 남아 있다. 장기적인 결과를 평가하기 전에 통제된 연구들이 추가로 더 필요하다(Charman, 2011; Vismara & Rogers, 2010).

개관

EMILIE
하루 종일 하는 일

Emilie의 어머니는 Emilie가 두 살 무렵에 자폐증이라는 진단을 받았을 때를 떠올리고 눈물을 보였다. "우리는 지금까지 우리 자신에게만 의지해 왔어요." Emilie의 어머니와 아버지는 과학자와 음악가로 성공한 자폐증 아동에 관한 글을 읽었다. 그러나 지금 네 살인 Emilie는 늦은 편이다. 두 달 전, 이들은 Emilie에게 보상 체계를 적용하도록 가르쳐 줄 전문가를 고용했다. 음식이 그려진 그림을 복도에 걸어놓았다. 냉장고에는 우유 한 잔의 그림을 오려서 붙였다. Emilie는 여러 해 동안 원하는 것을 얻기 위해 소리 지르고 발로 차는 과정을 거친 후에, 필요한 것을 표현하는 방법을 배웠다. 자신이 원하는 것을 손으로 가리킨 후에는 보상으로 감자 칩을 받거나 Emilie가 좋아하는 활동을 할 수 있었다. 매일 오후, Emilie와 어머니는 얼굴을 마주 보고, 서로의 다리를 건 채로 마루에서 두 시간을 보냈다. "Emilie, 엄마 말을 잘 들어 봐. 나를 봐, 나를 봐. '네' 하고 대답해 봐. 감자 칩 먹고 싶니, Emilie? '네' 하고 대답하면 먹을 수 있다."

Emilie의 어머니는 참을성 있고 확고하게 감자 칩이 들어 있는 접시를 들고는 Emilie를 달랬다. 그러나 Emilie는 난방기로 뛰어가서 올라탄 후 몸을 흔들거리고 있다. 어머니가 끌어당기자 Emilie는 발로 차고 뛰어내리고 바닥에 엎드려서 울었다. 이러한 사건이 끝나면, 다시 학습이 시작된다. 이번에는 Emilie가 어머니를 보며 '네' 하고 대답하며 감자 칩으로 손을 뻗는다. "참 잘했어. 드디어 했구나. 해낼 줄 알았단다." 어머니는 소리친다. 어머니는 Emilie의 어휘가 22개 단어가 되게 보상 체계를 사용했다. 이것은 그녀의 부모에게는 아주 대단한 성과였다.

"Emilie에게 동기를 유발시켜야 해요."라고 어머니가 말했다.

어머니는 휴식이라고는 한 달에 한두 번 정도 남편과 저녁에 외출하는 정도였다. "내버려 두면 Emilie는 온종일 기어오르거나 이불 속에 숨어 있거나 할 거예요. Emilie가 현실과 멀어진 채, 정신병원에 가게 된다면 정말 끔찍할 거예요. 이제는 우리가 천천히 Emilie에게 다가가고 있다는 것을 느낄 수 있어요." Emilie의 어머니는 깊은 한숨을 쉬며 말했다. "Emilie는 전에는 우리에게 관심을 보이지 않았어요. 어떠한 감정 표현도 없었고 눈을 맞추지도 않았죠. 이제는 나를 보면서 엄마라고 한답니다. 때로는 나를 껴안기도 해요. 이런 일이 매일 일어나지는 않아요. 그렇지만 이런 행동을 할 때면 저는 황홀하답니다."

출처: Susan Semenak, *The Gazette*, November 21, 1996, p. A1, A15에서 허락하에 인용.

Emilie의 사례는 ASD가 있는 아동에게 최선을 다하려는 가족의 요구, 좌절, 열정, 희망을 보여 준다. Emilie나 그 가족처럼, ASD가 있는 아동을 도와주려는 처치들이 많다. 이러한 처치들은 이 장 전반에 걸쳐 이야기하고 있는 자폐증의 사회적·의사소통적·인지적·행동적 결손에 대해 구체적으로 초점을 맞춘다. 여기에는 몇 가지 전략이 있는데, 아동이 처치에 몰두하게 하는 것, 파괴적인 행동을 감소시키는 것, 주의의 연합·모방·상호 간의 상호작용이 포함된 적절한 사회적 행동을 가르치는 것, 기능적이고 자발적인 의사소통을 증가시키는 것, 상징놀이 및 관점 취하기와 같은 인지적 기술을 촉진시키는 것, 아동이 책임성과 독립성을 준비할 수 있도록 적응적 기술을 가르치는 것이 있다. 가족 개입은 부모가 아동의 처치에 충분히 참여하고, 실질적인 요구 및 ASD가 있는 아동을 기르는 것과 연관이 있는 부모 스트레스를 다룰 수 있게 한다(Estes et al., 2014; Rivard et al., 2014). 또한 교육적 개입과 말/언어 치료도 흔히 이용된다. 일부 아동에게는 항정신병 약물(예: 리스페리돈, 아리피프라졸)은 성마름, 심한 분노발작, 신체 공격, 반복행동과 같은 증상을 감소시키는 데 도움이 되는데(Volkmar et al., 2014), 특히 집중적인 행동 개입과 결합될 때 그러하다(Arnold et al., 2012; Frazier et al., 2010). 그러나 이러한 약물의 효과성은 체중 증가, 대사장애 유발과 같이, 알려진 부작용과 견주어 보아야만 한다(McPheeters et al., 2011).

ASD가 있는 아동은 변화를 일으키고, 이전에 배운 기술을 새로운 환경에 일반화하는 데에서 큰 어려움이 있기 때문에 이러한 점은 처치에서 직접 다루어져야만 한다. 또한 어떠한 처치이든 간에 개개 아동과 가족의 요구에 맞게 재단되어서, 아동이 자신의 잠재력을 발휘하도록 하는 것이 중요하다. 이제 우리가 앞서 언급한 몇몇 치료 요소들이 어떻게 실행되는지를 살펴보자.

초기 단계

처치의 초기 단계는 신뢰 관계를 형성하고, 아동의 학습 준비 기술을 가르치는 데 초점을 둔다. 자폐증이 있는 아동이 치료자와 물리적으로 가까운 거리에 있으면서도 편안함을 느끼도록 하고, 아동의 사회적 행동, 정서, 놀이를 증강시키도록 돕는 보상을 보여 주기 위한 다양한 절차가 도움이 되기도 한다. 아동이 장난감 사용하는 것을 모방하는 것은 치료자 쪽을 향한 눈 맞춤, 신체 접촉, 발성을 증가시킬 수 있다. 아동이 좋아하는 놀이에 몰두하도록 촉구하는 것으로 사회적 회피를 감소시킬 수도 있다.

ASD가 있는 아동에게 진전이 있으려면, 이 아동은 의자에 앉고, 부를 때 다가오며, 치료자의 말에 주목하는 것을 배워야만 한다. 이러한 준비 기술은 두 가지 방법으로 배울 수 있다. 먼저, **시행 훈련**이라는 점진적 훈련 방법은, 자극을 제시한 후 이에 대해 특정한 반응을 요구하는 것이다. 두 번째 방법은 **우연 훈련**인데, 자연적으로 발생하는 기회를 이용하여 행동을 강화시키려고 시도하는 것이다. 대부분의 개입은 이 두 가지 접근법을 조합하여 사용한다(Ghezzi, 2007).

파괴적 행동의 감소

ASD가 있는 어린 아동은 자기 자극, 공격성, 자해뿐만 아니라 분노발작이나 물건 던지기처럼 파괴적이면서도 자신을 방해하는 행동을 보인다. 이러한 행동은 아동에게 요구하는 것에 대해 처치의 초기에 자주 나오는 반응이고, 아동이 적응적인 사회적 상호작용과 의사소통 형태를 배우려면 반드시 제거되어야 한다. 경쟁하는 행동에 대해 강화하기, 무시하기, 가벼운 처벌을 포함하여 이러한 파괴적 행동을 제거하는 데 효과적인 다양한 방법들이 있다.

적절한 사회적 행동 가르치기

적절한 사회적 행동 가르치기는 우선순위가 높은 처치이

다(White, Keonig, & Scahill, 2007). 사회적 단서의 부각은 아동이 함께 행동하거나 활동하는 사람, 아동이 좋아하거나 유용하다는 것을 알게 되는 사건을 사람과 짝을 짓는다. 또한 어린 아동이 행동을 보이면 미소 짓기, 껴안기, 간질이기, 뽀뽀하기처럼 다른 사람으로부터 받은 정서를 되돌려 줄 수 있는 행동을 통해 감정을 표현하는 방법을 가르칠 수도 있다. 사회적 상호작용을 강화시킬 수 있는 방법으로는 장난감을 이용한 사회성 놀이, 사회적 가상 놀이, 상호작용을 시도하고 유지하기, 차례 지키고 공유하기, 타인의 활동에 참여시키기와 같은 특정한 사회적 기술이 있다. 발달적 접근과 대인관계 접근은 사회적 행동과 정서적 행동을 놀이로 가르치는 기회가 많이 들어 있는 아동 중심 반응적 상호작용의 사용을 부모가 배운다. ASD가 있는 학령기 아동을 위한 부모 도움 우정 훈련(Parent-assisted Children's Friendship Training) 프로그램은 대화 기술, 또래 집단 가입 기술, 친구 관계 구축, 좋은 스포츠맨 정신, 아이들이 함께 놀도록 부모끼리 정한 약속에서 좋은 운영자 행동(good host behavior), 놀림에 대처하기를 목표로 한다(Laugeson et al., 2012). 집단 사회 기술 개입은 고기능 ASD 아동의 사회적 행동을 개선시키는 것으로 나타났다(Derosier et al., 2010).

ASD가 있는 아동에게 적절한 사회적 행동을 가르치기 위한 한 가지 전략은 정상인 또래 또는 경미한 장애가 있는 또래와 상호작용하도록 가르치는 것이다. 또래에게는 장난감 가지고 놀기, 활동에 대해 이야기 나누기, 상대방의 반응을 이해하기처럼 나이에 적절한 사회적 행동을 하도록 가르친다. 교사는 ASD가 있는 아동과 친구들이 상호작용을 할 수 있도록 신호를 주고 이를 보상한다. 다른 전략으로, ASD가 있는 아동이 상호작용을 시도하도록 가르치기 위해 촉구와 보상을 사용하거나, 형제들이 훈련자로 참여할 수도 있다(Kohler, Strain, & Goldstein, 2005).

적절한 의사소통 기술 가르치기

ASD가 있는 아동이 좀 더 적절하게 의사소통을 할 수 있도록 몇 가지 전략들이 사용된다. **조작적 말 훈련**은 처음에 아동의 발성의 증가, 그다음에 소리와 단어의 모방, 단어의 의미, 사물 명명, 언어로 요구, 원하는 것을 표현하기를 가르치는 단계적 접근이다. 일상생활 장면에서 타인에게 영향을 미치고 의사소통이 더 잘 일어날 수 있도록 언어를 좀 더 자연스럽고 기능적으로 사용하도록

Nir Alon/Alamy

ASD가 있는 4세 소년 Max의 어머니는 날마다 몇 시간씩 아들에게 의사소통 기술을 가르친다.

가르치는 것을 강조한다(Newsom & Hovanitz, 2006).

실행 기능 개입

최근의 개입은 ASD가 있는 아동이 보이는 실행 기능 손상에도 초점을 둔다. 학교 중심 프로그램 중 하나인 Unstuck and On Target(UOT)은 동일성에 대한 집착을 줄이고, 유연성, 목표 설정, 계획하기를 가르치는 데에서 인지-행동 전략을 사용한다(Kenworthy et al., 2013). 평균 또는 평균 이상의 지적 능력이 있고 UOT 개입을 받은 3학년, 5학년 ASD 아동 집단과 사회적 기술 훈련을 받은 유사한 ASD 집단 아동을 비교한 연구가 있다. 개입 후 두 집단의 아동이 모두 개선된 모습을 보였지만, 문제해결력, 유연성, 계획/조직화 기술에서는 UOT 개입이 있었던 아동이 의미 있게 더 많이 개선되었다. 학급에서 관찰했을 때, UOT를 받은 아동은 규칙 따르기를 잘하고 전환이 더 잘 되고, 더 유연해졌다(Kenworthy et al., 2013). 사회적 기술에서는 두 집단 모두에서 똑같은 이득이 있었다. 이러한 결과는 평균 또는 평균 이상의 지적 능력이 있는 ASD 아동이 더 높은 수준의 인지 기술을 배우고 이를 주류 학급에서 적용할 수 있다는 점에서 유망하다.

조기 개입

아주 어릴 때 ASD를 발견할 수 있는 방법이 발전하면서, 영아 및 걸음마기 유아의 효과적인 조기 개입의 가능성이 극적으로 커졌다(Wallace & Rogers, 2010). 조기 개입에 대한 전망은 일부는 발달 초기의 신경 가소성에서 유

래했고(Mundy & Neal, 2001), ASD가 있는 아주 어린 아동에게 집중적이고 매우 구조화된 경험을 제공하는 것은 만약 그런 경험이 없었다면 가능하지 않은 결과를 가져오는 방식으로 대뇌 발달에 변화를 줄 것이라는 매력적인 가설에서 유래했다(Dawson, 2008). 한 중요한 조사에서, Dawson 등(2012)은 조기 개입이 있었던 생후 18~30개월의 ASD 아동이 개입 이후에 비교 집단에 비해 ASD 증상, IQ, 언어, 적응 및 사회적 행동에서 유의미하게 개선되었다는 것을 발견했다. 조기 개입을 통해 발달 중인 뇌를 변화시킬 수 있다는 가설을 지지해 주는 데에서, 조기 개입이 있었던 생후 48~77개월의 아동은 얼굴을 볼 때와 사물을 볼 때의 비교에서 비교 집단 아동에 비해 더 정상적인 뇌 활성화 패턴도 보였는데, 이러한 뇌의 변화는 개선된 사회적 행동과 연관이 있다. 오늘날, 가능하다면, ASD 아동을 위한 집중적인 개입은 3세 이전, 즉 개입이 빠를수록 결과가 더 좋을 것 같다(Rogers et al., 2012).

포괄적인 조기 개입 프로그램에는 우리가 설명하고 있는 수많은 특정한 ASD 처치들이 있다(Harris, Handleman, & Jennett, 2005). 다양한 조기 개입 프로그램을 이용할 수 있는데, 일부는 학습/행동적 모델(예: Applied Behavior Analysis; Lovaas & Smith, 2003; Smith, 2011)에 기초를 두고, 일부는 구조화된 교수 모델(예: TEACCH; Mesibov, Shea, & Schopler, 2005)에 근거하고, 그 밖에 발달적 접근(예: Early Start Denver 모델; Dawson et al., 2010)에 기초하고, 그리고(또는) 관계 중심(DIR 또는 Floor Time; Greenspan & Wieder, 2006) 접근법이 있다. 이런저런 프로그램들이 철학과 강조점은 다르겠지만, 그 목표나 특징에서 공통된 부분이 많으며, 이는 각기 다른 모델이지만 취학 전이나 학교 장면에서 표준 실행을 적용했을 때 결과가 유사한 이유이다(Kasari & Smith, 2013). ASD가 있는 아동의 개입에서 가장 효과적이라고 의견이 일치하는 것은 다음과 같다(Myers et al., 2007).

- **조기**: ASD 진단을 심각하게 고려하고 있다면 가능한 한 개입을 빨리 시작하라.
- **집중적**: 체계적으로 계획을 짜서, 구체적인 목적이 있으면서 발달적으로 적절한 교육적 활동으로 최소한 1주일에 25시간, 1년 12개월, 아동이 적극적으로 참여한다.
- **교사 대비 적은 학생 수**: 개별화된 특정 목표를 이루기 위해 충분한 일대일 시간과 소집단 지도를 제공하라.
- **높은 구조화**: 주의가 분산되는 것을 최소화하기 위해 예측 가능한 의식(routines), 시각적 활동 일정, 분명한 물리적 경계를 활용하라.
- **가족의 포함**: 부모 훈련과 함께 가족의 구성 요소를 포함시켜라.
- **또래 상호작용**: 전형적으로 발달하는 또래와 상호작용할 수 있는 기회를 촉진시켜라.
- **일반화**: 아동이 새로운 환경이나 상황에서 배운 기술을 적용하고 이러한 기술의 사용이 유지되도록 가르쳐라.
- **지속적인 평가**: 아동의 진전을 점검하고 필요에 따라 처치에서 조정하라.

조기 개입 프로그램에 진입하는 ASD 아동의 평균 나이는 3~4세 또는 이보다 어리다. 치료를 시도하려는 초기 면담에서는 측정되지 못하는 경우가 많지만, 이 아동들의 평균 IQ는 50 중간이다. 조기 개입은 매주 15~40시간 동안 아동과 직접 일대일로 작업하며 가족이 적극적으로 참여한다. 사실, 이 프로그램은 가족에게는 1주일에 7일, 하루 24시간의 생활방식이 되었다. 프로그램은 가정과 유치원에서 수행되며, 아동이 일반 아동과 상호작용, 특히 처치의 후반부에 상호작용하게 하려는 노력도 이루어진다.

조기 개입 프로그램을 수행한 ASD 아동의 결과에 대한 포괄적인 검토는, 비록 현장의 유형 및 필요한 지원 서비스가 상당히 다양했지만, 이 프로그램에 참가한 많은 아동이 정규 교육 배치 안에서 기능할 수 있다는 것을 발견했다. 대부분의 아동은 사회적 행동 및 의사소통, 지능 점수, 발달검사 및 학급 관찰에서 발견한 점수에서 개선을 나타내면서, 발달상의 이득을 보여 주었다(Dawson et al., 2010; Eikeseth et al., 2007; Howard et al., 2005).

Janine Wiedel Photolibrary/Alamy

ASD가 있는 아동에게 조기 개입은 필수적이다.

UCLA 유아 자폐증 프로젝트

UCLA 유아 자폐증 프로젝트는 Ivar Lovaas 박사(1927~2010)의 지도 아래 50년 이상 실행되어 왔다. 지금은 응용 행동 분석(Applied Behavior Analysis, ABA) 또는 조기 집중 행동 개입(Early Intensive Behavioral Intervention, EIBI)이라고 하는데, 이것은 가장 세부적이면서도 노동 집약적인 조기 개입 프로그램으로서, 가장 먼저 시작되었다. 또한, 덜 집중적인 개입이 있었던 비슷한 연령의 통제 집단에 비해 평가한 결과에 기초해서 ASD의 증거 중심 처치로서 검증된, 현재 몇 개 안 되는 프로그램 중의 하나이다(Lord & Jones, 2013; Rogers & Vismara, 2008). 이런 이유 때문에, 아직 평가되지는 않았지만 적용될 수 있는 다른 유용한 접근들 그리고 평가되어서 이용할 수 있는 몇 가지 접근법이 있다는 것을 알고 있지만, 이 접근을 강조하고자 한다.

프로그램에는 조기 개입의 여러 핵심 요소들이 들어 있고 응용 행동 분석 원리에 기초하는데, 여기에는 강화와 처벌의 사용과 성공적인 점진적 접근을 통한 형성(shaping)이 들어 있다(Lovaas, 2003; Smith, 2011). 부모는 집에서 작업을 함께하는 치료사들로부터 지시와 도움을 받아 가면서 아동을 위한 1차 치료사의 역할을 할 수 있도록 교육받는다. 프로그램을 시작하는 아동의 평균 나이는 생후 32개월이다.

주목할 만한 조사 연구에서, ASD가 있는 아동들이 세 집단 중 한 집단에 배정되었다. 비록 무작위로 배정한 것은 아니었지만, 세 집단은 개입이 실시되기 전의 연령, 언어, 지적 기능, 그 외 평가에서 비슷했다. 실험 집단의 아동 19명은 매주 40시간의 집중적인 개입이 있었다. 통제 집단 1의 19명은 특수교육 학급에 다니면서 1:1 지도를 매주 10시간씩 받았다. 21명으로 구성된 통제 집단 2는 특수교육 학급에 다니면서 1:1 지도를 받지 않았다.

실험 집단 아동은 프로그램의 첫 1년은 파괴적인 행동을 감소시키면서, 순응, 모방, 적절한 장난감 놀이처럼 적절한 행동을 가르치는 데 중점을 두었다. 그다음 해에는 표현 및 추상적 언어와 상호작용 놀이에 중점을 두었다. 아동들은 또한 유치원 집단에서 기능하는 방법에 대해 배우고, 가능하다면 정규 유치원에 입학했다. 3년차 프로그램에서는 적절한 정서 표현, 예비학습 과제, 자기주장, 관찰학습을 강조했다.

첫 결과 자료는 아동들이 7세가 되었을 때 얻었다. 놀랍게도, 실험 집단 아동의 47%가 교육적 및 지적으로 정상 수준에서 기능하고 있음을 발견했다. 이들은 지원이 없어도 1학년 정규학습을 성공적으로 수행했고, 교사는 정규 2학년에 진급하도록 추천했으며, 표준화된 IQ 검사에서 평균 또는 평균 이상의 점수를 얻었다. 평균적으로, 이들의 IQ 점수는 70에서 107로 37점 상승했으며, 전체적으로 볼 때, 실험 집단 아동들의 IQ 평균은 53에서 83으로 상승했다. 두 통제 집단의 아동들은 큰 성과가 없었으며, 40명의 아동 중 단 한 명이 정규 1학년 학급에 배치되었다. 전반적으로 이 아동들은 IQ 점수에서 아주 조금 상승했다. 실험 집단 아동들은 평균 나이 13세 때 다시 평가되었는데, 유사한 결과가 나왔다. 정규학급에 배치된 9명의 아동은 같은 연령의 정상 또래 집단과 비교했을 때 큰 차이가 없었다.

ASD가 있는 거의 모든 아동이 조기 개입을 통해 이득을 얻었지만, (1) ASD 증상의 심각도, 아동의 IQ와 언어 능력, 목표가 된 기능 영역(즉, 인지적 수행, 언어 기술, 적응 행동)에 따라 발전의 속도가 어떻게 달라지는지, (2) 장기적 결과는 무엇인지(Institute of Education Science, 2010; Reichow & Wolery, 2009; Warren et al., 2011)는 여전히 불확실하다. 다른 처치들과의 비교 또는 지역사회 장면에서 사용되었을 때, ABA 접근의 효과성을 지지하는 부수적인 연구도 있다(Rogers & Vismara, 2008; Magiati, Charman, & Howlin, 2007). ASD가 있는 일부 아동은 집중적인 개입이 3세 이전에 제공될 경우에 정상 수준의 기능을 성취할 수 있다는 주장도 있다. 그러나 '회복'에 대한 초기의 보고들이 똑같이 재현되지 못했으며, ASD가 있는 아동이 완전한 '회복'을 성취할 수 있는지는 여전히 논쟁거리이다(Gresham & MacMillan, 1997; Smith & Lovaas, 1997).

약물

ASD가 있는 많은 아동이 향정신성 약물을 복용하는데, 항우울제, 각성제, 진정제/항정신병약이 가장 흔하다(Mandell et al., 2008). 논의해 왔던 기타 여러 다른 아동기 장애와 마찬가지로, ASD에서도 약물의 사용이 증가하고 있으며, 약물을 복합적으로 복용하는 아동이 많다(Oswald & Sonenklar, 2007; Spencer et al., 2013). 특정한 행동의 증상을 경감시키는 일정한 약물이 있다고 해도, 약물을 통한 이익은 제한적이며, 아동에 따라 변동이 크고, ASD가 있는 아동이 보이는 핵심 결손을 변화시키

ASD가 있는 10대 소년과 그의 부모: 성공적인 처치 결과의 핵심 요소는 능동적인 가족 참여이다.

지는 못한다(McCracken, 2011). 약물의 효과에 대한 증거가 제한적인 것을 감안하면, 특히 아주 어린 아동에게는, 약물에 따른 위험, 이득, 비용에 대해 신중하게 평가해야 한다(McPheeters et al., 2011).

단원 정리

ASD의 처치

- ASD 아동의 처치는 아동의 잠재성을 극대화하고, 아동과 가족이 장애에 효과적으로 대처할 수 있도록 돕는 쪽으로 이루어지고 있다.
- ASD의 처치는 이 장애가 있는 아동이 보이는 구체적인 사회성, 의사소통, 인지적 · 행동적 손상에 초점을 둔다.
- 가장 효과적인 처치는 개별 아동에게 맞추어 재단되고 가족에게 교육과 지지적 상담을 제공하는, 고도로 구조화된 기술 지향적 전략을 사용한다.
- ASD가 있는 거의 모든 아동이 조기 개입으로 도움을 얻지만, 장기적인 결과를 평가하는 통제 연구가 필요하다.
- 약물은 일부 증상의 경감에 도움이 될 수 있다. 그러나 그 이득은 제한적이고, 아동에 따라 변동이 있으며, ASD가 있는 아동의 핵심 손상을 변화시키지는 못한다.

아동기 발병 조현병(COS)

나는 코에 특별한 힘을 가지고 있으며, TV에 나오는 것 그리고 다른 사람들의 말이나 행동을 조종할 수 있다.

— M. Nichols, "Schizophrenia: Hidden Torments," *Maclean's*, January 30, 1995

조현병이 있는 어린 소녀가 설명한 이 말은 이 장애의 심각성을 보여 준다. **조현병**은 비정상적인 정신 기능과 혼란된 행동으로 표현되는 뇌의 신경발달장애이다(White & Hilgetag, 2011). 심각한 정신병 증상이 특징인데, 여기에는 기괴한 망상(잘못된 믿음), 환각(거짓 지각), 사고장애, 전반적인 행동의 붕괴 또는 경직된 행동(걷잡을 수 없는 동요부터 부동 자세에 이르는 역기능적 동작), 극도로 부적절 또는 단조로운 정서, 기능상의 심각한 손상 또는 결함이 있다(APA, 2013).

조기 발병 조현병 또는 **아동기 발병 조현병**(COS)은 심각한 고통과 장애를 야기하는 진행형 신경발달장애이다(Rapoport & Gogtay, 2011). 조현병과 구별되는 형태라기보다는, COS는 18세 이전에 발병하고 장기적인 결과가 더 나쁜, 드물게 발생하고 더 심각한 형태의 조현병이다(Kyriakopoulos & Frangou, 2007; Remschmidt et al., 2007). ASD 아동과 COS 아동이 보이는 증상, 감수성 유전자, 사회-인지적 패턴에서 중복되는 부분이 있지만, 이 두 개는 구별되는 장애이다. 임상적으로 COS는 문제가 발병되는 연령이 더 늦고, 지적 손상이 덜하고, 사회적 및 언어적 손상이 덜 심각하고, 의식(ritualistic) 행동과 반복 행동이 덜하며, 나이가 들수록 환각과 망상을 보이며, 증상을 보이지 않는 기간과 재발 기간이 있다(J.R. Asarnow & Asarnow, 2003).

초기에, 성인의 조현병 범주와 구별되는 아동기 조현병 범주가 장애의 진단에 사용되곤 했다. 그러나 현재는 성인의 조현병 진단을 위해 사용되는 진단 준거가 아동에게도 똑같이 적용될 수 있다고 생각한다(Asarnow, Tompson, & McGrath, 2004). 그럼에도 불구하고 표현에서 차이가 있다. 예를 들면, 대개 COS는 환각, 사고 장애, 단조로운 정서로 나타나며, 체계적인 망상은 덜 관찰된다(McClellan, Stock, & American Academy of Child and Adolescent Psychiatry[AACAP] Committe on Quality Issues[CQI], 2013).

COS의 초기 단계에서, 영향을 받은 아동/청소년은 집중, 수면, 학교생활에서 어려움을 겪을 수 있으며, 친구들을 피하기 시작한다. 병이 진행됨에 따라, 아동은 논리에 맞지 않는 말을 하고, 듣거나 본 사람이 없는 것을 보거나 듣기 시작한다. 비논리적으로 이 생각에서 저 생각으로 날아다니는 사고를 보이는 사고의 붕괴가 특징이며, 끔찍한 재발 기간 뒤에는 향상되는 기간이 있다. 아동/청소년은 환각, 편집, 망상을 경험한다. 정신병 기간 동안, 조현병 아동/청소년은 자신이 신과 같은 힘을 가지고 있거나 사람들이 자신을 감시하고 있다고 확신하기도 한다. 정신병에 걸렸을 때, 이들은 예측할 수 없는 행동을 하며, 폭력적이 되고 자살할 수도 있다.

10세경에 장애의 증상을 처음 나타내기 시작한 Mary의 사례에서 COS의 몇 가지 임상적 특징이 설명되고 있다.

MARY
우울, 난폭, 불운

Mary는 항상 아주 수줍어하는 아이였다. 말이 없어지기 시작했을 때, 친구를 사귀는 데 심각한 어려움이 있었으며, 자주 반항적이 되고, 가끔 오줌을 쌌다. 열 살 때, Mary는 지속적인 사회적 고립 이외에 학습에도 어려움이 있었다. 우울해지기 시작했으며, 악마가 자신에게 나쁜 짓을 시키려고 한다고 말했다. Mary는 선생님이 자신을 해치려 한다고 믿었고, 병균에 집착하기 시작했다. Mary의 행동은 점점 더 붕괴되기 시작했고, 자살에 대해 말하기 시작했으며, 옷차림은 엉망이고, 달려오는 차 앞으로 뛰어드는 명백한 자살 시도가 있었다.

이 삽화는 정신병원 입원 평가를 촉발시켰으며, 그동안에도 Mary의 기괴한 행동은 계속 되었다. 강렬한 불안의 기간이 찾아왔으며, 통제되지 않는 공포 삽화도 있었다. 때때로 허공을 무표정하게 응시하고, 자주 말이 없어졌다. 입원 기간 동안 기능이 향상되고 결국 집으로 돌아오기는 했지만, Mary는 아동기와 청소년기를 공포, 환각, 다른 사람들이 자신을 해치려고 한다는 생각, 종종 자살 시도를 동반한 우울의 폭풍으로 보내야만 했다. Mary는 사회적으로 고립되고 위축되고 학업성적은 좋지 않았다. 몇 차례 단기간의 입원을 거듭한 후, 열일곱 살에 Mary는 다시 병원에 입원해서 열아홉 살 때까지 병원에 있었다. 이 기간에 Mary의 감정은 점점 더 단조로워졌으며, 정신병 증상은 지속되었다. 병원에서 퇴원한 일주일쯤 뒤에 Mary 는 자기 방으로 들어가서 문을 잠근 후, 약을 과도하게 복용했다. 그리고 그다음 날 아침에 죽은 채로 발견되었다.

출처: J. R. Asarnow & Asarnow, 2003에서 인용.

Mary의 비극적인 이야기는 COS의 몇몇 주요 특징을 보여 준다.

- 대부분의 사례가 청소년기 후기 또는 성인기 초기에 발병하지만, 조현병은 아동기에 발생하기도 한다 (Nicolson & Rapoport, 1999).
- 정신병 증상에 앞서서 광범위한 결함과 함께, COS는 아동기에 갑자기 발병하는 것이 아니라 점차적으로 나타난다(Nicolson et al., 2000).
- 아동기에 발병할 때, 증상은 청소년기와 성인기까지 지속되기 쉽다.
- COS는 아동의 사회적 능력 및 학업 능력 개발에 대해 심각한 부정적인 영향을 미친다.

Mary가 10년간 조현병과 벌인 투쟁은 이 질환이 있는 아동/청소년이 겪는 극심한 고통과 개인적인 투쟁을 강조한다.

DSM-5: 조현병의 특징 정의하기

조현병에 대한 DSM-5 진단 기준이 표 6.2에 제시되어 있다. 망상 · 환각 · 전반적으로 와해된 언어 및 행동과 같은 특징적 증상의 출현, 단조로운 정서 · 혼란의 지속적인 징후와 같은 부정적 증상이 적어도 6개월 이상 지속되어야 한다. 덧붙여서, 발병 후에 아동은 기능의 한 가지 이상의 영역에서 유의미한 감퇴가 있어야 하며, 아동과 청소년의 경우에, 대인관계 · 학업 · 직업적 성취에서 기대하는 수준만큼 수행하지 못해야 한다. DSM-5에서 조현병 진단 준거 증상이 약간 수정되기는 했지만, 연구는 진단에서의 이러한 변화의 영향이 미미하며, DSM-IV를 사용하여 진단받은 환자의 98% 이상이 DSM-5에서도 진단된다고 밝혔다(Tandon, Bruijnzeel, & Rankupalli, 2013). 조현병의 전통적인 하위 유형(예: 편집형, 붕괴형)이 DSM-5에서 삭제되었으며, 긴장증이 하위 유형이 아닌 명시자로 포함되었다.

아동과 성인에게 동일한 진단 준거를 사용하는 것은 아동기에 발병한 조현병과 성인기에 발병한 조현병을 비교해 볼 수 있고, 발달 과정 동안에 장애에서 중요한 연속성의 확인이 가능하게 한다. 그러나 조현병은 연령에 따라 다르게 표현될 수 있다. 예를 들면, 환각, 망상, 형식적 사고장애는 매우 드물고 7세 이전에는 진단도 어렵다. 증상이 발생했을 때 덜 복합적이며, 아동기의 주제를 반영한다(Caplan, 1994). 사회적 철회나 또래 문제처럼, 발달상의 변화에 따라 진단 준거를 조정하지 못함으로써 조현병의 초기 징후를 보이는 아동을 간과할 수 있지만,

표 6.2 조현병의 진단 준거

DSM-5

(A) 감각 기능 그리고(또는) 행동에서 몇 가지 어려움: 다음 증상 중 둘(또는 그 이상)이 1개월(성공적으로 치료되면 그 이하) 동안 시간의 상당 부분 존재한다. 이들 중 최소한 하나는 (1), (2) 또는 (3)이어야 한다.
- (1) 망각
- (2) 환각
- (3) 와해된 언어(예: 종종 탈선 또는 지리멸렬)
- (4) 심하게 와해된 행동 또는 긴장성 행동
- (5) 음성 증상(예: 줄어든 감정 표현 또는 무의욕증)

(B) 사회적/직업적 역기능: 어려움이 발병한 이래로 상당한 시간 동안 일 · 대인관계 · 자기 관리와 같은 주요 영역의 한 가지 이상에서 기능 수준이 발병 이전에 성취된 수준 이하로 현저하게 낮다(또는 아동기나 청소년기에 발병하는 경우, 기대된 수준의 대인관계 · 학업 · 직업적 기능을 수행하지 못한다).

(C) 기간: 어려움의 지속적인 징후가 최소 6개월 동안 계속된다. 이 6개월 기간에는 준거 A에 해당하는 증상(예: 활성기 증상)이 있는 최소 1개월(또는 성공적으로 치료되면 그 이하)이 포함되어야 하고, 전구 증상이나 잔류 증상의 기간이 포함될 수 있다. 이러한 전구기 또는 잔류기 동안에, 장애의 징후는 단지 음성 증상으로 나타나거나 준거 A에 열거된 두 가지 증상 또는 그 이상의 증상이 희석된 형태(예: 이상한 믿음, 특이한 지각 경험)로 나타날 수 있다.

(D) 조현정동장애 및 기분장애 배제: 조현정동장애와 정신병적 양상을 동반한 우울 또는 양극성 장애는 배제되는데, 왜냐하면 (1) 주요 우울 또는 조증 삽화가 활성기 증상과 동시에 일어나지 않기 때문이거나, (2) 기분 삽화가 활성기 증상 동안 일어난다고 해도 병의 활성기 및 잔류기 전체 지속 기간의 일부에만 존재하기 때문이다.

(E) 물질/의학적 질병 배제: 어려움이 물질(예: 약물 남용, 치료 약물)의 생리적 효과 또는 다른 의학적 상태로 인한 것이 아니다.

(F) 자폐 스펙트럼 장애 또는 의사소통장애와의 관련성: 자폐 스펙트럼 장애나 아동기 발병 의사소통장애의 병력이 있다면, 조현병의 추가 진단은 조현병의 다른 필요 증상에 의하여 뚜렷한 망상이나 환각이 최소 1개월(성공적으로 치료되면 그 이하) 동안 있을 때에만 내려진다.

다음이 있다면 명시한다: 긴장증 있음

현재의 심각도를 명시한다: 심각도는 망상, 환각, 와해된 언어, 비정상적인 정신운동 행동 및 음성 증상이 포함된 정신병의 일차 증상에 대한 양적 평가를 통해 평가한다. 각각의 이러한 증상은 현재 심각도(지난 7일 중 심각한)에 대하여 0(증상 없음)부터 4(증상이 있고 심각한)까지 범위의 5점 척도를 이용해 평가될 수 있다.

주의: 조현병의 진단은 이러한 심각도 명시자를 사용하지 않고 할 수 있다.

출처: *Diagnostic and Statistical Manual of Mental Disorders*, 5th ed. American Psychiatric Association.

나이가 들어서 완전히 진행된 성인 조현병 유형으로 발달하지 않을 수도 있다(McClellan et al., 2003).

진단을 하는 데에서 그 외 발달적 고려 사항들이 있을 수 있다. 예를 들어, 망상과 같은 병리적 증상과 많은 어린 아동들에게 전형적인 풍부한 상상적 환상을 구분하는 것이 때로는 어렵다. 그리고 아동기에 인지 및 언어가 발달하므로 와해된 언어(예: 문장 중간에 주제를 바꾸는 것, 말을 잘 알아들을 수 없거나 횡설수설하는 것)의 증상을 진단하는 것 또한 매우 어렵다. 조현병이 있는 성인과 조현병이 있는 아동의 한 가지 차이는, 아동은 자신의 정신적 증상을 고통스럽거나 와해된 것으로 느끼지 않는다는 것이다. 따라서 정신병적 증상이 발달 초기에 나타났을 때, 아동은 이것을 정상적인 경험과 구별하는 데 어려움이 있다(Russell, 1994).

조현병 증상은 두 가지 범주로 나뉜다. 첫째, 양성 증상(정신병적 또는 활동 증상이라고도 말함)은 망상이나 환각처럼 정상적인 기능에서 과잉 또는 붕괴를 겪게 한다. 둘째, 음성 증상은 정상적 기능이 손실, 예를 들면, 수면 패턴에서 어려움을 겪는다.

양성 증상

COS가 있는 아동/청소년은 망상 및 환각과 같은 정신병적 증상을 보인다(Polanczyk et al., 2010). **망상**은 개인의 생활 경험과 문화 맥락에서 현실성이 없는 와해된 사고 내용 및 비현실적인 강한 거짓 믿음이 연루된 사고에서의 장애이다. **환각**은 실제가 아니거나 존재하지 않는데도 무언가를 보고 듣고 느끼는, 지각에서의 혼란이다. 이들은 후각이나 촉각을 포함해서 감각 양식으로 나타날 수 있다. 조현병이 있는 아동에게서 자주 나타나는 증상은 환청(예: 다른 사람은 들을 수 없는 목소리를 듣고 개인의 사고와 분리해서 경험한다)인데, 11세 이전에 발병한 아동의 약 80%가 환청이 있다. 조현병이 있는 아동의 40~60%는 환시와 망상을 겪고 있고(David et al., 2011), 관련성이 약하고, 비논리적인 사고와 손상된 담화 기술이 특징인 사고장애를 경험한다(Caplan et al., 2000). 조현병이 있는 아동에게서 보고된 정신병적 증상의 예가 살펴보기 6.4에 제시되어 있다.

음성 증상

조현병의 음성 증상에는 사고·언어·행동의 둔화, 정서적 무감동, 욕구의 부족, 사회적 접촉에 대한 무관심, 자기 방임이 있다. 이러한 증상은 일반적으로 동기의 상실을 반영하며, 범위는 경미한 정도에서부터 심각한 정도까지이다. 이 증상들은 양성 증상에 비해 덜 극적이지만, 매우 지속적이고 치료가 어렵다. 음성 증상은 어린 사람들에서는 인식하기가 어려울 수 있는데, 이러한 변화의 일부는 청소년기에 어느 정도 일어날 수 있다고 기대하는 행동이기 때문이다.

살펴보기 6.4

조현병이 있는 아동의 정신병적 증상

환각

8세 소년이, "나는 남쪽과 동쪽에서부터 오는 소리를 들은 적이 있었어요. 누군가 나에게 지붕에서 뛰어내리라고 했고, 나에게 엄마를 짓밟아 버리라고 말한 사람도 있어요."라고 말했다.

12세 소년은 빨갛고, 불에 타고, 상처가 있고, 얼굴을 여러 번 베이고 다른 위치를 또 베이는 유령(남자)을 보았다. 그는 5세 이후로 이것을 계속 보아 왔다.

망상

어느 9세 소년은 자기가 개였다고(자신의 부모는 독일 셰퍼드였다) 확신하고 있으며, 그래서 털을 기르고 있다. 주사를 맞기 전에는 동물병원을 떠나지 않겠다고 거부한 적도 있다.

11세 소년이 선과 악의 목소리가 서로 다툴 때 생긴 '쓰레기'에 대해 말했다. '쓰레기'는 염소로 처리한 수영장에서 수영할 때 그의 발에서 생겨났다고 말한다.

사고장애

"나는 멕시코인의 꿈을 꾸곤 했다. 나는 방에서 TV를 보고 있었다. 나는 이 세상에서 사라져서 장롱 안에 있었다. 진공청소기 같은 소리의 꿈이다. 이것이 멕시코인의 꿈이다. 내가 그 꿈에 가까이 갔을 때 내 몸은 거꾸로 되어 있었다. 나는 거꾸로 되는 것을 좋아하지 않는다. 때때로 나는 멕시코인의 꿈과 진공의 꿈을 꾼다. 꿈에서 소리를 지르기란 정말 어렵다."

출처: A. T. Russell(1994), "The Clinical Presentation of Childhood-Onset Schizophrenia", *Schizophrenia Bulletin*, *20*, 631-646에서 인용.

단원 정리

DSM-5: 조현병의 특징 정의하기

- 조현병은 비정상적인 정신적 기능 및 행동의 장애로 표현되는 뇌의 신경발달장애이다.
- ASD가 있는 아동과는 달리, 조현병이 있는 아동은 발병이 늦고, 지적 결함을 덜 보이고, 심각한 사회적 손상과 언어적 손상이 덜 나타나고, 나이가 들면서 환각과 망상이 나타나고, 증상이 경감되는 기간과 재발 기간이 있다.
- COS는 성인기 조현병과 다른 질병이라기보다는 성인 발병 조현병의 더 심각한 형태이다.
- COS가 있는 아동/청소년은 망각이나 환각과 같은 정신병적 증상, 그리고 사고·언어·동작의 둔화, 그리고 사회적 접촉에 대한 무관심과 같은 음성 증상을 보인다.

전조와 동시 발병

COS가 있는 대다수의 아동은 장애의 발병이 갑자기 발생하기보다는 점진적으로 나타나며, 거의 95%는 정신증이 발병되기 전에 행동, 사회, 심리적 장애의 분명한 이력이 있다(Paya et al., 2013). 예를 들면, Mary는 정신병적 증상이 나타나기 전에 반항적이고 친구를 사귀는 데 어려움이 있었다.

조현병 발병의 발달적 전조에는 말 및 언어 문제, 학습 문제, 정지 상태의 인지적 손상 및 성숙의 지연, 운동 발달의 문제, 동작 이상(예: 안면 틱이나 찡그림), 높은 사회적 결함 수준(예: 사회적 위축, 사회적 특이함), 특이한 사고 내용, 의심/편집증, 물질 사용, 최근의 기능 악화를 동반한 조현병의 유전적 위험 등이 포함된다(Cannon et al., 2008; Dickson et al., 2012; Paya et al., 2013).

COS가 있는 아동 및 청소년의 10~20%는 지적 기능 수준이 경계선 수준이나 그 이하의 IQ이다. 전반적인 지적 손상뿐만 아니라 주의, 기억, 실행 기능에서 결함을 보인다(Frangou, 2013). COS가 있는 아동은 종종 불안, 우울, ADHD, 품행 문제, 운동 이상, 자살 경향과 같은 증상이나 장애를 보인다(Frazier et al., 2007). 아동의 약 70%는 다른 진단 기준을 충족시키는데, 가장 흔한 것은 기분장애 또는 적대적 품행장애이다(Russell, Bott, & Sammons, 1989). ASD와 COS가 서로 관련이 있는가 하는 질문으로 돌아가서, COS는 사례의 30~50%에서 ASD가 선행한다는 것을 발견한 연구가 있다(Rapoport et al., 2009). 뿐만 아니라, 역학 연구와 가족 연구를 통해 두 장애 사이에 관련성이 있으며, 두 장애 모두 마음 이론 및 거울 뉴런(거울 뉴런은 개인이 행동할 때와 타인이 수행하는 똑같은 행동을 볼 때 양쪽 모두에서 활동한다)의 결함을 보인다. 두 장애 모두는 장애 발병 즈음의 나이에 가속화된 뇌 발달의 징후를 보이며, 뇌 영상 연구는 신경 연결성에서의 유사한 이상을 발견했다(de Lacy & King, 2013). 적지만 유의미한 유전적 상관관계 그리고 유사한 위험 유전자 및 희귀한 약간의 염색체 변이 역시 발견되었다(Cross-Disorder Group of the Psychiatric Genetics Consortium, 2013; King & Lord, 2011). 미루어 볼 때, 이러한 결과들은 COS와 ASD 간에 잠재적으로 중요한 연결이 있음을 시사한다.

유병률

조현병은 12세 미만의 아동에게는 매우 드물다. 그러나 유병률은 청소년기와 초기 성인기 동안 극적으로 증가하며, 대체로 발병 시기는 22세 즈음이다(Abel, Drake, & Goldstein, 2010; McClellan et al., 2013).

- COS 유병률에 대한 추정치는 아동 10,000명당 1명 미만이고, 최근에는 증가하고 있다(J. R. Asarnow & Asarnow, 2003; Okkels et al., 2013).
- 이러한 추정치는 조현병이 아동보다 성인에게서 적어도 100배 더 많이 발병한다는 것을 암시한다(Bromet & Fennig, 1999).
- COS는 여아에 비해 남아에게서 더 어릴 때(2~4년 더 일찍) 발병되며(Häfner et al., 1998), 12세 이전의 발병은 남아에게서 약 두 배 더 흔하다. 그러나 이러한 성별의 차이는 청소년기에 사라진다(Frazier et al., 2007).

COS가 남자에게 더 많은 이유는 아직 밝혀지지 않았는데, 신경발달장애에서 일반적으로 남성이 생물학적으로 더 취약하다는 것과 그 외 다른 원인들이 가능성으로 제시되고 있다. 성인에서는 조현병의 비율이 사회경제적 수준이 낮은 집단에서 더 높다. 그러나 사회 계층과 COS 간의 관계에 대해서는 정보가 거의 없다. 조현병이 있는 성인의 발생률 및 증상의 패턴은 문화, 나라, 인종 집단에 상관없이 유사하지만(Myers, 2011), COS에서 이용할 수 있는 범문화적 정보는 거의 없다(J. R. Asarnow & Asarnow, 1994).

단원 정리

전조와 동시 발병

- COS가 있는 대다수 아동은, 장애의 발병이 갑작스럽기보다는 점진적이며, 거의 95%의 아동은 정신증의 발병 이전에 행동, 사회적·정신적 혼란의 이력을 분명히 나타낸다.
- 조현병의 발달적 전조에는 말 및 언어 문제, 인지적 결함 및 지연, 운동 발달에서의 문제, 사회적 결함, 특이한 사고 내용, 물질 남용, 최근의 기능 악화를 동반한 조현병의 유전적 위험이 있다.
- COS가 있는 아동은 불안과 우울, ADHD, 품행 문제, 운동 이상, 자살 경향성처럼 다른 증상 및 장애를 보인다.
- 최근의 결과들은 COS와 ASD 간에 몇몇 연계성을 제시한다.

유병률

- 조현병은 12세 이전의 아동에게는 극히 드물며, 청소년과 성인에게 발생하는 것보다 훨씬 적다.
- COS는 남아의 발병 연령이 조금 더 이르며, 12세 이전에 발병은 남아에서 두 배 정도 흔하다. 이 같은 성별의 차이는 청소년기에 사라진다.

COS의 원인과 처치

COS의 가능한 원인 그리고 이 아동과 가족을 도와주는 방법은 이제 막 알려지기 시작했다. 다음 단락에서는 이제까지 연루된 생물학적 및 가족 요인에 대한 연구, 마찬가지로 장애에 관한 최근의 처치에 대해 이야기한다.

원인

조현병을 이해하는 데에서 핵심 주제는, 유전에 근거하는 신경생물학적 장애가 피해자들이 점진적으로 무능력해지는, 출생 후 15년에서 20년이 될 때까지 임상적으로 표현되지 않는 이유에 관한 것이다. 이 주제를 이해하기 위해, 연구자들은 유전적 취약성과 초기 신경발달적 침해가 대뇌 피질, 백질, 해마, 소뇌, 변연계 부분을 포함한 뇌의 여러 영역 간의 연결의 손상을 초래한다는 **조현병의 신경발달 모델**을 제시했다(Rapoport, Addington, & Frangou, 2005; Rapoport, Giedd, & Gogtay, 2012). 조현병으로 이어지는 유전자 변이가 태아 전두엽 피질 회로에 혼란을 일으킬 수 있다고 암시하는 연구 결과들이 이 모델을 지지하고 있다(Gulsuner et al., 2013). 이처럼 결함이 있는 신경 회로는 사춘기에 발달적 진행 및 사건(예: 시냅스와 호르몬의 변화)에 의해, 그리고 스트레스에 노출됨으로써 드러나게 되는 역기능에 대한 취약성을 만들어 낸다(Lewis & Lieberman, 2000). 조현병의 신경발달 모델은, 청소년기 또는 초기 성인기에 처음 장애로 나타나는 조현병과 같은 질병이 어떻게 아주 초기 발달에서 발생하는 사건의 함수로서 부분적으로 이해할 수 있는지를 알 수 있는 유용한 틀을 제공한다(Owen et al., 2011). 조현병의 '조기 발병 신경 병리' 모델은 유아와 아동이 정신병적 증상을 보이기 훨씬 전에 운동, 언어, 인지 기능 및 사회적 기능을 포함한 발달적 결함이 있다는 결과와 일치한다(Marenco & Weinberger, 2000).

생물학적 요인

아동기 조현병에서 80% 정도의 유전성을 추정하면서, 강력한 유전적 영향을 제시하는 연구가 있다(R. F. Asarnow et al., 2001; Gejman, Sanders, & Duan, 2010). 예를 들면, COS가 있는 아동의 친척 중에 조현병의 비율은 조현병이 있는 성인의 가족 구성원에서의 비율의 두 배이다. 15세 이전에 발병한 조현병이 있는 일란성 쌍둥이 대 이란성 쌍둥이의 일치 비율이 각각 88%와 23%로 나타난 쌍둥이 연구가 있다(Kallman & Roth, 1956). 분자유전학 연구에서는 COS에 대한 가능한 취약 유전자들을 밝혀냈는데, 이전에 성인 조현병과 연결되어 있던 것들이 많았다(Kyriakopoulos & Frangou, 2007). 영향이 적은 몇몇 공통된 유전자 변이, 잠재적으로 큰 영향을 끼칠 수 있는 아주 희귀한 유전자 변이가 시사된다(Pogue-Geile & Yokley, 2010). 그러나 매우 적은 양의 변화를 설명해 주는 특정 유전자의 발견, 그리고 조현병에 걸리기 쉬운 것에 대한 유전적 영향의 대부분은 아직 밝혀지지 않았다. 미약한 유전적(그리고 환경적) 위험 요인들의 수가 많음을 감안하면, COS는 많은 유전자-환경 상호작용에 연루된 위험 연속체로 가장 잘 설명될 것 같다(Rapoport & Gogtay, 2011). 예를 들면, 정신증이 있는 부모가 임신 중 어머니의 우울이 결합되는 사례에서 조현병의 위험이 9배 더 높아진다는 것을 발견한 연구가 있다(Maki et al., 2010). 엄청난 수의 유전자, 뇌 발달과 관련된 유전자 조절 기제, 이러한 진행 과정을 붕괴시키는 돌연변이의 기제라는 관점에서, COS가 가장 영향을 미치는 사람은 독특한 유전적 원인을 가지고 있을 가능성이 있다(Kuniyoshi & McClellan, 2014).

조현병이 있는 사람들 중에서 중추신경계 역기능의 발생, 약물의 관리와 연관된 극적인 개선은 조현병이 뇌 장애라는 것을 시사한다(Lewis & Lieberman, 2000). COS가 있는 아동/청소년에 대한 뇌 영상 연구들은 뇌실의 확장 및 청소년기에 뇌 전반에 넓게 퍼지는 회백질의 수축을 발견했는데, 이러한 수축은 주의 및 지각과 연루된 뇌 구조의 후방에서 시작해서 계획하기와 조직화처럼 실행 기능과 연루된 뇌의 앞쪽 부위로 퍼져 나간다(Vidal et al., 2006). 회백질의 점진적인 손실은 백질의 성장을 지연시키는/지장을 주는 해마 부피의 감소, 소뇌 부피의 점진적인 쇠퇴와 함께 나타난다. 흥미롭게도, 이러한 변화의 대부분은 COS 아동의 형제자매—정신증이 없는—에서도 발견된다. 그러나 형제자매들은 초기에 나타난 회백질 이상이 이후에 정상적으로 되었으며, 이는 회복/보호 요인의 역할을 제시해 준다. 대조적으로, COS가 있는 전 연령대의 아동에서 나타난 해마 부피의 감소는 형제자매에서는 보이지 않았다. 즉, 해마 부피의 감소는 조현병에만 특정적이다(Rapoport & Gogtay, 2011). 또 다른 연구는 대화를 처리하는 동안에 발생하는 언어 관련 뇌 영역 네트워크에서의 비전형적인 신경 활동성이 정신증의 위험이 있는 젊은이의 차후의 사고 장애의 심각도 및 사회적 결과와 연관이 있다고 밝혔다(Sabb et al, 2010). 이러한 결과는 개입 및 예방을 위한 전략을 제시할 수 있는 COS의 가능한 바이오마커(biomarkers)를 밝히는 데에서 중요하다.

COS의 모든 사례에서 발견되는 단 한 가지 뇌 병변은 확인되지 않았으며, 일부 사례에서 발견된 병변 부위는 조현병에서만 특정적인 것은 아니었다(Kyriakopoulos & Frangou, 2007). 더욱이, 임의의 시점에서 뇌의 해부학적인 차이가 있다고 하기보다는 시간의 흐름에 따른 비정상적인 패턴의 뇌 발달이 더 유력하다(Rapoport & Gogtay, 2011). 일반적으로, COS에 대한 연구는 신경 연결성의 폭넓은 발달적 붕괴를 지적한다. 이처럼 붕괴된 신경 연결성은 뇌 영역 내, 그리고 뇌 영역 간의 연결성을 만드는 데 관여된 발달적 과정에 영향을 미치는 유전자의 취약성과 연루되는 것 같다(Karlsgodt et al., 2008; Rapoport et al., 2012).

환경 요인

COS가 가족력이 있는 장애이지만, 일란성 쌍둥이에서 일치 비율이 100% 미만이라는 것은 비유전적 영향도 있음을 암시한다. 감염에 대한 노출, 독소, 태내기 또는 출생 후 발달하는 동안에 외상적 공격 및 스트레스를 포함한 비유전적 요인이 조현병의 유전적 취약성과 상호작용할 수 있다(Arseneault et al., 2011; Lahti et al., 2009; Rapoport et al., 2005). 임신과 출산 중에 발생하는 몇몇 비유전적 요인들이 후에 조현병을 가질 위험의 증가와 관련되는데, 여기에는 모체의 당뇨, 출생 시 저체중, 부모의 고연령, 겨울에 출생, 태내기 때 모체의 스트레스가 있다(King, St-Hilaire, & Heidkamp, 2010). 각각의 요인은 단일 요인으로 COS에 대한 위험을 약간 상승시키지만 각 요인이 다른 위험 요인들과 결합했을 때 위험은 몇 배가 된다. 다른 비유전적 영향을 고려해 보면, 조현병이 있는 아동의 부모가 정신질환 가능성이 높을 때 부모 역할 기능에서의 부정적 영향이 상승되는 것 같다.

심리사회적 요인 그 자체는 COS를 일으키지 않는다. 그러나 생물학적 위험 요인과 상호작용하여 장애의 발병, 경과, 심각성에 영향을 미친다. 조현병이 있는 아동의 부모는 **의사소통 일탈**에서 우울증이 있는 아동의 부모보다 점수가 더 높았는데, 이는 주의와 사고장애의 대인관계적 징후를 측정한 것이다. 의사소통 일탈 점수가 높은 가정의 아동은 가장 심한 결함을 보이고 주의집중 기능이 가장 빈약했다. 이러한 결과는 의사소통 일탈이 조현병의 심각한 형태와 연관될 수 있으며, 또는 가족 상호작용이 역기능의 심각성을 악화시킬 수 있음을 시사한다 (J. R. Asarnow, Goldstein, & Ben-Meir, 1988). 조현병이 있는 아동을 둔 부모는 우울한 아동 또는 정상 통제 집단 아동의 부모보다 아이한테 혹독한 비난을 더 많이 사용할 수 있는데, 이는 그들 자녀의 심각한 어려움에 대한 반응일 수도 있다.

가정 환경의 역할에 대한 지지는, 빈곤한 가정 환경과 특정 유형의 의사소통에 대한 노출은 아동이 조현병 스펙트럼 장애를 발달시킬 위험을 더 많이 증가시키는 조현병의 유전적 위험과 상호작용할 수 있다는 연구에서 나온다. 예를 들면, 친어머니가 조현병 스펙트럼 장애가 있으면서 어린 나이에 입양된 아동에 대한 종단 연구에서, 입양 부모의 빈약한 양육 환경 및 의사소통 일탈이 입양아에게 조현병 스펙트럼 장애를 발달시킬지를 예측했다(Wahlberg et al., 2004; Wynne et al., 2006). 역기능적인 양육 환경 및 의사소통 일탈 비율이 높은 입양 부모의 아동은 좀 더 긍정적인 가정에서 자란 아동보다 조현병 스펙트럼 장애를 보일 가능성이 더 높았다. 조현병의 유전적 위험이 낮은 아동의 경우, 빈약한 가정 환경과 일탈된 부모의 의사소통 패턴이 이후에 조현병 스펙트럼 장애 발생의 위험을 증가시키지 않았다.

가족 연구 결과들은 조현병이 있는 아동의 가족들이 겪게 되는 스트레스, 고통, 개인적 비극을 강조한다(J. R. Asarnow & Asarnow, 2003). 다음은, 조현병 진단을 받고, 신이 어머니와 동생이 죽기를 원한다고 믿고 있는 17세 소년 Matthew의 어머니 June Beeby가 한 말이다.

> "정말 끔찍해요. 무엇보다도 사랑하고, 지금껏 기른 아이예요. 갑자기 아이가 미친 사람이 되었다고 생각해 보세요."(M. Nichols, 1995, p. 70) 어느 추운 겨울날, June Beeby는 집으로 돌아와, 아들이 피범벅이 된 풀장에서 죽어 있는 것을 발견했다. "아이는 평범한 칼 두 개를 가지고 그 칼이 뇌를 관통할 때까지 두 눈을 찔렀어요."(p. 70) 목숨을 끊기 2년 전에 Matthew가 쓴 일기에는 하나님과의 만남이 적혀 있었다. "그는 힘을 이용해 9개월 동안 내 머리를 조종했다…. 하나님은 내가 죽어서 천국에서 영생한다고 생각하길 원했다."(p. 74)

처치

부모로서 당신은 아들이나 딸을 안전하게 지켜야 한다는 막중한 책임감을 느낍니다. 그러나 아이가 정신분열을 보일 때면 당신은 그럴 수가 없습니다. 왜냐하면 그는 도움을 원하지 않기 때문이죠.

— M. Nichols, "Schizophrenia: Hidden Torment," *Maclean's*, January 30, 1995

좀 더 긍정적인 결과를 보이는 아동도 일부 있지만, 대부분 COS는 장기적인 결과가 나쁜 만성 장애이다(McClellan et al., 2013; Röpcke & Eggers, 2005). 어떤 경우이든지, 병이 있는 대부분의 사람들의 결과는 이전 모습에 비해 광범위하게 개선된다. 최근의 처치는 심리치료적 그리고 사회적 및 교육적 지지 프로그램을 항정신병 약물(예: 클로자핀, 리스페리돈)과 결합하라고 강조한다(McClellan et al., 2013; National Institute of Health and Clinical Excellence [NICE], 2013b). 성인에 비해 아동의 항정신병 약물의 사용은 아주 덜 알려졌지만, 약물은 조현병이 있는 아동의 치료에도 널리 사용되며, 대다수의 아동/청소년이 일생의 많은 시간 동안 약물을 복용한다(Findling et al., 2014). 약물은 D2 도파민 수용체에 도파민 전달물질을 차단함으로써 정신병적 증상을 조절하는 데 도움이 된다. 그러나 정신병 처치로 인한 부작용이 흔하며, 이로 인해 치료를 계속해서 지키기가 힘들어지기도 한다. 약물의 유형에 따라 이러한 부작용이 심각해질 수 있으며, 부작용에는 프로락틴의 증가, 운동 이상(예: 진전), 체중 증가, 축처짐, 글루코스 조절력 상실이 포함된다. 따라서 이러한 부작용을 세심히 점검하고, 필요에 따라 약물의 유형이나 양을 조절하는 것이 아주 중요하다(Tiffin, 2007). 가족 개입, 사회 기술 훈련, 인지-행동치료와 같은 심리사회적 처치 역시 필요하다(Addington, Piskulic, & Marshall, 2010). 환자 및 가족과 질병 그리고 환자의 회복에 초점을 둔 이야기 속에 사실에 기반을 둔 정보를 제공하는 교육적 지지의 필요성 역시 임상 장면에서 널리 인식되고 있다(McDonnell & Dyck, 2004; Tiffin, 2007). 좀 더 나이가 있는 조현병 환자에게 심리사회적 처치에서 나온 결과들이 전망이 좋다고 해도, 아동과 청소년에 대한 통제된 연구들이 더 필요하다(Tiffin & Welsh, 2013).

예방의 틀을 이용해서, 최근에는 고위험군 아동/청소년이 정신병적 증상을 발병시키기 훨씬 전에 다양한 약물 개입, 생물학적 · 심리사회적 개입, 가족 개입 등을 적용하는 것에 초점을 맞추고 있다. 지금까지의 결과는 이러한 개입이 단기적으로는, 완전히 진행된 정신증으로의 전환 위험을 감소시키는 데 효과적이지만, 장기적으로는 단지 정신증으로의 전환을 지연시킬 뿐임을 시사한다(Preti & Cella, 2010). 정신증에 대한 임상적 위험이 높은 젊은이의 정신증을 예측하고 예방하는 연구, 특히 장기적으로 이익이 될 수 있는 가능성과 관련한 연구가 앞으로 더 필요하다(Addington & Heinssen, 2012).

단원 정리

COS의 원인과 처치

- 조현병과 관련된 현재의 관점은 유전적 취약성 및 신경발달적 침해가 뇌의 여러 영역들 간의 연결에 결함을 초래한다는 신경발달 모델에 근거하고 있다. 이러한 결함이 있는 신경 회로는 스트레스에 대한 아동의 취약성을 증가시킨다.
- 조현병은 여러 유전자가 관련된, 또한 환경적 · 발달적 취약 요인과 연합된 장애이다.
- COS의 뇌 연구들은 청소년기에 뇌 전반에 넓게 퍼지는 회백질의 수축을 암시하고 있는데, 이러한 수축은 주의 및 지각과 연루된 뇌의 후부에서 시작해서 계획하기와 조직화 같은 실행 기능과 관련된 뇌의 앞쪽(frontal)으로 퍼져 나간다.
- 약물이 조현병이 있는 아동의 정신병 증상을 조절하는 데 도움이 되지만, 사회 기술 훈련, 가족 개입, 인지-행동치료, 교육적 지지와 같은 심리사회적 처치 또한 필요하다.

✳ 학습 자료

단원 요약

자폐 스펙트럼 장애(ASD)
DSM-5: ASD의 특징 정의하기
ASD의 핵심 손상
ASD 관련 특성
ASD의 유병률과 경과
ASD의 원인
ASD의 처치
아동기 발병 조현병(COS)
DSM-5: 조현병의 특징 정의하기
전조와 동시 발병
COS의 원인과 처치

핵심 용어

관심 유발 몸짓(protoimperative gestures)
대명사 전도(pronoun reversal)
동일성에 대한 집착(preservation of sameness)
마음 이론(theory of mind, ToM)
망상(delusions)
반향어(echolalia)
스펙트럼 장애(spectrum disorder)
시행 훈련(discrete trial training)
아동기 발병 조현병(childhood-onset schizophrenia, COS)
요구 대상 지시 몸짓(protodeclarative gestures)
우연 훈련(incidental training)
의사소통 일탈(communication deviance)
자기 자극 행동(self-stimulatory behaviors)
자폐 스펙트럼 장애(autism spectrum disorder)
자폐증(autism)
정신화(mentalization)
제한적이고 반복적인 행동(restricted and repetitive behavior)
조작적 말 훈련(operant speech training)
조현병(schizophrenia)
조현병의 신경발달 모델(neurodevelopmental model of schizophrenia)
주의의 연합(joint attention)
중앙 응집(central coherence)
화용론(progmatics)
환각(hallucinations)

7

의사소통장애와 학습장애

여러분이 이 글을 읽을 수 있다면, 선생님께 감사하라.

—작자 미상

이 장 미리 보기

모든 사람에게는 욕구도 있고 생각도 있다. 그러나 이를 표현할 수 없다고 상상해 보라. 여러분 주변에서 일어나는 것을 보고 들을 수 있으나, 이것의 의미를 이해할 만큼 집중할 수가 없다. 읽고 셈하는 방법을 배웠으나 문자와 숫자들이 모두 똑같이 보이고 똑같이 들린다. 이러한 어려움이 사람에 따라 다르겠지만, 의사소통장애와 학습장애가 있는 사람들에게는 흔히 겪는 일상적인 일이다. 날마다 해야 하는 과제는 혼란스럽고 좌절감을 불러오며, 때때로 이것은 학업 실패와 자존감을 떨어뜨리는 악순환을 일으킨다.

JAMES
영리하지만 읽을 수는 없다

James(9세)는 선생님에게 걱정거리가 되어 가고 있었다. "James는 아주 영리하며 잘하고 싶어 하는 것은 분명해요. 그림을 좋아하고 언제나 그림을 그리고 싶어 하지요. 그러나 수업시간에 뭔가를 시키면 화를 내요. 그는 학교에 오는 것을 두려워하는 것 같아요. 그리고 그가 읽으려고 하는 몇몇 단어를 읽을 수 없다고 불평해요. 점점 더 좌절하게 되면서 James가 학교에서나 교우관계에서 문제가 생길까 봐 걱정이 되요. 가끔 아주 격해져서 진정하는 것이 어려울 때도 있지요. 무언가를 표현하려고 하지만 그럴 수 없을 때는 폭발을 해서 주먹으로 벽을 치기도 해요."

James의 어머니가 선생님에게 들은 내용은 어머니도 이미 잘 알고 있는 것이었다. 어머니는 James가 자기만의 방식으로 할 수 있는 것만 하려고 한다는 것을 알고 있었다. 어머니는 James가 걷기 시작했을 무렵에 잠자는 데 어려움이 있거나 몸이 좋지 않을 때는 아주 불안해하고 걱정이 많았다는 것을 잠시 떠올렸다. 어머니는 이런 고충을 선생님과 상의했으며 문제가 뭔지를 찾기 위해 노력했다. "집에서 James에게 읽기를 시키는 것은 치아를 뽑는 것과 같아요. 자신이 읽을 수 없는 단어가 많다는 것을 알기 때문에 절대로 읽으려고 하지 않지요." (저자의 사례 자료에서 인용)

FRANCINE
소외되고 뒤처짐

Francine(7세)은 2년 동안 두 번 전학을 했다. 첫 번째 학교는 너무 힘들었다. 급우들은 Francine이 '2+2'를 모른다고 놀려 댔다. Francine은 몇 시간 동안 혼자 노는 것에 만족해했으며, 또래아이들이 하는 놀이에는 흥미를 보이지 않았다. "대부분의 시간 동안, Francine은 슬퍼 보이고, 마치 안개 속에 있는 것처럼 지내요."라고 Francine의 어머니가 말했다. 어머니는 학교 성적도 걱정이지만, 딸이 친구가 없다는 것과 다른 아이들이 딸을 대하는 태도가 더 걱정이었다.

Francine의 부모는 첫 면담에서 딸의 초기 발달력과 발달 이정표에 대한 이야기를 나누면서 자랑스러워했다. "그애는 한 살이 되기 전에 걸었고, 말이 많은 아이였으며, 새로운 단어를 아주 빨리 기억했어요. 건강했고 정상적인 아기였지요. 학교나 다른 아이들에게 이렇게 관심을 보이지 않는 이유를 모르겠어요." 부모는 계속 설명했다. "유아원과 유치원에 들어갈 무렵에는 친구를 사귀는 데 관심이 없는 것처럼 보였어요. 다른 아이들을 괴롭히는 행동을 하지 않았는데도 아이들은 딸을 무시했어요. 나와 남편은 처음에는 심각하게 생각하지 않았어요. 사실, 읽는 것에 일찍 관심을 가져서 4세, 5세 때에도 책이나 잡지를 보면서 대부분의 시간을 보내는 것에 대해 자부심을 느꼈지요. 비록 읽은 것의 대부분을 이해하지 못했지만…. 그러다가 5세경에 아이가 또래들이 좋아할 만한 인기 있는 영화나 장난감 같은 것에 관심을 보이지 않자 걱정이 되기 시작했어요. 유치원에 입학했을 때, 숫자와 '조금 많은', '조금 적은', 또는 '더 큰'과 같은 개념을 이해하지 못한다는 것을 알았어요. 지금은 이 단어들이 의미하는 바를 알고 있지만 아직도 무엇인가를 셀 때에는 혼란스러워해요.

어제 용돈을 주면서 돈을 더할 수 있는지 알아보려고 1, 5, 10센트 동전을 사용했지요. 우리가 아무리 노력을 해도, 그 애는 혼란스러워하며 동전을 헷갈려 했고, 내가 1센트짜리 동전을 위로 쌓아 놓으면 돈을 더 많이 가졌다고 생각해요. 식탁을 차리는 것과 같이 무엇인가를 지시했을 때, 어떻게 끝낼지 상상도 못 할 거예요." (저자의 사례 자료에서 인용)

의사소통장애나 학습장애가 있는 아동도 배울 수 있고, 다른 아이만큼 영리하다. 이 장애는 대개 학습의 특정 측면에만 영향을 미치며, 정상적인 생활이 안 될 만큼 심각한 경우는 아주 드물지만 아주 고통스러울 수 있다. James와 Francine이 겪고 있는 것을 살펴보자. 이 두 사람이 가지고 있는 학습 문제는 각기 다르다. James의 어려움은 언어와 읽기에 있다. James는 언어의 각기 다른 음소를 인식하는 능력이 덜 발달되었으며, 이는 단어의 재인과 쓰기 능력이 빈약해지는 주요 이유이다. Francine

의 문제는 수학과 같은 비언어적 학습 영역에 있다. 그녀는 제법 잘 읽을 수 있지만, 얼굴 표정이나 몸짓의 미묘한 차이를 이해하는 데 어려움이 있다. Francine는 또한 '더 큰' 또는 '소파 옆에 앉으렴'과 같이 공간적 관계나 수학적 관계를 기술하는 용어 및 설명에서 혼동을 겪기도 한다.

광범위하게 '학습 불능(learning disabilities)'이라 불리는 의사소통 및 학습장애에 대한 연구 분야는 지난 50년 동안 아주 극적으로 변했다. 오랜 세월 동안, 학습 문제는 동기의 부족 또는 지도가 부족하기 때문이라고 생각했다. 다행스럽게도, 뇌 영상 검사의 비약적인 발전으로 인해 읽기 및 관련된 인지적 과제에서 어려움을 보이는 아동의 뇌신경 구조와 발달에서 차이가 있다는 인식이 증가하게 되었다. 초기 언어 발달에 초점을 둔 진단과 개입이라는 최근의 발전을 통해, 의사소통 문제의 징후를 보이는 아동들이 조기에 확인되고, 이 아동들의 발달적 강점을 강조한 대안적 교수 방법이 제시되고 있다.

이 장에서는 언어 발달과 학교에 들어가면서 나타나는 학습 문제와의 관련성을 강조한다. 우리는 의사소통장애(주로 초기 아동기에 진단됨)와 학습장애(주로 학령기 동안 많이 확인됨)의 관련된 특징과 기저 원인을 제시하면서 이 두 장애를 발달의 맥락에서 살펴본다. 예를 들어, 의사소통장애가 있는 취학 전 아동은 중기 아동기나 초기 청소년기가 되어서 학습장애로 발전될 가능성이 많다(Beitchman & Brownlie, 2014).

정의와 역사

학습 불능(learning disability, LD)은 지적 불능 또는 뇌손상과 같은 분명한 질병이나 진단 없이 발생하는 학습 문제를 언급하는 일반적인 용어이다. 이 용어는『정신장애의 진단 및 통계 편람(*Diagnostic and Statistical Manual of Mental Disorders*, 5th edition, DSM-5)』에서는 두 개의 구체적인 용어, **학습장애**와 **의사소통장애**가 사용되었으나, **학습 불능**이라는 용어가 흔히 사용되는 것은 명확히 하고 정의를 필요로 한다.

학습 불능은 지능이 정상 또는 평균 이상인 사람이 정보를 받아들이고, 기억하고, 표현하는 방식에 영향을 미친다. 들어오거나 나가는 정보가 감각과 뇌 사이를 지나면서 뒤섞일 수 있다. 대부분의 신체적 불능과는 달리,

Opus/amanaimages/Jupiter Images

천천히 그러나 확실하게, 대부분의 아동은 알파벳을 배우고, 알파벳을 이용해서 단어를 읽고 쓰는 방법을 배운다. 그러나 일정한 학습 불능이 있는 아동은 각기 다른 글자의 형태와 소리가 혼란스럽기만 하다.

학습 불능은 장애가 드러나지 않으며, 어린 아동에서는 종종 탐지되지 않는다(Lovett & Lewandowski, 2014). 따라서 학습 불능이 있는 아동은 읽기, 쓰기, 수학에서의 한계에 대한 대처뿐만 아니라, 때때로 자신의 어려움이 눈에 보이는 장애처럼 존재하고 있다는 것을 다른 사람들에게 확신시켜야만 하는 좌절에도 대처해야 한다.

학습의 어려움은 학업과정에서 흔히 나타나며, 읽기, 쓰기, 수학을 배우는 아동의 능력에 걸림돌이 되지만, 또한 이 어려움은 직업 · 일상생활 · 가정생활 · 친구 관계가 포함된 생활의 다른 많은 부분에도 영향을 미칠 수 있다. 일부 학습 곤란은 구체적이고 능력의 작은 부분에 영향을 미치는 반면, 다른 많은 과제와 사회적 상황에 영향을 미치는 어려움도 있다. 학습 불능이 읽기, 쓰기, 수학, 언어 중 어느 것과 관련이 있든지 간에 학습 불능의 각 유형은 명확한 정의 및 진단 기준이 있다. 과학적 관심 및 지지가 증가하면서 의사소통장애와 학습장애에 대한 지식이 급속도로 불어나고 있다. 과제가 아직 남아 있지만, 현재 우리는 학습 불능이 반드시 장애(핸디캡)가 되는 것은 아니라고 생각한다. Einstein, Churchill, Edison과 같이, 학습 문제를 가지고 있는 많은 유명한 사람들이 예외적인 방식으로 자신들의 재능을 이용했다.

학습 어려움이 있는 모든 아동은 학교에서 기대되는 수준의 수행을 하지 못한다는 특성이 있다. 즉, 증상이 아주 다양하다는 것이다(Beitchman & Brownlie, 2014). 정상 속도로 습득할 수 없는 많은 아동과 성인이 특정 학습장애에 대한 인식과 관심으로 인해 도움을 받고 있다.

학습 불능이 있는 아동은 미국과 캐나다에서 특수교육 서비스를 받는 모든 아동 중에서 세 번째로 많다(National Center for Educational Statistics, 2012). 그러나 학습 불능의 수많은 형태와 중복되는 증상으로 인해 전문가들은 아직까지도 학습 불능을 적절히 정의하려고 애쓰고 있는데, 아래의 긴 정의에서 확인할 수 있을 것이다.

학습 불능은 다음의 기능, 즉 듣기 · 말하기 · 읽기 · 쓰기 · 추리하기 · 수학 중에서 한 가지 이상을 습득하는 데 유의미한 어려움이 있다는 것을 언급하는 일반적인 용어(진단적 용어가 아님)이다. 학습 불능에는 시각 · 청각 · 신체적 결함, 지적 불능, 정서적 혼란, 환경적 열악함이 주요 원인이 되어 발생하는 문제는 포함되지 않는다. 정서적 및 사회적 어려움 그리고 기타 적응 결함이 학습 문제와 함께 발생할 수 있지만, 이것 자체가 학습 불능이 될 수는 없다(Individuals with Disabilities Education Improvement Act[IDEA], 2004).

5장에서는 문제해결력, 언어 기술, 정신적 추론을 포함하는 인지 능력으로서의 지적 불능에 대해 기술했다. 그러나 지능에 대한 광의의 개념에는 개인이 갖고 있는 상대적인 강점과 약점의 패턴을 보여 주는 논리적 · 수학적 · 언어적 능력이 포함되어 있다. 예를 들어, 우리 모두는 다른 영역에 비해 학습과 수행을 더 잘하는 영역이 있다(예: 우리는 읽고 쓰는 것을 좋아하지만 당신의 자동차를 고쳐 달라고 하지는 마라). 유사하게, 정상 지능의 특정 학습장애가 있는 아동은 일부 학습 과제는 아주 힘들어 하는 상대적인 강점과 약점의 패턴을 보인다. 이러한 패턴은 이 외에는 정상적으로 인지 발달과 신체 발달을 보이는 아동에게 너무 극단적이고 예기치 못한 것이기에 주목할 필요가 있다.

Bettmann/Corbis

그가 사회에 남긴 위대한 업적과 공헌으로 인해, Einstein이 어렸을 때 말과 언어장애가 있었다는 것을 알고 있는 사람은 거의 없다.

의사소통장애는 언어, 말하기, 의사소통에서의 손상을 언급하는 진단 용어이다(APA, 2013). 의사소통장애에는 다음의 진단 범주가 들어 있다.

- 언어장애(구어 또는 수화, 다른 사람이 한 말을 이해하는 것과 같이 언어를 사용하여 의사소통하는 데 어려움)
- 말소리장애(말소리 산출에서 손상)
- 아동기 발병 유창성 장애(말더듬처럼 말의 유창성에서의 어려움)
- 사회적(화용론적) 의사소통장애

이러한 의사소통장애는 발달적으로 이후의 학습장애 발병과 연결되어 있다.

특정 학습장애는 학습 및 학업 기술을 사용하는 데에서 특정의 어려움을 언급하는 진단 용어이다. DSM-5는 읽기, 산수, 쓰기에서 공통적으로 자주 일어나는 문제들을 한 가지 범주로 통합시켰으며, 명시자를 이용하여 이 영역에서의 한 가지 또는 그 이상의 결함을 명시한다. 특정 학습장애는 아동의 나이, 학업, 지적 능력으로 기대되는 것보다 유의미하게 성취검사 결과가 낮은 것으로 결정한다.

학습에서의 예기치 않은 강점 및 약점의 패턴은 19세기 후반에 의학적 손상을 입은 환자들을 치료하던 내과 의사들이 처음 관심을 갖고 연구하기 시작했다(Hammill, 1993). 언어장애 연구의 선구자인 Franz Joseph Gall은 뇌손상을 입은 환자들 중 몇몇 환자를 관찰하면서 깜짝 놀랐다. 환자들은 말로써 자신의 감정과 생각을 정확히 표현하는 능력을 상실했으나, 지적 능력의 결함으로 고통받는 것같이 보이지는 않았다. 환자 중 한 명은 말을 전혀 할 수 없었으나 생각을 글로 표현할 수는 있었다. Gall은 이 환자가 머리를 다치기 전에 말을 정상적으로 했다는 것을 알고 있었기 때문에, 말과 관련된 신경학적 과정이 파괴된 뇌의 손상이라고 추론했다. 처음으로, 과학자들은 언어의 과정을 표현하고 수용하는 능력을 통제하는 뇌의 영역을 정확히 찾아낼 수 있었다.

알고 있는 의학적 손상에 근거한 이 같은 초기의 발견은 학습 불능이 있는 사람은 상대적인 강점과 결함이 있다는 점에서 지적 불능이 있는 사람과는 다를 것이라는 가능성을 제기했다. 학습 불능이 있는 사람은 대부분의 영역에서는 지적 과정이 정상이지만, 그 이외의 영역에서는 상대적으로 취약한데, 이는 측정된 능력과 실제 수행 정도에서 **예기치 않은 차이**가 있다고 알려졌다. 이러한 전제는 오랫동안 학습 불능 정의의 기초가 되어 왔다. 그러나 연구자들과 임상가들은 잠재적 능력과 실제 수행 사이의 차이보다는 성취검사에서 평균 이하의 수행을 보이는 것이 학습 어려움을 더 잘 포착해 내는 방법이라는 데 동의하게 되었다(Maehler & Schuchardt, 2011).

지적 불능, 기질적 뇌손상, 학습 문제 사이의 연결은 1940년대에 뇌-행동 사이의 관련성을 알고 있었던 과학자들을 매료시켰다. 그러나 이 시기에 IQ에 근거하는 지적 불능의 정의에 해당하지 않는 일부 아동이 학습에 심각한 문제가 있는 이유에 대한 의문은 여전히 있었다. 지적 불능은 일정한 지적 능력에만 한정될 수 있는가? 학업 문제는 일반 지능의 측정에서 나온 평가와 동일한 것인가?

Strauss와 Werner(1943)는 지적 능력이 없는 아동에게 학습이란 비교적 동일하고, 예측 가능한 과정이라는 개념을 반박하고, 아동은 자신만의 고유한 방식으로 학습한다고 지적하면서 이 같은 문제의 해결에 희망을 주었다. 이 시기에 나온 세 가지 중요한 개념은 오늘날까지도 이 분야에서 지속적으로 영향을 미치고 있다(Hallahan, Pullen, & Ward, 2013).

1. 아동은 다양한 방법으로 학습하며, 따라서 각 아동의 개별적인 학습 스타일과 독특성을 인식해서 이를 최대한 이용해야 한다.
2. 교육 방법은 개개 아동의 강점 및 약점 패턴에 맞추어져야 하고, 한 가지 방법이 모든 아동에게 적용되지 않아야 한다.
3. 학습 문제가 있는 아동은 취약한 영역을 강조하기보다는 가지고 있는 능력을 강화하는 교수법이 도움이 될 수 있다.

1960년대 초, 현대의 학습 불능 운동이 시작되었다. 부모와 교육자들은 이러한 아동이 특수교육 서비스를 받기 위해 지적 불능으로 자주 진단된다는 것이 불만이었다. 지적 불능, 학습 기회 부족, 정신병리, 감각 결함 등으로 설명할 수 없는 학습 문제 아동을 기술해 주는 범주가 필요했다(Lyon, Fletcher, & Barnes, 2003).

따라서 학습 불능의 새로운 개념은 아동의 다양한 요구에 대해 잘 알고 있는 사람들에게 직관적인 생각을 하게 했으며, 주 정부와 지방이 특수교육 프로그램과 서비스를 지원하기 시작하면서 환영받았다. 의사와 심리학자들이 지배하는 현장에 교육자, 부모, 임상가들이 더 많이 유입되었다. 교사 훈련에는 일반적인 교수 방법에 반응하지 않는 아동을 가르치기 위한 새로운 방법이 들어 있는 것으로 확대되었다. 말하기와 언어병리 분야에서 훈련받은 전문가들은 학교에서 제공하는 서비스의 중요한 부분이 되었다.

학습 불능 운동의 초점이 병원에서 학급으로 이동되면서, 부모와 교육자들은 프로그램과 배치에서 주도적인 역할을 했다. 이들은 **학습하는 데 부자연스러운**(learning disabled)이라는 용어가 아동을 낙인찍는 것이 아니라 필요한 서비스를 받게 하는 것이라는 사실에 고무되었다(Hammill, 1993). 이 아동들의 지능이 정상이라는 사실은 적절한 지도 조건과 환경만 확인된다면, 읽기 · 쓰기 · 산수에서의 어려움을 극복할 수 있다는 희망을 부모와 교사에게 주었다(Lyon et al., 2003). 이러한 발전은 최근의 개입에 대한 반응(Response to Intervention, RTI)의 움직임을 가져왔고, 이는 학업 면에서 LD는 불능이 있는 것으로 보기보다는 아동이 필요한 것을 도와주는 것으로 본다. 따라서 부모, 교육자, 특별히 훈련받은 전문가들이 협력함으로써 학습 불능 분야는 1960년대에 시작해서 오늘날 교육 서비스의 중요한 부분으로 성장했다.

단원 정리

정의와 역사

- 학습 불능은 지적 불능 또는 뇌손상과 같이 뚜렷한 질병이 없는 조건에서 발생하는 의사소통과 학습 문제에 대한 일반적인 용어이다.
- 학습 불능이 있는 아동과 성인은 구어 또는 쓰기 등에서 특정한 결함이 있으며, 상대적인 강점과 약점이 종종 있다.
- 부모와 교육자들은 학습 불능이 있는 아동의 인식과 서비스에서 주도적인 역할을 했다.

언어 발달

태어나면서부터, 영아는 부모의 말소리에 선택적으로 주의를 기울이고 자신만의 기본적인 몸짓과 소리로 의사소통하는 것을 학습한다. 보통, 첫돌이 될 때까지 유아는 몇 개의 단어를 인식할 수 있고 욕구와 정서를 표현하기 위해 몇 개의 단어를 사용한다. 두 돌이 지나면, 기하급수적으로 언어 발달이 진행되는데, 복잡한 개념을 만들어 내고 새로운 개념을 표현하는 유아의 능력은 부모에게 놀라움과 흥분의 원천이다. 어른은 말의 분명한 예시를 제공해 주고 아동의 표현을 즐김으로써 언어 발달을 촉진하는 데에서 중요한 역할을 한다.

언어는 **음소**로 구성되는데, 음소란 언어를 구성하는 기본적인 소리(da's와 ba's를 구별하고 길게 하는 ee's와 ss's처럼)이다. 아동이 음소를 반복해서 듣게 되면, 귀에 있는 수용기는 소리가 뇌의 청각 피질로의 전용 연결이 형성되도록 자극한다. 즉, 지각 지도가 뇌에 형성된다. 지각 지도(perceptual map)는 소리 간의 유사성을 표상하고 유아가 상이한 음소를 식별하도록 도와준다. 이러한 지도는 신속하게 형성되는데, 상이한 소리에 반응하는 신경 활동을 측정한 결과, 영어를 사용하는 가정에서 자란 생후 6개월 된 유아는 비영어권 가정에서 자란 유아와 청각 지도가 달랐다(Kuhl et al., 2006). 출생 후 1년이 되면 이 지도가 완성되며, 유아는 자신의 언어에서 덜 중요한 소리를 구별하는 능력은 떨어지게 된다.

지각 지도의 급속한 발달은 외국어를 배우는 것이 모국어보다 어려울 수밖에 없는 이유를 설명해 준다. 뇌의 연결이 이미 모국어에 대해서 이루어졌으며, 남아 있는 뉴런들은 외국어에 대한 새로운 기초 연결을 형성하기가 어렵다. 기초 회로가 형성되면, 유아는 소리에 대해 이루어졌던 작업이 단어 수준에서 이루어지며, 단어를 많이 들을수록 언어를 더 빨리 배우게 된다. 단어의 소리는 더 많은 단어를 처리할 수 있는 신경 연결을 강화시키고 확장시키는 역할을 한다. 이와 유사한 대뇌 피질의 지도가 음악적 능력과 같이 고도의 정교한 기술에서도 만들어진다(Huss et al., 2011). 악기 연주를 배운 아동은 음악뿐만 아니라 언어적 기억에도 중요한 신경 회로를 강화시킬 수 있다(Ho, Cheung, & Chan, 2003).

어릴 때부터 아동은 자신을 표현하는 것을 좋아한다.

음운 인식

모든 아동이 언어의 정상적인 발달 이정표를 따라가는 것은 아니다. 일부 아동은 눈에 띄게 지연되고, 말보다는 몸짓이나 소리를 계속 사용한다. 또 어떤 아동은 지시나 명령을 듣고 수행하는 것과 같은 영역은 정상이지만, 자신의 의사를 명확히 표현하는 데 어려움을 겪기도 한다.

언어의 발달이 학업 수행 및 전반적 지능에 대한 최고의 예측인자 중 하나이지만(Sattler, 2008), 발달의 지연이나 차이가 지적 지체나 인지적 장애를 단정하는 징후는 아니다. 그보다는 정상으로부터의 이러한 일탈은 일탈일 뿐이며, 인지 기능의 다른 영역에서는 뛰어난 능력을 보일 수도 있다. 우리가 천재로 알고 있는 Albert Einstein은 말을 늦게 시작했고 불분명해서 그의 부모는 '정상 이하'라고 걱정했다. Einstein의 가족에 따르면, 그의 아버지가 교장에게 아들이 어떤 직업을 선택하면 좋을지 물었을 때, 교장은 간단하게 "그것이 중요한 것이 아니라 어떤 분야에서도 성공할 수 없어요."라고 말했다(R. W. Clark, 1971, p. 10).

언어 발달이 일반적인 정신 발달의 지표이기 때문에, 언어가 발달하지 못한 아동 또는 언어 습득이 심각하게 지연된 아동은 언어에 기초한 학습 문제에 취약한 것 같다. Einstein이라 해도 초기에 보인 언어 문제는 이후의 의사소통과 학습장애에 대한 전조라고 생각되었다(Heim & Benasich, 2006; Williams, 2010).

음운이란 소리를 결합하는 규칙을 학습하여 소리를 의미 있는 단위 또는 단어로 만드는 것뿐만 아니라 음소를 학습하고 저장하는 능력이다. 음운론의 손상은 의사소통과 학습장애가 있는 대부분의 아동과 성인이 읽기나 철자 학습처럼 언어에 기초한 활동에서 장애를 갖게 되는 주된 이유이다(Larkin & Snowling, 2008; Nation, Snowling, & Clark, 2007).

어린 아동은 말소리가 음소(영어는 ba, ga, at, tr과 같이 약 42개의 음소가 있다)로 나누어진다는 것을 인식하는 것이 필요하다. 말소리가 차례대로 생성되는 각각의 분리된 음소로 구성되어 있지 않기 때문에 이 과제를 어려워하는 아동이 많다. 신속한 의사소통이 되기 위해서 소리는 차례차례 발음되기보다는 동시에 발음(음소들이 중복됨)된다(Liberman & Shankweiler, 1991). 아동의 약 80%는 7세가 되면 단어와 음절을 적당한 음소로 분절시킬 수 있다. 나머지 20%의 아동은 단어와 음절을 음소로 분절하지 못하며, 읽는 것과 씨름을 하게 된다(S. E. Shaywitz, Shaywitz, 2013; Vellutino et al., 2004).

흔히, 초기의 언어 문제는 아동이 학교에 입학하면서 학습 문제로 표면화되는데, 학교에서 말하는 것과 쓰는 것을 연결시키도록 배우기 때문이다. 읽기와 쓰기를 쉽게 배우지 못하는 사람은 알파벳 체계, 즉 소리와 문자의 관계를 학습하는 것이 어려워진다. 또한 이들은 단어의 음절 수준에서 소리를 생성하지 못하는데, 이것을 음운 인식의 결함이라고 부르며, 읽기 문제의 전조가 된다(Rvachew, 2007).

음운 인식은 소리와 문자 사이에 존재하는 관계의 인식, 리듬과 두운 법칙, 소리는 단어의 음절 단위로 생성된다는 인식 등이 포함된 광범위한 구성 개념이다. 1학년 교사가 아동들에게 단어를 압운(rhyme)시켜 소리를 내게 해 보면 음운 인식 문제를 확인할 수 있다. 예를 들어, 교사는 'hat'라고 말하고, 학생에게 h 소리를 내지 않고 단어를 읽게 하거나 'trip'이라고 말하고 p 없이 단어를 읽게 한다. 소리를 혼합시키는 아동의 능력을 평가하기 위해 t, i, n의 세 가지 소리를 말하고 아동이 이 소리를 합쳐 'tin'으로 말할 수 있는지를 알아본다.

음운 인식과 처리 과정은 기본적인 읽기 기술의 전제 조건이 되는 것 외에도, 표현 언어의 발달과도 관련이 깊다(Boada & Pennington, 2006). 음운 처리 과정의 문제에서 핵심적인 손상이 있는 사람은 음소를 분절하고 분류하는 것, 흔한 사물의 이름과 문자를 인출하는 것, 음운 코드를 단기 기억으로 저장하는 것, 일부 말소리를 산출하는 것에 어려움을 겪는다. 읽기와 이해는 단일 단어를 해독하기 위한 신속하고 자동적인 능력에 달려 있다. 해독이 느리고 부정확한 아동은 독해 부분을 가장 어려워한다(Melby-Lervåg, Lyster, & Hulme, 2012).

단원 정리

언어 발달

- 언어 발달은 언어에서 중요한 소리를 배우고, 저장하고, 표현하는 타고난 능력 및 환경적 기회를 기초로 하는데, 이것은 유아기에 급속하게 발전한다.
- 음운 인식, 즉 언어의 소리를 구별하는 능력에서의 손상이 의사소통장애 및 학습장애의 주된 원인이라고 확인되고 있다.

의사소통장애

의사소통장애가 있는 아동은 말소리를 산출하고, 구어를 이용하여 의사소통하고, 다른 사람의 말을 이해하는 데 어려움이 있다. DSM-5에서 의사소통장애의 하위 범주에는 언어장애, 말소리장애, 아동기 발병 유창성 장애(말더듬), 사회적(화용론적) 의사소통장애가 있다. 이러한 하위 범주는 아동이 보이는 결함의 정확한 본질에 따라 구분된다.

음운 문제는 발달상으로 언어 수용이나 표현의 문제가 나타나기 전에 드러나지만, 이 둘은 아주 유사하다는 것을 기억하라. 다음 논의에서는 의사소통장애의 기본적 특징을 보여 주는 초기 아동기의 문제를 강조하기 위해서 언어장애를 중점적으로 살펴보고자 한다(말더듬은 임상적 특징 및 발달 과정이 독특하므로, 따로 살펴볼 것이다).

Jackie가 3세 때 보인 의사소통 문제를 살펴보자.

JACKIE
말하지 않고 소리 지르기

Jackie의 어머니는 도움을 청하는 이유를 주저 없이 말했다. "세 살 된 딸이 점점 더 걱정이 돼요. 아기 때 중이염을 앓았고 수면 문제가 있었지요. 때때로 밤에 딸아이는 몇 시간 동안 비명을 질렀는데, 주로 중이염 때문이었지요. 딸은 기질 폭발을 보이며, 옷을 입거나 코트를 입는 것처럼 간단한 일을 시키면 하지 않아요."

Jackie가 놀이방에서 기다리는 동안에 어머니의 목소리보다 더 큰 비명이 들렸다. Jackie가 나의 조교에게 무엇인가를 요구했지만 조교는 Jackie가 무슨 말을 하는지 이해하지 못했다. 아이와 어머니 둘 다 때때로 얼마나 좌절하는지 분명했다. 어머나는 Jackie가 두 살이 되기 전에 남편과 어떻게 이혼하게 되었는지를 말했으며, 이혼 후에는 주말 방문 때문에 흐트러진 Jackie의 일상이 정상 수준으로 돌아오는 데 며칠씩 걸리기도 했다.

Jackie의 유아원 교사가 쓴 편지를 읽어 보니, 교사는 Jackie 나이 또래를 많이 다루어 본 경험이 많은 사람이었다. "Jackie는 영리하고 에너지가 넘치는 아동이지요. 그렇지만 단어를 사용하여 스스로를 표현하는 데에서 말로 할 수 없을 만큼 큰 어려움을 겪고 있습니다. 좌절당하면 포기하거나 화를 내지요. 밥을 먹으려고 하지 않거나 낮잠을 자는 시간에 교사들과 실랑이를 하기도 해요. 배가 고프거나 피곤할 때도 그런 모습을 보이지요. 주간 보육 시간에 새로운 교사가 오면, Jackie는 낯선 사람에게 익숙해지는 데 아주 긴 시간이 필요하답니다. 자신에게 요구하는 것을 이해하는 것처럼 보이지만 스스로를 표현할 단어를 찾을 수는 없어요. 이 점 때문에 Jackie가 정서적 반응을 일으키는 것 같아요." (저자의 사례 자료에서 인용)

언어장애

Jackie의 문제는 **언어장애** 진단 준거에 부합하는데, 이는 구어 또는 쓰기 언어의 이해나 산출의 어려움이 특징인 의사소통장애이다. 이러한 결함 때문에, Jackie는 자신의 좌절을 큰 소리로 부적절하게 표현한다.

각 아동이 단계를 통과하는 속도가 다르기는 해도 아동의 언어 발달은 특정 단계를 밟아 간다. 정상적인 편차가 있기 때문에 아동의 조기 의사소통 문제가 나중에 학습에서 큰 문제로 이어질 것이라고 예측하는 것이 어렵다. 흔한 예로, 다양한 사물을 가리키며 아동이 끙끙거리거나 소리를 지를 때 부모가 재빨리 "우유 더 달라고?", "완두콩은 그만." 하고 이해하는 것이 있다. 세 살이 되기까지, 부모가 단어 사용을 적극적으로 격려하고 비언어적 의사소통을 막지 않으면 이와 같은 방식으로 의사소통한다. 그러나 풍부한 언어적 예시를 보여 주고 적절한 언어적 촉진을 제공해도 일부 아동은 말과 언어의 일부 영역이 발달하지 못하며, 그로 인해 이후에 학교에서 문제가 된다. 이러한 발달상의 연계 때문에 의사소통장애 연구는 차후의 학습 문제를 이해하고 치료하는 데에서 아주 적절할 것이다.

표 7.1은 언어장애에 대한 DSM-5 진단 준거의 주요 특징을 보여 준다. Jackie처럼 언어장애가 있는 아동이 말과 언어에도 영향을 미치는 지적 불능 또는 자폐 스펙트럼 장애가 있는 것은 아니다. 그보다, 이들은 의사소통을 위한 언어를 획득하고 사용하는 데 어려움을 보인다(진단 준거 A). 언어를 사용하는 아동의 능력은 수용 기술(즉, 수용 언어 및 이해 언어와 같은)과 표현 기술(즉, 목소리 · 몸짓 · 언어적 신호의 산출과 같은) 둘 다에 따라 다르다. 따라서 이러한 장애가 있는 아동은 종종 어휘의 감소, 문장 구조의 한계, 대화를 수행하는 능력에 결함이 있다. 아동의 표현 능력과 수용 능력에 차이가 있으며, 언어 이해는 언어 표현보다 더 강력하다. 예를 들면, 부모가 Jackie에게 "이층에 올라가서 양말을 찾아 신어."라고 하면 Jackie는 이를 수행해 낸다. 그러나 자신이 한 것을 말로 설명해 보라고 하면 Jackie는 "양말 찾아." 정도로 단순하게 대답한다.

표 7.1 언어장애의 진단 준거

DSM-5

(A) 아래의 내용이 포함된 언어의 이해와 생성에서의 손상으로 인해 전반적인 언어 양식(즉, 말 · 글 · 수화 · 기타)의 습득과 사용에서 지속적인 어려움을 겪는다.
 (1) 감소된 어휘(단어의 지식 및 사용)
 (2) 문장 구조(문법 및 형태론적 규칙에 기초하여 단어와 어미를 배치해서 문장을 구성하는 능력)의 한계
 (3) 담화(주제 또는 일련의 사건을 설명 또는 기술하고 대화를 하기 위해 어휘를 사용하고 문장을 만드는 능력)의 결함

(B) 언어 능력이 연령에서 기대되는 수준보다 상당히 그리고 양적으로 낮으며, 효과적인 의사소통, 사회적 참여, 학업적 성취, 직업적 수행에서 기능적 한계를 초래한다(따로따로 또는 조합으로).

(C) 증상의 발병은 초기 발달기에 시작된다.

(D) 어려움은 청력 또는 다른 감각의 결함, 운동 역기능, 다른 의학적 조건 및 신경학적 조건에 영향을 받은 것이 아니며, 지적 불능(지적 발달장애) 또는 전반적인 발달 지연으로는 잘 설명되지 않는다.

출처: *Diagnostic and Statistical Manual of Mental Disorders*, 5th ed. American Psychiatric Association.

언어장애가 있는 아동의 어학 능력은 장애의 정도와 아동의 연령에 따라 아주 다르다. 언어장애가 있는 대부분의 아동은 말을 늦게 시작하고, 발달이 느리다. Jackie의 반응처럼, 이들의 어휘는 제한적이며, 문장이 짧고 문법 구조가 단순하다는 특징이 있다. 진단 준거에 부합하기 위해서는 이러한 문제가 같은 연령대의 다른 아동보

다 능력이 상당히 낮아야 하고 의사소통, 사회적 참여, 학업 성취에 기능적 제한을 야기해야 한다(진단 준거 B). 또한, 증상은 초기 발달 시기(진단 준거 C)에 시작되어야 하고, 다른 감각 결함 또는 질병이 영향을 미치는 것이 아니어야 한다(진단 준거 D).

청력은 정상이라고 해도 이 장애가 있는 아동은, 복잡한 '만약 ~라면' 같은 특정한 유형의 단어나 진술을 이해하는 데 어려움이 있다. 심한 경우, 기본 어휘나 간단한 문장을 이해하는 능력에 결함이 있을 수 있고, 소리 및 상징, 저장, 회상, 계열화와 같은 청각적 처리 과정이 손상되었을 수도 있다. 아동의 이러한 모습은 부주의 또는 불순종을 보일 수도 있고, 장애가 잘못 진단되기도 쉽다. 영어를 말하는 초대자(host)와 그녀의 그리스인 남편이 그리스를 방문했을 때 어떻게 느낄지 생각해 보자. 당신의 초대자가 없다면 친절하게 대화에 참여하려는 노력은 좌절되고 불편할 것이다. 설령 당신과 남편이 몇몇 단어를 이해할 수 있다고 해도 대화가 자연스럽게 이루어지지는 않을 것이다. 이와 비슷한 의사소통의 장벽을 경험한 적이 있다면, 언어장애에 수반되는 좌절과 불편함을 이해할 수 있을 것이다.

발달상의 언어 문제가 단어의 이해에 있지 않고 발음이나 소리 생성과 관련되었을 때 적절한 진단은 **말소리 장애**이다. 이 장애가 있는 아동은 말의 속도를 조절하는 데 어려움을 겪거나 특정 소리를 조음하는 것을 배우는 것이 늦어질 수 있다. 전형적으로 3세 정도가 되면 음소를 배우고 이해할 수 있는 말소리를 사용할 수 있지만, l, r, s, z, th, ch 소리가 가장 어려운 소리인데, 이 소리의 조음은 몇 년 더 걸릴 수 있다(APA, 2013).

장애의 정도에 따라, 이 아동들의 언어의 질이 일반적이지 않거나 알아들을 수 없을 수도 있다. 예를 들면, 6세인 James는 여전히 'rabbit'을 'wabbit'으로, 'rewind'는 'wewind'로 발음한다. 물론, 취학 전 아동은 때때로 단어를 잘못 발음하거나 들은 발음을 혼동하는데, 이는 말의 학습에서 정상적인 부분이다. 이러한 문제가 정상 발달(4세)을 벗어난 범위에서 지속되거나, 7세 정도까지 학업 및 사회적 활동에 방해가 된다면 이것 또한 관심을 기울여야 한다.

유병률과 경과

아동이 새로운 발음을 습득하고, 자신만의 새로운 개념을 표현하려고 시도하면서 발음 생성과 표현에서 문제가 나타난다. 유병률의 추정이 언어 발달의 정규 분산을 고려하고, 특정 진단 준거를 충족시키는 사람에 근거한다고 해도, 심각성의 정도는 상당히 다를 수 있다. 예를 들어, 초기 아동기에는 가벼운 말소리장애가 비교적 흔하며, 미취학 아동의 거의 10%가 영향을 받고 있다. 이 아동들 중 대다수는 자라면서 이 문제를 극복하며, 취학 전 아동의 대략 2~3%만이 말소리장애에 해당한다. 언어장애는 좀 더 흔한데, 연구에 따르면 초기 학령기 아동의 대략 7%가 이에 해당한다(Beitchman & Brownlie, 2014; Heim & Benasich, 2006).

의사소통장애는 여아보다 남아에게서 두 배 정도 더 많이 발견되는데(Pinborough-Zimmerman et al., 2007), 남아의 언어 문제는 종종 행동 문제가 동반되므로 여아보다 더 많이 의뢰되고 의사소통 학습장애로 진단된다(Vellutino et al, 2004). 4세 정도가 되면, 언어에서의 아동 개인차가 안정화되며, 따라서 이 시기가 지난 후에도 문제가 남아 있다는 것은 이후의 결과에 대한 높은 예측인자가 된다. 대략 50%는 문제가 완전히 없어지는 반면, 나머지 50%는 상당한 발전이 있다고 해도 성인기에도 약간의 결함이 있을 수 있다. 특히 수용성 언어 결함이 있는 아동은 일차적으로 표현성 결함이 있는 아동과 비교할 때 예후가 더 좋지 않다. 수용성 언어 문제는 치료가 더 어렵고 교육 전반에서 종종 읽기 어려움과 연관된다(APA, 2013).

언어 문제는 시간이 지나면서 흔히 사라지거나 감소하겠지만, 의사소통장애가 있는 아동은 어릴 때 시작되는 부정적 행동의 정상적인 비율보다 종종 더 높다(van Daal, Verhoeven, & van Balkom, 2007). ADHD 및 사회적 기술의 한계처럼 연관된 행동 문제가 의사소통장애에 추가될 수 있고 더 나아가 또래와 관계를 맺거나 교육적 요구를 따라가는 방법이라는 면에서 발달의 경과가 달라질 것이다(Durkin & Conti-Ramsden, 2010). 특별한 요구(special need)가 있는 아동이 전형적으로 발달하는 아동과 상호작용할 수 있는 기회를 주기 위해, 학교 체계는 분리보다는 통합된 정규학급에 아동을 포함시키기 시작했다. **통합** 교육 전략의 기본 전제는, 특별한 요구가 있는 아동의 능력은 정상 발달하는 아동과의 상호작용으로 향상될 수 있고 아동에게 명칭 붙임 또는 특수학급 배치로 인한 영향을 줄일 수 있다는 것이다.

원인

다음 단락에서는 유전적 요인과 뇌 기능의 역할을 지지

하는 놀라운 연구 결과 및 학습장애의 유병률을 높이는 위험한 환경적 요인에 대해 살펴보자.

유전

구체적인 유전자의 기반을 정확히 집어 내기 어렵다고 해도, 언어 과정의 유전성은 상당하다. 언어장애가 있는 모든 아동의 대략 50~75%는 학습장애의 가족력이 있다(American Speech-Language-Hearing Association [ASHA], 2008; Heim & Benasich, 2006). 쌍둥이 및 입양아 연구 역시 유전적 연관성을 지지해 준다(McGrath et al., 2007; Plomin, Haworth, & Davis, 2010; Whitehouse et al., 2011).

과학자들은 의사소통장애로 이어지는 뇌 기능에서의 구체적인 손상과 유전될 가능성을 알려고 했다. 부모 영향이 있는 언어 결함 아동과 부모 영향이 없는 언어 결함 아동의 비교 연구에서, **측두엽 처리 손상**(temporal processing deficts)은 언어에 기초한 학습 불능 가족력이 있는 아동에게서 의미 있게 더 많이 발생했다(Caylak, 2011; Flax et al., 2003). 즉, 유전적 영향이 있는 아동은 어떤 발음을 판독하는 데에서 어려움이 더 많은데, 여러 상이한 소리에 반응하는 신경 점화 방법의 미세하지만 중요한 차이 때문이다. 쌍둥이 연구에서, Bishop 등(1999)은 측두엽 처리 과정의 변인이 환경적 요인에 의한 것이며 유전적인 것이 아니라는 것을 발견했는데, 쌍둥이-쌍둥이 상관계수가 일란성과 이란성 쌍둥이 둘 다에서 비슷했기 때문이다. 그러나 음운의 단기 기억에서의 결함은 유전적인 것으로 보인다.

뇌

언어 기능은 빠르게 발달하고, 주로 뇌의 좌측두엽에 자리 잡는다(**그림 7.1** 참조). 순환 피드백 고리(circular feedback loop)는 언어의 수용과 표현의 발달적인 진행을 강화시키도록 돕는다. 아동이 구어를 더 잘 이해할수록 표현도 더 잘할 수 있다. 자신의 발성으로부터 스스로 받는 피드백은 자신의 그다음 표현을 만들어 내도록 돕는다. 이해의 부족과 피드백의 부재는 언어의 산출을 감소시키고, 따라서 조음 기술의 발달을 저해한다(Vellutino et al., 2007).

해부학 및 뇌 영상 연구는 음운 인식과 분절의 손상이 뇌의 어느 한 영역의 구체적인 역기능이 아니라 뇌 영역 간의 기능적인 연결에서의 문제와 관련이 있는 것으로 나타났다(Lyon et al., 2006; Richlan, Kronbichler, & Wimmer, 2011). 일부 뇌 영상 연구에서는 음운 인식을 요구하는 과제에서 수행이 불량한 것은 뇌 좌측두엽 부위에서의 활동이 감소하는 것과 관련이 있는데, 이는 음운의 문제가 음소 처리 능력을 통제하는 후측 좌반구 체계의 신경학적 손상이나 일탈에서 기인될 수 있음을 암시하고 있다(Richlan et al., 2011; S. E. Shaywitz et al., 2009). 뇌 기능의 연구에 대해서는 나중에 읽기장애에서 다시 살펴본다.

초기 아동기에 생긴 재발성 중이염(중뇌 감염)은 언어 곤란에 영향을 미칠 수 있다고 오랫동안 생각해 왔는데 중이염을 자주 또는 오래 앓으면 청력이 손실되기 때문이다. 초기 아동기에 발생한 중이염이 말과 언어의 지연을 야기할 수 있다고 해도, 이러한 지연은 비교적 빨리 개선되며 대부분 7세 정도가 되면 사라진다(Zumach et al., 2010).

요약하면, 생물학적 연구 결과가 뇌 기능의 이상을 지적하고 있지만, 이러한 이상이 어떻게 발생되었는지는 여전히 명확하지 않다. 최선의 추측은 의사소통장애가 유전적 영향, 뇌 성숙의 지연 또는 이상, 임상적으로 발견되지 않는 미세한 뇌 병변의 상호작용의 결과일 것이다(S. E. Shaywitz, Morris, & Shaywitz, 2008).

가정 환경

가정은 의사소통장애에 얼마나 영향을 미치는가? 자녀의 언어를 자극하는 적절한 예를 제공하지 못하는 부모가 있는가? 아동의 발달에 부모가 중요한 역할을 하기 때문에, 심리학자들은 이 문제를 주의 깊게 연구하고 있다.

Jackie의 집에 처음 갔을 때 우리는 Jackie의 계부가 종종 비언어적(몸짓, 얼굴 찡그리기, 짧은 문장)으로 의사를 전달하고 아주 조용한 사람이라는 데 주목했다. Jackie의 어머니는 Jackie에게 말을 할 때 아주 단순하게 말했는데, Jackie의 6세 된 언니에게 말하는 방식과 달랐다. 이러한 관찰은 언어장애가 있는 아동과 그렇지 않은 아동의 집에서 일어나는 언어적 상호작용을 비교한 연구자들(St. James-Roberts & Alston, 2006; Whitehurst & Lonigan, 1998)의 관찰과 일치한다. 이들은 아동의 능력에 따라서 부모가 아동에게 말하는 방식을 바꾼다는 것을 발견했다. 아동이 두세 단어의 문장으로 간단하게 말할 때에는 부모도 이에 맞추어 말을 조정했다. 그러나 방임이나 학대와 같은 극단적인 경우를 제외하고는 의사소통장애가 부모 때문에 발생하는 것 같지는 않다. 부모의 말과 언어 자극이 언어 발달의 속도와 범위에 영향을 미칠 수는 있지만, 장애를 특징짓는 특정 결함에 영향을 미

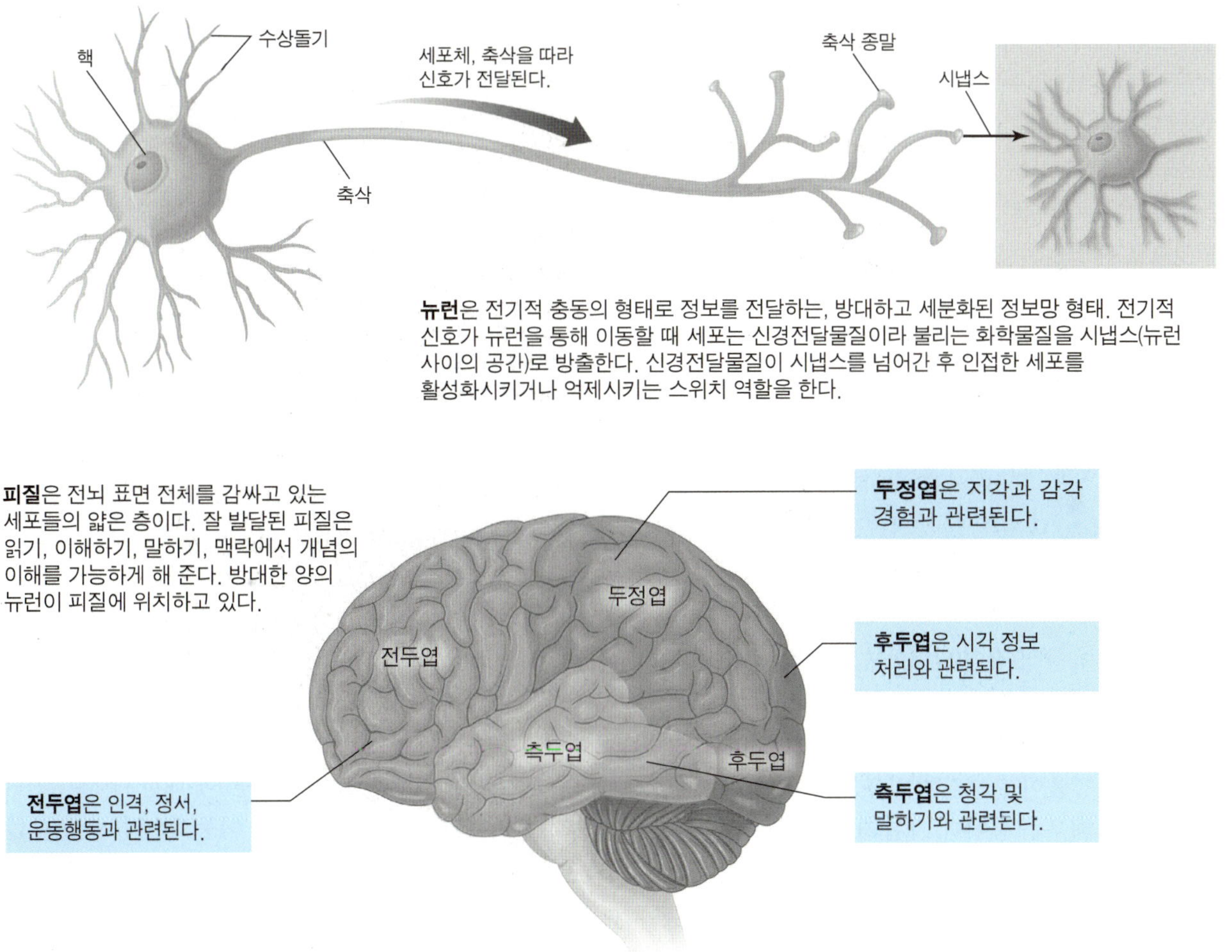

그림 7.1 언어 기능에 관여하는 뇌의 영역.

출처: Plotnik/Kouyoumdjian. *Introduction to Psychology*, 9th ed. 2011 Wadsworth, a part of Cengage Learning, Inc.

치는 것 같지는 않다(Glascoe & Leew, 2010; McGrath et al., 2007).

처치

일부 아동에게서 의사소통장애는 6세 정도가 되면 스스로 교정되지만, 좀 더 심한 의사소통 및 언어 곤란이 있는 아동이 치료받지 않으면 또래에게 뒤처지고 행동적 및 사회적 어려움의 위험에 놓이게 된다. 따라서 부모는 아동의 언어 지연을 이해하고 언어 발달을 자극하기 위해 일상생활에서 할 수 있는 것을 확인하는 데에서 도움을 찾아야만 한다. 일반적으로, 의사소통장애가 있는 아동의 치료는 세 가지 원칙에 근거(Beitchman & Brownlie, 2014)하는데, (1) 아동의 언어 능력을 촉진하는 처치, (2) 아동의 요구를 조정하는 방식으로 환경에 적응하는 처치, (3) 행동적 · 정서적 증상을 감소시키는 지식과 기술을 갖춰 주기 위한 아동(또는 청소년) 치료(therapy)이다.

예를 들어, 특수 유치원에서는 컴퓨터와 교사-교육 보조의 통합을 이용하여 어린 아동에게 초기 학업 기술을 가르치는 데 좋은 성과를 이루었으며, 이는 아동이 새로운 기술을 학습하는 과정에서 아동의 속도에 맞출 수 있게 돕는다(Hatcher et al., 2006; Loo et al., 2010; Smith-Lock et al., 2013).

Jackie의 경우, 우리는 부모와 주간 보호 교사가 Jackie의 강점을 강화시킬 수 있는 훈련 방법을 설계했다. 주간 보호 교사가 갖고 있는 아이디어는 훌륭했는데, Jackie가 그리기와 자기가 그린 그림에 대해 이야기하는 것을 좋아하므로, 말하는 것에 대한 Jackie의 열광을 증가시키기 위해 그림을 이용해야 한다는 것이었다. Jackie의 교실을 방문했을 때, Jackie는 나에게 그림을 보여 주기 위해 달려와서 "엄마, 아빠, 고양이, 호수 그림을 그렸어요." 하고 소리쳤다. 우리는 Jackie의 문제 행동이 무시하기와 주의 환기라는 단순한 형태와 가끔씩 타임아웃을 사용하는 것으로 해결될 수 있을 것이라는 데 동의했다. Jackie는 컴퓨터 그래픽과 이미지에 관심이 생겨서 즉시 문자와 짧은 단어를 판별할 수 있게 되었고, 이것을 화면에서 그릴 수 있었다. 그러는 동안, Jackie의 표현 언어는 향상되었으며, 5세경에는 모든 알파벳 철자를 발음할 수 있게 되었고 유치원에 가고 싶어 했다.

아동기 발병 유창성 장애(말더듬)

아동기 발병 유창성 장애(말더듬)는 의사소통에 방해가 되는 특정 음절을 반복하고 발음을 오래 끈다. 발달의 일부로서, 말을 배우고 있는 동안에 아동의 말이 유창하지 못하거나 발음이 불분명한 것은 정상이다. 어린 아동은 말하기를 배우는 중이며, 새롭거나 어려운 발음을 조합하기 위해 혀, 입술, 뇌 기능을 조정하고 숙련되려면 연습과 인내가 필요하다. 대부분의 아동에게 언어 발달의 이러한 기간은 주목되지 않고 지나가며, 대부분의 부모는 자녀가 새 단어와 씨름하는 것이 경이롭고 놀랍다. 그러나 어떤 아동에게는 이 단계가 오래 걸리고, 음절을 반복(wa-wa-wa)하거나 소리를 오래 끄는데(n-ah-ah-ah-o), 특정한 소리나 단어를 회피하거나 보상하는 방식을 지속하거나 발달시키려고 애쓰는 것일 수도 있다. 4세 된 Sayad는 전형적인 말더듬이라는 언어 문제를 가지고 있다.

SAYAD
가족의 유산

Sayad의 부모는 아들의 발음 문제에 관해 친구와 친척들로부터 많은 충고를 듣고 있지만, 대부분의 충고는 걱정이었다. "평생 동안 이 문제로 힘들겠어.", "뭔가 제대로 하지 않으면 그는 말더듬이가 될 것이고, 자기가 그걸 너무 의식한 나머지 학교나 친구 관계에서도 잘 해내지 못할 거야."라고 할머니는 경고했다.

두 살 때, Sayad는 말을 반복하거나 소리를 길게 내기 시작했으며, 지금은 더욱 두드러졌다. 말할 때 그는 입술을 모으고, 눈을 감으며, 숨은 짧아지고, 얼굴에는 긴장이 흐르는 듯하다. 나하고는 친해서 비교적 쉽게 말하는 편이었다. 그는 설명했다. "내-내-내-내-내 말이 이-이-이-이-입에 붙은 것 같아요. 나-나-나는 말을 너-너 너무 빨리 해요. 왜-왜-왜 나-나는 말을 제대로 할 수 없는 거예요?" 나는 곧 아이의 할머니가 왜 그렇게 걱정을 했는지를 알게 되었는데, 아이의 증조부와 사촌이 모두 말을 더듬었고 Sayad의 아버지도 10대까지 말을 더듬었던 것이다.

Sayad의 어머니는 말더듬을 무시하고 신경 쓰지 않으려고 노력했지만, 친구들이 Sayad를 놀리고 말더듬는 것을 따라 한다는 것을 많이 의식하게 되었다. Sayad의 어머니는 평가를 받으러 온 이유에 대해 다음과 같이 말했다. "Sayad와 가게를 가는 중이었는데 Sayad는 'where'를 반복해서 말했어요. 차를 멈추고 안전벨트를 풀어 준 후에야, Sayad는 'is daddy?'를 마쳤어요. 그 후 나는 모른 척하자는 생각을 버리고 우리 아이가 조금이라도 천천히 하는 방법을 찾기 시작했어요." (저자의 사례 자료에서 인용)

아동기 발병 유창성 장애(말더듬)에 대한 DSM-5 진단 준거가 표 7.2에 있다. 이 장애는 아동의 연령에 맞지 않는, 말의 정상적인 유창성과 시간 패턴에서의 장애인데, 시간이 지나도 지속된다. 말더듬은 소리 및 음절의 반복, 소리 연장, 단어 사이에서 멈춤, 문제가 되는 단어를 피하기 위한 단어의 대체, 유사한 발음 및 말의 어려움이 특징이다. 이러한 어려움은 말하기 및 효과적인 의사소통 또는 사회적 참여를 하는 데 필요한 활동에 참여하는 것이 불안해진다. 시간이 지나면서 아동은 다른 사람들 앞에서 말하는 것에 공포를 느끼고, 전화로 말하거나 교실에서 말하는 것과 같은 상황을 피하려고 한다. 이 장애는 눈 깜빡임, 틱, 입술이나 안면의 떨림 등이 동반될 수 있다(APA, 2013).

유병률과 경과

말더듬은 어린 아동이 소리를 명확하고 적절하게 조음하는 것을 배우면서 비교적 흔하게 나타난다. 인구 집단에 기초한 연구에 따르면, 4세가 될 때까지 아동의 11%는 말더듬이 있으며 남녀 비율은 비슷하다(Reilly et al., 2013; Yairi & Ambrose, 2013). 그러나 80% 정도는 초등학교에 입학할 시점에는 자연스럽게 나아지기 때문에 아동기 발병 유창성 장애 진단을 실제로 받는 경우는 드물다(Packman, Code, & Onslow, 2007). 말더듬의 평생 유병

표 7.2 아동기 발병 유창성 장애(말더듬)의 진단 준거

DSM-5

(A) 개인의 연령이나 언어 기술에 적절하지 않은, 말 패턴의 정상적인 유창함과 시간에 방해가 있으며, 오랫동안 지속된다. 다음 중에서 한 가지 이상이 자주 그리고 뚜렷하게 나타난다는 특징이 있다.
  (1) 음 및 음절의 반복
  (2) 단어뿐만 아니라 자음을 길게 소리 내기
  (3) 단어의 깨어짐(예: 하나의 단어 안에서 멈춤)
  (4) 소리가 들리거나 침묵의 막힘(말이 중단된 사이에 채우거나 채우지 않음)
  (5) 우회적으로 말하기(문제가 있는 단어를 피하기 위해 단어를 대치함)
  (6) 과도하게 신체적 긴장을 하면서 생성된 단어
  (7) 단음절의 전체 단어의 반복(예: "나-나-나-나는 그를 본다.")

(B) 방해는 말하는 것 또는 효과적인 의사소통, 사회적 참여, 학업 수행이나 직업적 수행을 제한시키는 것에 대한 불안을 불러일으킨다(따로따로 또는 조합으로).

(C) 발병은 초기 발달기에 시작된다(주의: 늦은 발병의 사례는 성인 발병 유창성 장애로 진단한다).

(D) 방해가 되는 것은 언어-운동 손상 또는 감각 손상, 신경학적 흠집(예: 뇌졸중, 종양, 외상)에 의한 비유창성, 또 다른 의학적 우려에 의한 것이 아니며, 다른 정신장애로는 잘 설명되지 않는다.

출처: *Diagnostic and Statistical Manual of Mental Disorders*, 5th ed. American Psychiatric Association.

률(즉, 모든 연령을 통틀어 어느 시점에서라도 말더듬 진단 준거를 충족시키는 사람의 수)은 1% 미만이다(Yairi & Ambrose, 2013). 인종 및 문화적 요인이 말더듬에 어떻게 영향을 미치는지는 분명치 않지만, 미국에서 아프리카계와 히스패닉계 아동들 사이에서 부모가 보고하는 말더듬 비율이 높다는 데 주목하고 있다(Boyle et al., 2011).

원인과 처치

말더듬을 둘러싼 잘못된 생각과 미신이 많이 있다. 말더듬이 해결되지 않은 정서적 문제나 불안으로 인해 야기된다는 것은 널리 알려진 생각이기도 한데, 이러한 생각을 지지하는 증거는 부족하다(Packman et al., 2007). 말더듬은 가족에게 대물림되기 때문에, 연구자들은 말더듬의 주요 원인으로 가족 특성에 초점을 맞춘다. 그러나 이런 행동이 일차적으로 아동의 언어적 환경으로 인해 생겨나는 것 같지는 않다. Sayad의 할머니와 어머니는 어머니들의 의사소통이 말더듬의 발달에서 중요한 역할을 하지 않는 것을 알고 난 후에 안심했다(Howell & Davis, 2011).

말더듬의 병인에서는 유전적 요인이 중요한 역할을 하며, 말더듬 원인의 대략 70%가 유전적 요인에 해당한다(Dworzynski et al., 2007). 조산 또는 부모의 정신질환과 같은 환경적 요인이 영향의 나머지를 차지한다(Ajdacic-Grosss et al., 2010). 유전적 요인은 뇌에서 가장 우세한 언어 중추의 위치에서 비정상적인 발달을 일으켜서 언어에 영향을 미치는데, 위치는 대체로 좌반구에 있다. 말더듬의 이 같은 생물학적 근거는 임상적 특징을 많이 설명해 줄 수 있는데, 여기에는 자발어의 상실과 자존감에서 때때로 보이는 문제가 포함된다(Howell, 2011; Kell et al., 2009).

대부분의 아동은 자라면서 말더듬을 극복하기 때문에, 부모와 치료자를 가장 고민스럽게 하는 문제 중 하나는 치료가 개입(intervention)이 될 것인지 방해가 될 것인지에 관한 것이다. 대체로 치료는 소리와 음절 반복이 자주 발생하거나, 부모나 아동이 이 문제에 대해 걱정을 많이 하거나, Sayad처럼 아동의 표정이나 소리에서 긴장이 두드러질 때 권장된다. 말을 더듬는 아동에게 가장 흔한 심리적 처치는 아동의 부모가 아동에게 말할 때 천천히 말하고 짧고 간단한 문장을 사용하는 방법을 가르쳐서, 결과적으로 아동이 말하는 것에 대해 느낄 수 있는 부담감을 제거해 주는 것이다(Howell, 2011; Rousseau, Packman, Onslow, Harrison, & Jones, 2007). 말더듬을 위한 다른 유용한 처치에는 말을 자연스럽게 했을 때 긍정적 결과를 주고 말을 더듬었을 때 부정적 결과를 주는 유관관리(contingency management) 절차가 있고(Bothe et al, 2006; Murphy, Yaruss, & Quesal, 2007), 호흡 조절을 배우는 것과 같은 습관 전환 절차(habit reversal procedures)(Bate et al., 2011)가 있다.

사회적(화용론적) 의사소통장애

사회적(화용론적) 의사소통장애(social communication disorder, SCD)는 DSM-5에 추가된 새로운 장애이다. 이 장애는 화용론, 즉 언어의 사회적 사용과 의사소통에서의 지속적인 어려움에 관한 것이다(APA, 2013). 화용론이란 언어의 사회적 사용, 일상대화의 규범, 시선 접촉 및 몸짓과 같은 비언어적 의사소통의 사용과 관련된 문화적 관습 및 기술(skill)에 관한 내용이다(Beitchman & Brownlie, 2014). 화용론적 어려움은 표현적 기술과 수용적 기술–의사소통을 사회적 맥락에 적용시킬 줄 아는 능력과 타인이 표현한 말의 뉘앙스와 사회적 의미를 이해할 줄 아는 능력–둘 다와 관련이 있다.

사회적(화용론적) 의사소통장애 진단의 첫 번째 조건은 다음 네 가지 영역에서의 지속적인 어려움이다(표 7.3).

- 사회적 목적을 위한 의사소통 사용의 결함. 아동은 타인과 인사하기 또는 적절하게 정보를 공유하는 데 어려움이 있을 수 있다.
- 교실과 운동장처럼 상황이나 듣는 사람에게 어울리도록 자신의 의사소통을 바꾸는 데에서의 어려움.
- 대화할 때 차례 지키는 것처럼 대화 규칙을 따르는 데에서의 문제.
- 상황 맥락에 기초해서 추론하는 것처럼, 명시적으로 기술하지 않은 것을 이해하는 데에서의 어려움.

SCD의 진단은 아동이 말과 언어에서 적절한 발달상의 진전을 보이고 있다는 것을 결정할 수 있는 4세 또는 5세가 될 때까지는 진단하지 않는다. 언어 발달 이정표에 도달하지 못하는 지연과 같은 언어 결함의 징후가 흔하지만, 장애를 결정짓는 것은 사회적 의사소통에서의 특정한 손상이다. 다른 의사소통과 마찬가지로, 발달 초기에 발병해야 하고 의사소통, 사회적 참여, 사회적 관계 또는 학업 기능에서 기능적 한계를 야기해야 한다.

사회적(화용론적) 의사소통장애는 이전의 자폐 스펙트럼 장애(ASD) 진단 준거를 충족시키지 않으면서, 의사소통의 사회적 측면과 또래 관계에 지속적인 어려움이 있는 아동 때문에 DSM-5에 추가되었다. SCD는 제한적/반복적 행동과 관심의 패턴이 있는 ASD와는 구별된다(Gibson et al., 2013). SCD의 증상은 또한 사회적 · 화용론적 의사소통에서의 문제를 공유한다는 점에서 ADHD, 사회적 불안, 지적 불능과 중복되기도 한다. 진단 범주가 새로 만들어졌다고 해도, 유사한 아동들의 표본에 근거한 연구에 따르면 시간이 지나면서 개선을 보이는 아동이 있는 반면, 성인기까지 사회적 의사소통 문제가 지속되는 아동도 있다. 사회적 의사소통의 개선에도 불구하고, SCD가 있는 아동은 초기의 어려움으로 인해 또래 관계가 지속적으로 손상된다. 따라서 또래-보조 개입이 화용론적 의사소통과 사회적 기술을 형성하는 효과적인 방법이라고 인식되고 있다(Murphy, Faulkner, & Farley, 2014).

표 7.3 사회적(실용적) 의사소통의 진단 준거

DSM-5

(A) 언어적 의사소통 및 비언어적 의사소통의 사회적 사용에서 지속적인 어려움이 있는데, 다음의 모든 항목에서 나타난다.
  (1) 사회적 맥락에 적절한 방식으로 인사하고 정보를 공유하기처럼 사회적 목적의 의사소통을 하는 데에서의 손상
  (2) 운동장에서 하는 것에 비해 교실에서 다른 방식으로 말하기, 성인에게 하는 것에 비해 아동에게 다른 방식으로 말하기, 매우 형식적인 언어의 사용을 피하기처럼 맥락이나 듣는 사람의 필요에 맞추어 의사소통 방법을 바꾸는 능력의 결함
  (3) 대화에서 차례 지키기, 잘못 알아들었을 때 고쳐서 말하기, 상호작용을 조절하기 위해 언어적 신호 및 비언어적 신호를 사용하는 방법을 알기 등과 같이 언어와 이야기하기의 규칙을 따르는 데에서의 어려움
  (4) 명백하게 진술되지 않은 것(예: 추측하기)과 언어의 비문자적(nonliteral)이거나 모호한 의미(예: 관용구, 유머, 은유, 해석에서 문맥에 따라 여러 가지 의미)를 이해하는 데에서의 어려움

(B) 손상은 효과적인 의사소통, 사회적 참여, 사회적 관계, 학업적 성취, 직업적 수행에서, 따로따로 또는 조합으로 기능적 한계를 초래한다.

(C) 증상의 발병은 초기 발달기에 나타난다(그러나 손상은 사회적 의사소통 요구가 제한된 능력을 초과할 때까지는 충분히 나타나지 않을 수 있다).

(D) 증상은 다른 의학적 상태나 신경학적 상태 또는 단어 구조 및 문법 영역에서의 능력 부족이 영향을 미친 것이 아니며, 자폐 스펙트럼 장애, 지적 불능(지적 발달장애), 전반적 발달 지연 또는 또 다른 정신질환으로는 잘 설명되지 않는다.

출처: *Diagnostic and Statistical Manual of Mental Disorders*, 5th ed. American Psychiatric Association.

단원 정리

의사소통장애

- 초기 아동기에 발생하는 말과 언어 문제에는 말소리 산출, 유창성 및 의사소통을 위한 구어 사용, 다른 사람이 한 말을 이해하는 것의 어려움이 있다.

- 의사소통장애가 있는 대부분의 아동은 중기 청소년기에서 후기 청소년기에 이르면 정상적인 언어를 획득하지만, 초기 의사소통장애는 이후 학습장애의 발병과 발달적으로 연관된다.
- 언어장애는 구어의 이해 또는 산출, 또는 쓰기에서 어려움이 있는 의사소통장애이다.
- 아동기 발병 유창성 장애는 어린 아동들 사이에서 비교적 흔하며, 아동이 입학하면 유의미하게 감소한다.
- 사회적(화용론적) 의사소통장애는 DSM-5에서 새로 만들어졌다. 주요 특징은 언어적 및 비언어적 의사소통의 사회적 사용에서 어려움이 있다.
- 의사소통장애의 원인에는 유전적 영향과 뇌 성숙의 지연 또는 비정상이 포함된다.
- 대부분의 의사소통장애는 아동이 학교에 다니면서 자연스럽게 해결된다. 심각한 언어 지연이나 어려움을 보이는 아동에게 처치가 권장되는데, 처치는 말과 언어 기술을 강화하기 위해 아동의 요구에 맞게 조정되어야 한다.

특정 학습장애

사람들은 읽는 것을 배우기 위해 치르는 고통 그리고 시간을 이해하지 못한다. 이것을 위해 나는 80년 동안 노력해 왔지만, 나는 아직 내가 성공했다고 말할 수는 없다.

— Goethe(1749~1832)

로마의 역사를 배우든지 아니면 계산법을 배우든지 간에, 배우는 과업에 적응하려면 노력과 집중이 필요하다. 신체 활동처럼, 더 어려운 학습 활동이 있는데, 특히 좋은 학습 습관과 성공적인 학습 경험의 바탕이 아직 발달되지 않은 어린 아동에게는 더욱 그러하다. 부모와 교사는 아동이 읽기와 같은 특정 기술의 습득에서 특이하게 어려워하는 것을 발견하고는 그 이유를 궁금해할 수 있다. 이 문제는 IQ 검사와 특정 학습 영역에서의 능력을 평가하는 표준화된 여러 검사를 통해 공식적으로 평가할 수 있다.

읽기 · 수학 · 쓰기의 수행이 아동의 연령 및 지적 능력에 근거해서 평균보다 상당히 낮을 때, 특정 학습장애(specific learning disorder, SLD)라고 진단될 수 있다. 즉, 특정 학습장애가 있는 아동은 읽기 · 쓰기 · 산수의 주요 학습 개념을 배울 수 있는 지적 능력은 있지만, 이것을 할 수 없는 것 같다. '예상 밖의 학업 저성취(unexpected academic underachievement)'란 말은 아동의 학습 문제가 특정적이며 지적 능력이나 전반적 발달 지연 때문이 아니라는 것을 잘 그려 내고 있다(APA, 2013).

JAMES
강점이 빛나다

9세 아동의 얼굴 표정이 모든 것, 즉 여기에 있고 싶지 않다는 것을 말해 주었다. "나는 사람들에게 말하는 데 지쳤어요."가 그의 첫 인사였다. 나는 순간적으로 아이가 말을 할지 걱정이 되었지만, 그가 내 컴퓨터를 보자마자 그의 눈이 빛났다. 아이가 편안해지는 시간을 주기 위해 간단한 게임 한두 개를 하도록 했다. 액션 게임에서 James의 기술은 그가 가지고 있는 기본 에너지와 문제해결 능력에 대해 많은 것을 말해 주고 있었다. 그는 각 게임의 규칙을 알아내는 데 명인이었고 최고의 점수를 얻었다. 분위기를 조성하면서 우리는 이야기를 나누었지만 그 애가 게임에 집중하고 싶어 하는 것이 분명했다.

30분이 지났는데, 그 사이에 몇 문장 오가지도 않았다. 휴게실로 가는 짧은 시간에 우리가 터놓고 이야기할 필요가 있는 공통 관심사가 주어졌다. James는 내게 "왜 우리 선생님은 내가 여기에 와야 한다고 생각했을까요?"라고 물었다. 그가 내 설명을 듣고 대답하면서 그의 언어 문제가 드러났다. 그의 문장은 짧고 단순하며, 속도가 빨랐다. 예를 들면 다음과 같은 식이었다.

> "James, 가장 좋아하는 이야기나 최근에 본 영화에 대해서 말해 볼래?"
> "나는 영화를 좋아해요. 많은 개들."
> "그 영화에 대해서 좀 말해 줄래?"
> "개 영화."

검사가 진행되는 동안, James는 내 말이 끝나기도 전에 시작하려고 했다. James는 내가 요구한 것을 열심히 했지만 어려움이 생기면 즉시 멈추었다. James는 한 번에 한 언어음에만 집중할 수 있었고, 그래서 먼저 제시된 단서나 첫 지시를 놓치면 방향을 잃고, 좌절하고, 비협조적이 되곤 했다. James는 잘하고 싶어 했지만 나는 그가 고군분투하는 것을 볼 수 있었다. 그는 한 시간도 되기 전에 WISC-IV를 마쳤으며, 실수에서 벗어나려는 듯 서둘렀다. 그의 일반 지능은 정상 범위 내에 있었으나 동작성 능력(동작성 IQ 109)이 언어성 능력(언어성 IQ 78)보다 좋았다. 검사를 끝내려는 열성과 지시를 이해하는 데 따른 어려움으로 인해, 검사에서 James의 진짜 능력이 과소평가되었을 가능성도 충분히 있었다.

놀랍게도, James는 간단한 컴퓨터 게임을 한 후에 다음 검사를 계속하려고 했다. 그는 그 이유를 다음과 같이 말했다. "나는 퍼즐처럼 물건을 함께 놓아요. 나는 집에서 자동차와 비행기를 만들어요." 컴퓨터를 할 수 있도록 잠시 휴식 시간을 주자, James는 기꺼이 검사를 계속해서 하고자 했다. 'square'를 'skr'로, 'circle'을 'srke'로 하는 것과 같은 맞춤법의 오류가 드러났다. 'he shouted a warning'이란 문장을 써 보라고 하자, 그는 'he shtd a woin'이라고 썼다. 'see the black dog'는 'see the black pond'로, 'she wants a ride to the store'는 'she was rid of store'로 읽었다. 그는 자신이 알고 있는 소리(sound)에 근거해서 읽기의 내용을 알아내려고 '최선의 추측'을 하는 듯했다. 단어 'bigger'를 쓰라고 하자, 'her'로 적었다. 그러나 자신이 본 그림에 대해 이야기하기 시작하면서 James의 열정이 높아졌고, 그림을 완성하기 위해 컴퓨터에서 도형을 회전시키는 자신의 능력에 감탄하는 모습도 볼 수 있었다. James는 처음 들어왔을 때보다 더 활동적이고 말이 많아져서 내 방을 떠났는데, 이는 성공 경험이 그에게 얼마나 멋지게 영향을 미쳤는지를 말해 준다. (저자의 사례 자료에서 인용)

9세 James는 읽기와 철자에서 주로 문제를 보인다. 수학적 추리와 공간성에 상당한 문제가 있는 7세 Tim의 문제를 James의 문제와 비교해 보자.

TIM

관심을 가지고 준비하기

처음 Tim을 보았을 때 그는 냉담하고 무관심해 보였다. 그는 바닥을 응시하고 있었고, 몸짓은 생동감이 없었는데, "날 좀 내버려 둬요. 여기를 벗어나고 싶어요."라고 말하는 것 같았다. 나는 무슨 말로 시작해야 할지 생각하다가 가족에 대한 이야기를 꺼냈다. "Tim, 너는 형제가 있니? 가족이 함께 즐기는 놀이나 활동이 있니?" 그는 "형이 두 명 있어요. 아빠는 일을 하시느라 늘 바쁘고, 엄마는 피아노를 치시고, 우리는 보트를 좋아해요."라고 단조롭게 말했다. 그는 자신의 기분과 이러한 활동에 대한 흥미에 대해 분명하게 전달하고 있었다. 일부러 컴퓨터 게임을 켜 놓은 나의 전략은 실패했다. Tim은 "나는 컴퓨터를 싫어해요."라고 먼저 선수를 쳤다. 이 아이가 우울한지, 화가 나는지, 아픈지, 좌절하는지, 나는 알 수가 없었다.

학교 기록을 본 후, 나는 Tim이 특히 수학과 자연과학에서 어려움이 있지만 언어와 감정은 학업 문제에서 표현되는 것 이상이라는 것을 알았다. 학교 기록은 Tim이 학습장애가 있을 수 있다는 것을 나타냈는데, 그 근거는 WISC-IV 검사에서 동작성 점수는 79로 경계선에서 평균 이하 범위에 해당했으며, 언어성 점수는 108로 평균 범위에 해당했다. Tim에게 검사를 실시했던 평가자는 Tim의 과제 수행 태도를 '하기 싫어함'이라고 기술했다. 교사의 보고에 따르면, Tim은 주로 그리기—특히 기억력을 필요로 하는—와 관련된 과제에서 어려움이 있었으며, 수학과 사회적 기술은 학급 친구들보다 훨씬 낮은 수준이었다.

나는『왈도를 찾아라』라는 책을 꺼냈다. 우리는 책을 같이 보았다. 재미있을 뿐만 아니라 왈도와 친구들을 찾는 것(작은 조각과 색상들 사이에 있는 조그만 형태 찾기)은 Tim에게 인내를 요구했다. 처음에는 주저했지만, 그가 문제를 해결하기 위해 스스로 말을 하면서 하는 언어적 전략을 사용하면서 숨은 그림 찾기를 잘한다는 것에 주목했다. Tim은 자신이 생각하는 바를 스스로에게 말했다. "처음에는 모서리 주변을 보고, 다음에는 점점 더 자세하게 페이지의 가운데를 보기로 하자. 왈도의 빨간색과 흰색이 섞인 셔츠를 찾자. 구석구석 살펴야지." 흥미가 있을수록 말을 더 많이 했다. "이것은 수학 과목보다 더 어려운 거야." 동기 부여가 되고 준비가 되자, Tim의 얼굴에 미소가 보였고, 그의 입장에서 보자면 '이것이 진짜 수학 공부'였다. (저자의 사례 자료에서 인용)

James에게 읽기 문제가 있다고 해도, 그의 강점과 약점 패턴은 그의 읽기 무능력을 다른 강점들이 보상한다는 것을 보여 준다. 그는 사물이 작동하는 방식을 알아내는 것과 종이에 아이디어를 그려 내는 재주가 많다. Tim 역시 몇 가지 강점을 가지고 있는데, 특히 단어 인식, 문장 구조 파악, 읽기와 같은 언어 기술에서 강점이 있다. James와 대조적으로, Tim의 문제는 기본적으로 시공간 조직화 영역에 있는데, 이는 촉각(접촉)과 정신운동성 활동(예: 던지기, 잡기), 비언어적 문제해결(예: 수학 문제 풀기, 조립)에서 특히 어려움이 있다.

두 아동은 모두 SLD의 진단 준거에 부합한다. 특히 Tim의 학업 문제가 좌절과 낮은 자존감 속에 어떻게 감춰져 있었는지에 주목하라. 자신의 수행이 다른 아동보다 낮다는 것을 인식할 만큼 영리하고, 학교에서의 좋지 않은 또래 관계에 좌절하는 아동은 흔히 정서적 문제를 가지고 있다. 두 아동이 가지고 있는 한계는 정규교육과 아울러 대인관계 능력에도 영향을 미칠 수 있으며, 따라서 이들에게는 포괄적이고 지속적인 처치 계획이 필요하다.

학습장애가 있는 아동에게는 간단한 지시 따르기도 혼란과 갈등을 유발할 수 있다.

특정 학습장애의 본질을 더 잘 이해하기 위해, 낯선 마을의 정보 센터에서 유명한 산으로 가는 길을 묻는 장면을 떠올려 보자. 직원이 지시가 쓰여 있는 지도를 당신에게 건넨다. "이 도로를 내려가 우회전하세요. 두 번째 신호등에서 좌회전하고 아미티빌로 가는 안내판을 찾으세요. 그 길을 약 3마일을 내려가세요. 시멘트로 된 붉은색의 학교 건물을 지나서 18번 고속도로가 나오기 전에 철길 밑을 지나갈 거예요. 표지판이 보일 때, 우회전하세요." 우리 모두는 이러한 언어적 지시를 기억하는 데 어려움을 겪으며, 그래서 지도에 그것을 써 달라고 하는 것이 더 쉽게 따라가게 만들지 모른다. 읽기 SLD가 있는 아동이나 성인은 읽은 것의 의미를 이해하는 것과 관련하여 이와 비슷한 혼란을 경험한다. 특정 학습 문제는 인식하기 어려울 수 있는데, 왜냐하면 우리 대부분에게 질문의 내용이 간단하고 쉽기 때문이다. 아동은 듣지 않고, 주의를 기울이지 않고, '느리다'고 비난받을 수도 있는데, 이는 학습 문제의 진짜 본질을 더욱 숨기게 된다.

SLD의 주요 진단 특징은 읽기 · 쓰기 · 철자 · 수학과 같은 학업 기술의 핵심을 배우는 데 어려움이 있는 것이다(표 7.4 참조). 이러한 어려움은 한 가지나 그 이상의 기술에서 나타날 수 있는데, 여기에는 부적절하거나 느린 읽기, 읽은 것의 의미를 이해하는 데 어려움, 철자 그리고(또는) 쓰기 표현에서의 어려움, 수 감각 · 계산 · 수학적 추론의 어려움이 있다. 영향을 받는 학업 기능은 아동의 연령과 지적 능력에 비해 상당히 낮아야 한다. 임상에서, 이것은 학습에서 아동의 성취 검사 점수가 연령과 성별 평균보다 최소 1.5 표준편차 아래여야 한다(이것은 표준점수 78점 또는 7% 아래를 의미한다).

장애로 분류되려면 수행 문제가 학업 성취 또는 일상

표 7.4 특정 학습장애의 진단 준거

DSM-5

(A) 학업 기술을 배우고 사용하는 데에서의 어려움. 이러한 어려움을 목표(target)로 하는 적절한 개입이 제공되는데도 불구하고 아래에 열거된 증상 중에서 적어도 한 가지 이상이 최소 6개월 이상 지속된다.
  (1) 부정확하거나 느리고 힘겨운 단어 읽기(예: 단어를 부정확하거나 느리고 더듬더듬 소리 내어 읽기, 자주 추측하며 읽기, 단어를 소리 내어 읽는 데 어려움이 있음)
  (2) 읽은 것의 의미를 이해하기 어려움(예: 본문을 정확하게 읽을 수 있지만 읽은 내용의 순서, 관련성, 추론, 깊은 의미를 이해하지 못함)
  (3) 철자 쓰기의 어려움(예: 자음이나 모음을 추가, 생략, 대치할 수 있음)
  (4) 쓰기 표현의 어려움(예: 문장 안에서 다양한 문법적 오류 또는 구두점 오류, 문단 구성이 엉성함, 생각을 글로 표현하는 데에서 명료함이 부족)
  (5) 수 감각, 통계, 또는 계산의 어려움(예: 숫자 이해하기 · 수의 크기 · 관계에 대한 이해가 빈약함, 한 자릿수 덧셈을 할 때 또래가 하는 것처럼 수학의 사실을 떠올리는 대신에 손가락을 사용함, 연산을 하다가 중간에 방향을 잃거나 절차를 바꿔 버리기도 함)
  (6) 수학적 추론의 어려움(예: 수량적 문제를 풀기 위해 수학적 개념, 실제, 절차를 적용하는 데에서 심각한 어려움이 있음)

(B) 영향을 받는 학업 기술은 개별적으로 실시한 표준화된 성취도 검사와 종합적인 임상적 평가를 통해, 생활 연령에서 기대하는 수준보다 현저하게 그리고 양적으로도 낮으며, 학업 수행 또는 직업 수행이나 일상생활의 활동을 현저하게 방해한다는 것이 확인되어야 한다. 17세 이상인 사람은 학습 곤란의 손상에 대한 문서화된 내력이 표준화된 평가를 대신할 수 있다.

(C) 학습 곤란은 학령기에 시작되지만 영향을 받는 학습 기술을 요구하는 정도가 개인의 제한된 능력을 초과하기 전에는 충분히 드러나지 않을 수도 있다(예: 주어진 시간 안에 시험 보기, 촉박한 마감 기한 내에 길고 복잡한 보고서를 읽고 쓰기, 과중한 학업 부담).

(다음 쪽에 계속)

표 7.4 특정 학습장애의 진단 준거(계속)

(D) 학습 곤란은 지적 불능, 교정되지 않은 시력이나 청력, 다른 정신장애 또는 신경학적 장애, 심리사회적 역경, 학습 지도에 관한 언어에 능숙하지 못함, 교육적 지도가 부적당한 것으로는 잘 설명되지 않는다.

주의: 네 가지 진단 준거는 개인의 과거력(발달력, 의학적 병력, 가족력, 교육력), 학교 성적, 심리 교육적 평가를 임상적으로 통합한 것에 기초해서 충족되어야 한다.

다음 항목이 있다면 명시한다.

읽기에 결함이 있음:
단어 읽기 정확도
읽기 속도 또는 유창성
독해력

쓰기 표현에 결함이 있음:
철자 정확도
문법과 구두점 정확도
쓰기 표현의 명료함 또는 구조화

수학에 결함이 있음:
수 감각
수학적 사실들의 암기
계산의 정확도 또는 능숙함
수학적 추론의 정확도

현재의 심각도를 명시한다.

경도: 한두 가지 학업 영역에서 일부 학습 기술의 어려움이 있지만, 특히 학령기 동안에 적절한 시설 및 지지 서비스가 제공된다면, 개인이 이를 보상할 수 있고 적절히 기능할 수 있을 정도로 경미하다.

중등도: 한두 가지 학업 영역에서 뚜렷한 어려움이 있으며, 그로 인해 학령기에 일정한 간격을 두고 제공되는 집중적이고 특수화된 교육이 없으면 능숙해지기 어렵다. 활동을 정확하고 효율적으로 완수하려면, 몇몇 시설 또는 적어도 학교, 직장, 집에서 보내는 시간의 일부는 보조 서비스가 제공되어야 한다.

고도: 여러 학업 영역에 영향을 미치는, 학업 기술에 심각한 어려움이 있으며, 그로 인해 대부분의 학업 기간 동안에 집중적인 개별화되고 특수화된 교육이 지속되지 않는다면 이러한 기술을 습득하기 어렵다. 다수의 시설들 또는 집, 학교, 직장에서 서비스를 제공받았음에도 불구하고 모든 활동을 효율적으로 끝내지 못할 수도 있다.

출처: *Diagnostic and Statistical Manual of Mental Disorders*, 5th ed. American Psychiatric Association.

생활을 심각하게 방해해야 하고, 개선하려는 노력에도 불구하고 6개월 이상 지속되어야 한다(일부 아동 및 성인은 검사 결과 또는 빈약한 성취에도 불구하고 학습 문제를 보상하는 방법을 찾아내기 때문에 불능이 나타나지 않는다). 마지막으로, 학습의 어려움은 학령기 동안 나타나며, 감각 문제(청력 또는 시력 손상), 지적 불능, 심리사회적 문제, 교육적 지도가 부적절함 때문이 아니다.

말하기, 듣기, 읽기, 쓰기, 산수 등에서 많은 측면들이 중복되며, 뇌의 동일한 기능에 근거하고 있기 때문에, 아동 또는 성인이 한 가지 이상의 SLD를 겪고 있다는 것은 놀랄 일이 아니다(Scanlon, 2013). 음운 인식이 말하는 능력을 촉진하고, 나중에 읽고 쓰는 것을 촉진한다는 것을 떠올려 보자. 뇌 기능에서의 괴리 하나가 많은 유형의 인지 활동을 방해할 수 있다. 이러한 방해는 다시 아동의 중요하고 기본적인 기술의 발달을 방해하고, 단시간에 복합적인 학습의 어려움을 가중시킬 수 있다. 더구나 James와 Tim의 사례에서 보았듯이, 좌절이나 성공 경험의 부족으로 인해 기질 폭발, 사회적 상황에서의 철회처럼 이차적인 문제들이 많이 나타날 수 있다.

이 장의 앞부분에서 언급했듯이, DSM-5는 읽기, 산수, 쓰기에서 자주 발생하는 문제들을 한 가지 범주로 통합시켰으며, 명시자를 사용하여 결함이 있는 학업 영역과 하위 기술을 표시하고 있다. 표 7.4는 또한 각각의 결함과 관련된 심각성의 정도(경도, 중등도, 고도)를 기술하고 있다. 심각성의 정도는 아동이나 청소년의 학습 곤란의 정도를 나타낼 뿐만 아니라 학업 기술을 배우고 학교나 직장 또는 가정에서 가능한 한 효율적으로 활동을 끝내는 데 필요한 적절한 조정 또는 지원을 나타낸다. 이제 SLD의 세 가지 핵심적인 학업 기술 결함에 대해 살펴보자.

읽기에 결함이 있는 SLD

그는 건너뛰고 훑어보는 정교한 기술을 덧붙이지 못해서 읽기 기술을 반밖에 배우지 못했다.

— Arthur James Balfour

아동은 자연스럽게 읽는 것에 관심을 갖게 되고, 우리 사회에서 읽기는 다른 어떤 학업 수행과도 비교할 수 없을 만큼 중요하다. 우리는 문자 신호와 메시지에 둘러싸여 있으며, 대략 5세쯤 되면 대부분의 아동은 이 신호의 의미를 알고 싶어 한다. (이러한 자연스러운 호기심을 이용해서 광고업자들은 인식 가능한 상징과 상품명을 회사명과 짝짓는 전문가이고, 그래서 아동은 신속하게 '읽을 수' 있다.) 1학년쯤 되면, 자연스러운 관심과 발달상의 준비는 공식적으로 읽는 방법을 학습하는 것으로 변한다. 많은 아동에게 이 과정은 어렵고 지루한데, 꽤 주목할 만한 소수의 아동들은 혼란스럽고 화가 날 수도 있다. 이 과정에서 부모의 역할이 특히 중요한데, 아동의 속도 및 정확성과는 상관없이 아동이 긍정적인 피드백을 받고, 자신의 성취에 만족감을 느끼는 경험이 필요하기 때문이다.

소리(음소)와 글자의 형태(문자소)를 대응시키는 것과 같은 읽기의 기본을 배우는 데 필요한 것을 생각해 보면, 일부 아동이 어려움을 겪고 여러 과목에서 뒤처질 수 있다는 것이 놀랄 일이 아니다. 다음 문장을 읽어 보자. "아동 이상심리학은 내가 교육받은 가장 매력적이고 가치 있는 과목 중 하나라고 믿는다." 문장을 읽는 동시에 아래의 작업이 이루어졌는가?

- 인쇄된 표시에 관심을 집중하면서 페이지를 따라 눈이 움직였는가?
- 글자와 연합된 소리를 인식했는가?
- 단어와 문법을 이해했는가?
- 생각과 이미지를 떠올렸는가?
- 당신이 이미 알고 있는 것과 새로운 생각을 비교했는가?
- 생각한 것을 기억에 저장했는가?

우리 대부분은, 읽기에 들인 모든 노력, 특히 읽기를 처음 배울 때 들인 노력을 잊고 있다. 결합된 글자들의 소리와 복잡성을 파악하고 읽고자 하는 아동의 첫 시도가 아주 힘들고 단조로운 작업이라는 것은 놀라운 일이 아니다. 이러한 정신 과정에서는 대뇌의 시각, 언어, 기억의 센터를 연결하는 신경세포의 복잡하면서도 완벽한 연결망이 필요하다(Grigorenko, 2007). 이 영역들 중 어느 하나에서의 작은 문제도 읽기장애를 일으킬 수 있다. 그러나 읽기장애와 관련해서 가장 흔하게 나타나는 원인은 구어에서 소리를 식별하거나 분리하는 능력이 없는 것이다. 음운적 기술은 읽기를 배우는 데에서 기본이므로, 이러한 손상은 치명적이다.

음소와 단어를 습득하는 데에서 아동이 추가의 연습이 필요한지를 평가하려면, 단어를 읽을 때 두 개의 체계가 작동된다는 것을 이해하는 것이 중요한데, 이는 읽기 발달에서 필수적이다. 첫 번째 체계는 개별적 단위(음소)에서 작동되며, 비교적 느리다. 단어 전체에서 작동되는 두 번째 체계는 좀 더 빠르다. 정상적으로 읽기를 하는 사람은 음운을 기반으로 하는 단어 분석의 발달을 통해서 전체 단어를 배운다. 그러나 읽기가 지속적으로 빈약한 사람은 인식하는 단어의 단순한 암기에 의존하는 것 같다(S.E. Shaywitz & Shaywitz, 2013).

읽기장애의 많은 임상적 징후들은 훈련된 눈을 통해서만 밝혀진다. 교사와 학교 심리학자들에 의해 개발된 몇몇 검사 방법은 읽기장애가 있는 아동이 학급에서 어떻게 기능하는지를 보여 준다. 이들은 흔히 *the*, *who*, *what*, *where*, *was*, *laugh*, *said* 등과 같이 음성학적으로 불규칙하고 외워야 하는 기본적인 시각 단어를 학습하는 데 어려움이 있다. 이 아동들은 자신만의 독특하고 기이한 읽기 패턴을 개발하는데, 이것은 각기 다른 교수법이 필요하다는 신호이다. 전형적인 오류에는 **역전**(*b*/*d*, *p*/*q*), **전치**(*was*/*saw*, *scared*/*sacred*와 같은 순서의 오류), **반전**(*m*/*w*, *u*/*n*), **생략**(*palace*를 *place*로, *selection*을 *section*으로 읽는 것) 등이 있다. 그러나 이 같은 오류들은 읽기와 쓰기를 이제 막 배우기 시작하는 어린 아동에게 흔하지만, 이들이 반드시 읽기장애가 있는 것은 아니다.

특정 영역에서 아동이 추가의 연습이 필요한지를 평가하려면, 교사가 아동에게 큰 소리로 읽으라는 지시를 한 후, 읽는 동안에 발생되는 오류의 유형을 찾아볼 수 있다. 단어의 해독뿐만 아니라 읽은 것의 이해는 아동에게 읽은 것을 이야기하게 하거나 다음 삽화(episode)를 암시해서 평가한다. 평균적인 독자는 새로운 정보를 수집하기 위해 청각적 양식과 시각적 양식에 주로 의존하지만, 읽기장애가 있는 아동은 학습에 도움이 되게 하기 위해 촉각 또는 조작을 선호할 수도 있다. 적절하게 평가할 수 있다면, 강점과 약점의 다양한 패턴은 컴퓨터를 이용한 학습처럼 부가적인 교수법을 계획할 때 유용하게 활용될 수 있다(S.E. Shaywitz et al., 2008).

읽기에 결함이 있는 SLD 아동은 기본적인 읽기에 필요한 필수 언어 기술, 즉 단어 읽기의 정확성, 읽은 것의 이해, 읽기 속도 또는 유창성에서 부족하다. **난독증**은 이러한 읽기 어려움의 패턴을 설명하는 데 사용되는 대체 용어이다. 이것의 핵심 손상은 단일(single)의, 작은(small) 단어를 읽는 어려움과 관계된 **해독**—전체 단어를 읽을 수 있을 만큼 신속하게 단어를 부분으로 쪼개는 것—에 있다(Vellutino et al., 2007). 아동이 언어의 음운 구조를 알아내고, 자동적으로 단순한 단어들을 인식하지 못하면, 읽기 발달이 손상될 가능성이 높다(Peterson & Pennington, 2010). 단단어의 해독이 느리고 힘이 드는 것은 부수적인 노력이 필요하며, 한 단락 또는 한 페이지의 글은 말할 것도 없고 한 문장의 의미를 이해하는 것도 힘들게 된다.

쓰기 표현에 결함이 있는 SLD

CARLOS
형태를 느리게 받아들인다

교사와 부모가 Carlos의 글쓰기 어려움을 의논하기 위해 만난 것은 2학년이 끝나 가는 7세 때였다. 일반적으로 2학년을 잘 보냈지만, 부모는 나쁜 소식을 들었다. 교사는 웃으면서 학습 기록지를 내밀었는데, 여기에는 Carlos가 2학년 과정 동안 몇몇 글자를 만들고 쓸 수 있게 되기까지 얼마나 걸렸는지가 정리되어 있었다. 그러나 부모가 본 것은 분명했다. 글씨 모양은 아주 형편없어서 세 살 반인 여동생의 글씨와 흡사했다. 부모를 이해시키기 위해 교사는 분명하게 말했다. "Carlos는 미술 작업, 퍼즐 맞추기, 또는 이와 유사한 과제에 필요한 미세 근육 조정에 어려움이 있어요. 이런 과제를 할 때 지나치게 빠르고, 조심해야 한다는 것을 잊거나 패턴을 따라가지 못해요. 쓰기 과제를 하면서 집중을 하지 않고 친구에게 말을 걸어요. 검사를 받기 위해 심리학자를 방문하는 것이 좋을 것 같아요. 다음 학년의 새로운 선생님이 부가적인 훈련을 시켜서 소근육 운동 기능과 글쓰기가 좋아질 수 있기를 바랍니다."

초기 면접에서, Carlos는 컴퓨터 게임에 바로 관심을 보였고, 마우스를 사용해서 그림을 그리면서 이 게임이 얼마나 쉬운지를 설명했다. 그러나 연필과 종이를 사용해서 그리게 했을 때, Carlos는 쩔쩔맸다. 컴퓨터로 그린 도형의 일부를 종이에 출력해서 손으로 베껴 보라고 지시했다. Carlos는 과제 중반쯤에 자신이 선호하는 손으로 바꾸었다. 또한 여러 개의 문자 역전(b/d, p/q)을 보였으며, 모양을 따라 그리는 데에서 연필에 아주 많이 힘을 주었다. 이 과제를 하는 내내 그는 자유롭게 말을 하며 많은 질문을 해서, 나는 누가 누구를 평가하고 있는지 의심스러웠다.

손가락 **인식 불능증**(agnosia)에 대한 신경심리검사에서 Carlos의 왼손에서 징후(아이의 손을 등 뒤로 보낸 다음, 내가 손가락을 만졌을 때 아이는 어느 손가락인지 말하지 못했다)가 나타났다. 제시된 모양에 기초해서 삼각형, 원, 사각형 등을 따라 그리는 데 상당한 어려움이 있었다(그림 7.2 참조). WISC-IV의 동작성 점수에서 평균 이하(91), 언어성 점수에서 평균 이상(117)을 얻었다. 동작성 하위검사에서 모양을 조합하는 것과 같은 토막 짜기, 모양 맞추기에서 문제를 드러냈다. 산수와 숫자 외우기처럼 집중과 주의를 요구하는 언어성 검사에서는 더 많은 문제가 드러났다. 검사를 통해서 Carlos가 충동적이고 때로는 아주 반항적이라는 것이 밝혀졌는데, 그는 하고 싶지 않으면 간단하게 그것을 하지 않았다. 이러한 관찰은 집에서 그가 미성숙하고 반항적이라고 부모가 좌절하는 것과 일치했다.

Carlos는 쓰기 표현과 관련된 특정 학습장애가 있다. 그는 나이에 맞는 문제해결 기술을 가지고 있을 뿐만 아니라 언어와 추론 능력이 강점이지만, 쓰기 · 도형 베끼기 · 도형 회전 능력에서 보이는 것처럼 시-운동 능력이 상당히 취약하다. 읽기와 수학처럼, 쓰기는 어휘 · 문법 · 손 동작 · 기억 등을 생성하는 몇 가지 서로 연결된 뇌의 영역들로부터 도출된다.

쓰기 표현에 결함이 있는 SLD 아동은 철자 정확성, 문법 및 구두점 정확성, 그리고(또는) 쓰기 표현의 명료성

그림 7.2 (위) 삼각형, 원, 사각형을 모사하라고 했을 때 Carlos가 그린 그림. (아래) 정상적으로 발달하고 있는 7세 소년이 그린 삼각형, 원, 사각형의 예.

출처: 저자의 사례 자료에서 인용.

또는 조직에서 문제를 보일 수 있다. 이러한 SLD는 종종 읽기 또는 산수에서의 SLD와 복합해서 나타나는데, 이는 또한 언어와 신경심리 발달에서의 핵심 손상이 기저에 있다.

쓰기 표현에 결함이 있는 아동은 대근육 발달이 정상임에도 불구하고 종종 눈-손 협응이 필요한 과제에서 문제가 있다. 교사는 정상적인 쓰기 기술이 있는 아동에 비해 쓰기에 결함이 있는 아동은 에세이를 잘 구성하지 못하고, 길이가 더 짧고 흥미가 없으며, 자신의 글을 명료하게 만들기 위해 철자, 마침표, 문법을 검토하지 않는다고 보고했다(Hooper et al., 2011, 2013). 그러나 일상생활이나 학업에 유의미하게 방해가 되지 않는 철자 오류 또는 악필은 진단에 해당하지 않는다. 쓰기 표현에서의 문제는 다른 학습장애의 가능성도 암시할 수 있는데, 초인지적 과정의 공유, 즉 계획 세우기 · 자기 감독 · 자기 평가 · 자기 교정이 포함되어 있기 때문이다(Heim & Benasich, 2006).

수학에 결함이 있는 SLD

학령기 이전에, 아동이 읽기에서 그러한 것처럼 수학적 개념에 자연스럽게 끌리는 것은 아니다. 무언가를 사려면 돈이 얼마나 필요하고 방학까지 며칠이 남았는지를 아는 것과 같이 수를 세고 더하는 것이 필요하다는 것을 알게 되면서 이러한 모습은 급속히 변한다. 읽기에서와 같이, 알고자 하는 욕구는 아동이 새롭고 어려운 개념을 배우는 것을 더욱 촉진시키며, 서서히 새로운 기술들이 세상을 더 잘 이해하도록 돕는다.

Francine이나 Tim과 같이, 일부 아동에게서 수에 대한 호기심은 여러 형태의 수학 및 인지적 문제해결에 내재되어 있는 추상적 개념을 파악하지 못하면서 좌절하게 된다. 수 및 수학의 기본 개념에 대한 Francine의 어려움은 학교에 다니기 전에 이미 드러났으며, 이는 전형적인 사례이다. 2학년이 되어서 좀 더 추상적인 추론이 필요한 수학 개념을 접하게 되자 Francine은 점점 더 뒤처지기 시작했다.

수학에 결함이 있는 SLD에 대한 DSM-5의 진단 준거에는 수 감각, 수학적 사실의 암기, 정확하고 유연한 계산, 그리고(또는) 정확한 수학적 추론에서의 어려움이 포함된다. 난산증(dyscalculia)은 이 같은 패턴의 수학 어려움을 설명하기 위해 사용되는 대체 용어이다. 계산에는 많은 기술들이 관여되는데, 수와 상징을 인식하기, 사실을 기억하기(곱하기 공식처럼), 수의 배열과 자리 값과 분수 같은 추상적 개념을 이해하기 등이다. 계산장애가 있는 아동은 이 중의 일부 또는 모든 것이 어려울 수 있다(Vukovic & Siegel, 2010). 이 장애가 있는 아동 및 성인은 수학뿐만 아니라 추상 개념에 대한 이해 또는 시공간 능력에서 어려움이 있다. 계산장애 아동이 계산에서 전형적으로 하는 실수의 예가 **그림 7.3**에 있는데, 이 예는 공간적 어려움 및 방향의 혼동을 암시하는 오류가 있음을 보여 준다.

수학에 결함이 있는 SLD 아동은 산술적 계산 그리고(또는) 수학적 추론 능력에서 중요한 손상이 있는데, 여

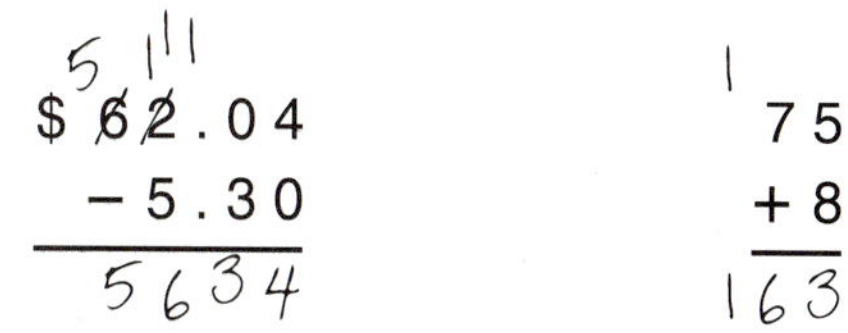

그림 7.3 수학 장애가 있는 10세 여아의 수학 계산에서의 오류.

출처: "Learning Disabilities," by H.G. Taylor, 1988, p. 422. In E. J. Mash and L.G. Terdal (Eds.) *Behavioral Assessment of Childhood Disorders*, 2nd ed.

기에는 수 또는 양을 명명(naming)하는 것, 사물을 헤아리고 비교하고 조작하는 것, 수학 기호를 읽고 쓰는 것, 개념을 이해하고 암산하는 것, 계산하는 것 등이 있다(Andersson, 2010; Lyon et al., 2006). 이러한 손상은 수학적 추론과 계산의 기저가 되는 신경생물학적 과정이 발달되지 않았거나 손상되었을 가능성을 암시한다.

유병률과 경과

세 개 영역(읽기, 쓰기, 수학)을 모두 포함한 SLD의 추정 유병률은 학령기 아동의 5~15%이다(APA, 2013). 추정치의 범위가 넓은 것은 가장 흔한 형태인 읽기에서의 SLD가 분리(구별)되는, 또는 실무율적인 현상이라기보다는 읽기 능력의 연속선으로 보는 견해에 초점이 맞추어져 있기 때문이다. 읽기장애가 있는 아동은 읽기 연속선의 아래 극단에 해당하는 사람들이다(Snowling, 2008). 능력의 범위에 대한 고려 사항은 읽기를 잘하는 사람과 못하는 사람을 쉽게 구분할 수 있는 명확한 절단점이 없다는 점에서 유용하고 중요하다.

SLD의 세 개 하위 유형이 중복되기 때문에 수학 또는 쓰기 표현에 결함이 있는 SLD 유병률에 대한 추정치는 분명하지 않지만, 이 두 하위 유형이 읽기 결함보다 훨씬 적게 발생한다는 데에는 의견이 일치한다(Landerl & Moll, 2010).

SLD 결함은 심각성과 이용 가능한 지원에 따라 다르기는 해도, 평생 지속되는 것 같다. 부모가 초기 아동기에 언어 지연 또는 셈하기의 문제를 알아챘다고 해도, SLD에 대한 인식은 전형적으로 초등학교 시기에 생기는데, 학생이 한두 과목에서 심각하게 뒤처질 때이다. 부모와 교사는 초기의 기술 발달에서 특정 지연에 주목할 수 있고, 읽기 · 쓰기 · 수를 배우지 않으려고 하는 식의 아동의 투쟁을 알아챌 수도 있다. 초등학교 동안에 아동은 글자-소리의 일치를 배우는 데에서 명백한 어려움이 있고, 소리와 문자를 잘못 연결하는(예: 'got'을 'big'로) 읽기 오류 및 수나 문자의 나열에서 어려움이 있을 수 있다(APA, 2013).

초등학교 중기가 되면 SLD가 있는 아동은 빈약한 독해 및 철자와 쓰기 작업의 불량을 보인다. 이들은 단어의 첫 부분은 정확하게 읽으나 나머지 부분은 추측한다. 초등학교 내내 이러한 어려움과 씨름하면서, 큰 소리로 읽기를 두려워하거나 거부하는 일이 흔하다. 청소년기에서 성인기에 걸쳐 이러한 패턴은 기본적인 해독의 어려움에서 빈약한 철자법, 빈약한 수학 문제해결이 포함된 읽기 이해와 쓰기의 뚜렷한 문제로 이동한다. 시간이 지나면서 10대와 성인은 자신의 능력껏 이러한 어려움을 관리하는 것을 배우지만, 읽기 · 쓰기 · 수리력이 요구되는 상황을 피할 수도 있다. 따라서 평생에 걸쳐 SLD는 낮은 학업 능력, 높은 학교 중퇴율, 전반적으로 저조한 정신건강 및 안녕, 고용 및 임금이 낮은 것과 같은 여러 기능적 결과와 연관이 된다(APA, 2013).

문화, 계층, 성별 변인

사회적 요인과 문화적 요인은 인지적 문제 및 행동적 문제의 다른 유형보다 SLD와 연관이 덜 된다. 사실, SLD의 진단 준거는 이러한 요인에 기인되지 않는다고 밝히고 있다. 그럼에도 불구하고, 일부 문화 및 인종 요인들은 SLD 아동을 판별하고 치료하는 데 영향을 미친다(Johansson, 2006).

이 책에서 강조하는 것처럼, 많은 아동기 장애들은 아동의 고유한 능력 및 자원과 아동의 환경적인 기회와 상호작용하는 것을 반영한다. 읽기를 배울 때, 인종적 배경이 다양한 아동들의 말에 나타나는 특정한 소리-기호의 관계를 강조하지 않는 교수 방법도 있다. 예를 들어, Wood 등(1991)은 표준화되지 않은 영어를 사용하는 모집단에서 음운 인식의 결함이 더 많이 일어난다는 것을 보여 주는 흥미로운 연구를 실시했다. 1학년에서 3학년에 해당하는 485명의 백인(55%)과 아프리카계 미국인(45%)의 무선 표본을 대상으로, 아프리카계 아동이 1학년 시작할 때에는 백인 아동만큼 읽지만, 3학년이 되면 능력이 점차 떨어지고, 5학년에는 능력이 심각하게 감소되는 것으로 나타났다. 이러한 결과는 사투리에서의 차이에 주의를 기울일수록 더 나은 학습 기회를 만들 수 있다고 제안한다.

SLD에 포함된 문화 및 인종 문제에 대한 관심이 최근 연구에 덧붙여진 관심이라면, 성별의 차이는 오랫동안 논쟁이 되어 왔다. 남아는 여아보다 학습의 어려움으로 더 많이 의뢰되며, 이는 남아가 공격성이나 부주의처럼 관련된 행동 문제를 더 많이 보이기 때문인 것 같다. 학습 문제가 있는 여아는 소란스럽고 주의를 끌기보다는 조용하고 철회되어 있으며, 교육자 및 부모가 인식하지 못하면 간과되기 쉽다. 남성 대 여성의 비율은 의뢰에 의하지 않고 역학적 추정에 따라 도출할 경우, 남녀의 비율은 2:1과 3:1 사이로 추정된다(APA, 2013).

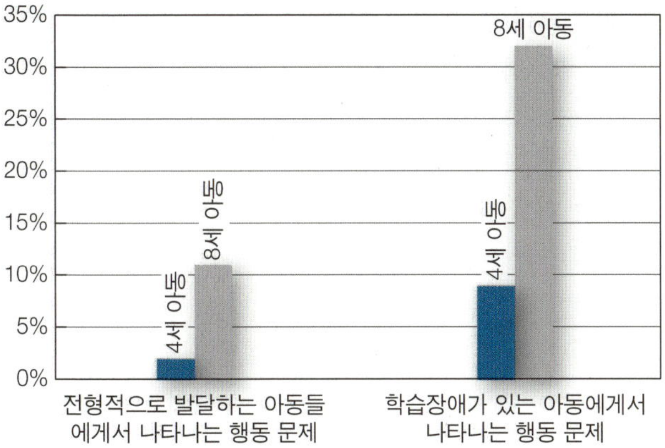

그림 7.4 4세와 8세에 학습장애가 있는 아동과 학습장애가 없는 아동 사이에 임상적으로 중요한 행동 문제 비율.

출처: Benasich et al., 1993의 자료.

심리적 및 사회적 적응

오랫동안 학습 불능 또는 학습장애를 진단하려면 IQ와 수행 간의 불일치가 충족되어야 했는데, 이것은 아동이 읽기를 시도하고 실패하는 시기가 되기 전, 즉 대개 3학년쯤에는 평가를 할 수 없다는 점 때문에 장애에 대한 조기 판별을 저해해 왔다. 평가가 가능한 시점이 되면 진단을 해야 할 만큼 아동의 성취가 충분히 낮지만, 아동은 이미 읽기에서 2~3년 동안 실패해 왔고 그에 따른 다른 행동 문제 및 정서 문제를 발달시켜 왔을 수도 있다.

오늘날 SLD를 초기 신경발달장애로 인식하는 것은 어려움이 있는 아동의 발견을 개선시켰지만 이들은 여전히 또래 적응과 학업적 진전에서 심각한 장애물이 있다. SLD가 있는 아동은 종종 자신이 왜, 어떻게 다른지 알지 못하지만, 학급에서 다른 아이들처럼 해내지 못할 때 어떤 기분인지는 알고 있다. 자신을 '느린', '다른', '뒤처진'으로 묘사하는 것으로 미루어 볼 때, 이들은 자신의 강점보다는 불능과 더 동일시하는 것 같다. 이 같은 일상 경험으로 인해 일부 아동은 철회되거나 분노하고 불순종하는 것으로 표출하게 된다. James처럼 배우려는 노력을 멈출 수도 있다. 또는 Francine처럼 단절되고 또래들이 즐기는 활동에 참여하지 못할 수도 있다.

읽기 결함이 있는 SLD 학생은 정상적인 읽기 아동에 비해 자신에 대한 부모·교사·또래의 지지가 적다고 느끼고, 학업 또는 학업적 자아 개념이 나쁜 것으로 표현되기 쉽다(Heim & Benasich, 2006). 장애와 환경 간의 상호작용의 결과, SLD가 있는 아동 및 청소년은 또래에 비해 불안(Nelson & Harwood, 2011), 기분장애(Maughan et al., 2003)와 같은 내재화 문제 및 ADHD(Goldston et al., 2007)와 같은 외현화 문제가 있을 가능성이 더 높을 것이다. 문제의 범위와 유형은 일반적으로 나이가 어린 아동과 유사한 아동이 많다. 따라서 특별히 발달적 차이에 관심을 보여야 하는 것이 아니라면 SLD가 있는 어린 아동과 나이가 있는 아동 및 청소년 모두에게 존재하는 문제들은 똑같이 고려된다. 이러한 문제 중 특별히 언급되지 않으면 SLD의 모든 영역에서 공통적이다.

SLD와 행동장애 또는 정서장애 간의 연결은 꽤 흥미롭지만, 결론은 신중해야 한다. SLD가 있는 아동은 자존감 및 사회적 관계에 피해를 줄 수 있는 상당한 어려움을 겪고 있다는 것이 공통된 생각이다. 그러나 스포츠나 외모 같은 영역에서의 자기 개념에는 영향을 덜 미친다(Lyon et al., 2006).

부모와 교사는 전형적으로 성장하는 아동에 비해 SLD가 있는 아동이 어릴 때 다루기가 더 어렵다고 기술한다. 행동 문제에 관한 전반적인 보고는 초기 아동기와 중기 아동기 사이에 상당히 증가하고, SLD 아동의 행동 문제는 8세경에 전형적으로 발달하는 아동보다 세 배가량 더 높다(즉, 32% 대 9%; Benasich, Curtiss, & Tallal, 1993) (**그림 7.4 참조**). 이러한 문제의 대부분이 SLD에 국한된 것은 아니지만, 전 연령에 걸쳐 품행장애(CD), 반항장애(ODD), 주의력결핍/과잉행동장애(ADHD)의 특징과 중복되는 광범위한 문제이다(APA, 2013).

이러한 동시 발생되는 문제는 실패, 좌절, 그리고 일부 사례에서는 처벌이나 부정적 관심에 대한 개인적인 반응 및 대처 양식이라고 해석된다. 그러나 발달이라는 측면에서 무엇이 먼저 발생했는지를 말하기는 어려운데, 행동 문제가 학습 문제보다 먼저 발생하거나, 이후에 발생하거나, 동시에 발생했을 수도 있다(Hinshaw, 1992). 많은 행동 문제와 정서 문제가 아동기부터 청소년기까지 점차 감소하지만, SLD가 있는 청소년은 사회적 관계에서의 어려움이 지속된다(St Clair et al., 2011).

150개 이상의 연구를 검토한 것에 따르면(Kavale & Forness, 1996), SLD가 있는 아동 4명 중 3명은 사회적 기술에서 유의미한 손상이 있다. 집단에서 이들은 더 많이 단절되고, 다른 아동에 비해 인기가 없으며, 타인에게 부정적 인상을 주는 경향이 있다(Durkin & Conti-Ramsden, 2010). Francine의 어머니가 딸을 "유머가 없고, 안개 속에 있는 것 같다."라고 묘사한 것처럼, SLD가 있는 대부분의 아동은 사회적 상호작용의 뉘앙스를 파악하는

데 어려움이 있고, 인사하는 법 · 친구 사귀는 법 · 놀이에 참여하는 법을 알지 못할 수도 있다. 사회적 상호작용에 관한 미묘한 단서를 놓치거나 무시할 수도 있다. 이들은 싫거나 흥미가 없다는 뜻으로 눈동자를 굴리는 것처럼 다른 아동의 비언어적인, 그러나 매우 분명한 의사소통 표현을 정확하게 해석하지 못하거나 적절하게 반응하지 못할 수도 있다. SLD가 있는 아동이 상황을 오해하거나 적절하게 행동하지 않을 때, 다른 아동들은 떠나 버린다.

SLD가 있는 아동은 가족에게 정서적 부담이 될 수도 있다. 부모는 부정, 죄책감, 비난, 좌절, 분노, 절망을 포함한 여러 가지 감정을 느낄 수 있다. 형제자매들은 이들이 받는 관심에 대해 짜증이 나거나, 당황하거나, 질투를 느낄 수도 있다. 행동 문제가 종종 매우 파괴적이기 때문에 아동의 고통과 정서적 욕구가 쉽게 간과될 수도 있다.

성인이 되어서의 결과

불행하게도, 의사소통장애 및 학습장애와 연관된 사회적 및 정서적 어려움은 성인기에도 지속될 수 있는데, 인식과 서비스가 부적절하기 때문이다(Johnson et al., 2010). 성인은 신문을 읽기보다는 TV 뉴스를 보는 것처럼 자신의 문제를 감추는 방법을 찾을 수도 있다. 그림, 음악, 무용, 체육과 같은 비학문적 분야에서 뛰어난 성공을 이루기도 하며, 건축이나 공학에서 뛰어난 성공을 이루는 사람도 있고, 훌륭한 대인관계 기술을 보여 주는 사람도 있다(Lyon et al., 2006). 개개 아동과 청소년은 자신의 결함을 보상할 수 있는 장점을 개발할 수 있다. 따라서 학업 실패와 심리사회적 문제에 대한 초기의 위험에도 불구하고, 성공적이고 생산적인 삶을 사는 SLD 성인이 많다(Lovett & Lewandowski, 인쇄 중).

읽기에 결함이 있는 SLD 남성은 총체적인 자기 가치감, 우울 증상, 직업 · 결혼 · 기타 관계에서의 유능감과 만족감, 반사회적 행동의 빈도에서 또래 성인들과 다르지 않다(Boetsch, Green, & Pennington, 1996). 그러나 이들은 부모와 친척—자신이 아동일 때의 문제를 알고 있는 사람—으로부터 받는 사회적 지지의 수준이 낮다고 지각하며, 이것은 초기 경험에 남아 있는 지울 수 없는 인상을 확인시킨다.

다음은 어떤 성인이 학습의 문제를 보상하는 자신만의 방법을 기술해 놓은 것이다.

> 나는 아주 영리했기 때문에 학교에 다닐 때 속일 수 있었다. 어느 누구도 나의 약점을 파악하지 못했다는 것이 제일 화가 난다. 특히, 나는 실패에 근거해서 나를 판단했는 데 (…) 나는 항상 자존감이 낮았으며 (…) 학교 다닐 때 특히 나의 자존감이 타격을 입었던 것은 시 또는 이야기를 쓸 수 없다는 사실이었다. 나는 펜이나 연필로 글을 쓸 수가 없었다. 컴퓨터는 내 인생을 바꾸어 놓았다. 컴퓨터로는 모든 것을 할 수 있다. 컴퓨터는 나의 기억이다. 나는 내 인생을 설계하는 데 컴퓨터를 이용하고, 손으로 쓰는 글이나 글 표현이 항상 엉망이었기 때문에 컴퓨터를 이용한다(Polloway, Schewel, & Patton, 1992, p. 521).

SLD가 있는 남자에 대한 장기적인 전망은 일반적으로 긍정적이지만, SLD가 있는 성인 여성이 어떻게 잘 극복하고 성공하는지와 관련해서는 성별로 차이가 있다. SLD가 있는 여성은 학교를 졸업하고, 성인으로서의 삶의 요구에 직면하면서 남성보다 적응하기가 더 어렵다. 능력이 없는 다른 성인과 마찬가지로, 이들은 성폭행이나 기타 학대 관련 유형의 위험이 더 많다(Brownlie et al., 2007). 관계에서의 문제 역시 흔한데, 이는 이 여성들이 자신의 장점을 강조할 수 있는 영역에서 성취를 이룰 기회가 부족하다는 것을 반영한다.

읽기 문제는 종종 자격 미달의 졸업생이 되게 해서 비교적 단순하고 보람이 적은 일을 하게 한다. 게다가, 학업 실패 때문에 경쟁력 있는 기술과 경력이 좋지 못한 여성은 일반적으로 지지가 없는 친밀 관계를 일찍 시작하는 경향이 있다(Fairchild, 2002). 이와 대조적으로, 젊은 남성은 학교를 떠나면서 선택의 기회가 좀 더 폭넓고, 이는 성인기에 더욱 긍정적인 사회적 기능을 촉진한다. 따라서 성인기에 이들이 자신의 환경을 선택할 수 있으면(여자는 남자에 비해 장애물이 더 많다), SLD가 있는 남성과 여성 모두, 자신이 가지고 있는 강점 · 기술 · 재능을 쌓아 나갈 수 있다(Hatch, Harvey, & Maughan, 2010).

SLD가 있는데도 불구하고, 적절한 교육 경험이 있는 사람은 인생을 통해 배워 나가는 놀라운 능력이 있다고 할 수 있다(Gregg, 2011). **살펴보기 7.1**에는 회복력을 증가시킬 수 있는 몇몇 중요한 기회가 기술되어 있다. 사춘기 이후에 뇌 발달이 느려지는 것 때문에 어렵기는 해도, 읽기장애가 있는 성인도 읽기를 배울 수는 있다. SLD의 원인과 조기 징후에 대해 현재 알려진 것은 조기에 인식하고 적절한 지도가 주어지면 긍정적인 효과가 있는 것

살펴보기 7.1

탄력성과 적응을 증가시키는 요인들

아동기부터 청소년기를 지나서 초기 성인기까지 학습장애가 있는 사람들이 성공적으로 적응하는 데 도움이 되는 몇 가지 개인적 특성과 환경이 있다. 1955년에 하와이의 Kauai 섬에서 태어난 모든 아동을 대상으로 했던 종단 연구에서, E. E. Werner는 학습장애가 있는 아동 22명과 이에 짝지은 통제 아동들을 아동기, 청소년기, 성인기까지 추적했다. Werner가 맨 처음에 발견한 것은 학습 불능이 있는 대부분의 아동이 성인이 되었을 때에는 성공적으로 적응한다는 것이다. 더구나 시간이 지나면서 적응과 회복을 아주 잘한 것으로 보이는 아동들은 (1) 긍정적인 반응을 이끌어 내는 기본적인 기질을 가지고 있고, (2) 효율감, 계획성, 자신의 삶을 이끄는 자존감이 잘 발달되고, (3) 능력 있는 양육자 및 지지적인 성인이 있고, (4) 실수를 하거나 법에 저촉되었을 때 이를 제2의 기회로 삼는 것으로 기술되었다. 비록 일부 특성은 출생 시부터 나타나지만(예: 기질), 다른 대부분의 보호 요인은 가족 구성원, 학교, 지역사회의 노력으로 강화시킬 수 있다. (저자의 사례 자료에서 인용)

같다. 뇌 반응성에 대한 침해적이지 않은 전기생리적 측정을 하면, 수행 하나만 보는 것보다 음운 처리 과정 기저에 있는 결함에 근거하여 조기 진단을 할 수 있다(Benasich & Tallal, 2002). 따라서 조기 판별과 개입은 이 장애의 장기적인 결과를 예방하는 중요한 열쇠가 될 것이다(S. E. Shaywitz & Shaywitz, 2013).

원인

대부분의 학습장애는 뇌의 한 영역에서의 문제 때문이라기보다는 뇌의 다양한 영역으로부터 정보를 가져와서 정보가 통합되고 이해할 수 있게 하는 데에서의 어려움에서 기인한다(Damasio et al., 2004; Meyer & Damasio, 2009). 사소한 방해가 음운 처리 과정 손상의 기저를 이룰 수 있다. 이와 같은 사소한 방해들은 아주 초기 발달 동안, 아마도 출생 이전부터 시작한다고 암시하는 증거도 있다(McGrath et al., 2007; Raschle, Chang, & Gaab, 2011).

최근 연구는 읽기장애의 두 가지 구별되는 유형—지속적으로 읽기가 빈약한 아동과 정확성이 개선될 수 있는 아동(즉, 이들은 읽기 어려움을 보상하는 방법을 배워서 시간이 지나면서 개선된다)—을 제시하고 있다(S. E. Shaywitz, Mody, & Shaywitz, 2006). 지속적으로 빈약한 사람과 정확성이 개선되는 사람은 학업이 시작될 때 읽기 기술과 SES가 비슷하지만, 초기 성인기 무렵에는 정확성이 개선되는 사람의 인지 능력이 더 좋다. 인지 능력의 강점과 같은 보상 요인은 시간이 지나면서 이 사람들(개선되는 사람들)의 음운 결함의 결과를 최소화했다(Ferrer et al., 2010). 이와 같은 보상 요인은 선천적인 것일 수 있으며, 따라서 아동의 능력이 성숙과 함께 좋아진다. 반면에 지속적으로 빈약한 집단은 환경적인 어려움에 더 많이 직면하게 되며, 이는 종종 빈곤 및 불평등과 연관되어서 읽기의 기회가 줄어들 수도 있다.

유전 및 선천적 요인

단어의 분절된 소리를 듣는 것과 같이, 읽기에 필요한 기술이 부족한 아동은 부모에게도 관련된 문제가 있을 가능성이 더 많다. 20세기경, 이 문제는 대체로 의사들이 연구했는데, 이들은 읽기장애를 **선천적 단어맹**(congenital word blindness)이라 부르는 유전적인 상태로 보았다(W. P. Morgan, 1896). 오늘날 행동 유전 연구에 기초한 추정에서 아직 정확한 전달 양상은 밝혀지지 않았지만, 유전은 읽기장애의 60% 이상을 설명해 준다고 제시했다(V. M. Bishop, 2006; Plomin et al., 2010).

유전에 집중된 대부분의 관심은 음성 처리 기저에 있는 중요한 뇌의 처리 과정의 유전적 전달에 모여 있다(Scerri & Schulte-Körne, 2010; Vellutino et al., 2004). 부모의 학습장애는 아동이 보이는 학습장애의 유형과 다소 다르기 때문에—아버지가 쓰기장애가 있다면, 아동은 표현성 언어장애가 있는 것처럼—특정 학습장애의 하위 유형이 그대로 유전되는 것 같지는 않다. 그보다는 뇌 영역의 미세한 뇌의 역기능이 유전되면서 이것이 학습장애로 이어질 수 있다(Newbury et al, 2011; Richlan et al., 2011; Scerri & Schulte-Körne, 2010). 예를 들어, 읽기장애를 일으키는 6번 염색체와 관련된 뇌 영역이 확인되었다(Grigorenko, 2007). 유전 전달은 읽기 또는 수학에서 SLD의 상대적인 위험성에 대한 합당한 설명을 제공해 주는데, 가족 중에 SLD가 없는 사람에 비해 SLD가 있는 직계 가족에서 4~8배 그리고 5~10배 정도 높아진다(APA, 2013; Shalev, 2007). SLD의 결과를 중개하는 데 있어서 환경적 영향 역시 중요한 역할(즉, 유전-환경 상호작용)을 한다는 것을 기억하라(Petrill, 2013).

신경생물학적 요인

학습장애, 특히 읽기 및 언어에 기초한 문제에 대한 이해는 이 장애가 있는 사람의 뇌에서 중요한 언어 중추를 포함하고 있는 좌반구에서 세포 기형이 있다는 것을 발견한 1980년대 중반에 새롭게 방향을 잡았다(Galaburda et al., 1985). 이러한 세포 기형이 태내 발달의 5~7개월에 발생할 수 있다는 사실은 학습장애가 출생 시에 있는 미세한 뇌손상 때문이라는 견해를 더 확고히 했다(Lyon et al., 2003). 초기의 해부학적 발견은 뇌를 직접적으로 보여 주고, 전에는 결코 볼 수 없었던 미세한 역기능의 탐지를 가능하게 만든 뇌 영상 기술로 더욱 굳건해졌다.

유전에 기초할 것이라고 의심되는 손상은, 시각 및 청각 자극을 탐지하는 것과 같은 특정 변별 과제뿐만 아니라 추론 및 수학적 능력과 관련이 있는 좀 더 전반적인 시각적-구조적 손상과 연루된다(Benassi et al., 2010; Pennington, 2006). 이러한 손상이 있을 위치는 측두 평면이라고 부르는 구조이며, 뇌의 양쪽에 있는 언어 관련 영역이다. 정상적인 뇌에서, 측두 평면의 좌측은 우측보다 크지만, 읽기장애가 있는 사람의 뇌에서는 양쪽의 크기가 동일하다(Tallal, 2003).

B. A. Shaywitz 등(2002)은 결함이 없는 아동에 비해 난독증이 있는 아동의 수많은 영역, 일차적으로 전두하, 두정-측두, 후두-측두회를 포함한 좌반구에서 활성화가 낮다는 것을 발견했다. 뇌의 이러한 세 영역은 음소의 이해, 단어의 분석, 단어의 자동적인 탐지를 책임지고 있다. 단어가 학습되면, 음성학적 해독이 없어도 이 세 부분의 중추가 단어를 자동적으로 인식한다(S. E. Shaywitz & Shaywitz, 2013).

인지적 관점에서, 이러한 신경학적 발견들은 학습장애가 있는 아동이 평균적인 읽기 아동에 비해 단기 기억과 작업 기억의 기저에 있는 처리 과정에서 문제가 있다고 암시한다. 단기 기억에서의 결함은 음소와 수의 회상에 영향을 미칠 수 있는데, 유사하게, 작업 기억에서의 결함은 정보가 처리되고 저장되어 재빨리 평가될 수 있는 방식에 영향을 미친다. 학습장애가 있는 아동의 수행에 기억 손상이 어떻게 영향을 미치는지를 설명하는 지지 증거들이 상당히 많다(Carretti et al., 2009; Maehler &

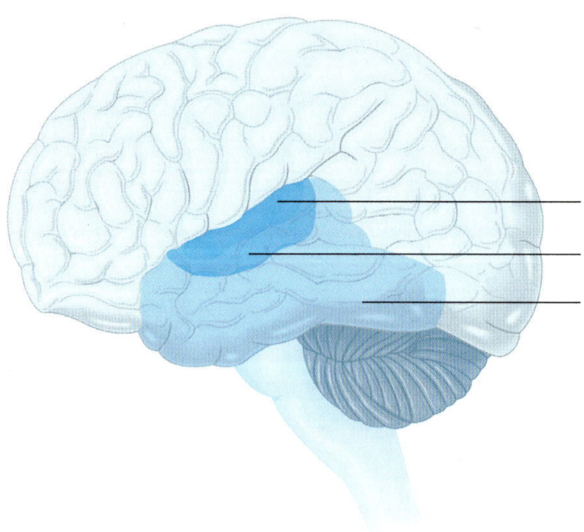

그림 7.5 뇌가 언어를 처리하는 방식.

출처: Plotnik/Kouyoumdjian. *Introduction to Psychology*, 9E. © 2011 Wadsworth, a part of Cengage Learning, Inc. Reproduced by permission.

뇌가 언어를 처리하는 방식

1. 일차 청각 피질(가장 짙은 파란색 부분)은 측두엽의 끝부분에 위치하며, 귀의 수용기로부터 전기적 신호를 받아서 이를 ba와 ga에서 모음과 자음같이 의미 없는 소리 감각으로 변형시킨다.
2. 의미 없는 소리 감각은 일차 청각 피질로부터 청각 연합 영역이라 불리는 측두엽의 다른 영역으로 보내진다.
3. 청각 연합 영역(일차 청각 피질 아래의 파란색 부분)은 일차 청각 피질 바로 밑에 위치하며, 소음이나 소리와 같은 기본적인 감각 정보를 단어 또는 음악처럼 인식할 수 있는 청각 정보로 변형시킨다. 여기에서 소리는 먼저 형성되고 저장되어 있는 패턴과 매치된다.

Schuchardt, 2011; Swanson, Zheng, & Jerman, 2009).

읽기장애와 쓰기장애가 있는 대부분의 아동은 말하는 데에서 빠르게 일어나는 음소를 구분하는 데 어려움이 있다고 강조해 왔다. 그렇다면 왜 이런 어려움이 있을까? 그림 7.5에 제시된 것처럼, 뇌가 말을 처리할 때 일어나는 과정을 살펴보자. 소리는 다양한 뇌 영역에 의해 처리된다. 즉 신경 충동이 귀에서 시상하부, 그리고 청각피질의 신경세포들로 전달되는데, 청각피질에 있는 신경세포는 이 소리를 이전에 형성되거나 저장된 패턴, 또는 음소(phonic bins)와 매치시킨다.

이 과정을 음악을 듣는 것과 비교해 보자. 새로운 음악을 처음 들을 때, 이 집단 또는 다른 집단이 녹음한 다른 음악과 유사한 측면을 인지할 수 있는가? 이 집단의 음악과 다른 집단의 음악을 구분할 수 있는가? 우리가 음악을 들을 때, 음과 멜로디를 기억에 많이 저장해 놓으면 음악에 대한 취향이 생겨서, 음을 여러 가지 다양한 범주로 묶으려는 경향이 생긴다. 새로운 음악을 들을 때마다 이미 알고 있는 것에 이 새로운 음악을 대응시킨다. 어린 사람들은 새로운 소리에 동화되는 데 특히 뛰어나고, 그래서 그들의 취향을 넓힐 수 있다. 반대로, 특정한 음악 취향이 이미 있는 사람은 자신이 알고 있는 음악만을 고수하며 인지할 수 없는 소리를 거부한다. 음악 감상에서의 이러한 괴리는 연구자들이 학습장애가 있는 아동의 음성 능력에서 설명하는 괴리와 비슷하다. 즉, 학습장애가 있는 아동은 어떤 소리를 인식하는 일정한 청각적 위치(sites)가 결여되어서 특정 단어에 대한 평가를 제대로 하지 못한다.

뇌의 언어 처리 영역에 있는 각 뉴런은 엄청나게 전문화되어 있다. 어떤 뉴런은 물체의 이름을 조용히 부를 때는 활동을 시작하지만, 물체의 이름을 크게 말할 때는 활동하지 않고, 그 반대의 뉴런도 있다. 2개 국어를 말하는 사람이 한 언어를 말할 때는 활성화되지만 다른 언어를 말할 때는 활성화되지 않기도 한다(Ojemann, 1991). 충분히 이해할 수 있는데도 불구하고 표현 언어 문제가 있는 사람도 있는데, 이는 단어를 들을 때 활성화되는 뉴런과 단어를 말할 때 활성화되는 뉴런이 같지 않기 때문이다.

시각 체계에서 형태, 색, 움직임처럼 당신이 보는 것의 서로 다른 측면들은 시각 피질의 서로 다른 영역에서 처리된다. 당신의 시각 장면에서 무엇인가가 움직일 때, 시각적 움직임에 반응하는 피질의 영역이 활성화된다. Eden 등(1996)은 읽기장애가 있는 성인에게 제멋대로 움직인다고 생각되는 점들을 보여 주었을 때 시각 움직임의 영역에서 활성화를 보이지 않는다는 것을 최초로 발견했다. 시각적 움직임의 지각에서의 특정한 결함은 뇌의 다른 여러 기능에 장애가 될 수 있으며, 이 결함은 학습장애뿐만 아니라 자폐가 있는 아동 중에서도 주목되고 있다(Benassi et al., 2010; Skottun & Skoyles, 2008). b와 t처럼 자음 소리 간의 차이를 탐지하려면 소리 주파수에서 아주 빠른 변화를 구별할 수 있어야 한다. 민감성에서의 미세한 신경학적 손상은 이러한 구별을 하지 못할 수 있으며, 이 문제는 읽기와 음운 처리에서 임상적 장애로 나타날 수 있다(Raschle et al., 2011).

따라서 다음 두 가지 중요한 발견은 읽기장애에서 특정한 생물학적 기저를 암시한다. (1) 읽기장애가 있는 사람의 언어적 어려움은 구체적으로 음운의 신경학적 처리 과정 및 정보를 기억에 저장하는 것과 관련이 있다. (2) 행동적 이상과 생리적 비정상이 시각적 정보처리 과정에서 발견된다. 그렇기 때문에 읽기장애가 있는 사람들 사이에서 음운적 처리 과정의 문제와 시각적 처리 과정의 문제가 동시에 발생하는 것은 놀라운 일이 아니다(Skottun & Skoyles, 2008).

SLD의 원인에 대한 연구는 대체로 읽기장애가 있는 아동에 관한 것이지만, 이 결과들은 쓰기장애 및 계산장애에도 마찬가지로 적용된다. 쓰기장애가 있는 많은 사람들—전부는 아님—이 읽기에 결함이 있으며(Lyon et al., 2003), 일부 수학적 개념에는 수학적 기술뿐만 아니라 읽기와 쓰기가 필요하다. 음운 인식의 손상이 읽기 결함이 있는 SLD의 기저를 이루는 것과 유사하게, 수 개념과 관련한 특정한 인지적 손상이 있는 수학 결함 SLD의 기저를 이루는 것으로 보인다(Geary, 2013). 예를 들어, 당신이 점들로 구성된 세트, 흔히 세트가 4개의 점들로 구성된 세트를 보여 주면 전형적으로 발달하는 아동은 각 세트에 얼마나 많은 아이템이 있는지를 즉시 말할 수 있는데(즉, 아이템을 세지 않고), 이것은 **직산**(subitizing)이라고 알려진 처리 과정이다. 그러나 수학에 결함이 있는 SLD 아동은 점이 세 개일 때에도 직산에 어려움을 보이며, 이는 계산 개념의 빠른 시각적 처리 과정에서의 손상을 암시하고 있다(Ashkenazi, Mark-Zigdon, & Henik, 2013). 유사하게, 대부분의 아동은 두 숫자 간에 어떤 숫자가 더 큰지(예: 13과 31)를 신속하게 대답할 수 있지만, 계산장애 아동은 또래들이 하는 것보다 느리고 덜 정확하다(Rousselle & Noël, 2007).

Francine이 단어 재인이나 철자 능력은 잘 발달되어 있었지만, 기계적-수학적 능력이 형편없었다는 것을 기억해 보라. 수학에 결함이 있는 SLD, 그리고 쓰기 표현에 결함이 있는 SLD는 언어에 근거한 학습장애를 설명하는 것과는 아주 다른 뇌손상과 연관되어 있다. 이러한 손상은 주로 언어적 능력과 관련이 없는 영역에서 발견되었으며, 이는 비언어적 학습 불능이란 용어를 사용하게 했다. **비언어적 학습 불능**(NLD)은 우반구 기능과 관련된 손상인데, 읽기보다 수학에서 상당히 저조한 수행을 보이는 아동의 특징이다. 여기에는 사회/정서적 기술, 공간 지각, 문제해결, 신체 언어와 같은 비언어적 단서를 인식하는 데에서의 손상이 포함된다(Hulme & Snowling, 2009). 수학에서의 결함뿐만 아니라, 비언어적 학습장애(NLD)에는 협응 불량, 판단 불량, 새롭고 복잡한 상황에 대한 적응 곤란과 같은 신경심리학적 문제가 수반된다(Lyon et al., 2003; Semrud-Clikeman et al., 2010). 지금까지도 NLD의 독특한 측면은 확인되지 않고 있다. NLD가 수학 손상이 있는 SLD의 한 형태일 뿐이라고 주장하는 비판도 있다(Fine et al., 2013; Spreen, 2011).

사회적 · 심리적 요인

정서적 · 행동적 혼란과 빈약한 적응 능력의 기타 징후들이 종종 SLD를 동반한다. 이것은 놀랄 일이 아닌데, 왜냐하면 한 가지 신경학적 장애(즉, 의사소통장애, SLD, ADHD 또는 지적 불능)를 가지고 있는 아동이 다른 신경학적 장애를 가질 가능성은 약 40% 높아지며, 공유된 원인 요인을 갖고 있을 가능성이 크기 때문이다(Gooch et al., 2013). 예를 들어, ADHD를 어떻게 정의하느냐에 따라 읽기 결함이 있는 SLD와 ADHD의 중복은 30~70%이다(Del'Homme et al., 2007; Fletcher, Shaywitz, & Shaywitz, 1999). 이러한 중복의 정도가 행동 문제와 학습 문제 모두 일정한 공통적인 측면이 있다고 암시하지만, 이들은 엄연히 구별되는 별개의 장애이다(Lyon et al., 2006). SLD는 주로 음운 인식의 손상과 관련된 반면, ADHD는 인지적 기능, 특히 언어적 학습과 기억 영역에 좀 더 영향을 미친다(Jakobson & Kikas, 2007). 또한 ADHD는 음운의 인식과는 비교적 관련성이 적다. 그러나 SLD가 있는 일부 아동은 부주의, 지칠 줄 모름, 과잉행동을 포함해서 ADHD와 유사한 증상을 보인다(Del'Homme et al., 2007).

예방과 처치

학교에 다니는 동안, 그리고 그 이후에 James, Francine, Tim, Carlos에게 무엇을 기대할 것인가? 적절한 계획과 목표 설정은 가정과 학교에서 도움이 되는 전략의 초석이다. 성장하면서 특정 학습장애가 저절로 낫지는 않겠지만, 교육 계획과 조정이 지속된다면 낙관을 하게 되는 이유이다(Beitchman & Brownlie, 2014).

SLD가 강력한 생리적 기저 요인을 가지고 있지만, 학습 문제에 대한 개입 방법은 주로 교육적 및 심리사회적 접근에 의존한다. James, Francine, Carlos, Tim의 심리사회적 처치는 포괄적이면서도 지속적이어야 하며, 각각의 새로운 과제는 예시, 연습, 피드백 받기가 들어 있는 관리할 수 있는 단계들로 나눈다. 적절한 교수 전략들로 결합된 상담이 도움이 될 수 있는데, 상담은 아동 및 가족이 아동의 자기 통제력을 더 많이 개발하고 자신의 능력에 대해 긍정적 태도를 많이 갖게 하는 데 목표를 둔다. 부모를 위한 지지 집단은 정보, 실질적 제안, 상호 이해를 제공함으로써 학교와 집 사이에 있는 중요한 괴리를 메워 준다.

언젠가는 뇌 연구가 돌파구가 되어서 새로운 의료적 개입을 가져올 수도 있지만, 현재로서는 말, 언어, 학습 불능에 대한 생물학적 처치는 없다. 집중 및 주목하기에서 유의미한 문제가 같이 발생한 사례에서, 비록 학습 개선이 거의 또는 전혀 없지만 일부 아동은 주목, 집중, 충동성을 통제하는 능력을 일시적으로 개선시키는 자극제 약물에 좋은 반응을 보이기도 한다. 전형적으로, 정해진 시간의 약물 복용은 읽기나 수학을 배우는 수업시간에 약물이 활발히 작용하도록 한다.

FRANCINE
느리지만 분명히 개선되고 있음

Francine이 수학, 특히 또래 관계의 어려움을 감소시키기 위해, 우리는 몇 가지 요소를 고려했다. 첫째, 수학 및 과학 같은 과목에서 큰 어려움이 있을 것이라고 생각해서 교수법은 기본적으로 언어로 진행되어야 한다. 새로운 개념을 배우는 데 도움이 될 수 있도록 교사는 Francine이 계산기와 컴퓨터를 사용하게 했다. 시각-운동 협응에 도움이 되도록 체육시간이 특히 중요하게 계획되었다. 수학 교사는 숫자의 관계를 그래프로 제시하여 시각적으로 Francine을 돕는다는 데 동의했으며, 이는 학교 수업에서 놀라운 향상을 가져왔다.

친구를 사귀는 문제는 모든 사람에게 큰 걱정거리였으며, 우리는 이 문제가 학습 불능과 직접 관련되어 있다고 생각했다. 인지-행동적 개입 계획이 교육 프로그램과 함께 연합될 수 있게 했다. Francine의 언어 능력이 뛰어났기 때문에, 역할놀이를 통해 문제해결을 가르쳤고, 어머니에게 부탁하여 친구를 초대해서 Francine이 친구와 놀면서 배운 것을 사용하도록 격려했다. 혼자 있는 시간이 많고 자신을 돌보는 데 관심이 없었기 때문에, 우리는 집안일을 할 때 용돈을 주는 것처럼 집에서 Francine이 자기 관리 기술을 발달시킬 수 있는 방법에 대해서도 논의했다. 부모에게는 Francine이 갖고 있는 문제의 본질에 대해 설명하는 데 상당히 많은 시간을 할애했고, 이러한 지도를 이해하고 안심하게 했다.

1년 뒤에 Francine 가족을 다시 만났다. Francine이 가지고 있던 문제의 일부는 아직 남아 있었지만 사회적 능력은 개선되었다. 그녀는 여전히 친구를 사귀는 데 어려움이 있고, 혼자 있는 것을 좋아했지만, 이전보다는 분명히 줄어들었다. (저자의 사례 자료에서 인용)

Francine의 처치 프로그램에서 협력된 계획과 노력을 생각해 보자. Francine의 문제를 간파했기 때문에, 그녀는 도움을 받을 수 있었다. 그러나 Francine이 의뢰되었을 때, 이미 정규수업에서 낙제하기 시작했다는 것을 기억하라. 어떤 문제든 간에 이를 해결하는 첫 번째 단계는 문제가 있다는 것을 인식하는 것이다. 학습장애의 성질 때문에 많은 아동과 부모가 이 단계를 어려워한다. 언어에 기초한 학습장애의 수많은 징후들이 초기 아동기부터 존재하지만, 아동이 공식적으로 검사를 받을 수 있는 나이가 되기 전까지는 문제를 평가할 수 있는 정교한 수단이 없다.

판별의 문제가 중요한데, 성공적인 처치를 위한 기회가 생길 수 있기 때문이다. 예를 들어, 문제가 초기 아동기, 유치원 때 탐지된다면 언어를 기반으로 하는 결함은 성공적으로 교정될 수 있다. 그러나 이 문제가 8세나 그 이후까지도 탐지되지 못한다면, 처치에 대한 반응은 아주 낮아진다(Hatcher et al., 2006). 이러한 이유 때문에 읽기장애의 예방은 중요한 주제이다. 아동이 어릴 때 음운 인식을 돕는 활동을 훈련시킨다면 위험이 있는 아동들 사이에서 나타날 수 있는 읽기장애를 예방할 수도 있다(Duff & Clarke, 2011; Snowling & Hulme, 2012). 이러한

Phanie/Science Source

특정 학습 불능의 처치는 대개 아동의 능력에 대해 세심하게 평가하는 것으로 시작한다.

활동은 듣기, 문장의 압운, 문장과 단어 알아내기, 음절과 음소 나누기가 들어 있는 게임으로 이루어진다. 예를 들어, 아동에게 *sand*를 *s-and*로 나눈 다음, 다시 *sand*로 통합시키게 하거나, 색깔이 있는 알파벳 블록을 이용해서 단어를 음소의 소리로 나눈 수(*s-a-n-d*)도 있다.

의사소통장애와 학습장애에 대한 이해는 지난 10년 동안 학급 지도에 대한 철학과 학급 현장이 도약하는 역할을 했다. 위에서 언급한 신경과학에서의 발견은 일부 만연되어 있는 교육 관례에 도전이 되었고, 학습장애가 있는 아동을 돕는 좀 더 체계적인 방법으로 이어졌다. 이제 이에 대해 살펴보자.

통합 운동

장애가 있는 아동을 분리시키는 것이 비효과적이고 해로울 수 있다는 것을 보여 준 연구에 기초하여, 1950년대에 특별한 요구가 있는 아동을 정규학급에 통합하는 **통합 운동**(inclusion movement)으로 시작되었다(Baldwin, 1958). 자료실(resource room)과 특별히 훈련된 교사가 유행하던 특수학급을 대신했으며, 이는 아동을 명명하고 범주화하는 것을 없애는 장점도 함께 가져온 변화이다. 1975년 미국의 전(全)장애아동교육법[The Education for All Handicapped Children Act; 현재는 장애인교육법(Individuals with Disabilities Education Improvement Act, IDEA)]로 알려짐, 2004)과 캐나다의 교육법(The Education Act)에는 특별한 요구가 있는 아동에게 장애와 관계없이 모든 교육적 서비스에 대한 접근이 제공되어야 한다고 명시되어 있다. 오늘날 북아메리카와 그 외 많은 나라에서 특수교육이 필요한 아동은 가능하면 언제든지

정규학급에 배치될 수 있다.

2002년, 아동낙오방지법{No Child Left Behind(NCLB)] Act}이 미국에서 통과되었다. 이 법령은 학업 실패의 위험이 있을 것이라고 생각되는 공립학교 학생들의 학업 성취 개선을 위해 각 주(state)가 좀 더 집중적인 노력을 할 수 있게 했다. 오늘날 미국에서는 모든 사회 계층의 학령기 아동의 약 14%(약 660만 명)가 특수교육을 통해 일정 수준의 보조를 받고 있으며, 특정 학습장애가 있는 아동은 이 학생들의 대략 절반이다(National Center for Educational Statistics, 2012).

개입에 대한 반응 모델

IDEA 법령은 아동을 확인하고 평가하기 위해 개입에 대한 반응(Response to Intervention, RTI) 모델의 사용을 제시했다. RTI는 전형적인 교육 방법으로는 읽기를 배우는 데 어려움이 있는 아동에게 소집단으로 집중 지도가 제공되는 일련의 교육으로 구성된다. 추가 개입이 필요한 아동은 일대일 특수교육을 받는다. 이 접근은 개별적인 요구가 필요한 각 아동에게 적합한 수준의 지도를 제공하려는 것이다(National Institutes of Health, 2007).

지적 불능, 학습 불능 등의 명칭 또는 진단 없이 서비스를 받는, 특별 요구가 있는 아동에게 주어지는 주도권이 광범위하게 가능해지고 전망도 밝다. 그러나 이러한 교육 개입이 아동의 특별한 요구를 성공적으로 충족시킬 수 있는지에 관한 것뿐만 아니라 실행 및 교사 훈련과 같은 문제가 해결되지 않고 있다(Lovett & Lewandowski, 2014).

지도 방법

모든 아동이 정규학급에 있을 수 있는지와 같은 실제적인 측면에 대한 논쟁은 여전히 남아 있지만, 오늘날 대부분의 교육자들은 학습장애가 있는 아동에 대한 **직접 지도**를 선호한다. 직접 지도는 기술(skill)의 개선을 전제로 하는 직접적인 접근의 교수(teaching)이며, 지도 활동은 배워야 하는 기술에 맞아야(**살펴보기** 7.2 참조) 한다(Hammill et al., 2002). 단어의 구조에서 직접 지도는 아동의 음운 손상 때문에 필요하다. 읽기에서의 직접 지도는 기술을 배울 때까지 문장 또는 이야기의 전체 맥락에 앞서 단어 구조와 단어 읽기에 대한 구체적인 학습을 강조한다. 이 방법은 읽은 것을 이해할 수 있기(즉, 독해) 전에 단어를 정확하고 빨리 해독하고 인식하는 능력이 먼저 획득되어야 한다는 전제에 기초하고 있다(Hammill et al., 2002; Haager, Klinger, & Vaughn, 2007).

난독증을 예방하려면, 음운 및 언어적 능력을 가르치는 조기 개입을 제공하는 것이 중요하다. 아동은 해독을 위해 단어의 소리를 배울 수 있어야 하며, 또한 교재의 메시지를 이해하려면 단어의 의미를 이해해야 한다(S. E. Shaywitz & Shaywitz, 2013). 효과가 입증된 기술은 음소 처리, 어휘 확립, 이해 증가, 유창성 향상의 실행이며, 이는 단어를 소리로 연결시키는 뇌의 능력을 강화시키는 데 도움이 된다(Nation et al., 2007).

간단히 말하면, 효과적인 읽기 지도의 요소는 예방에 초점을 두든지 개입에 두든지 간에 동일하다. 즉, 음소 인식 및 음소 해독 기술, 단어 재인에서의 유창성, 의미의 구성, 어휘, 철자, 쓰기에 있다(Snowling & Hulme, 2012). 증거에 입각한 평가들은, 학급 교사가 이러한 요소에 직접적이고 명쾌한 지도를 제공했을 때 읽기 실패가 극적으로 감소한다는 것을 보여 준다(Duff & Clarke, 2011; Haager et al., 2007; Schuele & Boudreau, 2008). 어릴 때부터 음소를 가르치는 것에 대해 경험적으로 지지해 주는 것이 최근의 뇌 영상 연구에서 나타나고 있다. 예를 들면, 음소 인식, 음의 소리, 기타 읽기 기술에 대한

살펴보기 7.2

행동적 직접 지시 단계

1. 아동이 가지고 있는 능력을 검토한다.
2. 각 교과를 시작할 때 목표에 대한 간단한 진술문을 만든다.
3. 새로운 개념과 재료를 소단계(small step)로 제시하고, 각 단계마다 실습하게 한다.
4. 분명하고 자세한 지시와 설명을 제공한다.
5. 모든 학생에게 충분한 실습을 제공한다.
6. 교사의 질문에 대답하게 해서 학생이 개념을 이해하고 있는지를 지속적으로 확인한다.
7. 첫 연습에서 각 학생에게 분명한 지침을 제공한다.
8. 체계적인 피드백과 교정(correction)을 제공한다.
9. 학생이 자기 자리에서 연습하도록 분명한 지침과 실습을 제공한다.

출처: "Treatment of Learning Disabilities," by G. R. Lyon and L. Cutting, 1998. In E. J. Mash and L. C. Terdal (Eds.), *Treatment of Childhood Disorders*.

다음의 예는 행동적 직접 지시 단계를 적용한 것이다.

예: 직접 지도 수업

전형적인 DI(Direct Instruction) 수업에는 교사가 분명하고 세심하게 일련의 지시(시범)를 하고, 학생이 수업시간 이외에(검토) 자신의 기술을 연습할 기회(독자적인 연습)가 자주 제공되는 내용이 들어 있다. 예를 들면, 처음으로 /m/ 소리가 나타나면, 교사는 다음과 같이 진행한다. "오늘 새로운 소리를 배우게 될 거야. 내가 소리를 내 볼게. 내가 철자 밑으로 이동하면 소리를 낼 거야. 내가 글자를 손으로 집는 동안에 계속해서 소리를 낼 거야. 준비하자. mmm(모델).", "다시 내가 해 볼게. mmm(모델).", "이제 네가 해 볼래? 내가 손으로 글자를 가리키는 동안 소리를 계속해서 내는 거야. 준비 시작." (독자적인 연습). "다시, 준비 시작."(독자적인 연습). 지도를 하는 동안 오류가 발생하면, 교사는 소리를 모델링해 보이고("내가 할게, mmm."), 연습하게 지도하며("나랑 같이 말해 보자. 준비 시작. mmm."), 학생이 독립적으로 연습하게("네가 할 차례야.") 한다. '다시 하기'는 이러한 오류에 근거해서 실시될 수 있는데, 소리가 적혀 있는 것의 맨 위에서 다시 해서 학생은 /m/ 소리를 더 많이 훈련한다. /m/은 수업 전반에 걸쳐서 그리고 뒤따르는 수업에서 계속해서 나타나고, 따라서 기술이 숙달(확실한 반응)될 수 있도록 한다.

출처: Marchand-Martella, Martella, & Ausdemore(2005). *An Overview of Direct Instruction*.

지도는 자동적 인식 과정을 더 많이 활성화할 수 있으며 이는 앞에서도 언급되었다(231쪽의 '원인' 절 참조). 이러한 훈련을 거친 후, 읽기가 빈약했던 사람의 뇌 스캔이 읽기를 잘하는 사람의 뇌 스캔과 비슷해지기 시작한다(National Institutes of Health, 2007).

이제 잘 확립된 학습 원리를 적용해서 읽기, 쓰기, 수학을 가르치는 방법에 대한 실제 사례를 살펴보자. 행동적 전략 및 인지-행동적 전략은 의사소통과 학습장애가 있는 아동과 청소년의 문제를 개선시키는 데 아주 효과적이다(Lyon et al., 2006). 뿐만 아니라, 공업 기술의 사용에 기반을 둔 새로운 방법이 기초 학업 및 고급 학업 기술을 획득할 수 있는 추가적인 방법을 일부 아동에게 제공하기도 한다.

행동 전략

의사소통장애와 학습장애가 있는 아동이 갖고 있는 많은 문제는 단순하게 제시되는 자극들이 그들에게는 너무 빠르다는 점에서 비롯된다(Tallal & Benasich, 2002). 따라서 기억이나 개념을 한 번에 파악하는 것에 의존하기보다는 문자화되어 있거나 재적용할 수 있는 언어 규칙의 세트로 제공하는 전략이 더 효과적이다. 신뢰할 수 있는 행동주의 원칙의 학습이 이러한 교수법에도 체계적으로 잘 적용될 수 있다.

학문적 개념 이외에, Francine의 사례에서 보듯이 또래와 관련된 일부 문제도 이러한 방법으로 다룰 수 있다. 문제를 한꺼번에 해결하고자 하는 접근보다는 단순하면서도 단계적인 접근이 더욱 효과적이다. 아동은 새로운 정보를 각기 다른 상황에서 일반화하는 데에서 도움이 필요할 수도 있다. 개별화되고 기술에 기초한 접근은 지겹거나 통상적이지 않아야 한다. 사실, 말 및 언어 치료사들은 새로운 자극을 제공하는 데 능숙해야 하지만 언어 패턴을 듣고 연습하는 환경도 구조화할 수 있어야 한다. 어린 아동과의 작업 활동에서 치료자는 장난감에 대해 이야기한 다음, 아동이 같은 소리나 난어를 사용하노록 격려할 수 있다. 아동은 치료자가 소리를 생성하는 것을 본 다음, 치료자의 목에서 소리의 진동을 느낀 다음, 거울 앞에서 그 소리를 만드는 것을 연습할 수도 있다.

행동주의 방법은 직접 지도의 완성 프로그램과 연합해서 사용할 수 있으며, **살펴보기 7.2**에서 보듯이, 이는 전형적으로 누적되고 고도로 구조화된 방식으로 진행된다(Wright & Jacobs, 2003). 이 방법은 분명한 교정, 강화, 연습 기회라는 면에서 교사의 행동을 크게 강조하기 때문에, 때때로 '결점 없는 지도(faultless instruction)'라고도 부른다. 각 개념은 아주 명확하게 제시되기 때문에 한 가지 해석만이 가능하다. 그리고 각 수업은 현장에서 검증된 각본에 따라 구조화된다. 교사들은 한 번에 하나의 소집단 학생들과 작업하며, 학생들에게 1분에 10~12번 정도의 질문을 하게 된다.

이처럼 아주 구조화되고 반복적인 방법은 확실히 효과가 있다. 행동적 직접 지도를 받은 학생은 다양한 여러 학습 평가에서 일반학급 교육을 받은 학생에 비해 거의 1 표준편차를 능가했다(Lyon et al., 2003).

인지-행동적 개입

인지-행동적 개입은 의사소통장애 및 학습장애가 있는

아동에게 아주 적합하다. 행동주의 방법처럼, 이 절차에서 학생은 학습에 적극적으로 참여하게 되며, 특히 자신의 사고 과정을 적극적으로 모니터링한다. 자기 점검, 자기 평가, 자기 기록, 강화를 자기 관리하는 등의 전략을 사용함으로써 자기 통제에 강조를 두고 있다(Alwell, & Cobb, 2009; Cobb et al., 2006). 특히, 아동에게는 진도를 나가면서 공부하는 것에 대해 자신이 알고 있는지를 확인하도록 스스로 몇 가지 질문을 하도록 교육시킨다. 여러분도 해 보기 바란다. "이것을 내가 왜 읽고 있지? 저자가 전하고자 하는 주요 생각은 무엇이지? 이 질문에 대한 답은 어디에 있지? 이것은 방금 전에 배운 것과 어떻게 연결되지?"

다음에 제시되는 Carlos의 처치 프로그램은 이러한 절차가 그의 쓰기 문제에 어떻게 적용되는지를 보여 준다.

CARLOS

계획

3학년에, Carlos의 치료 계획은 인지-행동적 접근이 일반 교수법과 통합되었다. 일대일 지도 방법보다는 교실에서 일부 행동적 방법을 융합하는 방법에 대해 교사와 이야기했다. 예를 들면, 그의 강점은 생각하기와 말하기 영역이므로 그의 학습을 돕기 위해 컴퓨터와 녹음기를 사용하는 것에 대해 논의했다. 그는 이 방법을 좋아하는 것처럼 보였고, 이 방법으로 그의 쓰기 문제를 도와주었다. 나는 그리기 및 따라 그리기와 같은 시각-운동 통합을 위한 전략을 논의했으며 점차 과제를 복잡하게 만들었다. 아동에게는 필기체가 종종 인쇄체보다 더 쉽기 때문에, 교사에게 인쇄체를 배우게 하는 것은 피하자고 제안했다. Carlos에게는 글자의 구분된 형태보다는 연속적인 형태의 산출이 더 쉬웠다.

Carlos가 종이에 쓰는 것을 돕기 위해, 우리는 Graham, MacArthur, Schwatz와 Voth(1992)의 기본 계획하기 전략을 채택했다. 이 전략은 그가 관련된 하위 문제들로 과제를 구조화할 수 있도록 도와준다. PLANS란 약어는 다음을 기억하는 데 도움이 된다.

목표잡기(Pick goal: 글의 길이, 구조, 목적과 관련해서)
목표 달성 방법의 목록화(List ways to meet goals)
그리고(And)
필기하기(make Notes)
필기 순서(Sequence notes)

이 기억술은 Carlos를 돕기 위해 세 가지 쓰기 전략, 즉 (1) 계획 짜기, (2) 더 많이 쓰고 말하기, (3) 목표를 이루었는지를 평가하는 데 사용되었다. (저자의 사례 자료에서 인용)

컴퓨터 보조 학습

음성 능력은 임상가가 하는 것처럼 교사도 유사한 수준의 효과를 낼 수 있음이 연구를 통해 밝혀졌는데(Duff & Clarke, 2011), 이로 인해 컴퓨터와 인터넷 훈련 프로그램이 많이 증가했다. 읽기 지도에서 한 가지 문제는 기본적인 것이지만 지루한 단어 해독과 복잡한 문장을 이해시키는 것 사이에 균형을 유지하는 것이다. 모든 문제가 해결된 것은 아니지만, 철자 쓰기, 읽기, 수학을 컴퓨터 보조 방법으로 배우는 것은 전통적인 지필 방식보다 학업의 참여 및 학업 수행을 더 잘하게 한다.

1970년대 이후로 컴퓨터는 질문과 답을 전달하는 간단한 교육 도구로 사용되고 있다. 뇌에서 음운 인식과 타이밍 문제에 관한 발견 이후, 연구자들은 컴퓨터가 기본적인 청각 문제를 교정할 수 있는지를 검증하고 있다. 의사소통장애 및 학습장애가 있는 일부 아동은 *ba*와 *da* 같은 자음처럼 순식간에 지나가는 정보를 처리하지 못하며, 이러한 손상은 중요한 말의 진행을 방해한다. 컴퓨터 프로그램은 이러한 문법적 소리를 늦출 수 있고, 어린 아동이 더 천천히, 신중하게 처리하게 한다(Loo et al., 2010; Gaab et al., 2007; Palmer, Enderby, & Hawley, 2007).

컴퓨터, 교사, 또는 둘 다에게 배우든지 간에, 학습장애의 개입에 관한 연구들은 성공적인 접근에서는 전형

BSIP/UIG via Getty Images

새로운 연구들은 학습장애가 있는 아동이 주요 정신적 기술을 개발할 수 있게 하는 데에서 컴퓨터 게임과 연습이 도움이 될 것이라고 조심스럽게 희망을 피력한다.

적으로 음소 인식과 음소 해독에서의 분명한 지도가 포함되어 있어야 한다고 제시한다. 이러한 개입에서는 많은 보조가 제공되고 매일의 회기와 함께 학생에게 교재 읽기의 연습과 읽은 것을 이해하는 연습도 제공한다(Torgesen et al., 2010).

요약하면, 의사소통장애 및 학습장애에 대한 처치 방법들은 다양하며 유익하다. **살펴보기 7.3**에는 읽기 프로그램의 성공적인 시작을 위한 기본 요소의 일부가 제시되어 있으며, 이 요소들은 그 외 다른 학습장애에도 동일하게 적용된다. 읽기장애가 있는 아동이 읽기 방법을 배우려면, 음성 인식에서 직접적이며 분명한 지도로 구성된 균형 잡힌 개입 프로그램, 이 학습을 소리-상징 관계(음소)의 학습으로 일반화하는 체계적인 방법, 의미 있고 흥미 있고 통제된 맥락을 읽음으로써 이러한 해독 기술을 연습할 수 있는 기회가 많아야 한다. 이러한 개입이 학교에서 빨리 실시될수록 결과는 더욱더 좋아진다(Haager et al., 2007).

단원 정리

특정 학습장애

- 특정 학습장애(SLD)에는 읽기, 수학, 쓰기 능력에서 특정한 문제가 있으며, 읽기장애가 가장 흔하다. 수학 및 쓰기장애는 읽기장애와 상당히 중복된다.
- SLD가 행동장애와 중복되지만, 이 두 장애는 별개의 장애이다. 특별한 장점을 개발하고 이를 사용하는 기회는 성인이 되어서의 결과를 더욱 성공적으로 이끈다.
- 읽기에서 SLD는 뇌의 시각적 정보처리에서의 생리적 이상에서 발생된 음소 문제로 인해 발생할 수 있다. 이러한 결함은 주로 유전적인 것이라고 생각한다.
- 의사소통장애와 학습장애가 있는 아동을 위한 처치에는 아동이 가지고 있는 강점을 강조하는 교육 전략과 직접 지도가 포함된 행동적 전략이 주로 사용된다.
- 인지-행동 기법과 컴퓨터 보조 학습 역시 성공적으로 사용된다.

살펴보기 7.3

읽기 프로그램의 성공적인 시작을 위한 핵심 요소

1. **언어 분석에서 직접 지도를 제공하라.** 학교생활(유치원이 더 좋음)에서 위험 가능성이 있는 아동을 일찍 발견하고 음소 인식 기술을 직접 가르쳐라.
2. **알파벳 부호를 직접 가르쳐라.** 부호화 교육은 구조화되고 체계적이어야 하며, 단순한 것에서부터 복잡한 것으로 진행되어야 한다. 언어에서 불규칙성을 가르치기 전에 규칙성을 먼저 가르쳐라. 추측하지 않도록 가능한 한 분명하게 제시되어야 한다. 글자 하나씩 하나씩 해독하는 데 지나치게 의지하는 아동은 단어의 덩어리를 점점 더 크게 하도록 가르쳐라.
3. **읽기와 쓰기를 조화롭게 가르쳐라.** 아동은 자신이 정확하게 읽는 단어의 철자를 배워야 한다.
4. **집중적인 읽기 교육을 제공하라.** 아동이 유능감을 확신하려면 기초 읽기 기술에서 3년 이상의 직접적인 교육이 필요할 수 있다. 아동이 발전함에 따라 맥락적인 읽기를 더욱더 연습해야 한다. 읽기 자료는 아동이 해독할 수 있는 단어가 있는 어휘로 제한해야 한다. 아동이 핵심적인 시각 어휘를 발달시킴에 따라, 아주 정확해야 읽을 수 있는 그러한 불규칙 단어를 도입하라. 추측은 역효과를 낳는다.
5. **자동적이 되게 가르쳐라.** 기초적 해독이 습득된 후, 아동은 자동적으로 접근해 갈 수 있도록 충분히 자주 단어에 노출되어야 한다. 이는 아주 많은 연습을 필요로 하며, 가능한 한 즐겁고 보상적이어야 한다.

출처: Rebecca. H. Felton, "Effects of Instruction on the Decoding Skills of Children with Phonological-Processing Problems," *Journal of Learning Disabilities*, *26*, 583-589.

학습 자료

단원 요약

정의와 역사
언어 발달
의사소통장애
특정 학습장애

핵심 용어

난독증(dyslexia)
말소리장애(speech sound disorder)
비언어적 학습 불능(nonverbal learning disabilities, NLD)
언어장애(language disorders)
예기치 않은 차이(unexpected discrepancy)
음소(phonemes)
음운(phonology)
음운 인식(phonological awareness)
의사소통장애(communication disorders)
직접 지도(direct instruction)
통합(inclusion)
특정 학습장애(specific learning disorder, SLD)
학습 불능(learning disabilities)
해독(decoding)

8

주의력결핍/과잉행동장애(ADHD)

ADHD는 무엇을 해야 하는지에 대해 알아야 하는 문제가 아니라,
아는 것을 행하는 것에 대한 문제이다.

—Russell A. Barkley(2006a)

이 장 미리 보기

ADHD에 대한 기술과 역사
- 기술
- 역사

핵심 특성
- 부주의
- 과잉행동-충동성
- 표현형
- DSM 추가 준거
- DSM이 우리에게 알려 주지 못하는 것

관련 특성
- 인지적 결손
- 말하기 및 언어 결함
- 의학적 · 신체적 우려
- 사회적 문제

동반되는 심리적 장애와 증상
- 적대적 반항장애와 품행장애
- 불안장애
- 기분장애
- 발달상 협응장애와 틱장애

유병률과 경과
- 성별
- 사회경제적 수준과 문화
- 장애의 진행과 결과

이론과 원인
- 유전적 영향
- 임신, 출산, 초기 발달
- 신경생물학적 요인
- 섭식, 알레르기, 납
- 가족의 영향

처치
- 약물
- 부모 관리 훈련
- 교육적 개입
- 집중적 개입
- 부가적 개입
- 논쟁의 여지가 있는 처치에 대한 논평
- 관점을 유지하는 것

ADHD에 대한 기술과 역사

주의력결핍/과잉행동장애가 있는 아동이 보이는 주 증상 및 행동에 대해 기술하면서 이 장애에 대한 논의를 시작하려고 한다. 그리고 이 장애가 200년도 더 전에 처음 등장했을 때부터 제시되고 있는 여러 가지 관점에 대해서도 살펴볼 것이다.

JOHN

부주의, 과잉행동 및 충동성

어머니가 도와 달라고 필사적으로 매달리고 있는 John은 일곱 살이다. "그 애는 10개월에 걸었고, 그 이후 계속 나를 뛰어다니게 만들었어요. 아이는 항상 집안을 뛰어다니고 여기저기 부딪혔지요. 그는 항상 움직이고, 충동적이고, 결코 말을 듣는 법이 없어요. 내가 그 애에게 셔츠를 집어서 바구니에 담으라고 할 때에도 그 애는 셔츠를 바닥에 둔 채 자기 방에서 여전히 놀고 있어요. 그 애는 규칙도 없고 잠도 없어요. 야단을 쳐도 먹히지 않고 다른 아들들을 다루던 방법도 안 먹혀요. 그 애는 자기 행동을 의식하지 못해요. 비디오 게임을 하기 위해 오랫동안 앉아 있는 것을 제외하고는 자기가 시작한 어떤 것도 끝내지 못하고 TV를 볼 때도 돌아다녀야 해요."

John의 선생님은 John이 학교에서 과제를 지속하지 못하고 교실에서 일어나는 일을 놓치지 않으려고 하는 것이 가장 큰 문제라고 한다. "그는 교실에서 불쑥 말하고 안절부절못하고 의자에 앉아 있지 않아요."라고 말했다. John은 숙제를 다 하더라도 그의 숙제에 필요한 책을 가지고 오는 것을 잊어버린다. 숙제를 다 해도 그는 자기 가방에 숙제를 집어넣거나 제출하는 것을 잊어버린다. John은 차례를 기다리거나 다른 아이들과 놀 때 규칙을 따르는 것을 몹시 어려워한다. 그의 급우들은 John이 별나다고 생각하고 같이 놀려고 하지 않는다. John의 부모는 의기소침해져서 어찌할지를 모른다.

출처: Patricia Kennedy, Lief Terdal, and Lydia Fusetti, *The Hyperactive Child Book*, pp. 8–9. New York: St. Martin's Press, Inc.

기술

주의력결핍/과잉행동장애(ADHD)는 John과 같이 중요한 일상적인 활동을 하지 못하게 할 만큼 연령에 적절하지 않은 부주의, 과잉행동, 충동성 증상이 있는 아동을 기술한다(APA, 2013).

Fidgety Phil, 1845, Blackie & Son, Ltd., Glasgow

Jose Azel/Aurora/Getty Images

Fidgety Phil, 1845와 Dusty N., 1994: 식사시간은 ADHD가 있는 아동 및 그의 부모가 특히 힘들어하는 시간이다.

ADHD라는 용어가 새로운 것일 수는 있지만, 과잉행동적이고 억제되지 않는 행동을 보이는 아동은 오래전부터 있어 왔다. 1845년, 독일의 신경과 전문의 Heinrich Hoffmann은 아이들의 이야기 책에 과잉행동에 대해 처음으로 썼다. 그의 익살스러운 시는 "Fidgety Phil"의 식사시간에 대해서 다음과 같이 기술했다. "그는 가만히 앉아 있지를 못한다네/ 몸을 이리 흔들고 저리 흔들고/ 킥킥거리며 웃고/ 몸을 앞으로 젖혔다 뒤로 젖혔다/ 의자를 흔들거리며." 결국 의자가 넘어지자 Phil은 비명을 지르며 식탁보를 움켜잡았고, '컵, 접시, 칼, 포크 등이 모두 바닥으로 떨어졌다'(Hoffmann, 1845).

좀 더 최근에는 "지칠 줄 모르는 삶(Life in Overdrive)"이란 제목의 ADHD에 대한 기사에서 7세 된 Dusty N.의 행동을 다음과 같이 묘사하고 있다.

Dusty는 시카고에 있는 집에서 최근에 아침 5시에 잠에서 깨었다. 아침을 먹기 위해 아래층으로 내려오려고 할 때 23kg이나 되는 몸 근육들이 격렬한 동작으로 날아다녔다. 찬장에서 시리얼 상자를 끌어낸 뒤, Dusty는 손으로 시리얼을 잡고 상자를 발로 찼고, 시리얼이 방에 흩어졌다. 그런 다음, 그는 TV를 덮어 둔 장식 종이를 휙 벗겨 버렸다. 그다음에, 그는 흩어진 시리얼 조각들을 짓밟기 시작했다. 시리얼을 청소하기 위해 가지고 온 플라스틱 쓰레받기를 부순 뒤, 다음 과업을 하려고 이동했다. 그는 욕실에서 세 개의 화장실용 두루마리 휴지를 잡고 그것들을 집 주위를 따라 풀기 시작했다. (*Time*, 1994년 7월 18일, p. 43)

Phil과 Dusty에 대한 이야기는 거의 150년 차이가 있지만, 두 소년의 식사시간의 행동은 모두 ADHD의 주요 증상을 잘 보여 준다. 소년들은 **부주의**해서 식사시간에 지켜야 할 것에 집중하지 못하고 조심성 없이 행동하고, **과잉행동적**으로 끊임없이 움직이며, **충동적**으로 생각 없이 행동한다.

ADHD는 X선이나 임상검사에서 뚜렷하게 구별되는 신체 증상이 있는 것은 아니다. 단지 아이들마다 상당히 차이를 보이는 행동 특성에 의해서만 확인할 수 있다. 우리가 논의하려고 하는 것처럼, ADHD는 원인이 다른 것 같이 보이는 몇 가지 다른 행동 패턴을 설명하는 포괄적인 용어로 사용되고 있다.

ADHD가 있는 아동의 행동은 당황스럽고 모순으로 가득 차 있다. 성급하고 조직되지 않은 행동은 아동과 부모, 형제자매, 교사, 학급 친구들에게 항상 스트레스가 된다. 왜 가만히 앉아 있을 수 없을까? 왜 차분하게 끝낼 수 없을까? 왜 이렇게 부주의한 실수를 많이 하는 것일까? 아동이 신체적으로 잘못된 것도 없고 어떤 때, 어떤 상황에서는 좋은 모습도 보인다. 이와 같이 비일관적이기 때문에 어떤 사람들은 이 아이들이 좀 더 노력하거나 부모나 교사가 좀 더 엄격하게 제한시키면 좋아질 것이라는 생각도 한다. 그러나 많은 노력과 엄격한 규칙도 대개는 도움이 되지 않는다. 왜냐하면 ADHD가 있는 대부분의 아동은 이미 많이 노력을 하고 있었기 때문이다. 이들은 잘 하기를 원하지만 자기 통제 능력의 한계로 인해 끊임없이 좌절한다. 결과적으로, 그들은 집중하지 못하는 것 때문에 비난받거나 '멍청이' 같다고 놀림당하는 것처럼 상처, 혼란, 슬픔을 겪고 있다. 이들은 숙제나 집안일을 완수하지 못하여 꾸지람을 듣거나 매를 맞기도 할 것이다. 그러나 불행하게도, 왜 잘못되었는지, 어떻게 다르게 할 수 있었는지에 대해 알지 못한다.

좌절감, 다르다는 것, 제대로 하는 것이 없다는 것, 절망감이 ADHD가 있는 아동을 압도한다(Young et al., 2008). 예를 들어, David는 "나는 친구가 없어요. 왜냐하면 제대로 놀지도 못하고 친구들이 나를 멍청이, 바보라고 부를 때면 그냥 울어 버리거든요. 그래도 어떻게 할 수가 없어요."라고 말했다(Ross & Ross, 1982). ADHD가 아동의 일상생활을 심각하게 파괴하고, 많은 에너지를 소모시키며, 정서적 고통을 일으키고, 자존감을 다치게 하고, 대인관계를 심각하게 악화시킬 수 있다는 것에는 의심의 여지가 없다. 아동의 개인적인 고통과 타인으로부터의 낙인(Lebowitz, 2013)뿐만 아니라, ADHD 아동에 대한 사회적 비용 역시 높은데, 미국에서 연간 320억 달러에서 720억 달러 정도의 비용이 들며, 이는 건강관리와 교육 관련 부분에서 가장 많은 비용이다. 성인 ADHD의 추정 비용은, 생산성의 감소와 수입의 감소에 영향을 미쳐서, 젊은 사람들의 비용보다 거의 2~3배 높다. ADHD가 있는 개인의 가족들이 감당하는 추가적인 비용과 함께, 미국에서 ADHD가 있는 개인의 전 생애에 걸쳐서 ADHD가 가져오는 경제적 영향이 상당하다는 것을 알 수 있다(Doshi et al., 2012).

역사

ADHD 증상에 대해서는 독일 의사 Melchior Adam Weikard가 1775년에 의학 서적에서 처음 기술했다(Barkley & Peters, 2012). 그 후 ADHD의 문제 행동에 대해 수많은 설명들이 있었다(Barkley, 2014e). 1798년, 스코틀랜드 태생 의사인 Alexander Crichton경은 조기 발병, 지치지 않음, 부주의, 저조한 학업 수행을 포함하는, ADHD와 유사한 증상을 기술했다. 이들은 스스로를 '안절부절못함'이라고 묘사했으며 아무리 노력해도 심각한 어려움이 있다고 보고했다(Palmer & Finger, 2001). 과잉행동과 부주의 증상은 1902년, 영국의 내과 의사 George Still에 의해 처음으로 장애로 기술(이 무슨 우연인지!)되었는데, 그는 이러한 증상이 불량한 '자유의지의 저해'와 '도덕적 통제력의 결핍' 때문이라고 믿었다(**그림 8.1** 참조). 1900년대 초, 의무 교육은 집단에서 스스로 통제된 행동을 하도록 요구했는데, 이로 인해 ADHD 증상이 있는 아동에게 관심이 집중되었다.

ADHD에 대한 또 다른 관점은 1917년에서 1926년까지 세계적으로 유행했던 인플루엔자 감염에서 나왔다.

The LANCET, 1902년 4월 19일

아동의 비정상적인 정신적 상태에 관한 Coulstonion 강의

1902년 3월 4, 6, 11일에 런던의 Royal 의과대학에서 강의

GEORGE F. STILL

아동질병 협력의사, King's 대학 병원; 아동병원 의사, Great ORMOND-STREET.

강의 II

3월 6일 발표

위원장님 그리고 신사 여러분!!
첫 강의에서 저는 정상 아동의 도덕적 통제의 심리 및 발달에 대한 이야기를 한 다음에 전반적인 지능의 결함이 도덕적 통제의 결함과 관련될 수 있다고 했습니다. 앞으로 더 나가기 전에 제기된 문제에 대해 간단히 검토하는 것이 좋을 것 같습니다. 우리가 보는 것과 같이 도덕적 통제는 세 가지 심리적 요인, 즉 환경과 관련된 인지, 도덕적 관념, 의지력과 관련되며, 이는 억제에 대한 의지로 간주됩니다. 따라서 도덕적 통제는 출생 시에 나타나는 것은 아니고 정상적인 정신 상태에서 아이가 성장함에 따라 점차적으로 발달되는 것입니다. 같은 연령 및 유사한 조건에서의 훈련과 환경에 따라 도덕적 통제의 정도가 다른 것은 그러한 통제를 발달시키는 선천적인 능력이 개개인에 따라 다르다는 것을 암시합니다.

Courtesy of *The Lancet*, April 19, 1902.

그림 8.1 ADHD의 증상은 20세기 초 영국의 의사 George Still에 의해 처음 기술되었다.

뇌염(뇌 감염)에 걸렸다가 생존한 아동은 성마름, 고집, 부주의, 운동 통제의 부족 및 과잉행동을 포함하여 많은 행동상의 문제를 갖게 되었다. 이 아동들 및 출생 외상, 두부 손상, 독소에 노출되었던 아이들은 **뇌손상 아동 증후군**(brain-injured child syndrome)이라 부르는 행동 문제들을 보였는데, 이는 지적 불능과 연관이 되었다.

1940~1950년대에는 이 명칭이 유사한 행동을 보이지만 뇌손상 또는 지적 불능의 뚜렷한 증거가 없는 아동들에게 잘못 적용되었으며, 이는 **미세 뇌손상**(minimal brain damage)과 **미세 뇌 역기능**(minimal brain dysfunction, MBD)이라는 용어로 이어졌다(Strauss & Lehtinen, 1947). 이 용어들은 행동 문제를 신체적 원인에 귀인시키는 편리한 방법이 되었다. 특정 두부 손상이 일부 ADHD 사례를 설명할 수는 있지만, 뇌손상 이론은 소수의 사례들만을 설명해 주었기 때문에 결국 거부되었다(Rie, 1980).

1950년대 후반에는 ADHD를 과잉운동(hyperkinesis)이라고 했는데, 이는 뇌로 들어오는 자극을 충분히 여과시키지 못하는 것이 원인이라고 보았다(Laufer, Denhoff, & Solomons, 1957). 이 관점은 **과잉행동 아동 증후군**이란 정의를 만들어 냈는데, 이 정의에서는 운동 과잉행동성이 ADHD의 주 특징으로 고려되었다(Chess, 1960). 그러나 과잉행동만의 문제가 아니라는 것이 곧 인식되었는데, 이 아동들은 상황적 요구에 따른 신체 움직임의 통제도 못했던 것이다.

1970년대, 과잉행동과 더불어 주의 및 충동 통제의 결핍 역시 ADHD의 주 증상이라는 주장이 나왔다(Douglas, 1972). 이 이론은 널리 수용되었으며 ADHD에 대한 『정신장애의 진단 및 통계 편람(*Diagnostic and Statistical Manual of Mental Disorders*, DSM)』의 진단 준거에도 지속적으로 영향을 미쳤다. 1980년대에는 ADHD가 있는 아동에 대한 관심이 극적으로 증가되었으며, 자극제 사용의 급격한 증가는 오늘날까지도 논쟁거리가 되고 있다(Mayes & Rafalovich, 2007).

최근에는 부주의와 과잉행동-충동성 이외에 빈약한 자기 조절, 행동 억제의 어려움, 보상 및 동기의 손상이 장애의 핵심 결함으로 강조되고 있다(Nigg, Hinshaw, & Huang-Pollack, 2006). 주의 관련 및 동기 관련 이론이 모두 포함된 '다중 경로 모델들'이 점차 부상하고 있다. 이 모델들은 서로 다른 신경학적 기질의 ADHD의 경로가 다름을 제안하는데, 이는 ADHD가 있는 아동이 보이는 행동이 서로 다른 이유 때문일 수 있음을 의미한다(Nigg & Barkley, 2014). ADHD의 성질에 대해서는 의견이 많이 일치하게 되었지만, 새로운 연구와 발견을 하게 되면서 관점은 계속 변할 것이다. 또한 이에 대해 배워 나가겠지만, ADHD의 주요 어려움은 단순하게 주의가 손상된 것보다는 훨씬 더 복잡하다(Nigg & Barkley, 2014).

단원 정리

ADHD에 대한 기술과 역사

- 주의력결핍/과잉행동장애(ADHD)는 주요한 일상 활동에 결함을

가져오는, 연령에 부적절한 지속적인 부주의, 과잉행동, 충동성을 보이는 아동을 나타낸다.

- ADHD는 행동 특성으로만 판별될 수 있으며, 이는 아동들마다 차이가 많다.
- ADHD가 있는 아동의 행동은 아동, 부모, 형제자매, 교사, 급우들에게 끊임없는 스트레스와 좌절의 원천이 되며, 사회적 비용도 높다.
- 현재 우리가 ADHD라고 부르는 장애의 명칭, 주 증상, 추정되는 원인은 다양하며, 장애에 대한 관점은 계속 발전할 것이다.

핵심 특성

ADHD는 DSM-5에서 **신경발달장애**에 들어 있는데, 조기 발병 및 경과가 지속되고, 신경발달의 지속적인 변화와 연관되고, 종종 자폐 스펙트럼 장애(ASD) 또는 특정 언어장애처럼 다른 신경발달장애와 중복되기도 하는 언어 · 운동 · 사회적 발달에서의 미묘한 지연과 문제를 동반하기 때문이다(APA, 2013). 전문가들은 연구의 검토, 자료의 재분석, 북아메리카 전역의 아동들의 현장 실험을 수행하고, 여러 차례의 대중의 피드백을 받은 후 DSM-5의 ADHD 진단 준거를 개발했다(APA, 2013). **표 8.1**은 ADHD의 정의에서 확인되고, ADHD를 다른 관련 문제들과 구별시켜 주는 주요 증상의 두 가지 목록을 제시하고 있다. 첫 번째 목록에는 **부주의**가 들어 있고, 두 번째 목록에는 **과잉행동-충동성**이 들어 있다.

양적 연구들은 부주의와 과잉행동-충동성이라는 두 개의 분리되는 특정 차원으로 통합된 ADHD 요소로 구성되는 ADHD 모델을 지지한다(Burns et al., 2013). 이 두 개의 차원은 전 세계의 다양한 민족과 문화 집단에 걸쳐 수천 편의 연구를 통해 이제는 문서화가 잘 되어 있다(Toplak et al., 2012). 이 두 차원은 상관관계는 높지만 서로 다른 인지적 결함과 행동적 결함을 예언하고 각기 다른 신경이 연관되는 것 같다(Kuntsi et. al., 2013; Willcutt et al., 2012). 예를 들면, 부주의의 증상은 학업 문제 및 또래 무관심을 예측하는 경향이 있는 반면, 과잉행동-충동성은 기타 문제들 중에서 공격적 행동 및 또래 거부를 예측해 준다.

부주의와 과잉행동-충동성을 ADHD의 핵심적 두 차원으로 정의하는 것은 장애를 지나치게 단순화하는 것이다. 첫째, 각 차원에는 다양한 방식으로 정의되고 측

표 8.1 주의력결핍/과잉행동장애의 진단 준거

DSM-5

(A) 기능 또는 발달을 저해하는 지속적인 부주의 그리고(또는) 과잉행동-충동성, (1) 그리고(또는) (2)의 특징이 있다.

(1) **부주의:** 다음의 증상 중에 6개(또는 그 이상)가 발달 수준에 맞지 않는 정도로 사회적 활동 및 학업적/직업적 활동에 직접적으로 부정적인 영향을 미칠 정도로 최소한 6개월 동안 지속된다.
주의: 증상은 단지 반항적 행동, 반항, 적대감, 또는 과제나 지시를 이해하지 못해서 생긴 양상이 아니어야 한다. 후기 청소년 또는 성인(17세 이상)은 최소한 5개의 증상이 요구된다.

(a) 세부사항에 세심한 주의를 종종 기울이지 못하거나 학업, 작업, 그 밖의 활동에서 부주의한 실수를 한다(예: 놓친 세부 사항을 간과함, 작업이 부정확함).
(b) 과제 또는 놀이를 할 때 주의집중을 유지하는 것이 종종 어렵다(예: 강의, 대화, 또는 긴 글을 읽을 때 집중하고 있는 것이 어려움).
(c) 다른 사람이 직접 말을 할 때 종종 듣는 것처럼 보이지 않는다(예: 명백하게 산만한 것이 없는데도 마음이 다른 곳에 있는 것처럼 보임).
(d) 종종 지시를 완수하지 못하고 학업 · 잡일 · 작업장에서의 임무를 수행하지 못한다(예: 과제는 시작하지만 순식간에 초점을 잃고 쉽게 곁길로 빠짐).
(e) 과제와 활동을 구성하는 것이 종종 어렵다(예: 순차적인 과제를 처리하는 데 어려움, 물건이나 소지품을 간직하고 정리하는 데 어려움, 작업이 지저분하고 무질서함, 시간 관리를 잘하지 못함, 마감 시간을 맞추지 못함).
(f) 정신적 노력의 유지가 필요한 과제에 참여하는 것을 종종 기피하고, 싫어하고, 저항한다(예: 학업 또는 숙제, 후기 청소년이나 성인은 보고서 준비하기 · 서류 작업하기 · 긴 보고서 검토하기).

(다음 쪽에 계속)

표 8.1 주의력결핍/과잉행동장애의 진단 준거(계속)

(g) 과제나 활동에 꼭 필요한 물건들(예: 학습 자료, 연필, 책, 도구, 지갑, 열쇠, 서류 작업, 안경, 휴대전화)을 자주 잃어버린다.
(h) 종종 관계가 없는 자극(후기 청소년과 성인은 관련 없는 생각이 포함될 수 있음)에 의해 쉽게 산만해진다.
(i) 일상적인 활동을 종종 잊어버린다(예: 허드렛일하기, 심부름하기, 후기 청소년과 성인은 회답 전화하기, 청구서 지불하기, 약속 지키기).

(2) **과잉행동–충동성:** 다음 증상 중에 6개(또는 그 이상)가 발달 수준에 맞지 않는 정도로 사회적 활동 및 학업적・직업적 활동에 직접적으로 부정적인 영향을 미칠 정도로 최소한 6개월 동안 지속된다.
주의: 증상은 단지 반항적 행동, 반항, 적대감, 또는 과제나 지시를 이해하지 못해서 생긴 양상이 아니어야 한다. 후기 청소년 또는 성인(17세 이상)은 최소한 5개 증상이 요구된다.

(a) 종종 손이나 발을 만지작거리거나 두드리고 또는 의자에 앉아서 몸을 꿈틀거린다.
(b) 앉아 있어야 하는 상황에서 종종 자리를 이탈한다(예: 교실에서, 사무실 또는 다른 업무 현장에서, 또는 자리를 지키도록 요구되는 상황에서 자리를 이탈함).
(c) 종종 적절하지 않은 상황에서 뛰어다니거나 기어오른다.
주의: 청소년 또는 성인에서는 기분이 들썩거리는 것에 국한될 수 있다.
(d) 종종 조용히 노는 것 또는 여가 활동에 참여하지 못한다.
(e) 마치 '모터로 작동되는 것'처럼 '끊임없이 활동'하는 행동이 빈번하다(예: 음식점이나 회의실에서 길어진 시간에 가만히 있을 수 없거나 불편해함, 다른 사람에게 침착하지 못하거나 보조를 맞추는 것이 곤란한 것으로 보일 수 있음).
(f) 종종 지나치게 말이 많다.
(g) 종종 질문이 끝나기 전에 성급하게 대답한다(예: 다른 사람의 말을 가로챔, 대화에서 차례를 기다리지 못함).
(h) 종종 자신의 차례를 기다리지 못한다(예: 줄을 서서 기다리는 동안).
(i) 종종 다른 사람의 활동을 방해하거나 침해한다(예: 대화, 게임 또는 활동에 끼어듦, 부탁하거나 허락을 받지 않고 다른 사람의 물건을 사용하기 시작할 수 있음, 청소년이나 성인은 다른 사람이 하는 일을 간섭하거나 탈취할 수 있음).

(B) 몇몇 부주의 또는 과잉행동–충동성 증상은 12세 이전에 나타난다.

(C) 몇몇 부주의 또는 과잉행동–충동성 증상이 2개 이상의 상황에서 존재한다(예: 가정・학교・직장, 친구 또는 친척과의 관계에서, 그 밖의 활동에서).

(D) 증상이 사회적, 학업적, 또는 직업적 기능의 질을 방해하거나 감소시킨다는 명확한 증거가 있어야 한다.

(E) 증상이 조현병 또는 기타 정신병적 장애의 경과 중에만 발생하는 것이 아니며, 다른 정신장애(예: 기분장애, 불안장애, 해리장애, 성격장애, 물질 중독 또는 금단)로 잘 설명되지 않는다.

다음 중 어느 것인지 명시한다.
복합형: 준거 A1(부주의)과 준거 A2(과잉행동–충동장애) 모두를 지난 6개월 동안 충족하고 있다.
부주의 우세형: 준거 A1(부주의)은 지난 6개월 동안 충족하지만 A2(과잉행동–충동성)는 충족하지 않는다.
과잉행동–충동 우세형: 준거 A2(과잉행동–충동성)는 지난 6개월 동안 충족하지만 A1(부주의)은 충족하지 않는다.

다음 항목이 있다면 명시한다.
부분 관해 상태: 과거에 준거를 충분히 충족했고, 지난 6개월 동안에는 준거를 충분히 충족하지는 않지만 증상이 여전히 사회적・학업적 또는 직업적 기능에 결함을 초래한다.

현재의 심각도를 명시한다.
경도: 진단을 하는 데 요구되는 것을 초과하는 증상은 거의 나타나지 않으며, 사회적 기능 또는 직업적 기능에서 사소한 결함 이상을 초래하는 증상은 없다.
중등도: 증상 또는 기능적 결함이 '경도'와 '고도' 사이에 있다.
고도: 진단을 하는 데 요구되는 것을 초과하는 증상들이 많고, 또는 특히 심각한 몇 가지 증상이 있다. 또는 증상이 사회적 기능 또는 직업적 기능에서 뚜렷한 결함을 초래한다.

출처: *Diagnostic and Statistical Manual of Mental Disorders*, 5th ed. American Psychiatric Association.

정된, 구별되는 과정들이 들어 있다. 둘째, 주의와 충동 통제를 분리하여 논의한다고 해도, 이 두 가지는 발달적으로 밀접한 관련이 있는데, 주의는 아동이 자신의 행동, 정서, 충동을 조절하도록 돕는다(Nigg et al., 2006).

부주의

LISA
집중할 수 없어요

Lisa(17세)는 적절히 행동하고 주의를 기울이기 위해 애쓰고 있다. 그러나 이것은 Lisa에게 언제나 어려운 일이다. Lisa는 자신의 열 번째 생일을 축하해 주기 위해 부모님이 레스토랑으로 데리고 갔던 때를 생각하면 지금도 부끄러운 생각이 든다. 그녀는 식당 직원의 빨간 머리에 정신이 팔려 있었기 때문에, 주문해야 한다는 것을 상기시키기 위해 아버지가 세 번씩이나 이름을 불러야 했다. 그런 후, 불쑥 "당신의 머리 색깔은 끔찍해요."라고 말했다.

학교에서 자주 백일몽을 꾸는 것처럼 보이는 것을 제외하고는 조용하고 협조적인 편이었다. Lisa는 영리했지만, 아무리 노력해도 성적은 나아지지 않았다. 여러 번 시험에 떨어졌다. 답을 알고 있지만 시험에 집중할 수 없었다. 성적이 나쁜 것 때문에 부모님은 그녀에게 주어졌던 특권을 빼앗거나 "너는 너무 게을러. 노력만 하면 성적을 향상시킬 수 있을 것이다."라고 야단을 쳤다.

Lisa는 숙제를 하는 것이 매우 괴로운 일이라는 것을 알았다. 그녀는 숙제를 미리 받아 적어 놓거나 필요한 책을 집에 가지고 가도록 미리 계획 세우는 것을 자주 잊어버렸다. 그리고 숙제를 하려고 할 때, 어느 순간에 마음이 다른 곳에 가 있다는 것을 알았다. 그 결과, 그녀는 숙제를 좀처럼 끝내지 못했고, 숙제는 실수가 많았다. 어느 날 Lisa는 또 다른 시험을 망쳤으며, 선생님은 그녀가 흐느껴 우는 것을 발견했다. "나는 도대체 뭐가 잘못된 것일까?"

출처: National Institute of Mental Health(NIMH), 1994a에서 인용.

부주의란 주의를 지속하지 못하거나 과제 또는 놀이 활동을 지속하는 것, 지시 또는 규칙을 기억하고 따르지 못하는 것, **산만**에 저항하지 못하는 것을 말한다. 또한 계획하기와 조직화 및 적시성의 어려움, 주의 경계에서의 문제를 말한다(Nigg & Barkley, 2014). 부주의 아동은 과제를 하거나 놀 때 한 가지에 집중하기 어렵다는 것을 알게 된다. 축구를 할 때, 팀에 있는 대부분의 아이들은 공을 따라 공격하고 있는데 ADHD가 있는 아동은 진흙 장난에 정신을 빼앗길 수 있다. 이들은 자신이 즐기는 일에는 자동적으로 주의를 기울일 수 있지만, 즐거워하지 않는 과제 또는 새로운 과제에 집중하는 것에는 어려움이 있다. 부주의(AI)에 관련한 흔한 불평은 이들이 이야기를 듣지 않거나 들으려고 하지 않는 것, 지시를 따르지 않는 것, 집안일이나 숙제를 끝내지 못하는 것이다. 부주의는 주의를 통제하는 한 가지 또는 한 가지 이상의 인지적 과정의 실패 때문(Petersen & Posner, 2012)이며, 아동이 주의 손상이 있다고 말하기에는 충분하지 않다. 아동은 한 가지 유형 또는 더 많은 유형에서 손상이 있을 수 있다.

주의 용량은 우리가 짧은 시간 동안 기억하거나 주의를 기울일 수 있는 정보의 양이다. 누군가가 당신에게 지시를 하거나 전화번호를 알려 줄 때, 당신은 얼마만큼의 정보를 주의 깊게 듣고 기억할 수 있겠는가? ADHD가 있는 아동이 주의 용량에서 손상이 있는 것은 아니다. 이들은 다른 아이들이 짧은 시간 동안 기억하는 정보의 양만큼 기억할 수 있다(Taylor, 1995).

선택적 주의는 관련된 자극에 집중하고, 주변 환경에서 과제에 타당하지 않은 자극을 무시하는 능력이다. 당신이 시험공부를 하고 있을 때(관련 자극), 다른 방에서 나는 소리에 얼마나 쉽게 주의가 산만해지는가?

주의분산은 선택적 주의집중의 결손을 기술하기 위해 흔히 사용되는 용어이다. 주의분산은 ADHD가 있는 아동을 포함해서 모든 아동에게 해가 된다. 그러나 ADHD가 있는 아동은 그렇지 않은 아동보다 아주 두드러지고 흥미로운 자극에 훨씬 더 주의가 분산되기 쉽다(Milich & Lorch, 1994).

지속적 주의 또는 경계는 시간이 지나면서도 재미없거나 흥미 없는 과제에 집중을 유지해야 할 때나 지쳐 있을 때도 지속적으로 주의를 유지할 수 있는 능력이다. 자료를 모두 복습할 때까지 당신은 주의를 지속시킬 수 있는가? ADHD에서 일차적인 주의 손상은 지속적 주의에 있는 것 같다. ADHD가 있는 아동에게 흥미가 없거나 반복 과제가 주어졌을 때 다른 아이들과 비교하여 수행력이 빈약하다. 흥미가 없는 과제에 대한 작업은 어느 누구나 싫어할 수 있다. 그러나 우리 중 대다수는 흥미가 없다고 할지라도 해야 하는 일이라면 할 것이다. ADHD가 있는 아동은 그들이 원할 때조차도 과제에 집중하지 못한다. 이들은 스스로 택한 자기만의 과제를 할 때—컴퓨터 게임을 하거나 모형 비행기를 만드는 것과 같이—가장 잘 할 수 있으며, 또한 주의를 지속할 필요가 없으면서 자신이 흥미를 느끼는 과제를 가장 잘 해낸다. 그러나 대부분의 과제에서 성공하려면 주의를 지속해야 하며, 많은 상황들이 특별히 흥미 있는 것도 아니다.

지속적 주의의 손상은 ADHD의 핵심 특징 중 한 가지이다. 그러나 ADHD가 있는 아동은 과제 또는 반응의 아주 초기부터 수행 결손을 보일 수도 있으며, 시간이 지나면서 감소되는 것이 아니다. 이러한 점은 이들의 주의의 문제가 과제를 하는 동안에 주의의 지속에서의 문제뿐만 아니라 과제의 시작에서부터 주의를 기울여 경각하고 준비하는 것에 문제가 있을 수 있음을 시사한다. **경각**이란 자극에 대한 초기 반응을 말하며, 일어날 일에 대해 준비할 수 있는 능력을 말한다. 경각은 아동이 최상의 주의 경각을 성취하고 유지할 수 있도록 돕는다. 경각하는 데에서 결손이 있는 아동(여러분이 매우 피곤할 때 경험할 수 있는 경각심의 부족과 같이)은 천천히 그리고 조심스럽게 반응해야 하는 상황에서 너무 빨리 반응하고 신속한 반응을 요구하는 상황에서 너무 느리게 반응한다. 반응에 대한 이 같은 패턴은 ADHD가 있는 아동에게서 자주 보인다. 따라서 이들이 갖고 있는 지속적인 주의의 결손에 대한 견해들 중 하나는 경각에서의 어려움과 일부 관련이 있을 수 있다는 것이다(Mullane et al., 2011).

William Haefeli/ he New Yorker Collection/ www.cartoonbank.com

"주의지속 시간에 따라 줄을 세우는 게 필요해."

과잉행동-충동성

MARK
어린 '야생인'

Mark(14세)는 대부분의 또래 소년들보다 에너지가 많다. 그러나 그는 언제나 지나치게 활동적이다. 세 살 때, 그는 돌진해서 지나가는 곳마다 어지럽히는 인간 폭풍우였다. 집에서 그는 장난감을 주위에 다 흩어 놓고 이 활동에서 저 활동으로 번뜩인다. 식사 때에는 접시를 엎고, 쉬지 않고 재잘거렸다. 어머니가 위험에 대해 아무리 설명하고 야단을 쳐도, 차가 오는데도 불구하고 도로에 달려드는 등 무모하고 충동적이다. 운동장에서 과잉반응하는 경향(예: 자신과 단순히 부딪힌 친구들을 때리는 것)은 이미 그를 여러 번 곤경에 빠뜨렸다. 그의 부모는 어떻게 해야 할지를 몰랐다. Mark를 지나치게 귀여워하는 조부모는 "남자아이들은 원래 그래. 걱정하지 마라. 크면서 나아질 것이다."라고 안심시켰다. 그러나 그는 그렇지 않았다.

출처: NIMH, 1994a에서 인용.

과잉행동-충동성은 행동의 통제 결여, 행동에 대한 지속적인 억제 불량, 반응이나 만족을 지연시키지 못함, 계속되는 상황적 요구와 관련하여 우세 반응을 억제하는 능력이 없다는 것을 의미한다(Nigg & Barkley, 2014). 충동성과 과잉행동 증상이 개념적으로 구별되어 있다고는 해도, 아동이 한 가지 증상을 보일 때에는 대개 다른 증상도 같이 드러낸다. 이러한 증상들은 과잉행동-충동성이라고 부르는 단일 차원의 행동으로 보는 것이 더 나을 것

Britt Erlanson/The Image Bank/Getty Images

ADHD가 있는 아동은 수업시간 동안에 앉아 있는 것을 힘들어한다.

이다(Willcutt et al., 2012). 과잉행동과 충동성 간의 강력한 연계성은 두 가지 모두가 행동을 조절하는 데에서의 기본적인 결손이라는 것을 암시한다. 과잉행동-충동성에는 여러 가지 이유가 있다. 예를 들어, 아동이 밖을 보기 위해 학급에서 자리에 계속 앉아 있지 못할 수 있고, 주어진 과제를 끝내는 데 대한 불안 때문일 수 있으며, 운동 행동을 통제할 수 없기 때문일 수도 있다.

과잉행동

엔진으로 움직이는 속도의 공이라는 이미지는 ADHD가 있는 아동의 전형적인 모습이다. ADHD가 있는 아동이 수업시간 내내 얌전히 앉아 있기란 불가능하다. 이들은 안절부절못하고, 몸을 들썩거리며, 목적 없이 교실을 뛰어다니고, 눈에 보이는 모든 것을 만지고, 시끄럽게 연필을 두드리기도 한다. 부모 및 교사는 이들을 '끊임없이 움직이고', '쉬지 않고 말을 하는' 아이라고 설명한다. 행동은 에너지가 넘치며, 격렬하고, 부적절하고, 목적이 없다. 아주 활동적이지만, 에너지 수준이 높은 아이들과는 달리, 수행하는 일은 별로 없다. 신체 움직임의 기록에 의하면, 자고 있을 때조차도 ADHD가 있는 아동은 다른 아동에 비해 신체 움직임이 더 많다(Teicher et al., 1996). 그러나 가장 큰 차이는 신체 움직임을 통제해야 하는 상황, 즉 학급에서 구조화된 과제의 요구에 대한 반응으로 천천히 반응하거나 가만히 앉아 있어야 할 때이다.

충동성

충동적인 아동은 자신의 즉각적인 반응을 억제하지 못하거나 행동하기 전에 생각하지 못하는 것처럼 보인다. 다시 맞추는 방법에 대해 생각하지 않고 값비싼 시계를 분해하기도 한다. 상황적으로 필요해서 또는 다른 사람들이 원하는 것에 따라 진행하고 있는 행동을 멈추거나 조절하는 것이 아주 어렵다. 그 결과, 질문이 끝나기도 전에 부적절한 말 또는 틀린 답을 순식간에 해 버린다. 기다리거나 차례 지키기가 어렵기 때문에 대화를 방해하고, 다른 사람들의 활동에 끼어들고, 화가 나면 좌절해서 달려들기도 한다. 또한 즉각적인 유혹에 저항하고 만족감을 지연시키는 것이 어렵다(Sonuga-Barke et al., 2008). 음료수를 엎지르거나 물건을 부수는 것과 같은 사소한 사고가 흔하며, 앞을 보지 않고 도로로 뛰어드는 것과 같이 무모한 행동은 심각한 사고와 상해로 이어진다(Brehaut et al., 2003).

충동성 역시 형태가 다를 수는 있지만 관련된 형태이고 학교 및 대인관계 상황을 포함한 생활의 많은 영역에서 나타난다(Sharma, Markon, & Clark, 2013; Tsukayama, Duckworth, & Kim, 2013). **인지적 충동성**(cognitive impulsivity)은 조직되지 않고, 성급한 사고, 관리 감독이 필요함을 나타낸다. (John이 숙제를 했는데도 제출하지 않았음을 기억하라.) 충동적인 의사결정 역시 드러나는데, 예를 들면 아동은 즉시 받는 보상에 가치를 둔다. **행동적 충동성**(behavioral impulsivity)은 교실에서 큰 소리로 외치거나 결과를 생각하지 않고 행동하는 것이다. 행동적으로 충동적인 아동은 상황의 요구에 따라 자신의 반응을 억제하는 데 어려움이 있다. 충분히 알 만한 나이인데도 뜨거운지 여부를 확인하려고 난로를 만지기도 한다. 인지적 충동성 및 행동적 충동성(그리고 부주의)은 학업 성취, 특히 읽기에서의 문제를 예측하게 한다(Rabiner, Coie, & The Conduct Problem Prevention Research Group, 2000). 그러나 행동적 충동성만이 규칙을 어기는 행동을 예측해 주며, 행동적 충동성은 품행 문제의 위험성에 대한 구체적인 신호가 될 수 있다(Willoughby et al., 2000). **정서적 충동성**(emotional implusivity)은 조급함, 좌절에 대한 인내력이 낮음, 급한 성격, 화를 빨리 냄, 성마름으로 입증된다. 이 용어는 일반적으로 같은 연령 또는 동일한 발달 수준의 다른 아동과 비교해서 부정적 사건에 대한 반응으로 부정적 정서를 얼마나 빨리 그리고 어떻게 드러내는지에 관한 것이다(Barkley, 2014c). 다른 형태의 충동성에 비해 연구가 부족하지만, 정서적 충동성은 부주의 및 과잉행동-충동성과 관련된 영향을 넘어서, 교육 · 직업 · 성인이 되어서의 결과가 나쁜 것에 기여하는 ADHD의 중요한 요소이다(Barkley, 2014c).

요약하면, ADHD의 핵심 특징—부주의(AI), 과잉행동-충동성(HI)—은 여러 많은 과정들로 이루어져 있다. ADHD가 있는 아동은 유형이나 증상의 심각성에서 저마다 다른 모습을 보이지만, 부주의 및 과잉행동-충동성의 측정과 모든 유형의 아동들의 비교에서 다르지 않다. ADHD에서 일차적인 주의의 결손은 현저한 산만성에 저항하면서 지시나 규칙에 주의를 기울이고 지속시키는 능력의 결손을 말한다. 과잉행동-충동성에서의 일차적인 결함은 운동 행동을 통제하지 못하고, 행동 억제를 유지하는 데 어려움이 있고, 반응을 지연시키거나 만족을 연기시키지 못하고, 상황적 요구가 있을 때 자신의 우세한 반응을 자발적으로 멈추지 못하는 것이다.

표현형

연구자들은 ADHD의 서로 다른 표현을 판별하는 데 관심을 증가시켜 왔다(Milich, Balentine, & Lynam, 2001). **표현형**은 증상, 원인, 문제의 심각성 또는 결과에서 다른 집단과 구분시키는 공통점이 있는 개인들의 집합이다. DSM은 개인의 주요 증상에 근거하여 ADHD를 세 가지 표현형으로 세분화했다.

- **부주의 우세형**(ADHD-PI)은 부주의의 증상 기준을 충족시키지만 과잉행동-충동성을 충족시키지 못하는 아동을 기술한다.
- **과잉행동-충동성 우세형**(ADHD-HI)은 과잉행동-충동성의 증상 기준을 충족시키지만 부주의를 충족시키지 못하는 아동을 기술한다.
- **복합형**(ADHD-C)은 부주의와 과잉행동-충동성의 두 증상을 모두 보이는 아동을 기술한다.

ADHD-PI가 있는 아동은 미세한 것에 부주의하고, 쉽게 산만해지고, 조심성 없고, 듣지 않고, 집중하지 않고, 조직화되지 않고, 노력을 유지할 수 없고, 잘 잃어버리는 것으로 묘사된다. (흥미롭게도, "Fidgety Phil"의 과잉행동을 기술해 놓은 1845년의 동화책은 "허공을 바라보는 Hans"라는 이름의 부주의한 어린 아동 역시 기술하고 있다.) 이들은 학습장애가 있을 수 있고, 기억하는 것이 어렵고, 학업 성취가 낮을 수 있다(Massetti et al., 2008). 이들은 불안하고 걱정이 많고 사회적으로 위축된 것으로 종종 설명되고 기분장애가 있을 수도 있다(Maedgen & Carlson, 2000). 일반 집단에서 가장 흔한 것은 ADHD-PI가 있는 아동이지만, 이들은 ADHD-C가 있는 아동보다 임상에 덜 의뢰된다(Willcutt, 2012).

ADHD-PI에 대한 한 가지 걱정은, 이것이 적어도 세 가지 진단적 하위 집단을 포함할 수 있다는 것이다(Diamond, 2005; Milich, Balentine, & Lynam, 2001). 첫 번째 집단은 임상적으로 유의미한 수준의 부주의 증상과 무증상(DSM 절단점 아래) 아동이지만, 상당한 수준의 과잉행동-충동성을 보이는 아동이다. 따라서 이 집단이 ADHD-C와 질적으로 다른 것인지 아니면 결합의 정도가 다른 것인지는 분명하지 않다. ADHD-PI의 두 번째 하위 집단은 백일몽, 문제가 있는 각성/경계, 정신적으로 몽롱함/혼란스러움, 늦은 정보처리, 잦은 허공 주시, 멍함, 연속적인 사고가 안 됨, 말할 것을 잊어버림, 무기력하게 보임, 저활동성, 졸음과 같은 증상이 포함된 각성의 문제와 **느린 인지적 속도**(SCT)와 관련되는 부주의 증상이다(Barkley, 2013b; McBurnett et al., 2013). SCT 증상은 ADHD 일부 유형의 핵심 요소가 있거나 모든 사례의 50%에 이르는 SCT와 공존하는 ADHD(즉, 사례의 50%에서는 ADHD와 SCT가 같이 나타난다는 것)와는 완전히 구별되는 장애 둘 다인 것으로 보인다(Barkley, 2014f). ADHD-PI의 일부분인 SCT와 역치 아래의 ADHD-C 사이에는 질적인 차이가 존재하며, 이는 이 두 집단이 서로 다른 장애를 가지고 있다는 것을 암시하는 것이다(Barkley, 2013b). ADHD-PI 진단 준거를 충족시키는 세 번째 하위 집단은 ADHD-C를 만족시키지만 과잉행동-충동성의 증상에서 나이와 관련된 감소를 보여서, 결과적으로 ADHD-C의 기준을 더 이상 충족시키지 않는 집단이다. ADHD-PI가 있는 이러한 사람들은 ADHD-PI 증상을 일관되게 가지고 있는 사람과는 구별되는 다른 장애를 가지고 있는 것 같다.

과잉행동-충동성 우세형(ADHD-HI) 아동 및 복합형(ADHD-C) 아동은 행동 억제와 행동의 지속에서 문제를 보일 가능성이 더 많다(Solanto et al., 2007). 이들은 또한 공격적, 반항적, 또래 거부, 학교에서 정학 또는 특수학급에 배치될 가능성이 높다(Short et al., 2007). 복합형(ADHD-C)의 아동이 처치를 위해 가장 많이 의뢰된다(Willcutt, 2012). ADHD-HI 하위 유형이 가장 드물며 주로 취학 전 아동이다. 취학 전에 ADHD-HI를 진단받은 많은 아동이 나이가 든 후에는 ADHD 진단 준거를 충족시키지 않는데, 이는 취학 전의 진단이 전형적인 발달 단계 또는 시간 제한적인 행동장애일 수 있음을 나타낸다(Robert, Milich, & Barkley, 2014).

서로 다른 ADHD 표현형의 아동이 다양하다고 해도, 연구 결과는 이 세 개 하위 집단의 구분에 대한 지지가 충분하지 않다(Nigg, Tannock, & Rohde, 2010). 표현(증상)이 시간이 지나면서 안정적이지 않을 수 있는데, 한때 ADHD-PI로 기술된 아동이 시간이 흐른 후에 ADHD-HI 또는 ADHD-C로 기술되는 경우나 그 반대인 경우도 있다(Lahey & Willcutt, 2010). Valo와 Tannock (2010)은 ADHD 사례의 50%는 아동의 증상을 보고하는 사람의 수, 증상을 사정하는 방법, 보고자들의 정보 그리고 방법에 따른 정보가 어떻게 결합되는가에 따라 증상이 이 증상에서 저 증상으로 재분류된다는 것을 발견했다.

ADHD 증상의 이질성에 대해서는 널리 인식되고 있으나, DSM-5에 명시된 표현(증상) 및 준거 증상에 대한 신뢰성 및 타당성과 관련해서는 아직 많은 논쟁거리들이 남아 있다(Nikolas & Nigg, 2013). ADHD 표현형에 대해 우리가 알고 있는 것은 아직도 '작업 중'이라는 것이다. 문헌에서 보이는 비일관성은 다른 표현형의 아동으로부터 얻은 결과를 혼합해 놓은 표본을 반영한 것일 수도 있다는 것을 기억해야 한다.

DSM 추가 준거

부주의 그리고(또는) 충동성-과잉행동을 보이는 모든 아동이 ADHD가 있는 것은 아니다. 대부분의 아동은 때때로 의도하지 않았던 말을 불쑥 던지거나, 한 가지 일에서 다른 일로 건너뛰거나, 부주의한 실수를 하거나, 잊어버리거나 체계적이지 않다. 이런 모습은 이들이 일생 지속될 장애가 있을 것이라는 것을 의미하지 않는다. ADHD는 또한 **심각성**에서 다른데, 진단을 충족시키기 위한 증상의 수와 기능의 손상 정도에서도 차이가 있다. 증상 및 손상의 정도는 아동의 '현재 심각도'를 평가하기 위해 사용되는데, 경도, 중등도, 고도로 평가할 수 있다. DSM-5에 따라 ADHD를 진단하려면 다음의 증상 또한 반드시 포함되어야 한다.

- 12세 이전에 나타나야 한다[주의: DSM-IV와의 차이는 DSM-IV에서는 7세 이전에 나타나야 했다. 연령 기준은 7세 이전과 이후에 발생한 아동들 사이에서 차이가 거의 없었기 때문에 제기되었다. ADHD-PI가 있는 아동의 절반 정도는 7세 이후에도 판별되지 않으며, 7세에서 12세로 넓힌 것이 ADHD의 전체 유병률을 유의미하게 변화시키지도 않았다(Kieling et al., 2008; Polanczyk et al., 2010)].
- 6개월 이상 지속되어야 한다.
- 같은 연령 및 성별의 다른 아동들보다 더 자주, 그리고 심각하게 발생한다.
- 2개 이상의 상황(예: 집, 학교)에 걸쳐 나타난다.
- 아동의 사회적 · 학업적 · 직업적 기능에 방해가 되고 질이 나빠진다.
- 다른 정신장애(예: 기분장애, 불안장애)로 더 잘 설명되지 않는다.

질병, 사고, 중이염, 경미한 발작, 만성적인 학대, 이사와 같이 스트레스를 야기하는 생활 사건은 행동에서 사소한 ADHD 증상을 만들어 낼 수 있다. 부모와의 분리 이후에 부주의하고 논쟁적으로 변한 보통의 9세 소년은 ADHD를 겪고 있는 것이 아니라 적응하려는 반응일 것이다. 경미한 지적 불능, 학습장애, 품행 문제가 있는 아동의 파괴적 행동이 ADHD로 오해될 수 있는 것처럼 불안장애 아동의 부주의하고 가만히 있지 못하는 행동 역시 오해될 수 있다. 사실, 대부분의 사람들은 많은 것을 해야 할 때 또는 서둘러야 하는 압박감이 심할 때 집중하기 어렵다. 따라서 아동의 증상에 대한 다른 가능한 원인을 조사하는 것이 중요하다(Smith, Barkley, & Shapiro, 2007).

개인의 증상 또는 ADHD를 진단하는 평가 척도에 지나치게 의존하는 것은 신뢰롭지 못하거나 오해를 일으킬 수 있다(Solanno & Alvir, 2009). ADHD 진단을 내리기 전에, 발달력 · 부모 및 교사 보고 · 규준이 있는 사정도구 · 행동 관찰이 포함된 철저한 평가를 실시하는 것이 중요하다(Johnston & Mah, 2008). 중요한 것은, ADHD 증상과 아동기 결함 간의 관련성 정도가 크지 않기 때문에 ADHD 증상을 보이는 아동조차도 심각한 결함을 반드시 보이는 것은 아니다. 대조적으로 ADHD 증상이 없거나 준임상 수준이지만 심각한 부적응을 보이는 아동도 있다(Mick et al., 2011). 따라서 ADHD 평가에서는 증상 및 기능상의 결함 둘 다를 평가하는 것이 중요하다(Gathje, Lewandowski, & Gordon, 2008).

DSM이 우리에게 알려 주지 못하는 것

ADHD에 대한 DSM-5 진단 준거는 많은 제한점이 있다(Roberts et al., 2014).

- **발달적으로 둔감함.** DSM에서 임상적 판단은 증상들이 '발달 수준과 불일치함' 여부를 사정하는 데 사용된다고 해도, 일부 증상, 특히 과잉행동-충동적 행동(뛰거나 기어오르기)은 나이 어린 아동에게 더 많이 나타남에도 불구하고 모든 연령대의 개개인에게 동일한 증상이 적용된다(Pine et al., 2011). 유사하게, 과잉행동-충동성의 증상을 보이는 많은 아동들조차도 연령이 증가하면서 대개는 증상이 감소하지만, 진단에 필요한 증상의 수는 연령이나 성숙의 정도에 따라 조정되지 않는다. DSM-5에 포함된 한 가지 연령 조정은 좀 더 나이가 많은 아동 및 성인(17세 이상)에게 진단을 내릴 때 충족되어야 할 ADHD 증상 수가 줄어든 것(6개에서 5개)이다(APA, 2013). DSM-5에는 이러한

증상이 10대와 성인에서 어떻게 표현될 수 있는지와 관련한 분명한 예시가 들어 있다. 진단에서 증상의 수와 표현에서의 변화 및 ADHD 10대와 성인에서 결함의 예측에 대한 타당성은 아직 검증되지 않았다.

▶ **ADHD에 대한 범주적 관점.** DSM에 따르면, ADHD는 아동이 가지고 있거나 가지고 있지 않는 장애이다. 증상의 수와 심각성 또한 척도(scale)에 따라 계산되기 때문에 ADHD 절단점 바로 밑에 있는 아동이 절단점 바로 위에 있는 아동과 완전히 다르다고 볼 수 없다. 사실, 시간이 지나면서 몇몇 아동은 행동의 변동으로 인해 이러한 범주 내 또는 범주 밖으로 이동할 수 있다. 연구 역시 ADHD가 범주적 장애라기보다는 차원적인 것으로서, 모든 아동이 어느 정도는 가지고 있는 정상적인 특징이 다소 과하거나 지체된 것임을 나타낸다(Shaw et al., 2011; Sonuga-Barke, 2013). 그러나 연속적이거나 변화하는 특성이 있는데도 불구하고 범주로 이야기하는 것이 아직까지는 유용한 장애도 있다. 예를 들어, 고혈압의 마술적 절단점은 없지만 우리 대부분은 고혈압이 있는 사람이 그렇지 않은 사람에 비해 일정한 부정적인 결과에서 아주 취약하다는 데 동의할 것이다.

이 같은 제한점은 DSM 준거가 분류와 진단을 위해 고안되었다는 사실을 강조해 준다. 이는 ADHD에 대한 우리의 이해를 형성하도록 도와주지만, 이는 새로운 연구 결과—일부 사례는 낙후된 것—에 의해서 형성되기도 한다.

단원 정리

핵심 특성

- DSM-5는 ADHD를 정의할 때 두 가지 증상 목록을 사용한다. 첫 번째 목록에는 부주의, 빈약한 집중, 비조직화가 들어 있다. 두 번째 목록에는 과잉행동-충동성 증상이 포함되어 있다.
- 부주의 아동은 작업하거나 놀 때 정신적 노력을 지속하는 것이 어렵고 뭔가를 하는 동안에 핵심적인 주의산만에 저항하는 것이 어렵다.
- ADHD가 있는 아동은 지나치게 활동적이지만 에너지 수준이 높은 다른 아동과는 달리 일을 끝마치지 못한다.
- ADHD가 있는 아동은 충동적인데, 이는 자신의 즉각적인 반응을 억제할 수 없는 것 같고 또는 행동하기 전에 생각하지 못할 수도 있음을 의미한다.
- DSM은 주요 증상에 기초해서 ADHD의 세 가지 표현형을 구체화하는데, 부주의 우세형, 과잉행동-충동성 우세형, 또는 복합형이다.
- ADHD의 진단은 12세 이전에 증상이 나타나야 하는데, 연령 및 성별이 같은 다른 아동에 비해 증상의 빈도와 심각도가 더 심하고, 증상의 지속, 이러한 증상이 여러 환경에서 발생되고, 기능에서 결함이 있다.
- DSM 진단 준거가 유용하다고 해도 몇 가지 제한점이 있는데, 중요한 한 가지는 발달에 민감하지 않다는 것이다.

관련 특성

ADHD가 있는 아동은 주 증상으로 인한 어려움뿐만 아니라 종종 다른 문제도 가지고 있다. 예를 들어, Lisa는 학교에서 낙제했고 Mark는 친구와 싸움을 한다. 이어지는 단락에서는 인지적 결손, 말하기 및 언어의 결함, 의학적 특징 및 신체적 특징, 사회적 문제를 포함해서 ADHD와 자주 관련되는 특성과 문제점을 살펴보자.

인지적 결손

ADHD가 있는 아동 및 청소년은 다양한 인지적 결손을 보이는데, 여기에는 실행 기능에서의 결손, 지적 결손, 학업 기능에서의 결함, 학습장애, 왜곡된 자기 지각이 포함된다. 이에 대해 살펴보자.

실행 기능

실행 기능(EFs)이란 뇌 속에서 뇌의 다른 기능들을 활성화하고, 통합하고, 관리하는 인지적 과정이다(Pennington & Ozonoff, 1996). 실행 기능은 자기 인식, 계획, 자기 점검, 자기 평가와 같이 자기 조절 기능을 하는 능력의 기초가 된다. EFs는 활주로에서 수많은 비행기들의 이륙과 착륙을 관리하는 공항의 항공 교통 통제 시스템과 같다. 이 시스템은 동시에 정보의 여러 가지 흐름에 초점을 맞추고, 불필요한 것을 걸러내고, 필요한 대로 계획을 바꿀 수 있도록 돕는다(Center on the Developing Child at Harvard, 2011). EFs에는 다음과 같은 것들이 포함된다(Barkley, 2012).

▶ 작업 기억(정보를 처리하면서 마음에는 사실들을 보

유하고 있는), 정신적 계산, 계획하기 및 예견, 사고의 유연성, 조직화된 전략의 사용과 같은 인지 과정
- 언어적 유창성, 의사소통 및 자기 지시적 언어의 사용과 같은 언어 과정
- 노력의 분배, 금지된 지시를 지키기, 반응 억제, 운동 협응 및 계열화 같은 운동 과정
- 각성 수준 및 좌절을 인내하는 것에 대한 자기 조절과 같은 정서 과정

대부분의 아동은 미래의 목표를 달성하기 위해 주의와 충동성을 정교하게 통제하고, 문제해결의 행동을 유지할 수 있도록 이러한 서로 다른 과정들을 조화롭게 작업한다. 대부분의 EFs는 취학 전 아동에게 발생하여 급격히 발달하고, 좀 더 나이가 든 아동 및 청소년 때까지 성숙이 지속되고, 성인이 되면 최고조에 이르는 능력이다(Best & Miller, 2010). 그러나 ADHD가 있는 많은(모두 그런 것은 아님) 아동은 한 가지 이상의 EFs에서 결손이 있는데, 특히 반응 억제, 경계, 작업 기억, 계획하기에서 손상이 있다(Holmes et al., 2010). 표 8.2에서 보듯이, 부주의 및 과잉행동-충동성의 많은 증상들이 EFs에서의 결함을 반영한다. EF 손상을 보이는 ADHD 아동의 수는 이러한 손상을 어떻게 측정하느냐에 따라 달라지는데, 정신측정 검사보다 EF 평가 척도를 사용할 경우에 손상을 더 많이 찾아낸다(Weyandt & Gudmundsdottir, 2014). ADHD가 있는 아동들 중에서도 EF 손상의 유형이 다를 수 있다는 것을 기억해야 한다. 예를 들면, 억제적 통제가 빈약한 아동도 있고, 장면 전환이 빈약한 아동도 있으며, EF 손상을 보이지 않는 아동도 있다(Roberts, Martel, & Nigg, 2013). EF 손상에 차이가 있는 ADHD 아동의 프로파일은 기타 특징, 예를 들면, 지적 능력, 학업 성취, 동시 발병 증상 또는 장애에서 차이를 보인다(Roberts et al., 2013).

ADHD 증상들 간의 밀접한 관련성에 비추어, EFs에서의 결함이 ADHD에서의 핵심 결손으로 비춰진다. 그러나 EFs 결손이 오로지 ADHD와만 연관된 것은 아니며, ASD와 품행장애처럼 다른 장애가 있는 아동에게서도 발생한다(Banaschewski et al., 2005; Salcedo-Marin et al., 2013). 뿐만 아니라 EFs 결손은 ADHD가 있는 아동의 절반 정도에서만 나타나며(Lambek et al., 2011), 이는 실행 기능의 결손이 ADHD의 중요한 요소 중 하나이지만 그 외의 결손 또한 검사할 필요가 있음을 암시한다. ADHD 아동 중에서 EF 손상이 있는 아동과 손상이 없는 아동에 대한 연구는 두 집단이 ADHD 증상과 학업 기능에서 비슷하다고 밝혔다. 그러나 EF 손상이 있는 ADHD 아동은 IQ 점수가 낮았고 반응 변동성이 더 컸다. 이와 대조적으로, EF 손상이 없는 ADHD 아동은 보상이 지연되는 것에 대해 혐오 반응을 더 많이 보였다. 확인이 된다면, 이 결과 및 그 외 결과들은 ADHD의 다양한 경로를 암시하고 있는데(Lambek et al., 2010), 경로에 대해서는 원인 부분에서 살펴보기로 하자.

표 8.2 ADHD에서 실행 기능의 결함 및 그에 따른 결함의 예

실행 기능의 결함	그에 따른 결함
1. 조직하기, 우선순위 정하기, 활동하기	• 시작의 어려움 • 작업을 체계화하는 것의 어려움 • 지시에 대한 이해 부족
2. 주의를 집중하기, 전환하기, 지속하기	• 들으려고 할 때 초점을 잃음 • 읽은 것을 잊어버리고 새로 읽어야 함 • 쉽게 산만해짐
3. 경각, 노력, 처리 속도를 조절하기	• 낮 시간의 과도한 졸음 • 과제를 정해진 시간에 끝내기 어려움 • 처리 속도가 늦음
4. 좌절을 관리하고 정서를 조절하기	• 쉽게 성마름 • 쉽게 상처받음 • 비판에 대해 지나치게 민감함
5. 작업 기억 및 기억에 접근하기	• 계획한 과제를 하는 것을 잊어버림 • 연속적인 지시를 따르는 데 어려움 • 기억해야 할 것을 쉽게 놓쳐 버림
6. 행동을 점검하고 조절하기	• 가만히 앉아 있거나 조용히 있는 것이 힘든 것을 알게 됨 • 일을 급하게 하고, 대충하기 • 종종 방해하고, 불쑥 끼어들기

출처: Brown(2000)에서 인용.

지적 결손

ADHD가 있는 대부분의 아동은 최소한 정상 지능이며, 꽤 영리한 아동도 일부 있다(Antshel et al., 2008). 이들의 문제는 지능의 부족보다는 자신의 지적 능력을 일상생활 상황에 적용하지 못하는 것이다(Barkley, 2006a). 그 결과, 자신의 잠재력을 발휘하지 못한다. 이들은 IQ 검사에서 통제 집단 및 자신의 형제보다 대략 5~10점 낮다(McConaughey et al., 2009). WISC-IV와 같은 Wechsler

지능검사는 ADHD가 있는 아동의 구체적인 결손(예: 작업 기억)과 관련된 하위검사가 있기 때문에 이들의 검사 점수가 낮다는 것은 놀랄 일이 아니다(Frazier, Demaree, & Youngstrom, 2004). 또한 낮은 IQ 점수는 검사를 수행하는 행동에서 보이는 ADHD 증상의 직접적인 결과일 수 있다. 예를 들어, 검사 지침에 충분히 주의를 기울이지 않아서 IQ 점수가 낮은 아동을 지능이 낮아서 점수가 낮다고 할 수는 없다. 평균적으로, ADHD가 있는 아동은 전체 지능 점수에서 부주의로 인해 대략 2~5점 더 낮아지는 것으로 추정된다(Jepsen, Fagerlund, & Mortensen, 2009). 전체 IQ 점수가 낮아지는 데 영향을 미칠 수 있는 요인으로는 가족 영향, 동시 발병 학습장애, 실행 기능 손상이 있다.

학업 기능의 결함

ADHD가 있는 대부분의 아동은 학교에서 심각한 어려움을 겪고 있는데, 특히 동시 발병 장애가 있을 경우에 더욱 그러하다(DuPaul & Langberg, 2014). 이들은 흔히 생산성, 성적, 시험 점수 등에서 저조하다. 진급을 하지 못할 수도 있으며, 특수학급에 배치되기도 한다. 결국, 이들은 학교에서 제적될 수도 있고 고등학교를 졸업하지 못하거나 중등 과정 이후의 교육(예: 직업교육)을 받는다(Loe & Feldman, 2007). 특히 ADHD가 있는 아동의 학업 기술은 1학년 입학 전부터 결함이 있다는 연구 결과는 충격적이다(Barkley, Shelton et al., 2002).

특정 학습장애

ADHD가 있는 아동 중 45%에 이르는 많은 아동이 특정 학습장애가 있다(DuPaul, Gormley, & Laracy, 2013). 즉, 일정한 학업 기술—전형적으로 읽기, 철자, 수학—에서 어려움이 있다(Weyandt & Gudmundsdottir, 2014). 학습장애가 기대 수준에 못 미치는 수행이라고 광범위하게 정의될 때, ADHD가 있는 아동의 거의 80%가 아동기 후기까지 학습장애의 조건을 충족시킨다. 그러나 아동의 일반적인 인지 기능과 비교해서 읽기, 산수, 철자에서의 유의미한 지연, 또는 특정 학과목에서의 극히 낮은 수행처럼 좁게 정의하면, 이 수치는 대략 25%로 떨어진다(Barkley, 2006a). ADHD가 있는 아동 및 학습 문제가 있는 아동은 인지 손상의 패턴이 구별되는데, 두 장애 모두 있는 아동들에서 증상이 복합되어 나타나는 것일 수도 있다(Gooch, Snowling, & Hulme, 2011).

교실의 구조화된 요구는 ADHD가 있는 아동에게 고통스러울 수 있다.

서로 다른 경로는 ADHD와 학습장애 간의 연관성이 깔려 있을 수 있다(Taylor, 2011). 예를 들어, 아동의 인지 결손 및 지적 결손이 직접적으로 학습 문제를 야기할 수 있다. 또한, ADHD 증상이 장기적 학업 성취에 간접적으로 영향을 미칠 수도 있는데, 즉 숙제 관리나 수업 수행의 결과로 인해 학교 성적에 영향을 미칠 수 있다(Langberg et al., 2011). ADHD가 학교에서 아동에게 품행의 문제(9장에서 논의)를 먼저 야기하고, 뒤이어 학업 수행 불량을 가져올 수도 있다. 연구 결과들이 이 두 장애가 가족 내에서 독립적으로 전달된다고 제시하고 있지만(Del'Homme et al., 2007), 연관성은 공통의 신경심리학적 손상 때문이거나(McGrath et al., 2011; Rajendran et al., 2013) 공통의 유전적 연관성 때문일 수도 있다.

왜곡된 자기 지각

ADHD가 있는 아동이 겪는 수많은 실패는 이들이 낮

은 자존감으로 고통받고 있다는 생각을 하게 하고 이러한 생각을 지지하는 것도 있다(Treuting & Hinshaw, 2001). 그러나 ADHD가 있는 많은 아동이 이들 행동의 결과를 통해 예측하는 것보다 자존감을 높게 보고한다(Owens et al., 2007). 예를 들어, 부모, 교사, 또래들이 자신을 좀 더 부정적으로 보는 경우에도 이들과의 관계를 통제 집단의 아동과 다르지 않은 것으로 지각한다(Gerdes, Hoza, & Pelham, 2003; Normand et al., 2013). 자기 능력에 대한 이 같은 과장을 **긍정적 편견**이라 한다. 긍정적 편견은 사회적 유능감의 관계에서 발생하는데, 특히 학업 수행이나 행동 문제와 같은 다른 영역에서 문제가 될 수도 있다(Hoza et al., 2012). 일부 연구 결과들은 ADHD가 있는 아동의 자존감이 표현형, 동반된 장애, 평가된 수행 영역(예: 품행, 학문적 성취)에 따라 다를 수 있음을 암시하고 있다. 부주의 및 우울/걱정 증상을 보이는 ADHD 아동은 자존감을 낮게 보고하는 경향이 있는 반면, 과잉행동-충동성 및 품행 문제의 증상이 있는 아동은 자신의 가치를 좀 더 과장하는 것으로 보인다(Owens, et al., 2007). 과잉행동-충동성 및 품행 문제가 있는 아동의 편견은 아동이 아주 심각하게 결함이 있는 수행 영역에서 가장 극적으로 나타난다. ADHD 아동에게 있는 긍정적 편견의 자기 왜곡은 시간이 지나면서 더 큰 공격성을 예측해 준다는 것도 밝혀졌다(Hoza et al., 2010). 일반적으로, 연구들은 긍정적 사회적 또는 행동적 편견이 있는 ADHD 아동이 이러한 편견이 없는 ADHD 아동보다 지속적인 사회적 손상 및 더 부정적인 행동을 나타낼 가능성이 많다고 밝혔다(McQuade & Hoza, 2014).

과잉행동-충동성이 있는 아동의 긍정적 편견에 대해 여러 가지 설명이 제시되고 있는데, 이것은 아동의 잦은 실패에도 불구하고 아동이 매일 대처하게 하는 자기 보호 기능이 된다는 것, 실행 기능의 결함으로 인해 자기 인식이 감소되었음을 반영한다는 것(McQuade et al., 2011), 성공적인 수행과 그렇지 않은 수행을 이루는 것이 무엇인지를 알지 못하기 때문이라는 것(Ohan & Johnston, 2002)이다. 현재까지는 긍정적 환상이 자기 보호 기능을 한다는 일부 지지가 있지만(Hoza et al., 2010), 그 외 설명 역시 가능하다.

ADHD가 있는 아동은 **삶의 질**의 지각에서도 왜곡을 보이는데, 삶의 질이란 신체적 · 심리적 · 사회적 기능으로 체감되는 생활 상태에 대한 개인의 주관적 지각을 말한다. 부모에 따르면, 아동의 삶의 질에 있어서 ADHD의 영향은 상당하며, 특히 아동에게 다른 정서 문제 및 품행 문제가 같이 있을 경우에 더욱 그러하다(Schei et al., 2013). 그러나 생활의 어려움을 많이 겪고 있는데도 불구하고 ADHD가 있는 아동은 다른 사람이 아동의 삶의 질을 평가하는 것에 비해 자신의 삶의 질을 더 긍정적으로 평가한다(Danckaerts et al., 2010).

말하기 및 언어 결함

ADHD가 있는 아동의 30~60%가 말 및 언어에 결함이 있다(Helland et al., 2012). 흥미롭게도, 말 및 언어 결함의 유형은 아동의 특정 ADHD 증상과 관련될 수 있다. 예를 들어, 취학 전 아동에 관한 연구에 따르면, 과잉행동-충동성 증상은 빈약한 언어 기술과 관련되는 반면, 부주의 증상은 저조한 수용성 및 표현성 어휘 기술과 훨씬 더 상관이 있었다(Gremillion & Martel, 2013). 공식적인 말하기 및 언어장애의 유병률이 높을 뿐만 아니라(7장 참조), ADHD 아동은 일상생활에서 타인의 말을 이해하고 적절한 언어를 사용하는 데 어려움이 있다(McInnes et al., 2003; Wassenberg et al., 2010). 언어적 작업 기억 및 담화 분석의 결함과 함께, 말하기의 화용론적 측면이 일차적인 어려움이다(Bellani et al., 2011). 화용론적 언어 기술에서의 결함은 아동의 사회적 어려움과 연관되며, 이는 다시 언어적 어려움을 초래한다(Staikova et al., 2013). 몇 가지 흔한 사례로는 지나치게 그리고 크게 이야기하기, 대화 주제가 자주 바뀌고 끼어들기, 귀 기울여 듣지 못함, 부적절한 대화가 있다.

이들은 장황하게 말할 뿐만 아니라 이들의 대화는 말의 오류, 대명사와 접속사의 사용이 적음, 관련이 없고 주제를 벗어난 말, 말의 중단, 불분명한 연결이 특징적이다(Mathers, 2006; McGrath et al., 2008). 여러분은 아래에 제시된 8세 ADHD 아동의 말을 이해할 수 있겠는가?

> 그리고 갑자기 군인들은, 그리고 갑자기 그는 정신이 희미해졌고 그가 "훌륭한 의사들이여, 나는 당신과 이야기하고 싶어요."라고 이야기했을 때, 갑자기 그는 문 안쪽으로 들어가서 그것을 놔두었어요. 그래서 그는 놓았어요. 나는 이것이 손잡이의 뭔가를 생각했어요(Tannock et al., 1995).

이 사례처럼 말이 분명하지 않을 때, 듣는 사람은 아동이 전달하려는 의미를 추론하거나 부적절하게 이해한 채로 있어야 한다. 불행하게도, 의사소통의 오류는 ADHD가 있는 아동에게 아주 흔하다.

의학적 · 신체적 우려

앞에서 언급된 어려움 이외에, ADHD가 있는 아동 및 청소년은 많은 의학적 · 신체적 문제가 있는데, 여기에는 건강 관련 문제, 사고 위험, 위험한 행동 등이 있다(Barkley, 2014d; Nigg, 2013).

건강 관련 문제

특정 문제와 관련해서 천식(Fasmer et al., 2011), 야뇨증과 유분증(Shreeram et al., 2009)의 비율이 높다는 일부 연구가 있다. 한 예기 연구는 생애 초기에 발생한 천식이 학령기에 ADHD의 위험을 높인다고 밝혔다(Chen et al., 2013). 그 외 ADHD 아동에게 위험이 높은 건강 문제에는 치아 건강 문제, 약한 체력, 비만, 섭식 문제 및 섭식장애(여성에게서)가 있다(Barkley, 2014d). 수면장애 역시 ADHD가 있는 아동에게 흔하다(Cortese et al., 2009, 2013; Owens et al., 2013). 잠자러 가지 않으려는 것, 잠들기 어려움, 수면시간의 부족, 이를 가는 것과 같은 수면 중 움직임, 편안하지 않은 잠 등이 가장 두드러지는 문제이다(Spruyt & Gozal., 2011). ADHD가 있는 아동의 일부 수면 문제는 ADHD만의 문제라기보다는 흥분제 약물의 사용, 그리고(또는) 동시 발병되어 있는 품행장애나 불안장애와 관련이 있을 수도 있다(Mick, Biederman et al., 2000).

사고 경향성과 위험 감수

충동성, 운동 억제, 계획하기 및 생각의 부족과 같은 문제들을 감안할 때, ADHD가 있는 아동의 부모 중 50% 이상이 자녀에게 사고가 자주 일어난다고 말하는 것은 놀랄 일이 아니다. 이들은 골절, 찰과상, 심한 타박, 화상, 중독, 두부 외상과 같은 심각한 사고 위험이 일반 아동보다 세 배 정도 높다(Barkley, 2014d). ADHD가 있는 성인 운전자 역시 다른 사람에 비해 교통사고 위험이 더 많고, 일탈된 동료와의 연합이 중요한 역할을 한다(Cardoos, Loya, & Hinshaw, 2013; Cox, Madaan, & Cox, 2011).

ADHD는 흡연의 조기 시작, 물질 남용, 인터넷과 비디오 게임 사용 문제 및 중독, 여러 파트너 및 무방비의 성적 행위와 같은 위험한 성적 행동을 하는 데에서 심각한 위험 요인이다(Barkley, 2014d; Lee et al., 2011). ADHD가 있는 젊은 사람들 사이에서 물질 사용 장애는 ADHD가 없는 사람들보다 빈도가 높고, 심각하고, 지속적이다(Charach et al., 2011). ADHD가 물질 사용 문제로 이어지는 것에는 여러 가지 가능한 원인이 있는데, 그중 유력한 것은 품행 문제와의 동시 발병 또는 품행 문제의 이후 발생이다(Wilens, 2011). 전체적으로, 이러한 연구들은 아동기 동안의 과잉행동-충동적 행동이 청소년 및 어른이 되어서 무책임하고 위험한 행동 패턴으로 진행된다는 것을 암시한다.

이를 지지하듯, ADHD가 있으나 품행장애는 없는 8세 소년을 33년간 추적 연구한 결과는 이들이 성인이 되어서 비교 집단보다 위험한 운전 행동, 성병, 두부 손상, 응급실 입원이 상대적으로 더 많고, 평생 동안의 위험 감수 행동은 건강의 부정적인 결과와 관련되었으며, 특정 질병과 상관없는 사망이 더 많다고 밝혔다. 중요한 것은, ADHD와 위험 감수 간의 관계는 이후 품행장애(CD)/반사회성 성격장애(APD)의 발달로 설명될 수 있다. 일생 동안 ADHD가 있으나 CD/APD가 발생하지 않은 사람은 위험 행동에서 비교 집단과 차이가 없었다(Ramos Olazagasti et al., 2013).

반세기 이상 진행된 종단 연구에 따르면, 충동적인 행동이 수명 감소(평균 8년 미만)를 예견하는 가장 의미 있는 아동기 특성이라고 밝혔다(Friedman et al., 1995). 운동 · 적절한 섭식 · 안전한 성생활 · 담배 · 알코올 · 카페인의 적절한 이용 등과 같은 건강 증진 행동에 대한 관심의 부족과 결합되어 있는, 사고 경향성 · 자동차 사고 · 위험 감수는 ADHD가 있는 개인의 수명 단축을 매우 잘 예측해 주며, 특히 CD/APD 증상이 동시에 있을 때 더욱 그러하다(Barkley, 2014d).

ADHD가 있는 아동 및 청소년의 건강 관련 문제에 대한 필요성은 이들이 입원 및 외래 환자 그리고 응급실 방문의 비율이 의미 있게 높다는 것을 보여 주는 최근의 연구 결과에 의해 더욱 강조된다. ADHD가 있는 아동에게 드는 평균 의료 비용은 그렇지 않은 아동에 비해 두 배가 넘으며(Le et al., 2013; Leibson et al., 2001), 이는 천식이 있는 아동의 의료 비용과 유사하다(Chan, Zhan, & Homer, 2002). 여러 건강 및 관련 문제 그리고 비용은 'ADHD는 단지 심각한 정신건강 문제라는 것 그 이상이며, 심각한 공중보건 문제'라고 지적한다(Barkley, 2014d).

사회적 문제

DENNIS
아무리 말해도 듣지 않아

다른 아이들은 하지 말라고 한 번 말하면 그만둡니다. 그렇지만 ADHD가 있는 내 아들 Dennis에게는 "Dennis, 감자 깎는 기구로 비누를 긁지 마라.", "폐 자동차 오일로 집을 칠하지 마라.", "진흙 묻은 신발로 할머니의 흰 소파 위를 밟지 마라."라고 수백 번이나 말하지만 계속 그렇게 합니다. 매일이 새롭고 어제의 규칙은 까맣게 잊어버리고…. 늘 그 아이를 지켜보고 있어야 해요. 그 아이는 다른 형제들이 생각지도 못한 일을 하곤 합니다.

출처: *The Hyperactive Child Book*, Patricia Kennedy, Leif Terdal, and Lydia Fusetti. pp. 8-9. New York: St. Martin's Press.

가정생활 및 학교에서의 사회적 문제는 ADHD가 있는 아동에게 흔하다(Johnston & Chronis Tuscano, 2014; McQuade & Hoza, 2014). 사회적 불능(disability)을 아주 심각하게 겪고 있는 아동은 불량한 청소년이 되거나 우울장애나 품행장애와 같은 장애에 매우 취약하다(Greene et al., 1996). ADHD가 있는 아동은 들으려 하지 않고 종종 적대적이며 반항적이고 따지기 좋아하며, 성질이 급하고 예측할 수 없고 폭발적이다. 결과적으로, 이들은 어른이나 다른 아동들과 자주 갈등을 겪는다. 이들은 방해되는 행동 때문에 수영반에서 쫓겨나거나 체육관에서 쫓겨나는 일이 흔하다. 댄스 레슨을 받았던 한 아동의 경우, 교사는 부모에게 댄스를 하기 위해 샀던 신발값을 지불하겠으니 아동을 데리고 나가만 달라고 말했다.

다른 사람들과 잘 지내려면 사회 규칙을 따르고 관습을 존중해야 한다. ADHD가 있는 아동은 기대되는 사회적 행동이 무엇인지 알고 있는데도 불구하고 다른 아동들처럼 규칙을 지키거나 과거의 실수로부터 교훈을 얻지 못한다. ADHD가 있는 아동이 하는 많은 사회적인 실수는 의도적이라기보다는 분별력이 없어서 그런 것 같다. 좋은 의도를 가지고 있을 때조차도 이들의 행동은 부모, 형제자매, 교사, 친구를 성가시게 하고 스트레스의 원천이 된다. 한 어머니는 "우리 학년의 어느 부모와의 면담은 아주 충격적이었어요. 선생님이 울었대요!"라고 말했다.

가족 문제

ADHD 아동의 가정이 겪는 많은 어려움에는 부정성(negativity), 아동의 불순종, 부모의 과도한 통제, 형제 갈등이 특징인 상호작용이 있다(Johnston & Chronis-Tuscano, 2014). 부모는 높은 수준의 스트레스 및 이와 관련된 문제를 겪고 있는데, 그중 어머니의 우울 및 아버지의 반사회적 행동(약물 남용과 같은)이 가장 흔하다. 가정생활에서 더 큰 스트레스는 아동의 부모 역시 ADHD나 기타 관련된 문제가 있다는 사실에서 초래된다(Johnston et al., 2012). 이는 또한 아동의 효과적인 처치에서 장벽이 되기도 한다(Sonuga-Barke, Daley, & Thompson, 2002).

ADHD가 있는 아동의 가족은 양육 능력의 부족, 확대가족과의 접촉이 적고, 양육자가 더 많이 좌절하고, 수단적 도움은 적게 받는다고 보고했으며, 가정 불화·별거·이혼의 비율 역시 다소 높게 보고했다(Bussing et al., 2003; Johnston & Mash, 2001). 이들은 일반적으로 양육 스트레스 수준을 높게 보고했는데, 이는 아동의 ADHD 관련 행동에 따라 하루의 일과 중에서도 변동이 있었다(Theule et al., 2013; Whalen et al., 2011). ADHD가 있는 아동의 부모는 알코올 소비의 증가도 보였는데, 이 중 몇몇 사례는 직접적으로 자녀와의 힘든 상호작용 때문이었다(Pelham & Lang, 1999). 많은 부모가 낙인찍음의 경험을 보고했는데, 사회가 아동에게 붙이는 명칭에 대한 걱정, 사회적 단절과 거부, 의료 기관과 학교 당국이 이러한 걱정을 가볍게 여긴다고 인식하고 있다(dosReis et al., 2010; Moldavsky & Sayal, 2013). 마지막으로, ADHD가 있는 아동의 형제는 인터뷰에서 ADHD가 있는 아동 때문에 피해를 입는다고 느끼며, 자신들의 이러한 경험을 소홀하게 생각하거나 간과하는 것 같다고 보고했다(Kendall, 1999).

ADHD와 부모의 정신병리·심각한 가족 갈등·결혼생활의 불화 간의 연계는 ADHD와 단독으로 관련되었다기보다는 아동의 동시 발병 품행 문제 때문이라는 것을 기억해야 한다(Johnston & Mash, 2001).

내가 ADHD가 있는 우리 아이에게 배운 것(장난이 아니라 진실로)은 다음과 같다.

> 천장의 환풍기에 개의 목줄을 걸어 놓았다면, 환풍기 모터가 배트맨 속옷과 슈퍼맨 망토를 입은 19kg 무게의 아이를 돌릴 수 있을 만큼 세지는 않다. 그러나 페인트 통을 묶었다면, 10평 크기의 방 네 벽면에 페인트를

묻힐 수 있을 만큼은 세다(Texas 주 Austin 시의 익명의 어머니).

또래 문제

또래와의 문제는 ADHD가 있는 여아와 남아 모두에게서 어릴 때부터 나타나며, 새로운 사회적 상황에 들어가면서 더욱 두드러진다. 이들은 다른 아동이 보여 주는 주고받기(give and take)를 잘 보여 주지 않는다(McQuad & Hoza, 2014). ADHD가 있는 아동은 성가시고, 고집 세고, 사회적으로 서투르고, 민감하지 않다. 이들이 눈에 잘 띄고, 목소리가 크고, 격렬하고, 반응이 빠르다고 설명하는 사람도 있다. 이들은 사회적으로 활동적이지만 대체로 행동의 스타일, 내용, 시기가 적절하지 않아서 오히려 성가신 존재가 되며, 이는 다른 아이들을 끔찍하게 만든다(Whalen & Henker, 1992). 도와주려고 노력할 때조차도 문제를 일으키며, 이들의 행동이 분별력 없어 보여도 의도적인 것이 아니다. 이들은 자신의 행동을 다른 사람이 지각하는 것보다 우호적으로 지각하며, 따라서 타인의 부정적 반응에 당황하기도 한다(Nijmeijer et al., 2008).

사회적 어려움에 비추어 볼 때, ADHD가 있는 아동이 또래에 의해 거절되거나 싫어하고, 친구가 거의 없으며, 지지를 거의 받지 못한다는 보고는 놀랄 일이 아니다(Gardner & Gerdes, 2013; McQuade & Hoza, 2014). 타인의 정서를 정확하게 인식하고 자신의 정서와 행동을 조절하는 기술의 부족(Kats-Gold, Besser, & Priel, 2007) 및 ADHD에 종종 동반되는 공격성은 사회적 갈등과 부정적인 평판을 초래한다(Erhardt & Hinshaw, 1994). ADHD-PI 여아에게, 내재화 증상은 또래가 싫어하거나 거부하게 만드는 핵심적인 역할을 한다(Becker et al., 2013). ADHD가 있는 아동의 사회적 문제는 ADHD 외에 나중의 장애 위험을 증가시키고, 발달의 다른 영역으로 퍼져 나갈 수 있다(Murray-Close et al., 2010). 또래들에게 'ADHD'라는 명칭이 일단 붙여지면, 부정적인 과정이 시작되고 이들은 더욱 부정적인 대우를 받거나 또래로부터 거부되고, 시간이 지나면서 부정적 효과의 연쇄 작용을 일으킨다.

ADHD가 있는 아동이 사회적 추론이나 이해에 결함이 있는 것은 아니다(Whalen & Henker, 1992). 이들은 단순히 사회적인 주고받음에서 자신이 알고 있는 것을 적용시키지 못하고, 상황이 변화되어서 조절, 협상, 수락이 필요할 때에도 계속 독단적이거나 단정적이다(Landau & Milich, 1988). 이들의 사회적 의제(agenda)는 또래의 그것과 차이가 있으며, 특히 ADHD가 공격성을 수반할 때 더욱 그러하다. 이들은 실제로 문제를 만드는 것에 가치를 두고 선호할 수 있으며, 자극을 추구하고, 규칙을 따르고 친구와 잘 지내는 것을 하찮게 생각할 수 있다(Melnick & Hinshaw, 1996).

또래와의 사회적 문제가 많은데도 불구하고, ADHD가 있는 일부 청소년은 한두 명과의 긍정적 친밀 관계를 유지하면서 자신의 사회적 욕구를 만족시킬 수 있다(Glass, Flory, & Hankin, 2012). 이러한 관계에서 사회적 전제는 다른 10대들의 사회적 전제와는 다를 수 있으며 정서적 지지보다는 '재미를 추구하는 것'에 초점을 둘 수도 있다. 긍정적인 우정은 ADHD가 있는 아동에서 흔히 발견되는 또래 거부의 부정적 결과에 대한 완충 역할을 한다. ADHD에 관한 대부분의 연구가 일반적인 또래 관계에 대한 것이므로, 앞으로의 연구는 청소년기 동안의 친밀한 친구 관계에 대한 본질과 기능에 관한 연구가 필요하다.

단원 정리

관련 특성

- ADHD가 있는 아동은 주 증상의 어려움 외에도 인지 및 학습 결손, 말하기 및 언어의 결함, 의학적 · 신체적 · 사회적 문제와 같은 다른 문제들을 보인다.
- ADHD가 있는 아동은 실행 기능에서 손상이 있는데, 실행 기능이란 계획하기와 자기 조절하는 능력의 기저에 있는 고차적인 정신 과정이다.
- ADHD가 있는 아동은 IQ 검사에서 다소 점수가 낮지만 대체로 정상 지능이다. 이들은 자신의 지능을 특정한 일상생활 상황에 적용시키는 데 어려움이 있다.
- ADHD가 있는 아동은 낮은 성적, 낙제, 특수학급에 자주 배치되는 것을 포함해서 학업 수행에 어려움이 있다.
- ADHD가 있는 많은 아동이 특정 학습장애가 있는데, 읽기 · 철자 · 수학이 전형적이다.
- ADHD가 있는 일부 아동은 그들의 행동이 보여 주는 것보다 자존감을 높게 보고하는데, 이를 긍정적 편견이라 한다.
- ADHD가 있는 아동은 종종 말하기와 언어에서 손상을 보이며 일상생활에서 언어 사용에 어려움이 있다.
- ADHD가 있는 아동은 야뇨증, 유분증, 천식, 비만, 섭식 문제, 수면장애를 포함한 건강 관련 문제가 많으며, 사고의 위험이 높다. ADHD가 있는 아동은 의학적 서비스 이용 및 그 비용이 많

이 든다.

- 이들은 가족, 교사, 또래와의 관계에서 수많은 사회적 문제를 경험한다.

동반되는 심리적 장애와 증상

ADHD가 있는 아동은 전형적으로, ADHD라는 한 가지 문제만으로도, 아주 심각하지는 않더라도 여러 다양한 증상과 결합이 있다. 거의 2/3에 이르는 부모가 ADHD의 핵심 증상보다 더 힘들게 하는 행동이 있다고 보고하며, 이는 전형적으로 공격성과 반항이다(Findling et al., 2009). 동시 발병 심리장애 역시 흔하며, 대개 ADHD의 발병 이후에 나타난다(Yoshimasu et al., 2012). 지역사회 표본에서, ADHD가 있는 아동의 44%가 적어도 한 가지 이상의 다른 장애를 가지고 있고, 43%는 적어도 두 가지 이상의 다른 장애를 가지고 있다(Willcutt et al., 2012). ADHD를 더 힘들게 하는 한 가지 이유는 이들 중 80% 아동이 반항성 장애 및 품행장애, 불안장애 및 기분장애, 운동 협응 곤란 및 틱장애와 같이 그 밖의 다른 심리적 장애를 동시에 가지고 있기 때문이다(Pliszka, 2014). 흔한 동시 발병 장애에는 적대적 장애 및 품행장애, 불안장애, 기분장애, 운동 협응 곤란 및 틱장애이다. 앞에서 언급한 바와 같이, 학습장애도 흔하며 청소년에서는 물질사용 장애도 흔하다(13장 참조). ADHD가 있는 일부 아동은 ASD의 증상도 보이는데(6장 참조), 유사한 가족/유전적 요인에서 기인했을 가능성이 있다(Rommelse et al., 2011). ASD 성향이 있는 ADHD 아동은 ASD 성향이 없는 아동에 비해 정신병리, 신경심리적 손상, 또래와의 사회적 어려움, 제한적이고 반복적인 행동의 비율이 훨씬 높다(Kotte et al., 2013; Martin et al., 2014).

적대적 반항장애와 품행장애

SHAWN

나쁜 아이

Shawn(29세)은 그의 아동기가 전체적으로 재앙이었다고 회상하는, 에너지가 많고 말이 많은 남자이다. "나는 실제로 학교에서 나쁘게 행동했다. 나의 부모님과 선생님들이 항상 나를 주시했다. 그들은 내가 너무 시끄럽고, 너무 반항적이고, 너무 폭발적이고, 너무 공격적이라고 늘 잔소리를 했다. 나는 마약을 하기 시작했는데, 마리화나, 그리고 후에는 코카인을 했다. 나는 고등학교를 간신히 마쳤다. 나는 전혀 집중할 수가 없었다. 몇 시간을 공부했으나 읽은 것을 전부 잊어버렸다. 나는 고등학교 내내 부정행위를 해야만 했다." (저자의 사례 자료에서 인용)

ADHD가 있는 아동 및 청소년의 절반 이상—Shawn처럼 대부분 남아들—은 7세 또는 그 이후에 적대적 반항장애(ODD)라는 또 다른 조건을 충족시킨다(Pliszka, 2014). ODD가 있는 아동은 어른이나 다른 아동을 공격하고 덤벼드는 과잉 반응을 한다. 이들은 고집이 세고, 참지 못하고, 반항적이고, 투쟁적이다. ODD의 증상은 일반적으로 두 가지 유형—성마름(예: 짜증 폭발, 변덕)과 반항(예: 말대꾸, 논쟁)으로 나눌 수 있다(Kuny et al., 2013). ADHD가 있는 아동의 30~50%가 결국 품행장애(CD)로 발전하는데(Beauchaine, Hinshaw, & Pang, 2010), ODD보다 심각하다. CD가 있는 아동은 사회 규칙을 어기고, 학교에서 문제를 일으키거나 경찰들과 심각한 문제를 일으킬 위험이 높다. 이들은 싸우고, 남을 속이고, 훔치고, 방화하고, 재산을 파괴할 수 있다. CD는 또한 마약 사용과도 관련이 있는데, 이는 ADHD가 있는 아동이 청소년기에 약물 사용의 문제로 발전하는 데에서 아주 취약한 이유를 설명해 주는 것일 수도 있다(Szobot & Bukstein, 2008). 조기 발병된 ADHD는, 특히 과잉행동-충동성의 증상이 심각할 때 ODD/CD가 발생할 가능성은 10배 증가하며, 이는 ODD/CD에 대한 가장 믿을 만한 예측인자가 된다(Angold, Costello, & Erkanli, 1999). 종단 연구들은 ODD와 CD가 ADHD를 일으키기보다는 ADHD가 ODD와 CD를 야기한다는 것을 밝혀냈다(Thapar et al., 2006). 흥미롭게도, ADHD가 있는 아동 중에서 지속적이고 심각한 ODD와 CD가 있는 것은 ADHD를 암시하는 뇌 영역의 신경전달물질의 조절과 연관된 것으로 알려진 특정 유전인자(COMT gene)에서의 변화와 관련이 있다. 이러한 발견은 후에 품행 문제를 출현시킬 생물학적 위험이 있는 ADHD 하위 집단이 존재할 수 있다는 것을 암시한다(Caspi et al., 2008). 마지막으로, ADHD는 후에 반사회성 성격장애(APD)(Storebø & Simonsen, 2013), 다양한 불법 행동에 관여될 뿐만 아니라 타인의 권리를 침해하는 만연된 패턴에 대한 위험 요인이 되기도

"Sam, 나도 너의 아빠도 네가 지금 제대로 하고 있는 것 같지 않구나!"

한다.

ADHD, ODD, CD는 가족력이 있는데, 이는 공통적인 원인 기제를 암시하고 있다. 이를 뒷받침하듯이, 이 세 가지 장애, 특히 ADHD와 ODD 간에 실질적인 공통 유전인자가 존재한다(Coolidge, Thede, & Young, 2000; Hamshere et al., 2013). 또한 가정 환경의 공유—아마도 가족의 역경 및 양육의 결핍과 관련된—가 영향을 미친다는 증거도 있다(Burt et al., 2001). ODD와 CD, APD에 대해서는 9장에서 좀 더 자세히 살펴볼 것이다.

불안장애

T. J.

과잉 활동과 불안

T. J.가 도움을 받기 위해 처음으로 의뢰된 것은 여섯 살 때였다. T. J.는 걸음마 시기부터 매우 활동적이고 충동적이었다. 그의 부모는 그가 잠자는 데 어려움이 있고 매일 밤 여러 번 깬다고 보고했다. 또한 그가 부모와 잠시 떨어져 있는 것도 크게 불안해하며 늘 뭔가에 대해 걱정하는 것 같다고 했다. T. J.는 '끔찍한 악몽'을 꾸며, 그를 좋아하는 사람은 아무도 없다고 말했다.

출처: Tannock, 2000에서 인용.

ADHD가 있는 아동의 25% 이상이 지나치게 불안해한다(Manassis, 2007). 이 아동들은 부모와 분리되는 것, 새로운 것을 시도하는 것, 시험을 치는 것, 사회적 관계를 맺는 것, 병원에 가는 것에 대해 걱정한다. 이들은 긴장하거나 불편해하며, 자신이 안전하고 보호받고 있는지를 항상 확인한다. 이러한 불안은 비현실적이고 자주 발생하며, 정상적인 것보다 더 강렬하기 때문에 아동의 사고와 행동에 부정적인 영향을 미친다. 불안과의 동시 발병이 ADHD 증상 또는 심각성을 악화시키는지에 대한 결과는 일관적이지 않다(Hammerness et al., 2010). 그러나 ADHD와 불안이 동시에 있는 아동은 종종 사회적 손상 및 학업적 손상을 보이며, 둘 중에서 하나만 가지고 있을 때보다 장기적인 결함과 정신건강 문제를 더 많이 겪고 있다(Manassis et al., 2007).

기분장애

ADHD가 있는 젊은 사람의 20~30%는 우울증을 경험하고(Daviss, 2008; Spencer et al., 2000), 더 많은 아동이 초기 성인기가 될 때까지 우울증이나 다른 기분장애를 경험한다(Fischer et al., 2002). 4~6세에 ADHD를 진단받는 것은 청소년기, 특히 소녀의 우울증, 자살 행동에 대한 위험 요인이다(Chronis-Tuscano, Molina, et al., 2010). 이들은 아주 슬프고, 절망하고, 압도당해서 일상생활에서 잘 대처할 수 없게 된다. 우울증은 자존감을 낮추고, 좋아하는 활동에 대한 관심 또는 쾌감을 감소시키고, 짜증을 증가시키고, 수면 · 식욕 · 생각하는 능력에 방해가 된다(Mick, Santangelo et al., 2000). 자살의 비율은 우울증이나 품행 문제가 동시 발병된 ADHD 아동에게서 가장 높지만, ADHD가 있는 아동은 통제 집단에 비해 자살 생각과 의도적인 자해의 비율이 높다(Pliszka, 2014).

ADHD와 우울증 사이의 연관성은 한 가지 장애에 대한 가족의 위험이 다른 장애에 대한 위험을 증가시킨 것일 수도 있다. 이는 ADHD가 있는 아동의 우울증이 전적으로 아동이 갖고 있는 ADHD 증상 때문에 사기가 저하되었기 때문은 아니라고 암시한다(Biederman, Mick & Faraone, 1998).

ADHD와 소아 양극성 기분장애(BP)와의 관련성에 대해서는 많은 논쟁이 있다(10장 참조). 부분적으로 이것은 두 장애 사이에 공유된 기저의 기제(mechanism)뿐만 아니라 ADHD의 증상과 BP 아동의 통제할 수 없는 높은 수준의 에너지, 빈약한 판단력, 지나치게 말이 많은 것을 구분하기 어렵기 때문이다(Youngstrom & Algorta, 2014; Youngstrom, Arnold, & Fraser, 2010). 이 두 장애 사이의 연관성은 일방적인 것으로 보이는데, 즉 아동기의 BP 진단이 ADHD 이전의 발병 또는 ADHD와의 동시 발병을 증가시킨다는 것이다. 그러나 ADHD의 진단이 아동의 BP에 대한 위험성을 증가시키는 것으로 보이지는 않는다(Pataki & Carlson, 2013; Skirrow et al., 2012).

발달상 협응장애와 틱장애

ADHD가 있는 아동의 30~50%는 어둔함 · 스포츠에서 저조한 수행 · 악필과 같은 운동 협응에 어려움이 있으며, 특히 복잡하고 연속된 움직임을 실행할 때는 더욱 그러하다(Fliers et al., 2010). 손상은 힘, 시각 운동 협응, 속도 조절, 손재주와 같은 영역에서 주로 나타난다. ADHD가 있는 아동의 50%는 **발달상 협응장애**(DCD)가 있을 수 있는데, 이는 현저한 운동 불협응 및 운동 이정표 수행이 지연된다는 특징이 있다(Brossard-Racine et al., 2012; Fliers et al., 2012). ADHD가 있는 아동의 대략 20%는 **틱장애**—눈 깜박임 · 얼굴 찡그림 · 킁킁거림 · 헛기침과 같은 갑작스럽고, 반복되고, 리듬감 없는 근육의 움직임 또는 음성—를 가지고 있다(Murphy et al., 2013; Simpson, Jung, & Murphy, 2011). 이 아동들은 ADHD만 가지고 있는 아동보다 행동적 · 사회적 · 학업적 어려움을 더 많이 경험할 수 있다. 틱장애 발생 후에 청소년기에 이르러서 감소하는 경향이 있으며, 이후에 심리사회적 기능에 심각한 영향을 미치지는 않는다(Peterson et al., 2001).

단원 정리

동반되는 심리적 장애와 증상

- ADHD가 힘들어지는 한 가지 요인은 이 아동들이 기타 정신과 장애, 특히 품행 문제, 불안, 기분장애를 겪을 위험성이 아주 높다는 것이다.
- ADHD가 있는 아동의 50%가 적대적 반항장애나 품행장애의 진단 준거를 충족시킨다.
- ADHD가 있는 아동의 대략 25% 이상이 지나치게 불안해한다. 불안의 동시 발병은 사회적 · 학업적 어려움과 연관이 있고, 장기적인 결함 및 정신건강 문제와 더 많이 연관되어 있다.
- ADHD가 있는 아동의 20~30% 정도는 우울 또는 기타 기분장애를 경험한다. 우울이 이들의 증상으로 인한 사기저하와 일부 관련되어 있다고 해도, ADHD 아동의 가정에서 우울장애의 위험을 상승시켰기 때문일 수도 있다.
- ADHD와 양극성 장애와의 관련성에 대해서는 논쟁이 많다. 아동기 양극성 장애의 진단이 ADHD 이전의 발병이나 ADHD와의 동시 발병에 대한 위험을 크게 증가시키지만, ADHD의 진단이 양극성 장애에 대한 아동의 위험성을 증가시키는 것으로 보이지는 않는다.
- ADHD가 있는 아동은 운동 협응 곤란 및 틱장애를 보이기도 한다.

유병률과 경과

우리가 1960년대에 이 연구를 시작했을 때에는 누구도 그런 아동이 있다고 믿지 않았다. 지금은 쉽게 발견할 수 있다.

— Dr. Leon Eisenberg, 아동 정신과 의사/
ADHD 영역의 개척자(1922~2009)

위의 인용 글이 암시하듯이, ADHD의 현저한 증가는 ADHD의 극적인 출현보다는 진단 현장에서의 증가를 반영하는 것 같다. 이러한 증가는 부분적으로 ADHD에 대한 지식의 증가, 아동의 치료법을 찾으려는 부모의 압력, 자신의 ADHD를 확인하는 성인의 인식에 기초하는 것 같다(Taylor, 2009). ADHD의 인식 증가로 인해 이것은 모든 사회경제적 수준을 넘어 전 세계 수백만 명의 아동에게 영향을 미치게 되었다(Erskine, 2013). 비율은 표집 방법에 따라 달라지겠지만(Rowland et al., 2013), 북아메리카에서 4~17세의 모든 아동 및 청소년의 5~9%가 ADHD로 진단되고, 세계적으로 아동의 5% 이상이 ADHD를 가지고 있는 것으로 추정하고 있다(APA, 2013; Polanczyk et al., 2007; Visser et al., 2013). 이러한 추정치는 미국에서 300만~500만 명 정도의 학령기 아동 및 청소년이라고 제시한다. 클리닉에 의뢰되는 전체 아동의 절반이 ADHD 증상 하나 또는 다른 장애와 ADHD를 동시에 나타내는데, ADHD는 가장 많이 의뢰되는 문제 중 하나일 것이다(Barkley, 2006a).

ADHD가 있는 아동을 판별하려면 부모, 교사, 의사의 보고를 모두 사용한다. 그러나 아동의 행동이 상황에 따라 다르기 때문에 이 사람들의 의견이 항상 일치하는 것은 아니다. 또한 각 어른들은 판단을 할 때 각기 다른 증상을 강조한다. 예를 들어, 교사는 아동이 반항적인 증상을 보일 때에도 부주의 측면에 중점을 두어 아동을 평가하기 쉽다(Abikoff et al., 1993). 교사와 부모의 보고를 비교해 보면, 동시 발병의 유병률 및 패턴도 다르다(Gadow & Nolan, 2002). 어른들의 의견이 다르기 때문에, ADHD의 유병률에 대한 추정치는 이들의 합의에 근거할 때보다 어느 한 사람의 의견에 근거할 때 더욱 높아진다.

성별

ADHD는 여아보다 남아에게서 더 많은데, 6~12세의 여아는 2~4%, 남아는 6~9%로 추정된다(Owens, Cardoos, & Hinshaw, 2014; Polanczyk & Jensen, 2008). 청소년기 ADHD의 전체 추정치는 남아와 여아 모두에게서 감소하지만, 남아가 2.5:1 정도의 비율로 그 수가 여전히 많으며 이 비율은 성인기가 되면 1.6:1 또는 그 이하로 감소하는데(Kessler et al., 2005; Merikangas et al., 2010), 이것은 아동기 때 여아의 ADHD가 덜 식별되었기 때문일 가능성도 있다. 이 비율은 임상 표본에서는 남아가 6:1 정도로 여아보다 많아지는데, 대부분 이것은 남아가 공공연한 반항과 공격성 때문에 더 자주 의뢰되거나, 학습적인 도움이 ADHD 남아보다는 여아에게서 효과가 적다고 부모와 교사가 생각하기 때문일 수도 있다(Ohan & Visser, 2009).

남아가 주로 많이 보이는 파괴적 증상이 동반되지 않으면 교사는 부주의한 행동을 인식하지 못할 수 있는데, 이 때문에 여아의 ADHD가 인식되지 못하거나 보고되지 않을 수도 있다. 게다가, ADHD 진단에 사용되는 증상이 유병률에서의 성별 차이를 만들어 낸 것일 수도 있다. DSM 진단 준거는 대체로 ADHD가 있는 남아를 대상으로 개발되고 검증되었으며, 주위를 과도하게 뛰어다니거나 기어오르고 학급에서 불쑥 큰 소리로 대답하는 등의 많은 증상들은 여아보다 남아에게서 더 흔하다. 따라서 구체적인 절단 점수 또는 증상이 남아에게 좀 더 적합한 것일 수 있는데, ADHD가 있는 여아는 의뢰되기 전에 극단적인 행동뿐만 아니라 또래 여아에 비해 특징적이지 않은 행동을 보일 수도 있기 때문이다(Hinshaw & Blachman, 2005). 흥미롭게도, ADHD가 있는 여아가 반항 및 공격성을 보일 때에는 남아에 비해 더 어릴 때 의뢰되는데, 이는 여아가 이런 행동을 보일 때 성인의 인내력이 더 낮거나 또는 이러한 행동에 대해 더 많이 걱정한다는 것을 시사한다(Silverthorn et al., 1996). ADHD가 있는 여아는 남아보다 느린 사고 템포가 특징이라고 할 수 있는 부주의/비조직적인 증상을 더 많이 보이는데, 여기에는 잘 잊어먹기, 태만, 정신적 혼란, 졸음, 백일몽 경향(McBurnett Pfiffner, & Frick, 2001), 불안, 우울(Rucklidge & Tannock, 2001), 과잉행동보다는 말이 지나치게 많은 것(Nadeau, Littman, & Quinn, 1999)이 있다. 따라서 현재의 DSM 진단 준거는, 특히 여아와 관련된 문제에서 민감성이 떨어질 수 있다(Ohan & Johnston, 2005). DSM의 ADHD 증상 목록에 여아에게 적합한 목록을 추

교사들은 ADHD가 있는 여아를 '몽환적' 또는 '안개 속에 있는 것 같은'으로 기술한다. 과잉행동과 파괴적인 행동이 잘 드러나지 않기 때문에 여아의 ADHD는 인식되지 않거나 무시될 수 있다.

가시켜 확장하는 것이 시기상조이겠지만, 편향되어 있는 표본 · 의뢰 · 정의로 인해서 여아보다 남아의 ADHD 유병률이 높다는 보고에 영향을 미쳤다는 것은 분명하다.

과거에는 ADHD가 있는 여아들은 연구가 이루어지지 않은 집단이었다(Hinshaw & Blachman, 2005). ADHD가 있는 여아가 부주의/비조직화 증상을 보이는 경향이 있지만 일부 연구는 예전에 생각했던 것보다 ADHD 남아와 여아 사이에 유사성이 더 있다고 밝혔다. 임상에 의뢰된 학령기 ADHD 아동들 사이에서 증상의 표출 및 심각성, 뇌 기형, 반응 억제 및 실행 기능에서의 손상, 가족과의 상관, 처치에 대한 반응에서 남아와 여아가 상당히 유사하다고 밝히는 연구들이 있다(Biederman et al., 2006; Owens et al., 2014). ADHD가 있는 여아에 대한 추후 연구는 청소년기 및 초기 성인기까지 주요 문제에 대한 명확한 증거를 제시한다. 여기에는 불안, 우울, 이성관계의 어려움, 어머니와의 갈등, 심각한 또래 거부 및 품행 문제, 학업 성취에서의 심각한 손상, 주의 · 실행 기능 · 언어에서의 지속적인 손상, 의사결정에서의 손상, 서비스 이용률이 높은 것이 있다(Babinski et al., 2010; Biederman et al., 2010; Mick et al., 2011; Miller et al., 2013; Owens et al., 2014).

주목할 만한 것은 과잉행동-충동성을 보이는 ADHD 여아가 부주의 증상만을 보이는 ADHD 여아 또는 ADHD가 아닌 여아보다 섭식장애의 증상(과하게 먹고 속을 비워 내는 행동, 신체 불만족)을 더 많이 보인다는 것이다(Hinshaw et al., 2012; Mikami et al., 2008; Swanson, Owens, & Hinshaw, 2013). 이러한 연구 결과는 여아에게 우세하게 나타나는 손상 영역을 반영하는, ADHD가 있는 여아의 결과를 고려해야 한다는 것을 지지한다.

사회경제적 수준과 문화

SES가 높은 집단보다는 낮은 집단에서 ADHD 아동이 조금 더 많지만, ADHD는 모든 사회 계층의 아동에게서 발생한다(Akinbami et al., 2011). 아동기의 낮은 가족 수입은 ADHD 가능성이 증가하는 것과도 연관이 있다(Larsson et al., 2013). ADHD와 SES 간의 관련성은 ADHD가 있는 아동의 동시 발병 품행 문제와 관련시킬 수 있는데, 이는 품행 문제가 가족의 역경 및 스트레스와 같이 낮은 SES에 동반되는 환경과 연관이 있기 때문이다(Szatmari, Offord, & Boyle, 1989). 이러한 관점과 일관되게, 가족 갈등 및 애착은 ADHD와 SES를 연관시킨다(Russell et al., 2014).

ADHD, 인종, 민족 간의 관계에 대한 연구는 일관되지 않고, ADHD를 평가하는 현재의 도구가 소수민족에서 ADHD의 표현을 적절히 잡아낼 수 있는지는 아직 불분명하다. 유치원 입학 즈음에, 아프리카계 아동은 그 외 비슷한 백인 아동에 비해 ADHD로 진단될 가능성이 70% 미만인데, 이들이 학급에서 ADHD 관련 행동을 동일하게 보일 때에도 그러하다(Morgan et al., 2014). 그러나 좀 더 나이가 있는 아동은, 교사 평정 ADHD와 ADHD 관찰 행동이 백인 아동보다 아프리카계 아동에게서 더 높으며 이것은 평가자 편견 또는 SES로 설명되지 않는다(Miller, Nigg, & Miller, 2009). 히스패닉계, 아시아계, 미국 원주민, 태평양 섬의 아동에게서 다소 비율이 낮다(Cuffe, Moore, & McKeown, 2005). ADHD에 대한 이해와 처치의 접근은 백인, 비히스패닉계, 교육 수준이 높은 가정에서 좀 더 높은 것 같다(McLeod et al., 2007; Miller et al., 2009). 그러나 민족이 다른 집단의 가정이지만 처치를 받을 경우, 처치의 이득이 다르지 않다고 암시하는 연구도 있다(Jones et al., 2010).

ADHD는 조사가 이루어진 모든 나라에서 확인되고 있다. 추정치는 나라와 문화에 따라 다르지만, 남아메리카 및 아프리카에서 가장 높고(8~12%), 일본과 중국에서 가장 비율이 낮게(2~5%) 나타났다. 유럽과 북아메리카에서의 비율은 앞의 두 비율의 사이인 4~9%이다. 이러한 변동은 표본의 크기, 정보의 출처(예: 부모, 교사), 그리고 ADHD가 세계의 각기 다른 장소에서 진단되는 방식에 따른 결과로 보인다. 동일한 진단 방법을 사용한다면, ADHD의 비율은 세계적으로 매우 유사할 것이다(Buitelaar et al., 2006).

ADHD 증상에 대한 문화적 규준의 차이 및 인내심이 문화에 따른 진단 비율의 차이를 설명해 줄 수도 있다(Weisz, Weiss et al., 2006). 태국처럼 아동의 행동이 차분하고 통제적인 것을 가치 있다고 여기는 문화에서는 ADHD의 증상이 미국에 비해 덜 나타났다. 또한 ADHD의 증상이 나타났을 때 태국의 교사는 이를 좀 더 심각한 문제로 보았는데, 이는 문화와 관련된 가치나 기대 때문인 것 같다(Weisz, Chayaisit et al., 1995). 따라서 ADHD 아동이라고 판별되는 것은 부분적으로는 아동의 행동과 아동이 어떻게 행동해야 한다는 문화적 기대 간의 차이 때문일 수 있다(Moffitt & Melchior, 2007).

장애의 진행과 결과

이어지는 단락에서는 ADHD의 증상이 발달과 더불어 어떻게 변하는지에 대해 기술할 것이다. 1학년 때 ADHD 진단을 받은 적이 있고 현재 35세인 Alan의 예에서 이러한 변화를 볼 수 있을 것이다.

유아기

ALAN

도망가고 달리기

나의 보모는 내가 4개월까지 TV를 보면서 앉아 있었다고 단언한다. 그 뒤로 기어다닐 때부터 나는 뛰었다. 나는 온 집안을 돌아다녔고, 엄마는 나를 혼자 내버려 두어서는 안 된다는 것을 금방 깨달았다. 여기저기 마구 던지고, 나는 장난감을 가지고 노는 것을 별로 좋아하지 않았다. 나 혼자 여기저기 탐색하는 것을 더 좋아했다.

출처: R. A. Barkley and L. J. Pfiffner, "Off to School on the Right Foot: Managing Your Child's Education," in Barkley, R. A. *Talking Charge of ADHD: The Complete, Authorized Guide for Parents*, 1995, p. 208.

ADHD의 징후는 태어나면서부터 있는 것 같다(어느 어머니는 자기 아이가 자궁에서부터 아주 과활동적이어서 배를 발로 차는 것을 알 수 있었다고 한다). 가정에서 이루어지는 활동 수준 평가(가정에서 동작 탐지기를 이용)는 2세 아동의 ADHD 증상에 대한 어머니의 평정과 관련이 있다. 유사하게, ADHD가 있는 나이가 있는 아동의 부모에게 자녀가 아이였을 때 어떠했는지 서술해 보라고 하면, 부모는 아이가 까다로운 기질, 즉 아주 활동적이고 예측할 수 없었으며, 자극에 과잉 또는 과소 반응을 보였고, 수면 패턴이 까다롭거나 섭식에 어려움이 있었다고 종종 묘사한다. ADHD의 초기 지표가 유아 및 걸음마 시기에 나타나지만, 3세 전에는 신뢰로운 ADHD 판별이 어렵다(Arnett, MacDonald, & Pennington, 2013). 또한, ADHD의 초기 출현을 제시하는 이러한 보고에 따른 문제들이 있다. 첫째, 초기 발달에 대한 부모의 회상은 아동의 현재 문제에 의해 채색된다. 둘째, 까다로운 기질을 보이는 아동들 모두가 후에 ADHD가 있는 것은 아니다. 유아기 때의 까다로운 기질이 아동 발달에 이상이 있다는 것을 암시하고, 일부 사례에서는 이후에 ADHD에 대한 위험 요인이 되기도 하지만, 까다로운 기질 자체만을 두고 ADHD의 초기 징후라고 할 수는 없다. 예를 들어, 어떤 연구에서는 유아기 동안 지속되는 울음이 8~10세 때 과잉행동이 있을 위험을 10배나 증가시킨다는 연관성을 보고했다(Wolke, Rizzo, & Woods, 2002). 그러나 지속적으로 울음을 보이는 대부분의 아동이 ADHD로 발전하지는 않는다.

취학 전 시기

ALAN

유치원에서 혼자였다

나는 내가 왜 유치원에서 아이들 속에 있지 못했는지 자주 궁금해했다. 선생님은 나 혼자서 장난감을 가지고 놀도록 구석으로 몰아내곤 했다. 나는 혼자였기 때문에 친구가 많지 않았다. 나는 무언가가 달랐지만 왜 그런지, 도대체 무엇이 다른지를 알지 못했다.

출처: R. A. Barkley and L. J. Pfiffner, "Off to School on the Right Foot: Managing Your Child's Education," in Barkley, R. A. *Talking Charge of ADHD: The Complete, Authorized Guide for Parents*, 1995, p. 208.

3~4세에 과잉행동-충동적 증상이 나타나면서, ADHD는 점점 더 눈에 띄고 심각한 문제가 된다(Greenhill et al., 2008). ADHD 행동이 있는 취학 전 아동이 갑자기 생각 없이 행동하고, 갑자기 이 활동에서 저 활동으로 전환하고, 즉시 보상을 받으려고 한다. 이들은 쉽게 지겨움을 느끼고 일상적인 생활 사건에 강하게 그리고 부정적으로 반응한다(Campbell, 2002). 부모는 이들의 과잉행동과 불복종을 다루기가 아주 어렵다는 것을 알게 되며, 아동은 반항하며 공격적일 수도 있다. ADHD가 있는 취학 전 아동은 말이 많고 다른 아동의 활동을 방해하면서 학급을 어슬렁거린다. 과잉행동-충동성과 반항 행동을 최소 1년 이상 지속적으로 보이는 아동은 중기 아동기와 청소년기까지 이러한 어려움이 지속될 가능성이 높다(Olson, Bates, Sandy, & Lanthier, 2000). 취학 전 시기에 유혹을 참고, 만족을 지연시키고, 행동을 억제하는 데 어려움이 있는 것은 3학년이 되어서 ADHD를 예측해 주는 것으로 밝혀지기도 했다(Campbell & von Stauffenberg, 2009). 이 나이에, ADHD와 관련된 심각한 증상과 혼란이 결합

되고 부모-아동 관계가 파괴되면 ADHD 행동 패턴이 지속되는 것을 특히 더 예측할 수 있다(Campbell, Shaw, & Gilliom, 2000).

초등학교 시기

ALAN

나는 제대로 할 수 있는 것이 없어요

1학년 1학기 중반이 되어 갈 때쯤, 선생님은 어머니를 회의에 부르셨다. 선생님은 어머니에게 말했다. "나는 항상 Alan에게 뭔가를 부탁해야 해요. 'Alan, 가만히 있으렴. 그래. 연필은 셋째 시간에 깎으면 되잖니. 화장실을 지금 또 가야 하니?'" 3학년이 되었을 때쯤, 모든 것이 엉망이 되었다. 내가 제대로 하는 것이 아무것도 없다는 생각이 들었다. 나는 잘하기 위해 노력했다. 선생님은 생활기록부에 "대답에 좀 더 집중하는 것이 요구됨", "모든 일에 주의를 기울이는 것이 요구됨", "지시에 따르는 것이 요구됨"이라고 적었다. 나는 선생님이 나를 좋아한다고 생각하지 않았다. 선생님은 무척 엄하셨고, 웃는 적이 없었으며, 항상 나를 보고 계셨다.

출처: R. A. Barkley and L. J. Pfiffner, "Off to School on the Right Foot: Managing Your Child's Education," in Barkley, R. A. *Talking Charge of ADHD: The Complete, Authorized Guide for Parents*, 1995, p. 208.

부주의 증상은 아동이 학교에 들어가면서 특히 분명해진다. 지속해서 주의를 기울이고 목표에 따라야 한다는 학급 사항은 이들에게는 굉장히 힘든 일이다(Kofler, Rapport, & Alderson, 2008). 따라서 이때 아동이 ADHD가 있는 것으로 종종 확인되고, 특별한 도움을 받기 위해 의뢰되는 시기라는 것은 놀랄 일도 아니다. 부주의 증상은 학교를 다니는 동안 계속되며, 이것은 낮은 학업 성취, 주의분산, 조직화의 불량, 기한을 맞추는 것이 어려움, 사회 규칙이나 친구들 간의 약속을 지키지 못하게 한다. 취학 전에 보였던 과잉행동-충동적 행동은 어느 정도 감소하지만 6~12세 때까지 지속된다(Barkley, 2006a).

초등학교 동안에, 적대적 반항 행동이 증가하거나 새로이 나타날 수 있다. 8~12세 때쯤, 반항과 적대감은 거짓말 또는 공격성처럼 심각한 문제의 형태를 취한다. 학령기 동안 ADHD는 아동의 자기 관리, 책임감, 생활, 신뢰, 믿음, 독립성, 사회적 관계, 학업 수행 등에 점점 더 영향을 미친다(Stein et al., 1995).

청소년기

ALAN

부모의 시각

내 아들이 13세가 될 때까지 나는 ADHD가 평생 지속되는 병인지 몰랐다. 중학교 때 내 아들은 과잉행동으로 인해 교장실로 불려가는 일이 많았다. 아들은 수학과 평소에 잘했던 과목에서 뒤처지기 시작했는데, 이는 모든 것에 집중할 수 없었기 때문이었다. 나는 우리 아이가 ADHD인지 알기 위해 철저하게 평가했으며, 이것이 시간이 흐른다고 해결될 문제가 아니라는 것을 알게 되었다. 사실, ADHD는 그에게 더 많은 문제를 일으키면 일으켰지 나아지는 것이 아니었다. 나는 ADHD가 어떻게 성격을 형성하고, 사람을 힘들게 하며, 관계를 파괴시키는지 알게 되었다.

출처: R. A. Barkley and L. J. Pfiffner, "Off to School on the Right Foot: Managing Your Child's Education," in Barkley, R. A. *Talking Charge of ADHD: The Complete, Authorized Guide for Parents*, 1995, p. 208.

ADHD가 있는 많은 아동은 청소년기에 이르러서도 문제가 지속되며, 때때로 이러한 문제는 더 나빠질 수 있다. 과잉행동-충동적 행동이 청소년기가 되어 유의미하게 감소되지만, ADHD가 없는 같은 연령대 또래의 95% 이상의 수준으로 여전히 발생되고 있다. 임상에 의뢰되는 초등학생의 50% 이상이 청소년기까지 장애가 지속된다(Spencer, Biederman, & Mick, 2007). 게다가, 대부분의 10대는 정서적 · 행동적 · 사회적 기능에서 유의미한 결함을 지속적으로 보인다(Barkley, 2006b; Lee et al., 2008). 과잉행동-충동성의 아동기 증상은 (부주의 증상보다 훨씬 더) 일반적으로 청소년기의 좋지 않은 결과와 관련이 있다(Barkley, 2006b).

성인기

ALAN

성인이 되어서의 어려움

Alan(35세)은 자주 들떠 있고, 단 몇 분도 책상에 앉아 있지 못하고, 체계적인 면이 없으며, 자주 까먹기 때문에 계획을 끝까지 지킬 수 없고, 열쇠나 지갑을 잃어버리고, 일에서 자신의 능력을 최대한 활용하지 못한다. 대화 중에 그의 정신은 늘 부산하며, 다른 사람들을 방해하고, 뒤따르는 결과를 생각지 못하고, 떠오르는 것을 불쑥 내뱉는다. 그는 자주 논쟁에 휘말린다. 그의 기분은 자주 바뀌며, 주기적인 폭발은 주위에 있는 사람들을 지치게 한다. 이제는 그의 결혼에도 문제가 발생했다. 그는 절망감과 좌절을 느끼고 있다. (저자의 사례 자료에서 인용)

단정할 수는 없지만, Thomas Edison, 음반 스타이자 배우인 Justin Timberlake, 유명 연예인인 Paris Hilton, 수영에서 18번 금메달을 딴 Michael Phelps에 이르기까지 유명하고 성공한 많은 사람들이 아동기 때 ADHD가 있었다고 추측하고 있다. ADHD가 있는 일부 아동은 자라면서 나아지거나 장애에 대처하는 법을 배우기도 하는데, 이는 ADHD가 경미하고 품행 문제나 반항성 문제가 없을 때 특히 그러하다. 결과가 더 좋은 것은 증상이 덜 심각하거나 부모 및 교사로부터 좋은 양육, 지도 감독, 지지를 받고 교육 · 건강 · 정신건강 서비스를 포함한 경제적 · 사회적 자원을 이용할 수 있는 사람들일 가능성이 크다(Kessler et al., 2005).

불행하게도, Alan처럼 ADHD가 있는 대부분의 아동은 계속해서 어려움을 경험하는데, 이는 일생 동안 지속되는 고통과 실망으로 이어진다(Barkley, 2014a, b). 한때는 아동기 장애라고 생각되었지만 지금은 ADHD가 성인 장애로도 잘 확립되어 있다. ADHD가 있는 성인들은 들떠 있고, 쉽게 지겨움을 느끼며, 새롭고 흥미로운 무엇인가를 끊임없이 추구한다. 이들은 직업에서의 어려움, 사회적 관계의 손상, 우울증, 낮은 자아 개념, 물질 남용, 성격장애를 겪을 수도 있다(Barkley, 2014a, b). 상황이 바뀔 수는 있지만, ADHD가 있는 성인은 진단을 받아 본 적이 없으며, 특히 행동 문제가 수반되지 않을 경우에는 더욱 그러하다. 결과적으로, 이들은 자신에게 무언가 문제가 있다고 느끼지만, 그것이 무엇인지 모른다. ADHD가 있는 많은 성인들이 똑똑하고 창조적이기 때문에, 이들은 종종 자신의 잠재 능력을 발휘하지 못하는 것 때문에 좌절한다. Alan은 결혼, 재정, 직업과 같은 성인의 책임에 부응하고자 하면서, 여러 가지 주요한 문제로 힘들어해야 했다. ADHD 때문에 받았던 도움이 Alan의 대처를 도왔지만 어려움은 지속되고 있다.

ADHD에 대한 발달적 과정과 결과에 관해서 몇 가지 주의해야 할 것이 있다. 첫째, 발병 연령, 경과, 결과는 표본, 측정 방법, 수반된 장애, ADHD의 하위 유형에 따라 달라질 수 있다(Faraone, Biederman, & Mick, 2006; Owens et al., 2014). 예를 들어, 부정적 결과는 지역사회 표본에 비해 임상 표본에서, 그리고 품행 문제를 동반한 아동에게서 아주 많이 나타났다. ADHD-PI 유형의 아동과 관련해서 현재는 이용할 만한 정보가 거의 없다. 흥미롭게도, 성인기의 ADHD 증상 및 결함은 ADHD가 있는 사람의 보고보다는 다른 사람이 보고할 때 더 심각하게 나타났다(Barkley et al., 2002). 따라서 우리가 제시한 발달적 과정과 결과는 총체적인 것일 수는 있지만, 추후 연구에서 중요한 세부 내용을 보완해야 한다.

단원 정리

유병률과 경과

- ADHD는 모든 학령기 아동의 대략 5~9%에 영향을 미친다고 추정한다.
- ADHD 진단은 여아에 비해 남아가 2~3배 정도 더 흔하다.
- ADHD가 있는 여아는 심각한 장애가 있다. 임상에 의뢰된 ADHD 여아는 ADHD 남아가 보이는 특징 및 결과와 동일한 부분이 많다.
- ADHD는 모든 사회경제적 계층에서 발생하며, 연구하고 있는 모든 나라에서 확인되었다.
- ADHD의 증상은 발달함에 따라 변한다. 유아의 까다로운 기질은 3~4세에 과잉행동-충동성 증상으로 이어지고, 이는 아동이 학교에 들어갈 즈음에 부주의 증상이 뒤따른다.
- ADHD의 일부 증상은 아동이 나이가 들면서 유병률과 정도에서 감소를 보이지만, 많은 사람들에게 ADHD는 일생 동안 지속되는 고통스러운 장애이다.

이론과 원인

원인이라는 단어는 알려지지 않은 신(god)에 대한 또 다른 말이다.

— William James(1842~1910)

ADHD에 관한 많은 설명들이 발전해 왔고, 이 중 몇몇은 많은 논쟁도 일으켰다. 예를 들어, ADHD가 사냥꾼에서부터 시작된, 진화하기 전에 우리가 가졌던 특성이라고 주장(많은 지지를 받지는 못한)되기도 했다(Hartmann,

1993). 또 다른 사람들은 ADHD가 미신이며, 우리가 그것을 필요로 하는 사회이기 때문에 조작된 장애라고도 했다(Baughman, 2006; Breggin, 2001).

ADHD의 속성과 원인에 대한 명확한 답을 찾지는 못했는데, 이는 진단 현장이 표준화되어 있지 않고 조사 역시 어렵기 때문이다. 그럼에도 불구하고, ADHD의 기본 속성에 대한 연구는 가능한 기제와 원인에 대한 매력적인 이론들을 제시해 주었다(Martel, 2009; Nigg & Barkley, 2014). **살펴보기 8.1**에 요약되어 있듯이, 서로 관련이 있는 이론은 인지 기능화, 동기, 각성 수준, 자기 조절에서의 손상을 강조한다. 단일 이론으로는 ADHD와 관련된 많은 문제를 설명할 수 없다. 예를 들면, ADHD 증상의 수준이 유사함에도 불구하고, ADHD가 있는 아동은 반응 억제, 각성, 반응 가변성과 관련하여 경험이 서로 다르다(Fair et al., 2010). 하지만 각 이론에서 강조되는 과정의 영향을 확인하면 우리가 ADHD를 이해하고 좀 더 통합적인 모델을 개발하는 데 도움이 될 것이다(Shiels & Hawk, 2010).

ADHD에 관해 수많은 원인들이 제기되어 왔다. 그러나 이 중 많은 것이 적절하게 검증되지 않았거나, 미약하고 일관적이지 않기 때문에, 또는 지지를 받지 못해서 낙오되었다. 이 중에는 설탕의 지나친 섭취, 형광등, 좋지 않은 훈육, 멀미, 나쁜 학교 환경, 도시생활, 너무 많은 TV 시청 등이 ADHD를 유발한다는 주장도 있었다.

ADHD를 일으킬 수 있는 요인은 많지만, 현재의 연구는 유전적 요인과 신경생물학적 요인이 핵심 역할을 하는 신경발달장애임을 강하게 암시하고 있다(Faraone, 2014; Kieling, Gonclaves, Tannock, & Castellanos, 2008; Scasselatti et al., 2012). 그러나 생물학적 위험 요인과 환경적 위험 요인이 함께 몇 가지 다른 경로를 따라서 행동적 조절 및 정서적 조절을 발달시키고 시간이 지나면서 ADHD 증상을 표출시킨다(Froehlich et al., 2011; Nigg et al., 2006; Sonuga-Barke et al., 2005). ADHD는 유전, 신경, 인지, 행동 기제가 함께하는 복합적이고도 만성적인 질병이기 때문에 한 가지 원인에만 초점을 둔 설명은 부적절하다(Banerjee, Middleton, & Faraone, 2007; Coghill et al., 2005). 지금까지의 자료들로는 아직 포괄적인 인과 모델을 만들어 낼 수 없으나, **그림 8.2**는 알려져 있는 몇 가지 영향과 결과를 강조해서 가상의 ADHD 발달 경로를 보여 준다. 이어지는 단락에서는 각각에 대해 살펴볼 것이다.

살펴보기 8.1

ADHD에 대한 관련 이론들

인지 기능화의 손상

ADHD가 있는 아동은 관심의 유지, 반응 억제(즉, 사건에 대해 초기 반응을 지연시키지 못함), 작업 기억, 실행 기능에서 특정한 인지적 손상을 보인다. 이것은 또 다른 인지, 언어, 운동 곤란을 야기한다. 인지 손상은 ADHD를 이해하는 데에서 중요하다. 그러나 ADHD가 있는 아동의 50% 이상이 특정한 인지 과제에서 주요 결함을 보이지 않으므로 하나의 인지적 손상이 ADHD의 원인이라고 지지하는 증거는 없다(Nigg, 2005).

보상/동기의 손상

ADHD가 있는 아동은 보상에 대해 비정상적인 민감성(즉, 보상 역치가 높음)을 보이고 지연에 대한 민감성의 고조 또는 혐오가 흔하다(Sonuga-Barke et al., 2008). 그 결과, 보상이 없거나 지연되면 자신에게 동기 부여해서 과제를 잘 수행하는 데 어려움이 있다(Aase & Sagvolden, 2006). 이 이론을 지지하는 것으로, 몇몇 연구가 뇌의 도파민 보상 경로에서의 혼란과 ADHD를 연관 짓고 있다(Volkow et al., 2009).

각성 수준의 손상

ADHD가 있는 아동은 각성 수준에 이상이 있는데, 너무 높거나 일반적으로는 너무 낮다. 과잉행동-충동성은 각성 수준이 낮은 아동이 과도한 자기 자극으로 최적의 각성 수준을 유지하려는 노력을 반영한다(Zentall, 1985). 이 이론은 일부 지지를 받고 있지만(Antrop et al., 2000), ADHD가 있는 아동에게서 발견되는 모든 문제의 범위를 설명하는 포괄적인 모델은 아니다.

자기 조절의 손상

ADHD가 있는 아동은 자기 조절 능력의 손상, 즉 행동을 지시하기 위해 사고와 언어를 사용하는 능력이 크게 손상되어 있다. 자기 조절 및 효과적인 통제의 결핍은 충동성, 노력을 유지하지 못함, 각성 수준의 조율 결함, 정서 조절장애, 즉각적인 보상의 추구로 이어진다. 자기 조절 이론은 ADHD가 있는 사람이 특정한 맥락에서 자신의 행동을 조절하는 방식을 이해하는 인지, 각성, 보상/동기 과정 사이에서 상호작용을 검증한다(Douglas, 1999; Martel, 2009).

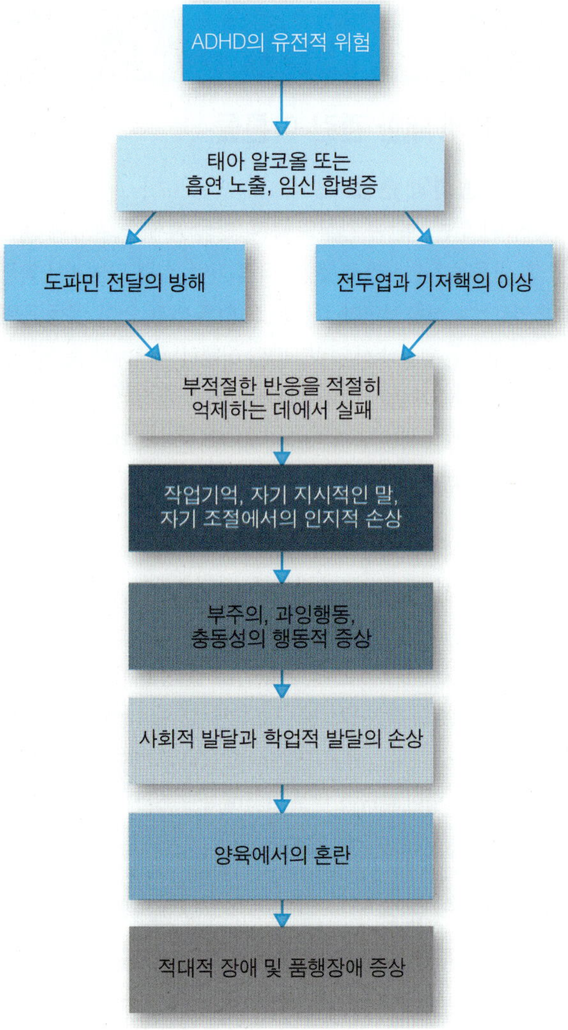

그림 8.2 ADHD의 가능한 발달 경로.

유전적 영향

몇몇 증거들은 ADHD의 핵심 요인으로 유전적 영향에 주목한다(Faraone & Mick, 2010).

- **ADHD는 가족력이 있다.** ADHD가 있는 아동의 생물학적 친척의 대략 1/3 또한 이 장애가 있다(Smalley et al., 2000). 주목할 것은 부모 중 한 명이 ADHD가 있을 경우에 자녀가 ADHD를 갖게 될 위험이 거의 60%에 이른다는 것이다(Biederman et al., 1995).
- **입양 연구.** ADHD의 비율은 ADHD가 있는 아동의 입양 부모에 비해 ADHD가 있는 아동의 친부모에게서 세 배 정도 더 높다(Sprich et al., 2000).
- **쌍둥이 연구.** 쌍둥이 연구는 ADHD의 상속 가능성 추정치가 극도로 높은데, 과잉행동-충동성 및 부주의 행동에서는 평균 75%이다. 아동기 장애에서 가장 유전적인 것이 ADHD이다(Nikolas & Burt, 2010). 또한 일란성 쌍둥이의 경우에 ADHD 일치 비율은 평균 65%이며 이란성 쌍둥이 일치 비율의 대략 두 배이다(Levy & Hay, 2001).
- **특정 유전자 연구.** 분자 유전자 분석은 특정 유전자가 ADHD의 표현에 영향을 미칠 수 있다고 제안한다(Banaschewski et al., 2010). 세 가지 주요 이유로 인해 도파민 조절과 관련된 유전자에 초점을 맞추고 있다. 첫째, 도파민은 심리운동 활동 및 보상 추구에서 핵심적인 역할을 하는 뇌의 신경전달물질이다. 둘째, ADHD에 연루된 뇌 구조(아랫부분 참조)는 도파민 신경 분포가 풍부하며, 신경 영상 연구는 이들의 뇌 구조에서 도파민 조절의 실조(dysregulation)라는 증거를 발견했다(Spencer, et al., 2007). 셋째, ADHD 증상을 감소시키는 주요 약물은 도파민 전달인자(DAT1), 즉 도파민 재흡수와 관련된 시냅스 전 뉴런의 수용기를 차단하여 시냅스에서 도파민의 효용성을 증가시킨다. 도파민 전달 체계 유전자(DAT1)와 ADHD 사이의 연관성에 관한 연구 결과들이 혼합되어 있다(Li et al., 2006). 그러나 이는 유전자-환경의 상호작용과 관련된 것일 수도 있다. 예를 들어, 유전적 위험 요소를 가지고 있는 아동이 심리사회적 어려움 또는 임신 중 모의 흡연과 같은 환경적 위험에 노출되었을 때 환경적 어려움에 노출되지 않은 아동보다 ADHD의 증상이 더 많을 수 있다(Laucht et al., 2007).

연구들은 ADHD와 도파민 수용 유전자 DRD4(seven-repeat form) 중 하나의 변형 간의 관련성을 일관되게 보이고 있다. 흥미롭게도, 예전에는 이 유전자를 자극 추구 성격 특성(높은 수준의 모험 추구, 충동적, 실험적, 쉽게 흥분하는 행동)과 연결시켜 왔다(Ebstein et al., 1996). 이 유전자는 약물에 대한 반응에 영향을 미치고, 실행 기능과 주의에 부분적으로 영향을 미친다. ADHD와 DRD4 도파민 수용 유전자 간의 연관성에 덧붙여서, 노르아드레날린과 마찬가지로 도파민의 조절과 관련된 몇 가지 다른 유전자도 최근에 확인되고 있다(Faraone & Mick, 2010; Nikolas et al., 2010).

ADHD에서 도파민 체계 내의 특정 유전자를 제시하는 연구 결과들은 흥미로우며, 이 연구들은 도파민 활동의 감소가 ADHD의 행동적 증상과 관련될 수 있음을 제시하는 모델과도 일치한다. 예를 들면, 예비 연구들은 ADHD가 있는 아동에서 행동의 억제 조절과 관련된 뇌 활동이 도파민 체계 내에서 특정 유전자 변형의 기능으로서 다를 수 있다고 지적한다(Bédard et al., 2010). 그러나 개별 유전자 변인의 영향은 매우 적으며, 대다수의 사례에서 ADHD의 유전적 요소는 몇 개의 다른 염색체에서 상호작용하는 다중 유전자 때문일 가능성이 크다는 것을 기억하라(Neale et al., 2010). 예를 들면, ADHD와 세로토닌 체계 내의 유전자들 간의 연관성 역시 발견되었으며(Guimarães et al., 2009), 임신 기간 동안 어머니의 세로토닌 산출 결함이 있는 유전자 돌연변이 역시 자식의 ADHD 관련 증상에 대한 위험을 증가시킨다(Halmøy et al., 2010). 보상의 지연을 싫어하는 데에서 세로토닌 기능과 연관된 유전자를 제시해 주는 연구도 있으며, 이는 각기 다른 유전자들이 서로 다른 ADHD 행동을 조절한다는 것을 암시하는 것이다(Sonuga-Barke et al., 2011b). 따라서 ADHD가 단일 유전자에 의해 야기될 가능성은 아주 희박하다. Kates(2007)는 "ADHD의 위험성을 높이는 돌연변이 유전자를 찾는 것은 인간 게놈을 구성하고 있는 DNA의 30억 기본 쌍이라는 건초더미에서 바늘을 찾는 것과 같다."라고 언급했다(p. 547). 그럼에도 불구하고, 가족, 입양, 쌍둥이, 특정 유전자 연구들을 모두 종합해 볼 때, 정확한 기제는 아직 알려지지 않았으나 ADHD의 위험성이 유전된다는 것을 강하게 지적하고 있다(Mick et al., 2010). 게놈과 관련된 연구 결과들이 ADHD에 관여할 수 있는 특정한 신경발달 네트워크를 드러내는 것은 이제 막 시작 단계이다(Poelmans et al., 2011). 지금까지 결과들은 많은 공통의 DNA 변인들이 결합하여 장애의 유전성의 20~30%를 설명해 주는 유전적 경향성을 만들어 낸다고 지적하고 있다(Smoller et al., 2003; Yang et al., 2013). 게놈 관련의 연구에서 나온 결과는 ADHD 경향성을 구성하는 구체적인 DNA 또는 변인을 특정해 주지는 못하지만, 자료가 더 축적되면 이러한 변인들이 밝혀질 수 있음을 제시해 준다(Faraone, 2014). ADHD의 유전성에 대한 발견이 많아질수록, 신경발달 과정과 경로를 만들어 가는 데에서 환경이 강력한 역할을 한다는 것이 더욱 분명해진다는 것이 중요하다. 따라서 유전적 영향에 근거한 ADHD의 설명에는 환경적 영향이 통합되어야 할 것이다(Sonuga-Barke, 2010).

임신, 출산, 초기 발달

출생 전후에 신경계의 발달을 위태롭게 하는 많은 요인들이 ADHD 증상과 관련되는데, 여기에는 임신과 출산 합병증, 환경 독소에 대한 모체의 노출 또는 임신 중 심각한 스트레스, 출산 시 저체중, 영양 결핍, 초기 신경학적 충격 또는 외상, 유아의 질환이 있다(Lindström, Lindblad, & Hjern, 2011; Linnet et al., 2003; Martel et al., 2007). 초기 요인들이 이후의 ADHD 증상을 예측한다고 해도, ADHD에만 국한된 것은 아니다. 즉, 이 요인들은 나중에 ADHD뿐만 아니라 다른 많은 문제를 일으킬 위험을 증가시킨다.

임신 중 어머니의 흡연, 음주, 기타 약물 사용은 태아에게 손상을 줄 수 있다. ADHD가 있는 아동의 어머니는 ADHD가 없는 통제 집단 아동의 어머니와 비교할 때 임신 중 심각한 흡연(하루 10개비)과 심리사회적 스트레스를 더 많이 보고했다는 연구도 있다(Motlagh et al., 2010). 임신 중 어머니의 흡연과 ADHD 간의 관계, 특히 ADHD에 대한 특정한 위험 유전자를 가지고 있는 아동, 특히 여아와의 연관성을 지지하는 일관된 연구들이 있다(Braun et al., 2006; Neuman et al., 2007). 이러한 관계가 인과론적인 것인지, 아니면 그 외 측정되지 못한 환경적 또는 유전적 요인 때문인지는 분명하지 않다(Obel et al., 2011; Thapar et al., 2009). 임신 동안에 어머니의 흡연과 ADHD 간의 관계(모든 경우가 그렇다는 것은 아님)는 자궁에서 니코틴에 직접 노출된 것 때문이 아니라 유전적 중개 때문이라고 암시하는 증거가 있다(Rutter & Solantaus, 2014). 출생 전 알코올에 노출되는 것도 부주의·과잉행동·충동성을 야기할 수 있으며, 학습 및 행동의 결함과도 관련된 것으로 보인다(Mick et al., 2002).

ADHD가 있는 아동의 어머니는 임신 기간이 아닌 경우에도 통제 집단의 어머니보다 알코올, 담배, 약물을 더 많이 사용한다고 제시하는 증거가 있다(Mick et al., 2002). 부모의 물질 사용은 출생 전과 후의 무질서한 가정 환경과 연관되는 경우가 많기 때문에, 약물 남용의 영향과 출생 후 발달이 일어나는 부정적 가정 환경의 축적된 영향 요인으로부터 출생 전의 요인을 정확히 구분해 내기란 쉽지 않다. 임신 기간 동안 사용된 코카인과 같은 마약류는 뇌의 정상적인 발달에 심각한 영향을 미쳐서 ADHD 및 그 외 다른 정신과 장애의 비율을 높이게 된다(Weissman et al., 1999). 요약하면, 임신 및 출산 합병증과 마약류 사용이 대부분의 ADHD 사례를 설명하는 원인은 아니지만, 일부 아동에게는 중요한 기여 요인이 될 수 있다.

신경생물학적 요인

ADHD가 완벽하게 이해된 것은 아니지만, 신경생물학적 원인에 대한 실질적인 지지가 있다(Krain & Castellanos, 2006). 뇌 기능의 측정에 관해 ADHD가 있는 아동과 그렇지 않은 아동 간에 차이를 보이는 연구에서 나온 증거(Barkley, 2006a; Kieling et al., 2008)는 다음과 같다.

- 정신생리학적 측정에서의 차이(예: 뇌파, 피부 전류반응, 심장 박동률의 감소)는 각성 또는 흥분성이 감소되어 있음을 암시한다(Beauchaine et al., 2001; Loo & Makieg, 2012).
- 경계(vigilance)검사에서 뇌 활동 측정에서의 차이는 자극에 대한 반응의 저하와 반응 억제의 결핍을 암시한다(Pliszka, Liotti, & Woldorff, 2000).
- 뇌의 전두엽 부분 및 전두엽과 변연계, 소뇌를 연결하는 통로 사이에서의 혈류량의 차이는 뇌의 이 부분으로 흐르는 혈류량이 감소되어 있음을 암시한다(Hendren, De Backer, & Pandina, 2000).

뇌 이상

뇌 영상 연구들은 ADHD에서의 뇌 역기능의 영역에 관한 가설을 검증하는 것이 가능하게 했으며, 뇌의 구조와 기능에 관한 자료를 제공하는 것이 가능해졌다(Cortese et al., 2012).

이러한 연구의 결과들은 일차적으로 **뇌의 전두선조체 회로**의 이상을 제시하고 있다(Bush, 2008). 이 영역은 대뇌피질 아랫부분에 위치한 전전두 피질과 회백질의 교차 지점 영역으로 구성되어 있는데, 기저핵(지하층 구조)이라고 한다(Hart et al., 2013). 뇌의 이 영역은 주의, 실행 기능, 지연 반응, 반응의 조직화와 연관되어 있다. 이 영역에서의 병변은 ADHD의 증상과 유사한 증상을 야기한다. ADHD가 있는 아동은 그렇지 않은 아동에 비해 우측 전전두 피질이 작은 편(Filipek et al., 1997)이며, 기저핵의 몇몇 부분에서 구조적인 이상이 있다(Sobel et al., 2010). 흥미롭게도, 일란성 쌍둥이들에서 ADHD의 유무가 다를 경우, ADHD가 있는 쌍둥이만 뇌 구조에서 이러한 이상을 보인다(Castellanos et al., 2003).

뇌에서의 차이는 전전두 피질과 기저핵 부분에만 있는 것이 아니다. 일부 연구들에 따르면 ADHD가 있는 아동은 전체 뇌 및 우뇌의 부피가 약간 작으며(3~4% 정도), 소뇌 역시 작다. 이러한 자료는 최근 증가되고 있는 ADHD와 관련된 일부 손상(일시적 연합 및 사건과 결과에 대한 학습처럼)은 소뇌-전전두-선조체 연결망(cerebellar-prefrontal-striatal network, DMN)과 관련된 것일 수도 있다는 의견을 더욱더 지지해 준다(Mackie et al., 2007; Valera et al., 2007). 일부 연구는 시상의 특정 영역이 ADHD의 뇌 회로에 관여되어 있으며, 각기 다른 ADHD 증상과 관련된 각기 다른 시상의 하위 회로들이 운동 및 정서 반응의 조절과 연관된다고 제시하고 있다(Li et al., 2012). 디폴트 모드 연결망(default mode network)(6장에서 논의) 역시 ADHD에서 비정상적으로 작동한다. 이 연결망은 휴식 기간 때 활동적이고, 과제를 할 동안에는 휴식을 취하는데, ADHD가 있는 아동에서는 효과적으로 작동하지 않는다(Cortese et al., 2012).

뇌 이상을 밝히는 것뿐만 아니라 뇌 스캔 연구는 뇌 연결과 연결망이 발달에서 어떻게 연결되는지에 초점을 맞추고 있다. 최근의 연구는 ADHD가 있을 때 회로들이 다르게, 또는 더 늦게 발달된다고 제시한다(Fair et al., 2010; Shaw et al., 2007). 예를 들면, ADHD가 있는 아동의 연구(**살펴보기 8.2 참조**)에서 뇌 성숙의 지연, 특히 전전두 영역의 지연을 밝혔다(Shaw et al., 2007). 또 다른 연구는 증상이 성인기까지 지속되는 ADHD가 있는 사람과 증상이 지속되지 않는 ADHD가 있는 사람 간에 뇌 발달 차이가 있음을 밝혀냈다. 증상을 지속적으로 보이는 사람은 전전두 피질 영역에서 피질이 얇아져 있었다. 대조적으로, 증상이 지속적이지 않은 사람은 피질이 두껍거나 최소한으로 얇아져 있었다(Shaw et al., 2013). 이러한 결과는 우리가 성인 ADHD의 발달 경로에 대해 이해하게 했다.

요약하면, 뇌 스캔 연구는 ADHD에서 뇌의 전두선조체 영역 및 이 영역과 변연계(선조체를 거쳐) 및 소뇌와 시상을 연결하는 통로가 중요함을 시사한다. 그러나 보다 국소화된(localized) 비정상 영역을 좀 더 신빙성 있게 확인하려면 더 많은 연구가 필요하다. 또한 신경 영상 연구들은 ADHD가 있는 아동이 뇌의 특정 영역에서 구조적인 차이 또는 활동의 감소가 있음을 알려 주지만, 그 이유를 말해 주는 것은 아니다.

ADHD에 관한 신경생물학적 증거를 평가할 때 주의해야 할 것이 몇 가지 더 있다. 첫째, 각 연구에 따라 표본

살펴보기 8.2

ADHD가 있는 아동의 뇌는 비정상적으로 발달한 것인가, 아니면 그냥 지연된 것인가?

뇌 영상 연구의 결과들은 미국 국립정신건강연구소에서 Philip Shaw 박사와 동료들이 각기 연령이 다른 ADHD 아동 집단과 정상적인 발달 중에 있는 비교 집단 아동을 연구한 부분에 대해서 제시해 준다. 연구자들은 MRI를 이용하여 아동 뇌의 피질 두께 변화를 추적했다. 전형적으로 피질은 7세에서 8세에 그 두께가 최고에 달한다. 그러나 옆의 사진에서 볼 수 있듯이, ADHD가 있는 아동은 피질 두께가 최고점에 이르는 데에서 전형적으로 발달하는 통제 집단 아동에 비해 2~3년 지연되어 있다. 가장 큰 폭의 지연(약 5년)은 전전두 피질에서 나타났는데, 이 전전두 피질은 자기 통제를 조절한다.

뇌 발달의 전체적인 패턴은 두 집단에서 똑같았으며, 이는 ADHD 아동에서 발달 지연을 보이는 것이며 이상 발달은 아님을 제시해 준다. ADHD 아동의 뇌는 한 가지 발달 이정표에서는 정상 발달 중인 아동보다 더 빠른 발달을 보였는데, 바로 운동 피질의 성숙으로, 이 피질은 움직임을 계획하고 통제한다. 연구자들은 운동 피질의 조기 발달과 함께 자기 조절과 관련된 피질 영역 발달의 지연이 ADHD 아동의 꼼지락거리고, 들썩이고, 통제되지 않는 과잉행동을 설명해 준다고 제안한다.

흥미롭게도, 다른 뇌 영상 연구들은 전전두 피질에서 피질 성숙의 지연이 과잉행동-충동성의 수많은 증상들과 관련되며, 이는 ADHD 진단을 받지 않은 전형적으로 발달하는 아동에서도 마찬가지임을 밝혀냈다(Shaw et al., 2011).

뇌 영상 연구 결과들이 흥미롭다고 해도, 다른 중요한 이슈도 제기한다. 첫째, 지연되거나 감소된 수초 형성이 원인임을 제시한 연구가 있긴 하지만, ADHD 아동에게서 나타나는 피질 성숙 지연의 원인은 아직 모른다(Nagel et al., 2011). 둘째, ADHD가 단지

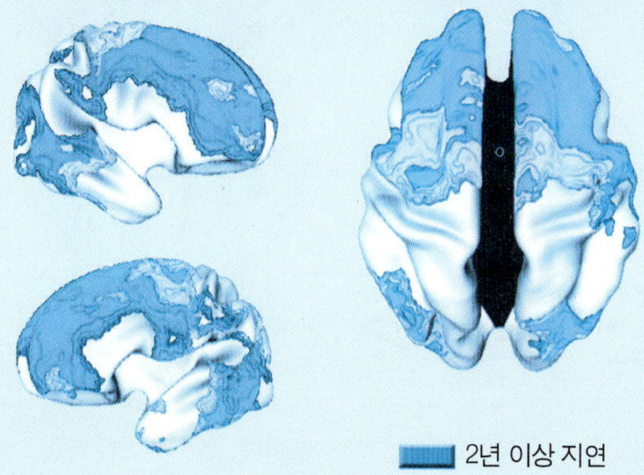

ADHD 집단에서 피질 성숙이 지연된 영역으로, 피질의 두께가 정점에 도달하기까지 시간이 더 걸린다.

출처: "Attention-deficit/hyperactivity disorder is characterized by a delay in cortical maturation," *Proceedings of the National Academy of Science*, edited by Leslie G, Ungerleider, National Institutes of Health, Bethesda, MD, and approved October 5, 2007, © 2007 by The National Academy of Sciences of the USA.

발달의 지연이라면, 많은 아동이 성인이 되어서도 ADHD를 보이는 이유는 무엇인가? 지연 한 가지로 ADHD가 있는 모든 아동을 충분히 설명할 수 없다. 더욱이, 뇌 성숙을 따라잡는다 해도 행동 표현은 여전히 다를 수 있는데, 그 이유는 뇌 성숙의 타이밍은 성숙의 종료 시점만큼 중요하기 때문이다(Fair et al., 2010). 이러한 질문에 대한 답을 하려면 앞으로 더 많은 연구가 필요하다. 뇌 영상 연구들이 ADHD가 어떻게 생기는지에 관해 우리가 더 많이 이해하게 해 주고, 그렇게 함으로써 ADHD 아동에게 맞춘 처치를 찾는 데 도움이 되기를 희망한다. (저자의 사례 자료에서 인용)

집단이 달랐으며, 표본 집단의 크기 또한 작았다. 따라서 연구의 결과가 일관되지 않으며, 해석과 일반화의 문제가 존재한다. 둘째, ADHD는 증상의 복합 세트(set)이며, 단일 신경생물학적 원인에 대한 연구는 지나치게 단순화한 것이다. 셋째, ADHD(그리고 기타 장애)에서 나타난 뇌 구조와 활동성의 차이는 집단 통계를 비교할 때에만 의미가 있었다. 현재 우리가 알고 있는 것을 감안할 때, 하나의 뇌에서 다른 것으로 뇌 구조 또는 기능에서의 변화의 양은 개인을 진단 또는 예측하기에는 지나치게 단순화된 것이다(Insel, 2010). 따라서 뇌 영상 연구가 ADHD에 대해 많이 알게 해 주었지만, 신경 영상 절차가 임상 현장으로 통합되려면 연구해야 할 것이 아직 많다(Bush, 2008).

신경생리학적 및 신경화학적 발견들

ADHD 기저에 있는 정확한 신경생리학적 및 신경화학적 이상을 문서화하기는 아주 어렵다(Scassellati et al., 2012). ADHD가 있는 아동과 그렇지 않은 아동의 소변·혈장·혈액·대뇌 척수액의 생화학 연구에서는 일관되

Barbara Smaller/The New Yorker Collection/cartoonbank.com

"얘야, 대뇌피질이 충분히 성숙될 때까지 방에 들어가 기다리렴."

게 나오는 차이가 없었다. 신경화학적 수준에서, ADHD에 효과를 보이는 약물의 알려진 작용은, 신경전달물질인 도파민 · 노르에피네프린 · 에피네프린 · 세로토닌이 관여될 수 있으며, 대부분의 증거는 도파민과 노르에피네프린의 유용성에서의 선택적 결핍을 암시하고 있다(Barkley, 2006a). 그러나 약물의 효과만으로 결론을 이끌어 내려면 세심한 주의가 필요하다. ADHD 증상의 효과적인 처치를 위한 약물 사용은 화학적 작용 또는 화학적 작용의 손상이 증상의 원인임을 입증하지 못하며, 이는 아스피린으로 두통을 없애는 것이 두통의 원인이 아스피린의 결핍임을 암시하는 것이 아닌 것과 같다. 약물은 일차적 원인의 영향과 동떨어진 신경해부학 및 신경화학 수준에서 작용하는 것일 수도 있다.

섭식, 알레르기, 납

인기 있는 TV 쇼 《Jeopardy》(답을 제시한 후 답에 맞는 질문을 찾아내는 퀴즈 프로그램)에서 '북아메리카에서 과잉행동의 주된 원인이 되는 것'에 대한 정답이 '설탕이란 무엇인가?'라고 방영이 되면서 과잉행동과 설탕의 관련성이 크게 부각되었다(Barkley, 1995). 그러나 지속적인 연구를 거듭한 결과, 설탕이 과잉행동의 원인이 아님이 밝혀졌다(Milich, Wolraich, & Lindgren, 1986). 그렇다면 어째서 질문을 받은 부모 및 교사의 거의 절반이 아동은 설탕에 취약하다고 생각한 것일까? 이는 아마도 암시의 힘일 것이다.

한 연구에서, 아동이 설탕에 취약하다고 믿는 어머니에게 자녀가 설탕 또는 설탕 대용의 아스파탐이 든 음료(Kool Aid)를 마시게 될 것이라고 미리 이야기해 주었다. 아동이 음료를 마신 다음, 아동과 어머니는 서로 놀이를 하거나 작업을 하면서 시간을 보냈다. 사실, 어떤 아동도 설탕이 들어 있는 음료를 마시지 않았으며 인공 감미료인 아스파탐이 들어 있는 음료를 마셨다. 그러나 자녀가 설탕이 든 음료를 마셨다고 전해 들은 어머니는 아스파탐이 들어 있다고 전해 들은 어머니에 비해 자기 아이를 좀 더 과잉행동적이라고 평가했다. 또한 자녀가 설탕이 든 음료를 마셨다고 믿는 어머니는 놀이와 작업 중에 아이를 더 많이 비난하고, 더 자주 혼을 내거나 아동의 주변에서 서성거렸음이 드러났다(Hoover & Milich, 1994). 이러한 결과는 ADHD의 원인에 대한 부모의 믿음이 자녀에 대한 자신의 관점과 자녀를 다루는 방식 모두에 영향을 미칠 수 있음을 시사한다(Johnston & Leung, 2001). 이 같은 믿음은 미디어에 의해 크게 영향을 받을 수 있다. 예를 들면, TV 쇼 《King of the Hill》에서 아들 Bobby Hill이 '크런치 쿠키' 시리얼을 네 그릇(마지막은 설탕을 듬뿍 넣어서!)이나 먹은 후에 ADHD 진단을 받았을 때이다. '아주 잘나가는 대체 교사'인 Bobby의 엄마 Peggy는 자신이 집에 좀 더 머무르면서 Bobby에게 더 많은 관심을 보여야 하는지를 생각했고, 이는 "음, 주의력 결핍장애라는 말이지."라고 언급한 아버지 Hank의 말에 의해 강화되었다(Kennedy, 2008).

알레르기 반응과 섭식 습관이 ADHD를 일으킬 가능성에 대해서는 오랜 시간 논쟁이 있었다. 1970년대와 1980년대에 유행하던 관점은 식품 첨가제 또는 정제된 설탕이 아동의 과잉행동과 부주의를 유발한다는 것이었고, 부모에게 인공 첨가제 · 방부제 · 설탕이 들어 있는 음식을 먹이지 말라고 권장했다. 1990년대에는, ADHD에 대한 설명으로 식품 첨가제가 더 이상 사용되지 않았다(McGee, Stanton, & Sears, 1993). 그러나 일부 연구는 이 생각을 다시 지지하는데, 식품 첨가제가 다른 아동에 비해 일부 아동의 행동에 영향을 미치는 이유를 설명하며 유전자 요인의 중개 역할에 초점을 맞추었다(McCann et al., 2007; Stevenson, 2010; Stevenson et al., 2010). 근소한 차이(8:6)로, 식품의약청 자문위원회(2011년 3월 31일)는 인공색소가 첨가된 음식에 경고 표시를 붙이지 않기로 결론지었지만, 논쟁은 계속되고 있다. ADHD에 관한 섭식 연구는 지금은 미량원소에 집중되고 있는데, 현재 필수 지방산에 아주 관심이 많고, 이는 북아메리카 아동의 섭식에서 부족하기 쉬운 아연이나 철분 영양소와 마찬가지로 일부 아동에게는 비정상적으로 대사 작용을 한다(Arnold & DiSilvestro, 2005; Howard et al., 2011; Stevens et al, 2003).

납이 들어 있는 가솔린이나 페인트를 사용한 지역의 먼지, 흙, 기름, 페인트 부스러기 속에서 발견되는 소량의 납 중독이 학급에서 아동의 ADHD 증상과 관련이 있다(Fergusson, Horwood, & Lynskey, 1993). ADHD가 있는 대부분의 아동의 경우 치아 또는 혈액에서 납의 수준이 의미 있게 상승되어 있지 않았으나(Kahn, Kelly, & Walker, 1995), ADHD를 경미하고 준임상적으로 상승된 납 중독과 지속적으로 연계시키는 연구도 있다(Goodlad, Marcus, & Fulton, 2013). 모든 아동의 혈액 내에는 약간의 납 성분이 있으며, ADHD가 있는 아동은 조금 더 많다. 더욱이, 납 노출은 임신 동안의 니코틴 노출과 같은 다른 위험 요인과 복합되었을 때 아동의 ADHD 위험을 증가시킨다(Froehlich et al., 2009). 이러한 결과는 납 중독이 역할을 할 가능성에 대해 인과적인 정보의 연구들을 이용한 추후 연구가 더 필요하다고 시사하고 있다(Nigg et al., 2010).

가족의 영향

쌍둥이 연구는 가족의 심리사회적 요인이 ADHD 증상의 변산을 극히 일부만을 설명하고 있으며(Nikolas & Burt, 2010), ADHD가 가족의 부정적인 영향 때문이라는 설명은 거의 지지를 받지 못하고 있다(Barkley, 2006a). 그럼에도 불구하고, 가족의 영향은 몇 가지 이유 때문에 ADHD를 이해하는 데에서 중요하다(Johnston & Chronis-Tuscano, 2014; Mash & Johnston, 2005).

- 가족의 영향은 ADHD 증상 또는 증상의 심각성으로 이어질 수 있다. 일부 사례에서는 ADHD 증상이 간섭하고 민감하지 않은 초기 양육 관행 때문일 수 있으며(Carlson, Jocobvitz, & Sroufe, 1995), 특히 ADHD에 대한 유전적 위험성이 있는 아동의 경우에 더욱 그러하다(Martel et al., 2011). 따라서 양육 관행은 아동의 유전적 영향과 상호작용하여 ADHD를 중개한다. 게다가, ADHD의 위험성이 있는 아동에게는 가족 갈등이 과잉행동-충동성 증상의 정도를 임상적으로 유의미한 수준까지 끌어올리기도 한다(Barkley, 2003). 특히 중요한 것은 **적합성**, 또는 아동의 초기 기질과 부모의 상호작용 방식이 잘 맞느냐 하는 것이다(Chess & Thomas, 1984). 과도하게 자극을 주는 부모와 과잉행동을 하는 아동은 잘 맞지 않는 예가 될 수 있다. 우리가 본 것과 같이, ADHD가 있는 아동의 많은 부모 또한 장애가 있으며, 이는 부모의 ADHD 증상이 초기 부모-아동의 상호작용을 방해할 수 있음을 의미한다(Johnston et al., 2012). 예를 들면, ADHD 증상의 수준이 높은 어머니는 ADHD 증상의 수준이 낮은 어머니에 비해 아동과의 사이에서 덜 참여하고, 양육이 덜 긍정적이고, 비일관적인 훈육을 더 많이 사용하는 것으로 밝혀졌다(Chronis-Tuscano et al., 2008). 마지막으로, DAT1의 변인을 가지고 있는 어머니는 아동과 상호작용할 때, 특히 아동이 파괴적인 행동을 많이 보일 때 부정적이고 통제적인 행동을 더 많이 사용한다고 밝힌 연구가 있다(Lee et al., 2010). 예비 단계이기는 하지만, 이러한 발견은 아동 양육 환경의 매개 영향과 더불어 ADHD가 있는 가정에서 부모-유전자 × 아동-유전자 상호작용이 중요할 수 있음을 제시한다는 점에서 흥미롭다.
- 가족 문제는 충동적이고 다루기 어려운 아동과의 상호작용 때문일 수 있다(Mash & Johnston, 1990). 이와 같은 아동-부모 상호작용 효과의 방향에 대한 가장 명료한 지지는 ADHD 증상이 자극제 약물을 사용해서 감소가 된 아동의 이중맹검법(double-blind) 위약 통제 약물 연구에서 도출되었다. 아동의 ADHD 증상이 감소하자, 아동이 약물을 사용하지 않았을 때 부모가 보여주었던 부정적이고 통제적인 행동 또한 감소되었다(Barkley, 1988).
- 가족 갈등은 연관이 있는 적대적 반항장애 및 품행장애 증상의 출현, 지속, 이후 문제와 관련이 있는 것 같다. ADHD의 유전적 위험이 있는 아동에게 가족 갈등은 초기 ODD 및 이후의 ADHD와 OCD의 동시 발병을 증가시킨다(Beauchaine et al., 2010). 예를 들면, ADHD가 있는 아동은 ADHD가 없는 아동보다 부모의 갈등을 더 많이 목격한다고 보고하는데, 이는 부모 갈등과 관련된 정서적 스트레스와 자기 비난의 영향에 특히 취약하게 만드는 유전자형을 가진 아동에게서 ADHD 및 관련된 ODD와 CD증상을 더 악화시킨다(Nikolas et al., 2010). 적대적 행동과 갈등이 순환되는 것을 막기 위해 가족 상호작용의 방식을 바꾸려고 시도하는 ADHD 개입들이 많다. 가족의 영향은 ADHD의 결과 및 ADHD와 관련된 문제를 결정하는 데에서 중요한 역할을 하며, 심지어 ADHD의 일차적

원인이 아닐 때에도 그러하다(Johnston, Hommersen, & Seipp, 2009; Kaiser, McBurnett, Pfiffner, 2011).

요약하면, ADHD는 강력한 생물학적 근거가 있으며, 많은 아동의 유전적 상태이다. ADHD는 특히 신경생물학적 수준에서 여러 다른 종류들로 이루어진 장애인 것 같다. 뇌의 특정 영역과 회로에 관한 증거가 많고, 연구 결과들이 상관되지만, 우리는 장애의 구체적인 원인을 아직 모른다. 우리는 생물학적 위험 요인, 뇌 발달, 초기 환경적 경험 및 사건, 가족 관계, 더 큰 체계의 영향이 상호작용해서 ADHD의 발달 및 결과를 만들어 가는 복잡한 방식을 이제 막 이해하기 시작했다(Nigg & Barkley, 2014).

단원 정리

이론과 원인

- ADHD의 가능한 기제 및 원인에 대한 이론들은 인지 기능, 보상/동기, 각성 수준, 자기 조절의 손상을 강조하고 있다.
- ADHD가 신경발달장애라는 강력한 증거가 있지만, 생물학적 위험 요인과 환경적 위험 요인이 ADHD 표현을 함께 형성한다.
- 가족, 입양, 쌍둥이, 특정 유전자 연구에서 나온 결과는, 정확한 기제가 아직 알려지지 않았지만, ADHD가 유전된다고 제시하고 있다.
- 임신 및 출산 합병증, 임신 중 흡연, 신생아의 저체중, 영양 결핍, 모체의 음주 또는 약물 복용, 초기 신경학적 손상 또는 외상, 유아의 질병과 같이 출생 전과 후에 신경발달을 위협하는 많은 요인이 ADHD 증상과 관련된 것으로 보인다.
- ADHD는 뇌의 전두선조체 회로 및 이 부분을 변연계, 소뇌, 시상으로 연결하는 통로의 이상 및 발달 지연과 관련이 있는 것 같다.
- 신경 영상 연구는 ADHD가 있는 아동에게서 특정 뇌 영역의 구조적 차이 또는 활동의 감소가 있음을 알려 주고 있지만 그 이유는 아직 모른다.
- ADHD에 효과적인 약물의 작용은 몇 가지 신경전달물질이 관여되어 있다는 것을 암시하고 있으며, 특히 대부분의 증거는 도파민과 노르에피네프린의 유용성에서의 선택적 결함이 있음을 제시하고 있다.
- 가정의 심리사회적 요인이 ADHD를 이해하는 데 중요하다고 해도, 전형적인 원인은 아니다. 가족 문제는 ADHD 증상의 심각성을 높일 수 있으며, 동시 발병 품행 문제의 출현과 관련이 있다.
- ADHD는 상호작용하는 영향들의 복합 패턴 때문일 수 있으며, 몇몇 신경계의 경로를 통해 장애를 일으키는 것 같다.

처치

MARK

약물 및 행동치료

3학년 때, Mark의 교사는 손을 치켜들고 "이제 그만"이라고 말했다. 오전에 Mark는 연필을 깎기 위해 자리에서 6차례나 뛰쳐나왔고, 그때마다 다른 아동의 책상을 침범했고, 책과 종이를 뒤집어엎었다. 책상을 발로 걷어차서 뒤집어엎었을 때 그는 결국 교장실로 보내졌다. 완전히 좌절해서 교사는 부모 및 심리학자와의 만남을 요청했다.

하지만 교실에서 Mark의 행동을 관리하는 계획을 세운 후에도 상황은 나아지지 않았다. 결국, 집중적인 평가가 이루어진 후에, 이들은 Mark가 부주의 및 과잉행동-충동성 증상을 모두 가지고 있는 ADHD라는 것을 알게 되었다. 그는 학교 수업시간에는 과잉행동을 조절하는 약물인 리탈린(Ritalin), 흥분제 약물을 복용했다. 심리학자의 도움으로 그의 부모는 바람직한 행동을 보상하고 지나치게 파괴적일 때에는 타임아웃 기법을 사용하는 것을 배웠다. 곧 Mark는 한자리에 앉아서 학업에 집중할 수 있게 되었다.

출처: NIMH, 1994a에서 인용.

LISA

행동치료와 상담

Lisa는 교실에서 방해를 하지 않았기 때문에 교사가 Lisa의 문제에 주목하기까지 오랜 시간이 걸렸다. Lisa가 명석한데도 불구하고 낙제했다는 것을 교사가 발견한 후, 처음으로 학교 평가 팀에 의뢰되었다. 평가 팀은 학습장애를 배제했지만, 그녀가 ADHD 하위 유형 중 부주의 유형이라고 결정했다. 학교 심리학자는 Lisa가 우울증도 가지고 있음을 알았다.

Lisa의 교사와 학교 심리학자는 Lisa의 주의력을 증가시키고 사회적 기술을 향상시키기 위한 프로그램이 포함된 처치 계획을 세웠다. 이들은 또한 Lisa가 자신의 강점을 인식하고 우울증을 극복할 수 있도록 상담과 인지-행동치료를 받으라고 제안했다.

출처: NIMH, 1994에서 인용.

최근, ADHD 때문에 도움을 받는 아동의 수가 두 배 이상이 되었다. 그러나 사례, 특히 임상적 도움이 절실하

표 8.3 ADHD가 있는 아동의 처치

일차적 처치	처치의 초점
자극제 약물	학교와 가정에서 ADHD 증상 관리
부모 관리 훈련	가정에서 아동의 파괴적인 행동을 관리하고, 부모-자녀 간의 갈등을 완화시키며, 친사회적 행동 및 자기 조절 행동 강화하기
교육적 개입	교실에서 파괴적인 행동 관리하기, 학업 수행 증가시키기, 친사회적 행동 및 자기 조절 행동 교육하기
집중적 처치	**처치의 초점**
하계 처치 프로그램	집중 프로그램에서 일차적 치료 및 부가적 처치를 많이 결합하여 가정에서 현재의 적응과 학교에서의 성공을 강화하기
부가적 처치	**처치의 초점**
가족 상담	기분장애와 부부 스트레스를 포함하여 ADHD와 관련된 개인의 스트레스 및 가족의 스트레스에 대처하기
지지 집단	ADHD가 있는 다른 아동의 부모와 연계하기, 공통된 근심에 관한 정보와 경험을 공유하고 정서적 지지를 제공하기
개인 상담	아동이 개인적인 어려움과 감정을 나눌 수 있는 지지적 관계를 제공하기

고, 실제로 ADHD의 전문적인 서비스를 받아야 하는 아동의 절반에도 못 미친다(Visser et al., 2013; Zima et al., 2010). 서비스를 받는 아동의 대다수는 처치가 지속되지 않는다(Hechtman, 2006). ADHD가 치료된다고 알려진 것이 없다고 해도, Mark나 Lisa와 같은 아동이 자신의 증상 및 일어날 수 있는 이차적인 문제에 대처할 수 있도록 도와줄 방법은 많다(Antshel & Barkley, 2008; Pelham & Fabiano, 2008). 이와 같은 처치들의 개관이 표 8.3에 제시되어 있다.

주요 처치 접근, 「소비자 보고서(Consumer Reports)」와 미국 공중위생국이 권장하는 처치 접근은 자극제 약물, 부모 관리 훈련, 교육적 개입을 결합하는 것이다(AACAP, 2007c; Kaiser & Pfiffner, 2011; NICE, 2013a). 이 모든 접근 요소를 사용하는 개입은 집중적인 하계 처치 프로그램(intensive summer treatment programs)과 통제된 임상 실험에서 제공되고 있다(Smith & Shapiro, 2014). 증거가 다소 적다고 할 수 있는 부수적인 처치에는 가족 상담 및 지지 집단과 사회 기술 훈련 그리고 개별 상담 및 개별 형태의 사회적 기술 훈련처럼 아동에게 초점을 맞추는 처치들이 있다(Mikami, 2014; Smith, Barkley, & Shapiro, 2006). 오늘날까지 지지하는 증거가 제한적이고 일관적이지 않은데도(Sonuga-Barke et al., 2013; Vollebregt et al., 2013), 뇌파 뉴로피드백/바이오피드백(Lofthouse et al., 2011)과 같은 그 밖의 처치들 그리고 섭식(예: 제한적인 배제 다이어트, 인공 식용 색소 제거 등)과 비타민/미네랄 보충제(예: 유리지방산 보충)(Hurt & Arnold, 2014; Millichap & Lee, 2012)처럼 보충적 또는 대안적인 생의학 처치들이 사용되기도 한다. 그러나 일부 연구는 뉴로피드백과 식이요법이 ADHD가 있는 일부 아동에게 미비한 효과를 보였을 뿐이라고 보고하고 있기 때문에, 향후 이러한 접근에 대한 평가가 더 필요하다(Gevensleben et al., 2014; Nigg et al., 2012; Stevenson et al., 2014).

ADHD의 조기 발견과 조기 개입에 대한 근거와 절차는 이제 막 생기기 시작했다(Sonuga-Barke et al., 2011a). 그러나 자극제 약물로 치료를 받은 3~5세 ADHD 아동 207명에 대한 6년간의 추적 연구에서는 거의 나아지지 않았는데, 이는 중개변인(예: 동시 발병 행동 문제, 가족 역경) 및 이 연령 집단에 필요한 그 외 개입에 대한 연구가 더 필요함을 암시한다(Riddle et al., 2013). 특정 ADHD 핵심 증상에 초점을 맞춘 개입, 예를 들면, 작업 기억(Beck et al., 2010; Rapport et al., 2014), 부주의(Rabiner et al., 2010), 자기 조절(Diamond, 2012), 조직화 · 시간관리 · 계획하기(Abikoff et al., 2013) 역시 주목받고 있다(Evans, Owens, & Bunford, 2013). 이 같은 접근이 훈련 맥락을 넘어서 다른 과제와 상황에도 오래 지속되고 일반화되는 변화를 만들어 낼 수 있는지를 결정하려면 더 많은 연구가 필요하다(Dunning, Holmes, & Gathercole, 2013).

ADHD가 있는 아동과 청소년에게 유사한 처치들이 사용되고 있지만, 10대를 대상으로 한 연구는 극히 제한되어 있다(Barkley, 2006b). 이와 비슷하게, ADHD의 특정 하위 유형, 예를 들면 ADHD 부주의 우세형에 따른 처치의 효과성을 살펴본 연구 또한 거의 없다. 따라서 서로 다른 ADHD 증상의 아동에게 요구되는 처치가 다를 수 있다는 것을 인식하고 있지만(Solanto et al., 2009), 우리는 부주의와 과잉행동-충동성의 증상을 모두 보이는 학령기 아동에 대한 논의에 대체로 집중하고 있다.

약물

약을 먹지 않았을 때 … 내 근육은 이완되지 않으려고 한다. 근육들이 편안히 있지 않는다. 나는 '계속… 계속…'이라고 느낀다. 나는 가만히 있을 수가 없다. 내 몸은 마음을 따라가지 위해 노력하지만, 빨리 따라잡지는 못한다.

— Angelique(Waite & Ramsey, 2010, p. 429)

아동의 ADHD 증상을 치료하기 위해 흥분제 및 그 외 약물을 사용하는 것은 중요한 논쟁거리였다. 대부분의 사람들은 흥분제가 과잉 처방되고, 빠른 효과를 보기 위해 사용되며, 아이를 아이답게 놔두지 못하고, 과잉으로 진단되고, 이후에 물질 사용에 이른다고 생각할 것이다. 자극제 약물의 역할과 이를 둘러싼 논쟁에 대해 살펴보자.

자극제

자극제 약물은, 1930년대에 ADHD가 있는 아동의 증상에 대해 자극제가 효과적이라는 사실이 발견된 이후(**살펴보기 8.3 참조**)에 ADHD 증상을 치료하는 데 사용되고 있다. 몇몇 다른 유형의 약물도 사용되고 있는데, 여기에는 노르아드레날린 약물, 항우울제, 강압제가 들어 있다(Daughton & Kratochvil, 2009). ADHD 증상 및 관련된 결함을 관리하는 치료에서 가장 많이 연구되고, 가장 효과적이고, 가장 널리 사용되기 때문에 자극제에 관한 논의에 초점을 맞춘다. 그럼에도 불구하고, ADHD가 있는 아동이 이용할 수 있는 기타 효과적인 선택 가능한 약물이 있다는 것을 기억해야 하는데, 여기에는 아토목세틴(Strattera)과 약물을 피부에서 혈관으로 직접 방출하는 패치와 같은 비(non)자극제 약물이 있고, 경구용 약물의 필요성은 배제된다(Pelham et al., 2011). 자극제에 반응이 없거나, 자극제 부작용을 견딜 수 없거나, ADHD 이외의 다른 질병이 있으면 다른 약물을 사용한다(Connor, 2014).

자극제에는 여러 타입이 있으며, 단기-장기 작용의 형태 모두 있다. ADHD가 있는 아동에게 가장 효과적인 두 가지 자극제는 덱스트로암페타민(덱세드린 또는 덱스트로스타트), 암페타민-덱스트로암페타민(아데랄), 그리고 지금까지 가장 흔하게 사용되는 약물인 **메틸페니데이트**(리탈린)이다(Faraone & Buitelaar, 2010). 이러한 약물들은 뇌의 전두선조체 영역에 중요한 신경전달물질인 도파민에 영향을 미쳐서 이 영역의 활동을 변화시킨다. 흥미롭게도, ADHD가 있는 사람에 대한 뇌 스캔 연구의 예비 결과들은 자극제가 구조적 이상 및 이 영역과 관련된 기능적 연계성을 정상화시키는 데에도 도움이 된다고 제안한다(Sheridan, Hinshaw, & D'Esposito, 2010; Sobel et al., 2010).

ADHD가 있는 아동의 대략 80%에서 자극제는 주의의 지속 · 충동 통제 · 작업 효과의 지속을 극적으로 증가시키고, 과제와 관계없는 시끄럽고 파괴적인 행동을 감소시킨다. 자극제는 또한 아동의 학업 생산성, 부모 · 교사 · 또래와의 협조 및 사회적 상호작용을 개선시키고, 때때로 글쓰기 또는 스포츠 능력과 같은 신체 협응력을 개선시키기도 한다(Barkley, 2006a; Prasad et al., 2013). 자극제 약물은 적합한 지도 감독 아래 적절하게 사용될

> **살펴보기 8.3**
>
> **MATH PILL의 '우연한' 발견**
>
> 학습 및 행동 문제가 있는 아동에게 자극제 약물의 사용은 1937년 학습이나 행동에 어려움이 있는 아동을 위한 작은 병원의 의사 Charles Bradley가 처음 보고했다. Bradley 박사는 벤제드린(Benzedrine)으로 치료를 받은 아동들의 일부가 극적인 진전을 보였다고 기술했다. Bradley 박사가 이러한 문제를 치료하기 위해 처음으로 자극제를 사용하기로 결정했던 이유는 무엇일까?
>
> Bradley 박사는 매우 양심적인 의사였고, 모든 환자들에게 조심스럽게 정밀검사를 실시했다. 이 정밀검사에는 척수액을 검사하는 것이 있었는데, 검사가 지속된 후에는 자연스럽게 두통이 발생되었고 이것은 척수액의 손실 때문이라고 추정되었다. Bradley 박사는 척수액을 분리하기 위해 신경 자극의 속도가 빠를수록, 두통이 더 빨리 경감될 것이라고 생각했다. 그는 이러한 가설에 따라 계속 진행하기로 결정했고, 그 당시에 사용할 수 있는 가장 효과적인 자극제인 벤제드린(이러한 강력한 형태의 자극제는 더 이상 사용되지 않는다)을 선택했다. 두통에 대한 효과는 미비했다. 그러나 벤제드린을 지속적으로 복용했던 많은 아동들에게서 학습과 행동에 큰 개선이 있었다고 교사들이 보고했다. 아동들 스스로도 학습에서 훨씬 편해졌다고 보고했으며, 이 약을 'Math Pills'라고 불렀는데, 그 이유는 수학이 그들에게 가장 어려운 과목이었고, 학습 능력의 향상이 수학에서 가장 주목할 만했기 때문이다.
>
> 출처: Gross, 1995에서 인용.

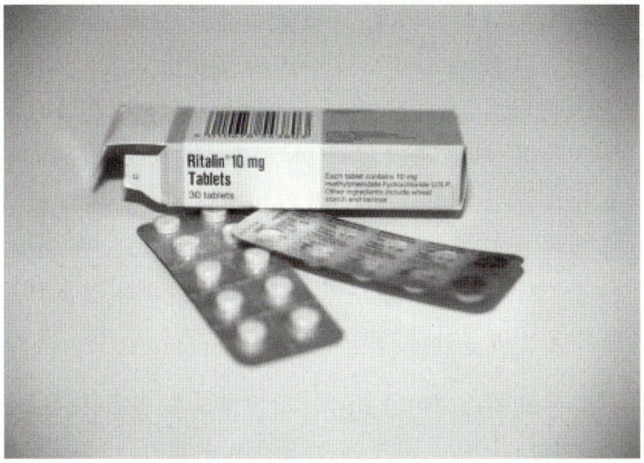

Tracy Dominey/Science Source

자극제 약물은 ADHD가 있는 아동을 치료하기 위해 가장 흔하게 사용된다.

때에는 꽤 안전하다(Connor, 2014). 일부 아동은 식욕의 감소, 체중 감소, 신장과 체중의 느린 성장, 심장 박동 수와 혈압의 증가 및 수면 문제 같은 부작용을 경험할 수 있다. 그러나 잠재적인 부작용은 전형적으로 순하고, 조심스럽게 관찰하여 용량을 줄임으로써 흔히 제거될 수 있다(Graham et al., 2011). 자극제가 잘못 사용되거나 남용되면 중독될 수 있지만(리탈린의 또 다른 이름은 비타민 R이라고 한다!), 복용하는 대부분의 아동은 중독되거나 약물 남용으로 이어지지 않는다(Chang et al., 2013; Humphreys, Eng, & Lee, 2013; Molina et al., 2013). 자극제가 아동을 '아주' 불안하게, 과민하게, 아무것도 못 느끼게 만드는 경우는 거의 없다. 질적 연구 결과는 약물을 복용하는 젊은이가 일반적으로 약물 복용에 긍정적이고, 약물이 파괴적 행동의 감소 · 또래와의 관계 개선 · 규범적 기대를 지키는 능력의 향상을 보고한다고 제안하고 있다(Singh, 2013; Singh et al., 2010).

약물의 단기적 이익에 대해서는 연구가 많이 이루어져 있다(Spencer, Biederman, & Wilens, 2000). 불행하게도 장기적인 이익에 대한 추후 연구는 몇 가지 의문을 제기한다(Jensen et al., 2007). 약물의 효과는 일시적이며, 아동이 약을 복용하고 있을 때에만 나타난다. 이러한 맥락에서, 자극제의 사용은 당뇨병에 인슐린을 사용하는 것과 같이 만성적인 질병의 중요한 처치와 유사하다. 병을 고치는 것이 아니다. 심각한 행동 문제 때문에 자극제를 복용하는 많은 젊은 사람들에게는 다년간의 약물 처치에도 불구하고 결함이 남아 있다. 자극제의 장기적 이익이 제한되어 있다는 것은 아직 해결되지 않은 임상적 사용에 대한 큰 문제를 제기하며, 특히 취학 전 아동의 사용에서는 더욱 그러하다(Riddle et al., 2013).

논쟁: 리탈린 전쟁

약학에 공짜는 없다. 핵심 문제는 항상 이것이다. 즉, 약의 적절한 사용으로부터 얻는 공중보건의 이득이 있는가? 광범위한 남용의 위험이나 사회의 자율적 통제의 대가보다 클 것인가?

— Leon Eisenberg(2007)

약물의 잠재적인 오용에 대한 대중의 자각 및 논쟁은 미국 의회에서 '아동 및 부모가 학교에 다니거나 그 외 다른 목적으로 규제 약물의 사용을 강요받는 것으로부터 보호'하기 위해 법률을 제정한 노력으로도 입증된다(2007 아동 약물 안전 법령). 왜 이렇게 우려하는 것인가? 지역사회 및 의사들의 조사 결과, 리탈린 생산량의 증가, 그리고 약국에 대한 회계 감사는 모두 1990년 이후로 미국의 자극제 소비량이 세 배 이상 증가했다는 것을 보여 준다(Scheffler, Hinshaw, Modrek, & Levine, 2007). 이 기간 동안 자극제와 다른 약물(항우울제가 가장 흔함)과의 공동 치방 역시 증가했다(Comer, Olfson, & Mojtabai, 2010). 미국에서 약 350만 명 이상의 아동 및 청소년(4~17세 아동의 6%)이 현재 ADHD 때문에 자극제를 복용하고 있으며, 2007~2008년에서 2011~2012년 사이에 28%가 증가했다(Visser et al., 2013). 더구나 미국에서 리탈린의 사용은, 세계적으로 그 사용이 증가하고 있다고 해도 전 세계의 사용량보다 최소한 5배 이상 높다. 이러한 증가는 ADHD의 진단 준거가 확대되고, 여아 및 좀 더 나이 든 사람들 사이에서 사용이 증가하고 있는 것, 제3자의 약물 보급이 확대된 것, 제약회사의 직접적인 홍보 효과 때문일 것이다. 또한 보건정책과 법이 바뀌고 ADHD가 있는 개인에 대한 특수교육 및 그 외의 서비스의 적합성이 높아지면서, 더 많은 사람들이 진단받게 되고 약물 처방을 받기 때문일 것이다(DuPaul & Stoner, 2003). 일부 결과는, 미국에서 15세 이하 아동에 대한 자극제 사용이 지난 10년 동안 감소했다고 해도, 좀 더 나이가 많은 청소년 및 젊은 성인의 사용은 계속해서 증가하고 있음을 지적한다(McCabe & West, 2013). 이러한 증가는 성인에서 ADHD의 인식이 증가한 것과 관련이 있으며, 나이가 있는 사람들이 자극제를 비의학적 사용으로 남용할 가능성에 대한 우려 역시 제기되고 있다(Rabiner, 2013). 사실, 미국의 고등학교 3학년에서 자극제의 의학적 사용과 비의학적 사용에 대한 자기 보고 평생 유병률은 동일(9.5%)하다(McCabe & West, 2013).

세계 다른 곳에서와 유사한 유병률에도 불구하고, 미국에서 ADHD를 치료하기 위한 자극제의 사용이 기하급수적으로 증가하는 것을 감안할 때, ADHD가 과잉 진단되는지, 또는 자극제가 과잉 처방되는지에 대해 의심해 보아야 한다(Eisenberg, 2007). 진단이 이루어지는 현장, 처치의 결정, 다양한 학교 · 지역사회 · 지리적 위치 · 집단에 따라 변동이 크기 때문에, 진단 및 약물 사용과 관련된 연구 결과들이 일관되지 않는다는 사실은 놀랄 일이 아니다(Angold et al., 2000; Jensen et al., 1999). 연구에서 도출할 수 있는 가장 총체적인 결론은, 많은 사례에서 자극제가 부적절하게 사용되는데, 일부에서는 과소 처방되고 일부에서는 과잉 처방된다는 것이다. ADHD 진단으로 이끄는 요인과 자극제 사용에 대해 잘 이해해서 적절하게 사용, 예를 들면 선별 및 진단의 개선과 서비스 공급자에 대한 교육의 향상을 위한 차후의 조치가 취해질 수 있도록 해야 할 것이다(Jensen, 2000; Kovshoff et al., 2013). ADHD 아동의 부모가 한 다음의 말을 생각해 보자.

> 모든 것을 듣고 행했을 때, 우리는 약물이라는 문제의 한가운데에 있었다. 극단적으로 반대하는 것도 아니고 무작정 열광하는 것도 아니다. 이상적으로, 자극제는 처방이 되고, 조심스럽게 관리되고, 학교 당국자 및 부모와 지속적인 대화가 있어야 한다. 그러나 세상일이란 많은 사람들이 생각하는 것과는 다른 것 같다(McCluskey & McCluskey, 2000, p. 11).

한계가 있기는 하지만, 자극제는 적절히 사용되면 ADHD 증상을 관리하는 가장 효과적인 처치이다. 그럼에도 불구하고, ADHD가 있는 아동의 개인적 · 가정 · 학업 · 또래 문제와 관련된 대부분의 문제를 자극제가 다루어 주는 것은 아니기 때문에, 부모 관리 훈련과 교육적 개입과 같은 다른 주요 개입들이 필요하다.

부모 관리 훈련

과잉행동, 무질서, 성마름, 지시를 듣지 않거나 따르지 않는 아동의 부모로 사는 것은 어렵고 지치는 일이다. 따지고, 경고하고, 꾸짖기 같은 일반적인 훈육 방식은 종종 효과가 없다. 따라서 부모는 무력감을 느끼고 어떻게 해야 할지 우왕좌왕한다. 좌절을 거듭하면서 부모는 효과가 없다는 것을 알면서도 아이를 때리고, 소리치고, 비난하게 된다. 이러한 반응은 가족 모두를 더욱더 화나게 만든다. **부모 관리 훈련**(PMT)은 ADHD가 있는 아동을 둔 부모를 위한 효과적 양육 방법과 어려움에 대한 대처 전략 둘 다를 가르치는 데 초점을 둔다(Chacko et al., 2014). PMT는 부모를 도와줄 수 있는 다음과 같은 다양한 기술을 제공한다.

- 아동의 적대적이고 비순응적인 행동을 관리한다.
- ADHD가 있는 아동을 양육하면서 생기는 정서적 부담감에 대처한다.
- 더 악화되지 않도록 문제를 자제한다.
- 다른 가족 구성원에게 나쁜 영향을 주지 않도록 문제를 자제한다.

먼저 부모는 이 장애의 생물학적 근거를 이해할 수 있도록 ADHD에 관한 교육을 받는다. 이는 자기 때문에 문제가 생겼다고 생각하는 부모의 죄책감을 없애는 데 도움이 된다. 부모에게 ADHD 아동을 기르는 안내 지침도 제공하는데, 즉각적이고 빈번하고 강력한 결과를 사용하는 것, 일관적이 되려고 노력하는 것, 미리 계획하는 것, 아동의 문제를 개인적인 것으로 국한하지 않는 것, 용서하는 것 등이다(Barkley, 2013c).

그다음, 부모는 격려할 행동과 그렇지 않은 행동을 구체화하는 것, 특정 목표를 달성하기 위해 보상과 제재를 사용하는 것, 집에서 토큰 프로그램을 실시하는 것, 아동이 잘한 것에 대해 주목하는 것, 아동의 강점과 성취를 칭찬해 주는 것과 같은 행동 관리 원칙과 기술을 배운다. 파괴적 행동에 대해서는 공공장소에서의 비순응적 행동을 관리하는 방법뿐만 아니라 권리의 박탈 또는 타임아웃과 같은 벌칙의 사용도 배운다. 부모는 학교-가정 기반 보상 프로그램(school-home-based reward program)을 배울 수도 있는데, 교사가 일일 보고 카드에 아동을 평가하는 것이다(Owens et al., 2012). 이 카드는 학교에서의 행동을 집에서 관리할 수 있게 해 주는 보상 또는 처벌(대체로 토큰)의 수단이 될 수 있다. 그 외에 앞으로 있을 잘못된 행동을 다루는 방법을 배우고, 추후 회기 또한 제공된다(Smith et al., 2006).

부모에게는 매일 아동과 재미있는 활동을 함께 하도록 격려한다. 아동의 성공을 극대화하고 실수는 최소화할 수 있도록 상황을 구조화하는 방법도 가르친다. 예를 들어, 아동이 과제를 끝내는 것이 어려울 때 과제를 작은 단계로 나누어서 하게 하고, 각 단계를 완성했을 때 칭찬할 수 있다. PMT에서 부모는 이완, 약물, 운동을 통해 부모 자신의 긴장 수준을 낮추는 방법도 배우게 된다. 긴장 또는 분노가 감소되면 아동의 행동에 대해 좀 더 침착하게 반응할 수 있다.

PMT 및 그 외 심리사회적 개입이 ADHD 아동을 치료하는 데 효과가 있다고 지지하는 연구가 많다(Chacko et al., 2014; Evans et al., 2013; Fabiano et al., 2009; Mulqueen, Bartley, & Bloch, 2013). 그러나 ADHD를 치료하는 과정에서의 PMT 자체의 상대적인 장점 또는 장기적 이익에 대해서는 논쟁이 계속되고 있다(Chronis-Tuscano, Chacko, & Barkley, 2013; Sonuga-Barke et al., 2013). 앞으로 논의하겠지만, ADHD의 일차적인 증상을 치료하는 과정에서 자극제의 효과는 PMT만큼 강하거나, PMT보다 더 강력한 것 같다. PMT는 관련된 문제를 치료하고, 가족의 기능을 개선시키고, 소비자의 만족을 증가시킴으로써 부수적인 치료적 이익을 만들어 낼 수 있다(Chronis et al., 2004a). 최근까지, PMT는 ADHD가 있는 아동의 기저에 있는 결손을 바꾼다기보다는 ADHD 아동이 가지고 있는 공공연한 파괴적 행동을 부모가 관리할 수 있도록 교육시키는 데 초점을 맞춘다. 주의력 및 자기통제 기술의 발달에 개입하고자 하는 부모-아동 진행 과정에 직접 실시되는 치료와 PMT를 결합한 새로운 접근이 ADHD가 있는 아동의 치료 효과를 증대시킬 수 있을 것이다(Sonuga-Barke et al., 2006).

교육적 개입

ALAN
학교에서 격리됨

선생님은 내가 좀 더 집중하길 원했고, 그래서 어느 날 내 책상을 교실 한쪽 구석으로 옮겨서 다른 공간과 분리시켰다. 며칠이 지났다. 나는 노력했지만 여전히 주어진 시간 안에 과제를 끝내지 못했다. 선생님은 상관하지 않으셨다. 그것으로 끝난 게 아니었다. 선생님은 내가 다른 아이들을 돌아보지 못하게 책상 주변에 냉장고 박스를 놓으셨다. 나는 다른 아이들이 나를 비웃는 소리를 들었다. 정말 마음이 아팠다. 나는 창피했고 선생님께 화가 났다. 나는 문제가 생길까 봐 엄마에게 이야기할 수가 없었다. 나는 학교가 싫고, 선생님도 싫고, 나 자신도 좋아할 수가 없었다. 내일을 맞이하는 것이 힘들었다. 일주일이 지났다. 나는 종이에 구멍을 뚫어서 누가 나를 비웃는지 볼 수 있었다. 나는 구멍을 통해 훔쳐보기 시작했고, 아이들을 웃게 만들었다. 선생님은 대단히 화가 나셨다. 나는 교실에서 광대가 되었다. 나는 이틀간 학교에서 쫓겨나게 되었다. 엄마는 무슨 일이 있었는지를 알고 난 후, 화를 내셨다. 엄마는 선생님의 행동과 교장선생님이 이런 일을 내버려 두었다는 것, 그리고 내게 일어났던 일을 아무도 몰랐다는 사실에 화를 내셨다.

출처: R. A. Barkley and L. J. Pfiffner, "Off to School on the Right Foot: Managing Your Child's Education," in Barkley, R. A. *Talking Charge of ADHD: The Complete, Authorized Guide for Parents*, 1995, p. 208.

조용히 앉아 있고, 주의집중하고, 지시에 귀를 기울이고, 차례를 기다리고, 숙제를 끝내고, 친구들과 사이좋게 지내야 하는 학급의 요구 사항을 ADHD가 있는 아동이 충족시킨다는 것은 쉬운 일이 아니다. 이들의 부주의와 과잉행동-충동성은 학습을 매우 어렵게 하고, 때로는 고통스럽다. ADHD가 있는 일부 아동은 하루 종일, 또는 정해진 시간 동안 특수학급에 배치되기도 하지만, 대부분은 일반학급에 남아 있다. 가능하면 ADHD가 있는 아동도 또래들이 있는 학급에 머무르는 것이 더 낫다.

교육적 개입은 학습에 방해가 되는 부주의, 과잉행동-충동적 행동에 대한 관리와 아동의 강점을 부각시키는 학급 환경 조성에 중점을 두고 있다(DuPaul & Stoner, 2003). 학급에서의 행동을 관리하는 기법은 부모에게 권장된 기술과 유사하다. 교사와 아동은 현실적인 목표 및 목적을 세우고, 보상 체계에 대해 서로 합의하며, 아동의 수행을 조심스럽게 감독하고, 목표에 도달했을 때 보상을 준다. 교실에서 파괴적 또는 과제에서 벗어난 행동은 부적절한 행동에 뒤이어 또는 타임아웃과 함께 특권 · 활동 · 점수 · 토큰을 박탈하는 것이 포함된 **반응-대가 절차**로 처벌할 수 있다. 이 절차는 학급에서의 파괴적 행동을 감소시키고 학업 성취를 증가시키는 데 효과가 있음이 입증되고 있다(Pfiffner & DuPaul, 2014).

ADHD가 있는 아동을 지도하는 많은 전략들은 그냥 좋은 지도 방법이다. 아동에게 기대하는 것이 무엇인지를 아동이 알게 하는 것, 시각적 보조를 사용하는 것, 기대하는 행동에 대한 단서를 제공하는 것, 언어적 지시와 마찬가지로 글로 작성해서 지시하는 것들 모두가 아동이 주의를 집중하고, 중요 사항을 기억하도록 돕는다. 덧붙여, ADHD가 있는 아동의 학습을 도와주기 위해서는 그 외의 조정도 필요하다. 예를 들어, 교사는 아동을 교사 주변의 책상에 앉힐 수 있고, 아동이 돌아다닐 수 있는 범위를 지정해 주고, 지침을 명확히 알려 주는 체계를 만들거나, 기대되는 행동에 대한 단서를 자주 줄 수 있다. 아동의 책상에 카드 또는 사진을 놓는 것은 소리 지르는 대신에 손을 드는 것처럼 허용될 수 있는 행동에 대한 시각적 단서로 제공될 수 있다. 지시를 반복하는 것, 여분의 시간을 주는 것, 과제를 칠판에 적어 두는 것, 과제에 필요한 모든 책과 재료를 목록으로 만드는 것은 ADHD가 있는 아동이 과제를 끝낼 가능성을 증가시킨다(Pfiffner & DuPaul, 2014).

학교 장면에서 ADHD 아동의 개입은 상당한 지지를 받고 있다. 15년에 걸쳐 행해진 60개 연구를 메타 분석한 결과, 학교 중심 프로그램들은 실제로 ADHD가 있는 학생의 학업 및 행동 기능에 긍정적 효과를 미친다는 것이 밝혀졌는데, 여기에는 학업 · 유관 관리(contingency management), 자기 조절 개입이 있다(DuPaul, Eckert, & Vilardo, 2012). 일부 노력은 ADHD 아동의 학교 중심 개입의 다양성에 집중되었는데, 여기에는 일반학급 및 특수학급에서 개별 학생을 위한 개입, 가정 및 학교 개입의 결합, 보편적 처치와 목표가 있는 처치 둘 다를 통합한 폭넓은 학교 개입이 포함되어 있다(Pfiffner & DuPaul, 2014; Waschbusch, Pelham, & Massetti, 2005).

집중적 개입

ADHD가 신속하게 치료되는 것은 아니다. 장기적으로 의미 있는 변화를 만들어 내려면 이전에 사용한 것보다 좀 더 집중적(및 지속적)인 처치가 필요할 것이다. 아래에 기술되어 있는 ADHD 아동을 위한 하계 처치 프로그램(Summer Treatment Program)과 다중 양식 처치 연구(Multimodal Treatment Study)는 ADHD가 있는 아동 및 그 가족에게 제공되는 집중적인 처치의 두 가지 예이다.

하계 처치 프로그램

대표적인 집중적 하계 처치 프로그램은 William Pelham과 동료들이 지난 30여 년에 걸쳐 개발했다(Pelham et al., 2010). 이 프로그램은 5세에서 15세 사이의 ADHD가 있는 아동이 다른 아동과 함께 레크리에이션 및 수업과 같은 활동에 참여하는 캠프 장면에서 처치를 제공한다. 하계 처치 프로그램은 다른 개입에 비해 두 가지 이점이 있다. 하나는 일반적인 환경에서 효과적인 또래 관계를 형성할 수 있는 기회를 극대화할 수 있다는 것이고, 또 하나는 그 학년에서 성취한 성과를 잃지 않도록 학업의 연속성을 제공한다는 것이다. 처치 효과를 철저하게 하기 위해, 이 프로그램은 자극제 약물의 사용, 부모 관리 훈련(PMT), 사회 기술 훈련, 교육적 개입과 공동작업을 할 수도 있다.

하계 처치 프로그램은 8주간, 360시간의 처치로 짜여 있으며, 이는 매주 1회, 7년간 처치를 한 것과 동일하다. 부모 및 상담가들의 평가에 따르면, 하계 처치에 참여한 ADHD가 있는 아동은 행동이 전반적으로 개선되었으며, 문제의 심각성이 감소하고, 사회적 기술 및 학업 수행과 같은 특정 영역에서 개선을 보였다. 아동 역시 자신이 더 잘하는 것으로 평가했으며, 부모는 자기 효능감의 수준을 더 높게 보고했다. 프로그램 탈락률은 낮으며, 참여자의 만족감은 높은 편이다. 프로그램은 전통적인 처치와 비교했을 때 비용에서도 효과적이었다. 통제된 연구에서 나온 예비 결과들은 좋은 편이지만(Chronis et al., 2004b; O'Connor et al., 2012; Pelham et al., 2000; Sibley et al., 2013), 사용이 증가하고 있다고 해도, 이러한 종류의 집중적인 처치가 ADHD가 있는 아동에게서 장기적으로도 차이가 있을 것이라고 말하기는 아직 이르다.

MTA 연구

ADHD가 있는 아동에 대한 다중 양식 처치 연구(MTA Study)는 미국 국립정신건강연구소(U.S. National Institute of Mental Health, NIMH)와 교육부의 후원을 받고 있는 주목할 만한 복합적(multisite) 연구이다. 이것은 ADHD가 있는 아동을 위해 최초로 이루어진 큰 규모의 임의적인 임상 연구를 대표한다. 이 연구는 세 가지 질문에 대한 대답을 찾아냈다. 장기적인 약물과 행동적인 처치를 어떻게 비교할 수 있는가? 처치들이 함께 사용되었을 때, 추가적인 이익이 있는가? 세심하게 제공된 체계적인 처치와 일반적인 지역사회의 처치의 효과는 무엇인가?(MTA Cooperative Group, 1999a)

세심한 진단이 내려진 7~9세 ADHD 아동들은 4개 처치 집단 중 하나에 무작위로 할당되었으며, 처치가 있는 동안, 그리고 처치 이후에 주기적으로 평가가 이루어졌다.

- **약물 관리**: 이 집단은 일주일에 7일 동안 자극제 약물이 투여되었다.
- **행동적 처치**: 이 집단에게는 35회기에 이르는 부모 관리 훈련, 매년 10회 정도의 교사 및 학교 방문, 8주간의 집중적인 하계 처치 프로그램을 제공했다. 하계 처치 프로그램에서는 학업 및 사회적 기술을 가르치고, 아동이 하계 처치 프로그램에서 배운 전략을 지속적으로 강화하기 위해 12주 동안 주 5회, 하루 중 반나절 동안 아동의 실제 학급에 도우미를 제공했다.
- **행동적 처치와 약물의 결합**: 이 집단은 약물과 행동적 처치를 모두 받았다.
- **일상의 지역사회 처치**: 이 집단에게는 지역사회에서 제공되는 일상적 처치가 제공되었으며, 이 집단의 66%에게 자극제 약물이 투여되었다.

14개월의 처치 후, MTA 연구에서 얻은 주요 결과는 시간이 지나면서 모든 집단에서 ADHD 증상이 감소되었지만, 변화의 양에서는 큰 차이가 있었다. 첫째, 자극제 약물의 투여는 ADHD 증상을 다루는 데에서 행동적 처치와 지역사회의 일반적인 처치보다 월등했다. 둘째, 약물과 행동적 처치를 결합한 방식은 약물만 처방한 것과 비교했을 때 ADHD의 핵심 증상에 대한 추가의 이익이 없었지만, ADHD가 아닌 증상 및 긍정적인 기능과 관련된 그 외의 성과에서는 그런대로 이득이 있었다(MTA Cooperative Group, 1999a). 산출 측정 지표들을 합해 보면 처치의 효과성은 행동적 처치와 약물의 결합 처치 양식이 가장 좋았고, 그다음에 약물 관리, 행동적 처치, 지역사회 처치 순으로 드러났다(Conners et al., 2001; Swanson et al., 2001).

결합 처치 양식의 이득은 24개월 후의 추후 연구에서도 나타났다(MTA Cooperative Group, 2004a, b). 그러나 36개월 후에 이르러서는 처치 집단 간에 유의미한 차이가 없었으며, ADHD 증상에서 모든 집단의 이득이 동등했다(Jensen et al., 2007). 이 결과와 일관되게, 프로그램에 등록 후 6~8년 후에 MTA에서 나온 연구 결과는 처치가 중단되었을 때 약물과 행동 관리 둘 다 그 효과가 감소하거나 완전히 없어진다고 나타났다(Molina et al., 2009). 따라서 ADHD가 있는 아동에게 처치 효과가 있으려면 처치가 포괄적으로, 세심한 관찰과 함께 지속적으로 제공되어야 한다. MTA 연구에서 실시된 개입들은 전형적인 실제 임상 현장보다 훨씬 더 집중적이고, 더 세심하게 관찰되었다. 처치의 이득 및 이용 가능한 처치 자원이라는 면에서 최상의 기능을 유지하는 데 필요한 개입의 강도 및 관찰의 빈도를 결정하려면 더 많은 연구가 필요하다(Abikoff, 2009).

MTA 연구에서 제기된 그 외 질문으로는, 어떤 아동에게, 어떤 성과를 얻기 위한 가장 최선의 처치 유형은 무엇이며, 그 이유는 무엇인지에 관한 것이다(Hinshaw, 2007b). 예를 들어, ADHD와 불안을 함께 가지고 있는 아동과 사회적 도움을 받는 가정의 아동은 그렇지 않은 아동보다 행동적 처치에서 더 많은 이득을 얻을 수 있으며(MTA Cooperative Group, 1999b), 행동적 처치는 아동이 나이가 들어서 물질 사용을 덜 하는 것과 관련이 있을 것이다(Molina et al., 2007). 일반적으로 MTA 연구의 장기적인 결과는 아동기의 첫 임상 표현(예: 심각성, 동시 발병 품행 문제, 사회적 불이익)과 처치(어떤 처치든지)에 대한 ADHD 증상 반응에 대한 강도가 아동기에 받은 처치의 유형보다 청소년기 결과를 더 잘 예측해 준다고 지적한다(Molina et al., 2009).

MTA 연구 결과는 다른 방식으로 해석될 수 있으며, 한동안은 이에 대한 논쟁이 있을 것이다. 동시 발병된 장애가 없고 사회적 기능이 적절하고, 학업 수행이 좋으며, 복합적이 아닌 ADHD 아동에게는 약물이 최선의 처치인 것 같다. 그러나 반항적 증상, 빈약한 사회적 기능, 비효율적 훈육이 복합된 ADHD 아동에게는 약물과 행동적 처치를 결합하는 것이 최선이 될 것이다. 양쪽 사례에서 지속적인 개입이 필요할 것이다. 최종 판단이 무엇인지를 떠나서, MTA의 결과는 ADHD가 있는 아동과 그 가족에게 임상적 중요성에 대한 수많은 질문을 제기하고 있다.

부가적 개입

ADHD가 있는 아동과 그 가족을 지원하기 위해 그 밖의 개입들 또한 사용되어 왔다. 이러한 개입에는 가족 상담, 지지 집단, 아동 개별 상담이 있다(이 개입에 대한 간략한 개관이 표 8.3에 제시되어 있다).

가족 상담과 지지 집단

ADHD 아동이 있는 많은 가정은 한동안 좌절, 비난, 분노를 경험한다. 이야기한 바와 같이, 형제들은 부모가 자신에게 무관심하다고 느끼거나, ADHD가 있는 자녀에게만 많은 시간을 할애하는 것에 대해 분개할 수도 있다.

가족은 ADHD가 있는 아동을 다루는 것뿐만 아니라, 자신의 생각이나 감정을 다스리는 특별한 도움이 필요하다. 가족 상담은 가족 구성원 모두가 새로운 기술과 태도를 개발하고 좀 더 효과적으로 관계를 맺는 데 도움이 된다.

다양한 방식으로 ADHD에 대처하는 사람들의 지지 집단은 구성원들에게 큰 도움이 된다. ADHD 아동의 부모를 위한 전국 및 지역의 지지 집단이 많이 있다. 구성원들은 정보・정서적 지지・개인적인 좌절・성공을 함께 공유하고, 자격 있는 전문가에게 의뢰하고, 관련된 것을 찾으면서, 아동과 자신들 스스로의 염원을 함께 나눈다. 온라인 게시판이나 토론 집단도 있다. 비슷한 걱정을 하는 사람들과 경험을 공유하면서 부모는 혼자가 아님을 알게 된다.

개별 상담

ADHD 아동에게는 삶이 아주 어려운 과제일 수 있다. 이들은 유능감을 거의 형성하지 못할 수도 있다. 그 결과, 성공했을 때에도 과제가 수월했다거나 운이 좋았다고 하는 것처럼 통제할 수 없는 요인으로 귀인할 수도 있다(Hoza, et al., 2000). 이들이 관심을 받는 주요 형태는 벌을 받거나, 멍청하다거나 나쁘다고 비난을 받는 것이다. 이들은 친구가 없고 항상 문제가 존재한다. 이런 영향이 누적되면 자신은 혼자라고 느끼며, 자신은 비정상이고 바보이고 실패할 운명이라고 믿게 된다. ADHD가 있는 아동을 다루는 데에서 효과성에 대한 증거가 제한되어 있다고 해도, 개별 상담은 이러한 근심을 다룰 수 있게 도와준다. 아동은 대개 ADHD와 처음에 소개되는 처치 및 이후 회기들에 대해 많은 의문을 가지고 상담실에 온다(**살펴보기 8.4** 참조. 이러한 의문에 대해 여러분은 어떻게 대답하겠는가?).

논쟁의 여지가 있는 처치에 대한 논평

ADHD 아동을 도울 수 있는 모든 방법을 부모가 알고 싶어 하는 것은 당연하다. 해가 갈수록, 그럴듯하게 들리는 많은 처치들이 나오고 있다. 이 중 일부는 전문가들에 의해 열광적으로 인정받기도 했고, 극적인 성공이라고 주장하는 환자의 보고도 있었다. 완전히 허풍인 것도 있었다. ADHD가 있는 아동에게 제안되었으나 과학적으로 입증되지 못한 처치에는 알레르기 처치, 동종 요법 처치, 내이(內耳) 문제를 교정하기 위한 약물, 전정기관의 자극, 달리기, 공원 산책, 곰팡이균 감염의 처치, 종합비타민 복용, 감각 통합 훈련, 척추 교정, 눈 훈련, 특수 색안경 사용, 메트로놈 처치, 응용운동학 활용(두개골에 있는 뼈를 조정)이 있다. 검증되지 않고 유행하는 처치는 매우 비싸거나, 빠른 치유에 대한 거짓 희망을 주거나, 도움이 된다고 알려진 증거가 있는 처치의 사용을 지연시키고, 일부 사례에서는 해롭기까지 하다(AACAP, 2013; Waschbusch & Hill, 2003).

> **살펴보기 8.4**
>
> **ADHD가 있는 아동 및 청소년이 하는 질문**
>
> **아동(4~10세)**
>
> 내가 ADHD라는 것을 알게 되었다. 이 비밀을 형이 모르게 할 수 있을까?
> ADHD는 내가 이상하다는 것을 의미한다고 들었다. 그게 사실인가?
> ADHD가 있다면, 다른 사람들보다 빨리 생각할 수 있다는 것이 사실인가?
> 약물이 나를 더 똑똑하게 만들어 줄 것인가?
>
> **청소년(11~17세)**
>
> 약물이 위험하지 않다는 것을 어떻게 알 수 있는가?
> 내가 ADHD이기 때문에 거부당한다고 느끼는 것에 대해 어떻게 해야 하는가?
> ADHD를 얼마나 오랫동안 가지고 있어야 하는가?
> 내가 ADHD가 있고 그것이 학업 수행에 영향을 미친다는 것을 선생님에게 어떻게 납득시킬 수 있는가?
>
> 출처: Hallowell & Ratery, 1994에서 인용

관점을 유지하는 것

> **MARK**
>
> **좋은 지지 체계**
>
> 지금까지 살면서 많은 것을 겪어 왔다. 엄마는 내가 마음씨가 좋다고 말한다. 나도 이것이 중요하다고 생각한다. 나는 바보가 아니다. 여러분은 시험으로 똑똑한지를 평가할 수 없다. 나는

지금 내가 잘해 나가고 있다고 생각한다. 나를 이해해 주는 사람들과 이야기를 하는 것은 도움이 된다. 내가 말하고 싶은 것은, 어떤 일이 생기더라도 나는 헤쳐 나갈 수 있다는 것이다. 나에게는 나를 정말로 아껴 주는 사람들이 있고, 이들에게서 나는 힘을 얻는다.

출처: R. A. Barkley and L. J. Pfiffner, "Off to School on the Right Foot: Managing Your Child's Education," in Barkley, R. A. *Talking Charge of ADHD: The Complete, Authorized Guide for Parents*, 1995, p. 208.

ADHD가 있는 아동은 과소평가할 수 없는 문제를 가지고 있는데, 문제가 과소평가되면 ADHD가 있는 아동 및 그 가족이 도움을 받지 못하게 될 것이다. 그러나 Mark의 글에서 볼 수 있듯이, ADHD가 있는 아동과 가족을 돕는 데에서 개개 아동이 독특하며, 우리가 인식하고 지지해 주어야 할 자신만의 강점과 자원을 갖고 있는 존재라고 보는 시가을 잃지 않는 것이 중요하다. 아동의 강점은 행동 문제와 의뢰된 문제를 감소시킬 수 있는 완충 역할을 한다(Short et al., 2007).

마무리하면서, ADHD에 대한 현재의 많은 처치들은 이론의 발전 및 ADHD를 일으킬 수 있는 원인에 대해 알기 이전에 개발되었다. 언젠가는 ADHD의 서로 다른 유형 그리고 개개 아동이 가지고 있는 구체적인 인지 및 행동상의 손상에 민감한, 좀 더 효과적인 처치를 개발하려고 노력하고 있다(Casey, Nigg, & Durston, 2007).

단원 정리

처치

- ADHD의 처치는 없지만, 다양한 처치들은 아동이 자신의 증상 및 시간이 지나면서 발생할 수 있는 이차적인 문제에 대처하도록 돕는 데 이용될 수 있다.
- 처치의 일차적 접근은 자극제 약물의 사용, 부모 관리 훈련, 교육적 개입을 결합하는 것이다.
- 자극제는 ADHD의 증상을 관리하는 데에서 가장 효과적이다. 그러나 장기적인 이익의 한계는 아직 해결되지 않은 임상적 사용에 관해 중요한 문제들을 제기한다.
- 부모 관리 훈련(PMT)은 부모가 아동의 적대적 및 반항적 행동을 관리하고, ADHD가 있는 아동 양육에서의 어려움에 대처할 수 있도록 다양한 기술을 제공한다.
- 교육적 개입은 학습을 방해하는 부주의 및 과잉행동-충동적 행동을 관리하는 것과 아동의 강점을 강화시키는 학급환경을 제공하는 데 중점을 둔다.
- MTA 연구, 즉 ADHD를 위한 집중적 처치의 비교 통제 연구의 결과에서는 ADHD만 있는 아동에게 약물이 최선의 처치이다. 그러나 ADHD와 함께 반항성의 증상, 빈약한 사회적 기능 및 양육이 비효과적인 아동에게는 약물과 행동적 처치를 결합시키는 것이 최선의 선택이 될 수 있다.
- ADHD를 위한 부수적인 개입에는 가족 상담, 지지 집단, 아동 개별 상담이 있다.

학습 자료

단원 요약

기술과 역사
핵심 특성
관련 특성
동반된 심리적 장애와 증상
유병률과 경과
이론과 원인
처치

핵심 용어

경각(alerting)
과잉행동-충동성 우세형(predominantly hyperactive-impulsive type, ADHD-HI)
과잉행동적(hyperactive)
긍정적 편견(positive bias)
뇌의 전두선조체 회로(frontostriatal circuitry of the brain)
느린 인지적 속도(sluggish cognitive tempo, SCT)
메틸페니데이트(methylphenidate)
반응-대가 절차(response-cost procedures)
발달상 협응장애(developmental coordination disorder, DCD)
복합형(combined presentation, ADHD-C)
부모 관리 훈련(parent management training, PMT)
부주의(inattentive)
부주의 우세형(predominantly inattentive type, ADHD-PI)
산만(inattention)
삶의 질(quality of life)
선택적 주의(selective attention)
실행 기능(executive functions)
자극제 약물(stimulant medications)
적합성(goodness of fit)
주의력결핍/과잉행동장애(attention-deficit/hyperactivity disorder, ADHD)
주의분산(distractibility)
주의 용량(attentional capacity)
지속적 주의(sustained attention)
충동적(impulsive)
틱장애(tic disorders)
표현형(presentation type)

9

품행 문제

요즈음 젊은이들은 쾌락을 좋아한다. 젊은이들은 버릇이 없고,
권위를 업신여기고 연장자에게 무례하다. 요즈음 아이들은 폭군이다.

—Socrate(470~399 B.C.)

이 장 미리 보기

아동의 품행 문제는 오랫동안 사회적 문제가 되어 왔으며, 청소년 비행과 성인 범죄의 전조가 된다고 생각해 왔다. 일반대중 및 전문가들의 관심을 많이 받았음에도 불구하고, 수많은 젊은이가 반사회적 · 파괴적 · 폭력적인 행동을 지속적으로 표출하고 있으며, 이중 상당 수는 대중들에게 드러나지 않는다. 많은 유형의 청소년 품행 문제들이 과거 25년 동안 꾸준히 증가해 왔으며, 남녀 모두, 모든 사회 계층, 모든 유형의 가정에 영향을 미치고 있다(Collishaw et al., 2004). 1994년 이후, 미국에서 가장 치명적인 형태의 청소년 폭력은 꾸준히 감소해서 2000년대 수준을 유지하고 있으며, 2010년에 폭력 범죄로 인해 구속되는 청소년의 수는 거의 30년 만에 가장 낮은 수치를 기록했다(Puzzanchera, 2013). 그러나 반사회적 행동(예: 가중 폭행)의 다른 유형들의 유병률은 걱정스러울 정도로 높으며, 폭력 범죄에 관련된 여성의 비율이 증가하고 있다(Zahn et al., 2008). 2011년에 미국 고등학생을 대상으로 이루어진 전국적인 조사에 따르면, 고등학생의 33%가 과거에 적어도 한 번은 신체적인 싸움에 가담한 적이 있으며, 25%는 학교에서 괴롭힘을 당한 적이 있으며, 17%는 지난달에 무기를 소지했고, 8%는 학교에서 무기로 협박당하거나 해를 입은 적이 있다고 보고했다(CDC, 2012b; Robers, Kemp, & Truman, 2013). 끔찍하게도, 청소년 폭력의 희생자들이 많이 있다. 2008년에서 2009년 사이에 미국에서 총기로 살해된 아이들의 수는 지금까지 이라크와 아프가니스탄 두 곳에서 죽은 군인의 수보다 많다(Children's Defense Fund, 2012).

조기 품행 문제는 비행 및 성인 범죄의 전조가 되기도 한다.

Masterfile

품행 문제가 있는 젊은이들의 유병률이 높고 피해자에게 끼치는 위험 때문에 이들에 대해 알고 신속한 도움이 제공되어야 한다. 2012년, 20명의 아동과 6명의 교직원이 사망한 코네티컷 주의 Sandy Hook 초등학교에서 청소년이 저지른 비극적인 학교 총기 사건은 청소년 폭력이 주는 사회적 충격을 되돌아보게 한다. 이러한 청소년들은 종종 사회적 단절과 거부, 특이한 사회적 행동, 폭력의 주제에 매료되었던 경험이 있음을 암시한다. 이러한 사건은 우리 사회에서 청소년에 의한 폭력 및 기타의 반사회적 행동을 일으키는 요인들에 대해서 중요한 문제를 제기하고 있다(McNamara & Findling, 2008).

불행하게도, 학교 총기 사건 및 극단적인 반사회적 행동에 대한 언론 매체의 묘사는 인간의 공격성이 선천적이고, 일부 아동은 악하게 태어나고, 또는 청소년 폭력이 부패된 사회를 보여 주는 것이라는 대중의 믿음을 부채질하고 있다. 사실, 청소년 폭력은 계속해서 발생되는 극히 심각한 문제이며, 반사회적 품행 문제가 여전히 심각한 형태로 남아 있지만, 이를 이해하고 감소시키고 예방하려는 데에서 많은 진전도 있다(Moffitt et al., 2008).

품행 문제의 기술

사회적 범죄 및 형사법을 위반하는 사람들은 아주 많은 이유 때문에 그렇게 행동한다. 우리의 사례를 조사하기 전에 우리는 그들을 별도의 유형들로 무리를 짓기 위해(group) 최선을 다해야 한다.

— John Bowlby(1907~1990)

ANDY
어린 악마

"Andy가 자신의 보조의자를 내 얼굴에 던져서 턱에 맞았어요. Andy는 그것이 재미있다고 생각해요. Andy는 난리를 쳤고, 소리 지르고 비명 지르고 식탁에서 우리를 방해하는 행동 때문에 이미 한 차례 타임아웃이 되었다고 생각해요. 그래서 나는 말했지요. '좋아, 너는 후식을 먹을 수 없어.' 그는 불같이 화를 냈어요. 그는 금속으로 된 포크를 집어서 있는 힘을 다해서 나에게 던졌고, 눈을 가까스로 비켜 갔지만 나를 맞추었어요. 이마에 피가 났어요. 나는 이성을 잃었어요. 네 살짜리 아이가 그런 행동을 하다니 끔찍해요."

출처: C. Webster-Stratton and M. Herbert, *Troubled Families—Problem Children: Working with Parents: A Collaborative Process*, 1994, pp. 44-45에서 인용.

MARVELLE
반항

"그 애가 나를 벽으로 밀쳤어요. 그 애는 항상 짜증을 내고 내가 시키는 것은 절대로 하지 않아요. 자기 뜻대로 되지 않으면 온갖 짜증을 다 내지요. 그 애의 행동은 학교에서도 똑같아요. 선생님도 그 애를 어쩔 수 없어요. 모든 걸 다 거부해요. 교실 전체를 방해하지요. 나는 그 애가 빨리 나아지지 않으면 문제가 심각해지지 않을지 걱정이에요." (저자의 사례 자료에서 인용)

NICK
다른 애들과 같지 않음

겉으로 보기에 Nick(10세)은 평범한 소년이다. Nick은 스포츠, 특히 축구를 좋아한다. 그림 그리기와 수학에 소질이 있지만 다른 애들과는 다르다. 두 살 때, 그는 고양이 통조림을 난로 위에 놓고 불을 붙였고, 그것은 폭발했다. 지난 3월에는 5일 동안이나 YMCA에서 어떤 여자아이에게 돌을 던졌고, 머리로 들이받아서 이마에 피가 나게 했고, 자기 방에 불을 지르고, 누이동생을 계단 아래로 밀었고, 집에서 기르는 개를 쇠사슬로 때리고, 엄마 지갑에서 20달러를 훔쳤다.

출처: Colapinto, 1993, p. 122에서 인용.

품행 문제와 **반사회적 행동**은 가족의 기대, 사회적 규준, 타인의 권리나 재산을 침해하는 다양한 연령의 아동들의 태도 및 부적절한 행동을 설명하기 위해 사용되는 용어이다(Kimonis, Frick, & McMahon, 2014). 이 아동들은 자신의 감정과 행동을 조절하는 데 문제가 있다. 사례에서의 아동들처럼, 품행 문제가 있는 아동은 짜증, 욕, 성질부리기와 같이 성가시지만 비교적 사소한 행동에서부터 공공시설의 파괴, 절도, 폭행과 같이 심각한 반사회적 행동에 이르기까지, 파괴적이고 규칙을 어기는 행동을 다양하게 나타낸다. 그와 같은 다양함을 감안할 때, 우리는 품행 문제의 다양한 유형, 경로, 원인과 결과를 고려할 필요가 있다.

이들의 행동이 충격적이기는 하지만, 심각한 품행 문제가 있는 아동은 종종(항상 그런 것은 아니다) 극히 불우한 가정 및 동네 환경, 즉 신체 학대 · 방임 · 가난 · 범죄에 노출되어 있다(Lahey, Miller et al., 1999). 그러므로 많은 사례에서 공격적인 행동은 가정 폭력과 이웃폭력, 방임에 대한 적응인 것이다. 이러한 환경이 그들의 행동을 용서하는 것은 아니지만, 이들의 문제를 이해하고 예방하는 데에서 중요한 배경이 된다.

STEVE
이유가 없는 것은 아니다

Steve(12세)는 칼로 아버지의 다리를 찌르고 차를 훔친 것 때문에 의뢰되었다. 그는 거짓말, 학교 폭력, 절도를 일삼았고, 학교 교직원 및 경찰과 끊임없이 문제를 일으켰다. 그는 자기 아버지의 다리를 찔렀다는 사실을 쉽게 인정했지만, 알려지지 않았던 흥미 있는 사실도 있었다. 그의 아버지가 어머니를 강간하는 동안에 그와 그의 두 형제들은 부모의 침실에 있었다. 어머니는 도와 달라고 비명을 질렀으며, 공포에 질려 있었다. Steve는 부엌에 가서 칼을 가져왔다. 형제들이 그를 저지하려 했지만 실패했다. Steve는 아버지의 장딴지를 깊이 찔렀다. 아버지가 그들 형제들을 오랫동안 신체 학대를 해 왔기 때문에, 찌른 후에 Steve는 또 매를 맞게 될 것이라고 생각했다. 그는 할아버지 집으로 도망쳤고 허락도 없이 자동차 열쇠를 가지고 도망쳤고, 차는 벌판에서 곤두박질쳤다. 경찰이 Steve를 우리에게 데려왔다. 어쨌든, Steve가 아버지를 찌르고 차를 훔친 것은 사실이다.

출처: Kazdin, A. E. (1995), *Conduct disorders in childhood and adolescence* (2nd ed.). Thousand Oak, CA: Sage.

Steve의 비극적인 가정 환경은 동정과 우려를 불러일으켰다. 심각한 품행 문제가 있는 아동들은 흔히 불우한 환경에 놓여 있으며 도움이 필요하다. 동시에, 이들의 잔혹한 행동은 분노, 죄 없는 희생자에 대한 염려 또한 불

살펴보기 9.1

청소년 폭력에 대한 생각: 참 또는 거짓

대체로 미래의 범죄자들은 초기 아동기에 구별할 수 있다.	T	F
아동 학대와 방임은 이후의 폭력 행동을 야기한다.	T	F
아프리카계와 히스패닉계 청소년들은 다른 인종 집단에 비해 폭력에 더 많이 연루되어 있다.	T	F
성인 범죄 법정에 보내서 청소년 범죄자를 엄하게 처리하는 것이 이들의 범죄 행위를 감소시킬 수 있다.	T	F
대부분의 폭력 청소년들은 폭력 범죄로 체포될 것이다.	T	F
폭력 행동을 해결하거나 예방하기 위해 할 수 있는 일은 없다.	T	F

주: 위의 모든 문장은 거짓이다. 문제의 진짜 본질을 인식하지 못하거나 부적절한 정책 또는 장면으로 이어졌을 때 이러한 거짓 믿음은 아주 위험하다. (T=참, F=거짓)

출처: Department of Health and Human Services(2001). *Youth Violence: A Report of the Surgeon*, Washington, DC: Author.

러일으키며, 이들을 엄하게 처벌하거나 감금하기를 원하는 사람도 있다. 이로 인해 어렸을 때 역경과 학대를 겪었던 아동에 대한 사회의 염려와 폭력 행동을 한 청소년을 악마나 범죄자로 여기는 경향 간에는 일관성이 없다. 성장함에 따라 이들은 이해와 재활을 위한 정신건강 및 청소년 법체계로부터의 탄원 그리고 범죄자를 처벌하고 피해자를 보호하려는 일반적인 공중보건 체계 및 사법체계의 요구 사이에서 줄타기를 하고 있다(Steinberg, 2009). 대부분의 사람들은 청소년 폭력의 본질 및 이를 처리하는 방식에 대한 의견이 있다. 당신의 견해를 살펴보기 위해 **살펴보기 9.1**을 보라.

단원 정리

품행 문제의 기술

- 품행 문제 또는 반사회적 행동은 가족의 기대, 사회적 규준, 타인의 개인적 권리 또는 재산을 침범하는 아동의 나이에 적절하지 못한 태도 또는 행동이다. 이러한 아동은 감정과 행동의 자기 조절에 문제가 있다.
- 아동이 가지고 있는 품행 문제의 본질, 원인, 결과는 그 범위가 광범위해서 몇 가지 다른 유형 및 경로를 고려해야 한다.
- 심각한 품행 문제가 있는 많은 아동이 극도로 불우한 가정과 동네에서 성장하고 있다.

맥락, 비용 및 관점

그것이 사회적인지 범죄인지에 대해 우리가 동의할 수 있는 범위는 정도의 차이일 뿐이다.

— John Bowlby(1950)

젊은이들의 반사회적 행동과 그것이 사회에 미치는 영향을 이해하기 위해, 우리는 정상 발달이라는 맥락, 사회적 비용 및 그러한 행동이 청소년 법체계와 정신건강, 공중보건 체계에서 검토되었던 방식과의 차이 등을 고려해야 한다.

맥락

대부분의 젊은이들은 때때로 규칙을 지키지 않기도 한다. 여러분은 권위에 대들고, 거짓말하고, 뜬소문을 퍼뜨리고, 싸우고, 학교를 빼먹고, 도망치고, 외출금지를 어기고, 재산을 파괴하거나 훔치고, 음주운전을 해 본 적이 있는가? 만약 그렇다면, 이 클럽에 온 것을 환영한다. 많은 젊은이들이 이러한 반사회적 행동을 허용한다. 2011년, 미국 고등학교 학생들의 약 71%가 음주를 한 적이 있으며, 45%가 담배를, 40%가 마리화나를 흡연한 적이 있으며, 33%는 운전 중에 문자를 보내거나 이메일을 보낸 적이 있으며, 8%는 음주 운전을 한 적이 있다(CDC, 2012b) 사실, 아주 소수의 학생(대략 6%)만이 반사회적인 행동을 자제하고 있었으며, 이러한 청소년들은 청소년기에 과도하게 보수적이거나, 정직하거나, 사회적으로 무능력하거나, 적응의 어려움을 겪는 경향이 있다(Moffitt et al., 2002).

반사회적 행동은 정상 발달 과정에서 나타났다가 감소한다(Tremblay, 2003). 대부분의 걸음마기 유아들은 때리고 발로 차고 고의로 물건을 부수고 거짓말하고 어른의 권위에 반항하지만, 대체로 학교에 들어갈 즈음에 이러한 행동을 통제하는 방법도 배운다. 약 50%의 부모가 취학 전의 자녀가 훔치고, 거짓말하고, 불복종하고, 물

품행 문제가 있는 청소년들을 함께 있게 하는 정책과 관행은 이들의 반사회적 행동과 비행 행동을 증가시킬 수도 있다.

건을 파괴한다고 보고한 반면, 어린 청소년에 대해 동일하게 보고한 부모는 10%이다(Achenbach, 1991a). 이러한 감소는 부분적으로는 10대 자녀가 겪고 있는 어려움에 대한 부모의 인식이 부족하다는 것을 반영한다. 그러나 10대들 역시 자신의 반사회적 행동이 나이가 들면서 감소한다고 보고했다(Achenbach, 1991b). 임상에 의뢰된 남녀 아동과 의뢰되지 않은 일반 남녀 아동들이 흔히 보이는 반사회적 행동—부모가 보고한 것처럼— 이 **그림 9.1**에 나와 있다.

그림 9.1은 정상 발달이라는 맥락에서 반사회적 행동의 몇 가지 중요한 특징을 보여 준다.

- 반사회적 행동의 심각성은 사소한 반항에서 싸움에 이르기까지 다양하다.
- 일부 반사회적 행동은 나이에 따라 줄어들지만(예: 집에서 순종하지 않음), 일부는 나이가 들고 기회가 많아짐에 따라 증가한다(예: 문제를 일으키는 아동들과 어울려 다니기).
- 반사회적 행동은 아동기에는 여아에 비해 남아에게 더 흔하지만, 이러한 차이는 청소년이 되면서 좁혀진다.

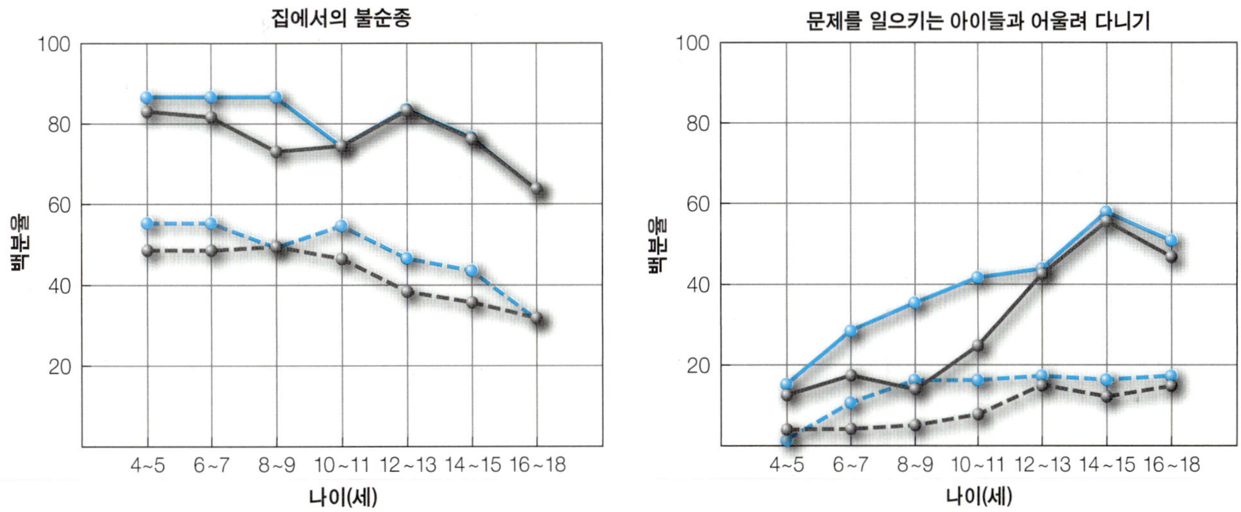

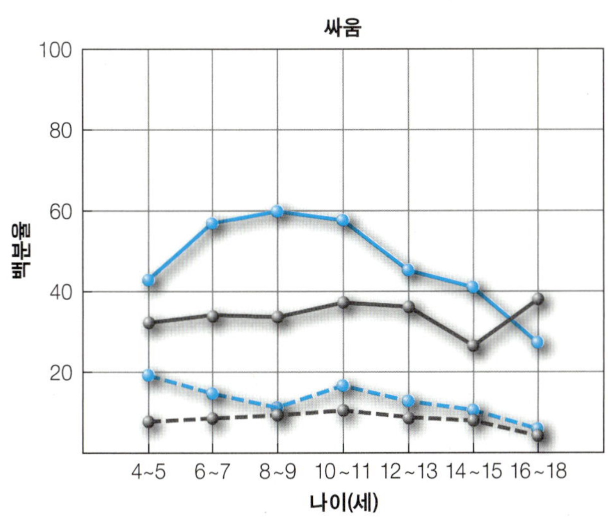

그림 9.1 클리닉에 의뢰된 그리고 의뢰되지 않은 4~18세 아동의 부모가 보고한 반사회적 행동의 빈도.

출처: T. M. Achenbach, *Manual for the Child Behavior Checklist/4-18 and 1991 Profile*, 1991, pp. 131, 134, 138, 145. University of Vermont. Copyright by T. M. Achenbach. 허락하에 인용.

나이가 들어가면서 반사회적 행동이 감소한다고 해도, 초기 아동기에 신체적으로 아주 공격적이었던 아동은 시간이 지나도 비교적 지속되는 편이다(Broidy et al., 2003). 종단 연구에 따르면, 신체적 싸움과 같은 공격적 행동은 상당히 지속되는 것으로 밝혀졌는데, 측정 시기마다 평균적으로 대략 0.70의 상관이 있다(Loeber, Green, et al., 2000). 공격 행동은 지능지수만큼이나 안정적인 것 같다!

사회적 비용과 경제적 비용

품행 문제가 있는 젊은이들에게 들어가는 교육, 건강, 사법 체계, 사회 서비스, 정신건강 체계의 엄청난 비용은 북아메리카에서도 가장 비용이 많이 드는 정신건강 문제이다(Welsh et al., 2008). 반사회적 행동이 아동과 청소년들 사이에서 보편적이라고 해도, 일찍 출현하고 지속적이고 극단적인 형태는 대략 5%의 아동에게서만 발생한다(Hinshaw & Lee, 2003). 이 아동들은 심각하면서도 엄청난 피해를 야기하는데, 이는 미국 전체 범죄의 50% 이상을, 그리고 임상에 의뢰되는 비율의 약 30~50%를 차지한다(Loeber, Burke et al., 2000).

미국에 있는 10대들은 질병과 관련된 사망보다 총기와 관련되어 사망하는 비율이 더 높으며, 폭력의 피해자가 될 가능성은 성인의 두 배 이상이며, 대체로 다른 10대들이 저지르는 범죄의 피해자가 된다(Snyder & Sickmund, 2006). 반사회적 행동의 비용은 생명뿐만 아니라 금전적인 측면에서도 생각해 볼 수 있다. 미국 전체 정신건강 관련 비용의 약 20%는 범죄로 인해 발생한다(National Institute of Justice, 1996). 건강관리, 청소년 비행, 교육 체계를 포함해서 품행 문제가 있는 개개 아동에게 소요되는 공적 비용은 엄청나서 1년에 최소 10,000달러 이상이다(Foster, Jones, & The Conduct Problems Prevention Research Group, 2005). 범죄 및 물질 남용 때문에 고등학교를 떠나는 청소년 한 명에 대해 소요되는 일생 동안의 사회적 비용은 대략 320만~500만 달러로 추정된다(Cohen & Piquero, 2009).

관점

품행 문제는 몇 가지 관점에서 검토되어 왔으며, 유사한 행동 패턴을 설명하기 위해 각기 다른 용어와 정의를 사용하고 있다. 여기에는 법적 · 심리학적 · 정신의학적 · 공중보건적 관점이 포함되어 있다(Loeber, Burke, & Pardini, 2009).

법적 관점

법적으로 품행 문제는 비행 또는 범죄 행동이라고 정의된다. **청소년 비행**이라는 폭넓은 용어는 표 없이 무단으로 영화관에 들어가는 것에서부터 살인을 저지르는 것까지 법을 위반하는 아동들을 말한다. 비행 행동에는 재산권 침해 범죄(예: 기물파손, 절도, 무단침입)와 폭력 범죄(예: 강도, 가중 폭력, 살인)가 있다. 법적 정의는 시간이 지나면서 변하거나 지역에 따라 달라진다. 비행이라는 명칭은 구속이나 법정과의 접촉으로 인한 것이기 때문에, 법적 정의에서는 대개 집 또는 학교에서 발생하는 아주 어린 아동들의 반사회적 행동은 배제된다. 공식적인 비행과 스스로 보고하는 비행을 구별하는 것도 매우 중요하다. 반사회적 행동으로 인해 구속되는 청소년들은 똑같은 행동을 했으나 지능 또는 지략이 풍부해서 구속되지 않은 청소년과 구별될 수 있다. 자신의 비행 행동에 대해 책임져야 하는 나이에 대한 논쟁이 계속되고 있다. 책임성에 대한 최소 연령은 대부분의 주(state)에서 7~14세이지만, 청소년의 반사회적 행동에 대한 사회적 포용력에 따라 유동적이다.

범죄와 관련되는 청소년의 수가 많다는 것을 감안할 때, 이러한 행동이 험악해져 가는 사회에 대한 수긍할 만한(마음에 들지는 않겠지만) 적용인지에 대해 질문해 볼 필요가 있다. 청소년들이 무기를 소지하는 가장 일반적인 이유는 자기 방어이다(Simon, Dent, & Sussman, 1997). 불행하게도, 비행 행동이 범죄가 많은 동네와 같이 환경에 대한 반응인지, 아니면 충동성과 같이 아동 안에 있는 요인에 의한 것인지 그 경계가 분명하지 않다. 방화 또는 무단결석과 같은 일부 범죄 행동은 현재 정신건강의 정의에 독단적으로 포함되는 반면, 마약 판매, 장물죄, 매춘은 그렇지 않다. 유사하게, 정신건강 문제의 일부 증상(예: 따돌림, 허락 없이 늦게까지 집 밖에 있기)은 필연적으로 법을 어기는 것은 아니다. 비행의 법적 정의는 한두 가지 행동만을 보고 내려질 수 있으나, 정신건강 정의에서는 일반적으로 아동이 지속적인 반사회적 행동 양식을 보여야 한다. 따라서 비행의 법적 정의를 충족시키는 아동의 일부 하위 집단만이 정신장애에서의 정의를 충족시킬 것이다(Waldman & Lahey, 2013).

외현화 차원의 두 가지 측면: 명백 차원(왼쪽)과 은밀 차원(오른쪽)

심리학적 관점

심리학적 관점에서 품행 문제는 **외현화 행동**의 연속적인 차원에 해당한다(Burns et al., 1997). 이 차원의 상위 극단에 있는 아동들(대체로 평균 위 1~2 표준편차)은 품행 문제가 있다고 간주된다. 외현화 차원 자체는 서로 관계가 있으면서도 독립적인 두 개의 하위 차원인 '규칙을 어기는 행동(rule-breaking behavior)'과 '공격적 행동(aggressive behavior)'으로 이루어져 있다(Achenbach & Rescorla, 2001). 규칙을 어기는 행동에는 가출, 방화, 절도, 무단결석, 음주 및 약물 사용, 공공시설의 파괴가 있다. 공격적 행동에는 싸움, 파괴, 불복종, 과시, 반항, 타인 위협, 학교에서의 방해적인 행동이 있다.

반사회적 행동의 두 개의 독립적인 차원이 추가로 구분되었는데, 명백하게 드러나는-드러나지 않는 차원과 파괴적-비파괴적 차원이다(Frick et al., 1993). **명백-은밀 차원**은 싸움과 같이 시각적으로 분명히 드러나는 것에서부터 거짓말 또는 훔치는 것처럼 보이지 않고 숨어 있는 행동까지 걸쳐 있다. 명백하게 드러나는 반사회적 행동을 보이는 아동은 부정적이고, 성마르며, 적대적 상황에서 분개하는 반응을 보이며, 가족 간의 갈등을 많이 경험하는 경향이 있다(Kazdin, 1992). 이와 대조적으로, 드러나지 않는 반사회적 행동을 보이는 아동은 덜 사회적이고, 더 불안해하며, 타인에 대한 의심이 많으며, 가족의 지지가 적은 가정 출신이다. 품행 문제를 보이는 대부분의 아동은 이러한 두 가지 차원의 반사회적 행동을 모두 보인다. 이 아동들은 권위와 자주 충돌하며, 대개는 심각한 가족 역기능을 보이고, 장기적으로 보았을 때 결과가 가장 좋지 않다(Loeber, Lahey, & Thomas, 1991). **파괴-비파괴 차원**은 동물학대나 물리적 공격과 같은 파괴적 행동에서부터 다른 사람과의 논쟁이나 과민 반응과 같은 비파괴적인 행동까지 걸쳐져 있다.

그림 9.2에서 보는 것처럼, 명백-은밀 차원이 파괴-비파괴 차원과 교차하여 품행 문제의 네 가지 범주, 즉 (A) 은밀-파괴 또는 재산 파괴, (B) 명백-파괴 또는 공격성, (C) 은밀-비파괴 또는 연령상 위반, (D) 명백-비파괴 또는 적대적 행동으로 나눈다. 명백-파괴 행동을 보이는 아동, 특히 지속적으로 신체적 싸움을 하는 아동은 후에 정신과적 문제 및 기능상 결함이 있는 고위험군이다(Broidy et al., 2003).

정신의학적 관점

정신의학적 관점에서 품행 문제는 DSM-5 증상에 근거해서 구별되는 정신장애로 정의된다(APA, 2013). DSM-5에는 파괴적, 충동 조절 및 품행 장애의 일반적 범주가 있다. 이 범주에 있는 모든 장애들은 반사회적 행동의 지속적인 패턴, 즉 적대적 반항장애(ODD)와 품행장애(CD)가 포함된, 감정 및 행동에서의 자기 조절 문제가 나타난다. 이것의 일반적 범주에는 **간헐적 폭발장애**(즉, 사소한 자극에 대한 반응으로 충동적 폭발), **병적 방화**(즉, 고의적이고 목적이 있는 다수의 방화 에피소드), **병적 도벽**(즉, 자신이 필요하지 않거나 금전적 가치가 없는 것을 훔치고자 하는 충동을 억제하지 못하는 것)이 있다. 이 장에서는 품행 문제 또는 **파괴적 행동장애**라고 하는 ODD와 CD에 초점을 맞출 것이다.

주의: 범주적(정신의학적) 및 차원적(심리학적) 관점 둘 다 젊은이들의 품행 문제를 분류하는 데에서 타당하다고 밝혀졌다. CD나 ODD 같은 범주는 행동과 결과의 각기 다른 패턴과 연관이 있다. 반면, 청소년의 외현

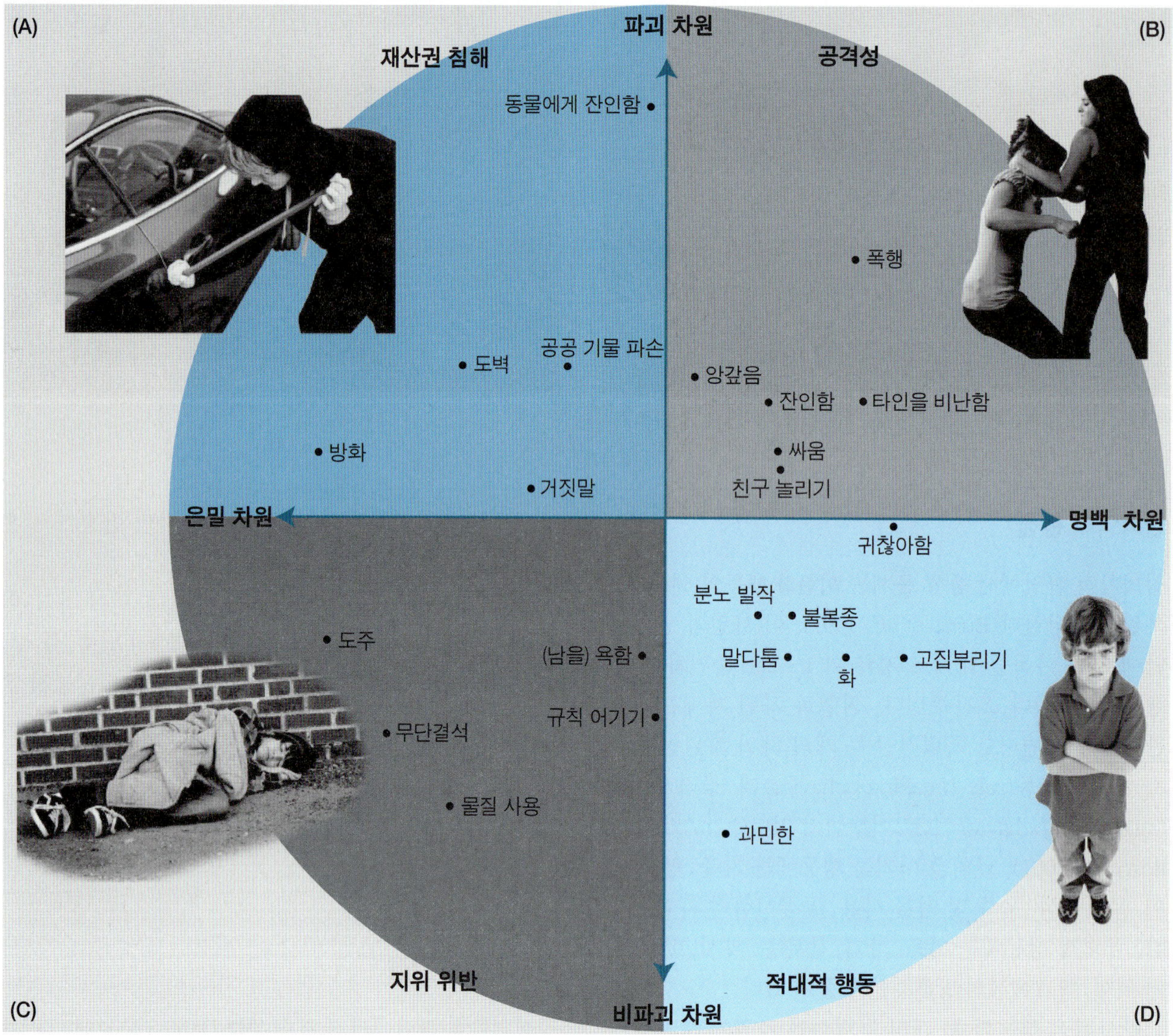

그림 9.2 품행 문제의 네 가지 범주.

출처: "Oppositional Defiant Disorder and Conduct Disorder: A Meta-Analytic Review of Factor Analyses and Cross-Validation in a Clinic Sample," by P. J. Frick, B. B. Lahey, R. Loeber, L. Tannenbaum, M. A. G. Christ, and K. Hanson, *Clinical Psychology Review*, *13*, 319-340. Copyright © 1993 Elsevier Science, Ltd.

Photo Credits: (A) Paul Bradbury/OJO Images/Getty Images; (B) Weston Colton/Getty Images; (C) © iStockphoto.com/plherrera; (D) © Monkey Business Images/Dreamstime.com

화 행동의 차원적 측정은 성인이 되어서의 결과를 범주적 측정보다 더 잘 예측한다(Fergusson, Boden, & Horwood, 2010). 즉, 각각의 관점은 유용한 정보를 제공해 준다.

공중보건 관점

공중보건의 관점은 법적 · 심리학적 · 정신의학적 관점을 예방과 개입이라는 공중보건의 개념과 혼합시킨다 (U.S. Department of Health and Human Services, 2001). 공중보건에서는 자동차 사고나 흡연과 같이 기타 건강 관련 문제들을 다루는 것과 동일하게 청소년 폭력과 관련된 상해, 사망, 개인의 고통 및 경제적 비용을 줄이는 데 목표를 두고 있다. 공중보건 접근에서는 청소년의 품행 문제를 이해하고, 이를 어떻게 다루고 예방할지를 결정하기 위해 정책 입안자들, 과학자들, 전문가들, 지역사회, 가족 및 개인들이 함께 모인다(Dodge, 2011).

단원 정리

맥락, 비용 및 관점

- 아주 공격적인 아동은 시간이 지나도 공격성이 비교적 지속되는 경향이 있지만, 대부분의 아동은 정상 발달에서 반사회적 행동이 생겼다가 점차 감소한다.
- 청소년과 관련된 교육, 건강, 사회복지, 법, 정신건강 체계에서 품행 문제는 북아메리카에서 가장 비용이 많이 드는 정신건강 문제 중의 하나이다.
- 법적 관점에서 품행 문제는 구속과 법적인 접촉을 야기하는 범죄 행동으로 정의되며, '비행'이라고 한다.
- 심리학적 관점에서 품행 문제는 외현화 행동의 연속적인 차원으로 설명하는데, 여기에는 충동적, 과잉행동, 공격적, 규칙에 위배되는 행동이 섞여 있다.
- 정신의학적 관점에서 품행 문제는 DSM 증상에 기초해서 뚜렷이 구별되는 정신장애 범주로 보고 있다. 이는 파괴적, 충동 조절 및 품행 장애라고 부르며, 적대적 반항장애(ODD)와 품행장애(CD)가 있다.
- 공중보건 관점은 훈육에 영향을 미치고 예방과 개입이라는 공중보건 개념으로, 정치가, 과학자, 전문가, 지역사회, 가족 및 개인들이 힘을 모은다.

DSM-5: 특징 정의하기

이 단락에서는 ODD와 CD의 진단 준거 및 특징을 살펴볼 것이다. 이 두 장애는 향후의 정신병리 및 생활 기능에서 지속적인 결함을 예측하는 것으로 밝혀졌다(Burke, Waldman, & Lahey, 2010). 젊은이의 품행 문제와 성인이 되어서의 결과를 이해하는 데에서 관련성이 있기 때문에, 우리는 이 두 장애와 반사회성 성격장애(APD), 정신병리적 증상과의 관련성도 살펴볼 것이다.

적대적 반항장애(ODD)

GORDON

자신의 힘을 즐기다

그는 완강히 버티면서 "됐어. 나는 이 양말을 신지 않을 거야. 상관하지 마. 난 안 갈 거니까."라고 말했다. 그는 그대로 한다. 잠옷을 입은 채로, 도시락도 안 가지고, 쏟아지는 비를 맞으며 외투도 없이…. 그는 "엄마, 이 문제는 이야기 다 되었잖아."라고 나에게 말할 것이다. 그는 쉽게 넘어가는 법이 없다. 그는 "알았어, 그 옷 입을 거야."라고 말한 적이 한 번도 없다. "알았어. 하기는 하겠지만 내 생각대로 할 거야. 시키는 것은 하나도 안 할 거야. 시키면 나는 신경질을 부리고 밥그릇을 바닥에 내동댕이칠 거야. 그럼 엄마도 지각할 것이고, 그릇을 치우면서 나한테 화를 내겠지." 그는 그러한 힘을 즐기고 있다.

출처: Webster-Stratton and Herbert, *Troubled Familiies—Problem Children: Working with Parents: A Collaborative Process*, 1994, p. 47에서 인용.

Gordon의 빈번한 논쟁과 엄마에 대한 적극적인 반항은 **적대적 반항장애**(ODD)의 진단과 일치한다. 이 아동들은 나이에 맞지 않고 반복되는 고집, 적대감, 반항 행동의 패턴을 보인다(표 9.1에 있는 DSM-5의 진단 준거 참조). ODD는 대개 8세까지 나타나며, 취학 전과 학령기 아동의 반사회적 및 공격적 행동의 초기 발병을 찾아내기 위해 DSM에 포함되었다(Keenan, 2011). 성질부리기 또는 말싸움과 같은, 이러한 행동의 많은 부분이 어린 아동들에게 흔하다. 그러나 심각하고 연령에 부적절한 ODD 행동은 부모-아동 관계에 극도로 부정적인 영향을 미친다(Greene & Doyle, 1999). ODD가 있는 아동은 후에 충동 조절, 약물 사용, 기분장애와 불안장애를 가지게 될 위험성 역시 상당하며, 심지어 ADHD와 CD 같이 흔히 동시 발병하는 아동기 장애를 통제한 후에도 그러하다(Frick & Nigg, 2012; Nock et al., 2007). 아동 및 청소년 ODD의 증상은, 친구와의 기능이 빈약하고 이성과의 애정 관계의 빈약함을 포함하여 초기 성인기의 다양한 사회성 및 대인관계의 어려움을 예측하기도 한다(Burke, Rowe, & Boylan, 2014).

일부 연구 결과는 ODD의 증상을 **부정적 정서**(분노/성마른 기분), **반항성**(반항적/고집불통 행동), **해로운 행동**(보복성)을 보이는 세 가지 차원으로 묶을 수 있다고 제시했는데, 이는 이후 초기 성인기에서 각기 다른 정서장애 및 행동장애를 예측한다(Burke, 2012; Burke, Hipwell, & Loeber, 2010; Stringaris, Maughan, & Goodman, 2010). 예를 들어, 한 연구에서, ODD의 세 가지 차원 전부는 CD와 연관이 있는 반면, 오직 부정적 정서가 이후에 우울을 예측해 주고, 반항성만 이후에 행동장애를

표 9.1 적대적 반항장애의 진단 준거

DSM-5

(A) 분노/성마른 기분, 논쟁적/반항적 행동, 또는 복수심이 강한 패턴이 다음의 범주 중에서 최소 4개 이상이 있으면서 적어도 6개월 이상 지속되고, 형제자매가 아닌 한 명 이상의 다른 사람과의 상호작용에서 나타난다.

분노/성마른 기분

(1) 화가 나서 종종 이성을 잃는다.
(2) 종종 과민하거나 쉽게 짜증을 낸다.
(3) 종종 분노하고 분개한다.

논쟁적/반항적 행동

(4) 권위 대상과 종종 논쟁함, 아동과 청소년은 성인과 논쟁한다.
(5) 종종 권위 대상의 요구 또는 규칙 따르기를 적극적으로 거역하거나 거절한다.
(6) 종종 타인을 고의로 귀찮게 한다.
(7) 자신의 실수 또는 잘못된 행동에 대해 종종 다른 사람을 비난한다.

보복성

(8) 지난 6개월 이내에 최소 두 번 이상 악의적이거나 앙심을 품는다.

주의: 이러한 행동의 지속성 및 빈도는 증상이 되는 행동과 정상 범위 내에 있는 행동을 구별하는 데 사용되어야 한다. 5세 이하의 아동은, 다른 언급이 없다면 최소한 6개월 동안 행동이 거의 매일 발생해야 한다(준거 A8). 5세 이상의 아동은, 다른 언급이 없다면 행동이 최소한 6개월 동안 일주일에 적어도 1회 이상 발생해야 한다(준거 A8). 빈도에 대한 이런 기준은 증상들을 규정하기 위한 빈도의 최소 수준에 대한 지침일 뿐이며, 행동의 빈도와 정도가 개인의 발달 수준, 성별, 문화의 규범적인 범위를 벗어났는지 등과 같은, 다른 요인들도 고려해야 한다.

(B) 행동에서의 방해는 개인 자신 또는 가까운 사회적 맥락(예: 가족, 또래 집단, 동료) 내에 있는 상대방의 고통과 연관이 있으며, 이는 사회적, 교육적, 직업적, 또는 다른 중요한 기능 영역에 대해 부정적으로 영향을 미친다.

(C) 행동은 정신병, 물질 사용, 우울, 또는 양극성 장애의 경과 중에만 국한해서 발생하는 것이 아니다. 또한 준거가 파괴적 기분장애에 맞지 않는다.

현재의 심각도를 명시한다.

경도: 증상이 한 개 장면(예: 집에서, 학교에서, 직장에서, 또래 집단에서)에만 제한된다.
중등도: 일부 증상이 적어도 2개 장면에서 나타난다.
고도: 일부 증상이 3개 이상의 장면에서 나타난다.

출처: *Diagnostic and Statistical Manual of Mental Disorders*, 5th ed. American Psychiatric Association.

예측하고, 그리고 보복성만 이후에 잔인하고 무정서적인 행동과 관련이 있다고 했다(Stringaris & Goodman, 2009). ODD의 세 가지 차원 모두는 상호 관련성이 높았다. 그러나 해로운 행동 증상 차원은 다른 두 가지 차원의 증상과 일관되게 발생하는 것으로 보이지 않으며, 이는 해로운 행동 증상은 ODD보다는 CD의 심각한 품행 문제와 더 연관될 수 있음을 암시한다(Burke et al., 2010; Rowe et al., 2010).

DSM-5는 ODD 증상을 세 가지 증상군으로 나누었는데, 이는 연구와 일치한다. 세 가지 증상군은 분노/성마른 기분(즉, 화가 나서 이성을 잃는, 화를 잘 내거나 쉽게 짜증내는, 화나고 분개하는), 논쟁적/반항적 행동(즉, 권위 대상과 논쟁을 벌이거나 반항, 타인에게 짜증을 내거나 비난), 보복성(즉, 앙심을 품거나 보복적인)이다(표 9.1 참조).

DSM-5는 ODD 증상이 한 개, 두 개, 세 개, 또는 그 이상의 상황에서 나타나는지에 근거하여 '경도(mild)', '중등도(moderate)', '고도(severe)' 정도를 측정한다. 상황이란, 집·학교·또래와 있을 때 등이다.

임상에 의뢰되는 대부분의 ODD 아동들(약 90%)은 두 개 이상의 상황에서 증상을 보이며, 많은 상황에서 결함을 보이는 아동들만큼 심각하지는 않다고 해도, 집에서만 증상을 보이는 아동이라도 심각한 적응 문제를 보이기도 한다(Kimonis et al., 2014).

품행장애(CD)

GREG
위험스러운 고통

10세 된 Greg는 집과 학교에서 지나친 싸움질, 과잉행동, 울화, 파괴적 행동을 보여서 의뢰되었다. 집에서 Greg는 어머니에게 따지고, 형에게 싸움을 걸고, 부모의 돈을 훔치고, 부모가 야단을 치면 불을 지르겠다고 끊임없이 협박한다. 그는 세 번이나 실제로 양탄자, 침대 커버, 집 안에 있는 쓰레기에 불을 냈다. 한번은 수천 달러의 피해가 있었다. Greg는 거짓말도 자주 한다. 학교에서 그의 거짓말은 친구들끼리 자주 싸움에 말려들게 하고 잘못한 게 없다고 부정을 해서 다른 사람들을 곤경에 빠뜨린다.

Greg의 부모는 그를 어떻게 할 방법이 없다고 생각해서 치료실에 데리고 왔다. 특히, 일부 사건은 심상치 않은 것으로 언급되었다. 예를 들어, Greg가 두 살 된 남동생의 얼굴에 베개를 갖다 대고 동생이 숨을 못 쉬게 했다. 또한 그는 최근에 밤거리를 방황했고, 주차된 차들의 창문을 깨기도 했다.

Greg의 부모는 Greg를 이따금씩 페달이나 벨트를 이용해서 심하게 체벌을 가하거나 2~3일 동안 방에 감금하기도 했다. 그의 아버지는 지난 2년 동안 일정하지 않게, 어쩌다가 일을 하러 나갔으며 대부분의 시간은 집에서 잠을 자거나 TV를 보면서 지냈다. 수입의 부족은 스트레스를 증가시켰다. Greg는 아버지가 항상 조그만 일에도 심하게 화를 내기 때문에 집에 아버지와 같이 있을 수가 없다고 말했다. Greg의 어머니는 하루 종일 일을 하기 때문에 집에 거의 없는 편이었다. 어머니는 우울증 병력이 있었고 지난 3년 동안 두 번이나 자살을 시도했다. 그리고 자살 시도를 했을 때마다 약 2개월 동안 병원에 입원했는데, 이 기간에 Greg의 행동은 더욱더 나빠졌다.

Greg의 지능은 정상 범위이나, 학업 수행 능력은 학년 수준을 밑돌았고 과잉행동과 방해적인 행동 때문에 특수학급에 있었다. 부모는 그들이 도움을 받지 않으면 Greg가 내년에 학교에 돌아갈 수 없을 것이라는 말을 들었다. 하지만 어떻게 해야 할지 몰랐다. 그들은 Greg을 포기해야 할지, 아니면 좀 더 엄한 규율을 통해 '사람으로 만들어 주는' 기숙제 특수학교에 넣어야 할지에 대해 의논했다.

출처: A. E. Kazdin, *Conduct Disorders in Child and Adolscence*, pp. 2-3에서 인용.

Greg의 만성적이고 통제 불능의 행동은 **품행장애**(CD) 진단 준거를 만족시킨다. 이러한 장애가 있는 아동은 타인에게 고통을 주거나 신체적 · 언어적 공격, 훔치기, 공공기물 파괴를 해서 타인의 권리를 방해하는 심각한 수준의 공격적이고도 반사회적인 행동을 반복해서 지속적으로 보인다. CD에 대한 DSM-5의 증상군은 네 개로 나뉘는데, 사람 및 동물에 대한 공격성(예: 집단 따돌림, 잔혹한 행위), 물건 파괴(예: 방화, 공공기물 파손), 사기 또는 절도(예: 사기, 소매치기), 심각한 규칙 위반(예: 무단결석, 가출)이다(표 9.2의 DSM-5에 있는 CD 진단 준거 참조).

Greg의 사례는 CD의 몇 가지 핵심 특징을 보여 준다(Kazdin, 1995).

- 품행장애가 있는 아동은 심각한 반사회적 행동을 보인다. Greg는 불을 내고, 두 살짜리 남동생의 숨을 못 쉬게 했다. 불복종과 성질부리기처럼 비교적 덜 심각한 문제를 보이기도 했지만, 이것이 의뢰하게 된 주요 문제는 아니다. DSM-5에는 진단 준거에 필요한 세 가지를 초과하거나 타인에게 야기하는 해로움의 양을 초과하는 증상에 근거하여 '경도', '중등도', '고도'로 심각성의 정도를 평가한다.
- 이들은 종종 ADHD, 학업 결손, 또래 관계의 어려움과 같은 문제를 동반하고 있다.
- CD가 있는 아동의 가정은 혹독한 처벌처럼 문제를 가중시키는 훈육 방법을 종종 사용하는데, 가정 불화 · 정신과 문제 · 실업처럼 가정에 문제가 있다. Greg의 어머니는 우울증 병력이 있고, 아버지는 자주 실직 상태에 있다.
- CD가 있는 아동의 부모는 아동을 통제할 수 없다고 느끼며, 아무것도 할 수 없는 무력감을 보고한다. Greg의 부모는 Greg를 포기하거나 기숙학교에 보내고 싶어 한다.

CD와 발병 연령

CD 증세가 처음 발생하는 연령이 중요한가? DSM은 CD를 조기 발병과 늦은 발병으로 구분하고 있다. **아동기 발병 품행장애**가 있는 아동은 10세 이전에 최소한 한 가지 이상의 CD 증상을 보이는 반면, **청소년기 발병 품행장애**는 그렇지 않다. CD가 있는 아동의 진단과 치료하는 데에서 발병 연령이 중요하다고 지적하는 증거들이 많아지고 있다(Odgers et al., 2008). 아동기 발병 CD로 진단된 아동은 남아일 가능성이 많고, 공격적 증상을 더 많이 보이며, 불법 행위가 훨씬 더 많고, 시간이 지나도 반사

표 9.2 품행장애의 진단 준거

DSM-5

(A) 타인의 기본 권리 또는 나이에 적절한 사회적 규준이나 규칙을 위반하는 반복되고 지속적인 행동 패턴이 있고, 다음의 범주 중에서 지난 12개월 동안에 다음의 15개 준거 중에서 최소한 세 개가 있는 것이 명백하고, 지난 6개월 동안에 최소 한 개의 준거가 나타난다.

사람 및 동물에 대한 공격성

(1) 타인을 종종 괴롭히고, 위협하고, 방해한다.
(2) 신체적인 싸움을 종종 시도한다.
(3) 타인에게 심각한 신체적 해를 입힐 수 있는 무기(예: 방망이, 벽돌, 깨진 병, 칼, 총)를 사용한 적이 있다.
(4) 사람에게 신체적으로 잔인한 적이 있다.
(5) 동물에게 신체적으로 잔인한 적이 있다.
(6) 피해자가 보는 데에서 훔친다(예: 노상강도, 소매치기, 강탈, 무장 강도).
(7) 누군가에게 성적 행동을 강요한다.

재산 파괴

(8) 심각한 해를 입히려는 의도로 고의로 방화를 한다.
(9) 타인의 재산을 고의로 파괴한다(방화 이외에).

사기 또는 절도

(10) 누군가의 집, 건물, 차를 망가뜨린다.
(11) 물건이나 기호품을 얻기 위해 또는 의무를 회피하기 위해 종종 거짓말을 한다(즉, 타인을 '속인다').
(12) 피해자가 없는 데에서 귀중품을 훔친다(예: 들치기, 그러나 부수고 침입한 것은 아님, 위조).

심각한 규칙 위반

(13) 부모가 금지하는데도 불구하고 밤에 밖에 돌아다닌다(13세 이전부터 시작).
(14) 부모나 부모 대리인이 있는 집에 살면서 최소한 두 번, 장기간인 경우 한 번 가출한 적이 있다.
(15) 종종 무단결석한다(13세 이전부터 시작).

(B) 행동에서의 방해는 사회적, 학업적, 또는 직업적 기능 영역에서 임상적으로 심각한 결함을 일으킨다.

(C) 18세 이상이라면, 준거가 반사회성 성격장애에 맞지 않는다.

어느 것인지 명시한다.

아동기 발병형: 10세 이전에 품행장애의 특징적인 증상 중에서 적어도 한 개를 보인다.
청소년기 발병형: 10세 이전에는 품행장애의 특징적인 증상을 보이지 않는다.
명시되지 않은 발병: 품행장애의 진단 준거를 충족하지만, 첫 증상의 발병이 10세 이전인지 또는 10세 이후인지를 결정할 만한 충분한 정보가 없다.

다음 항목이 있다면 명시한다.

제한된 친사회적 정서: 이 명시자가 있으려면 적어도 12개월 이상 다양한 대인관계 및 다양한 장면에서 다음의 특징 중에서 적어도 2개 이상 보여야 한다. 이러한 특징은 해당 기간 이상 동안 그 개인의 대인관계 및 정서적 기능의 전형적인 패턴을 나타내며 일부 상황에서 가끔씩 발생하는 것이 아니다. 따라서 명시자용 준거를 평가하려면, 다양한 출처의 정보가 필수적이다. 자기 보고뿐만 아니라 그 개인을 장기간 알고 있는 사람들(예: 부모, 교사, 동료, 확대가족, 또래)의 보고도 반드시 고려해야 한다.

양심 또는 죄책감 결여: 본인이 잘못했을 때 후회 또는 죄책감을 느끼지 않는다(붙잡히거나 처벌을 받는 상황에서 표현하는 양심의 가책은 배제한다). 자신의 행동으로 인한 부정적인 결과에 대해 일반적으로 하는 걱정이 없다. 예를 들면, 다른 사람을 다치게 하고도 자책하지 않고 또는 규칙을 어겨서 일어난 결과에 대해 신경을 쓰지 않는다.

잔인-공감의 결여: 다른 사람의 감정에 대해 묵살하고 신경 쓰지 않는다. 차갑고 무정한 사람이라고 묘사된다. 자신이 다른 사람에게 상당한 피해를 초래한 경우에도, 자신이 타인에게 미치는 영향보다는 자기 자신에게 미치는 영향에 더 신경을 쓰는 사람이다.

수행에 대한 무관심: 학교, 직장, 다른 중요한 활동에서 저조한 수행/문제적 수행에 대해 개의치 않는다. 충분히 예상 가능한 상황에서도 잘 수행하기 위해 필요한 노력을 기울이지 않으며, 전형적으로 자신의 저조한 수행을 다른 사람의 탓으로 돌리는 사람이다.

(다음 쪽에 계속)

표 9.2 품행장애의 진단 준거(계속)

피상적 또는 결핍된 정서: 피상적, 가식적, 표면적(예: 행동과 상반되는 정서 표현, 정서를 재빨리 'on', 'off' 전환할 수 있음)으로 보이는 방식을 제외하고는 다른 사람에게 자신의 감정 표현이나 정서를 드러내지 않는다. 또는 정서 표현은 이득을 위해서만 한다(예: 정서는 다른 사람을 조종하거나 위협할 때 드러낸다).

현재의 심각도를 명시한다.

경도: 진단을 내리는 데 요구되는 것을 초과하는 품행 문제가 있다면 품행 문제의 수가 아주 적으며, 다른 사람에게 비교적 심각하지 않은 해(예: 거짓말, 무단결석, 허락 없이 밤늦게까지 밖에 있는 것, 기타 규칙 위반)를 입힌다.

중등도: 품행 문제의 수와 다른 사람에게 끼치는 영향의 정도가 '경도'와 '고도'에 명시된 것 사이(예: 피해자와 대면하지 않은 상황에서 훔치기, 공공기물 파손)에 들어간다.

고도: 진단을 내리는 데 요구되는 것을 초과하는 품행 문제가 많고, 또는 다른 사람에게 심각한 해(예: 성적 강요, 신체적 잔인함, 무기 사용, 피해자가 있는 데에서 도둑질, 파괴하고 침입하기)를 입힌다.

출처: *Diagnostic and Statistical Manual of Mental Disorders*, 5th ed. American Psychiatric Association.

회적 행동이 지속될 가능성이 크다(Lahey, Goodman, et al., 1999). 이와 대조적으로, 청소년기 발병 CD는 여아도 남아만큼 발병하며, 아동기 발병 CD의 특징인 심각성 또는 정신병리를 보이지 않는다. 나이가 들어가면서 폭력 범죄 또는 반사회적 행동이 지속될 가능성도 적다. 발병 연령에 따라 차이가 있다.

ODD와 CD의 관련성

CD 증상과 ODD 증상 사이에는 많은 부분이 중복된다. 이 점은 ODD가 CD와는 별개의 장애인지, 경도 또는 초기 증상, 또는 기저의 기질 및 결손이 동일함을 나타내는 것인지에 대한 의구심을 일으킨다(Waldman & Lahey, 2013). ODD의 증상은 전형적으로 CD 증상이 생기기 2년에서 3년 이전, CD의 평균 발병 연령이 9세인 것에 비해 대략 6세 정도에 출현한다(Nock et al., 2007). ODD의 증상이 먼저 출현하기 때문에 일부 아동에게서 ODD의 증상이 CD의 전조 증상일 가능성도 있다. 그러나 CD가 있는 아동의 거의 50%는 이전에 ODD 진단을 받은 전력이 없으며(Rowe et al., 2010), ODD를 보이는 대부분의 아동은 좀 더 심각한 CD로 진행되지 않는데, 최소한 50%는 진행하지 않고 ODD 진단을 유지하고, 25%는 ODD 문제를 더 이상 보이지 않는다(Burke et al, 2010). 따라서 대부분의 아동에게 ODD는 발달상의 극단적인 일탈이고, 후에 ODD 및 기타 문제에 대한 강력한 위험 요인이지만, 좀 더 심각한 품행장애로 진행하는 필연적인 신호는 아니다(Keenan et al., 2011). 따라서 ODD와 CD는 구별되지만 관련이 꽤 높은 아동기 정신병리라고 할 수 있다.

반사회성 성격장애(APD)와 정신병리적 특징

아동기의 지속적인 공격적 행동과 CD는 타인의 권리를 무시하고 침해하는 반복적인 패턴의 성인 **반사회성 성격장애**(APD)의 전조가 되는데, 이 패턴에는 불법 행동, 속임수, 미리 계획하지 못함, 반복된 신체적 싸움 또는 공격, 자신이나 타인의 안전에 대해 무모할 정도의 무시, 직업행동이나 재정적 의무를 유지하지 못함, 후회하지 않는 것이 포함된다(APA, 2013). 연구에 따르면 CD를 갖고 있는 아동의 40%에 이르는 아동이 초기 성인기에 APD로 발전한다(Lahey et al., 2005). CD의 조기 발병뿐만 아니라, APD가 있는 청소년은 **정신병리적 특징**을 보이기도 하는데, 여기에서 정신병리란 잔인하고, 타인을 교묘히 조종하고, 속이고, 양심의 가책이 없는 행동 패턴, 즉 인간 본성의 위험한 측면이다(Blair et al., 2006). 다음에서 Jason의 섬뜩한 말을 생각해 보자.

JASON
양심이 없음

13세인 Jason은 6세 때 심각한 범죄, 즉 무단침입 · 절도 · 어린 아동을 공격하는 것에 연루되었다. Jason의 말은 섬뜩하게 들렸다. 왜 그런 짓을 했는지 물었을 때 '안정적이고 전문직 가정의 아이'는 "재미있어요. 내가 문제를 일으키면 우리 부모는 정말로 기겁하죠. 하지만 재미있으니까 계속하죠. 맞아요, 나는 항상 거칠었어요."라고 대답했다. 피해자를 포함해서 다른 사람에 대해

> Jason은 "진실을 알고 싶어요? 그들은 소리 지를 수만 있었다면 소리를 쳤죠. 하지만 내가 총을 가졌지요."라고 말했다. 그는 노숙자들, 특히 '동성애자', '품행이 나쁜 아가씨들', 거리의 아이들을 강탈하는 것을 즐겼다. 왜냐하면, "그들은 그런 일을 자주 당해 왔죠. 경찰한테 고자질하지도 않죠. 칼을 갖고 있는 녀석과 싸움이 나기도 했는데 내가 뺏어서 눈을 찔러 버렸죠. 그는 아기처럼 소리 지르며 달아났죠. 얼마나 바보 같은지!"
>
> 출처: Hare, 1993, p. 162에서 인용.

Jason처럼 정신병리적 특징을 보이는 아동은 자신의 공격적인 행동이 타인에게 고통을 줄 것이라는 것을 알지만, 신경 쓰지 않는다. 오히려 갈등 상황에서 이들의 목표는 보복, 지배, 강요된 취급과 관련이 있다(Pardini, 2011). 아동의 정신병리적 특징은 성인의 정신병리적 특징보다 덜 알려져 있지만 이러한 상황은 변하고 있다. 일부 아동은 3~5세 사이에 양심의 부족이 나타나기도 한다(Kochanska et al., 1994). Jason과 같이, 여섯 살짜리가 양심의 가책도 없이 잔인한 행동을 저지르기도 한다. 행동 문제가 있는 취학 전 아동의 하위 집단은 중학교에 입학하면서 타인을 배려하지 않는 것에 대해 걱정이 많아진다(Hastings et al., 2000). 마지막으로, CD가 있는 청소년은 또래에 비해 정서적 공감 또는 부끄러움과 같은 모습을 덜 보이는데, 이는 사회적 관습에 따른 정서 및 행동 억제를 하지 못한다는 것을 암시하는 것이다(Lovett & Sheffield, 2007).

이러한 결과 및 기타 연구 결과들은 타인에 대한 관심이 부족한 CD의 하위 집단이 극도의 반사회적 및 공격적 행동을 하고, 장기적으로 예후가 좋지 않은 고위험군이 될 수 있음을 지적하고 있다. 이들은 죄책감 결여, 공감 없음, 감정 없음, 자기애적 및 충동성이 특징인 **잔인 및 무감동 대인관계 양식**을 보인다(Frick et al., 2014; Kahn et al., 2012). 잔인 및 무감동(CU) 성향을 보이는 아동은 품행 문제가 있는 다른 아동보다 품행 문제의 수가 많고 다양하며, 경찰과 더 자주 부딪치고 더 강력한 반사회성 성격장애 양육력이 있다(Frick & White, 2008). 아동 및 청소년에 관한 연구들은 CU 대인관계 성향 및 정서적 성향은 지속적인 비행, 향후 상습 범행, 초기 성인기가 되어서의 APD 증상을 예측한다고 밝혔다(Byrd, Loeber, & Pardini, 2012; McMahon et al., 2010; Pardini & Loeber, 2008). 아동기의 CU 증상은 시간이 지나면서 ODD나 CD 증상만큼 안정적이지만 발달적 변화 또한 주목되며, 이는 아동의 특성이 불변이 아니라는 것을 암시하고 있다. 예를 들면, 일부 아동은 CU 특징이 안정적으로 높은 수준이지만, 수준이 증가하거나 감소하는 아동도 있고, 안정적으로 낮은 수준을 보이는 아동도 있다(Fontaine et al., 2011). 아동기 및 초기 청소년기에 보이는 CU 특징은 성인 정신병리의 전조가 되는 것처럼 보이지만 이를 확신하기 위해서는 더 많은 연구가 필요하다(Lynam et al., 2007).

품행 문제가 있는 아동의 중요한 성향을 판별하는 데에서 CU 성향을 지지하는 증거로 인해, DSM-5는 지속적이고 전형적인 대인관계 및 정서적 기능을 보이는 CD 아동을 설명하기 위해 '**제한된 친사회적 정서**'라고 명시했으며 이는 다음의 세 가지 특징, 즉 양심 또는 죄책감 부족, 잔인-공감의 부족, 수행에 대한 무관심 중에서 적어도 두 가지가 포함되어야 한다. '제한된 친사회적 정서'라는 용어는 DSM-5에서 부분적으로 '잔인-무감동' 용어와 관련된 부정적 함축의 가능성을 피하기 위해 사용되었다(Frick & Nigg, 2012).

이제 여러분은 TV 만화 Bart Simpson이 ODD나 CD 진단 준거를 하나 또는 둘 다, 아니면 하나도 만족시키지 않는지를 살펴보면서 DSM-5의 ODD와 CD 진단 준거를 잘 이해하기 위해 **살펴보기 9.2**를 보라.

단원 정리

DSM-5: 특징 정의하기

- 적대적 반항장애(ODD)가 있는 아동은 정서와 기질적 증상을 반영하는, 연령에 적절치 않은 고집이나 적대적·반항적 행동 패턴을 보인다. ODD 증상은 부정적 정서, 반항, 보복성의 세 가지 차원으로 나눌 수 있다.
- 품행장애(CD)는 물리적·언어적 공격, 훔치기, 공공기물 파괴 등을 통해 타인의 권리를 침해하거나 타인에게 고통을 주는 심각한 정도의 공격성, 반사회적 행동을 보이는 아동을 일컫는다.
- 아동기 발병 CD(10세 이전)를 보이는 아동은 남아일 가능성이 많으며, 이들은 좀 더 공격적인 증상을 보이고, 부적절한 불법 활동이 많고, 시간이 지나면서 반사회적 행동이 지속된다.
- 청소년기 발병 CD는 남녀의 비율이 비슷하며, 아동기 발병 집단을 특징짓는 심각성 또는 정신병리는 보이지 않는다.
- CD와 ODD는 많은 부분이 중첩된다. 그러나 ODD를 보이는 대부분의 아동은 심각한 CD로 진행되지 않는다.

살펴보기 9.2

BART SIMPSON: 진단은 무엇?

TV 만화 캐릭터인 Bart Simpson이 ODD나 CD의 진단 준거를 충족시키는지 살펴보면서 DSM-5 진단 준거에 대한 이해를 높여 보자. 아래에 Bart가 보이는 반사회적 행동의 목록이 있다.

- 폭죽을 변기에 넣고 물을 내린다.
- "파티가 엉망이군."이라고 말하며 파티 음식들을 자신이 다시 배열한다.
- 양념통의 뚜껑을 느슨하게 풀어 놓는다.
- Homer의 타이에 불을 붙인다.
- 아이들이 과자를 주도록 속임수를 쓴다.
- Timmy인 척한다(우물 안에 갇힌 척).
- 장거리 전화를 건 것에 대해 Lisa를 비난한다.
- 카펫을 당겨 올리며, 'Bart'라고 카펫 위에 쓴다.
- 할아버지의 틀니를 가지고 논 뒤 망가뜨린다.
- Homer의 지갑과 열쇠를 변기에 넣고 물을 내린다.
- 아기 Maggie의 머리를 몽땅 잘라 버린다.
- 주차구역에 또 다른 선을 그어 놓는다.
- 공장 투어(tour) 중에 대열을 이탈한다.
- Burns씨의 조각상을 돌려놓는다. 그의 차에 물을 붓는다.
- Burns씨의 창문을 박살낸다.
- Milhouse의 배수관에 던져 버린 우편물에 대해 이야기한다.
- 베이비시터를 곤경에 빠뜨리기 위해 911에 전화를 건다.

코멘트: 공격성, 재산의 파괴, 사기, 심각한 규칙을 위반하는 Bart의 증상에 근거해서, Bart는 DSM의 CD 진단에 쉽게 들어맞는다. CD가 있는 대부분의 아동처럼, Bart는 또한 ODD를 보이고(예: 규칙을 지키지 않음, 타인을 계획적으로 괴롭힘, 자신의 잘못을 남의 탓으로 비난함, 악의적인 행동에 몰두함) 이러한 진단에 들어맞는다. (저자의 사례 자료에서 인용)

- 아동기의 지속적인 공격 행동 및 품행 문제는 성인 반사회성 성격장애(APD)의 전조가 될 수 있고, 여러 가지 불법 행동뿐만 아니라 타인을 무시하고 타인의 권리를 침해하는 만연된 패턴을 보인다.
- 품행 문제가 있는 아동의 하위 집단은 죄책감과 공감의 결여, 감정이나 정서를 드러내지 않는 것과 같은 잔인-무감동 성향이 포함된 정신병리적 특징을 보인다. 이들은 보상을 추구할 때 새롭고 위험한 행동을 선호하고 위험 및 처벌 단서에 대한 민감성이 결여되어 있음도 보인다.
- DSM-5은 양심 또는 죄책감, 공감, 수행에 대한 관심 부족에 관여하는 대인관계 및 정서적 기능의 패턴을 보이는 CD 아동을 설명하기 위해 '제한된 친사회적 정서'라는 명시자를 사용한다.

관련 특성

아이들의 품행 문제는 아동, 가족, 또래, 학교, 지역사회의 많은 요인과 연관되어 있다. 일부 요인은 품행 문제와 동시 발생하며, 일부는 품행 문제의 가능성을 증가시키고, 또 일부는 품행 문제의 결과이다. 품행 문제를 충분히 이해하려면 이러한 다양한 요인들 및 시간이 지나면서 이들이 상호작용하는 방식을 검토해야 한다.

인지 및 언어적 결손

품행 문제가 있는 대부분의 아동이 정상 지능이지만, IQ 검사에서 또래에 비해 거의 8점이 낮다(Pajer et al., 2008). 이러한 IQ 결손은 아동기 발병 CD의 경우에 더 큰 차이(15점 이상)를 보이며, 이는 사회경제적 불이익, 인종, 경찰 조사와 같은 요인만으로는 설명되지 않는다(Lynam, Moffitt, & Stouthamer-Loeber, 1993). CD가 있는 아동의 낮은 IQ 점수는 ADHD의 동시 발병과 관련이 있을 수 있다(Waschbusch, 2002). ADHD와 동시 발병될 경우, IQ가 낮은 것과 CD의 위험이 증가하는 것 간의 연관이 좀 더 분명해진다. 낮은 IQ가 CD의 위험률을 매개하는 방식은 분명하지 않다(Rutter, 2003b).

CD가 있는 아동은 동작성 IQ보다 언어성 IQ가 일관되게 더 낮은데, 이는 언어에서의 구체적이고 전반적인 손상을 암시하는 것이다(Zadeh, Im-Bolter, & Cohen, 2007). 이러한 손상은 아동의 수용적 경청, 읽기, 문제해결, 표현 언어 및 쓰기, 언어적 자료에 대한 기억에 영향을 미칠 것이다(Brennan et al., 2003; Gremillion & Martel, 2013; Jaffee & D'Zurilla, 2003). 언어 및 말의 결함이 자기 통제, 정서 조절, 또는 타인의 감정을 명명하는 것을 방해해서 품행 문제에 영향을 미칠 것이며, 이는 공감의 결여를 초래할 것이다(Hastings et al., 2000). 빈약한 언어 능력이 이후의 품행 문제 발달을 예측하는 것으로 나타난 연구가 있는데, 이는 언어 결손을 표적으로 삼는 것이 품행 문제의 예방이나 치료에 유용하다고 암시하고 있다(Peterson et al., 2013).

언어 결손은 아동 발달에서 초기에, 품행 문제가 출현하기 훨씬 전에 나타난다. 그러나 그러한 출현만으로 향후의 공격성을 예측할 수는 없다. 가족 요인 역시 중요하다. 언어의 손상과 가족의 문제 둘 다를 가지고 있는 아동은 이 중 한 가지 요인을 가진 아동보다 공격적 행동을 네 배 더 보인다(Moffitt, 1990). 따라서 언어의 결손은 불행한 가정 환경에 대한 아동의 취약성을 증가시킬 수 있다. 이것이 어떻게 일어나는지는 알려져 있지 않지만, 한 가지 가능성은 아동의 언어 능력의 한계 때문에 부모가 아동의 욕구를 이해하는 것이 더욱 어렵게 되고, 이로 인해 부모가 좌절하고, 긍정적인 상호작용은 감소하고, 처벌은 증가하고, 사회적 기술을 가르치는 데 어려움이 더 많을 것이다(Patterson, 1996). 수용적 경청 기술의 불량과 같은 언어적 결손으로 인해 또래 주류로부터 거부당하고, 이것이 품행 문제의 발달에 더해졌을 수도 있다(Menting, van Lier, & Koot, 2011).

반사회적 행동에 있어서 각기 다른 인지적/언어적 결손과 반사회적 행동 간의 관계가 변할 수 있다는 것을 명심해야 한다. 예를 들면, 언어 능력이 신체적 공격성과 부적 관계가 있으나 절도와는 정적 관계가 있고, 귀납적 추론은 청소년 전반에 걸쳐서 절도의 증가와 부적 관계가 있다고 밝힌 연구가 있다(Barker et al., 2011). 이러한 결과는 기저에 있을 수 있는 기제들을 잘 이해하려면 품행 문제의 특정 유형들에 관한 연구가 중요함을 강조한다.

품행 문제가 있는 아동은 자신의 행동이 앞으로 어떤 결과를 가져올지, 또는 그 행동이 타인에게 어떤 영향을 끼칠지에 대해서는 거의 생각하지 않는다. 이들은 충동적 행동을 통제하지 못하며, 사회적 가치나 향후의 보상을 마음에 새기지도 못하고, 상황의 변화에 따라 자신의 행동을 적응시키지 못한다. 이러한 패턴은 ADHD가 있는 아동에서와 유사하게 실행 기능에서의 손상을 암시한다(Raine et al., 2005). ODD/CD와 ADHD는 동시 발병이 흔하다. 따라서 이들에게서 관찰되는 실행 기능의 손상은 동시 발병된 ADHD 때문일 수도 있다(Pennington & Ozonoff, 1996).

ODD/CD가 있는 아동이 경험하는 실행 기능 손상의 유형이 ADHD가 있는 아동이 경험하고 있는 것과는 다를 가능성도 있다(Nigg et al., 2006). 예를 들면, Rubia(2010)는 주의 · 작업 기억 · 계획 세우기 · 억제와 같이 **냉정한**(cool, 기질이 레이디 가가와 같지 않음) 인지적

"일이 일어나기도 전에 그 결과를 제가 어떻게 알겠어요?"

실행 기능과, 자극이나 동기와 관련된 **뜨거운**(hot) 인지적 실행 기능을 구분했다. 냉정한 인지적 실행 기능과 뜨거운 인지적 실행 기능은 둘 다 연관되어 있으며, 구별은 되지만 상호 관련된 뇌의 연결망이다. 냉정한 실행 기능의 결손은 좀 더 ADHD 아동의 특징이라고 여겨지는 반면, 뜨거운 실행 기능의 결손은 좀 더 품행 문제 아동의 특징이라고 여겨진다. ADHD와 품행 문제를 모두 가지고 있는 아동이 흔한데, 이 두 가지 실행 기능 결손의 유형을 복합적으로 보이는 것 같다.

학교 및 학습 문제

학교가 하나씩 없어질 때마다, 감옥을 하나씩 지어야 할 것이다.

— Mark Twain(November, 23, 1900)

품행 문제가 있는 청소년은 학습 부진, 낙제, 특수교육 배치, 퇴학, 정학, 제적을 포함해서 학교 문제가 많다(Roeser & Eccles, 2000). 학업 실패와 관련된 좌절 및 사기 저하가 일부 아동의 반사회적 행동으로 이어질 수 있지만(Maughan, Gray, & Rutter, 1985), 학업 실패가 품행 문제, 특히 초기 아동기에 일차적 원인이 된다는 증거는 거의 없다. 많은 어린 아동들이 학교에 들어가기 훨씬 전에 파괴적 행동 패턴을 보인다. 따라서 신경심리 요인이나 언어 결손 · 자기 통제 결여 · 사회경제적 약점과 같은 일반 요인이 품행 문제 및 학교에서의 어려움 양쪽의 기저에 있는 것 같다(Lahey & Waldman, 2003).

시간이 지나면서, 학습부진과 품행 문제는 서로 영향을 미치는 것 같다. 감지하기 어려운 초기의 미세한 언어적 손상이 읽기와 의사소통의 어려움을 야기하고, 이것이 초등학교에서 품행 문제를 증가시키는 것일 수도 있다. 학업 기술이 빈약한 아동은 학교에 흥미를 잃고, 비행 또래들과 어울릴 가능성이 높다. 청소년이 되면 품행 문제와 학습부진의 관계가 견고해지며, 이는 한 가지 경로로서, 초기 성인기에 불안이나 우울증을 야기한다(Masten et al, 2005).

가족 문제

그는 여동생에게 지나치게 폭력적이다. 여동생의 입술이 여러 번 찢어졌다. 5파운드(2.3kg)나 되는 철 방망이로 여동생의 머리를 내려쳐서 기절시킨 적도 있었다. 플라스틱 바구니들을 여동생의 머리에 던지기도 했다.

— Webster-Stratton과 Herbert(1994)에서 인용

가족 문제는 품행 문제와 가장 강력하고 일관되게 연관되는 것이다(Dishion & Patterson, 2006). 가족 어려움의 두 가지 유형이 아동기의 품행 문제와 관련이 있다. **일반적인 가족 어려움**에는 부모의 정신건강 문제, 반사회적 행동의 가족력, 부부 사이의 갈등, 불안정한 가정, 자원의 제한, 가정의 반사회적 가치관 등이 포함된다. **양육 현장 및 가족 기능에서의 구체적인 어려움**에는 혹독한 훈육, 지도 감독의 결여, 정서적 지지와 참여의 부족, 훈육에 대한 부부간의 불일치가 있다.

이 두 유형은 상관이 있는데, 어머니의 우울증과 같은 가정의 일반적인 어려움은 반사회적 행동을 야기할 수 있는 학대로 이어지고 양육에 대한 무능감은 어머니의 우울을 가중시키고 이는 순환된다.

높은 갈등 수준은 품행 문제가 있는 아동의 가정에서 흔하다. 비효과적인 훈육, 부정적 통제, 처벌과 보상의 부적절한 사용, 지시를 따르지 못함, 자녀 양육에 참여 부족과 같은 빈약한 양육 관행 역시 흔하다(Larsson et al., 2008; Trentacosta & Shaw, 2008). 부모 역시 아동과 비슷하게 사회-인지적 결손이 있을 수 있으며, 이는 반사회적인 아동이 가지고 있는 적대적 의도의 추론 경향이 이 부모들의 사회적 지각을 반영하는 것일 수도 있음을 암시한다(Healy et al., 2013).

마지막으로, 가족 응집력이 부족한 경우가 많은데, 이는 정서적 애착의 부족, 의사소통 및 문제해결력의 불량, 지지의 부족, 가족의 해체로 나타난다(Henggeler, Melton, & Smith, 1992). 가정의 혼란, 즉 높은 소음 수준 · 혼잡함 · 사람들이 계속해서 왔다 갔다 함, 예측성과 가족 일상생활의 부족 역시 아동 품행 문제와 관련이 있다(Deater-Deckard et al., 2009).

품행 문제가 있는 아동의 가정에서는 갈등이 흔하다.

카인과 아벨에서부터 TV 속의 Bart Simpson과 Risa Simpson에 이르기까지, 형제자매 간의 갈등은 큰 관심을 받아 왔다(Johnston & Freeman, 1998). 갈등은 품행장애가 있는 아동과 형제자매에서 특히 심하다. 때때로 의뢰되지 않은 형제자매들도 의뢰되는 품행장애 아동처럼 심각한 부정적 행동을 보이기도 하며, 심지어는 품행 문제가 있는 형제들이 없을 때에도 갈등이 심한 경우도 있다(Dishion & Patterson, 2006). 이는 형제자매의 어려움이 반사회적인 형제나 자매의 불쾌한 행동에 대한 단순한 반응만은 아니라고 암시한다. 형제자매의 문제 행동이 유사하게 나타나는 이유는 여러 가능성이 있는데, 양육 관행의 불량 · 모델링 효과 · 형제의 직접적인 영향 · 부

부 갈등 · 부모의 정신건강 문제 · 유전적 영향의 공유 등이 있다. 이유가 무엇이든 간에 형제간의 비행 행동이 서로 협력되는 것은 이후의 품행 문제의 위험을 높이는 데에서 비행 또래와의 관계만큼이나 강력할 수 있으며, 형제간의 비행이 이후 또래를 향한 공격성을 야기할 수도 있다(Ensor et al., 2010).

지금까지 품행 문제가 있는 아동과 그 가족에게 나타나는 공통적인 어려움에 대해 기술했다. 이 장의 후반부에서는 이러한 가족 문제가 어떻게 다른 요인들과 결합하여 추가의 문제를 야기하는지 살펴볼 것이다.

또래 문제

그 아이는 다른 아이들에게 상당히 공격적이다. 그 애가 자기보다 몸집이 작은 아이에게 다가가서 때리지 않는다고 하면 우리는 믿지 않는다. 그는 아이들의 눈을 찌르거나 밀쳐 버린다. 그 애는 괴롭히기 위해 아이들한테 다가가는 것 같다.

— Webster-Stratton과 Herbert(1994)

품행 문제가 있는 어린 아동은 다른 아동에게 언어적 · 신체적 공격을 하며, 사회적 기술도 빈약하다(Miller & Olson, 2000). 자기 조절이 빈약한 취학 전 아동은 타인의 관점을 이해하는 데 어려움이 있고, 부모로부터 체벌을 경험하거나 초등학교 입학의 전환기에 또래에 대한 공격성을 많이 보이기도 한다(Olson et al., 2011).

일부 아동은 꽤 인기가 있지만, 대부분은 나이가 많아지면서 또래들에게 거절당한다(Rodkin et al., 2000). 초등학교 또래에 의한 사회적 거부는 청소년기 품행 문제의 강력한 위험 요인이다. 예를 들어, 2학년이 될 때까지 2년이나 3년 정도 또래로부터 거절을 당한 아동은 그렇지 않은 아동에 비해 청소년기에 품행 문제를 보일 위험성이 5배나 높다(Laird et al., 2001). 학교에 입학하면서 이들 중 일부는 문제아가 되며, 특히 청소년기 및 성인기까지도 지속될 품행 문제와 연관된 공격적인 패턴을 보인다(**살펴보기 9.3** 참조).

품행 문제가 있는 아동도 친구를 사귈 수 있다. 불행하게도 자신과 생각이 비슷한 반사회적인 아동과의 우정이 흔하다(Button et al., 2007). 초기 반사회적 행동과 일탈된 또래가 결합되면 청소년기에 품행 문제가 있을 수 있

살펴보기 9.3

괴롭히는 사람과 그들의 희생자

2년 동안, 얌전한 학생 Johnny(13세)는 같은 반 몇몇 급우들의 인간 놀잇감이었다. 10대 악당들은 Johnny에게 돈을 요구하고, 마약이나 세제가 섞인 음료를 마시도록 강요하고, 화장실에서 때리고, '애완동물'처럼 목을 줄로 감아서 끌고 다녔다(Olweus, 1995, p. 196).

학교에서의 이러한 괴롭힘은 매우 오래되고, 익숙하고, 특히 반사회적 행동의 공격적인 형태이다. **집단 괴롭힘**(bullying)은 한 명 이상의 아동들이 다른 아동, 즉 부정적 행동에 대해 스스로 방어하지 못하는 아동에게 의도적이고 반복적으로 부정적인 행동을 가할 때 발생한다(Olweus, 2013). 이러한 행동은 신체적 접촉, 욕설, 나쁜 표정이나 불쾌한 몸짓 취하기, 집단에서 고의로 배제시키기와 같은 형태를 취한다. 집단 괴롭힘에는 흔히 힘의 불균형이 존재하고, 따라서 피해자는 자신을 보호하는 데 어려움이 있다(Guerra, Williams, & Sadek, 2011). 이러한 문제의 범위는 비교적 넓다. 2007년, 12~18세 학생들의 약 32%가 학교에서 집단 괴롭힘을 당했다고 보고했다. 대체로 흔한 것은 재미 삼아 하는 소문 퍼뜨리기, 밀치기 · 발 걸기 · 침 뱉기이다(Robers et al., 2013). 소년들은 소녀들보다 다른 아동을 괴롭힐 가능성이 훨씬 더 많으며, 괴롭힘의 피해자가 될 가능성도 다소 높다. 피해자들은 전형적으로 연약하고, 힘이 없고, 다르다고 지각하고 있다. 고등학생들이 하는 다음의 이야기는 피해 및 다르다고 보는 것과 관련된 다양한 요소들을 정확히 담아 낸다(Guerra et al., 2011).

> 당신이 약하다거나 다르다는 이유만으로도 괴롭힘을 당할 수 있다. 귀가 얇은(big ears) 아이들은 괴롭힘을 당한다. 멍청해도 괴롭힘을 당한다. 스스로에 대해 너무 많이 생각하거나 자기 자신을 자랑하는 아이도 괴롭힘을 당할 수 있다. 선생님이 예뻐하는 아이도 괴롭힘을 당한다. 수업 중에 정답을 너무 많이 해도 괴롭힘을 당할 수 있다. 괴롭힘을 당하지 않으려면 눈에 띄지 않게 지내야 한다. 하지만 그렇게 되면 슬플 것이다. 누구도 관심을 기울이지 않기 때문이다(p. 306).

(다음 쪽에 계속)

살펴보기 9.3

괴롭히는 사람과 그들의 희생자(계속)

다르게 보이지 않는 젊은이는 면제된다. 예를 들어, 2011년에 집단 괴롭힘의 예방에 관한 백악관 회의에서 Obama 대통령은 자신이 젊었을 때 집단 괴롭힘의 희생자였다고 인정했다. "나는 귀가 얇고 별명이 붙어 있었고, 면역이 되어 있지 않았다. 나는 다치지 않고 빠져나오지 못했다"(Brown, 2011). 집단 괴롭힘의 피해가 정서적 문제와 강력한 상관이 있다고 해도, 일부 아동은 회복이 된다. 흥미롭게도, 한 연구에서 특정 유전자형(세로토닌을 전달하는 5-HTT 유전자가 관여하는)의 젊은이는 집단 괴롭힘 피해에 뒤이은 부정적 영향을 덜 겪는 것(유전-환경의 또 다른 사례)을 발견했다(Sugden et al., 2010).

불행하게도, 인터넷과 휴대전화에 대한 폭넓은 접근은 전자기기를 사용하는 청소년들이 또래를 놀리고, 모욕하고, 위협하고, 협박하는 새로운 형태의 집단 괴롭힘을 만들어 내고 있다. 전자기기/인터넷 또는 사이버 집단 괴롭힘은 문자 메시지, 이메일, 남을 헐뜯는 웹사이트, 온라인 'slam book'(학생들 사이에서 통하는 노트북)을 이용해서 헛소문이나 비밀을 퍼뜨리거나 욕을 하거나 피해자를 협박하거나 조정하고 해를 입힌다(Kowalski et al., 2014). 대부분의 사이버 괴롭힘은 수업시간 이외에 발생하며, 다 그렇지는 않지만, 내용은 학교 장면에서 유래된 것이다. 매체 계정 및 일부 연구는 사이버 집단 괴롭힘이 급속하게 증가하는 문제라고 보고하며, 이는 대면해서 하는 집단 괴롭힘보다 더 흔할 수도 있다. 그러나 일부 연구 결과는 사이버 집단 괴롭힘의 발생률이 최근에는 비교적 안정을 유지하고 있어서 전통적인 집단 괴롭힘의 거의 65~75% 이하를 차지하고 있음을 시사한다(Olweus, 2013). 전통적인 집단 괴롭힘과 사이버 집단 괴롭힘 간에는 중복되는 것이 아주 많다. 전통적인 집단 괴롭힘 가해자의 약 90%는 사이버 집단 괴롭힘의 가해자이고, 전통적인 집단 괴롭힘 피해자의 약 90%는 사이버 집단 괴롭힘의 피해자이기도 하다(Olweus, 2013; Raskauskas & Stoltz, 2007). 이는 새로운 전자 매체가 실제로 새로운 피해자와 가해자를 거의 만들지 않는다는 것을 시사한다. 이러한 연구 결과는 사이버 집단 괴롭힘의 심각성을 무시하거나 하찮게 여기지 않아야 하며 전통적인 형태의 집단 괴롭힘에 관한 유병률과 본질에 관한 관점을 제시하는 것이 되어야 한다.

피해자 또는 가해자라는 아동의 지위는 시간이 지나도 안정적인 경향이 있으며, 피해자와 가해자는 전형적인 일정한 특성을 보이기도 한다. 전형적으로, 피해자는 불안하고 순종적인 행동, 낮

Radius Images/Masterfile

은 자존감이라는 특징을 보이며, 소년의 경우에 신체적으로 약할 수 있다. 이러한 아동들은 공격이나 모욕을 받아도 보복하지 않을 것이라는 신호를 다른 아이들에게 준다. 전형적인 가해자는 또래와 성인 모두를 향한 공격성으로 구별된다. 이들은 종종 충동적이고, 타인을 지배하려 하고, 다른 소년들보다 힘이 세고, 피해자에 대해 동정심을 거의 보이지 않고, 피해자에게 해를 가하고 괴롭혀서 물질적인 이익을 구하는 것처럼 만족감을 추구한다. 한 연구에서는 학교에서 가해자였던 소년의 약 40%가 24세가 되었을 때 세 가지 이상의 범죄로 기소되는 것으로 나타났다(Olweus, 1995). 즉, 학교에서의 괴롭힘은 반사회적 행동의 좀 더 일반적인 패턴의 일부인 것 같다.

집단 괴롭힘의 높은 유병률 및 이것이 피해자에게 미치는 영향(안타깝게도 일부는 자살한다)으로 미루어 볼 때 심각한 사회적 문제임에 틀림없다. 이전에 집단 괴롭힘의 가해자와 피해자에 대한 장기적 결과의 연구들은 괴롭힘이 단순히 유해하고 지나가는 학교 문제가 아니라 심각한 적응의 문제이며 사회적 비용이 많이 드는 공중보건의 문제라는 것을 알려 준다(Copeland et al., 2013; Olweus, 2013). 이 문제를 해결하기 위해, 문제에 대한 인식을 증가시키고, 괴롭힘에 대한 명확한 규율을 개발하고, 피해자에 대한 지지와 보호를 제공하는 웹사이트들(예: http://stopbullyingnow.hrsa.gov), 학교 차원의 개입과 정책이 개발되어서 전 세계의 여러 나라에서 성공적으로 사용되고 있다(Karna et al., 2011).

는 강력한 지표가 된다(Laird et al., 2005). 반사회적 또래와 어울리는 것은 아동기 동안에 점점 더 지속적이 될 것이며, 절도 · 무단결석 · 약물 남용과 같은 청소년 범죄로 이행되는 것을 도와준다(Patterson, 1996). 사실, 보고된 모든 청소년 범죄의 약 2/3가 두세 명의 또래들이 어울려서 저지른 것이다(Snyder & Sickmund, 2006). 일탈한 또래들과 어울리는 것은 청소년기에 속도가 붙는 자율성 및 조기 성적 활동을 가장 강력하게 예측해 주는 인자 중의 하나이다(French & Dishion, 2003).

TOM과 MATTHEW

살인 모의

1995년 2월 16일, Delano라는 미네소타 주의 작은 마을에서 Tom(14세)은 친한 친구 Matthew와 집에 숨어 있다가 어머니가 들어왔을 때 어머니를 살해했다. 이 소년들은 대부분의 시간을 함께 지내 왔다. 이들은 이것이 계획된 것임을 인정했다(한 아이는 몇 주 동안 계획했다고 하고, 다른 아이는 몇 시간 동안 계획했다고 했다). 그들은 무장하고 있다가 어머니가 직장에서 돌아올 때를 기다렸다. 한 가지는 비교적 분명한 것 같다. 이 살인은 여기 있는 반사회적 소년 둘이서 실행하겠다는 동의를 하기 전까지는 일어날 가능성이 없는 일이었다.

출처: Hartup, 1996, p. 1에서 인용.

반사회적 소년들 사이의 우정은 거칠고, 불안정하고, 단기적이고, 전혀 생산적이지 않다(Dishion & Patterson, 2006). 일을 저질렀을 때, 정적 교류는 그러한 행위에 수반된 으스대고 강압적인 행동에 의해 위태롭게 된다. 반사회적인 친구는 '일탈적인 말'에 몰두하고, 규칙 위반에 대한 이야기를 나누면서 선택적으로 서로에게 보상한다. 그러나 친사회적 행동에 대해서는 거의 이야기하지 않는다. 이러한 차별 강화 때문에 시간이 지나면서 반사회적 경향성이 더욱 비슷하게 되고, 반사회적 행동의 빈도와 다양성이 가속화된다(Piehler & Dishion, 2007).

일탈한 또래와 어울리는 것이 물질 사용 · 비행 행동 · 폭력에 대해, 특히 강력한 예측인자라는 사실은 품행과 관련된 영역에서의 개입이 최우선 과제라고 말해 준다. 그러나 안타깝게도 집단 치료, 구조화되지 않은 방과 후 프로그램, 하계 프로그램, 집중 훈련 캠프처럼 아주 잘 만들어진 프로그램들이 품행 문제가 있는 청소년들 집단, 즉 가장 해가 되는 바로 그 상황을 만드는 경향이 있다(Dishion, Bullock, & Granic, 2002; Gottfredson, 2010).

공격적인 아동은 또한 사회적 상황에 대한 생각에서 왜곡을 보인다. 이들은 자신의 공격성과 공격성의 부정적인 영향에 대해서는 과소평가하고 자신을 향한 공격성의 정도는 과대평가한다. 공격적 아동의 하위 집단들은 사회적 상황을 다른 방식으로 생각하기도 한다. 예를 들어, **반응적-공격적**(reactive-aggressive) 아동(좌절 또는 화나는 상황에서 분노, 방어 반응을 보이는 아동)은 **적대적 귀인 편견**을 보이는데, 이것은 다른 아동에게 부정적 의도로 귀인하며, 특히 타인의 의도가 불분명할 때 그렇다는 의미이다(예: 우연히 부딪혔을 경우에 이들은 다른 아동이 고의로 그렇게 행동했다고 생각할 가능성이 크다). 이와 대조적으로, **성향적-공격적**(proactive-aggressive) 아동(원하는 목적을 얻기 위해 공격적 행동을 교묘히 이용하는 아동)은 자신의 공격적 행동을 긍정적으로 보고, 친밀성보다는 지배 및 복수의 사회적 목표가 더 가치 있다고 보기 쉽다(Crick & Dodge, 1996). 공격적 아동은 타인을 염려하는 마음이 부족하고, 사회적 문제에 대한 해결책이 거의 없고, 대체로 공격적이거나 부적절하다(Hastings et al., 2000; Dodge & Pettit, 2003). 성향적-공격성을 보이는 아동은 반응적-공격성을 보이기도 하는 반면에 반응적-공격성 아동은 반응적-공격성만 보이며, 전반적으로 덜 공격적이다(Crapanzano, Frick, & Terranova, 2010).

품행 문제가 있는 아동의 적대적 귀인은 그들 부모가 보이는 유사한 귀인과 직접적인 관련이 있다. 예를 들면, 어머니의 적대적 귀인이 심리사회적 어려움, 빈약한 양육 행동, 아동의 적대적 귀인, 5세가 되어서 아동의 공격성과 연관된다고 밝힌 종단 연구가 있다(Healy et al., 2013). 품행장애가 있는 많은 아동이 공격적이고 위협적인 환경에서 살고 있다는 것을 염두에 두어야 한다. 경우에 따라, 타인이 위협적 또는 공격적이라고 보는 것은 적대적인 사회적 환경에서 살아가는 현실을 정확하게 반영한 것일 수도 있으며, 공격적 반응 양식은 이러한 세상에서 적응적인 반응일 수도 있다.

자존감 결손

품행 문제가 있는 많은 아동이 자존감이 낮지만, 낮은 자존감이 품행 문제의 일차적 원인이 된다는 시각을 지지하는 증거는 거의 없다. 오히려 이러한 문제는 자신에 대한 과장, 불안정, 그리고(또는) 자신이 없는 것과 연관되는 것 같다(Baumeister, Bushman, & Campbell, 2000). 예를 들어, 공격적 아동은 자신의 사회적 능력 및 또래의 수용에 대해 과대평가한다(David & Kistner, 2000). 그들 스스로에 대한 편향된 인식에서 위협적이라 여겨지는 것(예: 거부)이 있으면 공격적 행동으로 반응할 수 있으며, 이는 자기 개념이 낮아지는 것을 회피하는 방식이 된다(Orobio de Castro et al., 2007). 이러한 관점과 일관되게, 젊은 범죄 조직 구성원들 사이에서 자존감은 집단 구성원 한 사람이 다른 사람의 것을 빼앗아서, 즉 지위·존경·특권이 많아져서 자존감을 확보하는 패턴을 확신하는 것 같다(Anderson, 1994). 따라서 품행 문제가 있는 청소년은 시간이 지나면서 자신의 반사회적 품행을 합리화시켜 주는 높은 자존감을 경험할 수 있다(Menon et al., 2007).

건강 관련 문제

품행 문제가 지속되는 젊은이들은 성인과 마찬가지로 개인적 상해, 질병, 약물 과다 복용, 성병, 물질 남용, 신체적 문제 등에 취약하게 하는 많은 행동에 몰두한다(Odgers et al., 2007a). 다양한 원인(예: 살인, 자살, 중독, 교통사고, 약물 과다 복용)에 의한 조기사망(30세 이전)의 비율은 품행 문제가 없는 소년에 비해 품행 문제가 있는 소년이 3~4배 더 많다(Kratzer & Hodgins, 1997). 아동기의 반사회적 행동은 성적인 행동을 일찍 시작하는 것과 이런 행동의 유지 및 21세까지의 성적 위험 행동을 예견한다(Ramrakha et al., 2007; Wymbs et al., 2013). 이 젊은이들은 여러 명과 성적 접촉을 하고, 피임을 하지 못함으로써 성병에 걸리거나 원치 않는 임신을 하게 될 위험에 더 많이 노출된다.

물질 사용 장애와 청소년의 반사회적 행동은 강한 연관이 있다(Conner & Lochman, 2010). 예를 들면, 마약을 하거나 마약을 파는 청소년은 그렇지 않은 청소년보다 권총을 소지하고 범죄 조직의 일원이 되고 술을 먹고 다른 반사회적 행동을 할 가능성이 많다(Snyder & Sickmund, 2006). 청소년 물질 남용은 눈앞에 닥친 사고의 위험, 폭력, 학업 중퇴, 가정 문제, 위험한 성적 행동과 관련되어 있다(Gilvarry, 2000). 조기 품행 문제는 청소년 물질 남용의 위험 요인으로 알려져 있다(Fergusson, Horwood, & Ridder, 2007). 비행 행동의 유병률은 물질 사용의 심각성에 따라 달라지는데, 여러 가지 약물을 사용하는 청소년의 약 10%가 중범죄, 중절도죄 및 기타 보고되는 범죄의 50% 이상을 저지른다(Johnston et al., 2012). 이러한 증거들로 볼 때, 아동기의 품행 문제는 청소년 및 성인이 되어서의 물질 사용에 대한 위험 요인이 되는데, 이러한 관계는 초기 청소년기 및 후기 청소년기 동안의 약물 사용과 비행이 매개 역할을 한다(Fergusson et al., 2007; Hopfer et al., 2013). 물질 사용 문제에 대해서는 13장의 건강 관련 장애에서 더 논의할 것이다.

단원 정리

관련 특성

- 품행 문제가 있는 대부분의 아동은 지능이 정상인데도 불구하고 인지, 언어, 말의 손상이 드러난다.
- 이들은 언어 및 읽기 학업의 성취가 저조한 것을 포함하여 학교에서 여러 가지 어려움을 경험하는데, 이는 ADHD와의 동시 발병 때문일 것이다.
- 일반적인 가족 문제와 가족 기능 및 양육 관행에서의 어려움은 품행 문제와 가장 강력하면서도 일관되게 연관되어 있다.
- 품행 문제가 있는 아동은 거부 및 집단 괴롭힘을 포함해서 또래 관계에 어려움이 있다. 이들의 친구는 종종 반사회적 아동이다.
- 반사회적 행동은 자신에 대해 과장, 불안정, 그리고(또는) 머뭇거리는 태도와 연관될 수 있다.
- 품행 문제가 있는 청소년은 위험에 처하게 만드는 개인적 상해, 질병, 성병, 물질 남용을 포함해서 건강 관련 문제에 아주 취약하다.

동반되는 장애와 증상

품행 문제가 있는 대부분의 아동은 한 가지 이상의 다른 장애로 인해 고통받으며, 가장 흔한 것은 ADHD, 우울증 및 불안이다(Waldman & Lahey, 2013).

주의력결핍/과잉행동장애(ADHD)

CD가 있는 아동의 약 50%는 ADHD도 가지고 있다. 이렇게 중복되는 데에는 몇 가지 이유가 있다(Beauchaine,

Hinshaw, & Pang, 2010; Rhee et al., 2008).

- 충동성, 자기 조절의 빈약, 기질과 같은 공통적인 취약 요인은 ADHD와 CD 둘 다를 일으킬 수 있다.
- ADHD는 지속되거나 좀 더 심각한 형태로 발전시켜서 CD의 촉매제가 되며, 특히 비효과적인 양육의 정서적 반응 및 행동이 있을 때 더욱 그러하다.
- ADHD는 아동기 CD의 발병으로 이어질 수 있으며, 문제가 지속되는 강력한 예측인자가 되기도 한다.

이렇게 많이 중복되는데도 불구하고, 연구의 두 가지 흐름은 CD와 ADHD가 구별되는 장애라고 암시한다. 첫째, CD와 ADHD 둘 다 있는 모델이 단일 장애에 근거한 모델보다 일관되게 자료에 더 잘 부합한다(Waschbusch, 2002). 둘째, CD는 ADHD가 인지적 손상, 신경발달상의 이상, 교실에서의 부주의, 사고로 인해 다치는 비율이 높은 것보다는 덜 연관되어 있다(Hinshaw & Lee, 2003).

우울과 불안

품행 문제가 있는 아동의 약 50%는 우울증이나 불안 진단도 받는다(Wolff & Ollendick, 2006). 품행 문제와 우울 간의 관련성을 더 잘 설명해 주는 것은 ODD이며 CD가 아니라는 점 그리고 ODD의 반항적 행동 증상보다는 부정적 기분의 증상(예: 화/성마름)이 이러한 관계를 더 잘 설명해 준다는 몇몇 증거가 있다(Burke & Loeber, 2010). 품행 문제 및 내면화 문제가 복합된 남아는 초기 아동기에 결과가 나쁜데, 나중에 정신장애 및 범죄에 극도로 취약하다(Sourander et al., 2007). CD가 있는 대부분의 여아는 초기 성인기에 우울장애나 불안장애를 발달시키고, 남녀 모두에게 반사회적 행동의 정도가 심각해지는 것은 우울 및 불안의 정도가 심각해지는 것과 관련이 있다(Zoccolillo et al., 1992). 청소년 CD는 또한 우울 가족력이 있는 청소년의 자살 실행에서 위험 요인이 된다(Renaud et al., 1999).

품행 문제가 있는 아동의 불안장애와 반사회적 결과 간의 관련성에 관한 결과들은 쉽게 이해하기 어렵지만 꽤 흥미롭다(Drabick, Ollendick, & Bubier, 2010). 일부 연구에서는 불안과의 동시 발생이 공격 행동을 억제하는 보호 요인임이 발견되었다(Pine et al., 2000). 그러나 다른 연구에서는 불안이 나중에 반사회적 행동의 위험을 증가시키는 것으로 확인되었다(Rutter, Giller, & Hagell, 1998). CD와 불안장애가 있는 남아는 높은 행동적 억제와 관련이 있는 타액의 코르티솔 수준이 아주 높았고, 이는 불안을 보호 요인으로 보는 입장을 지지해 준다(McBurnett et al., 1991). CD만 있는 남아의 경우에 타액의 코르티솔 수준이 낮은 것은 공격적 및 파괴적 행동과 직접적인 관련이 있다(McBurnett et al., 2000). 불안과 반사회적 결과 간의 관계가 불안의 유형에 따라 다르다는 가설도 있다. 이 가설에 따르면, 수줍음 · 억제 · 공포와 관련된 불안은 품행 문제에 대항하는 보호 요인이 되지만, 타인에 대한 배려의 부족에 근거한 부정적 정서 · 사회적 회피/철회는 품행 문제에 대한 아동의 취약함을 증가시킨다(Lahey & Waldman, 2003). 이러한 관점과 일관되게, 잔인-무감동 성향의 아동은 품행 문제가 있는 다른 아동보다 불안을 덜 보인다(Frick et al., 1999). 품행 문제와 불안 간의 관계에서는 각기 다른 경로가 기저에 있으며, 불안은 품행 문제의 완충제가 되거나 촉매제가 되기도 하는데 이는 기저의 상태에 따라 다르다고 제안하고 있다(Drabick et al., 2010).

단원 정리

동반되는 장애와 증상

- CD가 있는 아동의 50% 정도는 ADHD도 가지고 있다. 중복되는데도 불구하고, CD와 ADHD는 별개의 장애인 것 같다.
- 품행 문제가 있는 아동의 50% 정도는 우울장애 또는 동시 발병 불안장애라고 진단된다. ODD와 관련된 부정적 기분 증상이 품행 문제와 우울을 가장 잘 설명해 준다.
- 수줍음, 억제, 공포와 관련된 불안은 품행 문제에 대항하는 보호 요인이 되지만, 타인에 대한 배려의 부족에서 오는 부정적 정서, 사회적 회피/철회는 품행 문제에 대한 아동의 취약함을 증가시킬 수 있다.

유병률, 성별, 과정

이어지는 단락에서는 품행 문제의 유병률, 반사회적 표현에서 성별이 갖는 중요한 역할, 발달 과정이 진행됨에 따라 품행 문제가 다른 방식으로 나타나는 것에 대해 살펴볼 것이다.

유병률

아동기 동안에는 ODD가 CD보다 흔하지만, 청소년기가 되면 유병률은 비슷해진다. ODD의 **평생 유병률 추정치**는 대략 ODD가 12%(남자의 경우 13%, 여자의 경우 11%), CD가 8%(남자의 경우 9%, 여자의 경우 6%)이다(Merikangas et al., 2010). 전반적인 생애 유병률이 비슷한 이유는 초기 아동기부터 청소년기까지 ODD가 감소하거나 일정한 데 비해, CD는 같은 기간 동안 증가하기 때문이다. CD와 ODD의 유병률 추정치는, 대부분의 비교 자료가 서구 국가와 비서구 국가 간의 비교보다는 서구 국가들 간에 행해지기는 했지만, 범문화적으로 유사하다(Canino et al., 2010; Erskine et al., 2013).

성별

지구에 살고 있는 4,000종(種)의 포유류를 포함해서, 기록되어 있는 수백만 종의 동물들 중 단 두 가지 종이 전쟁에 관여하는 것으로 기록되고 있다. 침팬지 수컷과 남자 인간이다.

— Eme(2007)에서

ANN
가출

Ann(13세)은 최근까지는 어머니, 의붓아버지, 9세 된 남동생과 함께 살았다. Ann은 반복된 가출 때문에 지난 6개월 동안 법원의 보호 아래 아동 보호소에서 지냈다. Ann의 부모에 따르면, Ann은 반항적이고, 자주 말다툼을 하고, 거짓말과 도벽이 잦다. Ann은 부모의 물건뿐만 아니라 친척이나 친구의 집에서 옷과 보석을 자주 훔쳤다. 가출은 또 다른 중요한 문제였다. 지난 3년간 Ann은 네 차례나 가출했다. 매번 경찰이 집으로 연락을 해 왔다. 특히, 집에서 물건을 훔치거나 담배를 피운 일 때문에 외출이 금지되면 가출을 했다. 한번은 집에서 도망쳐서 3일이 지난 후 경찰이 마을의 반대편(집에서 10마일쯤 떨어진 곳)에서 늦은 밤에 거리를 배회하고 있는 Ann을 찾았다. Ann은 자신이 누구이고 어디 사는지를 말하지 않으려고 했다.

출처: A. E. Kazdin, *Conduct Disorders in Childhood and Adolescence*, p. 17에서 인용.

반사회적 행동의 빈도나 정도에서 뚜렷한 성별 차이는 두세 살이 되면 두드러진다(Dodge, Coie, & Lynam, 2006). 아동기 동안, 품행 문제의 비율은 남아가 더 일찍 발병하고 더 오래 지속되는 것으로 보이며, 유병률은 여아보다 대략 2~4배 높다(Eme, 2007; Lahey et al., 2006). 남아는 또한 전 세계적으로 여아보다 품행 문제를 더 많이 보이며, 신체적 공격을 더 많이 사용하는 것으로 보고된다(Erskine et al., 2013; Lansford et al., 2012). 이러한 성별 차이는 신체적 공격 행동을 포함하여 여아의 품행 문제가 남아보다 덜 심각하다는 의미가 아니며, 단지 남아보다 다소 덜 발생한다는 것이다.

품행 문제에서 성별의 차이는 중기 아동기까지는 증가하고, 초기 청소년기에는 차이가 크게 좁혀지는데, 주된 이유는 여아에게서는 드러나지 않는 비공격적 반사회적 행동이 증가하기 때문(McDermott, 1996)이며, 그다음에는 남아의 비행 행동이 최고점에 이르는 후기 청소년기에 이 차이가 다시 증가한다(Lahey et al., 2006). Ann은 훔치고, 거짓말하고, 가출하지만 신체적으로 공격하지는 않는다. 공격과 절도가 CD가 있는 남아의 초기 증상인 데 비해, 여아의 CD 초기 증상은 성적인 나쁜 행실이다(Offord, Alder, & Boyle, 1986). 반사회적 여아는 그렇지 않은 여아에 비해 반사회적인 남아와 관계를 맺기 쉽고, 어린 나이에 임신을 하고, 불안 · 우울 · 잘못된 육아를 포함해서 나중에 더 광범위하게 문제를 보인다(Foster, 2005).

반사회적 행동의 전체 양에서 성별 차이가 초기 청소년기에 감소하지만, 남아는 일생을 통해 여아보다 폭력 경향이 더 많이 유지되고, 반복적으로 신체적 폭력에 가담하기 쉽다(Odgers & Moretti, 2002). 초기 아동기부터 성인기까지의 만성적인 품행 문제에서 남녀 비율은 대략 10:1로 뚜렷하다. 이에 비해, 청소년기의 일시적인 형태의 반사회적 행동에서는 남녀 비율이 대략 2:1이다(Moffitt et al., 2001).

게다가, 아동기에 여아에 의한 신체적 공격이 발생했을 때, 남아와는 다르게 지속적인 신체적 폭력 및 다른 형태의 청소년기 비행을 예측하는 것 같지는 않다(Broidy et al., 2003). 이것이 여아가 비폭력적이라는 것을 의미하지는 않는데, 10대 소녀의 대략 25%(10대 소년의 경우에 대략 50%)는 학교 또는 직장에서 심한 싸움, 집단 패싸움에 가담하거나 심각하게 위해를 가하려는 의도를 가지고 타인을 공격하는 것처럼 한 가지 이상의 폭력 행동을 한다(Substance Abuse and Mental Health Services Administration[SAMHSA], 2009). 흥미롭게도, 반사회적

여자 애들은 다 그럴 것이다.

행동에서 성별의 차이는 지난 60년 동안 50% 이상 감소했으며, 이는 여아가 가정 불화 또는 매체의 영향 그리고 (또는) 여아에서 이러한 문제의 인식이 높아지고 있는 것처럼 시대적인 위험 요인에 더 민감하거나 영향을 더 많이 받을 수 있다는 것을 암시한다(Rutter et al., 1998). 불행하게도, 반사회적 행동은 점차 고통의 기회가 균등해지는데, 품행 문제는 청소년 여아에서도 가장 흔한 정신장애 중 하나이다.

성별 차이에 대한 설명

유전, 신경생물학적 위험 요인 및 환경적 위험 요인이 모두 관련되지만, 반사회적 행동의 성별 차이에 대한 정확한 이유는 알려지지 않았다(Eme, 2007; Messer et al., 2006). 아동기 반사회적 행동에 대한 유전적 위험 요인 및 환경적 위험 요인은 남자와 여자에게서 질적으로 다를 수도 있다(Meier et al., 2011). 성별 차이는 여아가 보이는 덜 신체적인 공격 형태의 반사회적 행동은 신체적 공격성을 크게 강조하는 품행장애의 정의에도 일부 관련이 있다(Crick, Bigbee, & Howes, 1996). 여아는 화가 나면, 신체적 공격의 형태보다는 언어적 모욕, 험담, 고자질, 우정을 철회한다는 위협, 앙갚음, 신체적 공격보다는 제3자를 이용하는 등의 **관계적 형태의 공격**(살펴보기 9.4 참조)의 비지시적 형태를 사용하기 쉽다(Cote et al., 2007; Crapanzano et al., 2010). 또한 여아는 남아에 비해 공격적인 사회적 언쟁에 정서적으로 흥분하기 쉽다(Crick, 1995). 청소년기에 접어들면서, 여아는 공격적인 행동의 기능이 점차 집단의 수용과 소속 중심으로 선회하는 반면, 남아의 공격성은 대립을 일삼는 것으로 남아

살펴보기 9.4

소녀들의 사회적 공격성: "소문으로 그녀를 다치게 해"[1]

학교생활 중에, Rachel Simmons(2002)는 9학년 소녀들로 이루어진 8개 집단을 만났고, 각각의 모임에서 같은 질문을 했다. 그 질문은 "소년과 소녀의 비열함에는 어떤 차이가 있을까?"였다.

8개 집단에서 Simmons는 같은 대답을 들었다. "소녀는 배신할 수 있어요.", "소녀들은 귓속말을 해요.", "빤히 쳐다보죠.", "소녀들은 내면에서부터 당신을 파괴해요.", "소녀는 교묘하게 조종하려고 해요.", "소년에게는 없는 사악함의 측면이 소녀에게는 있는 것 같아요.", "당신이 약하다는 것을 알게 된다면 소녀들은 당신을 목표로 삼을 거예요.", "소녀들은 다른 사람의 등 뒤에서 많은 것을 해요.", "소녀들은 사전에 치밀하게 계획을 짜요."

"굵고 사무적인 목소리로, 소녀들은 자신들을 설명한다. 배신하고, 믿을 만하지 못하고, 교활하다. 이들은 소녀들이 타인을 조정하고 힘을 과시하기 위해 친밀감을 이용한다고 주장한다. 이들은 소녀들이 사회적 위계를 올라가기 위해 남을 속이고, 서로를 이용한다고 말했다. 이들은 소녀들이 용서하지 않고, 교활하고, 아무것도 모르는 피해자를 방심하게 만들 순간을 기다리면서 거짓말을 하고, 눈에는 눈이라는 잔인한 사고방식을 가졌다고 묘사한다."

험담하거나 소문을 퍼뜨리는 식으로, 소녀는 소년보다 간접적인 형태의 사회적 공격성을 더 많이 보인다.

[1] Crick et al., 2001, p. 15.

출처: Simmons, 2002, pp. 15-16에서 인용.

있다(Crick & Rose, 2000).

반사회적 행동의 성별 차이는 지역사회 표본 아동들에 비해, 치료에 의뢰된 남아와 여아 사이에서 더 적다. 임상에 의뢰된 남녀 품행 문제 아동은 비슷한 양의 외현화 문제를 보이지만(Dishion & Andrews, 1995), 의뢰된 여아는 같은 연령, 동성 또래와의 관계에서 남아보다 더 일탈되어 있다(Webster-Stratton, 1996; Zoccolillo, 1993). 남아가 전형적으로 여아보다 소란스런 놀이, 집단 괴롭힘, 싸움에 몰두하고 불순종하기 때문에 여아의 행동이 더 드러나지 않는 것 같다. 명백한 반사회적 행동이 남아에게 좀 더 흔하므로 그들의 증상은 어릴 때 더 눈에 띄는데, 이것은 남아의 품행 문제가 더 어린 나이에 시작된다고 보고되는 이유일 수 있다. CD를 갖고 있는 여아의 대략 90%에서 발병 연령이 10세 이전이라고 밝힌 종단 연구가 있다(Keenan et al., 2010). 지금까지 연구들은 CD에 대한 성별-특정 진단 준거의 개발을 지지해 주지 않지만(Frick & Nigg, 2012), 여아에서 관계적 공격성과 잔인-무감동 특징에 대한 향후 연구는 좀 더 나이가 어린 여아의 CD를 감지하는 데 유용할 것이다(Keenan et al., 2010; Kroneman et al., 2011)

일부 여아들은 초경을 빨리 시작하는데, 이는 일탈 또래와 더 많이 어울리게 함으로써 품행 문제를 간접적으로 높일 수 있다(Burt et al., 2006). 흥미롭게도, 초경의 조기 시작은 여학교에 다니는 여아보다는 남녀공학에 다니는 여아의 비행이 증가됨을 예견한다. 남녀공학의 경우, 여아는 반사회적 행동의 모델이 되고 성적 관계를 일찍 시작하도록 압박하는 남아에게 노출되어 있는 것이 여아의 신체적 조숙과 상호작용하는 것 같다. 이러한 노출은 여아가 반사회적 행동을 하게 만들고, 여아보다는 남아와 반사회적 행동을 할 기회가 많고 그러한 보상을 찾기 쉬운 것 같다(Moffitt et al., 1992). 초기의 발견과는 대조적으로, 이른 초경이 18세라는 어린 나이에 임신과 성병의 가능성에 대한 위험을 높이지만, 초경의 연령이 이후의 반사회적 행동이나 범죄 행동과 관련된다고 지적하는 증거는 거의 없다고 밝히는 연구가 있다(Boden, Fergusson, & Horwood, 2011). 이렇게 연구 결과들이 서로 다른 이유는 밝혀지지 않았지만, 이른 초경 나이가 성적 행동의 결과를 결정하는 데에서 역할을 하지만 반사회적 행동처럼 그 외의 적응 영역에서의 장기적 결과가 결정되는 데에서 필연적인 것은 아니라고 암시한다.

또 다른 연구는 남아와 여아 둘 다의 조숙이 이들을 비행 행동으로 이끄는 또래에 노출될 위험을 높인다고 했다(Negriff, Ji, & Trickett, 2011). 그러나 학대를 받아 온 조숙한 아동이 학대에 노출되는 것은 비행 또래에 대한 노출보다 비행의 발달에 더 큰 영향을 미친다. 이 같은 결과는 아동의 집단 차이에 조숙과 비행 간의 관계가 기저에 있음을 암시한다. 아마도, 조숙한 남아와 여아 모두는 비행 행동에 대한 유전적 위험과 환경적 위험 간의 상호작용에 취약한 것 같다(Harden & Mendle, 2012).

발달적 경과 및 경로

종단 연구들은 일반적인 발달 진행 및 이 주제에 관한 중요한 변인들을 보여 줌으로써 반사회적 패턴에 대해 더 많이 알게 해 준다(Frick & Viding, 2009).

일반적인 진행

초기 아동기에서 청소년기에 걸쳐 나타나는 다양한 형태의 파괴적 반사회적 행동의 대략적인 출현 순서가 **그림 9.3**에 제시되어 있다.

9개월 된 영아가 다른 아이를 때려서 주간 보호센터에서 쫓겨났다는 보고도 있지만, 품행 문제의 초기 신호는 대개 분명하지 않다(Kazdin, 1995, p. 27). 품행 문제의 가장 초기 신호는 생의 초기 몇 년 사이에 나타나는 까다로운 기질이 될 수 있는데, 신경질 · 성마름 · 불규칙적인 수면 및 식사 패턴 · 새로운 사건에 대한 반응에서 보이는 공포 등으로 표현된다. 흥미롭게도, 생애 첫 1년에서 나타나는 성마름은 남아의 이후 품행 문제에 대한 강력한 지표가 되는 반면, 두려움은 이후 여아의 품행 문제의 강력한 지표가 된다(Lahey et al., 2008). ADHD에서와 마찬가지로, 까다로운 기질이 종종 품행장애에 앞선(precede)다고 해도, 이러한 문제들에 특정적이라고 할 수는 없다. 초기의 기질과 나중의 품행 문제와 관련된 증거들은 일반적인 연결을 암시하지만, 부적응의 분명한 유형들을 예측해 주는 특정 기질 측면에 대해서는 아직 확인되지 않았다(Loeber et al., 2009).

취학 전 및 초기 학령기 동안, 까다로운 기질의 아동은 운동성의 증가와 함께 과잉행동과 충동성이 증가하고, 정서 조절 기술이 약하고, 취학 전에 정점을 이루는 단순한 형태의 반사회적 행동 및 공격적 행동에 대한 위험이 고조되어 있다(Tremblay, 2000). ODD가 있는 취학 전 아동은 2세에서 5세까지 안정적으로 남아 있는 문제들, 즉 고집 · 기질 폭발 · 성마름 · 심술궂음을 보인다.

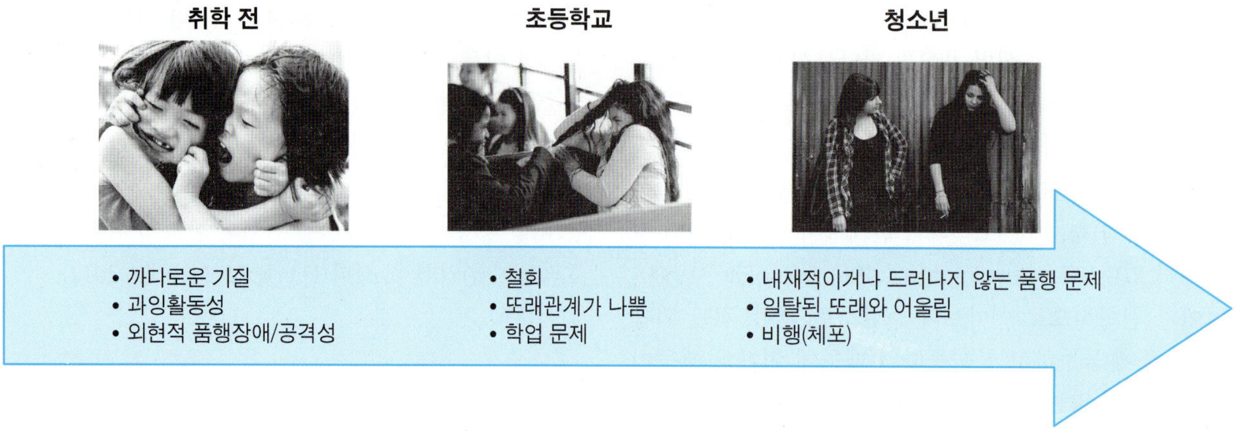

그림 9.3 아동기에서 청소년기까지의 파괴적, 반사회적 행동 양상의 순서.

출처: "Development and Risk Factors of Juvenile Antisocial Behavior and Delinquency," by R. Loeber, 1990, *Clinical Psychology Review*, 10, 1–41에서 인용. Copyright © 1990 Elsevier Science Ltd.

Photo Credits: (왼쪽에서 오른쪽으로) © Andrewblue/Dreamstime.com; © iStockphoto.com/Christopher Futcher; Elena Rostunova/Shutterstock.com

초기 아동기 동안에 훈육 문제와 자기 통제 및 정서 조절의 불량은, 특히 혹독한 양육과 높은 수준의 스트레스가 동반되었을 때에는 청소년기와 성인기에 거의 모든 생활 영역에 걸쳐서 행동 문제와 부정적 결과들을 지속적으로 경험할 것이라는 강력한 지표이다(Campbell et al., 2010; Fergusson, Boden, & Horwood, 2013; Moffitt et al., 2011).

품행 문제가 있는 대부분의 아동은 **다양한 모습**(diversification)을 보이는데, 즉 기존의 행동을 단순히 대체하기보다는 시간이 지나면서 새로운 형태의 반사회적 행동이 첨가된다. 빈약한 사회적 기술과 사회-인지적 손상은 종종 조기의 적대적 및 공격적 행동을 동반하는데, 아동의 빈약한 또래 관계 · 또래의 거부 · 사회적 고립이나 위축이 발생하기 쉽다. 아동이 학교에 입학하면서, 충동성과 주의 문제는 읽기의 어려움이나 학업의 실패로 이어질 수 있다. 무단결석이나 물질 남용과 같이 눈에 드러나는 문제 또한 초등학교에서 나타나기 시작하며, 초기 청소년기에 증가한다. 8~12세에 싸움, 집단 괴롭힘, 방화, 공공기물 파손, 동물이나 사람을 상대로 한 잔인함 및 절도가 나타나기 시작한다.

이러한 진행에서 우리는 시간이 지나면서 눈덩이처럼 커지는 악순환을 보게 되는데, 한 가지 결함인 문제 행동이 직접 또는 간접적으로 다른 것들을 변화시킨다. 예를 들면, 또래 거부는 사회-인지적 결손과 공격성을 야기하고, 사회-인지적 결손은 또래 거부와 공격성을 야기하고, 공격성은 또래 거부로 이어진다(Lansford et al., 2010). 역으로, 좋은 사회-인지적 기술은 또래 수용을 증가시키고 공격성을 낮춘다. 이 같은 연속된 효과는 시간의 흐름에 따른 반사회적 행동을 신경생물학적 경향, 사회적 환경, 인지, 행동 사이의 관계가 포함된 역동적인 발달 과정으로 보는 것이 중요하다고 강조하고 있다(Lansford et al., 2010).

범문화적으로, 주요 품행 문제는 청소년기에 더 자주 발생한다. 비행 행동은 중기 청소년기에 극적인 상승을 보이며, 17세쯤에 정점을 이룬 후, 후기 청소년기와 초기 성인기에서 똑같이 극적으로 떨어진다(Hirschi & Gottfredson, 1983). 청소년기는 일탈 또래와의 접촉이 증가하고 형사 책임의 최소 나이가 되면서 구속, 재구속, 유죄 선고의 비율이 증가한다는 특징이 있다. 12세에서 14세까지 기물 파괴, 가출, 무단결석, 강도, 무단침입, 무기 사용, 폭력에 의한 성(sex)은 그 빈도가 증가한다(Lahey & Waldman, 2003). 18세가 되면, 품행 문제가 있는 대부분의 젊은이는 물질 의존, 안전하지 않은 성, 위험한 운전 습관, 비행 친구, 미취업을 포함하여 반사회적인 미래를 예측하는 반사회성 성격장애가 나오고 반사회적 행동을 보인다(Moffitt et al., 1996).

이러한 발달상의 진행은 품행 문제가 있는 모든 아동이 비행 청소년이 된다는 것을 의미하는가? 분명히 아니다. 그림 9.3에 있는 순서는 생의 초기에 발병하여 청소년기까지 계속되는 품행 문제들에 대한 최대한의 진행을 보여 주는 것이다. 일부 아동은 이러한 최대 추이를 보이겠지만 나머지는 어릴 때 반사회적 행동을 중단한다. 조기 품행 문제가 있는 아동의 대략 50%는 개선된다. 개선을 보이는 아동은 조기 품행 문제가 덜 심각한 수준이고, 지능 및 SES가 높고, 비행 친구가 적고, 어머니가 10대에 출산하지 않았고, 부모가 사회적 기술이 많고, 정신건강 문제가 적은 경향이 있다(Lahey et al., 2002; Nagin & Tremblay, 2001). 그러나 반사회적 행동이 어릴 때 멈춘 아동들 사이에서도 문제가 초기 성인기에 다시 시작될 수 있으며, 이는 회복이 완전한 것이 아니었음을 암시하고 있다(Moffitt et al., 2002). 일부 아동의 경우, 청소년기까지 문제를 보이지 않는데, 모든 아동이 기술된 모든 범위의 어려움이 있는 것은 아니라는 것이다. 기타 나머지는 아동기 또는 청소년기부터 성인기까지 만성적인 낮은 수준의 반사회적 행동을 지속적으로 보일 수 있다(Fergusson & Horwood, 2002). 이러한 차이는 일반적인 진행에서 중요한 변인들에 대해 생각하게 만든다.

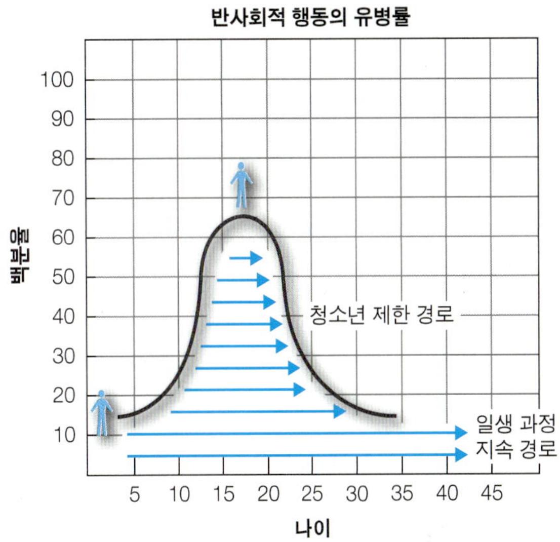

그림 9.4 전 생애에 걸쳐 반사회적 행동에 참여하는 유병률의 변화.

출처: "Adolescence-Limited and Life-Course-Persistent Antisocial Behavior: A Developmental Taxonomy," T. E. Moffitt, 1993, *Psychological Review*, *100*, 674-701.

경로

반사회적 행동의 발달 경과는 이러한 문제를 보이는 아동들의 수만큼 많은 경로가 있을 수 있다. 몇몇 다른 경로들이 확인되기는 했으나(Hoeve et al., 2008), 여러 문화와 나라에 걸친 증거들은 두 가지 일반적 경로, 즉 일생 과정 지속 경로와 청소년 제한 경로를 지지한다(Moffitt, 2006). **그림 9.4**에서 보는 것처럼, 삶의 전반을 통해 반사회적 행동이 지속되는 품행 문제가 있는 사람은 소수(10% 미만)이며, 반면에 대다수는 청소년기에 발생하는 반사회적 행동을 주로 보인다. 앞에서 이야기했듯이, 두 가지 경로의 명칭은 아동의 품행 문제가 어떻게 발달되는지를 생각하는 데에는 유용하지만, 시간이 지나면서 아동이 보이는 연속성과 심각성의 수준은 그 범위가 넓고, 많은 아동이 이 경로 또는 저 경로에 꼭 들어맞지 않을 수 있다는 것을 명심해야 한다(Waldman & Lahey, 2013). 예를 들면, 확인된 다른 경로들에는 낮은 수준의 만성적인 공격성 경로와 성인기 발병 반사회적 행동 경로가 있다(Loeber et al., 2009).

일생 과정 지속(LCP) **경로**는 어릴 때 반사회적 행동 및 공격 행동에 몰두해서 성인기까지 지속하는 아동을 기술한다(Moffitt et al., 1996). 이러한 유형의 아동은 '4세에 깨물고 때리기, 10세에 가게에서 물건 훔치기 및 무단결석, 16세에 마약을 팔고 차를 훔치기, 22세에 강도와 강간, 30세에 사기와 아동 학대'를 보인다(Moffitt, 1993, p. 679). 그들의 성질이 기저에 남아 있지만, 표현되는 방식은 발달 시점에 따른 새로운 '기회'에 따라 변한다. 이들은 반사회적 행동을 일찍 시작하는데, 미묘한 신경심리상의 결손이 언어 · 기억 · 자기 통제의 발달을 방해할 수 있고, 3세 또는 그 이전에 인지적 결손 및 까다로운 기질을 야기하기 때문이다. 이러한 결손은 학대나 형편없는 육아와 같이 사회적 환경에서의 반사회적 요소에 대한 아동의 위험성을 증대시키며, 이는 다시 적대적 문제나 품행 문제로 이어진다(Lansford et al., 2011; Moffitt, 1993). 이 아동들은 유아에서 중기 청소년기에 이르기까지 또래보다 사회적 역경(어머니의 둔감, 한 부모, 낮은 소득)을 더 많이 겪는다(Roisman et al., 2010).

아동기 발병 반사회적 행동의 수준이 높은 아동의 절반 정도는 중기 아동기에 덜 심한 정도의 비공격성 반사회적 행동(예: 훔치기, 무단결석)을, 청소년기에는 비행 또래와 어울리면서 좀 더 심한 비행 행동이 이어지면서 LCP 경로를 지속한다(Brame, Nagin, & Tremblay, 2001; Dandreaux & Frick, 2009). 10대들의 이러한 하위 집단은 폭력 범죄를 저지르고 학교를 중퇴하기 쉽다. LCP 아동은 여러 상황에 걸쳐서, 예를 들면 집에서 거짓말 · 가게에서 훔치기 · 학교에서는 속이기를 일관되게 보인다. 초기 성인기가 되면, 이들은 지속되는 관계를 형성하기 어렵고, 타인에 대한 적대적 불신 · 공격성 · 충동성 · 정신병리적 특성을 보인다. 청소년기 이후에는 자발적 회복이 거의 어렵다. LCP 경로는 외현화 장애의 가족력과 관련이 있으며, 그 자체의 결과들이 축적됨으로써 영구적이 된다(Odgers et al., 2007b). 예를 들면, 자기 통제의 불량 및 부족한 언어성 지능은 학교 중퇴 및 약물 남용처럼 돌이킬 수 없는 결정을 야기할 수 있으며, 이것은 회복의 기회를 제한시킨다.

청소년 제한(AL) **경로**는 반사회적 행동이 사춘기 즈음에 시작하여 청년기까지 계속되지만, 초기 성인기에 그만두는 젊은이를 말한다. 이 경로에는 반사회적 행동이 10대에서만 제한되어 있는 대부분의 청소년 범죄자들이다(Hamalainen, & Pulkkinen, 1996). AL 경로에 있는 10대는 LCP 경로의 10대보다 덜 극단적인 반사회적 행동을 보이고, 학교에서 퇴학당하는 경향이 적으며 가족 유대가 강하다. 이들의 비행 행동은 종종 일시적인 상황 요인, 특히 또래의 영향과 연관된다. AL 아동의 행동은 상황들 전반에 걸쳐 일관된 것이 아니다. 학교에서 잘 지내고 규칙을 지키면서도 마약을 사용하거나 친구들과 가게에서 물건을 훔친다. AL 아동이 아동기에 반사회적 행동을 보이지 않는다고 해도, 이들 역시 LCP 경로에 있는 아동처럼 아동기 동안 다른 아동에 비해 더 많은 사회적 역경과 개인적인 위험을 경험하는데, 이는 AL 경로가 단순히 청소년의 정상적인 발달의 일부가 아니라는 것을 시사한다(Roisman et al., 2010).

MARCUS
야성이 부르는 소리

"나는 정말 가난한 집에서 자랐다. 엄마는 평생 동안 사회복지기관에 의존했다. 우리는 많이 가져 본 적이 없다. 내가 11세쯤 되었을 때 규칙을 위반하던 다른 아동에게 관심이 생겼다. 나는 그들이 하는 것, 가진 것을 보곤 했다."

Marcus는 13세가 되었을 때 폭력 조직에 들어갔다. 2년 후, 무수한 체포와 네 번의 구금 후 Marcus는 폭력 조직 생활의 환상을 깰 수 있었으며 자신의 삶을 돌아볼 수 있게 되었다. 17세가 된 지금은 자신과 같은 젊은이들을 돕는 데 헌신하는 교회의 젊은 성직자로 일하고 있다.

출처: Goldentyer, 1994에서 인용.

청소년기에는 아직 금지되어 있는 성인의 특권, 즉 음주, 자동차 운전, 성행위 등에 대한 매력은 청소년기가 되면서 반사회적 행동에 몰입시키는 사전 위험 신호로서 일부 청소년을 동기 유발시킬 수 있다. 이러한 젊은이는 불법적인 방법으로 원하는 성인 특권을 누리고 있는 LCP 또래를 관찰하고 모방할 수 있다. 결국, 성인 특권에 접근하는 것이 가능해지면 AL 젊은이는 법을 위반하는 것을 멈추고 자신이 청소년기 이전에 배웠던 순응적이고 친사회적 행동 및 가치에 의존한다(Moffitt, Lynam, & Silva, 1994).

기대와는 다르게, AL 경로에 있는 일부 아동은 20대에 들어서도 반사회적 행동을 계속 보이기도 한다. 몇몇은 20대가 되어서 정상 수준보다 훨씬 많은 충동성, 물질 남용 및 물질 의존, 재산 범죄, 정신건강 문제를 보이기도 한다(Moffitt et al., 2002). 초기 성인기에 문제가 지속되는 것은 흔히 덫에 걸린 결과 또는 좋은 직업을 구할 방법이 없고, 교육을 더 받을 수 있는 방법이 없고, 지지적인 파트너의 마음을 끌 방법이 없는 반사회적 행동 때문이다. 덫의 흔한 예에는 계획 없이 부모가 되는 것, 퇴학, 약물 또는 알코올 중독, 장애가 되는 상해, 미취업이나 일정치 않은 직업력, 가족 단절, 나쁜 평판, 수감생활, 범죄 성향의 자기 이미지가 있다(Moffitt et al., 1994). 따라서 아동기 때 반사회적 행동력이 없었으며 청소년기에 비행 행동을 처음 시작했던 일부 아동은 자신의 잠재력에도 불구하고 성인기에도 줄곧 이러한 문제가 지속된다(Moffitt et al., 2002). 그러므로 이들을 '청소년기에만 제한된' 것으로 보는 것은 다소 문제가 있다.

LCP와 AL 경로(그리고 변인들)의 확인은 성인의 반사회적 행동이 아동기와 청소년기 동안의 반사회적 행동에 의해 거의 항상 선행하는 이유를 이해하는 데 도움이 된다(Brame et al., 2001). 그럼에도 불구하고, 대부분의 반사회적 청소년이 반사회적 성인이 되지는 않는다. 초기 성인기의 갈림길에서, LCP 및 대부분의 AL 10대는 다른 길을 간다. LCP 경로에 있는 젊은이들에게는 반사회적 행동이 꾸준히 안정적으로 나타나지만, AL 경로에 있는 젊은이들에게는 안정적이지 않다.

성인이 되어서의 결과

20대 초반에 능동적인 범죄자의 수는 50% 정도 감소하고, 20대 후반에 이르러서는 이전에 저지르던 비행의 거의 85%를 그만둔다. 나이와 범죄의 이 같은 일반적인 관계는 남녀에게 똑같이 적용되며, 이는 수많은 서양 국가에서, 범죄의 대부분 유형에서 비슷하다(Caspi & Moffitt, 1995). 품행 문제가 있는 대부분의 아동이 반사회적 성인으로 성장하는 것은 아니다(Maughan & Ruter, 2001). 그러나 성인이 되어서의 결과는 아동기 및 청소년기에 생긴 품행 문제의 유형 및 다양성뿐만 아니라 아동, 가족, 지역사회 내의 위험 요인과 보호 요인의 수 및 그 조합에 달려 있다(Kokko & Pulkkinen, 2000). 또한 성인기가 되어 반사회적 행동이 감소한다고 해도, 가족 · 건강 · 일의 어려움에 따라 강압적 대인관계 양식이 지속될 수 있다.

품행 문제가 있는 꽤 많은 아동들, 특히 LCP 경로에 있는 아동은 성인이 되면서 범죄 행위, 정신병 문제, 사회적 부적응, 건강 문제, 생산성의 상실, 자녀에 대한 훈육의 빈약을 계속해서 보일 수 있다(Fergusson, Horwood, & Ridder, 2005). 성인이 되면, 이들은 사회적으로 악화되고 일정하지 않은 직업 경력을 가질 가능성이 많은데, 기술 획득이 부족하고 동료 작업자 및 감독자와 잘 지내지 못하기 때문일 것이다. 또한 폭력적인 결혼생활 및 동거와 이혼율이 높으며, 다른 사람보다 반사회적인 특성을 가지고 있는 배우자를 선택할 가능성 또한 높아서 다음 세대에게는 유전적 위험 및 환경적 위험이 두 배가 된다(Moffitt et al., 2002). 청소년기에 심각한 품행 문제가 있었던 성인 여성들에 대한 추후 연구에서는 이러한 문제 행동이 대부분 지속된다는 것이 밝혀졌다. 대다수는 우울장애와 불안장애가 있었고, 이들의 6%는 폭력에 연루되어 사망했으며, 많은 사람들이 퇴학당했고, 1/3은 17세 이전에 임신했고, 1/2은 재구금되었으며, 외상이 있는 신체상해로 고통을 받는 사람이 많았다(Zoccolillo & Rogers, 1991, 1992). 따라서 남성과 여성은 경험이 다르지만 성인이 되었을 때 둘 다 결과가 나쁘다. 남자의 경우에 범죄 행동, 직업적 문제, 물질 남용의 고위험에 노출되며, 반면에 여자는 우울, 자살 행동, 건강 문제를 경험하기 쉽다(Moffitt et al., 2001).

단원 정리

유병률, 성별, 경과

- 아동기에는 ODD가 CD보다 흔하지만, 청소년기가 되면 유병률이 거의 비슷하다. ODD와 CD의 평생 유병률은 각각 12%, 8%이다.
- 아동기 동안에 품행 문제는 남아가 여아에 비해 대략 2~4배 많다. 이러한 차이는 초기 청소년기에 많이 좁혀지는데, 여아의 경우에 드러나지 않는 비공격적 반사회적 행동이 많기 때문이며 후기 청소년기를 지나면서 다시 그 차이가 커진다.
- 여아의 경우에 남아보다 간적접이고 관계적 유형의 공격성, 예를 들어 언어적 공격, 험담, 제3자를 이용한 앙갚음을 이용하기 쉽다.
- 초기의 까다로운 기질과 과잉행동에서부터 적대적인 공격적 행동으로, 사회적 어려움으로, 학교에서의 문제로, 청소년기의 비행 행동으로, 반사회적 성격발달로, 성인기에서의 범죄 행동에 이르는 것은 반사회적 행동의 일반적인 진행이다.
- 일생 과정 지속(LCP) 경로는 어린 나이에 시작하여 성인기가 되어서도 지속하는 반사회적 행동을 하는 아동을 기술한다.
- 청소년 제한(AL) 경로는 반사회적 행동이 사춘기 즈음에 시작하여 청소년기까지 보이지만 초기 성인기에는 이러한 행동을 중단하는 아동을 기술한다.
- 품행 문제가 있는 상당수의 아동은 성인이 되어서 범죄 행위, 정신과 문제, 사회적 부적응, 건강 및 고용 문제, 자녀에 대한 훈육의 빈약함이 포함된 어려움을 겪고 있다.

원인

품행 문제는 단순하거나 하나의 원인에 의해 일어나는 것이 아니다. 두 형제에 대해 생각해 보자. John Edgar Wideman는 그의 동생 Robbie가 살인죄로 투옥 중인데도 『형제들과 보호자들(*Brothers and Keepers*)』이란 작품으로 상을 받았다. 같은 집에서 자란 이 형제의 극적인 차이를 어떻게 설명하겠는가? 이것은 유전, 신경생물학적 기능, 출산 합병증, 기질, 지능, 가족 경험, 또래의 영향, 학교에서의 어려움, 또는 이러한 요인들의 조합에서의 차이 때문인가?

역사적으로, 품행 문제는 타고난 성격의 결과이거나 사회화의 열약함 때문에 학습된 것 중의 하나라고 여겼다. 초기의 이론들은 아동의 공격성에 초점을 두고 공격적 추동, 좌절, 역할 모델의 빈약, 강화와 같은 일차적인 원인 하나를 들먹였다. 그러나 이처럼 '확실한 증거'에 대한 설명은 도전을 받고 있다. 예를 들어, 공격성 이론에 의해 예측된 것처럼 모든 아동이 공격적으로 행동하지는 않으며, 때때로 좌절은 공격보다는 협력을 이끌어 내기도 한다. 비록 각각의 단일-원인 이론이 중요한 결정 요인을 강조할 수 있지만, 모든 형태의 반사회적 행동을 설

Sidney Harris/Cartoon Bank.com

"쌍둥이 중 누가 악하게 될지는
이들이 자라기 전에는 알 수 없어요."

명해 주는 단일 이론은 없다.

다음에는 아동 품행 문제의 다양하고 수많은 위험 요인에 대해 생각해 보자. 따로 분리해서 검토하겠지만, 품행 문제는 시간이 지나면서 처리 방식에 작용하는 아동의 기질, 가족, 지역사회, 문화적 요인 사이에서의 상호작용으로 잘 설명된다(Granic & Patterson, 2006). 품행 문제를 가진 젊은이의 하위 집단(예: 아동기 발병 대 청소년기 발병, CU 특징이 있는 아동)은 그들의 반사회적 및 공격적 행동의 기저에 있는 위험 요인이 뚜렷이 다를 수 있다는 것을 인식하는 것 역시 중요하다. 이들의 위험 요인은 표 9.3에 요약되어 있다.

표 9.3 반사회적 행동의 위험 요인 요약

아동
유전적 위험, 태내기 및 출산 합병증, 납 및 기타 독소에 대한 노출, 낮은 각성과 반응성, 전방 및 후방 대상회 발달, 전전두 피질의 기능적 손상 및 구조적 손상, 감소된 편도체 활동, 무딘 정서 및 코르티솔 활동(CU형), 스트레스에 대한 무감각(CU형), 두려움 없음/낮은 불안(CU형), 까다로운 기질, 정서조절장애, 주의력결핍/과잉행동장애(ADHD), 불안정/혼란 애착, 아동기 발병 공격성, 사회적 회피와 철회, 사회-인지적 손상(적대적 귀인 편견), 낮은 언어성 지능과 언어적 손상, 실행 기능 손상
가족
반사회적 가족 가치관, 부모의 반사회적 행동이나 범죄 행동, 부모의 반사회성 성격장애, 어머니의 우울, 부모의 물질 사용, 부부 불화, 10대 모, 한 부모, 가족 스트레스/갈등/불안정, 혼돈된 가정 환경, 대가족, 가족의 낮은 사회경제적 상태, 어머니의 낮은 교육, 무기 소지에 대한 가족의 무관심
비효과적인 양육
지도 감독과 관리의 불량, 비일관된 훈육, 아동의 반응에 대한 근심 때문에 훈육을 회피, 가혹한 훈육과 학대, 부모-아동 상호작용의 부조화, 의사소통 및 문제해결의 불량, 부모의 낮은 참여도, 부모의 방임, 부모의 낮은 온정, 부모의 적대적 귀인 편견
또래
어릴 때 또래 공격, 또래에 의한 거부, 일탈된 형제자매와의 연결, 일탈 또래와의 연결, 집단 괴롭힘
학교
나쁜 학업 성적, 학교와의 유대가 약함, 교육적 열망이 낮음, 학업 동기가 낮음, 조직화 및 기능화가 불량한 학교
이웃 및 지역사회
좋지 않은 이웃 및 빈곤, 혼란스런 동네, 폭력 조직 구성원, 무기 사용 가능성
사회문화적
폭력에 대한 매체의 묘사, 공격을 사용하라고 부추기는 문화적 태도, 공격에 대한 아동의 사회화

출처: Loeber & Farrington, 2000, p. 749에서 인용.

유전적 영향

유전이란 자기 아들이 비행 같은 것을 저지르기 시작할 때까지 믿는 그런 것이다.

— 작자 미상

인간의 공격적 행동 및 반사회적 행동의 보편성, 그리고 이런 행동이 가족 내 및 세대 간에 이어진다는 사실은 유전적 영향의 중요성을 강조한다. 입양아 및 쌍둥이 연구들은 반사회적 행동의 50% 이상의 변화가 남녀 모두에서 유전에 의한 것임을 지적하고 있다. 이러한 영향은 비공격적 품행 문제보다는 공격적 품행 문제에서, 청소년기보다는 아동기에 더 큰 것 같다. 연구 결과에 따르면, 부모는 아동에게 반항성 및 품행 문제 · 부주의 · 과잉행동-충동성을 포함한 각기 다른 방식으로 표현될 수 있는 외현화 장애에 대한 일반적인 골칫거리를 물려준다(Bornovalova et al., 2010). 품행 문제의 유전성은 발병 연령과 그 외 다른 요인에 따라 달라진다(Burt & Neiderhiser, 2009). 예를 들면, 유전적 기여의 강도는 AL 경로 패턴보다는 LCP 경로 패턴을 보이는 아동, 그리고 잔인-무감동 특성을 보이는 아동에게서 더 강력하게 작용한다(Viding et al., 2008). 그러나 모든 외현화 장애는 상당한 유전적 영향을 공유하는 것으로 보이며 이는 유전적 영향이 최소한의 공통된 원인임을 암시하고 있다(Lahey et al., 2011). 결국, 입양아 및 쌍둥이 연구들은 유전 및 환경적 요인이 발달 전반에 걸쳐 반사회적 행동에 기여한다고 암시했다. 그러나 연구들은 요인이 작용하는 특정 기제에 대해서는 밝히지 못하고 있다.

반사회적 행동에 대한 유전적 위험성은 몇 가지 경로를 통해 작용하는 것 같다(Rutter, 2003b). 첫째, 유전적 요인은 반사회적 '경향'이나 '성격'의 생성과 결부되는 까다로운 기질, 타인의 고통에 대한 반응 부족, 충동성, 보상을 추구하는 경향과 관련되는 것으로 보인다(Waldman et al., 2011). 둘째, 유전적 요인은 양육 스트레스, 학대, 이혼, 반사회적 행동의 위험을 증가시키는 것과 관련되는 그 밖의 부정적 생활 사건처럼 아동이 환경적 위험 요인에 노출될 가능성을 높인다. 셋째, 아동의 유전자형 및 신경생물학은 후에 아동이 반사회적 행동이 생길지를 결정하는 데에서 이러한 환경적 어려움에 대한 그들의 민감성을 완화시킨다(Ellis & Boyce, 2011; Zohsel et al., 2014). 반사회적 행동의 원인을 이해하려면 이런저런 발달 경로들이 다루어져야 할 것이다(Rutter, 2006a).

품행 문제에 대한 위험을 증가시키는 유전 변인에 대한 흥미 있는 새로운 연구들이 유전자-환경 상호작용(G×E)의 가능성을 밝혀 왔다(Dodge, 2009). 모노아민 산화효소 A(monoamine oxidase-A, MAOA)를 대사 작용하는 신경전달물질을 암호화하는 유전자 변이가 특히 관심을 끌고 있는데, 그 이유는 공격성에 관여하는 신경계와 관련이 있기 때문이다. 위협 또는 자극이 될 때, 인간은 공격적으로 반응하는 분노와 충동을 자연스럽게 느낀다. MAOA 효소의 활성화는 우리가 이러한 반응을 억제하도록 돕는다. 따라서 위협이 되는 사건에 뒤따르는 행동을 조절하는 데에서 MAOA가 중요한 역할을 한다. 낮은 활성화 MAOA 유전자형을 가진 학대 아동은 이 유전자형을 가지고 있지 않은 학대 아동보다 반사회적 행동을 발달시키기 쉽다고 밝힌 연구가 있다(Kim-Cohen et al., 2006). 낮은 활성화 MAOA 유전자형과 5세 이전의 체벌 간의 상호작용은 청소년기 비행 행동과 연관되는 것으로 밝혀졌다(Edwards et al., 2010). 뇌 영상 연구들 역시 낮은 활성화 MAOA 유전자형을 가진 사람들에게서 정서 유발 자극에 대한 반응에서 공격성과 관련된 뇌의 영역이 각성됨을 보여 주고 있다(Buckholtz & Meyer-Lindenberg, 2008).

MAOA 이외에, 부정적인 양육과 아동기 품행 문제 사이의 관련성에는 기타 유전자 및 유전자-환경 상호작용이 연루되어 있다(Albaugh et al., 2010; Lahey et al., 2011). 현재까지의 연구들은 이러한 유전자의 일부가 외현화 장애의 어느 한 유형에 특정적인 것이 아니라 개개인이 광범위한 품행 문제에 취약하게 만들 것이라고 암시한다(Dick, 2007). 품행장애에서 유전자-환경 상호작용의 효과는 상당히 크다. 그러나 이러한 효과에 관한 연구는 이제 막 시작 단계이며 검증 연구들이 필요하다(Hebebrand et al., 2010). 이와 유사하게, 유전자-환경 상호작용의 효과가 시간의 흐름에 따라 어떻게 발전되는지에 관한 연구 역시 걸음마 단계이다(Dodge, 2009).

출생 전 요인과 출산 합병증

수많은 임신 및 출산 요인(예: 출산 시 저체중)들은 심각한 품행 문제의 발달과 관련이 있다(Brennan, Grekin, & Mednick, 2003). 임신 중의 영양 불량도 이후의 반사회적 행동과 관련이 있는데, 이는 단백질 결핍 때문일 수 있다(Raine 2002). 출산 전후의 납 중독과 산모의 니코틴, 마리화나, 그 외 약물의 사용 역시 이후의 품행 문제와 관련이 있다(Carpenter & Nevin, 2010; Gaysina et al., 2013; Murray et al., 2010; Nigg & Breslau, 2007). 임신 중 어머니의 음주가 아동의 품행 문제에 중요한 역할, 즉 어머니가 마신 알코올 양이 많을수록 품행 문제가 더 많이 증가한다는 것도 지지한다(D'Onofrio et al., 2007; Larkby et al., 2011). 임신과 출산 요인이 품행 문제와 상관이 있지만, 이 요인들이 직접 생물학적 원인이 된다는 강력한 증거는 부족하다(Hodgins, Kratzer, & McNeil, 2001). 예를 들어, 임신한 어머니의 흡연과 청소년의 품행 문제 및 범죄 간의 관련성은 임신 중에 담배를 피운 것보다는 어머니에게서 아동에게로 반사회적 경향의 잠재성이 이동되었다는 것이 더 정확한 설명일 것이다(D'Onofrio et al., 2008; 2010b; Gatzke-Kopp & Beauchaine, 2007).

신경생물학적 요인

Gray(1987)는 인간의 행동 패턴이 각기 구별되는 신경해부학적 영역과 신경전달 경로를 갖고 있는 뇌의 두 하위 체계와 관련이 있다고 제안했다. **행동 활성화 체계**(BAS)는 보상 또는 비처벌의 단서에 대한 반응으로 행동을 활성화한다. 이와 반대로, **행동 억제 체계**(BIS)는 새로운 사건, 선천적인 공포 자극, 보상 없음 신호 또는 처벌 신호가 있는 데에서 불안을 산출하고 진행 중인 행동을 억제한다. 그 밖의 행동 패턴들은 이 두 신경계에서 활동의 상대적인 균형 또는 불균형에 의한 것이다. BAS는 연료 페달과 유사하다고 볼 수 있고, BIS는 브레이크와 유사한 것으로 생각할 수 있는데, 일부 사람들은 어느 한쪽에 비해 다른 쪽을 무겁게 밟기도 한다.

행동의 반사회적 패턴은 BAS의 과다 활동 및 BIS의 과소 활동에 의한 것인데, 주로 유전적 경향에 의해 결정되는 패턴이라고 제안되고 있다. BAS의 과다 활동과 일관되게, 품행 문제가 있는 아동은 보상에 대해 지나치게 민감한 것으로 보인다(Frick et al., 2003). 게다가, 이들은 처벌에 대해서 반응을 보이지 않으며 보상의 신호가 없는 상태에서도 반응을 지속하는데, 이는 BIS의 활동 패턴이 낮은 것과도 일치한다(Fowles, 2001). 3세에 공포 조건화의 결여는 20년 후에 범죄 행동을 예측하는 것으로 밝혀졌다(Gao et al., 2010).

반사회적 행동의 개인차는 시상하부-뇌하수체 아드레날린(HPA) 축과 자율신경계(ANS), 세로토닌 기능, 뇌 전두엽의 구조적 손상 및 기능적 손상이 포함된 스트레스 조절 기제에서의 변화(차이)와 연관이 있다(van Goozen, et al., 2007). 어릴 때 공격 증상이 발병한 CD 아동은 낮은 정신생리적 각성/대뇌피질 각성 및 자율신경계의 낮은 반응성(예: 안정 시 낮은 심장 박동 수)을 보여 준다(Lorber, 2004; Raine, 2002). 각성 및 자율 반응성이 낮음은 경고나 훈계에 대한 반응에서 회피 학습의 감소 및 처벌에 대한 반응이 저조함, 두려움 없음, 자극 추구 기질 등으로 이어질 수 있다. 이는 다시 반사회적 행동, 이 같은 행동을 피하는 데 필요한 예기 불안을 발달시키지 못함, 양심의 부족으로 이어질 수 있다. 대부분의 아동은 규율과 처벌에 대해 자신의 반사회적 행동을 줄이는 것으로 반응한다. 그러나 품행장애가 있는 아동에게서는 종종 반대의 결과가 나타나는데, 이들에게 규율이나 처벌이 가해지면 반사회적 행동이 더욱 증가되거나 더 반항적이 되기도 한다(Briggs-Gowan et al., 2014).

뇌 영상 연구는 품행장애가 있는 아동의 몇몇 뇌 영역에서 정신병리적 특징의 수준이 높은 것을 포함하여 구조적 및 기능적 뇌 이상을 밝혀냈다(Pardini et al, 2013). 이러한 뇌 영역에는 상호 연관된 영역뿐만 아니라 편도체, 전전두 피질, 전방 대상회 및 후방 대상회, 섬이 포함된다. 뇌 영상 연구에는 또한 화가 나거나 슬픈 얼굴과 같은 정서적 자극을 관찰할 때나 처벌 자극에 대한 반응이 아닌 학습이 필요한 과제 시에 이러한 영역의 일부(편도체와 같은)에서 활동이 감소되는 것을 밝혀냈다(Finger et al., 2011; Huebner et al., 2008; Passamonti et al., 2010). 이 뇌 영역들은 사회적 및 정서적 정보를 처리하는 것과 관련된 부분이다. 따라서 이 영역에서의 이상은 품행 문제를 갖고 있는 아동의 특징인 사회-인지적 손상 및 정서적 손상이 깔려 있을 가능성이 있다. 흥미롭게도, **살펴보기 9.5**에서 볼 수 있듯이, 유사한 뇌 이상이 초기 발병 및 청소년기 발병 품행장애 아동 모두에서 보일 수 있다(Fairchild et al., 2011).

추가 작업이 더 필요하겠지만, 뇌 영상 연구와 그 외 연구들은 여러 유형의 품행 문제에서 인지적·사회적·정서적 차이를 함축하는 세 가지 신경계를 제시해 준다. 첫 번째는 공격적 행동을 야기하는 피질하부 신경계이다. 여기서는 편도체와 관련된 뇌 회로의 통합된 기능에서 이상이 있음을 의미한다(Blair, 2011). 두 번째 신경 회로는 사회적 단서를 평가하고 공격하는 것과 공격하지 않는 것의 결과를 평가하는 전전두 피질 의사결정 회로와 사회 정서적 정보처리 회로이다. 세 번째 신경 회로는 정서와 충동을 조절하는 것과 관련된 전두 두정 영역이다(Coccaro et al., 2011). 이 뇌 회로에 관한 향후의 연구들은 타고난 경향성이 나중에 품행 문제의 위험을 가져오는 방식에 관한 기제를 밝히도록 도와줄 것이다(Viding & Jones, 2008).

사회-인지적 요인

사회-인지적 능력은 사회적 단서에 주목하고 해석하고 반응하는 것과 관련된 기술을 말한다. 사회-인지적 손상과 반사회적 행동 간의 관계는 모든 품행 문제의 궤도(예: 아동기에만 제한된, 청소년기 발병, 조기 발병의 지속)에서 그 관계가 강력하고, 특히 조기에 발병된 지속적인 품행 문제에서는 더욱 강력하다. 지속적인 품행 문제를 보이는 남아의 40%, 여아의 25%에 이르는 많은 아동이 유의

살펴보기 9.5

조기 발병 품행장애 아동의 뇌는 청소년기 발병 품행장애 아동의 뇌와 다른가?

조기 발병 CD 아동과 청소년기 발병 CD 아동 간에 차이가 많음에도 불구하고, 뇌 영상 결과들은 CD가 없는 아동과 비교할 때 이 두 집단에서 유사한 뇌 이상이 있음을 제시해 주고 있다. MRI를 사용하여 영국의 신경과학자들은 CD가 있는 65명의 10대 소년과 CD가 없는 27명의 10대 소년의 특정 뇌 부분의 크기를 측정했다(Fairchild et al., 2011). 이들은 타인의 감정을 읽고, 공감하고, 타인의 고통을 인식하는 것과 관련된 뇌 영역인 편도체가 건강한 비교 집단 아동에 비해 CD가 있는 10대에서 뚜렷하게 작다는 것을 발견했다. 그러나 조기 발병 품행장애 10대와 청소년기 발병 10대 사이에서는 차이가 없었다. 오른쪽의 영상은 편도체(뇌의 각각의 면), 건강한 비교 집단 아동에 비해 CD가 있는 10대에서 부피가 가장 많이 감소한 뇌 영역을 보여 준다.

이러한 예비 결과들은 중요한데, 왜냐하면 조기 발병 CD는 신경발달상의 질환인 반면에, 청소년기 발병 CD는 대개 문제가 있는 또래들과 어울리고 흉내 낸 결과라고 주장되어 왔기 때문이다. 그러나 이 연구는 사회·정보 처리에서 기저에 있는 뇌 구조의 이상이 조기 발병 CD뿐만 아니라 청소년기 발병 CD의 출현에도 기여함을 보여 준다(Fairchild et al., 2011).

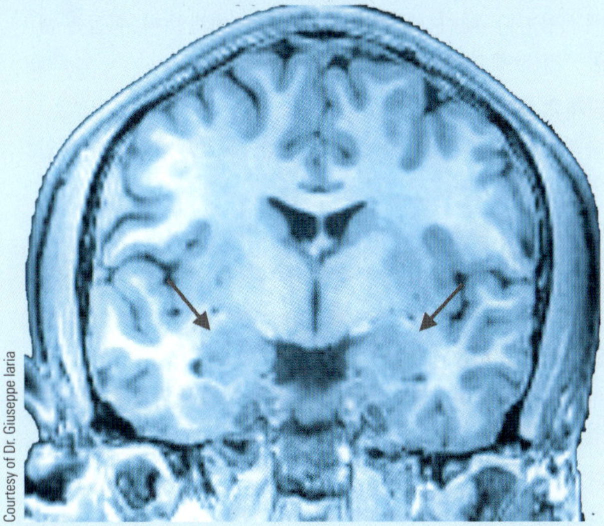

Courtesy of Dr. Giuseppe Iaria

미한 사회-인지적 손상을 보인다(Oliver et al., 2011).

사회적 상황에서 아동의 생각과 그들의 공격적 행동 간의 연계는 몇 가지 방식으로 주목받아 왔다. 몇몇 사람들은 자기중심성, 사회적 조망의 부족, 마음 이론의 손상, 도덕적 추론의 손상과 같이 미숙한 형태의 사고에 초점을 둔다(Blair, 2010; Olson et al., 2011). 나머지 사람들은 아동이 행동을 조절하는 언어 중재 기관 사용의 실패(Meichenbaum, 1977), 중립적 사건을 의도적으로 적대적인 행동으로 해석하는 것과 같은 인지 왜곡(Crick & Dodge, 1994)을 강조한다. 또 다른 접근은 반사회적 결정을 하는 데 관련된 사회-인지적 과정에 폭넓게 초점을 맞추기도 한다(Fontaine et al., 2010). 일부 연구는 품행 문제가 있는 아동에게서 얼굴 표정 인식과 시선 접촉에서 문제를 발견하기도 했는데, 얼굴 표정 인식과 시선 접촉은 반사회적 행동과 사회적 어려움을 야기할 수 있다(Dadds et al., 2011; Fairchild et al., 2009).

Dodge와 Pettit(2003)는 아동의 공격적인 행동과 반사회적 행동을 설명하는 좀 더 포괄적인 사회-인지체계 모델을 제시했다. 이들의 모델에서 인지적 과정 및 정서적 과정은 중심적 매개 역할을 한다. 아동은 자기만의 독특한 성향, 생활 경험, 사회문화적 맥락에 근거하여 자신이 속한 세상에 대한 사회적 이해를 발달시키는 것으로 추정된다. 특정의 사회적 상황에서, 이러한 사회적 지식은 아동이 어떤 행동을 야기하는 방식으로 사회적 정보를 처리하는 데 직접 사용된다. 예를 들어, 학교 운동장에서 또래들에게 놀림을 받을 때 아동이 사람들을 비웃고, 뛰쳐나가며, 공격하는가? 놀림을 받는 사회적 자극과 아동의 반응 사이에는 일련의 정서 및 사고의 과정이 발생된 것이라고 추정된다. 사회적 상황에서 반사회적/공격적 아동의 사고 및 행동은 표 9.4에 제시된 것처럼 종종 이 단계에서 한 가지 이상이 손상되었다는 특징이 있다.

가족 요인

나는 비행의 발생률이 증가하는 것은 무관심한 부모 또는 부모 자신의 즐거움에 심취하여 아동과의 유대나 아동에게 관심을 기울일 수 없는 부모 때문이라고 확신한다.

— 전 FBI 국장 J. Edgar Hoover, *The New York Times*, 1947년 12월 6일

표 9.4 사회적 상황에서 공격적인 아동의 사고와 행동에서의 단계

단계 1: 부호화 사회적으로 공격적인 아동은 결정을 내리기 전에 단서를 적게 사용한다. 대인관계 상황을 정의하고 해결할 때, 이들은 행동하기 전에 사건에 관한 정보를 덜 찾는다.
단계 2: 해석 사회적으로 공격적인 아동은 모호한 사건에 대해 적대적인 의도로 귀인한다.
단계 3: 반응 탐색 사회적으로 공격적인 아동은 공격 반응을 생성해 내고, 사회적 문제해결에 대한 지식은 덜 가지고 있다.
단계 4: 반응 결정 사회적으로 공격적인 아동은 공격적인 해결 방안을 선택하기 쉽다.
단계 5: 실행 사회적으로 공격적인 아동은 언어적 의사소통의 사용은 빈약하고, 물리적으로 휘두른다.

출처: "A Review and Reformulation of Social Information Processing Mechanisms in Children's Social Adjustment," by N. R. Crick and K. A. Dodge, 1994, *Psychological Bulletin*, *115*, 74-101.

© Masterfile

아동의 적대적 행동은 부모의 부정적인 행동을 야기할 수도 있다.

많은 가족 요인, 즉 나이 어린 어머니의 아동 양육, 불량한 훈육 관행, 혹독한 훈육, 부모의 지도 감독 부족, 애정의 부족, 부부 갈등, 가족의 단절, 가정 폭력이 아동의 반사회적 행동의 요인이 될 수 있다(D'Onofrio et al., 2009; Hoeve et al., 2008; Lansford et al., 2011). 예를 들면, 반사회적 행동에 취약한 아동에게는 긍정적인 양육이 이후의 반사회적 행동에 대한 유전적 위험을 감소시킬 수 있는 반면, 부정적인 양육은 반대의 결과를 가져올 수 있다(Feinberg et al., 2007). 비록 가족 요인과 품행 문제 간의 연관성이 잘 확립되어 있지만, 이러한 연관성의 본질 및 가족 요인의 인과적 역할은 계속 논쟁되고 있다.

가정의 문제는 CD와 ODD 둘 다의 발달과 관련이 있으며, AL 경로에 비해 LCP 경로에 있는 아동에서 더 강력한 연관이 있다(Lahey et al., 1992). 가정 관리 기술에서의 극단적인 손상과 까다로운 기질과 같은 아동 개인의 위험 요인이 결합되면 반사회적 행동이 더 지속되고 심해지는 것 같다(Caspi & Moffitt, 1995).

가족 요인은 아동의 반사회적 행동과 복합적인 방식으로 관련이 있다. 예를 들어, 신체 학대는 나중의 공격적 행동에 대한 강력한 위험 요인이다. 요인들 간의 이러한 연계에 관한 이유 중의 하나는 신체 학대로 인해 아동의 사회적 정보처리 과정이 손상됐다는 것이다(Dodge & Pettit, 2003). 우리가 보아 왔듯이, 아동의 유전자형은 학대와 이후의 반사회적 행동 사이의 연계성을 완화시킬 수도 있는데, 학대당한 모든 아동이 자라서 다른 사람을 부당하게 괴롭히지는 않기 때문이다(Caspi et al., 2002).

몇몇 요인들이 아동의 공격적 행동에 대한 부부 간의 갈등의 결과에 영향을 미치기도 한다. 이 요인들에는 부모가 유용하지 않음, 비일관된 훈육 또는 혹독한 훈육의 사용, 관리 감독의 부족, 아동이 부부 사이의 갈등을 해석하는 방식이 있다(Cummings & Davies, 2002). 스트레스, 우울, 한쪽 부모와의 접촉의 상실, 경제적 어려움, 가정에서의 막중한 책임감과 같이 부부 갈등 또는 이혼과 연합된 기타의 조건 또한 반사회적 행동에 영향을 미친다(Emery, 1999). 흥미로운 것은, 이혼 이후 같이 살지 않는 아버지와 만나는 것은 아버지가 반사회적인가에 따라 위험 요인이 될 수도 있고 보호 요인이 될 수도 있다(Jaffee et al, 2003).

Nick 어머니의 말:

Nick은 2×4인치의 각목으로 이웃집 아이의 머리를 때렸다. 다친 아이는 16바늘을 꿰매야만 했다. 그런 다음, 그는 침낭으로 뛰어오르는 새끼 고양이를 죽였다. 나는 자제력을 잃었다. 나는 "네가 미워." 하고 말하며 그의 볼을 심하게 잡아당겼다. 내가 무슨 짓을 했는지조차 모르겠다(Colapinto, 1993, p. 150).

Nick의 어머니가 보인 분노와 거친 반응처럼, 잔인하고 공격적인 행동은 강한 반작용을 일으킨다. 반사회적 행동에 대한 가족의 영향을 이해하는 데 있어서 중요한 개념은 바로 **상호 영향**인데, 이는 아동의 행동이 타인의 행동으로 인해 영향을 받기도 하고 타인의 행동에 영향을 미치기도 한다는 것이다. 부모의 부정적인 양육 관행과 부모-아동 갈등은 반사회적 행동으로 이어질 수 있으며, 또한 이것은 아동의 적대적이고 공격적인 행동에 대한 부모의 반응이 될 수도 있다(Klahr et al., 2011).

예를 들면, 상호 영향에 대한 흥미 있는 연구에서, 품행장애(CD)가 있는 아동의 어머니와 CD가 없는 아동의 어머니에게 세 명의 자기 아들들, 즉 CD가 있는 남아, CD가 없는 남아와 상호작용하게 했다(Anderson, Lytton, & Romney, 1986). 모든 어머니들은 CD가 있는 아동과 상호작용할 때 더 요구적이고 부정적이었으며, 이는 아동이 부모에게 영향을 미친다는 것을 지지하는 것이다. 그러나 CD가 있는 아동의 어머니는 자기 아들에게 아주 부정적이었는데, 이는 자녀와의 이전의 부정적인 상호작용의 영향을 암시하는 것이다. 상호 영향은 발달 과정에서 반사회적 행동과 가족의 영향 간의 상호작용에 대해 생각해 볼 수 있는 유용한 방법이다. 그러나 가정 환경의 일부 측면은 부모와 아동 모두가 유사한 행동 패턴을 갖게 하는 공유된 유전적 기질의 결과로서 반사회적 행동과 연관되었을 수도 있다.

몇몇 연구들은, 아동의 행동이 양육 행동에 영향을 미치는 것이 양육 행동이 아동의 행동에 영향을 미치는 것보다 크다는 관점을 지지하는데, 이는 아버지보다 어머니에게 훨씬 더 그러하다(Narusyte et al., 2011). 이는 아동이 부모와의 상호작용을 야기하는 타고난 수준의 정서조절 곤란이 비효과적인 양육 행동보다 결과에 더 큰 영향을 미친다고 제안한다(Loeber et al., 2009). 그러나 앞으로 살펴볼 것처럼, 아동의 품행 문제를 감소시키는 데에서 가장 효과적인 방법은 비효과적인 양육 행동을 변화시키는 개입이다.

살펴보기 9.6

강압적인 부모-아동 상호작용: 도피 조건화의 4단계

단계 1:

격분한 목소리로 Paul의 어머니가 꾸짖는다. "왜 숙제는 하지 않고 TV 앞에 있니?"

단계 2:

Paul이 퉁기면서 대답한다. "학교는 지겨워요. 선생님은 바보 같고, 숙제 없어요." Paul의 논쟁은 어머니가 그를 꾸짖고 벌하게 했고, 시간이 지나면서 어머니가 Paul의 학교 문제와 숙제에 대해 하려던 것을 감소시켰다.

단계 3:

Paul의 어머니는 숙제가 없다는 데 대해 안도감을 느끼면서 숙제를 끝내라는 요구를 철회한다. 어머니는 목소리를 낮추어서 "영어 시간에 Smith 선생님이 여전히 지겹고 잠이 오게 하시니?"라고 묻는다. 숙제를 하라는 요구의 철회는 Paul의 논쟁하기를 강화시키고, 다음에 숙제에 대한 이야기가 나올 경우에 어머니와 논쟁할 것이다. 시간이 지나면서 Paul은 또다시 소리치거나 물건을 던지는 것으로써 자신의 부정적 반응의 목소리를 높여 갈 것이다.

단계 4:

Paul의 어머니가 요구를 철회하자마자, Paul은 논쟁하기를 멈추고 중립적인, 심지어는 긍정적인 행동을 한다. 그는 "네, 어머니, Smith 선생님은 여전히 그러세요. 선생님 수업에서 정신 차리고 있는 것은 어려워요."라고 말한다. Paul은 유해한 행동을 멈춤으로써 어머니를 부적으로 강화시켰으며, 어머니는 Paul의 논쟁하기와 저항에 대한 반응에서 그렇게 할 가능성이 증가한다.

출처: G. R. Patterson, J. B. Reid, and T. J. Dishion, *Antisocial Boys*, 1992, p. 41에서 인용.

강압 이론

Gerald Patterson의 **강압 이론**은 부모-아동 상호작용이 반사회적 행동이 일어나는 데에서 연습의 기초가 된다고 주장한다(Patterson, Reid, & Dishion, 1992). 이 과정은 도피 조건화 연계라는 4단계를 통해서 발생하는데, 아동은 원치 않는 부모의 요구를 회피하고 도피하기 위해 점차적으로 건강하지 못한 강력한 행동의 형태를 사용하는 것을 배운다. 살펴보기 9.6에 기술되어 있는 강압적인 부모-아동 상호작용은 어머니가 학업에 실패한 자기 아들 Paul이 숙제를 하지 않고 TV를 시청하고 있는 것을 발견했을 때 시작된다. 강압적인 부모-아동 상호작용은 잘 연습된 행동과 반응으로 만들어지며, 이것은 거의 자각 없이 발생한다. 이 과정을 '강화의 덫(reinforcement trap)'이라 부르기도 하는데, 왜냐하면 시간이 지나면서 모든 가족 구성원이 그들 스스로의 행동의 결과에 발목이 잡히기 때문이다. 예를 들면, 반사회적인 아동의 어머니는 문제가 없는 아동의 어머니보다 요구를 들어 줄 가능성이 8배 낮다(Patterson et al., 1992).

양육과 품행 문제 사이의 관계는 아동의 잔인-무감동(CU) 특성에 의해서도 영향을 받는 것 같다. 보고에 따르면, 잔인-무감동 특성이 낮은 아동에서만 비효과적인 양육이 품행 문제와 관련이 있었다(Wootton et al., 1997). CU 특성 아동은 그들이 제공받는 양육의 질에 관계없이 심각한 품행 문제를 보였다. 부모의 훈육과 품행 문제의 관계는 훈육의 양에 의해서 영향을 받는데, 너무 과한 것과 너무 적은 것 둘 다 나쁜 영향을 미치는 것 같다. 부모의 훈육과 반사회적 행동의 관계는 또한 가족의 문화적 배경, 훈육이 사용되는 정서적 분위기, 부모-아동 쌍의 성별에 따라서 변한다. 예를 들어, 훈육은 동성의 부모-아동 쌍, 즉 어머니가 딸을, 아버지가 아들을 훈육할 때 가장 효과적이다(Deater-Deckard & Dodge, 1997).

애착 이론

애착 이론은 부모에 대한 아동의 애착의 질이 부모의 가치관 · 신념 · 기준으로 자신의 최종 확인을 결정할 것이라는 것을 강조한다. 부모와의 안정적 유대는 친밀감, 가치관의 공유, 사회와의 동일시를 촉진한다. 애착 이론은 아동이 순응을 선택함으로써 반사회적 행동을 억제한다고 주장한다.

품행 문제가 있는 아동은 부모의 기준 및 사회적 기준을 종종 내재화하지 못하는 것으로 보인다. 이들이 부모의 요구에 순응할 때조차도, 이들은 자신의 자유 또는 신체적 안전에 대한 위험을 지각하기 때문에 그렇게 하는 것이다(Shaw & Bell, 1993). 아동이 지도 감독을 받지 못할 때처럼 이러한 위협이 존재하지 않는다고 느낄 때에도 반사회적 행동이 일어날 수 있다. 부모와의 약한 유대는 반항적인 또래와 연합하게 하며, 이것이 비행과 물질 남용으로 이어질 수 있다(Elliott, Huizinga, & Menard, 1989).

연구 결과들은 아동기와 청소년기 동안의 불안정한 애착, 특히 혼란된 애착(disorganized attachment) 아동과 반사회적 행동과의 관계를 지지한다(Pasco Fearon et al., 2010). 그러나 애착의 질 자체가 품행 문제의 정도에서 현재 또는 앞으로의 변화를 예견할 수 있는지는 분명하지 않다. 애착과 반사회적 행동 간의 관계는 아동의 성별, 임상 상태, 기질, 가정 관리 관행을 포함한 여러 요인에 의해 영향을 받는 것 같다(Pasco Fearon et al., 2010).

기타 가족 문제

지금까지 논의해 온 부정적인 부모 양육과 애착의 문제뿐만 아니라 불안정성과 스트레스, 부모의 범죄 및 정신병리와 같은 기타 가족 문제도 아동의 품행 문제에 기여한다.

JAKE와 REGGIE
그들에게 닥친 온갖 악조건

Jake(2세)와 Reggie(4세)를 혼자 키우는 Linda는 형이 동생을 발로 차고 때리고 물어뜯는 등, 통제할 수 없는 심각한 공격 행동을 보여서 다루는 방법을 찾으려고 왔다. Linda는 우울했고 자살의 위험이 있었다. Linda의 남자친구 Hank가 두 아이의 아버지였다. 그는 근처에 살고 있었고, Linda에게 자신이 자녀를 볼 수 있게 찾아오라고 요구한다. 이 방문 동안에, Linda의 말에 따르면 '강요된 성(즉, 강간)'을 하고, 두 아들이 같이 남아서 지켜보게 한다. Linda가 이 방문을 거절할 수도 있었을 것이다. 그러나 Hank는 자신의 말을 듣지 않으면, 부양비 지급을 중단하고 양육권 소송을 해서 두 아들을 데려가거나 집에 찾아와서 그녀와 두 아들을 죽이겠다고 협박했다. 이 협박을 쉽게 무시할 수 없었는데, Hank가 폭행 및 권총을 휘두른 것 때문에 체포된 전력이 있었던 것이다.

출처: A. E. Kazdin, *Conduct Disorders in Childhood and Adolescence*, p. 17.

가족의 불안정성과 스트레스

품행 문제 아동의 가족은 흔히 부모가 바뀌고 거주지가 바뀌는 것을 포함해서 잦은 이사와 함께 가족 구조가 불안정하다는 특징이 있다(Dishion & Patterson, 2006). 가족의 불안정은 반사회적 행동, 학업 문제, 불안과 우울, 비행 또래와의 연합, 범죄와 연관될 위험성이 높아지는 것과 관련이 있다(Kasen et al., 1996). 대부분의 경우, 아동의 반사회적 행동에 대한 이혼의 영향은 가족 붕괴 및 그로 인해 동반되는 갈등과 연관된다(Emery, 1999). 일부 사례에서는 아동의 반사회적 행동이 이혼의 기회를 증가시킴으로써 가족의 불안정에 기여한다(Block, Block, & Gjerde, 1986).

가족의 스트레스가 높은 것은 가정에서 아동의 부정적인 행동과 연합되며, 반사회적 행동의 원인 및 결과 양쪽 모두 될 수 있다. 실직, 낮은 SES, 복합적인 가족의 변화는 아동기 품행 문제와 모두 연관된다. 가족의 스트레스 요인 중에서 빈곤은 CD 및 범죄율이 높은 것에 대한 가장 강력한 예측인자 중 하나이다(Pagani et al., 1999). 그러나 가난과 반사회적 행동 간의 '활성 요인(active ingredient)'을 구성하는 것은 무엇인가? 이것에 관해서, 불안정성, 거주지의 이동, 가난과 관련된 부모의 역할 붕괴 모두가 중요한 요인이라고 밝혀지고 있다(Dodge, Pettit, & Bates, 1994b). **증폭 가설**은 스트레스가 부모의 부적응 경향(예: 좋지 않은 정신건강)을 증폭시키고, 따라서 가족의 관리 관행을 붕괴시키고, 자녀를 지지하는 부모의 능력을 약화시킨다고 말한다(Conger et al., 1994).

부모의 범죄와 정신병리

공격적이고 반사회적인 경향은 가족 내에서, 그리고 세대에 걸쳐 이어진다(Blazei, Iacono, & Krueger, 2006; D'Onofrio et al., 2007). 사실, 아동의 공격성은 같은 나이 때 그들 부모의 아동기 공격성과 상관이 있다(Huesmann et al., 1984). 반사회적인 아동의 부모는 체포, 교통 법규 위반, 면허 정지, 약물 남용의 비율이 높다(Dishion & Patterson, 2006). 반사회적인 사람은 비효율적인 부모가 되기 쉬운데, 특히 이들이 성마르고 폭발적인 상호작용을 보이는 동안에 훈육할 때 더 그러하다. 반사회성 성격장애와 같은 특정 유형의 부모 정신병리는 자녀의 CD와 강력하고 구체적으로 연관된다(Herndon & Iacono, 2005). 이러한 관련성은 아버지에게서 특히 더 분명하며, 아버지의 범죄 행동 및 물질 남용과 아동의 반사회적 행동 패턴 사이의 연관성 역시 분명하다(Waldman & Lahey, 2013). 아버지의 반사회성 성격장애와 아동의 반사회적 행동 사이의 강력한 관련성은 아버지가 집에 같이 사는지 그리고 아버지와 아동 사이의 접촉 정도와는 관계가 없다(Tapscott, Frick, Wootton, & Kruh, 1996). 어머니의 경우에는 반사회성, 히스테릭한 성격(과장된 감정 및 관심 추구), 우울이 아동의 반사회적 행동과 관련이 있다(Dishion & Patterson, 2006).

사회적 요인

개인 및 가족 수준에서의 반사회적 행동 요인은 품행 문제의 결정에서 일부만을 말해 주는데, 이들이 더 큰 사회적 맥락 및 문화적 맥락에서 상호작용하기 때문이다(Sampson, 1992). 빈곤, 이웃의 범죄, 가족 붕괴, 주거가 바뀜이 청소년 범죄 및 비행과 관련이 있다는 것은 의심의 여지가 없다(Cooley-Strickland et al., 2009; Schonberg & Shaw, 2007). 그러나 이러한 조건이 어떻게 아동의 범죄 및 비행으로 이어지는지에 대한 구체적인 기제는 알려져 있지 않다.

사회적 해체 이론은 지역사회 구조가 가정생활에 영향을 미치고, 따라서 아동의 적응에 영향을 준다고 제안한다(Sampson & Laub, 1994). 부적 맥락 요인(예: 낮은 SES)은 특히 강압적이고 비일관된 훈육 및 제대로 감독하지 못하는 것과 같은 부모의 양육 기술 부족과 연관된다(Lahey, Van Hulle et al., 2008). 결국 이러한 요인은 반사회적 행동의 조기 발생, 어릴 때 체포, 청소년기 동안의 만성적인 범죄와 연관된다(Capaldi & Patterson, 1994). 적응의 실패, 스트레스의 가중이라는 악순환은 부모와 아동 모두를 압박한다. 반사회적인 사람은 쉽게 상처받으며, 이혼 · 미취업 · 불이익을 당할 위험이 더 높아진다(Dishion & Patterson, 2006). 예를 들어, 사회적 불이익, 잦은 이동, 이혼, 성에 일찍 노출됨, 어머니가 일하는 상황은 어머니가 반사회적 양육 관행을 할 가능성을 증가시킨다. 또한 기술이 부족한 반사회적인 어머니는 가족 및 이웃과 고립이 된 대도시로 가서 불신 및 대화가 극히 적은 환경이 된다. 이러한 여성이 다시 임신을 하게 되면, 공중보건 서비스에 접근할 가능성이 낮아진다. 좋지 않은 섭식 및 약물은 분만 시 저체중 · 미숙아 출산, 출생 감염의 위험을 높이며, 이는 결국 영아 및 걸음마기 유아가 부모를 힘들게 한다. 까다로운 아기와 기술이 부족한 부모의 결합은 반사회적 행동 및 반사회적 행동의 결과로 인해 체포될 가능성을 높인다. 품행 문제는 이러한 방식으로 계속 되풀이 된다.

이웃과 학교

청소년의 반사회적 행동은 약물 판매 및 매춘, 또래 집단 폭력, 폭력 조직 가담, 잦은 이사 및 이동, 그리고 이웃이나 종교 집단으로부터 사회적 지원을 받지 못한다는 범죄 하위 문화의 특징인 빈곤 지역에 집중되어 있다(Leventhal & Brooks-Gunn, 2000). 게다가, 반사회적인 사람은 자신과 비슷한 사람을 이웃으로 선택하는 경향이 있다(Harden et al., 2009). **사회적 선택 가설**은, 다른 동

Bob Daemmrich/Alamy

LA에서 이와 같은 무기 소지 금지 표시가 학교 외부에 일상적으로 붙어 있다.

네로 이사 가는 사람은 도착하기 전부터 다르며, 남는 이웃 역시 떠나는 사람과 다르다고 말한다. 반사회적 특징이 있는 사람에게는 이러한 점이 생산적인 사회적 관계, 효과적인 사회적 규준을 최소화시키는 지역사회 조직을 만들며, 반사회적 행동이 규율이 되게 한다(Sampson, Raudenbush, & Earls, 1997). 범죄와 비행에 관한 지역사회의 영향은 지역적 유대 및 친분 있는 연계망의 부족, 지역사회 조직에 참여가 낮음, 10대 또래 집단을 관리 감독하지 못하는 혼란스런 동네라는 특성으로 인해 더욱 강화된다(Sampson & Groves, 1989). 아주 취약한 동네에서 효과적인 양육의 주된 영향은 폭력 조직에 맞서는 데 있는 것 같다(Tolan, Gorman-Smith, & Henry, 2003).

아주 취약한 동네에서 질이 나쁜 학교에 다니는 것은 반사회적 행동 및 비행 행동과 연관되며, 반면에 긍정적인 학교 경험은 이러한 행동의 발달에서 보호 요인이 된다(Rutter, 1989). 숙제를 끝내라는 것에 대한 분명한 지시, 높은 학업적 기대, 분명하고 일관된 훈육 정책, 적절한 학교 행동과 성적을 위한 장려책이 있는 좋은 학교 환경은 빈약한 가족 환경을 부분적으로 보상할 수 있다. 이러한 학교의 특징을 촉진시키는 체계적인 개입은 학교 전체에서 아동의 품행 문제를 감소시킨다(Gottfredson, Gottfredson, & Hybel, 1993).

대중매체

나는 남의 이야기를 듣고 하는 모험, 탈출, 흥분, 심지어 피와 벼락까지도 대부분의 아동이 자신의 감정, 특히 공격 감정을 분출시키는 데 중요하고 필요한 것이라고 믿는다.

— Josette Frank, 대중매체 컨설턴트

반사회적 행동, 범죄, 살인을 흥미롭게 묘사한 프로그램은 아동의 반사회적 행동에 영향을 미치고 공격성을 야기할 수도 있다.

— Jacob Panken 판사, 뉴욕시티 아동 법원

아동에게 미치는 라디오의 영향과 관련하여 이같이 대비되는 전문가의 견해가 제시된 것은 대략 70년 전(*The New York Times*, 1946년 4월 14일)이다. 젊은이들의 공격성에 대한 대중매체의 영향과 관련된 논쟁은 오늘도 계속되고 있다. 부모, 교사, 정치인, 그리고 언론은 아동의 사회적 발달과 공격적 행동에 관한 영화, TV, 비디오 게임, 문자 메시지, 인터넷 등의 부정적 영향에 관한 우려를 표현해 왔다. 아동의 반사회적 행동에 미치는 대중매체의 영향을 살펴보는 데에서 우리는 TV 폭력과 아동의 공격적 행동 사이의 관계를 살펴볼 것인데, 대부분의 연구가 이 영역에서 실시되었기 때문이다(Varnhagen, 2006). TV 폭력과 아동의 공격적 행동에 관한 연구 결과들은 아동의 인터넷 사용, 원치 않거나 바람직하지 않은 정보에 대한 노출, 이러한 노출이 영향을 미치는 방식에 관한 의문에 대한 대답에 도움이 된다.

극단적으로 몇몇 연구자는 TV 폭력이 아동 학대에 가깝고 TV를 끄는 것이 살인을 줄이는 길이라고 주장한다. 또 다른 연구자는 TV 폭력과 공격적 행동 사이에 인과관계가 없다고 주장한다. 미국에서 아동이 6학년이 될 때쯤이면, 아동은 TV에서 8,000건 이상의 살인 사건과 100,000건 이상의 기타 폭력 행동들을 보게 된다(Leland, 1995). 문제는 이렇게 지속적으로 폭력을 접하게 되면, 아동이 폭력을 정상적인 것으로 생각하게 되고, 사람들의 고통에 둔감해지고, 그들이 보는 장면에 의해 각성되고, 이 같은 폭력 행동을 흉내 내고 싶어 한다는 데 있다. 예를 들어, 5세 된 남아는 자신이 가장 좋아하는 만화 캐릭터를 보고 난 후, 그중 가장 좋아하는 방화 묘기 중 하나를 선택해서 집에 불을 질렀고, 여동생이 그 화재로 목숨을 잃었다. 따라서 대중매체의 폭력에 노출되는 것은, (1) 단기적으로는 특정 행동의 모방, 자극, 뇌관이 되는 공격적 행동과 폭력 행동의 **촉발** 요인이고, (2) 장기적으로는 폭력에 대한 둔감화 및 공격성을 지지하는 믿음 체계(즉, '세상은 적대적인 곳이다', '공격성은 수용된다', '사회적 문제를 해결하기 위해 공격성이 사용될 수 있다')의 관찰학습을 통해 획득된 공격 행동을 하게 만드는 **성향적**(predisposing) 요인이 된다(Huesmann et al., 2003).

대중매체의 폭력에 노출되는 것이 일부 아동에게는 아직 나타나지 않은 반사회적 경향을 강화할 수 있다. 예를 들어, 10년 이상 이루어진 일련의 연구들을 보면 품행 문제를 보이는 아동은 상당히 많은 양의 폭력물을 보고, 공격적인 배우를 좋아하며, 허구적 내용을 진실로 믿는 경향이 있었다(Gadow & Sprafkin, 1993). 그러나 영향을 받는 것은 폭력 경향성이 있는 아동뿐만이 아니었다. 장기간의 연구에 따르면 6~9세 아동기에 대중매체 폭력에 노출되는 것은 공격적 TV 캐릭터와의 동일시, TV 폭력을 현실로 지각하는 것과 더불어 15년 후의 심각한 공격적 행동 및 범죄 행동을 예측한다(Huesmann et al., 2003).

TV 폭력과 공격성 간의 상관관계에는 논쟁의 여지가 없다. 그러나 TV 폭력이 공격성의 원인인가? 만약 그렇다면 어떻게 원인이 되는가? 연구들이 인과관계를 제시하고 있지만(Anderson & Bushman, 2002; Johnson et al., 2002), 이 질문에 대한 답은, 수십 년 동안의 연구 및 연구 결과를 사용하는 사람들이 폭력적인 내용을 걸러내는 사회정책을 통해 연구 결과에 관한 조치가 긴급함에도 불구하고 여전히 불분명하다. 대중매체의 영향(TV 또는 기타 형태)만으로 청소년의 수많은 반사회적 행동을 설명해 주지는 못하는 것 같다(Rutter & Smith, 1995). 다른 위험 요인과 마찬가지로 대중매체의 영향 또한 아동, 가족, 지역사회 및 문화적 요인과 상호작용하여 품행 문제에 영향을 미치는 것 같다. 그러나 분명한 것은 대중매체가 중요하고도 독특한 기여 요인이라는 것이다. 대중매체 폭력에 노출되는 것이 잘 적응하고 있는 아동을 폭력적 범죄에 가담하도록 만들지는 않는다. 그러나 "계속되는 흡연에서 한 모금의 흡연이 언젠가는 폐암의 가능성을 조금 더 증가시킬 수 있는 것처럼 (…) 모든 폭력적 TV쇼는 아동이 자라서 몇몇 상황에서 좀 더 공격적으로 행동할 가능성을 어느 정도 증가시키는 것 같다"(Huesmann et al., 2003, p. 218).

문화적 요인

공격적 행동의 표현에서 문화적 차이는 아주 극적이다. 문화를 막론하고, 공격성에 대한 아동의 사회화는 살인이나 품행과 같은 공격적 행동의 강력한 예측지표 중 하나라고 알려져 왔다. 아래에 제시된 대조적인 사회화 장면의 예에서 보듯이, 공격성은 '전사' 훈련에 대한 문화적 강조 때문에 생긴 잘못된 결과일 수도 있다.

서부 뉴기니의 카파우쿠족:

> 7세쯤 된 카파우쿠 소년은 아버지의 통제를 받기 시작하며 점차 어머니 곁을 떠나 남자들하고만 생활하게 된다. 훈련(용감한 전사가 되기 위한)은 아버지가 아들에게 몽둥이 싸움 흉내를 내면서 시작된다. 점차 싸움은 격렬해지고 아버지와 아들이 실전용 전쟁 화살로 쏘아 댈 때면 치명적이 되기도 한다. 소년 집단은 표적에 쏘는 놀이를 한다. 또한 서로의 머리를 몽둥이로 때리면서 논다(Ember & Ember, 1994, pp. 639-640).

1953년부터 1954년까지 카파우쿠족의 살인율은 10만 명당 200명으로 추정되며 현재 미국의 살인율의 거의 40배이다.

히말라야의 렙차족:

> 렙차족이 자녀에게 거는 기대는 아주 분명하다. "좋은 아이는 일을 돕고, 진실을 말하며, 연장자의 가르침을 경청하고, 노인을 돕고, 비폭력적이다. 나쁜 아이는 사람들과 싸우고 모욕하고, 거짓말을 하고, 벌을 받을 때 분노에 차서 칼을 꺼내고, 함께 일을 하지 않는다."(Ember & Ember, 1994, p. 641)

렙차족과의 인터뷰에서 이들의 문화에서 진짜로 입증된 살인이 약 200년 전에 발생했다는 것이 드러났다(Ember & Ember, 1994).

반사회적 행동의 비율은 문화에 따라, 그리고 문화권 안에서도 크게 다를 수 있으며, 기술의 발전, 물질적인 부, 인구 밀도와 반드시 관련이 있는 것은 아니다. 예를 들어, 상호의존을 중요시하는 일부 제3세계 나라들은 친사회적 행동 비율이 높다는 특징이 있으며, 인구밀도가 매우 높은 곳에서도 폭력의 비율이 매우 낮다. 미국은 모든 산업국가 중에서 가장 폭력적인 나라이며, 살인의 비율이 유럽의 5배이며 일본의 10배이다(OECD, 2013).

소수 집단이라는 신분은 미국에서 반사회적 행동과 연관되는데, 아프리카계, 히스패닉계, 미국 원주민 청소년들 사이에서 반사회적 행동의 비율이 더 높다(Elliott, Huizinga, & Ageton, 1985). 그러나 전국 표본의 한 연구에서는 사회경제적 지위, 성별, 연령 및 다른 조건을 통제했을 때 인종이나 민족과 관련된 반사회적 행동에서 차이가 없거나 아주 미비했다(Lahey et al., 1995). 즉, 비록 외현화 행동 문제가 소수민족의 젊은이에게 더 빈번하게 나타난다고 보고되지만, 이러한 결과는 경제적 어려움, 취업 기회의 제한, 아주 위험한 거주 지역, 반사회적 폭력 조직 가담이 포함된 불공평한 차이와 관련이 있는 것 같다(Children's Defense Fund, 2007; Egley & Howell, 2013). 위험하거나 불리한 지역에 살고 있지만 가족 지지가 높은 멕시코계와 아프리카계 아동 모두는 가족 지지가 없거나 낮은 아동에 비해 반사회적 행동을 덜 보였다는 점이 중요하다(Schofield et al., 2012). 미국에 온 이민자 집단의 경우에 CD의 위험은 이민 상태와 미국 문화에 대한 노출 정도에 따라 차이가 있다. 예를 들면, 멕시코에서 태어나고 미국에서 자란 이민 아동이나 멕시코의 일반 인구 집단의 아동에 비해 미국에서 태어난 멕시코계 부모의 아동에서 CD의 위험이 가장 높았다고 밝힌 연구가 있다(Breslau et al., 2012).

단원 정리

원인

- 아동의 품행 문제는 시간이 지나면서 교류적 형태로 작동하는 복합적 원인 또는 위험이나 보호 요인으로 잘 설명된다.
- 입양아 및 쌍둥이 연구는 반사회적 행동에서 변인의 50% 정도가 유전적 영향임을 제시해 준다.
- 유전적 영향은 절도나 거짓말과 같이 드러나지 않는 행동보다는 공격성과 같은 분명한(눈에 드러나는) 형태의 반사회적 행동에서 더 강력하다.
- 반사회적 행동은 BAS의 과다한 활동, 그리고 BIS의 낮은 활동에 의한 것일 수 있다. 낮은 코르티솔 각성 수준과 자율신경계의 반응, 편도체와 전전두 피질과 기타 뇌 영역의 손상이 특히 아동기 발병/지속성 CD에서 중요한 역할을 하는 것으로 보인다.
- 부부 갈등, 가족의 단절, 가정 폭력, 빈약한 훈육 관행, 부모의 지도 감독 부족, 불안정 애착이 포함된 수많은 가족 요인이 아동의 반사회적 행동의 잠재적인 원인이라고 시사하고 있다.
- 가족의 불안정성과 스트레스, 부모의 범죄와 반사회적 성격, 반사회적인 가족의 가치관은 품행 문제의 위험 요인이다.
- 지역사회의 구조적 특징은 사회적 규준의 채택 및 생산적인 사회적 관계의 발달을 방해하는 공동체의 환경이 만들어짐으로써 품행 문제 출현의 배경이 될 수 있다.
- 학교, 이웃, 대중매체의 영향은 모두 반사회적 행동에 대한 잠재적 위험 요인이며, 소수민족 집단이나 민족성 같은 문화적 요인 또한 잠재적인 위험 요인이다.

처치와 예방

SCOTT
구해낼 수 있을까?

Scott(10세)은 학교 운동장에 불을 지른 후 의뢰되었다. 치료사는 Scott이 좋아질 가능성이 있다고 보았지만, 그의 부모는 치료에 대해 탐탁해하지 않았다. 결과적으로 Scott은 '문제아 반'에 배정되었다. 3주 후에 그는 학교 강당에 불을 질렀다. 그는 퇴학당해서 비행 아동을 위한 그룹 홈으로 보내졌다. 3주일 만에 그는 다른 친구 두 명과 도주했다. 며칠 후 그는 거리에서 노숙자를 공격해서 돈(4달러 85센트)을 빼앗고 그를 때려서 붙잡혔다. 이 범죄 때문에 Scott은 18세가 될 때까지 구금시설로 보내졌다. 그 이후로 치료사는 그에 대한 소식을 더 이상 듣지 못했다.

출처: Morgan, 1999에서 인용.

심각한 품행 문제가 있는 아동을 위해 많은 형태의 처치(treatment)가 시도되었다. 처치는 취학 전에 시작되기도 하지만, 전형적으로는 Scott 사례에서 보는 것처럼 학교에서 심각한 반사회적 문제를 보이면서 의뢰된다. 교육, 정신건강, 사법 체계와의 지속적인 접촉은 한 가지 이상의 광범위한 처치에 의뢰되는 것으로 이어진다. 가장 좋은 처치 방법은 개인, 가정, 학교, 지역사회 장면 전반에 걸쳐 적용되는 혼합적 접근이다(Kazdin, 2007). 더구나 처치는 개선을 일반화하고 유지하기 위해 어머니의 우울, 부부간 불화, 학대, 기타 스트레스 요인처럼 관련되어 있는 가족의 문제가 자주 다루어져야 한다(McMahon, Wells, & Kotler, 2006).

대부분의 사람들은 가정의 역기능, 학대, 퇴학, 약물을 사용하는 또래와의 연합, 범죄율이 높은 지역에서 거주, 부모의 지도 감독 부족이 심각한 품행 문제에 기여한다고 이해하고 있다(Henggeler, 1996). 그러나 이러한 인식에도 불구하고 심리치료, 집단 치료, 개별 교습, 처벌, 또는 훈련소 등과 같은 전형적인, 그리고 법원에서 명령하는 처치들은 종종 품행 문제가 있는 아동의 처치에서 앞서 말한 기여 요인들을 의미 있게 다루지 못하며, 따라서 효과적인 접근이 되지 못한다(Lipsey, 1995). 심각한 반사회적 문제를 다루는 데에서 효과성의 부족에도 불구하고, 클리닉에서 하는 개별 상담과 가족 치료가 종종 제공되는데, 비교적 저렴하기 때문이다(Tate, Reppucci, & Mulvey, 1995). 반사회적 청소년들이 함께 어울리게 하는 집단 처치는 문제를 더 악화시킬 수 있는데, 비슷한 생각을 하는 사람들과의 연합이 반사회적 행동을 종종 부추기기 때문이다(Dishion & Dodge, 2005).

Scott 사례에서 본 것처럼, 거주 처치, 정신병원 입원, 구금과 같이 구속하는 접근 또한 효과가 거의 없으며 비용 부담이 크다는 단점이 있다(Henggeler & Santos, 1997). 불행하게도, 청소년을 위한 정신건강 비용의 상당 부분은 득보다 실이 많은 구속적인 가정 밖 배치에 쓰이고 있다(Sondheimer, Schoenwald, & Rowland, 1994). 구금은 지역사회에 대해 보호 기능을 한다고 볼 수 없는데, 왜냐하면 구금되었다가 풀려난 청소년은 집에서 처치를 받은 청소년보다 더 많은 범죄를 저지르기 때문이다(Henggeler, 1996).

아동의 품행 문제는 흔히 발달의 진행, 다양화 및 시간이 지나면서 증대되기 때문에, 처치는 반드시 아동이 이러한 궤도의 어디쯤 있는지에 대해 민감해야 하며, 취학 전, 학령기, 청소년기에 맞게, 또한 문제의 형태와 심각성에 맞게 다루어져야 한다. 일반적으로 반사회적 행동이 많이 진행되었을수록 집중적인 개입의 필요성은 더욱더 커지며, 불행하게도 Scott과 같은 아동은 예후가 더 좋지 않다. 조기 발병 반사회적 행동이 3학년이 끝날 때까지 변하지 않으면 이는 당뇨병처럼 만성 상태로 취급하는 것이 최선인데, 완전히 치유될 수 있는 것이 아니라, 지속적인 개입과 지지를 통해 관리되거나 유지될 수 있기 때문이다(Kazdin, 1995). 나이 많은 아동에게는 처치의 많은 노력과 비용에도 불구하고 효과가 미미하다는 것이 우선순위에 대한 재평가로 이어졌으며, 조기 개입과 예방 프로그램의 필요성이 더욱 강조된다(Powell, Lochman, & Boxmeyer, 2007). 품행 문제의 처치에서는 다음 두 가지 맥락이 포함된 포괄적인 접근이 필요하다 (Frick, 2000).

- 문제 행동을 이제 막 보이기 시작하는 어린 아동을 위한 조기 개입/예방 프로그램
- 나이가 있는 아동 및 그 가족이 관련된 여러 사회적 · 정서적 · 학업적 문제에 대처할 수 있도록 돕는 지속적인 개입

품행 문제가 있는 아동과 청소년을 위한 수많은 처치들을 설명하기 위해, 우리는 일부 성공했다고 입증된 세 가지 대표적인 처치의 접근(Eyberg, Nelson, & Boggs, 2008), 즉 부모 관리 훈련(PMT), 문제해결 기술 훈련(PSST), 중다체계 치료(MST)를 제시한다(표 9.5 참조). 또한 어린 아동에게 효과가 있을 것 같은 새로운 예방적인 개입에 대해서도 논의할 것이다. 처치의 거의 모든 유형들이 부모, 형제, 또래와의 교정적인 대인관계 경험을 제공하는데, 그 이유는 폭력을 포함한 대부분의 반사회적 행동은 아동과 가족 구성원, 또래 사이에서 발생하기 때문이다. 덧붙여서 품행 문제는 상황들 전반에 걸쳐 만연되어 있다는 것을 감안해서 거의 모든 처치에는 집, 학교, 지역사회에서 아동의 행동을 바꾸도록 고안된 요소들이 들어 있다(Liber et al., 2013).

표 9.5 품행 문제가 있는 아동을 위한 효과적인 처치

치료	개관
부모 관리 훈련(PMT)	유관 관리 기법을 이용하여 가정이나 그 외 장면에서 아동의 행동을 바꿀 수 있도록 부모를 교육한다. PMT의 초점은 효과적인 부모-아동 상호작용과 기타 양육 기술(예: 부모-아동 의사소통, 자료 수집, 지도 감독)의 강화에 있다.
문제해결 기술 훈련(PSST)	사회적 상황에서 아동의 인지적 결손 및 왜곡을 확인해서 사회적 상황을 해결할 수 있는 새로운 방법을 교육하기 위한 지침, 연습, 피드백을 제공한다. 아동은 상황을 평가하고, 다른 아동의 동기에 대한 자신의 귀인을 바꾸고, 다른 아동이 어떻게 느끼는지에 대해 더 민감해지고, 대안적이고 좀 더 적절한 해결책을 만들어 내는 것을 배운다.
중다체계 치료(MST)	특수교육과 같은 특수 개입뿐만 아니라 PMT, PSST, 부부 상담, 물질 남용 처치 프로그램이나 법적 서비스에 의뢰하는 것과 같은 기법들을 따르는 집중적인 접근법.

부모 관리 훈련(PMT)

부모 관리 훈련(PMT)은 집과 그 밖의 장면에서 아동의 행동을 바꿀 수 있게 부모를 가르친다(Brinkmeyer, & Eyberg, 2003; McMahon & Forehand, 2003). 기본 가정은 부적응적인 부모-아동 상호작용이 적어도 부분적으로는 아동의 반사회적 행동의 생성과 유지에 책임이 있

다는 것이다. 부모가 자녀와 상호작용하는 방식을 바꾸면 아동의 행동이 개선될 것이다. 비록 부정적인 부모-아동 상호작용이 부모와 아동의 연합된 결과로 보이지만 이러한 상호작용의 수정에서 가장 쉽고 바람직한 지점은 부모의 행동을 바꾸는 것이다. PMT의 목표는 부모가 구체적이고 새로운 기술을 배우는 것이다(Forgatch & Patterson, 2010). 이 목표를 이루기 위해서 ADHD가 있는 아동 및 그들의 가족과 작업할 때 논의되었던 절차가 많이 사용된다(8장 참조). 여기에는 아동의 행동을 모니터하는 것, 자녀에게 명확한 지시와 규칙을 제시하는 것, 체계적으로 보상하고 처벌의 사용을 최소화하는 것과 같은 것을 부모에게 교육시키는 것이 있다. PMT의 변형들에는 개별 대 집단, 치료실 대 가정, 또는 상황에서 직접 훈련 대 비디오 녹화용 훈련 자료 이용 등이 있다.

PMT는 장점과 단점이 있다(McMahon et al., 2006). 잘 만들어진 처치 요강과 훈련 자료들이 개발되어서 광범위한 사용을 촉진시켰다(예: Barley, 2013a; McMahon & Forehand, 2003). 더구나 PMT는 품행 문제의 다른 어떤 처치보다 더 많이 평가되어 왔다(Eyberg et al., 2008). 이러한 평가에서는 부모와 아동의 행동을 변화시키는 단기 효과가 반복적으로 입증되었다. 부모가 PMT에 참여한 평균적인 아동은 치료 이후에 부모가 참여하지 않은 의뢰된 아동의 80% 이상 더 잘 적응하는 것으로 보였다(Serketich & Dumas, 1996). 의뢰된 아동의 변화에 덧붙여 PMT는 형제들의 문제 행동의 감소와도 관련이 있었고 부모의 우울과 스트레스도 감소시켰다.

PMT는 12세 이하 아동의 부모에게 아주 효과가 있었고 청소년에게는 덜 효과적이었다(Dishion & Patterson, 1992). 이러한 점에 근거하여, 좀 더 나이가 있는 청소년 및 그들의 가족과 작업하는 변형된 PMT 개입들도 개발되어 왔다(Dishion & Kavanagh, 2003). PMT가 단기적 이득은 있다고 해도 장기간의 효과는 불분명하다(McMahon et al., 2006). 더구나 PMT는 부모에게 요구하는 것이 많은데, 가정에서의 절차를 숙지해서 실시하고, 회의에 참석하고, 치료자와 전화 접촉을 지속하라고 요구한다. 자원이 부족하고 스트레스에 처해 있는 가족에게 이러한 요구를 하는 것은 치료의 지속을 아주 부담스럽게 한다(Lundahl, Risser, & Lovejoy, 2006). 수입이 낮은 가정의 참여를 높이기 위해서 PMT의 스마트폰 사용 버전이 개발되었는데, 기술을 보여 주는 비디오 장면, 간단한 일상의 점검, 문자 알림, 양육 비디오 녹화, 중간 평가 등이 포함되어 있다(Jones et al., 2014). PMT 프로그램에서 부모의 접근/참여에 대한 장벽과 촉진자를 확인하는 것의 중요성에 대한 인식도 증가하고 있다(Koerting et al., 2013).

PMT를 적용하는 것이 간단하지만은 않다. 아동이 고집이 세기 때문에, 결혼생활에 문제가 있어서, 일로 인해 바쁘고 힘들어서 함께 보낼 시간이 없기 때문에, 교직원이 불공평하기 때문에 어려움이 발생되었다고 생각하는 부모가 자신의 양육 관행을 바꿀 필요가 있다고 인식하지 못할 것이다. 실제로 품행 문제가 있는 아동의 부모는 종종 양육 방식은 적절한데 자녀가 거기에 따르지 못한다고 믿고 있다. 처치가 성공하려면 부모의 이런 믿음과 걱정을 다루는 것이 중요하다(Morrisey-Kane & Prinz, 1999). 덧붙여, PMT 임상가들은 처치에서 부부 및 사회적 지원, 처치의 양식과 계약, 인종 및 문화적 요소의 중요성에 대해 점점 더 인식하게 되었다(Scott et al., 2010; Yasui & Dishion, 2007).

문제해결 기술 훈련(PSST)

문제해결 기술 훈련(PSST)은 품행 문제가 있는 아동과 청소년이 대인관계 상황에서 드러내는 인지적 결함이나 왜곡에 초점을 맞춘 인지행동치료 형식이다(Kazdin, 2010). PSST는 단독으로 또는 가정 상황의 필요에 따라 PMT와 함께 사용된다. PSST의 기본 가정은 상황적 사건에 대한 아동의 지각 및 평가가 공격적이고 반사회적인 반응을 유발시키고, 아동의 그릇된 사고방식이 변하면 행동에 변화가 있을 것이라는 것이다. **살펴보기 9.7**에 기술된 바와 같이, 사회적 문제 상황에서 자신의 생각, 감정, 행동을 확인하는 데에서 5단계의 문제해결 방식을 사용하도록 가르친다.

PSST 과정에서 치료자는 아동이 사회적 상황을 다른 방식으로 다루도록 도와주기 위해 교육, 실습, 피드백을 사용한다. 이렇게 하기 위해, 아동은 상황을 평가하고, 자신의 말과 반응을 확인하고, 다른 아동의 동기에 대한 자신의 귀인을 바꾸는 것을 배운다. 그들은 또한 다른 아동의 감정이 어떤지에 대해 더 민감해지고, 다른 아동의 반응을 예측하며, 사회적 문제에 대한 적절한 해결책을 만들어 내는 것을 배운다.

PSST는 품행 문제 때문에 임상에 의뢰된 아동에게 효과적이며, 부모 및 가족의 기능에까지 그 효과가 확산된다(Kazdin, 2010). 연구는 PSST의 근거가 되는 부적응적

살펴보기 9.7

인지적 문제해결 단계

문제 상황

같은 학급의 Jason이라는 아동이 너의 닌텐도 게임기를 가져갔다. 너는 그가 다시 돌려주기를 바란다. 어떻게 해야 할까?

단계 1: 나는 무엇을 해야 하는가?

나는 Jason에게서 닌텐도 게임기를 돌려받고 싶다.

단계 2: 가능한 방법을 모두 생각해야 한다.

나는 그 애를 때리고 돌려받을 수도 있고, 돌려 달라고 부탁하거나 선생님께 말씀드릴 수도 있다.

단계 3: 집중하고 초점을 맞추는 것이 좋다.

내가 그 애를 때리면 문제가 생길 것이다. 내가 부탁하면 그 애가 돌려줄 수도 있다.

단계 4: 방법을 선택해야 한다.

그 애에게 요청하자. 그 애가 들어 주지 않으면 선생님께 말씀드려야겠다.

단계 5: 나는 잘 해냈다, 또는 잘못했다.

나는 올바른 선택을 했고 문제도 생기지 않을 것이다. Jason이 돌려주면 계속 친구로 지낼 수 있다. 돌려주지 않는다면, 선생님께 도움을 청하기 전에 최대한 노력해 보자. 나는 잘 해냈다!

출처: Kazdin, A.E. (1996)."Problem solving and parent management training in treating aggressive and antisocial behavior," in E.D. Hibbs & P.S. Jensen(Eds.), *Psychosocial Treatments for Child and Adolescent Disorders* (pp. 377-408). Washington, DC: American Psychological Association.

인 인지와 공격적인 행동 간의 관계를 강조하는 것을 지지하며, PSST의 절차는 실시 요강에 자세히 기술되어 있다. 그러나 비교적 최근까지도 부적응적인 인지의 변화가 행동의 개선에 반응할지는 명백하지 않다. 실제로 사회-인지적 처리 과정에서의 변화가 행동의 변화로 반드시 이어지는 것은 아니다. 그러나 다면적 개입을 이용한 한 연구(Fast Track)에서는 반사회적 행동에 대한 개입 영향의 27%가 세 가지의 사회-인지적 과정에 대한 효과, 즉 적대적 귀인 편견의 감소, 사회적 문제에 대한 유능감 반응 증가, 공격성에 대한 평가절하를 매개했음이 드러났다(Dodge, Godwin, & The Conduct Problems Prevention Research Group, 2013). 마지막으로, 대부분의 아동은 PSST로 인해 개선되었고 일부는 일탈되지 않은 또래보다는 문제를 지속적으로 보이기도 한다. 그러므로 더욱 항구적인 PSST 및 기타 개입들이 심각한 품행 문제가 있는 아동과 가족에게 맞도록 개발되고 있다.

중다체계 치료(MST)

중다체계 치료(MST)는 심각한 품행 문제가 있는 청소년에게 경험적으로 증명된 가족 및 지역사회에 기초한 집중적인 접근법이다(Henggeler & Schaeffer, 2010). MST는 품행 문제가 있는 청소년이 가족, 학교, 이웃, 법정, 소년원을 포함해서 서로 연관된 사회 체계 내에서 기능하는 것으로 본다(Henggeler et al., 2009). 반사회적 행동은 이런 체계 안에서 또는 체계들 간의 교류 때문에 생기거나, 또는 지속될 수 있다는 것이다. MST는 아동과 가족의 기능을 개선시키기 위해 양육자에게 힘을 실어 주려고 한다(Cunningham et al., 1999). 따라서 처치는 가족, 교직원, 또래, 청소년 법원의 직원, 기타 아동과 관련이 있는 사람들과 수행한다. MST는 특수교육 배치, 약물 남용에 관한 처치 프로그램이나 법률 서비스와 같은 특별한 개입뿐만 아니라 PMT, PSST, 부부 치료를 병행하는 집중적인 접근방식이다. 사실, MST는 심각한 반사회적 행동을 유발하는 복합적인 결정 인자들을 다루려고 시도한다(Wells et al., 2010). 표 9.6에 MST의 지침이 제시되어 있다.

극도로 반사회적이고 폭력적인 아동에 대한 MST 연구 결과는 일상적인 서비스, 개인 상담, 정신병원보다 우수한 접근이라는 것을 발견했다. 더구나 연구들은 비행 및 또래에 대한 공격성 감소, 가족관계의 개선, 가정 밖의 배치가 감소되는 것으로 나타났다(Weiss et al., 2013). 중요한 것은 처치 후 5년간의 장기간 범죄율이 감소하는 것으로 나타났다. MST는 또한 비용 면에서 효과적인데, 전통적인 다른 개입 방식에 비해 비용이 1/10이며, 해가 거듭되면서 MST에서 사용한 비용에 대해 대략 10~20달러가 절약된다고 추정된다(Klietz, Borduin, & Schaeffer, 2010).

MST의 연구들은 반사회적 행동이 일생 과정 지속되는 것과 청소년기 제한 패턴을 구분하지 않았기 때문에 MST를 적용해서 성공한 결과가 두 집단에게 동일하게 적용되는지는 알 수 없다. MST가 성공한 것은 부분적으

표 9.6 중다체계 치료의 9 원칙

1. **적절한 것 찾기:** 평가의 일차적인 목적은 확인된 문제들과 문제가 일어난 맥락 사이에 '꼭 들어맞는 것'을 찾는 것이다.
2. **정적 및 강점에 집중하기:** 치료적 접촉은 긍정적인 것을 강조하고 변화의 지렛대로서 체계적인 강점을 이용한다.
3. **책임감 증가시키기:** 개입은 가족 구성원들 간에 책임 있는 행동은 증진시키고 무책임한 행동은 감소시키도록 설계되어 있다.
4. **현재에 집중하기, 활동 지향하기, 잘 정의하기:** 개입은 현재에 초점을 맞추고, 활동 지향적이고, 구체적이고, 잘 정의내린 문제들을 목표로 한다.
5. **표적 순서:** 개입은 확인된 문제를 유지시키는 중다체계들 안 및 중다체계들 간의 행동 계열을 목표로 한다.
6. **발달적으로 적절하기:** 개입은 발달적으로 적절하고 아동의 발달적 요구에 적합하다.
7. **지속적인 노력:** 개입은 가족 구성원이 매일 또는 매주 노력하도록 설계되어 있다.
8. **평가 및 책임성:** 개입 효율성은 다중 관점에서 지속적으로 평가되는데, 성공적인 결과를 위해 장벽을 극복하는 책임은 제공자에게 있다.
9. 일반화 개입은 중다체계 맥락들 사이에서 양육자가 가족 구성원의 요구를 다루도록 힘을 실어 주면서 처치의 일반화 및 치료적 변화의 장기간 유지를 증진시키도록 설계된다.

출처: Table 2.1 in *Multisystemic Therapy for Antisocial Behavior in Children and Adolescents* (2nd ed.), by S. W. Henggeler, S. K. Schoenwald, C. M. Borduin, M. D. Rowland, & P. B. Cunningham. New York: Guilford Press.

로 제한 경로 청소년이 문제가 있는 또래와의 교류를 줄이도록 도와줌으로써 좀 더 일찍 비행을 멈추게 했을 수도 있다.

예방을 위한 개입

최근까지도, 조기 개입 및 예방 프로그램보다는 품행장애가 있는 나이 든 아동의 처치에 아주 많은 관심을 쏟았다. 다행스럽게도, 이러한 상황은 아동의 부정적인 발달력 · 열악한 가정 환경 및 지역사회 환경 · 일탈된 또래와의 연합과 경쟁할 수 있는 집중적인 가정 및 학교에 기초한 개입이 필요하다는 인식이 증가하면서 점차 바뀌고 있다(Prinz & Sanders, 2007; Wilson & Lipsey, 2007). 초기 아동기의 사회적, 건강 · 교육 서비스 맥락 안에서 취학 전 아동에게 PMT를 맞춤식으로 제공하는 연간 가족 점검 역시 반사회적 행동의 조기 발병 경로를 막기 위해 개발되고 있다(Dishion et al., 2013). 예방적인 개입에 대한 주요 가설은 다음과 같다(Webster-Stratton, 1996).

- 품행 문제는 나이 든 아동보다 아동이 어릴수록 다루기 쉽고 더 효과적이다.
- 아동이 어릴 때 위험 요인은 줄이고 보호 요인은 강화시켜 줌으로써, 아동기 발병 품행 문제가 있는 아동에게서 흔히 볼 수 있는 공격성의 증가 · 또래 거부 · 자존감 손상 · 품행 문제 · 학업 실패의 발달적 궤적을 막거나 제한시킬 수 있다.
- 장기적으로 볼 때, 예방적인 개입은 품행 문제와 관련된 교육 · 법원 · 건강 · 정신건강 체계의 부수적인 비용을 절감시킬 것이다.

Carolyn Webster-Stratton은 품행장애의 위험이 있는 2~10세 아동의 부모 및 교사를 위한 집중적이고 다면적인 조기 개입 프로그램을 개발했다(Incredible Years; Webster-Stratton & Reid, 2010). 이 프로그램은 상호작용 비디오테이프를 이용해서 훈련하는데, 비교적 비용이 저렴하면서 널리 사용할 수 있다. 아동 관리 기술을 교육하는 것 이외에, 이 프로그램은 아동의 품행 문제에 수반된 개인, 가정, 학교의 어려움을 다룬다. 부모는 분노, 우울, 비난을 다룰 수 있는 자기 통제 전략을 배운다. 그 결과, 이들은 효과적인 의사소통, 집과 일터에서 발생하는 갈등을 다룰 수 있는 전략, 사회적 지지를 강화할 수 있는 방법을 배우게 된다. 교사는 학생과의 긍정적인 관계를 강화하고, 교실에서의 효과적인 훈육, 사회적 기술을 가르치는 전략, 분노 관리, 문제해결 기술, 부모와의 협력을 증가시키는 방법을 배운다(Webster- Stratton & Herman, 2010). 부모와 교사를 위한 훈련 프로그램뿐만 아니라, 매주 2시간 동안 6명으로 된 소집단과 치료자가 만나는, 3~8세 아동을 위한 Incredible Years Child Training 프로그램도 있다. 아동은 문제해결 기술 및 사회적 기술을 설명하는 집과 학교에서의 갈등 상황 비디오테이프를 시청한다. 이것을 본 다음에 그때의 감정에 대해 토의하고 좀 더 효과적인 반응에 대한 아이디어들을 내놓은 다음에 대안적인 행동을 역할극으로 해 본다.

부모가 프로그램에 참여한 아동의 2/3 이상에서 이러

한 조기 개입이 이후의 품행 문제를 감소시키는 데 효과가 있음을 지지하는 연구들이 많다(Webster-Stratton, Reid, & Hammond, 2004; Webster-Stratton, Rinaldi, & Reid, 2010). 이와 같은 조기 개입/예방 프로그램은, 아동 및 가정의 위험 수준 및 구체적인 요구에 따른 개입의 증가, 개입의 유형과 시기에 맞추는 것에 대한 강조가 증가하면서 이제 학교에서 종종 사용된다(Webster-Stratton & Reid, 2010).

고위험 아동의 심각하고 만성적인 반사회적 행동이 생기는 것을 예방하기 위해 고안된 혁신적인 프로그램은 Fast Track이다(Conduct Problems Prevention Research Group, 2007, 2010). Fast Track은 심각한 품행 문제의 위험이 있는 아동을 다루는 데 필요한 포괄적인 노력을 보여 주는 복합적이고 협력적인 연구 프로젝트이다. 프로그램은 파괴적 행동, 또래 관계가 좋지 않은 것으로 파악된 유치원 아동들에게 실시되었다. 개입은 1학년에 시작되어 10학년까지 계속되었다. 개입에는 초등학교 단계와 중고등학교로 이동하는 단계로 나누어졌으며, 각 단계에는 발달 기간 동안의 성공적인 적응과 관련된 목표 및 개입이 들어 있다.

개입의 목표는 집과 학교에서 파괴적이고 공격적인 행동을 감소시키고, 부모・교사・또래와의 관계를 개선시키는 것이었다. 아동은 효과적인 대인관계 문제해결 기술과 감정 조절에 필요한 사회-인지적 기술을 배운다. 다른 중요한 목표로는 학업 기술, 특히 읽기를 강화시키고 가족 구성원 및 교직원들과의 관계의 질을 개선하는 것이었다. 청소년기로 이동하는 동안에는 또래와 친하기 및 또래의 영향, 학업 성취 및 진로, 사회-인지적 발달 및 정체성 발달, 부모 및 가족관계와 관련된 문제들이 다루어졌다.

이러한 목표를 수행하기 위해 5개의 통합된 처치의 요소, 즉 (1) 부모 관리 훈련, (2) 가정방문/사례 관리, (3) 인지-행동적 사회 기술 훈련, (4) 학업 개인지도, (5) 교실에서 교사 주도의 개입이 사용되었다. Fast Track 개입은 부모, 교사, 프로젝트 연구원이 밀접하게 협력해서 실행되었다. 이 프로그램의 장점은 품행장애가 있는 아동에게 중요하다고 밝혀진 결손 및 결정 요인을 목표로 잡았고, 또한 경험적으로 지지하는 처치 절차를 사용했다는 것이다(Eyberg et al., 2008).

Fast Track 개입에서 나온 결과들은 복잡한데, 그 이유는 연령 범위를 넓게 해서 여러 가지 행동과 태도 및 시간의 흐름에 따른 다양한 행동과 기능 영역에 대한 결과를 사정했기 때문이다. 일반적으로, 전반적인 결과는 개입이 유의미한 영향을 미쳤는데, 특히 품행 문제의 감소 그리고 아동의 사회적 능력 및 가족 관계의 강화를 기대했다. 그러나 교실에서 파괴적 행동의 감소와 학업 성취의 개선에서는 덜 성공적이었다. 흥미롭게도, 품행 문제가 초기에 가장 많이 취약했던 아동들(상위 3%)은 9학년이 되었을 때, 개입이 CD 사례의 75%를 예방했다. 이와 대조적으로, 초기에 중간 정도 수준의 위험을 보였던 아동에게는 거의 영향이 없었다(Slough, McMahon, & Conduct Problems Prevention Research Group, 2008). 종합해 볼 때, 연구 결과는 품행 문제의 초기 위험이 가장 높은 아동에 대한 Fast Track 개입 효과를 지지해 준다. Fast Track은 아동이 CD, ODD, ADHD 진단을 받는 것을 예방하는 효과가 있었는데, 이는 어린 나이에 위험이 큰 아동을 표적으로 한 개입이 중요함을 강조해 준다(Conduct Problems Prevention Research Group, 2011). 이 모든 노력들이 공공정책을 변화시킬 것인지 그리고 처음에 의도되었던 장기 목표, 즉 심각하고 만성적인 반사회적 행동을 예방하고 후기 청소년기와 초기 성인기에서 이 같은 심리사회적 결과들을 강화시키려는 목표를 달성할 수 있을지는 시간이 말해 줄 것이다(Dodge & McCourt, 2010).

품행 문제의 처치와 개입에서 많은 진전이 있었지만, 아직도 해야 할 일이 많다. 지난 100년 동안 이루어진 예방과 개입에서 도출된 주요 결론은, 반사회적 행동을 다루는 데 있어서 성공이나 실패의 정도는 아동이 보이는 품행 문제의 유형과 심각성 및 관련된 위험 요인과 보호 요인에 달려 있다(Kazdin & Wassell, 1999)는 것이다. 대체로 중류 계층의 건강한 가정의 아동이며 경미한 품행 문제가 있는 아동은 개별, 부모, 가정, 학교에 기초한 개입이 도움이 되는 것 같다. 그러나 역기능적인 가정과 좋지 않은 동네의 아동, 문제가 심각하고 지속적으로 보이는 아동은 거의 도움이 되지 않는 것 같으며, 좀 더 조기에 집중적이고 장기적인 개입이 사용되지 않으면 더욱 그러한 것 같다. 개입이 성공하려면 비용 효과적인 개입을 찾아야 하며, 또한 진짜 도움이 된다고 입증할 수 있는 개입을 가족이 지속할 수 있도록 도와야 한다(Rutter, 2003b). 집중적인 개입을 사용하여 심각한 품행 문제가 있는 아동이 유의미한 단기간의 이익을 성취했지만, 이러한 접근의 장기적인 영향과 정상화 정도는 아직 모호하다.

단원 정리

처치 및 예방

- 품행 문제가 있는 아동과 청소년을 돕기 위한 많은 노력들은 일부 입증된 성공과 함께 몇몇 접근들을 만들어 냈다.
- 부모 관리 훈련(PMT)은 가정에서 아동의 행동을 변화시키도록 부모를 가르치는 데 집중한다.
- 문제해결 기술 훈련(PSST)의 기저에 있는 가설은 대인관계 사건에 대한 잘못된 지각과 평가가 반사회적 반응을 유발한다는 것이다. PSST의 초점은 사회적 상황에서 아동의 생각을 바꾸어서 행동을 변화시키는 데 있다.
- 중다체계 치료(MST)는 모든 가족 구성원, 교직원, 또래, 청소년 법원 직원, 그 외 청소년의 생활에 포함된 사람들과 함께 수행하는 집중적인 접근이다.
- 최근의 노력들은 조기 개입/예방의 집중적인 프로그램을 통해 품행 문제를 예방하는 데 집중되어 있다.
- 반사회적 행동을 다루는 데 있어서 성공이나 실패의 정도는 품행 문제의 유형과 심각성 및 관련된 위험 요인과 보호 요인에 달려 있다.

학습 자료

단원 요약

품행 문제의 기술
맥락, 비용 및 관점
DSM-5: 특징 정의하기
관련 특성
동반되는 장애와 증상
유병률, 성별, 경과
원인
처치와 예방

핵심 용어

강압 이론(coercion theory)
관계적 형태의 공격성(relational aggression)
명백-은밀 차원(overt-covert dimension)
문제해결 기술 훈련(problem-solving skills training, PSST)
반사회성 성격장애(antisocial personality disorder, APD)
반사회적 행동(antisocial behavior)
부모 관리 훈련(parent management training, PMT)
사회-인지적 능력(social-cognitive abilities)
사회적 선택 가설(social selection hypothesis)
상호 영향(reciprocal influence)
아동기 발병 품행장애(childhood-onset conduct disorder)
외현화 행동(externalizing behavior)
일생 과정 지속 경로(life-course-persistent(LCP) path)
잔인 및 무감동 대인관계 양식(callous and unemotional interpersoral style)
적대적 귀인 편견(hostile attributional bias)
적대적 반항장애(oppositional defiant disorder, ODD)
정신병리적 특징(psychopathic features)
제한된 친사회적 정서(with limited prosocial emotions)
중다체계 치료(multisystemic therapy, MST)
증폭 가설(amplifier hypothesis)
집단 괴롭힘(bullying)
청소년기 발병 품행장애(adolescent-onset conduct disorder)
청소년 비행(juvenile delinquency)
청소년 제한 경로(adolescent-limited(AL) path)
파괴-비파괴 차원(destructive-nondestructive dimention)
파괴적 행동장애(disruptive behavior disorders)
품행 문제(conduct problem)
품행장애(conduct disorder, CD)
행동 억제 체계(behavioral inhibition system, BIS)
행동 활성화 체계(behavioral activation system, BAS)

10

우울장애와 양극성 장애

이것은 나의 우울 사례이다. 당신이 우울해질 때, 당신이 어떻게 하느냐에 따라 큰 차이가 있다. 당신이 할 수 있는 가장 나쁜 것은 정리해 버리는 것이며, 머리를 높이 들면 기분이 나아지기 시작할 것이다. 당신이 우울에서 벗어나서 기쁨을 찾으려고 한다면 이와 같이 서 있으면 된다.

—Charlie Brown(Charles M. Schulz, 1922~2000)

이 장 미리 보기

DONNA
절망적인 좌절

Donna(12세)는 "때때로 나는 지붕 위에서 뛰어내리거나 나를 해칠 방법을 찾고 싶다."라고 말한다. 지난 3개월 동안 Donna는 점점 더 철회되었고, 슬픔과 무가치함, 자기 증오로 괴로워했다. Donna의 선생님은 Donna를 '매우 힘들어하고 불행한 외톨이'라고 묘사했다. Donna는 항상 좋은 학생이었지만 지금은 집중하지 못하고, 시험에 떨어지고, 완전히 동기를 상실한 상태이다. 집에서 Donna는 잠을 자는 데 어려움이 있고, 식욕이 없고, 자주 두통을 호소한다. 또한 대부분의 시간을 방에만 있으면서 아무것도 하지 않는다. 어머니가 뭔가를 하라고 요구하면, Donna는 극도로 화를 낸다. 어머니는 Donna가 "대부분의 시간 동안 침울하고, 성마른 기분인 것 같아요."라고 말한다. (저자의 사례 자료에서 인용)

MICK
기분이 오르락내리락

16세 소년 Mick는 항상 침울해 있는 편이다. 때때로 슬프고, 가라앉고, 무감각하다. 어떤 때는 에너지가 충만하거나 격렬하게 화를 낸다. 에너지가 충만할 때, Mick는 하루 종일 잠을 자지 않아도 피곤해하지 않는다. 그는 항상 움직이고, 끊임없이 이야기하며, 이를 중단시킬 수도 없다. 이러한 극단적인 감정 변화는, Mick가 통제할 수 없다고 느끼게 하고, 가끔 그는 자신을 해치는 생각을 하곤 한다. 이런 생각에 스스로도 두려워지며, 고통을 줄이기 위해 가능한 경우에 술을 마시거나 약물을 사용한다. (저자의 사례 자료에서 인용)

늘 불행해 보이고, 무언가에 열의가 없거나 변덕이 심하고, 최악의 경우에는 살 가치가 없다고 느끼는 아동 또는 10대를 본 적이 있을 것이다. 이들은 기분에서의 혼란이 주된 특징인 **기분장애**(또는 정동장애)를 가지고 있다. 기분(mood)은 일반적으로 감정(feeling) 또는 정서(emotion)라고 정의된다. 예를 들면, 슬픔, 행복, 분노, 의기양양, 짜증 등이다. 기분장애가 있는 아동은 과도한 불행감, 지속적인 성마름 또는 분노, 깊은 슬픔에서부터 고조된 의기양양까지 기분이 요동치는 것과 같은 정서 상태가 극단적이고 지속적이며 잘 조절되지 않는 것 때문에 고통스럽다. 기분장애는 젊은 사람들 사이에서 가장 흔하고, 만성적이고, 무기력한 것 중의 하나이다(Kessler et al., 2012a, b).

기분장애의 개관

기분장애에는 몇 가지 유형이 있다. 스펙트럼의 한쪽 끝에 심각한 우울증이 있다. Donna와 같이 심각한 우울증을 갖고 있는 아동은 슬픔이 장기간 관찰되는 상태, **불쾌감**으로 고통스럽다(Kovacs & Yaroslavsky, 2014). 이들은 어떤 것에도 즐거움을 거의 느끼지 못하고, 거의 모든 활동에서 흥미를 잃어버리는데, 이것이 **무쾌감증**이라고 알려진 상태이다. 다음은 우울한 어느 10대의 말이다.

> 우울증은 재미있다고 생각했던 모든 것에서 흥미를 잃어버리게 만든다. 당신은 기타 치던 것을 멈추거나 연보(yearbook)를 중도에 그만둘 것이고, 그저 이런 과외활동 또는 교과활동을 할 열정도 없고 욕구도 없다고 말할 것이다(Solin, 1995).

우울증이 있는 많은 어린 사람들은 슬픈 감정 및 흥미 또는 즐거움의 상실을 함께 보인다. 그러나 어떤 사람은 슬픔을 전혀 보고하지 않으며, 오히려 성마른 기분(irritable mood)으로 우울증을 표현한다. 성마른 기분이란 화난 기분을 통해 자신의 우울함을 표현하는 것이다. **성마름**은 화난 기분 및 기질 폭발이 특징인, 쉽게 짜증 내고 예민한 상태를 말한다(Stringaris, 2011). 이들을 짜증내는, 시무룩한, 변덕스러운, 화를 잘 내는, 쉽게 흥분되는 등으로 설명하는 사람도 있다. 이런 아동은 아주 사소한 일에도 폭발하기 때문에 주변 사람을 힘들게 한다. 성마름은 우울증의 가장 흔한 동시 발병 증상 중의 하나인데, 진료실에 의뢰된 우울증 아동의 대략 80%, 지역사회 표본 아동의 36%가 성마름을 보인다(Stringaris et al., 2013).

기분 스펙트럼의 한쪽 끝에는 Mick와 같이 **조증** 삽화를 경험하는, 좀 적은 수의 아동이 있는데, 이들은 비정상적으로 흥분되거나 확장된 기분, 목표 지향 활동 및 에너지의 증가, 과장된 행복감, 즉 **황홀감**을 경험한다. 이들은 **양극성 장애**(BP) 또는 **조증-울증 질환**으로 알려진, 극단적으로 높거나 극단적으로 낮은 감정이 지속적으로 반복되는 상태를 경험한다. 고조된 감정은 저조한 감정으로 바뀌거나, 양극단의 감정을 동시에 같이 느끼기도 한다.

『정신장애의 진단 및 통계 편람(*Diagnostic and Statistical Manual of Mental Disorders*, 5th edition, DSM-5)』에서 기분장애의 두 가지 주요 유형은 우울장애와 양극성 장애이다. 이제 각 장애에 대해 살펴볼 것이다.

단원 정리

기분장애의 개관

- 기분장애가 있는 아동은 극심하고 지속적으로 정서 상태가 조절되지 않는, 예를 들면 극도의 불행 또는 깊은 슬픔에서부터 고도의 의기양양에 이르기까지 기분이 요동치는 고통을 당하고 있다.
- 기분장애는 젊은 사람들에게 가장 흔하고 만성적인 장애 중 하나이다.
- 기분장애의 두 가지 주요 유형은 우울장애와 양극성 장애이다.

우울장애

"어떻게 지내니?" Winnie-the-Pooh가 말했다. Eeyore는 머리를 좌우로 흔들며 말했다. "모르겠어. 나는 아주 오랫동안 아무런 느낌이 없는 것 같아."

— A. A. Milne, *Winnie-the-Pooh*(1926)

*Winnie-the-Pooh*에 나오는 늙은 회색 당나귀 Eeyore의 슬프고 우유부단한 기분처럼, 우울증은 만연된 불행한 기분이다. 우울 증상은 너무도 보편적이어서, 때때로 우울증을 '정신병리의 감기'라고 부르기도 한다. 우리 모두는 때때로 슬프고, 우울하고, '가라앉는 기분'을 느낀다. (우울증에 대해 읽고 쓰는 것 자체만으로도 기분이 침체되기도 한다. 의기소침, 무기력, 걱정, 외로움, 자책의 감정을 긍정적인 감정으로 전환시킬 수 있을까?) 때때로 우리의 슬픔은 친구를 잃어버리거나 직장을 잃거나 하는 삶의 불행한 사건에 대한 정상적인 반응이다. 때로는 정확히 이유도 모르면서 우울해지기도 한다. 그러나 이러한 감정은 곧 지나가고, 우리는 다시 정상적인 활동을 되찾는다. 반면에, 임상적 우울증은 모든 사람이 때때로 갖게 되는 기분의 동요 또는 이따금씩 찾아오는 우울보다 훨씬 더 심하다.

대개 아동기는 행복하고, 근심 걱정이 없고, 어른이 느끼는 걱정, 부담감, 책임감에서 자유로운 시기이다. 어린이는 긍정적이고, 명랑하고, 우울하지 않다고 생각하는 경향이 있다. 사실, 아동이 우울해한다는 말을 들으면 일반적인 반응은 "우울할 게 뭐가 있어?"이다. 심지어 아동의 삶에 실망이나 거절, 그 외 불가피한 불행한 사건이 일어났을 때에도 이들의 슬픔, 좌절, 분노가 일시적일 것이라고 기대한다. 아동이 슬프거나 성마르거나 화가 났을 때 종종 부모는 이것이 잠이 부족하거나 몸이 좋지 않은 것과 같은 일시적인 요인 때문에 생긴 불편한 기분이라 여기고 지나갈 것이라고 기대한다. 그래서 오랫동안 아동은 우울해하지 않고, 우울할 때에도 이러한 우울이 일시적일 것이라 여겼다. 우리는 이것이 사실이 아니라는 것을 알고 있다. 미국에서 매년 300만 명 이상의 아동 및 청소년이 심각한 우울증으로 힘들어한다(Kessler et al., 2012a)

슬픔을 재빨리 털고 일어나는 대부분의 아동과 달리, 우울한 아동은 슬픔을 떨쳐 버리지 못하고, 이로 인해 일상생활 · 사회적 관계 · 학업 수행 · 전반적인 기능 수준이 방해를 받기 시작한다. 우울한 아동은 종종 불안 또는 적대적 반항장애/품행장애와 같은 문제를 동반하기도 한다. 임상적 우울증이 아동기의 정상적인 정서적 침체와 비슷해 보인다고 해도, 많은 아동에게 우울은 만연되

David Robinson /Bubbles Photolibrary/Alamy

아동의 우울은 정상적인 기분 변화에 그치지 않는다.

고, 무기력하고, 오래 지속되고, 삶을 위협한다(Abela & Hankin, 2008b; Hammen, Rudolph, & Abaied, 2014). 불행하게도, 우울증은 종종 인식되지 못하고, 이를 다루지 않고 지나가게 되는데, 이는 부모 및 몇몇 사례에서 교사가 아동의 기저에 있는 주관적인 부정적 기분을 인식하지 못하기 때문이다.

역사

불과 얼마 전까지만 해도 사람들은 아동에게 우울증이 존재하는지를 의심했다. 이러한 오해는 전통적인 정신분석 이론에 뿌리를 두고 있는데, 정신분석에서는 우울을 내부로 향한 적개심이나 분노의 결과로 보았다. 아동은 자신에게 대항하는 공격성을 허용할 만큼의 초자아가 발달하지 않았기 때문에, 우울증을 겪을 수 없다고 생각했다(Rochlin, 1959). 또 다른 잘못된 관점은 우울 증상이 특정 발달 단계에서 정상적으로 지나가는 과정이라는 것인데, 이 또한 사실이 아닌 것으로 밝혀졌다. 아동의 우울증은 성인의 경우처럼 재발된다.

아동에게도 우울증이 존재한다는 점이 인정되면서, 아동의 우울증은 성인과는 다른 양식으로 표현되며 주로 간접적으로 또는 드러나지 않는 방식으로 표현된다는 관점이 나타났다. 이 개념은 **가면성 우울증**으로 알려졌다. 과잉행동, 학습 문제, 공격성, 야뇨증, 분리불안, 수면 문제, 가출 등이 포함된 아동기의 임상적 증상이 가면성 우울증이라고 단정할 수는 없지만 기저의 신호가 될 수 있다고 여겨졌다(Cytryn & McKnew, 1974). 그러나 이 개념은 너무 광범위하기 때문에 거부되었다. 아동의 우울증은 가면을 쓰고 있는 것이 아니라, 품행 문제와 같이 좀 더 눈에 드러나는 장애와 자주 동시 발병하기 때문에 단순히 간과될 수 있다.

아동의 우울증

거의 모든 아동이 우울증의 증상을 경험하고, 대부분은 심각한 우울증을 경험할 때도 있다(Avenevoli et al., 2008). 이 아동들은 현실적인 고통 또는 지각된 고통에 당면하여 우울한 기분이 지속되며, 그들의 사고 · 신체적 기능 · 사회적 행동에서 어려움을 보인다. 우울과 자주 연합되는 자살 행동은 10대들 사이에서 매우 심각한 문제가 되었다(Cha & Nock, 2014).

우울증이 있는 아동의 90%는 일상생활 기능에서 심각한 손상을 보이고, 우울증에서 회복되었을 때에도 그러하며, 우울증의 재발 및 지속적인 결함을 경험하기 쉽다(Simonoff et al., 1997). 오래 지속되는 정서적 고통, 일상생활에서의 문제, 자살이나 물질 사용 또는 양극성 장애를 갖게 될 위험, 빈약한 건강, 건강 비용의 증가로 인해 젊은 사람들의 우울은 심각한 문제가 되었다(Fombonne et al., 2001a; Keenan-Miller, Hammen, & Brennen, 2007).

우울증과 발달

아동은 연령에 따라 우울을 다르게 표현하고 경험한다(Weiss & Garber, 2003). 유아는 수동적이거나 반응이 없는 것으로 슬픔을 표현하고, 취학 전 아동은 철회 및 억제된 모습으로 나타나고, 학령기 아동은 논쟁적 및 투쟁적이 되거나 몸이 아프다고 호소할 수 있고, 10대는 죄의식 및 절망감 · 삐침 · 오해의 느낌을 표현할 수 있다. 이러한 예들은 우울증의 여러 가지 유형들이 아니라, 발달과정이라는 동일한 과정에서 서로 다른 단계를 보여 주는 것이다.

특정 연령 집단 또는 발달 시기에 있는 모든 아동에게 맞는 한 가지 유형이란 없으며, 아동이 나이가 들 때까지는 DSM 기준을 사용하는 임상적 장애로 명확하게 인식되지도 않는다. 7세 이하 아동의 우울증은 널리 확산되어 있고 쉽게 판별되지도 않는다. 그러나 일부 연구는 진단 기준을 나이에 맞추어 수정해서 3~5세의 어린 아동에게서 임상적 우울증을 판별하는 데 사용할 수 있다는 것을 발견했다(Luby, 2013). 취학 전 아동의 우울 증상을 인식하는 것이 중요한데, 이들의 증상이 지속적이거나 재발할 수 있고, 후기 아동기 또는 초기 청소년기에 우울장애로 발전될 수 있기 때문이다(Luby, Si et al., 2009).

유아의 우울증에 대해서는 거의 알려져 있지 않다(Guedeney, 2007). 1940년대에, René Spitz는 **의존성 우울증**(anaclitic depression)이라고 부르는 상태를 기술했는데, 이것은 깨끗하지만 정서적으로는 차가운 시설 환경에서 자란 유아가 우울증과 비슷한 반응을 보이는 것을 말한다(Spitz & Wolf, 1946). 이 유아들은 흐느껴 울기, 철회, 무감각, 체중 감소, 수면장애를 보였다. 이들은 발달이 전반적으로 감소했고 몇몇 사례는 사망했다. Spitz는 이런 우울증을 모성 돌봄의 부재, 애착을 형성할 기회의 부족 때문이라고 보았지만, 신체적 질병이나 감각 박탈과 같은 다른 요인들이 영향을 미친 것일 수도 있다. 그럼에도 불구하고, 시설에서 방임되었지만 후에 입양이 된 아동까지지도 우울증과 그 외 내재적 장애의 위험을 높이는 정서적 및 행동적 어려움을 보이기도 한다(Stellern et al., 2014).

시설에 거주하지는 않지만, 어머니가 우울하고, 심리적으로 아동에게 유용하지 못하고, 신체 학대를 하는 붕괴된 가정의 유아에게도 이와 유사한 증상이 나타날 수 있다. 이 유아들은 수면의 어려움, 식욕 상실, 칭얼거림의 증가, 걱정, 사회적 철회, 울음과 슬픔을 경험할 수 있다(Goodman & Brand, 2009).

우울한 취학 전 아동은 극도로 침울하고 눈물이 많은 것같이 보이기도 한다. 일반적으로 이들은 취학 전 아동의 특징인 놀이에서의 풍부함, 활력, 몰입이 결여되어 있다. 이들은 분리나 방임에 대한 공포뿐만 아니라 어머니에게 과도하게 매달리거나 징징거리는 행동을 보이기도 한다. 자기 뜻대로 되지 않을 때 분노하는 것뿐만 아니라, 뚜렷한 이유도 없이 성마름을 보인다. 부정적이고 자기 파괴적인 말을 하고, 복통과 같은 신체적 증상을 호소하는 일도 흔하다(Luby et al., 2003).

우울증이 있는 학령기 아동은 성마름, 파괴적 행동, 분노발작, 싸움 걸기 외에도 취학 전의 증상도 많이 보인다. "내 아이를 즐겁게 하는 것은 아무것도 없어요. 아이는 자기 자신과 주변에 있는 모든 것을 싫어해요."라고 말하는 부모도 있다. 학령기 아동은 슬프게 보이지만, 자신의 슬픈 감정에 대해 이야기하기를 꺼린다. 체중 감소, 두통, 수면장애를 포함한 신체적 증상을 호소하기도 한다. 학업에서의 어려움 및 친구 문제 또한 흔한데, 친구들과 자주 싸우고 친구가 없거나 놀린다고 불평도 한다. 이 연령에서 자살 위협이 생기기 시작한다.

시설에 수용된 아동의 우울증: 성인의 경우라면 우울증이라고 기술될 신체적 외모.

우울증을 갖고 있는 10대 초반(preteen, 10~12세) 및 10대(13~19세) 아동은 좀 더 어린 아동이 보이는 증상과 함께, 자기 비난 및 낮은 자존감 표현의 증가, 지속적인 슬픔, 사회적 억압을 보인다. 아동은 "나는 바보야." 또는 "아무도 나를 좋아하지 않아."와 같은 말도 한다. 가족과 단절된 기분도 흔하다. 10대 초반 아동은 잠을 잘 수 없거나 지나치게 많이 잔다. 섭식장애도 흔하다. 10대들은 성마름의 증가, 기쁨이나 흥미 상실, 성적 저하가 나타난다. 친구를 사귀는 문제 또는 통행금지 시간과 같이 정상적인 부모-10대 관계에서 일어나는 문제들과 관련하여 성난 논쟁을 벌이기도 한다. 이 연령대에 나타나는 다른 증상에는 부정적인 신체상 및 자기 의식, 과도한 피로나 의욕 상실과 같은 신체적 증상, 외로움이나 죄의식 또는 무가치감, 그리고 자살 생각·계획·시도가 있다.

이러한 증상의 대부분은 정상적으로 발달하는 아동 및 청소년에게도 나타나며, 다른 장애 또는 병이 있는 아동에도 나타날 수 있다. 따라서 슬픈 기분, 흥미 또는 즐거움의 상실, 성마름이 있다는 것은 우울증 진단에서 필수적이다. 더불어, 아동의 연령에 상관없이 증상에는 행동이 변했다는 것을 반영하며, 시간이 지나도 지속되고, 기능에서 심각한 결함을 가져온다는 것이 포함되어야 한다(Rudolph & Lambert, 2007).

우울증의 해부

우울증이라는 용어는 다양한 방식으로 사용되어 왔다. 증상으로서의 우울증, 증후군으로서의 우울증, 장애로서의 우울증을 구별하는 것이 중요하다(Cantwell, 1990).

증상으로서의 우울증은 슬픔 또는 비참한 기분을 말한다. 우울 증상은 심각한 문제가 없이도 흔히 일어나고, 모든 연령에서 비교적 공통적이다. 대부분의 아동에게 우울 증상은 일시적이고, 환경에서 일어나는 사건과 관련이 되며, 장애의 일부라고 할 수 없다.

증후군으로서의 우울증은 슬픈 기분 그 이상이다. 증후군은 우연이라기보다는 더 자주 함께 발생하는 증상들의 집단을 의미한다. 슬픔은 활동에 대한 흥미 또는 즐거움의 감소, 인지 또는 동기의 변화, 신체운동 및 정신운동의 변화 등과 같이 일어날 수 있다. 증후군으로서의 우울증은 아동이 나타낼 수 있는 동시 발병 증상의 수와 심각성을 반영하는 차원에서 극단을 대표한다. 증후군으로서 우울증의 발생은 하나의 우울 증상이 발생하는 것보다 훨씬 덜 흔하고, 종종 불안과 우울이 혼합된 증상이 포함되며, **부적 정서**(negative affect)의 단일 차원에 군집되어 있는 경향이 있다(Ollendick et al., 2003).

장애로서의 우울증은 몇 가지 형태가 있는데, 우리는 세 가지를 살펴볼 것이다. 첫 번째, **주요 우울장애**(MDD)는 최소 2주일 이상 지속되어야 하며, 우울한 기분, 흥미 또는 즐거움의 감소, 그 외의 증상(예: 수면 문제, 집중하기 어려움, 무가치감), 기능상의 유의미한 고통 또는 기능에서의 결함과 연관되어 있다. 두 번째, **지속성 우울장애**(P-DD) 또는 **기분저하증**(dysthymia)은 전반적으로 증상의 심각성은 일반적으로 MDD보다 적고 덜 심각하지만 증상이 더 오래 지속되며(아동은 1년 이상), 기능에서 유의미한 결함이 있다. 세 번째, **파괴적 기분 조절 곤란 장애**(DMDD)는 최근에 도입되었는데, 특징은 (1) 상황이나 자극에 극도의 과잉 반응을 보이는 심각한 기질 폭발, (2) 심각한 기질 폭발들 사이에 나타나는 만성적이고 지속적인 성마름 또는 화난 기분이다.

모든 우울장애의 공통 특징은 개인의 기능을 방해하는 신체적 · 인지적 증상과 함께 슬픔, 공허함, 성마른 기분을 보인다는 것이다. 우울장애 간의 차이는 기간, 시기, 관련 특성, 추정 원인에 따라 달라진다. 다음에서 살펴보듯이, 이러한 장애는 DSM 준거를 사용하여 정의된다.

단원 정리

우울장애

- 아동이 경험하는 우울증은 무수히 많고 지속적인 증상이 있는데, 여기에는 기분 · 행동 · 태도 · 사고 · 신체적 기능에서의 결함이 있다.
- 아동에게는 성인에게서 나타나는 형태의 우울증이 존재하지 않는다고 오랫동안 오해하고 있었다.
- 현재는 어린 사람들에게 우울증이 만연되어 있고, 이 우울증은 기능을 손상시키고, 잘 의뢰되지 않는다고 알려져 있다.
- 아동이 우울증을 경험하고 표현하는 방식은 연령에 따라 변한다.
- 증상으로서의 우울증, 증후군으로서의 우울증, 장애로서의 우울증을 구별하는 것이 중요하다.
- DSM-5에 기술된 세 가지 우울장애 유형은 주요 우울장애(MDD), 지속성 우울장애(P-DD), 파괴적 기분 조절 곤란 장애(DMDD)이다.

주요 우울장애(MDD)

JOEY
무가치감과 무기력감

10세 된 Joey의 어머니와 교사는 학교와 집에서 그의 성마름과 기질 폭발에 대해 걱정하고 있다. Joey는 조금이라도 화가 나면 소리 지르고 울거나 물건을 던졌다. 교실에서는 주의를 집중하는 데 어려움이 있고 쉽게 산만해지는 것 같다. 또래에게서 점점 멀어지고, 휴식시간에 혼자 놀고, 집에서 대부분의 시간은 자기 방에서 TV를 본다. 어머니는 그가 잠을 잘 못 자고 쉬지 않고 간식을 먹으면서 지난 몇 개월 동안 4~5kg이 늘었다고 말했다. 학교 심리학자는 Joey가 학습장애 또는 ADHD는 아니라고 했다. 대신에 심리학자는 그가 스스로 무가치하다고 느끼고 죽고 싶다고까지 표현하는 매우 불행한 아동이라고 했다. Joey의 이런 감정은 몇 년 전에 어머니와 이혼한 Joey의 아버지가 재혼을 한 후 다른 도시로 떠난 6개월 전부터 시작되었다. 현재 아버지는 Joey와 함께 하는 시간이 훨씬 적어졌다.

출처: Hammen & Rudolph, 2003에서 인용.

ALISON
"더 이상은 참을 수가 없어요"

Alison(17세)은 성적이 우수하고 음악적 재능이 있는 매력적인 학생이었다. 그러나 지난 3년 동안 Alison은 그저 살기 위해 몸부림쳤다. Alison은 "학교에 있으면서 울음을 터뜨리곤 했어요. 왜 그랬는지 이유는 모르겠어요."라고 말했다. 친구들은 "도대체 우울해하는 이유가 뭐니? Alison, 너는 똑똑하고, 재능 있고, 네가 원하는 남자를 사귈 수도 있는데." 하고 말했다. "3년 전에 가장 친한 친구가 이사 갔을 때, 나는 정말로 외로웠어요."라고 Alison은 이야기했다. "나는 자살에 관한 일기를 쓰거나 죽는 것에 대해 이야기를 하기도 했어요. 먹을 수도 없었고 늘 피곤했어요. 아주 사소한 작은 결정도 내리기가 너무 힘들었죠. 어떤 날은 너무 우울해서 침대 밖으로 한 발짝도 나갈 수가 없었어요. 학교에 있을 수도 없었고, 모두가 미웠어요." Alison의 무력감은 며칠, 몇 주, 몇 개월 동안 지속되었다. 마침내 Alison은 말했다. "더 이상 견딜 수가 없어요. 그냥 죽고 싶어서, 그래서 죽으려고 한 거예요." (저자의 사례 자료에서 인용)

Joey와 Alison은 나이와 증상은 다르지만, 둘 다 주요 우울장애의 중요한 양상, 즉 슬픔, 거의 모든 활동에서 흥미 또는 즐거움의 상실, 성마름, 최소 2주 이상 지속된 부수적인 증상을 보인다. 이러한 증상은 또한 이전의 기능 수준에서의 변화를 나타내야만 한다. DSM-5의 MDD 진단 준거가 표 10.1에 제시되어 있다.

MDD의 진단은 주요 우울 삽화의 발생과 더불어 그 외 조증 삽화의 발생(이 경우, 양극성 장애 진단이 내려질 수 있다)과 같은 다른 상태가 배제된 후에 내려진다. 또한 약물의 생리적 영향과 같은 신체적 요인, 우울증을 야기하거나 장기화하는 다른 의학적 상태, 정상적인 애도의 일부로서의 우울증, 기저에 있는 사고장애가 배제되어야 한다. 마지막으로, 증상은 중요한 생활 영역(예: 사회적 영역, 학업적 영역)에서 임상적으로 유의미한 고통 또는 결함을 야기해야 한다.

MDD에 대한 진단이 충족되면, DSM-5는 진단을 하는 데 요구되는 수를 넘는 증상의 수, 증상의 고통과 관리하는 능력의 정도, 증상으로 인해 야기된 생활 영역에서의 결함 정도에 근거하여 '경도(mild)', '중등도(moderate)', '고도(severe)'로 정도를 나눈다. 심각성뿐만 아니라 단일 우울 삽화인지, 재발 우울 삽화인지, 이전 삽화가 부분적 또는 완치되었는지, 삽화에 정신병리적 특징[망상 그리

표 10.1 주요 우울장애의 진단 준거

DSM-5

(A) 다음의 증상 중에서 5개(또는 그 이상)가 2주 동안 나타나고 이전의 기능 상태에 비해 변화가 있고, 증상 가운데 적어도 하나는 (1) 우울 기분 또는 (2) 관심 또는 즐거움의 상실이다.

주의: 다른 의학적 상태가 명백하게 영향을 미친 증상은 포함되지 않는다.

(1) 하루 중 대부분, 거의 매일, 우울한 기분에 대해 주관적으로 보고(예: 슬픔, 공허, 절망을 느낀다)하거나 타인이 관찰한다(예: 눈물을 보인다)(**주의:** 아동 및 청소년에서는 싱마른 기분이 될 수 있다).

(2) 거의 매일, 하루 중 대부분, 거의 모든 활동에 대해 관심 또는 즐거움이 뚜렷하게 감소(주관적인 말 또는 관찰에 의해 나타남)된다.

(3) 체중 조절을 하지 않을 때 심각한 체중 감소 또는 체중 증가(예: 1개월에 5% 이상의 체중 변화)를 보인다. 또는 거의 매일 식욕이 감소하거나 증가한다(**주의:** 아동에서는 기대한 만큼 체중이 증가하지 않을 때 고려함).

(4) 거의 매일, 불면 또는 과다수면

(5) 거의 매일, 정신운동성 초조 또는 지연(타인이 관찰 가능함, 단지 주관적인 초조함 또는 처지는 느낌이 아님)

(6) 거의 매일, 피로 또는 활력의 상실

(7) 거의 매일, 무가치감 또는 과도하거나 부적절한 죄책감(망상일 수도 있음)을 느낀다(단지 아프다는 데 대한 자책 또는 죄책감이 아님).

(8) 거의 매일, 사고력 또는 집중력의 감소를 보이며, 또는 우유부단하다(주관적인 호소이거나 타인이 관찰 가능함).

(9) 되풀이되는 죽음에 대한 생각(죽는 것에 대한 두려움이 아닌), 구체적인 계획 없이 반복되는 자살 생각, 또는 자살 시도 또는 자살 실행을 위한 구체적인 계획이 있다.

(B) 증상이 사회적, 직업적, 또는 다른 중요한 기능 영역에서 임상적으로 현저한 고통 또는 결함을 일으킨다.

(C) 삽화가 물질의 생리적 효과 또는 다른 의학적 상태로 인한 것이 아니다.

주의: 준거 A–C는 주요 우울장애를 나타낸다.

주의: 중요한 상실(예: 사별, 재정적 파탄, 자연재해로 인한 상실, 심각한 질병 또는 불능)에 대한 반응에는 준거 A에 언급된 극도의 슬픔, 상실에 관한 반추, 불면, 식욕 저하, 체중의 감소가 있을 수 있고, 이는 우울 삽화와 유사하다. 비록 그러한 증상이 이해될 수 있고 상실에 대해 적절하다고 생각한다고 해도, 심각한 상실에 대한 정상적인 반응 이외에 주요 우울장애의 출현은 주의 깊게 다루어져야 한다. 이러한 결정을 하려면 개인의 과거력과 상실의 맥락에서 고통을 표현하는 문화적 규준에 기초한 임상적 판단을 필요로 한다.

(D) 주요 우울장애의 발생이 조현정동장애, 조현병, 조현양상장애, 망상장애, 달리 명시된 및 명시되지 않는 조현병 스펙트럼 그리고 기타 정신병적 장애로 잘 설명되지 않는다.

(E) 조증 삽화 또는 경조증 삽화는 없다.

주의: 이 제외 기준은, 조증 유사 또는 경조증 유사 삽화가 물질에 의한 것 또는 다른 의학적 상태의 생리적 영향에서 기인되었다면 적용하지 않는다.

출처: *Diagnostic and Statistical Manual of Mental Disorders*, 5th ed. American Psychiatric Association.

고(또는) 환각이 있음)을 포함하는지, 삽화에 불안의 고통처럼 다른 특징(예: 긴장감, 안절부절못함, 끔찍한 일이 생길 것 같은 기분)을 동반하는지에 대해 명시한다.

Joey와 Alison의 사례는 아동 및 청소년의 MDD 진단에 관한 세 가지 중요한 점을 강조하고 있다(Hammen et al, 2014).

- 성인을 진단하는 데 사용되는 DSM-5 진단 기준이 학령기 아동과 청소년의 진단에서 동일하게 사용될 수 있다.
- 내재화된 문제나 주관적인 고통에 비해 파괴적 행동이 더 주의를 끌거나 쉽게 관찰된다는 점에서 아동의 우울증은 간과되기 쉽다.
- 우울증의 몇 가지 특징은 성인보다 아동 및 청소년에게 더 흔하게 나타나는데, 특히 성마른 기분이 그러하다. 이에 따라 DSM-5는 아동의 우울장애 진단에서 성마른 기분이 우울한 기분을 대체하고 있다. 그러나 우울증이 있는 대부분의 아동은 우울한 기분만 있거나(58%), 우울과 성마른 기분이 같이 있으며(36%), 성마른 기분만 있는 경우(6%)는 드물다(Stringaris et al., 2013).

MDD가 있는 아동 및 청소년은 성인과 마찬가지의 유사한 증상을 자주 보이고, 동시 발병률과 재발률도 높다(Birmaher et al., 2004). 그러나 성인과 비교하여 MDD로 임상에 의뢰된 청소년은 거의 첫 번째 우울 삽화가 지배적이며 우울 삽화로부터 회복이 다소 빠르며, 양극성 장애가 생길 위험이 크다. MDD가 있는 아동은 성인에 비해 더 오랫동안 장애에 시달리며, MDD의 조기 발병은, 특히 심각한 정서적 질환의 형태로 발달할 수 있다(Kovacs, 1996).

유병률

4~18세의 모든 젊은이 중 2~8%가 MDD를 겪고 있다(Costello, Erkanli, & Angold, 2006; Kessler et al., 2012a). 우울증은 취학 전 아동 및 학령기 아동에서는 드물지만(약 1~3%; Bufferd et al., 2012; Egger & Angold, 2006), 청소년기에 이르면 2~3배 증가한다(NIMH, 2003). 우울증은 왔다가 사라지기 때문에, 유병률의 추정치는 증상을 평가하는 기간의 길이에 따라 변화의 폭이 크다. 청소년의 평생 유병률—우울증을 경험한 적이 있는지—은 10~20%, 또는 이것보다 높다(Merikangas et al., 2010; Rohde, Lewinsohn et al., 2013).

유병률이 높은데도 불구하고, 이러한 비율은 문제가 평가 절하된 경향이 있다. 첫째, DSM-5를 이용한 MDD의 추정치는 자기 보고된 우울 증상보다 낮다. 둘째, MDD 진단 기준에는 미치지 못하지만, 많은 청소년이 사회적 능력, 인지적 귀인, 대처 기술, 가족관계, 스트레스 경험에서 심각한 결함을 보인다. 이들은 그렇지 않은 청소년에 비해 향후 우울증 및 물질 남용과 같은 다른 장애를 갖게 될 위험이 크다(Gotlib, Lewinsohn, & Seeley, 1995).

취학 전에서 초등학교 때까지 우울증 유병률이 완만하게 증가하는 것은 생물학적인 이유보다는, 학령기 아동이 자의식 및 인지 능력, 증상을 보고하는 언어적 능력이 많아진 것, 학업 수행 및 사회적 부담이 증가한 것을 반영하는 것 같다. 이와 대조적으로, 청소년기에 우울증 유병률이 가파르게 증가하는 것은 격동의 청소년기 동안에 일어나는 생물학적 성숙과 중요한 발달적 변화가 상호작용하기 때문인 것 같다. 이러한 가설은 사춘기 이후에 우울증에서 성별의 차이가 커진다는 것, 양극성 장애의 출현, 청소년기에 우울장애 비율이 비교적 안정적이라는 것에 의해 지지되고 있다(Birmaher et al., 1996).

동시 발병

RAYMOND

우울하고 격분한

Raymond(16세)는 홀어머니와 함께 살고 있는 소년이다. 과거 몇 개월 동안, 그는 계속 슬프고 불행했으며, 스스로 무가치하다고 생각해 왔다. 사회적으로 철회되고, 대부분의 시간을 집에서 혼자 보냈으며, 학교에 가도 또래와의 접촉을 피했다. 또한 피곤한데도 숙면을 취할 수가 없었다. 그는 밤 시간 내내 뜬눈으로 누워 있었기 때문에 아침에 침대에서 일어나기가 힘들었다. 체중 역시 너무 증가해서 Raymond와 어머니 모두 걱정했는데, 과자, 사탕, 음료수를 절제할 수가 없어서 체중이 많이 증가했다. 학교에 가도 과제에 집중할 수가 없었다. Raymond의 무력감과 철회는 반복되는 분노와 공격성의 폭발로 이어졌다. 그는 주로 어머니 앞에서 분노를 터뜨렸는데, 최근에는 집의 벽과 대문을 주먹으로 쳤다. 학교에서는 친구들이 Raymond를 놀려서 싸움도 몇 번 했다. 그는 학교와 집에서 거의 규칙을 따르지 않았고, 어머니 및 학교 관계자들과 자주 갈등을 일으켰다. Raymond는 가게에서 좀도둑질로 체포되어서 의뢰되었다.

출처: Compas & Hammen, 1994에서 인용.

MDD와 동시에 품행장애가 있는 Raymond처럼, MDD가 있는 청소년의 90%가 한 가지 이상의 다른 장애가 있으며, 50%는 두 가지 이상의 다른 장애가 있다(Simonoff et al., 1997). MDD가 있는 청소년에서 가장 자주 동시 발생되는 장애는 불안장애인데, 특히 일반화된 불안장애(또는 범불안장애), 특정 공포증, 분리불안장애이다. 우울과 불안은 아동의 문제가 심각해지고 연령이 증가할수록 두 증상 간의 분리가 명백해지는 동시 발생 장애이다(Gurley et al., 1996). 지속성 우울장애, 품행 문제, ADHD, 물질 사용 장애 역시 MDD가 있는 청소년에게서 흔하다(Birmaher et al., 1996; McKowen et al., 2014). 품행 문제의 사례에서, MDD 아동이 적대적 반항장애(ODD)나 품행장애(CD)를 경험하는 정도는 성마른 기분의 출현과 직접 관련이 있는 것 같다(Stringaris et al., 2013). 더 나아가, MDD가 있는 청소년의 약 60%는 동시 발병 성격장애를 보이는데, 그중 불안정한 대인관계 · 자아상 · 감정 및 현저한 충동성이 특징인 경계성 성격장애가 가장 흔하다(Muehlenkamp et al., 2011).

동시 발생되는 대부분의 장애는 MDD가 나타나기 전에 나타나며, 아동이 더 이상 우울하지 않을 때에도 계속 지속되는 것 같다. 예를 들면, 불안장애의 조기 발병은 후에 우울증 발생을 예측하는 강력한 지표이며, 두 장애(우울증과 불안)를 모두 가지고 있는 젊은이의 85%가 우울증에 선행한다(Kessler et al., 2012c; Rohde, 2009). Cummings, Caporino와 Kendall(2013)은 불안과 우울증의 강력한 관계를 이해하는 복잡한 경로를 제시했다. 하나의 공통 경로에서, 아동은 불안에 대한 일반적인 경향성(기질적 · 생물학적 · 환경적)이 있다. 만약 치료되지 않으면, 이것은 후에 우울증 발달의 위험 요인이 되는 불안 관련 결함(예: 인지적 편견, 부정적 정서)을 일으킬 수 있다.

동시 발생 장애의 유병률은 재발성 우울증, 우울 삽화의 기간과 심각성, 자살 시도의 위험이 증가할 수 있기 때문에 의미가 있다. 다른 장애의 출현은 처치에 대한 우울증 아동의 반응을 감소시키고, 처치의 결과가 덜 효과적이라는 것과 관련이 있다(Birmaher et al., 1996).

발병, 경과, 결과

청소년기 우울증의 발병은 서서히 나타나거나 갑자기 나타날 수도 있다. 어떤 방식이든 간에, 전형적으로 아동은 DSM-5 진단 준거를 충족시키지 않는 경미한 우울 삽화의 과거력이 있다. 우울증이 있는 대부분의 성인은 15세에서 19세 사이에 첫 번째 우울 삽화가 있었다고 기억한다(Kessler, Merikangas, & Wang, 2007). 그러나 아동 및 청소년의 예기 연구들은 통상적으로 더 어릴 때 출현한다는 것을 발견했는데, 13세에서 15세 사이가 가장 흔하다(Merikangas et al., 2010).

임상에 의뢰된 아동과 청소년에서 MDD 삽화는 평균적으로 8개월 정도 지속되며, 부모 중 한 명이 우울증 과거력이 있다면, MDD 삽화의 기간이 더 길어진다(Kaminski & Garber, 2002). 첫 번째 삽화 기간은 지역사회 표본에서 더 짧은데, 평균적으로 아동기에서 4개월, 청소년기에 2개월이었다(Rohde, Lewinsohn et al., 2013). 거의 모든 아동/청소년이 결국에는 첫 번째 우울 삽화에서 회복되지만 그들의 장애가 완전히 사라지는 것은 아니다(Birmaher, Arbelaez, & Brent, 2002). MDD는 1년 이내 재발률이 약 25%, 2년 이내 재발률이 40%, 5년 이내 재발률이 70%나 되는 재발성 장애이다. 따라서 상당한 수의 아동이 초기 성인기까지 지속되는 만성적이고 재발하는 장애로 발전한다(Fombonne et al., 2001a).

15세 이전에 발병하고 20세 이전에 재발 삽화가 있는 아동은 좀 더 심각하고 만성적이고 자살을 초래할 우울증을 가지고 있다. 불안과의 동시 발생률이 높고, 15세에는 사회적 기능 수준이 악화되고, 20세에는 심리사회적 결과가 더 저조해진다(Hammen et al., 2008). 우울증으로 입원한 청소년의 경우, 거의 절반에 해당하는 수가 퇴원 후 2년 내에 재입원한다. 뿐만 아니라, MDD가 있는 청소년의 1/3 정도는 우울증 발생 후 5년 이내에 양극성 장애를 발전시킬 수 있다(DelBello et al., 2003). 따라서 우울증은 발달 과정에서 지속되는 장애로 장기적 · 사회적 · 정서적 · 경제적 부담을 청소년과 그 가족에게 안겨준다.

우울 삽화가 재발되고, 삽화들 사이의 시간이 점차 더 짧아지는 이유는 무엇인가? 한 가지 가능한 설명은 초기 삽화로 인해 청소년이 미래의 삽화에 더 민감해진다는 것이다(Rudolph & Flynn, 2007). 이 설명에 따르면, 우울증의 첫 번째 삽화는 특정 스트레스 요인과 연결되고 이후의 스트레스에 대한 반응을 높이는 생물학적 과정의 지속적인 변화를 동반한다는 것이다(Post et al., 1996). 뇌에서 처음 외적으로 생겨난 변화는 첫 번째 우울 삽화에 뒤이어 조건화될 수 있고, 개인은 스트레스에 점차 취약해지며 심지어는 심각하지 않은 스트레스 및 상실 또는 스트레스 경험과 유사한 작은 사건조차도 우울증으로 이어질 수 있다(Stroud et al., 2011). 이 과정은 **스트레스 민감화**라고 알려졌다(Post & Weiss, 1998).

우울증의 재발 이외에, MDD가 있는 아동은 즉각적이면서도 장기적인 결과에서 다른 수많은 부정적인 결과가 있다(Fergusson, Boden, & Horwood, 2007). 예를 들면, 우울증이 있는 청소년은 비행, 흡연, 물질 사용 장애, 자살 행동, 상해, 퇴학, 저조한 직업 수행, 결혼 문제, 건강 관련 서비스의 이용 등에 대한 위험을 증가시킨다(Gotlib et al., 1998; Rice et al., 2007).

우울증이 있는 청소년의 전반적인 결과는 낙관적이지 않다. 대부분이 우울증에서 회복하지만, 이후의 기분 삽화 및 기타 장애 그리고 사회적 및 학업적 기능 결함이 계속해서 아주 위험하다. 우울증이 있는 10대 자녀를 둔 한 어머니는 우울증으로 고통스러워하는 아동의 장기적인 결과를 다음과 같이 현실성 있게 묘사하고 있다.

> 10대에 우울증이 출현하면, 우울증은 아동의 삶을 뒤흔든다. 10대는 젊고, 이제 막 자신만의 인생을 시작하면서 독립하는 시기이다. 그러나 우울증이 있는 아이에게는 그런 일이 일어나지 않는다. 따라가지 못하고 뒤처지게 된다. 따라잡을 수 있을 것 같지가 않다. 그리고 영원한 상처로 남는다(Owen, 1993, p. C1에서 인용).

MDD 발달력이 있는 아동/청소년이 성인이 되면서 수많은 부정적인 장기적 결과들을 계속해서 경험하는데, 여기에는 높은 비율의 자살 행동, 성인 우울증 및 기타 정신과적 어려움, 정신과 및 질병 입원, 알코올 남용/의존, 심리사회적 결함, 낮은 교육적 성취, 고용 문제 등이 있다(Fombonne et al., 2001b; Jaycox et al., 2009). 일반적으로 이러한 결과는 우울증이 있는 아동을 위한 효과적인 예방과 조기 개입의 필요성을 강조하는데, 이에 대해서는 이후 단락에서 살펴본다.

성별

이른바 우울증의 이중 기준에서, 여성은 우울증의 가능성이 남성의 두 배이며, 경미한 기분장애에 더 취약하고, 재발성 삽화를 경험할 가능성이 더 많다(Zahn-Waxler, Race, & Duggal, 2005). 이러한 성별 차이는 6~11세에는 나타나지 않는데, 이 시기에 우울증이 남아와 여아에게서 공통적으로 흔하다고 보고된다(Kessler et al., 2012a; Merikangas et al., 2010). 그러나 정서적 반응성에서 성별 차이가 취학 전 시기의 우울증 또는 우울증 위험 요인이 있는 아동에게서 나타나는데, 남아는 화를 내는 것으로, 여아는 슬픔으로 더 많이 표현된다(Luby, Essex et al., 2009). 뿐만 아니라 이후에 우울증을 예견할 수 있는 특정 증상(예: 두려움, 부적절감, 부정적인 자기 평가, 부정적 정서)에서의 성 차이는 10세 이전에도 존재하며, 여아가 남아보다 이러한 증상을 유의미하게 더 많이 보고한다(Rudolph, Hammen, & Daley, 2006).

진단 가능한 우울증에서 성별 차이는, 여아의 발병률이 더 높아지는 13~15세 사이에 시작된다(Wade, Cairney, & Pevalin, 2002). **그림 10.1**에서 보는 것처럼, 성별

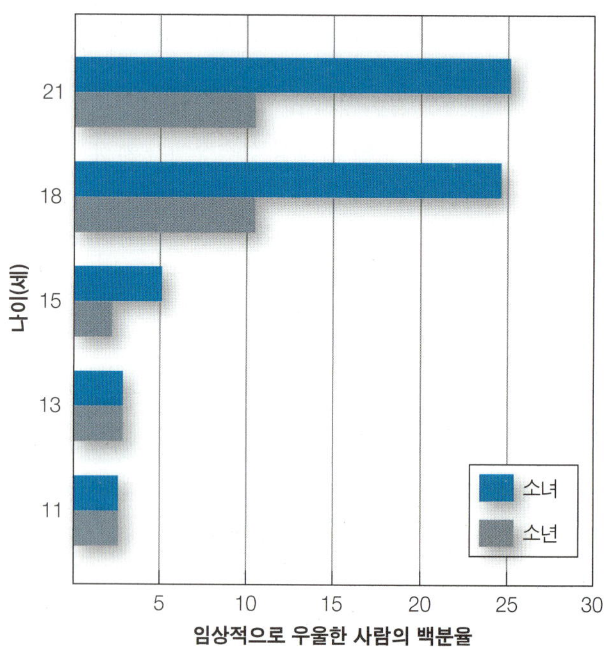

그림 10.1 우울증의 전체 비율 및 우울증이 있는 여성의 비율은 청소년기에 극적으로 증가한다.

출처: "Development of Depression from Preadolesence to Young Adulthood: Emerging Gender Differences in a 10-year-Longitudinal Study," by B. L. Hankin L. Y. Abramson, T. E. Moffitt, P. A. Silva, R. McGee & K. E. Andell, 1988, *Journal of Abnormal Psychology*, 107, 128-140에서 인용.

차이와 더불어 우울증의 비율이 15~18세에 극적으로 증가한다(Hankin, Wetter, & Cheely, 2008). 소녀 대 소년의 비율은 사춘기 이후에 대략 2:1에서 3:1이며, 이러한 패턴은 청소년기와 성인기까지 계속된다.

우울증이 남아보다 여아에게서 더 자주 발생하지만, 표현되는 증상은 두 성(sex) 사이에 상당히 비슷하다(여자가 남자보다 체중, 식욕 문제, 무가치감 및 죄책감을 약간 더 많이 보고한다[Lewinsohn, Pettit et al., 2003]). 그러나 우울증의 상관관계는 성에 따라 다를 수 있다. 예를 들면, 우울증은 여아보다 남아에게서 학교 관련 스트레스와 더 많이 관련되어 있다(Sund, Larsson, & Wichstrom, 2003).

청소년기에 우울증이 증가하고, 이 시기에 성 차이가 나타나기 때문에 이 발달 기간에 대해 특별한 관심이 몰리고 있다(Rudolph et al., 2006). 청소년기에 많은 신체적 · 심리적 · 사회적 변화가 여아의 우울증 위험을 고조시킬 수 있다. 에스트로겐과 테스토스테론 호르몬 변화는 뇌의 기능에 영향을 미치고, 성적 성숙의 증가는 사회적 역할에 영향을 미치고, 대인관계의 변화와 기대는 스트레스 생활 사건에 더 많이 노출되게 하고, 조숙과 같이 규준과 다른 변화가 또래 집단으로부터 고립을 야기할 수 있다(Hankin et al., 2008).

이러한 변화가 자기 가치감을 감소시키고, 우울한 기분을 가져오고, 자신에게 관심이 집중된다. 또한 여성이 남성보다 협동과 사회화를 더 추구하기 때문에 위험이 더 커질 것 같다. 여성은 스트레스를 다루는 데 반추적(ruminative) 대처 양식을 사용하며(이는 고통의 증상에 초점을 맞추고 해결책보다는 원인에 초점을 맞춤), 특히 대인관계의 상실 및 혼란과 같은 스트레스에 대해 그러하다. 다소 큰 생물학적 어려움과 고통스런 역할 관련 어려움에 직면했을 때, 이러한 두 가지 특징이 청소년기 여아에게 불리할 수 있다(Zahn-Waxler et al., 2005). 대인관계 스트레스와 사회적 지지의 부족은 특히 청소년기 여아의 우울증에서 중요한 측면이다(Rudolph & Flynn, 2007).

출생 시 몸무게가 적은 것은 청소년기 여아의 우울증을 예측해 주는 것으로 밝혀졌으나 남아는 해당하지 않으며, 출생 시 몸무게가 적은 여아는 사춘기 이후에 역경에 특히 더 취약하다(Costello et al., 2007; Van Lieshout & Boylan, 2010). 이것은 출생 시 저체중이 태아 발달에서 적응을 하게 만드는 태내 환경 불량의 표시가 될 수 있음을 암시하고, 이는 청소년기 여성의 스트레스 반응에서 장기적인 결과를 일으킨다고 시사한다. 연구는 또한 사춘기 때 에스트로겐과 테스토스테론 수준의 증가, 특히 사회적 스트레스와 함께 증가되었을 때 여아가 우울증에 취약하다고 시사하고 있다(Angold, Worthman, & Costello, 2003). 기분을 변화시킬 수 있는 호르몬과 수면 주기는 남자와 여자 간에 극적인 차이가 있다. 남성과 여성이 슬플 때 보이는 뇌 영역의 혈류에 대한 연구는, 남성과 여성이 똑같이 슬픔을 느낀다고 해도, 뇌 활동이 다르다는 것을 발견했다. 슬픔을 느껴 보라고 요청했을 때, 남성과 여성 모두 전전두 피질 영역이 활성화되었지만, 여성은 남성에 비해 변연계가 훨씬 더 넓게 활성화되었다(George et al., 1996). 이 결과 및 다른 결과들은 우울증에서의 성 차이가 부분적으로는 정서를 통제하는 뇌 과정의 생물학적 차이에 뿌리를 둘 수 있음을 시사한다(Martel, 2013).

10대 소녀는 우울증 및 우울 관련 문제에 특히 취약하다.

인종과 문화

우울증의 발생률은 전 세계적으로 차이가 있을 수 있다(Culbertson, 1997). 그러나 아동과 청소년의 우울증에서 민족성, 인종, 문화 간의 차이를 검사한 연구는 거의 없으며, 결과 역시 비일관적이다(Anderson & Mayes, 2009). 지역사회의 대규모 표본에서 9개 인종 집단의 6~8학년 아동의 MDD 유병률을 비교한 연구가 있다(Roberts, Roberts, & Chen, 1997). 이 집단들 중에서, 아프리카계 청소년과 히스패닉계 청소년은 우울증의 비율이 유의미하게 높았다. 그러나 우울증이 있는 히스패닉계 청소년만이 기능 손상의 위험이 증가했다. 또 다른 연구에서, 백인 소녀는 생활 연령보다 사춘기의 상태가 우울증의 증상을 더 잘 예견해 준다고 밝혔지만, 아프리카계 소녀 및 히스패닉계 소녀에서는 그렇지 않았다(Hayward et al., 1999). 유사하게, 백인 소녀에서 6학년 때 비만은 8학년 때 우울 기분의 가능성이 큰 것과 연관되어 있으나, 아프리카계 소녀 및 히스패닉계 소녀는 그렇지 않았다(Anderson et al., 2011).

고등학교 학생을 대상으로 한 대규모 지역사회 연구는 백인이 아닌 청소년(아프리카계 미국인, 히스패닉계, 아시아계)이 백인 청소년보다 우울 증상을 더 많이 보고한다고 밝혔다(Rushton, Forcier, & Schectman, 2002). 그러나 이러한 차이는 사회경제적 수준(SES)에서의 차이를 반영해 주는 것 같은데, 우울증과 낮은 SES가 연관이 있다. 인종 및 민족성은 스트레스에 대한 노출과 자원의 유용성이 달라질 수 있는 요인이다. 그 결과, 낮은 SES는 스트레스에 대한 취약성을 증가시키고, 이로 인해 우울증의 가능성이 증가될 수도 있다. 4개 인종 집단(백인, 아프리카계, 히스패닉계, 아시아계 미국인)의 종단 연구에 따르면, 청소년기에서 초기 성인기로 넘어가는 전환 시기에 인종/민족성은 우울 증상을 이해하는 데에서 중요하다는 것이 밝혀졌다(Brown, Meadows, Elder, 2007). 여성의 경우, 우울 증상의 초기 비율은 히스패닉계와 아시아계 10대에서 가장 높았고, 백인 10대는 가장 낮았으며, 아프리카계 10대는 그 중간이었다. 예상하듯이, 남성은 증상의 수준은 낮았지만, 인종과 민족성의 차이는 여성에서의 차이와 유사했다. 같은 성별 내에서, 모든 집단은 시간이 지나면서 증상이 감소했다. 그러나 백인 집단에서는 여전히 우울 증상이 나머지 세 집단보다 적었으며, 특히 아프리카계 미국인과 비교했을 때 더욱 그렇다. 이처럼 우울 증상에서 나타난 인종/민족성의 차이는 자원의 부족이라는 맥락에서 스트레스가 축적되면서, 이후의 삶에서 정서적 건강 및 신체적 건강을 위협할 수 있다.

단원 요약

주요 우울장애(MDD)

- MDD의 핵심 특징은 슬픔, 거의 모든 활동에서 관심 또는 즐거움의 상실과 성마름이 있고, 이에 덧붙여 적어도 2주 동안 특정한 증상들이 많다.
- 4~18세 젊은이에게서 MDD의 전체 유병률은 2~8%이며, 아동기 때에는 비율이 낮지만 청소년기에 극적으로 증가한다. 아동이 MDD를 갖고 있을 가능성은 10~20% 또는 그 이상으로 높다.
- 우울증이 있는 젊은이에게 가장 자주 동반되는 장애는 불안장애, 지속성 우울장애, 품행장애, ADHD, 그리고 물질 사용 장애이다.
- 거의 모든 젊은이가 우울증의 초기 삽화로부터 회복되지만, 약 70%는 5년 이내에 또 다른 삽화가 있으며, 많은 사람이 양극성 장애로 발전한다.
- 청소년 전기 아동의 우울증은 남녀 비율이 비슷하지만, 사춘기 이후에는 약 2:1에서 3:1로 여아가 많다.
- 아동기 및 청소년기에 우울증과 인종/민족성 간의 관계는 아직 연구되지 않은 영역이다.

다음 단락에서는 MDD에 비해 비교적 많이 알려져 있지 않은, 좀 더 경미하지만 만성적 상태인 지속성 우울장애에 대해 살펴본다. 지속성 우울장애가 있는 많은 아동이 결국 MDD를 갖게 된다. 따라서 두 장애는 관련이 있다.

지속성 우울장애(P-DD)(또는 기분저하증)

DEBORAH

웃음이 없는 아동기

몇 개월 전, 어머니는 내가 본 적이 없었던, 내가 아기였을 때 사진을 몇 장 찾아내었다. 나는 생후 9개월쯤 되어 보였고, Golden Gate 공원의 잔디밭을 기고 있었다. 나는 카메라를 똑바로 보고 있었고, 혀는 입 밖으로 쑥 내밀었으며, 행복하게 웃고 있었다. 내 얼굴은 그 안에서 빛이 났고 장난기가 보였다. 며칠 동안 그

> 사진 때문에 아무것도 할 수 없었다. 나는 계속해서 지갑 속에서 사진을 꺼내 보았다. 그리고 이 사진이 왜 이렇게 나를 끌어당기는지 한동안은 알지 못했다. 마침내 생각이 떠올랐다. 이것은 내가 웃음을 보인 아동기의 유일한 사진이었던 것이다. 내가 이전에 본 모든 사진들은 진지하거나 자신이 없어 보이는 그런 아동으로 보였다. 나는 Golden Gate 공원 사진을 보면서, 나에게 행복이 아직 남아 있고, 우울증이 내 아동기를 가져가 버리지 않았기를 바랐다. 내가 24세 때 우울증을 처음 진단받았을 때, 어렸을 적의 이야기를 의사 선생님과 나누었다. 20년 전에는 아동에게 우울증 진단을 내리기가 쉽지 않았을 때이지만, 아주 어렸을 때부터 내가 기분저하증(경증의 장기간 우울)을 겪었던 것이―의사 선생님과 나 두 사람 모두에게―분명해 보인다.
>
> 출처: D. M. Deren, *A Childhood Without Laughter*에서 인용.

Deborah처럼, **지속성 우울장애**(P-DD)로 고통스러운 어린 사람들은 하루의 거의 대부분, 최소 1년 동안 거의 매일 우울 기분의 증상을 겪고 있다. 대부분의 시간 동안 이들은 불행하거나 성마르다. (앞서 나온 100 Acre Wood의 슬프고, 우울한 당나귀 Eeyore도 P-DD에 해당할 것 같다.) 이 아동들은 만성적인 우울 기분(또는 성마른 기분)과 함께 우울한 기간 동안 나타나는 최소 두 가지의 신체적 증상(예: 섭식 문제, 수면장애, 낮은 에너지) 또는 인지적 증상(집중의 어려움, 낮은 자존감, 절망감)을 보인다. P-DD의 증상이 만성적이라고 해도, MDD보다는 덜 심각하다.

P-DD는 DSM-5의 '새로운' 범주인데, 이전 DSM-IV의 기분부전장애와 만성적 MDD의 혼합이다. 이를 혼합한 이유는 기분부전장애가 있는 아동과 주요 우울장애의 만성적 유형의 아동 간에 차이가 없기 때문이다. 만성적이지 않은 MDD와 비교했을 때, 만성적 형태의 우울증(기분부전장애로 의뢰되든지 간에), 만성적 주요 우울증, 또는 P-DD는 치료에 대한 반응이 나쁘고, 장기적으로 추후 발병률이 높고, 유사한 정동장애의 발생이 높은 것과 관련이 있다(McCullough et al., 2003).

P-DD가 있는 아동은 정서 조절이 빈약한 것이 특징인데, 여기에는 계속되는 슬픔, 사랑받지 못하고 버림받은 느낌, 자기 경시, 낮은 자존감, 불안, 성마름, 분노, 기질 폭발 등이 포함된다(Masi et al., 2003). 어떤 아동은 **이중 우울증**을 겪기도 하는데, 이중 우울증이란 P-DD가 있는 아동에게 주요 우울 삽화가 첨가되어 아동에게 두 가지 장애가 모두 나타나는 것을 말한다(Klein, Shankman, & Rose, 2008).

P-DD의 만성적인 성질은 이것이 기분장애인지 또는 그 사람의 전반적인 성격 유형인지에 대한 문제를 부각시킨다(Daley et al., 1999). 예를 들면, 어떤 것에도 행복을 느끼지 못하는 사람이 있다. 그러나 P-DD는 기분장애의 전형인 만성적 경과로 이어지는 것처럼 보이며, 어린 사람들에게 P-DD와 MDD의 유사점은 이것이 성격 특성이라기보다는 기분장애라는 것을 시사한다(Renouf & Kovacs, 1995). MDD 또는 P-DD가 있는 아동이 임상적 특징, 인구통계학적 특성, 관련된 특징에서 다르지 않다고 나타난 연구가 있는데, 이것은 두 장애를 구별하는 것이 타당한지에 대한 의구심을 일으킨다. 그러나 두 장애가 모두 있는 아동은 둘 중 하나만 가지고 있는 아동보다 결함이 더 심각하다(Goodman et al., 2000).

유병률과 동시 발병

P-DD의 출현은 MDD보다는 적은데, 아동의 대략 1%, 청소년의 대략 5%가 이 장애를 가지고 있다(Birmaher et al., 1996). P-DD와 가장 많은 동시 발생 진단은 MDD이다. P-DD의 진행 과정 동안 70%는 주요 우울 삽화가 있다(Renouf & Kovacs, 1995). 또한 P-DD가 있는 아동의 약 절반은 P-DD에 선행하는 동시 발생 비정동장애가 있는데, 여기에는 불안장애, 품행장애, ADHD가 있다(Kovacs et al., 1994).

발병, 경과, 결과

P-DD는 MDD보다 대략 3년 빨리 시작되며, 대개 11~12세에 흔하다(Kovacs et al., 1997). P-DD는 흔히 MDD에 선행하기 때문에 MDD의 전조가 되기도 한다(Lewinsohn, Hops et al., 1993). 아동기 발병 P-DD는 지속기간이 더 길며, 삽화의 평균 길이가 2~5년이다.

대부분의 아동은 결국 P-DD에서 회복된다. 다시 말하면, 다른 장애, 특히 MDD, 불안장애(분리불안장애와 일반화된 불안장애가 가장 흔함)와 품행장애가 생길 위험성이 아주 높다(Klein et al., 2008; Masi et al., 2003). 양극성 장애와 물질 사용 장애가 발생할 위험성 또한 증가한다(Kovacs et al., 1994).

P-DD의 과거력이 있는 청소년은 친구로부터 사회적

지지를 덜 받는다고 보고한다. 이러한 결과는 MDD가 있는 아동과 비교했을 때 P-DD가 있는 아동에게만 독특한 것으로 보인다(Klein, Lewinsohn, & Seeley, 1997). P-DD에서 회복한 아동은 가족관계, 인지 양식, 학교 기능 수준이 다른 아동과 동일하다. 계속해서 영향을 받게 되는 유일한 영역은 심리사회적 기능이다(Klein et al., 1997). 그러나 심리사회적 기능의 손상이 P-DD에 선행하는 것인지, 아니면 후에 나타나는 것인지에 대해서는 아직 알려진 것이 없다. 심리사회적 역기능이 P-DD로 발달하는 선행 요인이거나 질환의 지속되는 상처일 것이다(Renouf & Kovacs, 1995).

P-DD의 조기 발병과 기간의 연장은 문제를 더 심각하게 만든다. 9세에 장애가 발생해서 4년 후에 회복된 아동은 그들의 전체 삶의 30% 이상의 시간을, 그리고 학업 기간의 50% 이상을 우울한 상태로 보내게 된다. 우울증이 학업 · 인지 · 가족 · 사회적 문제 등 다른 많은 문제와 연관되어 있기 때문에, P-DD 삽화가 길어지는 것은 발달에 극심한 해를 끼치게 된다(Renouf & Kovacs, 1995). P-DD의 조기 발병에는 거의 항상 MDD 그리고 때때로 양극성 장애가 뒤따르기 때문에, 조기 진단은 아동이 후에 기분장애를 가질 위험성의 발견에 도움이 되고, 예방에서 중요한 의미가 있다.

단원 정리

지속성 우울장애(P-DD)(또는 기분저하증)

- P-DD가 있는 아동은 최소한 1년 이상 거의 매일, 하루의 대부분을 우울 또는 성마른 기분을 보인다. 우울할 때는 다수의 신체적 증상과 인지적 증상을 경험한다.
- 아동 및 청소년의 5% 정도는 청소년기가 끝날 때까지 P-DD 삽화를 경험한다.
- P-DD에 가장 흔하게 수반되는 장애는 MDD, 불안장애, CD, ADHD이다.
- P-DD가 가장 자주 발병되는 연령은 11~12세이며, 삽화의 평균은 2~5년이다.
- 거의 모든 어린 사람들이 P-DD에서 회복되지만, 많은 수가 MDD로 발전하는 아동도 많다.
- P-DD에서 회복한 아동은 주로 심리사회적 기능의 측정에서만 다른 아동과 차이가 있다.
- P-DD는 DSM-5에서 개정된 범주인데, DSM-IV의 기분부전장애와 만성적 MDD가 혼합되었다. 이를 혼합한 이유는 기분부전장애를 가진 아동과 주요 우울장애의 만성적 유형의 아동 간에 차이가 작기 때문이다.

파괴적 기분 조절 곤란 장애(DMDD)

파괴적 기분 조절 곤란 장애(DMDD)의 중요한 특징은 만성적이고, 심각하고 지속적인 성마름이다. 심각한 성마름은 두 가지 주요 임상적 특징이 있다. 첫 번째는 좌절에 대한 반응으로 자주 발생하는 언어적 · 신체적 분노 폭발이며, 자극 또는 상황에 맞지 않게 과하게 나타나는 것이다. 이러한 폭발은 1년 이상, 적어도 세 가지 상황(즉, 집, 학교, 친구와 있을 때)의 두 가지 상황 이상에서 자주 발생(일주일에 서너 번)하며 연령에 맞지 않아야 한다. 심각한 성마름의 두 번째 특징은 만성적인데, 심각한 분노 폭발들 사이에 지속적으로 성마름 또는 화난 기분이 하루의 대부분, 거의 날마다 나타난다. 이 기분은 10세 전에 발병하며, 아동의 특징이 되면, 거의 날마다 하루의 대부분에서 나타나고, 다른 사람이 분명히 알 수 있다. DMDD의 진단은 ODD(이 경우, DMDD의 진단만 내려진다) 또는 양극성 장애(이 경우, BP의 진단만 내려진다)와 공존할 수 없지만, MDD · ADHD · CD · 물질 사용 장애와 동시 발생할 수 있다(APA, 2013).

DMDD는 DSM-5에 포함된 새로운 우울장애인데, 정보가 거의 없는 장애 중 하나이다. 뿐만 아니라 우울장애로서 DSM-5에 포함된 것에 대해서 논쟁의 여지가 있다. 이런 시각에서 DMDD가 진단 범주로 만들어진 맥락과 이를 둘러싼 몇 가지 쟁점을 간단히 살펴본다. DMDD는 두 가지 맥락에서 만들어졌다. 첫 번째 맥락은, MDD의 징후로서가 아니라 기분의 뚜렷한 특징으로서 심각한 성마름에 대한 발견이다(Stringaris, 2011). 예를 들면, 연구들은 3세 때의 성마름이 초기 아동기의 우울증, ODD, 기능적 손상을 예측하고(Dougherty et al., 2013), 청소년기의 성마름은 20년 후 자기 보고된 우울증, 불안장애를 예측한다(Stringaris et al., 2009)는 것을 발견했다. 두 번째 맥락은 심각한 기분 조절 곤란 문제가 있으며 그 증상이 전통적인 양극성 장애의 정의에는 맞지 않는 아동기 양극성 장애에 대한 연구(이 장의 뒷부분에서 논의)이다(Towbin et al., 2013). 중요한 것은, DMDD 진단의 개발이, 어린 아동에게서 양극성 장애의 비율이 증가하고 이 아동을 치료하기 위한 약물 사용이 증가하는 것에 따른 우려에 대한 직접적 반응이라는 것이다. 따라서 DMDD 범주를 새로 만든 것은 어린 아동에게 너무 자주 BP 진단을 내리는 것에 대한 대안을 제공하기 위한 것이다 (Youngstrom & Algorta, 2014).

Youngstrom과 Algorta(2014)가 설명한 것과 같이, DMDD의 정의는 DSM-5를 개발하는 동안에 몇 차례 바뀌었는데, 처음에는 '심한 기분 조절 곤란 장애(severe dysregulation disorder)', 그다음에는 '기질 조절 곤란 장애(temper dysregulation disorder)', 그리고 마지막으로 '파괴적 기분 조절 곤란 장애(disruptive mood dysregulation disorder)'로 바뀌었다. 중요한 것은, 이것이 처음에는 DSM-5의 파괴적 충동 조절 및 품행 장애 범주에서 우울장애 범주—양극성 장애 범주가 아니라—로 이동되었다는 것이다. DMDD의 유병률, 경과, 치료에 대한 반응과 관련된 자료가 없다는 점에서 DMDD를 임상적으로 새로운 진단으로 사용하는 것에 대한 우려도 많다. 핵심적인 걱정은 DMDD 진단 준거가 얼마나 신뢰성 있게 다른 기분장애, 특히 핵심 특징으로 성마름 · 분노 · 반항성을 가지고 있는 ODD와 구별하는 데 사용할 수 있는가 하는 것이다(Axelson et al., 2011). 이러한 걱정은 일리가 있을 것 같은데, 실제로 현장에서 실행했을 때 DSM-5의 DMDD 진단의 임상 장면에 대한 전체 신뢰도는 상당히 낮았고(kappa = 0.25), 상황에 따라 그 차이가 컸다 (Regier et al., 2013). 이는 임상가들이 DMDD를 그 외 기분장애 및 행동장애와 신뢰성 있게 구별하는 것이 어렵다는 것을 입증하는 것일 수도 있다(Youngstrom & Algorta, 2014).

DSM-5에 따르면, DMDD는 임상 표본에서 흔하고, 남성 및 학령기 아동에게 우세하게 발생하며, 불안장애 · 기분장애 · 파괴적 행동장애와의 동시 발병이 높고, 아동의 가족 및 또래 관계와 학업 수행을 현저하게 방해한다. 지금 우리는 양극성 장애의 진단 준거를 충족시키지 않는 심각한 성마름과 기분 조절 곤란 문제를 가지고 있는 아동이 많다는 것을 알고 있다. 새롭게 정의된 DMDD가 다른 기분 문제 및 품행 문제와 얼마나 잘 구별될 것인지, DMDD의 유병률 · 특징적 과정 및 결과, 얼마나 치료가 잘 될 것인지를 우리는 알지 못한다(Axelson et al., 2011; Towbin et al., 2013). DMDD 진단이 임상 장면에서 신뢰롭고, 타당하고, 유용하다는 것을 증명하려면 더 많은 연구와 임상 자료가 필요하다.

단원 정리

파괴적 기분 조절 곤란 장애(DMDD)

- 파괴적 기분 조절 곤란 장애(DMDD)는 빈번하고 심각한 기질 폭발과 만성적이고 지속적인 성마름과 화난 기분이 특징이다
- DMDD는 DSM-5에서 새로 만든 장애인데, 가장 알려지지 않은 장애 중 하나이다.
- DMDD 범주의 개발은 어린 아동에서 양극성 장애 진단의 비율이 증가하는 것에 대한 반응이다. 어린 아동에게 너무 자주 BP 진단을 내리는 것에 대한 대안을 제공하기 위해 만들어졌다.
- DMDD 진단이 임상 현장에서 신뢰성, 타당성, 유용성이 있는지를 입증하려면 앞으로 더 많은 연구와 임상 자료가 필요하다.

이제 여러분은 MDD, P-DD, DMDD와 어느 정도 친숙해졌을 것이며, 이제 관련 특성과 가능한 원인에 대해 살펴본다.

우울장애의 관련 특성

우울장애가 있는 어린 사람들은 지적 수행 및 학업 성취에 결손이 있고, 자기 지각 · 자존감 · 사회적 문제해결력 · 대인관계 행동 · 생활 스트레스에서 어려움을 겪는다(Garber & Kaminsky, 2000). 우울증은 종종 불안이나 다른 장애와 함께 생기기 때문에, 이와 같은 관련 특성 및 어려움이 우울증에만 특정한 것인지 또는 정신병리에서 일반적으로 보이는 특성인지는 아직 알 수 없다. 또한 인지적 손상 및 심리사회적 손상이 우울증의 결과인지 또는 우울증의 원인인지를 아는 것도 종종 어렵다.

지적 기능과 학업 기능

특정한 우울 증상, 즉 주의집중 곤란 · 흥미 상실 · 사고 및 운동의 둔화가 아동의 지적 기능과 학업 성취에 해로운 영향을 미칠 가능성은 높다. 하지만 우울한 아동의 전반적인 지적 잠재력은 우울하지 않은 아동의 잠재력과 비슷하다. 우울증의 정도와 전반적인 지능 간의 관계는 미약한데, 이는 인지 기능에 미치는 우울증의 영향이 선택적이라는 것을 암시한다. 예를 들면, 우울증은 주의, 협응, 속도, 얼굴 표정과 같은 정서적 정보의 회상을 필요로 하는 비언어적 과제에서의 손상과는 관련이 있지

만(Guyer et al., 2011), 언어 능력이나 전체 지능과 반드시 관련되는 것은 아니다(Wilkinson & Goodyer, 2006). 우울증은 실행 기능의 폭넓은 손상, 예를 들면 작업기능에서 작업 목표를 유지하는 것과 연관이 있다(Snyer, 2013).

우울증이 있는 아동/청소년은 학교에서 다른 사람보다 수행 정도가 낮다. 이들은 표준화된 성취검사에서 점수가 낮고, 교사는 학업 성취가 나쁘고 성적이 나쁘다고 평가한다(Cole, 1990). 집중력과 사고 능력의 빈약함, 느린 움직임 또는 동요, 피로, 불면증, 신체 증상을 보이는 것은 낙제, 지각이나 결석, 과제 미완수, 학교 거부 또는 불만족으로 이어질 수 있다. MDD가 있는 15세 소녀 Jenn의 어머니는 다음과 같이 이야기한다.

> 학교는 완전히 시간 낭비라고 Jenn은 말해요. 학교에 있고 싶지 않대요. 학교에 있을 만한 힘도 없고, 의욕도 없어요. Jenn은 아파서 집에서 쉬고 싶고 하루 종일 자고 싶다고 말했어요. 우리는 학교에 관한 언쟁을 아주 많이 해 왔어요. 또 싸움이 되는 것을 피하기 위해 결국에는 Jenn이 집에 있도록 했지요.

우울증이 학업 곤란의 원인인지 또는 결과인지를 결정하는 것은 쉽지 않다. 대체로 양쪽 다일 수 있다. 예를 들면, 청소년의 학습 곤란, 특히 소녀의 학습 곤란은 학생으로서 부적당하다는 감정으로 이어지고, 이는 우울 증상을 예측한다고 밝혔다(Kiuru et al., 2011). 우울증이 학업 수행에 계속 영향을 미치는지는 분명하지 않다. 일부 연구는 우울증에서 회복한 뒤에는 학업 곤란이 발생하지 않는다고 밝히고 있고, 반면에 회복된 뒤에도 학업 곤란이 지속적으로 나타난다고 보고하는 연구도 있다(Kovacs & Goldston, 1991). 일반적으로 우울증과 학업 곤란 간의 관계는 우울증과 사회적 역기능 간의 관계만큼 강력하지는 않다(Lewinsohn, Gotlib, & Seeley, 1997).

인지적 편견과 왜곡

"좋은 아침, 곰돌이 Pooh야!" Eeyore가 음울하게 말했다. "글쎄, 좋은 아침인지 난 모르겠다." 그가 말했다.

— A. A. Milne, *Winnie-the-Pooh*(1926)

ELLIE
삶이 가치가 없어

"모든 것이 무가치한 것 같고, 아무런 가치가 없는 것 같다…. 인생은 살고 존재하고 있지만 어리석은 일처럼 보인다. 늘 그다음 날이 존재해야 하는지가 궁금하다. 만약 버틸 수 있다면, 내일을 위해 살아야 할 가치가 있는 거겠지. 나는 그냥 내가 가치가 없는 것처럼 느껴진다. 무언가가 잘못된 것 같다. 당신은 완전한 실패자, 아무것도 끝맺지 못한다는 것을 아는 기분이 정말로 유쾌하지는 않을 것이고, 나는 아무것도 할 수 없을 것 같은 느낌, 할 가치가 없다고 느끼고 있다."

출처: McKnew, Cytryn과 Yahraes, 1983에서 인용.

우울한 많은 아동은 사고가 편향, 손상, 왜곡되어 있다(Lakdawalla, Hankin, & Mermelstein, 2007). 이 아동들은 행복한 표정과 같은 긍정적 단서보다는 슬픈 표정과 같은 우울 관련 단서에 더 잘 주목한다(Ehrmantrout et al., 2011; Hankin et al., 2010). 성공적인 사회적 관계에서는 정서적 단서를 정확하게 읽어 내는 것이 중요하다는 것을 감안하면, 이러한 선택적인 관심의 편견은 가족 및 또래와 좋지 않은 관계를 초래할 수 있다.

무가치하다는 Ellie의 고통스런 감정처럼, 몇몇 인지적 방해는 우울증 진단의 일부이다. 부정적 신념(예: "내가 제대로 할 수 있는 것은 아무것도 없어.")이나 실패에 대한 귀인(예: "나는 실패자야.")은 진단의 일부는 아니지만, 전형적으로 우울장애에 수반된다. 자기비판적 또는 자동적 부정적 사고(예: "나는 패배자야.", "나는 못생겼어.", "나는 실패할 거야.")가 흔하다. 불행하게도, 이런 생각은 우울한 청소년에게 단순히 긍정적인 면을 보도록 하자는 제안만으로 쉽게 변하지 않는다.

우울한 아동은 종종 자신의 성취를 인정하지 못하고 스스로 해낸 것의 가치를 폄하한다. 이들은 칭찬을 거부하고, 자주 자신의 경험을 부정확하게 해석한다(Fichman, Koestner, & Zuroff, 1996). 오랫동안 부정적 사건에만 편협하게 집중하는 것을 **우울적 반추 양식**이라 한다(Nolen-Hoeksema, Girgus, & Seligman, 1992). 이 아동들은 삶의 대부분의 영역에서 자신이 비효과적이라고 지각하며, 실패 또는 거부에 직면하면 자신을 비난하는 말(예: "내가 잘못한 것이 틀림없어.")을 한다. 이들은 상황을 잘못 해석하거나, 사실은 그렇지 않은데도 무시당한 것처럼 느끼거나 쉽게 좌절해서 아주 소소한 문제도 큰 재앙이라고 보고 있다. 부정적 사고와 잘못된 결론은 상황 전반으로 일반화되기 때문에, 우울한 아동은 즐거움 또는 만족을 얻으려는 어떤 희망도 갖고 있지 않다.

자신을 고통에서 도와줄 사람이 없다고 생각하는 것은 우울한 아동에게 특이한 것이 아니다. 많은 아동이 미래에 대해 절망감과 부정적인 기대를 보고하는데, 이러한 절망감과 부정적 기대는 낮은 자존감, 자살 충동 및 자살 시도와 관련이 있다(Marciano & Kazdin, 1994). 절망감이 이들의 삶을 지배하기 때문에, 자기 패배적인 부정적 사고가 점점 더 확산되고, 학교 및 집에서의 수행에 결함을 가져오는 악순환을 겪게 된다. 수행이 악화됨에 따라, 이들은 실패를 더 많이 지각하고, 부정적인 피드백을 받게 되고 부정적인 피드백을 찾기도 한다. 이러한 결과는 자신의 견해를 줄이고 변화시킬 능력이 없다는 생각을 유지시키며, 이는 기능에서 더 큰 결함으로 이어진다.

우울증이 있는 사람의 비관적 사고는 우울 증상에 대한 위험성을 더욱 높이는데, 스트레스 생활 사건을 만나면 더욱 그러하다. 이들의 비관주의는 우울 증상으로부터 회복된 뒤에도 지속될 수 있으며, 미래의 우울 삽화에 취약하게 된다. 우울증에서 인지적 장애의 역할은 이후에 인지 이론 부분에서 다시 살펴볼 것이다.

어린 사람들의 우울증은 부정적 사고 및 쓸모없다는 느낌과 관련이 있다.

부정적 자존감

늙은 회색 당나귀 Eeyore는 시냇가에 서서 물속에 비친 자기 모습을 보고 있었다. 그가 말했다. "불쌍한 놈. 바로 그거야. 불쌍한 놈."

— A. A. Milne, *Winnie-the-Pooh*(1926)

FARAH

잘한 적이 없어

Farah(15세)의 어머니는 Farah가 학급에서 거의 최상위, 학교 활동에서 적극적이고, 아주 인기가 있는 '모범 딸'이라고 말한다. 어머니는 'Farah가 자신에 대해 혹독하고, 자신이 완벽해야 한다고 생각하는 것'에 대해 걱정하고 있다. 만약 시험에서 최고 성적을 받지 않으면 일주일 동안 친구도 만나지 않고 방에서 꼼짝 않고 공부만 한다. Farah는 스스로 아주 높은 기준을 설정하고, 만약 이 기준을 달성하지 못하면 극도로 자기비판적 및 자기처벌적 태도를 보인다. 그녀는 학업 실패(A를 받지 못하고 A$^-$를 받은 것) 후 스스로 자기 얼굴을 때렸다. Farah의 성취는 자신에게 거의 만족을 주지 못했고, 이러한 실패를 지각하면 즉시 자기 비난으로 이어졌다. Farah의 전반적인 자기 가치감은 낮았고, 학업 성취의 정도에 기초를 둔 자의식은 아주 취약했다. (저자의 사례 자료에서 인용)

거의 모든 우울한 아동이 부적 자존감을 경험하고 있다. 사실, 낮은 자존감은 청소년의 우울증과 가장 구체적으로 관련이 있는 것 같은 증상이다(Lewinsohn et al., 1997). 우울증이 있는 아동의 자존감은 일상생활 사건에 매우 반응적이며, 자존감에서의 이러한 일상의 동요는 주요 생활 스트레스 요인에 노출된 후에 뒤따르는 우울증과 관련된 것 같다(Roberts & Gotlib, 1997). 그러므로 낮은 자존감과 불안정한 자존감은 우울증에서 모두 중요한 역할을 하는 것 같다.

대부분의 청소년에게 신체적 외모와 또래의 승인이 자존감의 특히 중요한 원천이므로, 이 부분에서 지각된 무능감은 우울증의 위험을 고조시킨다. 여자 청소년에게 자존감 문제가 종종 부정적 자기 신체상과 관련된다는 사실은 우울증의 위험을 고조시키는 데 부분적으로 영향을 미칠 수도 있다는 것이다(Hankin & Abramson, 2001).

자존감과 우울증에 관한 흥미로운 발달 모델은 아동이 여러 영역—학업, 사회적 관계, 운동, 품행, 외모 등—에서 자신의 유능감이나 무능감에 대한 피드백을 타인으로부터 구하고, 피드백을 받게 된다고 가정한다(Jordan & Cole, 1996). 자기 관점은 이러한 피드백을 통해 구성되며, 그 결과는 변할 수 있고 긍정적 자기 관점은 낙관주의 · 힘 · 열정으로 이어진다. 또는 비관주의 · 절망감 · 우울의 가능성으로 이어지는 부정적이고 편협한 자기 관점이 되기도 한다(Seroczynski, Cole, & Maxwell, 1997). 자기 관점이 부정적이고 학업과 같이 한 영역에만 편협하게 맞추어진(예: 학업 영역) 청소년은 자존감에서 불안정을 보이는데, 운동 또는 사회적 관계처럼 이를 보상해 줄 대안적 영역이 부족하기 때문이다. 이것은 자신의 주요 영역에서 스트레스에 직면했을 때 아동을 취약하게 만들어서 우울을 발달시킨다.

사회적 문제와 또래 문제

우울한 아동은 관계에서 심각한 어려움을 겪는다. 이들은 친구나 친한 사람이 없고, 외로움을 느끼고 단절되어 있으며, 다른 사람이 자신을 좋아하지 않는다고(불행하게도, 이는 종종 현실이 된다) 느끼며, 사회적 기술에서 광범위하게 결함을 보인다(Rudolph, Flynn, & Abaied, 2008). 우울증이 있는 아동의 낮은 사회적 상태는 두 가지 경로를 통해 나타나는 것으로 밝혀졌다(Agoston & Rudolph, 2013). 첫 번째 경로에서, 우울 증상은 사회적으로 고립된 행동을 유발해서 친구들이 방치한다. 두 번째 경로에서, 우울 증상이 공격적 행동을 유발해서 친구들에게 거부당한다. 아동기에 만성적인 또래 관련 외로움은 초기 청소년기의 우울 증상을 예측하는 것으로 밝혀졌다(Qualter et al., 2010). 뿐만 아니라 의뢰될 때 친구가 거의 없다고 보고한 청소년은 우울증에서 회복될 가능성이 낮다(Goodyer et al., 1997). 우울증에서 회복되더라도 계속해서 사회적 결함을 경험할 수도 있다.

사회적 철회는 우울증이 있는 청소년에게 흔하다. 이들은 상당한 시간을 홀로 지내며, 친구를 만나는 데 관심을 거의 보이지 않고, 활동에도 거의 참여하지 않는다. 이러한 사회적 철회는 사회적 관계를 유지하는 데에서의 무능력, 즉 타인을 향한 부정적이고 성마르고 공격적인 행동의 가능성을 반영하는 것 그리고 대화를 시작하거나 친구를 사귀는 것의 손상과 관련될 수 있다(Rockhill et al., 2007). 이러한 요인은 사회적 발달을 심각하게 방해하고, 건강한 대인관계로 이어지는 사회적 교류를 박탈시킬 수 있다.

우울한 청소년이 사회적 상황에서 사용하는 대처 양식은 비효과적이다. 예를 들면, 이들은 적극적 대처 양식 및 문제에 초점을 맞춘 대처 양식은 덜 사용하고, 수동적 · 회피적 · 반추적이고 정서에 초점을 맞춘 대처 양식을 더 많이 사용한다(Hammen et al., 2014). **공동 반추**는 여자 청소년에서 우울증 발병의 강력한 위험 요인이 되는데, 이것은 친구와 문제 또는 문제의 정서에 편협하게 초점을 맞춘 이야기를 나누고 다른 활동 또는 대화를 배제하는 자기 노출의 부정적 형태이다(Stone et al., 2011). 공동 반추는 여자 청소년 우울증의 고조된 위험의 기저에 있는 기제 중 하나인 것 같다. 아이러니하게도, 또래 사이의 공동 반추는 친구와의 높은 친밀감과 연관되는데, 이는 다시 공동 반추의 증가를 예측하는 것으로 밝혀졌다. 따라서 부적응적 상호작용 양식에 근거한 또래와의 사회적 보상과 지지적 관계는 여자 청소년을 고통에서 보호하지 못할 뿐만 아니라 우울증의 위험을 증가시킬 수도 있다(Stone et al., 2011).

우울한 10대는 이성 친구와의 이별에 대한 반응으로 알코올이나 약물을 사용하는 것과 같이 사회적 문제를 해결하는 과정에서 잘못된 선택을 할 수도 있다. 여기 Page(17세)가 한 말을 보자.

> 나는 너무 불쌍해서 내 자신에게 신경을 쓸 수가 없으며, 심지어 나의 안전에 대해서도 신경을 쓰지 않는다. 나는 병째로 술을 마셨다. 가끔씩 나는 취해서 쓰러져서 무슨 일이 있었는지 기억하지 못할 때도 있다. 어느 날 밤에는 의식을 잃고 여러 명의 남자와 성관계를 가졌다고 생각한다. 나는 아무것도 기억나지 않는다. 다만 그다음 날 그런 소문이 무성했다. 남자친구를 선택하는 것도 어리석었다. 나는 내가 못생기고, 어리석고, 멋지지 않다는 생각을 강화시켜 주기만 하는 남자들을 만나곤 했다. 나는 어린 남자아이들과 헤어지고, 밴드에서 연주를 하고 자기 아파트가 있는 20세 남자를 만났다. 그는 팔과 복부에 문신이 있다. 나는 그들을 좋아

하지 않는데도 차를 얻어 타기 위해 남자들을 만날 때도 있다. 나는 우울한 남자친구 또는 부모님이 정말로 좋아하지 않는 남자들을 선택했다("I Did Not Want to Live," by Sabrina Solin Weill, *Seventeen*, April 1, 1995, pp. 154-156, 176).

흥미롭게도, 적절한 사회적 관계에 필요한 기본적인 사회-인지적 이해는 우울이 있는 청소년 역시 비교적 손상이 없는 것으로 보인다. 일반적으로, 우울한 청소년도 대인관계 문제에 대한 인지적 해결책을 떠올릴 수 있다(Kovacs & Goldston, 1991). 그러나 Page의 사례에서 볼 수 있듯이, 사회적 행동에서의 손상 및 실생활에서의 행동(특히, 스트레스 상황에서)은 그들의 사회적 이해와 극명하게 대조된다(Calhoun et al., 2012). 우울증 및 사회적 문제해결 기술이 빈약한 청소년은 시간이 지나면서 우울증의 정도가 더 심해지는 것 같다(Becker-Weidman et al., 2010).

가족 문제

우울증이 있는 아동은 그렇지 않은 아동보다 부모형제와의 관계에서 지지를 덜 받고, 갈등은 더 많다. 이들은 가족과 단절된 느낌을 보고하고, 가족과 같이 있는 것보다는 혼자 있는 것을 더 선호한다. 가정에서 아동의 사회적 단절은 사회적 기술의 손상이라기보다는 갈등을 피하고 싶은 아동의 바람을 반영하는 것 같다. 가족관계의 어려움은 아동이 임상적으로 더 이상 우울하지 않을 때에도 지속되는 것으로 밝혀졌다(Sheeber et al., 2007).

"그것이 내 어린 시절이었어요,
나는 내가 원하지 않는다면 즐기지 않아."

상호작용에서, 아동은 부모에게 부정적 태도를 보이고, 그 결과, 부모 역시 아동에게 부정적이고 거부하는 엄한 방식으로 반응할 수도 있다. 시간이 지나면서 반복되었을 때, 이러한 상호작용은 가족관계에 악영향을 미치게 된다. 성마르고, 반응이 없고, 무감각한 우울증 아동은 부모에게 긍정적 강화를 거의 주지 못하며, 부모 역할에서 만족감을 얻고자 하는 부모의 바람을 좌절시킨다(Kovacs, 1997).

우울증과 자살

CARLA
"너무 심해요"

Carla(12세)는 어머니가 먹는 50mg의 엘라빌(Elavil) 8알, 알 수 없는 항우울제 다량, 그리고 타이레놀 20알을 먹은 후 의식을 잃고 위독한 상태로 응급실에 실려 왔다. 이러한 Carla의 첫 번째 자살 시도는 성적이 나빠서 부과된 책임과 제한으로 인해 아빠와 말다툼을 한 후에 일어났다. Carla는 약 보관함으로 가서 모든 것을 삼켜 버렸는데, 그 이유는 '너무 심하고', '살고 싶지 않아서'라고 말했다. 지난 한 달 동안 그녀는 기분과 행동에서 뚜렷한 변화를 보였는데, 불안정하고 우울하고, 무력감과 절망감을 느꼈다. 이 기간 동안 그녀는 식욕을 잃었으며, 옷 사이즈가 두 단계나 줄었다. 그녀는 점점 더 고립되었으며, 자기 방에 혼자 있었다. 아버지가 그녀에게 제한을 가하게 된 이유는 학업 성적이 B에서 D로 떨어졌기 때문이다.

출처: *Adolescent Suicide: Assessment and Intervention*, by A. L. Berman and D. A. Jobes, 1991, p. 144. Copyright © 1991 by the American Psychological Association

Carla의 사례는 우울한 청소년이 자살을 시도하게 만드는 심각한 무력감, 절망감, 좌절을 잘 보여 준다. 우울이 있는 대부분의 청소년은 자살을 생각해 본 적이 있다고 보고하고, 자살에 대해 생각해 본 청소년의 1/3이 실제로 자살을 시도한다(Goldston, Daniel, & Arnold, 2006). 약물 과다 복용과 손목 긋기는 자살을 시도하는 청소년들이 가장 흔히 사용하는 방법이다. 장기간의 추후 연구에서, MDD가 있는 청소년이 MDD가 없는 통제 집단에 비해 첫 번째 자살 시도의 위험이 5배나 높고, 이들의 약 8%는 MDD 첫 번째 삽화 후 15년 이내에 자살을 시도한다(Weissman et al, 1999b). 자살에 성공한 청소년에게서 가장 흔한 방법은 권총 자살(45%), 질식사(40%), 독극물 섭취(8%)이다(CDC, 2013).

우울증, 자살 행동, 자살 실행 사이의 관계는 부인할 수 없이 강력하고 심각하다(Dervic, Brent, & Oquendo, 2008). 자살 생각(예: 스스로 죽는다는 생각)은 수많은 다른 유형의 심리적 장애 전반에 걸쳐 흔하지만, 실제로 자살을 시도하는 것은 우울증이 있는 동안에 특히 흔하다(Nock et al., 2013)(**살펴보기 10.1** 참조). 정신과 장애가 있는 아동을 7~9년 뒤에 추후 조사를 했을 때, 자살 시도의 84%가 우울장애 때문에 일어났다는 것이 밝혀졌다(Shaffer et al., 1996).

임상적으로, 우울증이 있는 아동의 약 60%는 자살에 대해 생각해 본 적이 있고, 30%는 17세 때 실제로 자살을 시도하고, 대체로 자살 생각이 있은 후 1년 이내에 시도한다고 보고한다. 안타깝게도, 이 중 약 절반은 이후에 다시 자살을 시도한다(AACAP, 2001). 우울증이 있는 청소년은 우울 증상이 없을 때 자살을 시도하는 경우가 거의 없으며, 자살을 시도하는 시점에 90% 이상은 우울 증상을 가지고 있다. 마지막으로, 자살을 하는 청소년 중에서 주요 우울장애를 가지고 있을 확률은 통제 집단 아동보다 27배 높다(Brent et al., 1993; Shaffer et al., 1996).

자살 행동의 비율이 나라마다 차이가 있다고 해도, 자살 행동에 대한 가장 강력한 위험 요인은 전 세계적으로 일치하는데, 기분장애가 있는 젊은 여자라는 것이다(Cha & Nock, 2014; Nock et al., 2008). 일반적으로, 우울증이 있는 여자 청소년이 우울증이 있는 남자 청소년보다 자살에 대한 생각과 자살 시도를 더 많이 한다(Nock et al., 2013). 그러나 여자는 전형적으로 총을 사용하지 않기 때문에 소년보다 자살 성공률은 낮다(Goldston et al., 2006). 우울증이 있는 청소년의 첫 번째 자살 시도는 13~14세에 정점을 찍는다. 자살은 사춘기 이전에는 드문데, 이는 우울증과 물질 사용 역시 사춘기 이전에는 드물기 때문인 것 같다. 우울증이 있는 청소년에서 자살 시도는 10대 동안에 두 배가 되지만, 17~18세 이후에는 급격히 감소한다. 이는 청소년이 성숙하면서 부정적 기분 상태를 더 잘 견뎌 내고, 대처 자원을 더 많이 획득하여 슬픔 기간 동안에 자살 시도가 덜 나타나는 것일 수 있다(Borowsky, Ireland, & Resnick, 2001).

살펴보기 10.1

우울장애는 자살 생각 및 자살 시도와 관련이 있다.

무슨 소용이야?
나는 이곳을 둘러보고 모든 것을 보고 있다,
나 없이 돌아가는 학교와 세상.
나는 여기에 있지만 운명일 뿐이야.
나의 죽음, 확신하건대, 나는 늦지 않을 거야.
나는 여기에 존재해 있는 것에 대한 이득을 알려고 매일 생각해.
아무것도 없어.
나는 의미를 찾으려고 해.
그러나 전쟁들이 일어나고 있지만 나의 전쟁은 아직 시작되지 않았어.
내가 눈을 감으면 고통은 지나가.
내가 눈을 뜨면 고통이 다시 와.
나는 소리 내서 울지 않으려고 해.
어쨌든 이 혼란 속에서 길을 잃었다는 것은 문제가 아니야.
너는 내가 살아 있지 않은 것처럼 할 수 있어.
그렇지만 나는 '내 생명이 주어질 때까지' 살고 있을 거야.

Teri의 노트

Teri: 아무 소용 없어.

Teri(15세)는 아버지가 사망한 11세부터 우울증에 걸렸다. 어머니에 따르면, Teri는 지난 14개월 동안 기분 저하 정도가 매우 심했다. Teri는 처벌로 부과된 외출금지도 지키지 않고 여러 번 가출했다. 자신을 '멍청하다'고 했으며, 죽음이나 자살에 대해 말하거나 글로 썼다(노트 참조). 표면적이긴 했지만, 세 번이나 손목을 그었다. 성적은 떨어졌고, 학교가 싫다고 말했다. 친구들은 거의 외톨이들뿐이며, Teri는 이들을 '불량배와 무정부주의자'라고 표현했다.

출처: *Adolescent Suicide: Assessment and Intervention*. A. L. Berman & D. A. Jobes, 1991. p. 144.

우울 증상과 자살 생각 및 행동 사이의 강력한 연결성을 고려할 때, 어린 사람들의 자살을 감소시키기 위한 일차적 전략은 효과적인 우울증 처치의 유용성을 증가시키는 것이다(Brown et al., 2007). 이러한 처치에 대해서는 이 장의 뒷부분에서 살펴본다. 자살 행동에 대한 예방과 처치 프로그램은 일반적으로 가족의 참여와 지지에 초점을 두고 있으며, 자살 사건 이후 빠른 개입의 중재를 강조한다(Brent et al., 2013; Pineda & Dadds, 2013). 자살 행동의 비율과 자살이 발생하는 환경은 인종/민족성 집단에 따라 다르다고 알려져 있기 때문에(예: 촉진 요인, 위험 및 보호 요인, 도움을 구하는 형태), 자살 예방과 처치 프로그램이 이러한 문화적 차이에 민감해야 한다는 것 또한 중요하다(Goldston et al., 2008).

이 장에서 자살 행동에 대한 논의는 주로 우울장애와의 관계에 초점을 맞추고 있다. 그러나 청소년의 자해적 사고와 행동은 그것 자체가 중요한 주제라고 인식해야 하는데, 이제 막 이에 주목하기 시작했다(Cha & Nock, 2014). 자해적 사고와 행동은 상해와 같은 비자살적 위험에서부터 자살 생각, 자살 시도, 자살 실행에 이르기까지 폭넓다. 자살이 특히 걱정스러운 것은, 자살이 미국에서 청소년 및 젊은 성인의 사망 원인 2위이고, 매년 약 4,600건의 사망이 자살로 인해 일어난다는 것이다(CDC, 2013). DSM-5는 이 영역에서 두 가지 새로운 장애를 추가했는데, 자살 행동장애는 지난 24개월 내에 자살을 시도한 사람을 기술한다. 비자살적 자기 상해는 자살 의도는 없으나 의도적으로 신체적 상해(예: 자르기, 태우기, 찌르기, 과도하게 문지르기)하는 사람을 기술한다. 새롭게 제안된 진단 및 기타 노력들은 아동의 자기 상해 행동에 대한 관심과 이해를 넓혀 줄 것이고 우리는 이를 더 잘 예측하고, 예방하는 방법을 배우게 될 것이다(Cha & Nock, 2014).

단원 정리

우울장애의 관련 특성

- 우울증이 있는 아동/청소년은 주의집중 곤란, 흥미의 상실, 사고 속도의 둔화가 지적 기능에 부정적인 영향을 미치기는 해도, 지능은 정상이다.
- 이들은 학교에서 다른 아동보다 수행이 저조하고, 표준 성취검사에서 점수가 낮으며, 학업 성적이 나쁘다.
- 이들은 부정적 신념, 실패의 귀인, 자기비판적 · 자동적 · 부정적 사고를 포함해서 사고의 결함과 왜곡을 경험하고 있다.
- 우울증이 있는 거의 모든 아동/청소년의 자존감은 낮거나 불안정하다.
- 우울증이 있는 아동/청소년은 친구 및 친한 사람이 거의 없고, 외롭고 단절되어 있다고 느끼며, 다른 사람이 자신을 좋아하지 않는다고 느낀다.
- 이들은 부모 및 형제와의 관계가 좋지 않고 갈등을 경험하고 있으며, 이것이 부모로 하여금 부정적이고 거부하는 엄한 태도로 반응하게 할 수 있다.
- 우울증이 있는 대부분의 아동/청소년은 자살 생각을 보고하며, 자살을 생각한 사람의 30% 정도는 실제로 자살을 시도한다.

우울증의 이론

우울증의 발병과 과정을 설명하기 위해 많은 이론들이 제안되어 왔다. 그러나 최근까지도 대부분은 성인 우울증을 설명하기 위해 개발한 다음, 발달적 차이를 최소한으로 고려해서 아동에게 직접 적용했다(Garber & Horowitz, 2002). 다음 단락에서는 우울증에 관한 몇몇 이론을 살펴본다. 그러나 우울증은 아동이 장애를 쉽게 발달시키는 영향력들이 상호작용하는 공통 경로의 마지막일 가능성이 높다는 것을 기억하라(Hammen et al., 2014). 우울장애의 모든 형태와 동일한 장애 내에서 보이는 증상과 심각성의 차이를 모두 설명할 수 있는 한 가지 이론이란 없다. 우울증의 주요 이론의 개관이 표 10.2에 제시되어 있다.

정신역동 이론

초기 정신역동 이론은 공격 본능이 우울한 정서로 전환된 것이 우울증이라고 보았다. 우울증은 애정 대상(예: 엄마)의 상실에서 기인하는 것이라고 가정했다. 이러한 상실은 부모의 죽음처럼 실제적인 것일 수도 있고, 정서적 박탈 · 거부 · 부적절한 양육의 결과로 인한 상징적인 것일 수도 있다. 사랑하는 대상에 대한 분노는 자기에게로 되돌려진다. 아동 및 청소년은 초자아 또는 양심의 발달이 아직 완전하지 않기 때문에, 자신을 실망시키거나 포기한 내재화된 애정 대상을 향한 적개심이 죄의식을 만들어 내지 않는데, 따라서 아동과 청소년은 우울해지지 않는다고 생각했다(Bemporad, 1994; Poznanski,

표 10.2 우울증 이론의 개관

이론	내용
정신역동 이론	양가감정으로 사랑하는 대상(예: 양육자)을 실제로 또는 상징적으로 상실, 사랑하는 대상에 대한 분노가 내부로 향함, 초자아의 과도한 정도, 자존감의 상실
애착 이론	불안정 초기 애착, 자기 및 타인에 대한 왜곡된 내적 작동 모델
행동주의 이론	강화 또는 강화의 성질의 상실이나 결여, 강화를 획득하는 데 필요한 기술에서의 결손
인지 이론	우울한 사고방식, 왜곡 또는 부적응적인 인지적 구조·과정·결과, 자기·세계·미래에 대한 부정적 관점, 빈약한 문제해결 능력, 절망감
자기 통제 이론	장기 목표를 향한 행동의 조직화에서의 문제, 자기 점검·자기 평가·자기 강화에서의 결손
대인관계 이론	상실로 인한 애도와 관련되는 대인관계 기능의 결함, 역할 논쟁 및 갈등, 역할 전환, 대인관계 손상, 편부모, 사회적 철회, 기분과 대인관계 사건 간의 상호작용
사회환경 이론	취약 요인으로서 스트레스 생활 상황 및 일상의 귀찮은 일, 보호 요인으로서 사회적 지지·대처·평가
신경생물학 이론	신경화학 및 수용기의 기형, 신경생리적 기형, 신경호르몬의 비정상, 유전적 변이, 뇌 구조 및 기능에서의 비정상, 발달하는 뇌에 대한 초기 경험의 영향

출처: D. J. Dozois, "A Developmental Cognitive Model of Unipolar Major Depression"에서 인용, 미간행.

1979). 그러나 최근의 연구들은 비적응적으로 높은 죄의식과 수치심이 3~5세 어린 아동의 우울증 발병과 관련이 있다는 것을 발견했다(Luby, Belden et al., 2009). 더구나, 상실이나 거부를 경험하지 않은 많은 아동과 청소년에게도 우울증이 발생하고, 상실이나 거부를 경험한 아동도 우울증이 발생하지 않는다는 사실은 정신역동 모델에 대해 의문을 제기한다. 정신역동 개념과는 반대로, 많은 아동이 임상적인 우울증을 겪고 있다.

애착 이론

애착 이론은 우울증에 걸리기 쉽게 하는 요인으로서 부모와의 분리 및 애착관계의 붕괴에 초점을 맞춘다. John Bowlby는 반응이 없고 정서적으로 유용하지 못한 양육을 경험한 아동은 전형적으로 저항, 좌절, 분리를 경험한다고 가정했다(Bowlby, 1961). 아동의 욕구를 부모가 계속해서 충족시키지 못하는 것은 자신이 무가치하고, 사랑받지 못하며, 타인은 위협적이고 믿을 수 없는 존재라고 보게 되는 불안정 애착의 발달과 연관이 있다. 이러한 요인들은 나중에 아동이 우울증에 취약하게 하며, 특히 스트레스 상황에서의 대인관계일 때 더욱 그러하다(Rudolph, Hammen, & Burge, 1997). 애착관계는 또한 정서와 관련된 생물학적 및 행동적 체계를 조절하는 역할을 한다. 예를 들면, 안정 애착은 스트레스를 감소시켜 줄 수 있고, 반면에 불안정 애착은 정서 통제에 어려움을 야기할 수 있으며, 이것은 후에 우울증 발생의 위험 요인이 될 수 있다. 이 이론을 지지하는 것으로, 불안정 애착 아동이 안정 애착 아동보다 우울 증상을 보일 가능성이 높다(예: Toth & Cicchetti, 1996). 더구나 우울증이 있는 아동 및 청소년은 우울증이 없는 아동보다 애착의 문제를 더 많이 가지고 있는 것 같다(Stein et al., 2000). 한 연구에서, 우울증이 있는 청소년의 8%만이 안정 애착되었으며(통제 집단은 52%), 우울증이 있는 청소년의 40%는 상실이나 학대로 인한 해결되지 않은 불안정 애착이었다(Ivarsson et al., 2010).

행동주의 이론

행동주의에서는 우울증이 발병하고 유지되는 데에서 학습, 환경적 결과, 기술 및 결손을 강조한다. 우울증은 반응 연계 긍정적 강화의 결여와 연관이 있다(Lewinsohn, 1974). 긍정적 강화의 결여는 세 가지 이유에서 일어날 수 있다. 첫째, 아동은 종종 불안으로 인해 이용 가능한 긍정적 강화를 경험하지 못할 수 있다. 둘째, 환경 내에서의 변화, 예를 들면 아동에게 중요한 대상의 상실은 보상의 유용성을 결여시킬 수 있다. 셋째, 아동은 사회적 관계에서 보상받고, 만족하는 데 필요한 기술이 결여될 수 있다.

또한 아동은 자신의 슬픔에 대해 동정을 받을 수 있으며, 이는 아동이 바라던 관심이나 걱정을 생성한다. 그러나 이러한 동정은 대개 일시적인데, 그 이유는 아동을 걱정하던 사람조차도 아동을 피하기 시작하기 때문이다. 타인이 보내던 관심의 감소는 철회, 기능의 손상, 우울 감정을 증가시킬 수 있다. 그러나 아동에 대한 이러한 행동적 가설을 구체적으로 검증한 연구는 거의 없으며, 이 모델은 우울증에 취약하게 만든다고 알려진 다른 요인들과 관련해서는 불완전한 것 같다. 그럼에도 불구하고, 행동주의 모델은 아동의 우울증이 출현하고, 표현되고, 우울증이 되는 학습 과정의 중요성을 강조한다.

인지 이론

인지 이론은 부정적 사고와 기분의 관계에 초점을 맞추고 있다(Abela & Hankin, 2008a). 기저에 있는 가정은 어린 사람들이 자신과 세계를 바라보는 시각은 기분과 행동에 영향을 미치며, 인지의 취약함이 부정적 사건과 상호작용하여 우울 증상을 증가시킨다는 것이다. 다양한 부정적 인지, 귀인, 잘못된 지각, 인지적 문제해결 기술의 결손이 어린 사람들의 우울증과 관련이 있다(Lakdawalla et al., 2007). 인지 이론은 **우울하게 만드는 인지**(depressogenic cognitions)를 강조하는데, 우울하게 만드는 인지란 우울 증상과 관련되는 부정적 지각 및 귀인 양식 그리고 신념이다.

예를 들어 **절망감 이론**에서는, 우울 경향이 있는 사람은 부정적 사건을 설명할 때 내적 · 안정적 · 전반적인 귀인을 하는 경향이 있다고 제안했다. 즉, 나쁜 일이 발생했을 때 우울한 사람은 그 일에 대해 자신이 책임져야 하고(내적 귀인), 자신이 잘못한 것이 시간이 지나도 변하지 않는다고 생각하며(안정적 귀인), 나쁜 일이 일어난 이유를 자신이 하는 모든 일과 일상생활에 적용(전반적 귀인)하는 경향이 있다(Abramson, Seligman, & Teasdale, 1978). 이와 대조적으로, 긍정적 사건에 대해서는 자신이 아닌 다른 외부의 이유로 귀인하고(외적), 다시는 일어나지 않을 것이며(비안정적), 이 사건에만 특정하게 일어난 일(특정적)로 귀인한다. 부정적 귀인 양식은 삶에서 일어난 부정적 사건에 대해 사적인 비난을 하게 되고, 미래에 이런 사건이 일어날 것에 대해 무력감과 회피 반응을 하게 된다. 무력감은 미래에 대한 절망감으로 이어지며, 더 나아가 우울을 촉진한다(Abramson, Metalsky, & Alloy, 1989).

Aaron Beck(1967)이 개발한 인지 모델은, 우울한 개인은 부정적 사건을 이해하고 해석할 때 편향되고 부정적 신념을 사용하기 때문에 생활 사건을 부정적으로 해석한다고 제안한다. 우울한 개인은 세 가지 영역에서 인지적 문제가 있다.

첫째, **정보처리의 편향**, 또는 특정한 상황에서 이들의 사고에서 오류를 보이는데, 이를 **부정적 자동적 사고**라고 한다. 여기에는 신체적 위협 및 사회적 위협에 대한 생각, 개인적 실패에 대한 생각, 적대감 등이 있다(Schniering & Rapee, 2004). 이들은 부정적 정보에 선택적으로 주의를 기울이게 되고, 부정적 사건에 대한 비난을 가정하며, 부정적 사건을 극대화 및 과장하고, 긍정적 사건은 최소화한다. 또한 사건에 대해 부정적 명칭을 붙이며, 사건보다는 자신이 붙인 명칭에 정서적으로 반응하게 된다. 예를 들면 다음과 같다.

- **사건:** 아동은 Ashley의 파티 초대장을 받지 못했다.
- **명칭 붙임:** "Ashley가 나를 좋아하지 않기 때문에 나는 초대를 받지 못했어. 아무도 나를 좋아하지 않아."
- **정서적 반응:** 불행함과 우울

둘째, 우울은 다음의 세 가지 영역에서의 부정적 견해와 연관된다고 생각하는데, 이를 **부정적 인지 3요소**라고 부른다(그림 10.2 참조).

- 자신에 대한 부정적 시각(예: '나는 나쁘다', '나는 따분하다')

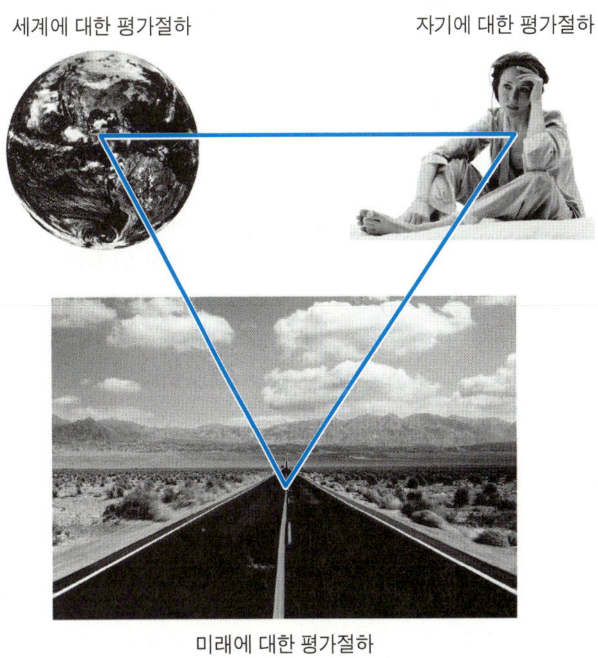

그림 10.2 부정적 인지 3요소: 우울은 자기, 세상, 미래에 대한 평가절하와 관련이 있다.

Photo credits: Tom Merton/OJO Images/Getty Images; © worker/Shutterstock.com; © kavram/Shutterstock.com

- 세상(매일 경험하는 것)에 대한 부정적 시각(예: '사람들은 나쁘다', '너무 심하다')
- 미래에 대한 부정적 시각(예: '항상 이렇게 나쁠 거야', '나는 절대로 졸업하지 못할 거야')

이러한 부정적 시각은 연령이 증가하면서 변하기 어렵고, 무력감을 유지시키고, 아동의 기분과 에너지 수준을 떨어뜨리며, 아동의 우울 정도와 관련된다(LaGrange et al., 2008).

셋째, 우울한 아동은 **부정적 인지 도식**을 가지고 있는데, 부정적 인지 도식은 정보처리를 안내하는 기억의 안정된 구조이며, 여기에는 자기비판적 신념과 태도가 있다. 이러한 도식은 반대되는 증거가 있는데도 불구하고 변화되기 어려우며 청소년이 우울에 취약하게 만드는데, 특히 스트레스에 의해 활성화되었을 때 더욱 그러하다.

인지 이론을 우울한 아동에게 적용하는 것은 다양한 발달 단계에 있는 아동들의 인지 능력 그리고 우울한 생각에 몰두하게 할 수 있는 인지 구조의 발달과 안정성에 대해 의문을 제기한다(Abela & Hankin, 2008a). 우울을 경험하려면 잘 발달된 자아감과 미래에 대한 시간 조망이 필요한데, 아동은 이러한 인지 과정이 아직 발달하고 있는 중이다. 뿐만 아니라 비논리적 사고 또는 잘못된 귀인과 같이, 지금껏 논의되었던 많은 인지적 오류와 왜곡이 아동에게는 정상적인 사고방식이다!

우울증이 있는 아동에게 부적 사고의 비율이 높다고 밝혀지고 있지만, 인지와 우울증의 관계에 대해서는 여전히 해결되지 않은 의문이 많다(Lakdawalla et al., 2007). 부정적 인지가 어떻게 발달되는지에 관해 더 많은 정보가 필요하다. 우울을 동반하는 부정적 인지는 부모의 거부 및 부정적 양육 관행의 결과인가? 어머니의 부적 사고와 아동의 부적 사고의 관계에서 보는 것 같이, 어머니의 인지와 아동의 인지 사이에 관련이 있는가?(Stark, Schmidt, & Joiner, 1996) 임신 중 우울하게 만드는 어머니의 인지 양식과 자녀의 18세 이후 인지 양식 간에 관련이 있다고 밝힌 연구가 있다(Pearson et al., 2013). 우울에 대한 인지적 취약성은 언제, 어떻게 스트레스와 상호작용하여 우울을 발생시키는가?(Cole et al., 2008) 요즈음, 청소년에서는 인지적 취약성과 스트레스 간의 상호작용이 지지를 받고 있고, 이는 7세 어린이에게도 가능하다(Hayden et al., 2013; Lakdawalla et al., 2007). 아동의 우울증 발달에서 인지의 역할과 관련된 이러한 질문과 기타 질문에 답하는 종단 연구가 필요하다.

기타 이론

자기 통제 이론은 우울한 아동이 자신의 장기 목표와 관련하여 자신의 행동을 구조화하는 데 어려움이 있으며, 자기 감독 · 자기 평가 · 자기 강화에 결함이 있다고 본다. 그 결과, 이들은 선택적으로 부정적 사건 및 행동의 즉각적인 결과에 주목하게 된다. 이들은 수행의 기준을 지나치게 높게 설정하고, 부적인 인과적 귀인을 하고, 자기 보상이 불충분하며, 자기 처벌을 과도하게 사용한다. 우울증이 있는 아동이 이러한 결함을 많이 보인다고 제시하는 연구가 있다(Rehm & Sharp, 1996).

대인관계 모델은 대인관계—특히, 가족과 또래 관계—의 붕괴가 우울증의 발병과 유지에 근간이 된다고 본다(Hammen, 1999). 청소년기의 우울 증상은 시간이 지나면서 부정적 관계의 증가 및 긍정적 관계의 감소와 연관된다(Oppenheimer & Hankin, 2011). 우울한 아동의 행동은 타인을 불쾌하고 화를 내게 만들고 좌절시킨다. 우울한 아동이 다른 사람의 반응 방식을 인식하게 될수록, 더 많이 필요하다고 느끼고, 이는 무절제하게 안심과 위로를 추구하게 되고, 아동의 이러한 행동은 더 거부적인 인간관계가 되게 한다(Joiner, 1999). 대인관계 모델은 아동의 우울증이 가정에서 기능—예를 들면, 부모 간의 갈등을 감소시키는—을 할 수도 있다고 가정한다.

사회환경 모델은 스트레스 생활 사건과 우울증 간의 관계에 초점을 맞춘다. 우울증이 있는 청소년은 통제 집단 또는 다른 병리적 장애가 있는 청소년에 비해 심리사회적 역경을 더 많이 경험한다(Ivarsson et al., 2010). 우울증의 발생과 관련되는 생활 사건에는 사회적 불이익, 부모의 실업, 편부모, 대가족, 부모의 상실, 학대, 사회적 지지의 부족 등이 있다. 스트레스 생활 사건은 여러 방식으로 우울증과 연결될 수 있다. 첫째, 우울증은 부모의 상실과 같은 스트레스 생활 사건의 발생에 대한 직접적인 반응이다. 둘째, 스트레스의 영향은 유전적 위험과 같이 개인의 위험 요인에 의해 중개된다. 이것을 **취약-스트레스 우울 모델**(diathesis-stress model of depression)이라 하는데, 우울의 출현은 아동 개인의 취약성과 생활 스트레스 간의 상호작용에 따라 다르기 때문이다. 세 번째, 부정적인 환경 사건은 부적인 인지로 내재화되며(예: 반추), 따라서 아동이 우울을 발생시킬 경향성을 갖게 된다(Abela & Hankin, 2011). 마지막으로, 우울은 스트레스 생활 상황을 만들어 내는 기능에서의 손상을 가져오며, 이것이 결국 우울 반응으로 이어진다(Hammen, Brennan, & Le Brocque, 2011). 또한 우울에 뒤이은 스트레스의 발생은 학대나 방임과 같은 초기 발달적 취약 요인에 의해 더욱 높아질 수 있다(Harkness, Lumley, & Truss, 2008).

아동 우울증의 **신경생물학적 모델**은 유전적 취약성과 신경생물학적 과정에 초점을 맞추는데, 여기에는 뇌 발달에 영향을 미치는 스트레스, 아동 학대, 어머니의 우울과 같은 초기 경험의 영향이 포함된다. 성인에 비해 아동에서의 결과가 일관되지는 않지만, 몇몇 신경생물학적 이상이 확인되고 있다(NIMH, 2003). 다음 절에서는 원인에 관한 생물학적 요인과 기타 요인들의 가능성에 대해 살펴본다.

단원 정리

우울증의 이론

- 정신역동 이론은 사랑하는 대상의 실제 상실 또는 상징적인 상실의 결과가 우울증이며, 우울증은 공격성의 본능이 우울한 기분으로 전환된 것이라고 추정한다.
- 애착 이론은 불안정 애착에 초점을 맞추는데, 자신이 무가치하며 사랑받지 못하고, 타인은 위협적이고 믿을 수 없는 존재라고 보게 되는 관점이 이후에 우울증에 대한 위험 요인이 되며, 특히 대인관계 스트레스 상황에서 더욱 그러하다.
- 행동주의 견해는 우울증이 발병하고 유지되는 동안에 학습, 환경적 결과(특히 일관된 강화 반응의 부족), 기술의 손상이 중요함을 강조한다.
- 우울증에 관한 인지 이론은 부정적 사고와 기분 사이의 관계에 초점을 맞추는데, 아동이 자신과 세상을 보는 방식이 기분과 행동에 영향을 미친다고 가정한다.
- 우울증의 기타 이론들은 자기 통제의 손상, 대인관계의 붕괴, 스트레스 생활 사건, 유전 및 신경생물학적 과정이 역할을 한다고 강조한다.

우울증의 원인

수많은 취약성, 위험, 보호 요인이 관련된다는 점을 고려하면서, 아동의 우울증 발생을 설명하고, 위험이 있는데도 우울증이 발생하지 않는 것을 설명하는 통합적인 틀이 필요하다(Hammen et al., 2014; Miller, 2007). **그림 10.3**에 제시된 틀은 아동에게 가능한 우울증의 원인을 강조하는데, 유전 · 신경생물학 · 가족 · 인지 · 정서 · 대인관계 · 환경 요인들의 상호작용을 강조한다. 이와 같이 상호작용하는 수많은 영향들을 감안할 때, 우울증이 발생하는 다양한 경로들이 있을 것이다(Eaves, Silberg, & Erkanli, 2003).

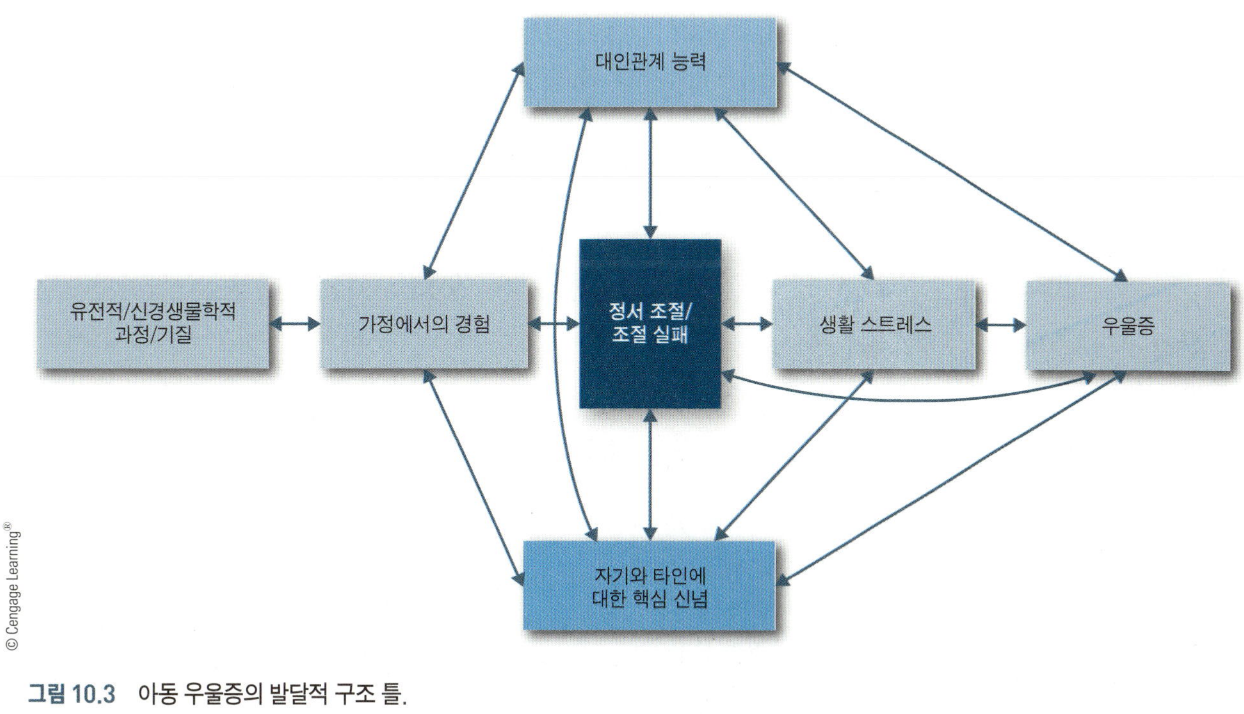

그림 10.3 아동 우울증의 발달적 구조 틀.

이러한 구조 틀 안에서, 유전적 위험은 신경생물학적 과정에 영향을 미치며, 부적 자극에 대한 과민 반응, 고조된 부정적 정서, 부정적 정서를 느끼는 성향이라는 특징이 있는 초기 기질에 반영된다. 이러한 초기 성향은 가정 내에 존재하고 있는 부정적 경험에 대해 더 많이 노출시키고 가족 내 부정적 경험을 통해 형성되며, 발달 전반에 걸쳐 계속 영향을 받게 된다. 자기와 타인에 대한 핵심 신념은 가정 내 경험에 의해 발달하게 된다. 둔감하고, 관여하지 않음, 거부적인 양육은 자신을 무능한 존재로, 타인을 위협적이거나 반응이 없는 존재로, 그리고 관계는 부정적이고 예측할 수 없는 것으로 보는 시각을 갖게 한다. 부정적인 가족 경험은 또한 비일관된 정서적 및 사회적 환경을 만들어 내며, 이것은 아동이 정서와 대인관계 행동을 효과적으로 조절하고 스트레스에 대처하는 것을 어렵게 만든다(Compas et al., 2001).

인지, 정서, 대인관계 문제는 직접적으로 우울증을 야기한다. 즉, 이 문제들은 타인과의 갈등이나 거부를 야기하거나 사회적 단절을 가져오며, 이것은 결국 우울하게 할 것이다. 부정적 신념, 나쁜 사회적 관계, 정서 조절의 어려움은 생활 스트레스에 직면했을 때 우울증을 발달시킬 위험성을 생성할 수도 있다. 어떤 시나리오이든지, 아동의 우울증은 대인관계를 방해하고, 가지고 있는 능력을 손상시키고, 정서 조절에 어려움을 야기하고, 추가의 스트레스를 만들어 내며, 자기와 타인에 대해 아동이 이미 가지고 있는 초기의 부정적 시각을 확신시킴으로써 이후의 발달에 나쁜 영향을 미친다(Hammen et al., 2014).

다음 단락에서는 우울증을 발생시킬 가능성이 있는 인과적 영향들의 상호작용을 살펴본다.

유전 및 가족 위험

쌍둥이 및 기타 유전 연구들은 아동과 청소년의 우울증 발생에서 유전이 중간 정도의 영향을 미치며, 유전성은 여성 및 남성 연구 전반에서 30~45%에 이른다고 추정한다(Franic et al., 2010; Lemery & Doelger, 2005). 아동의 MDD가 가족 내력임을 제시하는 일관된 증거들이 있다(Oquendo et al., 2013). 사실, 아동의 MDD를 가장 잘 예측해 주는 단일 인자는 가족 중에 이 장애가 있는 것이다(Weissman et al., 2005). 부모가 아동기 때 우울증을 경험한 아동은 13세 이전에 우울해질 확률이 통제 집단보다 14배나 높다(Weissman et al., 1988).

부모가 우울증인 아동은 정신과 장애가 없는 부모의 아동과 비교했을 때 우울증이 있을 위험이 세 배 높다(Weissman et al., 2006). 양쪽 부모 모두 기분장애가 있을 때에는 우울증에 대한 아동의 위험성이 더욱 높아진다. 우울증 부모를 둔 아동은 부모가 우울하지 않은 아동보다 우울증 발병 연령이 더 이르며(3년 정도), 사춘기 이전에 우울증이 발병할 가능성도 더 높다(Weissman et al., 1997). 이는 중요한 요인인데, 사춘기 이전에 우울증이 발병한 아동에서 우울증 가족력은 우울증의 재발 및 성인기까지의 지속과 관련되기 쉽기 때문이다(Wickramaratne, Greenwald, & Weissman, 2000). 부모가 우울증인 아동은 우울증 및 다른 기분장애뿐만 아니라 불안장애, 품행장애, 물질 사용 장애를 포함해서 기타 정서 및 행동의 어려움도 보일 수 있다(Batten et al., 2012; Oquendo et al., 2013).

우울증이 있는 아동의 어머니는 우울증의 평생 유병률이 높은데, 50~75% 정도이다(Kovacs, 1997). 우울의 가족력은 우울증이 없는 아동보다 우울증이 있는 아동의 직계 가족에서 더 높다(Wickramaratne et al., 2000). 아동의 우울증이 가족 장애라고 해도, 가족 내에서 유전, 심리사회적 전달이 어느 정도, 또는 양쪽 모두 전달되는지는 아직 밝혀지지 않았다. 인과적 영향은 발달 단계에 따라 다를 수 있으며, 아동기 동안에 우울증은 공유된 환경의 역할을 더 많이 지지하고, 대조적으로 청소년기에는 유전적 영향을 더 많이 지지한다(Scourfield et al., 2003).

조기 발병 우울장애의 가능한 유전적 표시에 관한 연구들은 몇몇 염색체 부위와의 관련성을 제시한다. 그러나 연구 결과는 MDD 위험성에 크게 기여하는 특정 부위는 없으며, 여러 영역들이 관련된다고 시사하고 있다(Holmans et al., 2007). 특정 유전자에 대한 연구들은 신경전달물질인 세로토닌의 합성, 방출, 재흡수에 주로 초점을 맞추며, 뇌의 가소성 및 스트레스에 대한 반응에서 제시되는 뇌에서 파생된 향신경성 요소(brain-derived neurotrophic factor, BDNF)와 같은 유전자들도 주목하고 있다(Chen, Li, & McGue, 2013; Levinson, 2006).

가족 및 쌍둥이 연구와 특정 유전자 연구들은 일반적으로 부정적 정서에 대한 취약성이 유전되며, 이러한 취약성이 우울을 발생시키려면 특정의 환경적 스트레스가 있어야 한다고 시사한다(Eley & Stevenson, 2000; Rice, Harold, & Thapar, 2003). 몇몇 연구들이 유전자-환경 상호작용(G×E)을 지지하고 있다. 3년 종단 연구에서 우울 증상에 영향을 미치는 가족 갈등은 유전적으로 우울 위험이 있는 아동 및 청소년에게 훨씬 더 크게 영향을 미친다고 밝혔다(Rice et al., 2006). 두 번째 연구는, 세로토닌 전달 유전자 변이가 있는 사람은 그렇지 않은 사람에 비해 스트레스 환경 사건과 관련해서 우울 증상, 진단이 가능한 우울증, 자살 경향을 보인다고 밝혔다(Caspi et al., 2003). 세로토닌 전달 유전자 변형이 있으면서 전형적인 수준 이상의 스트레스 요인을 경험한 아동은 우울증의 증가를 보였지만 불안 증상은 증가하지 않았다는 연구도 있는데, 이는 유전자-환경 상호작용이 우울증에만 특정하다는 것을 암시하고 있다(Hankin et al., 2011). 또 다른 연구는 학대받은 아동에게 우울증의 위험성이 커진다는 것인데, 이는 BDNF와 세로토닌 전달 유전자 변인을 가지고 있는 아동에게만 해당되었다. 중요한 것은, 환경의 지지가 우울증에 대한 아동의 유전적 위험성을 개선시키는 것이다(Kaufman et al., 2006). 마지막으로, 그 외 다른 유전자(COMT과 같은 것)가 어린 나이에 시설에서 자랐기 때문에 심각한 심리사회적 박탈을 경험한 아동의 우울 증상 위험을 감소시킬 수 있다고 밝혀졌다(Drury et al., 2010).

특정 유전자가 뇌의 정서 체계 또는 각성 체계에 영향을 미쳐서 스트레스에 대한 민감성을 증가시키거나 감소시킨다는 결과와, 그렇게 함으로써 우울증에 대한 아동의 위험을 증가시키거나 감소시킬 수 있다는 사실은 흥미롭다(Bradley et al., 2008; Gatt et al., 2010). 그러나 아동을 대상으로 한 연구는 거의 없으며, 결과 역시 일관적이지 않다(예: Karg et al., 2011; Risch et al., 2009). 따라서 이 분야의 결과, 특히 세로토닌 전달 유전자(Culverhouse et al., 2013)는 우울증 아동과 우울증이 없는 아동에게서 다수의 유전자가 다수의 환경 역경 인자와 상호작용하는 방식을 고려한 연구에서 확인이 될 때까지는 주의해야 할 것이다(Fergusson et al., 2011). 결과를 인간의 우울증에 적용하려면 더 많은 연구가 필요하겠지만, 동물 연구에서 나온 결과들 역시 유전자 기능에서 안정적이고 지속적인 변화를 야기한다고 알려진 후생유전 과정이 우울증과 연관된다고 암시하고 있다(Mahgoub & Monteggia, 2013).

신경생물학적 영향

어린 사람들을 우울하게 만드는 뇌의 특정한 부위를 지적할 수는 없지만, 몇몇 뇌 영역에서 구조와 기능의 이상이 제시되어 왔다. 우울한 어린 사람들에 관한 대부분의 연구는 신경내분비 스트레스 반응, 자율신경계 활성화, 보상 민감성과 같이 정서를 조절하는 신경계에 초점을 맞추고 있다. 뇌 스캔 연구는 편도체, 대상회 및 전전두 피질, 관련된 뇌의 변연계 및 선조 영역의 구조와 기능에서 다중의 기형을 발견했다(Miller, 2007). 예를 들면, 편도체, 해마, 시상이 우울장애가 있는 청소년과 성인에서 크기가 더 작은 것으로 알려졌다. 흥미롭게도, 임신 동안에 어머니의 우울증은 태어난 신생아의 편도체 오른쪽 부분의 미세구조와 관련이 있다(Rifkin-Graboi et al., 2013). 생후 6주 된 신생아에서 앞서 언급된 몇몇 뇌구조가 더 작은 것은 생후 18개월, 36개월에서 행동의 내재화와 연관이 있다(Herba et al., 2010) 이러한 결과는 인생 초기에 나타나는 내재화 문제의 발달에 대한 생물학적 취약성을 암시한다. 연구는 또한, 가족사에 기초한 우울증이 있거나 또는 우울증의 위험이 있는 아동 및 성인의 뇌 우반구의 피질이 얇아져 있는 것을 확인했다(Fallucca et al., 2011; Peterson et al., 2009). 우반구의 피질이 얇아지는 것은 사회적 자극에 대한 각성, 주의, 기억의 혼란을 만들어 내며 이는 우울장애를 발달시키는 경향이 있다.

일반적으로, 주의 · 실행 기능 · 감각처리 과정과 연관된 뇌 영역에서는 활성화가 덜 일어나지만, 정서의 인식 및 조절, 스트레스 반응의 매개, 정서-각성 기억의 학습 및 기억과 관련된 영역에서는 정상보다 활성화가 더 많이 일어난다고 밝혀졌다(Ho et al., 2013; Sylvester et al., 2013; Yurgelun-Todd, Sava, & Dahlgren, 2007). 예를 들면, 편도체는 특정 기억 유형의 형성에 관련된 뇌 구조를 과잉 자극하는데, 이는 우울한 청소년이 과거의 부정적 생활 사건을 반추하는 경향을 설명해 주는 것 같다. 편도체의 과반응성은 또한 사회적 자극(예: 안면, 어조)에 대한 인식과 강화에 영향을 미치는데, 따라서 일상적인 대인관계 사건이 혐오스럽거나 정서적으로 각성이 되게 비춰지거나 회상될 수 있다(Gaffrey et al., 2011; Lau et al., 2009; Monk et al., 2008). 이러한 가정과 일관되게, 우울증이 있는 4~6세 아동의 안면 처리 과정 동안에 편도체 활동이 상승된 것이 발견되었는데, 이는 어머니가 보고한 아동의 정서 조절 곤란 및 부정적 정서와도 관련이 있었다(Gaffrey et al., 2013)(그림 10.4 참조). MDD가 있는 청소년의 뇌 영상 연구는 미래의 보상에 대한 결정 및 보상 결과에 대한 반응과 관련된 뇌의 영역에서 신경 활동의 붕괴도 확인했다(Forbes et al., 2006).

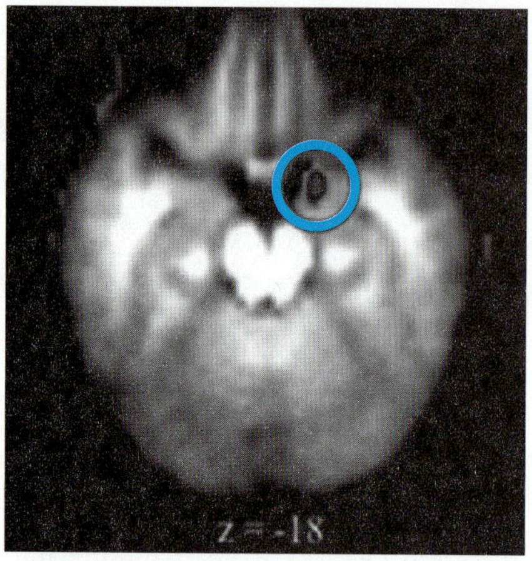

그림 10.4 우울한 취학 전 아동의 뇌 스캔 사진은 우울증의 징후가 없는 어린 아동의 스캔 사진과 비교했을 때 안면 처리 과정에서 편도체(위 오른쪽 원 안의 작은 부분)에서의 활성화가 상승되어 있음을 보여 준다.

출처: Washington University School of Medicine

우울증에서 뇌의 기억중추 중의 하나인 해마와의 연관성 또한 제시된다. 해마의 일부분은 보상 및 위험에 관한 환경 맥락을 인식하는 것에 관여하는데, 여기에는 스트레스에 대한 민감성이 포함되어 있다. 뇌 스캔 연구는 해마 크기의 개인적 변인이 가족 스트레스와 상호작용하며, 향후 2.5년에 걸쳐서 여자 청소년의 우울 증상에서의 차이를 예측할 수 있다고 밝혔다(Whittle et al., 2011). 해마의 개인적 변이 때문에, 우울증이 있는 사람은 항상 불안 상태를 겪을 수 있으며 안전한 상황을 인식하는 데 어려움이 있다(Davidson, Pizzagalli, & Nitschke, 2002). 그 외의 뇌 영역에 관한 연구는, 전방 대상회 피질에서 더 많이 활성화되면서 또래 거부에 반응하는 건강한 청소년은 이후에 우울 증상이 증가할 가능성이 더 많다는 것을 밝혔다(Masten et al., 2011). 이러한 결과는 사회정서적 자극의 정서적 처리에 관여하는 뇌 영역의 활동이 건강한 아동의 미래의 우울증 위험을 예측하는 데에서 신경생물학적 지표가 될 수 있는 가능성을 제시한다.

어린 사람들의 우울증과 신경생물학적 상관에 대한 그 외 연구들은 시상-뇌하수체-부신(HPA) 축의 실조(dysregulation), 감소된 신경 가소성을 연상시키는 수면 이상, 신경이 성장하고 발달하는 데 관여하는 BNDF에서의 변이, 기분장애의 기저가 되는 것으로 생각되는 뇌 회로에 넓게 퍼져 있는 뇌신경 전달물질 도파민 · 세로토닌 · 노르에피네프린에 집중되어 있다(Miller, 2007). 이러한 신경생물학적 연관성과 관련된 결과들이 제시되었지만, 아동에 관한 연구는 성인에 대한 연구에 비해 수가 적고, 연구 결과가 일치하지 않는다는 것을 기억해야 한다(Kaufman et al., 2001).

HPA 축의 실조는 우울증이 있는 아동 및 청소년의 비정상적인 코르티솔 반응으로 확인되는데, 여기에는 높은 기저선 수준 및 스트레스에 대한 비정형적 반응이나 과잉 반응이 있다(Lopez-Duran, Kovacs, & George, 2009). HPA 축 및 기타 신경생물학적 연구 결과들은 스트레스의 초기 노출이 이후의 부정적 기분에 미치는 영향에 대해 큰 관심을 불러일으켰다. 기초 증거는 초기의 역경(예: 출산 전 스트레스, 혹독한 양육 또는 방임적 양육)이 HPA 축 이상(예: 부신피질자극 방출 호르몬[CRH] 회로의 변화)을 가져오며, 이것은 이후에 아동이 스트레스에 민감하게 만들어서 우울증을 발달시킬 위험을 증가시킨다고 암시한다(Heim & Nemeroff, 2001; Huizink, Mulder, & Buitelaar, 2004).

어머니가 우울증인 유아는 우울증이 없는 어머니의 유아보다 타액 내 코르티솔(스트레스 호르몬)의 수준이 높고, 좌측 전두엽의 전기적 활성화가 비교적 덜 일어난다(Dawson et al., 1997). 코르티솔 수준이 높은 것과 마찬가지로, 좌측 전두엽의 활성화의 감소 역시 부정적 정서 상태와 우울증 발병에서 취약 요인이 될 수 있는데(Nusslock et al., 2011; Forbes et al., 2008), 모든 연구가 이러한 결과를 지지하는 것은 아니다(예: Shankman et al., 2011). 그럼에도 불구하고 연구들은 우울한 어머니와 그들의 유아 사이의 상호작용이 후에 우울장애를 형성하고 영속화하는 데에서 기초가 되는 생화학적 및 신경학적 변화를 생성한다고 시사한다(Cytryn & McKnew, 1996; Post et al., 1996).

요약하면, 신경생물학적 상관관계 연구의 결과는, 우울증이 있는 아동은 스트레스에 대한 민감성이 고조될 수 있다고 암시한다. 스트레스와 관련된 신경내분비 활성화의 반복은 만성적인 우울 증상에 대한 아동의 민감성을 증가시키고, 이것은 이후에 극도의 생물학적 활성화 및 심리사회적 스트레스를 야기할 수 있게 한다. 다양한 연령의 아동들에 대한 신경생물학적 결과들은 뇌의 실행 · 정서 · 운동 연결망 및 정서적 조절을 지탱하는 뇌 영역에서의 광범위한 비정상을 시사한다(Ho et al., 2013). 그러나 어린 사람들의 우울증에 기저하는 구체적인 신경 회로를 분명히 밝히려면 뇌 영상 연구가 더 많이 필요하다. 우울 삽화의 특징, 심각성, 과정, 결과는 환경적 요구의 반응에 관여하는 각기 다른 신경 회로와 과정이 관련된 정도 그리고 이러한 연결망이 형성되는 시기에 따라 다른 것 같다(Gabby et al., 2013; Goodyer, 2008).

가족의 영향

12세 딸을 둔 어머니가 말한다. "나는 내 딸의 증상에 대해서 설명할 수 있다. 딸이 10세 때, 딸과 나는 사사건건 다투었다. 나는 이것이 단지 사춘기 전에 일어나는 일이라고 여겼다. 딸은 체조를 정말 좋아했는데, 체조를 그만두고 체중이 감소하기 시작했을 때, 나는 그 애가 새로운 정체성을 찾고 있는 것뿐이라고 나 스스로에게 말했다. 그러나 딸의 가장 친한 친구가 나를 찾아와서 딸이 자살에 대해 이야기했다는 말을 들었을 때, 나는 비로소 진실과 직면해야만 했다. 나는 나 자신을 비난하기 시작했다. 딸에게 이러한 우울증이 발생하는 동안에 나는 도대체 무엇을 했단 말인가? 이것을 막으려면 어찌해야 하는가?"

— K. Levine, "Childhood Depression," *Parents*, October, pp. 42-45

가족의 영향은 어린 사람들의 우울증의 발생, 발병, 유지, 경과에서 중요한 역할을 한다(Schwartz et al., 2013; Restifo & Bögels, 2009). 이러한 영향을 검증하는 한 가지 방법은 우울증이 있는 아동 및 청소년의 가정을 조사하는 것이며, 두 번째 방법은 우울한 부모, 특히 어머니가 우울증이 있는 가정을 살펴보는 것이다.

아동이 우울할 때

우울증이 있는 아동의 가족은 가족 내 우울하지 않은 아동을 대할 때보다 우울한 아동을 대할 때 더 비판적이고 처벌적인 행동을 보인다. 우울증이 없는 아동의 가정과 비교할 때, 이 가정은 분노와 갈등이 많고, 통제를 많이 사용하며, 의사소통은 적고, 지나치게 간섭하며, 지지와 온정은 덜하다(Sheeber et al., 2007; Stein et al., 2000). 이들은 종종 스트레스 수준이 높고, 분열, 결혼생활의 갈등, 사회적 지지의 부족을 경험한다(Messer & Gross, 1995; Slavin & Rainer, 1990). 우울증이 있는 아동은 우울증이 없는 아동보다 가정에서 결속력이 덜하고, 분리되어 있다고 설명한다(Kashani et al., 1995).

아동기 우울증과 가족 역기능 사이의 관계를 강력하게 지적하는 연구가 있다. 지지가 적고 갈등이 많은 가족 환경은 현재 또는 추후 1년 동안에 청소년이 우울 증상을 더 많이 나타낼 가능성과 연관된다고 밝힌 종단 연구가 있다. 이와는 대조적으로, 청소년의 우울 증상이 동일한 기간 동안에 가족관계가 더 나빠질 것인지는 예측하지 못했다. 따라서 가족 문제는 우울 증상의 발달에 선행하고 직접적으로 관련될 수 있다(Sheeber et al., 1997).

부모가 우울할 때

어머니에게는 감각, 지각, 감정, 보상, 실행 기능, 운동 산출 및 학습을 조절하는 체계의 적절한 작동이 필요하다. 어머니가 우울할 때처럼, 어머니가 최적의 양육을 할 수 없는 위험에 처해 있을 때, 모성 및 관련된 기관의 대부분 또는 모든 기능이 영향을 받을 수 있다.

— Barrett와 Fleming, 2011, p. 368

MRS. D.

아이를 돌볼 수가 없어요

D 부인은 우울하고, 딸 Maria(5세)가 생활하는 데에서 필요한 것에 대해 무기력하다. D 부인은 아주 천천히 Maria와 자신의 아침 식사를 준비한다. 손을 비비면서, 자신의 주변에서 일어나는 일에 거의 관심을 두지 않는다. 가끔 Maria는 분명하게 음식을 요구하면서 어머니를 잡아끈다. D 부인은 찬장과 식탁 사이를 움직이면서 무언가를 중얼거리고, 계속해서 흐느끼고, 식탁과 찬장 사이를 이동하면서 뺨에 흐르는 눈물을 닦는다. Maria는 계속해서 어머니의 관심을 얻고자 노력하며, 그러면 마침내 D 부인은 Maria를 껴안고 머리카락을 쓰다듬어 준다. 처음에 Maria는 뒤로 쭈뼛 물러났고, 그다음에 다시 어머니의 다리에 기대면서 다가간다. 마침내 D 부인은 그릇에 시리얼을 담아 주고, 둘이서 아무런 말도 없이 식사를 하지만, D 부인은 아주 슬프게 딸을 쳐다본다. 심한 우울증으로 인해 D 부인은 주기적으로 무기력해졌고, Maria의 문제는 스스로 침대에 가서 자는 것이다. Maria는 거의 혼자서 문제를 해결해야만 한다.

출처: Radke-Yarrow와 Zahn-Waxler, 1990에서 인용.

우울증은 급식, 취침 습관, 의학적 조치, 안전 관행을 포함해서 자녀의 기본적인 신체적·정서적 요구를 충족시켜 줄 부모의 능력을 심각하게 방해한다. D 부인처럼 우울증을 겪고 있는 어머니는 양육 환경이 종종 부정적인 기분, 성마름, 무기력, 예측이 불가능한 정서로 가득 차게 만든다. 자식이 부정적 정서와 고통을 보일 때, 우울증 이력이 있는 어머니는 편안함 · 공감 · 도움이 되는 지지적 반응은 덜 하고, 아동의 부정적 정서에 대해 불인정 · 묵살 · 처벌 · 무시하는 반응을 더 많이 한다(Silk et al., 2011). 또한 우울한 어머니는 우울증이 없는 어머니에 비해 자극하는 놀이에 대한 에너지가 적고, 훈육에 일관성이 적고, 덜 참여하고, 의사소통이 빈약하며, 정서가 부족하고, 아동에게 비난과 화를 더 많이 낸다(Goodman, 2007). 부모가 우울할 때, 가정에서는 부부 갈등 · 가족의 불협화음 · 스트레스 수준이 높다(Hammen, 2002). 이러한 부정적인 가족 환경과 아동의 유전적 성향이 결합될 때 아동의 평생 우울증 질환과 기타 건강의 부정적 결과를 가져올 수 있는 스트레스 조절 체계의 발달에 나쁜 영향을 미치게 된다(Taylor, Way, & Seeman, 2011).

임신 동안 및 임신 직후의 어머니의 우울증은 후에 자녀가 18세가 되었을 때 주요 우울증을 초래하는 독립 요인인 것으로 밝혀졌다(O'Connor, Monk, & Fitelson, 2014; Pearson et al., 2013). 생애 첫 1년은, 어머니의 우울증이 나중에 아동의 행동과 그 밖의 나쁜 결과에 미치는 영향에서 특히 민감한 시기인 것 같다(Bagner et al., 2011). 우울한 어머니는 상호작용의 양식에서도 차이가 있는데, 더욱 철회되어 있는 어머니도 있고 더욱 침해적인 어머니도 있다. 이러한 차이는, 아동의 결과가 다른 것과 연관되어 있기 때문에 중요하다. 예를 들어, 유아기에 침해적인 모성 스타일의 우울한 어머니의 자녀는 회피 및 '듣지 않음'을 보이는 반면, 철회의 모성 스타일의 우울한 어머니의 자녀는 낯선 사람에 대한 친화력을 더 많이 보인다(Hart, Jones, & Field, 2003). 즉, 우울증이 있는 어머니의 자녀는 각기 다른 방식으로 환경에 대해 예측 불가능하게 대처하려 하는데, 이는 종종 부적응적이며 공격적 행동에서부터 철회 · 성장의 실패 · 등교 거부 · 우울 · 자살 행동에 이르는 반응까지도 보인다(Goodman & Tully, 2008). Maria처럼, 이들은 스스로 자신을 돌보고 자신의 문제를 해결하는 방법을 배워야만 한다.

우울한 어머니의 자녀가 발달 기간 동안에 나타내는 인지적 손상, 정서적 지연, 분리장애, 불안정 애착, 긍정적 정서의 부족은 놀랄 일이 아니다(Olino et al., 2011). 이 아동들은 우울에 대해 인지적으로 취약한 조기 징후가 있다. 이들은 자기비판적이 되는 경향이 있고, 부정적인 귀인 양식을 보이고, 자아 개념이 낮다. 또한 정서를 조절하는 데 어려움이 있고, 5세라는 어린 나이부터 사회적 수용이 감소하는 것을 경험한다(Dagne & Snyder, 2011; Maughan et al., 2007). 정서 조절에서의 이러한 어려움은 스트레스 사건에 대해 효과적으로 대처할 준비를 하지 못하게 만드는데, 이는 우울의 수준을 높이고, 여러 영역 전반의 기능 수준을 낮추고, 지각된 유능감을 낮추는 위험에 빠뜨린다(Garber & Cole, 2010; Goodmam et al., 2011). 우울한 어머니와 그들의 자녀 모두에서 나타나는 정서 조절의 어려움을 감안할 때, 청소년기 또는 그 이전에 어머니의 우울증이 단지 어머니 자신의 정서 부정성을 반영하기보다 어머니-아동의 상호작용에서 부정적 정서의 높은 상호성과 연관된다는 것은 놀라운 일이 아니다(Connell et al., 2011).

이 아동들에 대한 추적 연구는 부모가 우울한 가정에서 성장하는 것과 관련된 위험이 확인되었다. 10년에 걸친 연구에서, 우울한 부모의 자녀는 특히 사춘기 이전에 우울장애를 가질 가능성이 증가했을 뿐만 아니라, 공포증 · 공황장애 · 알코올 의존 가능성 또한 높았다(Weissman et al., 1997). 통제 집단에 비해, 우울한 부모의 자녀는 10년 이상의 외래 처치를 더 많이 받았으며, 직장 · 가정 · 결혼 관계에서 전반적인 기능이 좋지 않았다. 건강 서비스 이용이라는 측면에서, 부모가 우울한 아동은 가정에서 의학적으로 관리해야 하는 신체적 상해의 비율이 높았고, 응급실 및 병원 방문, 입원 및 특별 서비스를 더 많이 이용했으며, 보육원-방문(well-child care-visits)의 비율은 낮았다(Phelan et al., 2008; Sills et al., 2007). 추적 연구의 결과는 연속되고 장기적인 부적 결과를 입증하고 우울증 부모의 자녀는 결함이 있다고 나타났다(Weissman et al., 2006). 아동의 우울증, 어머니의 우울증, 가족 요인 사이의 관계와 관련된 몇 가지 주제를 고려할 필요가 있다. 첫째, 앞서 서술한 가정의 어려움은 기타 아동 장애와도 관

Chris Rout/Alamy

어머니의 우울증은 어머니가 자녀의 욕구를 충족시켜 주는 것을 방해한다.

련이 있으며, 우울증에만 특정적인 것은 아니다. 둘째, 가족의 문제가 우울증보다는, 품행장애 또는 어머니의 불안장애 또는 반사회적 장애와 같이 동시에 발생된 하나 이상의 다른 질환 때문인지는 알기 어렵다. 통계상으로 유의미하다고 해도, 어머니의 우울증의 정도 그 자체만으로 아동 결과의 변인이 되는 양이 작기 때문에, 이는 다른 위험 요인을 고려할 필요가 있다고 지적한다(Goodman, 2014). 셋째, 대부분의 연구는 상관관계 연구이며, 영향이 미치는 방향의 결정은 불가능하다. 나쁜 가정 환경이 우울증을 야기했을 수도 있지만, 우울증이 가족 구성원들의 부정적이고 비판적인 반응을 일으키고, 가족의 고통을 야기했을 수도 있다. 넷째, 유전적 위험과 같은 또 다른 요인이 우울증과 가족의 붕괴 둘 다의 원인이 될 수도 있다. 다섯째, 아동 또는 어머니의 보호 요인은 아동의 부정적인 결과의 위험을 감소시킨다. 예를 들면, 어머니의 특정 유전자형이 아동 정신병리에 대한 어머니 우울증의 영향을 감소시킨다고 보고한 연구도 있다(Apter-Levy et al., 2013). 아동의 우울증에서 가족의 영향에 대한 모든 이러한 기제는 어느 정도 지지를 받고 있다.

마지막으로, 지금까지 이루어진 연구들은 우울한 아버지에 대해서는 비교적 관심을 두지 않는다는 단점이 있다. 아버지의 우울증이 양육에 작지만 유의미한 영향을 미치며, 우울한 아버지는 우울하지 않은 아버지보다 긍정적 양육 행동은 덜 보이고 부정적 양육 행동을 더 많이 보인다는 연구가 꾸준히 증가하고 있다(Wilson & Durbin, 2010). 그러나 아동의 결과와 관련하여 아버지의 행동을 검토한 연구는 거의 없다. 아동의 내재화 및 외현화 문제가 아버지의 우울증에 비해 어머니의 우울증과 좀 더 강력하게 연관되어 있지만, 아버지의 우울증은 여전히 중요한 중개 역할, 예를 들면 부부관계에 영향을 미칠 수 있다(Connell & Goodman, 2002; Kane & Garber, 2004).

어머니의 우울증 빈도가 높은 것은 아동의 발달 · 건강 · 아동의 문제와 결합되어서 우울증 어머니와 아동에게 효과적인 처치가 필요하다고 압박한다(Wachs, Black, & Engle, 2009). 중요한 것은, 처치를 받아서 부모의 우울 증상이 감소되면 아동의 문제 행동과 증상이 즉시 및 장기적으로 감소하고, 아동의 전반적 기능을 좋게 변화시킬 수 있음을 밝히는 연구들이 있다는 것이다(Wickramaratne et al., 2011). 잘 조정된 조기 아동보호 서비스 역시 아동의 내재화 문제에 대한 어머니의 우울증 영향을 완화시켜 준다(Herba et al., 2013).

스트레스 생활 사건

CARLINE

우울이 작동하는 방식

내가 항상 우울하다고 느끼는 것은 아니다. 우울했다가 괜찮아지기도 한다. 우울을 유발하는 무언가가 있다. 그것은 이사하는 것처럼 큰 사건일 수도 있고 아닐 수도 있지만, 아주 사소한 것도 우울을 유발시킬 수 있다. 그러면 나는 기분이 나빠져서 아무것도 할 수 없게 된다. 오늘은 모든 것이 괜찮기 때문에 기분이 나쁜 것 같지는 않다. 그러나 내일은, 또 그다음 날에는 무슨 일이 일어날 수 있는데, 아무리 사소한 일이라도 그렇다. 그러면 나는 침대에서 나오고 싶지 않고, 아무것도 하고 싶지 않을 것이다. (저자의 사례 자료에서 인용)

우울증은 심각한 스트레스 생활 사건 및 심각하지 않은 스트레스 생활 사건 양쪽 모두 관련이 있다(Rudolph et al., 2006). 심각한 스트레스 사건에는 새로운 동네로 이사하는 것, 학교가 바뀌는 것, 심각한 사고 또는 가족의 질병, 가정의 자원이 극도로 부족한 것, 폭력적인 가정 환경, 부부 갈등이나 이혼 등이 있다(Gilman et al., 2003; Goodyer et al., 1997). 그러나 나쁜 시험 성적, 부모와의 말다툼, 교사의 비난, 남자친구와의 싸움, 데이트의 취소와 같은 심각하지 않은 스트레스 사건 또는 '일상의 사소한 일'도 우울하게 할 수 있다. 우울증이 없는 청소년에 비해, 우울증이 있는 청소년은 우울증에 선행해서 1년 전에 아주 심각한 스트레스 사건과 심각하지 않은 스트레스 사건—특히 이성 관계, 교육, 친구 또는 부모와의 관계, 일, 건강 등과 관련된 영역에서—을 경험한다(Birmaher et al., 1996).

우울증의 촉발은 사랑하는 사람의 죽음, 유기, 거부, 자존감의 위협과 같은 실제적 상실 또는 지각된 개인적인 상실이 종종 관여된다(Eley & Stevenson, 2000; Goodyer, 1999). 예를 들면, 최근에 이별을 경험한 것은 청소년기에 초기 및 후기의 주요 우울 삽화의 특별히 중요한 예측지표가 되는 것 같다(Monroe, Rohde, Seeley, & Lewinsohn, 1999). 상실에 뒤따르는 슬픔과 우울은 흔하다. 최근에 부모를 잃은 것처럼 끔찍한 상실을 경험한 6~17세 아동들 모두가 슬픔, 비탄, 기타 증상들을 겪었다(Cerel et al., 2006). 자살로 인해 친구나 또래를 잃어버린 청소년의 대략 30%가 상실 이후 6개월 이내에 우울장애가 발생했다(Brent et al., 1992). 그렇지만 우울증이 개인적인 상실에 반드시 뒤따르는 불가피한 결과는 아니며, 부모나 친구를 잃은 아동의 대부분은 임상적으로 우울한 아동에 비해 우울 증상을 훨씬 덜 보이며, 주요 우울장애로 발전하지 않는다(Cerel et al., 2006).

정서 조절

정서 조절이란 적응적 기능을 촉진하고, 긍정적 · 부정적 · 중립적 기분 사이에서 균형을 유지하기 위해, 정서적 각성이 재조정되고, 통제되고, 수정되는 과정을 말한다(Cole & Hall, 2008). 정서를 조절하고 부정적인 기분 상태를 관리하는 정도는 아동마다 차이가 많다(Keenan, 2000). 예를 들면, 좋아하는 친구가 없을 때 울거나 안정되지 못하는 아동도 있지만, 잠시 동안 울다가 같이 놀 친구를 찾는 아동도 있고, 위로해 줄 어른을 찾는 아동도 있다. 자기 조절을 위한 아동의 전략은 부적 정서 상태를 극복하고, 유지하고, 예방하는 데에서 중요한 역할을 한다. 논의되었듯이, 정서적인 고통과 슬픔을 오랫동안 경험한 어린 아동은 부적 정서 상태를 조절하는 데 어려움이 있고, 우울해지는 경향이 있다(Dagne & Snyder, 2011; Durbin & Shafir, 2008).

자신의 정서를 관리하기 위해서는 다양한 기술이 필요하다. 여기에는 정서의 변화를 인식하는 것, 기분을 변화시킨 상황을 정확히 해석하는 것, 기분을 변화시키기 위한 목표를 정하는 것, 효과적인 대처 반응을 실행하는 것이 있다. 우울증이 있는 아동은 이러한 조절 기술에서 한 가지 이상의 손상이 있으며, 그 결과 자신의 부정적인 기분을 극복하는 것이 어려울 수 있다(Sheeber et al., 2000 Yap et al., 2011). 이들은 고통을 조절하기 위해 문제에 초점을 맞추어서 적응적인 대처 전략을 사용하기보다는 회피 또는 부적 행동을 사용할 수 있다. 정서 조절은 신경생물학적 조절 과정, 이미 가지고 있는 행동 전략 및 인지 전략, 대처에 필요한 외부 자원을 수반해야 하므로, 우울증은 이러한 영역에서 한 가지 이상의 어려움 때문에 야기될 수 있다(Cole & Hall, 2008).

단원 정리

우울증의 원인

- 우울증은 아동이 우울의 발달에서 취약하게 하는 상호작용적인 영향들의 최종의 공통 경로일 것이다.
- 가족 연구와 쌍둥이 연구 그리고 특정 유전자 연구들은 우울과 불안에 대한 취약성이 유전되며, 장애로 표현되려면 특정한 환경적 스트레스 요인이 필요하다고 시사한다.
- 우울한 청소년은 우울증에 대한 취약성을 증대시키는 스트레스에 대해 과장된 반응을 경험할 수 있다. 신경생물학적 상관관계 연구는 변연계 및 전전두엽 신경 회로, HPA 축, 수면 이상, 성장 호르몬, BNDF의 변인에 초점을 맞추고 있는데, 이것은 신경의 성장과 발달, 뇌신경 전달물질인 도파민 · 세로토닌 · 노르에피네프린과 관련이 있다.
- 우울증이 있는 아동의 가정은 우울증이 없는 아동의 가정에 비해 분노와 갈등이 더 많고, 통제를 더 많이 사용하고, 덜 효과적인 의사소통을 하고, 지나친 참견이 더 많고, 지지와 온정은 덜하다.
- 우울증 부모를 둔 아동은 사춘기 이전에 우울증이 발생할 가능성이 많고, 청소년과 성인이 되어서 공포증 · 공황장애 · 알코올 의존의 비율이 높고, 그 외 부정적인 건강상의 문제가 있을 가능성이 높다.
- 우울증은 새로운 동네로 이사하는 것과 같은 심한 스트레스 생활 사건뿐만 아니라, 교사의 비판 또는 남자친구와의 다툼과 같은 사소한 사건과도 관련이 있다.
- 정서적 고통과 슬픔을 오랫동안 겪는 어린 아동은 그들의 부정적 정서 상태를 조절하는 데 어려움이 있어서 우울증을 발달시킬 가능성이 있다.

우울증의 처치

LEETA

기분이 나아졌어요

Leeta(16세)는 의자에 무너지듯이 앉았다. 머리가 부스스하고 집중하지 못한 채, 멍하고 초점이 없는 태도로 질문에 대답했다. Leeta는 칼로 손목을 그으려고 시도한 후 입원했다. 집에서 그녀는 우울하고, 성마르고, 통제력을 잃었다. Leeta의 생각과 추론은 왜곡되었으며, 전반적인 무력감과 평생을 병원에서 지내게 될 것이라고 확신했다.

다행스럽게도, 실제로 그렇게 되지는 않았다. Leeta는 인지-행동치료에 참여하게 되었고, 치료의 초점은 정확한 분별력과 긍정적인 자기상을 갖고, 가정 내에서의 혼란을 줄이는 것이었다. 항우울 약물도 복용했다. 1년 후, Leeta는 에너지 넘치고 신이 난 모습으로 추후 면담을 하기 위해 나의 사무실에 왔다. "내가 친구들과 많은 시간을 보내는 것을 좋아하게 되리라고 생각한 적이 없어요. 슬플 때가 없지는 않지만, 나의 삶 전체가 슬픈 것은 아니에요."

출처: Oster & Montgomery, 1995에서 인용.

우울증이 있는 아동의 처치에서 이용할 수 있는 효과적인 심리사회적 처치 및 정신약물 처치가 많이 있다(Brent, Poling, & Goldstein, 2011; David-Ferdon & Kaslow, 2008; Maalouf & Brent, 2012). 효과적인 처치의 이용 가능성에도 불구하고, 자신의 문제에 대해 도움을 받는 아동은 우울증이 있는 아동의 50% 미만이다(Olfson et al., 2003). 처치를 받는 비율은 인종/민족성 배경에 따라 다른데, 비히스패닉계 백인 아동이 가장 높고(40%), 아시아계 아동이 가장 낮다(19%). 아프리카계 아동과 히스패닉계 아동은 1/3 정도가 우울증에 대한 처치를 받는다(Cumming & Druss, 2011). 자살한 청소년에 대한 한 연구에서, 이들 대부분이 우울장애가 있었지만 이 중 7%만이 자살 전에 처치를 받은 것으로 밝혀졌다(Brent et al., 1988). 어린 사람들에게서 동시 발병, 연합된 손상, 우울증의 재발률이 높은 것은 우울 증상의 제거, 긍정적 결과의 유지, 재발 방지가 강조된 처치가 필요하다는 것을 알려 준다(AACAP, 2007d; Cheung et al., 2007).

Leeta에게 적용된 인지-행동치료(CBT)가 우울증이 있는 아동 및 청소년의 처치에서 가장 성공적인 것 같다(Watanabe et al., 2007). 또한 중요한 인간관계에서 의사소통 기술을 강화시킴으로써 대인관계 기능의 개선에 초점을 맞추는 우울증 청소년을 위한 대인관계 심리치료(Interpersonal Psychotherapy for Adolescent Depression, IPT-A)도 효과적임이 입증되었다(Mufson et al., 2004). CBT와 IPT-A는 우울증을 치료하는 데에서 다른 형태의 치료(예: 가족 치료 또는 비지시적 지지 치료)보다 효과적이다(David-Ferdon & Kaslow, 2008).

정신약물 처치와 관련하여, 삼환계 우울제가 우울한 성인만큼 우울한 어린 사람들에게도 효과적인지에 대해서는 입증되지 않았다(Papanikolaou et al., 2006). 대조적으로, 차세대 항우울제, 특히 선택적 세로토닌 재흡수 차단제(SSRIs)는 어린 사람 대상의 통제 연구에서 중간 정도의 효과가 있는 것으로 나타났다(Fombonne & Zinck, 2008). 그러나 SSRIs의 효과성, 남용, 부작용 가능성과 관련된 우려가 제기되고 있으며, 이에 대해서는 이 단원의 뒷부분에서 다시 살펴본다. CBT와 IPT-A, 약물뿐만 아니라 이러한 처치들의 많은 변화(예: 개별 대 집단 형식), 부모 참여의 증대, 처치들의 결합, 컴퓨터 기반의 처치, 온라인 처치가 가능하다. 또한 성공에서 차이는 있지만, 자기 통제 · 사회적 지지 · 가족관계 · 사회적 기능 및 학업적 기능의 증대를 강조하는 그 외 처치들이 사용되고 있다(David-Ferdon & Kaslow, 2008). 어머니의 우울증을 선별하고 다루는 것 역시 처치에 대한 아동의 반응을 높이고, 어머니가 자녀의 처치에서 좀 더 효과적인 참여자가 될 수 있게 돕는다(Kovacs & Yaroslavsky, 2014). 지금까지, 나이가 든 우울증 아동의 치료에서 어머니의 우울증 치료가 도움이 되었다고 보고하지만, 어머니의 우울증 치료가 영아 및 걸음마기 유아에게는 효과가 단기간이거나 효과가 없다고 보고하는 연구들이 있다. 이러한 결과는 우울증이 있는 매우 어린 아동에 대한 직접적인 처치는 발달적 변화를 유지하는 것이 필요함을 시사한다(Luby, 2013).

우울증의 조기 발병은 아동/청소년이 평생에 걸쳐서 주요 우울장애 삽화를 반복해서 경험하게 될 위험을 높인다. 따라서 가능한 한 일찍 처치를 시작하는 것이 중요하다. 빨리 시작한 적극적인 개입은 우울 삽화의 기간을 줄이고, 미래에 삽화가 생길 가능성을 감소시키며, 기능에서 연관된 결함을 최소화하고, 자살의 위험을 감소시킨다. 우울증이 있는 아동/청소년에 대한 주요 처치의 개관이 표 10.3에 제시되어 있다.

심리사회적 개입

우울한 어린 사람들을 위한 대부분의 심리사회적 개입은 인지치료와 행동치료 두 가지에서 파생된 통합된 접근을 이용한다. 이러한 두 가지 접근은 우울증 성인을 위해서 개발되었지만 아동과 청소년에게 적용되고 응용되어 왔다.

행동치료는 우울증이 잠재적인 강화 인자의 범위를 제한, 이용 가능한 강화 인자의 부족, 보상을 획득하기에는 부적절한 기술로 인해서 강화가 결여되기 때문에 우울증을 발생시키고 유지시킨다고 주장한다(Lewinsohn, 1974). 결과적으로 처치는 즐거운 활동과 사건을 증가시키고 더 많은 강화를 획득하는 데 필요한 기술을 아동에게 제공하는 데 초점을 맞춘다. 사회적 기술 훈련과 같

표 10.3 우울증이 있는 아동/청소년의 처치

행동치료	긍적적 강화를 이끌어 내는 행동을 증가시키고 환경으로부터 처벌을 줄이려는 목적이 있다. 사회적 기술 및 기타 대처 기술을 가르치고 불안 관리 이용하기 및 이완 훈련이 관여될 수 있다.
인지치료	우울증이 있는 아동/청소년이 자신의 비관적이고 부정적인 사고, 억압적인 신념 및 편견, 실패에 대해 자신을 비난하는 인과적 귀인 양식을 더 잘 인식하도록 돕는 데 초점을 맞춘다. 이런 자기 패배적 사고 패턴을 인식하게 되면, 아동은 부정적이고 비관적인 관점을 긍정적이고 낙천적인 관점으로 바꾸는 법을 배우게 된다.
인지-행동치료 (CBT)	가장 흔한 형태의 심리사회적 개입이다. 통합된 접근에서 행동치료 및 인지치료의 요인을 결합한다. 귀인의 재훈련은 아동/청소년의 비관적인 신념에 도전시키는 데 사용될 수 있다.
우울증 청소년의 대인관계 심리치료	우울증을 지속시키는 가족 및 대인관계 상호작용을 탐색한다. 가족 회기는 우울증이 있는 아동/청소년이 자신의 부정적 인지 양식과 우울증이 다른 사람들에게 어떤 영향을 미치는지를 이해하고, 가족 그리고 동료 및 또래와의 즐거운 활동을 증가시키도록 격려하는 데에서 개별 회기를 보충할 수 있다(Mufson, Dorta, Moreau, & Weissman, 2004).
약물 치료	항우울제, 특히 선택적 세로토닌 재흡수 차단제(SSRIs)를 사용해서 기분장애와 우울증의 다른 증상들을 다룬다.

은 개입은 긍정적 · 사회적 상호작용을 증가시키기 위해서 아동에게 주장하기, 의사소통, 피드백 주고받는 방법, 사회적 문제해결력, 갈등해결 기술을 가르친다. 매일 점검하기, 활동 구조화하기, 활동 시간표 짜기와 같은 전략은 우울증이 있는 아동이 더욱 적극적이 되고, 보상의 경험에 몰입하고, 문제를 해결하도록 돕는 데 사용된다(McCauley et al., 2011).

인지치료는 우울증 아동이 잘못된 귀인, 부정적인 자기 점검, 단기적인 안목, 과도하게 높은 기대 수준, 자기 강화의 실패처럼 부정적 사고 과정을 확인하고, 바꾸고자 도전하고, 수정하도록 가르친다. 이들은 '내 잘못이야', '이게 무슨 소용이야?'와 같은 부정적 사고를 확인해서 제거하고, '그녀는 나를 좋아해', '나는 괜찮은 사람이야'와 같은 긍정적 사고로 대체하는 것을 배운다. 친구로부터 거절당한 아동은 '그 아이는 나를 싫어해'가 아니라 '요새 그 친구가 기분이 좀 안 좋아'라고 생각하도록 격려한다. 아동에게 구체적인 상황 및 불합리하고 부정적인 생각의 예들이 있을 때, 좀 더 긍정적인 합리적인 대안 설명으로 대체하는 것을 배운다. 예를 들면 다음과 같다.

- **상황:** Diana와 Colleen, 두 소녀는 친구들에게 방과 후에 함께 놀러 가자고 청했다. 두 소녀의 친구들은 숙제가 너무 많아서 같이 갈 수 없다고 대답했다.
- **비합리적 생각:** Diana는 거절당했다고 느꼈고, '내 친구는 나랑 같이 놀지 않아. 나를 좋아하지 않아. 나랑 다시는 아무것도 하고 싶지 않을거야.'라고 생각했다.
- **합리적 생각:** 대조적으로, Colleen은 '내 친구가 오늘은 바쁜가 봐. 그렇지만 다음번엔 같이 놀 수 있을 거야. 그래도 여전히 나랑 가장 친해.'라고 생각했다.

실제 임상에서, 인지치료와 행동치료는 인지-행동치료로 통합되는데, 적응적인 인지일수록 더 적응적인 행동으로 이어지고 그 역으로도 작용한다고 가정한다. 아동 및 청소년을 위한 통합된 CBT 치료의 예는 다음과 같다.

일차적 및 이차적 통제력 증진 훈련(PASCET)

John Weisz와 동료들(2003)은 8~15세의 우울증 아동/청소년을 위해 개별화된 CBT에 기초한 15회기 프로그램을 만들었다. 처치 회기와 숙제하기를 통해, 아동은 두 가지 유형의 대처 기술을 배우고 연습한다.

- 일차적 통제 기술(ACT 기술): 일상생활에서의 사건을 자신이 원하는 대로 변화시키기 위한 기술(예: 자신이 참여하고 있는 활동을 바꾸기, 이완하는 것을 배우기 등)
- 이차적 통제 기술(사고 기술): 스트레스 생활 사건에 대한 주관적 생각을 바꾸기 위한 기술(예: 부정적 사고와 감정 바꾸기)

PASCET 프로그램의 초점은 아동이 변화 가능한 조건은 변화시키고, 변화시킬 수 없는 것에 대한 주관적 생각이나 감정을 바꿀 수 있도록 돕는 것이다. 부모 역시 프로그램에 참여해서 아동이 이러한 대처 기술을 사용하는 것을 지지하도록 격려한다. PASCET는 우울 증상을 감소시키기 위해 학교에서 처음으로 사용된 이후, 진화하고 있는 탁월한 프로그램의 예이다. 현재는 우울증으로 의뢰된 아동/청소년에게 지역 정신건강센터에서 실시하고 평가가 이루어지고 있다(Bearman & Weisz, 2009). PASCET 및 이와 유사한 CBT 프로그램들은 우울증 아동/청소년의 임상 장면에서 임상가들이 효과적인 개입 환경에 의뢰된 아동을 배치하는 데 필요한 처치의 요소를 확인하고 있다(Bearman et al., 2010; Weisz et al., 2013).

ACTION 프로그램

Kevin Stark와 동료들(2012)은 우울증이 있는 아동을 위한 포괄적인 CBT 접근법을 개발해 왔다. 이 처치의 주요 요소는 아동 및 청소년, 그리고 남아와 여아 모두에게 적절하다. 그러나 이 프로그램의 지금의 양식은 성별에 좀 더 민감하게 되어 있는데, 즉 처치 활동과 기술의 강조, 대인관계의 초점이 9~13세의 여아에게 잘 맞도록 고안되었다(Stark et al., 2008). PASCET 프로그램처럼, ACTION은 아동과 부모가 모두 참여하는 전체적인 접근법을 사용한다. ACTION의 머리글자(약어)는 아동/청소년이 자기 기분에 영향을 미칠 수 있는 생각을 조장하는 데 사용되었으며, 이는 다음과 같이 제시된다(Stark & Kendall, 1996, p. 14).

- **A** = 기분을 나아지게 하는 일을 항상 찾는다(**A**lways find something to do to feel better).
- **C** = 긍정적인 것을 잡아 낸다(**C**atch the positive).
- **T** = 해결될 수 있는 문제라고 생각한다(**T**hink about it as a problem to be solved).
- **I** = 상황을 관찰한다(**I**nspect the situation).
- **O** = 긍정적인 것을 받아들이는 데 개방적이다(**O**pen yourself to the positive).
- **N** = 부정적인 것에 빠지지 않게 한다(**N**ever get stuck in the negative muck).

아동의 기분장애, 행동적 결손, 인지적 증상을 감소시키기 위해 다음과 같은 다중의 처치 절차들이 사용된다.

- 불쾌감, 분노, 무쾌감증, 과잉불안은 아동에게 기분 · 사고 · 행동 간의 관계를 교육하고, 분노 관리 절차, 유쾌한 활동 계획하기, 이완 훈련을 사용해서 다룬다.
- 대인관계 결손은 사회적 기술 훈련을 사용하여 다룬다.
- 인지 왜곡과 부정적 및 자기비판적 사고는 인지 재구조화 절차와 효과적인 문제해결 기술 그리고 자기 조절 절차를 사용하여 다룬다.

개입은 개별 및 집단 형식 양쪽 모두 실시할 수도 있다. 또한 다음과 같이 다양한 연습이 들어 있는 교재를 사용한다.

- **상황**: 당신은 실수로 책을 떨어뜨렸다. 학급의 한 무리가 학급의 저쪽에서 이야기를 하면서 웃고 있다.
- **부정적 사고**: 큰일 났다. 저 아이들은 내가 바보라고 생각할 거야.
- **대처 반응**: 아니야, 저 아이들은 뭔가 다른 이야기를 하면서 웃는 것일 거야. 나는 저 아이들을 알고 있어. 저 아이들은 그렇지 않아. 나만 책을 떨어뜨리는 것도 아니야. 별일 아니야.

부모의 개입은 아동이 치료실 밖에서도 효과적인 대처 전략을 사용하도록 촉진하고, 아동의 문제에 영향을 미치거나 지속시킬 수 있는 사건을 변화시키는 것이다. 부정적인 부모-아동 상호작용이 부정적 사고를 가져올 수 있기 때문에, 가정에서의 부적응적 패턴의 변화 또한 ACTION 프로그램의 주요한 특징이다. 부모와 가족의 인지 및 행동을 바꾸기 위해 몇몇 방법들이 사용되는데, 여기에는 효과적인 훈육 사용, 분노 관리 방법, 부정적 사고를 바꾸는 방법을 부모에게 교육시키는 것이 있다. 전체 가족의 개입은 협상 및 갈등 해결 기술, 여가 활동 계획하기, 효과적인 문제해결 기술과 가족 의사소통을 교육한다(Stark et al., 2012). ACTION은 탄탄한 이론 및 연구에 기초해서 만들어진 유망한 개입 방법이다. 이 프로그램은 우울증의 포괄적인 처치 패키지라고 평가되고 있다(Stark et al., 2012).

청소년 우울증 대처 프로그램(CWD-A)

청소년 우울증의 처치에서 가장 잘 확립되고 포괄적인 CBT 프로그램 중의 하나가 청소년 우울증 대처 프로그램(Adolescent Coping with Depression Program, CWD-A)이다(Clarke, Lewinsohn, & Hops, 2001). CWD-A는 청소년이 문제 상황에 대처하는 능력을 강화시키고 스스로의 기분을 조절하는 것을 촉진시키기 위해 기술 훈련을 강조하는, 낙인찍힘이 없는 심리교육적 접근법이다. 처치는 13~18세 청소년이 최대 10명까지 가능한 집단에게 8주에 걸쳐서 2시간 회기, 16회 제공된다. 청소년들은 각 회기마다 짧은 글 읽기, 간단한 퀴즈, 구조화된 학습 과제, 숙제가 포함된 교재를 사용한다. 청소년과의 핵심 처치 회기에서는 집단 활동과 역할놀이를 한다. 뿐만 아니라 아동/청소년이 새롭게 배운 기술을 촉진하고 지지하며, 집단에서 배운 기술을 일상생활에서 적용하도록 돕기 위해 아동의 부모와의 보충적인 치료가 수행된다. 주기적인 '강화 회기(booster session)'는 처치에서 배운 기술이 유지되도록 돕는다(Clarke & DeBar, 2010).

먼저, 청소년들은 우울증이 유전적인 경향, 스트레스, 과도한 부정적 사고 등이 포함된 많은 원인이 있을 수 있음을 배운다. 그런 다음, 성공적인 경험 및 일부 증상의 경감을 간단하면서도 빠르게 제공할 수 있는 이완 훈련이 사용된다. 뒤따르는 회기에서는 다음의 요소들이 포함된다(Clarke & DeBar, 2010).

- 기분과 행동에 대한 자기 점검 또는 현실적인 목표를 세우는 방법처럼 자기 변화 기술을 배운다.
- 강화를 위한 즐거운 활동 및 활동 기회가 늘어난다.
- 부정적 인지를 확인하고, 도전하고, 변화시킴으로써 긍정적 사고가 증가한다.
- 사회적, 의사소통, 문제해결 기술의 훈련이 프로그램 내내 통합된다.
- 대화 기술, 사회적 활동을 계획하는 방법, 친구 사귀는 방법과 같은 구체적인 기술을 배운다.
- 목표는 인생의 단기 및 장기 목표 그리고 잠재적인 방해물을 확인하는 것으로 설정한다.
- 마지막 회기에서는 배운 기술을 통합하고 앞으로의 계획을 수립하는 것을 강조한다.

CWD-A 프로그램과 CWD-A의 수정 버전(예: 집단 형식, 단기 처치 프로토콜)은 일부 사례에서 효과가 중간 정도 및 오래 지속되지는 않았지만, 프로그램 개발자 및 그 외 사람들이 수행한 많은 통제 집단 연구에서 처치의 이득과 예방의 효과가 입증되었다(Cuijpers et al., 2010; Rohde, Stice et al., 2010, 2013). 그러나 논의된 다른 프로그램과 마찬가지로, 독립된 연구를 통한 평가가 더 필요하며, 우울증의 정도가 다양한 아동들에게 프로그램의 사용을 폭넓게 확대하고, 좀 더 장기적인 추후 연구, 다른 우울증 처치들과의 비교, 특히 약물과의 비교가 필요하다(Clarkee & DeBar, 2010).

우울증 청소년의 대인관계 심리치료(IPT-A)

IPT-A는 청소년의 우울증이 관계에 영향을 미치고, 이것이 기분에도 영향을 미친다는 생각에 기초한다. 따라서 처치는 청소년의 우울 증상과 이러한 우울 증상이 발생하는 사회적 맥락에 초점을 맞춘다(Young & Mufson, 2008). IPT-A는 이성 교제, 부모로부터의 독립, 또래 관계와 같은 발달적 쟁점들을 다룸으로써 청소년의 독립심 증가 및 타인과 자신의 독립심을 협상하는 데 중점을 둔다. 청소년은 구체적인 문제 영역(예: 상실과 슬픔, 대인관계 분쟁, 역할 전환, 대인관계 결함)을 확인하는 것, 이러한 영역에서의 의사소통과 문제해결 기술 기법을 논의하는 것, 회기 안에서 이러한 기술을 연습하는 것, 회기 밖의 중요한 관계 맥락에서 이를 적용하는 것에서 능동적인 역할을 한다. 처치는 확인된 문제 영역을 다루기 위해 구조화되고, 치료사와 청소년 모두 능동적인 역할을 하게 된다(Mufson et al., 2004).

IPT-A는 주 1회, 총 12회기의 외래 치료로 설계되어 있다. 처치는 세 단계로 구분된다. **첫 번째 단계**(네 회기)는 우울증의 진단이 도입되고, 청소년과 가족에게 우울증에 관한 교육을 하고, IPT-A의 원리와 처치의 구조가 소개되며, 문제가 되는 대인관계 영역을 확인하고, 처치에 관한 계약을 한다. **중간 단계**(다섯 회기)는 문제를 더 명료화하고, 효과적으로 문제를 목표화하는 전략을 확인하고, 문제를 해결하는 개입을 실행한다. 여러 가지 기법들이 사용되는데, 예를 들어, 청소년이 남자친구와 싸웠다고 보고한다면, 싸워서 기분이 어떠하며 이것이 자신의 우울 증상에 영향을 미쳤는지를 물어볼 수 있다. 이를 통해 청소년에게 대인관계 사건과 기분 사이의 연계에 대해 교육하고, 기분이 편안하고 노련하게 감정을 확인해서 의사 전달할 수 있게 도울 수 있다. 이 단계에서 또 다른 기법은 청소년이 타인에게 자신의 의사 전달법이 미치는 영향, 발생된 감정, 의사 전달을 수정한 방법이 상호작용 하는 것과 청소년의 연관된 감정에 영향을 미칠 수 있다는 것을 인식하도록 돕는 데 초점을 맞춘다. 추가의 기법에는 대인관계 상황에서 문제해결, 의사소통과 문제해결 기술의 역할놀이, 회기들 사이에 이러한 기술을 연습하도록 숙제를 사용하기 등이 있다(Young & Mufson, 2008).

종료 단계(세 회기)에서는 확인된 문제 영역에서의 발전을 검토하고, 대인관계 기능 및 기분을 개선시키고 우울 증상을 감소시키는 관계에서의 변화를 연결시키며,

가장 도움이 되고 있는 전략을 확인한다. 또한 처치 이후에 학습한 전략을 계속 사용하는 것의 중요성, 개선이 여전히 필요한 영역의 강조, 우울 증상이 다시 나타났을 때 해야 하는 것에 대해 생각한다.

IPT-A는 개별 형식과 집단 형식 모두를 사용한 임상 · 학교 · 지역사회에서의 수많은 통제 연구에서 청소년 우울증에 효과적임이 밝혀졌다(Mufson, 2010; Mufson et al., 2012). 아동/청소년을 더 많이 돕기 위해, IPT-A는 우울 증상이 심해진 7~10학년 청소년을 위한 예방적 개입('Teen Talk')이 개발되어 있다. 예비 연구 결과에 따르면, Teen Talk이 더 심각한 우울증 형태를 예방하고 불안 증상을 감소시키는 데에서 유용한 접근이 될 것이라고 암시한다(Young et al., 2012; Young, Mufson, & Davies, 2006).

심리사회적 처치에 대한 논의를 마무리하면서, 좋은 소식은 우울증이 있는 어린 사람들에게 광범위한 여러 처치들이 처치를 받은 대부분의 아동/청소년에게 효과적임을 나타낸다는 것이다(March & Vitiello, 2009; TADS Team, 2009). 그러나 회복된 아동의 거의 절반, 특히 여아는 우울증이 재발했고(Curry et al., 2011), 효과의 크기는 성인에 대한 효과에서 보고된 것과 비교할 때 중간 정도 및 이보다 적었다(Weisz, McCarty, & Valeri, 2006). 따라서 아동기 우울증에 대한 이해가 증가하는 것에 기반을 두고, 우울증의 재발 및 악화 비율을 감소시키고, 아동의 인지 · 정서 · 발달 프로파일을 충족시키는 치료를 개인에게 맞추고, 임상 장면에서 사용될 수 있는 좀 더 효과적인 처치를 탐색할 필요가 있다(Brent & Maalouf, 2009; Weisz et al., 2013). 또한 장기간의 처치 및 처치 후 강화 회기(booster session)의 이용에 대해 연구하고 좀 더 장기간에 걸친 추후 연구의 결과를 평가해야 한다.

약물

어느 아버지가 말했다. "나는 뉴스에서 프로작에 대해 들었다. 그리고 9세 된 딸을 정신과 의사에게 데려갔을 때, 그 약을 주기만 하면 우리의 삶이 변할 것이라고 생각했다. 1년 후, 조금 나아졌다고 말할 수 있을 것 같다. 그러나 여러 가지 다른 많은 약들로 수많은 시행을 거쳐야 했다."

— K. Levine, "Childhood Depression," *Parents*, October 1995, pp. 42-45.
저자의 허락을 받아 재인쇄함.

항우울제는 우울증이 있는 아동/청소년의 치료에서 흔하게 사용된다. 2002년 기준, 미국에서 140만 명의 아동/청소년이 항우울제를 복용한 것으로 추정되며(Vitiello, Zuvekas, & Norquist, 2006), 외래 치료를 받는 사람들 중 60% 이상이 이러한 약물을 처방받는다(Olfson et al., 2014). 항우울제는 많은 아동/청소년에게 우울 삽화를 단축시키고, 아동기 및 청소년기의 중요한 발달 과제에 복귀할 수 있게 돕는다. 언급했듯이, 삼환계 항우울제가 성인에게 효과적이지만, 어린 사람들의 우울증 치료에서 위약(플라세보 효과) 이상의 이득을 일관되게 보여 주지는 못했으며, 심각한 심혈관계 부작용 가능성도 있다(Fombonne & Zinck, 2008). 그 결과, 더 이상 어린 사람의 우울 증상을 관리하는 주요 약물로 간주되지 않는다.

SSRIs는 우울증이 있는 아동의 항우울제 처치의 가장 일선에 있는 것이 분명해졌으며, 전국 조사 연구에서 우울증 아동에게 처방되는 약물의 90% 이상이 SSRIs이다(Olfson et al., 2003). 가장 흔히 사용되는 SSRIs 중에는 플루옥세틴(프로작), 세르트랄린(졸로프트), 시탈로프람(셀렉사)이 있다. SSRIs는 세로토닌의 재흡수를 차단하여 시냅스에서 가용성을 증가시키고 시냅스 후부의 뉴런을 자극함으로써 항우울 효과를 성취한다. 현재, 아동 및 청소년 MDD에 사용하도록 FDA 승인을 받은 SSRIs는 플루옥세틴밖에 없다.

통제된 조사들은 아동 및 청소년의 우울 증상 감소에 SSRIs가 효과적임을 보여 주었다. 40~60%의 아동이 프로작에 반응을 보이는 것에 비해 20~35% 아동이 위약에 반응했음을 발견한 메타 연구가 있다(Hetrick, McKenzie, & Merry, 2010). 그 외 SSRIs 효과에 대한 지지는 제한적이다. SSRIs를 복용한 아동 및 청소년이 학업 수행, 대인관계, 일상적인 부분에 기초한 사회적 기능에서 개선을 보였다는 증거 역시 거의 없다(Hetrick et al., 2010). SSRIs의 사용을 지지하는 연구는 약물과 CBT를 혼합해서 사용한 처치에서 가장 효과적이라는 것과 좀 더 심각한 우울증이 있는 아동에게 더 큰 효과가 있다고 주장하는 연구들도 있다(March, 2010).

1980년대 후반에 처음 시판된 이후로, 프로작과 기타 SSRIs의 사용이 극적으로 증가했다. 예를 들면, 1996년에 6~18세 아동에게 처방된 100만 건 중에서 75%가 SSRIs이며, 이는 2년 만에 80%가 증가한 것이다(*APA Monitor*, December, 1997). 그러나 항우울제의 효과성에 대한 지지에도 불구하고, 아동과 청소년에게 사용하는 것에 대해 전문가 및 대중들은 우려를 표시한다. 주된 걱정은

살펴보기 10.2

아동 및 청소년의 항우울제 사용과 관련된 FDA의 경고 요약

- MDD가 있는 아동/청소년은 자살하려는 생각 또는 자살 행동의 위험이 증가할 수 있다.
- 아동 또는 청소년에게 항우울제의 사용을 고려할 때, 약물로 가능한 이익과 더불어 자살 위험의 증가를 고려하는 것이 중요하다.
- 어린 사람들이 항우울제 복용을 시작할 때, 증상의 악화 · 자살 경향 · 행동에서의 특이한 변화가 아주 자세히 관찰되어야 한다.
- 가족은 아동/청소년의 우울 증상의 증가 또는 기능의 악화에 대해 자세히 관찰해야 하며, 그러한 관찰을 담당 의사에게 즉시 알려야 한다.
- 약물이 아동 및 청소년에게 허용된 것인지와 관련된 진술이 포함되어 있어야 한다.

자살하겠다는 생각과 자해와 같은 심각한 부작용이 있을 수 있고 발달하고 있는 뇌에 약물이 미치는 장기적인 영향에 대한 정보가 부족하다는 것이다. 이러한 우려 및 FDA의 최근 경고로 인해, 어린 사람들에 대한 SSRIs의 사용은 최근에 20% 이상 감소했다(Gibbons et al., 2007; Libby et al., 2007). 2004년, FDA는 약물을 아동/청소년에게 사용할 때 자살 생각과 자살 행동의 위험이 증가될 수 있음을 경고하는 문구 및 환자 교육지침을 표시하라고 모든 항우울제 제약회사들에게 요구했다. 이러한 경고와 관련된 주요 요점이 **살펴보기 10.2**에 제시되어 있다.

FDA의 경고는 MDD 및 그 외 장애가 있는 4,400명 이상의 아동/청소년을 대상으로 항우울제 복용과 관련된 24개의 단기, 위약 통제 연구를 통해 나온 결과에 기초하고 있다. 전반적인 결과는 우울한 아동/청소년에서 자살하려는 생각과 자살 행동의 위험이 증가(실제 약물 4%에 비해 위약에서 2%)한다고 지적하고 있다(Hammad, Laughren, & Racoosin, 2006). 치료하지 않는 우울증 아동/청소년의 위험, 약물의 장기적인 효과, 약물과 심리사회적 개입의 결합에서의 위험성은 아직 평가되지 않았으며, 연구 중에 자살이 실행된 경우도 없었다. 더구나, 다른 연구들에서 자살 경향성의 증가와 관련된 결과들은 일관되지 않았다(Gibbons et al., 2012). 또한 약물만 사용할 때, 또는 심리사회적 개입과 결합해서 사용할 때와 관련된 결과들 역시 일관되지 않았다. 약물만 사용하는 것에 비해 처치들의 결합이 이득이 있다고 했는데, 즉 CBT와 같이 사용할 때 약물의 안전성이 증가한다고 밝힌 연구(예: TADS Team, 2004, 2007)도 있고, 그렇지 않다고 밝힌 연구(예: Goodyer et al., 2007)도 있다.

따라서 많은 연구에도 불구하고, 어린 사람들에게 항우울제의 사용과 관련된 위험성, 장기적인 안정성, 이득은 분명하지 않다(Moreno et al., 2007a). 청소년들의 심리사회적 처치의 잠재적인 효과성을 고려할 때, 항우울제의 복용에 가장 적합 또는 이익이 없을지를 결정하려면 충분히 생각해야 한다(AACAP, 2007d).

이러한 우려에도 불구하고, 치료되지 않은 우울증은 자살의 위험이 높은 것을 포함해서 장기적인 결과가 심각하며, 미국 전체에서 항우울제의 사용률이 높은 것은 아동/청소년의 자살률이 낮은 것과 연관이 있다는 증거가 있다(Gibbons et al., 2006). 따라서 자살 충동 및 자살 시도의 상대적인 위험에 비해 약물을 사용하지 않는 것 또한 위험할 수 있는데, 특히 수많은 연구 및 임상 연구들이 많은 젊은 사람들에게 약물의 처치가 이득이 있다고 지적했을 때 더욱 그러하다(Bridge et al., 2007).

약물의 효과 · 부작용 · 장기적인 안전성에 대한 좀 더 나은 자료들이 없는 상황에서 우울한 아동에게 사용했을 때, 현재는 이 같은 딜레마에 대해 쉽게 답할 수 없다. 잠재적인 위험성을 고려할 때, 약물을 이용하여 아동을 치료하는 것은 비윤리적이라는 사람도 있다. 약물 처치와 관련된 위험이 다른 처치에 따르는 위험과 크게 다르지 않으며, 알려진 이득이 있는데도 처치를 미루는 것이 더 비윤리적이라는 사람도 있다. 어린 사람들의 우울증을 치료하기 위한 약물 사용을 둘러싼 사회적 · 잠재적 · 경제적 영향을 감안하면, 앞으로 이러한 논쟁에 대해 말들이 많을 것 같다(예: Riddle, 2004).

우울증의 처치에 대한 이야기를 마무리하면서, 심리사회적 처치 및 약물 처치에 대한 통제 연구는 우울증 아동/청소년의 60%는 위약 효과를 보고하고(Bridge et al., 2007), 15~30%는 단기 치료에 반응한다(Goodyer et al., 2007)는 것에 주목하고 있다. 즉, 경미하거나 단기적인 우울증이 있고, 자살 경향이 없으며, 기능 결함이 경미한 아동/청소년은 학교 및 가정의 스트레스 요인과 관련된 교육, 지지, 사례 관리가 효과적이다. 그러나 우울증이 심각하고, 자살 생각과 행동을 보이거나, 기능에서 심각한 결함이 있는 사람은 앞서 논의한 구체적인 심리적 처치와 약물 처치가 함께 필요할 것 같다(AACAP, 2007d; Cheung, Kozloff, & Sacks, 2013).

예방

우울증의 재발 성질이라는 관점에서, 아동기와 청소년기에 우울증을 예방하는 것은 질병 발생에 대한 평생의 위험성을 감소시키는 것이며, 또한 건강 서비스 자원의 이용과 비용을 감소시키는 것이다(Horowitz & Garber, 2006; Stice et al., 2009).

준임상적 우울 증상이 있는 초등학생 및 고등학생의 예방에 관한 조기 연구는 CBT/문제해결 접근이 우울 증상을 감소시키고 처치가 있은 후 2년까지 우울증 재발의 위험률을 낮추는 데 효과적임을 발견했다(Gillham & Reivich, 1999; Shochet et al., 2001). 그렇지만 모든 프로그램이 이득이 있다고 보고되지는 않는다. 예를 들면, 한 통제된 연구에서는 환경에서 보호 요인을 강화하고 청소년의 개별적인 회복력을 발달시키기 위해 학교 중심의 포괄적인 프로그램이 시도되었다. 프로그램은 3년 이상의 연구에 참여한 청소년에게 우울 증상 또는 위험 요인이나 보호 요인의 수준에서 유의미한 변화를 만들어 내지 못했다(Sawyer et al., 2010). 증거 중심 개입의 광범위한 노력에도 불구하고, 이러한 부정적 결과는 학교 중심의 일반적인 개입 프로그램의 실행에 따르는 어려움을 강조하는 것이다. 이러한 어려움에는 프로그램이 규정대로 시행될 수 있도록 넓고 다양한 지역적 영역에 걸쳐서 효과적인 교사 훈련이 필요하고, 어린 청소년들이 예방 프로그램에 참여하고, 정책의 시행에서 요구되는 많은 시간과 현장이 '학교 전체' 수준에서 변화될 수 있어야 한다(Sawyer et al., 2010).

그 밖의 대규모의 예방적 노력(예: Columbia Teen Screen)은 우울증이나 자살의 위험이 있는 고등학생을 조기에 찾아서 이들이 도움을 받을 수 있도록 하고 있다(Shaffer et al., 2004). 부모 중 90%는 자녀가 자살을 생각할 때 이를 파악할 수 있다고 자신감을 보이지만, 정신건강 문제가 있는 10대의 1/3만이 부모에 의해 발견된다는 점을 생각할 때, 학교 차원의 선별의 중요성이 더욱 강조된다. 학교 차원에서 자살을 선별하는 것은 자살 및 기타 정신건강 문제의 위험이 높은 아동을 식별하는 데 어느 정도 성공적이지만, 위험이 있다고 잘못 식별된 아동/청소년의 수에 관한 우려가 커지고 있다(Scott, Wilcox, et al., 2010).

최근, 예방 노력은 우울장애의 과거력이 있는 부모로 인해 우울증의 위험이 높은 청소년에게 인지-행동 예방을 제공하는 데에 중점을 둔다. 무작위로 통제된 연구에 따르면, 인지-행동 예방 프로그램은 위험군 아동의 우울 삽화의 발병을 예방하는 데에서 일반적인 관리 집단에 비해 3년 이상 유지하는 효과가 있었다(Beardslee et al., 2013). 그러나 부모가 기초선에서 심한 우울증이 있을 때에는 집단 간 차이가 발견되지 않았다. 기타 유사한 개입 프로그램으로는 MDD 과거력이 있는 부모의 9~15세 자녀에게 적용한 가족 인지-행동 개입이 있다(Compas et al., 2011). 우울한 부모와 그 자녀는 다수의 문제해결 기술 및 아동이 부모의 우울증에 대처하는 방법을 가르치는 것이 포함된 대처 기술을 배우게 된다. 프로그램의 목표는 가족에게 우울증에 관해 교육하기, 스트레스와 우울증이 기능에 미치는 영향에 대한 인식을 증가시키기, 가족이 스트레스를 인식하고 관리하도록 돕기, 스트레스에 효과적인 방법의 사용을 촉진하기, 양육 기술을 향상시키기 등이다. 무작위로 통제된 연구에서, 예방적 개입에 참여한 아동과 적혀 있는 정보만 제공받은 비교 집단의 아동을 비교했다. 개입이 있었던 아동은 2년 후에 MDD의 비율이 유의미하게 낮았고, 개입 18개월에 내재화 및 외현화 증상이 유의미하게 낮았고, 개입 24개월에 외현화 증상이 유의미하게 낮았다. 부모의 우울 증상의 감소가 개입 18개월과 24개월에 미미했지만 MDD 삽화는 없었다(Compas et al., 2011). 이와 같은 예방적 개입은 우울한 부모를 두었으나 우울증의 영향을 받지 않은 아동이 우울증을 발달시키는 것을 방지할 수 있고, 현재 처치를 받고 있는 우울한 아동의 결과를 향상시킬 수 있다.

우선해야 할 일로는 우울장애의 위험이 있는 아동/청소년의 판별, 조기 개입, 예방에 대한 발전 및 지속적인 개선이 있다(Barrera, Torres, & Munoz, 2007; Farrell & Barrett, 2007). 취학 전 아동을 위한 프로그램의 개발(Lenze, Pautsch, & Luby, 2011) 및 기본적인 관리, 학교, 그 외 환경에서 사용할 온라인 및 컴퓨터 중심의 상호작용 프로그램이 유망한 새로운 예방법이 될 수 있다(Gladstone et al., 2014; Spence et al., 2011).

단원 정리

우울증의 처치

- 인지-행동치료와 대인관계 심리치료는 어린 사람들의 우울증을 치료하는 데에서 가장 성공적이다.
- SSRIs는 우울증의 약물 처치에서 맨 앞에 있지만, 사용에 대한 우려가 제기되고 있다.
- 어린 사람들의 우울증 예방을 겨냥한 프로그램들이 시급하다.

양극성 장애(BP)

어떤 의미에서, 우울증은 검은 유리를 통해 세상을 보는 것과 같으며, 조증은 찬란하지만 산산조각 나는 만화경을 통해 보는 것과 같다.

— K. R. Jamison(1997)

BEN

기분이 극도로 요동치다

Ben(14세)은 거주치료센터에서 살고 있다. 그는 우울, 초조하고 과장된 활동, 잠이 없음, 그리고 학급 여학생을 상대로 한 성적인 몰두, 교사에 대한 성적인 접근 등의 과거력이 있다. Ben의 사고는 날아다니고, 말은 빠르고 단편적이며, 기분은 폭넓게 요동친다. 극도로 고조된 상태에서는 거의 잠을 자지 않고, 소리 지르고, 노래 부르고, 모든 사람을 방해하는데, 밤이나 낮이나 끝도 없이 에너지가 공급되는 것 같다. 이때 그는 '그야말로 기가 막히게 기분이 좋다'고 느끼며, 날 수 있을 것 같다. 극도로 저하될 때에는 담요 안에 몸을 둥글게 만 채, 무가치감과 자살에 대한 생각을 표현하는 움츠려 있고 무력한 어린 남자이다. (저자의 사례 자료에서 인용)

Ben은 **양극성 장애**(BP)의 주요 특징을 보이는데, 즉 특이하고 지속적으로 기분이 고양되고 확장되고 성마름, 목표 지향적인 활동 또는 에너지의 증가가 동반되고, 그리고 하나 이상의 주요 우울 삽화가 수반되거나 우울 삽화가 대체되는 것이 두드러진 기간이 있다. BP의 조증 단계와 관련된 두 가지 기분 상태는 고양감과 극심한 행복감(희열)이다. 그러나 아동/청소년의 행동이 방해받으면 이러한 기분은 재빨리 분노와 적대감으로 바뀔 수 있다. BP가 있는 많은 아동/청소년이 우울의 기분 역시 동시에 가지고 있기 때문에 쉽게 눈물을 흘린다. Ben처럼 이 장애가 있는 어린 사람이 한 순간에 그토록 심한 조증의, 고양되고 거친 모습을 보이고, 그다음에는 우울해지면서 움직임조차 없고, 어떤 때는 아주 정상으로 보인다는 것은 놀랍기도 하고 상상할 수도 없다(Geller & Luby, 1997).

어린 사람의 BP 증상은 Cappadocia의 의사 Aretaeus가 사춘기의 청소년에서 조증 행동을 기술한 A.D. 150년에 인식되었다(Kotsopoulos, 1986). 현대에는 일반적으로 성인의 질병으로 간주되었으며, 아동과 청소년에 대해서는 거의 관심이 없었다(Geller & DelBello, 2003). 그러나 최근에는 아동 및 청소년의 BP에 대해서 전문가와 대중의 관심이 급부상했으며, 이는 연구 · 진단 · 처치 · 대중매체의 보도 비율의 증가에서 나타난다(Fristad & Algorta, 2013; Youngstrom & Algorta, 2014). 예를 들면, 1994년 이래로 BP로 외래 진료를 받은 아동의 추정치는 적어도 40배 이상 증가했으며, 이러한 방문에서 90% 정도는 향정신성 약물이 처방되었다(Moreno et al., 2007b). 관심이 증가하면서 논란도 많은데, 어린 사람들의 BP는 흔하게 발생되지 않기 때문에 식별하기가 어렵고, 삽화에 따라 삽화 내에서도 임상적 표현의 차이가 극도로 심하고, ADHD 및 품행 문제처럼 좀 더 흔한 아동기 장애와 증상이 중복된다(Youngstrom & Algorta, 2014).

아동 및 청소년의 적절한 BP 진단 기준에서도 논쟁이 지속된다(Carlson, 2011). 이러한 논란의 중심은 사춘기 이전 아동에게 BP 진단이 내려질 수 있는지에 관한 것이다. 일부 임상가들은 이러한 명칭을 사용하는 대신에, 덜 낙인찍는 범주의 우울증 또는 ADHD 진단과 함께 불안정한 정서를 보이는 아동이라고 명명한다. 또 다른 임상가들은 단지 기분의 동요, 성마름, 공격성의 출현에만 기초해서 어린 아동에게도 BP라는 명칭을 사용하는데, 과잉 진단에 대한 우려도 있다. 따라서 동일한 진단적 정보를 제시하는 임상가들도 아동의 BP에 대한 평가에서, 그 위험은 0%에서 100%까지 크게 달라진다(Jenkins et al., 2010). 이러한 논쟁의 초점은 아동의 BP가 성인과 똑같이 표현되는가 하는 것이다. 만약 그렇다면, 아동의 조증은 아동/청소년의 평상시 행동과 기능을 벗어난 뚜렷한 삽화에 의해 제한적으로 진단되어야 하고, 성인과 동일한 증상(예: 희열감, 과대감)이 있어야 한다.

그렇지 않다면, 심한 성마름, 길어진 분노의 폭발, 조증의 변형된 증상뿐만 아니라 ADHD · ODD · 기타 동시 발병의 증상들과 함께, 만성적인 정서 조절 곤란의 아동기 초기 발병을 포함시키는 광범위한 정의로 진단 내리면 충분할 것이다(Carlson & Klein 2014). 아동의 기분을 안정시키는 데 사용할 약물이 별로 없다는 것과 아동에게 이러한 약물을 사용하는 것에 대한 위험이 성인보다 클 수 있다는 점을 감안할 때, BP 명칭을 아동에게 사용하는 방법은 처치에 대한 중요한 의미를 내포하고 있다(Ghaemi & Martin, 2007).

DSM-5의 BP 진단 준거를 충족시키는 어린 사람들은 입원 경험, MDD, 약물로 처치, 파괴적 행동 및 불안장애와의 동시 발병을 포함해서 기능에서 심각한 결함을 보인다. 정신병 증상과 자살 관념 및 자살 시도를 했던 이력 또한 흔하다(Axelson et al., 2006). 이들은 심각하고 주기적인 기분 변화 및 폭발을 보인다. 따라서 그것이 충분히 무르익은 상태에서, 이러한 조건은 아동의 평상시 행동과 분명히 다르다(Carlson, 2002). 조증 삽화 동안에, BP가 있는 아동은 성마름 및 분노와 같은 격렬한 증상을 보일 수 있다. 또는 과대망상적 믿음(예: 신과 특별한 관계가 있다고 믿는 10대)과 함께 어리석고, 충동적이고, 과도하게 흥분된, 과도하게 말이 많은 행동을 보이기도 한다. 아동이 특별한 힘 또는 능력이 있는 척하는 것은 정상이지만, BP가 있는 아동/청소년은 조증 삽화 기간 중에 자신이 X맨 울버린이고 다치지 않고 전지전능하다고 실제로 믿을 것이다. 물 위를 걸을 수 있다거나 교통을 통제한다거나 다치지 않고 건물에서 뛰어내릴 수 있다고 믿지만, 이 과정에서 죽을 수 있다는 것을 믿지 않는다.

지칠 줄 모르고 흥분하고 잠이 없는 것도 BP가 있는 아동/청소년이 보이는 전형적인 모습이다. 성적 억제 불능(Ben이 교사에게 그랬던 것처럼)은 아동이 평소답지 않게 성적 주제 또는 성적인 접촉이나 '성적인 이야기'에 몰두하게 될 때 일어날 수 있다. BP가 있는 아동은 자신감에서 비현실적으로 고양된 모습을 보이고(자신이 '선택된 단 한 명'이라고 믿음) 에너지를 쏟아 내고, 며칠 동안 잠을 거의 자지 않아도 피로감도 없다. 이들은 그림을 그리거나 정신적 에너지가 필요한 공상 게임처럼 흥미를 끄는 활동에 몇 시간이고 집중할 수 있다. 그러나 동시에, 매우 산만하고, 끊임없이 이 일에서 저 일로 뛰어다니는 모습을 보인다(Geller & Luby, 1997).

조증이 있는 아동의 고양된 기분은 이들이 외향적으로 행복하고 발랄한 사람으로(잘못된 정보에 의해 틀리게) 보이게 한다. Ben처럼, 이들은 "기분이 기가 막히게 좋아요."라고 말하기도 한다. 따라서 이렇게 웃고 행복해 보이는 청소년이 정신적 고통 또는 괴로움의 내력이 있다고 인정하기 어렵다. 이러한 이유 때문에, 아동의 발달력과 관련지어서 아동의 현재 기분을 평가하는 것이 중요하며, 특히 고무된 기분과 학교 또는 가정에서의 어려움의 과거력 사이에 불일치가 나타날 때에는 더욱 그러하다(Youngstrom, 2007).

장기적 결과에서 나타나는 차이 또는 관련된 증상에 관해서는 아직 알려지지 않았지만, 최근의 연구는 18세 이전에 발생한 BP가 성인에서 발생하는 BP와 동일한 장애라고 암시하고 있다(Carlson et al., 2004). 문제가 없는 것은 아니지만, 아동 및 청소년의 양극성 장애 진단은 성인에게 적용되는 DSM-5 진단 준거를 사용해서 내려진다. BP의 네 가지 주요 유형이 있는데, 제I형 양극성 장애, 제II형 양극성 장애, 순환성 장애, 달리 명시된 양극성이다. 유형의 차이는 아동/청소년이 조증이나 경조증 삽화를 보이는지 여부와 관련된다. **조증 삽화**는 BP의 주요 특징인데, 1주일이나 그 이상 뚜렷이 구분되는 기간 동안 아동/청소년은 지속적이고 만연되고 비정상적인 고양감과 성마른 기분, 지속적인 목표 지향적 활동 및 에너지의 증가를 보인다. 이 삽화에는 이미 설명해 왔던 것처럼 과장된 자아감, 수면 감소, 사고의 질주(racing thoughts), 빠르고 억제되지 않는 말, 적절하지 않은 세부사항에 집중, 활동의 증가, 즐거움을 주지만 종종 무모하고 위험한 행동에 지나치게 몰입하는 행동이 수반된다. 또한 아동/청소년은 기분 방해 및 에너지 증가와 활동이 증가하는 기간 동안에는 우울 삽화의 진단 준거를 충족시키지 않고, 기분 방해는 약물 사용이나 의학적 상태 때문이 아니며, 방해는 일상적인 활동에 심각한 결함을 야기하고 자신이나 타인을 해치지 않도록 입원이 필요하다. **경조증 삽화**는 조증 삽화와 질적으로 닮았으나 강도가 덜하다. 조증 삽화보다 기분 방해 및 활동과 에너지의 증가가 덜 심각하고, 기간이 더 짧으며, 기능에서의 손상이 덜하다.

제I형 양극성 장애의 진단은 하나의 조증 삽화 및 하나 이상의 주요 우울 삽화가 있어야 한다. **제II형 양극성 장애**는 하나 이상의 우울 삽화와 혼합된 경조증 삽화가 있어야 한다. **순환성 장애**는 조증 삽화 또는 주요 우울장애의 진단 준거를 충족시키지는 않지만 기능을 상당히 손상시키는 수많은 경조증과 우울 증상 및 지속적인 경조증과 우울 증상이 1년 또는 그 이상 지속되는 것이다(Van Meter et al., 2013). **달리 명시된 양극성 장애**는 양극성 장애의 다른 유형을 충족시키지는 않지만 심각한 기능 손상을 가져오는 BP의 특징 증상을 보이는 경우이다. DSM-5

에는 '혼합된 특징 동반'을 명시하는데, 이는 현재의 조증, 경조증 삽화가 역치 아래의 우울증 또는 기분저하증이 있거나, MDD의 삽화가 역치 아래의 조증 또는 경조증이 있을 때 사용된다.

조증이 있는 아동/청소년의 비정형적인 증상은 DSM-5를 이용한 진단을 어렵게 만든다(Youngstrom, 2007). 기분의 변화, 정신운동적 동요, 심리적 동요는 지속적이라기보다는 변덕이 심하고 불규칙하다. 성마름, 호전성, 조증-우울의 증상이 혼합된 특징들이 희열감보다 더 자주 나타난다. 성인과 달리, 아동의 무모한 행동에 대해 발달상의 한계 및 사회 환경적 제약이 따르므로, 주로 학업 실패 · 싸움 · 위험한 놀이 · 부적절한 성적 행동 등을 보이기도 한다. 따라서 떠벌임, 정신운동적 동요, 무모한 행동과 같은 전형적인 조증 증상들은 ADHD 및 품행장애처럼 흔한 아동기 장애의 조증 증상, 그리고 허풍 · 상상 놀이 · 과잉행동 · 어린이 특유의 실수와 같은 전형적인 아동기의 행동과 구별되어야 한다(American Academy of Child and Adolescent Psychiatry[AACAP], 2007c).

BP가 있는 아동/청소년에서 주목해야 하는 조증의 증상에는 어떤 것이 있을까? 조증 상태에서, 아동/청소년은 자신의 생각에 대한 정확성 또는 중요성에 대해 굉장한 확신을 보인다. BP가 있는 청소년은 과대망상을 보이는데, 비논리적이고 강한 신념은 판단력이 흐려지고 충동적인 행동을 야기한다(Jamison, 1997). 예를 들면, 교수 방법에 대해 교사에게 계속해서 질문할 수 있다. 이러한 조르는 행동이 너무 심해서 교사는 부모와 접촉을 시도하고, 그들 자녀가 그 행동을 그만두게 하라고 요구한다. BP가 있는 아동/청소년은 의도적으로 과목을 낙제하고, 자신이 잘못된 교육을 받아서 그렇다고 주장하면서 합격과 실패를 자신이 선택할 수 있다는 비논리적인 신념에 따라 행동하기도 한다. 값비싼 물건을 훔치고 그러한 행동이 나쁘고 불법이라고 설명해 주는 부모나 경찰에게 반응을 보이지 않는다. 이들은 훔치는 것이 다른 사람에게는 불법이라는 것을 알지만, 자신은 법 위에 존재한다고 믿는다. 비록 학교에서 모든 과목을 낙제해도 자신은 뇌수술과 같은 큰 명성을 이룰 것이라고 믿는다. 마찬가지로, 키가 작고, 엉성하고, 모든 운동 능력이 떨어지는 BP 아동/청소년은 열정적으로 농구 연습을 하며, 자신이 차세대 LeBron James가 될 것이라고 믿는다. 자신의 의지대로 날씨를 바꿀 수 있다고 생각하는 아동도 있다.

우울증이 있는 아동/청소년은 잠을 잘 수 없거나 초조하고 생각이 많아서 몇 시간이고 침대에 누워 있는 반면, 조증은 취침 시간에도 활동량이 많고, 침대에 거의 누워 있지 못하며, 수면이 필요하지 않다. 조증이 있는 아동은 취침시간에 옷장을 다시 정리하거나 부모가 잠자리에 들기를 기다렸다가 파티에 가려고 몰래 집을 빠져나온다.

조증 아동의 단어, 사고, 행동은 매우 빠르다. 말장난으로 말을 만들고, 단어 놀이, 끊임없이 말하기가 흔하다. 연령에 상관없이, 조증이 있는 아동/청소년은 말을 쏟아 내는데, 즉 말을 너무 많이 하고, 빨리 하며, 주제가 매우 빠르게 바뀌고, 말을 중단시킬 수 없다. 또한 사고의 질주를 보이는데, 예를 들면 생각 때문에 숙제를 할 수 없다고 말하기도 한다. 어느 10대는 "질주하는 생각이 멈춰지는 버튼이 이마에 달려 있었으면 좋겠어요."라고 말했다(Geller & Luby, 1997). BP가 있는 성인과 마찬가지로, 아동도 사고의 비약, 즉 하나의 생각에서 다른 생각으로 비논리적인 도약이 있다. 예를 들어, "너는 LA에 사니?"라는 질문에 아이는 "바다에서 수영하기를 좋아하는 사람이 있어요. 당신은 개를 키우나요?"라고 대답한다.

모든 연령대의 조증 아동에게는 주변의 아주 작은 변화도 심각한 주의산만을 유발한다. 고조된 정신운동적 동요와 목표 지향적 행동은 마치 에너지가 끝없이 공급되면서 정상적인 활동이 과하게 수행되는 것과 유사하다. 조증 아동/청소년은 짧은 시간 동안에 여러 장의 그림을 그리고, 책을 읽고, 컴퓨터를 하고, 간식을 준비하고, 여러 통의 전화를 하고, 편지를 쓰고, 집안 청소를 한다.

무모한 도전은 BP 아동/청소년에게 흔하다. 나이가 좀 있는 청소년이라면 속도위반이나 음주운전으로 딱지를 떼는 무모한 운전으로 나타난다. 사춘기 이전이라면 자신이 날 수 있다고 믿고 창문 밖으로 뛰어내리는 과대망상으로 나타날 수도 있다. 보통 어린 시절에 기어오르는 것에 대한 한계를 밀어붙이는데, 자신은 모든 위험을 뛰어넘을 수 있다는 강한 믿음 때문이다(Geller & Luby, 1997). 극단적인 경우, 이들은 환시 및 환청과 마찬가지로 망상적 사고와 함께 폭력적인 동요를 경험하기도 한다.

유병률

7~21세 젊은이들의 지역사회 표본에서 BP의 평생 유병률은 세계적으로 0.5~2.5%로 추정된다(Merikangas et al., 2012; Van Meter, Moreira, & Youngstrom, 2011). 증상이 복합적으로 나타나고 정확한 진단이 어렵기 때문에 어린 사람들의 양극성 장애 발생은 이보다는 더 흔하고, 우리가 생각하는 것보다 더 어린 나이에 발생할 가능성도 있다(Luby & Belden, 2006; Youngstrom, 2007).

어린 사람들에서 조증 증상의 기간은 조증 삽화가 요구하는 DSM-5의 일주일 기간을 종종 충족하지 않는다. 8~19세에 대한 역학 조사 연구에서, DSM-5의 삽화 기간 기준을 충족시키는 조증이나 경조증의 반복된 삽화는 극히 드물며(< 0.3%), 16~19세에 제한적이다(Stringaris et al., 2010). BP가 있는 아동은 또한 삽화의 순환이 빠른 것 같고(1년에 최소 4회의 기분 삽화), 80% 정도의 아동이 이러한 경과를 보인다(Geller et al., 1995).

이러한 연구 결과의 시각에서, 가장 흔한 진단은 제I형 양극성 장애보다는 가벼운 제II형 양극성 장애, 순환성 장애, 달리 명시된 BP의 진단이다(Lewinsohn, Klein, & Seeley, 1995). 순환성 장애 또는 달리 명시된 BP가 있는 아동은 증상의 심각성 및 기능의 결함 측면에서 제I형 양극성 장애와 유사하며, 이는 이 상애가 동일한 양극성 장애 스펙트럼상에 있다는 것을 시사한다(Hafeman et al., 2013). 지역사회 표본 연구들이 지난 20년 동안 어린 사람들에게서 안정된 비율의 BP를 보고하는 것에 주목하는 것도 흥미로운데, 이는 이 기간 동안 임상 표본에서 BP의 진단이 크게 증가한 것과 대조를 이루었다(Youngstrom & Algorta, 2014). 이것은 6장에서 ASD 진단이 증가한 것에 대해 설명한 것과 비슷하게, 실제로 비율이 증가하기보다는 BP에 대한 자각과 인식이 커졌다는 것을 시사한다.

5세 또는 6세의 어린 아동에게서 조증 발병 사례가 있지만, 사춘기 이전에 양극성 장애의 출현은 극히 드물며 청소년기에 증가하여 성인만큼 많아진다(Lewinsohn, Klein, & Seeley, 2000). 우울증과는 대조적으로, BP는 남아와 여아에게 동일하게 나타난다. 그러나 증상은 다르게 표현되는데, 남아는 조증의 기분을 더 많이 보이고 여아는 우울한 기분을 더 많이 보인다(Duax et al., 2007). 조기 발병 BP가 있는 아동/청소년에 대한 연구에서, 남아가 여아보다 영향을 더 많이 받으며, 특히 13세 이하에 발병된 경우는 더 그런 것 같다. BP의 비율이 인종 또는 문화권에 따라 다르다고 밝혀지지는 않았지만, 아동 및 청소년의 BP에서 이 문제를 조사한 연구는 거의 없다(AACAP, 2007c). 어린 사람들의 BP 유병률을 평가하기 위해 서로 다른 수많은 정의 및 방법이 사용된 것을 감안하면, 지금까지 가장 일관된 결과는 유병률이 지역사회 표본보다 임상 표본에서, 어린 참가자에 비해 나이가 많은 아동에게, BP를 폭넓게 정의하고 순환성 장애 및 달리 명시된 BP를 포함시켰을 때 높아진다(Youngstrom & Algorta, 2014).

동시 발병

BP가 있는 아동/청소년은 동시 발생하는 장애가 아주 흔하다. 여기에는 ADHD, ODD, CD, 물질 사용 문제, 자살에 대한 생각 또는 자살 시도가 있다(Goldstein et al., 2012; Hauser, Galling, & Correll, 2013; Sala et al., 2010). 이 장애들은 BP와 중복되는 증상이 많은데, 현재 구별되는 장애라고 가정하는 것의 기저에 있는 과정이 공유되는 것과 연관이 있을 수도 있다(Youngstrom & Algorta, 2014). 이 장애들 이외에, BP가 있는 아동/청소년은 수면 문제, 가족 및 또래 관계의 붕괴, 위험 감수 행동, 과체중 또는 비만 · 심혈관계 이상 · 대사장애 · 뇌전증 · 편두통과 같은 의학적 문제가 흔한데, 이는 장애의 관리를 더욱 어렵게 한다(Goldstein et al., 2013; Sheffer & Linden, 2007; Youngstrom & Algorta, 2014).

BP가 있는 아동/청소년의 60% 이상이 한 가지 이상의 동시 발병 불안장애가 있고, 50% 이상은 두 가지 이상의 불안장애가 있다. 빈도뿐만 아니라, 동시 발병된 불안장애는 어린 사람들의 BP 경과에 나쁜 영향을 미치는 것으로 밝혀졌는데, 이는 조기 인식과 처치의 필요성을 시사하고 있다(Sala et al., 2014). BP가 있는 아동/청소년은 빈약한 판단력 · 산만성 · 부주의 · 성마름 · 과잉행동 · 분노 · 충동 통제의 불량 · 요구 행동 · 하나의 주제 또는 활동에서 다른 것으로 날아다니는 경향성과 같이 동시 발병하는 ADHD 증상을 보인다. BP 증상 때문에 처음 발견된 아동/청소년 중에서 사춘기 이전 아동의 60~90%, 청소년의 30%는 ADHD도 가지고 있다(Geller & Luby, 1997).

BP가 있는 아동 및 청소년의 80%에서 ODD와 CD가 발생한다(Leibenluft & Rich, 2008). BP에 있는 과대성, 조증, 판단력 부족과 같은 증상은 품행 문제의 증상과 혼동될 수 있다. 예를 들면, BP가 있는 11세 소년은 자신이 유명한 록 가수가 될 것이라고 믿었는데, 수백 달러짜리 악기를 훔치고 경찰이 심문했을 때 무덤덤한 반응을 보였다. 도주하기, 음주운전, 물질 남용, 성적인 문란, 절도와 같은 CD의 증상은 BP의 증상과 중복된다. 마찬가지로, 조증과 관련된 사고의 비약 또는 말을 쏟아 내는 것은 언어장애로 오인될 수도 있다(Carlson, 2002; Geller & Luby, 1997).

BP 증상과 동시 발병 장애의 증상을 구별하는 데에서, 증상이 기분 삽화 중에만 나타나거나 악화된다면 이는 조증을 나타낸다. 그러나 증상이 만성적이고, 삽화와 삽화 사이에 발생하고, 아동의 전형적인 행동 수준을 나타내는 것이라면, 이는 ODD · ADHD · 불안장애와 더 일치한다(Leibenluft & Rich, 2008).

발병, 경과, 결과

BP 환자의 대략 60%는 19세 이전에 첫 번째 삽화를 경험하며, 가장 많은 발병 연령은 15~19세이다(Merikangas et al., 2007; Post et al., 2008). 연령에 맞게 조정한 조증 증상으로 취학 전 아동에게서 BP가 판별될 수 있다고 해도, 10세 이전의 발병은 극히 드물다. 임상 표본에 있는 아동/청소년은 조증 증상의 전반적인 수준이 더 높은 반면, 청소년은 우울 증상의 비율이 높다. 하지만 우울 및 조증의 핵심 증상은 연령에 상관없이 일관적이다(Youngstrom & Algorta, 2014). BP가 있는 아동/청소년은 처음에 우울 삽화 또는 조증 삽화이지만 대부분의 아동/청소년은 첫 번째 기분 삽화가 주요 우울이라고 보고한다. 이 점은 우울증에서 조증으로 전환하는 비율을 높게 보고하는 것과 일치한다(Geller & Luby, 1997).

궁극적인 조증의 위험 요인에는 주요 우울 삽화(빠른 발병 · 정신운동의 지체 · 붕괴된 수면 패턴 · 정신증 특징이라는 특성)와 기분장애의 가족력, 특히 BP의 가족력이 포함된다(AACAP, 2007c). 어린 사람이 뚜렷한 조증의 첫 번째 삽화를 보일 때, 더 많은 조증 삽화들이 뒤따를 가능성이 매우 높다. 양극성 삽화는 일반적으로 주요 우울 삽화보다 기간이 짧으며, 이를 치료하지 않으면 대략 4~6개월 동안 지속된다. 청소년의 70% 정도는 6개월 이내에 첫 번째 삽화에서 회복되지만, 50%는 최소한 한 번 이상 재발 삽화가 있다(Birmaher et al., 2006).

어린 사람들에게 있는 BP 증상을 인식하기 어렵기 때문에, 아동/청소년이 치료하거나 입원하기 전에 보통은 증상을 잘 알아채지만, BP라고 부르지는 않는다(Youngstrom et al., 2005). BP 증상이 있는 성인의 과거력을 되돌아보면 사춘기 즈음에 기분 변동이 시작된 것을 종종 볼 수 있다. 그러나 증상의 발병에서부터 장애가 심각하게 드러나서 알아차리게 되거나 치료를 받기까지 흔히 5년에서 10년의 차이가 있다(Carlson, 1994).

BP의 조기 발병과 경과는 만성적이며, 성인과 마찬가지로 장기적으로 예후가 나쁘고 처치에 잘 반응하지 않는다(AACAP, 2007c). BP가 있는 청소년의 5년 예기적 추후 연구에서, 환자의 거의 50%는 재발하거나 완치되지 않았다(Strober et al., 1995). 성인과 비교했을 때, BP가 있는 청소년은 경과가 더 오래 지속되며, 처치에 대한 반응이 더 나빴다. 그러나 장기적인 예후는 성인과 비슷한 것으로 나타났으며, 대부분의 환자는 심각한 증상과 기능적 결함을 계속 겪고 있다(DelBello et al., 2007).

원인

JESSI
가족력이 있다

Jessi의 어머니가 말했다. "Jessi의 아버지는 알코올 중독과 조울증이 있었어요. 아마 그가 청소년 때부터였을 거예요. 그는 조증 삽화 때 발생한 탈수로 죽었어요. 그의 병은 우리에게는 미스터리였어요. 자라면서 Jessi는 아버지가 아프다는 것을 알았고, 점차 아버지의 병이 자기에게 어떤 의미인지 걱정하기 시작했어요. Jessi가 20대 초반일 무렵, 분명 뭔가가 이상했어요. 처음에 저는 Jessi에게 믿음이 좀 떨어졌어요. 뭔가를 잊어 먹거나, 늦게 오거나, 때때로 나와의 약속을 어기기도 했지요. Jessi는 자주 피로와 감기, 복통을 호소했어요. Jessi의 반응은 점차 짧아지고 피상적이 되었지요. 그때에는 무엇 때문인지 몰랐지만, Jessi는 몇 개월 동안 지속되는 큰 기분 변동을 겪고 있었어요. 아버지가 겪었던 양극성 장애의 조증으로 변화되지는 않았지만, Jessi는 주요 우울장애가 있었던 거예요."

출처: Dowling, 1992에서 인용.

성인에 대한 연구와 최근에는 아동에 대한 연구가 있기는 하지만, 어린 사람들에서 BP의 원인을 조사한 연구는 비교적 적으며, 이는 BP가 유전일 가능성이 가장 높은 정신장애 중 하나라는 것을 나타낸다(McInnes et al., 2003). 가족 및 유전 연구에서 나온 결과들은 BP가 생활 스트레스 또는 부정적 가정 분위기처럼 환경적 요인이 유전적 취약성과 결합된 결과라고 지적하고 있다. 일란성 쌍둥이 중에서 한 명이 BP가 있을 때 다른 한 명의 쌍둥이가 양극성 장애를 가질 확률은 65%에 지나지 않으며, 이는 유전뿐만 아니라 다른 요인도 중요함을 시사한다. 누구라도 BP가 있을 수 있지만, 가족에게서 전달되는 것이 분명하다(Oquendo et al., 2013). BP가 있는 어머니의 자녀는 생후 6개월이 되었을 때 통제 집단에 비해 스트레스에 대한 반응으로 생리적 조절 곤란을 보일 가능성이 많은데, 이는 이후에 기분장애가 되는 초기의 취약 요인이 될 수 있다(Johnson et al., 2014). 부모 중 한 명 또는 두 명 모두 BP가 있을 경우, 그들의 자녀가 BP가 있거나 Jessie처럼 다른 기분장애가 있을 확률은 대략 다섯 배 더 높다(Hodgins et al., 2002; Mesman et al., 2013).

기분장애 이외에, 장애가 있는 부모의 영향으로 인해 BP의 위험이 있는 아동은 사회적 · 학업적 어려움뿐만 아니라 광범위한 정신병리를 보이는데, 특히 품행장애 또는 ADHD를 보이게 된다(Singh et al., 2007). BP가 있는 아동/청소년의 친척도 장애의 발생률이 높다. 광범위한 정신과 문제에 대한 가족의 발생률과 위험은 조기 발병 BP의 사례에서 가장 높은데, 직계 가족에서 평생 유병률이 대략 15%에 이른다(AACAP, 2007c; Rende et al., 2007). 이러한 비율은 일반 집단에서의 장애 유병률보다 15배 더 많다.

BP가 몇몇 유전자로 인해 발생한다는 것을 시사하는 증거가 증가하고, 몇몇 연구는 일부 염색체 영역과 감수성 유전자를 밝혀내기도 했다(Alsabban, Rivera, & McGuffin, 2011; McInnis et al., 2003). 다른 장애에서와 마찬가지로, 밝혀진 특정 유전자가 BP에 기여하는 바는 미미하다. 뿐만 아니라 이 유전자들 중의 일부는 우울, 불안, ADHD, 정신증이 있는 청소년에서도 발견되었다. 단일의 우세한 유전자가 있다고 하기보다는 복합적인 유전 양식이 있는 것 같다. 유전자가 표현되는 방식에서 환경적 요인이 중요한 역할을 하기 때문에, 유전적 성향이 있는 사람이 반드시 BP를 출현시키는 것은 아니다(Geller & Luby, 1997).

BP의 위험을 높이는 비특정적 위험 요인에는 임신 중 어머니의 건강 및 영양, 임신 중 물질 사용, 스트레스가 있는 초기 환경, 외상 사건에 노출, 부모의 기분장애가 있다(Youngstrom & Algorta, 2014). 환경 요인이 영향을 미치는 방식은 잘 알려지지 않았다. 그러나 부모의 BP가 문제해결 기술 및 의사소통 결손을 포함한 부정적 가족 분위기를 만들고, 이는 가족의 갈등을 예측하며, 이는 아동기 BP를 예측한다(Du Rocher et al., 2008).

BP의 위험이 있는 것으로 확인된 아동을 대상으로 조증 삽화의 발병 이전과 이후에 찍은 뇌 영상에서는 BP 발병에 특정적인 것이라기보다는 전반적인 정서 조절 곤란 패턴을 반영하는 뇌의 변화를 보여 주었다(Gogtay et al., 2007). 일반적으로, BP에서의 기분 변동은 편도체, 전두엽과 전방 대상회 피질, 해마, 시상, 기저핵에서의 이상과 연관되지만, 이상의 형태와 관련해서는 결과가 항상 일치하지는 않는다(Garrett & Chang, 2008; Gogtay et al., 2007). 이러한 비일관성은 어린 사람들에게 일어나는 지속적인 뇌의 변화 및 뇌의 구조와 기능을 평가하는 발달 시점과 관련이 있을 수 있다.

일부 연구들은 청소년이 갖고 있는 BP가 줄어든 해마 및 편도체 부피와 관련이 있다고 밝히고 있다(Beardon et al., 2007; Blumberg et al., 2003). 여러분도 기억하듯이, 우울과 관련해서 정서를 인식하고 통제하는 데에서 편도체의 중요성은 이미 언급된 바 있다. 연구는 BP가 있는 아동/청소년이 중립적인 얼굴 표정을 적대적으로 오해하고, 따라서 편도체 및 표정 정보를 처리하는 데 관여하는 뇌의 다른 부분과의 연결에서 높은 활성화를 보인다고 밝히고 있다(Perlman et al., 2013; Rich et al., 2008). 이러한 연구 결과 및 그 외 결과들은 BP가 있거나 BP의 위험이 높은 청소년은 정서 조절과 연관된 뇌 영역에서의 조절 곤란 그리고 안면 정서 처리 과정에서 독특한 신경의 상관 및 손상을 보일 수 있다고 시사한다(Brotman et al., 2010; Garrett et al., 2012). 이러한 손상은 BP가 있는 아동/청소년의 특징인 사회적 기술의 불량, 공격성, 성마름과 관련될 수 있다. BP가 있는 청소년은 금전적 이득과 손실에 대한 예측과 반응하는 동안에 뇌의 전전두 피질과 피질하 부분의 이상 활성화 역시 보이는데, 이것은 보상 과정, 동기, 목표 추구에서 문제가 있음을 시사한다(Singh et al, 2012).

처치

아동 및 청소년 BP의 처치에 대한 관심이 증가하고 있다. BP 치료가 아직 없지만, 대부분 사례의 처치에서는 기분을 안정시키고 증상을 관리하고 통제하게 한다. BP의 처치는 일반적으로 증상을 세심하게 점검하고, 질병에 대해 환자와 가족을 교육하고, 처치를 개인에게 맞게 적용시키는 것뿐만 아니라, 기분을 안정시키기 위해 리튬 또는 비전형적 항정신병 약물, 아동/청소년 증상과 관련된 심리사회적 결함을 다루는 심리치료적 개입이 포함된 다중 양식의 계획이 필요하다(AACAP, 2007c; Kowatch et al., 2005). 처치의 일반 목표는 장기적인 질병을 감소시키고 아동/청소년의 정상적인 건강과 발달을 증진시키면서, 아동의 증상 감소 및 재발을 방지하는 것이다(Geller & DelBello, 2008).

약물

BP가 있는 아동/청소년을 치료하는 데에서 여러 약물이 사용되어 왔다(Goldstein, Sassi, & Diler, 2012). FDA는 리튬의 사용을 12세까지 낮추어 승인했다. 그러나 12세 이하 아동 BP의 처치에 FDA가 승인한 약물은 지금은 없다(AACAP, 2007c). 약물은 전형적으로 조증이나 조증과 우울증의 복합적 증상을 다루기 위해 사용되거나, 재발을 방지하기 위해 사용된다. 약물의 임상적 시행은 일부 성공하고 있고 BP가 있는 청소년의 약물 처치에 대한 통제된 연구의 숫자가 급속히 증가하고 있지만, 10세 미만의 아동에서 약물 처치의 효과를 평가한 연구는 거의 없다(Goldstein et al., 2012; Liu et al., 2011).

최근까지 권장되고 있는 처치는 성인을 대상으로 한 결과에 근거하고 있지만, 삼환계 항우울제에서와 마찬가지로 이를 기반으로 하는 추정은 아직 입증되지 않았다(Geller et al., 1998). 따라서 기분 안정제 약물은 BP가 있는 어린 사람들에게 조심하고 보수적으로 사용해야 하는데, 특히 제I형 양극성 장애가 있는 성인에게서 보이는 전형적인 증상 유형과 다를 경우에는 더욱 그러하다. 이러한 전형적인 증상을 보이지 않는 아동/청소년은 BP 사례의 75%나 된다(Horst, 2009; Merikangas & Pato, 2009).

BP가 있는 성인에 대한 사용에 근거하여, 리튬은 BP가 있는 젊은이의 치료에서 첫 번째로 고려되는 약물이며, 여러 통제된 연구들에서 효과성이 입증되었다(Goldstein et al., 2012). 리튬은 자연환경에서 널리 볼 수 있는, 예를 들면 마시는 물에서도 흔한 소금이지만, 대개 양이 너무 적어서 영향을 미치지 않는다. 그러나 리튬의 치료적 투여량에서 부작용은 심각할 수 있고, 특히 다른 약물과 혼합해서 사용했을 때 더욱 그러하며, 부작용에는 독성(중독) 효과, 신장과 갑상선 문제, 상당한 체중 증가가 있다(Gracious et al., 2004). 성인에게 사용할 때와 똑같이 안전한 주의와 세심한 지도 감독이 함께 제공될 때에는 어린 사람들에게도 투여한다. 그러나 리튬은 혼란스러운 가정의 아동이나 위험한 부작용을 관리하는 데 필요한 여러 가지 약속을 지키지 못할 가능성이 있는 아동에게는 주지 않는다(Carlson, 1994; Geller & Luby, 1997). 뿐만 아니라, BP가 있는 청소년의 35%만이 약물에 대한 주의사항을 충분히 준수했다고 보고되었다(DelBello et al., 2007). 일부 연구는 BP가 있는 어린 사람들의 급성 조증 및 혼합된 삽화를 치료하는 데에서 리튬보다 비정형적인 항정신병제가 더 효과적임을 밝혔으며, 이는 이러한 약물이 BP가 있는 많은 젊은이들에게 바람직한 선택이 될 수 있다고 시사한다(Goldstein et al., 2012). 그러나 이러한 약물은 너무 많은 대사성 부작용이 있다. 뿐만 아니라, ADHD, 우울증, 불안과 같은 이차 증상을 치료하는 데에서 부가적인 약물 역시 사용되고 있다(AACAP, 2007c; Sanchez & Soares, 2011).

심리사회적 처치

BP 치료가 생물학적 원인과 약리적 개입에 초점이 맞추어지면서 심리사회적 처치에 대한 관심은 상대적으로 부족했으나 이러한 상황은 변하고 있다(Fristad & MacPherson, 2014). 또한, 예방에 관한 연구, 조증 또는 우울 삽화를 지연시키거나 예방하기 위한 개입, 위험에 대해 가능한 환경적 중개변인에 초점을 맞춘 접근에 대한 요구가 있다(Youngstrom & Algorta, 2014).

약물은 BP의 증상을 감소시킬 수는 있지만, 관련된 기능적 결함 및 이전에 있었거나 동시에 발생하는 물질 사용 장애, 학습 및 행동 문제, 가족 및 또래 관련 문제를 도와줄 수는 없다. 약물 복용을 준수하지 않는 것 또한 재발의 주요 원인으로 나타났다. 따라서 가족에게 약물 복용을 준수하지 않았을 때의 부정적 영향 및 가능한 재발 증상을 인식하도록 교육한다. 심리사회적 개입은 아동과 가족에게 장애, 증상과 경과, 가족 기능에 미칠 수 있는 영향, 장애의 유전 경향성 등에 관한 정보를 제공하는 데 초점을 둔다. 또한, 아동과 부모에게는 문제해결 기술, 의사소통, 감정 조절, 인지-행동 기술을 사용하여 증상에 대처하고 재발을 막는 방법에 대해 교육한다(Fristad, Goldberg Arnold, & Leffler, 2011; Fristad & MacPherson, 2014). BP가 있는 아동/청소년을 위한 심리사회적 처치에 관한 통제 연구는 이제 시작되고 있다(Fristad et al., 2009; Goldstein et al., 2007; Miklowitz et al., 2011). 이러한 연구들로 인해 고위험 아동/청소년을 위한 가족 집중 치료, CBT, BP 증상 감소를 위한 처치들을 결합해서 사용한 몇몇 새로운 조기 개입들이 생겼다(Fristad & MacPherson, 2014; Miklowitz et al., 2013). 약물과 심리사회적 예방 개입 양쪽 모두 받을 기회를 강화하기 위해 BP를 발달시킬 위험이 있는 어린 아동을 판별하려는 지속적인 노력이 필요하다(Howes & Falkenberg, 2011; Luby & Navsaria, 2010).

단원 정리

양극성 장애(BP)

- 최근, 아동 및 청소년의 BP 진단에 대한 관심의 증가는 어린 사람들의 장애를 확인하는 데에서의 어려움과 관련된 논쟁을 가중시켰다
- BP가 있는 아동/청소년은 비정상적이고 지속적으로 고양되고, 팽창되고, 그리고(또는) 성마른 기분의 기간이 있다.
- 이들은 고양된 자아감, 수면 욕구의 감소, 말을 쏟아 냄, 사고의 비약, 산만성, 지칠 줄 모르는 행동과 같은 증상을 보인다.
- BP는 어린 사람들에게서 주요 우울장애보다 훨씬 덜 흔하며, 평생 유병률은 세계적으로 0.5~2.5%로 추정된다.
- 양극성 장애는 후기 청소년기에서 가장 많이 발병하며, 우울증과 달리, 남녀가 대략 똑같다.
- 가장 흔하게 동반되는 장애는 ADHD, 불안장애, 품행 문제, 물질 남용이다.
- 아동 및 청소년에게서 BP의 원인을 검증한 연구는 거의 없다. 성인을 대상으로 한 가족 및 유전 연구는 BP가 생활 스트레스 또는 가정에서의 방해와 같은 환경적 요인이 유전적 취약성과 결합되어 나타난 결과라고 지적하고 있다.
- BP가 있는 아동/청소년의 뇌 영상 연구는 비록 이상의 유형과 관련해서 결과가 일관되지는 않지만 편도체 및 전방 대상회 피질이 포함된 정서 조절과 관련된 뇌 영역의 이상을 지적하고 있다.
- 어린 사람들의 BP는 질환에 대해 환자 및 가족의 교육, 약물, 아동/청소년의 증상과 관련된 심리사회적 결함을 다루어 주는 다중 양식의 치료 계획이 필요하다.

✷ 학습 자료

단원 요약

기분장애의 개관
우울장애
주요 우울장애(MDD)
지속성 우울장애(P-DD)(또는 기분저하증)
파괴적 기분 조절 곤란 장애(DMDD)
우울장애의 관련 특성
우울증의 이론
우울증의 원인
우울증의 처치
양극성 장애(BP)

핵심 용어

공동 반추(co-rumination)
기분장애(mood disorder)
기분저하증(dysthymia)
무쾌감증(anhedonia)
부정적 인지 3요소(negative cognitive triad)
부정적 인지 도식(negative cognitive schemata)
불쾌감(dysphoria)
성마름(irritability)
양극성 장애(bipolar disorder, BP)
우울적 반추 양식(depressive rumination style)
우울하게 만드는 인지(depressogenic cognitions)
이중 우울증(double depression)
절망감 이론(hopelessness theory)
정서 조절(emotion regulation)
조증(mania)
주요 우울장애(major depressive disorder, MDD)
지속성 우울장애(persistent depressive disorder, P-DD)
취약-스트레스 우울 모델(diathesis-stress model of depression)
파괴적 기분 조절 곤란 장애(disruptive mood dysregulation disorfer, DMDD)
황홀감(euphoria)

11

불안장애와 강박장애

당신이 그저 아주 작은 동물이었을 때 용기를 내기란 힘든 일이다.

—Piglet(Pooh의 작은 가르침, 1995)

이 장 미리 보기

분리불안: Brad는 엄마와 분리되는 것을 끔찍해한다. 그는 집에서 엄마를 늘 따라다니고, 항상 엄마가 어디에 있는지 알려고 한다.

사회불안: Li-Ming은 다른 사람들이 자신을 어떻게 생각할지에 대한 걱정에 사로잡혀 있다. 그는 학교에서 누구와도 관계를 맺지 않으며 완전히 고립되었다고 느낀다.

공황장애: Claudia는 감당할 수 없는 불안의 갑작스런 발작에 대해 기술한다. "심장이 너무 빨리 뛰어서 폭발할 것만 같아요. 나는 내가 죽는다고 생각했어요."

일반화된 불안: Jared는 '모든 것에 대해 걱정'한다. 즉, 학교에서 하고 있는 것, 신문에 난 사건들, 가정의 재정을 걱정한다.

강박장애: Georgina는 잠을 잘 수 없다는 생각을 멈출 수가 없다. 매일 밤 잠자기 전에 침실 옷장에 있는 모든 옷과 신발을 세고 분류하며, 옷장 문을 열었다 닫는 동일한 의식을 반복한다.

모든 아동이 정상적인 성장 과정에서 두려움 · 걱정 · 불안을 경험하지만, 우리가 예로 제시한 각 아동은 과도하면서도 자신을 힘들게 하는 불안장애로 인해 고통을 겪고 있다. 불안장애는 어린 사람들에게 가장 흔하게 나타나는 정신건강 문제 중 하나이며, 평생 유병률이 8%에서 30% 사이로 추정된다(Kessler et al., 2012a; Merikangas et al, 2010). 이러한 추정치는 아동의 연령, 불안장애의 유형, 기능의 결함이 진단의 일부로 포함되는지에 따라 차이가 있다. 적게 잡아도, 초등학교의 모든 학급에서 적어도 한 명은 불안장애가 있다고 볼 수 있다(Cartwright-Hatton, McNicol, & Doubleday, 2006). 불안장애의 조기 발병 · 높은 빈도 · 지속적 · 연관된 문제에도 불구하고, 아동의 불안장애는 종종 파악되지 못하고 치료를 놓치기도 한다(Gregory et al., 2007). 품행 문제나 주의력 문제가 있는 아동의 45~60%가 서비스를 받는 것에 비해, 불안장애 아동/청소년은 20% 미만이다(Merikangas et al., 2011). 이는 정상 발달에서도 두려움과 불안이 흔히 나타날 수 있다는 점, 불안장애의 많은 증상이 눈에 띄지 않는다는 속성(예: 불안을 배가 아픈 것으로 호소하는 것처럼), 품행장애처럼 타인 또는 기물에 피해를 주지 않는다는 점 때문일 것이다(Higa-McMillan, Francis, & Chorpita, 2014).

오랫동안, 아동의 불안은 정상적인 생활 경험과 함께 시간이 지나면서 사라지는 경미하고 일시적인 장애라고 생각해 왔다. 그러나 우리는 불안을 겪고 있는 많은 아동이 학교, 사회, 가정/집에서 기능의 결함을 보이고 청소년기와 성인기에도 계속해서 불안 및 그 외의 문제들을 보인다는 것을 알고 있다(Bittner et al., 2007; Langley et al., 2014). 아동기 또는 청소년기에 불안장애가 있다는 것은 후에 대부분의 다른 정신장애의 강력한 지표 중 하나이기도 하다(Kessler et al., 2013c). 대체로 두려움 및 불안의 단독 증상은 오래가지 않지만, 불안장애는 좀 더 만성적이다(Carballo et al., 2010). 사실, 불안장애가 있는 아동의 거의 절반은 8년 또는 그 이상 불안을 가지고 있고(Keller et al., 1992), 자녀의 불안 증상에 대한 부모의 보고는 24년 후의 불안장애를 예측해 준다(Reef et al., 2010). 임상적으로 불안해하는 아동/청소년을 위한 사회적 비용 역시 상당한데, 불안한 아동이 있는 가정은 일반 집단에 비해 약 20배가 넘는 비용이 드는 것으로 추정된다(Bodden, Dirksen, & Bögels, 2008). 따라서 아동들 사이에서 불안장애는 흔하며, 고통스럽고, 오래 지속되며, 비용이 든다(Rapee, Schneiring, & Hudson, 2009).

이번 장의 주요 초점은 불안장애에 대해 이야기하는 것으로 시작하는데, 『정신장애의 진단 및 통계 편람(*Diagnostic and Statistical Manual of Mental Disorders*, DSM)』의 이전 버전에서 불안장애의 하나로 간주되었던 강박장애(OCD) 역시 이 장애에서 논의될 것이다. OCD는 DSM-5에서는 불안장애와 분리되었으며, 저장장애 · 발모광 · 피부 뜯기 장애 · 신체 이형 장애(즉, 신체 외모에서 지각된 결함 또는 흠)처럼 관련된 장애가 포함되었다. 앞으로 논의되겠지만, 불안장애와 이 장애들 중 몇몇(특히 OCD) 장애 간에는 행동 증상 및 인지적 증상과 그 외 특징에서 밀접한 관련성이 있다.

불안장애의 기술

불안은 개인이 미래의 위험이나 불행을 미리 걱정하고 염려함으로써 초래되는 긴장감, 강한 부정적 정서가 특징인 기분 상태이다(Barlow, 2002). 이 정의에는 불안의 두 가지 핵심 특징—강한 부정적 감정과 두려움의 요소—을 나타낸다. 과도하고 피폐한 불안을 경험하는 아동은 **불안장애**가 있다고 볼 수 있다. 이러한 장애는 다양한 형태로 발생한다. Brad처럼, 일부 아동은 엄마와 분리될 때 또는 집을 떠날 때마다 불안을 느낀다. 또 다른 아동은 비행기를 타고 여행하는 것 또는 Li-Ming처럼 학교에 가서 이야기를 해야 하는 것과 같이 특정한 상황에서만 불안을 느낀다. Claudia처럼, 일부 젊은이는 예측 불가능하고 갑작스런 강렬한 불안으로 인해 꼼짝하지 못하고 겁에 질리는 아동도 있다. Jared처럼 뚜렷한 이유 없이 모든 상황에서 걱정을 하고 불안해하는 아동도 있다. Georgina처럼 어떤 아동은 불안을 일으키는 반복되고 침해적이고 원치 않는 생각을 하고, 불안을 감소시키려는 노력으로 의식적인 행동을 하면서 시간을 보낸다.

불안장애가 있는 많은 아동/청소년은 발달 과정 중에 동시에 또는 별개로 나타나는 한 가지 이상의 유형으로 고통을 겪고 있다(Costello, Egger, & Angold, 2005b). 이러한 장애들 사이에서 실질적으로는 중복되므로, 이 장은 모든 유형 전반에 적용되는 불안의 일반적인 특징 및 기제에 대해 논의하는 것으로 시작한다. 아동기 및 청소년기에 두려움과 불안이 흔히 발생하므로 정상 발달에서 이 같은 정서의 역할 또한 고려해야 한다. 그다음에, 각각의 불안장애와 그것의 독특한 특징을 살펴본다.

불안의 경험

> Isabella는 집 앞에서 목줄이 풀린 개가 달리는 것을 보자마자 창백해지고 땀이 나고 한기를 느끼면서 떨었다. 생각이 아주 급박해져서 그녀는 생각을 할 수가 없었다. 그녀는 얼어붙었다. 심장이 뛰었으며, 긴장을 느꼈고, 숨을 쉴 수가 없었다.

Isabella는 위협적일 것 같거나 위험할 것 같은 사건에 대한 반응에서 불안을 겪고 있다. 인간으로서, 우리 모두는 불안의 신호를 감지하고 반응하도록 프로그램화되어 있다. 사실, 특정 연령이나 특정 상황에서 불안이 찾아올 수 있으며 이는 정상적인 것이다. 한 살 된 유아가 엄마와 분리될 때 불안해하며, 대부분의 어린 아동이 어두움을 두려워하는 것처럼 일시적으로 특정한 두려움을 경험한다. 아동에게 세계는 낯설고 두려운 장소이며, 알지 못하는 두려움으로 가득 차 있는데, 일부는 진짜이며 나머지는 상상이다. 두려워하고 걱정하는 것을 좋아할 사람은 없지만, 두려움을 느껴야 할 상황에서 걱정과 두려움을 느끼지 않는 것은 더 나쁘다.

불안은 중요한 것을 하려고 할 때 우리에게 엄습해 오며, 어느 정도의 불안은 우리가 좀 더 효과적으로 생각하고 행동할 수 있도록 돕는다. 만약 당신이 시험을 치를 때 약간의 불안을 경험한다면, 다음 시험을 위해서 좀 더 준비를 할 것이다. 유사하게, 약간의 불안은 다가오는 구술시험이나 체육시험에서 아동이 좀 더 준비할 수 있도록 돕는다. 이러한 맥락에서, 불안은 안전과 안녕에 위험이 될 수 있는 사람, 사물, 사건 등에 대해 아동이 신체적 및 심리적으로 준비하게 하는 적응적인 정서이다.

다소의 불안은 도움이 되겠지만, 과도하다면 그렇지 않다. 과도하고 통제할 수 없는 정도의 불안은 피해를 준다. 시험에 실패하는 것이 얼마나 끔찍한지에 대해 지나치게 걱정을 하다 보면, 다른 생각(예: 수학 문제를 어떻게 풀 것인가)을 할 수 없기 때문에 시험에 실패할 수도 있다. 불안장애가 있는 아동은 이처럼 정상적으로는 도움이 되는 감정이 그러한 역할을 하지 못하게 된다.

아동이 실제로 위협 또는 위험이 없는 상황에서, 일정한 연령 이후에도 일상생활에 심각한 방해가 될 정도로 두려움을 경험할 때, 불안은 심각한 문제가 된다. 아동은 두려워할 것이 없다는 것을 알고 있는데도 두려워하며, 그 상황에서 도피하거나 회피하기 위해 할 수 있는 모든 것을 한다. **신경증적 역설**로 알려져 있는(Mowrer, 1950) 이러한 자기 패배적인 행동은 끊임없이 바위를 언덕 위로 올려야만 하는 그리스 신화의 시시포스처럼 계속해서 되풀이된다.

먼저, 불안은 지각된 위험 또는 위협에 대한 즉각적인 반응, 즉 **투쟁/도피 반응**이라고 알려진 반응을 한다. 이러한 모든 노력은 잠재적인 위험으로부터 도망치려는 것이며, 위험의 출처에 맞서거나(fight) 위험으로부터 피하게(flight) 된다. 당신은 지금 그랜드 피아노가 당신이 있는 쪽으로 떨어지는 것을 보고 있고, 아무런 불안도 경험하지 않는다면 당신은 심각한 결과에 직면하게 될 것이다. 이 위험 상황을 피하기 위해서 당신이 보이는 투쟁/도피 반응은 다른 쪽으로 피아노를 밀어 버리거나 위험을 피할 수 있는 다른 쪽으로 뛰는 것이다.

불안을 경험했던 최근의 사건을 생각해 보라. 당신을 불안하게 한 상황은 어떤 것이었는가? 어떠한 신체적 증상을 감지했는가? 그 당시 무슨 생각을 했는가? 어떤 행동을 했는가? 불안이 어떤 것이었는지를 설명하기란 쉽지 않은데, 그 이유는 표 11.1에 나타나 있는 것처럼 불안이란 많은 증상이 포함된 복합적인 반응이기 때문이다. 당신은 이러한 증상 중 얼마나 많은 증상을 경험했는가? 이 많은 증상의 공통점은 무엇인가?

불안의 증상은 세 가지 서로 관련된 반응 체계, 즉 신체 체계, 인지 체계, 행동 체계를 통해 표현된다(Barrios &

표 11.1 불안의 여러 증상들

신체		
심장 박동 수 증가	현기증	얼굴이 붉어짐
피곤	몽롱	구토
호흡 증가	입이 건조해짐	감각마비
메스꺼움	근육 긴장	땀을 흘림
위장 불편	심장 두근거림	
인지		
두렵거나 다친다는 생각	무능 또는 부적절하다는 생각	신체의 상처에 대한 생각
괴물, 사나운 동물에 대한 생각이나 상상	집중 곤란	사랑하는 사람을 해친다는 생각
자기 비난이나 비판	텅 비거나 잊어버림	미쳐 가고 있다는 생각
	바보스럽게 보인다는 생각	오염에 관한 생각
행동		
회피	입술 떨림	눈 마주침 회피
울음 또는 비명 지르기	침 삼킴	물리적 근접성
손톱 깨물기	안절부절	꽉 다문 입
떨리는 목소리	씰룩거림	꼼지락거림
말더듬	손가락 빨기	

출처: Fears and Anxieties, by B. A. Barrios and D. P. Hartmann, 1997, p. 235. In E. J. Mash and L. G. Terdal (Eds.), *Assessment of Childhood Disorders*, 3rd ed에서 인용.

Hartmann, 1997). 동일한 불안장애를 겪고 있는 아동들마다 한 가지 이상의 증상이 분명하므로, 이러한 세 가지 체계의 증상이 어떻게 작동하는지를 아는 것이 중요하다. 또한 차후에 논의되듯이, 특정 불안장애에서 우세한 반응 체계가 있다. 각각의 반응 체계가 어떻게 작동하는지 구체적으로 살펴보자.

신체 체계

사람이 위험을 지각하거나 예견하게 되면, 뇌는 자율신경계로 메시지를 보내고, 이것은 투쟁/도피 반응을 만들어 낸다. 이 체계의 활성화는 활동을 위해 신체를 동원하는 여러 중요한 화학적 영향과 신체적 영향을 생성한다.

- 화학적 영향. 아드레날린 및 노르아드레날린이 부신에서 분비된다.
- 심장혈관 영향. 심장 박동 수와 강도가 증가하고, 이는 혈액 순환을 촉진하고 각 조직에 산소 전달을 증가시킴으로써 신체가 행동을 준비한다.
- 호흡 영향. 호흡의 속도와 깊이가 증가하는데, 이로 인해 각 조직에 산소가 전달되고 노폐물이 제거된다. 이것은 숨이 참, 숨이 막힘 또는 질식, 가슴 통증의 느낌을 생성한다.
- 땀샘의 영향. 땀이 증가해서 몸이 서늘해지고, 피부가 미끄러워진다.
- 그 외 신체적 영향. 더 많은 빛을 받아들이기 위해 동공이 커지고, 이는 뿌연 시야 또는 눈앞에 반점이 보이게 만들 수도 있다. 타액 분비가 감소하여 입이 마른다. 소화 기관의 활동 감소는 메스꺼움이나 위가 더부룩하게 느끼게 한다. 투쟁/도피 반응을 준비하기 위해 근육을 긴장시키며, 이로 인해 긴장·아픔 및 통증·떨림의 주관적인 느낌을 야기한다.

이러한 신체적 증상은 불안의 징후와 친숙한 것들이다. 결국, 투쟁/도피 반응은 신진대사를 전체적으로 활성화한다. 그 결과, 덥거나 홍조를 띠게 된다. 또한 이러한 활성화는 많은 에너지를 필요로 하기 때문에 후에 피곤하고 탈수된 것 같다고 느낀다.

인지 체계

투쟁/도피 반응의 주요 목적은 위험 가능성을 알리는 것이므로, 인지 체계의 활성화는 잠재적인 위험을 즉시 찾게 한다. 불안장애가 있는 아동은 항상 이러한 위협 또는 위험을 찾는 데 관심이 몰두되어서 일상생활에 집중하지 못한다. 이들은 외부에서 위험의 증거를 찾지 못하면 자신의 내부로 관심이 옮겨 가는데, "나를 불안하게 만드는 것을 찾을 수 없다는 것은 나에게 문제가 있다는 것이야."라고 생각한다. 그렇지 않으면 이들은 상황을 왜곡하는데, "내가 찾을 수는 없지만, 두렵게 하는 것이 있다는 것은 알아."라고 생각한다. 또는 두 가지 모두 가지고 있을 수도 있다. 불안장애가 있는 아동은 자신의 불안에 대한 설명을 만들어 낼 것인데, "나는 바보임에 틀림없어.", "내가 뭔가를 말하면 모든 사람들이 나를 멍청하다고 생각할 거야.", "내가 볼 수는 없지만, 세균은 어디에나 있어."라고 생각하는 식이다. 인지 체계의 활성화는 종종 염려, 걱정, 집중 곤란, 공포와 같은 주관적인 감정을 일으킨다.

행동 체계

투쟁/도피 반응에 동반된 감당할 수 없는 충동은 공격성 및 위협적인 상황으로부터 벗어나고자 하는 바람이지만, 사회적 제약은 충동들이 충족되지 못하게 막는다. 예를 들어, 기말고사 직전에, 교수를 공격하고 싶거나 아예 시험을 치러 가기 싫다고 느끼지만, 다행스럽게도 당신의 교수 및 과정을 마치려는 당신의 욕구 때문에 당신은 이러한 충동을 억제한다. 그러나 충동은 발을 구르기, 잠시도 가만히 있지 못하기, 성마름(연필에 있는 이빨자국을 생각하라)으로 나타날 수 있으며, 의사의 소견서를 받아서 회피하거나, 시험 연기를 요청하거나, 꾀병으로 나타날 수 있다. 불행하게도, 회피는 일시적으로 불안을 경감시킬 수 있지만, 불안을 지속시킨다. 회피 행동은 부적으로 강화되는데, 즉 불안에서 신속한 감소가 뒤따르게 될 때 회피 반응은 더욱 강해진다. 따라서 아동이 불안이 야기되는 상황에 당면할 때, 불안으로부터 빨리 벗어날수록 불안은 더 빨리 없어지고, 그래서 아동은 그 상황을 더욱 더 피하게 된다. 불안장애가 있는 아동이 회피에 점점 더 몰두하면서 이들의 일상적인 활동은 더욱 어려워진다.

CHANTELLE

집에 혼자 있는 것은 공포예요

Chantelle(14세)는 혼자 집에 있다는 생각이 들면 겁에 질렸다. 그녀의 생각은 너무도 빨리 질주해서 생각을 제대로 할 수 없었다. 그녀는 해야 할 것을 모두 잊어버렸다. 심장은 요동치고 더욱더 긴장되었다. 그녀는 숨을 쉴 수 없다고 느꼈으며 흐느끼기 시작했다. 그녀는 도망치고 싶었지만 움직일 수 없었다. (저자의 사례 자료에서 인용)

Chantelle의 반응은 불안의 세 가지 체계가 어떻게 상호작용하며, 또한 각각의 체계가 어떻게 또 다른 체계를 활성화하는지 보여 준다. 신체적으로, Chantelle의 심장은 요동쳤고, 긴장했으며, 숨쉬기가 어려웠다. 인지적으로, 그녀는 생각을 제대로 할 수 없었다. 행동적으로, 그녀는 꼼짝도 하지 못했다.

불안 대 두려움과 공황

불안과 밀접한 관련이 있는 두 가지 감정, 즉 두려움과 공황을 구별하는 것이 중요하다. **두려움**은 현재의 위험이나 생명을 위협하는 긴급 상황에 대한 즉각적인 경보(alarm) 반응이다. 두려움과 불안은 공통점이 많지만, 두려움 반응은 심리적 및 신체적으로 불안과 구별된다. 두려움은 지금의 위험에 대한 현재 지향적인(present-oriented) 정서적 반응으로, 교감신경계에서 강력한 도피 경향성과 전면적인 동요를 뚜렷이 나타낸다. 가장 중요한 메시지는 경보인데, "내가 지금 당장 무엇인가를 하지 않으면, 전혀 해낼 수 없을 거야."라고 생각한다. 이와 대조적으로, 불안은 걱정 및 다가오는 위협적일 수 있는 사건에 대한 통제력 부족을 동반한 미래 지향적인(future-oriented) 정서이다. 두려움과 불안은 양쪽 모두 위험과 스트레스에 대한 경고이다. 그러나 위험이 실제로 존재하지 않을 때에도 종종 느끼는 것은 불안뿐이다(Barlow, 2002).

공황은 분명한 위협 또는 위험이 없는 상황에서 예기치 않게 발생하는 투쟁/도피 반응의 신체적 증상들의 묶음을 말한다. 심장의 쿵쿵거림과 같은 신체적 증상에 대한 설명 없이, 아동은 "죽을 것 같아요."와 같은 것을 만들어 낼 수 있다. 스스로 이렇게 자각함으로써 위협으로 느끼게 되어서 더 많은 두려움·걱정·불안·공황을 유발할 수도 있다(Barlow, 2002).

정상적인 두려움, 불안, 걱정과 의식 행위

적당한 정도의 두려움과 불안은 적응적이므로, 아동기 및 청소년기에 통제감을 증가시키는 정서 및 의식 행위가 흔하다는 것이 놀랄 일은 아니다. 문제가 되는 것은 이러한 정서 및 의식 행위가 과도하게 발생 또는 발달적으로 적절치 않은 맥락에서 일어날 때, 또는 학교에 가기·친구 사귀기·과제 끝내기·기타 발달 목표를 이루기 등에서 무능한 것처럼 기능의 결함으로 이어질 때이다.

정상적인 두려움

어린 사람들과 그를 둘러싼 환경은 끊임없이 변하므로, 특정 연령에서는 정상적인 두려움이 몇 년 후에는 아동을 힘들게 할 수 있다. 예를 들면, 낯선 사람에 대한 두려움은 유아 및 아동에게는 보호 기능의 역할을 한다. 그러나 일정한 연령 이후에도 지속될 때 또래 관계의 발달을 심각하게 방해할 수 있다(Brooker et al., 2013). 특정 두려움이 정상적인지 아닌지는 아동에게 어떤 결과 및 얼마나 오래 지속되는지에 달려 있다. 두려움이 아동의 일

모든 아동은 정상적인 성장의 일부분으로 두려움, 불안, 걱정을 경험하고 있다.

상생활에 거의 영향을 미치지 않거나 몇 주일 정도만 지속된다면, 정상 발달의 한 부분으로 볼 수 있다.

아동기에 흔히 볼 수 있는 두려움의 수와 형태는 시간이 지나면서 바뀌는데, 일반적으로 나이가 증가할수록 그 수가 적어진다(Gullone, 1999). 그러나 특정 두려움은 나이가 많은 아동에게도 흔하며, 많은 10대들은 자신의 두려움이 상당한 스트레스를 유발하며 일상생활을 심각하게 방해한다고 보고한다(Ollendick & King, 1994). 모든 연령에서 여아는 남아보다 두려움을 더 많이 경험하는 경향이 있으며, 여아는 남아에 비해 자신이 두려움이 많고 두려움이 더 심하고 무력해진다고 보고한다. 일반적으로 두려움은 연령에 따라 감소되는 것으로 보이지만, 학교와 관련된 두려움처럼 특정 두려움은 지속되고, 사회적 공포와 같은 것은 증가할 수도 있다(Muris, 2007). 유아, 아동, 청소년의 흔한 두려움이 표 11.2에 제시되어 있다. 가능한 증상 및 이 증상과 관련하여 생길 수 있는 것에 해당하는 DSM-5 불안장애 역시 제시되어 있다.

정상적인 불안

두려움과 마찬가지로, 불안도 아동기와 청소년기에 매우 흔하다. 4세까지 여러 가지 형태의 불안이 뚜렷하며(Eley, Lichenstein, & Moffitt, 2003), 부모의 대략 25%는 자녀가 지나치게 걱정이 많고 두려워하며 불안해한다고 보고한다(Achenbach, 1991a). 정상 표본 집단에서 가장 흔히 보이는 불안의 증상은 분리불안, 시험불안, 능력에 대한 과도한 걱정, 과도한 확인, 부모가 해를 입을지에 대한 불안이다(Barrios & Hartmann, 1997).

어린 아동은 나이가 많은 아동에 비해 일반적으로 불안을 더 많이 경험하며, 주로 부모와 분리되는 것에 관한 것이다. 여아가 남아보다 불안을 더 많이 보이지만, 불안 증상의 형태는 유사하다. 분리불안 및 학교불안처럼 일부 특정한 불안은 연령에 따라 감소하지만, 초조해하고 걱정하는 증상은 수많은 특정한 두려움에서 관찰되듯이 연령에 따라 감소하지 않는다(Hale et al., 2008). 불안 증상은 발달 단계와 관련하여 아동이 과도한 불안을 생성하게 만드는 비교적 안정적인 특성을 반영할 수 있다. 즉, 불안해하는 경향은 시간이 지나도 변하지 않고 안정적이며, 두려움의 대상이 바뀔 때에도 여전히 남아 있다.

정상적인 걱정

미래에 대한 걱정이 비생산적이라면, 우리는 왜 그렇게 많은 걱정을 하는 것일까? 그 이유 중의 하나는 가능한 모든 부정적인 결과에 대해 생각하는 걱정의 과정 자체가 정상 발달 내에서 지극히 유용한 기능을 하는 것 같다. 적당히 하면 아동이 미래를 준비할 수 있도록 돕는다, 예를 들어, 숙제를 제출하기 전에 미리 점검한다거나 다가오는 학급 발표를 위해 연습을 하게 한다. 걱정은 불안의 핵심 특징이며, 불안은 아동의 걱정의 수 및 정도와 연관되어 있다(Silverman, La Greca, & Wasserstein, 1995). 모든 연령대의 아동이 걱정을 하지만 연령에 따라 형태와 표현은 바뀐다. 나이 든 아동은 어린 아이보다 더 다양하고 복잡한 유형의 걱정을 보고하며, 어린 아동보다 그것을 더 잘 설명할 수 있다(Chorpita et al., 1997).

정상적인 의식 행위와 반복적인 행동

의식적이며 반복적인 행동은 어린 아동에게 아주 흔하다(Peleg-Popko & Dar, 2003). 흔한 예로 잠자러 가는 의식은, 일정한 순서로 진행하거나 일정한 수만큼 포옹 또는 뽀뽀를 한다. 어린 아동이 보이는 정상적인 의식 행위에는 환경에서 동일한 것을 선호하는 것(예: 같은 비디오를 보고 또 보는 것), 좋아하고 싫어하는 것이 뚜렷한 것, 대칭의 선호(예: 두 손에 장난감을 각각 쥐고 있는 것), 장난감 또는 옷의 사소한 부분이나 결함을 인지하는 것(예: 옷소매의 실밥이 나온 것에 대해 괴로워하는 것), 물건을 '제자리'에 정리하는 것(예: 접시의 음식이 다른 음식과 닿지 않아야 한다고 고집하는 것) 등이 있다. 이러한 의식은 어린 아동이 사회적 환경 및 물리적 환경에서 통제감과 습득감을 획득하는 데 도움이 되고, 세계를 좀 더 예측 가능하고 안전하게 만든다(Evans et al., 1997). 자

표 11.2 유아기, 아동기, 청소년기의 일반적인 공포 및 불안: 해당되는 DSM-5 진단

발달기	연령	흔한 두려움 및 불안	가능한 증상	해당되는 DSM-5
초기 유아기	첫 주 이내	물리적 지지의 상실, 양육자와의 신체적 접촉의 상실		
	0~6개월	격한 감각 자극(큰 소음)		
후기 유아기	6~8개월	낯선 사람과의 수줍음/불안, 갑작스러운, 뜻하지 않은, 어렴풋한 대상들		분리불안장애
걸음마기	12~18개월	부모로부터의 분리, 상처, 화장실 문제, 낯선 사람	수면 문제, 야간 공황발작, 적대적 반항 행동	분리불안장애, 공황발작
	2~3세	천둥번개, 불, 물, 어두움에 대한 두려움, 악몽	울기, 매달리기, 위축, 냉정한, 핵심적인 자극(예: 불을 켜기)에 대한 회피, 야경, 야뇨증	특정 공포증(자연적 환경), 공황발작
		동물에 대한 두려움		특정 공포증(동물)
초기 아동기	4~5세	부모로부터 분리, 죽음 또는 죽은 사람에 대한 두려움	재확인에 대한 과도한 요구	분리불안장애, 일반화된 불안장애, 공황발작
초등학생 시기	5~7세	특정 물체에 대한 두려움(동물, 괴물, 유령)		특정 공포증
		세균 또는 심각한 병에 걸리는 것에 대한 두려움		강박장애(ODD)
		자연재해에 대한 두려움, 외상 사건(예: 화상을 입는 것, 자동차 또는 트럭에 치는 것)에 대한 두려움		특정 공포증(자연환경), 급성 스트레스 장애, 외상 후 스트레스 장애, 일반화된 불안장애
	5~11세	학교불안, 성적불안, 신체 외모, 사회적인 걱정	위축, 소심, 친숙하지 않은 성인 및 또래에게 극도의 수줍음, 죄책감	사회불안장애(사회공포증)
청소년기	12~18세	인간관계, 또래 거부, 개인적 외모, 미래, 자연재해, 안정	부정적 평가에 대한 두려움	사회불안장애(사회공포증)

출처: Beesdo, Knappe과 Pine, 2009에서 인용.

녀의 이 같은 의식을 침범해서 대가를 치른 경험이 있는 부모는 이러한 의식이 아동에게 얼마나 중요한지를 잘 알고 있다.

어린 아동이 많이 보이는 흔한 의식들은 두 가지 뚜렷한 범주, 즉 반복적인 행동과 '딱 맞게(just right)' 하는 행동이 있다. 이러한 범주는 강박장애(obsessive-compulsive disorder, OCD) 및 관련 장애가 있는 좀 더 나이 든 아동에게서 발견되는 것과 아주 유사한데, 이에 대해서는 뒤에서 구체적으로 논의한다. OCD가 정상 발달에서 일어나는 의식 행위의 연속선상의 극단 지점인지, 아니면 완전히 다른 문제인지에 대해서는 알려진 것이 없다(Evans, Gray, & Leckman, 1999). 그러나 정상 발달에서의 충동적·의식적 행동의 신경심리학적 기제와 OCD의 그것과 유사할 수 있다고 암시하는 연구가 있다(Pietrefesa & Evans, 2007).

DSM-5에 따른 불안장애

DSM-5에서 불안장애는 아동의 불안 그리고 반응과 회

살펴보기 11.1

DSM-5의 일곱 가지 불안장애의 주요 특징

분리불안장애(SAD)

집 또는 부모와 떨어지는 것에 대해 지나치게 걱정한다는 특징이 있다. 아동은 분리에 대해 고통 및 신체적 증상의 징후를 보일 수 있고 분리되었을 때 자신 또는 타인이 해를 입는다는 비현실적인 걱정을 하고, 혼자 있지 않으려고 한다.

특정 공포증

특정 대상 또는 상황, 예를 들면 개·거미·어두움·버스 타는 것에 대해 심각하고 이치에 맞지 않는 두려움과 이를 회피한다는 특징이 있다.

사회불안장애(사회공포증)

또래 또는 성인 앞에서 무엇인가를 할 때 당황하거나 굴욕적이 되는 것에 대해 심각하고 이치에 맞지 않는 두려움이 있다는 특징이 있다.

선택적 함묵증

집 또는 기타 장소에서는 크고 자주 말을 할 수 있지만, 말을 하기를 기대하는 특정의 사회적 상황(예: 학교)에서 말하는 것을 지속적으로 실패한다는 특징이 있다.

공황장애(PD)

반복되고 예기치 않은, 심각한 발작이 특징이다. 이러한 발작은 심장 박동 증가, 가쁜 호흡, 진땀, 구토, 현기증, 죽음에 대한 두려움 등으로 나타난다. 또한 추가 발작이나 발작의 결과에 대한 지속적인 걱정 또는 불안을 가지고 있고, 발작을 피하기 위한 심각한 행동의 변화(예: 운동이나 새로운 상황의 회피)를 보인다.

광장공포증

대중교통의 이용, 열려진 공간에 있는 것(예: 주차장, 마켓), 밀폐된 공간에 있는 것(예: 극장), 군중 속에 있는 것, 집 밖에 혼자 있는 것과 같은 상황 중 두 가지 또는 그 이상의 상황에 대해 두려움이나 걱정이 나타난다. 이러한 상황에 대한 두려움이나 걱정은 공황 유사 증상이나 자신을 무능력하게 만드는 다른 증상이 발생할 때 그러한 상황에서 벗어나기 힘들거나 도움을 받을 수 없다고 생각하기 때문에 생긴다.

일반화된 불안장애(GAD, 범불안장애)

많은 사건들과 일상활동에 대한 지속적이고 과도한 걱정이 특징이다. 아동은 학교에서의 성적, 또래와의 관계, 자신이나 다른 사람의 안전에 대해 걱정하기도 한다. 이들은 이러한 걱정을 줄여 줄 수 있는 타인으로부터 안녕감이나 승인을 지속적으로 구한다.

피의 유형에 집중해서 자세히 정의한 7개 범주로 나누고 있다. 전체적인 이해를 위해 7개 범주를 **살펴보기 11.1**에 간단히 기술해 놓았다. 다양한 불안장애가 있는 아동의 수는 연령에 따라 증가한다. 거의 모든 불안장애 간에는 유의미한 연관성이 있다는 것을 기억하라. 이러한 연관성은 우울증처럼, 모든 불안장애는 아닐지라도 대체로 흔한, 더욱 고차적 요인(예: 부정적 정서)과 관련되는 다중의 구분되는 불안 증후군으로 구체화한 모델로 잘 설명된다(Higa-McMillan et al., 2014).

단원 정리

불안장애의 기술

- 불안장애는 아동 및 청소년의 정신건강 문제 중 가장 흔하지만 종종 모르고 넘어가거나 이를 다루지 않고 지나간다.
- 불안은 아동이 위협적일 수 있는 사람, 사물, 사건에 대처할 수 있도록 준비시키는 적응적인 정서이다. 미래의 위험 또는 불행에 대한 강한 부정적 감정, 신체적 긴장, 걱정스러운 예견이 불안의 특징이다.
- 불안의 증상은 세 가지 상호 관련된 반응 체계, 즉 신체 체계, 인지 체계, 행동 체계를 통해 표현된다.
- 두려움은 현재의 위험에 대한 현재 지향의 정서 반응이다. 이와 대조적으로, 불안은 미래 지향의 정서이며 위협적이 될 수 있는, 즉 다가오는 미래의 사건에 대한 걱정과 통제력 상실의 감정이 특징이다.
- 아동에게 두려움, 불안, 걱정, 의식 행위가 흔히 나타나는데, 연령에 따라 변하고, 그 유형과 관련해서는 예측이 가능한 발달적 패턴을 따른다.
- DSM-5은 반응 및 회피 유형에 근거하여 몇 가지 유형의 불안 및 관련 장애로 세분화한다.

분리불안장애

BRAD
"나 혼자 두지 마!"

Brad(9세)는 마당에서 노는 것, 다른 아동의 집에 가는 것, 유모와 함께 집에 있는 것 등 부모와 분리되는 상황을 견디지 못한다. 부모와 분리되어야 할 때 Brad는 울거나 짜증과 신경질을 부린다. 엄마가 집을 나가려고 하면 엄마에게 일어날 수 있는 끝도 없는 사건들에 대한 가상의 질문들을 해댄다. 엄마가 속이 상해서 화를 내면 Brad는 더 조바심을 낸다. 조바심이 많아질수록 엄마와의 실랑이가 더 많아지고, 엄마는 화가 더 난다. 학교에 가라고 강요하면 자해할 것이라고 협박도 한다.

Brad의 분리불안은 약 1년쯤 전에 아버지가 술을 많이 마시고 자주 오랫동안 집을 비웠을 때 시작되었다. Brad의 문제는 시간이 지나면서 점차 악화되었으며, 학교에 가는 것을 완전히 거부하는 지경까지 되었다. 도움을 받기도 했지만 Brad의 문제는 점점 더 심해졌다. 슬픔, 스스로의 문제에 대한 죄책감, 때때로 죽고 싶다는 것을 포함하여 심각한 우울 증상으로 발전했다.

출처: Last, 1988에서 인용.

분리불안은 어린 아동의 생존에 중요하며, 일정한 연령에서는 정상이다. 생후 7개월쯤에서 취학 전까지 대부분의 아동은 부모 또는 그 외 가까운 사람과 떨어질 때 어려움을 겪는다. 사실, 이 연령에서 분리불안이 없다는 것은 불안정 애착이나 다른 문제가 있음을 암시할 수도 있다. 불행하게도, Brad처럼 일부 아동은 이러한 행동이 기대되는 연령을 훨씬 넘긴 후에도 계속해서 불안을 보인다. 불안이 4주 이상 지속되고, 학교에 가는 것 또는 특정 활동에 참여하는 것과 같은 정상적인 일상생활을 방해할 만큼 심각하다면 분리불안장애일 수 있다. DSM-5의 진단 준거가 표 11.3에 나와 있다.

분리불안장애(SAD)가 있는 아동은 부모 또는 다른 주요 애착 대상과 떨어지거나 혼자 있는 것에 대해 나이에 맞지 않고, 지나치고, 아무것도 할 수 없는 불안을 보인다(Cooper-Vince et al., 2014). SAD가 있는 어린 아동은 유괴되거나 살해, 또는 부모의 죽음에 대한 막연한 불안감 또는 반복적으로 악몽을 꾼다. 이들은 부모에게 과도하게 매달리고 부모가 가는 곳마다 따라다니며 부모의 관심을 과도하게 요구한다. 부모와 떨어져 자는 것을

표 11.3 분리불안장애의 진단 준거

DSM-5

(A) 애착된 사람과 분리되는 것에 대해 발달적으로 부적절하고 과도한 공포 또는 불안이 있고, 다음 중에서 최소한 세 개가 분명하다.
  (1) 집 또는 주요 애착 대상과의 분리가 예견되거나 분리가 될 때 과도한 고통이 반복된다.
  (2) 주요 애착 대상의 상실에 대해, 또는 그들에게 질병, 부상, 재앙, 죽음처럼 해가 있을 것에 대해 지속적으로 또는 과도하게 걱정한다.
  (3) 주요 애착 대상과 분리된 뜻밖의 사건(예: 길을 잃음, 납치당함, 사고를 당함, 병에 걸림)을 겪는 것에 대해 지속적이고 과도하게 걱정한다.
  (4) 분리에 대한 공포 때문에 집을 떠나 학교에 가기, 직장에 가기, 또는 다른 곳에 외출하는 것을 지속적으로 거부 또는 거절한다.
  (5) 집 또는 그 외의 장면에서 주요 애착 대상이 없이 또는 혼자 있는 것에 대해 거부하거나 지속적이고 과도하게 두려워한다.
  (6) 집을 떠나 잠을 자는 것 또는 주요 애착 대상이 근처에 없이 잠자는 것에 대해 지속적인 거부 또는 거절한다.
  (7) 분리 주제와 연관해서 악몽이 반복된다.
  (8) 주요 애착 대상과 분리될 때 또는 분리가 예견될 때 신체 증상(예: 두통, 복통, 메스꺼움, 구토)을 반복적으로 호소한다.

(B) 공포, 불안, 회피 반응이 지속되는데, 아동 및 청소년에서는 최소한 4주, 성인에서는 전형적으로 6개월 이상 지속된다.

(C) 방해가 사회적, 직업적 영역, 또는 다른 중요한 기능 영역에서 임상적으로 심각한 고통 또는 결함을 일으킨다.

(D) 방해가 다른 정신장애(예: 자폐 스펙트럼 장애에서 변화에 대한 과도한 저항 때문에 집 밖에 나가는 것을 거절, 정신병적 장애에서 분리에 대한 망상이나 환각, 광장공포증에서 믿을 만한 동반자 없이는 밖에 나가기를 거부, 일반화된 불안장애에서 중요한 사람이 아프거나 해를 입는 것에 대한 걱정, 질병 불안장애에서 병에 걸릴 것에 대한 걱정)로는 잘 설명되지 않는다.

출처: *Diagnostic and Statistical Manual of Mental Disorders*, 5th ed. American Psychiatric Association.

꺼리며, 밤이 되면 부모의 침대로 가거나 부모의 침실 문 밖의 마루에서 자려고 한다(Allen et al., 2010). SAD가 있는 나이가 든 아동은 낮 시간 동안 방에 혼자 있거나 집에서 혼자 자는 것, 심부름 가는 것, 학교에 가는 것, 캠프

에 참가하는 것이 힘들다. 질병, 사고, 유괴, 신체적 손상과 같이 구체적인 상상을 할 수도 있다.

SAD가 있는 아동은 새로운 상황을 두려워해서 신체적 증상을 보일 수도 있다. 분리를 피하기 위해 난장판을 만들고, 울고, 소리 지르고, 부모가 떠나면 죽어 버리겠다고 협박(심각한 자살 시도는 드물지만)하기도 한다. 신체적 증상에는 빠른 심장 박동, 어지러움, 두통, 복통, 메스꺼움 등이 포함되기도 한다. 부모, 특히 어머니가 크게 고통을 겪는다는 것은 놀랄 일이 아니다. Brad의 사례에서 보듯이, 시간이 지나면서 SAD가 있는 아동은 점차 철회, 무감동, 우울증을 겪게 되며, 청소년기에 다른 유형의 불안장애를 갖게 될 위험이 있다(Lewinsohn et al., 2008).

유병률과 동시 발병

분리불안장애는 아동기 동안 발생하는 가장 흔한 두 가지 불안장애 중 하나이며(또 다른 하나는 특정 공포증), 4~10%의 아동에게서 발견된다. 남아와 여아 모두에게 흔하지만 여아의 유병률이 더 높다. SAD가 있는 아동 중 2/3 이상이 또 다른 불안장애가 있으며, 아동 중 절반 정도가 SAD의 발병 이후 우울장애도 있다. 이들은 길을 잃거나 어두움과 같은 특정한 공포를 보이기도 한다. 학교에 가기를 싫어하거나 거부하는 것은 SAD가 있는 나이 든 아동에게서 꽤 흔하다(Albano, Chorpita, & Barlow, 2003).

발병, 경과, 결과

불안장애로 의뢰된 아동 중에서 SAD는 발병 연령(7~8세)이 가장 일찍 보고되었다(Shear et al., 2006). SAD는 일반적으로 경한 정도에서 점차 심각한 정도로 진행된다. 잠을 못 자거나 악몽과 증상 또는 악의 없는 요구로 시작되어서 점차 밤에도 부모와 함께 자려는 것으로 진행되기도 한다. 이와 유사하게, 아침에 학교에 가야 할 때 신체적 증상을 호소할 수도 있고 때때로 결석하는데, 이는 학교 가는 것이나 원하는 바가 거절당하는 것에 대한 심한 짜증으로 확대된다. 아동은 부모의 일상생활에 대한 걱정 또는 부모의 출타에 대한 걱정이 점차 증가하게 된다(Albano et al., 2003).

종종 SAD는 이사, 전학, 가족의 죽음이나 질병, 방학이 길어진 것과 같은 큰 스트레스를 경험한 후에 발생한다. Brad의 SAD는 아버지의 음주 문제 그리고 그 뒤에 아버지가 집을 나가면서 시작되었다. SAD의 증상은 스트레스의 기능과 아동의 생활에서의 전환에 따라 시간이 지나면서 변동이 있을 수 있다. 집 밖 활동에 참여하는 것을 반복적으로 거부하는 것 때문에 친구를 잃을 수도 있지만, SAD가 있는 아동은 적절한 사회적 기술이 있고 타인과 잘 지낸다. 그러나 잦은 결석 때문에 학업성적은 좋지 않을 수 있다. 학업을 따라잡기 위해 수업 이외의 과제가 필요할 수 있고, 심한 경우에는 낙제할 수도 있다(Albano et al., 2003).

SAD는 아동 및 청소년의 1/3 이상이 성인기가 되어도 지속된다. SAD를 겪는 성인은 다른 사람에 비해 관계에서의 어려움(예: 결혼을 못 하거나 별거 또는 이혼을 하는 것), 기타 불안장애나 정신건강 문제(특히 공황장애 및 우울), 사회생활 및 개인생활에서 기능적 결함이 있을 가능성이 많다(Milrod et al., 2014; Shear et al., 2006).

학교 가기를 싫어하거나 거부하는 것은 SAD가 있는 아동에게 비교적 흔하다.

학교 가기 싫어하고 거부함

ERIC

학교에 가지 않을 거야

Eric(12세)은 완강한 등교 거부 때문에 학교 심리학자와 부모가 의뢰한 소년이다. 7학년이 되어 새 학교에 입학할 때, Eric은 과호흡 증후군 · 불안 · 슬픈 기분 · 신체적 증상과 같은 여러 가지 부적 증상을 겪기 시작했다. 비록 처음에는 출석이 문제가 되지 않았지만, 9월 중순부터는 학교 가는 날 아침에 심한 두통을 보고하기 시작했다. 그 후로 학교는 간헐적으로 갔다. 9월 말이 되자 학교에 대한 혐오감이 더 심해졌고, 그는 대부분의 시간을 집에서 보냈다.

출처: Kearney, 1995에서 인용.

학교생활이 시작된다는 것은 대부분의 아동에게는 신나고 즐거운 일이지만, 학교에 가기 싫어하는 아동도 많으며, 일부 아동은 학교 가는 것에 대해 심한 두려움이나 불안을 느낀다. 이런 아동은 학교에 갈 걱정 때문에 진짜 병이 날 수도 있으며, 약간의 신체적 증상으로 인해 집에 있거나 아픈 척할 수도 있다. **등교 거부 행동**은 아동이 등교를 거부하는 것 또는 학교에 머무는 데 어려움이 있는 것이라고 정의된다. 아침에 학교에 가지 않겠다고 떼를 쓰지만 결국 학교에 가는 아동/청소년도 있고, 학교에는 가지만 학교에서 나오려고 하는 아동/청소년, 힘들게 등교를 하지만 궁극적으로 결석을 하게 되는 아동/청소년, 잠시도 학교에 있지 못하는 아동/청소년이 있다(Kearney, 2007).

등교 거부는 여아나 남아 모두에게 똑같이 흔하며, 5~11세에 가장 흔히 발생한다. 대체로 학교에 대한 과도하고 비합리적인 공포가 취학 전, 유치원, 1학년에서 발생하며 2학년에서 정점을 찍는다. 그러나 등교 거부는 언제든지 일어날 수 있으며, Eric처럼 나이가 든 후에 갑자기 발생하기도 한다. 등교를 거부하는 아동은 학교에 가야 할 시간이 되면 갑작스런 두통 · 복통 · 목 아픔을 호소한 후, 집에 있으라고 허락하면 '나아지지만' 다음 날 아침이 되면 또 갑자기 '아프다'고 호소한다. 학교에 갈 시간이 가까워질수록, 아동은 애원하거나 울고, 집 떠나기를 거부하고, 심지어 공황 반응을 보이기도 한다. 등교 거부는 흔히 아동이 가정에서 부모와 평소보다 함께 보내는 시간이 많았던 기간(예: 가벼운 질병, 휴가, 방학)에 뒤이어 시작된다. 또한 학교생활에서의 변화(Eric에게 일어났던 것처럼), 사건, 친척 또는 애완동물의 죽음과 같은 스트레스 사건에 이어 발생할 수도 있다.

© iStockphoto.com/Sean Locke

등교의 거부와 저항은 불안과 관련된 공통의 문제이다.

많은 아동에게, 학교에 대한 두려움은 실제로는 부모를 떠나는 분리불안에 대한 두려움이다. 그러나 학교에 가지 않으려 하거나 거부하는 데에는 여러 가지 이유가 있을 수 있다(Kearney & Albano, 2004). 학교에 가기를 거부하는 대부분의 아동은 평균 또는 평균 이상의 지능이며, 이는 학업상의 문제가 등교 거부를 유발하는 것이 아니라는 것을 시사한다. 학교에 대한 두려움은 처음으로 집 밖의 권위자 및 규칙에 대한 복종, 낯선 아동과의 비교, 실패에 대한 위협을 겪는 것과도 연관될 수 있다. 몇몇 아동은 다른 아동의 조롱, 놀림, 괴롭힘 또는 교사의 비판과 훈육 때문에 학교를 두려워한다. 다른 경우, 아동의 공포는 사회적으로 평가받는 것이나 부끄러운 상황—교실에서 암송하거나 체육시간에 친하지 않은 친구들 앞에서 옷을 벗어야 하는 것—에 대한 과도한 또는 비합리적인 두려움 때문일 수도 있다. Eric은 새로운 사람을 만나는 것, 수업에 늦는 것, 이 교실에서 저 교실로 이동하는 것, 대중 앞에서 이야기하는 것, 체육시간에 참여하는 것에 대해 극도로 걱정했다. 그는 사회적으로 평가받는 것을 피하려고 등교를 거부했으며, 어느 정도는 부모의 관심을 얻기 위한 것도 있었다(Kearney & Silverman, 1996).

지속적으로 등교 거부 행동의 패턴을 보이고 도움을 받지 못하는 아동에게 초래되는 장기적 결과는 심각하다. 교육 및 또래 상호작용을 놓치게 됨으로써 학업 문제나 사회적 문제가 발생할 수 있다. 처치는 대체로 학교 또는 기타의 일상으로 즉시 돌아갈 것을 강조하는데, 등교 거부 행동으로 인해 영향을 받을 수 있는 특정한 기능을 반드시 고려해야 한다(Kearney & Albano, 2007).

단원 정리

분리불안장애

- 분리불안장애(SAD)가 있는 아동은 부모 또는 다른 애착 대상과 분리되는 것에 대해 연령에 적절하지 않고 과도한 불안, 아무것도 할 수 없는 불안을 보인다.
- SAD는 아동기에 가장 흔히 발생하는 불안장애 중 하나이며, 불

안장애 중 발병 연령 및 의뢰가 가장 일찍 보고된다.

- 등교 거부 행동은 수업에 참여하기를 거부하거나 하루 종일 학교에 남아 있는 것에 어려움이 있는 것이라고 정의한다.

특정 공포증

CHARLOTTE

거미 공포증

2년 동안 Charlotte(8세)는 거미에 대해 강한 두려움을 호소했다. "거미는 정말 싫어요. 거미가 나에게 기어 올라와서 내가 죽을 것 같아서 두려워요. 특히 내가 잠을 잘 때요. 나는 거미를 보면, 아주 작은 거미일지라도 심장이 뛰고, 손은 차가워지고, 땀이 나고, 떨리기 시작해요." Charlotte의 어머니는 딸이 아주 멀리 있는 거미를 보기만 해도 얼굴이 아주 창백해지고, 거미가 있을 것 같은 상황은 피하려 한다고 말했다. Charlotte의 공포가 일상생활을 심각하게 방해하고 있다. 예를 들어, Charlotte는 마당에 나가서 놀지 못하며 학교에 가는 것 또는 거미가 있을지도 모르는 장소에 가족과 함께 외출하는 것까지 거부한다. Charlotte은 거미가 자신에게 기어올 것이라고 생각하기 때문에 밤에 잠자러 가는 것을 두려워한다. (저자의 사례 자료에서 인용)

많은 아동이 약간 문제가 되는 특정 공포증이 있고, 10세 정도가 될 때까지는 생겼다가 쉽게 사라지기 때문에 거의 관심을 끌지는 않는다. 그러나 아동의 두려움이 연령에 부적절하고 지속되고, 비합리적이거나 과장되면 특정 사물이나 사건을 회피하게 되고, 정상적인 생활에 지장을 초래하는데, 이것을 **특정 공포증**이라 부른다. Charlotte처럼, 특정 공포증이 있는 아동은 적어도 6개월 이상 동안 특정의 사물 또는 상황(예: 동물, 높은 곳)에 대해 눈에 띄는 두려움 또는 불안을 보인다. 특정 공포증에 대한 DSM-5 진단 준거가 표 11.4에 제시되어 있다.

특정 공포증이 있는 아동은 실제로는 위험 또는 위협이 거의 없는 것에 대해서 극도의 통제할 수 없는 공포를 보이고, 이러한 대상 또는 상황을 피하기 위해 아주 많은 시간을 보낸다. 이들은 극도의 공포나 두려움, 두려운 자극에 대한 생리적 각성, 두려움의 예견 및 두려움의 대상에 직면할 때 회피를 보인다. 이러한 두려움 또는 불안은 울음, 짜증, 얼어붙음, 타인에게 매달리기로 표현되기도 한다. 이들의 생각은 벌에 쏘이거나 번개에 맞는 것처럼 대개는 자기의 안전에 대한 위협에 집중되어 있다. 예기된 불안 또한 흔하다. 예를 들어, 개에 대한 공포증이 있는 아동은 "학교 가는 길에 큰 개가 달려들어서 내 얼굴을 물으면 어떡하지?" 하고 생각할 수 있다. 이러한 걱정은 일상생활을 방해할 정도로 심각한 스트레스를 야기한다. 이들은 끊임없이 두려운 자극을 살피고, Charlotte에서 보는 바와 같이 접촉을 피하기 위해 아주 많은 시간을 보낸다.

표 11.4 특정 공포증의 진단 준거

DSM-5

(A) 특정 대상 또는 상황에 대해 뚜렷한 공포 또는 불안(예: 비행기 타기, 높은 곳, 동물, 주사 맞기, 피를 봄)이 유발된다.

주의: 아동의 경우에는 공포나 불안이 울기, 발작, 얼어붙기, 매달리기로 표현될 수 있다.

(B) 공포 대상 또는 상황은 거의 항상 공포 또는 불안을 즉시 유발한다.

(C) 극심한 공포 또는 불안해서 공포 대상 또는 상황을 적극적으로 회피하거나 견디고 있다.

(D) 특정 대상이나 상황에 의한 실질적인 위험이나 사회문화적 맥락에 비해 공포 또는 불안이 지나치다.

(E) 공포, 불안, 회피가 전형적으로 6개월 이상 지속된다.

(F) 공포, 불안, 회피는 사회적, 직업적 영역, 다른 중요한 기능 영역에서 임상적으로 심각한 고통 또는 결함을 일으킨다.

(G) 방해가 다른 정신질환, 즉 공황 유사 증상 또는 정상생활을 못 하게 하는 증상(광장공포증에서)에 대한 공포·불안·회피, 강박 사고와 관련된 대상이나 상황(강박장애에서), 외상 사건을 떠올림(외상 후 스트레스 장애에서), 집 또는 애착 대상으로부터의 분리(분리불안장애에서), 사회적 상황(사회불안장애에서)으로 잘 설명되지 않는다.

다음 항목이 있다면 명시한다(공포 자극을 기본으로 한 부호화).

동물(예: 거미, 곤충, 개)
자연환경(예: 높은 곳, 폭풍, 물)
피-주사-상처(예: 바늘, 침습적 의료 절차)
상황(예: 비행기, 엘리베이터, 밀폐된 장소)
기타(예: 질식 또는 구토를 일으킬 수 있는 상황, 아동의 경우 큰 소리 또는 의상을 입은 캐릭터)

출처: *Diagnostic and Statistical Manual of Mental Disorders*, 5th ed. American Psychiatric Association.

두려운 대상의 위험에 대한 아동의 믿음은 위험이 없다는 증거에도 불구하고 또는 합리적이 되려고 노력하는데도 두려움이 지속되는 것 같다. 특정 공포가 있는 대부분의 성인과 달리, 아동은 자신의 공포가 극단적이거나 비합리적이라는 것을 종종 인식하지 못한다. 두려움 대상과 마주치지 않는다면, 공포증은 심각한 결함을 일으키지 않는다. 그러나 규칙적으로 마주치게 된다거나 공포가 중요한 일상사를 심각하게 방해할 경우, 아동의 공포증은 심각한 문제가 된다(Albano et al., 2003).

아동과 청소년에게서 나타날 수 있는 공포증에는 제한이 없는데, 몇 가지만 제시해 보면, 전화기, 물, 월경, 신문, 수학, 헤어컷, 배변운동 등이 있다. A(apiphobia; 벌에 대한 공포)에서 Z(zemmiphobia; 큰 쥐에 대한 공포)에 이르기까지 모든 대상, 사건, 상황에 대해 공포증을 발달시킬 수 있지만, 아동기에 공포의 대상이 특히 많은 것 같다(Depla et al., 2008).

진화론에 따르면, 인간의 유아는 생물학적으로 일정한 두려움을 학습하게 되어 있다(Seligman, 1971). 대체로 아동의 공포는 인류가 진화하는 동안에 자연스런 위험의 원인이 되었던 뱀, 어두움, 포식동물, 높은 곳, 피, 소음, 낯선 장소와 관련이 있다. 예를 들면, 9개월 된 유아는 현대의 두려움 관련 소리(예: 사이렌)나 유쾌한 소리(왁자지껄한 소리)를 들을 때에 비해 진화론적 두려움 관련 소리(예: 뱀이 쉭쉭 하는 소리)를 들을 때 심장 박동이 더 느려지고, 눈 깜빡임이 많아지며 시각적으로 더 또렷해진다(Erlich, Lipp, & Slaughter, 2013). 이러한 두려움은 진화론적 관점에서 적응적이라 할 수 있는데, 위험할 수 있는 것을 경계해서 생존 가능성을 높이기 때문이다. 아동에게 가장 흔하고 대체로 유전되는 특정 공포증이 자연환경에서의 사건에 대한 것(예: 높은 곳, 천둥)과 동물, 특히 개 · 뱀 · 곤충 · 쥐에 대한 것이라는 것은 우연이라고만 할 수는 없다(Essau, Conradt, & Petermann, 2000). 진화론이 특정 유형의 공포를 갖도록 준비되어 있음을 설명해 준다고 해도, 아동의 두려움에서 차이가 나는 이유 또는 일부 아동이 극도의 불안 및 아무것도 할 수 없는 불안으로 발전하게 되는 이유를 설명하지는 못한다.

DSM-5에서 세분화하듯이, 어린 사람들의 특정 공포증의 흔한 유형에는 동물 또는 곤충(예: 개 또는 거미), 자연환경에 대한 두려움(예: 높은 곳, 천둥번개), 피 · 상처 · 외과적 절차에 대한 두려움(예: 피를 보거나 주사를 맞는 것), 특정 상황에 대한 두려움(예: 비행기 타기, 버스 타기)이 있다. 유사점(예: 발병 나이, 성별, 치료 반응)과 차이점(예: 공포의 초점, 생리적 반응, 중립적 반응 패턴, 결함, 동시 발병)이 이러한 유형 전반에 걸쳐 나타나는데, 자연환경과 동물에 대한 공포는 다른 공포증과 가장 공통적이며, 피-상처-주사 공포는 가장 덜하다(LeBeau et al., 2010).

유병률과 동시 발병

전체 아동/청소년의 20% 정도가 삶의 어느 순간에 특정 공포증을 경험하며, 이 장애가 있는 아동/청소년은 다양한 공포증을 가지고 있는 경향이 있다(Kessler et al., 2012a; Merikangas et al., 2010). 그러나 이들 중 극소수만이 처치에 의뢰되며, 이는 대부분의 부모가 특정 공포증을 심각하게 해롭다고 보지 않는다는 것을 시사한다. 특정한 유형의 공포증은 가족 취약성이 있는 것으로 보이는데, 부모가 보이는 공포증에 의해 아동의 공포증 발생 위험이 더 증가하는 것 같다(LeBeau et al., 2010). 가족 위험은 유전적 요인 및 환경적 요인 둘 다에 의한 것일 수 있다. 특정 공포증, 특히 피에 대한 것은 남아보다 여아에게 더 흔하다(Essau et al., 2000). 특정 공포증이 있는 아동/청소년에게 동시 발병되는 가장 흔한 장애는 또 다른 불안장애 및 우울장애이다(Leyfer et al., 2013). 특정 공포증이 있는 아동은 동시 발병이 빈번하지만, 다른 불안장애에 비하면 낮다(LeBeau et al., 2010).

발병, 경과, 결과

동물 · 어두움 · 곤충 · 피 · 상처와 관련된 공포증은 전형적으로 7~9세에 시작하는데, 이는 정상 발달에서와 비슷하다. 그러나 임상적 공포증은 정상적인 공포처럼 연령에 따라 감소하지만, 더 오래 지속되는 경향이 있다. 특정 공포증은 어떤 연령에서나 발생할 수 있지만, 10~13세에 가장 많이 발생한다(LeBeau et al., 2010).

단원 정리

특정 공포증

- 특정 공포증이 있는 아동은 실제로는 위험이 거의 또는 전혀 없는 특정 대상이나 상황에 대해 극단적이며 무능력하게 만드는

두려움을 보인다.

- 진화론은 인간의 유아가 생물학적으로 위험한 것을 경계하게 하는 일정한 두려움을 학습하도록 되어 있다고 주장한다. 이는 대부분의 아동에게 개, 뱀, 곤충과 같은 동물이 왜 공포의 대상이 되는지를 설명해 준다.
- DSM은 공포 반응과 회피에 근거하여 다섯 가지 하위 유형으로 분류하는데, 동물 · 자연환경 · 피–주사–상처 · 상황 · 기타로 나눈다.
- 아동의 4~10%가 특정 공포증을 경험하고 있지만 처치에 의뢰되는 경우는 극히 드물다. 특정 공포증은 어느 연령에서나 발생할 수 있지만, 10~13세가 정점인 것 같다.

사회불안장애(사회공포증)

세상을 이해하려는 사람은 자신에 대해 두려워하지 않아야 한다.

— Albert Einstein(1879~1955)

- ▶ Kaylie는 전화하는 것을 끔찍하게 여기는데, 왜냐하면 무슨 말을 해야 할지 모르고 긴 침묵이 당황스럽기 때문이다.
- ▶ Eugene는 공중화장실을 사용하는 것이 너무도 어색하다.
- ▶ Li-Ming은 교실 앞에 나가서 이야기하는 것을 끔찍하게 생각하는데, 그녀는 창피당하는 것을 두려워한다.

위에 나온 아동/청소년은 각기 **사회불안장애**(SOC) 또는 **사회공포증**, 즉 철저하게 해야 되거나 부끄러운 일이 발생할 수 있는 사회적 상황 또는 수행 요구에 대해 현저하고 지속적인 두려움이 있다(Knappe, Beesdo-Baum, & Wittchen, 2010). 이들은 이러한 상황을 피하기 위해 전전긍긍하거나, 공포가 드러나는 얼굴을 감추기 위해 애쓴다. SOC가 있는 아동은 낯선 사람에 대한 공포가 정상인 연령이 훨씬 지난 후에도 모르는 사람 앞에서는 주눅이 든다. 다른 아동 또는 어른이 있을 때 이들은 얼굴이 붉어지며, 침묵하고, 부모에게 매달리고, 숨는 모습을 보인다. SOC로 분류하려면, 아동의 불안이 성인과의 상호작용이 아니라 반드시 또래 상황에서 나타나야 한다. SOC에 대한 DSM 진단 준거가 표 11.5에 제시되어 있다.

많은 사람들을 불안하게 만드는 사회적 상황에서의 극도의 불안 이외에도, SOC가 있는 아동/청소년은 지극히 일상적인 상황—학급에서 시험지를 나누어 줄 때, 다른 사람 앞에서 코트의 단추를 잠글 때, 가게에서 햄버거를 주문할 때—에서도 불안을 느낀다. 이들에게 가장 흔한

표 11.5 사회불안장애(사회공포증)의 진단 준거

DSM-5

(A) 타인이 면밀하게 관찰할 가능성이 있는 하나 이상의 사회적 상황에 노출되는 것을 극도로 두려워하거나 불안해한다. 그 예시로는 사회적 상호작용(예: 대화하기, 낯선 사람과 만나기), 관찰되는 것(예: 음식 먹기 또는 마시기), 다른 사람들 앞에서 일을 하기(예: 연설)가 있다.

주의: 아동의 경우에는 또래 장면에서 발생해야 하고 성인과의 상호작용에서는 아니다.

(B) 자신이 부정적으로 평가될 방식으로 행동 또는 불안 증상을 보이는 것(즉, 수치스럽거나 당황하게 될 것, 거부로 이어지거나 타인의 기분을 상하게 할 것)을 두려워한다.

(C) 사회적 상황이 거의 항상 공포나 불안을 일으킨다.

주의: 아동에서는 공포와 불안이 울음, 분노발작, 얼어붙음, 매달리기, 움츠러들기 또는 사회적 상황에서 말을 못 하는 것으로 표현될 수 있다.

(D) 사회적 상황을 회피하거나 극심한 공포와 불안을 견디고 있다.

(E) 공포 또는 불안이 사회적 상황에 의한 실질적인 위험 및 사회문화적 맥락에 비해 지나치다.

(F) 공포, 불안, 회피가 지속적이고, 전형적으로 6개월 이상 지속된다.

(G) 공포, 불안, 회피가 사회적, 직업적 영역, 다른 중요한 기능 영역에서 임상적으로 심각한 고통 또는 결함을 일으킨다.

(H) 공포, 불안, 회피는 물질(예: 약물 남용, 치료 약물)의 직접적인 생리적 효과 또는 다른 의학적 상태로 인한 영향은 아니다.

(I) 공포, 불안, 회피는 다른 정신질환, 예를 들면 공황장애, 신체 이형 장애, 자폐 스펙트럼 장애로 잘 설명되지 않는다.

(J) 만약 다른 의학적 상태(예: 파킨슨병, 비만, 화상이나 상해에 의한 신체 훼손)가 있다면, 공포, 불안, 회피가 이것과 명백하게 무관하거나 과도하다.

다음이 있다면 명시한다.

수행형 단독: 만약 공포가 대중 앞에서 말하거나 수행하는 것에 국한될 때

출처: *Diagnostic and Statistical Manual of Mental Disorders*, 5th ed. American Psychiatric Association.

두려움은 다른 사람들 앞에서 무엇인가를 할 때이다. 이들은 사람들 앞에서 말을 할 때 말을 더듬게 될까 봐 걱정한다. 자신의 질문이 바보같이 들릴까 봐 걱정하며, 방에 들어갈 때에는 문에 걸려서 우스꽝스럽게 보일까 봐 걱정한다. 어느 10대 소녀는 식사를 하는 동안에 주목받게 될 것이 너무 두려워서 고등학교 1학년 동안 점심시간마다 화장실 복도에 앉아 있었다(Albano et al., 2003, p. 287).

SOC가 있는 아동/청소년은 다른 아동에 비해 아주 감정적이고, 사회적으로 두려움 및 억제되고, 슬퍼하고, 외로워하는 것 같다. 이들은 자신이 효과적으로 대처하지 못하는 사건에 대해 사회적으로 자주 스트레스를 경험하는데, 부분적으로는 사회적 기술의 부족과도 관련이 있다(Beidel, Turner, & Morris, 1999). 이들은 다른 사람들에게 사랑받기를 원한다. 그러나 창피한 일이 생길 것 같은 두려움이 너무 강하고 지배적이어서 자신이 바라던 관계를 형성할 수 없기 때문에 외로움과 고통이 커진다(La Greca & Lopez, 1998). 다른 사람들이 이들을 사회적 상황으로 떠밀고자 하면, 이들은 울거나, 짜증을 내거나, 얼어 버리거나, 더욱더 철회하게 될 것이다. 이들은 대부분의 사회적 상황을 두려워하며, 새로운 사람을 만나거나 이야기하는 것을 두려워하고, 가족 이외의 다른 사람과 만나는 것을 피하고, 학교에 가거나 여가 활동, 사회적 활동에 참석하는 것을 극도로 무서워한다(Beidel et al., 2007; Bernstein et al., 2008). 두려움 그리고(또는) 회피하는 사회적 상황의 기능(적은 것에서부터 많은 것까지 연속선상에 존재하는 것)으로 SOC를 보는 관점을 지지하는 증거가 있다(Bögels et al, 2010).

SOC와 연관되는 불안은 너무 강렬하여 말더듬, 진땀, 위경련, 심장 박동 증가, 공황발작을 일으킬 수 있다. SOC가 있는 청소년은 종종 눈에 보이는 자신의 신체적 반응이 감추고 있던 부적절감을 노출시킬 것이라고 생각하는데, 이로 인해 이들은 더욱더 불안해진다. 반복되는 사이클 속에서 SOC가 있는 아동은 자신의 바보 같은 모습과 빈약한 수행을 예상하게 되고, 이는 두려운 상황에 접근하면서 더 큰 불안을 촉발하며 초조함 및 신체적 증상을 더욱더 증가시킬 수 있다. 그 결과, 이들은 놓친 숙제를 물어보기 위해 친구에게 전화를 하거나, 선생님에게 설명해 달라고 하거나, 전화를 받거나, 친구를 만나거나, 데이트와 같은 사회적 활동을 피하게 된다(Albano, 1995).

SOC는 파티에서 말을 거는 것과 같이 상호작용하는 상황에서의 두려움, 타인 앞에서 말을 해야 하는 것과 같은 수행 상황에서의 두려움을 포함해서 다양한 사회적 두려움에 직면한다. 수행 관련 사회적 두려움과 상호작용 관련 사회적 두려움은 위험 요인과 임상적 특징에서 서로 다르며, 사회적 두려움의 유형을 구별하는 것이 사회적 불안의 이해에 도움이 될 것이라고 제안하는 연구가 있다(Knappe et al., 2011). 마지막으로, DSM-5는 '수행형 단독(performance only)'을 명시하고 있는데, 이는 SOC가 다른 사람들 앞에서 말을 하거나 남들 앞에서의 수행과 같이 수행 상황에만 제한되어서 불안을 보이는 아동을 말한다.

유병률, 동시 발병, 경과

SOC는 흔하고, 평생 유병률이 6~12%이며, 남아보다 여아가 거의 두 배 많다(Knappe et al., 2010). 여아가 사회적 불안을 더 많이 경험하는 이유는 여아가 남아보다 사회적 유능감에 대한 관심이 더 많고, 대인관계 및 또래에 의한 평가를 더 중시하기 때문이다(Inderbitzen-Nolan & Walters, 2000). 9~17세 남녀 청소년에서 또래에 의한 예견된 평가에 관한 신경 상관관계와 관련된 뇌 기능적 자기 공명 영상 연구가 이러한 가설을 지지한다(Guyer et al., 2009). 사귀고 싶은 친구가 자신을 평가하고 있다고 생각하는 여자 청소년은 정서 정보 처리와 관련된 뇌 영역(예: 해마)에서 연령과 관련된 증가를 보였다. 그러나 이러한 증가는 남자 청소년에게는 나타나지 않았다. 이 연구에 대한 주요 결과는 **그림 11.1**에 나와 있는데, 남자에 비해 여자 청소년이 또래에게 평가받는 것에 대해 생물학적 민감성이 증가하는 것을 제시해 주며, 이러한 점은 시간이 지나면서 SOC를 발달시키는 취약성을 증가시킬 수도 있다.

불안장애의 처치에 의뢰되는 아동 및 청소년의 1/3 정도가 일차 진단으로 사회공포증 진단을 받는다. 사회공포증은 그 외 불안장애로 의뢰되는 아동에게 가장 흔한 이차 진단이기도 하다(Leyfer et al., 2013). 그렇다고 해도, 수줍음이 흔하기 때문에 그리고 이 아동들이 심각하게 어려움을 겪고 있을 때에도 이러한 문제를 주목하지 않기 때문에 사회공포증이 간과되는 경우가 많다(Essau, Conradt, & Petermann, 1999).

SOC가 있는 아동과 청소년의 2/3는 또 다른 불안장애 —일반화된 불안장애가 가장 흔함—를 가지고 있다(Ber-

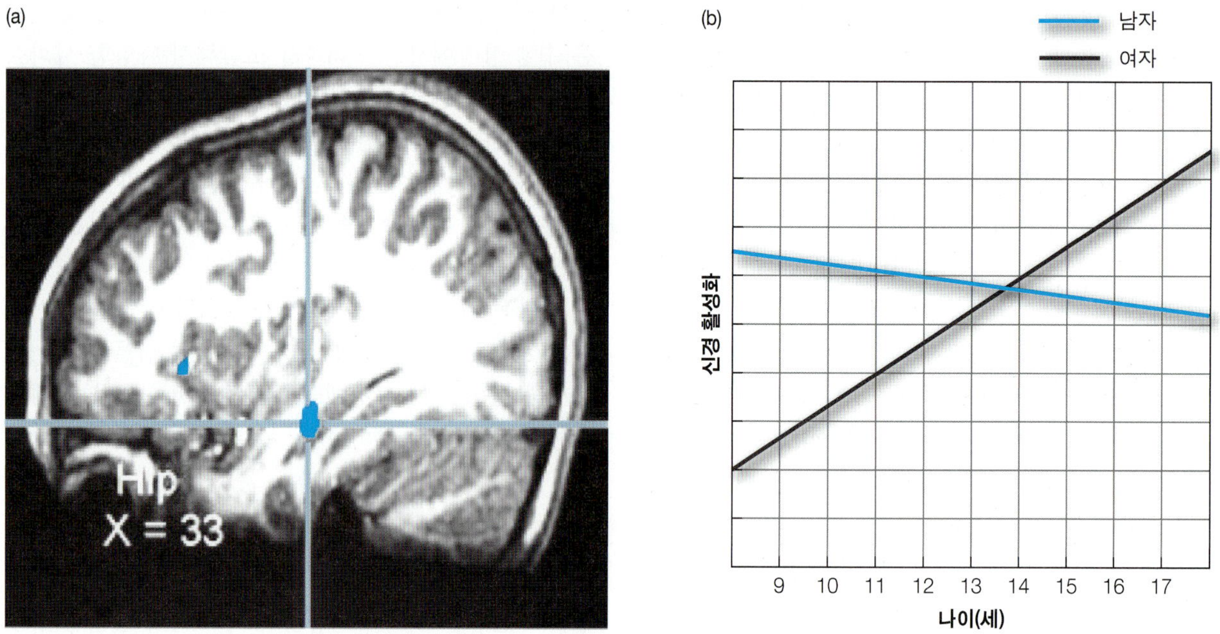

그림 11.1 (a) 자신이 좋아하는 친구가 자신을 어떻게 평가하는지를 생각하는 동안에 참가자들의 해마에서 발견된 신경 활성화의 증가. (b) 해마에서의 신경 활성화는 나이가 들수록 여자에서는 증가하지만 남자에서는 변화가 없다.

출처: (a) © 2009, Amanda E. Guyer, Erin B. McClure-Tone, Nina D. Shiffrin, Daniel S. Pine, Eric E. Nelson; "Probing the Neural Correlates of Anticipated Peer Evaluation in Adolescence," *Child Development*, © 2009, Society for Research in Child Development, Inc. (b) Probing the neural correlates of anticipated peer evaluation in adolescence by Guyer et al., *Child Development*, *80*, 1000-1015. Journal Compliation © 2009, Society for Research in Child Development, Inc. John Wiley and Sons.

nstein et al., 2008; Leyfer et al., 2013). 기타 동시 발병 불안장애는 SAD와 특정 공포증이다(Beidal et al., 2007). SOC가 있는 청소년의 약 20%는 주요 우울증으로 고통받고 있다. 이들은 또한 사회적 상황에서 불안을 감소시키기 위해 스스로 알코올이나 기타 약물을 이용하며, 후에 물질 사용 문제에 취약해진다(Albano et al., 2003; Buckner et al., 2008).

SOC는 10세 미만의 아동에게는 극히 드물며, 일반적으로 사춘기 이후에 많이 발생한다. 가장 흔히 발병하는 나이는 초기에서 중기 청소년기이다(Wittchen, Stein, & Kessler, 1999). 그러나 이 장애의 성질을 감안하면, SOC가 있는 사람은 그들의 문제가 생긴 후에 처치를 찾으려는 도움을 구하기를 가장 꺼리는 사람들일 것이다. SOC의 유병률은 연령의 증가에 따라 증가하는 것으로 보이며, 시간이 지난 후에도 상당히 지속되고, 증상의 심각성에는 변동이 있다(Beesdo-Baum et al., 2012). 성인이 되어서, SOC가 있는 사람은 관계의 문제, 교육의 어려움, 전반적인 생활의 질적 하락을 포함한 역할의 기능에서 심각한 결함을 경험할 수 있다. 사회적 불안 증상의 평균 기간은 20~25년이며, 이는 청소년기 및 초기 성인기에서 결코 짧은 시간이 아니다. 효과적인 처치가 없으면 SOC를 완전히 그리고 차도(remission)가 오래 지속될 가능성은 모든 불안장애 장애 중에서 가장 낮다(Knappe et al., 2010).

단원 정리

사회불안장애(사회공포증)

- SOC가 있는 아동은 관심이 집중되거나 철저하게 해야 될 때 또는 부끄러워질 수 있는 것을 공적으로 해야 하는 것에 대해 두려워한다.
- SOC는 흔하며, 평생 유병률은 6~12%로, 남아에 비해 여아가 거의 두 배 많다.
- SOC는 대부분의 10대들이 자신에 대해 타인이 어떻게 생각할지에 대한 걱정과 자의식이 높은 사춘기 전후에 일반적으로 나타난다.

선택적 함묵증

KEISHA
아무에게도 말하지 마

Keisha(6세)는 유치원에서 선생님 또는 또래들에게 말을 하지 않은 지 2년이 되었다. 2년 전, Keisha는 유치원에 있는 것이 힘들었고, 유치원에서 울지 않게 된 것은 2개월 전이다. 친구들에게 말은 하지 않지만, 상호작용을 하고 학업 활동에도 참여한다. Keisha는 집에서는 가족들에게 공개적으로 말을 하지만, 밖에서 다른 사람이 들을 수 있는 경우에는 가족에게도 말을 하지 않는다. Keisha는 자신이 말을 하지 않는 이유는 모르지만, 무섭다고 어머니에게 말했다. Keisha의 어머니는 Keisha가 수줍음과 걱정이 많다고 했다.

출처: Leonard & Dow, 1995에서 인용.

선택적 함묵증이 있는 아동은, 집이나 그 외 상황에서는 큰 소리로 자주 말을 할 수 있지만, 말하는 것이 기대되는 사회적 상황(예: 학교)에서는 말을 하지 못한다(Viana, Beidel, & Rabian, 2009). DSM-5 진단 준거에서 요구하는 것은, 증상이 교육이나 작업 성취 또는 사회적 소통을 방해할 것, 최소 1개월 이상 지속되며 이는 사회적 상황에서 필요한 말에 대한 지식이 부족하거나 언어가 익숙하지 않기 때문에 말을 하지 않는 것이 아닐 것, 자폐 스펙트럼 장애 · 조현병 · 다른 정신병적 장애가 있는 동안에만 발생되는 것이 아닐 것이다(APA, 2013).

유병률, 동시 발병, 경과

선택적 함묵증(selective mutism)은 드물게 발생하며, 지역사회 표본에서 모든 아동들 중 대략 0.7% 발생하는 것으로 추정된다(Bergman, Piacentini, & McKracken, 2002). 유병률은 성이나 민족/인종에 따라 차이가 있는 것 같지는 않다. 가장 흔한 동시 발병 장애는 다른 불안장애, 특히 SOC와 특정 공포증이다. 적대적 행동을 보일 수도 있으나 이는 아동이 말하기를 요구하는 상황에서 제한적으로 나타난다(Cunningham, McHolm, & Boyle, 2006). 평균 발병 연령은 대략 3~4세이지만, 발병 후 의뢰까지는 종종 상당히 시간 차이가 있는데, 이는 아동의 함묵증이 집에서는 일어나지 않기 때문이다. 학교 입학 및 이와 관련된 사회적 관계와 과제(예: 큰 소리로 읽기)가 증가됨에 따라 아동의 함묵증이 확인되고 의뢰되는 경향이 높다. 많은 아동이 함묵증에서 벗어난다고 해도, 선택적 함묵증의 지속에는 차이가 있다. 그러나 이 분야의 연구는 아직 제한적이며, 장기적 경과에 대해서는 알려져 있지 않다(APA, 2013).

비록 DSM-IV에서 진단 가능한 장애에 포함되지 않았지만, 불안장애와 공통되는 요소가 많으며(Leonard & Dow, 1995), 따라서 DSM-5에는 불안장애에 포함되었다. 예를 들어, 선택적 함묵증이 있는 어린 아동의 45~75%는 다른 사람들 앞에서 말하는 것을 꺼린다는 점 이외에 SOC의 진단 준거에 해당하며(Viana et al., 2009), 이들 부모 중 거의 40%의 부모 역시 인생의 한 시점에서 SOC를 진단받은 적이 있다(Chavira et al., 2007). 그 외에 흔한 동시 발병 장애에는 의사소통장애, 배설장애, 적대적 반항장애가 있다(Cohan et al., 2008).

선택적 함묵증과 SOC의 유사성에 근거해 볼 때, 선택적 함묵증은 독특한 장애라기보다는 어린 아동에게 발달적으로 SOC의 특정한 변형 또는 SOC의 초기 전조일 수 있다(Bergman et al., 2002; Dummit et al., 1997). 그러나 두 장애에서 차이도 존재하는데, 예를 들어 적대적인 모습과 비언어적인 사회 참여는 선택적 함묵증에서 주로 많이 나타나지만, SOC에서는 덜 나타난다(Yaganeh, Beidel, & Turner, 2006). 선택적 함묵증이 있는 아동의 세 가지 하위 집단을 확인한 연구가 있는데, 즉 (1) 불안하고 약간 적대적인 아동, (2) 불안하고 의사소통이 지연된 아동, (3) 오로지 불안하기만 한 아동이다(Cohan & Chavira, 2008). 어렸을 적에 선택적 함묵증이 있었던 성인의 일화는, 일부 사례에서 외상이 선택적 함묵증에서 중요한 역할을 하며, 말하지 않는 것이 자기 보호 반응이라는 것을 암시하고 있다(Omdal, 2007). 예를 들어, 대중을 사로잡았던 아프리카계 미국인 시인이자 작가인 Dr. Maya Angelou는 8세 때 성폭행의 외상을 겪은 후 거의 5년 동안 말을 하지 않았다.

단원 정리

선택적 함묵증

- 선택적 함묵증이 있는 아동은 다른 상황에서는 말을 할 수 있는데도 특정의 사회적 상황에서는 말을 하지 못한다.

- 선택적 함묵증은 모든 아동 중에서 대략 0.7% 발생하는 드문 장애이다. 성 또는 인종/민족성에 따른 유병률 차이는 없는 것 같다.
- 가장 흔한 동시 발병 장애는 다른 불안장애, 특히 SOC와 특정 공포증이다.
- 평균 발병 연령은 3~4세이지만, 발병과 의뢰 사이에는 상당한 시간 차이가 있다.
- 현재로서는 선택적 함묵증과 SOC가 구별되지만, 서로 강하게 관련되어 있는 장애라고 본다.

공황장애와 광장공포증

CLAUDIA

갑작스러운 발작

Claudia(16세)는 학교에서 평범한 하루를 보낸 뒤, 집에서 TV를 보고 있었다. Claudia는 갑자기 머리가 어지러우면서 감각이 마비되는 것 같은, 마치 질식할 것만 같은 강렬한 느낌으로 압도당하는 것 같았다. 심장은 폭발할 듯이 뛰기 시작했다. 이러한 발작이 아주 급하고 강렬해서 Claudia는 고통스러웠고, 심장 발작으로 죽을지도 모른다는 생각을 했다. 땀이 나고 떨리기 시작했으며 방이 빙빙 도는 느낌이었다. 이러한 감정은 2분 이내에 절정을 이루었다. 이 달 들어서 벌써 일곱 번째였다. 그녀는 미친 듯이 엄마에게 달려갔고 병원 응급실에 다시 실려 갔다. (저자의 사례 자료에서 인용)

DSM-5 이전에는 공황장애와 광장공포증이 연관되어 있었는데, 공황장애의 진단에 광장공포증이 '있음' 또는 '없음'(즉, 빠져나갈 수 없거나 도움이 소용없을 것이라고 개인이 생각하는 일정한 상황에 대한 뚜렷한 공포 또는 회피, 공포와 같은 또는 개인을 무력화시키는 증상을 경험함)을 명시하고 있기 때문이다. 그러나 DSM-5에서 공황장애와 광장공포증은 서로 다른 진단 기준이 있는 별개의 장애이다. 이러한 변화는 공황 증상 없이 광장공포증을 경험하는 청소년과 성인이 많다는 것을 제시해 주는 연구에 기초하고 있다. 그러나 지금까지도 어린 사람들에 대한 대부분의 연구가 이 두 가지를 함께 간주하고 있다(Higa-McMillan et al., 2014). 따라서 우리는 이 두 장애를 이 단원에서 같이 다룰 것이다.

Claudia와 같이 **공황장애**(PD)가 있는 청소년은 적어도 한 달 이내에 또 다른 공황발작을 보이며, 공황발작이 찾아올까 봐 전전긍긍하며, 발작과 관련된 행동에서 의미 있는 변화가 있다. 공황장애에 대한 DSM-5 진단 준거가 표 11.6에 제시되어 있다.

공황발작은 투쟁/도피 반응의 4개 또는 그 이상의 신체적 증상 및 인지적 증상 특징이 동반되는, 갑작스럽고 압도시키는 격렬한 공포 또는 불편함을 말한다(표 11.6 참조). 흔히 공황발작은 짧고, 그 증상이 10분 안에 최대로 격렬한 다음, 30분 또는 몇 시간이 지나면서 점차 감소된다. 공황발작에는 절박한 위험이나 절체절명의 위기에 대한 압도되는 느낌 또는 벗어나고 싶은 충동을 동반한다. 공황발작이 짧다고 해도, 일주일 또는 한 달에 몇 번씩 일어날 수 있다. 증상이 극적이기는 하지만 신체적으로 위험하거나 해롭지는 않다는 것을 기억해야 한다.

공황발작은 성인에서는 쉽게 확인되지만, 아동 및 청소년에서 얼마나 발생하는지에 대해서는 논쟁의 여지가 있다. 공황발작이 어린 아동에게는 극히 드물지만, 청소년에서는 흔하다(Mattis & Ollendick, 2002). 한 가지 설명은 공황발작에 흔히 동반되는 파국적인 오류적 해석(예: "심장은 빨리 뛰었고 나는 늘 하던 것처럼 여기 앉아서 TV를 보고 있어요. 나는 미쳐 버리고 말 거예요.")을 만들어 내는 인지적 능력이 어린 아동에게는 부족하다는 것이다(Nelles & Barlow, 1988). 그러나 어린 아동이 이 같은 오류적 해석을 만들어 낼 수 있다는 것을 시사하는

Chris Collins/Cusp/Corbis

공황

표 11.6 공황장애의 진단 준거

DSM-5

(A) 반복되는 예기치 않은 공황발작이 있다. 공황발작은 극심한 공포 또는 고통이 돌연히 치밀어 올라 몇 분 안에 최고조에 이르고, 그 시간에 다음 중 4개(또는 그 이상) 증상이 있다.

주의: 돌연히 치밀어 오르는 것은 차분한 상태 또는 불안한 상태에서 발생할 수 있다.

(1) 심계항진, 가슴 두근거림, 심장 박동 수의 증가
(2) 발한
(3) 떨리거나 후들거림
(4) 숨이 가쁘거나 질식당하는 느낌
(5) 질식할 것 같은 느낌
(6) 흉통 또는 가슴 불편감
(7) 메스꺼움 또는 복부 고통
(8) 어지러움, 휘청거림, 약간 어지러움, 희미해지는 느낌
(9) 오한 또는 달아오르는 느낌
(10) 감각 이상(손발 저림 또는 따끔거리는 느낌)
(11) 비현실감(실재하지 않는 느낌) 또는 이인증(자신으로부터 분리된 느낌)
(12) 통제할 수 없다거나 '미쳐 간다는' 두려움
(13) 죽음에 대한 두려움

주의: 문화 특정적 증상(예: 이명증, 목의 따끔거림, 두통, 통제할 수 없는 비명 지르기 또는 울음)을 보일 수도 있다. 이 증상들은 진단에 필요한 4개 증상 중의 하나로 계산하지 않는다.

(B) 발작 중의 최소 하나는 1개월(또는 그 이상) 이내에 뒤따르는데, 다음 중 한 개 또는 모두 있다.

(1) 추가적인 공황발작 또는 그 결과(예: 통제하지 못함, 심장 발작을 일으킴, 미치는 것)에 대한 지속적인 근심 또는 걱정
(2) 발작과 관련된 행동에서 심각한 부적응적 변화(예: 운동 또는 친숙하지 않은 환경을 피하는 것처럼, 공황발작이 일어나는 것을 회피하기 위한 계획적인 행동).

(C) 방해는 물질(예: 약물 남용, 치료 약물)의 생리적 영향 또는 다른 의학적 상태(예: 갑상선 기능 항진증, 심장과 폐의 장애)에서 기인된 것이 아니다.

(D) 방해가 다른 정신질환으로 잘 설명되지 않는다.

출처: *Diagnostic and Statistical Manual of Mental Disorders*, 5th ed. American Psychiatric Association.

연구가 있다(Mattis & Ollendick, 1997).

인지적 능력의 한계 때문에 아동에게 공황발작이 드문 것이 아니라면, 무엇 때문일까? 한 연구에서, 공황발작의 발생과 사춘기와의 관계를 알아보기 위해 6학년과 7학년 여학생 754명을 대상으로 평가했다. 중요한 것은, 공황발작이 사춘기의 발달과 관련이 있는 것이지, 연령의 증가와 관련이 있는 것은 아니라는 것이다(Hayward et al., 1992). 여성에게 있어서 사춘기 발달과 불안장애의 유의미성은 일반적으로 지지를 받고 있다(Reardon, Leen-Feldner, & Hayward, 2009). 예를 들어, 한 연구에서, 내면화 증상을 보이는 6~8학년 여학생은 증상을 보이지 않는 여학생보다 사춘기가 평균 5개월 정도 일찍 나타났다(Hayward et al., 1997). 공황발작의 증상만 나타나는 것이 사춘기 전에는 드물고 사춘기 단계와 관련이 있다는 것, 청소년기가 공황발작 발병의 정점이라는 것을 감안하면, 사춘기 즈음에 일어나는 신체적 변화가 공황의 발생에서 중요한 것으로 보인다.

청소년이 처음에 놀라지 않았다면 투쟁/도피 반응의 신체적 증상이 나타나는 이유는 무엇일까? 한 가지 가능성은, 공포가 이러한 증상을 만들어 낸다는 것이다. 아동/청소년이 특정한 이유로 인해 스트레스를 받을 수 있고, 스트레스가 공황의 신체적 증상을 야기하는 아드레날린 및 기타 화학물질의 생성을 증가시킬 수도 있다. 증가된 아드레날린은 스트레스가 더 이상 존재하지 않아도 몸 안에서 화학적으로 유지될 수 있다. 또 다른 가능성은, 아동은 호흡이 급해져서(미세한 호흡항진) 이것이 다른 증상을 만들어 낸다는 것이다. 과호흡은 아주 경미하기 때문에 아동은 익숙해져 버리고, 자신이 과호흡을 하고 있다고 인식하지 못한다는 것이다. 세 번째 가능성은 일부 아동/청소년은 신체 변화가 정상적이지만 자신의 신체 변화를 계속해서 모니터링하기 때문에(청소년이 그러한 경향이 있는 것처럼) 이러한 감각을 아주 쉽게 지각한다는 것이다(Barlow, 2002).

PD가 있는 청소년은 또다시 발작이 일어날 것 같은 두려움으로 인해 이전에 공황발작을 경험했던 장소, 발작이 일어날 것이라고 두려워하는 상황이나 활동을 회피한다. PD가 있는 청소년은 다음과 같이 생각할 수 있는데, "발작이 일어난다는 사실이 너무 싫어요. 학교에 가려고 자전거를 탈 때 그렇게 되면 정말 위험해요. 난 발작에 대한 생각이 머리에 가득 차고, 사고가 날지도 몰라요. 내 자신이 자전거를 부숴 버리거나 나 자신, 또는 다른 누군가를 다치게 할지도 몰라요." 학교에 자전거를 타고 가지 않으려던 아동의 회피는 실제로는 자전거를 타면서 일어났던 발작 때문이지만 그녀는 자전거를 타는 것 자체에 대한 두려움으로 잘못 해석해 버릴 수 있다.

인식이 되어서 치료를 받지 않는다면, PD와 그로 인한 합병증은 집과 학교에서의 인간관계 그리고 학업에도 심각하게 방해가 된다. PD가 있는 일부 청소년은 학교에 가는 것 자체를 꺼리거나 부모로부터 떨어지는 것을 두려워한다. 심각한 경우에는 일상생활 상황을 피하려는 경향이 증가되고 일반화되어서 나이 든 PD 아동이 집 밖에 나가지 못할 정도로 심각해진다.

광장공포증은 일정한 장소 또는 상황(즉, 사람이 붐비는 곳에 있는 것, 집 밖에 혼자 있는 것; 표 11.7 참조)에 대한 뚜렷한 두려움 또는 불안이 특징이다. 광장공포증이 있는 사람은, 공황과 같은 것을 경험 또는 기타 무력화시키는 증상(예: 늙는 것에 대한 두려움)을 경험한다면, 탈출이 불가능하거나 도움을 청할 수 없다는 생각 때문에 이러한 상황을 두려워하거나 회피한다(Craske et al., 2010; Wittchen et al., 2010). 두려운 상황으로 모험을 시도하는 나이 든 광장공포증 청소년은 극심한 스트레스가 있을 때 또는 가족이나 친구와 동반할 때에만 그렇게 한다.

광장공포증은 공황발작 및 공황장애와는 독립적으로 개념화될 수 있는 장애이다. 연구가 시작될 때의 연령이 14세에서 24세의 3,000명의 규범 표본에게 실시된 10년 종단 연구가 이를 지지해 준다(Wittchen et al., 2008). 광장공포증이 있는 사람과 공황발작 및 공황장애가 있는 사람 간에는 발생률 및 발병 연령에서 성 및 연령 차이가 관찰되었다. 광장공포증의 경과와 안정성 정도 역시 공황장애와 달랐으며, 공황발작이 광장공포증의 시작을 신뢰롭게 예측하지 않았다. 따라서 광장공포증이 공황장애의 결과라기보다는, DSM-5에 제시된 것처럼, 광장공포증이 그것 자체로 하나의 불안장애인 것 같다(Higa-McMillan et al., 2014).

표 11.7 광장공포증의 진단 준거

DSM-5

(A) 다음 5개 상황 중에서 2개(또는 그 이상)에 대해 현저한 공포 또는 불안을 느낀다.
  (1) 대중교통을 이용하는 것(예: 자동차, 버스, 기차, 배, 비행기)
  (2) 열린 공간에 있는 것(예: 주차장, 시장, 다리)
  (3) 밀폐된 공간에 있는 것(예: 상점, 공연장, 영화관)
  (4) 줄을 서 있거나 군중 속에 있는 것
  (5) 집 밖에 혼자 있는 것

(B) 공황과 유사한 증상 또는 정상생활을 못 하게 하거나 당혹스럽게 하는 증상(예: 노인에서 낙상에 대한 공포, 실금에 대한 공포)이 생기는 사건에서 도움을 받을 수 없다거나 어려움에서 도망칠 수 없다는 생각 때문에 그런 상황을 두려워하고 피한다.

(C) 광장공포증 상황은 거의 항상 공포 또는 불안을 일으킨다.

(D) 광장공포증 상황을 적극적으로 회피하거나, 동반자를 필요로 하거나, 극도의 공포 또는 불안을 견디고 있다.

(E) 공포 또는 불안이 광장공포증 상황에 의한 실질적인 위험에 비해 그리고 사회문화적 맥락에 비해 지나치다.

(F) 공포, 불안, 회피가 전형적으로 6개월 이상 지속된다.

(G) 공포, 불안, 회피가 사회적, 직업적, 또는 다른 중요한 기능 영역에서 임상적으로 심각한 고통 또는 결함을 일으킨다.

(H) 만약 다른 의학적 상태(예: 염증성 장 질환, 파킨슨병)가 존재한다면, 공포, 불안, 회피가 분명히 과해야(excessive) 한다.

(I) 공포, 불안, 회피가 다른 정신질환으로 잘 설명되지 않는다.

주의: 광장공포증은 공황장애 유무와 관계없이 진단된다. 만약 공황장애와 광장공포증의 준거를 충족한다면, 두 개의 진단이 부과된다.

출처: *Diagnostic and Statistical Manual of Mental Disorders*, 5th ed. American Psychiatric Association.

유병률과 동시 발병

공황발작은 의뢰되지 않은 청소년 사이에서 흔하며 10대의 대략 16%가 겪는다(Mattis & Ollendick, 2002). PD와 광장공포증은 훨씬 덜 흔하며 추정되는 평생 유병률은 13~17세 아동에서 PD와 광장공포증 둘 다 대략 2.5%이다(Merikangas et al., 2010). 공황발작을 경험할 가능성은 여자 청소년이 남자 청소년보다 두 배 정도 많고, 공황발작과 스트레스 생활 사건 사이에서 꽤 일관된 연관성이 발견되고 있다(King, Ollendick, & Mattis, 1994). 의뢰된 대부분의 PD 청소년은 한 가지 이상의 다른 장애가 있으며, 가장 흔한 것은 또 다른 불안장애(특히 일반화된 불안장애 또는 SAD) 및 주요 우울장애이다. 다른 동시 발병 상태에는 조증 및 경조증, 주의력결핍/과잉행동장애(ADHD), 적대적 반항장애(ODD)가 있다(Doerfler et al., 2007). 광장공포증과 가장 흔하게 동시 발병되는 장애는 다른 불안장애(예: PD, 특정 공포증, SOC), 주요 우울장애, 외상 후 스트레스 장애, 알코올 사용 장애이다

살펴보기 11.2

DARWIN에게 공황장애가 있었는가?

Charles Darwin(1809~1882)은 외향적이고 대담한 여행가이며 대학시절에는 야외에서만 살았다. 그러나 그는 Beagle호로 남아메리카와 태평양으로 항해를 하고 5년 만에 영국으로 돌아온 20대 후반에 '심장의 불안한 박동(심계항진)'을 호소하기 시작했다. 그 증세는 비밀노트를 기록하기 시작한 후 얼마 지나지 않아 생겼고, 이 비밀노트는 22년 후 진화론의 역작, 즉 『종의 기원』이 되었다. 시간이 지나면서 그의 질병은 악성 신경증, 열대병, 지적 능력의 소진, 비소 중독, 억압된 통풍, 그 밖의 수많은 것들이 사례로 기술되었다. 그러나 Darwin은 자신의 책에 '심장 박동, 진땀, 근육 떨림이 수반된 공포감'으로 기술했다.

출처: Desmond & Moore, 1991에서 인용.

Bettmann/Corbis

(APA, 2013).

SAD와 PD 사이의 관계는 상당한 주목을 받고 있는데, 아동기 동안의 분리 경험이 후에 PD의 발달에 기여하는지 또는 SAD가 성인 PD의 아동기 형태인지를 보려는 것이다(Craske et al., 2010). 결과는 일반적으로 SAD가 PD의 강력한 예측인자라는 것을 지지해 준다. 그러나 SAD는 다른 불안장애도 예측(우울증 또는 물질 사용 장애는 아님)해 주기 때문에, SAD가 PD의 특정 위험 요인이라기보다는 일반적으로 불안장애의 초기 지표일 수 있다(Kossowsky et al., 2013).

끊임없는 공황발작 그리고 회피 행동이 가져오는 생활양식의 제한이 몇 개월 또는 몇 년 지난 후, PD와 광장공포증이 있는 청소년 및 젊은 성인은 심각한 우울증으로 발전할 수 있고 자살 행동에 취약할 수도 있다. 일부는 불안을 경감시키는 방법으로 알코올이나 약물을 사용하기도 한다(Higa-McMillan et al., 2014).

발병, 경과, 결과

PD가 어린 아동에게도 일어난다고 밝혀지고 있지만, 보고된 사례는 극히 일부이다(Higa-McMillan et al., 2014). PD가 있는 청소년의 첫 공황발작의 평균 발병 연령은 15~19세이며, 이 장애가 있는 청소년의 95%는 사춘기 후기이다(Bernstein, Borchardt, & Perwien, 1996). PD는 대개는 정서적으로 건강한 아동/청소년에게 발생한다. PD가 발생하기 전에 가장 흔히 일어날 수 있는—만약 있다면—장애는 우울장애이다(Last & Strauss, 1989). 불행하게도, PD와 광장공포증은 시간이 지나면서 안정적이고 완전히 차도를 보이는 비율이 모든 불안장애 중에서 가장 낮은 것 중의 하나이다(Wittchen et al., 2000). 조기 발병된 PD가 있는 사람 및 PD와 광장공포증이 있는 사람은 증상에 차도가 있은 후에 동시 발병 장애 및 증상의 재발을 경험할 가능성이 후기 발병된 사람보다 더 높은데, 이는 조기 발병 PD 및 광장공포증이 특히 심각한 장애임을 가리킨다(Ramsawh et al., 2011). 처치가 없으면, 이러한 장애가 지속적이고 만성적이 되기 쉽다.

단원 정리

공황장애와 광장공포증

- 공황발작은 신체적 증상과 인지적 증상을 동반한 강렬한 두려움 및 불편함이 갑자기 그리고 과도하게 압도시키는 기간이 있다.
- PD가 있는 청소년은 또 다른 발작이 있는 것에 대한 지속적인 걱정, 그 결과에 대한 노심초사, 발작과 관련된 자신의 행동에서

심각한 부적응적인 변화에 뒤따르고, 추가의 발작이 있을 것을 피하기 위해 만들어진 예기치 않은 공황발작의 재발을 보인다.

- 광장공포증은 일정한 상황에 대한 뚜렷한 두려움 또는 불안이 특징이다. 이들은 이러한 상황을 두려워하거나 회피하는데, 공포 또는 그 외 자신을 무력화하는 다른 증상을 경험할 때 탈출이 불가능하거나 도움을 받을 수 없다는 생각 때문이다.
- 사춘기 후의 많은 청소년이 공황발작을 경험하지만, PD와 광장공포증은 훨씬 흔치 않으며, 10대의 대략 2.5%가 경험하고, 여아가 남아보다 두 배 정도 많다. PD가 있는 청소년에서 첫 번째 공황발작의 평균 발병 연령은 15~19세이다.
- PD와 광장공포증은 다른 많은 장애와 연관되어 있으며, 가장 흔한 것은 다른 불안장애들이다.
- PD와 광장공포증은 시간이 지나도 안정적인 것 같으며, 완전히 벗어날 비율은 다른 어떤 불안장애보다 낮다.

일반화된 불안장애

JARED
늘 걱정하는 아이

Jared(13세)는 과도한 불안, 걱정, 신체적 증상으로 의뢰되었는데, Jared의 어머니는 Jared가 모든 것에 대해 지나치게 걱정한다고 설명했다. Jared는 자신이 걱정이 많은데, 특히 부모에게 좋지 않은 일이 생기는 것, 친구들에게 놀림당하는 것, 학교에서 잘 해내지 못하는 것, 실수를 하는 것, 사고가 나서 자신 또는 부모가 다치는 것이 걱정이라고 말했다. Jared는 이미 일어났던 일, 예를 들면 이전에 학급에서 자신이 했던 말이나 지난번 시험이 어땠는지에 대한 생각을 끊임없이 되풀이했다. 걱정을 하기 시작하면, 아무리 노력해도 멈출 수 없다고 말했다. Jared는 지난 일을 걱정하거나 앞으로 다가올 일에 대해 예측할 때 두통, 복통, 빠른 심장 박동과 같은 신체적 불편감이 있다고 토로했다. 어머니는(그녀 또한 걱정을 많이 하지만, Jared만큼은 아니다) Jared가 지나치게 자기비판적이며 항상 확인이 필요하다고 말했다. (저자의 사례 자료에서 인용)

약간의 걱정은 정상 발달의 한 부분이다. 그러나 Jared처럼 **일반화된 불안장애**(GAD)가 있는 아동은 과도하고 통제할 수 없는 불안을 겪고 있으며, 대부분의 날들의 많은 사건 또는 활동에 대해 걱정한다. 걱정할 것이 없다는 것이 명백할 때에도 걱정을 한다. GAD가 있는 아동에게 걱정은 단편적인 사건 모두에 해당되며, 거의 지속적으로 일어난다. 걱정하는 사람은 이완을 할 수 없으며 근긴장, 두통, 메스꺼움과 같은 신체적 증상이 있다. GAD의 흔한 증상에는 성마름, 기운 없음, 잠드는 데 어려움, 숙면이 안 되는 것과 같은 신체적 증상 역시 포함될 수 있다(Comer et al., 2012; Layne et al., 2009). DSM-5의 GAD 진단 준거가 **표 11.8**에 제시되어 있다.

표 11.8 일반화된 불안장애의 진단 준거

DSM-5

(A) 수많은 사건 또는 활동(직장이나 학업과 같은)에서 지나치게 불안해하고 걱정(염려가 되는)을 하고, 그 기간이 최소한 6개월 이상으로, 그렇지 않은 날보다 그런 날이 더 많다.

(B) 걱정을 통제하기 어렵다고 느낀다.

(C) 불안과 걱정은 다음의 6개 증상 중에서 적어도 3개(또는 그 이상)와 관련이 있다(지난 6개월 동안 적어도 일부 증상은 있는 날이 없는 날보다 더 많다).

주의: 아동에서는 한 가지 항목만 요구된다.

(1) 차분하지 못함 또는 긴장이나 벼랑 끝에 있는 느낌
(2) 쉽게 피곤해짐
(3) 집중 곤란 또는 앞이 깜깜해짐
(4) 성마름
(5) 근육의 긴장
(6) 수면 방해(잠들기 또는 유지가 어렵고, 또는 뒤척이면서 불만족스러운 수면)

(D) 불안, 걱정, 신체 증상이 사회적, 직업적 영역, 다른 주요한 기능 영역에서 임상적으로 심각한 고통 또는 결함을 일으킨다.

(E) 방해가 물질(예: 약물 남용, 치료 약물)의 생리적 영향 또는 다른 의학적 상태(예: 갑상선기능 항진증)로 인한 것이 아니다.

(F) 방해가 다른 정신장애로는 잘 설명되지 않는다.

출처: *Diagnostic and Statistical Manual of Mental Disorders*, 5th ed. American Psychiatric Association.

다른 불안장애에서, 불안은 분리 · 사회적 수행 · 동물 또는 곤충 · 신체 감각과 같이 특정 상황이나 대상에게 집중될 수 있다. 반대로, GAD가 있는 아동이 경험하는 불안은 만연되어 있으며 일상의 다양한 생활 사건 모두에 집중되어 있다(Andrews et al., 2010). 일반적으로 불

안해하는 아동이 특정한 곳에 초점을 맞추지 못하는 것을 '제멋대로 떠돌아다니는(free-floating) 불안'이라고 하던 때도 있었다. 그러나 사실상, 이 아동/청소년은 그들의 불안에 초점을 두고 너무 많은 것에 초점을 맞추는 것이다. 따라서 **일반화된 불안**(generalized anxiety)이란 용어가 더 정확하다.

GAD가 있는 아동은 책, 영화, TV에 나오는 모든 위협적인 사건을 찾아서 그것을 자신과 연관시키기 쉽다. TV에서 차 사고에 대한 기사를 보면, 자신이 차 사고가 날 것에 대해 걱정하기 시작한다. 이들은 항상 최악의 결과를 예상하며, 생각보다 작은 상황이나 사건에 대한 자신의 대처 능력을 과소평가한다. 이들은 자신이 걱정하고 있는 사건이 실제 일어날 가능성이 극히 낮다는 것을 인식하지 못하는 것처럼 보인다. 그렇기 때문에 이들의 생각은 흔히 "학교 버스가 고장이 나면 어쩌지?", "내가 번개에 맞으면 어쩌지?"와 같이 "만약 ~하다면?"과 같은 질문들로 이루어진다. GAD가 있는 아동은 그 걱정을 위협적이거나 재난 사건으로 제한시키지 못하는데, 무엇을 입고 TV에서 무엇을 볼 것인지와 같은 일상의 사소한 것까지도 지나치게 걱정한다. 이렇듯 일상의 사소한 사건에 대한 일반화된 걱정은 GAD가 있는 아동과 기타 불안장애가 있는 아동을 구별시킨다(Albano et al., 2003).

Jared처럼, GAD가 있는 아동은 흔히 자의식이 강하고, 자기 회의적이며, 타인의 기대에 부응할 수 있을지에 대해 걱정한다. 이들의 걱정은 유의미한 대인관계의 문제, 특히 타인을 지나치게 보살피는 것과 관련된 문제를 야기할 수 있다. GAD가 있는 아동은 계속해서 성인으로부터 승인과 확인을 받으려고 하며, 불쾌하고 비판적이며 불공평하다고 생각되는 사람을 두려워한다. 이들은 자기 자신의 수행에 대해 극도로 높은 기대 수준을 설정하며, 이루지 못했을 때 자신을 혹독히 비판한다. 또한 걱정할 거리가 없다는 증거가 명백한 경우에도 걱정을 계속한다. 예를 들어, 과거의 모든 학급 과제에서 A를 맞은 GAD 아동이 다음 과제에서 낙방할 것을 걱정할 수도 있다(Silverman & Ginsburg, 1995). 또한 GAD가 있는 아동은 불확실한 것을 참지 못하며, 이것은 걱정을 유지시키는 그 외의 인지처리 과정뿐만 아니라 불확실한 상황에서 의사결정 기능에 결함을 가져올 수 있다(Fialko, Bolton, & Perrin, 2012; Krain et al., 2006).

GAD가 있는 아동은 자기 자신 및 다른 사람을 얼마나 불행하게 만드는지를 인식할 때에도 걱정을 멈추지 못

Masterfile

일반화된 불안장애가 있는 아동/청소년은 거의 모든 것에 대해 걱정을 한다.

하는 것 같다. 이러한 특징이 바로 이들의 불안을 비정상으로 만든다. 다가올 스포츠 시합에 대해 걱정하는 정상적인 아동은 다른 과제에도 집중할 수 있으며 시합이 끝난 후에는 걱정을 멈출 수 있다. 그러나 GAD가 있는 아동의 '위기'는 끝도 없이 순환된다. 걱정의 강도는 GAD가 있는 아동의 결함 정도를 보여 주는 가장 좋은 지표이다(Layne et al, 2009). 걱정하는 것을 통제할 수 없다고 느끼게 될 수 있는데, 이는 GAD의 중요한 임상 특징이다(Kertz & Woodruff-Borden, 2011). GAD가 있는 아동이 걱정에 대해 가지고 있는 인지적 신념이 작용하는 것일 수도 있다. **초-걱정**(meta-worry) 또는 걱정에 대해 걱정하는 것은 걱정이 통제될 수 없다거나 부정적인 결과로 이어질 것이라는 신념을 발달시킬 수 있다. GAD가 있는 아동에게 걱정에 대한 이 같은 부정적 신념은 더 높은 수준의 불안, 더 광범위한 불안을 가져올 수 있다(Ellis & Hudson, 2010; Esbjørn et al., 2014)

유병률과 동시 발병

GAD는 미국에 있는 10,000명이 넘는 10대(13~18세)를 대상으로 한 전국 조사에서 가장 흔하지 않은 불안장애이며 평생 유병률은 2.2%였다(Merikangas et al., 2010). 이와 대조적으로 좀 더 최근의 연구에서는 불안 전문 클리닉에 의뢰된 아동 중에서 가장 흔하게 진단되는(37%) 불안장애로 밝혀졌다(Leyfer et al., 2013). 일반적으로 GAD는 남녀 차이 없이 비슷하게 발생하지만, 나이 든 여자 청소년의 유병률이 약간 더 높다. GAD가 있는 아동은 다른 불안장애를 가지고 있는 비율이 높다. 어린 아동의 경우에 SAD와 품행 문제의 동시 발병이 대체로 흔하다. 나이를 먹은 GAD 아동은 특정 공포증, MDD, 사회적 적응의 결함, 낮은 자존감, 자살 위험률이 높은 경향이 있다(Keller et al., 1992; Leyfer et al., 2013; Masi et al., 2004). GAD에서 MDD와의 동시 발병 비율이 특히 높으며, 일부 사례에서는 다른 불안장애와의 동시 발병보다 높을 때도 있다(Higa-McMillan et al., 2014).

발병, 경과, 결과

GAD 발병의 평균 연령은 초기 청소년기이다(Beesdo et al., 2010). 나이가 든 아동은 어린 아동보다 증상의 전체적인 수가 더 많으며, 불안과 우울의 수준도 더 높다. 그러나 이러한 증상들은 연령과 더불어 사라질 수 있다(Strauss et al., 1988). GAD가 있는 청소년의 지역사회 표본에서, 처음 임상에 의뢰될 당시의 초기 평가에서 증상이 심각할수록 추후 검사 시 GAD가 있을 가능성이 높다(Cohen, Cohen, & Brook, 1993). 중증 사례 중 거의 절반은 2년 후에 재진단되었는데, 이는 심각한 일반화된 불안 증상이 시간이 지나도 지속되며, 처치에 의뢰되지 않은 아동/청소년도 지속됨을 암시한다.

단원 정리

일반화된 불안장애

- 일반화된 불안장애(GAD)가 있는 아동은 만성적이거나 과도한 걱정과 긴장을 경험하며, 종종 신체적 증상을 동반한다.
- GAD는 지역사회 표본에서 아동의 2% 정도에서 발생하지만 불안장애의 처치를 위한 전문 클리닉에 의뢰되는 아동들에서 가장 흔한 장애 중 하나이다.

강박장애와 관련 장애

> 정신 이상: 무언가를 끊임없이 반복하면서 다른 결과를 기대하는 것.
>
> — Albert Einstein

강박장애(OCD)는 예전에는 DSM에서 불안장애에 포함되었다. 그러나 DSM-5에서는 다른 불안장애와의 밀접한 관련성을 인정하면서도, OCD와 구별되지만 집착, 반복된 행동, 집착에 대한 반응으로서의 반복된 행동이나 정신적 행동과 같은 중복되는 진단적 특징을 가진 다른 관련된 장애와 함께 독립된 장(chapter)에 들어 있다(Piacentini, Chang, et al., 2014). 이렇게 묶는 것(OCD와 다른 관련 장애)은 특징, 동시 발병, 가족적 및 유전적 요인, 뇌 회로, 처치에 대한 반응의 측면에서 OCD와 다른 관련 장애 사이에서 발견된 유사성에 근거하고 있다(Bienvenu et al., 2012). OCD와 관련된 장애에 대한 간단한 개관을 제공하기 위해, 각 장애의 주요 특징을 **살펴보기 11.3**에 제시했다. 우리는 OCD가 불안장애와 가장 밀접하게 관련된 장애이고 우리가 가장 많이 알고 있는 것이기 때문에 OCD에 초점을 맞추어 논의할 것이다.

강박장애

ETHAN

숫자 세기와 청소

Ethan(15세)은 주방에 갈 때까지 몇 번 눈을 깜박이는지, 몇 걸음 걷는지를 세는 것과 같이 강력하고 특이한 생각에 사로잡혀 있다. 그는 발에 세균이 닿는 것을 원하지 않기 때문에 더러워진 마룻바닥에서 걷는 것을 싫어한다. 또, 문 손잡이에 세균이 있을 것이라는 강박 사고 때문에 수건으로(그가 가지고 다니는) 손잡이를 먼저 닦지 않으면 손잡이를 잡지 않으려고 한다. 그가 가지고 다니는 깨끗한 수건을 다른 곳에 두었거나 가지고 오지 않는 일이 거의 드물지만 그러한 상황이 발생하면 그는 극도로 화가 나거나, 꼼짝없이 서 있거나, 복통을 느낀다. (저자의 사례 자료에서 인용)

Ethan은 **강박장애**(OCD)가 있는데, 이것은 의식 행위와 의심을 반복하는 독특한 장애이다. OCD를 겪고 있는 아

살펴보기 11.3

DSM-5 강박장애와 관련된 장애의 주요 특징

신체 이형 장애

신체 이형 장애는 타인이 알아볼 수 없거나 미미한 정도인 신체적 외모의 결함을 의식하고 이에 집착을 보인다. 외모에 대한 걱정 때문에 질환 경과 중 어느 시점에 반복적인 행동(예: 거울 보기, 과도한 치장, 안심하려고 하는 행동)이나 심리적 내적 행위(자신의 외모를 다른 이와 비교하는 것)를 보인다. 이러한 집착은 삶의 중요한 기능 영역(예: 사회적, 직업적)에서 임상적으로 현저한 고통이나 손상을 초래한다.

저장장애

저장장애는 실제 가치와는 상관없이 소지품을 버리거나 소지품과 분리되는 것을 지속적으로 어려워한다. 이런 어려움은 소지품을 보관해야만 하는 인지적 필요나 이를 버리는 데 따르는 고통에 의해 생긴다. 소지품을 버리기 어려워해서 결국 물품들이 모여 쌓이게 되고, 이는 소지품의 원래 용도를 심각하게 저해하여 생활을 어지럽히게 된다. 저장장애는 중요한 기능 영역(예: 사회적, 직업적, 안전한 환경을 유지하는 것)에서 임상적으로 현저한 고통이나 손상을 초래한다.

발모광(머리털 뽑기 장애)

발모광은 탈모로 이어지는, 반복적으로 스스로 털을 뽑는다(다른 의학적 상태로 인한 것이 아니다). 털 뽑는 행위를 줄이거나 멈추려는 반복적인 시도이며, 중요한 기능 영역에서 현저한 고통이나 손상을 초래한다.

찰과 장애(피부 뜯기 장애)

찰과 장애(피부 뜯기 장애)는 피부 병변으로 이어지는 반복적인 피부 뜯기이다. 피부 뜯기 행위를 줄이거나 멈추려는 반복적인 시도이며, 중요한 기능 영역에서 현저한 고통이나 손상을 초래한다.

출처: *Diagnostic and Statistical Manual of Mental Disorders*, 5th ed, American Psychiatric Association.

동/청소년은 반복되고, 시간을 소비(하루에 1시간 이상)하며, 파괴적인 강박과 충동을 경험한다(Evans & Leckman, 2006). **강박 사고**란 지속적이고 침해적인 생각, 충동, 심상으로서, 일반적으로 심각한 불안 또는 고통을 야기한다. 대부분의 아동은 자신의 강박 사고가 걱정과 유사하다고 설명한다. 그러나 강박 사고는 숙제 또는 평판과 같은 일상생활 문제에 대해 걱정이 많은 것 그 이상으로 훨씬 더 심각하다. 이것은 지나치고 비합리적이며, 불가능하거나 비현실적인 사건 또는 매우 과장된 실생활 사건에 집중되어 있다. OCD가 있는 아동은 반복되는 리듬 또는 노래 '듣는 것'을 멈출 수 없다고 불평하고, 암과 같은 중병에 걸리지 않을까 또는 집에 괴한이 침입하지 않을까 하는 공포를 경험한다. OCD가 있는 아동에게 가장 흔한 강박 사고는 오염, 자신이나 타인이 해를 입을 것 같은 공포, 균형 및 정확성에 대한 걱정인데, 반면에 청소년에서는 성, 신체적·종교적 집착이 더 흔하다(Geller et al., 1998). 이런 강박 사고 및 기타 강박 사고는 상당한 불안과 고통을 만들어 내기 때문에, OCD가 있는 아동은 강박 행동이라고 알려진 행동으로 이것을 중화하려고 애쓰고 있다.

강박 행동은 강박 사고에 대한 반응으로 강박적 사고를 억누르거나 중화하기 위해서 수행하는 반복적·목적적·의도적 행동(예: 손 씻기) 또는 정신적 행동(예: 소리 내지 않고 단어를 반복하는 것)이다. 예를 들면, 세균으로 인한 강박 사고 때문에 OCD가 있는 아동은 불안을 감소하기 위한 방편으로 문 손잡이를 깨끗이 하기, 먼지를 확인하기, 기타 의식 행동에 몰두한다. 7세의 한 소년은 세균에 대한 심각한 강박 사고 때문에 공책을 빨아야 한다고 생각했다! 여러 가지 강박 행동이 일반적인데, 가장 흔한 것은 지나친 씻기 및 목욕(사례의 약 85%에서 발생), 반복하기, 확인하기, 만지기, 숫자 세기, 보관하기, 배열하기 또는 정리하기이다(Geller et al., 1998). OCD에 대한 DSM-5 진단 준거가 표 11.9에 나와 있다.

OCD가 있는 대부분의 아동은 여러 가지 강박 사고와 강박 행동이 있으며, 일정한 강박 행동은 종종 특정 강박 사고와 연관되어 있다. 예를 들어, 씻기 및 청결 의식은 더러움이나 세균에 대한 걱정, 신체 배설물 또는 분비물(예: 소변, 대변, 침)에 대한 염려, 화학물질이나 환경오염에 대한 과도한 걱정처럼 오염의 강박 사고와 연관된 것으로 보인다. 일정한 수를 계속해서 세는 강박 행동은 해를 입을 것 같은, 즉 부모의 죽음이나 화재와 같이 끔찍한 일이 일어날 것 같은 염려와 종종 관련이 있다. 균형, 정확함, 순서를 맞추는 것과 관련된 강박 사고는 반복해서 여행 가방을 꾸렸다가 풀거나 서랍을 반복해서 정리하는 것과 종종 연관된다(Piacentini, 1997). 흥미롭게도, 성인에서 OCD의 각 증상 차원(예: 오염과 관련된, 균형과 관련된)은 구별되지만 부분적으로 중복되는 신경계에 의해 매개된다. 그러나 아동은 그렇지 않다. 이 점은 성인 대 아동의 OCD 증상에서 신경 기제의 중요한 발달적 차이를 시사하고 있다(Gilbert et al., 2009).

OCD가 있는 아동이 어떤 것에서는 그토록 합리적이지만 자신의 강박 사고 및 강박 행동과 관련해서는 그토록 취약한 이유는 무엇일까? 8세 이상의 대부분의 아동은 자신이 과도하고 비합리적이라는 것을 인식하고 있을 때(아동은 바보 또는 멍청이라는 단어를 사용한다)에도 강박 사고와 행동을 보인다. 그러나 OCD는 그런 '어리석은' 반복된 의식 행위를 인식할 때에도 논리에 대해서는 극도로 저항적이다. 예를 들어, 10세 소년 Emilio의 강박적 사고는 가슴에서 시작되는 길고 유연한 파이프 모양의 것이 튀어나오는 것이다. 그렇지 않다는 것을 알고 있지만, 그는 진짜로 파이프가 존재해서 어떤 사람이나 물건도 자신에게 가까이 올 수 없는 것처럼 행동하고 움직인다(Despert, 1955).

OCD가 있는 아동은 종종 그들의 의식 행위에 가족을 개입시키는데, 예를 들어 가족의 의복을 하루에도 몇 번씩 세탁하라고 요구하고, 질병 또는 오염에 대한 두려움 때문에 가족이 특정 음식을 먹지 못하게 하고, 오래 걸리는 자신의 옷 입기 의식을 돕도록 새벽 5시에 부모를 깨우는 것 등이다(Piacentini, 1997; Waters & Barrett, 2000). OCD가 있는 어떤 아동은 일정한 문장의 구절을 반복하거나 일정한 방식으로 대답하는 질문을 고집한다. 11세 소녀 Heather와 엄마 사이의 다음 대화를 생각해 보자.

Heather: 엄마, 바로 전에는 우리가 디저트를 먹는다고 말했지요. 그런데 이번에는 아이스크림을 먹는다고 말해요. 어떤 것이 맞아요?
엄마: 아이스크림이 디저트란다.
Heather: 그렇지만, 어떤 것이 맞는 거예요?
엄마: 둘 다.
Heather: 우리가 지금 먹고 있는 게 디저트예요, 아니면 아이스크림이에요?

표 11.9 강박장애(OCD)의 진단 준거

DSM-5

(A) 강박 사고나 강박 행동, 또는 둘 다 존재하는데,

강박 사고는 (1)과 (2)로 정의된다.

(1) 반복적이고 지속적인 생각, 충동, 심상이 방해가 있는 동안에 때때로 침습적이고 원치 않는 방식으로 경험되며 대부분의 사람들에게 현저한 불안 또는 고통을 유발한다.

(2) 개인은 이러한 생각, 충동, 심상을 무시 또는 억압하려고 시도하며, 또는 다른 생각이나 행동을 통해 이를 중화(즉, 강박 행동을 해서)하려고 시도한다.

강박 행동은 (1)과 (2)로 정의된다.

(1) 강박 사고에 대한 반응으로 수행 또는 엄격하게 적용해야 하는 규칙에 따라 수행하려는 충동을 느낀 개인이 반복적 행동(예: 손 씻기, 정리하기, 확인하기) 또는 정신적 행위(예: 기도하기, 숫자 세기, 속으로 단어 반복하기)를 한다.

(2) 행동 또는 정신적 행위는 불안 또는 고통을 예방하거나 감소시키고, 또는 두려운 사건 또는 상황을 방지하려는 목적으로 수행된다. 그러나 이러한 행동 또는 정신적 행위는 그들이 방지 또는 중화하려고 계획한 것이 현실적인 방식으로 연결되지 않고, 또는 명백하게 과도하다.

주의: 어린 아동은 이런 행동 또는 정신적 행위의 목적을 설명하지 못할 수도 있다.

(B) 강박 사고 또는 강박 행동은 시간을 소모하기(예: 하루에 1시간 이상 걸림), 사회적, 직업적 영역, 다른 중요한 기능 영역에서 임상적으로 심각한 고통 또는 결함의 원인이다.

(C) 강박 증상은 물질(예: 약물 남용, 치료 약물)의 생리적 효과 또는 다른 의학적 상태에서 기인된 것이 아니다.

(D) 방해가 다른 정신장애로 잘 설명되지 않는다.

다음이 있다면 명시한다.

좋은 또는 양호한 통찰을 함: 강박적 믿음이 분명하게 또는 아마도 진실이 아니거나 진실일 수도 있고 아닐 수도 있다고 인정한다.

빈약한 통찰: 강박적 믿음이 아마 사실일 것이라고 생각한다.

통찰 없음/망상적 믿음: 강박적 믿음이 사실이라고 전적으로 확신한다.

다음이 있다면 명시한다.

틱 관련: 현재 또는 과거 틱장애 병력이 있다.

출처: *Diagnostic and Statistical Manual of Mental Disorders*, 5th ed. American Psychiatric Association.

엄마: 아이스크림이란다.

Heather: 그럼 왜 아까 디저트를 먹는다고 말했어요?

Heather가 논쟁적이고 집요하고 지속적이었기 때문에 엄마는 그녀가 심각한 행동 문제가 있다고 생각했다. 그러나 추후의 검사를 통해 Heather의 반항적인 행동은 OCD라는 것이 명백해졌다. Heather의 문제에 대해 면담했을 때 Heather은 "어쩔 수가 없어요. 엄마랑 이야기할 때 나는 엄마가 이야기한 것을 '바로잡아야' 해요. 그렇지 않으면 끔찍해져요."라고 말했다.

강박 행동은 강박 사고로 인한 불안과 긴장을 중화하거나 감소시키거나 일부 끔찍한 사건 또는 상황이 일어나는 것을 막으려는 것이다. 의식 행위가 불안의 일시적인 경감을 가져온다고 해도, 장기적으로는 그들이 의도하는 원래의 목적을 달성할 수 없다. 그 결과, OCD가 있는 아동은 시간을 소모하고, 결코 벗어날 수 없는 강박 사고와 행위에 더욱 빠지게 된다. 매일 많은 시간을 망가지고, 걱정하고, 우스꽝스런 생각에 지배되고 반복되는 강박 행동에 사로잡혀 있다. 아동의 강박적 생각과 의식에 대한 집착은 극도의 곤란을 야기하는데, 즉 아동이 다른 것에 집중하지 못하게 만든다. Ethan에게서 볼 수 있듯이, 문을 여는 것과 같은 단순한 행동도 결코 극복할 수 없는 문제가 될 수 있다.

이러한 과도한 집착의 결과, OCD가 있는 아동은 정상적인 활동이 감소하며, 건강 · 사회적 관계와 가족관계 · 학업 기능이 심하게 손상된다(Storch et al., 2010). 깨끗이 하기 또는 씻기의 의식 행위는 장시간의 씻기로 인해 손 및 팔의 피부 손상 또는 오랜 시간 이를 닦아서 잇몸이 마모되기도 한다. 옷 입기 또는 씻는 의식 때문에 항상 지각하게 된다. 숫자 세기와 점검하는 의식 행위 그리고 침해적인 강박 사고는 학교에서 집중할 수 없게 만들고 학업을 방해한다. 점검에 대한 강박적 행위는 모든 답에 대해 계속해서 점검해야 하므로 시험을 끝낼 수가 없다. 점검하는 데 시간을 소비함으로써 숙제는 일상의 '투쟁'이 될 것이다. Georgina처럼, 잠자리에서의 의식 행위로 인해 친구와 같이 잘 수 없다거나, 이와 유사한 친구의 초대를 반복해서 거절하게 될 것이다. 오염에 대한 두려움은 학교 출석 및 영화를 보러 간다거나 스포츠에 참여하는 것과 같은 사회적 활동을 손상시킬 것이다(Piacentini, 1997).

OCD 증상의 이러한 기묘하고 무분별한 성질 때문에 많은 아동이, 특히 사회적 상황 또는 학교에서 그들의 의식 행위를 감추거나 은폐하려고 한다(Rapoport et al., 2000). 정도가 덜 심한 사례의 경우, 교사 · 친구 · 가족이 몇 개월 심지어 몇 년 동안 아동의 OCD 증상을 의식하

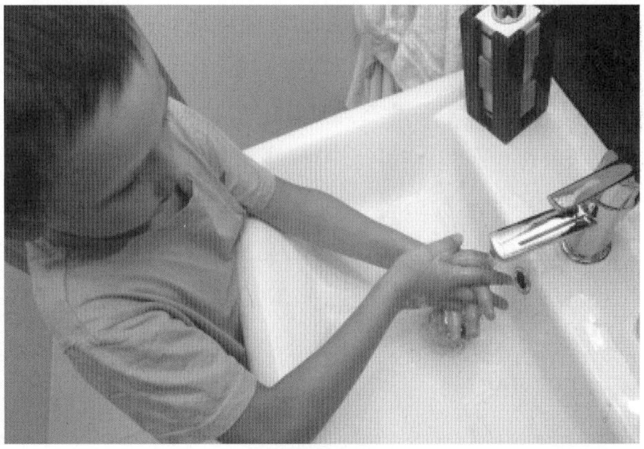

© greenland/Shutterstock.com

Diane Macdonald/Stockbyte/Getty Images

© iStockphoto.com/salez

자신의 습관에 시달림: 씻기, 확인하기, 정돈하기

지 못할 수도 있다. 그러나 의식 행위가 더욱 정교해지고 시간이 더 많이 소비되면서, 점점 더 감추기가 어렵게 된다. 상당한 노력을 해서, OCD가 있는 아동은 잠시 동안 자신의 증상을 억제하기도 한다. 그러나 이러한 억제는 아동이 안전한 장소에 있게 되면 그 증상이 더욱 증가되어 돌아온다. 아동이 불안에 압도되어 대처할 수 없게 되면서, 또는 잡지의 기사 또는 TV 쇼 등을 통해 OCD에 대해 알게 되면서 주변 사람들은 OCD의 심각성에 대해 점차 더 많이 의식하게 된다(Piacentini, 1997).

유병률과 동시 발병

아동 및 청소년의 OCD 평생 유병률은 1~2.5%이며, 이는 성인과 비슷하게 발생한다는 것을 시사한다(Zohar, 1999). 어린 아동의 임상에 기초한 연구는 OCD가 여아보다 남아에게서 대략 두 배 더 흔하다고 보고하고 있다. 그러나 이러한 성별의 차이는 청소년 지역사회 표본에서는 관찰되지 않는데, 이는 연령 차이, 의뢰의 편향, 또는 둘 다 때문일 수 있다(Albano et al., 2003). 동시 발병 장애가 흔한데, 지역사회 표본에서 대략 50%이며, 발생률은 임상 표본에서 약간 더 높다(Geller et al., 2012). 가장 흔한 동시 발병은 불안장애, ADHD, ODD, 음성 틱 및 운동 틱인데, 이는 대개 20년 안에 개선되거나 없어진다. OCD 아동은 나이가 들면서 우울장애, 물질 사용 장애, 학습장애, 섭식장애도 지나치게 많이 보인다(Piacentini et al., 2012, 2014).

발병, 경과, 결과

OCD 발병의 평균 연령은 두 개의 정점으로 9~12세인데, 하나는 초기 아동기에서 그리고 다른 하나는 후기 청소년기/초기 성인기이다(S. Taylor, 2011). OCD 조기 발병 아동(6~10세)은 소년이기 쉽고 늦게 발병되는 아동에 비해 OCD의 가족력이 있는 것으로 보이며, 이는 유전적 영향이 큰 역할을 한다는 것을 암시한다(Walitza et al., 2010). 이들은 만성 틱장애(Piacentini et al., 2014), **발모광**(머리털을 강박적으로 뽑거나 머리카락을 비틂)(Panza, Pittenger, & Bloch, 2013), ADHD (Leckman et al., 2010)의 동시 발병 비율이 높다. 이들은 손가락 빨기 또는 기하학적인 도형에서 강박적으로 걷기 등과 같이 강박 사고 없이 강박 행위에 열중하고 기묘한 행동을 보이는 눈에 잘 띄는 운동 패턴도 가지고 있다.

어린 아동의 OCD 발달 경과는 이들이 전형적으로 나이가 든 아동보다 모호한 강박 사고가 있고, 자신의 강박 사고가 비정상이라는 것을 덜 느낀다고 지적하고 있다. OCD가 있는 어린 아동은 종종 부모에게 자신의 강박 사고와 관련된 질문을 끊임없이 하고, 자신의 불편함을 숨기려고 애쓰지 않는다. 8세 이상의 OCD 아동의 대부분은 자신의 강박 사고가 비정상이라는 것을 알고 있고 그러한 강박 사고에 대해 이야기하는 것을 불편해한다. 이들은 강박 증상을 숨기려고 애쓰거나 강박 증상이 있다는 것을 부정하는데, 이로 인해 뭔가 문제가 있다는 것을 알게 되어서 도와주고 싶어 하는 부모를 좌절시킨다.

OCD가 있는 아동의 1/2에서 2/3 정도는 2~14년이 지난 후에도 강박장애 진단 준거를 충족시킨다. 약물 치료를 받은 아동을 포함해서 대부분의 아동은 증상이 일부 개선되고, 10% 미만은 완전히 차도를 보이고, 많은 아동이 성인과 같이 대인관계의 어려움, 일의 어려움, 낮은 삶의 질을 경험하기도 한다(Palermo et al., 2011). 나쁜 결과의 예측지표에는 OCD의 조기 발병, 치료에 대해 좋지 않은 초기 반응, 틱장애의 병력, 의뢰 당시 부모의 정신병리가 있다. 따라서 OCD가 심각하고 만성적인 장애가 되는 아동의 수는 결코 적지 않다(Evans & Leckman, 2006).

단원 정리

강박장애와 관련 장애

- OCD와 불안장애의 관련성을 인정하면서, DSM-5는 OCD와 구분되는 다수의 관련 장애들로 별도의 장으로 OCD를 묶었지만, 집착하고 반복된 행동 또는 집착에 대한 반응에서 정신적 행동과 같은 중복되는 진단적 특징들이 들어 있다.
- OCD 및 관련 장애에는 OCD, 신체 이형 장애, 저장장애, 발모광(머리털 뽑기 장애), 찰과 장애(피부 뜯기 장애)가 있다.
- OCD가 있는 아동/청소년은 불안을 야기하는, 반복되고 침해적이고 불안하게 만드는 원치 않는 생각 또는 강박 사고를 경험하는데, 불안을 경감시키기 위한 의식 행동 또는 강박 행동이 흔히 동반된다.
- 아동에게서 가장 흔한 강박 사고는 오염 및 자신이나 타인이 해를 입는다는 두려움이다. 가장 흔한 강박 행동은 씻기와 목욕하기, 반복 · 점검 · 정리하기이다.
- OCD 발병의 평균 연령은 9~12세이며, 아동의 대략 1~2.5%

이다. 조기 발병 아동은 남아일 가능성이 많으며, 늦게 발병하는 아동보다 가족력이 더 큰 것 같다.

- OCD는 심각하고 만성적인 장애이며, 아동의 1/2에서 2/3 정도는 진단 후 2~14년이 지난 후까지 장애가 지속되고 있다.

관련 특성

불안장애와 OCD가 있는 아동/청소년은 다수의 관련 특성을 보이는데, 여기에는 인지적 장애, 신체적 증상, 사회적 결손 및 정서적 결손, 우울증이 있다.

인지적 장애

대부분 아동에게 인지적 성숙의 발달은 두려움의 감소와 연관된다. 그러나 불안장애가 있는 아동은 위협적이지 않은 사건을 위협적인 것으로 계속 평가하며, 이러한 사실은 이들이 정보를 지각하고 평가하는 방식에 문제가 있음을 시사한다(Field, Hadwin, & Lester, 2011).

지능과 학업 성취

불안장애가 있는 아동은 전형적으로 정상 지능이고, 불안과 IQ 간에 강력한 상관관계의 증거는 거의 없다. 그렇지만 과도한 불안은 기억, 주의, 말 또는 언어와 같이 인지 기능의 특정 영역에서의 손상과 관련될 수도 있다. 높은 수준의 불안은 학업 수행을 방해한다. 1학년에서의 불안이 5학년에서의 불안을 예측할 수 있으며, 5학년의 성취에 의미 있게 영향을 미친다고 밝힌 연구가 있다(Ialongo et al., 1995). 관여된 특정 기제에는 잦은 결석에서부터 시험을 치거나 수학 문제를 푸는 것과 같은 인지적 과제에서의 직접적인 방해에 이르기까지 모든 것이 포함될 수 있다. 불안장애가 있는 젊은이, 특히 SOC가 있는 아동은 학업을 도중에 중단하기 때문에 학업 잠재력을 발휘하지 못할 수도 있다(Van Ameringen, Mancini, & Farvolden, 2003).

위협과 관련된 주의적 편견

불안에 취약한 아동 및 불안장애 아동은 위협이 될 가능성이 있거나 위험스러울 수 있는 정보(예: 화난 얼굴 표정)에 선택적으로 주의를 기울이는데, 이러한 경향을 불안한 주의경계(anxious vigilance) 또는 과잉 경계(hypervigilance)라고 한다(Bar-Haim et al., 2007; LoBue & Pérez-Edgar, 2014). 불안이 심각할수록 그들의 주의는 잠재적 위험 자극으로 더 쏠린다(Waters et al, 2010). 불안한 주의경계는 최소한의 불안과 노력으로 아동이 조기 탐색해서 위협적일 수 있는 사건을 피할 수 있게 해 준다. 이것이 단기적으로는 아동에게 도움이 되지만, 위협적일 것 같았던 많은 사건이 결국은 그렇게 위험하지 않다는 것을 학습하는 데 필요한 정보처리 과정 및 대처 반응을 방해함으로써 불안을 유지시키고 불안을 높이므로 장기적 영향은 나쁘다(Lonigan et al., 2004).

인지적 오류와 편견

분명한 위협에 당면했을 때 불안하지 않은 아동과 불안한 아동 모두는 위험에 대한 정보(예: 큰 개가 으르렁거리며 다가오는 것을 보는 것)를 확인하는 규칙을 사용하고 안전에 대한 정보를 최소화한다(예: 개가 목줄에 매여 있는 것). 그러나 불안이 많은 아동은 덜 명백한 위협에 대해서도 이렇게 하는데, 이는 위협에 대한 이들의 인식이 위험을 확인하는 사고를 활성화한다는 것을 시사한다(Muris, et al., 2003). 품행장애가 있는 아동 또한 모호한 자극에 부정적인 해석을 하는 경향이 있다. 품행장애가 있는 아동과의 주된 차이는, 품행장애의 경우에는 지각된 위협에 대해서 공격적인 해결책을 선택하고, 불안한 아동은 개인적인 안전을 강조하는 회피적 해결책을 선택한다(Chorpita, Albano, & Barlow, 1996). 불안장애가 있는 아동은 불안장애가 없는 아동에 비해 스트레스 생활사건에 대한 반응에서 부적응적 인지 대처 전략이 더 많고 적응적 인지 대처 전략은 적다. 이들의 인지처리 전략은 재앙으로 여김(실제보다 더 끔찍하게 여기는 것) 및 반추(rumination)에 더 의존하고 긍정적 재평가와 계획하기에는 덜 의존한다(Legerstee et al., 2010).

위협과 관련된 주의의 편견 및 인지적 오류와 편견이 아동의 불안과 연관되어 있다고 해도, 이러한 오류의 정확한 성질 및 불안을 일으키는 데에서의 역할은 아직 확립되어 있지 않다(Alfano, Beidel, & Turner, 2002). 한 가지 가능성은 아동의 기질이 위협적인 것과 회피 행동에 대한 주의적 편견을 고조시키고, 이렇게 함으로써 공포의 획득을 조장한다는 것이다(Field, 2006). 일반적으로, 불안장애가 있는 아동은 다른 아동에 비해 자신이 불안과 관련된 사건에 대한 통제감이 부족하다고 본다. 그러나 불안장애에 따라 인지적 오류의 유형 및 정도에 차이가 있는데, 예를 들면, OCD가 있는 아동은 위협에 대한 반응성이 폭등하고 그리고 과잉 추정(Taylor & Jang, 2011)하는 데 비해 SOC가 있는 아동은 고통스러운 사회적 사건에 뒤따라서 부정적 인지처리 과정은 많고 긍정적 인지처리 과정은 적다(Schmitz et al., 2010).

신체적 증상

불안장애가 있는 많은 아동은 위통 또는 두통과 같은 신체적 불편감이 있다. 이러한 불편감은 특정 공포증이 있는 아동/청소년보다는 GAD, PD, SAD가 있는 아동/청소년에게 더 흔하다. 신체적 불편감은 또한 어린 아동보다는 청소년에서 더 흔하며, 등교 거부를 보이는 아동에서도 흔하다. 불안장애가 있는 아동/청소년의 90%가 적어도 한 가지 수면 관련 문제가 있으며, 가장 흔한 것은 불면증 · 악몽 · 혼자 잠자는 것의 주저/거부(Alfano, Ginsburg, & Kingery, 2007)라는 연구도 있다. 몇몇 아동은 **야간 공황**(nocturnal panic)을 겪기도 하는데, 이는 주간 공황발작과 유사한 것으로, 극도의 불안 상태에서 갑자기 잠을 깬다. 야간 공황발작은 대개 PD를 겪고 있는 청소년에게서 일어난다. 그것은 다시 잠자리에 드는 것을 방해하며 다음 날 생생하게 기억된다(Craske & Rowe, 1997).

청소년에서 높은 불안 수준은 초기 성인기의 낮은 사고율 및 사고로 인한 사망과 관련이 있지만 인생 후반에 사고로 인한 것이 아닌 죽음의 비율이 높은 것과 관련이 있다. 청소년기에 높은 수준의 불안은 위험 행동을 감소시키고 이렇게 해서 단기적으로는 생존에 이득이 되지만 장기적으로는 심각한 건강 문제의 위험을 증가시킴으로써 불안은 시간이 지나면서 손해가 된다(Lee, Wadsworth, & Hotopf, 2006).

사회적 결손과 정서적 결손

불안한 아동은 사회적 상황에서 위험이 있을 것이라고 기대하므로, 이들이 형제자매를 포함해서 타인과의 상호작용에 어려움을 겪는다는 것은 놀랄 일이 아니다(Fox, Barrett, & Shortt, 2002; La Greca & Landoll, 2011). 사실, 불안장애 아동은 사회적 수행이 낮고 사회적 불안이 높으며, 부모 · 교사 · 친구들은 이들이 불안하고 사회적으로 적응을 못 한다고 보기 쉽다(Chansky & Kendall, 1997; Krain & Kendall, 2000). 이 아동들, 특히 사회공포증이 있는 아동은 또래에게 인기도 없다(Verduin & Kendall, 2008). 또래와 비교해 볼 때, 불안장애가 있는 아동은 자신이 수줍음이 많고 사회적으로 위축되어 있다고 보며, 자존감이 낮고, 외로우며, 친구 관계의 시작과 유지에 어려움이 있다고 보고한다.

또래 및 형제자매와의 어려움은 감정을 이해하기, 특히 감정 변화 및 감정을 숨기는 것과 관련된 특정한 손상이 있고(Southam Gerow & Kendall, 2000), 생각과 감정의 구별에서의 손상과 관련될 수도 있다(Alfano et al., 2002). 다른 아동이 불안장애가 있는 아동을 보는 시각과 관련된 연구 결과는 혼합되어 있다(Kendall et al., 1997). 아동기 불안장애는 우울이 함께 있을 때 또래 인기가 낮은 것과 연관되기 쉽다(Strauss et al., 1988).

불안과 우울

각 불안장애와 관련된 동시 발병 장애에 대해서는 이미 이야기해 왔으며, 수반된 장애에 대한 아동의 위험은 불안장애의 유형에 따라 변할 수 있다는 것을 기억해야 한다(Cummings et al., 2013). GAD, SAD, SOC는 특정 공포증보다는 우울증과 더 자주 연합된다(Watson, 2009). 우울증은 또한 여러 불안장애가 있는 아동 및 일상생활 기능에서 심각한 결함이 있는 아동에게서 더 자주 진단된다(Woodward & Fergusson, 2001).

아동과 청소년의 불안과 우울 사이의 강력하고 부정할 수 없는 관계는 더 깊게 논의해 볼 만한 가치가 있다(Garber & Weersing, 2010). 불안은 우울로 이어지는가? 불안과 우울은 다른 임상적 특징을 가지고 있는 동일한 장애인가? 이들은 심각성이라는 연속선상에 있는가? 원인이 다르지만 중복되는 특징이 있는 서로 구별이 되는 장애인가?

불안과 우울이 공존하는 아동은 불안만 있는 아동보다 늦게 나타나고, 대체로 불안의 증상은 우울 증상에 선행하면서 우울 증상을 예측하게 한다(Avenevoli et al., 2008). 불안과 우울의 증상은 어린 아동에서는 뚜렷이 구별되지 않는 단일 차원이지만, 나이가 있는 아동 그리고 최소한 한 가지 진단 가능한 장애가 있는 아동에서는 점차적으로 구별이 된다(De Bolle & Fruyt, 2010; Price et al., 2013).

부적 정서성이라는 개념은 불안과 우울 간에 연결되는 속성을 이해하는 데 유용하다(Anderson & Hope, 2008). **부적 정서성**은 지속적인 부정적 기분으로 신경과민, 부끄러움, 노여움, 죄의식을 반영하는 것이다. 반대로, **정적 정서성**은 즐거움, 열광, 활력과 같은 상태가 포함된 지속적인 긍정적 기분을 나타낸다. 부적 정서성은 불안 및 우울증과 상관이 있는 반면, 정적 정서성은 우울과 부적 상관이 있지만 불안 증상 및 불안 진단과는 독립적이다(Lonigan, Phillips, & Hooe, 2003). 일반적으로 불안이 있는 아동은 부정적 정서에서 우울 아동과 차이가 없으며, 이는 부적 정서성의 일반 기저에 있는 차원이 불안과 우울 양쪽에 공통이라고 시사한다(Chorpita, 2002). 오히려, 불안한 아동과 우울한 아동의 차이는 우울한 아동에서 정적 정서성이 낮을 수 있다는 것이다. 세 번째 요소, 생리적 과각성(예: 신체의 긴장, 짧은 호흡, 어지럼증)은 불안한 아동에게 독특할 수 있다. 이 가설이 일부 지지를 받고, 특히 공황장애와 관련해서 지지받고 있다고 해도, 이 개념에 대한 연구는 거의 없으며 연구 결과 역시 일관적이지 않다(Anderson & Hope, 2008).

불안과 우울이 서로 다른 발달 경로의 구별되는 차원이라고 보는 생각과 일관되게 불안과 관련된 일부 예측인자 및 환경적 영향이 우울의 그것과는 다르다는 연구 결과가 있다. 예측인자라는 면에서, 사회적 문제 및 외현화 문제는 이후의 불안장애를 예측하는 반면, 내재화 증상은 일반적으로 기분장애의 더 좋은 예측인자이다(Roza et al., 2003). 환경적 영향이라는 면에서, 신체적 위험 또는 부모를 잃는 것과 같은 위협적인 생활 사건은 우울증이 아니라 불안장애의 증상과 관련이 있다. 대조적으로, 가족 구성원의 죽음 또는 가족 스트레스와 같이 상실과 스트레스가 실제로 관여된 생활 사건은 불안이 아니라 우울과 관련이 있다(Eley & Stevenson, 2000).

단원 정리

관련 특성

- 불안장애가 있는 아동은 기억, 주의, 말 및 언어와 같은 특정 영역의 인지 기능에서 손상을 보이기도 한다.
- 불안장애가 있는 아동은 위협이 될 가능성이 있는 정보에 선택적으로 주의를 기울이는데, 이러한 경향을 '불안한 주의경계(anxious vigilance)'라고 한다.
- 불안장애가 있는 아동은 위통 또는 두통과 같은 신체적 문제가 흔하며, 수면장애를 겪기도 한다.
- 불안장애가 있는 아동은 사회적으로 위축되고 외롭다고 보고하며, 타인은 사회적으로 적응을 잘 못하는 것으로 볼 수 있다.
- 아동 및 청소년의 불안과 우울 사이에는 강력하고 부인할 수 없는 관계가 있다. 불안한 아동과 우울한 아동의 차이는, 불안한 아동에게는 정적 정서성이 더 많다는 점이다.

성별, 민족성, 문화

범민족 및 범문화적 연구는 아동기와 청소년기의 여아에서 불안장애가 더 흔하다고 밝히고 있다(Anderson & Mayes, 2010; McLean & Anderson, 2009). 6세의 경우에 남아의 두 배쯤 되는 여아가 불안 증상을 경험하며, 이러한 차이는 아동기, 청소년기, 초기 성인기 동안 지속된다(Rosa et al., 2003; 그림 11.2 참조). 남아가 여아보다 불안을 덜 보고할 것이라는 사실이 이러한 차이에 기여할 수 있지만 얼마나 기여하는지에 대한 것은 아직 알려져 있지 않다(Wren et al., 2007). 불안이 있는 청소년에서 성별 차이는 스트레스, 자기가 지각하는 사회적 능력, 정서적 의존성과 같은 심리사회적 요인으로만 간주할 수는 없다. 이 점은 불안에 대한 여성의 취약성이 사회적 역할과 경험뿐만 아니라 유전적 영향, 신경생물학적 차이와도 관련이 있다는 것을 시사한다(Lewinsohn et al., 1998).

불안장애가 있는 남아와 여아의 성 역할 지향에 관한 연구에서 스스로 보고하는 남성성이 두려움에 대한 전체 수준이 낮은 것과 실패 및 비판, 의료적 두려움, 알지 못하는 것에 대한 두려움이 적은 것과 관련이 있다고 밝히는 연구가 있다(Ginsburg & Silverman, 2000). 이와 대조적으로, 아동 스스로 보고한 여성성과 두려움 사이에는 관련이 없다는 것을 발견했다. 이는 성 역할 지향, 특히 남성성이 아동의 두려움의 발달과 지속에 대해 역할을 한다는 것을 시사한다.

미국 내의 소수민족 집단에서 불안의 유병률이 더 높다는 것을 일반적으로 지지하고 있다. 그러나 증상 표현, 생물학적 요인, 가족 과정은 민족 집단에 따라 차이가 있다(Anderson & Mayes, 2010). 아프리카계 아동/청소년과 백인 아동/청소년의 두려움의 성질 및 수를 비교한 연구에서는 두 집단이 꽤 유사한 것으로 밝혀졌다(Ginsburg & Silverman, 1996). 그러나 백인 아동이 SOC의 중

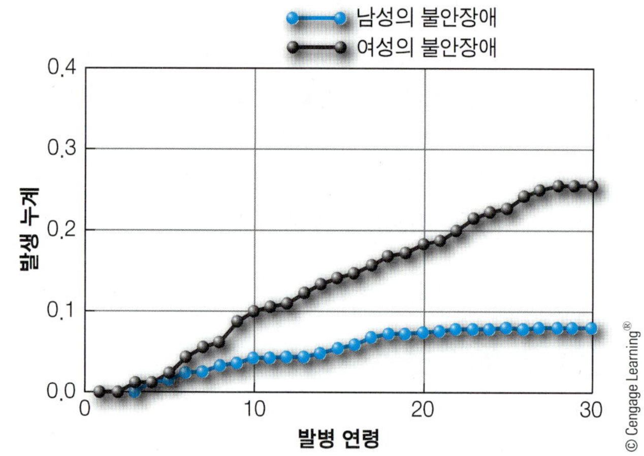

그림 11.2 여성과 남성에서 불안장애의 발생 누계.

출처: Roza, S. J., Hofstra, M. B., van der Enda, J., Verhulst, F. C., "Stable predition of mood and anxiety disorders based on behavioral and emotional problems in childhood: A 14-year follow-up during childhood, adolescence, and young adulthood," *American Journal of Psychiatry*, 2003, 160, 2116-2121. Copyright © 2003 American Psychiatry Association.

상은 더 많이, SAD의 증상은 더 적게 보고하는 것으로 나타났더라도(Compton, Nelson, & March, 2000), 아프리카계 아동이 백인 아동보다 일반적으로 불안의 증상을 더 많이 보고했다(Cole et al., 1998). 불안 또는 관련 장애로 의뢰된 아동 중에서 백인 아동은 아프리카계 아동에 비해 등교 거부를 나타내기 쉽고 심각성의 평가가 더 높았다. 불안의 증상은 정규교육의 기간이 짧았던 부모의 아동에게서 더 많이 나타났는데, 이는 아동의 불안 변인이 인종/민족 집단을 넘어 부모의 교육에서 집단 차이가 있다고 설명할 수 있음을 시사한다(Wren et al., 2007).

의뢰 패턴, 도움을 구하는 행동, 진단, 처치의 과정 역시 인종/민족 집단에 따라 다를 수 있다. 예를 들어, 아동의 OCD 증상 때문에 도움이 필요한 아프리카계 미국인 부모는 정신건강 전문가보다는 성직자나 의료인과 같은 그들의 비공식적인 사회적 지지망의 구성원에게 가기 쉽다(Hatch, Friedman, & Paradis, 1996). 이들의 가족 구성원 역시 아동의 OCD 증상에 관심을 덜 보이기 쉽다. 민족성이 불안장애 처치의 성과와 관련은 없지만, 처치의 성급한 종결과는 관련이 있을 것이다(Kendall & Flannery-Schroeder, 1998).

히스패닉계와 백인 아동의 공포증과 불안장애의 비교 연구는 초기 상담의 연령, 성별, 일차적 진단, 등교 거부의 비율, 한 가지 이상의 진단 비율에서 현저한 유사성을 발견했다. 히스패닉계 아동은 일차 진단이 SAD일 가능성이 컸다. 히스패닉계 부모는 백인 부모보다 자녀가 두려움이 많다고 평가했다(Ginsburg & Silverman, 1996). 미국 원주민 아동에 대한 연구는 거의 없다. Appalachia에 있는 미국 원주민(대부분 체로키족) 청소년에 대한 연구에서 추정된 유병률은 불안장애에서 백인과 거의 비슷하고, 두 집단 모두에서 가장 흔한 장애는 SAD이다. SAD의 비율은 미국 원주민 아동이 약간 더 높았으며, 특히 여아가 높은 편이었다(Costello et al., 1997). 하와이 원주민 청소년은 다른 민족 집단에 비해 OCD의 비율이 두 배 높았다(Guerrero et al., 2003). 이러한 차이를 설명할 때 유전적 위험 요인 그리고(또는) 환경적 위험 요인이 역할을 한다는 것을 기억해야 한다.

불안장애의 경험은 범문화적으로 전반적이다. 비록 아동의 불안장애에 대한 범문화적 연구가 제한되어 있지만(Lewis-Fernández et al., 2010), 아동의 특정 공포는 실제로 거의 모든 문화권에서 연구되고 자료화되었다. 발달상의 두려움(예: 큰 소리 또는 일차 양육자와의 분리에 대한 두려움)은 모든 문화의 아동에게서 비슷한 연령에 발생한다. 세부적인 것은 문화마다 다르지만, 아동이 갖는 공포의 수는 문화권 전반에서 아주 비슷하며, 공포의 패턴과 내용에서의 성별 차이 역시 문화권마다 존재한다.

그럼에도 불구하고, 불안의 표현 · 발달적 경과 · 불안 증상에 대한 해석은 문화에 의해 영향을 받는다(Higa-McMillan et al., 2014; Ingman, Ollendick, & Akande, 1999). 예를 들어, 공포와 관련한 증상에서 비율이 높게 발견된 것은 아프리카계 미국인에서는 감각 이상(피부의 따끔거림 또는 저림), 카리브해 지역 히스패닉계에서는 떨림, 몇몇 동부 아시아계 집단에서는 현기증, 아랍과 아프리카계 미국인에서는 죽을 것 같은 공포이다(Craske et al., 2010).

아동에 대한 전통, 믿음, 관습의 문화적 차이는 불안의 발생 및 관련된 증상, 그리고 이러한 것이 타인에게 어떻게 지각되고 또한 아동이 어떻게 겪는지에 영향을 미친다(Wang & Ollendick, 2001). 예를 들어, 16세인 중국계 미국인 소년 James는 학교에 가기 전 아침에, 그리고 사회적 상호작용이 예상될 때마다 발생하는 위경련, 메스꺼움, 홍조의 치료를 위해 여러 의사를 방문했다. James는 사회공포증이 있는 것이었지만 그와 그의 부모는 이것이 신체적 문제라고 생각했고, 치료 역시 불안의 주관적인 느낌이 아니라 신체적 증상에만 집중하고 싶어했다.

억제, 순종, 복종을 선호하는 문화에서는 아동의 공포 수준이 더 높다(Ollendick et al., 1996). 인간의 유연성과 자기 함양 같은 중국 문화의 가치관은 일반적인 스트레스와 특정 공포(예: 사회적 평가)의 수준을 고조시킬 수 있다(Dong, Yang, & Ollendick, 1994). 게다가, 중국의 청소년은 미국의 청소년보다 창피함과 거부 그리고 공적 수행에 대한 두려움이 포함된 사회적 불안을 더 높게 보고하고 있다(Yao et al., 2007). 이는 이들의 집단적 가치 지향 대 개인적 가치 지향과 관련이 있는 것 같다. 태국의 아동은 미국 아동보다 수줍음 및 신체적 불편감과 같은 불안 증상을 더 많이 보이는 것으로 나타났다(Weisz et al., 2003). 불안의 문화적 차이를 분석하는 가장 정확한 방법은 Weisz 등(2003, p. 384)이 사용한 **행동 관점 원칙**(behavior lens principle)을 이용하는 것인데, 여기에서 아동 정신병리는 아동의 실제 행동과 아동의 문화에서 타인이 아동을 바라보는 렌즈(관점)가 혼합된 것이 반영된다고 언급하고 있다.

단원 정리

성별, 민족성, 문화

- 불안 증상은 여아가 남아의 두 배 더 많이 겪고 있는데, 이런 차이는 6세 정도의 어린 아동에서 나타난다.
- 아동이 속해 있는 민족과 문화는 두려움 및 불안의 표현과 발달상의 과정, 타인이 불안을 지각하는 방식, 처치에 대한 기대에 영향을 미친다.

이론과 원인

시간이 지나면서 뇌의 질병, 정신적 긴장, 양육 관행, 조건화, 본능을 포함해서 수많은 이론과 원인이 아동의 두려움과 불안의 기원을 설명하려고 했다(Treffers & Silverman, 2011). 아동의 공포와 불안에 관한 연구는 Little Hans 사례에서 불안에 대한 Freud(1909/1953)의 고전적 설명으로 거슬러 올라가고, 또한 Little Albert의 공포에 대한 Watson과 Rayner(1920)의 연구, 초기 애착과 상실에 대한 Bowlby(1973)의 불후의 연구 업적이 있다. 이들이 소개된 이후로 각각의 초기 이론들은 논의가 거듭되지만, 이 모든 것이 아동의 불안에 대해 우리가 어떻게 생각해야 하는지에 지속적으로 영향을 미치고 있다.

초기 이론

고전적 정신분석 이론에서 불안과 공포는 아동기 초기 양육에 뿌리를 두고 있는 무의식적 갈등에 대한 방어이다. 일정한 추동, 기억, 감정은 너무 고통스러워서 억압되고 외적인 대상으로 대치되거나 또는 실제 불안의 원천과 상징적으로 연합되어 있다. 따라서 불안과 공포는 아동을 무의식적인 소망과 추동으로부터 보호한다. 공포증에 대한 Freud의 가장 유명한 사례는 말을 두려워하는 5세 된 Little Hans였다. Freud에 따르면, Hans는 무의식적으로 어머니에 대한 사랑을 놓고 아버지와 경쟁했고, 아버지의 복수를 두려워한다(오이디푸스 콤플렉스)는 것이었다. Hans의 두려움은 억압되었고, 거세하는 아버지의 상징인 말로 대치되었다. 명백한 원인이 없는 불안으로부터 고통을 받는 것보다 두려운 구체적인 대상이 있는 것이 Hans에게 덜 고통스러웠다.

행동주의 및 학습 이론은 두려움과 불안이 고전적 조건 형성을 통해서 학습된다고 강조한다. Little Albert의 사례에서, Watson과 Rayner(1920)는 쥐 공포증과 매우 유사해 보이는 것(1장의 살펴보기 1.3 참조)을 만들어 냈고, 두려움은 연합에 의해 학습된다고 주장했다. 조작적 조건 형성은 두려움이 일단 형성되면 지속되는 이유를 설명하는 데 인용되었다. 이 원칙은 강화 또는 보상이 되면 행동이 지속될 것이라는 것이다. 어떤 것이 무서운 것으로 지각되면, 아동이 두려운 대상이나 상황을 피할 때마다 즉각적인 안도감을 자동적으로 보상받는다. 따라서 부적 강화를 통한 두려운 자극의 회피는 학습된 반응이 되며, 실제 그 대상에 노출이 되지 않을 때조차도 공포가 유지되게 한다. 공포의 학습과 유지에 있어서의 고전적 조건 형성과 조작적 조건 형성은 **2-요인 이론**이라고 부른다(Mowrer, 1947). 사회학습 이론 역시 아동이 두려운 자극을 직접 경험하지 않아도 타인을 관찰해서 두려움을 학습할 수 있다는 것을 보여 주고 있다(Bandura & Walters, 1963).

Bowlby의 애착 이론(1973)은 아동의 두려움에 대해 전혀 다른 설명을 제시한다. 애착 이론에 따르면, 아동의 두려움은 생물학적으로 생존에 필요한 정서적 애착에 그 뿌리를 두고 있다. 유아는 신체적 욕구와 정서적 욕구를 충족시키기 위해 양육자와 가까이 있어야만 한다. 울기, 낯선 사람에 대한 두려움, 스트레스와 같은 애착 행동은 양육자와의 접근성을 유지하거나 회복하려는 유아의 적극적인 노력을 나타낸다. 아동이 나이가 들어 감에 따라 분리는 꽤 견딜 수 있게 된다. 그러나 엄마로부터 너무 일찍 분리되었거나, 혹독한 취급을 당했거나, 욕구가 일관되게 충족되지 않았던 아동은 분리와 재결합에서 특이한 반응을 보인다. 초기 불안정 애착은 내재화되고, 아동이 세상과 사람들을 어떻게 지각할 것인지를 결정한다. 환경이 의존할 수 없고, 유용하지 않으며, 적대적이거나 위협적이라고 지각하는 아동은 후에 불안과 회피 행동을 발달시킬 수 있다.

아동의 다양한 불안장애, 이러한 장애의 표현에서 아동들 간의 차이, 다양한 경과를 한 가지 이론으로 설명하기에는 충분하지 않다. 각기 다른 불안장애들은 각기 다른 모델이 필요할 수 있음을 인식해야 한다. 초기 이론에 비해, 불안에 대한 현재의 모델들은 생물학적 영향과 환경적 영향의 상호작용의 중요성을 강조하는 발달 정신병리 관점을 사용한다(Gregory & Eley, 2007; McClure & Pine, 2006). 이러한 접근은 뇌 발달과 정신병리를 고려하고, 이 지식을 유전적 변인과 환경적 영향에 대한 연구와 통합시킨다(Monk, 2008). 유전적 취약성은 폭넓은 불안 관련 특성에 대한 기질을 반영해 주는 반면, 초기 환경적 위험은 특정한 불안의 출현과 함께 뇌신경 회로의 발달에 영향을 미칠 수 있다. 이어지는 절에서는 기질, 유전 및 가족 위험, 신경생물학적 요인, 가족 영향의 역할에 대해 살펴본다.

기질

나는 캠퍼스 주간 보호센터의 취학 전 아동 집단을 방문한 적이 있었는데, 거기서 작은 백인 소년이 앞에 걸어가고 있는 작은 중국 소녀의 뒤를 몰래 따라가는 것을 보았다. 그 소년과 소녀의 거리가 60cm 정도 되었고, 그의 존재는 아직 탐지되지 않았을 때, 멈춰 서서 있는 힘을 다해 비명을 질렀다. "악!" 나는 소년이 오는 것을 보았는데도 불구하고 그의 비명은 나를 놀라게 했다. 내가 상당히 놀랐는데도 의도된 희생자 소녀는 어떤 반응도 보이지 않았다. 소녀는 잠시 멈추고 천천히 몸을 돌려서, 그 소년(공포에 대한 이런 예기치 않은 반응으로 말문이 막혀 멍한 것 같은)을 쳐다보았고, 안도의 미소를 보이면서 조용히 "나는 이런 일에 익숙해."라고 말했다. 그다음에 소녀는 뒤돌아서 가던 길을 계속 갔고, 작은 소년은 강아지처럼 그녀의 뒤를 졸졸 따라가고 있었다(나는 그 소년이 사랑에 빠졌다고 생각한다).

이 이야기가 전하려는 것은 아동마다(성인과 마찬가지로) 새롭거나 뜻밖의 사건에 대한 생리적 반응과 신체적 반응이 다르다는 것이며, 이는 저마다의 접촉, 성별, 문화적 배경, 이전의 경험(이 사례에서는 아마도 성가신 남동생과의 경험일까?), 또는 이 요인들의 조합 때문일 것이다. 누군가가 당신 뒤에 살그머니 다가와서 '악' 하고 소리친다면 당신은 어떻게 반응할 것인가? 친숙하지 않거나 불쾌한 사건에 반응할 준비성은 모든 포유류가 가지고 있는 구별되는 특징이다. 친숙하지 않은 것에 대한 반응에서 지향성, 주의, 경계, 경고, 운동적 준비성은 생존을 위한 중요한 기제이다. 진화론적 관점에서 볼 때, 비정상적인 두려움과 불안은 새로운 것에 대한 유아의 초기 행동적 반응이 유아들 사이에서 차이가 있다는 것을 반영한다(Kagan, 2013).

이러한 차이는 부분적으로는 서로 부합하지 않는 사건을 감지하는 데에서 중요한 역할을 하는 뇌 구조의 신경화학에서의 선천적인 차이 때문이다. 이와 같은 뇌의 구조에는 편도체가 있는데, 편도체는 친숙하지 않거나 예기치 않은 사건에 대해 반응하는 주요 기능이 있고(Fitzgerald et al., 2006), 이러한 반응을 운동 체계, 대상회 및 전두엽 피질, 시상하부, 교감신경계로 보낸다. 이야기 속의 어린 중국 소녀처럼, 새로운 것에 대한 역치가 높은 아동은 불안장애를 발달시킬 위험이 낮다고 추정된다. 역치가 낮게 태어난 아동(대략 15~20%)은 유아기에는 새로운 자극에 대한 반응으로 과잉 흥분되고 철회하는 반응을 보이고, 걸음마기 유아일 때는 두려워하거나 걱정하는 경향이 있고, 아동이 되어서는 새로운 것 또는 친숙하지 않은 상황에서 특이하게 수줍음이나 위축되는 경향이 있다. 이러한 기질의 유형을 **행동 억제**(BI)라고 하는데, 어떤 이들에게는 지속되는 특성이고, 후에 불안장애, 특히 SOC 발달의 선행 요인이다(Chronis-Tuscano et al., 2009; Kagan, 2013). 한 연구에서, 걸음마 시기와 초기 아동기에 행동적으로 억제되었던 청소년은 청소년기에 사회적 철회를 보였고, 이러한 관계는 위협에 대한 고조된 주의 편견에 의해 조절된다(Pérez-Edgar et al., 2010). 아동기 BI가 SOC를 발달시킬 위험성을 7배 이상 증가시키는 것과 연관이 있는 것을 발견한 메타 연구도 있다(Clauss & Blackford, 2010).

그러나 유아와 아동기의 억제된 기질에서부터 나중에 불안장애로 가는 여정은 직접적 또는 직선적인 것이 아니다. 청소년기 SOC로 진행하는 각기 다른 위험 요인과 경로가 확인되고 있는데, 예를 들면 하나는 성별 및 조기

BI에 기초할 때, 그리고 또 하나는 초기 어머니의 스트레스 노출에 기초할 때이다(Essex et al., 2010). BI가 이후의 불안장애에 기여하지만, 반드시 발생하는 필연적인 결과는 아니다. 이와 같은 결과는 억제된 아동이 이러한 경향을 촉진시키는 환경에서 자라는지에 따라 다르다(Degnan, Almas, & Fox, 2010). 예를 들어, 아동이 스트레스에 대처하는 방법을 가르쳐 주는 부모의 단호한 제한 설정은 불안에 대한 위험을 감소시킬 수 있다. 이와 대조적으로, 예민한 아동이 스트레스 사건을 경험하지 않도록 막아 주는, 자상하지만 과보호적인 부모는 아동이 공포를 직면하지 못하게 함으로써 소심함이 지속되게 한다. 공포는 직면하지 않고는 제거할 수 없는 것이다. 행동 억제를 하는 아동에게는 이러한 부모가 많다. 따라서 억제된 아동은 타고난 기질뿐만 아니라, 걱정 · 과잉 관여 · 과잉 통제하는 양육에 노출될 위험도 증가하게 되면서 고위험이 될 수 있다(Hudson & Dodd, 2012; Lewis Morrarty et al., 2012).

초기 기질의 차이는 아동이 불안장애를 발달시킬 경향성을 갖게 한다.

가족 및 유전적 위험

나는 늘 부끄러움이 많은 아이로 여겨졌다. 지금 내 딸을 보면, 이전의 나와 똑같다. 내가 이렇게 만든 것일까?

— Beidel과 Turner(1998)

가족 연구와 쌍둥이 연구들은 억제되고 긴장하고 두려워하는 아동의 일반적인 경향은 타고나는 것이라고 암시한다(Gregory & Eley, 2007). 게다가, 공유된 환경과 공유하지 않은 환경도 상당한 역할을 하는 것 같다. 불안장애가 가족에게 이어진다고 암시하는 두 가지 증거가 있다. 첫째, 불안장애가 있는 아동의 부모는 현재 불안장애가 있거나 이전에 있었을 비율이 더 높다(Cooper et al., 2006). 둘째, 부모가 불안장애가 있는 아동은 불안장애에 대한 위험이 크다(Merikangas et al., 1999). 일반적으로 가계 연구는 일관되게 아동의 불안장애와 직계 가족의 불안장애 출현 간에 관계가 있음을 보여 주고 있다. 불안장애가 있는 부모의 자녀는 그렇지 않은 부모의 자녀보다 불안장애가 있을 가능성이 약 5배 더 많다(Beidel & Turner, 1997). 그러나 반드시 부모와 똑같은 장애가 있는 것은 아니다(Mancini et al., 1996). 부모가 광장공포증이 있는 아동의 약 70%는 우울증 및 불안과 같은 장애의 진단 준거를 충족시키고, 광장공포증이 없는 비교 집단 부모의 아동보다 다양한 위험에 대해 공포와 불안을 더 많이 느끼고 통제감은 덜 느끼는 것으로 보고했다. 그러나 광장공포증이 있는 부모의 두려움과 그들 자녀의 두려움은 불안하지 않은 부모와 그들 자녀가 보이는 두려움보다 더 밀접하게 정렬되는 것은 아니며, 이러한 연구들은 대부분의 불안장애가 가족에게 전해지는 불안의 일반적인 기질이 있음을 한 번 더 지지해 준다(Capps et al., 1996).

쌍둥이 연구는 아동기 불안 증상에서 분산의 1/3 이상이 유전적 영향에 의한 것이라고 제시하고 있다(Gregory & Eley, 2011; Lamb et al., 2010). 그러나 일란성 쌍둥이가 전형적으로 동일한 유형의 불안장애를 가지고 있지는 않았다. 이것은, 불안을 느끼는 성향은 유전되지만 장애의 형태는 환경적 영향에 의해 형성된다는 관점과 일치한다. 유전적 영향은 강박 행동과 수줍음/억제에서 가장 높았다(Mataix-Cols et al., 2013; Taylor, Jang, & Asmundson, 2010). 특정 공포와 어린 아동의 분리불안장애에서 중간 정도의 유전적 영향이 있음이 보고되었지만(Bolton et al., 2006), 어머니의 정신과적 문제 · 비효과적인 양육 · 빈곤과 같은 환경적 영향이 비교적 강력한 역할을 하는 것 같다(Muris & Merckelbach, 2001). 일반적으로, 불안에 대한 유전적 영향은 연령에 따라 감소하는 경향이 있는 반면, 공유된 환경적 영향은 증가하는 경향이 있다(Bartels et al., 2007).

특정한 유전자 연구들은 세로토닌 체계와 관련된 유전자 변인에 집중되어 있다(Lau et al., 2009). 이 변인들은 행동 억제와 연합되며, 특히 환경적 위험에 노출된 아동들 사이에서 더욱 그러하다(Lau & Pine, 2008). 세로토닌 체계가 불안과 관련이 있고, 항불안 약물 및 항우울 약물로 널리 쓰인다는 것은 흥미롭다(Lesch et al., 1996). 세로토닌 이외에 주목받고 있는 유전자로는 도파민 체계와 관련된 유전자 그리고 불안 행동 및 회피 행동에서 뇌 체계를 통해 스트레스에 대한 반응을 중재하는 데 관여하는 유전자들이다(Rubin et al., 2013; Smoller et al., 2003). 가장 일관된 결과는 행동 억제(BI)와 같은 불안 관련 특성을 확장하는 유전자들과 연결되어 있다. 특정한 유전적 표시와 특정 유형의 불안장애 간의 강력한 연결고리를 지지하는 연구는 거의 없다(Murray, Creswell, & Cooper, 2009). 오히려 일정한 심리적 요인과 사회적 요인이 존재하는 가운데 불안과 관련된 것으로 보이는 다중 유전인자들이 다소 기여를 하는 것 같다. 불안에서 유전자-환경 상호작용에 관한 연구 역시 더 필요하다(Gregory & Eley, 2007). 예를 들면, 세로토닌 관련 특정 유전자형이 있을 때 스트레스 생활 사건에서 불안/우울 증상에 더 많은 위험이 존재하는 중요한 유전자-환경 상호작용을 밝혀낸 연구가 있다(Petersen et al., 2012). 다중의 유전적 요인이 다중의 환경적 역경과 상호작용하는 방식을 연구하려는 미래의 연구는 단일 유전자와 단일 환경 사건 간의 상호작용을 밝히려는 연구의 결과가 신뢰롭지 못한 것을 극복하는 데 도움이 될 것이다(Fergusson et al, 2011).

신경생물학적 요인

불안 반응 체계 전체를 통제하는 단일 구조나 신경전달물질은 없다. 오히려 여러 가지 관련된 체계가 복합된 방식으로 함께 작용하여 불안을 생성해 낸다. 불안과 자주 관련되는 뇌의 부분은 잠재적인 위협 및 공포 조건화와 관련되는, 즉 시상하부-뇌하수체-아드레날린(HPA) 축, 변연계(편도체, 해마) 신경 회로인데, 이는 뇌간과 피질, 복외측 전전두 피질과 배측면 전전두 피질, 그 외 피질과 피질하 구조 사이에서 매개 역할을 한다(Fitzgerald et al., 2013; Monk, 2008; Pine, 2011). 잠재적 위험 신호는 좀 더 원시적인 뇌간에 의해 감독되고 감지되는데, 뇌간은 이 신호를 변연계를 통해 상위 피질 구조로 전달한다. 9장에서 말했듯이, 이러한 뇌 체계가 **행동 억제 체계**이며, 불안장애가 있는 아동에게 과반응이 된다고 알려져 있다. 말해 왔듯이, 불안한 사람은 정보처리 과정의 다양한 수준(예: 위협에 대한 주의, 공포 학습)에서 위협에 대한 편견이 있다. 아동기 때 안전감의 단서에 대한 학습에서의 비정상이 위협 관련 평가에서 편견을 만들어 내고, 이것은 성인기에 만성적인 불안장애로 이어질 수도 있다(Britton et al., 2011). 이것과 일관되게, 건강한 10대는 성인에 비해 위협과 안전 단서를 구별하는 데 어려움이 더 많으며, 위험한 것과 위험하지 않은 것에 대해 합리적인 판단에 관여하는 영역(전전두 피질)보다는 기본적인 두려움 반응과 관련된 뇌 영역(해마, 우측 편도체)에 더 의존한다(Lau et al., 2011). 이러한 점은 10대(그리고 불안장애가 있는 아동)가 일반적으로 걱정이 만연되어 있음을 더 많이 보고하고, 스트레스 관련 문제에 더 취약한 이유가 될 수 있다.

특히 주목할 것은 기저에 있는 위협 및 공포 조건화에 대한 뇌 회로의 조절은 어릴 때의 생활 스트레스로 인해 형성될 수 있다는 것이며, 따라서 이는 이후의 스트레스 및 두려움의 발달 그리고 불안장애에 대한 취약성을 증가시킬 가능성이 있는 생물학적 요인으로 제공된다(Heim et al., 2010). **살펴보기 2.2**에서 논의된 바와 같이, HPA 축의 활성화는 스트레스 및 두려움의 조절과 연관되며, 도전해야 할 상황에 맞추는 데 필요한 코르티솔의 방출과도 연관된다. 병리적인 불안은 코르티솔 방출의 증가와 연관되는데, 이는 정상적인 HPA 반응의 과대성 또는 동일한 스트레스에 노출이 반복되어서 습관화된 HPA 축 반응의 실패를 나타낸다(van der Vegt et al., 2010). 초기의 스트레스 또는 외상 때문에 코르티솔에 장기간 노출되는 것은 뇌의 발달에 신경 독소—예를 들어, 뇌의 부피의 감소 또는 해마의 부피 변화—를 야기한다(Weems & Silverman, 2013). 초기의 생활 스트레스는 부신피질 자극 호르몬 방출 인자(CRF) 체계의 과잉 활동을 지속시킬 수 있는데, 이는 스트레스에 대한 반응을 고조시키는 그 외 신경전달물질을 변경시킬 뿐만 아니라 HPA 축과 밀접한 관련이 있다(Pine, 2003).

GAD가 있는 아동의 뇌 스캔은 사회-정서적 정보처리 및 공포 조건화 반응과 연관된 뇌 영역(편도체, 상부측두엽)에서의 비정상(부피 증가)을 암시하고 있다(De Bellis, Keshavan, Frustaci, et al., 2002; De Bellis, Keshavan, Shifflett et al., 2002; Roy et al., 2013). 이러한 연구들은 또한 GAD가 있는 아동에게서 좌우 뇌 반구가 확연히 비대칭을 이루고 있다고 보고하는데, 이는 또한 행동 억제가 있는 아동 또는 불안/우울증 아동 역시 그러하다고 보고되어 왔다(Kagan & Snidman, 1999). 논의되어 왔듯이, 과흥분한 편도체는 행동 억제를 하는 아동 및 불안장애가 있는 아동/청소년에서 강하게 연루되어 있다(McClure et al., 2007b; Schwartz et al., 2003). 편도체는 새롭거나 잠재적인 위협 자극을 빠르게 훑음으로써 자연적 위험에 대한 반응을 감지하고 조직한다. 흥미롭게도, 정서적 정보에 대한 반응에서 처치 전 편도체 활성화 수준이 높은 불안장애 아동은 인지-행동치료와 약물 처치 모두에 더 잘 반응하는 것으로 보인다(McClure et al., 2007a). 언급한 뇌 영역 이외에, 뇌 영상 연구도 OCD와 같은 특정 불안장애에 대한 기타 뇌 영역의 중요성을 보여 주고 있다(Friedlander & Desrocher, 2006; Hajcak et al., 2008).

불안장애에서 가장 자주 시사되고 있는 신경전달 체계는 γ-아미노부티르산(GABA-ergic) 체계이다. 신경 펩티드는 일반적으로 예견 스트레스의 중재자로 알려지고 있으며, 이것의 비정상적인 조절은 불안장애에서 중요한 역할을 한다(Sallee & Greenawald, 1995). 청색 반점('deep blue place')이라고 알려진 뉴런 집단은 노르에피네프린의 주요 뇌 자원이며, 억제 신경전달물질이다. 이 영역의 과활동은 공포 반응, 부주의에 대한 활동 저하, 충동성, 위험 추구로 이어진다. 이러한 체계의 비정상은 아동의 불안 상태와 관련이 있다(Sallee & Greenawald, 1995).

뇌 스캔을 이용한 새로운 연구 결과들은 불안장애의 신경생물학적 기제에 대해 더 많이 알게 해 주었다. 지금까지 기술해 온 뇌의 영역은 공포와 불안에서 일관되게 시사하고 있다. 이 경로들의 이해가 복잡할 수는 있지만, 초기 발달에서 이 같은 신경계의 가소성은 불안장애에 대해 이해하고 미래의 불안장애를 예방하는 것 모두에 관한 가능한 기제들에 대해 연구할 수 있게 한다.

가족 요인

앞에서 이야기한 바와 같이, 불안은 가족에게 이어지며, 가족 요인과 아동기 불안장애 간의 관계는 상당한 관심을 불러일으켰다(Knappe et al., 2010). 흥미를 끌고 있는 가족 요인에는 특정한 양육 관행이 있는데, 여기에는 부모의 훈육 사용과 불안 행동의 모델링, 전가족의 가족 기능 · 양육 스트레스 · 부부관계처럼 좀 더 넓은 차원에서의 가족, 부모-아동 애착관계, 아동의 불안 행동에 대한 부모의 생각이 있다(Bögels & Brechman-Toussaint, 2006; Creswell et al., 2011; Manassis, 2011).

거부, 과잉 통제, 과잉 보호, 불안 행동의 모델링과 같은 양육 관행은 아동기 불안장애에 기여하는 것으로 모두 확인되고 있다(Edwards, Rapee, & Kennedy, 2010; McLeod, Wood, & Weisz, 2007). 대부분의 연구가 어머니에게 초점이 맞추어져 있지만 아버지 역시 중요한 역할을 하며, 양쪽 부모 모두가 각자의 양육 역할에서 특정한 방식으로 아동의 불안에 기여할 수 있다(Bögels & Phares, 2008). 불안한 아동의 부모는 종종 과잉 참여하고, 침해적이고, 아동의 독립을 제한하는 것으로 묘사된다.

불안장애가 있는 9~12세 아동과 부모 간의 상호작용에 관한 관찰에서 불안장애가 있는 아동의 부모는 다른 부모에 비해 자녀에게 자율성을 덜 허용하는 것으로 밝혀졌고, 아동 역시 부모를 덜 수용하는 것으로 밝혀졌다(Siqueland, Kendall, & Steinberg, 1996). 다른 연구에서는 과거에 행동적으로 억제되었다고 확인된 아동의 어머니는 자녀와 상호작용할 때 비평적이 되고 덜 긍정적이 될 가능성이 더 많았다(Whaley, Pinto, & Sigman, 1999). 부모가 정서적으로 지나치게 개입하는 것은 자녀의 SAD 발생의 증가와 관련이 있었다(Hirshfeld, Biederman, Rosenbaum, 1997). 비록 연관성이 적고 원인 기제 역시 알려지지 않았지만, 이러한 결과는 과잉 통제하는 부모와 아동의 불안장애 간의 연관성을 일반적으로 지지한다(McLeod et al., 2007). 어머니가 극도의 통제를 사용하는 것과 아동의 높은 불안 수준 사이의 관련성을 발견한 연구가 있다. 그러나 아동의 높은 불안과 어머니의 통제 간의 중복은 주로 공유된 유전적 요인 때문이었다. 이것은 어머니가 아동의 불안에 영향을 미치는 것뿐만 아니라 불안 수준이 높은 아동 역시 어머니의 극도의 통제를 이끌어 낼 수 있음을 시사한다(Eley et al., 2010).

가족 기능과 아동 불안 간의 광범위한 관련성을 검토한 또 다른 연구가 있다(Pagani et al., 2008). 관심 있는 가족 기능의 차원에는 문제해결, 의사소통, 가족 역할, 정서적 참여, 정서적 반응성이 있다. 가족 역기능이 오래 지속되는 것은 중기 아동기에 불안 행동의 가장 극단적인 궤도와 연관되어 있음이 밝혀졌다. 이러한 연관성은 결혼생활의 변화, 사회경제적 수준(SES), 가족의 크기, 부모의 우울 증상과 같은 가족 역기능의 기타 측면의 영향에 덧붙여 존재해 있음이 발견되었다. 일반적으로 가족 기능과 불안장애 간의 연합을 지지하는 결과들이 제시되고 있지만, 가족 역기능이 불안장애에 특정적으로 관련되어 있는지는 분명하지 않다(Bögels & Brechman-Toussaint, 2006).

불안장애가 있는 아동의 부모는 다른 부모보다 통제적일 뿐만 아니라 기대감에서도 차이가 있다. 예를 들면, 부모가 말을 녹화해서 아동에게 시킨다고 했을 때, 불안장애가 있는 아동의 어머니는 아동이 화를 내게 될 것이라고 기대하고 아동의 대처에 대한 기대감도 낮았다(Kortlander, Kendall, & Panichelli-Mindel, 1997). 부모의 태도는 아동과의 상호작용을 형성하고 또한 그에 따라 형성되는 것으로 보이며, 상호작용을 통해 주고받는 피드백에 의한 결과로 서로의 기대와 행동을 바꾸는 것 같다(Barrett, Rapee et al., 1996). 이 과정은 아동의 행동에 영향을 미치는 것뿐만 아니라 아동이 정보처리의 편견을 발달시키는 데에도 큰 역할을 하는 것으로 보인다(Hadwin, Garner, & Perez-Olivas, 2006).

부모의 불안장애 단독으로 상류 또는 중류 SES 부모의 아동에게 불안장애의 위험을 상승시키지는 않지만, 낮은 SES 부모의 아동에게는 위험이 증가할 수 있다(Beidel & Turner, 1997). 이러한 결과는 일부 아동이 유전적으로 불안에 취약하며, 이는 특정한 생활 환경—낮은 SES 가정에서 흔히 나타나는 스트레스 상황과 같은—의 맥락에서 실제로 발현될 수 있다는 생각과 일치한다. 높은 수준의 공포를 발달시키는 성향이 있는 아동은 낮은 SES 부모가 흔히 사용하는 힘을 과시하는 양육 형태에서 특히 취약할 수 있다. 이런 아동은 특히 체벌에 예민하며, 신체적 처벌이 가해졌을 때 적대적 단서에 특히 과잉 경계하게 되고, 방어적 또는 공격적으로 반응하는 경향성을 발달시킨다(Colder, Lochman, & Wells, 1997).

불안정 애착은 나중에 불안장애를 발달시키는 위험 요인이며(Brumariu & Kerns, 2010; Kerns & Brumariu, 2014), 초기 청소년기에서의 불안장애 증상과 관련이 있다(Muris & Meesters, 2002). 불안장애가 있는 어머니는 그들 역시도 불안정 애착된 것으로 나타났으며, 이 아동들의 80% 정도가 불안정 애착된 것으로 나타났다(Manassis et al., 1994). 이 관계는 아동에 대한 어머니의 민감성에서 어머니의 불안의 영향에 의해 매개된다(Stevenson-Hinde et al., 2014). 양가적으로 애착된 유아는 아동기와 청소년기에서 불안장애를 진단받을 확률이 안정 애착 아동보다 높았지만(Bernstein et al., 1996), 불안정 애착의 특정 유형과 특정 불안장애 사이의 분명한 관련성에 대해서는 밝혀지지 않았다. 불안정 애착이 위험 요인이지만, 불안정 애착된 유아가 불안 이외의 다른 장애(예: 우울증, 파괴적 행동장애)로 발전하고 장애로 발전되지 않는 아동도 많다는 점에서 불안정 애착은 불안장애의 비특정적 요인일 것이다.

아동의 불안장애와 명확한 연관성이 있는 원인 모델들이 이제 나오기 시작했다(Muris, 2007). 통합된 모델이 없는 가운데, **그림 11.3**에서 가능한 발달적 경로를 제시하고 있다. 세상이 안전한 장소가 아니라고 지각하는 불안 또는 공포 성향을 가지고 태어난 아동은 불안에 대한 심리적 취약성을 발달시킨다. 불안이 발생하게 되면, 불안은 자체적으로 공급된다. 불안이나 회피는 그것을 유발하는 스트레스 요인이 사라진 훨씬 후에도 계속된다. 불안장애가 있는 많은 아동이 성인처럼 문제를 계속해서 경험하는 것은 아니라는 것을 기억하라. 따라서 결과에서의 이러한 차이를 설명할 수 있는 위험/보호 요인을 밝히는 것이 중요할 것이다(Pine & Grun, 1999). 덧붙여, 각기 다른 불안장애를 갖고 있는 아동들의 발달 경로가 다르고, 동일한 장애 안에서도 경로가 다를 수 있다는 것을 기억하는 것 또한 중요하다.

단원 정리

이론과 원인

- 아동의 다양한 불안장애 유형을 모두 설명할 수 있는 하나의 이론은 존재하지 않는다.
- 초기의 이론들은 불안을 무의식적 갈등에 대한 방어, 학습된 반응, 생존에 필요한 적응적 기제로 보았다.
- 일부 아동은 새로운 자극에 대해 과잉 흥분 및 위축되는 경향(행동 억제)을 가지고 태어나며, 이러한 특징이 일부에게는 오래 지속되고, 후기 불안장애에 대한 위험 요인이 된다.
- 가족 및 쌍둥이 연구는 불안장애에 대해 중간 정도의 생물학적

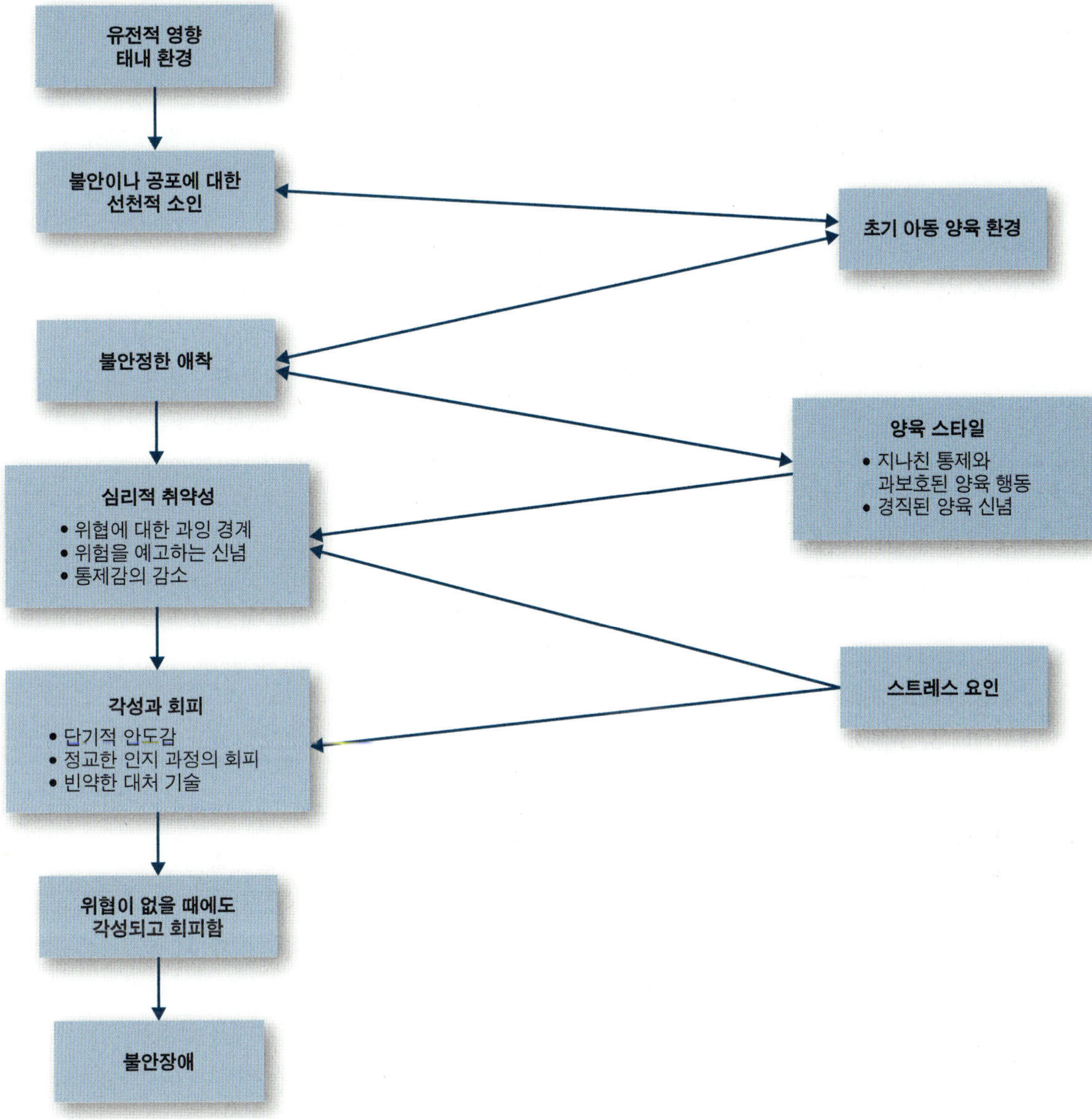

그림 11.3 불안장애의 가능한 발달 경로.

취약성을 암시하고 있다.

- 불안은 특정 신경생물학적 과정과 관련이 있다. 불안에 대한 잠재적인 기저의 취약성은 뇌간, 변연계, HPA 축, 전두엽 피질과 관련된 뇌 회로에 국한될 것 같다.
- 불안은 특정의 양육 관행, 가족 기능, 부모-아동 애착, 아동의 불안 행동에 대한 부모의 생각이 포함된 수많은 가족 요인들과 관련이 있다.
- 불안장애가 있는 아동은 그들의 특정 장애에만 독특하게 나타나는 특징뿐만 아니라 여러 다른 장애에서 보이는 특징도 함께 가지고 있다.

처치와 예방

CANDY
삼키는 게 두려워요

Candy(11세)는 탈수증 때문에 입원해 있었다. 기절해서 구급차에 실려 응급실로 달려가는 것을 설명하면서 두려움으로 눈이 커지고 목소리는 떨렸다. 먹는 것과 같이 단순한 것도 Candy에게는 아주 힘이 든다고 당황해했지만 해 보겠다는 생각조차도 Candy에게는 끔찍했다. Candy는 수척해지는 것을 몹시 싫어했고 '다른 아이처럼만' 되게 해 달라고 필사적으로 애원했다. Candy와 이야기한 후에 공공장소에서 토하는 것이 두렵기 때문에 먹는 것을 걱정하고 있다는 것이 분명해졌다. 그녀의 두려움은 학교 식당에서 다른 아이들이 있는 데에서 먹을 수 없었을 때 시작되었지만 전혀 먹을 수 없다는 것으로 재빠르게 발전했다. Candy에게 섭식장애가 있는 것이 아니다. Candy는 심각한 사회공포증을 가지고 있다. (저자의 사례 자료에서 인용)

대체로 불안과 두려움이 심각한 방해 행동과 연관되어 있지 않기 때문에 아동의 불안이 처치가 있어야 할 만큼 심각하다고 결정하기란 쉽지 않다. 불안장애는 아동과 가족을 극도로 무능하게 만들지만, 생활을 위협하는 일은 드물다. 불안장애가 있는 아동은 극도로 조용하고 수줍음이 많고 순종적이고 남의 비위를 맞추려 애를 쓰고 비밀스럽기 때문에 이들의 괴로움은 눈에 띄지 않는다. 때때로 일상생활을 방해하는 심각한 어려움이 있고 나서야 부모는 도움을 찾기 시작한다. 만약 아동이 거미나 개를 몹시 두려워해서 외출할 때 거미나 개가 옆에 있든 없든 공포에 사로잡힌다면, 처치가 필요하다. 가족이 함께 캠핑을 가지 못하거나 주말에 드라이브를 하지 못하는 것과 같이 아동의 공포에 맞추기 위해 가족의 생활을 방해하는 중요한 결정을 반복해야 할 때에도 처치가 필요하다. 다른 사람을 화나게 하거나 자극하는 아동과는 달리, 불안장애가 있는 아동은 전형적으로 문제를 일으키지 않으며, 이러한 특성 때문에 품행장애가 있는 아동에 비해 전문가의 관심을 덜 받게 된다. 불안장애가 있는 많은 아동에게 처치가 도움이 될 수 있기 때문에 이것은 불행한 일이다(AACAP, 2007b; Shin-ichi et al., 2007).

1924년, Mary Cover Jones는 토끼를 두려워하는 3세 된 남아 Peter와 작업을 했다. 그녀는 Peter가 이완 상태에 있을 때 점진적으로 토끼를 노출시킴으로써, 그리고 다른 아동이 토끼와 노는 것을 그에게 보여 주고, 그가 토끼에게 다가갈 때마다 강화를 해 줌으로써 토끼에 대한 Peter의 공포를 제거했다. 이 치료 기법은 오늘날까지도 사용되고 있다. 불안 회피 행동을 감소시키기 위해 아동에게 행동적 및 인지적 대처 기술을 가르치는 것은 아동의 선택과 기회도 증가시킨다. 이러한 점에서, 조기 개입들은 불안의 증상을 감소시키거나 없애는 것뿐만 아니라 친구가 없는 것, 사회적/학업적 잠재력을 발휘하지 못하는 것, 낮은 자존감, 우울처럼 앞으로 일어날 수 있는 문제를 예방할 수도 있다(Rapee, 2002).

개관

겁이 나는 상황이 더 이상 놀라지 않는 상황이 될 때까지, 기술적으로 충분히 반복되어서 예기치 않은 상황까지 완전히 파악이 된다면, 겁은 감소될 것이다.

— Yoritomo-Tashi(1916)

수십 년간의 연구에서 나온 일관된 결과는 불안을 없애려면 불안에 직면하라는 것이다. 구체적인 절차는 바뀔 수 있지만, 불안을 만들어 내는 상황, 대상, 사건에 아동 및 청소년을 직면시키는 것이 불안장애 처치의 주요 맥락이다(Chorpita & Southam-Gerow, 2006). **살펴보기 11.4**에서 기술하듯이, 세계 권투 챔피언을 세 차례나 차지했던 Evander Holyfield는 17세에 불과했으며, 자신의 두려움에 직면한 후 다시는 두려워하지 않았다.

불안에 대한 처치는 다음에 나와 있는 네 가지 주요 문제를 수정하는 데 집중된다(Barlow, 2002).

- 왜곡된 정보처리 과정
- 지각된 위협에 대한 생리적 반응
- 통제감이 결여된 느낌
- 과도한 도망 및 회피 행동

아동이 겪고 있는 불안 증상의 유형에 맞춘 다양한 처치 전략을 사용하여 이 같은 네 가지 핵심적인 문제를 다루게 된다(Muris, 2007). 이어지는 단락에서는 불안장애에 가장 많이 이용되는 처치를 살펴볼 것인데, 여기에는 행동치료, 인지-행동치료(CBT), 가족 개입, 약물이 있다. 이러한 처치들은 어린 사람들의 불안장애를 치료하는 데에서 꽤 효과를 보이고 있다(Piacentini, Bennett et al., 2014). 전형적으로는 여러 요소들이 관여하고 여러 증상을 목표로 하는 혼합된 처치의 형태가 사용된다(Chorpita, 2007; Hannesdottir & Ollendick, 2007). 이 장의 초반에서 논의된 대로, 불안장애가 있는 아동의 처치는 민족 및 문화적 요인에 민감하다는 것 역시 중요하다(Harmon, Langley, & Ginsburg, 2006). 우리는 불안의 예방을 위해 최근에 고조된 노력들을 강조하면서 이 장을 마무리하려 한다.

행동치료

공포증과 불안장애 및 관련된 장애에 대한 행동치료의

살펴보기 11.4

EVANDER HOLYFIELD: 공포를 이기는 가장 좋은 방법은 그것에 직면하는 것이다.

Stefan Wermuth/Reuters/Landov

세 번이나 세계 헤비급 권투 챔피언이 된 Evander Holyfield는 실패나 부상을 두려워하지 않는 것으로 유명하다. 사실, Holyfield는 자신의 용기에 스스로도 놀라는데, 그는 두려움 때문에 마비가 되곤 했기 때문이다. 8세 때 권투를 시작해서 17세 때까지, 그는 다른 사람이 자신을 괴롭힐까 봐 늘 불안했다. "나는 무엇을 하든지 두려웠어요. 특히 권투에 대해서요. 내가 어떻게 시작되었는지는 모르겠지만 두려웠어요. 내가 어떻게 계속했는지 몰라요. 그러나 많은 경기에서 이겼고, 다친 적도 없고, 많이 고민하지도 않았어요. 그냥 18세가 되기 전에 그만둘 수 없다고 생각했죠. 나보다 나이가 많은 다른 선수를 보면서, 나는 당신이 부상을 입을 수도 있고, 코피가 터지고, 눈이 찢어질 수도 있는 시기가 왔다는 것을 알았어요. 내게 그런 일이 일어나기 전에 그만두려고 했죠."

그러나 17세 때, 그는 갑자기 주먹이 날라 오는 것을 보고 있는 자신을 발견했다. 당시 64kg으로 날씬했던 Holyfield는 신경이 전율하는 것을 느꼈고, 맞고서 몇 초 동안 의식이 없었다. 그러나 그는 일어나서 상대를 반격했다. 아마추어 싸움 같기도 했다.

그날 밤 꿈에서도 그 싸움은 계속되었고 그의 머리는 분명해졌다. 그는 맞아서 쓰러졌지만 다시 일어나 싸웠다. 놀랍게도, 아무 감각이 없었다는 것 외에는 아무것도 기억할 수 없었다. 전혀 다치지도 않았다. "나는 다시 두려워한 적이 없습니다."라고 말했다.

출처: "Lovestruck," by Richard Hoffer, *Sports Illustrated*, June 30, 1997에서 인용.

주된 기법은 **노출**인데, 이는 아동을 두렵게 하는 것에 직면시키면서 도망과 회피가 아닌 대처 방식을 제공하는 것이다. 노출은 다양한 민족 배경의 모든 연령의 남녀 아동에게 성공적으로 사용되어 왔다. 불안장애가 있는 아동의 75% 정도는 이러한 처치가 도움이 된다(Chorpita & Southam-Gerow, 2006).

대체로 절차가 점진적이며, 이를 **단계적 노출**이라고 한다. 아동과 치료자는 불안을 가장 적게 유발하는 것부터 최대로 유발하는 공포 상황들의 목록을 만든다. 아동은 각 상황을 1점에서 10점까지 있는 척도에 각 상황이 만들어 내는 고통을 점수로 나타내는데, 이를 고통 척도의 주관적 단위(Subjective Units of Distress Scale, SUDS) 또는 두려움 온도계라고 한다. 그다음에 아동은 최소한의 불안을 일으키는 것에서부터 시작해서 점차적으로 높은 수준의 불안 상황에 이르기까지 불안 위계에 따라 각 상황에 노출된다.

OCD가 있는 Wayman(8세)에게는 침실 벽장문을 열어 놓는 것이 불안을 야기하는 상황으로, SUDS는 8점이었다. Wayman에게 잠자리에 드는 상황을 상상하게 하면서 노출이 이루어졌다.

치료자: 지금은 밤이야. 부모님은 너를 방에 두고 침실로 가셨어. 너는 나이트 스탠드의 불을 끄려고 손을 내밀었는데 침실 벽장문이 무언가 네 방에 기어들어 올 만큼 약간 열려 있는 것을 알았어. 구석은 어두웠고 너는 무언가를 본 것 같아. 너는 불을 끄고 누웠어. 너는 이상한 소리, 벽장에서 무언가를 긁는 소리가 나는 것을 들었어. 마치 무언가가 움직이는 소리 같았어. SUDS를 몇 점으로 평가하겠니?

Wayman: (불안 척도를 가리키며) 7점이요.

치료자: 그 상태 머물러 있어 봐. 그다음에 무슨 일이 일어날지 이야기해 봐.

Wayman: 벽장문이 삐걱거리며 조금 더 열리고, 나는 지금 거기에 무엇인가가 있다는 것을 알아요. 그것이 나를 향해 올 수 있어요. 그것은 괴물이에요.

치료자: 땀을 흘리기 시작하는구나. 그리고 일어나서 문을 닫고 싶지만 그럴 수 없어. 눈을 감았지만 소리는 멈추지 않고 계속 나는구나. 점점 더 가까이 다가

오는 것 같아. 너를 쳐다보는 무서운 얼굴, 붉은 눈을 보고 있구나. 너는 비명을 지르고 싶지만 그럴 수 없었어. 자, 너의 SUDS는 몇 점이지?

Wayman: 8점. 최악이에요.

치료자: 좋아, 그 상태에 머무르자. 너의 SUDS는 몇 점이지?

Wayman: 5점이요.

두려움에 노출하기를 반복하면서, Wayman의 SUDS 평가는 점점 내려갔고, 불안감 없이 침실 벽장문을 열어 놓을 수 있었다(Albano, Knox, & Barlow, 1995에서 인용).

아동의 공포와 불안을 치료하는 두 번째 행동치료 기법은 **체계적 둔감화**이다. 이는 세 단계, 즉 (1) 아동에게 이완을 가르치는 것, (2) 불안 위계를 구성하는 것, (3) 아동이 이완 상태에 있으면서 불안을 유발하는 자극을 순서대로 제공하는 것이다. 불안 유발 자극을 되풀이해서 제시함으로써 아동은 과거에 불안을 느꼈던 자극 앞에서도 이완됨을 느낀다.

세 번째 기법은 **홍수법**으로, 노출을 장기적으로 반복해서 실시하는 것이다. 절차 전반에서 아동은 불안을 유발하는 상황에 머물며, 불안의 수준이 감소될 때까지 불안의 정도를 평가한다. 홍수법은 전형적으로 **반응 금지법**과 함께 사용되는데, 이는 아동이 도망 또는 회피 행동을 하지 못하도록 한다. 홍수법은 다른 어떤 접근보다 고통스러운데, 특히 처치의 초기 단계에서는 더욱 그러하다. 이 절차는 조심해서 사용해야 하는데, 특히 합리적 근거를 이해하지 못하는 어린 아동에게는 더욱 조심해야 한다. 최근에 다양한 특정 공포증을 효과적으로 치료하기 위해 통제된 환경에서 수정된 홍수법 절차를 사용하고 있다. 예를 들어, **1회기 처치**(one-session treatment, OST)는 사전 미팅으로 시작하는데, 사전 미팅에서는 아동 및 가족과 신뢰를 쌓고 불안과 처치에 대한 정보를 제공한다. 그 후 2시간 30분에서 3시간 노출의 1회기 처치가 이어지고, 노출뿐만 아니라 강화 · 참여자 모델링(아래 참조) · 심리교육 · 기술 훈련 · 인지적 도전과 같은 다양한 CBT 기법들이 사용된다(Ollendick & Davis, 2013). 이 접근법은 좋은 결과를 보여 주고 있지만 임상 장면에서 아동 평가를 더 많이 해 보아야 한다.

Purestock/Jupiterimages

물에 대한 공포가 있는 5세 여아에게 수영장에 들어가라고 격려하고 지도하고 있다.

노출에 근거한 치료에서는 실제 생활, 역할극, 상상 또는 공포 대상이나 공포 상황에 접하는 사람을 관찰하는 것(모델링)이 포함된 여러 가지 방법으로 두려운 대상에 직면시킨다. 가상 환경에서의 노출이 효과가 있다는 증거도 있다(Krijn et al., 2004; Sarver, Beidel, & Spitalnick, 2014).

특정 공포증을 치료하는 데에서 가장 효과적인 방법 중 하나는 **참여자 모델링과 강화가 있는 현장**이다. 이 절차에서 치료자는 바람직한 행동(예: 두려운 대상에게 접근하는 것)을 모델링해 보이고, 아동이 이 행동을 할 수 있도록 격려하고 지도하며, 아동이 보인 노력을 강화한다. 모든 노출 절차가 효과가 있으며 실생활 또는 실제로 노출하는 작업이 최선이지만, 이를 실행하기란 쉽지 않다. 아동이 실제 생활 상황에서 혐오적인 결과 없이 두려움에 직면하게만 되면 점차 자신감이 생긴다.

다른 유용한 행동치료 절차들은 불안에 대한 신체 증상을 감소시키는 데 집중된다. 여기에는 근육 이완 및 특별 호흡 연습이 있다. 불안한 아동은 심장 박동 증가, 어지러움, 그 외 증상을 만들어 내는 빠른 호흡을 자주 한다. 이완 절차는 흔히 점진적 노출과 함께 사용된다.

인지-행동치료(CBT)

어린 사람들의 대부분의 불안장애를 치료하는 데에서 가

장 효과적인 절차는 인지-행동치료(CBT)이다(Chorpita et al., 2011; Silverman, Pina, & Viswesvaran, 2008). 행동치료 절차 이외에 CBT는 자신의 생각이 불안에 기여하는 방식과 증상을 감소시키기 위해 부적응적 생각을 바꾸는 방법을 이해하도록 가르친다(Kendall & Suveg, 2006). 예를 들어, 공황장애를 위한 포괄적인 CBT의 한 부분으로, 공황발작 동안에 머리가 어지럽고 자신이 죽을 것 같다고 느끼는 10대에게 어지러움을 느낄 때까지 뱅글뱅글 돌아보는 임상 전략을 사용한다. 10대는 깜짝 놀라며 "죽을 것 같아요."라고 생각한다. 10대는 이 생각을 좀 더 적절한 생각, 예를 들면 "어지러움이 느껴져요. 하지만 조절할 수 있어요."로 대체하는 것을 배운다(Hoffman & Mattis, 2000). 아동/청소년에게 사고의 패턴과 그것을 변화시킬 수 있는 방법을 알게 하는 것에는 긍정적 강화 및 이완과 같이 노출 및 그 외 행동치료 절차가 추가된다. CBT와 노출에 근거한 처치는 거의 항상 결합되어 사용된다. 사회불안장애가 있는 청소년의 처치를 위한 결합 접근법의 예가 **살펴보기 11.5**에 제시되어 있다(Albano & DiBartolo, 2007). 학교 장면에서 사회불안이 있는 10대를 치료하는 유사한 프로그램 역시 효과가 입증되었다(Warner et al., 2007).

Philip Kendall 등이 개발한 CBT 처치 프로그램 *Coping Cat*은 GAD, SAD, 사회공포증이 있는 7~13세 아동/청소년을 위해 가장 세심하게 평가된 처치 프로그램 중 하나이다(Kendall, Furr, & Podell, 2010). 이 프로그램은 10대를 위한 오스트레일리아판 *Coping Koala*도 있다. 이 접근은 정보처리 과정의 중심축 역할뿐만 아니라 학습 과정 및 우연성과 모델의 영향을 강조하고 있다. 처치는 부정적 사고를 감소시키고, 적극적인 문제해결을 증가시키고, 아동에게 기능적으로 대처하는 시각을 제공하도록 되어 있다. 이 개입은 사고의 과정을 다루면서 동시에 정서가 포함된 행동적 경험을 창조한다(Kendall et al., 2010)

기술 훈련과 노출은 불안의 고통에 영향을 미치는 문제가 있는 사고와 불안을 유지시키는 행동적 회피를 극복하는 데 사용된다. 효과가 있는 다양한 기법들이 사용되는데, 여기에는 모델링, 역할극, 노출, 이완 연습이 있다. 치료자들은 아동을 격려하고 강화하기 위해 사회적 강화를 사용하며, 아동은 성공적인 대처에 대해 스스로 보상하는 것을 배우기도 한다. 우선, 아동은 다음과 같은 FEAR의 네 단계를 사용하는 방법을 배운다.

F = 무서운가?(Feeling frightened?; 불안의 신체적 증상을 인식하기)

E = 무언가 나쁜 일이 생길 것 같은가?(Expecting bad

살펴보기 11.5

청소년 사회공포증의 인지-행동치료

Ann Marie Albano와 동료들은 특정 공포증이 있는 청소년을 위한 포괄적 CBT 집단 처치 프로그램을 개발했다(Albano, 2003). 처치는 4~6명의 소집단으로 90분, 16회기로 진행되었다. 처치에는 많은 중요한 요소들이 포함되어 있다(Albano, Detweiler, & Logsdon-Conradsen, 1999).

심리교육적 단계(psychoeducational)

이 단계에서 10대들은 불안의 성질에 대해 교육받는다. 인지적·생리적·행동적 증상을 강조하는 모델이 그들의 증상을 촉발하고 유지시키는지에 대한 인식과 이해를 증가시킨다. 아동은 불안을 유발시키는 것과 그 반응을 알 수 있도록 돕는 자기 점검(self-monitoring)에 대해 배운다. 10대가 자신의 증상을 확인하도록 돕기 위해, 교실에 늦게 들어가는 것과 같은 불안 유발 상황을 만들고, 자신의 신체적·인지적·행동적 반응을 설명하게 한다.

치료사: 무엇이 느껴지니? (신체적 반응)

10대: 초조하고 현기증이 나고 호흡이 가빠져요.

치료사: 무슨 생각이 들지? (인지적 반응)

10대: 모든 사람이 나를 볼 거예요. 선생님이 나에게 소리치면 어쩌죠? 내 얼굴은 붉어질 거고 모두가 그걸 보게 될 거예요.

치료사: 너는 무엇을 하게 되지? (행동적 반응)

10대: 수업을 빼먹을 거예요. 아무도 보지 못하게. 양호실로 갈 거예요.

(Marten et al., 1991에서 인용)

(다음 쪽에 계속)

살펴보기 11.5

청소년 사회공포증의 인지-행동치료(계속)

기술 확립(skill building)

이 단계에서 10대들은 인지 재구조화, 사회 기술, 문제해결 기술을 배운다. 청소년들은 인지 왜곡, 즉 불안을 지속시키는 사고의 오류에 대해 배운다. 체계적·합리적 반응이 왜곡된 인지를 대신하도록 개발된다. 모델링, 역할극, 체계적 노출 연습이 사용된다.

대인관계 상호작용, 관계 유지 및 주장성에 대한 구체적인 사회적 기술을 확인하고 배운다. 먼저 청소년은 웃지 않는 것, 초조한 몸동작, 관심을 보이지 않는 것, 너무 천천히 말하는 것, 다른 사람을 비난하거나 무시하는 것과 같이 사회적 상호작용에 부정적인 영향을 미치는 행동을 확인한다. 그런 다음, 좀 더 나은 사회적 상호작용을 형성한다(Marten et al., 1991).

문제해결

이 단계에서는 문제를 확인하고 현실적인 목표를 개발하고 연습한다. 아동은 회피가 아닌 적극적인 접근을 사용하여 대처하는 방법을 배운다. 두 명의 치료사가 사회적 불안을 야기하는 상황에서 역할극을 펼친다. 이들은 인지 재구조화의 단계를 시범 보이기 위해 자신의 자동적 사고와 합리적 대처 반응을 언어로 표현한다. 한 명의 치료사(T1)는 자동적 사고를 언어화하고, 나머지 한 명의 치료사(T2)는 '합리적인 반응자'의 역할을 한다.

장면: 급우들 앞에서 짧은 대화를 하게 되었다.

T1: "안 돼. 난 할 수 없어."
T2: "자, 진정해. 침착해. 너무 부정적으로 생각하지 마."
T1: "모두가 날 볼 거야. 난 망칠 거야."
T2: "다른 사람들도 이것을 해야 해. 우리 모두는 걱정을 해."
T1: "뭐라고 말해야 하지? 생각할 수도 없어."
T2: "좋아. 분명하게 말하는 거야. 나는 이것을 알아."
T1: "심장이 너무 빨리 뛰어. 토할 것 같아."
T2: "조금 불안해. 하지만 없어질 거야. 괜찮아."
T1: "끝나서 다행이다. 다시는 하지 않겠어."
T2: "좋아. 해냈어. 괜찮았어. 내가 해냈다고!"
(Marten et al., 1991에서 인용)

치료사는 그다음에는 구성원들과 함께 역할극에 대해 토론하고, 이와 유사한 상황에서 경험한 것을 구성원들로부터 이끌어 낸다.

노출

이 단계에서, 10대는 사회적 상황에서 발생하는 두려움과 회피의 위계를 정하고 회기 내에서의 노출에 초점이 맞추어진다. 구성원들과 치료사는 그 상황을 연출한다. 노출은 행동적 회피와 불안의 인지적 요소에 목표를 두고 불안이 습관을 통해 없어질 수 있음을 보여 준다.

일반화와 유지

치료 효과의 유지와 일반화를 증진하기 위해 10대가 집단에서 배운 친사회적 및 대처 행동들은 쉬는 시간에 모델링되고, 연습된다. 또한 가정에서 더 많이 일반화하기 위해 적극적인 부모 참여의 요소도 프로그램에 포함된다(Marten et al., 1991).

처치 이후에 사회공포증이 어떻게 변했는지에 대해 묻자, 한 소녀는 다음과 같이 대답했다.

> "친구들이 말하기를, 그들이 나에게 의견을 물으면 나는 항상 '관심 없어' 아니면 '몰라' 하고 말했대요. 지금은 친구들이 나에게 물으면 내 의견을 알려 줘요. 내 생각을 분명히 전달하기 때문에 친구들은 나를 더 좋아하게 되었대요." (Beidel & Turner, 1998, p. 223)

출처: Ann Marie Albano의 허락을 얻어 사용함.

things to happen?; 불안한 인지를 인식하기)

A = 도움이 되는 태도와 행동(Attitudes and actions that will help; 불안할 때 사용할 수 있는 자기 말과 행동)

R = 결과와 보상(Results and rewards; 수행을 평가하고 노력에 대한 자기 보상을 관리하기)

아동이 FEAR의 단계를 배우고 나면, 다음 단계는 노출과 연습이다. 아동은 8주에 걸쳐 16~20회기를 참석하게 된다. 치료에서 배운 기술을 증진시키려면, 집이나 학교에서 불안을 야기하는 상황에서 아동은 배운 것을 사용하는 연습을 해야만 한다. 이 접근에 관한 통제된 평가는 이 접근이 크게 효과가 있다는 것을 발견했다. 대부분의 아동은 불안이 감소했는데, 아동의 71%는 처치가 끝날 때 그들이 갖고 있던 일차 진단에서 벗어났고 54%는 불안장애 진단 준거를 충족시키지 않았다. 많은 아동이 처치가 있은 후 7~19년 동안 여기서 얻은 도움을 유지해 나갔다(Benjamin et al., 2013; Kendall et al., 2004). 초기 처치에 반응적이었던 아동에 비해 그렇지 않았던 아동은 성인이 되어서 공황장애, 알코올 의존 및 약물 사용의 비율이 높았다(Benjamin et al., 2013). CBT를 이용한 또 다른 연구도 처치 후 8~13년 동안 처치에서 얻은 것이 유지되는 것으로 나타났다(Saavedra et al., 2010). 일반적으로 나이가 어리고 내재화된 문제를 덜 가지고 있을수록, 어머니의 우울 증상이 적은 아동일수록 나타난 결과가 더 좋았다(Southam-Gerow, Kendall, & Weersing, 2001).

컴퓨터에 기초한 CBT, 컴퓨터 보조를 이용한 CBT, 온라인 CBT 모두, 아동 및 청소년의 불안장애와 OCD에 효과적인 것으로 나타났다(Comer et al., 2014; Khanna & Kendall, 2010; Spence et al., 2011). 이러한 접근은 불안장애가 있는 많은 아동의 치료에서 치료사의 시간을 줄여 주는 것 그리고(또는) 클리닉 처치를 이용하는 데 어려움이 있는 가족이 접근할 수 있게 하고, 불안장애가 있는 아동/청소년이 실행 가능하고 비용 효과적인 선택을 할 수 있는 부수적인 이익을 제공한다. CBT가 아동기 불안장애의 치료에 효과적이라 해도, 그 효과성이 우리가 가설로 세우고 있는 주요 요소, 즉 아동의 인지와 대처 기술에 의한 변화인지는 아직 검증되지 않았다. 따라서 CBT가 다양한 형태로 작용하지만 그 이유는 아직 정확히 알 수 없다. 또한 CBT에 대한 처치 반응이 모든 불안장애 전반에 일관된 것은 아니다. SAD와 GAD가 있는 아동이 SOC가 있는 아동보다 결과가 더 좋다고 지지하는 증거가 있다(Rapp et al., 2013). 심각하고 결함이 더 많은 불안장애가 있고, 양육자의 부담이 더 크고, 주요 진단이 SOC인 아동에서 결과가 더 좋지 않다고 밝힌 연구가 있다(Compton et al., 2014).

가족 개입

불안은 부모의 불안 및 가정 불화가 있는 가족관계의 맥락에서 흔히 발생하며, 이는 처치 접근의 효과성에 영향을 미친다. 일부 사례에서 아동에게 초점을 맞춘 처치가 가족에게로 그 영향을 미칠 수 있다. 예를 들어, 아동이 스스로를 더 능력이 있는 것으로 지각하고 덜 회피적이 되면서 자녀가 할 수 있는 것과 할 수 없는 것에 대한 부모의 지각도 바뀐다. 그 결과, 부모가 아동에게 하는 반응이 달라지면서 부모 자신의 감정과 기능 또한 좋아질 것이다(Kendall & Flannery-Schroeder, 1998). 대처 기법의 모델링과 강화하는 것에 대한 부모의 적극적 참여, 부모의 불안 관리 전략, 부모 기술 훈련은 불안장애가 있는 어린 아동을 치료하는 데에서 특히 중요하다. 어린 아동과 그 가족에 대한 이러한 유형의 수정된 CBT 접근이 4~9세 아동의 불안을 감소시키고 대처 기술을 개선하는 데에서 효과적임이 밝혀졌는데, 이는 좀 더 나이 든 아동에게 CBT 처치를 한 것에 비해 결과가 더 좋았다는 연구도 있다(Cartwright-Hatton et al., 2011; Hirshfeld-Becker et al., 2010). 연령에 맞게 수정된 몇 가지 형태의 CBT가 불안장애가 있는 취학 전 아동을 위해 개발되기도 했다. 이러한 적용에는 아동의 주 양육자가 처치에 포함되고 만화, 그림, 이야기같이 연령에 맞는 재료를 사용하는 것이다(Luby, 2013).

아동의 불안장애를 가족의 맥락에서 다루는 것은 아동에게만 초점을 맞추는 것보다 좀 더 극적이고 효과가 지속될 수 있으며, 특히 아동의 부모에게 불안이 있을 때 더욱 그러하다(Creswell & Cartwright-Hatton, 2007; Suveg et al., 2006). 개별 처치 또는 가족 처치를 끝낸 불안장애 아동의 대략 70%가 처치 후에 불안장애 진단 준거에 해당되지 않았음이 밝혀진 연구가 있다. 상호작용, 정서 관리, 의사소통, 문제해결에 중점을 둔 가족 요소를 추가로 다루는 것이 단기 결과 및 장기간 유지를 의미 있게 증가시켰다(Barrett, Dadds, & Rapee, 1996).

아동기의 OCD에서 가족 역할의 중요성을 감안할 때, OCD 처치는 점점 더 가족의 참여를 강조한다(Waters & Barrett, 2000). OCD가 있는 아동의 일차 처치는 그들의 의식 행동에 몰두하지 못하게 하면서(반응 금지), 최악의 공포에 점차적으로 직면하는 것(점진적 노출)을 배우도록 돕는 CBT에 관한 것이다(Freeman et al., 2008; March & Mulle, 1998; Piacentini et al., 2012). OCD의 가족 처치는 장애에 대한 교육을 제공하고, 아동의 고통을 경감시켜 주지 못하는 데에서 오는 무력감, '바로 멈추지 못하는' 아동에 대한 좌절감, 형제자매의 질투, 아동이 '정상'이 아니라는 실망감에 대처할 수 있도록 돕는다(Piacentini, Jacobs, & Maidment, 1997). 아동의 개별 CBT와 가족 개입 모두는 OCD가 있는 아동을 치료하는 데에서 효과적이라고 입증되고 있다(Barrett et al., 2008; Freeman et al., 2014; Geller et al., 2012). 우수한 CBT 지침서와 자조 기술 도서가 OCD 및 관련 장애를 치료하는 데 사용된다(www.ocfoundation.org 참조). 일반적으로 CBT는 증상이 심하지 않고, 결함이 크지 않고, 통찰력이 많고, 외현화 증상을 덜 보이는, 덜 심각한 OCD 사례에서 효과가 가장 큰 것으로 밝혀졌다(Garcia et al., 2010).

약물

다양한 약물이 아동 및 청소년의 불안장애 증상을 치료하는 데 사용되어 왔는데, 가장 흔하고 효과적인 것은 선택적 세로토닌 재흡수 억제제(SSRIs)이다(Reinblatt & Riddle, 2007; Rynn et al., 2011). 이 약물은 모든 형태의 불안장애 및 관련 장애를 치료하는 데 사용되지만, 그 효과성이 가장 잘 증명된 것은 OCD이다(Garcia et al., 2010). OCD 이외의 불안장애 및 관련 장애를 치료하는 데에서 약물 사용의 효과성에 관한 연구 결과는 덜 일관적이다(Huemer, Erhart, & Steiner, 2010). 그럼에도 불구하고 다수의 통제된 연구들은 SSRIs가 SOC, SAD, GAD가 있는 아동의 불안 증상 관리에 효과적임을 밝혔으며, 그 효과가 CBT의 결과와 비교할 만하다고 밝힌 연구도 있다(Reinblatt & Riddle, 2007; Piacentini, Bennett et al., 2014).

통제된 연구가 부족하다는 점과 불안장애 아동에게 SSRIs를 사용하는 것과 관련된 부작용의 가능성을 감안할 때, CBT가 일반적으로 가장 먼저 고려된다. 심각한 증상이나 동시 발병 장애가 있을 때, 또는 CBT를 사용할 수 없거나 CBT의 효과가 만족스럽지 않을 때 약물이 사용된다(AACAP, 2007b). 불안이 심각한 일부 아동은 CBT를 실시하기 전에 약물이 먼저 필요하다. 현재까지는 아동의 불안장애, 특히 특정 공포증의 처치를 하는 약물의 효과성에 대한 연구는 비교적 미미한 편이다. 그러나 임상적 시도 및 통제된 연구가 많아져서 이러한 화학물질의 사용에 대해 알려 주고 있다(Geller et al., 2012; Reinblatt & Riddle, 2007).

예방

불안장애의 빈도 · 조기 발병 · 만성적 특징 · 개인적 고통 · 공중보건 비용을 감안할 때, 조기 확인과 예방의 노력이 우선되어야 한다. 혁신적 예방 연구에서, 연구자들은 먼저 불안장애의 위험 가능성이 있는 아주 어린 아동(평균 연령 4세 미만)을 판별했다. Jack의 사례에서 기술하듯이(**살펴보기 11.6** 참조), 아동들은 기질 검사에서 위축 점수가 높은 것과 행동 억제에 관한 실험실 검사에서의 높은 점수에 근거하여 뽑았다. 그 후 부모와 함께 하는 6회기의 90분 집단 회기로 구성된 비교적 짧은 개입이 수행되었다. 회기에서는 불안의 발달적 측면에 대한 개관, 양육 기술의 원칙(특히 불안의 위험 요인이 되는 부모의 과잉 보호의 역할), 아동에 대해 부모가 걱정하는 것에 대한 인지 재구조화, 아동이 성숙되면서 불안 위계의 사용, 이러한 기법의 지속적인 사용의 중요성(특히, 학교 입학과 같이 위험이 높은 기간 동안)이 제공되었다. 처치가 없는 통제 집단에게는 부모가 중재를 받은 일정과 동일하게 12개월 간격으로 간단한 모니터링을 실시했다.

그림 11.4에서 보듯이, 진단받은 불안장애의 전반적인 수와 심각성이 두 집단 모두에서 연구의 시작 후에 감소했다. 중요한 것은, Jack처럼 개입 집단의 아동은 마지막 두 번의 추후 방문에서 통제 집단에 비해 불안장애의 수가 유의미하게 적고 증상의 심각성이 유의미하게 낮았다는 것이다. 어머니 역시 3년 후에 자녀의 불안 수준이 낮아진 것 같다고 보고했으며, 이는 3년 후 추후 방문에서 불안에 대한 아동 자신의 보고와도 유사했다. 특히 관심 있는 것은 개입의 효과가 1년 후 시점에는 중간 정도였으나, 2년 후와 3년 후 시점에서 더 높았다. 치료를 받은 아동과 받지 않은 아동 사이의 심각성 차이는 주로 통제 집단에서의 증상 증가 때문인 것으로 보이며, 이는 치료받지 않은 아동이 발달적 궤도가 악화되고 있다는 것을 시사한다(Cuthbert, 2010). 이 결과들에 대한 가능한 이유를 탐색하려면 추후 연구가 더 필요하다. 기본 예방의 일반적인 프로그램은 좀 더 나이가 많은 아동의 불안을 예방하는 데에도 유망한 접근임이 입증되었다(Barrett et al., 2006). 향후 연구와 함께, 이 같은 조기 개입과 예방의 혁신적인 프로그램이 불안장애로 인해 고통받는 많은 아동과 가족에게 희망을 줄 수 있을 것이다.

단원 정리

처치와 예방

- 불안을 만들어 내는 상황, 대상, 사건에 아동을 직면시키는 것이 불안과 공포를 치료하는 데에서 공략의 근간이 되는 부분이다.
- 특정 공포증을 치료하는 데 가장 효과적인 절차는 참여자 모델링과 강화 절차이다.
- 인지-행동치료(CBT)는 아동에게 그들의 생각이 불안에 어떻게

살펴보기 11.6

불안장애의 초기 개입과 예방

Jack: "확신을 가지고 참여"

배경

Jack(3세 11개월)은 가족 이외의 사람과 상호작용하는 것과 새로운 활동에 참여하는 것을 어려워하는 것에 대해 걱정하는 부모가 의뢰했다. Jack은 6개월 동안 같은 유치원에 다녔지만 다른 아이들과 놀거나, 반응을 보이지 않았고 담임교사하고만 이야기했다. 그는 집단 활동에 참여하지 않고 보기만 했다. 누군가가 그를 쳐다보면 소리를 지르기 때문에 Jack의 부모는 수영 수업을 중단해야 했다. 또한, Jack이 계속 붙어 있고 집에 가자고 조르기 때문에 대부분의 사회 활동에 참여할 수 없었다. Jack의 부모 모두 어린 시절에 자신이 매우 수줍은 아이였다고 설명했으며, Jack은 이런 경험을 하지 않았으면 좋겠다고 했다.

행동 억제 평가

Jack이 행동 억제 평가를 받기 위해 연구실에 도착했을 때, 내가 인사를 하자 Jack은 엄마 뒤에 숨었고 평가자가 있는 탁자에 앉지 않고 엄마의 무릎에 앉았다. Jack은 30분 넘게 평가자의 질문에 언어로 반응하지 않았으며, 대답을 하기 시작했을 때에도 작은 소리로 단음절로 대답을 하고 시선 접촉을 피했다. 그는 낯선 사람과의 상호작용을 두려워하고 엄마의 무릎으로 돌아왔다. Jack은 새로운 장난감에 다가가지 않거나 또래와 상호작용을 하지 않았다. Jack의 평가는 그가 모든 행동 억제 기준을 충족시킨다는 것을 나타냈으며, 또한 그는 DSM-5의 사회불안장애 진단 준거를 충족시켰다.

개입

Jack의 부모들은 6주간의 부모 교육 프로그램에 무작위로 배정되었다. 프로그램에서, 파티나 새로운 활동에 참여하는 것과 같이 Jack을 불안하게 만드는 상황을 피하지 않게 함으로써 부모의 과잉 보호 양육 방식을 줄이도록 격려했다. 또한 Jack에게 대답하는 것보다 Jack 스스로 말할 기회를 주는 것도 격려했다. Jack의 부모에게는 이전의 두려운 상황에 단계적으로 노출할 수 있도록 도와주었다. 그들은 Jack과 친한 사람들이 그에게 인사할 때 대답하려는 그의 노력을 강화해 주는 것부터 시작해서 점차적으로 그가 소집단 활동에 참여하는 것을 돕는 것까지 발전시켰다.

결과

6세 10개월에, Jack의 마지막 사후 평가에서 Jack은 더 이상 사회불안장애 평가 기준에 부합하지 않았고, 더 이상 강하게 억제하지도 않았다. Jack의 어머니는 그가 여전히 낯선 사람과 처음 만날 때 조용하고, '수줍어한다고' 설명했다. 그러나 그는 학교 활동 및 과외활동에 자신 있게 참여했고 친한 친구들과 소집단을 이룰 수 있었다.

출처: "Altering the Trajectory of Anxiety in At-Risk Young Children"에서 발췌. Ronald M. Rapee, Ph.D. et al., Centre for Emotional Health, Department of Psychology, Macquarie University. *Am. J. Psychiatry* 2010; 167: 1518-1525. *American Journal of Psychiatry* (Copyright © 2010)의 허락을 받아 인용. American Psychiatric Association.

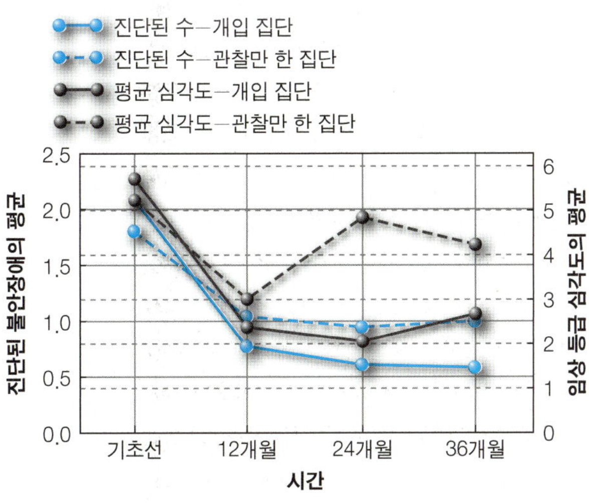

그림 11.4 아동의 부모가 중재를 받거나 관찰만 한 아동의 3년간 불안장애들의 수와 불안의 심각도.

American Journal of Psychiatry (Copyright © 2010)의 허락을 받아 인용. American Psychiatric Association.

기여하는지를 이해시키고, 증상을 감소시키기 위해 부적응적인 생각을 바꾸는 방법, 공포와 불안에서 도망과 회피보다는 대처하는 방법을 가르친다.

- SSRIs와 같은 약물은 OCD가 있는 아동을 치료하는 데에서 효과적이다. CBT는 일반적으로 처치에서 가장 먼저 고려되며, 심각한 증상이나 동시 발병 장애가 있을 때, 또는 CBT를 사용할 수 없거나 CBT의 효과가 만족스럽지 않을 때 약물이 사용된다.
- 불안장애에 대한 가족 개입은 아동에게만 집중했을 때보다 좀 더 극적이고 지속적인 효과를 가져온다.
- 장기적 이득을 평가하려면 앞으로 더 많은 연구가 필요하겠지만, 예방 프로그램이 불안의 증상을 감소시키는 데에서 성공적이다.

학습 자료

단원 요약

불안장애의 기술
분리불안장애
특정 공포증
사회불안장애(사회공포증)
선택적 함묵증
공황장애와 광장공포증
일반화된 불안장애
강박장애와 관련 장애
관련 특성
성별, 민족성, 문화
이론과 원인
처치와 예방

핵심 용어

2-요인 이론(two-factor theory)
강박장애(obsessive-compulsive disorder, OCD)
강박 사고(obsessions)
강박 행동(compulsions)
공황(panic)
공황발작(panic attack)
공황장애(panic disorder, PD)
광장공포증(agoraphobia)
노출(exposure)
단계적 노출(graded exposure)
두려움(fear)
등교 거부 행동(school refusal behavior)
반응 금지법(response prevention)
발모광(trichotillomania)
부적 정서성(negative affectivity)
분리불안장애(separation anxiety disorder, SAD)
불안(anxiety)
불안장애(anxiety disorder)
사회공포증(social phobia)
사회불안장애(social anxiety disorder, SOC)
선택적 함묵증(seletive mutism)
신경증적 역설(neurotic paradox)
신체 이형 장애(body dysmorphic disorder)
일반화된 불안장애(generalized anxiety disorder, GAD)
저장장애(hoarding disorder)
정적 정서성(positive affectivity)
찰과 장애(피부 뜯기 장애)[excoriation disorder skin picking disorder)]
체계적 둔감화(systematic desensitization)
투쟁/도피 반응(fight/flight response)
특정 공포증(specific phobia)
행동 관점 원칙(behavior lens principle)
행동 억제(behavior inhibition, BI)
홍수법(flooding)

12

외상 및 스트레스 관련 장애

나는 많은 사람들의 목구멍의 지문은
처리되지 않고 인식되지 않은 아동기의 외상이라고 생각한다.

—Tom Hooper(영국 영화 및 TV 감독)

이 장 미리 보기

아동기 또는 청소년기의 스트레스와 외상은 항상 있었지만 최근에서야 이러한 사건들이 주목받기 시작했다. 아동기 외상과 즉시 나타나는 정신건강 및 장기적인 정신건강 결과 사이의 연관성을 지지하는 증거들이 상당히 많으며, 아동기 외상을 '숨겨진 전염병'이라고 부르기도 한다(Lanius, Vermetten, & Pain, 2010). 아동기 외상은 건강한 아동 발달을 저해할 수 있는 잠재적 위험이 되며 불안장애, 우울장애, 섭식장애 등 이 책에 제시되어 있는 수많은 아동기 이상 발달을 일으킨다(Chapman, Dube, & Anda, 2007).

아동기 또는 청소년기 외상은 흔하게 발생하며, 아동 또는 청소년 4명 중 대략 1명이 16세 이전에 주요 형태의 학대를 당한 적이 있다고 보고한다(Costello et al., 2002). **외상 사건**이란 죽음이나 위험에 대한 위해(harm) 또는 위협된 해를 말하며, 이것은 흔치 않은 극심한 스트레스이다. 이같이 끔찍하거나 삶을 위협하는 사건은 다양한데, 의도적이지 않은 의료적 외상, 사고, 자연재해, 전쟁, 테러, 난민 외상, 외상이 있는 상실뿐만 아니라 신체 및 성적 학대, 방임, 가정 및 지역사회 폭력에 노출되는 것처럼 부주의하거나 고의적인 행동도 포함된다(Gerson & Rappaport, 2013). **스트레스 사건**은 전형적으로 외상 사건보다는 흔하고 덜 극심한 사건이다. 부모의 이혼, 이성 친구와의 이별과 같은 스트레스는 복잡하고 지속적인 스트레스 상황 또는 사건이 수반될 수 있다. 발달적으로 연관이 되어 있는 스트레스 사건도 있는데, 예를 들면 처음 학교에 가거나 집을 떠나는 것이다. 한때는 종종 있는 통과 의례라고 여겼던 아동기 집단 괴롭힘 역시 지금은 일부 사람에게는 성인이 되어서도 정신건강 문제의 원인이 되는 주요 스트레스 요인이라고 인식되고 있다(Copeland et al, 2013). 외상 및 스트레스를 주는 많은 사건들이 정신건강 장애를 일으키지는 않는다고 해도, 이 사건들은 발달 과정에 서서히 그리고 파괴적인 방식으로 영향을 미칠 수 있다.

외상 및 스트레스 관련 장애는 현재 『정신장애의 진단 및 통계 편람(*Diagnostic and Statistical Manual of Mental Disorders*, 5th edition, DSM-5)』에 새로 포함된 범주인데 급성 스트레스 장애(acute stress disorder), 적응장애(adjustment disorder), 외상 후 스트레스 장애(posttraumatic stress disorder, PTSD)가 여기에 포함되며, 이 장애들은 이전 DSM 판에서는 불안장애로 분류되었다. 외상 및 스트레스 관련 장애 범주에는 또 다른 두 가지 스트레스 관련 장애가 포함되어 있는데, 이것은 이전에는 '유아, 아동기, 청소년기에 처음 진단되는 장애'로 나열되었던 반응성 애착장애(reactive attachment disorder)와 탈억제성 사회적 유대감 장애(disinhibited social

MARY ELLEN

그녀의 유산

그 아이는 지적 능력이 비범하다는 것을 알 수 있지만, 수심이 가득하고, 성장이 저해되고, 조숙해 보이는 작은 소녀이다. 남루한 옷뿐만 아니라 겉으로 보이는 건강 상태는 양육권의 변경이나 관리가 없다면 더 나빠질 수 있음을 보여 주었다.

그녀는 다음과 같이 진술했다. "나는 내가 몇 살인지 몰라요. 아무것도 가져 본 것이 없어요. 신발 한 켤레를 가지고 있었을 때를 빼고는…. 그때가 언제였는지 기억도 나지 않아요. 이번 겨울에도 신발이나 양말 없이 지냈어요. 아이들과 노는 것이 허락된 적도 없고, 어떤 것이라도 함께 있으라고 허락된 적이 없어요. 엄마는 거의 매일 나를 채찍질하고 때리는 것이 습관이 되었어요. 엄마는 형태가 뒤틀린 채찍으로 나를 채찍질하곤 했지요. 채찍은 항상 내 몸에 검고 푸른 자국을 남겼지요. 엄마 때문에 생긴 검고 푸른 자국이 지금 내 이마에 있어요. 앞이마 왼편에는 엄마가 가위로 찌른 흔적도 있어요. 엄마는 가위로 나를 위협하고 찔렀어요. 나는 누구에게서도 키스를 받아 본 적이 없어요. 엄마는 한 번도 나를 안아 주거나 쓰다듬어 주지 않았어요. 나는 내가 무엇 때문에 맞았는지 몰라요. 엄마가 나를 때릴 때 왜 그런지 말한 적이 없어요."

출처: *New York Times*, 1874년 4월 10일.

engagement disorder, DSED)이다. 이러한 변화는 좀 더 명료한 외상과 스트레스 관련 장애의 범주를 만들었다. 이 장애들은 급성 또는 만성 스트레스나 재난 사건에 직접 또는 간접적으로 노출되었다는 공통점이 있는데, 이러한 사건에는 아동기 학대와 같이 시간이 흐르면서 발생하는 다양한 사건들이 있다.

아동기 학대에 관한 상당한 연구들이 이루어졌으며, 우리는 이 장 전반에 걸쳐서 아동기 외상과 스트레스 관련 장애의 본질을 설명하고 살펴보기 위해 이 문헌들을 언급하고 있다. **아동 학대**는 신체 학대, 방임, 성 학대, 그리고 **심리적 학대**의 네 가지를 포괄하는 용어이다. 학대에는 가혹한 신체 처벌, 형제자매 폭력, 또래 공격처럼 많은 아동들이 경험할 수 있는 것뿐만 아니라 구타 또는 유기처럼 극소수가 경험하는 것 등 여러 가지 형태가 있다(Centers for Disease Control[CDC], 2011d). 아동 학대는 성별, 국가, 언어, 종교, 연령, 민족성, 장애, 성적 지향성 등에 영향을 미칠 수 있다.

Mary Ellen의 가슴 저리고 비극적인 이야기로 인해, 1874년 겨울에 아동에 대한 잔혹행위 방지를 위한 뉴욕 협회가 결성되었다. 이때 시민들은, 동물은 학대로부터 보호되지만 아동은 그렇지 않다는 것을 알게 되었다. 그러나 안타깝게도, 북아메리카에서 아동 학대와 방임에 대한 보고가 법률로 규정되고 실행되어 최종적으로 학대 아동과 방임 아동을 파악하고 돕기 위한 새로운 노력이 시작되기까지는 100여 년이 더 걸렸다. 이러한 노력에도 불구하고, 아동 학대와 방임은 가장 흔한 외상과 스트레스 관련 장애의 원인이다(Wekerle & Wolfe, 2014).

미국에서는 아동 10명당 1명이 성인이 되기 전에 어른이나 또래에 의해 어떤 형태로든 성적 피해를 경험하는 것으로 추정된다(Finkelhor et al., 2009). 또한 해마다 아동 10명 중 대략 1명은 부모나 기타 양육자의 심한 체벌로 인해 위험에 빠진다(Straus & Stewart, 1999). 슬프게도, 미국에서는 매일 5명 이상의 아동—이들 중 대다수가 4세 이하 아동—가 부모나 양육자에 의해 죽는다(U.S. Department Health and Human Services, Administration on Children, Youth, and Families[USDHHS], 2010). 또, 셀 수 없이 많은 아동들이 정서적 학대와 방임, 재난 사건 또는 사고로 고통당한다. 대부분의 아동은 사건 이후에 즉시 기분, 각성, 행동에 심각한 변화를 보인다. 대부분의 아동이 회복되거나 효과적으로 대처하지만, 대략 1/3은 외상 후 스트레스 장애(PTSD)의 증상을 보이거나 일상생활에 영향을 미치는 기타 정신장애가 된다(Gerson & Rappaport, 2013).

여러 세대에 걸쳐, 아동 및 다른 가족 구성원들에 대한 폭력은 개인적인 문제로 인식되었으며, 이러한 폭력으로 인한 심각한 부정적 영향 또한 인식하지 못했다. 최근까지도, 가정 내의 폭력은 낯선 사람 간의 폭력보다 법률상으로 덜 중요하고, 덜 심각하고, 사회적 관심을 끌 만한 가치도 거의 없다고 생각되었다. 그러나 지금 우리는 아동을 놀라게 하고 소리를 지르는 것과 같은 작은 행동에서부터 주먹이나 무기로 해를 가하는 아주 심각한 행동에 이르기까지 수많은 형태의 가정 폭력이 일어나고 있다는 것을 잘 알게 되었다. 게다가, 폭력과 학대는 심해졌다가 약해지는 순환을 되풀이하면서 아동에게 긴장, 불확실성, 두려움을 일으키며, 아동이 혹독한 현실과 무서운 요구 사항들에 대처하게 만든다(Wekerle et al., 2006).

대부분의 아동기 외상, 특히 아동 학대와 방임은 보호받고, 지지받고, 양육되는 지속적인 관계에서 발생한다는 점에서 심리적으로 상당히 중요하다. 학대 및 방임 가정의 아동은 발달을 지도해 주는 일관되고 적절한 기회를 제공하지 않는 환경에서 자란다. 대신에, 신체적/정서적 위험에 처해지게 된다(Jaffe, Wolfe, & Campbell, 2011). 그럼에도 불구하고, 자기 가족에 대한 아동의 유대감—자신을 학대하는 사람에게조차도—은 매우 중요하며, 아동은 소속감과 두려움/걱정 사이에서 눈물을 흘린다. 아동은 자신에게 해를 입히거나 방임한 사람들에게 의존하고 있기 때문에, 다음과 같은 또 다른 역설적인 딜레마에 빠진다(American Psychological Association, 1996/2007).

- 피해자는 폭력이 멈추기를 원하지만, 또한 가정에 계속 소속되기를 원한다. 학대자에 대한 충성과 강력한 정서적 연결은 안전하고 보호받고자 하는 희생자의 바람에 대한 강력한 적수(opponent)이다.
- 애정과 관심이 폭력 및 학대와 공존한다. 반복되는 사이클이 시작될 수 있는데, 긴장이 고조되고, 궁극적으로 더 학대적인 행동이 주어지는, 공포와 예상이라는 특징이 있다. 화해의 기간이 뒤따르는데, 이때 더 많은 애정과 관심이 주어진다. 아동은 학대가 다시는 일어나지 않기를 늘 희망한다.
- 신체적 폭력이 감소하거나 완전히 멈추는 사례도 있지만, 시간이 지나면서 폭력의 강도는 점차 증가한다. 학대 행동은 관계 전반에서 다양할 수 있는데, 언어적·성적·정서적·신체적 형태를 취할 뿐만 아니라 성인의

학대 강도와 자제는 중심 주제로 남아 있다.

우리는 몇몇 중요한 역사적 쟁점과 함께 아동 외상과 스트레스에 대해 먼저 논의하고, 뒤를 이어서 아동의 건강한 사회화 및 안전에서 가정의 역할에 대한 고려 사항들을 논의할 것이다.

역사와 가족 맥락

가장 심각하고 지속적인 형태의 아동기 외상은 양육자에 의해 일어났기 때문에, 아동 양육 및 아동 학대에 대한 엄격한 사회적 관점이 비교적 짧은 기간 내에 어떻게 형성되어 왔는지를 살펴보는 것으로 논의를 시작하려 한다. 의도적 및 비의도적 형태의 외상은 항상 있어 왔고, 오늘날에 비해 이전 세대에서는 더 흔했지만(Radbill, 1987), 이러한 것들이 문제가 된다고 확인된 것은 아주 드물다. 여러 세대에 걸쳐, 아이들은 부모의 독점 재산이었고, 어떻게 처벌할 것인지는 순전히 아버지의 권한이었다. 이러한 권리는 140년 전, Mary Ellen이 겪은 학대가 알려지기 전까지는 아동을 좀 더 인간적으로 취급하려는 어떠한 대항 움직임도 없었다.

아이러니하게도, 가정을 지지하고 도와주는 법체계도 이를 묵과했으며, 어떤 면에서는 아동, 여성, 노인을 포함해서 가족 구성원의 학대를 묵인한 것이 된다(Jaffe et al., 1996). 최근까지의 이러한 분위기에는 두 가지 주요한 문화적 전통이 영향을 미쳤는데, 가정 전반에 걸쳐서 남편의 절대적인 권위 및 가족 사생활에 대한 권리이다. 예를 들면, 체벌에 관한 로마법(기원전 753년)에서는 여성이 남성의 소유물이며 남성에게 복종을 해야만 했다. 영국 보통법 역시 이와 유사하게, 부모 및 기타 사람들이 '적당하고 타당한' 체벌을 이용하여 아동을 혼낼 수 있었다. 수십 세기 동안 여러 나라에서는 적당하고 타당한 것이 무엇인지에 대한 결정을 법원에 맡겨 왔다. 슬프게도, 아동은 '부모의 마음대로 관리할 수 있는' 개인의 자산이라고 보는 이러한 관점은 아직도 많은 선진국과 개발도상국에서 고수되고 있다(Wolfe & Nayak, 2003).

다행히도, 지난 150년에 걸쳐, 특히 최근 30년간은 서구 사회에 남아 있는 이 같은 행동에 대해 법체계의 반응이 변화(비록 상당한 저항이 있었지만)되었다. UN 아동권리 협약(U.N. Convention on the Rights of the Child, 1989)은 아동의 권리와 요구에 대한 노력에 박차를 가했으며, 많은 선진국에서 아동에 대한 학대와 착취를 인식하기 시작했다. 오늘날 42개국에서 아동 학대 및 방임과 관련된 정책을 제정하고 있으며, 세계 인구의 대략 1/3은 아동 학대 및 방임이 연간 발생한 사례의 숫자를 세는 나라에서 살고 있다(Intenational Society for Prevention of Child Abuse and Neglect, 2010). 이러한 노력은 문제를 인식하는 것과 더불어 아동 학대에 대한 중요한 사회적 · 지역사회적 · 문화적 변화의 실행을 정당화하는 중요한 첫걸음이 되고 있다.

건강한 가정

당신은 아동을 키우는 적절한 방식에 대해 항상 확신하고 있는 유일한 사람을 아는가? 그는 아이를 가져 본 적이 없는 사람이다.

— Bill Cosby

건강한 가정의 중요성에 대해 말하지 않고 아동 학대와 방임에 대해 말하기는 어렵다. 가족관계는 아동의 능력, 회복력, 안녕감에 중요한 영향을 미치는, 최초이며 오래 지속되는 사회적 관계이다. 우리 대부분에게 가족의 영향은 긍정적이고 도움이 되며, 안정 관계 및 안녕감의 일생 지속되는 패턴의 발판이 되는 지지와 양육의 기본 자원이다. 그러나 가족 사건과 경험이 매우 부정적이고 해로운 것이어서, 사회에서 가장 심각한 폭력 상황이 되는 사람도 있다(Straus, Gelles, & Steinmetz, 2003).

부모로서, 우리는 아동이 많은 지시와 통제가 필요하며, 때때로 어른인 우리의 결정에 도전하거나 계획을 방해한다는 것을 알고 있다. 이런 경험을 하지 않은 사람이라면, 안면이 있는 부모에게 부탁해서 당신이 그들의 자녀를 데리고 가게에 물건을 사러 가 보라. 부모 되기라는 중요한 역할을 할 준비가 덜 된 사람은 자신이 아동기 때에 겪은 양육 방법에 의존하며, 이에 대해 의문을 제기하거나 바꾸지 않는다. 비록 이러한 접근의 양육이 자연스럽고 적절한 경우도 있겠지만, 때로는 아동의 요구에 대해 물리적 억압, 언어적 위협, 방임과 같은 양육 방법을 지속시키기도 한다(Gershoff, 2002; Wolfe, 1999).

아동과 성인의 정신건강에 외상과 학대가 미치는 끔찍한 영향을 이해하기 위해서는 건강한 가정 환경으로부터 아동이 기대하는 바가 무엇인지에 대한 논의가 먼저 시작되어야 한다. 건강한 발달을 하려면, 아동은 지시 및 통제에 대한 욕구인 '요구(demanding)'와 자극 및 민감성의 욕구인 '반응성(responsiveness)' 사이의 균형 잡힌 돌봄 환경이 필요하다(Maccoby & Martin, 1983). 건강한 부모-자녀 관계와 가족의 역할을 결정하는 것은 이러한 두 가지 기본적인 발달적 요구에서 비롯된다.

- 아동 발달 및 기대에 관한 적절한 지식(아동의 정상적인 성적 발달과 실험에 대한 지식이 포함됨)
- 어린 아동의 양육과 관련된 스트레스에 대처할 수 있는 적절한 기술 및 적절한 자극과 관심을 통해 아동 발달을 강화할 수 있는 방법에 관한 지식
- 정상적인 부모-아동 애착과 초기 의사소통 패턴을 개발할 수 있는 기회
- 가정 관리에 대한 부모의 적절한 지식(재정적 계획, 적절한 쉼터, 식사 계획이 포함됨)
- 가능하다면, 양쪽 부모 간에 아동을 돌보는 것과 관련된 의무를 분담하는 기회 그리고 기꺼이 분담하기
- 필요한 사회적 서비스와 건강 서비스의 제공

이와 같은 건강한 패턴은 부모의 능력 및 발달적 민감성에 달려 있을 뿐만 아니라, 교육 및 아동 양육 정보와 같은 가정 환경, 사회적 연결망 및 지지와 같은 지역사회 자원의 유용성에도 달려 있다. 부부관계, 그리고 기질 · 건강 · 발달상의 제한과 같은 아동의 특징을 포함한 가족 상황 자체도 아동 양육에서 기본적인 맥락이다.

우리는 북아메리카 가정이 상당한 범위의 능력과 자원을 가지고 있다고 기대하겠지만, 아동 환경의 확실한 모습은 기본적이고 예상할 수 있는 환경이다. 어린 아동에게 **기대할 수 있는 환경**은 문화권 안에서 사회화를 위한 기회와 더불어, 보호적이며 돌보아 주는 어른이 필요하다. 좀 더 나이 든 아동에게 기대할 수 있는 환경에는 지지적인 가족, 또래와의 접촉, 환경을 탐색하고 습득할 수 있는 풍부한 기회가 포함된다(Cicchetti & Valentino, 2006). 게다가, 책임감 있는 부모 되기에는 부모가 통제권을 점진적으로 아동과 지역사회로 전환시키는 것이 있다. 이러한 과정은 결코 쉽지 않으나, 건강한 가정에서는 부모가 거의 전적으로 통제권을 가지고 있다가 점진적으로 통제권을 공유하다가, 아동이 자기 통제력을 키우고 마침내는 한 사람의 성인으로 독립하는 것을 배운다.

돌봄의 연속성

우리 대부분은 삶에서 기본적으로 필요한 것, 즉 음식 · 애정 · 의료적 처치 · 교육 · 지적 및 사회적 자극이 결여된 아동은 위험에 처하게 된다는 데 동의하지만, 문화적 가치 · 사회 기준 · 개인적인 경험의 차이는 한 사람의 학대가 다른 사람에게는 훈육이나 교육이 되고 있다(Spilsbury & Korbin, 2013).

그림 12.1은 건강한 아동 양육에서부터 학대 및 방임적 양육에 이르는 아동 돌봄의 가설적 범위를 보여 주는데, 이는 부모와 아동 간에 수용 가능한 행동에 대한 지침 및 경계선을 제시해 준다(Wolfe & McIsaac, 2011). 이 연속선의 정적 끝에서 우리는 아동 발달을 촉진시키는 적절하고 건강한 형태의 아동 양육 행동을 볼 수 있다. 유능한 부모는 다양한 방식으로 아동의 발달을 격려하고, 그들의 욕구 및 기대를 아동의 욕구와 능력에 부합시키고자 노력한다. 물론 부모도 인간이다. 꾸짖고 비난할 때도 많을 것이고, 아동의 욕구 상태에 민감하지 못할 때도 있다. 사실, 훈육은 언어적 설명과 애정이 동반되는 단호한 통제를 종종 요구한다.

그림의 가운데에 해당하는 빈약한/역기능적인 행동들은 무책임하고 아동 양육에 해가 된다는 것을 보여 준다. 자녀에게 이러한 행동을 두드러지게 보이는 부모는 효과적인 아동 양육 방법에 대한 지도와 도움이 필요하다. 마지막으로, 그림의 오른쪽 끝은 신체적 · 성적 · 정서적으로 침해적 또는 학대적인 방식으로 자녀의 기본 욕구 및 의존 상태를 유린하는 부모를 나타낸다. 이와 유사하게, 아동의 욕구에 대한 반응 실패는 방임의 기초가 된다.

단원 정리

역사와 가족 맥락

- 외상 사건은 죽음 또는 상해에 실제로 노출되거나 해를 가하겠다는 위협을 말하며, 여기에는 광범위한 의도적 행동 및 비의도적인 상황이 포함된다.
- 스트레스 사건은 전형적으로 외상 사건보다는 흔하고 덜 심하지만, 아동의 적응과 안녕에서 중요한 역할을 한다.
- 아동 학대는 외상 및 스트레스의 가장 나쁘고 침해적인 스트레스 형태로 간주된다. 아동 학대의 네 가지는 신체 학대, 방임, 성적 학대, 심리적 학대를 말한다.
- 아동 돌봄은 건강한 양육에서부터 학대 및 방임적 양육에 이르

대체로 긍정적인 양육 양식 ⟷ **대체로 부정적인 양육 양식**

긍정적인/건강한 양육	빈약한/역기능적인 양육	정서적으로 학대적/방임적인 양육
자극과 정서 표현	**자극과 정서 표현**	**자극과 정서 표현**
다양한 감각 자극과 긍정적 정서 표현을 제공한다 아동의 노력과 성취에 대해 즐거움을 표현한다	경직된 정서적 표현 및 아동에 대한 반응에 유연성이 없다 아동의 발달/심리적 요구에 무관심한 것 같다	아동에게 조건적 사랑과 양가적인 감정을 표현한다 아동의 요구에 대한 민감성이 거의 또는 전혀 없다
상호작용	**상호작용**	**상호작용**
능숙하고, 발달을 격려하기 위해 아동 중심 상호작용에 몰두한다 친절하게, 독자적인 탐색을 격려하는 긍정적 상호작용	종종 아동의 요구에 둔감하고, 우호적이지 않다 부모에 대한 아동의 독립성과 의존성 사이에서 균형을 맞추지 못한다	아동의 관심을 정서적 또는 신체적으로 거부한다 강압, 위협, 뇌물로 아동의 의존적인 상태를 이용한다
일관성과 예측 가능성	**일관성과 예측 가능성**	**일관성과 예측 가능성**
관계를 촉진하는 일관성과 예측 가능성을 보여 준다	종종 예측 불가능하게 반응하고 때때로 감정적 방전	감정적 방전을 동반해서 예측 불가능하게 반응한다
규칙과 제한	**규칙과 제한**	**규칙과 제한**
안전 및 건강을 위한 규칙을 만든다 아동의 연령에 맞는 적절한 보호	안전과 건강을 위한 규칙이 불분명하고 비일관적이다	산발적이고 변덕이 심하다 부모의 이익을 위해 착취하고 타락시킨다
훈육	**훈육**	**훈육**
때때로 아동의 활동을 꾸짖고, 비판하고, 간섭한다 심리적 통제 방법보다는 행동적인 방법을 통해 아동을 가르친다	강압적인 방법을 자주 사용하고 아동의 능력을 최소화한다 아동을 혼란스럽고 화나게 하는 심리적 통제 방법을 사용한다	아동을 협박하는 잔인하고 혹독한 통제 방법을 사용한다 때때로 최소한의 지역사회 기준도 위반한다
정서 전달과 어조	**정서 전달과 어조**	**정서 전달과 어조**
단호하나 위협적이지 않은 정서 전달과 어조를 사용한다	비현실적 기대를 수행하도록 종종 언어적 · 비언어적인 압박을 사용한다	겁주기, 위협하기, 폄하하기, 모욕하기

그림 12.1 부모의 정서적 민감성 및 표현의 연속성.

는 가설적인 연속성 범위에 따라 서술될 수 있다.

- 아동에 대한 적절한 행동과 부적절한 행동 사이의 경계가 항상 분명하고 명확하게 정립되는 것은 아니지만, 옳고 옳지 않은 것에 대한 인식이 학대를 예방하는 데에서 도움이 된다.

외상, 스트레스, 학대: 특징 정의하기

내 자신을 위해 가장 많이 집중한 것은 나의 인생에서 아버지가 일으킨 외상을 끝내는 방법을 계속 알아 가는 것이었다고 생각한다.

— Lindsay Lohan

아동의 건강과 안녕에 영향을 미치는 외상, 스트레스, 학대의 사건은 아동이 통제하지 못하는 성인 또는 환경에 의해 발생된다. 따라서 이것은 이 장의 뒷부분에서 논의될 특정 장애뿐만 아니라 아동 이상 행동 또는 발달을 저해하는 중요한 위험 요인이다. 그 심각성 때문에 DSM-5는 '임상적 주의가 필요한 기타 상태'의 범주에 아동 스트레스와 학대의 일부 유형을 고려하고 있다. 예를 들면, 학대받는 아동이 우울증과 같은 임상적 장애로 고통을 받고 있다면, 적절한 치료를 위해 학대를 진단 부분에 명시해 놓는다. 임상적 주의의 초점이 되는 추가 조건(그리고 아동 스트레스)에는 가정교육, 가족 역동, 이혼과 관련된 문제들이 포함된다.

외상과 스트레스

아동기 또는 청소년기의 외상과 스트레스 경험은 죽음 또는 상해의 위협이 있거나 실제 노출, 또는 개인의 신체적 상해에 대한 위협을 말한다. 큰 사고, 자연재해, 유괴, 끔찍한 신체적 공격, 전쟁과 폭력, 성 학대와 같은 만성적이거나 심각한 스트레스 요인에 노출되는 것은 다음 단락에서 논의되는 PTSD의 위험을 높인다. 아동의 PTSD 발병과 관련된 잘 알려진 외상 사건은 오클라호마시티 폭발 사건, 콜로라도 주 리틀턴에서 있었던 학교 총기난사 사건, 미국 9 · 11 테러 사건, 미국 뉴올리언스와 멕시코 지역을 강타한 허리케인 카트리나, 2004년 인도양 대지진과 쓰나미가 있다(Comer & Kendall, 2007; Dean et al., 2008).

최근 10년 동안에 전쟁으로 인해 전 세계에서 200만 명 이상의 아동이 죽었고, 약 600만 명이 다치거나 영구적인 장애가 생겼고, 100만 명이 고아가 되었으며, 2000만 명은 난민이 되었다(Barenbaum, Ruchkin, & Schwab Stone, 2004). 그 밖에도 수많은 사람들이 폭탄투하 또는 인종 청소 또는 종족 학살의 피해자가 되었다. 폭격 · 포격 · 저격 · 테러로 인해 가족, 친구, 이웃을 잃은 아동도 수백만 명이다(Bellamy, 2002). 이러한 비극적 사건들은 이것이 아동의 정신건강에 어떤 영향을 미치는지에 대해 알아야 할 필요성 그리고 더 중요한 것은 그러한 잔혹한 행위에서 피해를 당한 아동을 가장 효과적으로 도울 수 있는 방법을 찾으라고 강조한다(Ehntholt & Yule, 2006).

양쪽 부모가 모두 있는 미국 가정의 전국 표본에 기초해서 추정해 보면, 1,500만 명 이상의 아동이 작년 한 해 동안, 최소한 한 번 이상의 폭력이 일어난 가정에서 지냈다(McDonald et al., 2006). 가정이나 지역사회에서 학대 또는 폭력을 목격하는 것은 발달에 큰 위험을 가져올 수 있는 외상 사건에 노출되는 것이다(Jaffee et al., 2011; Wolfe et al., 2003). 폭력에 노출된 어린 아동은 두려워하며 종종 수면 문제 · 오줌 싸기 · 두통 · 복통 · 설사 · 궤양 · 야뇨증처럼 고통에 대해 퇴행적 및 신체적 증상을 보이기도 한다. 나이가 많은 소년들은 또래나 이성 친구에게 공격적인 경향이 있고, 소녀들은 수동적이고 철회되는 경향이 있으며 자존감이 낮다(Crooks & Wolfe, 2007). 이 모든 증상들은 직접 또는 간접적으로 고통스러운 가정 환경과 연결되며 또한 아동의 안전 및 한 명 이상의 양육자의 안전에 대한 위협이 된다.

EMMANUEL DUNAND/AFP/Getty Images

부모의 지지는 아동기의 외상 사건에서 오는 심리적 위험을 완화시킨다.

삶을 위협하지 않는 형태의 덜 심한 스트레스 경험 역시 아동기 또는 청소년기에 흔하며, 이들 대부분은 지속적인 위험 또는 장애로 이어지지 않는다. 전학 · 부모의 별거 · 질환 · 또래 갈등은 삶의 일부가 되는 무수히 많은 스트레스 중 일부인데, 몇몇 성인은 성격 형성에 관해 되돌아보는 반면에 이야기하기를 두려워하는 사람도 있다. 그러나 오늘날 10대들은 성인의 스트레스와 맞먹는 스트레스 수준을 보고하고 있으며 이것은 10대의 신체 및 정서 건강에 위험을 줄 수 있다(Bethune, 2014)(**살펴보기 12.1 참조**).

스트레스가 아동에게 영향을 미치는 방식

일상생활 스트레스에 대처하려면, 아동 및 청소년이 성공적으로 적응하기 위한 예상 가능한 기본 환경이 필요하며, 그렇지 않을 경우에는 발달에 손상이 올 수 있다. 모든 아동은 다양한 수준의 스트레스에 대처해야만 하는데, 이러한 경험이 아동의 대처 능력을 초과하지 않는다면, 즉 스트레스의 성질과 양이 관리할 수 있는 것이라면 아동은 강해질 수 있다(Masten & Wright, 2010). 경미한, 예상 가능한, 단기의 스트레스 경험은 대개 관리가 가능하며 실질적으로 아동의 생물학적 · 심리적 경쟁력을 증진시킨다(Thompson, 2014). 그러나 아동이 즉각적인 환경의 요구(학대하는 양육자를 피하는 것처럼)에 적응하거나 대처하는 방법이 나중에 아동이 타인과의 관계를 형성하는 능력에 해가 될 수도 있다. 가족 구성원들 간에 발생하는 분노 또는 공격성 폭발에 아동이 성공적으로 적응하는 방식은 항상 어려움이 있다. 질병의 증가, 두려움 및 불안 증상, 또래들 또는 학교에서의 문제와 같은

살펴보기 12.1

스트레스가 과하다는 생각이 들 때, 요즈음 사회에서 10대를 상상해 보라. 미국의 10대는 자신이 성인과 유사한 패턴의 스트레스를 경험한다고 말하며, 학교에 다니는 동안 이들이 보고하는 스트레스의 수준은 성인의 스트레스 수준보다 높다. 다음은 미국에서 APA의 스트레스에 대한 여론조사의 주요 결과이다. 10대들은 성인의 스트레스 습관을 채택하고 있는가?

10대들은 학교에 다니는 동안 자신들의 스트레스 수준이 건강하다고 생각하는 수준(10점 척도에서 5.8 대 3.9)을 훨씬 넘는다고 보고하고 있으며, 이는 성인에서 보고되는 평균 스트레스 수준(10대는 5.8, 성인은 5.1) 보다 높다. 심지어 여름에 10대들은 자신들의 한 달 전 스트레스 수준이 건강하다고 생각하는 수준(10점 척도에서 4.6 대 3.9)보다 더 높다고 보고했다.

많은 10대들은 스트레스로 인해 압도당하는 기분(31%), 우울 또는 슬픈 기분(30%)을 보고했다. 1/3이 넘는 10대들은 피곤한 기분(36%)을 보고했으며, 10대들의 거의 1/4은 스트레스 때문에 식사를 건너뛴다고 보고했다.

출처: Bethune, S. (2014, April). Teen stress rivals that of adult. *Monitor on Psychology*, 45(4), pp. 20-22. http:// www.apa.org/monitor/2014/04/teen-stress.aspx에서 검색.

스트레스의 징후가 나타난다(El-Sheikh et al., 2013; Kim & Cicchetti, 2010).

아동의 가정 또는 당면한 환경에서의 스트레스 사건은 각 아동에게 서로 다르고 독특한 방식으로 영향을 미친다. 그러나 어떤 상황은 좀 더 심하거나 만성적인 스트레스 반응을 유발하고 다른 스트레스 상황보다 더 심각한 결과를 가져오기도 한다(예: 새 학교로 전학을 가는 스트레스와 나이 많은 아동에게 집단 괴롭힘을 당하는 스트레스를 생각해 보자). 조기의 만성적인 스트레스는 아동의 신체적 발달 및 사회적 발달을 저해하고, 적응하려는 노력에서 다중의 신경학적 변화에 영향을 미친다(이 장의 뒷부분에서 설명함). 위협과 만성 스트레스에 대한 그러한 적응은 학업 수행, 또래와의 상호작용, 자신의 충동을 조절하는 아동의 능력을 희생시킬 수도 있다. 스트레스는 투쟁-도피와 같이 단기 반응을 위해 설계된 강한 생물학적 반응(예: 혈압 상승, 면역 및 호르몬 체계의 활성화)을 유발한다. 스트레스 환경으로 인해 만성적으로 각성된 아동은 이 같은 생물학적 반응을 반복적으로 동원하게 되고 이는 과부하 시점까지 도달할 수 있다. 시간이 지나면서 이 아동들 중 일부는 스트레스에 대한 과잉 반응의 징후, 즉 위협에 대한 과도한 경계 · 불신 · 빈약한 사회적 관계 · 자기 조절의 결함 · 건강하지 못한 생활양식을 선택할 수 있다(Miller, Chen, & Parker, 2011). 역설적으로, 일부 아동은 스트레스 사건에 과소 반응하면서 위험이나 위협의 징후에 반응이 둔감해지는데, 이것은 스트레스 체계가 혹사되어 정지되었음을 시사한다. **알로스타 부하**는 만성 스트레스로 인해 생물학적 체계의 점진적인 마모를 설명하기 위해 사용되는 개념이다(Thompson, 2014).

가장 침해적이고 최악의 아동기 스트레스 및 외상의 형태 중에는 아동 학대, 가정 폭력, 만성적인 빈곤이 있다(Graham-Bermann et al., 2012; Yoshikawa, Aber, & Beardslee, 2012). 이러한 환경은 아동의 생활 환경에 직접 영향을 미치고, 지속적이고 예상할 수 없으며, 주로 아동이 믿고 의지한다고 생각하는 사람의 행동 또는 무대응으로 인해 발생한다. 그러나 학대, 방임, 가정 폭력, 빈곤과 같은 사건들조차도 모든 아동에게 예상이 가능한 특정한 방식으로 영향을 미치는 것은 아니다. 오히려 그러한 영향은 아동의 기질과 이용할 수 있는 지원이 있는지에 따라 다르다(El-Sheikh & Erath, 2011).

아동이 다양한 스트레스 유형에 반응하는 방식에서 기본 요인은 아동이 대처하고 적응할 수 있게 도움을 받는 데에서 부모의 지지와 보조의 정도이다. 부모는 아동이 혼란과 역경 가운데에서 통제력을 발휘하는 방식을 가르치는 모델이 된다. 알 수 있듯이, 예상 가능한 습관 및 일관되고 적절한 훈육을 제공하며, 불필요한 스트레스로부터 아동의 완충 역할을 해 주는 성인과의 따뜻한 관계는 값진 자산이다. 긍정적인 성인과의 관계 · 효과적인 문제해결 모델 · 개인적인 통제 및 통제의 예측감이 박탈된 학대받은 아동은 모든 형태의 스트레스에 적절히 대처하는 것이 어렵다(Luthar, 2006; Wekerle & Wolfe, 2014).

학대

사회의 평화는 가정의 평화에 달려 있다

— Augustine

아기를 돌보거나 캠프 또는 학교에서 아동 집단을 맡아 본 적이 있는가? 여러분이 아이의 타박상을 보았다면, 어떻게 할 것인가? 우선, 아동에게 있는 타박상은 수많은 요인들에 의해 발생할 수 있으므로, 가능하다면 이 타박상이 사고로 인한 것인지 그렇지 않은 것인지를 알기 위해서 정보가 더 필요하다. 북아메리카에 있는 모든 주와 지방들은 아동과 접촉하는 직업 또는 자원봉사자들(버스 운전기사, 아동 주간 보호센터, 교사, 아기 돌보는 사람 등)은 아동 학대를 알게 되거나 의심될 때 경찰이나 아동 복지 당국에 보고하도록 법으로 규정하고 있다. 이러한 법규는 아동의 학대가 의심되는 가정으로부터 아동을 분리시키기 위한 기준도 제시하고 있다. 형법에서는 처벌 가능한 학대의 유형을 자세히 규정하고 있다. 우리 모두는 아동을 위험으로부터 보호하고 안전하게 지키는 역할을 하며, 이는 학대일 수 있는 징후에 관심을 기울이는 것부터 시작된다. 학대가 확실하거나 의심된다면, 전문가나 경찰의 도움을 청해야 한다.

아동 학대는 '사망 · 심각한 신체적 또는 정서적 해 · 성적 학대 · 착취를 야기하는 부모 또는 양육자의 최근 행동 또는 행동의 실패, 또는 심각한 해를 야기하는 급박한 위험이 존재하는 행동 또는 행동의 실패'(Child Welfare Information Gateway, 2011)라고 광범위하게 정의된다. 해마다 미국에서는 100만 명 이상의 아동이 피해를 입는 학대를 경험하는데, 이는 1,000명당 17명의 비율이다(Sedlak et al., 2010). 아동에게 해를 가하는 학대 사고의 비율은 캐나다와 영국에서도 유사하며 1,000명당 대략 14명이다(Public Health Agency of Canada, 2010; National Society for the Prevention of Cruelty to Children, 2011).

그림 12.2는 학대와 방임의 각 하위 유형의 비율을 나타내며 이는 미국 자료에 근거한 것이다. 보는 바와 같이, 아동 방임(의학적 방임 포함)은 계속 우려되는 문제인데 미국에서 보고된 학대 사례 5건 중 4건이 이에 해당한다. 신체 학대(10.9%), 성 학대(7.6%), 심리적 학대(7.6%), 기타 학대(유기 또는 위협, 9.6%)가 나머지를 차지한다. 또한 이 아동들 4명 중 대략 1명은 한 가지 이상의 학대로 고통당하고 있다.

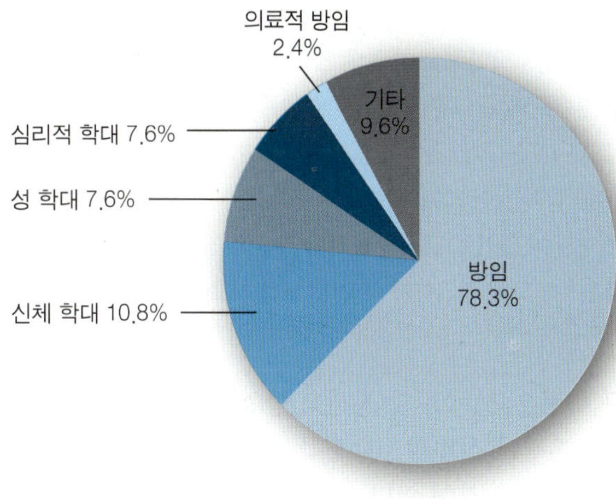

그림 12.2 유형별 아동 학대 백분율. 학대의 '기타' 유형에는 유기, 아동에게 해를 입히는 위협, 선천성 마약 중독이 있다(아동이 고통당하는 학대 유형이 한 가지 이상일 수 있으므로 전체 백분율이 100%가 넘는다는 것에 주목하라).

출처: USDHHS(2010)의 자료.

방임

JANE과 MATT
습관적인 방임

Janet은 아동 보호 서비스와 관련된 일을 10년 넘게 해 왔지만, 어린 두 남매를 격리시켰던 그 집의 상황을 이야기할 때에는 아직도 움찔거렸다. 인터뷰 동안에 Janet이 설명했다. "친척과 이웃들은 부모가 아이를 돌본 적이 없었고, 아이들이 우는 소리를 얼마나 자주 들어야 했는지에 대해 불평했지요. 전에도 집에 간 적이 있어요. 그리고 방문한 후 며칠 동안은 깨끗해요. 그러나 이번에는 아이들이 10대인 베이비시터와 함께 있었고 베이비시터는 아케이드에 놀러 나갔어요. 아이들이 밖으로 나왔고 경찰이 데려왔어요. 지금까지 봐 왔던 것보다 더 나쁜 상황이었지요. 이제 세 살이 되어 가는 Matt는 더러운 기저귀를 차고, 깨진 그릇과 엎질러진 음식들 사이를 기어 다니고, 이것들을 입으로 가져갔어요. 다음 달에 여섯 살이 되는, 누나 Jane은 더러운 옷을 입고, 일주일은 굶은 아이 같았어요. 집에서 나는 악취 때문에 나는 바깥 공기를 맡기 위해 밖으로 나가야만 했어요. 아이들은 그런 것에 익숙한 것같이 보였어요. 물건들 사이로 돌아다니고 신경 쓰는 것 같지 않았어요."

나는 두 아이가 위탁 가정에서 안정될 때까지 아이들을 만났으며, 위탁 부모에게 Jane의 강한 고집 행동과 Matt의 언어 및 배변 훈련 지체를 다루는 방법을 알려 주었다. 위탁모는 두 아이가 얼마나 '지속적인 관심과 통제'가 필요한지 그리고 식사를 하기 위해 함께 앉아 있기, 청소하기, 잠자는 시간, 기본적인 위생, 옷을 깨끗이 입기와 같은 전형적인 일상에 대한 이해가 얼마나 부족한지에 대해 언급했다. (저자의 사례 자료에서 인용)

이 두 아동은 신체적 및 정서적 방임을 겪고 있으며, 방임은 기본적인 신체적 · 교육적 · 정서적 욕구를 제공하지 못한다는 특징이 있다. **신체적 방임**에는 건강관리를 찾으려는 노력의 거부 또는 지연, 집에서 쫓아내는 것, 집으로 돌아가는 것의 거부, 유기, 부적절한 지도 감독이 있다. **교육적 방임**에는 만성적인 무단결석, 의무 교육 연령의 아동을 학교에 보내지 않는 것, 아동에게 필요한 특수교육에 참석하지 못하는 것이 있다. **정서적 방임**은 정의 내리기가 가장 힘든 범주 중의 하나인데, 아동의 애정 요구에 뚜렷하게 무관심한 것, 필요한 심리적 보호의 제공을 거부하거나 실패하는 것, 아동이 있는 데에서 배우자를 학대하는 것, 아동에게 알코올 및 약물 사용을 허용하는 것 등이 있다.

아동 방임에 대한 결정은 문화적 가치와 표준적인 돌봄을 고려해야 하는데, 생활에 필수적인 것을 제공하지 못하는 것이 빈곤과 관련될 수 있음을 인식해야 한다. 표 12.1에 제시된 예는 방임의 세 가지 형태에 대한 실제 사례들이다(Sedlak & Broadhurst, 1996).

방임된 아동은 신체건강 문제, 성장의 제한, 그리고 당뇨병 · 알레르기 · 성장장애와 같은 기타 병으로 인한 합병증으로 고통을 받을 수 있다(Lyons-Ruth et al., 2014; van Tilburg et al., 2010). 이 아동들은 또한 무반응적인 양육자에게 적응하는 방식 때문에 버릇없는 행동과 극도의 수동성 사이에서 왔다 갔다 하는 행동 패턴을 보이기도 한다(Hildyard & Wolfe, 2002). 결음마기 유아는 지속성이나 열성이 거의 없었으며, 취학 전 아동은 충동 조절이 미숙하고 지지와 양육을 위해 교사에게 지나치게 의존한다(Erickson & Egeland, 2002).

아동 방임은 학대의 가장 흔한 형태이며, 빈곤, 물질 남용, 부모의 무관심과 묶여 있다.

표 12.1 아동 방임의 세 가지 형태

신체적 방임	교육적 방임	정서적 방임
• 발가벗은 채 혼자서 늦은 밤거리를 돌아다니다가 발견된 2세 유아	• 만성적으로 무단결석하는 11세와 13세 아동	• 부부 사이의 폭력을 지속적으로 목격한 형제자매
• 욕실에 혼자 있다가 거의 익사 상태에서 병원에 입원된 유아	• 학교에 갈 것인지, 학교에 얼마나 있을 것인지, 어떤 활동에 참여할 것인지를 스스로 결정하는 12세 아동	• 부모가 음주와 약물의 사용을 허용한 12세 아동
• 동물의 변과 썩은 음식물로 오염된 집에서 살고 있는 아동	• 학교의 도움이 필요하다는 생각을 거부한 어머니의 특수교육 대상 학생	• 이웃집의 창문을 쏘도록 어머니가 도와준 아동

학대

MILTON

학대당하고 학대적인

Milton(4세)의 난폭한 성질과 어머니의 다혈질적인 성격이 만나서 폭발을 하게 되었다. 그는 집에서 지속적으로 문제를 일으키고, 자주 두들겨 맞고, 잔소리를 듣고, 방에 감금되기도 했다. 어느 날 저녁, 베이비시터가 그를 응급실로 데려왔는데, 아이가 독감에 걸렸다고 생각했기 때문이었다. 검사를 하는 동안, 의사는 Milton의 왼편 이마에서 생긴 지 2주 정도 되어 보이는 찰과상을 발견했다. Milton의 이마에는 혹이 여러 개 있었고, 얼굴에는 생긴 시기가 각기 다른 타박상이 가득했으며, 등에도 멍이 있었다. 몇몇 사람이 Milton의 공격적인 행동—유치원에서 다른 아이를 밀치거나 때리는 것—에 대해 알고 있었지만 그가 학대당하고 있다는 사실은 아무도 몰랐다. 그의 유치원 교사는 조사관에게 다음과 같이 말했다. "나는 Milton이 다른 아이들한테 어떻게 할지 잠시도 눈을 뗄 수 없었어요. 그는 놀다가 갑자기 화를 내면서 물건을 부수거나 다른 친구들을 때리기 시작해요. 그는 갑자기 무서워하면서—나는 무엇 때문인지 모르겠어요.—구석으로 가서 숨어 있기도 해요. 어머니와 이 문제에 대해 논의하려고 몇 번 시도했지만, Milton의 어머니는 아이가 항상 자기 뜻대로 하려고 한다고만 말했어요." (저자의 사례 자료에서 인용)

Milton은 신체적으로 학대당하고 있다. 그의 행동은 아동 중심의 자극과 적절한 제한 설정을 위협하는 처벌적인 방식의 훈육을 사용하는 환경에서 살고 있음을 나타낸다. **신체 학대**는 때리기, 매질하기, 발로 차기, 깨물기, 불로 지지기, 흔들기, 또는 아동에게 해를 가하는 기타 행위들이 포함된 다양한 공격 행동들이다. 대부분의 사례에서, 신체 학대로 인한 상해는 의도적인 것이라기보다는 과도한 훈육 또는 심각한 체벌 때문에 발생한다. 신체 학대로 인한 상해의 정도와 성질은 다음의 예에서 볼 수 있듯이 아주 다양하다(Sedlak & Broadhurst, 1996).

- 아버지가 흔들어서 생긴 뇌출혈로 죽은 1세 아동
- 어머니에게 맞고 머리카락을 뜯긴 10대
- 뜨거운 물에 담겨진 후, 발에 2~3도 화상을 입은 아동

혹독하고 무심하게 취급된 결과, Milton과 같이 신체 학대를 당한 아동은 종종 또래보다 더 파괴적이고 공격적이라고 묘사되며, 이는 광범위한 정서적 기능 및 인지적 기능의 문제로 이어질 수 있다(Teisl & Cicchetti, 2008). 신체적 상해는 가벼운 것(타박상, 긁힘)에서부터 중간 정도(흉터, 찰과상), 심한 정도(화상, 손목이나 발목 염좌, 골절)까지 있다. 이러한 신체적 신호는 단지 가시적인 손상일 뿐이다. 이 장의 후반부에서는 신체 학대를 당한 아동의 심리적 발달이 종종 눈에 드러나지는 않지만 매우 심각하게 손상되었음을 알 수 있다. 이 장 전반에 걸쳐서 Milton의 사례가 여러 번 언급될 것이기 때문에 계속 기억하기 바란다.

성 학대와 착취

ROSITA

집에 피난처가 없음

가족 주치의가 가정에서 Rosita에게 문제가 있음을 의심했을 때 Rosita는 네 살도 채 되지 않았다. 주치의는 아동 복지기관에 이러한 우려를 전달했고, Rosita는 아버지와 자신을 닮은 인형을 시용하여 성적 행위를 재현했다. "아빠는 네기 놀이를 할 수 있다고 말했어요. 그 놀이는 어른들이 하는 놀이이기 때문에 괜찮대요." Rosita는 머뭇거리며 설명했다. Rosita는 인형들이 서로 키스하게 했고, 그다음에 남자 인형이 여자 인형의 성기를 문질렀다. "그렇지만 아빠는 나를 아프게 해요. 그리고 나는 무서워요. 나는 혼나고 싶지 않았어요." 더 문제가 되는 것은, Rosita의 어머니가 이 같은 설명을 들었을 때 Rosita와 기관에 화를 냈다는 것이며, 어머니는 마지못해 집에서 Rosita의 보호와 안전을 약속했다. "Rosita는 아주 많은 관심을 원할 뿐이에요. 전에도 이런 말을 한 적이 있지만 나는 전혀 믿지 않아요." 어머니는 이렇게 말할 뿐이었다. (저자의 사례 자료에서 인용)

Rosita는 아버지에 의해 성적으로 학대당했으나, 그녀의 어머니는 이를 믿지 않았다. 그 결과, 그녀는 많은 심리적 문제에 당면해 있다. Rosita를 아동기와 청소년기 발달 과정 중에 여러 번 만났기 때문에, 성적으로 학대당한 아동과 청소년의 발달 경과에 대해 이 장의 뒷부분에 더 깊게 논의되어 있다.

성 학대에는 아동의 성기를 만지는 것, 아동과의 성교, 근친상간, 강간, 남색, 노출증, 그리고 매춘이나 외설 자료를 만드는 것처럼 상업적으로 이용하는 것이 있다. 성 학대 사례는, 이 사례의 특성이 비밀 또는 '침묵하자는 음모' 때문에 학대를 결정하기가 어렵고, 상당수는 실

제로 보고되지 않고 있다(Mitchell, Wolak, & Finkelhor, 2007). 다음은 실제로 보고된 성 학대의 사례이다(Sedlak & Broadhurst, 1996).

- 아버지에게 강간당한 10세 소녀
- 같이 사는 어머니의 남자친구에게 성적 괴롭힘을 당한 두 딸과 아들
- 주말 방문 동안에 아버지에게 성적 괴롭힘을 당한 4세 아동

성적 학대를 받은 아동의 행동과 발달은 심각한 영향이 있을 수 있으며, 특히 학대의 기간이나 빈도, 강제적인 힘의 사용, 성교가 있었을 경우, 그리고 가해자가 가까운 관계일 때 더욱 그러하다(Berliner & Elliott, 2002). 이 아동들의 신체적 건강은 비뇨기과적 문제, 부인과 질환, 성적 행위를 통해 전염되는 질병(에이즈 포함), 임신과 같은 문제로 위험할 수도 있다(Maniglio, 2009).

성 학대를 당한 아동의 대략 1/3은 이를 보고하지도 않고 가시적인 증상을 보이지도 않으며, 증상을 보인 아동의 대략 2/3는 학대 후 12~18개월 동안에 상당히 회복된다(Kendall-Tackett, Williams, & Finkelhor, 2001). 그렇지만 증상이 지연되어 나중에 발생할 가능성, 특히 PTSD 가능성에 대한 인식이 점차 증가하고 있다(Fergusson, McLeod, & Horwood, 2013; Trickett, Noll, & Putnam, 2011). 성 학대에 대한 아동의 보고 및 그들의 반응 그리고 회복은 성폭력의 특징과 이에 대한 중요한 타인들의 반응, 특히 어머니의 반응에 따라 다양하다(London et al., 2008). 성 학대로 인한 급성 증상은 공포, 분노의 증가, 불안, 피로, 우울, 수동성, 집중하고 집중을 유지하는 것의 어려움, 일상 활동으로부터의 철회와 같이 아동이 스트레스에 대해 흔히 보이는 반응과 유사하다.

학대 사건에 대한 반응에서 어린 아동은 오줌 싸기 또는 쉽게 짜증을 내거나 수면 문제를 보이는 것처럼 일시적인 퇴행이 흔하다. 후기 아동기 및 초기 청소년기에 이러한 고통의 신호는 행동 표출(비행, 약물 사용, 무분별한 성적 행동 같은) 또는 불건전한 관계 및 자기 파괴적 행동을 택할 수 있다(Trickett et al., 2011). 성 학대를 당한 일부 아동은 다른 아동들이나 인형으로 성적 행동을 할 수 있는데, 과도한 자위행위, 나이에 맞지 않는 성행위에 관한 지식, 그리고(또는) 유혹적이거나 난잡한 행동이 있을 수 있다. 이러한 증상은 학업성적, 행동, 또래 관계의 감소 또는 갑작스러운 변화와 연관될 수 있다.

신체 학대 또는 방임과 달리, 성 학대는 양육, 훈육, 또는 발달적 욕구에 대한 부주의와는 관련이 없다. 오히려, 신뢰감을 저버리고 기만, 침해, 아동의 순수하고 무지한 상태를 이용한 것이다. 모든 형태의 학대가 아동에 대한 성인의 힘에 의한 학대라는 공통 배경이 있는데, 성 학대는 이러한 구체적인 역동에서 신체 학대 및 방임과는 구별된다.

아동 노동 및 매춘과 같은 상업적 또는 성적 착취로 인한 외상으로 고통당하는 아동도 있다. 정확한 통계를 이용할 수는 없지만, 세계적으로 1,000만 명이나 되는 아동이 성매매, 성 산업, 성 관광, 외설 산업의 희생자가 되는 것으로 추정된다(United Nations, 2006). 안타깝게도, 착취당하는 많은 아동이 가정에서의 학대나 강간의 희생자가 되는 것을 시작으로 어린 나이에 상업적 성 활동을 하도록 강요당한다(Cooper et al., 2005). 아동 성매매의 비율은 아시아와 남아메리카에서 더 높은 경향이 있지만, 아프리카 · 북아메리카 · 유럽에서도 놀라울 만큼 증가하고 있다(Wolfe & Nayak, 2003). 빈곤은 아동 성매매의 폭발적인 증가의 가장 큰 원인이며, 시골 지역의 가정이 도시로 이주하면서 발생하는 실직, 가족 구조의 붕괴, 노숙으로 인해 불가피하게 아동의 성 매매가 증가한다.

학대받는 아동의 특징

지난 수십 년 동안, 자료 수집 방법의 개선은 외상 및 학대가 연령 · 성별 · 인종에 따라 불균형적으로 취약하거나 불리한 아동이 있다고 지적하고 있다. 예를 들면, 학대의 유형과 아동의 연령 사이에는 특정한 관계가 있다. 보호와 지도 감독이 가장 많이 필요한 어린 아동은 학대 및 방임의 가장 큰 피해자이며, 이는 이 발달 기간 동안에 더 많은 독립성의 출현 및 양육 갈등이 있다는 것과 일치한다. 이와 대조적으로, 성 학대는 나이가 많은 아동 집단(12세 이상)에서 더 흔하다. 성 학대를 제외한 다른 학대의 유형에서는 피해자의 비율이 아동의 나이와 역으로 관련이 있다(USDHHS, 2010).

아동 학대는 보고되는 피해자의 약 80%가 여아인 성 학대를 제외하고는 남아와 여아가 거의 동등하게 영향을 미친다(USDHHS, 2010). 게다가 성 학대의 역동은 남아와 여아에서 상당한 차이가 있다. 여아뿐만 아니라 남아도 낯선 사람보다는 그들이 알고 있거나 믿고 있던 사람에게 성 학대를 당할 수 있지만, 남아의 경우에는 가족이 아닌 남자—캠프 요원, 선생님, 보이스카우트 대장 등—

에게 당하기 쉽다. 대조적으로, 여아는 남자 가족 구성원에게 당할 가능성이 더 많다. 또한, 장애가 있는 아동이 신체적 또는 성적 학대의 희생자가 될 가능성은 장애가 없는 아동에 비해 세 배나 높다(Jones et al., 2013).

인종적 특징이라는 면에서, 학대 피해자 중 백인(44%)이 우세하게 많고, 아프리카계(23%), 히스패닉계(21%)이며, 대체로 방임으로 고통당한다. 전체 인구에서 같은 인종이나 민족 비율로 볼 때 아프리카계 아동, 미국 원주민 또는 알래스카 원주민 그리고 복합 인종 아동이 학대 피해자가 될 비율이 가장 높다. 백인 아동과 히스패닉계 아동의 학대 비율은 같은 인종 내에서 1,000명당 대략 8명인 반면, 아시아계 미국인 아동은 가장 낮은 비율(같은 인종 또는 민족 1,000명당 2명)이다(USDHHS, 2010). 이러한 인종적 차이는 수년간 일관되는데, 빈곤 · 스트레스 · 소수민족 아동 및 가정의 약점에 대한 불균형적인 영향이 기능하는 것 같다(Jones, Finkelhor, & Halter, 2006). 이런 인구학적 패턴은 성별, 장애, 사회적 약점에 근거한 아동의 취약성에서 차이가 있음을 암시하는데, 이는 인진과 예방을 위해 함축된 의미가 있다(Wolfe et al., 2003).

범문화적으로, 아동 학대는 세계적으로 많은 사회에서 널리 발생하고 있다. 국제기구는 전 세계적으로 해마다 4,000만 명의 아동이 14세가 되기 전에 아동 학대와 방임의 희생자가 되는 것으로 추정하며(UN, 2006; WHO, 2004a), 이것은 아동 학대가 모든 사회에서 발견되고, 대부분 비밀에 부쳐지고 있다는 의혹을 확인시켜 준다. 아동기 경험에 대한 아동 및 젊은 성인을 대상으로 면접한 연구는 여러 서구 사회에서의 아동 성 학대 비율이 북아메리카에서의 성 학대와 비교할 만큼 발생한다는 것을 확인시켜 주는데, 여성은 20%, 남성은 8%였다(Finkelhor, 2008; Pereda et al., 2009; Stoltenborgh et al., 2011).

가족 맥락

나의 아버지는 할머니를 무서워했다. 나는 아버지를 두려워했고, 또한 나의 아이들이 나를 두려워하는 것을 보아야 하는 비참한 운명에 처해 있다.

— 영국 왕, 조지 5세(1865~1936)

몇몇 가정이 지지와 조화를 제공하는 대신에 고통과 갈등을 일으키는 이유는 무엇일까? 이 질문에 간단히 대답할 수 없기 때문에, 우리는 이론, 임상적 관찰, 실증적 결과를 조합해 보아야 한다. 신체 학대와 방임에서 중요한 고려 사항은 이것이 **관계 장애**라는 것이다. 학대의 이러한 형태는 출생 후 애착 시기, 제한을 시험해 보는 초기 아동기와 초기 청소년기의 '반항적' 시기, 가정의 불안정 및 붕괴될 때처럼 부모가 스트레스가 많은 역할로 이동하는 시기에 흔하게 일어난다(Wolfe, 1999). 학대의 기본적인 특징은 양육자가 영양, 민감성, 효용, 지지적인 보호를 제공하지 못하는 것, 특히 중요한 시기에 제공하지 못하는 것이다.

성인 범죄자가 결정적인 역할을 하는데도 불구하고, 학대와 방임은 단일 위험 요인에 의해서는 거의 일어나지 않는다. 또한 위험 징후 및 지표가 있다고 해도 누가 학대를 하고 누가 하지 않을지를 예상하기란 매우 어렵다. 아동 학대 및 기타 외상과 스트레스의 형태는 하나의 일치된 장애가 아니라 사건들이라는 것을 기억하라. 그러므로 예측할 수 없이 상호작용하는 다중 원인들을 고려해야 한다. 강한 바람, 대기 압력, 개방된 지형이라는 정확한 조건에서 토네이도가 발생하는 것처럼 '딱 들어맞는' 조건이 존재한다면, 아동 학대는 어떤 가족에게든 일어날 수 있다. 이러한 인과적 조건은 개인적 · 가족적 · 문화적 영향의 상호작용에 주로 근거하지만, 언제 어디서 일어날지를 구체적으로 예상하는 것이 가능하지는 않다(Cicchetti & Valentino, 2006).

스트레스는 고정되고 안정된 상황을 역동적이고 혼란된 양상으로 바꿀 수 있는 자연과 인간의 힘 중의 하나이다. 예를 들어, 신체 학대와 방임은 가정의 사회적 박탈 및 경제적 박탈이 있는 상황에서 흔히 일어나며, 이러한 상황에서 고위험 성향이 있는 부모는 학대하거나 방임하는 부모로 바뀔 수 있다. 학대적인 부모가 사회적 환경에서 심한 스트레스를 받게 되면 짜증스러운 일이나 스트레스 사건을 통제하거나 대처하기 위한 시도로서 폭력이 표면화될 가능성이 증가한다. 방임의 경우에, 스트레스가 너무 심해서 부모가 아동 양육의 책임으로부터 철회할 수 있다.

성 학대는 스트레스의 역동적인 힘뿐만 아니라 문화적 관습 및 가족 관습으로도 영향을 받는다. 그러나 신체 학대 및 방임과 달리, 성 학대는 기본적으로 미리 계획된 행동으로, 성인 가해자는 목적이 있고 의도적인 역할을 한다. 학대자는 아동의 자연스러운 저항과 자기 보호를 교묘히 피하고 발각되지 않도록 계획을 세운다. 심각한 유형의 성인 정신병리에 의해서 학대가 발생하는 경우는 드물다(Wolfe, 1999). 아동을 해칠 수 있는 일차적인 정신질환이 있어서 학대하는 부모는 10% 미만이다. 그러나 이들은 아동이 주는 스트레스와 기타 스트레스를 성공적으로 다루는 일상적인 능력을 손상시키는 학습 및 지적 결함과 성격장애의 이력이 있을 가능성이 크다(Haskett, Scott, & Ward, 2004). 이와 유사하게, 아동 성 학대 가해자는 흔히 미성숙 또는 대인관계 적응과 관련된 다양한 성격장애를 보이기도 하는데, 이 장애들이 동일한 패턴은 아니다(Fagan et al., 2002).

가족 특징은 아동 양육 방법을 형성하고 스트레스와 외상에 기여할 가능성이 있는 문화적 압력과 사회적 압력이 된다는 것을 떠올리게 한다. 학대가 빈곤 및 불리한 가정에서 더 많이 발생한다는 것은 잘 알려져 있는 결과들이다(고소득 가정에서 일어날 수도 있지만). 이러한 관련성은, 관심과 보고가 증가함에도 불구하고 지난 35년 동안 일정하기 때문에 편향된 보고에 의한 것은 아니다(Wekerle & Wolfe, 2014). 이는 경제적인 맥락, 몇 가지 조건들을 들어 보면, 제한된 아동 보호 기회 · 혼잡하고 안전하지 않은 주거 · 건강관리의 결여 등이 아동 학대와 스트레스 관련 장애의 발생률이 높아지는 데에서 강력한 배경이 된다고 제시한다.

가족 구조도 아동 학대의 가능성과 연관이 있다. 파트너와 동거 중인 편모와 같이 사는 아동은 모든 유형의 학대 위험이 상당히 높다. 학대—특히, 신체적 학대와 교육적 방임—는 대가족에서 더 흔한데, 이는 아동이 추가됨으로써 가사 부담, 책임, 요구가 추가됨을 의미한다.

누가 이러한 행동을 저지르는가? 희생자 중 80%는 부모 중 한 명 또는 양쪽 부모에게 모든 형태의 학대를 당한다는 것은 놀랄 일도 아니다. 그러나 학대 또는 방임의 본질에서 핵심적인 성적인 차이뿐만 아니라 중요한 예외가 있다. 성 학대를 당하는 아동의 거의 50%는 부모 또는 부모 이외의 사람에게 학대를 당하는데, 다른 범주에서는 아주 일부인 것과 비교된다. 아동 방임은 어머니에 의해서(대략 90%) 주로 발생하는데, 이는 어머니 또는 어머니를 대신하는 사람이 주 양육자가 되는 경향과 일치한다. 대조적으로, 성 학대는 남성에 의해 더 많이 일어나는데(대략 90% 이상), 학대자의 50% 정도는 아동의 아버지 또는 아버지를 대신하는 사람이다. 남성이 성 학대에서 우세하게 가해자가 되지만, 일반적으로 아동 학대는 아동의 여성 보호자 단독으로 가장 흔하게 저질러지며, 이들은 전형적으로 30세 이하이다(USDHHS, 2010).

학대의 원인

아동 학대는 아동 및 청소년에게 가장 흔한 형태의 외상과 스트레스이기 때문에 학대의 주요 형태의 원인과 기여 인자에 대해 살펴보고자 한다.

BRENDA
불행한 아동기, 불행한 모성

Milton의 엄마, Brenda는 자신의 아동기가 가혹한 훈육과 신체 학대가 특징이었다고 말했다. "아버지는 알코올 중독자였고 술에 취하면 나, 오빠, 엄마 중 한 명을 때리기 시작했어요. 이리저리 내동댕이쳐지고 오랫동안 맞은 후에 가능한 한 빨리 집에서 도망쳤지요. 그때가 열다섯 살 때였어요. 복지 시설에 갈 나이가 될 때까지 친구와 함께 살았어요. 그리고 Milton의 아버지와 사귀었지요. 처음에는 나에게 잘해 주었지만 얼마 안 되어서 나를 때리기 시작했어요, 아버지가 그랬던 것처럼." 자신의 과거를 이야기하면서 Brenda는 가끔 조용히 슬퍼하기도 했으나, 아들에 대한 불만을 이야기하면서 슬픔은 곧 없어졌다. 그녀의 감정은 재빨리 적대감과 짜증으로 변했으며, Milton에게 폭력적인 행동을 퍼부었다. (저자의 사례 자료에서 인용)

Brenda와 같은 부모들에게 아동 양육은 힘든 일이며, 예견되지 않은 갑작스런 학대 사건으로 확대되거나 점차 회피와 방임으로 바뀔 수 있다. 양육에 관한 경험과 지도가 부족하고 과도한 스트레스에 직면하게 되면, 이 엄마들은 이 상황을 가장 잘 다룰 수 있는 방법에 대해 생각하지 못한다. 그 대신, 순간의 짜증을 이기지 못하고, 생각 없이 아동에게 감정적으로 반응한다.

Brenda의 과거력과 상황은 아주 전형적이다. 그녀의 아동기 경험을 감안하면, 그녀가 아이를 양육하는 방법을 어떻게 알겠는가! 학대하고 방임하는 많은 부모들은 과거에도 지금도 긍정적인 부모 역할과 지지를 받아 본 적이 거의 없다. 그들 자신의 아동기는 때때로 매우 외상적인데, 가정 폭력 · 알코올 중독 · 빈번한 이사와 관련된 가혹한 가정 상황, 실업, 가난과 같은 어려움으로 가득 차 있다(Wolfe, 1999). 성인이 되어서, 이들은 매일의 생활이 스트레스가 많고 짜증스럽다는 것을 알게 되고, 사회적 관계를 유지하려면 부가적인 에너지가 필요하기 때문에 잠재적인 지지 원천을 회피하려고 한다. 만성적인 신체 질병과 전반적인 불만감이 공통적인 문제인데, 이들이 처한 상황과 제한된 대처 자원으로 미루어 볼 때 이해가 되는 부분이다.

성인 가해자

계획적 또는 의도적인 경우는 아주 드물다고 해도, 신체적 학대 및 방임이 우연히 일어나는 사건은 아니다. 다음과 같이 말하는 부모가 있다.

> 내 자신을 통제할 수 없는 것 같아요. 내가 가는 곳마다 일이 생기고 긴장이 쌓여요. 아이들을 조용히 시키려고 했고, 소리를 질러요. 내가 도망치려고 하면 모든 것들이 파편 자국처럼 내 뒤를 따라와요. 제발 이 광기가 멈추기만 했으면 좋겠어요.

연쇄반응처럼, 사건들의 비극적인 결합은 그러한 성향이 있는 사람이 돌보고 있는 아동을 학대하게 만들 수 있다. 이 사건들의 대부분은 한 가지 공통 요인이 있는데, 이미 한계에 도달한 사람에게 스트레스가 덧붙여지는 것이다.

아동 학대는 대개 아동 양육의 부담과 관련해서 발생하기 때문에, 아동이 참여하는 일상생활 활동에서 방임 부모와 학대 부모 모두가 그렇지 않은 부모에 비해 아동과 상호작용을 덜 한다는 것이 놀랍지는 않다. 일반적으로, 방임하는 부모는 아동이 적절하게 관심을 추구할 때에도 아동과의 상호작용을 적극적으로 피하는데, 대체로 사회적 상호작용이 익숙하지 않고 심지어 불쾌하기 때문이다. 대조적으로, 신체적으로 학대하는 부모는 아이와 상호작용할 때 긍정적인 지도와 칭찬보다는 상황에서 요구되는 것보다 더 혹독하게 명령하고, 분노하며, 위협하는 경향이 있다(Azar & Wolfe, 2006; Wolfe, 1985).

Brenda의 상황으로 돌아가서, 그녀의 과거 학습과 상황적 사건이 어떻게 결합되어 또다시 재앙이 만들어지는지 살펴보자. 아들이 잘못된 행동을 했을 때, Brenda는 정서적 및 신체적 위협을 동시에 보이는 가혹한 반응을 하고, 이것은 그녀에게 가장 익숙한 방법이다. 처음에 체벌은 Milton의 잘못된 행동을 멈추게 했으나, 시간이 지나면서 처벌의 효과는 약해졌고, 이로 인해 그녀는 처벌의 강도를 증가시키고 이에 대한 아이의 혐오감도 증가했다.

사건에 대한 그녀의 인지적 지각 및 인지적 왜곡도 이러한 강압적 과정에서 중요한 역할을 했다. **정보처리 방해**는 학대하는 부모가 전형적인 아동의 행동을 잘못 지각하고 잘못 판단해서 부적절한 반응과 공격의 증가로 이어지게 한다(Berlin et al., 2011; Francis & Wolfe, 2008). 이들은 부모의 역할 그리고 그 연령의 아동에게 발달적으로 적절한 행동에 익숙하지 않다. Brenda는 네 살짜리 아들이 엄마의 생각과 기분을 이해할 수 있다고 믿었으며, 자신의 욕구를 아들의 욕구보다 우선시한 것이다.

시간이 지나면서, Brenda는 Milton이 의도적으로 잘못된 행동을 한다고 생각했는데, Brenda의 생각으로는, Milton이 더 잘 알고 있어야 한다("그는 내 말을 절대로 듣지 않아. 그는 말썽꾸러기이며 어떻게 하면 나를 화나게 하는지를 알고 있어."). 엉터리 추리를 자신에게도 똑같이 적용하는 부모가 있는데, 이는 자기 효능성을 낮춘다("나는 좋은 엄마가 아니야. 다른 엄마들은 아이들에게 이 일을 하게 할 수 있어."). 이러한 비현실적인 기대와 부정적 의도의 귀인은 아이가 잘못한 경우에 처벌은 커지고, 설명과 긍정적 지도 방법의 사용은 줄어들게 한다(Azar & Wolfe, 2006). 아동에게 가혹한 처벌이 당연하며, 통제를 유지하는 방법이라고 합리화한다. 이제 여러분은 이 과정을 끝낼 수 있는 지점을 알 것이다.

예측할 수 없는 경로의 열대 폭풍처럼, 부모와 아동 사이의 갈등은 갑자기 강도가 증가하여 위험한 허리케인이 될 수도 있고, 간단하게 조용해질 수도 있다. 부정적 각성과 정서는 상당히 '조건적'이며, 따라서 눈에 띄는 사건이 이후에 동일한 감정을 촉발시킬 수 있다. 이 조건화는 점진적으로 일어나거나 통제할 수 없는 폭발로 바뀔 수도 있으며, 스트레스가 높고 갈등의 삽화가 있을 때 갑자기 발생할 수도 있다(Averill, 2001).

설명을 하기 위해서, 아침마다 아이를 등교시키려고 애쓰며, 매번 똑같은 일련의 좌절을 가져오는 사건을 상상해 보자. 당신은 직장에 갈 시간이 늦었고 참석해야 할 회의 때문에 중압감이 있는데, 당신의 유치원생은 신발을 신고 머리를 빗느라 야단법석이다. 원기 왕성한 소수를 제외한 대부분의 사람들에게 이러한 스트레스와 아이들로 인해 벌어지는 이러한 익숙한 과제가 합쳐지면 분노와 좌절을 일으킨다. 대부분의 부모는 자신의 감정을 조절하고 가능한 최선의 방법으로 이 상황을 처리하지만, 양육 및 정보처리 기술이 손상된 부모는 자녀가 일부러 자신을 지각하게 만든다고 여길 수도 있다. 분노와 각성은 강력한 정서이므로, 합리적인 문제해결은 정서적 및 반사적인 반응 앞에서 굴복하고 만다.

분노와 화는 대개 이전의 정서적 각성 사건으로 인해 초래된 상황적 단서에 크게 좌우된다. Brenda의 사례에서, 아들이 보이는 어떤 '모습'은 아들이 자기 말을 순응하지 않는다고 믿게 했다. 우리는 두 사람이 노는 모습을 비디오로 녹화해서 Brenda가 Milton에게 방 정리를 시키는 것을 보면서 이를 알게 되었다. 테이프를 되돌려 보면서 Brenda에게 Milton이 자기를 힘들게 하는 것을 말해 달라고 했다. 그녀는 여러 시점에서 테이프를 중지시켰고, "그 아이는 나에게 저 표정을 하고 있어요." 또는 "그 애가 무슨 생각을 하는지(엄마가 시키는 것을 내가 왜 해야 하지?) 알아요."라고 말했다. 이때 Brenda의 목소리는 더 긴장하고 좌절된 상태였고, Brenda는 Milton에게 더 강압적이고 돌발적으로 지시했다.

Brenda는 자신이 화가 났다는 것을 알고 있었지만 초기에는 이를 멈추고 자신을 진정시킬 수 없었다. 이것은 부모의 각성이 과거 기억과 현재의 정서적 긴장이 포함된 사건에 의해 어떻게 촉발되는지를 보여 주는데, 특정한 부모-아동 관계에서 아주 구체적인 것이 될 수 있다. 이것은 과잉 일반화되어서 더 화내고 더 공격적인 반응을 야기할 수 있는데, 그 이유는 부모가 이전의 좌절 및 분노와 연합된 단서에 충동적으로 반응하기 때문이다.

방임하는 부모에 대한 연구는 신체적으로 학대하는 부모에 비해 관심이 적은 편인데, 아마도 이는 적절한 돌봄 행동의 누락을 설명하고 추적해 내기가 훨씬 더 어렵기 때문일 것이다(Dubowitz & Bennett, 2007). 학대 부모와 방임 부모의 개인적 특성과 선택한 생활양식은 상당히 중복되어 있다. 그러나 방임하는 부모는 성격장애가 더 현저하고, 아동의 요구에 관한 지식이 부적절하며, 학대하는 부모나 학대하지 않는 부모보다 만성적인 패턴의 사회적 고립으로 인해 고통받는 경우가 더 많다. 더구나 방임적인 양육자는 스트레스를 받을 때 전형적으로 관계를 끊는 반면, 학대하는 부모는 감정적 및 행동적으로 반응하기 쉽다. 방임하는 부모는 회피하고 도피하는 방식으로 아동 양육 스트레스 및 관련된 가족 문제에 대처하려 하며, 이것이 아동에게는 심각한 결과를 야기하며 부모에게는 물질 남용의 위험 그리고 이와 유사한 대처 실패의 위험을 높인다(Hildyard & Wolfe, 2007).

아동 성 학대에 대한 설명들은, 아동의 성적 착취에서 역할을 하는 환경적 위험 요인 및 문화적 위험 요인과 더불어 성인 범죄자의 일탈된 성적 과거력에 대한 증거를 찾고 있다. 그렇지만, 신체적 아동 학대와 유사하게, 성 학대자들도 성격 분류 또는 정신과적 서술로 설명하는 것이 불가능한 아주 혼합된 집단이다. 일부는 소심하고 수줍어하는 반면, 나머지는 충동 통제력이 낮고 지배적인 대인관계 양식을 보이기도 한다. 이들의 한 가지 공통점은 나이와 무지 때문에 이 같은 행동에 동의하지도 않고 다른 사람에게 알리지도 못하는 아동과 청소년을 성적으로 이용한다는 것이다.

아동 성 학대자들은 사회의 여러 계층에 있으며, 성격 특성 · 직업 · 연령에 근거해서 가려내기가 거의 불가능하다(대다수의 가해자가 남성이라는 결론 이외에는). 이 가해자들은 사회적으로 단절되어 있고, 정서적 접촉이나 친밀한 신뢰 관계를 맺기 어려우며, 낮은 자존감을 포함하여 사회성 및 대인관계가 상당히 손상되었을 가능성이 높다(Marshall et al., 2008). 동시 발병한 정신과 장애 및 물질 남용 또한 성 학대 아동에 대한 근접한 위험 요인(즉, 위험 요인이라고 단정하기보다는 위험 요인에 가깝다는 뜻)으로 대두되고 있다(Fagan et al., 2002).

미성년자와의 성적 활동에 몰두하는 사람들(소아성애자)은 친자식, 양자/양녀, 또는 친척을 포함해서 근친상간으로 제한하는 사람도 있고, 가족 이외의 다른 아동을 희생시키는 사람도 있다(APA, 2013; Marshall et al., 2008). 소아성애자의 절반 이상이 17세 이전에 자신의 소아성애에 대해 알고 있었다고 보고하며(이 중 63%는 남아를 대상으로 하고, 50%는 여아를 대상으로 함), 평균적으로 10대 후반이나 20대 초반에 실제 행동으로 옮기기 시작한다(Abel, Osborn, & Twigg, 1993; Seto, 2008). 성적 단서에 반응하는 뇌 피질의 대뇌백질 결함에 대한 증거가 제시되고 있으며, 이는 소아성애가 뇌 연결망 내에서 부분적인 차단을 야기하는 뇌 발달 문제로 인한 것임을 암시하고 있다(Cantor & Blanchard, 2012; Kruger & Schiffer, 2011).

아동 성 학대 가해자들은 아동에게 접근하고 동의를 얻어 내기 위해 좀 더 복잡한 방법들을 개발하는데, 이는 이들의 성적인 기회주의 및 포식자적인 성질을 강조해 준다. 소아성애자들은 아이 엄마의 신뢰를 얻기도 하고, 아이가 있는 여자와 관계를 맺기도 한다. 아이의 저항을 줄이기 위해 우정을 쌓기, 같이 놀기, 선물 주기, 아동이 호감을 보이는 취미 또는 흥미 갖기, 또래의 압력을 사용하기도 한다(Wekerle et al., 2006; Wolak et al., 2008). 아동이 복종하게 만들기 위해 성 학대 가해자가 폭력이나 무력을 사용하는 경우는 드물다. 오히려, 아동의 애정 · 흥미 · 충성을 얻고, 성적 활동에 대해 말하는 기회를 줄이기 위해 아동의 욕구에 주목한다. 전형적으로, 성 학대는 '세심한' 준비 기간을 거쳐서 발생하며, 이는 성 학대 가해자가 얼마나 '정교하고, 계산적이며, 원하는 것을 위해 인내하는지'를 잘 보여 준다(Singer, Hussey, & Strom, 1992, p. 884). 한 가해자의 주장에 따르면, "확신하지 못하는 아동을 알아채서, 칭찬과 긍정적인 관심으로 그를 목표로 삼는다"(Elliott et al., 1995, p. 584).

가해자는 아동과 함께 혼자 시간을 보내거나 또는 좋아하거나 특별한 것으로 아동을 추려 내는 방식으로 아동 및 청소년과 관계를 맺고자 노력하는데, 관계의 역할을 왜곡하거나 대인관계의 경계를 풀게 함으로써 아동의 내면적인 억제를 감소시킨다. 교사, 종교인, 또는 스카우트 지도자와 같은 특별한 위치는 아동에게 자격 또는 특권을 받는 것처럼 느끼게 해서 학대자의 의도를 위장할 수 있으며, 아동에게 가해자가 중심적인 역할을 하는 사람이 되게 만든다(Wolfe, Jaffe, et al., 2003). 슬프게도, 1950~2002년에 4,000명 이상의 성직자에 의한 11,000건 이상의 아동 성 학대 혐의가 주장되었는데, 이는 연구에 따르면 52년 동안 재직한 11만 명 성직자의 약 4%이다(U.S. Conference of Catholic Bishops, 2004).

아동을 대상으로 범행을 저지른 수천 명의 성적 가해자와 비가해자를 비교한 두 개의 메타 분석은 가해자와 아동기 때 성 학대를 당한 내력 간의 연계를 확인시켜 준다(Jespersen, Lalumière, & Seto, 2009; Seto & Lalumière, 2010). 한 가지 가능성은 부정적 아동기 경험—성 학대뿐만 아니라 다른 유형의 학대 또는 스트레스—가 친밀한 관계에 대해 회의적이고 불신하는 접근을 하게 한다는 것이다. 아동 성 학대 또는 기타 스트레스에 노출된 내력은 일부 남성 피해자들이 초기 청소년기의 비전형적인 성적 흥미를 갖게 할 수 있다. 이번에는, 일탈된 성적 환상이 고통스러운 학대 관련 정신 상태나 정신과적 증상의 감소, 일시적인 회피, 차단시키는 방법이 된다(Maniglio, 2011).

예를 들면, 건강하지 못하거나 착취적인 관계를 경험한 청소년은 자신보다 작거나 약한 사람에 대해 강제적 및 학대적인 행동을 정당화할 수 있는데, 친밀함에 대한 자신의 시도들이 실패했기 때문이다(Ward & Beech, 2008). 성적 관심과 각성이 정서적 친밀함에 대한 욕구와 합쳐지고, 이는 성적 접촉을 통해 친밀감을 얻고자 시도하고, 따라서 성에 집착, 난잡한 성, 성적 일탈이 증가할 가능성으로 이어질 수 있다(Seto, 2008).

일정한 상황 요인이 성 학대에 대한 아동의 취약함을 좀 더 증가시키는데, 범죄자가 자신의 유리한 점을 이용한다는 사실이다. 범죄자들은, 가정에 문제가 있는 아동, 혼자 보내는 시간이 많은 아동, 자신에 대한 확신이 부족한 아동이 더 취약하다고 여긴다. 가해자들은 또한 매력적이고 자신을 믿는 어린 피해자를 더 선호한다(Elliott et al., 1995). 아동에게 접근하기 위해 범죄자들은 느슨한 지도 감독 또는 유용하지 않은 부모, 질병, 스트레스, 배우자 학대, 아동에 대한 정서적 친밀감 부족과 같이 자신이 개입할 수 있는 기회를 만들 수 있는 환경을 찾는다.

아동 및 가족의 영향

아동의 특정한 행동이나 성격이 외상 또는 학대의 가능성을 증가시키는가? 아동은 실제로 부모가 하기 전에, 무엇을 할 것인지를 아는 초자연적인 능력이 있으며, 원하는 결과를 얻기 위해 저울질하는 것 역시 놀랍도록 잘 해낸다. 그러나 아동이 성가신 행동을 한다고 할지라도, 학대와 방임에 대해서는 전적으로 어른에게 책임이 있다. 아무리 다루기가 어렵고 가르치기 어렵다고 해도, 학대를 받아도 되는 아동은 단 한 명도 없다. 아동의 행동이나 발달의 한계가 학대의 가능성을 높일 수 있지만, 앞에서 논의된 다른 중요한 요인들이 동반되었을 경우에만 그러하다. 여아가 남아에 비해 성 학대를 당할 가능성이 더 높다는 중요한 예외를 제외하고, 환경 및 성인 요인을 통제하면, 학대의 위험과 연관이 되는 아동 특성(품행 문제 같은)은 없다(USDHHS, 2010). 그러나 의도하지 않았다고 해도, 아동이 가혹하거나 스트레스 많은 관계를 지속 또는 상승시키는 역할을 하기도 한다.

9장에서 논의했듯이, 공격적인 아동에게 나타나는 강압적인 가족 상호작용의 형태가 학대 가정에서도 빈번히 일어난다(Stith et al., 2009; Wolfe, 1999). 예를 들면, 신체 학대를 받았거나 방임된 아동은 잘못한 행동이 예측할 수 있는 부모의 반응—부정적인 것조차도—을 야기한다는 것을 어릴 때부터 학습하며, 이것은 아동에게 일종의 통제감을 주기도 한다. 울고 매달리는 것이 부모의 관심을 얻을 수 있는 유일한 방법이라면, 이러한 행동은 시간이 지나면서 정도가 상승될 것이고, 특히 부모가 아동에게 적절한 자극과 통제를 제공하지 못했을 경우에는 더욱 그러하다.

강압적인 상호작용의 형태는, 학대 사건이 불복종 · 싸움 · 말다툼 · 사고 · 위험한 행동과 같은 아동 행동 삽화가 있는 어려운 상황—그러나 흔하지는 않음—에서 발생하는 이유를 설명해 주는데, 일부 성인들은 분노와 긴장을 느낀다. 대조적으로, 방임 사건을 둘러싼 환경은 일상

1단계: 스트레스에 대한 인내심 감소 및 공격성에 대한 탈억제성

동요 요인	보상 요인
• 아동을 양육할 준비가 부족함 • 통제감 및 예측성이 낮음 • 스트레스가 많은 생활 사건	• 지지적인 배우자 • 사회경제적 안정성 • 직장과 학교에서의 성공 • 사회적 지지와 건강한 모델

↓

2단계: 급성 위기 및 자극에 대한 미숙한 관리

동요 요인	보상 요인
• 아동의 행동에 대해 조건화된 정서적 각성 • 분노와 공격성의 다양한 원천 • 아동 행동이 부모를 위협하거나, 부모에게 해가 된다는 믿음	• 아동 행동의 개선 • 부모를 위한 지역사회 프로그램 • 대처 자원

↓

3단계: 가족 구성원에 대한 각성과 공격성의 습관적 패턴

동요 요인	보상 요인
• 신체적 처벌에 대해 아동이 습관화됨 • 엄격한 통제 기술을 사용하는 것에 부모가 강화됨 • 아동은 문제 행동을 증가시킴	• 신체적 처벌에 대해 부모가 불만족 • 아동은 강압적이지 않은 방법에 우호적으로 반응함 • 지역사회의 규제/서비스

그림 12.3 신체적 아동 학대의 통합 모형.

출처: Wolfe, 1999에서 인용.

의 가족 기능에 스며 있는 어른의 만성적인 부적절함과 연관이 있다(Stith et al., 2009). 방임되는 아동의 초기 급식 문제 또는 성마름은 한계가 있는 부모의 양육 능력에 긴장을 증가시키고, 이것은 다시 부모가 더 많이 철회하게 하면서 아동의 의존 욕구 및 요구를 증가시킨다(Drotar, 1999).

현저한 가족 갈등과 부부간 폭력이 두드러지는 가정 환경 또한 아동 학대와 인과적으로 연결되어 있다. 배우자를 폭행하는 가정의 대략 절반에서 부모 둘 다, 또는 둘 중 한 명의 부모가 지난해에 아동을 폭행한 적이 있는 것으로 나타났다(Edleson, 1999). 여성에 대한 가정 내 갈등과 폭력이 가장 많이 발생하는 것은 아동 양육, 훈육에 대한 부모 책임에서 의견이 일치하지 않을 때이다(Gewirtz & Edleson, 2007). 아동은 화가 난 성인들 사이에서 집중공격을 받을 수 있으며, 잘못된 행동 또는 부모의 관심 끌기를 해서 부부 갈등을 부채질하기도 한다. 어느 경우든, 가정 내의 혼란과 폭력의 악순환이 시작되면, 폭력에 대한 아동의 행동적 반응 및 정서적 반응이 부부 관계에 부수적인 스트레스를 만들며, 이미 금방 터질 것 같은 불안한 상황을 더욱더 악화시킨다.

폭력의 신체적 결과 및 심리적 결과로 인해 학대받은 여성은 자녀의 요구에 반응하는 능력이 떨어지게 되며, 이것은 다시 가족 체계에 압력을 가중시킨다. 비참하게도, 부부 폭력과 가정의 혼란은 직접적으로 아동을 위협하고 혼란스럽게 만들며, 또한 이런 사건들로 인한 결과, 즉 재정 상태의 변화에서부터 집안의 화합과 안전감의 상실에 이르는 스트레스를 지속시키고, 따라서 아동 발달에 해로운 영향을 미치게 된다(Jaffe et al., 2011).

이러한 역동적인 과정에서, 양육 및 상황적 요인들은 시간이 지나면서 신체 학대 또는 방임의 위험을 증가시키거나 감소시킨다(MacKenzie, Kotch, Lee, 2011). **그림 12.3**은 가설적인 세 개의 전환 단계의 관계에서 이러한 역동적 과정을 보여 주고 있다. 이 단계들은 적응적 패턴처럼 부적응적 상호작용 패턴이 부모 또는 아동이 아주 좋아하기 때문에 단순하게 발달하는 것이 아님을 제시해 준다. 오히려 이러한 패턴은 아동 성격, 부모 성격과 스타일, 부모-자녀 관계의 역사, 가족을 둘러싸고 있는 지역사회 맥락의 지지 또는 지지받지 못함이 복잡하게 상호작용을 한 결과이다(Wolfe, 1999). 더욱이 이 과정에는 학대 또는 방임에 영향을 미칠 수 있는(부정적 방식과 긍정적 방식 모두) 보상 요인과 위험 요인 둘 다 포함되어 있다.

사회적 차원과 문화적 차원

우리의 문화는 아동 학대와 방임에 대해 어떤 역할을 하는가? 다시 말하면, 이 영역에 대한 상당한 지식들은 아동 및 청소년의 폭력에 관한 연구에서 나온 것이다. 외상의 일차 원인으로 개인적 요인에 초점을 맞추는 것은 매우 한계가 있는데, 이는 우리가 폭력을 용서할 뿐만 아니라 이를 직접 또는 간접적으로 미화하는 사회에 살고 있기 때문이다.

방송과 프로 스포츠의 다양한 측면이 들어 있는 연예 산업이 모든 형태의 폭력에 대한 우리의 관심을 이용해서 얼마나 많은 돈을 벌고 있는지 생각해 보라. 미디어와 연예 산업에서 사회를 대표하는 사람들에 의한 성 역할의 묘사 역시 똑같이 혼란스러운데, 여성은 전형적으로 힘이 없고 수동적인 것으로, 남자는 권력을 가진 것으로 묘사된다. 여성은 강력한 남성의 자애로움에 경의를 표하도록, 그리고 남성은 강하고 주장적인 여성의 독립성에 도전하라고 격려한다(Hedley, 2002). 이러한 문화적 현상은 세월이 지나면서 반복된 이미지로 깊이 새겨지고, 관계에서 힘과 통제를 유지하려는 일부 남성을 동기유발 시키는 밑바탕이 된다고 추정된다(Williams, 2003).

가족 수준에서, 우리는 아동 학대가 대체로 빈곤 · 사회적 고립 · 체벌을 폭넓게 허용하는, 즉 아동에게 심각하게 영향을 미치는 문제들이 많은 가족과 동네라는 맥락에서 발생한다는 데 주목해 왔다. 이러한 요인들은 인종차별과 불평등에서 유래하며, 이는 학대와 방임(아동뿐만 아니라 많은 성인, 특히 소수 집단 사람들도 마찬가지)을 야기하는 주요 사회문화적 요인이다. 사회가 어느 특정 집단에 대해서 인식의 가치와 경제 또는 정치적 지지의 가치가 낮다고 여기는 정도는 폭력 및 다른 치욕들에 대한 그 집단의 취약성 수준을 대변한다.

문화적 요인 및 사회적 요인으로 인해서, 학대 가정은 확대가족 · 이웃 · 지역사회에 있는 사람들과의 중요한 사회적 연계가 종종 부족한데, 그들은 사회 보호기관과의 연계도 결여되는 경향이 있다(Spilsbury & Korbin, 2013). 불행하게도, 가족의 사생활 및 고립의 유지는 좀 더 건강한 아동 양육 모델 및 사회적 지원에 접근하는 것을 제한시킬 수 있다. 방임하는 가정은 단절되고 편협해지기 쉬운데, 이는 부모의 심각한 대인관계 문제와 직접 연관될 수 있다(Gaudin, 1996). 이들의 대처 능력은 환경으로 인해 손상되어 있고 자원이 부족하고 자신이 받은 양육 경험에서 나온 빈약한 양육 모델로 인해 제약이 있다. 따라서 아동 학대는 아동과의 갈등을 해결하기 위해 물리적 힘을 승인하는 오래된 사회적 관습뿐만 아니라 어느 정도는 적절한 양육 방법을 배우고 필요한 교육과 지지를 받을 문화적 기회가 제한되었기 때문에 발생한다(Gershoff, 2013).

문화 규준과 관습은 성 학대의 유병률에도 영향을 미친다. 외설 영화뿐만 아니라 광고의 주된 흐름에서도 아동을 성적으로 묘사하고 있으며, 이는 적절한 메시지와 사적인 경계선에 대한 우려를 불러일으킨다. 인터넷에 떠도는 많은 아동 외설 사진 역시 문제가 되고 있는데, 인터넷을 통해 아동 성 학대자들은 정보를 공유하고, 교환하며, 피해자가 될 가능성이 있는 아동과 접촉할 수 있다. 외설 사진에 노출된 아동은 직접 접촉 또는 인터넷을 통해 무감각해지고 이러한 성적 활동이 정상이라고 생각할 수도 있다(Wolak et al., 2008). 외설 영상물에 이용된 아동은 정서적 철회, 반사회적 행동, 기분 변화, 우울, 공포와 불안, PSTD와 같은 장애의 증상을 보이기도 한다(Cooper et al., 2005).

단원 정리

외상, 스트레스, 학대: 특징 정의하기

- 아동기 외상은 실제이거나 위협된 죽음 또는 위험, 개인의 신체적 온전함에 대한 위협과 연루된다.
- 적응 불량을 야기하는 아동기 스트레스에는 집단 괴롭힘, 부모의 이혼, 또래 갈등 등이 있다.
- 만성적인 스트레스는 아동의 생물학적 발달 및 사회적 발달을 어렵게 한다.
- 아동의 수많은 형태의 외상, 스트레스, 방임은 빈곤 및 불평등, 사회적 고립, 아동 양육 관행 및 가족 사생활과 관련된 건강하지 못한 문화적 규준과 연관된다.

외상 및 스트레스 관련 장애

이 단락에서는 외상, 스트레스, 학대와 빈번히 관련되는 특정한 장애들을 살펴볼 것이다. 처음 두 가지, 즉 반응성 애착장애(RAD)와 탈억제성 사회적 유대감 장애(DSED)는 사회적 방임과 관련된다. 이 장애들은 적절한 보호와 양육이 부재했던 아동에게서 발생할 수 있으며, 그 결과, 심각한 발달 지연 또는 성인과의 관계에서 결함을 보인다. 그리고 우리는 개인의 안전감이나 자존감을 위협하는 심한 스트레스, 공포, 침해적 사건에 노출된 아동 및 청소년에게 심각한 문제가 되는 외상 후 스트레스 장애(PTSD)를 살펴볼 것이다.

반응성 애착장애

반응성 애착장애(RAD)는 손상되어 있고 발달적으로 부적절한 패턴의 애착 행동을 보인다는 특징이 있다(APA, 2013, 표 12.2 참조). 낯선 상황 또는 낯선 어른과 같은 스트레스에 직면하게 될 때, RAD가 있는 아동은 양육자로부터 편안함이나 양육을 구하고자 하는 일관된 노력의 반응을 보이지 않으며, 자신을 안정시키려는 양육자의 노력에도 반응을 보이지 않는다(진단 준거 A). RAD가 있는 아동은 양육자와 상호작용할 때 긍정적 정서를 거의 나타내지 않고, 정서 조절이 손상되어 있고, 연령 기준에 맞지 않는 공포 · 슬픔 · 성마름의 폭발을 보인다(진단 준거 B). 이들은 양육자에게 적절한 애착을 형성할 수 있는 능력은 있으나 그렇게 하지 못하는데, 이는 초기 아동기 때 애착을 형성할 수 있는 적절한 기회가 없었기 때문인 것 같다. 따라서 RAD는 초기 양육자-아동 관계에서의 문제와 관련이 있는데, 이는 여러 명의 양육자, 사회적 방임 또는 박탈, 안정 애착을 발달시킬 수 있는 기회가 너무 제한되어 있는 기관에서 돌봄을 받았기 때문일 수 있다(진단 준거 C와 D).

탈억제성 사회적 유대감 장애

탈억제성 사회적 유대감 장애(DSED)는 사회적 방임의 또 다른 결과이다. RAD 아동이 보이는 공포 및 회피와는 달리, DSED가 있는 아동은 상대적으로 낯선 사람에 대해 과도한 친밀감과 문화적으로 부적절한 행동을 보인다(진단 준거 A, 표 12.3 참조). 친숙하지 않은 성인 또는 상황에 대해 전형적인 과묵 대신에, DSED가 있는 유아 및 취학 전 아동은 양육자를 찾지 않고 모험을 감행한다. 학령기 아동은 낯선 사람에게 침해적이고 과도하게 친밀 행동을 보인다. 그러한 행동으로는 지나치게 사적인 질문하기, 사적인 공간 침범하기, 주저하지 않고 신체적 접촉 시도하기가 있다. 분명, 이런 행동은 위험할 수 있는데, 특히 아동이 낯선 사람을 기꺼이 따라갈 때 위험하다. 이러한 행동은 주의력결핍/과잉행동장애(ADHD)

표 12.2 반응성 애착장애의 진단 준거

DSM-5

(A) 성인 양육자를 향해 억제되고 정서적으로 위축된 행동의 일관된 패턴이 다음에 있는 2개 모두 나타난다.
  (1) 아동은 고통이 있을 때 극히 드물게 또는 최소한으로 편안함을 찾는다.
  (2) 아동은 고통이 있을 때 편안함에 대해 극히 드물게 또는 최소한으로 반응한다.

(B) 지속적인 사회적 혼란 및 정서적 혼란의 특징이 다음 중에서 최소 2개 있다.
  (1) 타인에 대한 사회적 반응성과 정서적 반응성이 최소한임
  (2) 긍정적 정서에 한계가 있다.
  (3) 성인 양육자와 위협적이지 않은 상호작용을 하는 동안이라도 설명이 되지 않는 성마름, 슬픔 또는 공포의 삽화가 있다.

(C) 아동은 다음 중에서 최소 한 개가 명백하게 있는 불충분 돌봄의 극단적인 패턴을 겪고 있다.
  (1) 성인 양육자에 의해 충족되는 편안함, 자극, 애정에 대한 기본적인 정서적 요구가 지속적으로 결핍되는 형태에서 사회적 방임 또는 박탈이 있다.
  (2) 안정 애착을 형성하는 기회를 제한시키는 일차 양육자의 교체가 반복된다(예: 위탁 관리에서의 빈번한 교체).
  (3) 선택적 애착을 형성하는 기회를 심각하게 제한하는 특이한 장면에서 양육된다(예: 아동 대 양육자의 비율이 높은 시설에 있음).

(D) 준거 C에서의 염려는 준거 A에서 혼란된 행동에 대한 반응이라고 추정된다(예: 준거 A에서의 방해는 준거 C의 적절한 돌봄이 결여되어서 시작되었다).

(E) 준거는 자폐 스펙트럼 장애를 충족시키지 않는다.

(F) 방해가 5세 이전에 명백하다.

(G) 아동은 발달 연령이 최소 9개월이 넘어야 한다.

다음이 있다면 명시한다.

지속성: 장애가 12개월 이상 보인다.

다음이 있다면 명시한다.

심각도: 아동이 장애의 모든 증상을 드러낼 때, 각 증상은 비교적 높은 수준에서 나타난다.

출처: *Diagnostic and Statistical Manual of Mental Disorders*, 5th ed. American Psychiatric Association.

와 같은 충동성에 제한되는 것이 아니라, 반드시 위에 기술된 것처럼 사회적으로 탈억제된 행동이 포함되어야 한다(진단 준거 B). RAD와 유사하게, DSED가 있는 아동은

표 12.3 탈억제성 사회적 유대감 장애의 진단 준거

DSM-5

(A) 아동이 낯선 성인에게 능동적으로 접근하면서 상호작용하는 행동 패턴이 있고 다음 중에서 최소한 2개를 보인다.
 (1) 낯선 성인에게 접근하고 상호작용하는 데에서 과묵하지 않다.
 (2) 지나치게 친숙한 언어적 또는 신체적 행동을 보인다(문화적으로 인정되고 나이에 적절하다는 사회적 경계선에 맞지 않음).
 (3) 낯선 장면에서조차도, 떨어져서 모험을 한 후에 성인 양육자가 있는지를 점검하는 것이 줄어들거나 없다.
 (4) 주저함이 없거나 최소로 낯선 성인을 기꺼이 따라간다.

(B) 진단 준거 A의 행동은 충동성(주의력결핍/과잉행동장애에서처럼)에 국한하지 않고, 사회적으로 탈억제된 행동에 포함한다.

(C) 아동은 다음 중에서 최소 한 개가 명백하게 있는 불충분 돌봄의 극단적인 패턴을 겪고 있다.
 (1) 성인 양육자에 의해 충족되는 편안함, 자극, 애정에 대한 기본 정서적 요구가 지속적으로 결핍되는 형태에서 사회적 방임 또는 박탈이 있다.
 (2) 안정 애착을 형성하는 기회를 제한시키는 일차 양육자의 교체가 반복된다(예: 위탁 관리에서의 빈번한 교체).
 (3) 선택적 애착을 형성하는 기회를 심각하게 제한하는 특이한 장면에서 양육된다(예: 아동 대 양육자의 비율이 높은 시설에 있음).
 (4) 준거 C에서의 염려는 준거 A에서 혼란된 행동에 대한 반응으로 추정된다(예: 준거 A에서의 방해는 준거 C의 적절한 돌봄이 결여되어서 시작됨).
 (5) 아동은 발달 연령이 최소 9개월 이상이어야 한다.

다음이 있다면 명시한다.
지속성: 장애가 12개월 이상 보인다.

다음이 있다면 명시한다.
심각도: 아동이 장애의 모든 증상을 드러낼 때, 각 증상은 비교적 높은 수준에서 나타난다.

출처: *Diagnostic and Statistical Manual of Mental Disorders*, 5th ed. American Psychiatric Association.

친하지 않은 성인에 대한 탈억제성 패턴을 하게 만들었다고 추정되는 극도의 불충분한 돌봄을 경험한 것일 수 있다(진단 준거 C와 D).

유병률과 발달

RAD와 DSED는 이러한 증상을 보이는 생후 9개월에서 5세 사이의 아동에게만 적용되는 진단이다. 각 장애의 유병률은 현재 알려져 있지 않으며, 심각하게 방임된 집단에서도 흔하지 않은 것 같다(APA, 2013). 전형적으로, 사회적 방임의 두 장애 중 하나를 갖고 있는 아동은 인지 발달 및 사회정서 발달에서 지연을 보이는데, 이는 개입이 없으면 몇 년 동안 지속될 수 있다.

두 장애의 원인이 매우 비슷하지만[즉, 양육 불량 그리고(또는) 박탈], RAD와 DSED의 경과는 상당히 다르며, DSED가 더 지속적이다. 예를 들면 기관에서 자란 아동들 중 입양이 되었던 적이 있는 아동은 RAD 증상이 종종 사라지는 반면, DSED 징후는 종종 지속된다(Smyke et al., 2010). DSED가 있는 어린 아동은 낯선 사람과 있는 상황에서 과묵을 보이지 못하고 취학 전 아동은 언어적 참견 및 사회적 참견과 관심 끌기를 보인다. 이러한 패턴은 흔히 중기 아동기에서 청소년기까지 계속되며, DSED가 있는 아동 또는 10대는 가짜의 정서 표현 또는 피상적인 관계, 또래 갈등을 많이 보인다(APA, 2013). 초기 아동기의 RAD는 우울증과 같은 내재화 장애와 관련이 있는 반면, DSED는 ADHD와 같은 파괴적 행동장애와 관련이 있다는 것이 놀랄 일은 아니다(Gleason et al., 2011).

David Laurens/PhotoAlto/Corbis

반응성 애착장애(RAD)가 있는 어린 아동은 성인에게서 편안함을 찾거나 긍정적 정서를 표현하는 경우가 드물다.

원인과 처치

위에서 언급한 것처럼 RAD와 DSED 둘 다 부적절한 양육으로 인한 것이지만, 이 둘은 단일 장애의 하위 유형이라기보다는 구별되는 장애로 간주된다. 생물학적 취약성 이외에, 방임된 일부 아동은 성인에게 과묵 및 무반응인 반면, 다른 아동은 억제하지 못하고 무차별적으로 관심 추구를 하게 만드는 요인들은 알려지지 않았다. 전형적으로 RAD 아동은 안전하고 안정적인 환경에 있게 되면 회복이 되는데, DSED 아동은 개선을 보이기는 하지만 앞에서 언급한 것처럼 어려움이 좀 더 지속될 수 있다. 두 장애의 장기적 결과에 대해 좀 더 알려질 때까지 양육의 질(예: 안정성, 긍정적인 애정, 안전감)을 개선하는 데 초점을 둔 개입을 해야만 한다(Lyons-Ruth et al., 2014).

외상 후 스트레스 장애

대부분의 아동은 외상에 노출된 1년 이내에 불안 또는 행동 문제의 증상을 보이지만 이러한 증상은 점차 사라진다. 그러나 일부 아동은 이후 몇 년 동안 PTSD 및 그 외 임상적 장애를 겪는다(Nader & Fletcher, 2014). **급성 스트레스 장애**는 침습, 부정적 기분, 해리, 회피, 각성(이러한 증상들은 다음에 설명될 PTSD와 대체로 동일한 증상이지만 1개월 또는 그 이하 지속됨)과 연관된 최소 9개 증상을 가져오는 극도의 외상적인 스트레스 자극에 노출된 뒤 1개월 동안 또는 1개월 이내에 발생한다는 특징이 있다. PTSD와 유사하게, 외상 사건이 계속해서 떠오르며 외상의 기억을 각성시키는 모든 자극은 피하게 된다. 급성 스트레스 장애는 좀 더 즉각적이지만, 단기간의 외상에 대한 해리 반응이 특징이다. 반면에 PTSD는 더 오래 지속되고, 계속 진행 중인 패턴이 특징이다. 급성 스트레스 장애는 대략 10~20%의 아동 및 청소년에게서 외상에 뒤이어 발생하며, 단기간 동안 일어나지만 매우 파괴적이고 고통스러운데, 특히 성범죄를 당했거나 총기사건을 목격했을 때 더욱 그러하다(Meiser-Stedman et al., 2007).

특이하거나 불균형적인 방식으로 스트레스에 대해 일반적인(덜 심각한) 형태로 반응하는 아동 또는 성인에게는 **적응장애** 진단이 가능하다. 예를 들면, 시험을 못 친 학생, 여자 친구와 헤어진 10대 소년은 화·철회·등교 거부를 할 수 있다. 단일하거나 반복되는 스트레스 요인에 대해 이 같은 반응이 흔치 않다고 해도, 기능에서 임상적으로 심각한 손상 또는 고통이 야기된다면, 적응장애 진단이 내려진다. 대부분의 사례에서 적응장애는 단기간 진단(즉, 증상이 스트레스 노출 후 6개월 이상 지속되지 않음)이라고 생각되고, 집 또는 가족 관련 문제처럼 스트레스나 스트레스로 인한 결과가 지속된다면 진단 준거가 적용될 수 있다.

외상 후 스트레스 장애(PTSD)가 있는 아동 및 청소년은 인간이 흔히 겪는 범위를 넘어서 발생하는 과도한 외상적 사건에 뒤이어 지속적인 불안을 보인다. 그러한 사건에는 실제 위험 또는 위협된 위험에 노출, 자신 또는 타인에게 위해를 가하는 것, 가까운 가족 또는 친구에게 발생한 외상 사건에 대해 알게 된 것까지 있다(진단 준거 A). PTSD라는 진단이 처음 소개될 때, 참조 기준은 전쟁·고문·강간·자연재해(예: 지진 및 허리케인)와 같은 재난 사건 및 인재(예: 화재, 자동차 사고)였다. 그러나 지금은 좀 더 광범위한 정의가 사용되는데, 사랑하는 사람이 다친 것을 목격하거나 소식을 듣고 또는 혐오적인 외상 사건의 세부 내용에 반복적으로 노출되는 것처럼 아주 불쾌한 사건도 포함된다. 외상 경험은 전형적으로 극도로 또는 흔치 않은 사건이라고 생각되지만, PTSD 관련 증상을 보이는 아동은 자신의 대처 능력을 압도시키는 부부 갈등·학대·지역사회 폭력같이 낮은 수준—그러나 여전히 아주 스트레스가 큰—의 사건을 경험할 수도 있다(Copeland et al, 2010).

MARCIE
유일한 피해자가 아님

엄마와 이웃집에 가는 길에 커다란 독일 셰퍼드 개가 사납게 공격을 해서 Marcie(6세)의 얼굴에 상처가 났다. Marcie의 오빠 Jeff(7세)와 두 여동생이 그 사고를 목격했다. 엄마가 아이들에게 개와 떨어지라고 주의를 주기는 했지만, Marcie와 Jeff는 그 개에게 다가갔고 Jeff가 그 개를 쓰다듬을 수 있었다. 그다음에 Marcie는 개를 쓰다듬으려고 개를 향해 몸을 굽혔고 개가 공격해 왔다. 엄마는 즉시 피가 나는 상처를 눌렀으며 두 어린 동생들은 엄마의 다리를 꼭 붙잡았다. 그 개의 주인(길을 따라 그 개와 함께 따라왔다)은 당황해서 아이들의 아버지에게 알리기 위해 아이들 집으로 달려갔고 개는 가죽 끈이 풀어진 채 놀란 가족을 향해 20분 정도 짖어 댔다. 아버지가 와서 가족을 집에 데리고 갔고, Marcie의 상처를 소독한 후 Marcie를 데리고 응급 처치를 받으러 갔다. Marcie는 얼굴을 몇 바늘 꿰매고 붕대로 감는 동안 극도로 괴로워했다.

이 사건 이후에, 아이들 모두가 공포를 보이고 밤에 오줌 싸는 것 및 손가락 빠는 것과 같은 퇴행적인 행동을 보였다. 그들은 성마름과 다양한 정도의 수면장애와 악몽이 생겼다. 게다가 Marcie는 의료적 절차 또는 의료적 절차가 떠오르는 상황에 대해 굉장한 공포가 생겼다. 따라서 성형 수술을 위한 추후 방문은 심각한 공포와 공황 반응까지 가져왔다. 과도한 고통은 약간 긁힌 것 또는 찰과상을 치료하는 일상의 응급 처치 상황에서도 보였다.

출처: "Behavioral Assessment and Treatment of PTSD in Prepubertal Children: Attention to Developmental Factors and Innovative Strategies in the Case Study of a Family," by A. M. Albano, P. P. Miller, R. Zarate, G. Cote, and D. H. Barlow, 1997, pp. 245-262, *Cognitive and Behavioral Practive*, Vol. 2에서 인용.

표 12.4에서 보듯이, 성인과 마찬가지로 아동(6세 이상)의 PTSD 진단에는 1개월 이상 지속되는 네 가지 핵심 특징이 필요하다(APA, 2013).

- 고통스런 기억, 꿈, 플래시백과 같은 침습 증상은 외상 사건이 재연되는 느낌이라고 종종 기술된다.
- 고통스런 기억, 생각, 느낌의 회피 및 이러한 생각이나 느낌을 일으키는 모든 자극을 회피한다.
- 두려움의 상승, 긍정적 정서를 느끼지 못함, 자기 비난 및 죄의식 같이 외상 사건과 관련된 사고나 감정에서 왜곡(예: 인지 및 기분에서 변화)이 있다.
- 분노 폭발, 자기 파괴적 행동, 수면 문제, 과잉 경계(즉, 신경을 씀)와 같이 극도의 각성 또는 반응성의 증상이 있다.

PTSD 증상은, 몇 개월 또는 몇 해 지연되는 것이, 특히 신체나 성 학대의 사례에서 특이하지 않다고 해도, 대개 외상에 뒤따라 3개월 이내에 시작한다(Lyons-Ruth et al., 2014). PTSD 증상은 뚜렷하게 드러나고 복잡하다. 증상에는 강한 두려움, 무기력, 공포가 있는데 아동은 흥분 행동 또는 분열로 표현할 수 있다. PTSD 또는 부분 PTSD가 있는 일부 아동은 전쟁의 공포에 노출된 군인과 같은 증상을 보인다. 이들은 단기간 또는 몇 년 동안 생리적 증상, 악몽, 두려움, 공황발작을 겪기도 한다(Kirsch, Wilhelm, & Goldbeck, 2011). 발달적으로 퇴행하거나 낯선 사람을 두려워하는 것처럼 나이에 적절치 않은 행동을 보이기도 한다. PTSD가 있는 아동은 외상 사건을 상기시키는 상황을 피하기도 하고 그 사건을 놀이에서 재현하

표 12.4 외상 후 스트레스 장애의 진단 준거

DSM-5

(A) 다음과 같은 방식 중 한 개(또는 그 이상)에서 죽음, 심각한 상해, 또는 성폭력에 실제로 노출 또는 위협이 있었다.
  (1) 외상 사건(들)을 직접 겪었다.
  (2) 다른 사람에게 일어날 때 그 사건(들), 사람을 목격했다.
  (3) 외상 사건(들)이 가까운 친척 또는 친한 친구에게 일어난 것을 알게 되었다. 가족 또는 친구가 실제로 죽음 또는 죽음의 위협이 있는 사례에서, 사건(들)이 폭력적 또는 돌발적이어야 한다.
  (4) 외상 사건(들)의 혐오적인 세부 사항에 반복되어 또는 과도하게 노출되었다(예: 시체 수습을 처음 조치한 사람, 경찰관이 아동 학대의 세부 사항에 반복적으로 노출됨).

주의: 준거 A4는 일과 관련이 있는 노출이 아니라면, 전자미디어 · 텔레비전 · 영화 · 사진을 통해 노출된 경우는 적용되지 않는다.

(B) 외상 사건(들)이 일어난 후에 시작된, 외상 사건(들)과 연관이 있는 침습 증상이 다음 중 한 개(또는 그 이상)에서 나타난다.
  (1) 외상 사건(들)의 고통스러운 기억이 반복되고, 불수의적이고 침습적이다. **주의:** 어린 아동에서는, 외상 사건(들)의 주제 또는 양상을 표현하는 반복된 놀이가 발생할 수 있다.
  (2) 꿈의 내용 그리고(또는) 정서가 외상 사건(들)과 관련이 있는 고통스러운 꿈이 반복된다. **주의:** 아동에서는, 내용을 알 수 없는 무서운 꿈일 수 있다.
  (3) 외상 사건(들)이 재발되는 것처럼 개인이 느끼고 행동하는 데서 해리 반응(예: 플래시백)이 있다(그러한 반응은 연속선상에서 발생하며, 가장 극한 표현은 현재 주변 상황에 대한 인식이 전혀 없을 수 있음). **주의:** 아동에서는, 외상의 특정한 재현이 놀이에서 일어날 수 있다.
  (4) 외상 사건(들)의 양상을 상징하거나 비슷한 내적 단서 또는 외부 단서에 노출되었을 때 격렬한 또는 오래 계속되는 심리적 고통을 느낀다.

(다음 쪽에 계속)

표 12.4 외상 후 스트레스 장애의 진단 준거(계속)

(5) 외상 사건(들)의 양상을 상징하거나 닮은 내적 단서 또는 외부 단서에 대한 뚜렷한 생리적 반응을 보인다.

(C) 외상 사건(들)과 연관된 자극에 대한 지속적인 회피가 외상 사건(들)이 일어난 후에 시작되고, 다음 중 한 개 또는 2개 모두에서 명백하다.

(1) 외상 사건(들)에 대한 또는 밀접한 관련이 있는 고통스러운 기억, 생각, 감정을 회피하거나 회피하려고 노력한다.

(2) 외상 사건(들)에 대한 또는 밀접한 관련이 있는 고통스러운 기억, 생각, 감정을 불러일으키는 외적 암시(사람, 장소, 대화, 행동, 사물, 상황)를 회피하거나 회피하려고 노력한다.

(D) 외상 사건(들)이 발생한 후에 시작되거나 악화된, 외상 사건(들)과 연관이 있는 인지 및 정서에서 부정적 변화, 다음 중 2개(또는 그 이상)가 분명하다.

(1) 외상 사건(들)의 중요한 부분을 기억할 수 없는 무능력(두부 외상, 알코올 또는 약물 요인에 의한 것이 아니며 전형적으로 해리성 기억상실에 기인함)을 보인다.

(2) 자신, 타인, 세계에 대한 지속적이고 과장된 부정적 믿음 또는 예측(예: "나는 나쁘다.", "믿을 사람이 없다.", "세상은 전적으로 위험하다.", "나의 전체 신경계는 영원히 망가졌다.")을 한다.

(3) 외상 사건(들)의 원인 또는 결과에 대해 지속적인 인지 왜곡이 자신 또는 다른 사람을 비난하게 한다.

(4) 지속적인 부정적 정서 상태(예: 공포, 경악, 분노, 죄책감, 수치심)를 보인다.

(5) 중요한 활동에서 관심 또는 참여가 현저하게 저하된다.

(6) 다른 사람과의 사이가 멀어지거나 소원해진 느낌이다.

(7) 긍정적 정서를 경험할 수 없는 지속적인 무능력(예: 행복, 만족, 사랑의 느낌을 경험할 수 없는 무능력)을 보인다.

(E) 외상 사건(들)과 연관된 각성 및 반응성의 뚜렷한 변화가 외상 사건(들)이 일어난 후에 시작되거나 악화되고, 다음 중 2개(또는 그 이상)가 분명하다.

(1) 전형적으로 사람 또는 사물을 향해 언어적 또는 신체적 공격으로 표현되는 성마른 행동과 분노 폭발(자극이 거의 또는 전혀 없이).

(2) 무모한 행동 또는 자기 파괴적 행동.

(3) 과잉 각성.

(4) 과장된 놀람 반응.

(5) 집중력에 문제가 있다.

(6) 수면 방해(예: 잠이 들거나 수면을 유지하는 데 어려움 또는 불안정한 수면).

(F) 방해의 기간(준거 B, C, D, E)은 1개월 이상이다.

(G) 방해가 사회적, 직업적 영역, 다른 중요한 기능 영역에서 임상적으로 심각한 고통이나 결함의 원인이다.

(H) 방해가 물질(예: 치료 약물이나 알코올)의 생리적 효과 또는 다른 의학적 상태의 영향 때문은 아니다.

다음이 있다면 명시한다.

해리 증상 있음: 개인의 증상이 외상 후 스트레스 장애의 준거를 충족하고, 덧붙여 스트레스에 대한 반응에서, 다음 중에서 어느 것이든지 지속적인 또는 반복되는 증상을 겪고 있다.

(1) **이인증:** 자신의 정신 과정 또는 신체로부터 떨어져서 마치 외부 관찰자인 것처럼, 자신으로부터 분리된 것 같은 느낌을 지속적 또는 반복해서 경험한다(예: 꿈속에 있는 느낌, 자아나 몸이 실재가 아닌 또는 시간이 느리게 가는 감각을 느낌).

(2) **비현실감:** 지속적 또는 반복해서 주위 환경이 실재가 아니라는 경험(예: 개인을 둘러싼 세상이 실재가 아니고, 꿈과 같고, 멀리 떨어진 또는 왜곡해서 경험한다).

주의: 이 하위 유형을 사용하려면, 해리 증상은 물질의 생리적 효과(예: 알코올 중독 상태에서의 일시적 기억상실, 행동) 또는 다른 의학적 상태(예: 복합 부분 발작)에 의해 영향을 받은 것이 아니어야 한다.

다음이 있다면 명시한다.

지연된 표현이 있음: (일부 증상의 시작과 표현이 즉시 나타날 수 있다는 것을 알고 있다고 해도), 사건 이후 최소 6개월이 될 때까지 진단적 역치를 초과하지 않는다.

출처: *Diagnostic and Statistical Manual of Mental Disorders*, 5th ed. American Psychiatric Association.

기도 한다. 슬픔 또는 수치심을 느낄 수 있고, 사회적으로 철회되고, 학교에서 집중하는 데 문제가 있을 수도 있다(Anthony, Lonigan, & Hecht, 1999).

PTSD의 몇몇 주요 증상은 성인에서보다는 아동에서 다르게 표현된다. 예를 들면, 플래시백과 외상 사건 회상에서의 각성 대신에 어린 아동은 악몽으로 외상을 재경험하는 것 같다. 처음에 악몽은 외상 사건을 반영하지만 시간이 지날수록 덜 구체적이고 희미해진다. 유사하게, 낮 시간 동안의 회상은 놀이나 관련된 주제 또는 사건의 재현을 통해 표현된다. 취학 전 아동의 외상 반응에는 반복된 그리기 및 외상과 관련된 주제에 집중된 놀이, 퇴행 행동, 반사회적 행동이나 공격적 행동, 파괴적 행동이 있다(Perrin, Smith, & Yule, 2000).

어린 아동이 사고와 감정을 표현하는 방식에서의 차이를 감안해서, DSM-5 진단에는 6세 이하의 아동이 보일 수 있는 연령 차이에 따른 징후들이 포함되어 있다(표 12.5 참조). 이 범주는 수정된(간소화된) 진단 준거가 어린 아동의 PTSD를 좀 더 정확하게 진단할 수 있다는 것을 나타내기 위해 DSM-5에 추가되었다. 어린 아동과 나이가 있는 아동의 진단 준거 간에 원칙의 차이는, 어린 아동의 사례는 아동 자신의 감정과 기억을 보여 주는 데에 단어보다는 놀이 재현을 반영한다는 것이다(표 12.5의 진단 준거 B 참조). 또한, 어린 아동의 진단 준거는 회피의 증상과 인지에서 부정적인 변화의 증상을 하나의 범주로 통합하고 나이에 좀 더 적절한 예를 결합했다.

유병률과 경과

미국에서 2~17세 아동 중 14% 정도는 살면서 자연재해를 경험한 적이 있다고 보고했고, 대략 2/3는 16세가 될 때까지 잠재적으로 한 가지 이상의 외상 사건을 경험한다(Becker-Blease, Turner, & Finkelhor, 2010; Copeland et al., 2007). 몇몇 외상이나 불안의 내력을 제외하고, 대부분 PTSD로 발전하지는 않는다. 그럼에도 불구하고, 적지만 유의미한 수의 아동 및 청소년이 외상에 노출된 후 PTSD로 발전하고, 나머지 많은 수가 정서장애뿐만 아니라 일부 PTSD 증상을 겪고 있다(Briggs-Gowan et al., 2010; McLaughlin et al., 2010). 미국의 12~17세의 4,000명 이상 청소년 전국 표본 집단에서 PTSD의 6개월 유병률은 남아가 3.7%, 여아가 6.3%이었다. 더구나 PTSD가 있는 아동/청소년의 거의 75%가 우울증 그리고(또는) 물질 남용의 동시 발병 진단도 받았다(Kilpatrick et al, 2003). 따라서 PTSD는 아동 학대, 가정 폭력, 따돌림, 폭행, 그 밖의 피해자가 되는 것처럼 다중의 외상 또는 누적된 외상을 겪고 있는 아동 및 청소년에게 특히 심각한 문제이다(Cloitre et al., 2009).

PTSD 증상의 유병률은 덜 심각한 외상에 노출된 아동보다는 삶을 위협하는 사건 또는 지속적인 대인관계 외상(학대 같은)에 노출된 아동에서 훨씬 더 많이 나타난다(Furr et al., 2010). 예를 들어, 1972년에 Buffalo Creek 댐 붕괴에 노출된 아동의 대략 40%가 재해가 있은 뒤 2년

표 12.5 6세 이하 아동의 외상 후 스트레스 장애의 진단 준거

DSM-5

(A) 6세 또는 그 이하 어린 아동에서, 다음과 같은 방식 중 한 개(또는 그 이상)에서 죽음, 심각한 상해, 또는 성폭력에 실제로 노출 또는 위협이 있었다.
  (1) 외상 사건(들)을 직접 겪었다.
  (2) 다른 사람에게 일어날 때 그 사건(들), 사람, 특히 일차 양육자에게 발생한 것을 목격했다. **주의:** 목격은 전자미디어 · 텔레비전 · 영화 · 사진에 의해서만 목격한 사건은 포함되지 않는다.
  (3) 외상 사건(들)이 부모 또는 양육을 제공하는 인물에게 일어난 것을 알게 되었다.

(B) 외상 사건(들)이 일어난 후에 시작된, 외상 사건(들)과 연관이 있는 침습 증상이 다음 중에서 한 개(또는 그 이상) 나타난다.
  (1) 외상 사건(들)의 고통스러운 기억이 반복된, 불수의적이고 침습적이다. **주의:** 자발적 및 침습적인 기억이 반드시 고통스럽게 보여야 하는 것은 아니며, 놀이의 재현으로 경험할 수도 있다.
  (2) 꿈의 내용 그리고(또는) 정서가 외상 사건(들)과 관련이 있는 고통스러운 꿈이 반복된다. **주의:** 외상 사건(들)과 관련된 무서운 내용을 확인하는 것이 가능하지 않을 수도 있다.
  (3) 외상 사건(들)이 재발되는 것처럼 개인이 느끼고 행동하는 데에서 해리 반응(예: 플래시백)이 있다(그러한 반응은 연속선상에서 발생하며, 가장 극한 표현은 현재 주변 상황에 대한 인식이 전혀 없을 수 있음). 그러한 외상의 특정한 재현이 놀이에서 일어날 수 있다.

(다음 쪽에 계속)

표 12.5 6세 이하 아동의 외상 후 스트레스 장애의 진단 준거(계속)

(4) 외상 사건(들)의 양상을 상징하거나 비슷한 내적 단서 또는 외부 단서에 노출되었을 때 격렬한 또는 오래 지속되는 심리적 고통을 느낀다.

(5) 외상 사건(들)을 떠올리는 것에 대한 뚜렷한 생리적 반응을 보인다.

(C) 외상 사건(들) 이후에 시작되거나 악화된, 외상 사건(들)과 연관이 있는 인지 및 정서에서 부정적 변화 또는 외상 사건과 연관된 자극에 대한 지속적인 회피를 보이면서, 다음 중 한 개(또는 그 이상) 있다.

자극의 지속적 회피

(1) 외상 사건(들)을 상기시키는 활동, 장소 또는 물리적 암시 등을 회피하거나 회피하려고 노력한다.

(2) 외상 사건(들)을 상기시키는 사람, 대화, 또는 대인관계 상황 등을 회피하거나 회피하려고 노력한다.

인지의 부정적 변화

(3) 빈도가 상당히 증가한 부정적 감정 상태(예: 공포, 죄책감, 슬픔, 수치심, 혼란)를 보인다.

(4) 놀이의 구성을 포함해서, 중요한 활동에서 관심 또는 참여가 현저하게 저하된다.

(5) 사회적으로 위축된 행동을 보인다.

(6) 긍정적 정서의 표현에서 지속적인 감소를 보인다.

(D) 외상 사건(들)과 연관이 있는 각성 및 반응성의 변화가 외상 사건(들)이 일어난 후에 시작되거나 악화되고, 다음 중 2개(또는 그 이상)가 분명하다.

(1) 전형적으로 사람 또는 사물을 향해 언어적 또는 신체적 공격으로 표현되는 성마른 행동과 분노 폭발(자극이 거의 또는 전혀 없이).

(2) 과잉 각성.

(3) 과장된 놀람 반응.

(4) 집중력에 문제가 있음.

(5) 수면 방해(예: 잠이 들거나 수면을 유지하는 데 어려움 또는 불안정한 수면).

(E) 방해의 기간은 1개월 이상이다.

(F) 방해가 부모, 형제자매, 또래, 학업행동에서 임상적으로 심각한 고통 또는 결함의 원인이다.

(G) 방해가 물질(예: 치료 약물이나 알코올)의 생리적 효과 또는 다른 의학적 상태의 영향 때문은 아니다.

다음이 있다면 명시한다.

해리 증상 있음: 개인의 증상이 외상 후 스트레스 장애의 준거를 충족하고, 다음 중에서 어느 것이든지 지속적인 또는 반복되는 증상을 겪고 있다.

(1) **이인증:** 자신의 정신 과정 또는 신체로부터 떨어져서 마치 외부 관찰자인 것처럼, 자신으로부터 분리된 것 같은 느낌을 지속적 또는 반복해서 경험한다(예: 꿈속에 있는 느낌, 자아나 몸이 실재가 아닌 또는 시간이 느리게 가는 감각을 느낌).

(2) **비현실감:** 지속적 또는 반복해서 주위 환경이 실재가 아니라는 경험(예: 개인을 둘러싼 세상이 실재가 아니고, 꿈과 같고, 멀리 떨어진 또는 왜곡해서 경험한다). **주의:** 이 하위 유형을 사용하려면, 해리 증상은 물질의 생리적 효과(예: 알코올 중독 상태에서의 일시적 기억상실) 또는 다른 의학적 상태(예: 복합 부분 발작)에 의해 영향을 받은 것이 아니어야 한다.

다음이 있다면 명시한다.

지연된 표현이 있음: (일부 증상의 시작과 표현이 즉시 나타날 수 있다는 것을 알고 있다고 해도), 사건 이후 최소 6개월이 될 때까지 모든 진단 준거가 충족되지 않는다.

출처: *Diagnostic and Statistical Manual of Mental Disorders*, 5th ed. American Psychiatric Association.

후에 PTSD 증상을 보였다(Fletcher, 2003). 또한 아동의 PTSD는 노출 정도와 강력한 상관이 있었다. 학교 운동장에서 저격수의 공격에 노출된 아동의 경우, 공격에 근접함은 PTSD 증상을 발달시키는 위험과 직접적으로 관련이 있었다(Pynoos et al., 1987). 사실, 아동에게 개인적으로 그리고 직접적으로 영향을 주는 외상 사건은 PTSD에 대한 강렬한 반응을 일으키기 쉽고 증상을 더 오래 지속시키기 쉽다(Nader & Fletcher, 2014).

성 학대 또는 성 학대와 신체 학대를 같이 당한 아동 피해자의 절반에 이르는 수가 아동기 또는 청소년기에 PTSD 진단을 충족시킨다(Martin et al., 2013; Nooner et al., 2012; Scott, Wolfe, & Wekerle, 2003). 성인에서의 PTSD 유병률 역시 충격적이다. 아동기 때 성 학대, 신체 학대, 방임을 당했던 성인의 대략 1/3이 전 생애 PTSD 진단 준거를 충족시킨다(Koenen & Widom, 2009; Widom, 1999). 성인들 사이에서 여성은 PTSD로 발전할 가능성이 남성의 두 배이고, 여성의 증상은 네 배 더 오래 지속된다. 그러나 아동과 청소년 사이에서는 성별의 차이가 덜하다(Nader & Fletcher, 2014).

> 학대적인 환경에 갇혀 있는 아동은 적응이라는 무서운 과제에 직면하게 된다. 믿기 힘든 사람에게서 신뢰감을, 불안전한 상황에서 안전을, 예측할 수 없는 무서운 상황에서 통제를, 절망적인 상황에서 힘을 지킬 방법을 찾아야만 한다.
>
> — Herman(1992)

저명한 임상가이자 연구자인 Judith Herman의 말은 학대 또는 두려움으로 고통을 받는 아동 및 청소년 세계의 본질을 보여 주고 있다. 외상과 학대는 신체적 고통 및 지나가는 두려움 이상이다. 아동이나 청소년에게 이러한 사건은 자아감, 그들의 세상, 안녕감과 안전감의 출현에 대한 위협으로 대표한다. 이 극적인 영향을 살펴보기 위해 다시 Rosita의 사례로 돌아가자.

ROSITA
덫에 갇힌 느낌

여섯 살 때, Rosita는 자살/자해 행위를 해서 병원에 왔다. 캠프에서 Rosita는 나무에 목을 매었고 위탁모가 줄을 잡아 풀었다. Rosita는 다친 것처럼 보이지는 않았으나 위탁모가 껴안고 있는 동안에 앉아서 오랫동안 울었다.

교사는 다음과 같이 말했다. "Rosita는 죽음과 자해하려는 생각에 빠져 있어요. Rosita의 그림에서, 학교 이야기에서, 심지어 학급 친구들끼리도. Rosita는 친구를 사귀는 데 어려움이 있어요. 그 이유는 게임에 참여하려 할 때 하는 바보 같은 짓 때문이지요. Rosita는 다른 아이들에게 자신의 음부를 만지도록 요구한 일이 여러 번 있었고, 자신의 손가락을 다른 소녀의 음부에 대려고 했어요. 말할 것도 없이 이는 다른 부모 또는 교사들을 놀라게 하지요. 그러나 그애는 단지 정에 굶주린 아이예요. 화를 냈다가 매달리는 모습이 보여요."

Rosita의 생활은 점차 안정되었고, 아홉 살 무렵에는 학업성적도 눈에 띄게 개선되었다. 하지만 열다섯 살 때 그녀의 심리적 상태는 급속히 나빠졌다. 자살 시도를 여러 번 했고 유리나 날카로운 물체로 손목을 긋기 시작했다. 병원에서 퇴원한 후에 Rosita는 매우 혼란스럽고, 사랑받지 못하고, 버림받은 것처럼 보였다. 우울과 불안이 분명하게 드러나 보였다. Rosita는 다음과 같이 말했다. "나는 갑자기 화들짝 놀라거나 정말 무서워져요, 이유도 없이. 어딘가로 가서 숨고 싶고, 사람들로부터 도망치고 싶어요. 나는 친구 Mary를 제외하고는 아무도 믿을 수 없어요. 하지만 Mary조차도 내가 이런 모습을 보일 때는 나를 이상하게 생각해요. 나는 마치 덫에 갇혔거나, 잡혀서 도망칠 수 없는 것 같아요." 나와의 면담은 Rosita의 수면 문제와 지속적인 울음과 슬픔을 드러낼 때까지 계속되었다.

Rosita는 어렸을 때 경험한 학대를 결코 잊지 못했고, 때때로 그 일들을 생각해 냈다. "내가 묶여 있는 것 같아요. 내가 미치거나 무슨 일이 벌어질 것만 같아요. 그때 손목을 긋게 돼요. 그리고는 내가 꿈꾸는 것이 아니라 현실이라고 느끼게 돼요." 때때로 Rosita는 몇 해 전에 가족을 잃은 것에 대해 자신을 질책하기도 했다. "얼마나 나쁘든지 간에 아무도 그것을 알아채지 않기를 바랄 뿐이에요. 내가 겪고 있는 고통은 아무런 가치가 없기 때문이예요."라고 설명했다. (저자의 사례 자료에서 인용)

Rosita는 자존감과 미래에 대한 생각이 부족하다. 그녀는 자의식과 자기 보호 기술에 한계가 있기 때문에 또다시 피해자가 되는 데에서 아주 취약하다. 그녀는 가족에 대한 끔직한 상실감과 양가감정을 가지고 있으며, 가끔씩 학대가 발생한 것에 대해 자신을 비난하고 학대 사실이 결코 알려지지 않기를 바랐다. Rosita는 통찰력이 있는 여성이지만, 종종 현재의 상황과 관련된 걱정, 불안, 공포, 정서적 어려움이 짓누르고 있다.

중요한 발달 시기에 학대 또는 방임 때문에 고통받는 아동의 발달에는 어떤 일이 일어나는가? 정상적인 발달은 예측 가능하고, 조직화된 과정을 따르며(1장 참조), 생리적 조절(식사, 수면)에 대한 숙달감으로 시작해서 문제해결 기술 및 또래 관계처럼 좀 더 고차적인 기술 발달로 점차 진행된다. 그러나 학대 및 방임과 같은 비정상적이고 평범치 않은 상황에서는 예측 가능성과 조직화가 파괴되고 과정에서 이탈되는데, 이는 종종 발달의 실패 또는 적응의 제한으로 이끌 수 있다.

외상이나 학대를 당한 아동은 갑작스럽고 예측할 수 없는 부모의 폭발 또는 배신에 직면할 뿐만 아니라 발달적 어려움을 부과하는 환경에 적응해야만 한다. 이러한 것들에는 부모의 이혼 및 가정 폭력과 같은 극적인 사건에서부터 친밀하지 않은 상호작용 · 학습 기회 부족 · 혼란스러운 생활방식과 같이 일상적이지만 중요한 일상의 활동이 들어 있다. 성적으로 학대받은 아동은 심각한 정서적 변화 및 행동적 변화에서 기인되는, 그러한 사건에 대처하려는 시도를 나타내는 자신 및 세계에 대한 관점이 발달하는 데에서 뚜렷한 방해가 있다. 스트레스와 공포의 원천이 가정에 집중되어 있기 때문에, 학대당한 아동은 위험을 최소화하고, 성장을 위한 보호와 기회를 극대화할 방법을 찾는 데에서 정기적으로 어려움에 처한다(Collishaw et al., 2007).

PTSD의 경과는 아동기 동안 혼자 남아 있는 것에 대한 두려움 또는 성인 남자에 대한 두려움처럼 학대에 대한 전형적인 두려움으로 시작되며, 수면에 대한 두려움처럼 학대 사건에 특정적이지만 특이한 두려움으로 시작되기도 한다(van der Kolk, 2007). 또한, 학대가 만성적이고 가해자가 아동을 순응시키기 위해 강압적인 수단을 사용했을 때 PTSD 관련 증상이 더 많이 발생하는 것 같다(Williams, 2003). 그러나 아동기에 일어나는 다른 형태의 역경과 마찬가지로, 아동 외상 역시 모든 아동에게 예측 가능한 동일한 방식으로 영향을 미치지는 않는다. 이와는 반대로, 외상의 영향은 구체적인 사건의 심각성 및 만성적인 정도뿐만 아니라 사건이 아동 개인/가족 특성과 어떻게 상호작용하는가에 따라 다르다. 적절한 지지와 도움이 없을 경우, 처음에는 정상적인 발달 경과를 보인 어린 아동이라도 만성적 또는 극심한 학대 및 기타 유사한 스트레스로 인해 발달 진행에서 극적인 하강을 보일 수도 있다(Crooks & Wolfe, 2007). 결과적으로, 아동의 핵심적인 발달 과정이 손상되고, 이는 말과 언어 지체에서부터 범죄 행동에 이르는 정서적 문제 및 행동적 문제를 가져올 수 있다.

연관된 문제 및 성인이 되어서의 결과

종단 연구 결과들은 일부 아동 및 청소년에게 PTSD가 만성적인 정신장애가 될 수 있고, 수십 년간 또는 평생 동안 지속될 수 있음을 암시한다(Nader & Fletcher, 2014). 만성 PTSD가 있는 아동 및 청소년은 관해와 재발로 표시되는 발달 경과를 나타낸다. 흔치 않은 지연 변종에는, 외상 사건에 노출된 아동이 몇 개월에서 몇 년 이후까지 증세를 보이지 않다가 원래 외상 사건과 유사한 상황이 PTSD 발병을 촉발시킨다(Andrews et al., 2007). 예를 들면, 성인이 되어 성적 친밀감 발달을 시도하면서 아동기에 성 학대당한 사람의 PTSD를 촉발시킨다.

수많은 형태의 외상 및 스트레스에 수반되는 발달상의 혼란과 결함은 이후 적응 실패의 가능성을 증가시키는 일련의 사건들을 초래한다. 앞에서 말한 것처럼, 이와 같은 발달상의 어려움에 직면하는 모든 아동이 정신병리를 갖게 되는 것—동일한 형태의 정신병리 하나만 일으키는 것—은 아니겠지만, 심각한 정서적 문제 및 적응 문제에 아주 취약할 수 있다.

아동 또는 청소년 외상의 성질과 차후에 성인이 되어서 PTSD 또는 두려움, 정서 조절, 회피, 생리적 각성과 관련이 있는 많은 연관된 특징들을 이어 주는 패턴이 있다. 예를 들어 신체 학대를 당했거나 부모 간의 폭력에 노출된 내력이 있는 청소년과 성인은 공격성과 폭력성이 동반된 대인관계 문제를 일으킬 위험이 증가하는데, 자신이 공격성의 피해자가 되거나 또는 공격성의 가해자가 된다(Berlin, Appleyard, & Dodge, 2011; El-Sheikh & Erath, 2011). 아동일 때 학대를 받은 것과 어른이 되어 다른 사람을 학대하는 것의 관계는 **폭력 순환 가설**이라고 알려져 있다. 폭력의 희생자가 폭력의 가해자가 될 기회가 많다고 해도, 이러한 관계가 불가피한 것은 아니고 조기 개입을 통해 약화될 수 있다(Berlin et al., 2011).

반면, 성 학대 과거력이 있는 사람은 없는 사람에 비해 자존감에서 만성적인 결함이 있고, 신체건강 문제가 있고, 정서 조절 및 행동 조절이 결여될 가능성이 크다(Hillberg, Hamilton-Giachritsis, & Dixon, 2011; Irish, Kobayashi, & Delahanty, 2010). 성인이 되면서, 아동 학대에서 기인된 발달상의 결함은 불안 및 공황장애, 우울증, 섭식장애, 성적인 문제, 성격장애를 포함한 좀 더 전반적이고 만성적인 정신과 장애를 일으킬 수 있다(Chapman et al., 2007; Maniglio, 2009; Paras et al., 2009). 아래에서 보듯이, 많은 성 학대 피해자들이 고통받고 있는 더 심각한 결함은 PTSD 그리고 기분 및 정서와 관련된 만성적인 조절 문제로부터 유래된다(Campbell et al., 2008).

외상을 입은 아동은 흔히 PTSD 이외의 장애 증상을 보이기도 하고, 그 외 장애를 가지고 있는 아동은 동시 발병 PTSD 진단을 받을 수도 있다(Famularo et al., 1996). 예를 들면 화재, 허리케인, 만성 학대로 외상을 입은 아동에게 발생하는 PTSD는 더 악화되거나 파괴적 행동장애로 이어진다(Amaya-Jackson & March, 1995). 이어지는 단락에서는 외상 및 PTSD와 연관된 네 가지 주요 결과, 즉 기분장애 및 정동장애(affect disturbance), 정서 및 행동 문제, 성적 적응, 건강하지 못한 관계에 대해 살펴볼 것이다. 아동 학대는 외상 및 스트레스에 대한 아동 피해자를 대표하기 때문에 아동 학대에 관한 연구에 기반을 둔 결과들에 관해 살펴볼 것이다.

기분장애와 정동장애

학대와 같은 외상 사건은 소중한 아주 많은 아동기 기억과 경험을 파괴하고 손상시키기 때문에 아동의 영혼에도 영향을 미친다고 말하는 사람이 있다. 아마도 이것은 신체적 학대, 정서적 학대, 성 학대를 받은 아동들 사이에서 우울 · 정서적 고통 · 자살 생각과 같은 증상이 흔하고, 자주 PTSD를 일으키는 이유일 것이다(Crooks & Wolfe, 2007). 언급했듯이, 이러한 장기적인 증상 및 문제를 일으키는 원인은, 학대하지 않은 가족 구성원의 지지를 받고 건강한 대처 전략을 개발할 기회가 있고 사회적 지지를 받는다면 종종 피할 수도 있다. 그러나 우울증이나 기분장애의 증상이 인식되지 않는다면, 후기 청소년기 및 성인기 동안에 이러한 증상이 증가되고 생명을 위협하는 자살 시도 및 자해 행동을 일으킬 수 있는데, 특히 아동기 이후에 성적으로 또는 신체적으로 학대받은 아동들에게서 더욱 그러하다(Fitzgerald et al., 2008; Mironova et al., 2011).

이와 유사하게, 학대의 과거력이 있는 10대는 물질 사용의 위험이 더 많고, 이는 다시 기타 적응 문제의 위험을 증가시킨다(Clark et al., 2010; Jones et al., 2013). 만성적인 정서적 고통 때문에, 일부 10대와 성인들은 고통을 줄이거나 피하려고 하는 헛된 노력으로 알코올 또는 약물을 남용하여 불쾌한 기억과 계속되는 스트레스에 대처하려고 시도할 것이다. 물질 남용은 일시적으로 자아감을 높여 주고 단절된 기분을 감소시켜 줄 수도 있다. 아동기 성 학대는 신경성 식욕부진증 또는 신경성 폭식증과 같은 섭식장애로 이어질 수도 있다(Murray, Macdonald, & Fox, 2008).

PTSD는 아동기에 심각한 신체 학대 또는 성 학대를 경험한 상당수 남성과 여성에게 영향을 미치지만 표현되는 방식은 다를 수 있다. Rosita처럼 덫에 걸린 것 같은 느낌이나 침해적인 생각이 뇌리에서 떠나지 않는 사람도 있고, Celia처럼 고통이나 공포로부터 도망치기 위해 정서적으로 무감각해지거나 해리될 수 있다.

학대 경험으로 인한 정서적 및 신체적 고통에 대한 반응으로 아동 또는 성인은 자발적이든, 비자발적이든 간에 **해리**라고 알려진 의식상태의 변화를 보일 수 있는데, 이는 저항이나 도피가 불가능할 때 적응적인 것이 될 수 있다(Valentino et al., 2008). 이 과정은 피해자가 마치 자신에게 일어나지 않은 것처럼 신체 또는 자아와 분리된 것으로 느끼게 한다. 대체로 모든 사람은 백일몽같이 사소한 방식으로 해리가 되지만, 학대 피해자는 자아 또는 기억에 심각한 붕괴가 발생될 정도까지 정신병리적인 회피 형태의 해리에 의존할 수도 있다(Macfie, Cicchetti, & Toth, 2001). 시간이 지나면서 이러한 경험과 정서의 분열은 경계성 성격장애, 해리적 정체성 장애, 만성 통증으로 진행될 수 있다(Briere, Hodges, & Godbout, 2010; Raphael & Widom, 2011; Widom, Czaja, & Paris, 2009).

정서와 행동 문제

남아와 여아는 PTSD의 혼란과 증상을 처리하고 표현하는 방식에서 다른 경향이 있다. 여아는 수치감 및 자기 비난과 같이 좀 더 내재화된 징후를 보이는 반면, 남아는 물리적 공격성 및 언어적 공격성 수준이 고조된다(Wekerle et al., 2008).

아동기 성 학대 과거력이 있는 많은 여성(남성도 마찬가지로)은 일생 동안 친밀 관계 및 신뢰 관계를 확립하는 데에서 고군분투하고 있다.

CELIA

벽 속으로 사라짐

"나는 신체적인 느낌으로부터 분리되려고 했고 결국 신체적 고통과 정서적 감각을 감지할 수 없게 되었다. 지금 나는 다섯 살 때에는 몰랐던 강간이라는 단어를 이제 사용할 수 있다. 그리고 이것을 해결할 수 있는 유일한 방법은 단절되어서 벽지 속으로 들어가는 것이다. 벽지 속에는 모두 다른 발레리나와 포즈로 가득 차 있으며, 이것들은 움직이지 않는다. 이들은 항상 미소 짓고 있거나 그러한 표정을 하고 있으며, 이들을 만질 수는 없다. 그들은 그저 거기 서 있다. 그래서 나는 이 발레리나 중의 한 명이 되어서 나 역시도 만져질 수 없으며, 그가 무엇을 하든지 간에 느낌이 없다. 왜냐하면 나는 벽 속에 있기 때문이다."

성 학대를 당한 성인이 말하기를, "몸은 곧 충분히 수선된다. 그러나 파괴된 정신이 치유되려면 아주 오랜 시간이 필요하다."

발췌: *The Nature of Things with David Suzuki*, executive producer, Michael Adler for the Canadian Broadcasting Corporation. 원래의 방영 날짜는 1994년 10월 6일이다.

학대를 받은 아동이 또래 및 교사와 맺는 관계는 전형적으로 이들이 가장 잘 알고 있는 관계의 모델을 보여 준다는 것이 놀랄 일은 아니다. 건강한 자율감 및 자존감 대신에, 학대나 폭력을 겪은 아동의 관계 모델은 피해자와 가해자의 요소—지배하는 자와 복종하는 자—가 있고, 또래와의 상호작용에서 학대받은 아동은 공격자가 되거나 피해자가 되는 것 사이를 왔다 갔다 한다(Dodge, Pettit, & Bates, 1994a). 과잉 경계와 공포처럼, 적응에 대한 이들의 전략은 위협적인 상황 또는 위험한 상황에서 지나치게 반응적이 되게 전개된다. 그러나 이러한 전략은 학교나 또래 관계를 새롭게 맺으려 할 때 갈등을 일으킨다. 결과적으로, 학대를 받은 일부 아동, 특히 신체 학대와 방임의 과거력이 있는 아동은 공격적인 자극에 더 주의가 분산되며, 또래 및 교사의 의도를 실제보다 더 적대적인 것으로 잘못 해석할 수 있다(Dodge et al., 1994a).

학령 전기에 타인에 대한 공감 및 사회적 민감성의 발달은 긍정적 또래 관계와 상호적 또래 관계가 발달하는 데에서 필수적이다. 그러나 신체 학대 및 방임된 아동은 그러한 경험이 없기 때문에 타인의 고통을 인식하고 반응하는 기술이 부족함을 보인다(Smetana et al., 1999). 학대받은 아동과 정상적으로 취급된 아동을 관찰한 연구에서는, 신체적으로 학대받은 아동은 훔치는 행동을 더 많이 하고, 방임된 아동은 속이는 행동이 많고 규칙 호환 행동에는 덜 참여하는 것으로 나타났다(Cicchetti & Valentino, 2006; Koenig, Cicchetti, & Rogosch, 2004).

신체 학대 또는 방임의 과거력이 있는 아동은 학업 및 대인관계 적응에서 가장 심각하고 광범위한 문제가 나타난다. 표준화된 읽기, 언어, 수학 검사에서 이들의 성적은 다른 아동보다 나쁘다(Mills et al., 2011). 이들의 배경을 모르는 교사들은 아동이 덜 성숙되고 학습 준비가 덜 되었다고 기술하는데, 예를 들어 학업 수행의 문제, 결단력의 부족, 지나친 교사 의존성, 또래를 향한 공격 행동과 또래로부터의 철회 행동을 지적한다(Egeland et al., 2002). 불량한 적응 패턴이 종종 지속되는데, 이는 후기 청소년기와 성인기에 신체적 문제 및 정신건강 문제의 발생률을 높이는 데 영향을 미친다(Clark, Thatcher, & Martin, 2010; Trickett, Negriff et al., 2011).

아동기 또는 초기 청소년기에 성적으로 학대당한 여아에 대한 종단 연구들에서는 생물심리사회 영역에 걸쳐서 나쁜 영향이 나타났다(남성에 대한 영향은 관심이 덜하지만 유사한 패턴이 보고되고 있다; Wolfe, Francis, & Straatman, 2006). 이 연구들은 성적으로 학대당한 여아들의 표본을 23년 동안 추적했는데, 가정 · 학교 · 또래와의 문제에 대해 보고하고 있다. 해로움의 패턴과 정도는 학대당하지 않은 비교 집단에 비해 상당히 심각한데, 성 학대 과거력이 있는 여아는 스트레스에 대한 반응에서 심각한 신경발달적 차이가 있고, 사춘기의 시작이 빠르고, 인지적 손상이 더 크고, 정신건강 문제가 더 많고(특히 우울과 PTSD), 비만의 비율이 더 높고, 주요 질환이 더 많고, 의료 서비스를 더 많이 이용했다. 학대당한 여아는 또한 고등학교를 중퇴하고, 자해를 하고, 다시 신체 및 성적 피해자가 되고, 10대에 엄마가 되고, 약물과 알코올을 남용하고, 성인기에 가정 폭력에 연루되는 비율이 더 높았다(Trickett, Noll et al., 2011).

성적 적응

성 학대는 특히 **외상적 성 행동**을 야기할 수 있는데, 즉 아동의 성에 대한 지식 및 행동이 발달에 맞지 않게 부적절한 방식으로 형성된다. 성 학대를 경험한 취학 전 아동의 대략 35%는 짙은 키스, 드러내 놓고 하는 자위 행위, 성기 노출과 같이 나이에 맞지 않는 성 행동을 보인다(Friedrich & Trane, 2002).

일부 아동에게 가해자가 제공하는 유혹의 수단—선물, 특권, 애정, 특별한 관심—은 그들에게 성적 행동이 목적을 위한 수단이라고 가르친다. 따라서 학대받은 아동은 낯선 어른 및 아동에게 무차별적인 껴안기와 키스를 통해 대인관계를 성적으로 하려고 하지만(즉, 앞에서 논의된 탈억제성 사회적 유대감 장애의 징후처럼), 이는 성 학대를 당하지 않은 아동에서는 비교적 흔치 않은 행동이다(Cosentino et al., 1995). 그러나 다른 아동에게 성적 행동은 두려움, 혐오, 수치, 혼란과 같은 강렬한 정서와 연관되어 있다. 이러한 감정은 신체와 성(性)에 대한 왜곡된 시각으로 해석되면서, 일부 사례에서는 체중 문제, 섭식장애, 신체건강 관리의 불량, 자기 파괴적인 신체적 행동으로 이어질 수 있다(Trickett, Noll et al., 2011).

성적인 행동은 학대받은 어린 아동에서 더 흔하지만, 청소년기나 초기 성인기에 때때로 난잡한 성관계, 성매매, 성적 공격성, 타인을 괴롭히기 등으로 위장해서 다시 출현한다(Tricket, Noll et al., 2011; Wilson & Widom, 2011). 사실, 남성들 사이에서 유형에 상관없이 학대 과거력은 청소년기의 부적절한 성적 행동, 정신적 혼란, 사회적 무능감에 대한 심각한 위험 요인이다(Salter et al., 2003; Tewksbury, 2007). 아동기에 성 학대 과거력이 있는 여성은 특히 성인기에 성적 적응과 관련된 어려움을 보고할 수 있는데, 이러한 어려움은 낮은 성적 각성에서부터 침해적 플래시백, 혼란된 감각, 죄책감 · 불안감, 성 행동과 관련된 낮은 자존감에 이른다(Merrill et al., 2003).

자의식 및 자기 보호의 정상적인 발달이 심각하게 손상되기 때문에, 아동기 때 성 학대를 당한 성인은 위험한 상황 또는 사람을 판단하거나 또는 원치 않는 성적 관심 또는 신체적 관심에 반응하는 방식이 유능하지 못하다. 결과적으로, 이들은 성인기에 강간이나 가정 폭력과 같은 외상이나 폭력의 피해자가 될 가능성이 크다(McIntyre & Spatz Widom, 2011; Widom, Czaja, & Dutton, 2008; Wolfe et al., 2006).

건강하지 못한 관계

앞에서 언급한 폭력 순환 가설에서 예견되는 것처럼, 폭력은 폭력을 낳는가? 비록 끔찍한 범죄와 폭행으로 유죄 선고를 받은 많은 사람이 심각한 아동 학대와 방임의 과거력을 보고하지만, 학대와 기타 외상을 겪은 대부분의 아동이 범죄를 저지르는 것은 아니다. 우리는 이러한 분명하지만 복잡한, 피해자와 가해자 역할 사이의 연관성을 어떻게 조정할 수 있는가?

청소년기의 발달적 중요성을 생각해 보자. 이 기간은 아동 학대의 피해자가 되는 것과 성인이 되어서 학대를 하거나 학대받게 될 가능성 간의 중요한 전환기를 대표한다(Scott et al., 2003). 사회적 만남—우호적이고 중요한 청소년기의 시간—은 관계(relationship)에 대해 알고 있는 지식과 기대가 실현되는 실험의 장이 될 수 있다. 생활방식으로 폭력과 위험에 적응하는 것을 학습한 젊은이 그리고 적절한 대안적인 역할 모델이나 경험이 없는 젊은이들은 관계에 대한 부적절한 기대를 가지고 사회적 만남의 장면에 진입하기 쉽다.

폭력 가정, 특히 언어적 학대와 위협이 있는 가정에서 성장한 젊은이들(남녀 모두)은 자신의 데이트 친구와 자기 스스로에게 폭력적이라고 보고한다(Wolfe et al., 2004). 청소년기에 발생한 데이트 폭력, 특히 자기 원래 가정의 폭력의 과거력과 결합되었을 때에는 초기 성인기 및 결혼 기간 동안에 폭력을 행사하는 강력한 사전 관련 예측인자가 된다(White & Widom, 2003). 따라서 청소년기는 친밀한 파트너 관계에서 폭력적인 역동을 형성하는 중간 단계 또는 시초가 될 수 있다.

말했듯이, 학대 또는 외상의 과거력이 있는 대부분의 아동이 성인이 되었을 때 폭력의 가해자 또는 아동 학대자가 되지는 않는다. 그러나 이러한 사건과 비행으로 인해 또는 성인(여성이라 할지라도)이 체포, 그리고 성인이 되어서 성적 및 신체적 폭력(특히 남성)을 하게 되는 것과 의미 있게 연관이 있다(Campbell et al., 2008; Lansford et al., 2007). 학대 과거력은 초범 시 평균 연령이 낮고, 범죄율이 높고, 만성적 범죄의 비율이 높은 것과 관련이 있다(Widom, 1989). 또한, 아동 신체 학대 과거력(방임은 아님)이 있었던 어머니 5명 중 대략 1명은 자기 자녀의 신체 학대와 연관이 있었다(Berlin et al., 2011).

힘에 근거한 권위적인 방법으로 성장하는 것—신체적 상해나 학대로까지 이어지지 않는다고 해도—은 관계 및 사회적 패턴에서 독이 될 수 있다. 양육자가 아동 학대 행동을 해서 만들어진 지속되고 심각한 피해는 학대 행동에 내포된 정서적 악영향 및 심리적 악영향에서 비롯된다고 믿는 연구자들이 많다. 즉, 아동 학대는 아동에게 신체적 피해 그 이상이다. 양육자에 의한 그러한 학대 행동은 아동의 기본적인 신뢰감과 안전감을 손상시키고 이는 평생 동안 대인관계와 안녕감에서 고군분투하는 것으로 이어질 수 있다(Wekerle & Wolfe, 2014; Wolfe & McIsaac, 2011). 아동기에 경험한 일상적인 폭력의 정도(물건으로 자주 맞았거나 체벌)는 후에 난폭한 비행 행동과 연관된다(Straus, 2001). 아동기 폭력과 성인이 되어서의 범죄 행동 간의 관련성에 대한 연구가 **살펴보기 12.2**에 설명되어 있다.

살펴보기 12.2

장시간에 걸친 아동 학대 범죄의 결과는 무엇인가?

이 중요한 질문은, 치료사 및 교육자에서부터 정책 담당자나 재판관까지, 일반 대중과 아동 학대 현장을 괴롭혀 왔다. Cathy Widom(1996)은 12세 이전에 신체적 학대 또는 성적 학대를 받았거나 방임된 아동과 이에 대응하는 학대받지 않은 아동으로 되어 있는 900명 이상의 범죄 기록을 검토하면서 이 질문을 다루었다. 두 집단 모두, 청소년 또는 성인일 때 범죄나 비행 행동을 하는지를 결정하기 위해 청소년기와 초기 성인기를 추적했다.

결과는 다음과 같다. 아동 학대(신체 학대, 성 학대, 방임)를 경험한 사람의 27%가 비행으로 체포되었고, 이에 비해 대응되는 비학대 집단에서는 17%로 나타났다. 동일한 패턴이 성인기에도 계속되는데, 통제 집단의 33%에 비해 학대/방임 집단의 42%가 성인일 때 체포 기록이 있다. 폭력 순환 가설과 일관되게, 신체 학대(21%), 방임(20%) 또는 둘 다(16%)의 과거력이 있는 사람은 특히 폭력 범죄로 체포되기 쉽다(Maxfield & Widom, 1996).

한 가지 혼란스러운 결과는, 신체 학대와 방임을 경험한 여성은 학대받지 않은 여성보다 폭력 행동으로 체포될 가능성(7% 대 4%)이 유의미하게 높은 반면, 남성에게서는 이러한 관련성이 거의 유의미하지 않았다(26% 대 22%). 성 학대의 과거력이 있는 사람은 범법행위에서 다른 유형의 학대를 받은 사람과 거의 차이가 없었다.

그렇다면 성범죄는 어떨까? 아동기에 성적으로 학대받은 사람이 성범죄를 일으킬 가능성이 더 많은가? 학대와 방임의 모든 유형들이 복합된다면 학대받은 사람이 성범죄로 체포될 가능성은 학대받지 않은 사람보다 두 배 더 많다. 그러나 학대의 배경을 유형별로 나눌 경우, 신체 학대와 방임이 있었던 사람만이 성범죄로

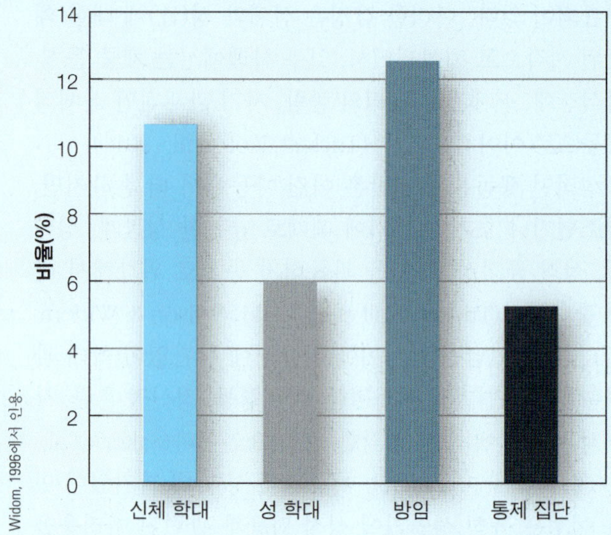

성 범죄와 학대의 배경

체포될 가능성이 증가하고, 성 학대가 있었던 사람은 그렇지 않다(이 결과는 남자 피험자만 비교했을 때이다). 성적으로 학대된 아동이 후에 성범죄로 체포될 가능성은 통제 집단과 거의 비슷하고, 신체 학대와 방임의 피해자 보다는 성범죄로 체포될 가능성이 더 낮다(그림 참조).

그러므로 모든 유형의 학대가 피해자의 범죄 행동에 대한 위험을 높이지만 아동기 성 학대 피해자는 신체 학대나 방임의 피해자보다 성범죄를 저지를 가능성이 낮으며 인구학적으로 유사한 사람들보다 더 높지도 않다.

원인

PTSD의 정의처럼, PTSD는 개인의 정서적 · 사회적 · 생물학적 능력을 압도하는 심각한 외상 그리고(또는) 위협에 의해 발생한다. 이 단락에서는 외상이 중요한 항상성(homeostatic) 기능에 영향 미치는 방식, 반대로, PTSD의 원인이 되는 방식에 대해 살펴본다. PTSD의 전체 증상 또는 부분적인 증상은 인생 중 언제라도 찾아올 수 있다. PTSD의 경과는 외상 사건이 발생한 아동기 또는 청소년기의 연령 및 외상 사건의 성질에 따라 다르다.

외상 경험은 극도의 위협으로 평가되기 전에 인지적으로 그리고 정서적으로 여과되기 때문에 외상이 경험되는 방식은 여러 요인들에 따라 다른데, 여기에는 아동의 발달 수준 그리고 불안 및 스트레스 수준과 같은 재난 이전의 성격 특성, 위협에 대한 인지적 평가와 대처 양식, 재난의 특성 또는 외상적 경험이 있다(Furr et al., 2010; Weems et al., 2007). PTSD가 있는 6세 이하 아동을 대상으로 실시한 연구에서, 증상은 치료를 할지라도 사건 후 2년 동안 지속되는 것으로 나타났다(Scheeringa et al., 2005). 이 결과는 문제가 될 가능성을 제기하는데, 외상을 겪은 후에 PTSD의 발생에 취약한 아주 어린 아동은 장애가 좀 더 만성적이 될 수 있는 위험성이 증가되

고, 이는 성장하는 뇌 발달에 외상이 영향을 미치는 것과 관련이 있을 것(Bremner, 2007; Lyons-Ruth et al., 2014)이라는 것이다. 연령 및 시기에 차이가 있는데도 불구하고, 공포스럽거나 무서운 사건에 노출되는 것은 거의 모든 아동에게 외상이 될 수 있다.

PTSD가 생기는 데 영향을 미치는 주요 요인들을 이해하려면 외상, 스트레스, 학대로 인해 손상되거나 지연되는 기본적인 심리적 과정 및 발달적 과정에 대해 고려해야 한다. 우리는 외상 이후에 적응에 영향을 미치는, 초기 애착 및 정서 조절(외상, 스트레스, 학대, 관련된 사건에 의해 손상될 수 있는 자기 조절과 대인관계 능력 발달의 구성요소)과 함께 시작되는 주요 요인들을 살펴본다. PTSD **진단**은 학대나 외상을 경험한 소수 아동에게만 적용되는 반면, 아동기 동안의 PTSD **증상**은 중요한 심리적 기제와 생물학적 기제를 방해한다. 시간이 지나면서 이 증상들은 PTSD 가능성을 증가시키는 지연 또는 손상으로 발전될 수 있는데, 이에 대해서는 앞으로 논의할 것이다. 우리는 이 과정을 설명하기 위해 또다시 학대당한 아동의 적응을 예로 들어 설명할 것이다.

PTSD에 대해 흔히 이야기하는 심리적 원인은 외상 사건을 세상에 대해 자신이 갖고 있는 인지적 관점으로 통합하고자 하는 아동의 노력에 초점이 맞춰지는데, 특히 외상이 자신을 돌봐 주었거나 믿었던 사람에게서 발생했을 경우에 더욱 그러하다. 쉽게 말하면, 외상 경험은 원래의 스트레스 요인을 넘어서 지속되는 개인의 장기간의 반응에 영향을 미친다(Baum, O'Keefe, & Davidson, 1990). 조건화 과정, 즉 외상 삽화가 냄새, 장소, 상황과 같은 특정 유발 자극과 연관되는 방식은 정상적인 생활 활동을 방해하는 과잉 반응으로 이어질 수 있다. 따라서 원래의 사건뿐만 아니라 크고 작은 생활 스트레스 사건들이 외상 사건의 결과로 인해 종종 발생할 수 있다. 예를 들어, 성 학대의 노출은 개인의 대처 자원을 감소시킬 수 있는 즉각적 사건(예: 거주 형태의 변화, 가해자의 체포)과 장기적인 사건(예: 가해자와의 접촉 상실) 둘 다를 가져온다. 이와 같은 부수적인 스트레스 요인들은 외상 또는 학대의 원래 근원을 위장한 만성적이고 스트레스 많은 생활양식을 만들어 낼 수 있다.

빈약한 정서 조절

외상, 스트레스, 학대는 중요한 부모-자녀 애착 과정을 방해하고, 아동이 안정감을 찾고, 자신의 생리적 과정 및 정서적 과정을 조절하는 능력에 해를 입힐 수 있다. 부모-아동 애착 및 가정의 분위기는 아동의 정서 조절에 필수적인 역할을 하며, 중요한 초기 발달의 이정표이기도 하다. 2장에서 언급되듯이, **정서 조절**이란 감정의 표현과 충동, 특히 격렬한 감정과 충동을 적응적인 방식으로 조율하거나 통제하는 능력을 말한다(Kim & Cicchetti, 2010). 예를 들어 일관된 자극, 안도, 안정된 애착 형성을 도와주는 일상 환경이 제공되지 않으면서, 학대받은 영아 및 걸음마기 유아는 양육자와의 관계에서 상호 교류, 일관된 패턴을 형성하는 데 상당한 어려움을 겪을 수 있다. 대신에, 이들은 접근과 회피의 혼합, 무력감, 걱정, 전반적인 방향 상실이 특징인 **불안정-해체 애착**(insecure-disorganized attachment)이라고 기술하는 패턴을 보일 수 있다(Cyr et al., 2010). 안정적이고 일관된 관계의 부족은 학대당한 아동을 인지적 발달 및 사회적 발달이 뒤처질 위험에 처하게 하며, 타인과의 사이에서 정서와 행동을 조절하는 데 문제가 생길 수 있다. 정서는 중요한 내적 지도 감독 체계로서, 사건이 이득이 되는지 위험한지를 평가하고, 행동을 하게 하는 동기를 부여한다. 반대로 빈약한 정서 조절은 PTSD의 중심에 있게 된다.

정서는 내적 · 외적 세계에 대한 중요한 신호를 제공하기 때문에, 아동은 정서를 적절히 해석하고 반응하는 법을 배워야 한다. 대부분의 아동은 양육자가 제공하는 정서적 표현과 설명을 통해 이것을 자연스럽게 배운다. 반면에, 학대받은 아동은 정서적 혼란과 극단적인 상황에서 살고 있기 때문에 자신의 내적 상태를 이해하고, 명명하고, 조절하는 것이 매우 어렵다(Shipman et al., 2007). 울거나 고통에 대한 신호와 같은 정서적 표현은 거절, 회피, 학대를 촉발할 수 있기 때문에, 학대받은 아동은 자신의 정서 표현을 억제하고, 두려워하고 경계 상태를 유지하는 경향이 있다. 이와 유사하게, 이들은 얼굴 표정처럼 분노 및 위협과 관련된 신호에 대한 관심은 증가하는 반면에 기타 정서적 표현에 대한 관심은 덜하다(Masten et al., 2008; Shackman, Shackman, & Pollak, 2007). 낯선 사람이나 또래가 참여하는 새로운 상황에서 정서적 반응이 촉발될 때, 이들은 이 상황이 괜찮다고 확신을 주는 친밀한 어른이 건네는 미소나 말을 통해 위안을 얻지 못한다(El-Sheikh & Erath, 2011).

정서 조절의 어려움은 격렬한 분노발작뿐만 아니라 우울한 반응을 통해서도 표현된다. 따라서 학대받은 아동은 성장하고 또래나 다른 어른이 참여하는 새로운 상황에 직면하게 되면서, 빈약한 정서 조절은 점점 더 문제가 되며, Rosita가 손목을 그은 것처럼 비정상적이거나 스스로에게 해가 되는 행동을 하게 된다(Mironova et al., 2011). 시간이 지나면서, 정서 조절 능력이 없다는 것은 적대감이나 공격성, 다양한 형태의 행동 표출과 같은 외현화 문제뿐만 아니라 우울이나 공포와 같은 내재화 문제와도 연관이 된다(Brensilver et al., 2011; Teisl & Cicchetti, 2008).

자기 및 타인에 대한 관점의 출현

발달이 정상적으로 진행되면서, 감정과 행동의 조절은 점차 양육자에게 덜 의존하고 더욱 자율적(부모는 종종 '끔찍한 두 살'이라고 표현한다)이 된다. 걸음마기 유아의 자기 조절 발달은 이제 새로운 상황에 적용되고, 이것은 자신과 다른 사람에 대해 생겨난 견해를 강화시킨다. 중요한 것은, 이 발달 시기에 아동은 사람, 관계, 세계에 대한 복잡한 정신적 표상을 형성한다는 것이다. 아동 스스로에 대한 시각 및 아동의 주변 환경에 대한 시각의 출현은 타인의 안녕에 대한 건강한 부모의 안내와 통제에 의해 길러진다. PTSD가 있거나 학대받은 아동이 이러한 기회에 접근할 수 있는 정도까지, 자신과 타인에 대한 부적응적인 시각으로 인해 정서적 문제와 행동적 문제가 더 잘 나타날 것 같다.

자신과 타인에 대한 **표상 모델**은 새로운 상황에서 활용할 경험, 지식, 기대가 포함되어 있기 때문에 매우 중요하다(Cicchetti & Lynch, 1995). 예를 들어, "우리 엄마는 내가 필요로 할 때 항상 거기 있어요." 또는 "나는 사랑받고 있고 사랑받을 가치가 있어요."라는 아동의 내면화된 믿음이 자신과 타인에 대한 기본적인 믿음을 어떻게 형성하는지, 그리고 이러한 생각이 안녕감과 관계에 어떻게 반영되는지를 생각해 보자. 반대로, 학대받은 아동은 종종 자신과 세계에 대해 이 같은 핵심적인 긍정적 믿음이 결여되어 있다. 그 대신, 이들은 내부의 '나쁜 것', 자기 비난, 수치, 분노감에 기반을 둔 부정적 표상 모델을 발달시킬 수 있고, 이러한 모든 것은 정서적 반응을 조절하는 능력을 더욱 손상시킨다(Simon, Feiring & McElroy, 2010; Valentino et al., 2008).

무력감 및 배반감, 즉 자기 정체감에 중요한 요소가 되는 감정이 학대를 경험한 아동과 성인에 의해 종종 기술되고 있다(van der Kolk, 2007; Wolfe et al, 2003). 무력감의 상황에서 아동의 의지·소망·자기 효능감은 좌절되고 공격당하며, 이러한 상황은 종종 공포·걱정·우울과 연결된다. 학대당한 어느 사람은, "세상은 마치 악마 같으며 나를 집어삼키기 위해 온다. 그리고 그것을 막기 위해 내가 할 수 있는 것은 없다."(Lisak, 1994, p. 533)라고 말했다. 배반감은 가해자의 신뢰와 권위뿐만 아니라 교묘한 조작과 강요를 통해 가해자가 자신을 이용했다고 느끼는 심각성을 수반한다. 따라서 아동의 정서적 욕구는 친밀감에 대한 욕구와 그것에 대한 두려움의 격렬하고 모순된 감정 때문에 손상된다.

개인적인 힘에 대한 감각 또는 자기 효능감은 심각한 외상, 스트레스, 방임에 의해 손상될 수 있는데, 그러한 사건은 한 개인인 아동을 평가절하할 것이다. 배반감은 개인의 자아감도 해칠 수 있는데, 자신이 믿고 있던 사람이 신뢰와 믿음을 깼기 때문이다. 이러한 감정은, 자기 비난, 죄책감, 무력감의 근원으로서 배반감의 역동을 인식할 나이가 되었을 때 비로소 구별될 수 있다(Freyd, DePrince, & Gleaves, 2007; Williams, 2003). 따라서 이 점은 PTSD 진단 준거에서 중요한 측면이다.

가혹한 처벌 또는 성적 학대에 의해 야기된 정서 반응은 아동에게 책임감 및 비난과 관련된 근본적인 질문에 대한 답을 하도록 요구한다. "이런 일이 왜 나에게 일어난 것일까?" 자아감에 대한 앞의 인용 글은 학대받은 아동이 학대를 인식하지 못하고, 학대에 참여하고, 노출해서 가족의 반응을 일으키고, 학대를 피하거나 통제하지 못하고, 스스로 보호하지 못한 것에 대해 어떻게 책임감을 느끼는지를 보여 준다. 부모 또는 믿고 있는 어른도 결점이 있을 수 있다는 것을 알거나 그렇게 생각하는 대신에, 학대받은 일부 아동은 가해자가 악의적인 의도는 없었다고 여기는데, 이것은 타인에게 자신의 가족 문제와 혼란을 설명하고 정당화하는 데 사용될 수 있다. 비난의 화살을 자신에게 돌리거나 자기 부모보다 덜 중요한 상황적 요인으로 돌리는 것이 좀 더 수용할 수 있는 설명이 된다(McGee, Wolfe, & Olson, 2001). 학대받은 한 남성은 이러한 비난의 귀인을 다음과 같이 설명했다. "나는 무슨 일이 일어나고 있는지를 알아야만 했다. 이것을 통해 내가 느끼는 것은 내가 좋은 사람이 아니라는 것이다. 나는 뭔가 다른 점이, 그리고 뭔가 잘못된 점이 있다." (Lisak, 1994, p. 541)

신경생물학적 변화

아동기의 고통스러운 생활 사건은 뇌 발달에 영향을 미치며, PTSD 증상의 기저가 되는 해부학적 뇌 변화 및 기능적 뇌 변화를 일으킬 수 있다. 신경과학자들은 PTSD가 있는 아동의 빈약한 정서 조절의 행동적 징후를 뇌 발달에서의 변화와 연관 짓는데, 이는 스트레스를 관리하는 능력에서의 비정상을 초래한다(Danese et al., 2011). 예를 들면, '변연계 과민성'이라는 개념은 학대가 변연계에 미치는 영향 때문에 학대 후 정신병리의 내재화 증상의 원인으로 관심을 얻고 있다. 변연계 과민성의 증상에는 신체적 현상, 감각적 현상, 행동적 현상이 있는데, 초기 아동기에 학대가 있은 후 증가된 흥분성 신경전달 때문이라고 여겨진다(Dackis et al., 2012).

뇌는 초기 발달, 특히 출생에서 2세까지 가장 급격한 성장과 조직화가 이루어진다. 빠른 성장의 이러한 민감한 시기에 일어난 변화는 영구적일 수 있기 때문에 이후 발달에도 영향을 미친다. PTSD의 경우, 인생 초기에 외상 또는 학대에 노출되면 더 이상의 역경이 없을 때에도 이후의 발달에 영향을 미치며 영향이 지속된다는 의미이다. 예를 들어 학대 받은 아동 또는 아동기 때 학대받은 과거력이 있는 성인들에게서 시상하부-뇌하수체-부신(HPA) 축 및 노르에피네프린 체계의 장기적인 변화가 발견되는데, 이는 스트레스에 대한 개인의 반응에 심각한 영향을 미친다(McCrory, De Brito, & Viding, 2010). 장기적인 정신건강 문제로 이어질 수 있는 스트레스 반응 관련 뇌 영역에는 해마(학습과 기억), 전전두 피질(계획과 의사결정), 편도체(정서 조절)가 있다(Cicchetti et al., 2010; Nunes et al., 2010; Roth & Sweatt, 2011).

사실, 학대와 연관된 급성 및 만성 형태의 스트레스는 어릴 때부터 뇌 발달 및 구조에서 변화를 일으킬 수 있다(Danese et al., 2011). 신경내분비계는 투쟁-회피 반응을 생성하도록 코르티솔을 방출함으로써 갑작스런 스트레스 사건을 조절하도록 설계되어 있다(2장 참조). 상승된 스트레스 호르몬은 해마와 편도체 같은 뇌 구조에 작용해서 학습과 기억을 손상시킬 수 있고, 뉴런 손실 · 수초 형성의 지연 · 신경 발생의 억제를 가속화하고, 뇌 성장 요인이 감소되어 부정적인 뇌 발달로 이어질 수 있다(McCrory et al., 2010). 대부분의 만성적인 아동기 외상 및 학대와 관련되는 지속적이고 예기치 않은 스트레스 사건 이후에, 코르티솔 수준이 감소되어서 뇌에서 호르몬 수준을 조절하는 피드백 체계가 정확하게 기능할 수 없다. 스트레스는 코르티솔로 뇌를 침수시키고, 그에 따라 뇌는 코르티솔이 분비되는 역치를 재조정하게 되며, 궁극적으로 코르티솔이 극적으로 낮은 수준에서 순환하게 된다. 그 결과, 신경내분비계는 스트레스에 대한 민감성이 아주 높아진다(Davies et al., 2009; Nunes et al, 2010).

후기 아동기와 청소년기는 뇌의 전전두 피질 발달에 중요한 시기로 여겨진다. 이 영역은 주의 및 인지적 유연성을 포함한 실행 기능의 성숙을 책임지는 영역으로 가장 마지막에 발달하는 뇌 영역이다(Anderson et al., 2001). 즉, 실행 기능은 후에 발달되기 때문에 실행 기능의 어려움은 아동이 나이가 들어야만 비로소 분명해진다. 생애 초기에 뜻하지 않은 스트레스에 대한 반응으로 발생한 신경생물학적 변화는 학대 또는 외상에 노출된 아동과 청소년의 삶에 나타나는 PTSD 및 관련 장애들을 부분적으로 설명해 준다.

단원 정리

외상 및 스트레스 관련 장애

- 반응성 애착장애가 있는 아동은 양육자 또는 성인에게서 편안함을 찾으려는 노력을 거의 보이지 않는다.
- 탈억제성 사회적 유대감 장애가 있는 아동은 비교적 낯선 사람에게 과도하게 친밀하고 문화적으로 부적절한 행동 패턴을 보인다.
- 사회적 방임의 어느 한 가지 장애라도 있는 아동은 발달 지연이 몇 년 동안 지속된다.
- 외상 후 스트레스 장애(PTSD)가 있는 아동은 위협된 죽음이나 상해, 자연재해, 학대와 같은 압도되는 외상 사건을 경험한 후 지속적으로 끔찍한 생각을 한다.
- PTSD가 있는 아동은 외상 사건을 재경험하고, 관련 자극을 회피하고, 극도의 각성 증상을 보인다.
- 스트레스와 외상은 아동기에서 성인기에 이르기까지 언제라도 심각한 PTSD 관련 증상을 초래할 수 있는데, 여기에는 기분장애, 정서 문제 및 행동 문제, 성적 적응의 어려움, 건강하지 못한 관계가 포함된다.
- 아동의 PTSD의 원인은 여러 뇌 영역 및 스트레스에 대한 반응성에 영향을 미치는 신경생물학적 요인뿐만 아니라 심리적 요인(예: 정서 조절, 자기 및 타인에 대한 관점)에 집중되어 있다.

처치와 예방

아동에 대한 폭력은 결코 정당화될 수 없다. 필연적인 것도 아니다. 폭력의 기저에 있는 원인을 확인해서 다룬다면 아동에 대한 폭력은 완전히 예방할 수 있다

— Kofi Annan

학대를 당하거나 가정에서 폭력을 경험한 아동, 타인의 심각한 피해를 목격한 아동, 기타 심각한 형태의 스트

레스 또는 외상을 겪은 아동은 타인에 대한 신뢰감과 안전감을 회복하고 두려움 및 불안에 대처하는 데 도움이 필요할 것이다. 다행히도 이들의 건강한 발달(예: 학대나 방임을 당한 후에)을 회복시키고 초기 스트레스 또는 외상으로 인해 발생된 즉각적 문제 및 장기적인 문제를 감소시키는 데 유용한 개입 방법들이 있다(Thompson, 2014).

가정과 지역사회는 적절한 지식과 지원을 제공함으로써 직접 또는 간접적으로 외상이나 스트레스 사건을 경험한 아동과 청소년을 돕는 데에서 가장 중요한 역할을 할 수 있다. 인생에서 지지와 보호를 제공해 주는 최소한 한 명의 중요하고 일관된 사람과의 긍정적이고 지지적인 관계를 통해, 다른 가족 구성원이나 또래와 마찬가지로, 아동은 외상이나 심각한 스트레스의 영향으로부터 부분적으로 보호받을 수 있다(Haskett et al., 2006; Skopp et al., 2007). 역설적으로, 이 사람이 학대하는 부모가 될 수도 있는데, 언뜻 들으면 이해가 잘 안 될 것이다. 학대를 당하는 많은 아동은 자신의 부모를 학대자라고 생각하지 않으며, 오히려 자신이 겪은 것에 가능한 한 가장 잘 적응하고자 한다. 아동의 관점에서 볼 때 부모에 대한 충성심은 강력한 정서적 유대이기 때문에 수시로 소리치고, 때리고, 야단치는 부모가 어느 시점에는 연결감, 이해, 사랑의 자원이 된다(Wekerle & Wolfe, 2003). 지지적 관계의 중요성뿐만 아니라 긍정적 자존감 및 자아감과 같은 개인 특징 역시 학대받는 아동들에게 있는 부정적인 결과를 낮추는 것과 관련이 있다(Afifi & M acMillan, 2011).

노출 기반 치료

학교 총기 사건이나 사망과 같은 단일 삽화 사건을 살펴보는 것으로 개입에 대한 논의를 시작한다. 이러한 사건은 누구에게는 현실이고 우리 모두에게는 걱정이다. 따라서 학교 당국과 지역사회는 비극 또는 사망 사건에 대응할 수 있는, 잘 구조화된 계획을 개발해 왔다. 특히, 학교의 대응은 아동 및 청소년에게 발생하는 외상 사건의 즉각적인 영향에서 중요하다. 아동은 끔찍한 소식을 듣거나 비극적인 사건을 목격할 수 있기 때문에, 학교는 합리적인 일상생활을 유지하는 데에서 중요한 역할을 하는데, 아동이 애도 또는 상실에 대해 적절한 표현을 하고, 위험에 처할 수 있는 아동을 파악하고, 도움이 필요한 아동을 돕게 된다(Steele & Malchiodi, 2012).

외상이나 학대를 당한 아동을 위한 효과적인 개입과 예방은, 일반적으로 아동이 직접 참여하고 그리고(또는) 부모가 아동을 지원하는 것을 돕거나 양육 방법을 바꾸도록 돕기 위한(학대의 경우) 부모 프로그램이 포함된 구조화된 형태의 치료를 택한다. 재난 이후에 아동이 자신의 감정과 반응에 대처하는 것을 도우려는 노력은, 아동이 경험과 자신의 반응을 이해하도록 돕는 것, 발달 수준 · 불안 · 대처 양식 · 이용 가능한 사회적 지지와 같이 아동의 적응에 영향을 미친다고 알려진 재난 이전과 이후의 요인들을 다루는 것에 초점을 둔다(Gerson & Rappaport, 2013). 두려운 자극에 대한 상상 또는 실제 생활 노출을 포함하는 인지-행동적 처치(다음에 논의됨)는 PTSD와 외상 또는 상실 이후에 관련 증상이 있는 아동을 돕는 데에서 효과적인 처치라는 것을 보여 주고 있다(AACAP, 2010; Silverman, Ortiz, et al., 2008).

자동차 사고 · 총기사고 · 폭발 · 허리케인과 같은 급성 스트레스 또는 외상에 뒤따라서, 조기에 노출 개입을 이용하는 것은 급성 스트레스 증상을 감소시켜 준다. 이 같은 개입들은 대부분 짧고, 1회기에서 10회기 정도로 이루어지고, 가능한 한 많은 아동이 접할 수 있도록 종종 집단으로 이루어진다. 예를 들면, 심리적 응급처치(Psychological First Aid, PFA)는 아동이 학교 일상으로 재통합되려면 정보와 지지가 필요하다는 이론에 근거하고 있다. PFA는 사건 때문에 영향을 받은 모든 사람에게 안전감, 실질적 도움, 안정감, 필요한 지지와의 연계를 제공하려고 노력한다. 이처럼 간단한 치료 형태는 학급 친구 또는 지역사회 구성원과 같은 사람의 위험을 알게 된 아동처럼 2차 피해자, 그리고 희생자들의 재난 후 반응을 다루기 위해 고안되었다(Forbes et al., 2011).

심층적 심리 개입은 외상 사건에 의해 심하게 영향을 받은 아동에게 유용하다. 아동 또는 청소년은 전형적으로 특정 외상 사건(예: 급우의 자살)에 대해 설명하고, 자신의 감정 · 사고 · 사건에 대한 태도에 대해 말하는 것으로 시작한다. 치료자의 보조를 받으면서 아동은 사건을 검토하게 되는데, 사건의 시간과 기간, 각 사건에 대한 인식과 사건과의 관계 그리고 사건에 대해 언어적으로 보고하는 것이다. 아동을 위한 슬픔 및 외상 개입(Grief and Trauma Intervention, GTI) 회기에서는 꿈(악몽), 질문, 분노, 죄책감과 같이 슬픔과 외상을 경험한 아동에게 공통적인 주제를 다룬다. 기법은 인지-행동치료(CBT)와 이야기 치료에 기반을 두는데, 그리기 · 이야기 나누기 ·

글쓰기를 통해 외상에 직면하는 것이 포함되어 있다. 아동은 자신의 생각과 감정을 표현하고, 긍정적인 대처 전략을 개발하고, 상실의 의미를 찾으면서 발생한 일에 대해 깊이 있고 일관된 이야기를 만들어 가도록 격려받는다(Salloum & Overstreet, 2012). 사건에서 유래된 기억과 감정을 점진적으로 노출하면서, 아동은 사건으로 인해 야기된 부정적인 정서와 기타 반응들의 침습(intrusion) 없이 정서적 통제감을 가지고 사건에 대해 더 많이 말할 수 있게 된다. 그러나 연구자들에 따르면 처치를 시작할 시점에 해리의 징후를 보이는 아동 또는 성인은 이러한 조기 개입에 잘 반응하지 않으며, 이는 충격과 분리감의 정도 때문인 것 같다(Price et al., 2014).

외상 집중 인지-행동치료(TF-CBT)는 아동기 외상이나 스트레스를 위한, 가장 널리 연구되고 지지받는 형태의 노출치료이다. TF-CBT는 인지-행동, 애착, 인본주의, 권한 부여, 가족 치료 모델의 요소를 통합한 심리사회적 처치 모델이다. 이 모델은 아동과 성인이 성 학대, 가정 폭력, 외상적 상실, 폭력과 테러, 기타 많은 외상 사건 또는 스트레스 사건과 관련된 정서와 침습적 사고에 대처할 수 있도록 돕는다(Barrera et al., 2013; Gerson & Rappaport, 2013).

TF-CBT는 노출치료와 침습적인 기억 및 정서에 더욱 효과적으로 대처하는 방법을 연습할 수 있게 하는 기술 형성을 결합한다(Cohen et al., 2010). 노출 전략은 아동이나 청소년이 아주 고통스럽지는 않은 속도로 외상 사건 및 그들의 감정을 이야기하도록 한다. 아동 또는 청소년은 자신의 속도에 맞춰서 무슨 일이 일어났는지 또는 일관된 이야기를 만들어 나가도록 격려되는데, 이렇게 함으로써 사건에 대한 고통스러운 감정을 통달하고 사건이 아동의 생활에 가져온 충격을 해결해 나간다. 이 과정에서 이들은 자신의 탓이라거나 사건을 막기 위해 무엇인가를 해야 했다는 것과 같이 사실이 아닌 또는 왜곡된 생각을 교정할 수 있다. 각 회기를 통해 이들은 외상 사건에 대한 불쾌한 감정이나 침습적인 기억에 대처하도록 돕는 스트레스 관리 및 이완 기술을 배운다(**살펴보기 12.3** 참조).

일부 아동은 외상에 대해 전형적인 PTSD 관련 증상을 넘어서 좀 더 복잡한 확장 패턴으로 이루어진 반응을 보

살펴보기 12.3

외상 집중 인지-행동치료(TF-CBT)

© Rob Marmion/Shutterstock.com

TF-CBT는 한 가지 이상의 외상적인 생활 사건(지연되거나 극심한 위협이나 위험 형태로부터 파생된 복합 외상을 포함해서)과 관련된 심각한 정서적·행동적 어려움이 있는 아동과 청소년을 위한 처치로 많은 지지를 받고 있다. TF-CBT는 PTSD 관련 증상뿐만 아니라 불안, 우울, 행동 표출 문제, 성적 행동 문제, 수치심, 대인관계 신뢰와 유대감도 개선시킨다.

핵심요소는 PRACTICE와 연관된다.

- **P**(psychoeducation): 아동의 외상 및 외상을 떠올리는 사람(부모 및 아동/10대)에 대한 심리교육
- **P**(parenting skills): 양육 기술(적대적인 행동을 관리하는 방법 포함)
- **R**(relaxation skills): 이완 기술(아동과 부모에게 개별적으로)
- **A**(affect regulation skills): 정서 조절 기술
- **C**(cognitive coping): 인지 대처: 사고, 감정, 행동을 연결시키기
- **T**(trauma narrative and processing): 외상을 이야기하고 다루기
- **I**(invivo mastery of trauma reminders): 외상을 상기시키는 것에 대한 생체 반응의 숙달
- **C**(child-parent sessions): 아동-부모 회기(외상 이야기를 공유)
- **E**(enhancing future safety and development): 미래의 안전과 발달을 강화하기

출처: Cohen et al., (2010, 2012)과 NCTSN Core Curriculum on Childhood Trauma Task Force(2012)에서 인용.

이기도 한다. **복합 외상**은 타인에 대한 애착, 정서 조절, 해리, 행동 문제, 왜곡된 자아 개념의 문제를 보인다. 예를 들면, 우리는 성 학대를 당한 아동이 물질 남용, 안전하지 않은 성 행동, 품행 문제와 같이 건강을 해치는 행동에 어떻게 몰두하는지에 대해 보고하는 것에 관해 알고 있다(Fergusson et al., 2013; Homma et al., 2012). 이러한 요구에 맞추기 위해 TF-CBT는 안전감 및 적절한 점진적 노출을 통합시킨 대처 기술을 가르치는 데 추가의 시간을 할애한다. 이러한 수정은 외상의 애도 요소가 들어 있고 앞으로의 안전감과 신뢰감을 보장하는 적절한 처치 종결 단계가 가능하게 해 준다(Cohen et al., 2012).

학대받은 아동의 특수한 요구

아동 학대는 개인적 고통과 경제적 손실이라는 측면 모두에서 사회에 큰 피해가 되고 있다. 아동 학대와 관련된 의학적 · 법적 · 교육적 비용, 아동 복지 서비스의 비용이 미국에서 1년에 1240억 달러라는 엄청난 액수로 추정된다(Fang et al., 2012). 따라서 예방과 개입의 모든 수준에서 이러한 문제를 다루는 것이 시급하다(Wekerle, 2011).

학대 가정의 예방과 개입 서비스에서 나타나는 장애물을 생각해 보자. (1) 도움을 받아야 하는 대부분의 사람이 스스로 도움을 청하러 올 가능성은 거의 없다. (2) 흔히 이들은 규범이나 법을 어긴 후에, 누군가가 관심을 갖게 되어서 전문가의 도움을 받게 된다. (3) 부모는 자식을 잃게 되지 않을까 또는 법적 책임이 있지 않을까 하는 걱정(말할 것도 없이, 현실적인 두려움이다)으로 인해 문제를 인정하고 싶어 하지 않는다.

아동 학대 및 방임과 관련하여 처치를 찾는 많은 아동과 성인은 일정 수준의 법적 제약이 있다. 다른 심리적 개입과 마찬가지로, 아동 학대의 처치 역시 유익한 지원의 원칙에 기초하는데, 문제라고 인정하지 않으면 어떻게 도와줄 수 있겠는가? 따라서 아동 학대와 방임의 처치는 이러한 기본적 딜레마 때문에 시들해졌다. 즉, 처치와 예방에 대한 접근은 문제를 인정하거나 인식하는 것에 달려 있다(Azar & Wolfe, 2006).

이러한 장애물에도 불구하고, 폭력 속에서 성장한 아동과 청소년은 타인과 관계 맺는 것을 배우는 처치를 통해 주요한 전환을 할 수 있는데, 특히 처치가 일찍 시작될수록 그러하다. 이들의 손상보다는 이들이 가진 강점과 능력을 보는 것이 신체 학대, 방임, 이와 관련된 사회적 문제를 예방할 수 있는, 실현 가능한 접근이다. 자원의 연결망을 형성하고 아동의 발달적 욕구에 대해 배우기 위해 분만 전후의 가정방문 서비스를 받고 15년 후, 처음에 낮은 사회경제적 수준, 어린 나이(19세 이전), 미혼 상황이었던 부모는 자녀의 수 및 터울과 관련해서 가족계획을 잘하고, 복지의 필요성이 적었으며, 아동 학대가 덜 발생했고, 청소년기에 이 자녀들이 구속되는 경우가 적었다(Eckenrode et al., 2010; Kitzman et al., 2010; Olds et al., 1997). 집중적인 연구의 결과에 따라, 아동 학대와 방임을 예방하는 가정방문 프로그램은 북아메리카의 여러 지역에 널리 퍼지게 되었다(MacMillan et al., 2009).

분명히, 부모-자녀 관계 발달의 초기 단계에서 긍정적인 경험을 증진시키려는 노력은 아동 학대의 예방과 감소를 상당히 약속해 준다. **그림 12.4**에서 볼 수 있듯이, 아동 학대 개입에는 이러한 행동을 완전히 예방하려는 노력(보편적 및 목표가 있는 예방)과 재발 또는 중요한 결함을 예방하려는 노력 둘 다 포함되어 있다.

유사하게, 성 학대를 피하거나 보고하는 방법을 아동과 부모에게 교육시키는 프로그램은 피해에 대한 아동의 대응 방법을 개선시킬 것이며, 특히 아동이 예방 활동에 적극적으로 참여하도록 격려하는 프로그램일수록 더욱 그러하다(Finkelhor, 2009). 공식적인 처치의 노력 역시 학대와 방임의 해로운 영향을 극복하는 기회를 증가시킬 것이다. 아동 양육의 문제와 밀접한 관련이 있다는 점에서, 신체 학대와 방임에 대한 처치를 함께 논의하려고 한다. 성 학대의 처치는 성 학대만의 독특한 특성과 경과가 있으므로, 따로 제시했다.

신체 학대와 방임

> 학대와 같은 외상 사건으로 인한 것은 신중한 치료적인 노출의 과정 안에서 원래의 경험의 모든 측면을 경험하고, 표현하고, 재고하는 것에 의해서만 해결될 수 있다.
>
> — Alice Miller

아동 학대 및 방임의 처치는 여러 가지 방식으로 전달될 수 있는데, 개별적으로 부모를, 아동을, 또는 부모와 아동 모두를, 또는 전 가족을 대상으로 한다. 대부분의 개입이 부모의 행동에서 바람직한 변화를 가져올 수 있도

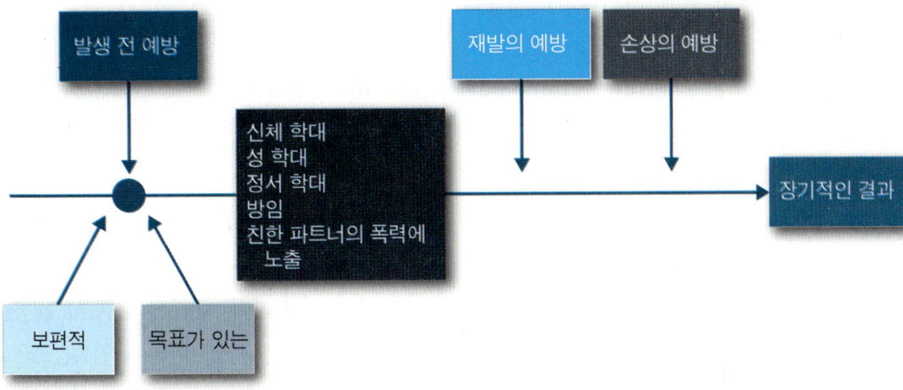

그림 12.4 아동 학대 또는 학대의 장기적 결과를 예방하는 기회를 설명해 주는 연속선.

출처: MacMillan et al., 2009.

록 강조하지만, 이러한 변화는 이들의 자녀의 발달에도 크게 영향을 미치게 된다.

신체 학대의 개입은 부모가 자녀를 가르치고, 훈육하고, 다루는 방식을 변화시키는 것인데, 대부분은 구체적인 분노 패턴 또는 왜곡된 믿음을 표적으로 하는 인지-행동 방법이 수반된 기본적인 자녀 양육 기술을 부모에게 훈련시킨다. 아동 방임에 대한 처치는 가족의 안전, 재정, 의료적 요구, 약물 및 알코올 상담과 같은 기타 중요한 가족의 요구를 구조화하는 기술을 개선하는 방법을 부모에게 가르치는 동시에, 부모의 기술(skill)과 기대에 초점을 맞춘다(Azar & Wolfe, 2006). 유사하게, 가정에서 폭력을 목격한 아동은 자신의 가정 상황이라는 맥락에서 아동의 욕구를 다루는 개입이 도움이 된다. 예를 들면, 가해자가 아닌 어머니가 처치에 함께 참석해서, 아동에게 적절한 지지를 제공하는 방법과 아동 행동 문제에 대처하는 방법을 동시에 배울 수도 있다(Graham-Bermann et al., 2007; Jaffe et al., 2011).

학대하는 부모는 통제와 규율을 지나치게 강조하거나, 접촉과 책임을 피하는 방법을 강조하기 때문에, 이들은 자녀와 함께 즐기는 방법을 잘 모른다. 따라서 처치는 종종 긍정적인 부모-자녀 관계와 즐거운 경험을 증가시키는 것에서 시작한다. 부모는 아동의 결함 영역을 더 강화하고 적응적인 기능을 촉진시킬 수 있도록 모델링, 역할놀이, 피드백을 통해 아동과 일상생활 활동을 함께 하는 방법을 배운다(Wolfe, 1991). 활동은 아동의 관심을 극대화하고, 즐거운 상호 교환의 기회를 충분히 제공할 수 있는 것으로 선택한다. Milton의 처치 계획은 이처럼 중요한 시도 단계를 잘 보여 준다.

MILTON의 처치

1회기

Brenda가 집에서 겪는 문제를 아는 데는 시간이 오래 걸리지 않았다. 첫 회기를 통해서 어느 정도 파악이 되었는데, Milton(4세)은 엄마의 관심을 원했고 엄마가 잠시 방을 떠나야 한다고 했을 때 크게 화를 내기 시작했다. 이 분노 폭발 동안에 Milton은 안락의자를 계속 밀었고, 둥글게 말린 포스터로 Brenda를 계속 치려고 했다. Brenda는 처음에 Milton과 나를 함께 남겨 두고 행복해하면서 관찰실을 나갔다. 나는 Milton이 좋아하는 게임과 몇 가지 손가락 인형을 알아내어 관계를 맺기 시작했다. Milton이 흥미를 잃자마자 나는 곧 새로운 활동으로 바꾸었다. 나는 Brenda를 위해 Milton의 행동을 관찰하고 나의 관심을 표명하는 몇 가지 방식을 간단하게 시범을 보였다. "Milton은 무엇이든지 탐구하는 것을 좋아하는구나! 봐, 나는 말하는 인형이 있다. 인형에게 말해 볼래? 잘했어, 인형이 너에게 말을 했어!"(Milton은 장난감 상자를 향해 다가오기 시작했다). "자, Milton! 나는 인형을 가지고 있어. 인형을 가지고 있을래? 좋아, 너는 나랑 다시 놀려고 오는구나. 우리가 인형 놀이를 한 후에 엄마가 와서 같이 놀 거야. 노는 것을 다하고 난 후에는 음료수를 마실 거야. 이 막대들을 쌓을 수 있니? 이런. 너는 이것들을 부수었구나. 재미있어 보이는구나. 다시 해 보자. 이번에는 여기에 쌓아 줄래?" 나는 Milton의 산만함을 줄이기 위해 Milton 가까이에서 새로운 활동을 안내했고, 옆방에서 상호작용을 관찰하고 있는 어머니가 들을 수 있도록 크게 말했다. (저자의 사례 자료에서 인용)

부모가 자녀의 발달에 맞추어 좀 더 유연하고 적응적인

교육 방법을 배우게 되면, 자녀의 순응 및 자기 통제를 강화하려는 시도가 시작된다. 치료사가 자녀의 관심 및 적절한 행동을 조장하기 위한 긍정적 방법을 시범 보일 때 부모는 이를 관찰하며, 뒤이어 실시해 보고 피드백을 받는다. 치료사는 부모에게 긍정적인 정서를 표현하는 방법, 즉 미소·포옹·신체적 접촉·칭찬 등의 모델이 되고, 그리고 당황이나 실망을 표현하는 방법, 즉 적절한 얼굴 표정·확고한 어조·허락하지 않는다는 것을 나타내는 유사한 단서 등도 시범을 보인다.

부모 훈련이 쉽게 진행되는 것은 아닌데, 특히 여러 가지 문제가 있는 가정의 경우에는 더욱 그렇다. 아동이 하고 싶은 대로 행동하고 당신의 지시를 따르지 않는다면 어떻게 하겠는가? 이러한 상황은 부모가 자연스런 상황에서 새로운 기술을 적용하도록 돕는 데 유용하며, 실제와 비슷한 상황이다. 뜻밖에도, 그러한 어려움에 대처하는 모델링의 가치는 몇 회기 지나서 알게 되었다.

MILTON의 처치

4회기

Milton은 나의 지시를 따르는 것에 지쳤다. 그는 엄마가 보고 있다는 것을 알지 못한 상태에서 장난칠 기회를 잡았다. 그는 장난감을 집어서 던지고, 불을 껐다 켰다 했다. 나는 그를 의자(전등 스위치에 닿으려고 Milton이 사용하는)에서 내려놓고 긴 의자에 데려오는 것으로써 간단히 Milton을 진정시킬 수 있을 것이라고 생각했다. 그러나 내가 틀렸다. 그는 떼를 쓰기 시작했고, 거칠게 소리 질렀다. 선택의 여지 없이(아동 심리치료사들은 그들이 끝낼 때를 알고 있다), 나는 Milton의 엄마가 들을 수 있게 소음보다 더 큰 소리로 내가 어떻게 느끼는지, 그리고 내가 무엇을 하려고 하는지를 말했다. "내가 어떻게 해야 할지 모르겠다. Milton은 내 말을 전혀 들으려고 하지 않는구나. 화를 내기보다는 잠시(1~2분) 기다렸다가 다시 말해야겠다. 세 살짜리 우리 아이도 이러는 모습을 본 적이 있어. 꼬마들이 항상 내 말을 들을 것이라고 기대할 수 없다는 것을 알아."

집에서 이런 행동에 익숙해 있는 Brenda는 그 상황이 무가치하다고 생각했다. "이제, 내가 얼마나 힘든지 아시겠지요!" 나는 가볍게 방어하며, 그러한 방법이 이 상황에서 왜 쉬운 해결책이 되지 않는지를 설명했는데, 냉정함을 유지하는 것, 그리고 Milton이 즉시 협조할 것이라고 기대하거나 요구하지 않는 것이 중요한 이유를 설명했다. 우스갯소리로, 나는 Brenda가 가지고 있는 아동 행동에 대한 머피의 법칙—모든 것이 다 나빠질 것이다—과 그것의 당연한 귀결을 상기시켰다. "지난번에 효과가 한 번 있었다는 것이 매번 할 때마다 효과가 있을 것이라는 것을 의미하지 않는다!" (저자의 사례 자료에서 인용)

이러한 불행 및 이와 유사한 불행에서, 우리는 처치가 전달되는 동안에 일어나는 유사한 문제가 부모에게 얼마나 절실한가(우리가 계획을 했든지 안 했든지 간에 안성맞춤으로 발생한다)를 알게 되었다. 스트레스가 덜한 상황뿐만 아니라 이러한 상황들은 부모에게 침착하면서도 단호하게 자신을 유지하는 방법을 가르치는 데 이용되었다. 치료사는 부모가 학대하거나 혹독하지 않으면서도 자신의 좌절과 화를 표현하는 방법을 시범 보이고, 그 후 부모와 이야기를 나누고 부모가 그 상황을 다루는 방법을 재연해 보도록 격려했다. 점차 부모는 체벌이나 무관심을 긍정적인 접근으로 대치하는 것을 배웠다. 이러한 과정은 시간이 걸리며, 부모의 좌절과 인내의 한계도 예상된다. 인지-행동적인 방법은 아동을 학대할 위험이 있는 부모 및 학대하거나 방임하는 부모에게 대처 기술과 문제해결 기술을 가르치는 데 성공적이었다(Mikton & Butchart, 2009; Thomas & Zimmer-Gembeck, 2011).

방임하는 부모는, 아동 발달을 촉진하고 아동의 활동을 구조화하는 새로운 방법을 배우는 것 이외에, 재정적 계획 및 집안 청소 등과 같이 일상생활에서 필요한 것을 관리하는 기본적인 교육과 지원이 종종 필요하다(Allin, Wathen, & MacMillan, 2005). Project SafeCare와 같은 프로그램은 부부 상담, 재정 계획, 청결 및 이와 유사한 문제에 관한 교육 등과 같은 복합요소들의 개입을 제공하는데, 방임 가족 및 복합적인 문제 가정의 다양한 요구를 다루고 있다(Gershater-Molko, Lutzker, & Wesch, 2003). 학대당하거나 방임당한 아동을 위한 처치 서비스는, 부모의 행동이 종종 일차적인 문제이기 때문에 부모를 위한 개입보다는 적다. 그러나 앞서 살펴보았듯이, 학대당한 아동은 주요 발달상의 능력들이 종종 지연될 수 있으며, 이는 이 영역에 대해 더 많은 관심을 집중해야만 한다는 강력한 근거이다.

아동 학대와 방임의 예방을 위한 미래의 움직임은 요구 수준과 도움의 적절한 시기에 기초해서 부모 및 가족에게 종합적인 도움을 제공하는 공중보건 접근과 연관이 될 것 같다. 예를 들면, 잘 지원된 Triple P 프로그램은 짧은 회기에서부터 강도 높은 훈련과 일대일 보조에 이르기까지, 지역사회의 모든 부모의 요구를 가장 잘 충족시키기 위해 다섯 단계로 도움을 제공한다(Prinz et al., 2009). 유사하게, 어린 아동의 부모를 위한 정보 및 안내는 정기적인 건강 방문의 일부로 소아과 1차 진료 제공자가 쉽게 제공할 수 있다(Dubowitz, Feigelman, Lane, & Kim, 2009).

성 학대

이런 일이 일어난 것은 아주 많은 사람들이 그것에 대해 침묵했기 때문이다.

— 아동기에 성 학대를 당한 성인

성 학대를 받은 아동은 비밀, 침묵, 고립의 세상을 경험한다. 성 학대 사실을 털어놓거나 우연히 발견됨으로써 이 침묵이 깨어진 후에 치유로 향하는 길이 어려울 수 있다. 이들은 불쾌한 기억뿐만 아니라 묻어 두었던 죄의식, 혼란, 두려움, 낮은 자기 가치감 등의 감정에 직면해야만 한다. 아동기의 다른 문제와 마찬가지로 성 학대는 그 충격과 치료에 영향을 미칠 수 있는 개인, 가정, 지역사회 문제의 맥락에서 발생한다. 가족 기능의 요인, 특히 위기에 대한 반응에서 부모가 지지하고 도움을 구하는 행동은 아동의 스트레스 수준에 영향을 미치고 이들의 회복에 도움이 된다고 알려져 있으며, 그래서 처치는 흔히 이러한 상황적 문제를 다루어야만 한다.

성적으로 학대당한 아동의 처치 프로그램은 아동의 신뢰감, 안전감, 무죄를 회복시키기 위한 몇몇 중요한 요소들을 제공한다(Cohen, Mannarino, & Murray, 2011; Johnson, 2008). 한 가지 중요한 요소는 이런 일이 그들에게 왜 일어났는지를 이해하고, 어떻게 하면 다시 안전감을 느낄 수 있는지를 도와주는 교육 및 지지와 관련이 있다. 성 학대의 본질에 대한 정보와 교육은 자기 비난으로 이어질 수 있는 잘못된 믿음을 명확히 하는 데 도움을 주고, 낙인에 대한 아동의 감정과 고립감은 흔히 다른 아동 피해자와 함께 하는 집단 치료를 통해 다루어진다. 만화영화와 비디오는 아동 피해자가 감정을 인식하고 인정해서 자신의 감정에 대해 말하는 데 도움이 되는데, 이를 통해 아동은 장차 희망과 힘을 느낄 수 있다. 또한 성 학대를 방지하는 방법과 개인적인 힘 및 안전감을 회복하는 방법을 배운다. 만화영화와 행동 리허설을 통해서 아동은 적절한 접촉과 부적절한 접촉을 구분하는 방법도 배운다.

인지-행동적 접근 방법은 이러한 목표를 수행하는 데 특히 유용하다(Cohen et al., 2010, 2012). 교육과 지지는 아동 피해자뿐만 아니라 부모(성 학대 가해자가 아닌)에게도 제공된다. 성 학대라는 본질의 기저에 있는 비밀의 파기는, 부모로 하여금 아동을 믿어야 할지 말아야 할지, 또는 자신이 믿었던 가해자에 대해 어떻게 느껴야 할지 양가감정을 일으킨다. 부모는 아동의 행동을 이해하고 관리하는 방법에 대한 조언이 필요한데, 이러한 행동에는 학대로 인한 퇴행적 행동 또는 성적 행동이 포함된다. 폭로로 인해 부모도 두려움과 걱정을 경험할 수 있으며, 다른 부모 및 치료자와의 이야기는 가치 있는 지원이 될 수 있다.

교육 및 지원에 덧붙여, 성적으로 학대받은 아동은 학대와 학대로 인한 영향—분노, 양가감정, 두려움—을 안전하고 지지적인 환경에서 반드시 표현해야 한다. 예를 들면, 나이 어린 아동은 외상의 측면에 대해 구체적으로 질문하지 않으면 외상에 대한 자신의 심리적 반응을 말할 수 없는 경우가 흔하다(Wolfe, Sas, & Wekerle, 1994). 성 학대는 아동이 강력하고 혼란스러운 감정에 대처하려는 시도를 하게 하는데, 이러한 감정을 피하기 위해 가능한 모든 방법을 사용하는 아동이 있다. 그러나 공포와 불안이라는 내적 상태에서 도피하거나 회피하려는 노력은 감성을 더 악화시킬 수 있다.

이러한 이유 때문에 TF-CBT가 아동 성 학대 피해자와 그 외 복합 외상 증상이 있는 아동에게 적용되어 왔다. 아동에게 사건에 대한 자신의 기억을 점진적으로 떠올리라고 요구하고, 종종 고통스런 감정까지 강력한 정서가 반복해서 노출되어 소거되도록 한다. 또한 긍정적 진술과 상상을 사용하여 부정적인 사고와 감정에 대처하는 것을 배운다. 점진적 노출, 모델링, 교육, 대처 방법, 예방 기술 훈련은 PTSD 및 기타 성 학대의 흔한 결과들을 치료하는 데에서 긍정적인 효과를 나타내었다(Harvey & Taylor, 2010; Trask, Walsh, & DiLillo, 2011).

성적으로 학대받은 아동의 성공적인 개입에서는 몇몇 중요한 결과가 있어야 한다는 데에 강력하게 동의한다(Berliner & Elliott, 2002). 처치 서비스는 아동 자신에게 일어난 일이 학대라는 사실과 이것은 잘못된 일이라는 것, 그리고 일시적으로 문제를 일으킬 수 있다는 것을 이해하도록 돕는다. 학대로 인해 생길 수 있는 정서적 문제와 행동 문제는 점차 진정되며, 아동은 앞으로 있을 문제를 다루는 개인적인 자원을 가지고 있어야 한다. 특히 이들은 지지적인 관계가 필요한데, 학대가 아동의 행동과 적응에 미치는 영향을 이해할 수 있는 적절한 지식과 지지를 받은 부모나 다른 양육자와의 지지적인 관계가 중요하다. 마지막으로, 성공적인 처치는 아동이 자신의 정상 발달로 회복되도록 한다.

100년 전, 심리학 교과서에서는 학대의 문제가 거의 다루어지지 않았다. 우리는 학대와 방임이 발달, 정신건강, 사회적 결과에 미치는 영향에 대해 아는 것이 거의 없었고 이용할 수 있는 처치도 거의 없었다. 그 후로, 학대 및 방임된 아동과 가족을 이해하고 돕는 일은 상당한 진전이 있었다. 특히 중요한 것은, 예방과 가족 지지에 관한 좀 더 폭넓은 노력을 통해서 아동 및 청소년이 불필요하고 해로운 학대를 당할 가능성을 감소시키거나 제거할 수 있다는 것이다.

단원 정리

처치와 예방

- 아동의 PTSD 회복의 경과에는 몇몇 중요한 요인이 있는데, 외상 사건의 성질, 아동이 갖고 있는 특성, 가족/사회적 지지이다.
- 외상 집중 인지-행동치료는 노출치료와 침습적인 기억 및 정서에 효과적으로 대처하는 방법을 연습할 수 있도록 기술 형성을 결합한다.
- 학대의 예방은 상당한 가능성이 있는데, 특히 예방의 시도가 부모-아동 관계의 형성에서 조기에 시작될 때이다.
- 신체 학대에 대한 처치에서는 구체적인 분노 패턴 또는 왜곡된 믿음을 목표로 하는 인지-행동적 방법과 함께 좀 더 긍정적인 아동 양육 기술을 위한 부모 훈련이 수반된다.
- 아동 방임에 대한 처치에서는 사회적 능력 및 가정 관리에 대한 훈련과 함께, 양육 기술과 기대에 초점을 맞춘다.
- 성적으로 학대당한 아동을 위한 개입에서는 아동의 안전감 욕구, 정서적 결과의 이해와 표현을 강조한다.
- 인지-행동적 방법은 성적으로 학대를 당한 아동과의 작업에서 유용한 것으로 알려져 있는데, 특히 가해하지 않았고 지지적인 양육자의 지원과 교육이 함께 제공될 때 더욱 유용하다.

✳ 학습 자료

단원 요약

역사와 가족 맥락
외상, 스트레스, 학대: 특징 정의하기
외상 및 스트레스 관련 장애
처치와 예방

핵심 용어

관계 장애(relational disorder)
교육적 방임(educational neglect)
급성 스트레스 장애(acute stress disorder)
기대할 수 있는 환경(expectable enviroment)
반응성 애착장애(reactive attachment disorder)
복합 외상(complex trauma)
성 학대(sexual abuse)
스트레스 사건(stressful events)
신체적 방임(physical neglect)
신체 학대(physical abuse)
심리적 학대(psychological abuse)
아동 학대(child maltreatment)
알로스타 부하(allostatic load)
외상 사건(traumatic events)
외상적 성 행동(traumatic sexualization)
외상 집중 인지-행동치료(trauma-focused cognitive-behavioral therapy, TF-CBT)
외상 후 스트레스 장애(post-traumatic stress disorder, PTSD)
적응장애(adjustment disorder)
정보처리 방해(information-processing disturbance)
정서적 방임(emotional neglect)
정서 조절(emotional regulation)
탈억제성 사회적 유대감 장애(disinihibited social engagement disorder)
폭력 순환 가설(cycle-of-violence hypothesis)
해리(dissociation)

13

건강 관련 및 물질 사용 장애

진짜 재산은 금이나 은 조각이 아니고 건강이다.

—Mahatma Gandhi

이 장 미리 보기

역사

수면-각성 장애
- 수면의 조절 기능
- 성장에 따른 변화
- 수면-각성 장애의 특징
- 처치

배설장애
- 유뇨증
- 유분증

만성 질환
- 아동 건강에서의 정상 편차
- 소아당뇨병
- 아동기 암
- 진행과 경과
- 아동의 적응 방식: 생물심리사회적 모델
- 개입

청소년 물질 사용 장애
- 유병률과 경과
- 원인
- 처치와 예방

JEREMIAH

호흡이 생명이다

Jeremiah Jager(4세)는 파란색을 좋아한다. Jeremiah는 파란색 소다수를 마시고, Magic Star 시리얼에서 파란색 과자를 골라먹고, 파란색 크레용을 집는다. 그러나 작년 겨울에 크루프성 질환에 걸려서 입술, 뺨, 코가 파란색으로 변했을 때 Jeremiah의 어머니는 공포에 떨었다. 이번이 Jeremiah의 여덟 번째 응급실 방문이었다. 최악의 공포였다. 양쪽 집안의 친척들처럼, Jeremiah가 천식에 걸렸다고 생각했던 Cathy는 "Jeremiah가 파랗게 변했을 때, '도대체 뭐가 잘못됐지? 누가 대답 좀 해 주세요.'"라고 말했다. Cathy는 Denver에 있는 국립 유대인 의학연구센터의 흉부외과에 전화를 걸었다. Cathy는 "우리 자동차 값의 거의 두 배의 비용이 들겠지요. 그러나 아이를 위해 할 수 있는 모든 것을 하지 않으려면 왜 아이를 낳았겠어요?"라고 말했다. 그 말을 한 후 일주일도 되기 전에 Jeremiah 가족은 Nebraska의 Alliance를 떠나서 Denver로 가는 긴 여정을 시작했다. 그들은 아이에게 잘못된 것이 무엇인지 알아야만 했다.

출처: "An Epidemic of Sneezing and Wheezing," by C. G. Dowling and A. Hollister, *Life Magazine*, May 1997, p. 79.

FREDDIE

잠자는 것이 너무 무서워요

Freddie(12세)는 잠들기가 아주 어렵다. Freddie는 잠이 드는데 매일 밤 한두 시간 정도 걸리며, 이로 인해 다음 날 아침에 학교에 가기 위해 6시에 일어나는 것이 어렵다. Freddie는 대개 저녁 9시까지 아래층에서 TV를 보고 잠자리에 들 준비를 한다. 침대에서 불을 끌 때까지 잠시 책을 읽는다. Freddie는 다음과 같이 설명한다. "책을 읽을 때는 졸리지만 불을 끄면 잠이 깨요. 특히, 숙제나 친구 사귀기와 같이 학교에서 괴로웠던 일이 계속 생각나는 것을 멈출 수가 없어요. 아빠는 잠을 충분히 자지 않으면 병에 걸릴 것이라고 말했고, 지금 나는 친구 중 한 명처럼 혼자가 될까 봐 두려워요. 예전처럼 바로 잠들 수 있을 것 같지 않아요."

출처: Bootzin & Chamber, 1990에서 인용.

위의 Jeremiah와 Freddie가 공통적으로 갖고 있는 문제는 무엇인가? 정도의 차이는 있지만, 이 아동들은 그들의 건강이나 안녕에 영향을 미치는 상황에 직면해 있으며, 그 결과, 아동과 가족은 지속적으로 걱정하며 고통스럽다. Jeremiah의 부모는 아이의 호흡 문제에 대한 답을 원하는데, 이 호흡 문제는 예고 없이 발생하는 듯하다. 의사들이 아동의 병에 대해 설명하지 못했기 때문에, Jeremiah의 부모는 호흡 문제가 심리적 원인에 의해 일어난 것이 아닐까 속으로 생각한다. 비슷하게, Freddie의 수면 문제는 충분히 잠을 자지 못한 것에 대한 아버지의 언급 때문에 생긴 걱정도 혼합되어 있다. 만약 있다면, Jeremiah와 Freddie의 발달과 적응에 대한 심리적 요인은 건강 문제에서 어떤 역할을 하는가?

아동의 건강 관련 문제는 아동, 부모, 그 외 가족들 모두에게 큰 영향을 미치며, 이는 심리적으로 중요하다. 이 장에서 논의되는 문제는 전형적인 정신건강 장애라기보다는 건강 관련 문제와 의학적 스트레스 요인에 관한 것이다. Freddie가 잠드는 데에서 발생되는 문제와 밤새 잠을 잘 자는 것과 같이 경미한 문제도 있고, Jeremiah의 천식처럼 어떤 문제는 생명을 위협하기도 하며, 복합적인

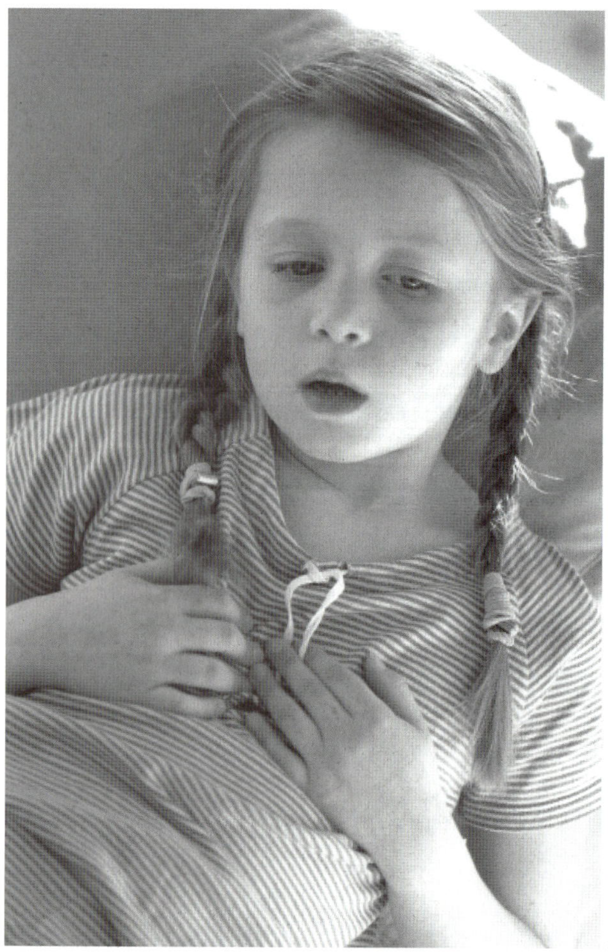

Véronique Burger/Science Source

아동의 건강 문제는 심리적 적응에 영향을 미칠 수 있다.

또는 침해적인 의학적 개입이 따르기도 한다.

소아과의 건강 관련 문제는 뚜렷이 구별되는 전문적 영역이지만, 유뇨증(야뇨증, 오줌 싸기) 또는 유분증(대변실금)같이 비교적 가벼운 문제에서부터 암이나 당뇨병에 이르는 만성 질환에 이르기까지 범위가 넓다(Jackson, Alberts, & Roberts, 2010; Prinstein & Roberts, 2006). 아동의 적응 문제가 주로 신체 질환과 직접 연관되어 있다는 점에서 건강 관련 장애는 다른 정신장애와 다르다. 더욱이 다양한 장애 또는 발달적 문제는 의학적 · 심리적 · 심리사회적 요소들을 모두 공유하고 있기 때문에, 소아과학 심리학 분야에서는 신체건강과 정신건강 간의 상호작용을 강조한다(Peterson, Reach, & Grube, 2003). 아동의 건강 관련 문제에 심리학자나 그 외 정신건강 전문가들이 참여함으로써 아동과 가족이 환경에 적응하고 대처하도록 도와주는 성공적인 방법을 이끌어 낼 수 있다.

역사

건강 관련 문제가 있는 아동을 돕기 위한 심리적 접근이 지난 20여 년 동안 상당히 발전했지만, 이보다 더 긴 역사를 가지고 있다. 그리스 철학자들이 통증이나 질병이 불, 공기, 물, 흙을 기본 요소로 하는 신체의 불균형에 의한 것이라고 주장한 이래, 마음과 신체의 상호 관계로 인해 많은 문화들 사이에서 논쟁거리가 되었다. 그러나 중세기에는 정신적 · 신체적 질병이 귀신 들려서 생기는 것이며, 이 사람들을 분리시켜 놓아야 한다는 믿음으로 인해 이러한 초기의 철학이 크게 퇴보했다.

정서적 안녕과 신체적 안녕 사이의 관계에 관한 대부분의 새로운 이론 및 연구는 19세기 후반까지는 휴면기였다. Charcot와 Freud가 히스테리 및 전환장애에 대한 그들의 이론을 소개했다. 그러나 마음-신체의 연결 이분법의 중요성에 관한 논쟁은 20세기 초반에 정신역동 이론과 현대의학 간에 충돌을 야기했다(Siegel, Smith, & Wood, 1991).

이러한 논쟁으로 인해 부분적으로 신체적 요인 때문에 발생된 장애와 정서적 요인 또는 심리적 요인들 때문에 발생된 장애에 관한 구분이 처음 생겼다(Peterson et al., 2003). 심리적 요인 및 사회적 요인으로 인해 생기는 신체적 장애를 **정신신체적**이라 했고, **정신생리적**이라는 용어로 대체했는데, 이것은 심리적 요인이 신체 기능에 영향을 미친다는 의미이다. 그러나 이 용어가 더 이상 사용되지 않는데, 개인의 신체적 증상이 정신 문제 단독으로만 일어난다는 잘못된 의미를 내포하기 때문이다.

50여 년 전까지만 해도 급성 또는 전염성 질병, 즉 천연두 · 결핵 · 디프테리아 · 발진 티푸스에 주로 관심이 있었는데, 이 병들은 9세 생일이 되기 전에 아동 네 명 중 한 명의 목숨을 앗아 갔다(Pollock, 1987). 단순하고, 정서가 없고, 엄정한 이러한 통계치는 유아 및 아동의 높은 사망률이 우리 조상에게 준 슬픔을 잘 전달해 주지 못한다. 사실, 몇몇 역사가들은 19세기 중반 이전에 아동의 예측할 수 없는 수명은 부모와 사회가 아동에게 정서적 투자를 하지 않게 했다고 말한다(Garrison & McQuiston, 1989). 아직도 아동 사망률이 높은 나라가 있지만, 오늘날 서양사회에서는 이런 환경을 이해하기 어렵다.

이 장에서 다루고 있는 모든 건강 관련 문제, 즉 수면-각성 장애 · 배설장애 · 만성 질환, 물질 사용 장애는 신체적 증상을 제대로 이해하지 못해서 그 원인이 심리적이라고 오해하는 좋은 사례들이다. 또한 아동기에 나타나는 다양한 현상들은 과학적 빌견이 아닌, 유행하는 치료법 또는 검증되지 않은 민간요법에 대한 믿음을 강조하고 이것이 다음 세대에게는 무식하고, 때로는 유해한 것으로 비쳐질 수도 있다.

아동의 수면장애와 배설장애를 생각해 보자. 몇 세기 동안, 이러한 비교적 흔한 고통은 아동이 가지고 태어난 고집이나 게으름 탓이라고 했다. 유뇨증에 대한 사회적 태도는 심한 반응에서부터 경미한 반응까지 다양했다. 20세기로 접어들면서, 전문가나 대중적인 견해에 따라, 유뇨증은 아동기 수음과 같이 정서장애, 행동장애의 잠재적 표시라고 생각했다. 인기가 있었던 초기 정신역동 이론에서, 배변 훈련의 어려움은 무의식적 갈등을 반영하며, 이것이 해결되지 않으면 골치 아픈 성격이 될 수 있다고 가정했다. 기저에는 아주 많은 갈등의 원천이 있는데, 부모 사랑의 결핍, 배설에 대한 죄책감, 분리불안, 임신에 대한 소망, 가족 문제에 대한 반응, 심리성적 발달의 구강기와 항문기 사이에 엄마와의 외상적 분리 등이 있다(Fielding & Doleys, 1998).

1920년대에 미국 아동국(U.S. Children's Bureau)의 관보, 「유아 양육 학술지(*Infant Care Bulletin*)」에서는 아동 발달 문제에 대한 엄격한 사회의 입장을 반영했다. 여기서는 부모가 엄하고 규칙적인 일정에 따라 아동의 배변 훈련을 하고 생후 8개월까지는 배변 훈련을 끝내야 한다고 충고했다! 유아가 이 계획대로 따르지 않으면 직장에 비누를 넣어 배변을 하게 했다(Achenbach, 1982).

다행히도, 1940년경에 이 충고의 내용은 부드럽게 바뀌었는데, 부모가 기저귀에서 배변 훈련을 할 시기를 아동의 성장이 알려 주는데, 이 시기는 생후 12~30개월이라고 보았다. 배변 훈련 문제는 1960년대에 다시 등장했는데, 이 시기에 유명한 소아과 의사 Benjamin Spock는 1940년대 배변 훈련과 아동기 초기 교육에 대해 너무 관대한 충고를 하여 북아메리카에서 많은 사회적 문제가 생기게 되었다는 비난을 받았다. 이런 비난에 대해 Spock(1945)는 "아동이 힘을 가지고 있지만 부모가 이를 잘 조정해야 한다."라고 단호하게 말했다.

소아의학과 심리학을 연결시키기 위해 1968년에 설립된 소아심리학회(The Society of Pediatric Psychology)는 1976년, 「소아심리학 저널(*Journal of Pediatric Psychology*)」을 창간했다. 이 두 가지 역사적 사건은 아동 건강장애의 신체적 결과에 대한 연구와 이론을 확장시켰으며, 병의 심리사회적 영향 및 둘 사이의 상호작용을 포함시켰다(Roberts & Steele, 2009).

소아 건강 심리학의 중요 관심사는 아동의 건강 및 안녕에 영향을 미치는 수많은 상황적 · 발달적 · 만성적 스트레스 요인에 대해 아동이 적응하는 방식이다. 먼저 수면-각성 장애에 대해 알아보고, 수면이 우리의 심리적 발달 및 신체적 발달 그리고 출생부터 수면 조절이 얼마나 중요한지를 살펴볼 것이다. 그 후, 아동과 청소년의 배설장애와 만성 질환을 논의하고, 아동이 어려움에 적응하거나 극복하도록 돕기 위한 최근의 기념비적인 발전을 다룰 것이다. 마지막으로 물질 사용 장애와 청소년기에 나타나는 건강을 위협하는 관련 행동을 살펴볼 것이다. 이 장에서의 핵심 주제는 건강 관련 문제가 아동이나 청소년의 심리적 안녕과 어떻게 상호작용하는지, 그리고 아동과 청소년 및 그 가족들이 이에 대한 반응으로 적응하는 방식에 관한 것이다.

단원 정리

역사

- 몇 세기 동안, 잘 이해하지 못하는 신체적 증상들은 심리적 원인 때문에 생긴 것이라고 생각해 왔다.
- 오늘날, 소아 건강 심리학자들은 아동의 건강 관련 문제가 심리적 안녕과 상호작용하는 방식, 그리고 아동 및 그 가족이 적응하는 방식을 연구하고 있다.

수면-각성 장애

아기처럼 잔다고 말하는 사람은 수면장애가 없다.

— Leo J. Burke

우리 모두는 한두 번쯤 잠드는 데 어려움이 있었을 것이다. 대개 이러한 문제는 심각하지 않고, 다음 날의 활동을 방해하지 않지만, 우리의 신체 및 심리적 건강과 안녕에 심각한 영향을 미치는 수면 문제도 있다. 부모, 형제, 룸메이트가 알게 되면서, 이 문제는 이들에게도 큰 영향을 미친다. 사실, 잠자리에 드는 것에 대한 거부, 취침시간의 변동, 밤에 잠에서 깨기, 아침에 일어나기 어려움, 피로와 같은 문제들은 어린 아동의 부모가 가장 흔하게 표현하는 근심거리이다(Meltzer & Mindell, 2007).

논쟁의 여지가 있지만, 수면은 발달의 초기에 기본적인 뇌 활동이다. 다음을 생각해 보자. 평균적으로 아동은 2세까지 10,000시간(14개월) 정도 잠을 자고, 7,500시간(약 10개 월) 정도는 깨어서 활동한다(Anders, Goodlin-Jones, & Sadeh, 2000). 이 2년 동안에 아동의 뇌는 성인 크기의 90%에 이르며, 아동은 인지기술 · 언어 · 자아개념 · 사회정서적 발달, 신체 기술에서 놀라울 정도로 성장한다(Dahl, 2007; Dahl & El-Sheikh, 2007). 이러한 성장이 일어나는 대부분의 시간 동안 아동은 잠을 잔다.

5세 전후로 해서 수면과 깨어 있는 시간 사이에 점차 균형을 이룬다. 그래도 초등학교 입학 전까지, 아동은 사회적 상호작용, 환경 탐색, 음식 섭취, 기타 깨어서 하는 한 가지 활동에서 보내는 시간보다 수면시간이 더 많다. 이처럼 중요한 활동이 잠을 자는 동안에 발달하는 이유는 무엇인가? 더 많은 시간을 깨어 있는 것이 언어를 배우고, 지식을 습득하고, 기타 적응기술을 발달시키는 데 유리하지 않을까? 분명한 것은, 수면이 뇌의 발달과 조절에서 기본적인 역할을 한다(Dahl, 2007)는 것이다. 이러한 수면의 역할은 수면장애가 왜 전반적인 신체건강 및 정신건강과 안녕에 영향을 미치는지, 그리고 수면장애가 아동 이상심리에서 중요한 이유를 설명하고 있다.

여러분은 수면 문제가 ADHD, 우울증, 불안, 품행 문제, 발달장애가 포함된 수많은 장애와 함께 발생하는 방식에 주목했을 것이다(Chorney et al., 2008; Kelly & El-Sheikh, 2013). 이러한 관계는 중요한 고려 사항을 떠올리게 한다. 수면 문제는 다른 장애의 원인인가, 아니면 결과인가? 이 질문에 답하려면 수면 문제가 아동의 심리적 안녕과 상호작용하는 방식을 이해해야 한다. 수면 문제는 흔히 특정의 스트레스, 즉 다가오는 시험 또는 대인 관계 문제로 인해 발생하므로, 우리는 수면의 어려움이 보다 일차적인 문제의 이차 증상이라고 생각한다. 그러나 수면 문제와 심리적 적응 사이의 관계는 양방향으로 진행한다.

수면 문제는 아동 및 청소년들 사이에게 정서 문제와 행동 문제를 야기할 수 있으며, 수면 문제가 심리적 장애로 인해 생길 수도 있다. 수면 문제와 기타 장애들 모두에 공통적으로 있는 기저 요인이 몇몇 사례에서 수면 문제를 야기할 수 있다. 뇌의 각성과 조절 체계에서의 문제는 불안을 증가시키고, 수면에 영향을 미칠 수 있다(11장 참조). 스트레스와 관련되는 사건, 특히 아동의 안전에 영향을 미치는 전쟁 · 재난 · 아동 학대는 각성을 증가시키고 정상적인 수면 패턴을 방해할 수 있다(El-Sheikh, Bub, et al., 2013; Kelly & El-Sheikh, 2013). 간단히 말하면, 수면-각성 장애는 다른 심리적 장애를 일으킬 수 있고 다른 장애 또는 상태로 인해 발생될 수도 있다. 다른 주요 장애의 많은 증상을 악화시키거나 최소화시킬 수 있다는 점에서, 수면-각성 장애는 아동 이상심리에서 상당히 중요하다.

수면의 조절 기능

우리는 '집에 불은 켜져 있지만 아무도 없는' 것처럼 잠자는 것은 아무것도 일어나지 않는 시간이라고 생각하는 경향이 있다. 잠자는 동안에 활동성의 결여와 의식이 거의 없다는 것은 수면 조절이 주의, 각성, 정서, 행동과 같은 심리적 과정과는 거의 관계가 없다는 인상을 준다. 그러면 뇌, 특히 발달하는 뇌에서 이렇게 장기간 활동하지 않는 것이 필요한 이유는 무엇일까?

수면, 각성, 정서, 주의는 역동적인 조절 체계에서 모두 밀접하게 얽혀 있다(Dahl, 1996). 단순한 휴식이라는 일반적인 수면의 이미지와는 맞지 않는다. 중추신경계(CNS)가 위험 가능성에 대한 반응으로 각성을 증가시킨다면, 이 체계는 그 후에 회복되어서 수면과 각성 사이의 균형을 복구해야만 한다. 발달과 함께 체계가 변화하는 방식은 환상적이다. 유아기에는 안전이나 필요한 다른 욕구들을 양육자가 제공해 주기 때문에 이 균형이 수면 쪽으로 치우쳐 있다. 아동이 성숙하면서 아동은 자신의 욕구를 스스로 돌보기 시작하고, 위험에 대해 더욱 경

아동의 수면 패턴은 기분과 행동을 조절하는 데 도움이 된다.

계하고 주의하게 된다. 점차로, 수면과 각성의 주기는 각성 쪽으로 치우치게 되는데, 이것은 아동에게 적응적이며 필요한 것으로서, 수면의 역동적 패턴이 다시 균형을 회복하도록 돕는다.

대부분의 대학생은 밤샘 공부나 늦은 밤 파티 때문에 수면 부족을 경험한 적이 있으므로 정서적 각성이나 회복 상태를 조절하는 데에서 수면이 중요하다는 것을 알고 있을 것이다. 잠을 박탈당하면, 아동과 성인이 보이는 현기증, 둔함, 충동적 행동은 전전두 피질 기능의 손상을 암시한다. 전전두 피질은 뇌에서 중요한 실행 통제 중추이며, 이는 정서적 신호를 처리하고 반응에 대한 중요한 결정을 하게 한다. 따라서 수면 부족은 집중의 감소와 기본적 욕구 · 충동 · 정서를 억제하고 통제하는 능력을 감소시킨다(Talbot et al., 2010).

전전두 피질은 뇌에서 정서(기본적 중추신경계 기능)와 사고(고도의 피질 기능)를 통합할 수 있다는 독특한 위치에 있다. 수면이 박탈되거나 손상을 입으면, 첫 번째 영향을 받는 기능은 인지적 · 정서적 · 사회적 투입 정보를 빠르고 정확하게 통합하는 데 필요한, 좀 더 복잡하고 까다로운 과제이다(Dahl, 1996). 누구라도 좋으니, 부모나 교사에게 물어보라. 수면 방해 또는 적절하게 잠을 못 잔 아동은 다음 날 실행 통제가 잘 되지 않는 것 같다고 말한다. 아동은 더 까다롭고, 충동적이고, 산만하고, 정서적으로 불안정(금방 웃다가 울기도 한다는 의미)해진다. 수면으로 인한 문제가 대개는 하루 이틀 사이에 저절로 교정됨에도 불구하고, 이러한 증상은 ADHD의 증상과 쉽게 혼동될 수 있다(Cortese et al., 2013).

수면의 생리는 아동기에 발생하는 발달상의 문제와 환상적으로 연결되어 있으며, 더 나아가 균형을 회복하는

데에서 수면의 역할이 중요함을 강조한다(Gregory et al., 2008). 수면의 구체적인 단계들이 신경행동 체계의 능동적인 **단절** 또는 분리를 만들어 낸다고 믿고 있다(Dahl, 1996). 사실, 중추신경계의 각기 분리된 면들이 그들의 지속적인 의무에서 휴식을 취한다. 당신이 깨어 있는 동안, 신경계가 활동적이고 밀접한 관계들을 계속해서 유지하기 위해 전기적 신호들을 어떻게 사용해야 하는지에 대해 생각해 보라. 이러한 신호들은 우리의 신경행동 체계가 정확한 타이밍과 주파수를 유지하라고 요구한다(7장 참조).

수면 연구가인 R. E. Dahl은 수면의 역할을 대형 오케스트라의 악기 조율에 비유해서 단절 과정(uncoupling process)을 설명했다. 즉, 오케스트라에서 악기가 연주를 계속하는 동안, 또는 다른 악기와 '협연'하면서 악기를 조율할 수는 없다. 마찬가지로, 중추신경계 구성요소의 재조율 또는 재조정을 하려면 다른 체계와의 일시적인 단절 또는 분리가 필요하다. 더욱이 아동에게는 이러한 단절이 매우 중요할 수 있다. 아동이 자라면서 뇌 영역은 중추신경계 안에서 상호연결의 구체적인 기능 및 패턴이 빠르게 분화되어 확립되는데(Dahl, 1996, 2007), 이것은 재조정이나 재조율을 상당히 필요로 한다. Dahl의 음악 비유에서 새로운 악기는 이미 길들인 악기보다 더 많은 재조율이 필요하다.

성장에 따른 변화

수면의 패턴과 요구는 출생 후 초기 몇 년 동안 극적으로 변하고, 그 후 성인이 되기까지 점차적으로 안정된 패턴으로 정착된다. 신생아는 하루에 16~17시간 정도 잠을 자고, 생후 1년 된 유아는 1~2시간 정도의 낮잠을 포함해서 하루에 대략 13시간 잠을 잔다(Acebo et al., 2005; Anders & Eiben, 1997). 이러한 성숙에 따른 변화는 유아와 아동이 왜 좀 더 나이 든 아동, 청소년, 성인들과는 다른 수면 문제를 가지고 있는지를 부분적으로 설명해 준다. 영아 및 걸음마기 유아는 밤에 잠을 깨는 문제가 더 많고, 취학 전 아동은 잠을 깊이 자는 데에서 어려움이 더 많으며, 초기 학령기 아동은 잠을 자러 가는 문제가 더 많다. 이와 대조적으로, 청소년과 성인의 수면 문제는 전형적으로 잠자리에 들거나, 잠을 유지하는 것(불면증), 또는 잠잘 시간이 충분하지 않은 것과 관련된 어려움이다(Roberts, Roberts, & Xing, 2011).

역설적으로, 청소년은 잠에 대한 신체적 요구가 증가하지만, 대부분은 초기 아동기 때보다 잠을 훨씬 적게 잔다. 많은 10대에게 이것은 만성적인 수면 박탈이 되며, 낮에 피로 · 성마름 · 정서적 불안정 · 집중의 어려움과 수업시간에 졸기와 같은 증상을 가져온다(Roberts et al., 2011). 따라서 자고 있는 10대를 그대로 누워 있게 하라고 말하고 싶다. 이들은 밀린 잠을 보충하고 있는 것이다!

수면-각성 장애의 특징

주요 수면-각성 장애는 약물의 사용 · 정신장애 · 질병과 관련된 수면 문제와는 대조적으로, 신체의 수면시간 및 잠을 자고 깨는 수면 기제를 조절하는 신체 능력의 비정상 때문인 것 같다. 『정신장애의 진단 및 통계 편람(*Diagnostic and Statistical Manual of Mental Disorders*, 5th edition, DSM-5)』은 10개의 수면-각성 장애를 제시하고 있으며, 이는 수면 문제와 정신건강 장애 간의 연구가 증가하고 임상적 중복을 반영하는 것이다(Reynolds & O'Hara, 2013). 여기서는 아동 및 청소년과 가장 관련이 있는 주요 수면-각성 장애만 다루도록 할 것이다. 간단하게 비정상 수면장애와 사건수반 수면장애 두 개로 나눈다(Voderholzer & Guilleminault, 2012). **비정상 수면장애**는 수면의 시작 또는 유지하지 못하는 장애이다. 충분히 잠을 자지 못하고, 자고 싶을 때 잠을 자지 못하고, 잠을 자도 상쾌한 기분이 들지 않는다는 등의 특징이 있다. 반대로, **사건수반 수면장애**는 행동적 사건이나 생리적 사건이 잠을 자는 와중에 침해하는 장애를 말한다. 비정상 수면은 수면 과정의 붕괴가 일어나는 것이다. 사건수반 수면장애는 잠을 자고 깨는 주기에서 생리적 각성, 인지적 각성이 부적절한 타이밍에 발생한 것으로, 수면 보행이나 다른 사람을 잠에서 깨우는 악몽을 야기한다. 사건수반 수면장애가 있는 사람은 졸음이나 불면증보다는 수면 중의 비정상적인 행동을 주로 호소한다.

비정상 수면장애

비정상 수면장애는 아동이 성장하는 일정한 시기에 아주 흔한데, 잠의 양 · 질 · 타이밍의 장애이다. 예를 들면, Freddie는 아동기에 흔한 형태로 나타나는 아동기 불면증을 겪고 있다. 다행히도, 이러한 수면 문제 중 대부분은 아동이 자라면서 저절로 해결되는데, 특히 부모가 잠을 자라고 소리치지 않고 수면시간을 지키는 것과 같은

표 13.1 비정상 수면장애

수면장애	설명	유병률과 연령	처치
불면장애	수면의 시작 또는 유지의 어려움, 또는 원기를 회복시키지 못하는 수면, 유아가 반복해서 밤에 깨고 잠이 들지 못함	1~3세 아동의 25~50%	행동적 처치, 가정 지도
과다수면장애	긴 수면 삽화 또는 낮잠 수면 삽화로 나타나는 것과 같이 과다한 수면	어린 아동에게 흔함	행동적 처치, 가정 지도
기면증	매일 발생하는 상쾌한 수면에 대한 저항할 수 없는 공격, 짧은 삽화의 근육 긴장의 상실이 동반됨	아동과 청소년의 1% 미만	구조화, 지지, 정신 자극제, 항우울제
호흡 관련 수면장애	수면관련 호흡곤란을 야기하는 과다한 수면 또는 불면증을 일으키는 수면장애	아동의 1~2%; 취학 전 및 학령기 아동	편도선, 편도의 제거
24시간 주기 수면장애	환경에 의한 수면 주기와 개인의 내적 수면 주기(수면 주기)의 불일치로 과다한 수면 또는 불면증을 일으키는 계속되고 반복되는 수면장애; 밤늦게 수면을 취함(한밤중 이후), 아침에 잠을 깨기 어려움, 주말에 잠자기, 변하기 어려움	알려지지 않음; 청소년의 7% 정도	행동적 처치, 시간요법

출처: 저자의 사례 자료에서 인용.

기본적인 정보를 주거나 지도를 하면 저절로 해결된다(U.S. Department Health and Human Services, 2011).

표 13.1은 아동기 비정상 수면에 대해 개괄적으로 설명하고 있다. 대부분 비정상 수면은 수면발작을 제외하고 아동기 때 흔히 나타나며, 수면발작은 드물지만 아동에게 진단 내리는 경우도 드물다(Nevsimalova, 2009). 호흡과 관련된 수면장애는 알레르기, 천식, 편도선 붓기 등으로 인해 다양한 연령대의 아동에게 영향을 미칠 수 있다. 비교적 흔하지만, 비정상 수면이 어른에게 미치는 영향과 비슷하게, 아동에게도 행동 및 정서 상태에 심각한 영향을 미친다(Reid, Huntley, & Lewin, 2009).

사건수반 수면장애

사건수반 수면장애는 초기 아동기에서 중기 아동기에 흔히 나타나며, 용어가 친숙하고 우리 자신이 비슷한 경험을 했기 때문에 좀 더 이해하기 쉽다. 여기에는 **악몽**(흔히 기억할 수 있는 무서운 꿈을 꾸면서 반복해서 깸), **수면 경악**(갑작스러운 깸, 자동적 각성이 수반되며 기억하지는 못함), **수면 보행**(침대에서 나와서 돌아다님, 그러나 다음 날 기억은 없음)이 있다. 악몽은 REM(꿈) 수면 동안에 일어나며, 보통 수면기간 중 두 번째 수면 주기의 절반 동안에 일어난다. 반면에, 수면 경악이나 수면 보행은 비REM(NREM) 동안(이러한 이유로 DSM-5는 수면 경악과 수면 보행을 하나의 범주, NREM 수면-각성 장애로 묶었다)에 일어난다. 수면 경악과 수면 보행은 수면 주기의 첫 번째 1/3 동안의 깊은 수면 동안 일어나기 때문에 깊이 잠이 들었을 때 깨어나기 어렵고 다음 날 아침에 사건을 기억하지 못한다(Reid et al., 2009). 아동기에 남아와 여아의 악몽 비율은 비슷하게 보고되지만, 청소년기가 되면 여아가 악몽을 더 많이 보고하며 이 패턴은 성인기까지 지속된다(Schredl & Reinhard, 2011). 다행히도, 비정상 수면장애와 마찬가지로 아동은 대체로 사건수반 수면장애에서 회복되고 일상생활 활동을 방해하는 만성적인 상태로 발전하지는 않는다. 사건수반 수면장애의 특징이 표 13.2에 제시되어 있다.

수면장애에 관한 DSM-5 진단 준거는 어린 아동의 수면 문제가 일시적이라는 성질 때문에 어린 아동에게는 불충분하다(Goodlin-Jones et al., 2009). 다양한 수면장애의 특징과 차이를 이해하는 데 도움이 되려면 아동용 특정 진단 준거를 대신해서 표 13.1과 표 13.2를 참조하라. 또한 진단 준거와 관련하여 두 가지 고려 사항에 주목하라. 표 13.1과 표 13.2에 나열되어 있듯이, 각 수면장애에 수반되는 증상뿐만 아니라, 모든 수면 관련 장애에 대한 DSM 진단 준거는 다음의 내용을 강조하고 있다. (1) 사회적, 직업적, 기타 중요한 기능 영역에서 임상적

표 13.2 사건수반 수면장애

수면장애	설명	유병률과 연령	처치
악몽	흔히 생존 · 안전 · 자존감을 위협하는 아주 무서운 꿈을 자세히 기억하면서 반복해서 깸, 일반적으로 두 번째 수면 주기의 절반에서 발생함	3~8세에 흔함	편안함 제공, 스트레스 감소
NREM 수면–각성 장애			
수면 경악	잠에서 갑자기 깨는 반복된 삽화, 보통 주요 수면 삽화의 1/3에서 일어나고 비명으로 시작; 자율 방전, 심장이 빨리 뜀, 진땀, 고통을 언어로 표현, 멍한 눈으로 응시; 각성이 어려움, 달래지지 않음, 지남력 없음; 아침에 삽화에 대한 기억 없음	아동의 3%, 생후 18~6세	스트레스와 피로의 경감, 늦은 오후에 낮잠 자기
수면 보행	수면 중에 침대에서 일어나서 걸어 다니는 삽화가 반복됨, 대개는 주요 수면 삽화의 첫 1/3에서 일어남; 협응의 불완전, 각성이 어려움, 지남력 없음; 아침에 기억하지 못함	아동의 15%는 한 번은 발작; 1~6%는 매주 1~4번; 4~12세 연령과 청소년에서는 거의 없음	안전 조치 취함, 피로와 스트레스 경감, 늦은 오후에 낮잠 자기

출처: 저자의 사례 자료에서 인용.

으로 심각한 스트레스 또는 결함이 있다. (2) 수면장애가 다른 정신장애, 물질 · 일반적인 의학적 질병(호흡 관련 장애 이외에)의 직접적인 생리적 영향으로 잘 설명될 수 없어야 한다(APA, 2013). 이러한 고려 사항은 이 장에서 논의되는 모든 장애에 해당된다.

처치

영유아의 수면 문제는 대개는 저절로 사라지지만, 아동의 악쓰는 소리에 매일 밤잠을 깨는 부모는 '이것이 끝날 때까지 기다리는 것'이 영원히 끝나지 않을 것처럼 느낀다. 수면을 시작하거나 수면을 유지하는 것이 문제라면, 행동적 개입의 목표는 편안함 및 안심하려는 아동의 욕구를 돌보지만, 잘 자라는 인사를 한 후 부모가 점진적으로 아동의 방에서 더 빨리 나오도록 교육한다. (이것은 부모의 관심이 제거되는 것이므로 소거의 좋은 예이다.)

부모에게 아동의 발달 단계에 적절한 수면건강 및 가정의 문화적 가치를 확립하는 방법을 가르칠 수도 있다. 일단 확립되면, 아동이 정해진 시간에 잠자리에 들려고 노력하는 것에 대해 칭찬이나 별 도표와 같은 정적 강화 방법을 사용해서 보상할 수 있다. 수면건강에는 잠을 방해하는 원인을 확인하는 것과 다른 가족 구성원들이 정해진 규칙을 같이 유지할 수 있도록 참여하는 것이 포함되어 있다. 예를 들어, 책 읽기 · 노래 부르기 · 조용히 게임하기 등과 같은 개별화된 취침시간 의식은 취침시간으로 긍정적인 전환을 확립하고, 규칙적인 취침시간과 기상시간을 일관된 규칙으로 확립한다(Reid et al., 2009).

24시간 주기 수면장애에 대한 처치는 잘못된 수면 주기를 쉽게 회복시키는 방법 또는 약물이 없기 때문에, 청소년의 동기 유발 및 가족의 지지가 많이 필요하다. 행동적 개입의 목표는 수면 부족을 제거하고 정상적인 수면–기상 습관을 회복하는 것이다. 청소년에게 규칙적인 취침시간과 기상시간이 있는 수면–기상 및 활동 일지를 쓰게 한다. 이와 같은 지지적인 행동적 방법은 장애가 시작된 초기에 적용하면 효과적이다(Hasler et al., 2012). 행동적 개입뿐만 아니라, 멜라토닌(자연 호르몬) 보충 또한 아동과 청소년이 수면–기상 리듬과 수면 리듬을 회복하는 데에서 효과적인 것 같다(van Geijlswijk, Korzilius, & Smits, 2010).

비정상 수면장애의 처치와는 달리, 아동이나 청소년의 사건수반 수면장애는 수면 침해 삽화가 자주 일어나지 않는다면 장기간의 처치는 필요하지 않다(Moturi & Avis, 2010; Sullivan, 2012). 악몽에 대한 처치는 악몽을 꾸었을 때 편안함을 제공하는 것과 주간 스트레스를 감소시키는 것으로 구성한다. 악몽 또는 수면 경악이 심하거나 반복된다면, 학교에서의 스트레스, 가족 갈등, 정서적 혼란 등이 암시될 수 있다(El-Sheikh, Kelly, & Rauer, 2013; Keller et al., 2014). 수면 보행이 의심되면, 부모에게 캠코더를 사용해서 가정에서의 삽화를 녹화하게 한다. 수면 보행이 확인되면, 아동이 넘어지거나 물건과 부딪쳐서 다칠 수 있으므로 부모는 예방 조치를 취해야 한다. 화재 또는 기타 위급상황이 발생할 수 있으므로, 아동이 절대로 방문을 잠그지 않게 해야 한다. 피로 또는 낮 동안의 과도한 스트레스는 수면 보행을 촉진할 수 있으므로, 오후에 낮잠을 잠깐 자는 것도 도움이 될 수 있다.

단원 정리

수면-각성 장애

- 수면장애는 주요 장애의 여러 증상과 비슷하거나 증상을 악화시킬 수 있기 때문에 아동 이상심리에서 중요하다.
- 수면장애는 심리적 문제를 야기할 수 있는데, 다른 장애 때문에 생기기도 하고, 아동의 외상 또는 아동 생활에서의 스트레스의 증상일 수도 있다.
- 비정상 수면장애는 수면 시작 또는 수면 유지와 관련된 장애인데, 과다수면장애 · 기면증 · 호흡 관련 수면장애 · 24시간 주기 수면장애가 있다.
- 사건수반 수면장애는 행동적 사건이나 생리적 사건이 잠을 자는 와중에 침투해서 잠자는 사람을 깨우는 것으로, 악몽, 수면 경악, 수면 보행이 있다.
- 비정상 수면장애와 사건수반 수면장애는 아동기에 흔하고 대체로 성장하면서 없어지지만, 아동의 일상 활동과 적응에 부정적인 영향을 미칠 수도 있다. 아동기 수면장애의 효과적인 심리적 처치는 대체로 적절한 수면의 규칙을 확립하고 지키게 하는 것이다.

배설장애

"단계 1: 시작하기 전에, 아동의 모든 고집을 없애라." 이러한 지시는 몇 년 전 인기 있는 배변 훈련 지침서에서 반어법에 대한 분명한 도움말도 없이 제시되었다. 몇 세대에 걸쳐서, 부모는 특히 배변 훈련을 하는 화장실을 반 농담조로 '전쟁터'라고 불렀으며, 이 전쟁터에서 부모의 권리와 아동의 의지가 만난다. 걸음마기 유아에게 변기 사용방법을 가르치는 것은 양육에서도 특히 어려운 부분 중 하나이지만, 초기 아동 이상심리 문헌에서 집중되었던 많은 부적절한 관심이 진짜 그럴 만한 것이었는지는 의문이다.

배설장애의 생물학적 및 심리적 기저에 대해 잘 이해하게 된 덕분에, 아동의 성격이나 정서적 외상으로부터 관심이 점차 멀어지고 있다. 그러나 대부분의 아동이 의지 및 독립성을 성취한 연령이 지났는데도 소수의 아동은 배변의 문제를 지속한다. 배설 문제는 스트레스나 만성적인 문제로 바뀔 수 있으며, 아동이 교육적 활동 및 사회활동, 캠프, 외박 등에 영향을 미칠 수 있다. 극단적인 경우에, 배변 사고가 신체 학대를 재촉할 수 있다 (Herrenkohl, Herrenkohl, & Egolf, 1983).

아동기와 청소년기에 발생하는 두 가지 배설 문제는 낮 또는 밤에 불수의적으로 오줌을 싸는 **유뇨증**과 옷이나 마루와 같은 부적절한 곳에 대변을 보는 **유분증**이다. 아동심리학자들은 아동들 사이에서 이러한 배설 문제가 아동의 유능감 및 자존감 발달에서 중요한 의미가 내포될 수 있기 때문에 연구를 하고 치료를 한다. 대부분은 10세 무렵까지 유뇨증이나 유분증에서 벗어나지만, 문제를 일으킬 수 있는 부끄러움, 또래 따돌림으로 고통을 겪기도 한다. 다행히도, 이 문제는 교육이나 부모와 아동의 노력으로 대체로 완화될 수 있다. 이러한 장애들은 신속하게 의뢰해서 치료하면 장기적인 결과를 없앨 수 있는 아동 이상심리학의 몇 안 되는 영역 중 하나이다.

유뇨증

미국과 캐나다에서 700만 명이나 되는 아동이 매일 밤 같은 일과, 즉 불을 끄고, 잠자리에 들고, 오줌을 싼다. 많은 경우, 아동은 오줌이 나오는 것을 통제할 수 없지만 때로는 의도적인 경우도 있다. 비교적 흔한 문제이지만, 부모와 아동에게는 고통스러운 것이다.

아동의 오줌 싸기를 바로잡는 것은 여러 세대에 걸쳐 전문가와 부모를 힘들게 한다. '영국 소아과학의 아버지', Thomas Phaer는 자신의 저서 *Boke of Children*(1544)에서 "Of Pyssying in the Bedde"이라는 제목으로 내과 의사들에게 초기 치료법을 다음과 같이 설명했다.

> 나이 든 사람을 성가시게 하는 것처럼 아동을 괴롭히는 보유 능력의 쇠약 때문에 몇 번의 소변이 아동의 의지를 거슬리며 자는 동안이나 걷고 있을 때 나온다. 이것은 소변이 갑자기 마려울 때 소변을 참을 힘이 없기 때문이므로, 아동이 도움을 받고 싶다면 먼저 기름진

고기를 먹지 않아야 하며, 이 능력이 회복될 때까지 이 가루를 음식과 음료수에 넣어 먹어야 한다(Glicklich, 1951, p. 862에서 인용).

이 '가루'는 수탉 또는 '돼지 우리의 돌'에서 뽑은 것이다. 이 방법은 18세기에 등장한 유뇨증에 대한 좀 더 '계몽된' 기계론적이며 외과적 접근의 견해보다는 평범해 보인다. 새로 등장한 이 접근에서는 배뇨를 막기 위해 쇠로 된 멍에(다행히도, 벨벳으로 감쌈)를 사용했고, 아동이 바로 눕는 것을 막기 위해 아동의 등에 철사못을 놓았는데, 이것이 자는 동안 방광 기능을 자극한다고 여겼다. 여러분의 자녀가 이런 장치를 하는 것을 원치 않는다면 다른 방법을 이용할 수 있다. 방광을 자극할 것이라고 추정되어 사용된 스트리키니네, 벨라도나, 천골 고약, 클로랄 수화물과 같은 약을 사용하거나(중독 부작용에도 불구하고), 소변의 흐름에 좀 더 민감하고 반응적으로 만들기 위해 은질산염으로 요도의 구멍을 마비(부분적으로 닫는)시킨다(Glicklich, 1951). 역사 전반에 걸쳐, 아동기 유뇨증 치료법은 아동의 욕구나 문제에 대해서 전반적인 사회의 이해 및 관심이 형편없었다는 것을 반영해 준다.

5세경까지 거의 모든 아동이 침대에 오줌을 싸는 사고가 발생하고, DSM-5은 이 장애의 발달적 본질이 반영될 수 있도록 진단 준거의 폭을 좁혔다(표 13.3 참조). 기준을 보면 이 문제가 자주 발생하거나(적어도 3개월 연속으로 일주일에 2회 이상), 또는 사회적 · 학업적 영역 또는 다른 중요 영역에서 심각한 고통이나 결함이 수반되어야 한다고 명기하고 있다. 생활 연령 5세 또는 이와 동등한 발달 수준은 대부분의 아동이 소변을 가릴 수 있는 시기이므로 임의로 정해졌다. 마지막으로, 침대나 옷에 오줌을 싸는 것이 일반적인 의학적 질병 또는 소변을 배출시키는 약물, 즉 이뇨제 때문이 아니어야 한다.

DSM-5에서, 유뇨증은 세 개의 하위 유형으로 구분된다(APA, 2013). 가장 흔한 **야간형**은 밤에 잘 때만 발생하는데, 일반적으로 밤의 처음 1/3 동안에 일어난다. 야간형 유뇨증은 여아보다 남아에게 더 흔하다(Su et al., 2011). 때때로 아동은 오줌 누는 꿈을 꾸기도 하는데, 이는 배설이 REM 수면기간 동안 일어난다는 것을 암시한다. **주간형**은 깨어 있는 동안에 오줌을 싸는데, 수업이 있는 날의 이른 오후에 가장 흔히 일어난다(APA, 2013). 주간형 유뇨증은 남아보다 여아에게 더 흔하고, 9세 이후에는 드물다. 이러한 특징 때문에, 주간 유뇨증의 원인으로

표 13.3 유뇨증의 진단 준거

DSM-5

(A) 고의적이든 그렇지 않든, 침대 또는 옷에 반복해서 오줌을 싼다.

(B) 행동은 적어도 연속된 3개월 동안에 매주 2회 이상의 빈도로 일어나거나 또는 사회적 · 학업적(직업적) 또는 다른 중요한 기능 영역에서 임상적으로 현저한 고통이나 결함이 있다는 것이 명백해서 임상적으로 심각하다.

(C) 생활 연령이 적어도 5세(또는 동등한 발달 수준) 이상이다.

(D) 행동은 물질(예: 이뇨제, 항정신성 약물)의 생리적 영향 또는 다른 의학적 상태(예: 당뇨, 척수이분증, 발작장애)의 영향 때문은 아니다.

다음 중에서 있다면 명시한다.

야간형: 야간 수면 중에만 소변 배출

주간형: 깨어 있는 시간에 소변 배출

주간형 및 야간형: 위의 2개 하위 유형의 결합

출처: *Diagnostic and Statistical Manual of Mental Disorders*, 5th ed. American Psychiatric Association.

사회적 불안이나 학교 활동에 열중하여 화장실에 가기 싫어하는 것에 주목한다. 마지막으로, 주간형과 야간형이 혼합되어 있을 수 있다.

유병률과 경과

잠자리에서 오줌을 싸는 것이 어린 아동에게는 흔한 일이기 때문에 한 달에 한 번 이상 일어나지 않으면 임상적인 문제인 것 같지는 않다(Brown et al., 2008). 한 달에 한 번 이상의 삽화라는 기준을 사용하면, 야간형 유뇨증의 발생률은 10세 또는 10세 이전 아동에게서 대략 4%에서 13%까지 차이가 있다(Su et al., 2011). 그러나 유뇨증의 유병률은 아동이 성장함에 따라 급속히 감소하여, 10세에는 남아의 3%, 여아의 2%에 해당하고, 청소년 후기에는 남아에서는 1% 정도, 여아에서는 1% 미만으로 감소한다(Mellon & Houts, 2006). 주간형 유뇨증이 더 드물며, 6세 아동의 대략 3%로 추정된다(Peterson et al., 2003). 그러나 주간형 유뇨증과 야간형 유뇨증 둘 다의 유병률은 시설 아동을 포함하여 교육 수준과 사회경제적 수준이 낮은 집단에서 더 높은데, 이는 일상생활에서 구조화가 덜 되고, 환경적 스트레스가 더해졌기 때문인 것 같다(APA, 2000).

유뇨증이 있는 아동의 85% 정도는 **일차성 유뇨증**인데, 이들은 적어도 6개월 연속으로 밤에 유뇨증을 통제하지 못한다. 정의에 따르면, 일차성 유뇨증은 5세에 시작한다. 대조적으로, **이차성 유뇨증**은 소변을 가린 이후에 다시 소변을 가리지 못하게 되는 것으로, 보통 5~8세에 일어난다(APA, 2013). 이차성 유뇨증을 보이는 아동은 밤에 자제력을 형성하는 데 시간이 오래 걸리거나, 스트레스가 있는 생활 사건을 더 많이 겪는다(Mellon & Houts, 2006). 대부분의 아동은 결국에는 침대에 오줌 싸는 것을 멈추지만, 스스로 감소시킬 수 없는 아동이라면 치료를 하는 것이 장기간의 파괴적인 문제를 방지하는 데 특히 도움이 된다.

학급에서 또는 친구 집에서 잠을 자면서 오줌 싸는 것을 또래들이 알게 되었을 때 이 아동에게 어떻게 대할지 생각해 보라. 이러한 불행한 문제에 대한 또래들의 일반적인 반응은 놀리기, 욕하기, 사회적 낙인찍기이다. 유뇨증은 신체적 문제이지만, 흔히 심리적 스트레스가 동반된다(Joinson et al., 2007; Van Hoecke, et al., 2006). 이러한 스트레스의 영향은 흔히 유뇨증의 특성과 관련된 세 가지 특징, 즉 (1) 집을 떠나서 잠자기와 같은 사회적 활동에 부과되는 제약, (2) 또래들의 사회적 따돌림을 포함해서 자존감에 대한 영향, (3) 분노, 벌, 거부와 같은 부모의 반응에 따라 달라진다(Christophersen & VanScoyoc, 2013; Houts, 2010). 부모는 유뇨증을 잘 이해하지 못하고 유뇨증으로 고통스러운 아동에게 벌을 주거나 아동을 모욕하는 방식으로 반응할 수 있다. 다행히, 이러한 결과를 피할 수 없거나 오래 지속되지는 않는다. 유뇨증이 있는 많은 아동이 가끔 당황스러움 또는 불안함에도 불구하고 또래와의 우정이나 자존감을 확립할 수 있다. 그 밖의 아동은 오줌 싸기의 처치가 자기 개념 및 또래와의 관계에 긍정적인 영향을 미친다(Brown, Pope, & Brown, 2011).

오줌 싼 것을 의식하는 것은 속상한 일이며, 적절히 해결되지 않을 경우에 어린 아동의 유능감에 영향을 미칠 수 있다.

원인과 처치

유뇨증이 있는 대부분의 아동에게서 특정한 원인을 확인할 수는 없다(Fritz, Rockney, & Work Group on Quality Issues, 2004). 야간형 유뇨증이 있는 아동은 밤에 소변을 누어야 하지만, 소변을 눌 때 잠을 깨지 못한다. 5세 정도가 되면, 대부분의 아동은 아기 때처럼 밤낮으로 소변 누는 것에서 깨어 있는 시간에만 누는 것으로 전환된다.

밤에 계속 소변을 누어야 하는 아동은 자고 있는 동안 **항이뇨 호르몬**(ADH)라고 알려진 중요한 호르몬에 문제가 있을 수 있다. ADH는 잠자는 동안에 오줌을 농축하는 작용을 하는데, 이것은 오줌의 성분에서 수분이 적으므로, 오줌의 부피가 줄어든다는 의미이다. 정상 아동은 이렇게 부피가 감소된다는 것이 취침 전에 음료수를 과다하게 마시지 않는 한, 잠자는 동안에는 방광이 넘치지 않는다는 뜻이다. 그러나 유뇨증이 있는 일부 아동은 잠자는 동안에 ADH가 증가되지 않는다(Norgaard, Pederson, & Djurhuus, 1985). 이들은 잠자는 동안에 방광에 담아둘 수 있는 양보다 오줌을 더 생성해 내고, 깨어나지 못하면 이불에 오줌을 싸게 된다.

유뇨증이 있는 아동이 오줌을 누고 싶을 때 잠을 깨지 못하는 이유는 발달상 요인과 생물학적 요인으로 설명할 수도 있다. 좀 더 나이가 든 아동이나 청소년은 밤에 방광이 차는 것을 느낄 수 있는데, 이것은 방광에서 뇌 쪽으로 신경 충동을 활성화한다. 이 신호는 물 또는 화장실에 가는 것과 같은 꿈을 꾸게 하고, 이는 보통은 아동을 깨우게 된다. 이 신호 기제는 아동기 초반에 완성되며, 따라서 유아는 소변에 대한 욕구를 탐지하는 능력이 덜 발달되었다는 것을 알 수 있다. 그러나 일차성 유뇨증이 있는 일부 아동은 뇌에서의 이러한 신호처리 과정이 정상적으로 발달하지 못했다(Ornitz et al., 1999).

가장 흔한 유형인 일차성 유뇨증은 스트레스 또는 아동의 고집 때문이 아니다. 반대로, 이러한 특성은 타고난 것으로 보인다. 부모 모두가 유뇨증이 있었다면, 이런 부모를 둔 아동의 77%가 또한 그렇다. 부모 중 한 명이 유뇨증이 있었다면, 이들 자녀 중 44%가 유뇨증이 있다. 부모 모두에게 문제가 없는데 아이가 유뇨증을 보이는 경우는 약 15%이다. 일란성 쌍둥이(68%) 및 이란성 쌍둥이(36%)의 유뇨증 일치 비율도 이와 같은 유전적 관련성을 증명해 준다(Bakwin, 1973; Sethi, Bhargava, & Phil, 2005).

야간형 유뇨증이 있는 아동을 위한 처치는 아동기 문제에 대한 심리적 개입 중에서 가장 포괄적인 평가 기록을 갖고 있을 것이다(Mellon & Houts, 2006). 수십 개의 유망한 행동적 방법이 수십 년에 걸쳐서 수백 개의 연구에 의해 조사되었으며, 약리학의 다른 수많은 연구들과 연합되었다. 다행히도, 이러한 노력은 가장 잘 듣는다는 몇 가지 강력한 결론을 얻었다. (이것은 심리적 장애의 성공적인 처치 방법을 밝히는 것이 얼마나 오랜 시간이 걸리는지를 보여 주는 좋은 예이다.)

고전적 조건 형성 원리에 근거한 표준적인 행동 개입은 처음 소변을 감지했을 때 경고음을 사용하는 것이다. 오줌 경보 장치는 O. H. Mowrer과 W. M. Mowrer(1938)가 '벨과 패드'(전기회로 가까이 오줌이 떨어지자마자 큰 소리가 울리도록 건전지로 작동되는 장치)를 처음 고안한 후부터 사용되어 왔으며, 가장 안전하고 효과적인 처치 방법 중 하나이다. 현대의 경보 장치는 아동의 잠옷에 붙은 간단한 습기 감지기와 아이를 깨우기 위해 어깨에 붙이는 작은 스피커로 되어 있다. 오줌이 한 방울이라도 닿으면 전기회로가 작동되고, 아동을 자극하는 경고음이 울리기 시작하면서 아동은 긴장하여 반사적으로 오줌 누는 것을 멈춘다. 이 방법의 단점은 다른 가족이 싫어할 수 있다는 것이다. 쉽지는 않겠지만, 경보 장치가 효과적이려면 어른이 아동을 깨워서 화장실로 걸어가게 해서 변기에 오줌을 다 보게 한 다음, 장치를 다시 맞춰 놓는다. 이 절차를 잘 이행하면, 4주에서 6주 이내에 경고음으로 아동은 깨어날 것이고, 12주쯤 되면 밤에 방광 통제를 성공적으로 해서 경고가 더 이상 필요 없다. 다른 행동 요법(예: 모니터링과 간헐 강화)을 연합했을 때 현대의 오줌 경보는 미국 아동 청소년 정신의학회로부터 유뇨증에 대한 최소 기준의 처치 방법(즉, 유뇨증 사례의 최소 95%에서 적용되어야 함)으로 권장되고 있다(Fritz et al., 2004).

또 다른 행동주의 방법은 조작적 조건 형성 원리에 근거한 **마른 침대 훈련**(dry-bed training)이다. 아동도 성인처럼 약속을 정하거나 흥미가 있으면 더 잘 깬다. 별 도표나 다른 토큰과 같은 보상 체계는 이러한 기대를 이용

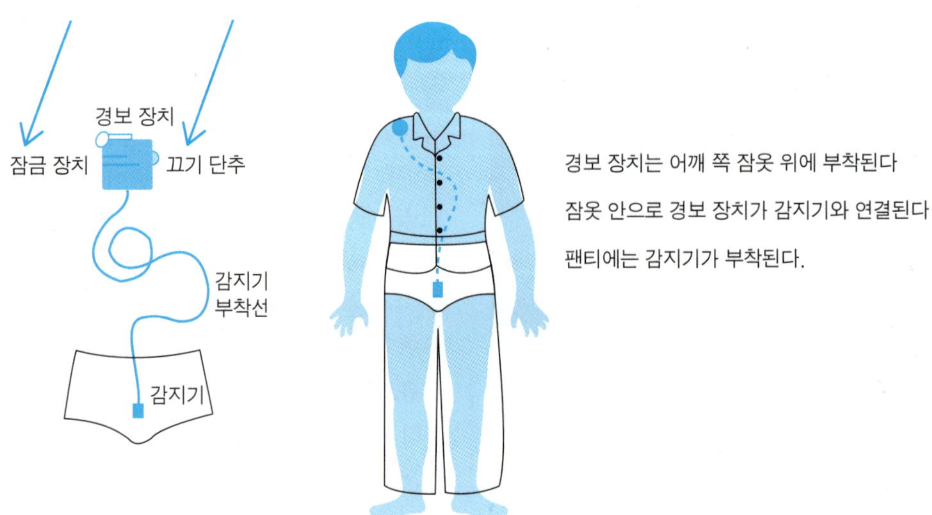

그림 13.1 오줌 경보: 수분(오줌)이 나오면 경보 장치가 작동하여 아동을 깨우고 오줌 싸는 것을 멈추게 한다.

하는 것이다. 마른 침대 훈련은 오줌 경보가 힘들어서 잘 해내지 못하여 좌절한 부모를 위해 만들어진 간단하면서도 집중적인 개입이다. 상담을 받으러 간 날, 부모는 아동에게 액체를 더 많이 마시게 하고, 그날 오줌을 더 오래 참게(방광의 통제력을 더 많이 기르기 위해) 하고, 매시간 깨워서 화장실에 가서, 오줌 싼 것을 아동이 깨끗이 치우도록 하고(과잉 교정, 즉 오줌을 싼 이불만이 아니라 다른 것도 치우게 함), 오줌을 싸지 않은 날에는 정적 강화를 제공하도록 부모를 교육시킨다. 이 절차를 1~2주일 동안 실시한다.

마른 침대 훈련을 오줌 경보와 함께 사용하는 것(현재는 이것을 *full-spectrum home training*이라 부름)이 가장 흔하게 사용되는데, 성공 비율이 높으며(4명당 3명 성공) 1년 후 재발률은 10%이다(Brown et al., 2011; Friman, 2008). 심각하지 않거나 오래 지속되지 않은 일차성 유뇨증은, 밤에 오줌 싸지 않으면 별 또는 유사한 토큰을 받는 단순한 유인책으로도 충분하다. 그러나 확고한 메시지를 심어 주고, 부모가 훈련 방법을 지키도록 도와주기 위해 가까이에서 전문적인 지도 감독이 연결되어야 하는 아동도 있다.

1980년대 중반, 합성 ADH인 데스모프레신이 유뇨증의 처치에 사용되었는데, 자기 전에 스프레이로 간단히 코로 흡입시킨다. 데스모프레신을 사용한 아동의 대략 70%가 사용 후 며칠 안에 침대에 오줌을 싸지 않았고, 나머지 중 10%도 두드러진 개선을 보였다(Brown et al., 2011). 데스모프레신은 아동이 약물을 복용하는 동안은 효과적이지만, 중단 시 문제가 재발하는데 재발률이 80%에 이른다(Fritz et al., 2004). 12주 내내 대부분의 아동이 치료되는 경보 체계와는 달리, 약물 처치는 약 복용을 완전히 중단하기 전에 부가적인 행동적 처치가 종종 필요하다.

유뇨증의 심리적 처치, 특히 오줌 경보는 약물 처치보다 전반적으로 효과적이다(Campbell, Cox, & Borowitz, 2009; Houts, 2010). 특히, 오줌 경보는 다른 어떤 개입보다도 효과적이라는 것이 밝혀졌다. 대체로 12주일 동안 실시되는 처치가 끝날 무렵, 오줌 경보 개입을 받은 아동과 데스모프레신 처치를 받은 아동 모두는 이불에 오줌 싸는 것을 멈추었다. 그러나 3개월 후 추후 연구에서는 오줌 경보 개입을 받은 아동이 데스모프레신을 포함한 다른 처치를 받은 아동에 비해 야뇨증이 두 배 정도 감소했다. 평균적으로, 추후 조사에서 그 외 다른 행동적 처치를 받은 아동의 경우에는 1/3이, 삼환계 약물(때때로 오줌 싸기를 방지한다는 항우울제)을 복용했던 아동의 1/4이 오줌을 싸지 않았던 반면, 오줌 경보 개입을 받은 아동의 1/2이 이불에 오줌을 싸지 않았다(Mellon & Houts, 2006). 야뇨증은 심리적 개입을 이용하는 처치가 약물을 사용하는 처치보다 분명히 우수하다고 밝혀진 몇 개 안 되는 장애 중 하나이며, 야뇨증은 아동과 가족에게 스트레스를 주기 때문에 아동의 문제가 저절로 나아지기를 기다리기보다는 심리적 개입을 해야 한다.

유분증

유분증은 옷이나 마루와 같이 적절하지 않은 장소에 대변을 보는 것이다. 유뇨증처럼 이러한 행동은 대체로 무의식적이지만, 때로는 의도적일 수도 있다. 진단 기준은 적어도 3개월 동안 매달 최소 1회 발생해야 하며, 아동이 4세 이상(아동의 발달이 지연되었다면 정신 연령이 4세 이상)이어야 한다. 대변실금은 신체기관이나 일반적인 의학적 질병 때문에 생기는 것이 아니다(표 13.4 참조).

DSM-5에서는 유분증을 두 개 하위 유형으로 나누었는데, 변비 및 일류성 실금이 있는 경우와 없는 경우이다. 본질적으로, 유분증은 숙변이 만들어져서 생긴 변비로 인해 발생한다. 대변 위에 점액 대변이 대변 주변을 누출시키는 충분한 압력이 되어서 대부분의 경우에 일류성 실금이 된다(Christophersen & VanScoyoc, 2013).

표 13.4 유분증의 진단 준거

DSM-5

(A) 고의적이든 그렇지 않든, 부적절한 장소(예: 옷, 바닥)에 반복해서 대변을 본다.

(B) 이러한 상황이 최소한 3개월 동안 매월 1회 이상 있다.

(C) 생활 연령이 적어도 4세(또는 동등한 발달 수준) 이상이다.

(D) 행동은 물질(예: 완화제)의 생리적 효과 또는 변비와 연루된 기제를 제외한, 다른 의학적 상태의 영향 때문은 아니다.

다음 중에서 있다면 명시한다.

변비 및 일류성 실금이 있음: 신체 검진 또는 병력상 변비의 증거가 있다.

변비 및 일류성 실금이 없음: 신체 검진 또는 병력상 변비의 증거가 없다.

출처: *Diagnostic and Statistical Manual of Mental Disorders*, 5th ed. American Psychiatric Association.

유병률과 경과

5세 아동의 1%가 유분증이 있는 것으로 추정된다(APA, 2013). 유뇨증과 비슷하게, 유분증 역시 여아보다 남아에서 더 흔하며, 나이의 증가에 따라 급격히 감소하고, 일차성과 이차성으로 나눌 수 있다. 일차성 유분증이 있는 아동은 4세가 되기까지 배설을 자제하지 못한 반면, 이차성 유분증이 있는 아동은 유분증의 현재 삽화가 시작되기 전에는 대변을 가린다.

유분증이 있는 아동 5명 중 1명 이상은 심각한 심리적 문제를 보이지만, 이러한 심리적 문제가 시작의 원인이라기보다는 유분증 때문인 것으로 보인다(Mikkelsen, 2010; Peterson et al., 2003). 아동은 수치심을 느끼고, 당혹스러울 수 있는 야영이나 학교와 같은 상황을 회피하려고 한다. 유뇨증과 마찬가지로, 또래의 따돌림과 양육자의 분노, 처벌, 거부뿐만 아니라 아동의 결함 정도 및 관련된 심리적 스트레스가 부분적으로 기능한다.

원인과 처치

지나친 공격성이나 초기 배변 훈련, 가족 문제 및 스트레스, 아동 정신병리가 유분증의 원인이라고 생각했던 적이 있었다(Burket et al., 2006; Peterson et al., 2003). 그러나 유뇨증과 마찬가지로, 유분증 역시 심리적 장애를 일으킬 수 있는 신체적 장애이지만, 이러한 요인들만으로 발생하는 경우는 아주 드물다. 진단과 치료가 빠를수록, 아동은 정서적 고통 또는 사회적 관계에서의 어려움을 덜 겪게 될 것이다. 물론, 적대적 반항장애나 품행장애가 있는 아동은 예외(9장에서 논의)인데, 이들에게는 유분증과 유뇨증이 광범위한 행동 패턴의 이차적인 증상으로 일어날 수도 있다.

유분증 원인에 대해 알게 되면 배변 훈련에 대해 이야기할 수 있는데, 배변 훈련을 통해서 아동은 처음으로 장운동을 통제하는 것을 배운다. 아동은 장운동이 일어나는 때를 알려 주는 근육과 신경으로부터 전달되는 신호를 인식하는 법을 배워야 한다. 때때로 아동은 이러한 신호를 무시하거나 억제하는데, 특히 재미있는 일을 할 때 더욱 그러하다. 몇몇 아동은 사고를 피하기 위해 대변을 억제하고, 이로 인해 오랫동안 결장에 배설물이 쌓여 거대결장증(megacolon)을 일으킨다. 배설되지 않으면, 대장의 배설물이 커지고 굳어지고 건조해져서, 이후 대장운동이 고통스러워진다. 시간이 지나면 팽창된 근육과 신경으로 인해 아동에게 대장 운동을 해야 한다는 신호가 점점 약해진다. 이러한 신호의 감소로 인해서 대변 사고가 일어나며, 종종 결장과 직장이 필요한 만큼 비워지지 않는다.

이러한 회피 패턴을 발달시킨 아동의 절반은 또한 비정상적 배변 역동이 일어나는데, 이것은 배설하고자 할 때 외부 괄약근이 이완되지 않고 수축되는 것을 말한다(Campbell et al., 2009). 회피 전략과 결합되면서, 만성 변비의 위험이 증가하고 유분증이 생긴다. 이 역동이 어떻게 발달하는지 궁금하다면, 아동(그리고 성인)이 낯선 장소에서 화장실에 가지 않으려고 하거나, 공중화장실에는 병균이 많아서 가지 말아야 한다는 말을 들었다고 생각해 보자. 특정 장소에서의 배변 또는 화장실에 가는 경험이 끔찍하거나 힘들어서 생긴 불안은 만성 변비를 야기할 수 있다. 이런 배변 패턴을 바꾸지 않으면, 아동은 신체 신호를 인식하고, 옷을 내리고, 화장실에 들어가서 변기에 앉고, 적절하게 근육을 이완시키는 것이 포함된, 성공적인 배변을 하는 데 필요한 많은 기술을 수행할 수 없게 된다(Peterson et al., 2003).

유분증에 대한 최적의 처치는 아동에게 결장을 비우는 방법을 가르쳐서 결장이 정상 크기 및 기능을 회복하게 돕는 약물 및 행동적 개입을 병행하는 것이다(Christophersen & VanScoyoc, 2013). 장 움직임을 위해, 섬유질·관장약·설사약·윤활제를 주어서 대변 덩어리에 영향을 주지 않게 한다(Kuhl et al., 2010). 그다음에 건강한 배변 습관 또는 배변 주기를 확립하기 위해, 설사약이나 비슷한 작용제와 더불어 행동 기법을 사용한다. 설사약만으로는 기저에 있는 행동 기제를 다룰 수 없다. 대변이 크고 꽉 찬 아동은 배변을 두려워하고 고통스러워하는데, 이로 인해 초기에 직장이 보내는 신호(배변하라는 재촉)를 무시하고 화장실에 가는 것을 피하는 것이 더욱 조장된다.

행동 기법에는 직장이 팽창되었다는 신호에 아동이 반응하고, 화장실을 사용하고 속옷이 깨끗할 때 아동을 칭찬해 주는 부모의 노력, 식사 후에 규칙적으로 배변하는 하는 것을 격려하는 배변 훈련 절차를 가르치는 것이다. 이 시간 동안, 아동은 몇 분 동안 항문 괄약근을 긴장 및 이완시키는 연습을 하고, 종종 아동이 변기에 앉는 것에 민감하지 않게 하기 위해 게임을 하거나 독서를 하는 즐거운 시간 이후에 실시한다. 그다음에, 장을 긴장시키는 것과 장을 움직이는 것을 가르친다. 설사약과 행동적 처치를 결합해서 대부분의 아동은 2주 이내에 상당히 개선되며, 75% 이상은 이러한 개선이 유지된다(Campbell et al., 2009; Houts, 2010). 인터넷에 있는 유분증의 행동적 처치 역시 성공적으로 보이는데, 가족으로 하여금 폭넓게 접근한다는 장점이 있다(Ritterband et al., 2013).

단원 정리

배설장애

- 유뇨증은 낮 또는 밤 동안에 무의식적으로 오줌을 싸는 것이다.
- 유분증은 옷 또는 마루와 같이 부적절한 곳에 대변을 묻히는 것이다.
- 일차 유뇨증은 유전적 소인이 강한 반면, 유분증은 아동이 대변 누는 것을 피함으로써 만성 변비가 되면서 발생한다.
- 배설 문제에 대한 약물과 심리적 처치가 결합되면 종종 매우 성공적이다.

만성 질환

가장 비참한 일이 가족에게 생기는 것을 두려워하지 않는 사람이 있는가? 걸음마기 유아가 제한하는 것을 향해 돌아다니거나, 유치원 아이가 사다리를 오르거나, 10대 자녀가 갑자기 심한 두통이나 현기증을 일으킬 때 걱정되지 않는 사람이 있겠는가? 북아메리카의 1,200만 명 이상의 아동 및 청소년이 만성 질환이나 질병을 가지고 있으며, 이로 인해 우리는 종종 슬픈 사건을 들을 수 있다. 다음에 어느 어머니의 글이 있다.

> 고통은 언제 사라질 것인가? 결코 사라지지 않을 것이다. 할 수 있었던 것은 평생 슬퍼하는 것이다. 받아들임 또는 이해가 부족한 것과 상관이 없으며, 중요한 것은 우리가 마음속에 붙잡고 있는 것이다. 축하할 일은 일어나지 않을 것이다. 스포츠를 보러 가서 즐거워하고, 첫 데이트를 하고, 졸업하고, 대학의 입학허가를 받고, 사랑하는 딸이 예식장에 들어서는 것을 결코 볼 수 없을 것이다. 우리의 경험은 완전히 다른 것이다. 무엇이 잘못되었는지가 아니라 아이에게 옳은 일이 무엇인지를 찾아라. 모든 성취를 자랑스러워하라. 우리의 즐거움은 완전히 다르다. 성취한 것마다 아이가 이룬 발달 하나하나를 축하하라. 이런 것들이 당신, 당신의 자녀, 다른 사람들에게 큰 동기를 부여한다(Greey, 1995에서 허락하에 게재).

만성 질환은 3개월 이상 지속되거나 1개월 이상 지속적으로 입원이 필요하다. 만성적인 의학적 질병, 즉 시력이나 청력 결함처럼 신체적 성장 · 기능 · 발달과 관련된 광범위한 합병증은 그 일부이다. 18세 이하 아동의 10%에서 20% 정도가 한 가지 이상의 만성 질환으로 고통을 겪고 있으며, 이중 5% 정도는 친구를 사귀고 학교에 가고 단순히 정상적인 삶을 추구하는 것과 같은 일상 활동을 방해할 만큼 심각하다(Brown, Daly, & Rickel, 2007).

만성 질환으로 건강과 기능에 제약이 있는 아동과 청소년은 발달하고 적응하는 데에서 당면하는 어려움이 많다. 인슐린 의존성 당뇨가 있는 아동은 날마다 혈당 수치와 먹는 것을 점검하고, 인슐린 주사를 맞아야 한다. 천식이 있는 아동은 새로운 상황을 조심스럽게 경계해서 말 그대로 숨을 쉴 수 없는 발작이 일어나지 않도록 주의해야 하며, 암에 걸린 아동은 허약해 보이거나 다른 아동과 다르게 보이는 이유를 이해하지 못하는 또래 또는 동정 어린 눈으로 바라보는 또래의 시선과 말에 대처해야만 한다. 그 밖의 발달장애처럼 이러한 상태는 아동뿐만 아니라 또래나 가족에게도 영향을 미친다. 또한 이러한 영향은 질병에 대처하는 아동의 능력에도 영향을 미친다(Havermans et al., 2011; Sharpe & Rossiter, 2002).

DSM-5는 건강 관련 장애에 수반되는 정신건강 문제에 대해 아동과 성인을 구별하지 않고 다루고 있다. 그러나 건강 관련 증상 및 장애에 대한 관심을 신체적 증상이 주는 고통에 초점을 맞추려고 노력하고 있다. 이전에는 신체형 장애라고 불렸던 **신체 증상 및 관련 장애**는 통증, 현기증처럼 일상생활에 방해가 되는 신체 증상과 관련한 문제들의 집단군이다. 이러한 신체건강 문제는 증상의 심각성에 대한 불안이나 걱정처럼 과도한 생각 · 감정 ·

© iStockphoto.com/myrrha

북아메리카에서 1,200만 명 이상의 아동과 청소년이 만성 질환과 병으로 고통받고 있다.

행동이 수반된다(APA, 2013).

신체 증상 및 관련 장애에서는 아동과 청소년이 증상을 보이고 그들의 증상을 해석하는 방식을 강조한다. 예를 들면, 어린 아동은 자주 두통과 통증을 호소하는데, 이는 흔히 있는 일이다. 그러나 건강에 문제가 있다고 밤낮으로 걱정하는 것은, 이러한 패턴이 6개월 이상 지속될 때 신체 증상의 지표가 될 수 있다. 이러한 증상은 의도적으로 만들거나 꾸며 낸 것이 아니고, 아동에게 심각한 고통이나 손상을 야기할 만큼 진짜이다. 이 증상들의 원인이 알려지지 않았기 때문에, 심리적 요인에 의해 야기되었다고 더 이상 추정할 수는 없다. 오히려 DSM-5는 신체 증상 및 관련 장애에 관한 생각을 수정해 왔는데, 유전 및 생물학적 취약성의 잠재적 영향(통증에 대한 민감성 증가처럼), 초기 외상적 경험(12장에서 논의된 바와 같이), 신체적 고통과 비교해서 심리적 고통을 수치스럽게 여기는 문화적 규범을 인식했기 때문이다(APA, 2013).

신체 증상 장애는 성인 집단에서 주로 연구되었는데, 특히 이것은 초기 성인기까지는 잘 탐지되지 않는 만성적이고 확립된 패턴이기 때문이다(Abramowitz & Braddock, 2011). 따라서 아동과 청소년에게 이 진단을 적용하는 것은 문제의 소지가 있고, 진단이 잘 내려지지도 않는다(Eminson, 2007; Schulte & Petermann, 2011). 그럼에도 불구하고, 우리가 이러한 문제를 먼저 제기하는 것은 아동의 여러 가지 신체 호소, 특히 반복되는 복통이 성인 신체형 장애의 전조일 수 있기 때문이다(Essau, 2007).

신체 증상 및 관련 장애에는 **기타 의학적 상태에 영향을 미치는 심리적 요인**이라고 알려진 새로운 범주가 있다. 이 범주는 의학적 증상이나 질병이 있는 아동에게 적절한데, 고통이나 빈약한 대처와 같은 심리적 요인이 의학적 상태 또는 그것의 처치에 영향을 미칠 수 있기 때문이다. 예를 들면 당뇨가 있는 우울한 아동이 혈당 수치를 점검하고 조절하는 것을 거부해서 건강 상태를 악화시키는 것이다. 그러나 이 진단 범주는 만성 질환이 있는 대부분의 아동에게는 적용되지 않는데, 의학적 질병이 이 아동의 심리적 적응에 영향을 주는 것이며 그 반대가 아니기 때문이다. 심리적 증상은 병이 있는 것 또는 병을 진단받은 고통에 대한 반응으로 생긴 것이다. 우울증이 당뇨의 경과에 영향을 미친다기보다는 앞에서의 예처럼, 당뇨병이 적응을 어렵게 만들기 쉽고, 때때로 이러한 어려움(항상 그런 것은 아니다)에는 우울증과 같은 임상적 장애가 포함되기도 한다. 따라서 적응이나 행동에서 심각한 문제가 동반된 만성 질환 아동 및 청소년은 적응장애(adjustment disorder)라고 진단되는데, 스트레스 요인이라고 보는 것이 나을 것 같다(APA, 2013).

지난 30년 동안, 만성 질환이 있는 아동의 치료에서 효과적인 의학적 처치가 많이 발전했고, 유아기나 아동기에 이미 죽었을 수도 있는 수많은 아동의 생명이 연장되었다. 특히, 급성 림프모구 백혈병과 같은 특정 암의 생존율은 1950년대에는 아동 5명 중 1명이었으나 지금은 5명 중 4명이다(Brown et al., 2007). 동시에, 이렇게 증가한 생존율은 아동 및 성인의 후유증 역시 증가시켰다. **후유증**은 질병으로 인해 생긴 여러 형태의 신체적 · 기능적인 결과 또는 한계를 말한다. 후유증의 증가는 아동과 청소년이 만성 질환 때문에 어려움을 겪을 가능성이 커졌다는 것을 의미한다. 이 아동들에게 병은 만성적인 생활 환경 및 스트레스가 되며, 이는 성인기까지 영향을 미칠 수 있다.

아동의 생존율이 높아지고, 생명을 위협하는 질병이 더욱 잘 통제됨에 따라, 관심이 급성 질병이나 전염성 질병에서 아동의 건강과 발달을 촉진하는 것으로 이동하고, 만성 질환이나 장애가 있는 조건에서 아동 양육을 보조하는 것으로 이동했다(Canter & Roberts, 2012). 소아건강 심리학자들은 만성적인 건강장애가 있는 아동이 성공적으로 적응하고 최적의 삶을 살도록 적극적으로 돕는다.

만성 질환이 있는 아동이 신체적 어려움과 사회적 어려움에 대처하고 적응하는 것을 배우는 방식에 대해 더 많이 이해하기 위해, 아동이 건강에 대한 걱정을 정상적으로 생각하고 표현하는 방식에 대해 살펴보려고 한다. 이것은 만성 질환이 있는 아동이 보이는 적응적 및 부적응적 대처 반응을 구별하는 데 도움이 될 것이다.

아동 건강에서의 정상 편차

우리는 아동이 어른과 마찬가지로 자신의 통증과 불편함을 잘 전달한다고 생각하지만, 이것이 항상 맞는 것은 아니다. 유아는 통증을 전혀 경험하지 않고, 아동은 성인보다 통증에 덜 민감하다고 생각했다. 그 이유는 아동이 자신의 통증에 대해 잘 표현하지 못했기 때문인데, 이는 아동이 성인보다 통증에 대한 역치가 높다는 잘못된 결론을 도출했다. 그러나 아동은 통증이 무엇인지에 대한 개념을 잘 인지하고 있고, 어떻게 표현해야 하는지를 알고 있다(McAlpine & McGrath, 1999). 통증이 무엇인지, 왜 생기는지에 대한 이들의 설명과 구체적인 통증의 경험을 보면, 이들은 나이가 어린데도 불구하고 남아와 여아 모두 통증에 대한 개념이 잘 형성되어 있다는 것을 알 수 있다. 이들의 말을 생각해 보자.

> 그것(복통)은 당신의 위 속에 벌이 들어 있는 것과 같다. 위를 쏘고, 노란 재킷이 왔다 갔다 하고, 위 속을 구타하고, 위를 베어 버리는 것 같다. [6세 남아]

> 귀가 아픈 것은 당신의 귓속 저 깊은 곳을 장미 가시가 찌르는 것 같은데, 따끔한 것보다 훨씬 더 아프다. [9세 남아](Ross & Ross, 1984, p. 184)

아동이 단순히 부모 또는 다른 사람이 통증에 대해 한 말을 따라하는 것 같지는 않다. 두통에 대해 7세 아동이 했던 아이 같은 상상을 보자.

> 머리 안에 커다란 괴물이 있는 것 같아요. 괴물이 점점 더 커져서 더 이상 자리가 없어요. 그래서 괴물이 머리 양쪽을 쭉 밀어붙이는 것 같아요. 괴물이 계속 더 커지고 있어요(Ross & Ross, 1984, p. 189).

이제 이런 흔한 장면을 그려 보자. Jackie는 6세 때부터 부모에게 때때로 '너무 아파서' 학교에 갈 수 없다고 말했다. 그런 후 Jackie는 부모에게 증상의 목록을 조심스럽게 제시했다. "배가 아파요. 몸이 뜨겁고 목이 아파요. 발가락에 감각이 없어요." 부모가 상세하게 물을수록 더 많은 증상을 꺼내 놓았다. 사실, 이러한 증상들 중 대부분은 Jackie의 부모가 제시한 것들이다. "다리도 많이 아프니?" (네), "머리는 어떠니?" (아파요), "피부가 어떤 것 같니?" (따끔거려요). 예민한 독자들은 이 증상들이 Jackie가 초등학교 1학년에 들어가면서 나타났다는 것을 알아챘을 것이다. 이 상황이, 아동 자신이 신체적 증상에 대해 배우고, 생활에서의 책임성과 연결 짓는 전형적인 방식이라고 생각하는가?

아동의 신체적 증상 호소(Jackie에게서 나타나는 것처럼)는 정상적이고 흔히 발생하는 것인가? 전형적인 학령기 아동의 대략 1/3이 학교나 체육 활동을 피하거나 부모 또는 또래의 관심을 끌려는 이차적인 목적을 위해 신체적 고통을 호소한다는 것은 놀라운 일이 아니다. 아동이 자신의 두려움, 싫어함, 회피를 표현하는 가장 흔한 방법이 아프다거나 통증을 호소하는 것인데, 대체로 이는 불확실하고 원인이 의심스럽다.

여기에서 남아와 여아의 차이는 흥미롭다. 질문을 받았을 때 여아는 남아보다 고통이나 불안의 증상을 더 많이 호소한다(Kröner-Herwig et al., 2011). 스트레스 상황에서 여아는 울기 · 매달리기 · 정서적 지지 구하기를 더 많이 보이는 반면, 남아는 비협조 · 회피 · 참기를 보인다. 이와 유사하게, 신체 증상의 호소에서 여아는 정서적 지지와 연관되어 있고, 남아는 파괴적 행동장애와 연관되는 것 같다(Egger et al., 1999; Jellesma et al., 2011; Rose & Rudolph, 2006). 이것은 여아가 남아보다 통증에 더 민감하다거나 자신의 두려움이나 불안에 대처하는 능력이 더 약하다는 뜻인가? 대답은 '예' 그리고 '아니요'이다. 이러한 성별 차이는 생리적 차이뿐만 아니라 사회화의 기대에서 유래되는 것 같다. 우리 모두는 남아에게는 참으라고 격려하고, 여아에게는 수동적이고 감정적 표현을 더 격려하는 문화에 익숙하다. 남아와 여아 모두 고통에 반응하지만, 배운 방식과 얻고자 하는 것에 따라서 표현한다. 따라서 이러한 호소는 발달적으로 정상 범위에 속하는 것이며, 정신병으로 볼 필요가 없다.

다른 아동에 비해 반복적으로 통증과 신체 증상을 더 많이 경험하는 아동이 있는데, 이는 가족의 영향 때문이다. 예를 들어, 기능적 복통과 여러 형태의 설명되지 않는 재발성 통증이 있는 아동은 가정에서 통증을 많이 호소하는 누군가와 동일시할 가능성이 많으며, 기질적 원인으로 통증이 있는 아동보다 통증을 자주 호소한다(Marshall et al., 2007). 뿐만 아니라, 엄마가 신체화 장애가 있는 아동은 화가 났을 때 신체 증상을 표현할 가능성이 네 배 더 높다(Craig, Cox, & Klein, 2002; Guite et al., 2007). 따라서 아동이 설명되지 않고 반복해서 보이는 통증은 일차적으로는 가족의 **통증 모델**(pain model)로 인해 생기는 것 같다(Peterson et al., 2003). 아동은 집과 그 외 다른 곳에서 건강한 적응 양식을 배울 수도 있다. 예를 들어, 사회적 능력이나 학업 능력이 좋은 아동은 스트레스나 고통을 가중시키는 이혼 또는 입원과 같은 부정적 생활사에 대한 반응을 덜 보인다(Walker et al., 2007).

이제 만성적인 건강 문제나 질환이 있는 아동으로 돌아가자. 각각의 만성 질환은 특유의 어려움이 동반된다. 당뇨가 있는 아동은 매일 의료적 일과에 직면하지만, 예후를 비교적 예측하기 쉽다. 암에 걸린 아동은 처치에 따른 불쾌감과 부작용이 있으며, 질병의 불확실한 예후에 대처해야만 한다.

모든 만성 질환 및 의학적 상태에 공통적으로 적용되는 중요한 점은 병이 아동과 가족에게 유용한 대처 자원을 위험하게 하며, 소진시키는 주요 스트레스원이라는 것이다. 이러한 관점, 즉 만성 질환은 적응이 필요한 주요 스트레스의 형태로 보았고 연구자들은 만성 질환의 성공적 대처를 촉진시키는 요인을 찾으려고 한다. 이 관점은 우리가 뒷부분에서 볼 수 있듯이, 아동이 어려움에 대처하는 데 도움이 되는 새로운 방법을 발달시키기도 했다.

만성적인 건강 관련 장애 또는 질환으로 고통받는(비만, 당뇨병, 천식, 기타 질병 포함) 아동의 비율은 북아메리카 아동 전체 집단의 10~20%로 추정되며 최근에 극적으로 증가하고 있다(Brown et al., 2007; Van Cleave, Gortmaker, & Perrin, 2010). 이 아동들 중에서 2/3 정도는 경한 상태이고, 나머지는 중간 정도에서 심한 정도로 활동이 제한되고 힘든 처치를 받아야 한다(Peterson et al., 2003). 천식은 아동기 만성 질환 중 가장 흔한 것으로서, 신경학적 장애 그리고 발달장애와 행동장애로 이어질 수 있다. 다행스러운 것은 아동의 일상생활을 방해하는 신체적 제한과 지적 제한을 가져오는 심각한 형태의 만성 질환은 비교적 드물지만, 그것들이 결합되어 있는 비율은 제법 크다.

표 13.5에 아동기 만성 질환과 의학적 상태의 발생률(즉, 1년 동안 특정한 집단에서 발생되는 새로운 사례의 수)이 제시되어 있다. 이와 같은 많은 질병에서의 생존율이 최근에 아주 높아졌으며(Jemal et al., 2009), 따라서 유병률은 만성 질환을 겪어 내고 20세 이상까지 살아남은 아동의 비율이 높다는 것을 반영한다. HIV와 AIDS를 가지고 삶을 살고 있는 것은, 현재 북아메리카 15~24세 인구 중 사망원인 6위로 급부상하고 있는 주요 건강 문제이다(Garvie et al., 2009; Howland et al., 2007).

아동기 만성 질환은 사회 계층 또는 민족에 따른 차이가 없으며, 모든 계층의 아동에게 영향을 미친다. 그러나 종족 또는 민족적 가계에 의해 유전적으로 생기는 특정 질환처럼, 질병이 미치는 영향에 예외도 있다. 예를 들면, 방광섬유증은 백인이 많이 걸리고, 겸상 적혈구 빈혈증은 아프리카계 미국인들에게 많다(Thompson & Gustafson, 1996). 아프리카계 아동은 백인 또래에 비해 천식으로 입원하는 확률이 세 배 정도 더 높은데, 이는 낮은 수입 및 불리한 여건과 연관이 있는 것 같다(Brown et al., 2007).

또한, 사회경제적 지위(SES), 민족, 특히 암에 걸린 아동 및 성인의 생존율 사이에도 연관이 있다(Wich et al., 2011). 균등한 건강 서비스 전달을 수행하려는 시도에도 불구하고, 가난한 지역의 사람은 아직도 의료 서비스가 열악하며, 캐나다(Booth, et al., 2010), 한국(Son et al., 2011), 영국(Stringhini et al., 2010)에서처럼 단일 건강의료 시스템에서도 마찬가지이다. 뿐만 아니라, 가난한 사람은 암의 극복을 더 어렵게 만드는 그 밖의 병이 있을 가능성이 있고, 생활상의 다른 스트레스가 있거나 증상에 대한 인식 부족 때문에 부모가 의료적 조치를 취하는 노력을 덜할 가능성이 높다. 일반적으로 빈곤한 가정의 아동은 그렇지 않은 가정의 아동보다 건강이 좋지 않을 가능성이 5배 높다(Bloom et al., 2011). 적절한 수단이 있는 사람은 일반적으로 자신의 삶을 통제하고 선택할 수 있는 것이 더 많으며, 이는 자녀에게 적절한 의료적 관리를 해 준다. 이 장의 후반부에서는 가족의 힘을 키우고 가족의 역할과 자원에서 더 나은 균형을 유지하는 방법에 대해 살펴보려 한다.

표 13.5 미국의 0세에서 19세 아동 및 청소년에서 선정된 만성 질환 발생률

질환	발생률(매 인구 집단의 연간)
천식	아동 인구의 19.6%[a]
암과 종양	해마다 진단받는 아동 10만 명 중 16명[b]
소아당뇨병	해마다 진단받는 아동 10만 명 중 24명[c]
겸상 적혈구 빈혈증	아프리카계 미국인 신생아 500명 중 1명[d]

[a] 아동/청소년 인구 집단의 유병률(Akinbami, Moorman, & Liu, 2011).
[b] Bloom, Cohen, and Freeman(2011)
[c] Centers for Disease Control and Prevention(CDC) (2011a)
[d] Amendah et al., (2010)

이제 두 가지 구체적인 만성 질환 —소아당뇨병과 아동기 암을 자세히 살펴보자. 이 두 가지는 만성 질환이 있는 아동이 직면하게 되는 과정 및 적응 패턴을 잘 보여 준다.

소아당뇨병

AMANDA
당뇨병과의 투쟁

Amanda(14세)는 약 1년 전에 인슐린 의존성 당뇨병 진단을 받았다. 대부분의 10대처럼 Amanda도 적극적인 생활을 하고 있으며, 매일 혈당을 확인하고 인슐린 주사 없이는 적절한 음식을 먹기 어려웠다. 이 병이 Amanda의 생활에 어떤 영향을 주는지, 자신이 이러한 필요나 한계에 어떻게 대처하는지 함께 이야기를 나누었다.

> "당뇨병이 시작된 후 내 생활은 완전히 변했어요. 내게 가장 친한 친구는 내가 먹는 인슐린과 기계예요. 손가락을 찔러서 피를 빼서 진단 검사지에 피를 놓아서 하루에 네 번 혈당을 검사하기 위해 기계를 사용하지요.
>
> 책을 통해서 인슐린과 내가 먹어야 하는 것에 적응할 수 있어요. 매일 규칙적으로 여섯 번 정도 균형 잡힌 건강식을 해야 해요. 내가 얼마나 운이 좋은지 지금은 알고 있어서 부정적인 생각은 하지 않으려고 해요. 사용할 수 있는 기계장치나 무가당 음식이 없었다면 아무것도 못할 거예요. 당뇨병은 신체뿐만 아니라 마음도 변화시켰어요. 나를 살펴보고, 무엇이 중요한지를 깨닫는 데 도움을 주었지요. 친한 친구 Germaine은 내가 학교 첫해에 잘 견딜 수 있도록 도와주었는데, 그때 아이들은 내가 왜 그들과 같은 음식을 먹을 수 없는지, 그리고 왜 바늘을 사용하는지 궁금해했어요. 부모님도 나를 도와주었고, 동생도 내가 특히 힘든 날에는 봐주기도 했어요. 그래서 나는 건강이 얼마나 중요한지 친구들보다 더 잘 알게 되었고, 감사할 줄도 알게 되었어요." (저자의 사례 자료에서 인용).

Amanda는 **인슐린 의존성 당뇨병**(IDDM)으로 인해 힘들어하는데, 이것은 췌장의 부적절한 인슐린 감소로 탄수화물을 대사시킬 수 없는, 평생 지속되는 대사장애이다. 인슐린의 부족은 식욕을 조절하고, 탄수화물을 필요한 에너지로 대사 작용을 하고, 혈액의 화학적 성질의 균형을 유지하게 하는 신체의 능력에 대해 연쇄 반응을 한다. 인슐린의 부족은 당이 세포 속으로 들어가는 것을 막는데, 이로 인해 혈액 내에 포도당이 축적되어 고혈당증(hyperglycemia)이 된다. 포도당은 또한 시상하부의 조절 세포에게 배가 부르거나 고플 때 사인을 보내는데, 따라서 이러한 정보를 받지 못하면 계속해서 먹게 되지만 체중은 늘지 않는다(Thompson & Gustafson, 1996). 처치법으로 인슐린 주사, 식이요법, 운동으로 정상 대사 수준을 유지하게 한다. 최근의 처치법은 당뇨병이 있는 사람의 건강 상태를 크게 향상시켰지만, 여전히 심각한 후유증 또는 사망률과 연관이 있다.

당뇨병은 소년과 소녀에게 동일하게 영향을 미치며 증가하는 추세이다. 2000년에 북아메리카에서 태어난 아동은 일생 동안 세 번 중에 한 번은 당뇨병으로 진단된다(Canadian Diabetes Association, 2014). 초기 증상에는 피로감, 갈증, 배고픔, 잦은 배뇨, 과다한 음식 섭취에도 체중이 감소되는 것 등이 있다. 당뇨병은 초기 성인기 또는 그 이후에 순환성 문제로 시력 상실, 신장 손상, 심혈관 질병 등의 합병증으로 이어질 수 있는 진행성 질병이다(Siegel, 2008). 당뇨병이 있는 사람은 심혈관 질환에 대한 위험이 두 배 더 높은 것을 포함하여, 질병과 사망에 대한 위험률이 더 높다(Franco et al., 2007). 질병의 심각성, 장기화, 침해적인 처치가 필요함을 감안하면, 당뇨병이 있는 아동 및 가족이 갈등과 적응의 문제에 취약해질 수밖에 없다는 것을 알 수 있다(Ellis et al., 2007).

이들은 혈당 점검, 섭식 제한, 인슐린 주사, 필요한 에너지와 인슐린의 균형을 유지하는 방법을 학습하는 것처럼 대사 조절을 유지하기 위해 매일 처치 과제를 해야 한다(Peterson et al., 2003). **대사 조절**은 환자의 포도당 수준이 정상 범위로 유지되게 하는 것이다. 인슐린이 너무

BananaStock/Jupiter Images

당뇨병 같은 만성 질환을 가지고 있는 청소년은 날마다 처치 요법을 주의해서 지켜야 한다.

적으면 당뇨병성 혼수가 일어날 수 있고, 인슐린이 너무 많으면 저혈당증(hypoglycemia)이 일어날 수 있기 때문에, 아동 및 청소년은 항상 자신의 인슐린 수준을 주의해서 점검해야 한다. 저혈당증 삽화는 극도로 불쾌감을 주고, 성마름, 두통, 불안정이 있을 수 있다. 질병 및 스트레스가 포도당과 필요한 인슐린 사이에서의 관계를 방해할 수 있다는 점에서 더 복잡해진다(Schwartz et al., 2011).

아동과 10대는 의사가 지시한 내용을 주의해서 따라야 한다. 즉, 주의해서 식이요법을 실행해야 한다. 식이요법과 대사 조절을 잘 하는 것은 병과 그것의 처치에 대한 이해, 식이요법 지키기가 중요하다는 믿음, 적절한 문제해결 기술과 관련이 있다(Drotar, 2013; Rasmussen et al., 2011). Amanda의 사례에서 본 것처럼, 청소년기는 특히 어려운 시기인데, 질병이 자존감, 사회적 경험 및 교육 경험에 영향을 미칠 수 있기 때문이다. 매일 부과되는 처치 과제의 부담이 없더라도 청소년기 자체가 충분히 힘든 시기이기도 하다. 따라서 심리학자들은, 상황적으로 발생하는 요구에 가족이 잘 적응하도록 도움으로써 아동의 식이요법과 대사 조절 유지를 촉진시킬 수 있는 방법을 개발하는 데에서 적극적인 역할을 해야 한다(Schwartz et al., 2011). 행동주의 전략은 이런 점에서 꽤 성공적이며, 특히 환자에게 증상 감소 또는 약물 사용을 강화하는 방법과 스스로 복용량을 조절하고 그들의 증상·혈당·약물을 모니터하도록 환자를 가르치는 자기통제 방법에서 효과적이다(Drotar 2006; Elkin & Stoppelbein, 2008; Jaser & White, 2011).

아동기 암

CHEN

단단히 결심한 소년의 백혈병 투병기

Chen(9세)은 아동기 백혈병에 대한 느낌과 백혈병이 가족 및 또래 관계에 미치는 영향에 대해서 다음과 같이 말했다.

"이제 암에 걸린 지 3년이 되었어요. 약으로 암을 치료하려고 했지만 나아지지 않았어요. 친구들이 병문안을 왔어요. 친구들은 모든 면에서 꽤 괜찮아요. 하지만 가끔씩, 이 병이 어떤 것인지 친구들에게 말하려고 해도 그들은 걸려 보지 않았기 때문에 이해하지 못해요. 친구들은 하고 싶은데 하지 못하게 하는 문제가 없어요. 친구들은 병원에 있는 것, 병을 점검하고, 나아지고 있는지를 확인해야 하는 것과 같은 걱정을 할 필요가 없지요. 친구들에게 왜 내가 잠시 모든 걸 중단하고 쉬어야 하는지 말할 수는 있지만, 이해하지 못할 거예요. 이해하고 싶지 않을 거예요. 나를 걱정하는 가족이 많아요. 나 또한 가족을 걱정해요. 내가 만나는 의사 선생님들과 먹는 약, 시술에 익숙해져야 할 것 같아요. 좋아하지는 않지만, 그것이 나를 도와주는 유일한 것이라는 것을 알아요. 친구들(또는 부모일지라도)과 뭔가를 할 수 있었으면 좋겠어요. 일어나서 나가고 싶어요. 누군가 이 병을 겪고 있는 사람이 있다면, 강하게 견디고 믿음을 가지라고 말해 주고 싶어요. 그리고 필요한 것이 있으면 큰 소리로 말하세요."

Chen의 어머니는 Chen과 가족이 진단을 받은 후 겪고 있는 고통을 다음과 같이 말했다.

"Chen은 몇 년 전에 형으로부터 골수 이식을 받았어요. 그리고 고맙게도 백혈병이 나아지고 있었죠. 그러나 1년 후 건강 진단을 받으러 가서 재발하고 있다는 것을 알았어요. 암이 골수로 퍼졌고 예후가 나쁘다는 말을 들었어요. 이제 우리 가족은 Chen과 함께 지내고 같이 즐거운 시간을 보내는 데 노력을 쏟으려고 해요. 다행스럽게도, 회사의 배려로 Chen과 함께 집에 있을 수 있게 되었어요. 지난 해 그들의 지원은 놀라웠어요. 사실, 사회 전체가 우리 가족에게 놀랄 만큼의 지지를 보여 주었어요. 그러나 병이 악화되어 지난 몇 달 동안 하던 것을 이제는 못 하게 되었어요. 우리는 줄곧 화를 내고, 희망을 갖고, 침울해지고, 기뻐하고, 슬프기도 해요. 지금까지 타 본 것 중 최악의 롤러코스터 같아요. Chen의 상태는 우리가 지금까지 희망했던 것보다 해야 할 것을 좀 더 확고하게 만들어 주었으며, 우리 가족에게 보여 준 친절함은 압도될 정도예요." (저자의 사례 자료에서 인용)

우리 대부분은 Chen과 그의 가족의 경험을 상상하기가 어렵다. 이들의 말은 심각한 아동기 질환이 찾아왔을 때 힘과 의지 그리고 온정이 얼마나 중요한지를 잘 보여 주는데, 이 사례는 불치병이다. 아동기 암은 성인에 비해 더 갑자기 찾아올 수 있으며, 첫 진단을 받을 때 이미 진행이 많이 된 경우가 흔하다(Brown et al., 2007). 백인 아동은 다른 인종 아동에 비해 암의 발생률이 가장 높은데, 아직 그 이유는 밝혀지지 않고 있다. 히스패닉계와 아시아/태평양 섬 지역 아동의 암 발생률은 백인 아동과 아프리카계 아동 사이에 있으며, 미국 원주민 아동의 발생률은 다른 어떤 집단보다도 훨씬 낮다(Bloom et al., 2011).

가장 흔한 아동기 암은 급성 림프모구 백혈병(acute lymphoblastic leukemia, ALL)으로, 전체 아동기 암의 약 절반을 차지한다(U.S. Cancer Statistics Working Group, 2013). ALL은 혈액을 만들어 내는 골수에 악성 종양이 생기는 여러 종류의 병을 묶어서 지칭하는 말이다. 골수는 '림프모세포(lymphoblasts)'라는 악성 세포를 만드는데, 이 악성 세포로 인해 적혈구는 감소하고 백혈구는 증가하여 빈혈이나 감염, 쉽게 상처가 생기거나 출혈이 멈추지 않게 만든다(Friedman, Latham, & Dahlquist, 1998). 아동기 암은 치명적이지만 의료적 처치의 발전으로 인해 생존율이 매우 높아졌다. 하지만 악성 종양의 재발, 성장 지체, 신경심리적 결손, 백내장, 불임 등과 같은 장기적 합병증이 생존과 삶의 질을 위협한다.

당뇨병이 있는 아동처럼, 암에 걸린 아동은 발병 첫 2년에서 3년 동안 복잡한 의료적 처치를 겪게 된다. 뿐만 아니라, 그들은 학교 결석, 치치의 심각한 부작용, 불확실한 예후에 직면하게 된다. 화학 치료와 방사선 치료는 탈모 및 체중의 변화, 메스꺼움 · 구토 · 피로 증가, 내분비 및 성장 지체, 면역 체계의 저하 등을 가져온다(Friedman et al., 1998). 또한 암이 있는 아동은 정맥 천자, 골수 채취, 요추 천자와 같은 고통스러운 의료적 절차를 겪어야 한다. 아동은 처치를 받기 위해 친구 및 일부 가족과 격리될 수 있으며, 이는 아동의 심리사회적 발달에 방해가 될 수 있다. 따라서 소아암의 심리사회적 측면은 아동이 직면하게 되는 여러 진단적 과정 및 처치의 절차와 관련된 스트레스의 관리에 집중되어 있다.

아동기 암 환자의 대략 80%가 생존하지만, 생존자의 반은 성인과 마찬가지로 심각한 신체적 · 정신적 질병이 있을 수 있다(Krull et al., 2010; Kwak et al., 2013; Zebrack et al., 2002). 가장 흔히 발생하는 질병은 불임, 만성적인 불안, 재발성 암이다(Cantrell, 2011; Stuber et al., 2011). 많은 환자들은 자기 관리에 필요한 생활 기술을 배운 적이 없기 때문에 성인기까지 장기간의 보호가 필요하다.

진행과 경과

만성 질환이 있는 아동, 특히 장애로 인해 동반되는 만성 질병이 있는 아동은 건강한 또래들에 비해 질병과 그것의 처치라는 부담 때문에 정서적 적응 및 행동적 적응 문제로 고통받기 쉽다(Hysing et al., 2009). 정상적인 기능 능력이 제한된 아동이 일상 활동에서 큰 어려움을 겪을 것이라는 것은 당연하며, 이러한 어려움은 다시 행동적 · 사회적 · 학업적 적응의 어려움을 증가시킨다. 이러한 문제들은 불안장애, 우울장애와 외상 후 스트레스 장애와 같은 내재화 증상, 또는 내재화 및 외현화 문제의 복합 증상으로 종종 표현된다(Pao & Bosk, 2011; Pinquart & Shen, 2011; Wechsler & Sánchez-Iglesias, 2013).

이러한 증상을 제대로 이해하려면, 만성 질환이 있는 아동의 적응은 전형적으로 건강 관련 문제 없이 정신건강 진료실에 의뢰된 아동의 적응보다 좋다는 것을 알아야 한다(Wechsler & Sánchez-Iglesias, 2013). 대부분의 경우, 만성 질환이 있는 아동은 스트레스와 관련된 증상을 보이는데, 이 아동들 사이에서 DSM-5 장애 유형의 발생률은 실제로는 낮다. 예를 들어, 다양한 만성적인 건강 질환이 있는 아동들 사이에서 우울 증상과 관련된 340개 연구의 메타 분석에서 우울 증상이 건강한 또래에 비해 아주 조금 높았으며 이는 대다수가 성공적으로 적응함을 보여 준다(Pinquart & Shen, 2011). 더구나 당뇨병 및 암이 있는 아동들이 보고한 불안, 우울, 낮은 자존감 증상의 수준은 평균적으로 나이와 성별에 따른 정상 범위에 속했다(Brown et al., 2007; Wechsler & Sánchez-Iglesias, 2013).

만성 질환 아동 집단이 초기 적응에 취약하다고 해도, 무엇이 특정한 증상을 야기하는지, 또는 일부 아동이 다른 아동보다 더 잘 적응하는 이유를 말하기는 어렵다. 이 아동들이 일상 속에서 예측할 수 없는 사건이나 어려움에 대처해야 한다는 것을 생각할 때, 스트레스 관련 증상이 증가할 것이라는 것을 알 수 있다. 대체로 자신이 앓고 있는 질병의 경과와 결과에 성공적으로 적응할 수 있다는 것을 알도록 격려된다. 불안, 우울, 분노와 같은 증상은 정신과 장애라기보다는 장기간의 질병 및 그것의 처치 식이요법과 관련된 고통스러운 경험에 대한 정상적인 반응이라고 생각할 수 있다(Wechsler & Sánchez-Iglesias, 2013). 이는 학대 또는 방임된 아동 및 지적 불능 아동이 겪게 되는 적응 문제와 유사하다. 만성 질환이 있는 대부분의 아동은 자신의 병과 관련된 고통스러운 경험에도 불구하고 상당한 회복력을 보여 주는데, 우리는 이들의 환경 맥락이나 상태를 포착하지 못하는 정신과 명칭 또는 서술을 신중하게 적용해야 한다.

가족에게 미치는 영향

소아 건강심리학 분야는 만성 질환 아동의 적응에서 가족 기능의 중요한 역할에 초점을 맞춘다. Amanda와 Chen의 가정에서 볼 수 있듯이, 아동이 처한 상황이 가족을 응집시키거나 지지하도록 만들고, 또는 가족의 붕괴나 위기를 초래할 수 있다. 부모가 아동의 진단에 관한 소식을 이해하고 대처하도록 노력하면서, 동시에 이들은 자녀가 다른 아동과 다르다는 것을 받아들여야 한다. 이러한 현실을 부모가 어떻게 수용하고 반응하는지에 따라 아동이나 형제들이 적응하고 반응하는 방식이 결정된다. 이 위기를 해결하지 못한 부모는 애착 및 양육에 문제가 있을 가능성이 크고, 이것은 아동 질환으로 인한 고통을 더욱 가중시킬 수 있다(Mullins et al., 2007).

아동에게 생명을 위협하는 병이 있다는 것을 아는 것은 모든 가족에게 외상과 스트레스를 야기하고, 이것은 외상 후 스트레스 장애(PTSD)를 촉발할 수 있는 외상 사건이 될 수 있다(Kwak et al., 2013). 만성적인 장애를 가지고 태어난 어느 유아의 어머니는 자신의 초기 반응을 다음과 같이 기술했다.

> 나는 무서운 폭풍 한가운데서 이리저리 떠다니는 뗏목을 타고 있는 것 같았다. 어디에 있는지, 어디로 가고 있는지, 다음에는 어떤 파도가 내 머리에 떨어질지 알지 못했다. 대부분의 시간을 나는 그냥 매달려 있었다. 내가 알게 된 것은, 매달려 있는 것이 생존의 비결이다(Medvescek, 1997, p. 67).

만성 질환이 있는 자녀를 둔 많은 부모는 아이가 감기나 독감같이 흔히 일어나는 병에만 걸려도 두려움이 다시 떠오르거나 기억이 되살아난다고 보고했다(Pai et al., 2007). 대략 10%의 어머니와 아버지가 PTSD의 증상을 보이는데, 이 비율은 다른 유형의 외상적 스트레스에 노출되는 것과 견줄 만하다(Barakat, Hocking, Kazak, 2013). 다행히도, 아동이 진단을 받을 당시에는 매우 어릴 것이므로, 아동은 자신의 장애를 알게 됨으로써 생길 수 있는 PTSD 증상을 전형적으로 겪지는 않는다. 그러나 고통스러운 절차에 대한 아동의 기억은 스트레스를 겪게 하고, 아동기 암의 몇몇 생존자들은 몇 년이 지난 후에도 의료적 절차에 대한 혼란스러운 기억을 떠올린다(Stuber & Shemesh, 2006).

가족이 건강한 아동에게 영향을 미치는 것과 마찬가지로 만성적인 건강 문제가 있는 아동의 행동에도 상당한 영향을 미친다. 특정 유형의 만성 질환이 다른 유형의 만성 질환보다 적응에 더 큰 위험을 가져오는 것은 아니다. 따라서 병으로 인해 부과된 어려움 하나만이 아니라 아동의 상황과 연관된 요인들, 즉 가족 스트레스와 자원 등이 그들의 적응에서 더 중요할 수 있다(Peterson & Drotar, 2006). 나이가 어느 정도 있는 아동의 경우, 자녀가 처치 식이요법에서 갈등을 일으키지 않는 방식으로 치료에서 자율적으로 통제할 수 있는 능력을 개발할 수 있게 부모가 도움을 준 정도는 10대 자녀가 처치 식이요법을 준수할 가능성을 예측하게 한다. 부모-10대 자녀 관계에서 관찰되는 정상적인 갈등은 10대가 생활양식을 바꾸어서 처치 식이요법을 통합시켜야 하는 가정에서 특히 강조된다. 예를 들어, 음주는 당뇨병이 있는 10대에게 큰 위험이 될 수 있다. 음주가 특히 위험하기 때문에 물질을 사용하는 것에 관해서 대화하고 부모의 기대를 강조해야 한다(Jaser & White, 2011).

처치를 준수할지를 예측해 주는 것은, 처치에 관한 결정을 누가 할 것인가에 대한 부모와 아동 간의 의견 일치 정도가 아니라 부모-10대 자녀 관계에서의 갈등의 정도이다(Drotar, 2013). 따라서 갈등이 없는 방식으로 아동이 지킬 수 있도록 돕는 부모(처치의 결정을 누가 하든지 간에)는 10대 자녀의 건강과 적응을 높일 수 있다. 모든 아동기 만성 질환에서 일반적으로 부모가 직면하는 스트레스 요인은 비슷한데, 경제적 · 육체적 부담, 부모 역할의 변화, 형제의 분노, 아동의 적응 문제, 사회적 단절, 잦은 입원, 슬픔 등이다(Alriksson-Schmidt, Wallander, & Biasini, 2007). 그러므로 만성 질환이 있는 자녀를 둔 부부가 갈등, 의사소통의 부족, 역할의 부조화, 긍정적 정서나 친밀감의 부족 등과 같은 스트레스를 보고하는 것은 놀랄 일이 아니다(Rodrigues & Patterson, 2007).

이러한 심리적 · 실질적 영향에도 불구하고, 만성 질환이 있는 많은 아동이 이러한 어려움에 잘 적응하며, 가족들 역시 그러하다는 것은 반복해서 지적할 만한 가치가 있다(Long & Marsland, 2011). 사회적 지지에 대한 인식 및 부모의 적응은 아동의 적응을 돕는 주요 요소이며, 이는 일차 양육자가 아동의 스트레스와 대처 능력에서 중요한 역할을 하기 때문이다. 특히, 질환과 관련된 스트레스의 수준을 낮게 지각하고, 스트레스 또는 문제에 대처하기 위해 적응적이고 적극적인 방식을 사용하고, 가족에게서 갈등보다 지지를 더 많이 인식하는 어머니는 정상적으로 적응할 가능성이 더 많다(Thompson, & Gustafson, 1996). 상황에 관계없이, 우리는 종종 이러한 연관성, 즉 어머니의 능력이 손상되지 않을 때 아동 또는 가족 기능의 결함이 적다는 것과 연관이 있음을 보게 된다. 이 점은 아동의 적응과 부모의 스트레스 간에 교류적 연관성을 보여 주는데, 부모의 건강한 적응은 아동의 건강한 적응과 연관이 있고 부모의 건강하지 않은 적응은 아동의 건강하지 않은 적응과 연관이 있다[대부분의 연구는 아동의 적응에 대한 어머니의 역할만을 고려했는데, 만성 질환에 대한 아동의 대처와 적응에서 아버지의 영향에 대해 점차 인식하고 있다(Ware & Raval, 2007)]. 따라서 부모의 적응은 만성 질환에 대한 아동의 적응과 중요한 상관이 있는 것 중 하나이다.

만성 질환이 있는 아동의 형제들 역시 사회적 문제와 정신건강 문제를 많이 겪는다. 이들은 우울 및 불안, 낮은 인지 점수, 또래 활동이 적음과 같이 내재화된 증상이 있는 경향이 있다(Bellin & Kovacs, 2006). 이러한 결과는 만성 질환으로 인해 매일 처치 식이요법이 필요할 때 더욱 그러한데, 이것은 아동으로 인해 부모가 겪는 양육 부담이 증가하고, 이로 인해 형제에 대한 관심이 감소됨으로써 형제의 부적응에 영향을 미친다는 것을 암시한다. 이러한 문제가 있음에도 불구하고 만성 질환이 있는 많은 아동이 형제 관계에서 이득이 있고 형제들 역시 만성 질환이 있는 아동과의 관계에서 이득이 있는데, 긍정적 유대감이 이들 사이에서 종종 형성되기 때문이다(Havermans et al., 2011; Long & Marsland, 2011).

사회 적응과 학업 수행

만성 질환에 대한 아동의 적응은 심리적 스트레스뿐만 아니라, 사회적 적응 · 또래 관계 · 학업 수행에서의 발달적 수행을 통해서도 반영되고 있다. 만성 질환은 사회적 상호작용의 기회를 간섭하는 생활방식의 방해를 초래하기 때문에, 좀 더 심각하거나 방해 요소가 많은 질환이 있는 아동은 사회적 적응에서 어려움을 겪게 된다(La Greca, Bearman, & Moore, 2002). 이러한 부적응은 아동이 종종 또래와의 관계에서 좀 더 복종적인 행동을 보이고, 전반적으로 사회적 활동에 참여하지 않는 것으로 나타난다(Meijer et al., 2002).

아동기 암 환자의 또래 관계를 생각해 보자. Chen은 다른 아이들과 함께 놀거나 동일한 행동을 할 수 없는 이유를 아이들이 왜 이해하지 못하는지를 설명했다. 즉, 아이들에게 자신은 정상으로 보이며 할 수 있을 것처럼 보인다는 것이다. 또래 및 타인들의 부정적 또는 잘못 알고 있는 반응은, 안타깝지만 만성 질환이 있는 아동에게 있는 일이다. 암에 걸린 아동에 대한 종단 연구에서, 교사는 이들을 또래에 비해 덜 사교적이고, 리더십이 약하고, 사회생활에서 고립 및 철회된 것으로 지각했다(Noll et al., 1991). 사회 적응에서 이와 비슷한 문제가 중추신경계에 영향을 미치는 병, 즉 대뇌 발작 · 척추 파열 · 뇌종양 등이 있는 아동에게서 명백히 드러났는데, 이는 이러한 장애가 사회적 판단력과 같은 인지 능력에 영향을 미치기 때문이다(Hysing et al., 2009).

학교 적응 및 학업 수행은 만성 질환이 있는 아동과 청소년에게 적응 곤란의 위험을 증가시키는 또 다른 영역이다. 이러한 위험은 두 가지에서 비롯될 수 있는데, 일차적으로는 질환 및 질환의 처치에 따른 영향이며, 피로 · 잦은 결석 · 심리적 스트레스와 같이 병으로 인한 이차적 결과 때문이다(Witt, Riley, & Coiro, 2003). 학업 수행에 미치는 병의 일차적인 영향은 특히 뇌 관련 질환이 있는 아동들에서 분명히 나타난다. 이들은 중추신경계에 심각한 영향을 미치는 공격적인 처치 식이요법을 감당해야만 하며, 특히 나이가 어릴수록 더욱 그렇다(Brown et al., 2007). 가장 흔한 신경인지적 영향은 비언어적 능력, 주의 또는 집중 기능에서 드러난다(Mulhern et al., 2004; Reeves et al., 2006). 단기 기억, 처리 속도, 시각-운동 협응, 계열화 능력 또한 종종 영향을 받는다(Reeves et al., 2006). 따라서 뇌 관련 질환이 있는 아동의 절반 정도는 특수교육 장면에 배치되거나 학교에 다니지 않는다. 이와 대조적으로, 뇌와 무관한 신체적 질병이 있는 아동은 정상적인 교육에 배치된다. 그러나 이들 역시 만성적인 질병과 학교 결석의 간접적인 영향으로 인해 읽기에 문제가 있을 수 있다(Witt et al., 2003).

아동의 적응 방식: 생물심리사회적 모델

일반적인 관점에서 만성 질환이 있는 아동의 적응 곤란을 기술했지만, 아동마다 질환이나 가족의 상황이 다를 수 있다. Amanda와 Chen처럼, 지지적인 가족이 있는 아동이 있지만, 그렇지 않은 아동도 있다. 아동이 만성 질환에 적응하는 데 영향을 미칠 수 있는 사건은 셀 수 없이 많으며, 몇몇 아동이 다른 아동보다 더 쉽게 적응하는 이유를 설명할 수 있는 단일 요인은 없다.

아동의 적응에 영향을 미치는 무수히 많은 요인을 어떻게 이해해야 하는가? 단일 요인 이론으로 충분한 설명을 할 수 없을 때, 연구자들은 개념적이면서도 의미 있는 방식으로 가장 중요한 변인들을 연결시키는 다중 요인 이론을 개발한다. **교류적 스트레스 및 대처 모델**(transactional stress and coping model)은 만성 질환이 있는 아동의 적응이 병 자체의 특성뿐만 아니라 개인적인 자원과 가족 자원에 의해서 어떻게 영향을 받는지를 보여 준다(Gustafson et al., 2006; Thompson et al., 1994). 이 모델은 아동의 결과를 형성하는 복잡한 과정을 이해할 수 있게 도와준다.

교류적 스트레스 및 대처 모델은 아동과 가족이 어쩔 수 없이 적응해야 하는 만성 질환의 고통스러운 성질을 강조하고 있다. 이들이 적응해 가는 방식은 아동의 결과에서 핵심 요인이다.

질환 매개변수는 시각적으로 흉한 외양이 기능적 결함을 포함해서 질환의 유형이나 심각성을 말한다. 인구통계학적 매개변수에는 아동의 성별, 연령, SES가 포함되는데, 이는 또한 질병에 영향을 미친다. 모델은 아동 및 가족의 과정이 질환-결과 관련성을 매개하는데, 질병 및 인구통계학적 요인 그 이상이다. 중요한 심리적 매개변수에는 아래에 기술될 부모의 적응, 아동의 적응, 부모-아동 상호 관계가 있다.

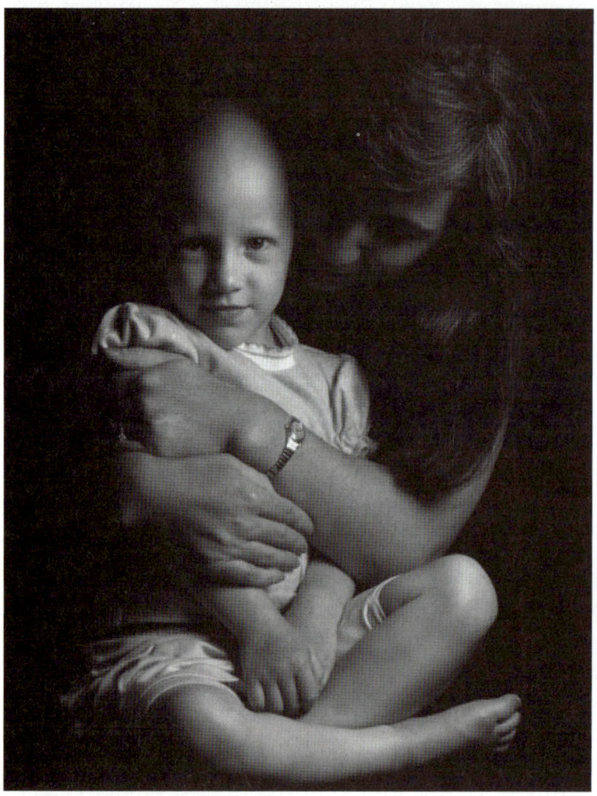
David Scott Smith/The Stock Connection/Getty Images

가족의 지지는 아동이 만성 질환을 이겨 나가는 과정에서 중요한 역할을 한다.

질환 매개변수

사람들은 아동의 심리사회적 적응이 이들의 의학적 상태에 따라 변할 수 있다고 기대한다. 진행 경과가 불확실한 질환도 있고, 일상 활동에 심각한 영향을 미치며 스트레스를 가중시키는 질환도 있다. 서로 다른 만성 질환들은 공통되는 특성이 많이 있고, 그래서 아동 적응을 연구하면서 구체적인 질환에 대한 적응보다는 병과 관련되는 차원, 또는 매개변수와 비교하여 아동의 적응을 연구하는 것이 이치에 맞는다. 질환에 따라 변할 수 있는 공통된 차원에는 아동의 질병에 따라 다음 사항이 어느 정도 해당되는지가 포함된다.

- 질환이 사람의 눈에 드러나는가, 또는 신체적 기형이 있는가?
- 질환이 심각하고 생명을 위협하는가?
- 질환이 점차 악화되며 예후가 치명적인가, 아니면 예후가 안정적이거나 향상되는가?
- 침해적 또는 고통스러운 절차가 필요한가?
- 아동의 일상의 과제를 수행하는 데 영향을 미치는 신체적 및 인지적 손상처럼 아동의 기능 상태에 영향을 미치는가? (Thompson & Gustafson, 1996)

만성 질환이 있는 아동은 이러한 차원에서 직면하는 어려움이 각기 다르며, 따라서 자연적으로 적응은 어려움의 정도에 따라 영향을 받는다. 모든 의학적 상태 전반에서, 아동의 적응에서 가장 중요한 역할을 하는 질환 매개변수는 질병의 **심각성, 예후, 기능 상태**이다(Lavigne & Faier-Routman, 1993). 기능 상태는 뇌 및 중추신경계와 관련된 상태처럼, 인지적 결함이라는 점에서 특히 중요하다.

개인의 특징

만성적인 의학적 질환은 아동과 가족 구성원 모두가 상당한 스트레스와 불확실성을 수용하고 이에 대처해야 한다. 아동이 성공적으로 적응하게 만드는 특성이나 자원은 무엇일까? 한 가지는 성별이다. 만성 질환이 있는 소년은 소녀보다 전반적으로 적응에서 문제가 더 많다. 그러나 이러한 성별 차이는 적응의 차원과 누가 보고하는가에 따라 다르다. 부모와 교사는 남아가 여아보다 행동 문제가 더 많다고 기술하며, 반면 자기 보고에서는 여아가 남아보다 불안, 우울, 신체적 외형에 대한 부정적 인식을 더 많이 보이는 것 같다(Miller & La Greca, 2005).

아동의 전반적인 적응이 현재 연령 또는 질병 발생 시 연령의 기능으로서는 거의 다르지 않지만, 소수인종 아동 및 가족이 갖고 있는 경제력과 건강의 차이가 중요한 역할을 한다. 이 차이는 만성 질환의 경과와 치료뿐만 아니라 삶의 질과 질병 및 장애의 위험에도 심각한 영향을 미친다. 빈곤한 것은 많은 스트레스 생활 사건에서 위험 요인이며, 빈곤하면서 건강 문제가 있는 것은 스트레스와 적응 문제를 크게 증가시킨다(Greenberg, Raymond, & Leeder, 2011). 이와 유사하게, 청소년 및 아동의 만성 질환의 처치에 대한 연구는 처치의 결과에 영향을 미치는 중요한 문화적 이슈, 특히 처치 식이요법을 따르는 것은 다루지 않고 있다(Clay, Mordhorst, & Lend, 2002; Elkin & Stoppelbein, 2008).

높은 지적 능력 및 자아 개념에서 얻어지는 강점 및 대처 능력으로 인해 아동이 의학적 상태에 관계없이 좀 더 긍정적인 심리적 적응을 보인다는 것은 당연하다. 구체적으로, 아동이 지각된 스트레스를 정확히 평가, 즉 질병 관리와 관련된 일상적인 일과를 해석하고 적응하는 방식은 안녕감을 높이고 스트레스 및 부적응의 증상은 감소시킨다(Pai et al., 2006). Chen은 이를 잘 보여 주고 있다.

> 이제 나는 삶이 시험의 연속이라는 것을 깨달았다. 그 다음에 무슨 일이 생길지 알 수 없지만, 다가온다면 받아들여야만 한다. 긍정적인 태도로, 내게는 나를 지지해 주는 친구와 가족이 있다는 것을 기억하면 힘든 날들을 헤쳐 나가는 데 도움이 된다.

가족의 적응과 기능

만성 질환이 모든 가족 구성원에게 어느 정도 영향을 미치는 스트레스 요인이라고 간주된다면, 아동의 적응은 기타 가족들, 특히 주 양육자가 겪고 있는 스트레스나 증세의 정도에 따라 다르다. 만성 질환이 있는 아동의 생활에서 가정 환경이 아주 중요하다는 것은 부정할 수 없으며, 이는 친밀한 부모-아동 상호작용이 질병을 관리하는 데 어느 정도 필요하기 때문이다.

상호 교류 모델은 질병 및 부모와 아동 둘 다의 적응에서 부모의 적응이 관계의 매개 역할을 한다고 간주한다. 건강한 결과를 촉진하는 방식에서 부모가 어떻게 '적응'하는가? 모델에 따르면, 부모의 적응은 세 가지 주요 과정의 기능, 즉 (1) Chen의 어머니에게서 볼 수 있듯이, 부모는 생활 스트레스를 어떻게 관리하고 자기 효능감을 어떻게 보는가? (2) 적극적이고 해결 중심적인 대처를 이용하는가? (3) 가족 기능과 인지하고 있는 지원이다. 반대로, 부모의 성공적인 적응은 부모 적응이 더 좋아지고 가족 의사소통 및 갈등해결 기술이 건전해진다(Wysocki et al., 2008). 궁극적으로, 부모의 긍정적인 적응은 아동이 긍정적인 결과를 가져올 가능성을 크게 증가시킨다. 질병에 대한 부모의 지각은 아동의 건강을 촉진시키는 데에서 핵심적인 역할을 하는 부모 적응의 한 측면이다. 아동이 약하다고 생각하는 부모의 지각은 아동의 사회적 불안을 증가시키고, 학교 결석이 많은 것과 연관이 된다(Long & Marsland, 2011).

가족 기능은 흔히 두 가지 형태의 가족 자원(resource)의 유용성, 즉 **실용적** 자원과 **심리적** 자원의 측면에서 정의된다. 실용적 가족 자원은 재정적 자원 및 부모 교육과 같이 장애가 있는 아동을 돌보는 데 필요한 실질적인 요구와 관련이 있으며, 이는 질병을 이해하고 아동에게 이득이 되는 도움을 구하는 부모의 능력에 영향을 미친다. 심리적 가족 자원은 눈에 보이지는 않지만 훨씬 더 중요한 것 같은데, 이는 가족 구성원들이 서로를 지지하고, 가족끼리 그리고 가족 이외의 사람들과 관계를 맺고, 갈등을 해결하는 방식이다. 이 두 가지 유형의 가족 자원은 만성 질환 아동의 행동적 적응 및 사회적 적응에서의 변인을 상당 부분 설명해 준다(Robinson et al., 2007).

개입

만성 질환의 심리적 영향은 아동 발달이나 가족 기능의 정상적인 진행이 붕괴되면서 일어난다. 다행스럽게도, 스트레스를 감소시키는 심리사회적 개입의 이용, 사회적 문제해결 기술의 강화, 효과적인 아동 양육 방법의 촉진을 통해 이러한 영향을 줄이고 적응을 강화할 수 있다. 이런 다양한 방법에는 종종 아동과 가족의 지속적인 적응 과정을 도울 수 있는 스트레스 관리법과 기술 형성 요소들이 수반된다.

개입의 기본 목표는 만성 질환 아동 및 가족의 삶의 질을 향상시키는 것이다. 이 목표를 성취하는 방법은 지난 40년 동안 극적으로 변화되었으며, 소아과 의사나 건강 심리학자들이 큰 관심을 보였다. 1970년대 중반 이전에는 개입의 노력이 주로 아동 중심 모델, 의학적 모델에 근거했다. 건강 전문가가 전문가이며, 아동은 환자, 가족은 수동적인 관찰자였다. 오늘날에는 부모가 의사결정 과정과 아동의 교육 계획에 참여하고 있으며, 이것은 가족 중심 개입으로 이어졌다. 사실상 지금은, 가족이 중요한 자원이며, 그리고 해결의 한 부분인 것 같다. 즉, 가족은 배경이 아니라, 필요한 아동 개입의 전면에 있다.

가족 자생력

가족 자생력은 스트레스와 의존성을 감소시키고 가족이 결정을 내리는 데 필요한 정보를 획득하고 만족스런 행동을 취할 수 있게 해 준다. 예를 들어, Chen의 가족은 Chen의 삶의 질을 높이는 데에서 적극적인 역할을 했으며 그의 요구나 가족에게 남아 있는 기회에 대해 알고 있으며, 놀라서 도망치지 않았다. Chen 어머니의 설명이다.

> 물리치료는 Chen이 엄마나 아빠에게 덜 의지하게 도왔어요. 목표는 Chen이 스스로 생각하고 할 일을 준비할 수 있도록 하는 것이에요. 예를 들면, 잠잘 시간에는 옷을 벗고 침대에 눕는 것이지요. 다음 날 아침에 스스로 옷을 입고 의자까지 오는 것이죠.

다양한 유형의 지지 집단과 교육 프로그램이 아동과 다른 가족 구성원들에게 많은 도움을 준다. 가정들이 서로 관계를 맺어서 공통된 자신들의 경험을 공유하고 관심은 변화를 위한 개인의 힘과 중요한 자원 둘 다를 만들어 낸다(Barakat et al., 2013; Drotar, 2006). 참여는 자생력에서 중요한 요인이며, 건강 전문가와 가족 간의 협동 모델은 긍정적 태도와 가치를 모델링할 수 있는 장소를 제공하는 한편, 서로를 지지할 수 있도록 격려한다. 마찬가지로, 가족 구성원에게 정보와 기술 훈련을 제공하는 교육 프로그램도 종종 유익하다. 가장 유익한 프로그램은 질환에 대한 지식이나 질병의 자기 관리, 아동의 학교 복귀, 만성 질환 아동을 둔 부모들끼리 양육에 대한 지원과 협조를 촉진해 준다(Canter & Roberts, 2012; Drotar & Bonner, 2009). 부모가 아동의 질환에 대해 많이 알수록, 아동에 대한 부모의 이해를 촉진하고 병이 가정에 미치는 전반적 영향에 대한 이해력을 더 많이 높일 수 있다.

요약하면, 만성 질환 아동을 위한 처치 관련의 활동은 흔히 가족 전체의 욕구에 기초하고 있다. 그러나 이러한 노력은 반드시 자녀의 전반적인 돌봄에서 부모가 원하는 정도, 즉 현실적일 수 있는 정도 등에 맞추어야 한다. 아래에 기술되어 있듯이, 이 같은 적응 과정을 지지하는 개입의 방법은 의료적 처치와 심리학에 기초한 접근을 준수하면서 아동이 질병 및 의료 절차와 관련된 고통에 대처 하는 데 도움을 주는 것이다.

아동의 적응을 돕기

만성 질환 아동에 대한 논의를 통해, 우리는 이들이 고통스러운 의료 절차부터 또래 거부 및 기능적 제한에 이르기까지 수많은 고통 상황에 대처해야 한다는 것을 알게 되었다. 이러한 이유로, 지지 집단(**살펴보기 13.1** 참조)과 여가 활동(**살펴보기 13.2** 참조)을 통해 이들의 성공적인 대처를 강화할 수 있는 방법에 대해 많은 노력을 기울였다. 이러한 작업 중 대부분은 고통스러운 의료 절차에 대처하는 데 중점을 두었지만, 가정의 일상생활 또는 학교를 포함해서 다른 환경에 적용하는 방법도 있다. 한 번 더 말하지만, 부모의 참여와 어머니의 적응은 아동의 대처에서 가장 중요한 요소이다. 아동을 효과적으로 돕기 위해, 부모는 자녀 건강의 결과 또는 진전에 대한 자신들의 통제감을 극대화해야 한다(Robinson et al., 2007).

만성 질환 아동의 적응과 삶의 질을 향상시키려면 아동이 병원 안팎에서 가능한 한 식이요법을 잘 실천해야 한다. 아동이 지시 사항, 먹어야 하는 것, 학교 준비 등과 같이 단순한 것조차 따르지 않는다면, 불쾌한 의료 절차의 요구를 수행할 것이라고 어떻게 기대할 수 있겠는가? 이러한 절차의 중요성 때문에, 소아 건강 심리학은 이들이 순종하게 만드는 방법을 개발하기보다는, 아동과 부모가 필요한 절차를 따를 수 있도록 돕는 것으로 이동하고 있다.

먼저 고통스러운 의료 절차를 설명한 다음에, 무슨 일이 일어나는가를 보는 기회가 주어졌을 때 아동과 성인이 최선을 다한다는 증거들이 제시되었다. 그러므로 소아과 절차 동안에 스트레스를 감소시키고 통증을 관리하기 위한 개입은 **대처 및 스트레스 관리**(coping and stress management)를 강조하는 행동적 접근과 인지적 접근을 적용한다(Hermann, 2011). 야기되는 고통스러운 사건에 대해 적극적으로 정보를 찾는 아동은 스트레스가 감소되고 적응이 향상되었다(Williams, Blount, Walker, 2011). 뿐만 아니라, 양육 및 가족의 기능, 바람직한 행동을 강화하는 효과적인 양육 전략, 긍정적인 의사-환자 관계 등은 아동이 병을 모니터하고 치료하는 데 필요한 사항을 지키게 만드는 데 영향을 미친다(Drotar, 2013).

일반적으로, 고통스러운 의료적 절차 및 만성적으로 반복되는 통증에 대처하도록 아동을 돕는 두 가지 심리

살펴보기 13.1

가상 지원단

New York City의 Mount Sinai 의료센터 병실에 있는 Lauren(12세)은 컴퓨터의 컬러모니터로 친구를 볼 수 있다. Lauren은 오른쪽 손목에 악성 종양이 있다는 진단을 받았다. 9개월 동안 화학 치료를 받았고, 오른쪽 팔의 요골을 금속 막대로 대체했다. 그러나 오늘 Lauren의 장난기 어린 갈색 눈과 미소가 입원실을 밝게 한다. 게임에 지친 Lauren은 게임을 그만두고 컴퓨터를 이용해 친구에게 전화를 건다. "나 지금 심심해." Lauren은 전화를 끊으면서 말한다. "집중적인 관리를 받고 있을 때, 아무것도 하면 안 되거나 누구도 만나지 못할 때 컴퓨터는 나와 비슷한 병이 있는 다른 병원의 아이들과 이야기할 수 있게 해 주었어요. 나는 혼자가 아니라는 것을 알게 되었고 기분이 훨씬 나아졌어요."

Lauren 및 Lauren과 비슷한 상황에 있는 아동을 북돋아 주는 시스템은 STARBRIGHT World(SBW)라고 부르는 상호 교환 네트워크이다. 일부 아동에게 SBW는 회복을 촉진하고, 그런 운은 없더라도 기쁨 · 위안 · 기분 전환 · 지난달 또는 지난 주일에 있었던 일을 위로하는 데 도움이 된다. SBW는 만성 질환이 있는 아동과 청소년이 서로 연결될 수 있는 안전 온라인 커뮤니티이다. SBW에서 아동은 수다를 떨 수 있고, 게시판을 읽고 글을 남기고, 메일을 쓰고, 비슷한 질병을 가지고 있는 친구를 찾고, 재미있는 행사나 콘테스트에 참여하고, 허락된 웹사이트를 찾아보고, 게임을 할 수 있다.

출처: The Starbright Foundation.

살펴보기 13.2

하계 수련회

만성 질환이 있는 아동에게 사회적 적응을 촉진시켜 주기란 어렵다. 그러나 유사한 질병을 갖고 있는 아동을 위한 여름 캠프에 등록하는 것은 또래와의 사회적 상호작용을 격려하는 한 가지 방법이다. 캐나다의 소아암 환자를 위한 최초의 거주 캠프인 Camp Oochigeas는 비슷한 의학적 문제를 가지고 있는 아동들이 함께 모이고 자신들의 경험을 공유할 수 있는 사례이다. 참가하는 아동들은 2주일 동안 머물면서 자신의 일정에 따라 휴식 및 의료적 처치를 하면서 다수의 캠핑 활동에 참여한다.

여름 캠프에 가는 것은 또래와 관계를 맺고, 또래에게 수용되는 기회가 되며, 자신만이 만성 질환이 있는 것이 아니라는 것을 깨닫게 해 주는 기회가 된다. 자신감과 자존감을 높여 주고 학교를 빠지거나 다른 사람들과 다른 것 같은 느낌 때문에 잃어버리기 쉬운 사회적 연결망을 제공해 준다. "Oochigeas와 같은 캠프에서는 모두 다 암이 있기 때문에 당신이 암이라는 사실에 관심 갖는 사람이 없다." 캠프는 만성 질환이 있는 아동을 돌보느라고 지친 가족에게 필요한 휴식을 제공해 주고, 아동이 독립심과 자기 관리 기술을 발달시킬 수 있도록 격려해 준다. 질병의 특성 때문에 이들은 부모로부터 자기 관리 기술과 자율성을 획득하는 발달 과제들이 종종 지연된다. 캠프는 아동과 부모 모두에게 긍정적인 분리 경험(병원 방문과 대조적으로)이 되고, 적절한 수준의 독립성에 대한 욕구를 인식하게 한다(Odar, Canter, & Roberts, 2013).

출처: Camp OOCHIGEAS(2006)

적 접근이 있는데, 정보를 제공하는 것과 대처 기술을 훈련시키는 것이다(Thompson & Gustafson, 1996). 정보 전략은 절차를 모델링하는 것뿐만 아니라 말로 설명하고 시범을 보이는데, 이것은 의료적 절차를 좀 더 예측할 수 있다는 점에서 스트레스를 감소시킨다(Jaaniste, Hayes, & von Baeyer, 2007). 대처 전략은 심호흡, 기분 전환, 근육 이완, 이완하기 심상, 정서적 심상, 행동 시연과 같은 다양한 대처 기술을 가르친다(예: 아동에게 자신의 힘을 검증받고 있는 영웅이라는 상상을 하라고 할 수 있다)(Dahlquist, 1999). 병과 관련해서 아동이 특히 힘들어하는 스트레스 요인(예: 주사 맞는 것)을 구체적으로 확인해서 그러한 스트레스를 관리하는 법을 배워서 스트레스 또는 실패를 예방할 수 있다. 예를 들면, Amanda는 즐거웠던 기억을 떠올려서 주사 맞는 것에 대처했다.

부모는 스트레스 또는 대처 절차 동안에 코치가 되어서 아동이 집에서나 병원에서 대처 기술을 연습하도록 도울 수 있다(Walker et al., 2007). 대처 기술의 사용은 통증과 신체적 증상의 감소뿐만 아니라, 대처 기술의 사용은 병원 방문이나 결석을 줄여 주고 가족의 기능을 덜 방해하는 것처럼 광범위하게 이득이 있다(Bromberg, Gil, & Schanberg, 2011). 아동이 침해적인 의료 절차에 대처하도록 돕기 위해, 부모는 주의 돌리기, 결과에 대한 칭찬, 적극적 지시('지금 숨을 깊게 쉬어라')를 사용하도록 격려하지만, 지나친 설명 · 모호한 지시 · 비판은 피해야 한다(Hermann, 2011; Wohlheiter & Dahlquist, 2013). 인지-행동치료의 유익함이 입증되면서, 고통스러운 의료적 절차를 요구하는 만성 질환 아동의 인지-행동치료가 보편화되고 있다(Elkin & Stoppelbein, 2008).

단원 정리

만성 질환

- 만성 질환이 있는 아동은 심리사회적 문제의 위험이 증가하는데, 이는 일반적으로 이들이 스트레스에 대처하려는 시도를 반영해 준다.
- 아동은 만성적인 상태의 스트레스에 대해 다양한 방식으로 반응하며, 불능(disability)이 점점 더 많아지는 아동들 사이에서 적응의 문제가 더 많이 나타난다. 적응 문제는 낮은 자존감 · 사회적 유능감 결여 · 저조한 성적 · 때때로 정신과 장애처럼 행동적 스트레스 및 정서적 스트레스 증상으로 나타난다.
- 만성 질환과 관련된 어려움에 잘 적응하는 아동과 가족이 많다. 사회적 지지를 인지하는 것과 어머니의 적응은 이들의 적응을 도와주는 핵심 요소이다.
- 최근 가족의 자생력과 부모 참여로의 전환은 만성 질환의 어려움에 대처해야 하는 아동을 돕는 혁신적인 방법이 되었다. 심리사회적 개입은 사회적 문제해결 기술과 적응 기술을 높이고, 또한 효과적인 아동 양육 방법을 강화해 줌으로써 아동이 만성 질환에 적응하도록 돕는다.

청소년 물질 사용 장애

마약은 시간 낭비이다. 마약은 여러분의 기억과 자존심 그리고 여러분의 자존감과 관련된 모든 것을 파괴한다.

— Kurt Cobain

간단한 퀴즈로 이 부분을 시작하자. 또래 문화에 퍼져 있는 물질 사용의 본질이나 정도를 잘 이해하고 있다고 믿는 사람들이 많다. 여러분이 사실을 알고 있는지 보기 위해 이 부분을 읽기 전에 **살펴보기 13.3**을 먼저 보자. 여러분도 알게 되겠지만, 교육과 인식이 필요한 물질 사용과 관련해서 잘못된 생각들이 아직 많이 있으며, 특히 가장 취약한 젊은이들 사이에서 더욱 그러하다. 흡연에서부터 거리에서의 마약에 이르기까지 부작용 없이 경험해 보지만, 위험은 운전, 안전하지 않은 성적 경험, 공격성, 기타 유사한 문제들의 결합과 관련된 질병 그리고 사망을 증가시킨다(Earleywine, 2009; Williams, Holmbeck, & Greenley, 2002). 자주 그리고 오랫동안 사용하는 것은 약물 사용 장애의 위험을 증가시킬 뿐만 아니라 초기 성인기에서 중요한 심리사회적 기술의 발달을 방해한다(Haller et al., 2010).

물질의 사용 및 남용(예: 니코틴, 알코올, 마리화나, 기타 마약)은 점점 더 우려되는 영역, 특히 청소년에서 더욱 그러하다. 물질 남용은 자라는 아동과 청소년에게 신체적 합병증을 야기할 수 있으며, 기타 정신병리 행동과 유사한 증상을 가져올 수도 있다. 물질 남용은 다양한 심리적 장애와 관련되기도 한다.

DSM-5에서 **물질 관련 및 중독 장애**는 물질 의존을 포함해서 10개의 분리된 마약 분류가 있는데, 알코올 · 카페인 · 대마초 · 환각제 · 흡입제 · 진통마취제 · 진정제 · 흥분제 · 담배 · 기타(또는 알려지지 않은)이다. 도박은 중독장애로 DSM-5에 들어갔다. 청소년기의 **물질 사용 장애**(SUDs)는 기분, 지각, 뇌기능을 변화시키는 물질을 자신의 팔에 자가 투입해서, **물질 남용** 또는 **물질 의존**을 야기한다(Brown, Tomlinson, & Winward, 2013). 남용되는 거의 대부분의 물질은 심리적 의존성을 일으키는데, 일부는 신체적 의존성으로까지 확장된다. 심리적 의존성은 적절히 기능하려면 물질이 필요하다고 느끼는 주관적 느낌이다. 신체적 의존성은 신체가 물질의 지속적인 투여에 적응될 때 발생하며, 내성이란 처음에는 적은 양으로도 가능했지만, 효과를 위해 점차 더 많은 양이 필요한 것을 말한다. 신체적 의존성의 또 다른 모습은 남용하는 물질을 갑자기 끊었을 때, 금단 증상과 역기능적인 생리적 증상이 나타난다는 것이다.

모든 SUIDs에 대한 DSM-5 진단 준거가 **표 13.6**에 제시되어 있다(APA, 2013). 중심적인 진단적 특성은 분명한데, 문제가 있는 물질 사용의 패턴은 심각한 결함 또는 고통을 야기한다. 이 준거를 충족시키려면 청소년(또는

> **살펴보기 13.3**
>
> ### 물질 사용에 대해 알고 있는 것 검사하기
>
> **1.** 다음 중 약물 사용의 비율이 가장 높은 연령 집단은?
> a. 10~17세 b. 18~25세 c. 26~35세 d. 36~60세 e. 61세 이상
>
> **2.** 미국에서 가장 흔하게 사용되는 약물은?
> a. 마리화나 b. 알코올 c. 코카인 d. 헤로인
>
> **3.** 다음 중 미국 사람들의 건강에 가장 해로운 것은?
> a. 담배 b. 헤로인 c. 코데인 d. LSD e. 카페인
>
> **4.** 다음 중 신체 의존성을 가져오지 않는 것은?
> a. 알코올 b. 모르핀 c. 페요테 d. 코데인
>
> **5.** 다음 중 즉시 위험해질 수 있는 것은?
> a. 흡입제 b. 마리화나 c. 니코틴 d. LSD
>
> **6.** 불법 약물을 정맥주사로 투여하는 방법이 위험한 이유는?
> a. 약물이 신체에 급속히 퍼지기 때문에
> b. 살균 처리되지 않은 장비와 방법이 심각한 합병증을 야기할 수 있기 때문에
> c. 이 방법으로 사용할 때 대개 많은 양의 약물이 투여되기 때문에
> d. (a)와 (c)
> e. (a), (b), (c) 모두
>
> **정답**
>
> **1.** (b)
>
> **2.** (b)
>
> **3.** 관상동맥 질환, 기타 심장 질환, 폐암, 호흡기 질환, 그 외 다른 종류의 암으로 사망하는 약 30만 명이 흡연과 관련이 있다.
>
> **4.** (c) 메스칼린(페요테 선인장의 주 요소) 또는 기타 환각제에 대한 신체 의존성은 아직 증명되지 않았다.
>
> **5.** (a) 에어로졸 또는 증류된 물질을 코로 흡입하면 즉사할 수도 있다.
>
> **6.** (e) 살균 처리되지 않은 장비로 물질을 사용하는 사람들이 AIDS, 간염, 또는 기타 감염에 노출될 위험성은 종종 간과된다.
>
> 출처: Brazoria County Sheriff's Department, Narcotic Division. http//www.brazoria-county.com/sheriff/narc/quiz.htm에서 개정함

성인)은 최소 12개월 동안 두 개 이상의 유의미한 임상적 징후를 보여야 한다. **표 13.6**에 나와 있는 11개의 징후는 이 진단의 핵심 특징이 포함된 4개의 군으로 나뉘는데(APA, 2013), **통제의 결함**(준거 1에서 4), **사회적 결함**(준거 5에서 7), **위험한 사용**(준거 8과 9), **약리학적 기준**(준거 10과 11)이다.

이 책에서 제시되고 있는 다른 장애와 마찬가지로, 물질 사용의 진단 준거 역시 성인과 청소년 사이의 중요한 발달적 차이를 적절하게 고려하지 못한다. 물질을 남용하는 청소년은 금단 증상을 경험하지만, 생리적 의존성 및 증상은 성인이 경험하는 금단 증상보다 덜 흔하다. 청소년은 왜곡이나 기분 변화와 같은 물질 남용 그리고(또는) 철회와 관련된 인지적 및 정서적 특징을 더 많이 보이는 것 같다(Brown et al., 2013; Kenneson, Funderburk, & Maisto, 2013).

청소년들 사이에서 SUDs는 사용의 패턴이라는 측면에서 성인과는 다른데, 이는 가용성에 대한 제한이 기능하는 것 같다. 예를 들면, 청소년은 자주 마시지 않지만, 마실 때는 성인보다 많은 양을 마시며(즉, 폭음), 이는 급성의 건강 및 사회적 위험과 관련된다(Chassin et al., 2013). 청소년의 물질 사용은 또래, 자율성 및 어른의 '특권'을 실험해 보는 것, 부모의 지도 감독 수준에 따라 크게 영향을 받는다(Branstetter, Low, & Furman, 2011; Lippold, Greenberg, & Collins, 2013). 이러한 영향은 SUDs 특징과 표현하는 방식이 성인과 다르게 만든다.

유병률과 경과

청소년이 가장 많이 사용하고 남용하는 물질이 알코올이라는 것은 놀랄 일이 아니다. **그림 13.2**에서 보듯이, 45,000명 이상의 학생으로부터 자료를 수집한 2012년 조사에 기초했을 때 고등학교 3학년의 2/3, 10학년의 절반 이상, 그리고 8학년의 1/3이 지난해에 술을 마셨다고 보고했다(Johnston et al., 2013a). 이들 중 대략 1/4은 한 번에 5잔 이상 폭음해 본 적이 있다고 밝혔다[이해하기 힘들지만, 캐나다에서 최근의 폭음 비율은 거의 50%에 가깝다(Young et al., 2011)].

흡연은 감소 추세에 있는데, 이는 아마도 예방적 노력과 경고 때문인 것 같다. 조사하는 시점에서는 고등학생 6명 중 1명이 흡연을 했다(30년 전 조사가 시작된 이후 가장 낮은 수준이다). 흡연은 감소했지만, 청소년 사

표 13.6 물질 사용 장애의 진단 준거

DSM-5

(A) 임상적으로 심각한 결함 또는 고통으로 이어지는 문제가 있는 물질 사용 패턴이, 12개월 이내에 다음 중에서 최소한 2개 있다.

(1) 의도했던 것보다 더 많은 양 또는 더 오랫동안 물질을 종종 사용한다.
(2) 물질 사용을 줄이거나 조절하려는 지속적인 욕구가 있거나 또는 이러한 노력이 실패했다.
(3) 물질을 구하는 것, 사용하는 것, 그 영향에서 회복하는 활동에 많은 시간을 보낸다.
(4) 물질 사용에 대한 갈망 또는 강력한 바람이나 충동이 있다.
(5) 반복된 물질 사용이 직장, 학교, 가정에서의 주요한 역할 의무(예: 물질 사용과 관련해서 반복된 결근 또는 작업성과 불량, 물질과 관련된 결석・정학・퇴학, 육아 또는 집안일을 방치)를 수행하지 못하게 한다.
(6) 물질의 영향으로 인해 지속적이거나 반복적인 사회적 문제 또는 대인관계 문제를 일으키거나 악화됨에도 불구하고 물질 사용을 지속한다.
(7) 물질 사용으로 인해 중요한 사회적, 직업적, 여가 활동을 포기하거나 줄인다.
(8) 신체적 안전이 위험한 상황(예: 물질 사용으로 결함이 있을 때 자동차 운전하기 또는 기계 작용하기)에서도 물질 사용이 반복된다.
(9) 물질이 지속적이거나 반복적인 신체적 또는 심리적 문제를 일으키거나 악화될 가능성이 높다는 것을 알면서도 물질 사용을 계속한다.
(10) 내성, 다음 중 하나 또는 모두에 의해 정의된다.
 a. 중독 또는 원하는 효과를 얻기 위해 물질의 양을 뚜렷하게 증가하려는 요구
 b. 동일한 양의 물질 사용이 지속되어 효과가 현저히 감소됨
(11) 금단, 다음 중 하나로 나타난다.
 a. 물질의 특징적인 금단 증후군
 b. 금단 증상을 완화하거나 피하기 위해 동일한(또는 밀접하게 관련된) 물질을 취한다.

다음 중에서 있다면 명시한다.

조기 관해 상태: 최소한 3개월 동안에는 준거에 맞는 항목이 없지만 12개월은 되지 않았다('갈망'은 예외).

지속적 관해 상태: 12개월 또는 그 이상의 기간 동안에 준거에 맞는 항목이 없다('갈망'은 예외).

다음 중에서 있다면 명시한다.

통제된 환경에 있음: 이 부가적인 명시자는 개인이 물질에 대한 접근이 제한된 환경에 있을 때 사용된다.

현재의 심각도를 명시한다.

경도: 2개에서 3개 증상이 있다.

중등도: 4개에서 5개 증상이 있다.

고도: 6개 또는 그 이상의 증상이 있다.

출처: *Diagnostic and Statistical Manual of Mental Disorders*, 5th ed. American Psychiatric Association.

이에서 마리화나의 사용은 증가했다(마리화나의 매일 사용이 8, 10, 12학년에서 각각 1.1%, 3.5%, 6.5%에 이른다; Johnston et al., 2013a). MDMA(즉, 엑스터시), 아편, 코카인, 태워서 코로 흡입하는 크랙을 사용하는 청소년의 숫자 역시 증가했으나 최근 연구에서는 환각제 및 흡입제를 사용하는 청소년의 수도 감소하면서 이러한 약물의 사용이 감소하고 있음을 보여 준다(Johnston et al., 2013a).

청소년들 사이에서 물질 사용의 수준이 비교적 높다는 것을 감안할 때, 상당한 비율이 물질 남용 또는 물질 의존성의 진단에 해당한다는 것은 놀랄 일이 아니다. 지역사회에 기초한 아동 청소년 표본에서 미국 청소년의 12% 정도가 물질 남용 또는 물질 의존의 진단 준거를 충족시킨다(National Center on Addiction and Substance Abuse at Columbia University, 2011). 이러한 장애의 꽤 높은 비율(약 3명 중 1명)이 다른 정신건강 문제, 또는 아동복지국이나 청소년재판소와 관련된 이력이 있는 청소년들 중에서 보고되었다는 것(Colder et al., 2013; Fi-

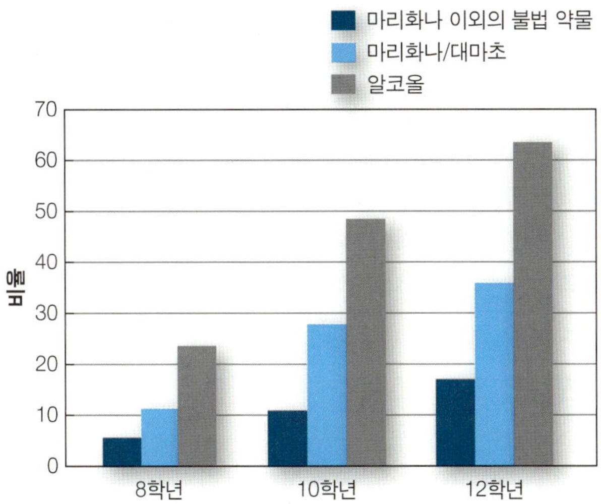

그림 13.2 8, 10, 12학년에서 다양한 약물 사용과 관련한 연간 유병률의 추세.

출처: *Monitoring the Future* (Johnston et al., 2013a)에서 얻은 자료.

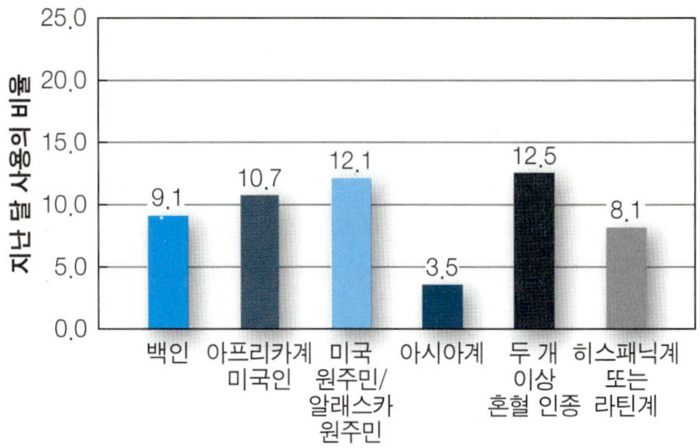

그림 13.3 12세 이상의 사람들 중에서 지난달에 약물을 사용한 종족/인종: 2010.

출처: Substance Abuse and Mental Health Services Administration (2011).

dalgo, da Silveira, & da Silveira, 2008; Wright, Fagan, & Pinchevsky, 2013)은 놀랄 일이 아니다.

발병 연령

청소년기에 보이는 어느 정도의 물질 사용은 정상적인 행동이다. 그러므로 연구자들은 심각하게 지속되는 것과 비교적 순진하게 사용하는 궤도를 구별할 수 있는 몇몇 요인들을 살펴보았다. 물질 사용의 문제 및 차후의 장애 발병에서 가장 널리 지지받고 있는 위험 요인은 처음 사용하는 연령이다(Brown et al., 2013). 예를 들면, 캐나다 청소년 전국 종단 연구(Canadian National Longitudinal Survey of Youth, NLSY)에서는 음주의 시작이 1년 늦어질 경우에 알코올 의존이 발생할 가능성이 9% 감소하는 것으로 밝혀졌다(Grant, Stinson, & Harford, 2001). 연구자들은 일반적으로, 14세 이전에 알코올을 사용하는 것은 이후 알코올 남용이나 의존을 알려 주는 강력한 요인이라고 밝혔으며, 특히 초기 음주가 알코올 소비량에서 급격히 증가했을 경우에 더욱 그러하다(Chassin et al., 2013).

성별과 인종

과거 조사에서는 여아가 남아에 비해 사용하는 약물의 종류 및 빈도가 낮다고 밝혀졌으나, 생애 전반에 걸친 유병률에서는 성별의 차이가 역전되는데, 이는 대체로 여자들의 물질 사용이 증가하기 때문이다. 2005년에, 소녀들은 10학년이 되어 소년의 비율을 따라잡았으며, 그 비율은 동등하게 유지된다. 마찬가지로, SUDs 진단을 받는 비율 역시 남아와 여아 간에 유의미한 차이는 없다(Johnston et al., 2013a).

조사하는 시점에서, 30일간의 물질 사용과 남용 비율에서의 인종 차이가 **그림 13.3**에 있다. 흑인 또는 아프리카계 학생은 백인 학생과 비교했을 때 대부분의 불법 물질 사용이 상당히 낮았으나 최근에는 그 차이가 좁혀졌는데, 이는 아프리카계 학생들 사이에서 마리화나의 사용이 증가했기 때문이다. 여러 약물의 사용에서 히스패닉계 학생의 비율은 백인 및 아프리카계 학생과 비슷하거나 낮다. 그러나 히스패닉계 고등학교 3학년의 경우에 평생에 걸쳐 코카인 분말, 크랙 코카인, 주사를 사용하거나 사용하지 않는 헤로인, 메탐페타민, 메탐페타민 결정체의 사용 비율이 가장 높다(Substance Abuse and Mental Health Services Administration[SAMHSA], 2011; Johnston et al., 2013b).

경과

물질 사용의 비율은 전형적으로 후기 청소년기 즈음에서 정점을 찍은 다음에 직업, 결혼, 부모의 역할과 접목되는 성인 초기 동안에는 감소하기 시작한다(Lee, Chassin, & Villalta, 2013). 그러나 일부의 경우, 일찍 시작해서 더 심해지는 모습과 함께 단기 및 장기적으로 이들의 안녕을 위협하는 위험한 경과의 신호가 되기도 한다. 9장 품행장애에서 보았듯이, 고위험 행동이 청소년 이전에 시작되었거나, 가끔이 아닌 지속적으로 진행되었을 때, 그리고 같은 행동에 열중하는 또래 집단이 있을 때 더 위험해진다(Dick et al., 2013; Hersh, Curry, & Becker, 2013). 사실, 대체로 청소년의 위험과 문제 행동은 함께 발생하며, 따라서 한 가지 문제는 다른 문제의 발생이나 발생 가능성을 종종 제시해 준다(Wolfe, Jaffe, & Crooks, 2006).

10대들 사이에서 물질을 시도해 보는 것은 흔한 일이지만, 유해하지 않은 것이 아니다. 물질 사용은 통제력과 판단력을 감소시키고, 신체적 위험과 성범죄의 위험을 증가시킨다(Oshri et al., 2013; Thompson et al., 2008). 캐나다 고등학생 조사 연구에서는 알코올 사용이 다른 많은 위험 행동과 관련되거나 기타 고위험 행동을 하도록 영향을 미치는 것으로 밝혀졌는데(Feldman et al., 1999), 안전하지 않은 성적 행동, 흡연, 음주운전이 대표적이다. 더구나 데이트 폭력을 보고한 소녀는 폭력에 관련되지 않은 소녀에 비해 알코올 사용이 5배 더 높았으며, 반면에 소년의 경우 2.5배 더 높았다(Pepler et al., 2002). 알코올 및 약물을 사용하는 10대는 어린 나이에 성관계를 경험하고, 많은 사람들과 성관계를 가지고, 성병에 걸릴 가능성이 더 높다(Connolly, Furman, & Konarski, 2000). 물질 사용은 또한 건강을 해치는 체중 조절(다이어트 약 또는 설사제 복용처럼), 자살, 기분장애와 불안장애의 위험 요인이 되기도 한다(Swahn, Bossarte, & Sullivent, 2008).

관련 특성

물질 사용 장애 진단을 받은 청소년들 중에서, 관련된 많은 증상 및 행동을 주목하고 있다. 이들은 한 가지 이상의 약을 동시에 사용하는 경향이 있으며, 가장 흔한 것은 마리화나와 알코올을 같이 사용하는 것이고, 그다음으로는 알코올과 환각제 사용이다(Conway et al., 2013). 이들은 또한 학업 성취가 저조하고, 학업 실패율이 높고, 비행의 비율이 높으며, 부모와의 갈등이 더 많다(Chassin et al., 2013).

최근에 행해진 연구는 과음이 20세 이후에 비해 15세에서 신체적으로 훨씬 더 위험한데, 그 이유는 진행하고 있는 수초화와 시냅스의 가지치기가 파괴되거나 방해를 받을 수 있기 때문이다(Luciana et al., 2013; Welch, Carson, & Lawrie, 2013). 음주의 수준이 좀 더 낮은 10대에 비해, 과음의 역사가 있는 10대는 비정상적인 신경발달 징후를 보이는 것뿐만 아니라, 기억 및 주의 검사에서도 수행이 낮았다(Clark, Thatcher, & Tapert, 2008; Welch et al., 2013). 청소년의 해마는 특히 알코올에 취약했는데, 이는 잠재적으로 청소년 뇌 발달과 알코올 노출 간의 상호작용 때문이다(Silveri, 2012).

원인

품행장애와 유사하게, 몇몇 경로와 여러 가지 위험 요인들이 청소년기에 문제가 되는 물질 사용과 연관되어 있으며, 여기에는 성격 및 발달적 요인, 가족사, 가족 기능, 또래 참여가 있다. SUDs와 관련된 원인 및 관련 특성을 감안하면, 이 책에 나오는 많은 장애, 특히 ADHD, 품행 문제와의 동시 발병이 높다는 것은 놀랄 일이 아니다(Brown et al., 2013).

성격과 발달 요인

청소년의 뇌 발달을 떠올리면서 이것이 물질 사용 및 관련 성격 특성에 어떻게 기저를 이루는지 살펴보는 것으로 시작해 보자. 일부 연구는 앞에서 논의된 바와 같이, 청소년기에 수면과 신체 리듬의 발달적 변화와 알코올 사용 장애 위험 간에 관련이 있었다(Hasler & Clark, 2013). 청소년기에 일어난 수면-각성 주기에서의 의미 있는 적응은 10대의 수면-각성 일정과 신체 주기 타이밍 간의 불일치를 일으킬 수 있다. 이러한 불일치는 다시 청소년의 보상 관련 뇌 기능을 변화시킨다. 특히 수면 문제로 인해 실행 기능 및 억제 조절과 같은 중요한 신경인지적 능력을 손상시키며, 이는 보상 회로 내에서의 불균형을 일으킨다.

뇌 발달에 대한 이러한 신체 주기 불균형 및 관련된 영향은 청소년기 동안의 위험 감수, 자극 추구가 증가하는 것을 설명해 줄 수 있는데, 이 행동들은 10대의 알코올과 약물 경험이 알코올 사용 장애로 전환되는 것을 가속화한다(Oshri et al., 2013; Stautz & Cooper, 2013). 자극 추구는 새롭고 복잡하고 애매한 자극을 선호하는 것으로 설명할 수 있는데, 이는 청소년 물질 사용을 포함해서 광범위한 고위험 행동과 연관된다(Martin et al., 2008). 8~10학년 청소년 표본에서 실시된 종단 연구에서는 자극 추구가 현재 및 미래의 마리화나, 알코올 사용에 대한 강력한 예측인자인 것으로 밝혀졌다(Crawford et al., 2003). 자극 추구와 물질 사용의 관계에서, 자극 추구는 특히 마리화나 사용에 대한 가장 강력한 예측인자였으며, 그다음으로는 알코올, 그리고 훨씬 적지만, 흡연이 있다. 더구나 자극 추구의 수준에는 성별 및 인종 차이가 있는데, 남자가 여자보다 높고, 백인 청소년이 다른 인종의 청소년보다 더 높은 경향이 있었다. 이 연구에서 밝혀진 가장 중요한 결과 중 하나는 자극 추구가 시간이 지나면서 바뀔 수 있다는 것으로, 이는 자극 추구를 개입하거나 예방할 수 있는 기회가 있음을 암시한다.

물질 사용을 예측해 주는 태도가 많이 있는데, 일부는 물질 사용과 직접 연관되었고, 나머지는 좀 더 일반적인 태도이다. 물질 사용에 대한 긍정적 태도(즉, 이득 및 용인 가능성을 높게 지각, 위험은 낮게 지각)와 이와 유사한 태도 및 믿음을 가지고 있는 친구가 있는 것은 물질 사용과 연관이 있다고 밝혀졌다(Brooks-Russell et al., 2013; SAMSHA, 2003). 자신을 또래 연령 집단보다 신체적으로 더 성숙하다고 생각하는 태도와 성인이 하는 사회적 역할을 갈망하는 태도 역시 위험한 것으로 밝혀졌다. 마지막으로, 청소년이 학교에 대해 아주 긍정적으로 느낄수록, 특히 학교 공동체에 자신이 관여되어 있는 방식은 물질 사용에 대한 위험이 낮은 것과 연관이 있다(Holmbeck et al., 2006). 학교와의 연관성은 물질 사용에만 제한된 위험 요인은 아니다. 즉, 학교에 다니고, 학교에 의해 지지받고 있다고 느끼는 청소년일수록 다양한 영역(예: 물질 사용, 폭력, 성적 행동, 자살)에서 위험 행동이 더 낮아지는 경향이 있었다. 반대로, 학교와 멀어지고 학교에 참여하지 않는다고 느끼는 젊은이들은 이러한 행동의 수준을 더 높게 보고하는 경향이 있다.

가족 배경

알코올 중독의 가족력이 있는 청소년은 한쪽 부모 또는 양쪽 부모로부터 특정 뇌 구조와 기능을 물려받는다. 특히 이들은 전변연계(frontolimbic) 영역에서 이러한 가족력이 없는 10대와 비교해서 더 많은 활성화를 보인다(Silveri et al., 2011). 이러한 활성화는 빈약한 억제와 관련되는데, 이는 물질 사용과 같은 위험 추구 행동을 억제하는 능력을 감소시키는 신경생물학적 취약성을 암시한다(Silveri, 2012).

부모의 알코올 남용 가족력이 있는 젊은이들의 일부 모습은 신경생물학적 요인뿐만 아니라 더 일반적으로는 양육 및 가족 기능과 관련한 문제도 함께 있다. 부모 참여 및 부모-아동 애정의 부족, 비일관된 양육 및 관리 부족, 부정적인 부모-아동 상호작용과 부부 사이의 상호작용은 모두 물질 사용의 위험을 높이는 요인들이다(Brown et al., 2013). 6학년 대상의 음주 시작에 관한 연구에서는, 부모가 금주에 대해 기대가 낮은 것은 어릴 때 일찍 음주를 시작하는 것에 대한 예측인자가 될 뿐만 아니라 청소년 자신의 기대와 상호작용한다고 밝혔다. 즉, 10대가 알코올 사용에 대해 긍정적 기대를 가지고 있고, 자신의 부모가 술을 마시면 안 된다는 단호한 태도를 가지고 있지 않다고 믿을 경우, 6학년에 알코올을 시작하게 될 가능성이 더욱 높다. 자신은 긍정적 기대를 가지고 있지만 술을 마시면 안 된다는 분명한 부모의 기대가 있다고 믿으면 6학년에 알코올을 시작할 가능성은 낮다(Simons-Morton & Chen, 2006). 이러한 결과는 소년과 소녀 그리고 백인 및 아프리카계 청소년 모두에게서 나타났으며, 청소년은 허용될 수 있는 행동에 대한 단서가 또래로 이동하지만, 부모의 태도 및 음주 패턴은 여전히 중요한 역할을 한다는 것을 보여 준다(Dick et al., 2013; Hummel et al., 2013).

부모의 낮은 모니터링, 즉 부모가 '청소년 자녀가 어디에 있으며 누구와 함께 있는지'에 관해 모르는 정도는 일관되게 청소년 물질 사용의 예측인자로 나타났다(DiClemente et al., 2001; Shorey et al., 2013). 흥미롭게도, 부모의 모니터링에 대한 청소년의 지각이 중요한 것 같다. (부모의 모니터링에 대한 청소년 자녀의 인식과 부모의 실제 양육 사이에는 상관이 있을 것이다.) 예를 들면, 문화적으로 각기 다른 집단에 대한 횡적 연구에서는 6개 집단에서 물질 사용 수준이 낮음의 예측에서 부모의 모니터링에 대한 지각이 유의미한 보호 요인이 됨을 밝혔다(Rai et al., 2003).

일부 연구자들은 부모의 모니터링과 물질 사용의 관계에서 성별의 차이가 있다고 밝히고 있다. 예를 들면, 700명의 9학년과 10학년생에게 실시된 연구에서, 남아에서는 부모의 모니터링 수준이 높을수록 알코올 사용이 낮았으나, 여아의 행동에서는 별다른 영향이 없었다(Borawski et al., 2003). 같은 연구에서, 여자 청소년(남자 청소년은 아님)과 부모 사이의 신뢰가 위험한 행동을 강하게 제지하는 것으로 나타났다. 청소년 물질 사용과 관련이 있는 가족 특징에는 부모-청소년 사이의 의사소통의 빈약, 가족 가치관의 불량, 가족 갈등이 있다(Handley & Chassin, 2013; Hussong et al., 2008; Telzer, Gonzales, &

여자 청소년들 사이에서 물질 남용의 비율은 과거 10년에 걸쳐서 소년들과 비슷한 수준으로 증가하고 있다.

비행 행동 및 물질 사용 또래와 어울리는 것은 약물 사용에 대한 접근, 약물 사용을 지지하는 믿음을 증가시킨다.

Fuligni, 2014).

또래와 문화

또래 문화가 청소년의 생활에 작용한다는 중요성을 감안할 때, 또래의 영향이 물질 사용을 결정하는 데에서 큰 역할을 한다는 것은 놀랄 일이 아니다. 또래의 역할은 한 가지 이상의 방식으로 작동하는 것 같다. 예를 들면, 일탈되고 물질을 사용하는 또래와 연관이 되어 있는 것은 청소년이 마약 사용을 지지하는 믿음을 갖게 만드는 것 같다(우리는 친구와 유사한 믿음을 가지는 경향이 있다). 동시에, 이러한 또래와의 동맹은 물질에 대한 접근을 높여 준다. 더구나 틀린 의견 일치에 대한 생각(즉, 모든 사람이 하고 있다)은 청소년에게 물질 사용의 압력을 가중시킨다. 또래 집단이 물질을 사용한다고 청소년 개인이 생각하는 정도는 물질을 사용하거나 사용하지 않을 것에 대한 개인의 결정과 관련이 있다(Branstetter et al., 2011). 또래 문화는 또한 물질 사용을 미화하고, 이에 어울리는 방법으로 10대의 알코올 및 약물 사용을 부추긴다. 랩의 3/4을 포함해서 인기 있는 노래의 대략 1/3 정도는 약물, 알코올, 담배의 사용과 관련된 내용이다(Primack et al., 2008).

처치와 예방

SUDs가 있는 청소년에 대한 처치의 결과는 뒤섞여 있다. 물질 사용 장애(SUDs)로 처치를 받은 청소년의 대략 절반은 처치 후 3개월 이내에 재발하고, 20~30% 정도만이 1년 후에도 절제하고 있다(Cornelius et al., 2003; Karki et al., 2012). 제한은 있지만, 청소년 물질 사용에서 좀 더 기대되는 처치는, 또래 · 가족 · 학급 환경과 같이 청소년의 행동에 영향을 미치는 좀 더 큰 체계를 참여시키는 것이다(Godley et al., 2014; Waldron & Turner, 2008). 그 외의 효과적인 방법은, 절망감 · 불안 민감성 · 충동성 · 위험 추구와 같이 알코올 중독과 연관된 성격 요인에 초점을 둔다(Conrod, Castellanos-Ryan, & Mackie, 2011).

품행장애의 개입에서 도출된, 가족 중심 접근은 갈등이 있는 부분을 다루기 위해 가족 구성원들 사이의 부정적인 상호작용을 수정하고, 구성원들 간의 의사소통을 개선하며, 효과적인 문제해결 기술을 개발한다(Anderson et al., 2007; Spoth et al., 2012). 예를 들면, 중다체계치료(multisystemic therapy, MST)는 가족, 또래, 학교, 지역사회 체계를 목표로 한 집중적인 개입인데, 특히 비행 청소년의 SUDs의 처치에 효과적이다(Henggeler et al., 2008). 부모 및 기타 양육 제공자에게 청소년 약물 남용을 통제하는 사전관리 실행의 단계적 지침을 제공한다. 이러한 단계들에는 처치의 일반적인 장애물을 극복하는 방법뿐만 아니라 금주를 강화하는 행동 계약 및 우연성처럼 친숙한 인지-행동적 개입이 들어 있다(Henggeler et al., 2012).

이 집단에서 동기 유발 인터뷰(motivational interviewing, MI)의 효과성 역시 지지를 받고 있다(Jensen et al., 2011). 동기 유발 인터뷰는 개인의 현재 가치관 및 행동 그리고 미래 목표들 간의 양면성과 불일치를 다루는 환자 중심 접근 및 직접적인 접근을 사용한다. 일반적으로 지시된 처치의 유형은 물질 사용의 수준과 가정 환경에 따라 다르다. 물질 사용의 정도가 낮거나 중간 정도이면서 가정 환경이 비교적 안정적인 청소년은 외래 처치가 좀 더 적합하다. 반면에 물질 사용의 수준이 좀 더 심각하고, 생활 환경이 불안정하고, 정신병리가 동반될 때에는 입원 또는 기숙 상황이 필요할 수 있다(Brown et al., 2013).

청소년기는 신체적·정서적·사회적 영역에서 속도가 빠르면서도 주요한 전환 및 변동이 있는 시기이므로, 물질 사용과 관련된 예방 노력은 점차로 초등학교, 중학교 수준에서 도입되고 있다. 예를 들면, 애정 및 또래 관계·성 행동·건강한 생활양식의 결정과 같은 영역에서 성공적인 전환을 촉진하는 것은, 이후 삶에서의 다양한 문제성 있는 결과들을 줄이는 데 유익하다. 예방이 가능한 중요한 건강 저해 행동에는 물질 사용과 남용·불안전한 성적 행동·폭력 행동이 있으며, 이러한 것들은 또래 및 이성 관계라는 일반적인 맥락에서 일어날 수 있다(Wolfe et al., 2006). 이러한 예방 노력들은 앞으로 일어날 건강 문제의 감소 및 개인의 목표를 강화시킬 수 있다는 점에서 중요한 보상이 된다고 인식하고 있다(Brown et al., 2013).

청소년 물질 남용 예방의 효과적인 접근은 또래·가성·학교·지역사회가 개인에게 미치는 다차원적 영향을 다루는 것이다. 생활 기술 훈련(자세하고 잘 평가된 프로그램)은 약물 저항 기술, 개인 및 사회적 유능감, 물질 사용과 관련해서 인지적 기대를 변화시키라고 강조한다(Griffin & Botvin, 2010). 청소년은 알코올 및 약물 사용 압력에 관한 일관된 메시지와 강화를 받고 있기 때문에, 효과적으로 거절하는 기술을 배우는 것뿐만 아니라, 책임 있는 사용에 대한 사회적 메시지가 학생들의 행동에 영향을 미치도록 강조되어야 한다. 예방 프로그램은 지역사회와 학교 규율을 통해서 사회적 환경 그리고 변화를 강구하기 위한 자기 효능감에 목표를 두는데, 여기에는 물질 사용에 대한 부모-아동의 의사소통 개선을 위해 일정 수준의 부모 참여 및 교육이 포함된다(Domitrovich et al., 2010; O'Leary-Barrett et al., 2010).

단원 정리

청소년 물질 사용 장애

- 청소년 물질 남용은 여러 심리적 장애와 관련이 있다.
- 물질 사용 장애의 핵심적 진단 특성은 심각한 결함 또는 고통을 야기하는 물질 사용의 문제적 양상이다.
- 젊은이의 상당한 비율(약 12%)이 물질 남용 또는 물질 의존성의 진단 준거를 충족시킨다.
- 알코올 중독의 가족력 및 또래 영향은 물질 사용의 결정에서 큰 역할을 한다.
- 청소년 물질 남용의 좀 더 기대되는 처치는 또래, 가족, 학교 환경과 같이 청소년의 행동에 영향을 미치는 좀 더 큰 체계가 참여하는 것이다.

학습 자료

단원 요약

역사
수면-각성 장애
배설장애
만성 질환
청소년 물질 사용 장애

핵심 용어

기타 의학적 상태에 영향을 미치는 심리적 요인(psychological factors affecting other medical condition)
대사 조절(metabolic control)
만성 질환(chronic illness)
물질 관련 및 중독 장애(substance-related and addictive disorders)
물질 남용(substance abuse)
물질 사용 장애(substance use disorders, SUDs)
물질 의존(substance dependence)
비정상 수면장애(dyssomnias)
사건수반 수면장애(parasomnias)
수면 경악(sleep terrors)
수면 보행(sleepwalking)
신체 증상 및 관련 장애(somatic form and related disorders)

악몽(nightmares)
유뇨증(enuresis)
유분증(encopresis)
인슐린 의존성 당뇨병(insulin-dependent diabetes mellitus, IDDM)
후유증(morbidity)

14

급식장애와 섭식장애

나는 점점 더 작아져서 사라지고 싶지만
거울에 비치는 내 모습은 점점 더 거대해진다.

—거식증으로 죽은 가수 Karen Carpenter를 기억하며
Sonic Youth가 작곡한 "Tunic(Karen을 위한 노래)"에 있는 가사

이 장 미리 보기

심각한 섭식 문제가 정신장애라고 간주된 것은 최근이지만, 이상하고 기이한 섭식 습관은 몇 세기 동안 기록으로 남아 있다. 고대 이집트인은 매달 하제를 복용하여 장을 비움으로써 질병을 피할 수 있다고 믿었다. 고대 로마인은 '토제(vomitorium)'라는 곳을 만들었는데, 성대한 연회에서 과식한 남성들이 이곳에서 구토를 해서 위를 비워 내고 다시 가서 더 먹었다. 옛날부터 종교적인 금식이나 귀신에 홀린 사람을 치료하기 위한 단식은 성스러운 면과 나쁜 면을 함께 가지고 있었다. 오늘날에는 섭식과 단식이 정신건강 문제 및 흔치 않은 문화적 관습 등과 연관되어 있다.

이 장에서는 아동과 청소년에게 발생하는 몇몇 섭식장애 및 그와 관련된 질환에 대해 다루고 있다. 우리는 유아 및 아동의 섭식 습관에 영향을 미치는 위험 요인에 대해 논의하는 것부터 시작해서 그다음에는 아동기 비만의 발달적 중요성에 대해 논의하고자 한다. 비만은 정신과 장애도 아니고 심각한 정신병리와도 관계가 없다. 그러나 비만한 아동은 사회적인 차별 때문에 건강을 해칠 수 있는 무리한 다이어트를 할 위험이 있고, 이는 만성적인 건강 문제와 섭식 문제를 일으킬 수 있다(Puhl & Latner, 2007; Puhl, Luedicke, & Heuer, 2011). 그다음에 유아기 또는 초기 아동기에 처음 발생하는 급식장애 및 섭식장애를 살펴볼 것이다.

이 장의 마지막 단원에서는 청소년기와 초기 성인기에 발생하는 세 가지 주요 섭식장애, 즉 신경성 식욕부진증(거식증)과 신경성 폭식증(폭식증), 폭식장애를 소개한다. 신경성 식욕부진증(줄여서 거식증)은 주로 청소년기 여아에게 발생하고 초기 성인기까지 지속된다. 종종 음식에 대해 강박적이고 날씬한 몸매를 동경해서, 무엇이 건강한 것인지를 망각한다. 신경성 폭식증(줄여서 폭식증)은 폭식을 하고 나서 이를 보상하려는 행동을 시도한다는 특징이 있다. 이러한 보상 행동 유형은 대체로 스스로 구토를 유도하지만, 때때로 단식, 하제 · 이뇨제 · 기타 약물을 사용한 구토, 또는 과도한 운동을 한다. 폭식증이 있는 사람은 음식과 체중 감소에 강박적이지만, 거식증과 관련된 지나친 체중 손실은 없다. 폭식증이 있는 대부분의 사람은 자신의 정상 체중의 10% 이내에 해당하는 반면, 거식증이 있는 사람은 정상 체중을 최소한으로도 유지하지 않으려 한다. 폭식장애(BED)는 『정신장애의 진단 및 통계 편람(*Diagnostic and Statistical Manual of Mental Disorders*, 5th edition, DSM-5)』에서 새롭게 추가한 진단이며, 통제력의 상실감이 동반되는 과도한 섭식의 기간이 있다. 폭식장애는 보상 행동을 보이지 않는다는 점에서 신경성 폭식증과는 다르다.

전통적으로, 섭식장애는 의학적으로만 관심이 있었다. 이 장애에 대한 병인학 및 치료에 대한 연구는 주로 장애와 관련된 생리적 기제 및 심각한 생물학적 결과에 집중되어 있다. 그러나 지난 25년간 정신건강 전문가들은 이 장애의 심리사회적 요인을 연구해 왔으며, 그 결과, 다른 주요 아동기 장애를 유발하는 많은 요인들, 즉 유전자 구조, 인지적 · 사회적 발달, 유아와 양육자 간의 일상 경험이 초기 급식(feeding)장애 및 섭식(eating)장애에도 영향을 미친다는 것을 알게 되었다.

그러나 이 책에 제시된 아동기 및 청소년기의 대부분의 장애와는 달리, 섭식장애의 주요 원인은 심리적 영향 및 생물학적 영향보다는 사회문화적 영향과 관련이 더 많은 것 같다. 이 장애가 특이한 것은, 음식이 풍부하고 개인의 외모, 특히 젊은 여성들 사이에서 외모의 가치를 중시하는 서양문화와 밀접하게 연결되어 있다는 것이다. 섭식장애는 특히 서구사회의 청소년에게 점차 늘어나는 문제가 되고 있는데, 청소년 여학생에게 세 번째로 흔하게 발생하는 질환이다(Hudson et al., 2007; Swanson et al., 2011).

섭식 패턴의 발달 방식

두 살짜리 아이가 스파게티를 먹는 것을 본 적이 있는 사람이라면 스스로 먹는 것을 배운다는 것이 결코 쉬운 일이 아님을 알 것이다. 사실, 대부분의 아동에게 음식을 먹이고 음식을 먹는 문제는 점진적인 접근을 통해 학습해 가는 정상적인 발달의 일부이다.

정상 발달

말썽 많은 식습관과 편식은 초기 아동기의 가장 두드러진 특징이다. 어머니들의 보고에 따르면, 12세 미만 아동 4명 중 거의 1명은 식습관이 까다롭다(Mascola, Bryson, & Agras, 2010). 까다로운 식습관이 대체로 남아보다는 여아에게 더 흔하지만(Rydell & Dahl, 2005), 까다로운 식습관과 청소년 또는 성인기에 섭식장애가 발생하는 것 간의 관계는 아직 분명하지 않다(Jacobi et al., 2004). 9세쯤부터 시작하여, 여아는 남아보다 체중 감소에 대해

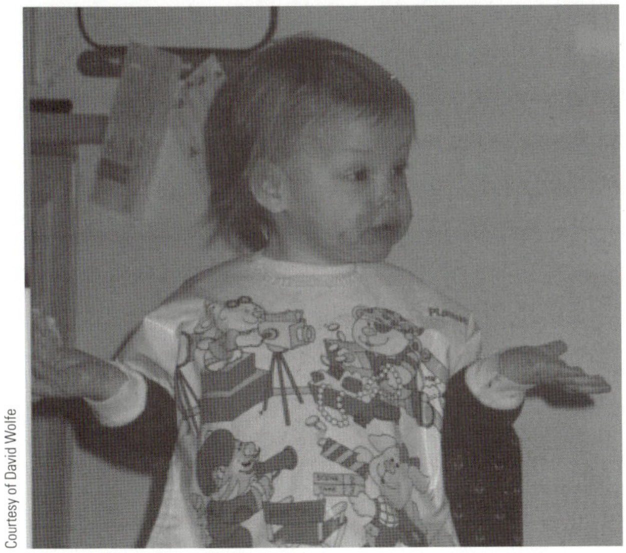

섭식장애는 초기 발달에서 정상적으로 나타나는 불규칙적이고 무질서한 식사와 혼동되지 않아야 한다.

더 많이 걱정한다(Philipsen & Brooks-Gunn, 2008).

10대 초반의 여자 청소년들 사이에서 체중에 대한 의식은 부분적으로는 사회적 규준과 대중매체의 영향을 받는다(Bell & Dittmar, 2011; Nouri, Hill, & Orrell-Valente, 2011). 뿐만 아니라, 부모나 친구, 이성친구의 말이 체중과 외모에 대한 정상적인 관심을 감소시키거나 증가시킬 수 있다. 섭식 패턴 및 성장 패턴과 같은 기본적인 생물학적 과정에서 초기 부모-아동의 관계는 더할 나위 없이 중요한 영향을 미친다(Corning et al., 2010). 그다음으로 중요한 발달적 사건은 학교 입학인데, 입학과 동시에 바람직한 몸매에 대해 편협한 지각을 형성하게 만드는 사회적 압력이 많아지기 때문이다. 중요한 것은 이상적인 이미지를 성취하려는 욕구가 청소년기에 강박으로 바뀔 수 있다는 것이다.

발달적 위험 요인

섭식 문제와 섭식장애에 대한 발달적 관점은 다이어트에서부터 임상적 증후군에 이르기까지 성장이 일어나는 시기에 '섭식병리'를 초래할 가능성을 제기하고 있다(Attie & Brooks-Gunn, 1995). **그림 14.1**은 어릴 때부터의 섭식 문제가 아동기에 과체중이나 비만으로 어떻게 이어지는지를 보여 준다. 초등학교 또래들은 종종 과체중 아동을 놀리거나 거부하며, 이는 부정적인 신체상과 또래의 수용을 개선시키려는 의도로 날씬함을 추구하는 원인이 될 수 있다(Lawler & Nixon, 2011; Puhl et al., 2011). **날씬함에 대한 욕구**는 섭식과 신체상의 기저에 있는 주요 동기 변인으로, 개인은 체중 감소가 많을수록 자신의 문제를 극복하고 성공을 성취하는 길이라고 믿게 된다(Philipsen & Brooks-Gunn, 2008). 그러나 이러한 행동은 외모와 관련하여 체중에 집착함으로써 부작용을 초래하며, 이는 섭식장애의 위험을 증가시킬 수 있다(Touyz, Polivy, & Hay, 2008).

그림 14.1 섭식 습관과 장애의 발달상의 연속성.

초기 섭식 습관, 태도, 행동

잘못된 섭식 태도는 매력, 신체상, 사회적으로 수용하고 있는 문화적 표준이 식습관 및 체중 증가를 조절하려는 능력과 밀접하게 묶여 있다는 개인의 믿음을 설명해 준다. 7~10세의 아동까지도 종종 체중, 식습관, 체격에 관해 걱정하는데, 이는 체중과 섭식에서 서구의 사회문화적 가치와 집착이 취약한 청소년으로 하여금 섭식장애를 일으키게 만드는 요인이 되며, 아주 어릴 때부터 내재화되고 표현될 수 있음을 시사한다(Thompson, Rafiroiu, & Sargent, 2003).

몇 년에 걸쳐 아동 및 청소년 표본 집단을 연구한 연구자들은 아동기의 섭식 문제(식사시간에 일어나는 투쟁 또는 음식에 흥미가 없는 것과 같은 것)와 뒤따르는 장애의 발병 사이에는 연속성이 있다는 것을 입증했다. Graber와 동료들(1994)이 8년 동안 정상적인 청소년기 소녀들을 대상으로 섭식 문제 패턴을 연구한 것에 따르면, 각 평가에서 이들 중 25%에게서 심각한 섭식 문제의 징후를 발견했다. 이들은 섭식 문제가 없는 10대에 비해 사춘기의 성숙이 빠르고, 체지방의 비율이 높았고, 이에 수반되는 심리적 문제(특히 우울증)가 더 많고, 신체상이 더 나빴다(Tyrka et al., 2003).

체중에 대한 걱정(체중 증가에 대한 두려움, 과체중과 몸매에 대한 걱정, 음식 조절 경험, 뚱뚱하다고 지각하는 것과 같은 것)과 신체상은 특히, 청소년기에 섭식 문제 및 섭식장애의 발병과 유의미한 관계가 있는 것으로 나타났다(Juarascio et al., 2011). 이러한 신체적 요인 및 심리적 요인은 초기 섭식 문제와 왜곡된 믿음을 연결시키며, 지속되고 심각할 수 있는 섭식 문제의 발달에서 상당히 취약한 패턴이 될 수 있다(Jacobi et al., 2004; Striegel-Moore & Bulik, 2007). 날씬해지고 싶은 욕구는 1970년대 중반 이후에 서구사회 전반에서, 섭식장애, 특히 폭식증이 있는 아동/청소년의 의뢰가 거의 유행병처럼 퍼지게 하는 데 일조했다. 이와 대조적으로, 규칙적인 가정식사는 섭식장애에 대한 보호 요인이 된다(Bauer et al., 2011).

청소년기로의 이동

아동기부터 초기 청소년기에 이르는 시기는 예견되지 않은 어려움으로 가득 차 있으며, 최소한의 자기상에 대한 적응이 상당히 요구되는 신체 모습에서의 의미 있는 변화가 있다. 연구에 따르면, 청소년기에 거식증과 폭식증이 일관되게 꾸준히 나타나며, 청소년기 이후의 발병은 드물다(Stice & Bohon, 2013; Striegel-Moore et al., 2005). 성숙이 일어나는 시기 역시 섭식 행동에 영향을 미치는데, 조숙한 소녀는 성숙이 늦은 또래에 비해 체중이 더 많이 나갈 수 있기 때문이다(Derose et al., 2011).

어린 아동에게서 본 것처럼, 여아는 남아보다 자기 스스로에 대해 나쁘게 느낀다고 보고하는데, 여아가 자신의 신체적 외모에 대한 자기 지각을 더 중시하기 때문이다(Paxton, Eisenberg, & Neumark-Sztainer, 2006). 자신의 대인관계, 사회적 능력을 이미 인식하고 있다고 해도 사춘기 이후의 많은 소녀들은 자신이 뚱뚱하고 매력이 없는 것 같다고 자주 말한다. 이와 대조적으로, 소년은 성취 · 학업적 열정 · 자기주장 · 신체상에서 자신을 좀 더 긍정적으로 바라본다(O'Dea, 2006, 2008). 전통적인 여성으로서의 역할과 전통적인 남성으로서의 역할 모두를 성공적으로 해내야 한다는 모순된 사회적 메시지는 젊은 여성이 찾기 힘든 슈퍼우먼 캐리커처가 되라는 압박감을 가중시킨다(Cash & Smolak, 2011). 자신을 슈퍼우먼이라는 측면에서 기술하는 젊은 여성은 자율성, 성공, 자신의 독립적 성취에 대한 인식을 날씬한 몸매와 연관시키는 경향이 있지만, 이는 또한 섭식장애에 아주 심각하게 취약해진다(Levine & Smolak, 2010).

사춘기가 되면서 체중이 불어나고, 사회적 만남을 시작하고, 성취 수준에 대한 위협 등의 너무도 익숙한 상호작용은 청소년기에 종종 신체에 대한 불만, 스트레스, 통제력 상실을 지각하게 하는데, 특히 이러한 것이 비교적 짧은 기간 내에 누적되어 발생하기 때문이다(Philipsen & Brooks-Gunn, 2008). 또래에게 체중으로 괴롭힘을 당하는 것은 여자 청소년뿐만 아니라 남자 청소년에게도 낮은 신체 만족감, 낮은 자존감과 강한 연관이 있다(Bucchianeri et al., 2013). 예상할 수 있듯이, 이러한 변화는 또한 먹고 싶은 충동과 그에 따르는 체중의 증가를 막아 줄 것이라고 생각하는 10대 소녀들 사이에서 흡연 및 기타 물질 사용을 조장한다. 개인이 지각하는 신체상의 중요성에 대해서는 거식증과 폭식증 단원에서 다시 살펴볼 것이다.

식사 조절과 체중에 대한 근심

엄격한 식사 조절은 북아메리카에서 점차 일상적인 생활이 되고 있으며, 특히 아주 어린 나이에 식사 조절을 하려는 젊은이들 사이에서 더욱 그러하다. 5~8학년 학생을 대상으로 실시한 대규모의 조사에서, 약 60%는 지난 일주일 동안 체중을 줄이려고 시도해 본 적이 있었는데(Thompson et al., 2003), 이것은 체중에 대한 걱정이 초등학교에서부터 시작되며 청소년기까지 꾸준히 증가한다는 생각과 일치한다(Neumark-Sztainer et al., 2011). 이 학생들 중의 유의미한 수가 과식을 한 후에 우울해지고, 체중 조절의 일환으로 엄격한 식사 조절을 한다고 보고했다(Stice et al., 2008).

만성적인 식사 조절은 성별 및 발달 요인과 강한 연관이 있는 것 같다. 청소년 중기에 소녀의 대략 2/3는 지난 해에 식사 조절을 했다고 보고했으며, 이는 초등학교의 경우보다 두 배 증가한 수치이다. 식사 조절을 하는 소녀들 중 약 10%는 만성적으로 식사 조절을 하는데, 즉 계속해서 식사 조절을 하거나 1년에 10회 이상 산발적으로 식사 조절을 한 적이 있었다(French et al., 1995). 이와 대조적으로, 소년들의 2% 정도만이 만성적으로 식사 조절을 하고 있다.

식사 조절이 때때로 과식으로 이어지는 이유는 무엇인가? 칼로리 섭취가 줄어들면 신진대사율이 감소되고, 이는 세포에 지방이 남아 있게 되어서 실제로는 체중 감소에 방해가 된다. 이처럼 체중 감소에 실패하면 계속해서 더 많은 식사 조절을 하게 되고 폭식에 취약해지면서 악순환이 초래된다. 심리적 결과는 또한 일부 연구자가 '거짓 희망 증후군(false hope syndrome)'이라고 부르는, 즉 자신의 외모를 바꾸고자 하는 것은 잠시 동안 기분이 나아지고 자기상을 개선시키지만, 이러한 희망은 실패감과 통제력 상실에 따라 점차 쇠퇴되는 악순환의 요인이 된다(Polivy & Herman, 2005). 통제력의 상실은 폭식으로 이어지고, 먹은 것을 비우는 것은 체중 증가에 대한 폭식의 영향에 대응하는 방식인 것 같다. **장 비우기**는 몸속의 음식물을 제거하기 위해 구토, 하제, 또는 다른 방법을 자발적으로 사용하는 것이다. 그렇지만 **그림 14.2**에서 볼 수 있듯이, 장을 비우는 행동에는 혐오감 및 자기비난이 뒤따르고, 이는 자제하겠다는 새로운 다짐을 하게 만들고, 식사 조절 시작 · 과식 · 식사 조절 실패 · 다시 식사 조절을 시작해야 한다는 정서적 고통의 단계가 순환된다(Polivy & Herman, 2005).

식사 조절이 섭식장애의 발병과 관련해서 위험 요인인 것은 분명하지만, 긴 안목으로 보아야 한다. 많은 젊은이가 체중과 체형 때문에 식사 조절을 하지만, 극히 소수만이 섭식장애로 발전한다. 식사 조절은 해가 될 수도 있고 이익이 될 수도 있는데, 이는 개인 및 상황에 따라 다

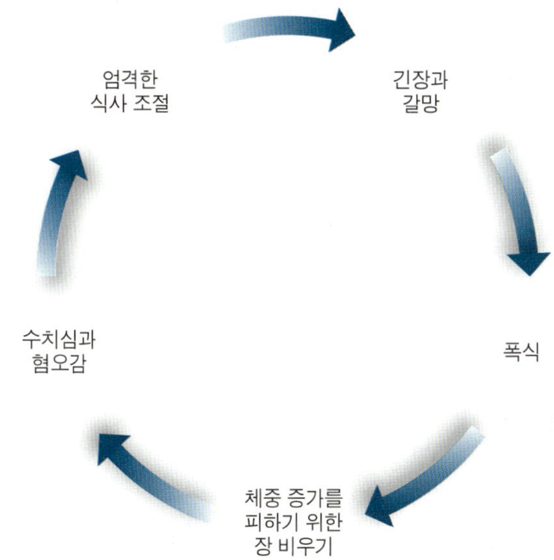

그림 14.2 폭식-장 비우기 순환.

르다. 과체중이 아닌 사람(특히, 아동)과 과도한 체중으로 인해 의학적 위험과 심리적 위험이 증가할 수 있는 사람의 식사 조절을 구별하는 것이 중요하다(Brownell & Rodin, 1994; Isomaa et al., 2010). 체중을 건강한 생활양식의 일부로 보는 것과 신체의 자연스러운 리듬과 균형을 망치는 만성적이고 비현실적인 식사 조절로 보는 것 사이에는 중요한 차이가 있다.

젊은이들의 섭식장애에 대한 연구와 이를 치료하는 데에서 발달적 접근이 중요하지만, 발달적 관점을 취하는 연구는 거의 없다. 보이는 대부분의 증상은 성인의 증상과 유사할 수 있으나, 이러한 증상의 영향은 청소년의 성장과 발달에 더 오래 지속되거나 심각한 영향을 미칠 수 있다. 섭식장애가 있는 청소년은 이 시기에 정상적으로 발달되는 주요한 사회적 · 정서적 · 생물학적 발달 과정이 박탈될 수 있다.

생물학적 조절장치

우리는 언제 먹고 얼마나 먹어야 하는지를 어떻게 아는가? 우리 대부분에게, 먹는 것은 자는 것과 마찬가지로 자연스러운 과정으로, 우리 개개인의 생활 스트레스 및 부담에 대해 성공적으로 적응해 온 생체 리듬에 의해 조절된다. 그러나 정상적인 섭식 패턴과 성장 패턴은 이러한 패턴에서의 장애를 기반으로 하는 장애와 마찬가지

로 지속적으로 상호작용하고 있는 신체적 과정과 심리적 과정에 의해 영향을 받는다. 특정 개인의 성장 또는 체중 패턴은 그 사람의 유전자와 체질 사이의 관계에 기반을 두며, 이는 초기 유아 때부터 수면 및 배설, 식욕, 과거 및 현재의 섭식 패턴 등에 대한 능력을 좌우한다.

대사율, 즉 에너지 소비의 균형은 섭식 습관이나 운동 습관뿐만 아니라 개인의 유전자 구조 및 생리적 구조에 근거하여 형성된다. 개인의 신진대사는 자기 점검 및 자기 조절 행동의 역할을 하는데, 이는 체중 또는 운동에서의 변화를 유지하는 것이 어려운 이유이다. 당신이 갖고 있는 에너지보다 더 많은 에너지를 소비하게 되면, 장기적으로 부정적인 에너지 균형 상태 또는 과도한 칼로리 소비로 인해 영양 부족이 될 수 있다. 단기간일지라도 영양 부족 뒤에는 이에 적응하려는 신체적 노력이 이어지게 된다. 여기에는 정상적인 수면 주기가 상실되는 것을 포함해서 중요한 생물학적 · 행동적 · 심리적 영향을 일으킬 수 있고, 성장 호르몬 분비의 증가, 지방 조직이나 머리카락 조직이 손실되는 피부의 변화, 무기력 · 우울 · 무감동과 같은 정서적 및 행동적 변화를 일으킬 수 있다(Woolston, 1991). 중요한 발달 단계 또는 기초적인 인지 능력을 습득하는 시기에 일어날 경우, 이러한 변화는 장기적으로 영향을 미치게 된다. 급식장애 및 섭식장애는 세심한 연구가 필요한데, 좀 더 심각한 정서적 문제 및 행동적 문제와 동반될 때 섭식의 문제가 간과될 수 있기 때문이다.

체중

식사 조절을 해 본 적이 있는 사람이라면 체중을 줄이고 그것을 유지하는 것이 얼마나 힘든지를 알 것이다. 처음 몇 주 동안에는 체중이 빨리 감소하지만, 시간이 지나면 줄었던 체중의 대부분은 돌아온다. 사실, 체중이 감소한 사람들의 90~95%는 몇 년 이내에 다시 체중이 증가한다(Agras, 2010). 체중이 잘 변화하지 않는 이유는 무엇인가? 오랫동안 이는 식사 조절을 하는 사람의 다짐이나 의지가 부족한 탓이라고 여겨져 왔지만, 최근의 연구에 따르면 저마다 적절한 체중의 범위가 생물학적 그리고 유전적으로 프로그램화되어 있기 때문이라는 관점이 지배적이다. 개인의 자연적인 체중은 자신의 **고정점**에 의해, 즉 신체가 '방어' 및 유지하고자 하는 체중의 안정적인 범위가 있다(Levin, 2010)는 것이다.

사실, 체중이 증가하거나 감소한 사람은 원래 체중으로 되돌아가게 하는 신진대사의 변화를 경험한다. 지방의 수준이 우리 신체의 정상 범위 이하로 감소되면, 뇌(특히, 시상하부)는 신진대사가 느려져서 이를 보상한다. 우리는 무력감을 느끼기 시작하고, 잠이 많아지며, 에너지를 보상하기 위해 우리 몸의 체온을 약간 낮춘다(신경성 식욕부진증이 있는 많은 사람들이 춥다고 호소하는 이유이다). 이와 같은 상대적인 박탈 상태에서 폭식하려는 통제 불능의 충동이 흔히 일어나는데, 이는 우리 몸이 적절히 기능하는 데 필요한 것보다 더 많은 음식이 필요하다고 신호를 보내는 것이다.

마찬가지로, 몸은 잉여 칼로리를 연소하여 신진대사를 증가시키고 체온을 높여서 체중 증가에 저항한다(틀림없이, 이러한 용맹스런 노력은 휴일이나 잔칫날에 음식에 대한 압력을 극복하기에는 충분하지 않다). 변화에 대한 반응성 때문에, 연구자들은 인체의 고정점을 방의 온도를 조절하는 자동 온도조절 장치에 비유하기도 한다. 방의 온도가 일정 범위 이하로 떨어지면, 온도조절 장치는 설정해 놓은 온도에 도달할 때까지 자동적으로 열 수준을 증가시킨다. 인체는 신진대사의 '용광로'를 높이거나 낮추어서 체중이 일정 범위를 벗어나는 것에 대해 유사하게 반응한다(Wilkin, 2010).

성장

정상적인 조건에서, 성장의 생물학적 기제는 숲 또는 호수의 조화로운 생태계, 즉 건강한 균형을 유지하기 위해 함께 일하는 주요 기관들 사이에서 정보를 주고받고 신호를 보내는 피드백 체계와 같다. 인간에게, 성장의 생물학은 기본적으로 순환하는 호르몬이 이용 가능한 영양분과 상호작용하여 골격 체계 전반의 변화를 만들어 내는 방식으로 작용한다. 아동기 동안의 성장률을 결정하는 가장 중요한 호르몬 결정 인자들에는 **성장 호르몬**(growth hormone, GH)과 **갑상선 호르몬**(thyroid hormone) 등이 있으며, 추가의 급성장과 골격의 성숙을 만들어 내기 위해 청소년기 동안에는 부수적인 생식선 스테로이드 효과가 있다. 아동 및 젊은 성인에서 성장 호르몬 생성의 50~70%는 깊은 수면이 있은 후에 발생하고(Woolston, 1991), 이는 일부 어린 아동에서 섭식장애와 수면장애가 동시에 나타나는 이유를 설명하고 있다(Lyons-Ruth et al., 2014).

개인의 성장은 몸 전체를 순환하는 성장 호르몬(GH)에 좌우된다. 뇌하수체에서 성장 호르몬(GH) 분비는 시상하부와 그것에 영향을 미치는 뇌의 상위구조(변연피질과 편도)에 의해 결정된다. 이러한 뇌의 상위구조는 정서적 감각과 반응에 관여하는데, 이는 섭식장애와 정서장애 사이(이후 논의될 것임)의 연관성을 설명해 줄 수 있다. 온도조절 장치가 온도를 올리거나 내리는 것을 결정하듯이, 시상하부는 몸 전반에 성장 호르몬을 더 분비하게 할지, 덜 분비하게 할지를 결정한다. 이를 수행하기 위해, 시상하부에서는 상반되는 결과를 행사하는 두 가지 통제 호르몬을 분비한다. **성장 호르몬 억제인자**(growth hormone inhibiting factor, 즉 somatostatin)는 배고픔에 대한 내적 신호에 반응하는 성장 호르몬을 억제하며, 그 결과로 우리는 먹는 것을 멈춘다. 반대로, **성장 호르몬 분비인자**(growth hormone releasing factor)는 뇌하수체로부터 성장 호르몬을 분비함으로써 성장이 언제, 어떻게, 어디에서 일어날지를 우리 몸에 알려 주는 특수한 기능을 담당한다.

이러한 생물학적 과정에 익숙해지면, 아동 또는 젊은 성인의 행동 변화와 신체 변화를 일으키는 다양한 요인에 의해 성장 및 신진대사의 생물학적 토대의 균형이 깨지는 방식을 쉽게 이해할 수 있다. 섭식장애의 대다수가 생물학적 이상으로 인해 야기되는지, 아니면 장애로 인해 생물학적 파괴가 일어나는지에 대해서는 잘 알 수 없지만, 체중 조절에 관여하는 기저의 생물학적 기제는 이 장에서 계속 논의하게 될 섭식장애를 이해하는 데에서 매우 중요하다.

단원 정리

섭식 패턴의 발달 방식

- 섭식 문제는 아동들에게 흔하다.
- 체중 및 외모에 대한 정상적인 걱정은 부모 및 또래에 의해 영향을 받을 수 있으며, 때때로 섭식장애가 된다.
- 신체상에 대해 지나치게 걱정하게 만드는 초기의 섭식 습관, 태도, 행동, 날씬함에 대한 욕구는 섭식장애에 대한 위험을 증가시킨다.
- 섭식 및 체중에 대한 걱정의 증가는 종종 청소년기로 이동하면서 수반되며, 특히 여아에게 두드러진다. 이것은 건강하지 못한 섭식 패턴으로 이어질 수도 있다.
- 식사 조절로 체중을 감소시키려는 시도는 체중 감소와 체중 증가의 악순환을 야기할 수 있다. 만성적인 식사 조절은 청소년기 섭식장애의 발병과 관련이 있다.
- 후에 섭식장애가 출현하는 것과 마찬가지로 정상적인 섭식 및 성장 패턴 역시 대사율 및 고정점과 같은 생물학적 과정에 의해 영향을 받는다.

비만

북아메리카에서 아동과 청소년(2~19세) 6명 중 대략 1명은 비만이다(Centers for Disease Control and Prevention[CDC], 2014). **아동기 비만**은 고혈압이나 당뇨병과 마찬가지로 만성 질환으로 간주되며, 과도한 신체 지방이 특징이다. 비만한 사람은 자신의 체중을 적절히 조절하려고 하지만 이들의 고정점은 높다. 비만은 대개 **체질량지수**(body mass index, BMI)로 정의하는데, 특히 아동의 나이와 성별을 고려한 기준에 근거해서 신장-체중의 비율이 95% 이상이다. 아동의 BMI가 85~95%일 때 과체중으로 간주한다.

그림 14.3은 BMI를 계산하고 나누는 방법이다. 남녀 모두에서, 특히 청소년기에 연령이 증가함에 따라 과체중 및 '위험' 아동의 증가가 정상 아동의 BMI 증가보다 가파르다는 점에 주목하라. 패스트푸드 레스토랑에서의 식사 또는 편의점의 정크 푸드 식사의 기하급수적인 증가 역시 비만율 증가의 원인이 된다. 날짜에 관계없이 미국 아동의 30%는 패스트푸드를 먹고(Bowman et al., 2004), 미국에서 아동이 섭취하는 칼로리의 절반은 첨가된 당과 지방에 의한 것이다(CDC, 2014a). 식사의 크기는 칼로리 섭취에서 큰 차이를 만든다. 예를 들면, 16온스 콜라와 작은 사이즈의 감자튀김을 곁들인 일반적인 햄버거에는 627칼로리와 19g의 지방이 있다. 그러나 같은 메뉴에서 치즈를 추가하고 '슈퍼사이즈'를 주문하면 칼로리는 1,805이고 지방은 84g이 된다. 칼로리 및 지방 섭취에서 이 같은 증가는 과체중 소년 소녀의 비율이 높아지게 만든다.

알고 있듯이, 식사 조절을 하는 아동과 청소년들이 점점 더 많아지고, 이들이 체중 감소를 원하는 이유는 강력하다. 북아메리카 사회에서 비만은 심각하게 낙인찍히고, 많은 사회적 및 건강상의 위험 역시 뒤따른다(Puhl & Latner, 2007). 여기에는 근본적인 갈등이 존재한다. 대중매체는 패스트푸드가 널리 이용되고 접근이 쉬운 모든 지역에서 상상 속에서나 가능한 '날씬함'을 강력히 조장한다. 비만은 분명히 정신장애는 아니다. 그러나 아동

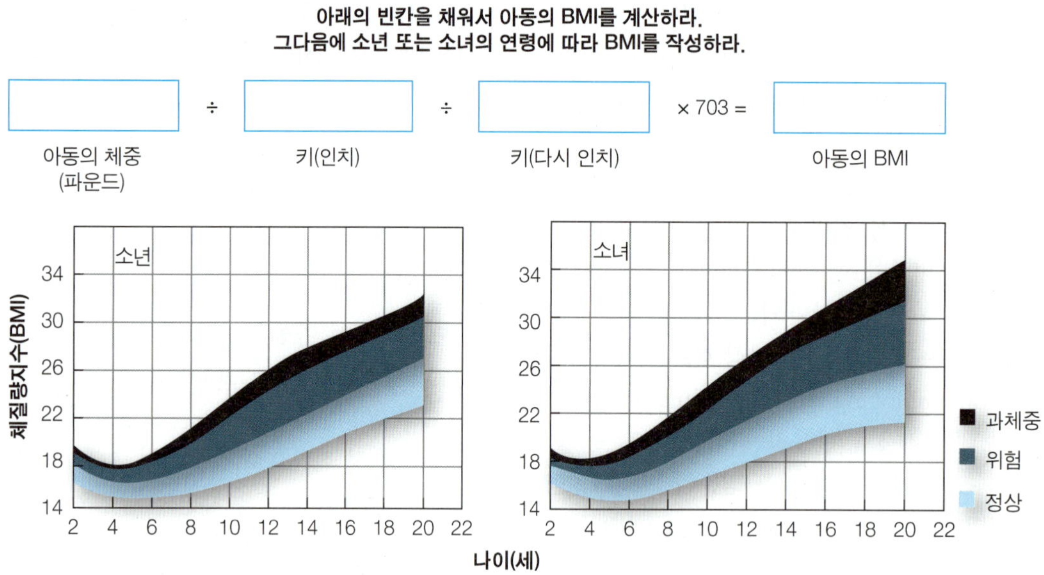

Data from Centers for Disease Control and Prevention and McDonald's

그림 14.3 연령과 성별에 따른 아동의 BMI를 계산하고 작성하는 방법.

의 심리적 발달 및 신체적 발달에 심각하게 영향을 미친다. 비만한 아동과 청소년은 건강한 아동보다 삶의 질이 손상될 가능성이 5배 더 많으며, 이는 암에 걸린 아동에서와 비슷하다(Phillips et al., 2012; Schwimmer, Burwinkle, & Varni, 2003). 그러나 정신과 장애의 동시 발병이 비만의 원인이나 결과인지, 아니면 위험에 처한 아동에게서 정신장애와 비만 둘 다를 일으키는 공통 요인이 있는지에 관해서 연구자들은 여전히 답을 찾고 있다(Kalarchian & Marcus, 2012).

ELLEN

자기상 및 자존감

사람들이 내 몸집에 대해 말하고 생각하는 것이 나는 불편하다. 내 생각에 자존감이라는 것은 내가 어렸을 때 그리고 다른 아이들이 뚱뚱하다고 나를 놀렸을 때 시작되었다. 1년 전까지도 계속되었던 것 같다.

그래 좋아. 사람들은 무례하고, 누군가의 문제에 대해 민감성이 부족해. 이러한 곤경 때문에 나는 내가 그저 뚱뚱하기만 한 것은 아니라는 것을 증명하기 위해 매사에 더 열심히 노력해야만 했다. 살아 숨쉬고, 보살핌을 받아야 할 따뜻한 내면이 있는 사람이란 것을….

다섯 살 때부터 나를 뚱뚱하다고 보는 다른 사람들의 이미지는 나의 자기상(self-image)이 되어 버렸다. 이제 나는 날씬해지고 있다는 다른 사람들의 관점만을 수용하고, 내 스스로는 내가 날씬하다고 생각하지 않는다. 내가 원하는 것을 얻을 때도 있다. 더 날씬해지려고 노력하거나, 전혀 모르는 사람으로부터 찬사를 듣거나 친구로부터 멋져 보인다는 말을 듣기도 한다. 나는 그런 칭찬을 들으면 기분이 좋아지고 하루 이틀은 그것 때문에 충전이 되고 그리고는 다시 뚱뚱이로 되돌아간다. 사진 속의 이 사람은 누굴까?

나는 무섭다. 내 삶의 모든 순간, 내가 원하는 것은 날씬해지는 것이다….

몸무게가 77kg 나가던 날을 기억한다. 그 숫자는 내 마음에 찰깍 찍히고 내가 이룬 것이 나를 행복하게 하지 않을 것이다.

자존감이라는 것은 실제로 체중을 감량하는 것만큼 어려워 보인다. 체중을 감량하기 위해서 적절한 음식을 먹고 운동을 한다. 체중이 줄어든다. 그렇지만 스스로에 대한 생각을 변화시키는 것과는 별개의 문제이다. 여러분이 여러분에 대해 18년 동안이나 갖고 있던 생각을 어떻게 하루아침에 바꿀 수 있겠는가? 내가 나 자신을 어떻게 확신시킬 수 있을까? 내가 날씬하고, 가치 있고, 멋지고, 괜찮고, 낙천적 성격을 가지고 있고, 똑똑하고, 합리적이고, 다른 사람들에게 좋은 조언을 해 줄 수 있는 사람이라고 하루에 500번씩 써야 하나? 나는 내 자신에 대해 이 모든 것을 알고 있지만, 이 모든 것은 체중이라는 탑의 그림자일 뿐이다. 그 탑을 무너뜨리기 위해서 불도저가 필요하다. 불도저가 어디에 있을까? 나의 내면에? 그렇지만, 좋은 감정들, 내 자신에 대한 편안함, 내가 멋지고 괜찮게 보인다는 자신감은 어디에 묻혀 있는 것일까?

출처: J. P. Foreyt and J. H. Cousins, "Obesity," 1987. pp. 502-503. in M. Hersen and V. B. Van Hasselt(eds.), *Behavior Therapy with Children and Adolescents*.

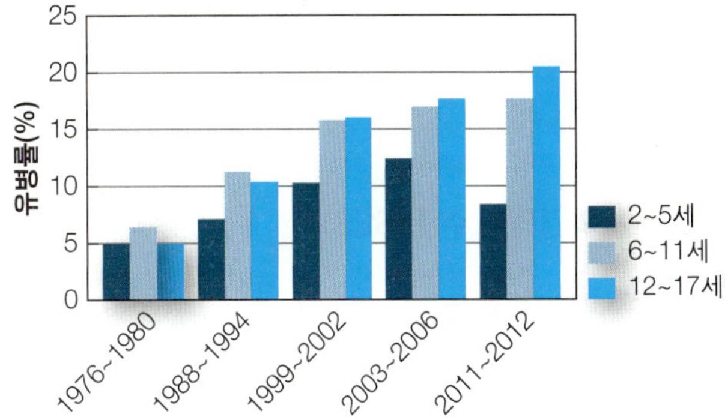

그림 14.4 1976~2012년 미국에서 비만 아동 및 청소년 유병률.

출처: Hedley et al., 2004; Ogden et al., 2002, 2008, 2014.

9세 때 자신의 비만에 대해 처음 인식하게 된 18세 소녀 Ellen이 체중에 관한 자신의 생각과 감정을 설명하고 있다. Ellen의 자기 노출은 과체중 아동과 청소년이 종종 직면하는 사회적 및 정서적 딜레마를 보여 주는데, 그녀는 이것을 '자존감이라는 것'이라고 표현하고 있다. 수많은 비만 아동과 성인들이 매력과 유능함을 날씬함과 동일시하는 서구 문화 때문에 고통스럽다. 초등학교 1학년이라는 어린 시기에 아동은 과체중의 또래와 놀지 않으려는 경향이 있고 이러한 태도는 청소년기에 심해진다(Striegel-Moore & Bulik, 2007). 비록 체중의 감소가 느리기는 했지만, 개별 치료 및 집단 치료를 통해 Ellen은 77kg에 대한 현실적인 목표를 이루고 유지하면서 아동기 이후부터 그녀를 괴롭혀 온 중요한 메시지를 극복해 냈다.

유병률과 발달

지난 30년 동안, 과체중 또는 비만 아동의 수가 증가하고 있다는 사실에 대해 경종을 울려 왔다. **그림 14.4**에서 볼 수 있듯이, 1970년대 중반 이후에 아동 및 청소년의 모든 연령 집단에서 비만의 비율은 5%에서 17%로 증가했다. 미국과 캐나다에서 7~13세 남아의 비만율은 1980년대 초와 2000년대 중반 사이에 거의 세 배 증가했으며, 같은 연령대에서 여아의 비만 유병률의 두 배 이상이었다(Ogden et al., 2010; Roberts et al., 2012). 이러한 추세는 동일한 비율(아동기 과체중과 비만 발생률은 1990년도에 4.2%에서 2010년도에 6.7%로 증가함)은 아니라고 해도 세계적인 추세이다(de Onis, Blössner, & Borghi, 2010). 아동과 10대 사이에서 이 같은 추세가 안정화되고 있다는 증거가 일부 있지만(취학 전에서는 감소되고 있음), 아동기 비만과 과체중 비율은 세계적으로 심각한 공중보건 문제가 되고 있다(Ogden et al., 2014; Olds et al., 2011).

유아기 동안의 비만과 이후 아동기 동안의 비만 사이에 강력한 상관은 없지만, 아동기 발병 비만은 청소년기와 성인기까지 지속되기 쉽다(Wilkin, 2010). 젊었을 때 비만한 사람은 당뇨, 심혈관 문제, 콜레스테롤과 고중성지방(triglycerides)의 상승과 같이 수많은 건강상의 문제에 취약하다(Power & Thomas, 2011; Wang et al., 2011). 비만과 관련된 수많은 생활양식 및 행동적 선택이 학령기 동안에 발달하기 때문에 아동기 비만은 장기적으로 영향을 미칠 수 있다. 실제로, 비만은 북아메리카에서 기대 수명을 감소시키는 주요 요인이다(Katzmarzyk & Ardern 2004; Preston & Stokes, 2011).

청소년기 이전에 발생한 비만은 후에 섭식장애 출현의 위험 요인, 특히 소녀에게 위험 요인이 되는데, 이는 주로 또래들이 비만한 아동을 무시하거나 놀리기 때문이다. 비만은 어릴 때부터 또래에게 놀림당하는 것과 강한 상관이 있다. 또한 놀림을 당하는 것은 외모와 신체상에 대한 총체적인 불만을 예견해 주며, 고위험의 섭식 패턴과 식사 제한으로 이어지게 한다(Eisenberg, Neumark-Sztainer, & Story, 2003). 과체중 아동과 과체중 청소년은 청소년기의 해롭고 고통스러운 압박감을 견딜 수 있도록 어릴 때부터 건강하고 받아들일 수 있는 신체상 및 섭식 패턴을 만드는 데에서 도움이 필요하다(Menzel et al., 2010; Mond et al., 2011).

중학교와 고등학교에서 과체중 학생은 과체중이 아닌 학생보다 건강한 체중 조절 방법(예: 운동, 건강한 섭식)은 적게 사용하며, 건강치 못한 방법(예: 구토, 다이어트약, 설사약)은 더 많이 사용한다(Boutelle et al., 2002). 따라서 과체중의 아동기 패턴은 청소년기와 성인기에 문화적으로 평가된 '날씬함'의 정도를 성취하거나 유지하는 것을 더 어렵게 할 수 있다. 그러면 개개인은 섭식장애를 일으킬 수도 있는 극단적인 체중 조절에 몰두할 수 있다.

문화와 사회경제적 수준(SES)

비만 유병률에는 인종적 및 민족적 차이가 상당하다. 미국의 아동 및 청소년 중에서 히스패닉계 소년은 비히스패닉계 백인 소년보다 비만하며, 비히스패닉계 흑인 소녀는 비히스패닉계 백인 소녀보다 유의미하게 더 비만하다(CDC, 2011b). 이러한 차이에는 많은 이유가 있으나, 어머니들은 통통한 아동을 선호하는 가족의 압력 및 문화적 영향 때문이라고 확인했다(Lindsay et al., 2011; Ramirez et al., 2011). 연구자들은 또한 '식품 사막(food deserts: 신선한 식품을 구매하기 어렵거나 값이 비싼 지역)'의 문제를 지목했는데 이것은 건강한 섭식을 어렵게 만든다. 도시에 사는 또는 시골에 사는 아동 및 가족은 운송수단의 결여 및 값싼 가공 음식을 선호해서 건강하고 가격이 적당한 음식을 구하기 어렵다(Davis et al, 2011).

소수 집단은 북아메리카의 낮은 SES 집단에서 상당한 비율을 차지하고 있다. 패스트푸드 및 정크 푸드는 건강한 음식에 비해 비교적 저렴하고 쉽게 이용할 수 있어서 수입이 적은 집단에서 이러한 음식의 소비율이 더 높다(Davis et al, 2011; Swinburn et al., 2011). 소득이 낮은 집단에서 발생하는 부수적인 문제는, 대체로 동네가 불안정하고, 부모는 안전 때문에 아동을 집 안에서 키우며, 이로 인해 아동이 신체활동을 할 기회가 상당히 제한되어 있다.

15개의 산업화된 국가에 대한 연구에 따르면, 미국은 연령(13세, 15세) 또는 성별에 따라 비교했을 때 과체중 아동의 비율이 가장 높았다(Lissau et al., 2004). 비율이 높은 것을 문화적 요인으로 설명할 수 있는지는 불분명하지만 문화적 요인이 전달요인이 되는 것처럼 보인다. 비만과 섭식장애의 비율은 서구 문화에 노출된 것에 따라 증가한다(O'Dea, 2008). 거대한 서구사회의 영향과 패스트푸드 산업의 세계화가 비만율의 급격한 증가를 지속시키고 있다. 그러나 다른 나라의 비만율 역시 비슷하게 따라가고 있다. 예를 들면, 최근 중국 아동의 과체중이 급격하게 증가하고 있으며, 이는 도시생활 양식이 증가했기 때문인 것 같다(Lobstein, 2010).

원인

키 및 머리카락 색깔과 마찬가지로 체중도 혈통의 영향이 상당하다. 부모 모두가 비만일 경우, 그 자녀가 17세가 되었을 때 비만이 될 확률은 날씬한 부모의 자녀가 비만이 될 확률보다 대략 3배 높다. 더구나, 형제 중 한 명이 비만일 경우, 둘째도 비만이 될 확률은 40%이다(Garn et al., 1976; Kral & Faith, 2009). 유전이 비만의 변인을 상당 부분 설명해 주지만, 식습관 및 생활방식과 같이 개인 및 가족과 관련된 기타 요인들 또한 작용한다.

렙틴은 에너지와 식욕을 조절하는 지시를 뇌에 전달하는 호르몬이다(Kanoski et al., 2011). 비만이 심각한 아동들 사이에서 렙틴의 결핍이 발견되었다(Cole, 2007; Montague et al., 1997). 비만한 사람은 렙틴의 효과에 다소 저항이 있다. 이는 성인 당뇨병과 유사한데, 이런 사람은 인슐린을 생성은 하지만 적절하게 작용하지 않아서 혈당 수준을 통제할 수 없게 된다. 렙틴의 수준은 섭식에 따라 감소하며, 따라서 시상하부에 피드백을 제대로 제공하지 못하는 것 같다. 역설적으로, 섭식과 낮은 렙틴 수준 사이의 관련성은 식사 조절이 배고픔을 증가시키고, 신진대사가 느려져서 감소된 체중이 다시 늘어나게 되는 이유를 설명해 준다(Cornier, 2011; Moran & Ladenheim, 2011). 뇌의 보상경로에 관한 유사한 연구들이 약물 중독 및 비적응적 섭식 패턴의 기저에 있는 공통된 기제라는 측면에서 비만을 이해하도록 돕는다(Stice et al, 2013).

강력한 생물학적 압력에도 불구하고, 적절한 식습관 및 운동은 아동의 비만 수준을 결정하는 데에서 중요한 역할을 한다. 우리는 부모로부터 생물학적 소인을 물려받는 것뿐만 아니라, 부모는 음식과 섭식에 대한 태도를 발달시키는 일상생활을 지도하고 역할 모델이 되기도 한다. 부모는 어떤 음식을 먹을지를 결정하고, 운동과 식습관에 대한 모델이 된다. 그러나 경험이 없거나 부담감이 많은 부모는 영아 또는 걸음마기 유아가 보이는 모든 징후에 대해 음식을 주거나, 아니면 무시하거나 이 두 가지로 반응한다. 더구나 비만 아동의 부모는 제한 설정에 어려움이 많은데, 이는 과식하는 아동의 경향성에 관해 분명한 시사점이 있다(Schuetzmann et al., 2008). 다른 수많은 아동기 장애처럼, 비만과 나쁜 식습관은 의사소통의 부족 그리고 지각된 가족 지지의 부족에서부터 성 학대 및 신체 학대에 이르기까지 가족 붕괴와 어느 정도 관련이 있다(Brooke & Mussap, 2013; Neumark-Sztainer et al., 2008).

처치

아동기 비만에 대한 예방과 개입은 아동의 건강뿐만 아니라 가족의 자원들도 생각해야 한다. 심각한 의학적 합병증이 없는 아동에게, 소아과 의사는 아동의 키와 몸무게가 균형 잡힐 때까지 체중 증가를 저지하는 적절한 영양 공급을 종종 권유한다. 그러나 이러한 영양 프로그램은 아동에게 식이요법을 시키려는 것이 아니라는 것을 명심해야 하는데, 에너지의 제한이나 불균형적인 섭식이 의학적 문제나 학습 문제의 위험을 초래할 수 있기 때문이다.

가족의 기능은 섭식 패턴과 비만에 영향을 미칠 뿐만 아니라, 섭식 패턴 및 비만의 예방과 처치에서 도구가 될 수도 있다. TV를 보면서 식사하는 것처럼 섭취하는 음식에 비해 신체 활동이 적어서 체중을 증가시킨다는 것에 대해 놀라는 사람은 없다. 따라서 아동기 비만을 제한하려는 노력은 종종 부모에게 영양에 관한 지식을 소개하고 아동의 신체 활동을 증가시키는 데 초점을 둔다(Gortmaker & Story, 2012; Kitzmann & Beech, 2011).

처치는 활동적이고, 앉아서 하는 일이 적은 습관을 주입시켜야 한다. 비만 및 과체중 아동은 부모의 격려가 필요하므로, 효과적인 체중 감소 프로그램들은 부모와 아동에게 더 활동적이 되는 방법을 가르친다. 활동적이 되는 것을 배우고 앉아서 하는 일을 덜 하는 것에 대해 강화를 받은(예: TV 보기보다는 밖에서 놀기) 아동은 고강도의 활동을 좋아하는 것이 늘어나서 체중이 감소된다(Kitzman et al., 2010; Steele et al., 2012; Theim et al., 2013). 마찬가지로, 부모는 체중 조절 계획의 위험을 예견해야 하고 필요시에 아동의 환경 및 일상 습관을 바꿈으로써 그것을 다루어야 한다. 예를 들어, 비만한 아동은 환경에서 음식에 대한 단서에 매우 민감하다. 따라서 부모에게 높은 칼로리의 음식을 집에 가져오지 않게 하고, 아동 앞에서 자신들이 먹는 것을 점검하라고 조언할 수 있다(Temple et al., 2008).

그 외의 행동 개입들은 아동의 섭식 행동과 신체 활동의 패턴을 더 적응적으로 하고 자기 관리를 하게 하는 목표에 초점을 맞춘다. 자기 통제 절차들은 아동에게 식사 조절 · 체중 · 운동에서 스스로 목표를 설정하는 것을 격려하고, 부모 또는 치료사로부터의 외부 지시를 최소화하면서 이러한 목표를 달성하는 데 필요한 기술을 가르친다. 예를 들면, 아동은 자신이 먹고 있는 음식의 양과 특성, 언제 먹고, 누구와 먹었는지를 점검하는 것을 배운다. 이와 유사한 자기 관리 방법으로 운동 목표에서도 격려된다(Wilfley et al., 2007). 목표한 체중 감량에 도달 또는 유지할 수 없는 아동도 있지만, 자기 통제 훈련은 비만한 아동이 통제감을 많이 지각하도록 용기를 북돋아 준다(Munsch et al., 2008).

최근, 아동이 건강한 신체상을 발달시키고 건강한 섭식 습관을 촉진하도록 돕기 위해 학교가 더 많은 일을 하고 있다. 이는 아동이 섭식과 외모에 대한 사회적 압력에 물들어 있다는 것에 대한 우려와 함께 지난 수십 년 동안 과체중 아동의 걱정스러운 숫자가 교육자의 참여를 증가시켰다. 초기 식습관의 중요성 및 문화적 기대의 영향에 대한 인식이 증가하는 것을 감안해서, 학교에 기반을 둔 프로그램들은 건강한 신체상과 섭식 태도의 발달에서 아동이 필요로 하는 지식 및 지원을 다루고 있다. **살펴보기 14.1**에서 보듯이, 학교는 섭식장애의 징후를 인식하고 건강한 섭식 태도를 촉진하기 위해 교실 교육, 식당이나 자판기 운영, 직원과 부모를 교육하는 등의 전반적인 학교 환경에 관여하는 교육 전략의 범위를 적극적으로 개발하고 있다(Safron, Cislak, Gaspar, & Luszczynska, 2011).

살펴보기 14.1

학교 내의 정크 푸드 기업

최근 학교 자원이 감소하면서, 학교 이사회는 다른 곳으로부터 재정을 구해야 한다는 필요성을 심각하게 느끼기 시작했다. 기업 스폰서는 재빨리 이사회에 뛰어들어 계약을 맺고 자기 제품이 학교 내에서 독점적으로 팔리도록 했다. 2002년, 240여 개의 미국 내 학군들이 음료 회사와 독점 계약을 맺었으며, 미국 중학교와 고등학교의 60%는 음료 자판기가 있다(Fried & Nestle, 2002). 대부분의 학교 매점에서 그리고 자판기를 통해서 쉽게 정크 푸드를 이용할 수 있으며, 정크 푸드는 몸에 좋은 음식보다 가격이 싸다.

정크 푸드의 과잉과 비만율의 증가로 인해 기업들이 비난받고 있으며 일부 지역은 액션을 취하기 시작했다. 예를 들어, 2011년 9월, 캐나다 온타리오 주의 학생들은 사탕, 초콜릿, 탄산음료, 감자튀김, 에너지 음료를 학교에서 더 이상 사먹을 수 없게 되었다. 이는 올바른 방향으로 가는 첫걸음이지만, 학생들의 과체중과 비만을 감소시키려는 노력은 여전히 필요하다. (저자의 사례 자료에서 인용)

단원 정리

비만

- 아동기 비만은 동일 연령과 성별 대비 체질량지수(BMI)가 95% 이상인 것을 말한다.
- 비만은 정신장애는 아니지만, 아동의 심리 발달과 신체 발달에 심각한 영향을 미친다.
- 비만은 건강하지 못한 섭식 패턴, 만성적인 건강 문제, 후기 발병 섭식장애의 위험을 초래한다.
- 비만율은 과거 수십 년간 극적으로 증가하고 있으며, 특히 미국 내 소수 집단에서 가파르게 증가한다.
- 비만의 원인에는 유전적 성향뿐만 아니라 영양에 대한 지식 부족, 문화적 패턴, 건강한 음식 선택을 위한 접근성의 한계와 같은 가족 및 지역사회의 영향이 포함되어 있다.
- 처치 및 예방 노력은 종종 아동의 적절한 영양 및 활동 수준에서 부모가 적극적인 역할을 하도록 돕는 데 목표를 둔다. 학교는 영양, 운동, 건강한 섭식 태도 및 신체상을 인식하도록 교육함으로써 이러한 노력에 기여한다.

유아기 및 초기 아동기에 처음 발생하는 급식장애 및 섭식장애

급식장애와 섭식장애는 섭식 및 성장과 관련된 발달 문제와 행동 문제로부터 유래된다. 이 단원에서는 유아기 또는 초기 아동기에 처음 발생해서 이후 청소년기 섭식장애가 뒤따르는 것에 대해 논의할 것이다.

음식 섭취 회피/제한 장애

음식 섭취 회피/제한 장애는 음식 섭취의 회피 또는 제한이라는 특징이 있으며, 이는 심각한 체중 감소(또는 정상적인 성장을 유지하지 못함) 그리고(또는) 영양 결핍을 일으킨다. 네 가지 중심 특징 중 한 가지 이상이 나타나는데, 즉 심각한 체중 감소, 심각한 영양 결핍, 장 급식(즉, 급식 튜브) 또는 경구 영양 공급에 대한 의존, 심리사회적 기능에 명백한 방해이다(APA, 2013). 심각한 경우, 특히 영유아의 경우에 영양실조는 건강을 해치는 문제를 일으켜서 사망을 초래하기도 한다. 이 장애는 문화적 이유로 인해서 적절한 음식이 결여된, 또는 음식이 부족한 아동에게는 적용되지 않는다. 모양, 색깔, 맛, 냄새, 온도와 같은 감각적 특징에 근거해서 음식을 회피하거나 제한하는 모습을 보이는 아동도 있다(그렇다. 모든 아동이 이러한 모습을 보일 때도 있지만 이 장애에서 나타나는 체중 감소나 영양 결핍을 일으키지는 않는다).

유병률과 발달

음식 섭취 회피/제한 장애의 유병률은 아직 알려지지 않았지만, 부모 보고에 따르면 급식 문제는 흔하다(Lyons-Ruth et al., 2014). 조기에 발견되지 않는다면 이 장애는 성장과 발달에 지속적인 영향을 미칠 수 있기 때문에 특히 더 문제가 될 수 있다. 음식의 회피 및 제한은 모든 연령에서 발생할 수 있지만 대개 아동기에 시작한다. 음식 섭취 회피/제한 장애가 있는 아동들 사이에서 전형적인 발달적 경과는 없는데, 아마도 초기에 문제로 이어지게 만든 많은 요인들이 질병의 과정에 영향을 미치기 때문인 것 같다. 그러나 발병이 생애 첫 2년 동안에 일어났을 때 영양 결핍과 심각한 발달상의 문제를 일으킨다. 체중이 증가하지 않는 특별한 의학적 이유가 없다면, 이 같은 초기 발병은 학대나 방임이 포함된 열악한 양육과 종종 관련이 있다(APA, 2013). 섭식장애는 성장기능부전을 일으키거나 성장기능부전의 결과일 수 있다. **성장기능부전**(FTT)이란 영유아의 심각한 성장 문제와 영양 문제를 설명하는 데 사용하는 용어이며, 음식 섭취 회피/제한 장애에 포함된다. FTT는 아동의 신체 및 심리 발달에 심각한 결과를 가져올 수 있다. FTT는 사회적 및 경제적 단점이 내장되어 있고, 흔히 초기 영유아기에 비롯된 부적절한 양육 또는 학대와 연관된다. FTT는 영유아의 성장과 취약성에 영향을 미치는 복잡한 생물학적·심리적·사회적 요인에 있어서 최종적인 공통 경로로 간주된

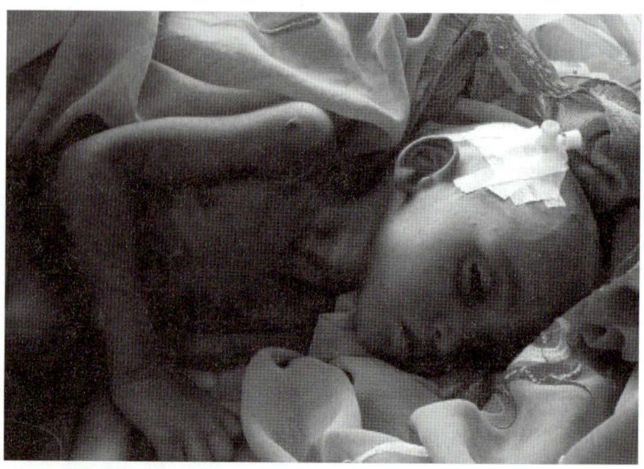

BananaStock/Jupiter Images

이 어린 아동은 체중 증가가 멈추었고 성장기능부전이 되었다.

다(Benoit, 2009). 예상하듯이, 시간이 지나면서 좀 더 심각한 문제를 일으킬 수 있는 요인에는 영양 부족의 정도 및 만성적인 정도, 발달지체의 정도 및 만성적인 정도, 유아-양육자 관계에서 문제의 심각성 및 기간 등이 있다(Benoit, 2009; Blissett, Meyer, & Haycraft, 2007).

원인과 처치

음식 섭취 회피/제한 장애의 원인은 생물학적 및 심리사회적 관점 양쪽에서 연구되어 왔으며, 현재 내린 최선의 결론은 아동이 특정 수준의 칼로리를 섭취하는 것과 정상 또는 비정상적인 행동 발달을 보이는 방식은 여러 위험 요인들이 상호작용해서 영향을 미친다는 것이다. 급식장애 및 섭식장애는 오랫동안 열악한 가정, 빈곤, 실업, 사회적 고립, 부모의 정신질환과 관련되어 왔으며, 이러한 것에 상당히 주목해 왔다.

정서적 박탈(사랑의 부족)과 영양 결핍(음식의 부족)의 중요성은 중요한 논쟁이 되고 있으며, 특히 FTT에서 더욱 그러하다. 예를 들면, 연구자들은 FTT가 있는 영유아는 어머니의 자극과 사랑이 박탈되었고, 이로 인해 정서적 고통, 발달 지연, 결국에는 생리적 변화까지 일어난다고 주장한다. FTT 진단을 받은 유아의 어머니는 정상 유아의 어머니보다 불안정하게 애착되어 있음을 발견한 연구도 있다. 이 어머니들은 또한 더 수동적이고 혼란스러우며, 과거와 현재의 애착 관계에 대해 이야기 나눌 때 더 심하게 화를 내며, 애착이 중요하지 않고 영향력이 없다고 일축한다(Benoit, Zeanah, & Barton, 1989). 초기 학대로 인해 FTT가 된 아동은 방임, 양육의 결여, 급식 곤란으로 인해 FTT가 된 아동보다 20년 후의 결과가 더 좋지 않았다(Iwaniec, Sheddon, & Allen, 2003).

초기 영유아기의 음식 섭취 회피/제한 장애와 FTT는 양육자-아동 애착의 질이 낮은 것과 연관될 수 있는데, 이는 양육자가 아동일 때 민감하게 다루어지지 않은 것을 나타낸다. 가난, 가족 붕괴, 사회적 지지의 제한은 영양 결핍과 성장 실패의 가능성에 영향을 미치는데, 기질 및 급성 신체 질병 때문에 급식과 양육이 어려운 유아도 영양 실조와 성장 실패를 보일 수 있다(Olsen et al., 2007). 부모-아동 관계를 개선시키는 방법에 대한 고려 없이, 체중 증가를 위해 입원하는 것은 아동을 더 큰 위험으로부터 보호하는 것으로는 종종 불충분하다(Black, Dubowitz, Krishnakumar, & Starr, 2007).

FTT에서 특히 중요한 것은 아동의 발달적 결과가 아동의 가정 환경과 크게 관련되어 있다는 것이다. 양육의 질 및 정서적 환경의 변화는 20년 후에 더 나은 적응을 가져올 수 있으며 이는 학대로 인해 FTT가 된 아동까지도 마찬가지이다(Iwaniec et al., 2003). 더욱이, 조기 FTT가 아동기의 신체적 성장에 영향을 미치지만, 향후 인지적 기능에 영향을 미친다는 증거는 없다(Black et al., 2007). 이러한 이유 때문에 많은 FTT의 원인론들은 아동을 학대하게 만드는 부모의 정신병리에 집중되어 있다.

섭식 습관과 태도에서 장애가 있는 어머니 역시 음식 섭취 회피/제한 장애의 구체적인 위험 요인이라고 확인되었다(Blissett et al., 2007). 초기 애착 단계에서 어머니-아동 관계는 매우 중요하기 때문에, 영유아 및 어린 아동이 보이는 섭식장애는 이러한 관계에서 근본적인 문제의 증상일 수도 있다(Lyons-Ruth et al., 2014). 따라서 처치식이요법은 급식 행동에 대한 세심한 평가뿐만 아니라 미소 · 이야기하기 · 달래기와 같은 부모-아동 상호작용을 평가하고, 영유아의 회복에서 부모가 중요한 역할을 하게 해 준다(Atalay & McCord, 2011; Linscheid, 2006).

이식증

이식증은 머리카락 · 곤충 · 페인트 조각처럼 먹을 수 없는 물질을 먹는 것으로, 주로 아주 어린 아동이나 지적 불능 아동에게 영향을 미친다. 영아 및 걸음마기 유아는 전형적으로 물건을 입에 넣는데, 이는 맛과 냄새가 물리적 세계를 탐색하는 데에서 이들이 선호하는 방법이기 때문이다. 이 장애는 매우 어린 아동에게 흔하고 대개는 덜 심각한 섭식장애 중 하나이지만, 먹을 수 없고 영양

Peter Essick/Aurora Photos/Alamy

이식증이 있는 영아 및 걸음마기 유아는 자극 및 보호감독의 부족 때문일 수 있다. 이들은 납중독과 장 폐쇄에 상당히 취약하다.

가 없는 물질을 1개월 이상 먹는 영유아 및 어린 아동은 좀 더 심각한 문제가 있을 수 있다(Bryant-Waugh, et al., 2010).

이식증이 있는 아동은 정상적인 음식 섭취에도 흥미를 보이지만, 먹을 수 없는 것도 여전히 먹으려고 한다. 보고된 대부분의 사례에서, 이 장애는 영유아기에 시작되어 몇 개월 동안 지속되고, 어느 순간 스스로 또는 유아 자극이 더해지고 환경 조건이 개선되는 것과 결부되어서 장애가 경감된다. 그러나 지적 불능이 있는 사람의 경우, 이식증이 청소년기까지 지속된다면 더 심해지고 생명을 위협한다(Matson et al., 2011).

유병률과 발달

이식증은 시설에 수용되어 있는 아동 및 성인, 특히 심각한 결함 또는 지적 불능이 있는 성인에게서 더 흔하다(de Koning et al., 2007). 지적 불능이 있는 아동 및 성인에서 이식증 유병률은 지역사회에서는 0.3~14.4%, 시설에서는 9~25%에 이른다(Ali, 2001). 심각성의 정도는, 좀 더 심각한 형태의 이식증으로 고통받는 사람은 환경적 박탈이나 지적 불능의 정도와 종종 관련되어 있다.

원인과 처치

역사적으로 이식증은, 오늘날 신체상 및 외모에 영향을 주는 것과 유사하게, 그 시대의 유행이나 사회적 압력에 의해 촉진된 적도 있었다. 예를 들어, 18~19세기에는 어린 소녀들이 라임·숯·식초·분필 등을 먹기도 했는데, 이러한 물질을 먹으면 그 당시에 유행하는 창백한 안색이 될 수 있다고 믿었기 때문이다(Parry-Jones & Parry-Jones, 1994).

이식증의 구체적인 원인은 밝혀지지 않았다. 이식증은 생후 1~2년 사이에 나타날 수 있는데 정상적으로 발달하는 유아에게서도 나타난다. 이들을 구별해 주는 유일한 특징은 전형적으로 가정 환경에서 자극이 부족하고, 보호감독이 부족하다는 것이다. 납 중독 또는 장 폐쇄의 위험 때문에 이식증은, 특히 영아 또는 걸음마기 유아에게는 매우 심각하고 큰 문제가 될 수 있다(Bryant-Waugh et al., 2010).

연구자들은 이 장애와 관련이 있는 특정 생물학적 이상은 발견되지 않았지만 이식증이 있는 사람은 비타민이나 미네랄 결핍이 의심되었으며, 몇몇 사례에서 발견되었다(de Koning et al., 2007). 지적 불능 사례를 제외하고, 유전적 요인이 이식증의 원인론에 영향을 미친다는 증거는 없다.

처치에 관한 연구의 수가 제한되어 있기 때문에, 어떤 처치가 이식증에 비교적 성공적이라고 결론 내리기는 어렵다. 이식증이 있는 아동을 위한 대부분의 임상 개입은 조작적 조건화 절차를 강조하는데, 조작적 조건화 절차에서 부모는 아동이 방 안을 탐색하거나 물건을 가지고 노는 것과 같은 바람직한 행동을 강화한다. 미소 짓기, 웃기, 간지럼 태우기 등을 포함한 긍정적인 형태의 관심은 부수적인 자극이 되어서 특히 효과적인데, 이 장애가 양육자와의 적절하지 못한 상호작용과 종종 관련되기 때문이다(Linscheid, 2006). 양육자는 아동의 환경을 깨끗하게 유지하고 위험한 물질을 없애거나 안전하게 보관하는 방법도 배운다.

단원 정리

유아기 및 초기 아동기에 처음 발생하는 급식장애 및 섭식장애

- 음식 섭취 회피/제한 장애는 음식 섭취의 회피 또는 제한 그리고(또는) 갑자기 또는 급격히 체중 증가가 둔화되는 특징이 있다.
- 음식 섭취 회피/제한 장애는 성장기능부전(FTT)의 원인이나 결과가 될 수 있는데, FTT는 체중이 연령 대비 5% 미만이라는 특징이 있다.
- 이식증이란 먹을 수 없는 물질을 먹는 것을 말한다. 이식증은 대체로 영아, 걸음마기 유아, 지적 불능이 있는 일부 아동에게서 발생한다.

청소년기의 섭식장애

식사 조절 및 폭식과 같은 섭식 관련 문제와 마찬가지로 섭식장애(eating disorders, EDs)도 대체로 청소년기 발달의 주요한 두 시기 동안, 즉 청소년기로 가는 초기 단계와 후기 청소년기에서 성인기 초기로 넘어가는 시기에 발생하는 것으로 보인다(Stice & Bohon, 2013). 섭식문제·섭식 패턴·부정적 신체상과 같은 초기 아동기 및 중기 아동기의 위험 요인들은 청소년들이 직면하게 되는 지속적인 어려움과 충돌한다. 이러한 충돌은 일부 10대들, 특히 소녀가 스트레스 및 신체적 변화를 관리하려는 잘못된 노력으로 섭식을 과도하게 통제하는 것으로 나타난다. 일부 사례에서, 이러한 섭식의 통제 패턴은 섭식과 체중 변화를 과잉 보상하려는 잘못된 노력(과도한 운동과 같이)과 결합하여 신경성 식욕부진증 및 신경성 폭식증과 같은 주요 섭식장애로 이어진다.

신경성 식욕부진증은 1873년에 두 명의 의사가 장애를 처음 설명함으로써 의학적 주목을 받았다. 영국의 내과 의사 William Gull 경은 이를 질병이라 명명하고, 특정 질병으로 처음 기술했다. 비슷한 시기에, 파리의 정신의학자인 Charles Lasègue는 사회적 관점 및 심리적 관점에서 신경성 식욕부진증을 설명했다. 두 연구자는 이 병이 사회적으로 부유한 계층에 퍼져 있음을 알게 되었고, Lasègue는 부모의 애정 부족(부유한 가정에서 비교적 흔하다고 믿어지는)과 음식에 대한 집착이 관련이 있다고 제안했다. 부모와 아동 사이의 갈등은 몇몇 10대 소녀가 거부감을 표현하는 방식으로 음식을 거부하게 한다. 따라서 시대가 바뀌면서 신경성 식욕부진증에 대해 처방한 처치는 아동을 가정 환경에서 분리하는 '양육 절제법'인데, 이는 필요한 수단으로 강압적인 급식과 결합했다(Munn et al., 2010).

현재 우리가 신경성 폭식증이라 부르는 것에 관한 문헌은 6세기 전으로 거슬러 올라가는데, '탐욕스럽게 폭식을 하고, 식욕이 병적이거나 짐승 같으며, 구토를 하거나 하지 않는' 증상이 있는 40명 이상에 대한 설명을 확인할 수 있다(Parry-Jones & Parry-Jones, 1994, p. 288). 흥미롭게도, 이러한 역사적 사례는 거의 남성에 대한 기록인데, 과식이 부유함 또는 성공의 징표로서 사회적으로 허용되었기 때문일 것이다. 이상적인 몸매는 시대 또는 문화적 선호에 따라 바뀐다. 풍만한 몸매는 19세기 후반까지 아주 매력적이고 바람직한 것으로 여겨졌으며, 그 당시에는 신체상의 선호가 주류 문화의 변화에 따라 바뀌었다. 빅토리아 시대에는 음식의 거부가 만연된 사회적 압력과 일치한다. 왕성한 식욕은 성적 관심의 부정한 표현이고 자기 억제의 부족이라고 여겨졌는데, 여자는 성과 음식 모두에 소극적으로 무관심하기를 기대했다. 따라서 여자의 외모와 행동에 대한 문화적 기준이 변함에 따라, 여성이 음식을 거부하는 것이 도덕적으로, 정신적으로, 사회적으로 바람직한 것이 되었다(Brumberg, 1988).

20세기 즈음에 의사들에 따르면, 신경성 식욕부진증은 부적절한 이성관계의 선택, 교육 또는 사회적 기회의 차단, 부모와의 갈등을 반영하는 증상이었다. 날씬함은 무성성(asexuality) 및 좋은 태생을 상징했는데, 이는 노동 계층과는 사회적 거리가 있다는 것을 암시했다(Attie & Brooks-Gunn, 1995). 1930년대 이후부터, 여성의 이상적인 신체 크기와 외모에 대한 태도와 신념은 광고주 · 영화배우 · 의상 디자이너 · 그와 유사한 세력들에 의해 형성되어 왔으며, 날씬함이 문화적 선호도에서 우세해졌다.

성별 정체성에서 음식과 먹는 것의 의미, 신체상 및 음식 선택의 결정에서 가족과 사회 계층의 역할, 청소년기에 자기 조절 및 통제의 대안으로 체중 조절을 하는 것은 오늘날까지 섭식장애의 주요 원인이 되고 있다. 지난 25년에 걸쳐 만성적인 음식 거부, 과잉 활동성에 대한 강조, 폭식과 제거의 폭식 증상과 같은 섭식장애의 부수적인 측면은 심각하고 잠재적인 위험으로 인식되었다(von Ranson & Wallace, 2014).

신경성 식욕부진증

SOOKI

음식과 체중에 집착

Sooki(19세)는 154cm에 체중이 42~43kg인 아시아계 미국인 대학생이다. 친구들은 Sooki가 한 해 동안 체중이 그렇게 많이 줄었다는 것을 눈치 채지 못했는데, Sooki가 헐렁한 옷을 입고 다녔기 때문이다. 약 1년 전, Sooki는 뚱뚱해지는 것에 대해 극도로 두려워하기 시작했다. Sooki는 체중이 증가하는 것은 최악이며, 만약 그렇게 된다면 자신의 대학생활을 망치게 될 것이라고 확신했다. Sooki는 식사를 거르기 시작했고, 하루에 한두 끼 먹었고 몇 가지 종류의 '샐러드' 만 먹었다. 그녀의 샐러드는 상추 네 장, 당근 약간, 사과 한 조각이 전부였다. Sooki는 음식과 칼로리에 집착했다. 먹는 모든 음식을 조심히 살폈으며 음식의 칼로리가 적힌 표를 가지고 다녔다. 음료수는 물과 다이어트 소다만 마셨다.

Sooki는 체중이 얼마인지 그리고 어떻게 보이는지에 집착했다. 그녀는 체중계를 두 개 가지고 있는데, 하나는 침대 옆에, 또 하나는 화장실에 있다. 그녀는 하루에 열 번도 넘게 체중을 잰다. 그리고 다른 사람들에게 자신의 엉덩이가 너무 크고 위장은 '개 같다'고 말한다. Sooki는 눈에 띄게 마르기 시작했지만 여전히 거울 속으로 자신의 모습을 확인하며 뚱뚱해지지 않는다는 것을 확인한다. 그녀의 자존감은 체중에 달려 있다. 42~43kg보다 더 나가면 그녀는 자신을 비난하며 42~43kg보다 적으면 자신감이 넘친다. 그녀는 체중 감소를 자기 훈육의 뚜렷한 성취라고 여긴다. 가족들이 그녀의 체중 변화를 눈치 챘고 체중이 너무 적다고 말하고 있다. Sooki는 6개월 동안 생리가 없었다. Sooki는 여전히 자신의 섭식과 저체중을 문제라고 생각하지 않는다. 그녀는 사과 조각이나 다이어트 소다 같은 다이어트 음식에서 '지방이 있는' 음식을 제거하여 체중을 더 많이 줄이고 싶어 한다. 최근 Sooki는 혼자 지내며 학교 갈 때를 빼고는 자기 방에만 있다.

출처: Kearney/Trull, *Cengage Advantage Books: Abnormal Psychology and Life*, 1E.

Eric K. K. Yu/Corbis/Glow Images

19세인 Sooki는 살이 찔 것을 걱정하며, 하루에 열 번 이상 체중을 잰다.

Sooki는 **신경성 식욕부진증**을 겪고 있으며, 이것은 다음과 같은 특징이 있는 섭식장애이다.

- 최소한의 정상 체중을 유지하는 것에 대한 거부
- 체중이 증가하는 것에 대한 강한 두려움
- 자기 신체 크기에 대한 지각 및 경험에서의 심각한 어려움

Sooki의 이야기에서 볼 수 있듯이, 신경성 식욕부진증은 치료하지 않으면 신체건강과 정신건강에 심각한 결과를 초래할 수 있는 심각한 장애이다. 이 질병의 가장 두드러진 정신병리는 자신이 너무 말랐다거나 체중에 문제가 있다는 것을 부정하는 것이다. 그 결과, 친구 또는 가족들이 병원에 가야 한다고 주장하기도 한다. 신경성 식욕부진증에 대한 진단 준거는 표 14.1에 나와 있다.

*anorexia*는 문자 그대로 '식욕 상실'을 뜻하지만, 이 장애가 있는 사람은 식욕이 없어서 고통스러운 것이 아니기 때문에 이러한 정의는 오해의 여지가 있다. 체중 감량은 매우 엄격한 식이요법과 하제를 통한 장 비우기, 그리고(또는) 운동을 통해 이루어진다. 체중을 줄이기 위해 때때로 이러한 방법을 사용하는 사람이 많지만, 신경성 식욕부진증이 있는 사람은 비만을 극도로 두려워하고, 끔찍할 정도로 날씬한 몸매를 갈망한다.

신경성 식욕부진증을 겪고 있는 젊은이는 자신의 체중과 체형을 왜곡한다. 이들은 '뚱뚱'한지를 보기 위해 자신의 체중을 재는 데 집착한다. 따라서 그들이 자신을 보는 방식과 다른 사람과 관계를 맺는 방식은 그들이 지각하는 몸매 및 체중과 밀접한 관련이 있다. 그들에게 체중 감량은 자기 훈육의 탁월한 성취이다. 하지만 신경성 식욕부진증에서 충분한 체중 감소란 없는데, 항상 체중을 더 많이 줄이려고 하며, 체중이 충분히 감소되지 않은 날이 있다면, 기겁을 해서 다음 날은 체중을 줄이려고 추가의 노력을 보탠다.

DSM-5는 칼로리 섭취를 제한하기 위해 사용하는 방법에 근거하여 신경성 식욕부진증을 두 가지 하위 유형으로 세분한다. **제한형**의 경우, 주로 식사 조절 · 단식 · 과도한 운동을 통해서 체중을 줄이려고 노력한다. **폭식/하제 유형**의 경우, 규칙적으로 과식 또는 하제 사용의 삽화, 또는 둘 다에 몰두한다. 신경성 폭식증이 있는 사람과 비교해서, 신경성 식욕부진증 중에서 폭식/하제 유형은 비교적 적은 양의 음식을 먹고 좀 더 일관되고 철저하게 장을 비운다. 신경성 식욕부진증의 제한형과 폭식/하제 유형 간의 차이를 구분해 주는 유의미한 증거를 찾은 연구는 아직 없다. 따라서 하위 유형은 뚜렷하게 구별되는 패턴이나 경과라기보다는 대체로 보이는 증상을 설명하기 위해 사용된다(Eddy et al., 2009; Forbush et al., 2010).

표 14.1 신경성 식욕부진증의 진단 준거

DSM-5

(A) 필요한 양에 비해서 제한된 에너지 섭취는, 연령·성별·발달적 궤도·신체건강의 맥락에서 심각한 저체중이 되게 한다. 심각한 저체중은 최소한의 정상 범위도 안 되는 체중이라고 정의되며, 아동과 청소년은 최소한으로 기대하는 것 이하이다.

(B) 체중이 증가하거나 비만이 되는 것에 대한 극심한 두려움, 또는 심각하게 저체중인데도 체중 증가를 막으려는 지속적인 행동을 보인다.

(C) 개인의 체중 또는 체형을 경험하는 방식에서의 방해, 자기 평가에 근거해서 체중과 체형에 대한 지나친 압박, 또는 지금의 저체중의 심각성에 대한 인식이 지속적으로 결여된다.

다음 중에서 있다면 명시한다.

제한형: 지난 3개월 동안, 폭식 또는 제거 행동(즉, 스스로 구토 유도 또는 하제·이뇨제·관장제의 오용)의 재발 삽화에 관여하지 않는다. 이러한 하위 유형은 주로 식사 조절, 단식, 과도한 운동을 통해 체중 감소가 수행된 것을 기술한다.

폭식/하제 유형: 지난 3개월 동안, 폭식 또는 제거 행동(즉, 스스로 구토 유도 또는 하제·이뇨제·관장제의 오용)의 재발 삽화에 관여하고 있다.

다음 중에서 있다면 명시한다.

부분 관해 상태: 이전에는 신경성 식욕부진증의 진단을 모두 충족한 후, 준거 A(저체중)는 유지 기간에는 충족하지 않지만, 준거 B(체중 증가 또는 비만이 되는 것에 대한 극심한 두려움 또는 체중 증가를 막으려는 행동) 또는 준거 C(체중과 체형에 대한 자기 지각의 혼란) 중의 하나는 여전히 충족한다.

현재의 심각도를 명시한다.

아동과 청소년의 심각도에 대한 최소한의 수준은 현재의 체질량지수(BMI; 체중의 kg를 신장의 m를 제곱한 것으로 나눔) 백분율을 기준으로 한다. 심각도의 수준은 임상 증상, 기능상의 장애 정도, 관리의 필요성을 반영하여 높아질 수도 있다.

경도: BMI≥17
중등도: BMI 16~16.99
고도: BMI 15~15.99
극도: BMI<15

출처: *Diagnostic and Statistical Manual of Mental Disorders*, 5th ed. American Psychiatric Association.

신경성 폭식증

PHILLIPA

잘 간직한 비밀

Phillipa는 열여덟 살 때 신경성 폭식증이 나타났다. 그녀의 이상한 섭식 행동 역시 다이어트를 시작하면서 생겼다. 그러나 Phillipa는 체중이 늘기 시작했는데, 밤마다 많이 먹기 때문이었다. 체중이 늘면서 자기 혐오감도 같이 생겼다. "나의 몸매는 성공적인 학교생활과 데이트에 방해가 되었어요. 하루에도 몇 번씩 거울을 보았고 나는 이런 몸매를 원하지 않는다고 생각해요. 내가 어떻게 보일지에 대해 생각해 보지 않은 적이 없어요."

Phillipa는 체중을 줄이기 위해 섭식을 조절하고 운동을 하지만, 규칙적으로 엄청난 양의 음식을 먹고 그리고 구토를 해서 정상 체중을 유지한다. Phillipa는 종종 자신이 분노, 겁, 우울 등의 감정의 화약고 같다는 생각을 한다. Phillipa는 자신의 행동을 이해할 수 없고, 어느 누구도 이해하지 못할 것이라고 생각했다. 따라서 단절되고 외롭다고 느꼈다. 일이 잘 풀리지 않을 때 그녀는 단것을 먹고 싶은 충동을 참을 수 없다. Phillipa는 한꺼번에 아주 많은 사탕과 케이크를 먹는데, 종종 지칠 때까지 또는 심한 통증을 느낄 때까지 멈출 수가 없다. 그러고는 죄책감과 혐오감에 압도되고, 구토를 한다.

Phillipa의 섭식 습관은 그녀를 수치스럽게 만들었으며, 문제가 커지고 우울해져서 자살을 시도할 때까지 비밀로 간직되었다. 다행스럽게도 자살 시도는 성공하지 못했다. 병원에서 회복되는 동안 그녀는 섭식장애 클리닉에 의뢰되어 집단 치료에 참여했다. 그곳에서 그녀는 병을 치료하기 위해 약을 복용하고 같은 문제를 가지고 있는 사람들로부터 그녀가 필요로 했던 이해와 도움을 받게 되었다. Phillipa는 미소 지으며, "나의 가치가 외모와 상관이 있다거나, 다른 사람이 나를 어떻게 생각하는지와 절대적인 상관이 있는 것은 아니라는 것을 알았어요."라고 설명한다.

출처: National Institute of Mental Health[NIMH], 1994b.

청소년과 젊은 성인을 괴롭히는 중요한 두 가지 섭식장애 중에서, 특히 신경성 폭식증은 신경성 식욕부진증보다 훨씬 더 흔하게 발생한다. 표 14.2에 제시된 DSM-5 진단 준거에서 **신경성 폭식증**의 기본 특징이 폭식이라는 것에 주목하라. 우리들 대부분은 가끔 특정한 음식을 과식하므로, 도대체 "폭식의 정확한 정의가 무엇이야?"라고 물을 수 있다. 진단 준거에서 기술하는 것처럼, **폭식**은 다음과 같은 과식의 삽화가 있다. (1) 객관적으로 많은 양(대부분의 사람이 그 상황에서 먹는 것 이상)의 음식을 먹는 것, (2) 얼마나, 어떻게 먹을지에 대한 통제가 결여된 것.

폭식은 음식의 양이 구체적으로 정해지지 않았으며 폭식 행동에 대한 주변 상황 또한 고려되어야 한다. 예를 들면, 기념일 또는 축제 때 많이 먹는 것은 폭식이 아니다. 폭식을 하는 대부분의 사람은 신선한 과일이나 채소보다는 정크 푸드를 지나치게 많이 먹는다고 보고하지만, 이들이 폭식이라고 여기는 음식의 양은 사람마다 아주 다르다. 평균적으로, 폭식 삽화는 1,000칼로리에서 4,500칼로리 범위를 말한다(Wolfe et al., 2009).

폭식증이 있는 사람은 이를 창피하게 여겨서 많이 먹는 것을 숨기려고 한다. 폭식이 계획된 것이 아니라고 해도, 주위에 아무도 없다는 것을 감지하고는 순식간에 결정(예를 들면, 늦은 밤 파티에서 집으로 가는 도중에) 내리고, 아주 많은 양의 음식을 사서 먹어 치우는 식이다. 전형적으로 폭식은 기분의 변화, 대인관계 스트레스 후에 나타나지만, 다이어트로 인한 극도의 배고픔이나 개인적 외모, 신체 모습에 대한 느낌과 관련이 있다. 이러한 느낌은 잠시 동안 사라지기도 하지만, 우울한 기분과 자기 비난은 대개 다시 나타난다(Smyth et al., 2007).

진단 준거의 두 번째 주요 부분은 폭식을 어떤 식으로든 보상하려는 시도와 관련이 있다. **보상 행동**은 폭식 삽화에 뒤따르는 체중 증가를 막기 위해 시도된다. 여기에는 스스로 유발한 구토, 단식, 운동, 그리고 이뇨제 · 설사제 · 관장 등의 오용이나 다이어트 알약이 포함되어 있다. 지금까지 폭식 삽화 후에 나타나는 가장 흔한 보상 행동은 구토를 유도하는 것, 즉 손가락이나 도구를 사용하여 구역 반사를 자극하는 것이다. 구토는 신체적 불편함을 즉시 경감시키고, 체중 증가에 대한 두려움을 감소시켜 준다.

지역사회(비임상적) 표본 연구는 비우기를 하는 폭식증과 비우기가 없는 폭식증 사이에서 의미 있는 차이를

표 14.2 신경성 폭식증의 진단 준거

DSM-5

(A) 폭식의 재발 삽화. 폭식 삽화는 다음 2개의 특징이 있다.
 (1) 일정 시간 동안(예: 2시간 이내), 대부분의 사람이 유사한 상황에서 동일한 시간 동안에 먹는 것보다 분명하게 많은 양의 음식을 먹는다.
 (2) 삽화 중에 먹는 것을 통제하지 못한다고 느낀다(예: 먹는 것을 멈출 수 없거나 무엇을 얼마나 많이 먹어야 할지를 통제할 수 없다는 느낌).

(B) 체중 증가를 막기 위한 반복적이고 부적절한 보상 행동(예를 들면 스스로 유발한 구토, 하제 · 이뇨제 · 관장제 등 약물의 오용, 금식, 과도한 운동)이 시도된다.

(C) 폭식과 부적절한 보상 행동이 모두, 평균해서 적어도 3개월 동안 매주 1회 이상 시도된다.

(D) 체형과 체중이 자기 평가에 과도하게 영향을 미친다.

(E) 방해는 신경성 식욕부진증의 삽화 기간 동안에만 발생하지 않는다.

다음 중에서 있다면 명시한다.

부분 관해 상태: 이전에 신경성 폭식증의 모든 준거를 충족했지만, 전부는 아니고 일부의 준거가 지속적인 기간 동안 충족되고 있다.

완전 관해 상태: 이전에 신경성 폭식증의 모든 준거를 충족시켰으며, 지속적인 기간 동안 충족되는 준거가 없다.

현재의 심각도를 명시한다.

심각도의 최저 수준은 부적절한 보상 행동(아래 참조)의 빈도에 기초한다. 심각도 수준은 다른 증상 및 기능적 불능의 정도를 반영하여 높아질 수 있다.

경도: 평균해서 매주 1~3회의 부적절한 보상 행동 삽화.
중등도: 평균해서 매주 4~7회의 부적절한 보상 행동 삽화.
고도: 평균해서 매주 8~13회의 부적절한 보상 행동 삽화.
극도: 평균해서 매주 14회 이상의 부적절한 보상 행동 삽화.

출처: *Diagnostic and Statistical Manual of Mental Disorders*, 5th ed. American Psychiatric Association.

David J. Green - lifestyle themes/Alamy

미국의 아프리카계 여성처럼, 라틴계 여성은 섭식장애에 문화적 면역력이 있다고 생각했지만, 지금은 이런 생각을 인정하지 않는 경향이 있다.

밝혀내지 못했다(Tanofsky-Kraff et al., 2004). 식이요법에서의 증상(예: 엄격한 제한, 비우기)은 폭식증의 핵심 특징이지만, 폭식증이 있는 사람 중 일부는 엄격한 섭식 제한과 우울한 정서를 동시에 보인다. 식이요법-우울 하위 유형의 젊은 여성은 식이요법 하위 유형만 있는 여성에 비해 병리적 섭식, 사회적 결함, 정신과적 공존이 더 흔하며, 폭식증 증상도 5년 이상 지속된다(Stice & Fairburn, 2003).

신경성 식욕부진증과 마찬가지로, 폭식증이 있는 청소년 및 성인들의 사고는 종종 경직되고 실무율(all-or nothing)로 기술된다(Joiner, Katz, & Heatherton, 2001; Thompson-Brenner et al., 2008). 이들은 자신이 전적으로 통제력이 있다고 여기거나 통제력이 전혀 없다고 지각하며, 일상의 모든 사건을 흑백이라는 극단적인 관점에서 본다. Phillipa 역시 실무율적인 사고를 표현했는데, 자신의 난관을 한 가지 일에 그리고 한 가지에만 귀인시켰다. "내 몸매가 성공적인 학교생활과 데이트에 방해가 되는 것 같았다." 이러한 믿음은 DSM-5 진단 준거와 연관되며, 자기 평가에서 자신의 몸매와 체중의 중요성을 강조하고 있다. 신경성 식욕부진증이 있는 여성과 마찬가지로, 신경성 폭식증이 있는 여성은 지각 능력과 관련된 실제 문제라기보다는 관심 및 기억의 편향, 선택적인 해석 또는 판단과 같은 인지적 요인과 강하게 연관된 신체 비율에 대한 불만과 자신의 실제 신체 치수를 왜곡하는 행동이 있다(Striegel-Moore & Bulik, 2007).

신경성 식욕부진증으로 인한 결과만큼은 아니더라도, 만성적인 폭식증의 의학적 결과는 심각할 수 있다. 흔한 신체적 호소에는 피로, 두통, 부은 볼(타액선의 확장으로 인한)이 있다. 영구적이거나 심각한 치아 법랑질의 손상도 나타날 수 있는데, 특히 앞니의 치아 표면 안쪽의 손상은 치아가 위산과 접촉했기 때문이다. 때때로 불규칙한 월경 또는 무월경이 발생하는 여성도 있는데, 이러한 장애가 체중의 변동이나 영양 결핍, 스트레스와 관련이 있는지는 아직 분명치 않다. 비우기 행동으로 인한 전해질 불균형은 때때로 주요 의학적 문제를 일으킬 만큼 심각하다.

폭식장애

폭식장애(BED)는 넘쳐나는 패스트푸드와 비만의 시대에서 세계적으로 증가하고 있다. 신경성 폭식증에서 폭식과 유사한 것이 발견되지만, BED에는 보상 행동이 들어 있지 않다(표 14.3 참조). BED는 다른 사람보다 많이 먹는데 통제할 수 없다는 느낌이 있는 것을 말한다(APA, 2013). 연구자들은 폭식의 삽화가 객관적인 과식(예: 1,000칼로리 이상)인지, 아니면 통제력 상실에 대한 개인적이고 주관적인 느낌(예: 엄격한 식이 조절 중에 쿠키를 두 개 먹는 것)인지에 따라 의견이 다르다. 젊은이들은 과식을 여러 방식으로 정의하는데, 먹은 음식의 양과 유형, 폭식 후의 정서적 결과(예: 죄책감), 과식에 대한 개인적인 이유 등이 있다(Neumark-Sztainer et al., 2006). 신경성 폭식증이 있는 사람이 정상 체중일 수도 있고 과체중일 수도 있는 것과 대조적으로, BED가 있는 사람은 대체로 과체중이거나 비만이다(von Ranson & Wallace, 2014).

BED에 대해 점점 더 우려하게 되는 것은 비만과 체중 감소 시도의 비율이 높다는 것뿐만 아니라 정신건강과의 부적 관련성 때문이다. BED가 있는 젊은이는 신체 만족

표 14.3 폭식장애의 진단 준거

DSM-5

(A) 반복되는 폭식 삽화. 폭식 삽화는 다음 2개의 특징이 있다.
  (1) 일정 시간 동안(예: 2시간 이내) 대부분의 사람이 유사한 상황에서 동일한 시간 동안 먹는 것보다 분명하게 많은 양의 음식을 먹는다.
  (2) 삽화 중에 먹는 것을 통제할 수 없다고 느낀다(예: 먹는 것을 멈출 수 없거나 무엇을 또는 얼마나 많이 먹어야 할지를 통제할 수 없다는 느낌).

(B) 폭식 삽화는 다음 중 3개(또는 그 이상)와 연관이 있다.
  (1) 정상보다 훨씬 많은 양을 급하게 먹는다.
  (2) 배가 불러서 불편감이 있을 때까지 먹는다.
  (3) 신체적으로 배고프지 않은데도 많은 양의 음식을 먹는다.
  (4) 얼마나 많이 먹는지에 대한 당혹감 때문에 혼자서 먹는다.
  (5) 폭식 후 스스로에 대한 혐오감, 우울감, 큰 죄책감을 느낀다.

(C) 폭식에 대해서 현저한 고통이 있다.

(D) 폭식은, 평균적으로 3개월 동안 매주 최소한 1회 발생한다.

(E) 폭식은 신경성 폭식증에서처럼 부적절한 보상 행동의 재발 사용과 연관되지 않으며, 신경성 폭식증 또는 신경성 식욕부진증 기간 동안에만 발생하지 않는다.

다음 중에서 있다면 명시한다.

부분 관해 상태: 이전에 폭식장애의 모든 준거를 충족했으며, 폭식은 지속적인 기간 동안 매주 평균 1회 미만의 빈도로 삽화가 발생한다.

완전 관해 상태: 이전에 폭식장애의 모든 준거를 충족했으며, 현재 지속적인 기간 동안 충족시키는 준거는 없다.

현재의 심각도를 명시한다.

심각도의 최저 수준은 폭식 삽화의 빈도(다음 참조)에 기초한다. 심각도 수준은 다른 증상 및 기능적 불능의 정도를 반영시켜 높아질 수 있다.

경도: 매주 1~3회의 폭식 삽화.
중등도: 매주 4~7회의 폭식 삽화.
고도: 매주 8~13회의 폭식 삽화.
극도: 매주 14회 이상의 폭식 삽화.

출처: *Diagnostic and Statistical Manual of Mental Disorders*, 5th ed. American Psychiatric Association.

도와 자존감 점수가 낮고, 우울감 점수가 높고, 자신에 대한 총체적 기분에서 체중과 몸매가 아주 중요하다고 보고할 가능성이 많다(Stice et al., 2009; Stice et al., 2013).

젊은이들에 대한 섭식장애의 진단이 특히 어려운 것은 이들이 신체적 · 인지적 · 정서적으로 아직 성숙하는 중이기 때문이다. 결과적으로 섭식장애의 진단이 충분히 충족되지 않는다(Eddy et al., 2009; Eddy, Doyle et al., 2008). 이러한 차이를 조정하기 위해, DSM-5에는 '달리 명시된 급식장애 또는 섭식장애'와 '달리 명시되지 않는 급식장애 또는 섭식장애' 범주가 있다. 이러한 섭식장애 범주들은 임상적으로 심각한 섭식장애가 있으나, 신경성 식욕부진증 · 신경성 폭식증 · 폭식장애의 진단 준거(때때로 정해진 역치 이하)를 충분히 충족하지는 않는다고 생각될 때 사용한다. 이 '기타' 범주들은 덜 엄격하며, 따라서 청소년에게 좀 더 적절하다(Keel et al., 2010). 섭식장애가 있는 대다수 청소년은 신경성 식욕부진증, 신경성 폭식증, 폭식장애의 진단 준거를 충족시키지 않기 때문에, 청소년 의학 협회(Society for Adolescent Medicine)와 같은 전문기관은 청소년 섭식장애에서 임계치를 더 낮추라고(DSM-5 진단 준거를 모두 충족할 필요는 없다는 것과 같은) 권고했다.

신경성 식욕부진증, 신경성 폭식증, 폭식장애의 주요 특징에 대한 개관이 표 14.4에 제시되어 있다.

유병률과 발달

미국 전국 규모의 표본 연구에서, 대체로 청소년의 신경성 식욕부진증의 평생 유병률은 0.3%이며, 신경성 폭식증은 0.9%이다(Swanson et al., 2011). 폭식장애는 초기 성인기에 좀 더 많은데, 청소년의 대략 1.5~3%이다(Stice, Marti, & Rohde, 2013; Swanson et al., 2011). 청소년기 및 젊은 성인의 주요 섭식장애를 구별하기 어려운데, 신경성 식욕부진증, 신경성 폭식증, 폭식장애는 공통된 특징이 많기 때문이다. 신경성 식욕부진증이나 신경성 폭식증을 보이는 사람은 모두 왜곡된 신체상을 가지고 있고, 먹은 후에 불안감을 보인다. 그러나 신경성 식욕부진증이 있는 사람은 정상 체중의 하위 15% 이상이며, 신경성 폭식증이 있는 사람은 정상 체중의 10% 범위 이내에 있고, 폭식장애가 있는 사람은 종종 정상 체중 이상이다. 신경성 식욕부진증이 있는 사람은 가끔 폭식을 하고 전형적으로 금지된 음식을 피하는 반면, 신경성 폭

표 14.4 신경성 식욕부진증, 신경성 폭식증, 폭식장애의 개관

	식욕부진증	폭식증	폭식장애
주요 진단 기준	• 심각한 저체중이 되게 하는 음식 제한 • 체중 증가에 대한 공포 또는 체중 증가의 방해 • 체중이나 외형에 대한 자기 지각의 문제(왜곡된 신체 지각)	• 반복적인 폭식 • 체중 증가를 막기 위한 반복적인 보상 행동 • 신체상과 체중에 지나치게 영향을 받음	• 폭식 삽화의 반복(폭식증과 비슷하지만 더 빨리 먹고, 혼자 먹고, 배고프지 않은데 많은 양을 먹고, 먹은 후 혐오감이나 죄의식을 느낀다는 점에서 다름) • 폭식에 대한 현저한 고통 • 폭식은 폭식증에 있는 보상 행동과는 연관되지 않음
청소년 및 초기 성인에서 유병률	• ~0.3%	• ~1%	• 1.5~3%
성 비율	• 소년보다 소녀가 유의미하게 많음(~90%)	• 소년보다 소녀가 유의미하게 많음(~90%)	• 소년보다 소녀가 많음(식욕부진증과 폭식증보다는 차이가 적음)
사망율	• 10년에 ~5%	• 10년에 ~2%	• 알려지지 않음(비만의 합병증과 중복됨)
체중	• 뚜렷이 감소됨	• 대체로 정상 체중	• 정상, 과체중, 비만이 될 수 있음
발병	• 초기에서 중기 청소년기	• 중기에서 후기 청소년기	• 후기 청소년기
생리불순 또는 무월경	• 흔함	• 흔함	• 보이지 않음
동시 발병	• 흔함: 양극성, 우울, 불안, 자살위험 • 덜 흔함: 강박장애, 물질 사용 장애	• 흔함: 기분장애 및 우울, 불안 • 덜 흔함: 물질 사용 장애, 자살 위험	• 식욕부진증 및 폭식증과 유사
회복	• 대다수가 5년 후에 회복	• 회복 기간에 따라 만성적이거나 간헐적이 될 수 있음	• 심각성과 기간에서 폭식증과 유사

식증 및 폭식장애가 있는 사람은 금지된 음식을 자주 폭식하고 폭식 후에는 체중을 조절하기 위해 장을 비우거나(신경성 폭식증), 스트레스를 받고 화가 나지만 장을 비우지는 않는다(폭식장애).

섭식장애는 우울증이나 조현병과 같은 정신장애와 중복될 수 있으며, 따라서 일부 양상이 가려져서 잘못 진단될 수도 있다(Herzog & Eddy, 2007). 그러나 인지적 신념 및 자기상이라는 면에서, 신경성 식욕부진증 환자만 날씬해지고 싶은 강렬한 충동이 있고 신체상의 지각에서 문제를 보인다.

젊은 남자들의 섭식장애

우리가 원래 믿었던 것보다 젊은 남자들 사이에서 섭식장애가 흔하다는 인식이 점차 늘어나고 있다. 여성만큼은 아니라고 해도 남성 역시 강력한 대중매체의 이미지에 빠질 수 있다. 근육질 남성상에 대한 이상은 신체 불만족, 섭식 문제, 위험한 체중 조절 또는 몸 만들기 행동에 영향을 미칠 수 있다(Smolak & Stein, 2010). 섭식장애가 있는 젊은 남성들은 섭식장애가 있는 여성과 동일한 임상 특징을 보인다. 그러나 남자들은 음식에 대한 집착이나 날씬함에 대한 욕구가 덜하며, 자신의 실제 모습이나 남성 평균 신체보다 더 근육질이 되고 싶어 한다(Olivardia et al., 2004). 게다가 젊은 남성과 소년은 과도한 운동과 과식을 더 많이 하는 반면, 젊은 여성과 소녀는 장을 비우는 행동을 더 많이 하고, 먹을 때 통제력의 상실을 더 많이 보고하며 섭취 칼로리를 줄이려고 노력할 가능성이 더 많다(von Ranson & Wallace, 2014).

섭식 증상 문제의 발생에 아주 취약한 발달적 궤도 및

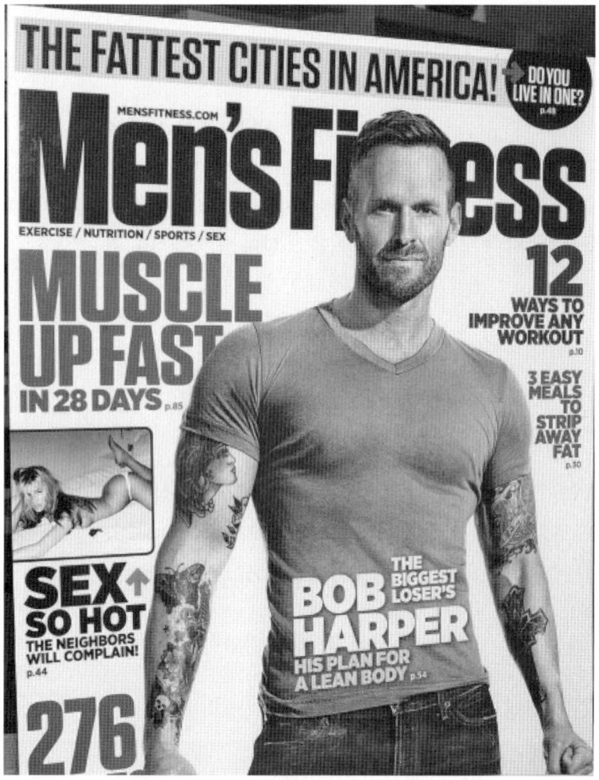

Araya Diaz/Wire image/Getty images

NC1 WENN Photos/Newscom

대중매체의 이미지는 외모에 높은 가치를 두며, 이상적인 신체상에 관한 젊은이들의 대화에 영향을 준다.

기간은 남녀 사이에 차이가 있다. 3,000명 이상의 청소년을 대상으로 한 연구에 따르면, 여아들 사이의 신경성 폭식증 증상은 중기 청소년기(14~16세)에 증가한 후 천천히 감소한 반면, 남아에서는 중기 청소년기에 감소했다가 20대 초반에 증가하기 시작했다(Abebe, Lien, & von Soest, 2012). 섭식장애의 발달과 경과에서 이러한 남녀 차이는 부분적으로는, 남아에게서 근육과 날씬함에 대한 매료가 지배적으로 증가하는 것 때문일 수 있는데, 이는 이상적인 여성에 대한 여아의 관심보다 늦게 시작된다. 조기 발병 섭식 문제가 있는 어린 여아에게서 발견되는 것과 유사하게, 근육 발달 및 날씬함에 대한 남성의 관심 역시 우울한 기분과 연관되어 있음을 보여 주는 증거들이 있다(Grossbard et al., 2013). 섭식장애가 주로 여자에게 생기는 문제라고 오랫동안 여겨지면서, 젊은 남성은 진단이 덜 내려지기도 한다(Grossbard et al., 2013; Strother et al., 2014).

성적 지향과 섭식장애

1980년대 초부터 성적 지향과 섭식장애 간의 관련성이 많은 연구자들의 관심을 끌었다. 동성애자 남성(gay)은 이성애자 남성에 비해 섭식장애의 행동적 증상에 아주 취약한 것처럼 보인다(Brown & Keel, 2013; Jones & Morgan, 2010). 또한, 동성애자 남성은 이성애자 남성보다 날씬함을 조장하는 대중매체 이미지에 더 민감하며(Carper, Negy, & Tantleff-Dunn, 2010), 이성애자 남성보다 빈약한 신체 이미지와 신체 불만족 그리고 이와 관련된 섭식장애의 징후를 경험하기 쉽다(Martins, Tiggemann, & Kirkbride, 2007; Smith et al., 2011).

이러한 연구들은 동성애자 남성이 섭식장애 및 부정적 신체상을 더 쉽게 발달시킨다는 것을 제안하지만, 동성애자 남성의 신체 불만족과 섭식 문제의 원인을 밝히는 연구는 거의 없다. 4,374명의 청소년 남자를 조사한 연구에서, 자신을 동성애자 또는 양성애자라고 밝힌 소년들은 이성애자라고 밝힌 소년들에 비해 잡지에 나오는 남자처럼 보이기 위해 더 많이 노력한다고 보고했다(Austin et al., 2004). 이 연구가 섭식장애와 반드시 인과관계가 있다고 암시하는 것은 아니며, 동성애자는 남자 청소년의 섭식장애 발달에서 위험 요인이 될 수 있다고 암시하는 문헌으로 추가된다. 동성애자 남성의 섭식 문제에 영향을 미칠 수 있는 위험 요인에 관한 앞으로의 연구는 임상적 노력과 효과적인 개입 노력에 집중될 것이다.

인종적 · 범문화적 · 사회경제적 고려 사항

식욕부진증은 서구 나라 및 서구 지역이 아닌 세계 모든 지역에서 관찰되며, 이는 식욕부진증이 한때 믿었던 것처럼, '문화에 묶여 있는' 증후군이 아니라는 것을 암시하고 있다(Sohl, Touyzl, & Surgenor, 2006). 섭식장애가 각기 다른 문화에서 늘 똑같이 나타나는 것이 아니라는 것은 점차 분명해지고 있다. 예를 들면, 홍콩에서의 연구는 신경성 식욕부진증이 지방에 대한 공포가 있는 하위 유형과 지방에 대한 공포가 없는 하위 유형으로 나뉘며, 서구 나라에서 섭식장애를 평가하는 질문지는 지방에 대한 공포가 없는 하위 유형의 중국인을 탐지할 만큼 충분히 민감할 수 없다(Lee, Lee, & Leung, 1998).

그러나 서구를 제외한 환경에서 폭식증 및 폭식장애의 범문화적 증거들은 이야기가 다르다. 문화 및 섭식장애에 대한 Keel과 Klump(2003)의 검토는, 서구적인 이상(ideals)에 노출되지 않은 사람들 사이에서 폭식증이 존재한다고 보고하는 연구는 없었다. 비서구 국가에서 폭식증에 대한 역학적 자료는 폭식증이 이 나라들에서 신경성 식욕부진증보다 유병률이 낮다고 제시하며, 비서구 나라에서 폭식증이 발견되더라도 서구의 영향이 없었던 곳에서는 발견되지 않았다. 섭식 문제의 발달에 대한 인종 및 문화의 역할을 검증하는 메타 분석은 폭식증에 대한 인종 집단적 차이가 거의 없다고 밝히고 있다(Wildes & Emery, 2001). 이러한 결과는 폭식증은 문화에 묶여 있는 증후군으로, 서구 지역이나 서양인들이 서구의 사고와 문화에 노출된 지역에서 우세하게 발생한다고 암시하는 것 같다(Anderson-Fye, 2009).

사회경제적 수준(SES)은 오랫동안 섭식장애의 위험 요인으로 간주되어 왔으며, SES가 높은 여자 성인은 다이어트를 더 많이 하고, 몸무게는 더 적게 나가는 경향이 있다(Nevonen & Norring, 2004). 비서구 지역의 사람들이 점차 풍족해지면서, 문화와 인종에 상관없이, 섭식장애를 발달시킬 위험이 증가하는 것으로 보인다. 상류 계층의 아프리카계 미국인 여성은 백인 여성과 유사한 수준의 신체 불만을 보고하며, 이는 신체 불만이 인종보다는 SES와 더 강하게 관련되어 있음을 암시한다(Polivy & Herman, 2002). 그러나 부유함 자체가 자동적으로 섭식장애 출현을 증가시키는 것은 아니다. 특정 사회에서 일정 수준의 부가 성취된 후에는 섭식장애와 상류 SES의 연관은 더 이상 존재하지 않으며, 이는 현대사회에서 사회경제적 계층 간 경계들의 세계화 때문이다(Sohl et al., 2006).

섭식장애의 범문화적 증거는, 일부 연구자가 말하듯이, 서로 다른 인종 및 문화 집단 구성원이 경험하는 섭식장애를 적절히 파악할 수 있는 진단 체계가 없기 때문에 더욱 복잡해진다(Wonderlich, Joiner, et al., 2007). 이는 섭식장애로 인해 고통스러워하고 적절한 처치를 받지 못하는 사람들에게 나쁜 영향을 미칠 수 있다.

문화, 인종, SES가 섭식장애의 원인에 작용하는 역할을 이해하기는 어렵다. 비서구권 대상자들의 병리적인 섭식 및 신체상의 문제에 관한 대부분의 연구는 그 사람의 국가가 아닌 서구 국가에서 행해지고 있다. 서구 문화에 노출되었는지 노출되지 않았는지에 관한 질문은 가정 환경 및 사회경제적 수준에서 문화적 차이까지 추가됨으로써 섭식장애가 더 복잡해진다. 개인이 자신의 전통적인 문화적 가치를 지키는 정도 또는 주류의 가치를 흡수한 정도를 평가한 연구는 거의 없다. 인종과 섭식장애의 연구를 더 복잡하게 만드는 것은, 범문화적 연구의 대부분은 DSM의 이전 버전에서 정의한 장애에 초점을 맞추고 있다는 것이다. 따라서 서구권 맥락을 벗어나서 폭식장애와 같은 섭식장애를 논평하기가 훨씬 더 어렵다. 이 모든 영역에 대한 향후 과학적인 질문들은 섭식장애를 이해하고 관리하는 데 공헌할 것이며, 지금은 모든 문화적 배경 그리고 인종적 배경이 다른 개개인이라는 인식이 점차 증가하고 있다(Pike, Dunne, & Addai, 2013).

발달적 경과

신경성 식욕부진증은 나이가 많은 여성 · 남성 · 사춘기 이전 아동에게도 때때로 나타나지만, 주로 14~18세 청소년들에게 급격하게 많다. 이는 종종 방심하게 되고 식사 조절이 점차 생명을 위협할 정도의 굶기로 이어진다(Lock & Le Grange, 2006). 때때로 이 같은 식사 조절 및 굶기 패턴의 발생은 체중 때문에 놀림을 당하고, 월경이 시작되고, 전학을 가는 등의 스트레스 생활 사건과 연결되기도 한다.

식욕부진증이 비교적 구체적이고 잘 정의되어 있다고 해도, 이것의 발달적 과정 및 결과는 매우 다양하다. 식욕부진증이 있는 사람을 대상으로 한 119개의 연구를 평균한 결과, 사망률은 유의미했으며(5%), 생존자 중 완전한 회복은 절반 이하이며, 1/3은 상당한 개선을, 그리고 1/5은 만성적인 경과를 보였다(Franko et al., 2013; Steinhausen, 2009).

가장 흔한 것은 재발 후에 정상 체중을 회복하는 데 수반되는 등락을 거듭하는 패턴이다(Fichter, Quadflieg, & Hedlund, 2006). 식욕부진증이 있는 대다수는 5년 내에 차도를 보이지만(APA, 2013), 결과가 좋지 않은 사람은 더 심한 폭식과 장 비우기, 정서장애 또는 불안장애가 공존하기도 한다(Steinhausen, 2009). 이들은 체중이 감소하면서 위험한 영양실조가 나타나면, 입원해서 점차 개선의 신호를 보이기 시작한다. 그럼에도 불구하고 환자의 상당수(6~10%)가 의학적 합병증이나 자살로 목숨을 잃는다(Arcelus et al., 2011; Bulik et al., 2008). 식욕부진증은 장애 자체는 드물지만, 이 장애로 인한 사망률은 정신과 장애 중에서 가장 높으며, 전체 인구 중 15세에서 24세 여성 사망의 주요 원인이다(Preti et al., 2011; Striegel-Moore & Bulik, 2007).

폭식과 장 비우기 삽화 및 체중에 대한 집착이 훨씬 일찍 시작되기는 해도, 폭식증의 완전한 증상은 주로 후기 청소년기와 초기 성인기에 많이 나타난다(Lock & Le Grange, 2006). 폭식증에서 주목할 점은 폭식 행동이 주로 엄격한 섭식 제한의 기간 동안이나 이후에 발병한다는 것이다(Treasure, Claudino, & Zucker, 2010). 폭식으로 인한 죄의식과 불쾌감 때문에 장 비우기가 보상 행동으로 뒤따른다. 폭식증은 만성적인 경과를 따를 수도 있고, 폭식과 장 비우기를 번갈아 하는 기간이 동반되며 간헐적으로 일어날 수도 있다(Fairburn et al., 2000). 그러나 발달적 경과를 역전시키기는 쉽지 않다. 장애를 일으키는 습관과 문화적 영향이 너무도 강력하기 때문에 사회적 모임에서 은밀하게 폭식을 하는 것처럼 좋지 않은 만성적 섭식 패턴이 형성될 수 있는데, 이는 결과적으로 더 심각한 문제가 될 수 있다.

폭식증 환자의 추후 연구에서 이들은 식욕부진증 환자보다는 회복력이 훨씬 더 좋았으며, 50~75%는 몇 년 후 완전히 회복되었다(Chavez & Insel, 2007; Steinhausen & Weber, 2009). 결과가 좋아질지에 대한 가장 좋은 예측 인자는 발병 시 나이가 어린 것과 사회 계층이 높은 것이다. 중요한 것은, 폭식증이 이것의 순환적인 경과를 깨는 처치에 좋은 반응을 보인다는 점이다.

폭식증이 있는 사람의 장기적 결과에 대한 연구와 유사하게, 대학생 집단에서 섭식 행동과 태도에 대한 연구들은 성인기로 성장하고 날씬함을 강조하는 사회적 압박으로부터 벗어나는 것이 만성적인 다이어트와 비정상적인 섭식에서 벗어나도록 도울 수 있다고 제시한다. 남녀 대학생을 대상으로 체중, 다이어트 및 섭식장애 증상에 대한 20년 후 추후 연구의 결과는 고무적인 것과 낙담되는 것 모두를 발견했다(Keel et al., 2007). 긍정적인 측면은 여성들이 자신의 섭식장애 행동을 감소시켰고, 자신의 신체에 대한 만족도가 증가되었다는 것이다. 반면에, 신체 불만족과 체중을 감소시키고자 하는 소망은 비교적 많이 남아 있다. 남성들의 경우, 대학 이후에 체중이 증가하는 경향을 보였고, 대학 이후 20년 동안 식사 조절 및 잘못된 섭식의 증가를 보고하는 숫자가 많았다. 잘못된 섭식은 초기 성인기로 전환하는 동안에 감소하는 경향이 있지만, 신체 불만족은 많은 젊은 성인들에게 문제로 남아 있다(Keel et al., 2007).

원인

사람들이 수척해질 정도로 굶거나 또는 병에 걸릴 지경에 이르기까지 먹는 이유는 무엇인가? 섭식장애가 야기하는, 신체적 · 심리적 안녕에 미치는 드라마틱한 효과는 수많은 이론들을 고무시켰다. 한 가지 단일 요인을 모든 형태의 섭식장애의 주요 요인으로 떼어 낼 수는 없으며, 원인을 찾는 일은 '닭이 먼저냐 달걀이 먼저냐'와 같은 인과관계로 인해 복잡해진다. 신경생물학적 과정이 섭식 패턴에 문제를 일으키는가, 아니면 섭식 문제가 신경생물학적인 변화를 일으키는 것인가?

섭식장애의 출현을 가장 잘 예측하는 단일 요인은 여성이라는 것, 청소년기는 섭식장애 발병의 가장 취약한 기간이라는 것이다(Striegel-Moore & Bulik, 2007). 그러나 모든 여성이나 모든 사춘기 아동들이 섭식장애를 발달시키지는 않는다. 따라서 섭식장애 발달의 점진적인 과정을 살펴보려면 세 가지 주요 원인적 영역, 즉 생물학적 · 사회문화적(가족 및 또래 관계 포함) · 심리적 원인이 기여하는 바를 이해해야 하는데, 이는 단일하게 또는 복합적으로 작용하여 그 사람의 자기 조절에 문제를 일으킬 수 있다. 섭식장애의 원인에 대한 논의는 '문화적' 설명 대 '생물학적' 설명으로 양분되면서, 생물학적 · 환경적 병인들이 서로 얽혀서 연결된다는 점이 자주 간과된다(Striegel-Moore & Bulik, 2007). '원형적(prototypical)' 섭식장애 사례의 위험 요인을 이해하는 데에서 지금까지 많은 발전이 있었다. 섭식장애는 주로 중상위 계층의 젊은 백인 미국 여성에게서 발생한다는 것을 알았지만, 다양한 문화 집단에게 독특한 위험 요인에 대해서는 여전히 모르고 있다.

생물학적 차원

식욕부진증과 폭식증에서 생물학적 요인의 역할이 비교적 미미하다는 데에는 어느 정도 의견이 일치하고 있다. 그러나 이러한 요인들은 식욕, 기분, 지각, 에너지 조절에 영향을 미치기 때문에 장애가 유지되는 데 영향을 미칠 수 있다(Lock & Le Grange, 2006).

생물학적 기제(유전인가? 신경화학적 과정인가?)가 복합적으로, 또는 단독으로 작용하여 정상적인 조절 기능을 방해한다는 점은 상식적으로 이해가 된다. 이러한 시나리오가 조금만 틀어지면 체중 또는 식사 조절 목표를 달성하기 위해 잘못된 계획을 시도하는 사람이 자신의 정상적인 조절 과정을 방해하게 된다. 이러한 방해는 중추신경과 신경 내분비 체계에 생물학적 변화를 야기하고, 차례로 이것이 더 큰 문제를 만든다. 배고픔이나 식욕과 같이, 중요한 신체적 기능을 통제하는 것은 자연스럽지 않은 섭식 습관으로 이어질 수 있고 따라서 가혹한 섭식 패턴을 야기할 것이라고 생각할 수 있다.

유전과 체질 요인

섭식장애는 가족에게 전달되는 경향이 있다. 지난 10년 동안 실시된 연구들은 식욕부진증 또는 폭식증 환자들의 친척, 특히 여자 친척은 전체 인구에서 섭식장애를 발달시킬 확률보다 4~5배 더 많다는 것을 발견했다(Strober et al., 2000). 1935년에서 1956년 사이에 태어난 31,406명의 스웨덴 출생 쌍둥이를 대상으로 한 대규모 연구는, 식욕부진증과 폭식증이 유전 및 환경적 기여도가 중간 정도로 중복되었음을 나타냈다(Builk et al., 2010). 이 연구에서 공유된 환경의 기여도는 무시할 수 있는 정도이며, 남은 변인은 주로 독특한 환경적 요인 때문인 것으로 밝혀졌다.

섭식장애가 유전적 요인과 연관된 것이라면, 유전되는 것은 정확하게 무엇인가? 일부 사람들은 섭식장애자가 될 기회를 증가시키는 사회적 요인 및 심리적 요인과 상호작용하는 생물학적 취약성을 가지고 있을 수도 있다(Trace et al., 2013). 예를 들면, 정서적 불안정성 또는 빈약한 자기 통제와 같은 타고난 성격 특성이 스트레스에 정서적으로 반응하게 하고, 이것이 스트레스와 관련된 감정을 경감시키려는 시도에서 충동적인 섭식을 일으킬 수 있다(Thompson-Brenner et al., 2008). 현재 진행되고 있는 게놈 관련 연구는 가까운 미래에 섭식장애와 관련된 유전자 및 경로를 밝혀 줄 수 있을 것이다(Scherag, Hebebrand, & Hinney, 2010).

신경생물학적 요인

세로토닌이 배고픔과 식욕을 조절하기 때문에, 연구들은 식욕부진증, 폭식증, 폭식장애의 가능한 원인으로 신경전달물질에 초점을 맞추고 있다(Calati et al, 2011). 세로토닌의 존재는 포만감과 음식 섭취를 줄이고자 하는 욕구로 이어지기 때문에, 세로토닌의 감소는 지속적인 배고픔 및 한 번에 많은 양의 음식을 섭취하는 것(즉, 폭식의 완벽한 조건)으로 이어질 수 있다. 이러한 설명은 유전자-환경 상호작용에서 유래되는데, 세로토닌 전달물질 유전자에서 위험 요인이 있는 아동은 부모의 높은 통제에 더 민감해져서 아동의 스트레스 조절 능력에서 문제를 일으킨다. 청소년기가 되면 생활 사건이 식욕부진증의 발병을 더 쉽게 촉발할 수 있다(Karwautz et al., 2011).

폭식증에 대한 세로토닌의 설명을 지지하는 가장 강력한 증거 중 하나는, 섭식과 대뇌의 세로토닌 전구체인 트립토판의 유용성 간의 관련성을 탐색하는 연구에서 도출되었다. 단백질이 풍부하거나 탄수화물의 함량이 낮은 음식은 트립토판을 감소시키며, 탄수화물이 풍부한 음식은 트립토판을 증가시킨다. 즉, 단 음식이나 전분 음식을 마구 먹는 것은 뇌에서 세로토닌을 더 많이 분비시키며, 궁극적으로 포만감을 느끼게 한다. 폭식(주로 고탄수화물 음식을 섭취한다)은 특히 여성의 경우에 트립토판의 유용성을 증가시키고, 따라서 일시적으로 뇌의 세로토닌을 증가시킨다(Scherag et al., 2010). 그러나 뇌에서 세로토닌의 유용성과 관련된 문제가 섭식 때문인지, 증상 발현 이전 특징인지에 대해서는 아직 밝혀지지 않았다(Trace et al., 2013).

우울과 섭식장애 간의 연관성 이외에, 과학자들은 섭식장애가 있는 사람과 강박장애(OCD)가 있는 사람 간에 생물화학적 유사성을 발견했다. 우울한 사람과 섭식장애가 있는 사람의 세로토닌 수준이 비정상이라고 알려진 것처럼, OCD 환자들에서도 세로토닌 수준이 비정상이다(Lock et al., 2011). 더구나 폭식증이 있는 대부분의 사람들은 OCD 진단을 받은 사람들 사이에서 볼 수 있는 것처럼 심각한 강박 행동이 있고, OCD 환자들은 종종 비정상적인 섭식 행동을 보이기도 한다(Sallet et al., 2010).

요약하면, 몇몇 신경생물학적 이상이 반(半)기아 상태 또는 폭식/장 비우기 주기의 주요 원인이라기보다는, 이러한 문제들의 결과인지를 당장 결론 내릴 수는 없다고 해도, 섭식장애가 있는 사람들 사이에서 발견된다. 정상적인 섭식 패턴이 처음에 문제가 되는 방식을 이해하려면 섭식장애의 문화적 요인 및 심리적 요인을 자세히 살펴볼 필요가 있다.

사회적 차원

현대 서구 문화의 특징이 섭식장애의 전제조건으로 고려될 수 있다. 개인의 자유, 즉각적인 만족감의 강조, 밤낮으로 언제든지 먹을 수 있는 음식, 지도 감독의 부족, 체중 감량을 위한 다이어트와 운동을 이상적으로 생각하는 문화가 모두 강력한 영향을 미친다(Attie & Brooks-Gunn, 1995). 이러한 요인들은 날씬함(마름)에 대한 욕구를 발생시키며, 신체상 및 외모가 성공의 열쇠가 된다는 점을 강조한다. 앞에서 언급했듯이, 폭식증(식욕부진증은 아님)은 서구 문화와 주로 관련이 있다. 역사와 문화를 살펴보면 신체적 외모나 통제의 이슈에 대한 식욕부진증 행동의 사례들이 있는데, 폭식증 사례에서는 그렇지 않다(Keel & Klump, 2003; Pike et al, 2013).

북아메리카의 식사 조절에 영향을 미치는 주요한 사회문화적 변화의 측면에서, 연구자들은 **건강식품 탐욕증**(orthorexia)—올바른 섭식에 집착하는 것을 뜻하는 비진단적 용어—을 연구하고 있다. 청소년 섭식장애와 대조적으로 건강식품 탐욕증이 있는 사람은 음식의 양보다 질에 집착하며 날씬함과 체중 제한에는 관심이 덜하다. 건강식품 탐욕증은 좀 더 건강한 음식을 먹기 위한(우리 모두가 노력하는 것처럼) 순수한 시도로 시작되지만, 몇몇 사람은 건강식품과 섭식에 대한 강박으로 변질된다. 엄격한 건강식을 유지하려는 치열한 노력 때문에, 이 증후군은 강박장애의 형태가 될 수 있으며, 아이러니하게도 너무 제한적이 되어서 건강에 시달린다(Brytek-Matera, 2012). 건강식품 탐욕증은 운동가들 사이에서 발견되어 왔는데, 이들은 수행능력을 향상시키기 위해 섭식과 영양에 강박적이다(Segura-García et al., 2012).

사회문화적 요인

적게 먹거나 많이 먹는 것에 대한 10대들의 관심은 믿기 어려울 정도인데, 이는 우리의 궁금증을 유발한다. 서구 문화의 어떤 측면이 어떤 사람들, 대체로 젊은 여성이 자연스러운 신체 리듬을 깨고, 반기아 상태 또는 잦은 장비우기와 같은 처벌적이고 위험한 행동을 하도록 강요하는가?

대체로 중상류 계층의 젊은 백인 여성은 자기 가치감, 행복, 성공을 주로 신체적 외모로 결정하며, 대부분의 섭식장애가 개인적 외모 및 자기 통제감에서 좋게 느끼려는 시도를 반영하는 것이라는 것은 잘 알려져 있다. 사실, 신체 사이즈 자체가 개인의 행복 또는 성공과 장기적인 상관관계가 있는 것은 아니며, 개인의 자기 지각 및 자기 효능감이 더 중요하다. 그러나 우리 문화와 우리의 생리적 경계 간에 충돌이 일어날 수 있는데, 북아메리카 여성 17~24세의 평균은 한 세대 이전보다 2~3kg 더 무거워졌고, 자신의 신체상에 만족하지 않기 때문이다(Andreyeva, Puhl, & Brownell, 2008)

패션모델 및 대중매체의 여성상이 작아질수록 청소년 여아는 점점 더 불행해지는데, 10년 전에 29%였던 것에 비해서 오늘날 10대 소녀들의 15%만이 '있는 그대로 내 자신'으로 행복하다고 느낀다(Clay, Vignoles, & Dittmar, 2005). 날씬함의 추구가 너무 만연되어 있어서, 오늘날 소녀들은 체중 감소 및 깡마름이 성적 문제나 알코올 및 약물 남용, 정신건강, 질병, 환경 문제보다 더 중요해졌다(Clark & Tiggemann, 2007). 일부 사람들은 인터넷에 의지하여 자신의 신체 이미지에 대해 타인과 연락을 주고받고, 체중 감소에 대한 집단적 지지를 받게 되며, 이는 '섭식장애에 우호적인' 웹사이트가 폭발적인 인기를 끌게 했다(Sharpe et al., 2011)(**살펴보기 14.2** 참조).

신체 불만족에 대한 대중매체의 영향은 어린 아동에게도 영향을 미친다. Smolak(2004)는 신체적 자존감 수준에서 성별 · 인종 · 문화 · 역사 · 연령 차이를 관찰했을 때, 성인에서와 마찬가지로 어린 아동의 신체상 형성에도 사회 및 문화의 역할이 중요하다는 것을 암시한다고 지적했다. 아동의 신체 불만족에 대한 대중매체의 영향에 관한 연구가 제한되어 있지만, 대중매체나 또래와 같은 사회문화적 영향은 아동의 신체상에 잠재적인 영향 요인이다.

예를 들면, 9~12세 여아에서, 대중매체에 노출되는 것이 신체 불만족을 직접적으로 예측해 주지는 않지만 외모에 관한 대화의 예측인자가 되는데, 이는 다시 신체 불만족을 예측하게 한다(Clark & Tiggemann, 2006). 사회문화적 모델과 일관되게, TV 및 잡지와 같이 외모에 관한 매체를 많이 접하고 외모에 대해 또래들과 이야기하는 것은 4~7학년 소녀들의 신체 불만족 및 다이어트 행동과 연관이 있다(Clark & Tiggemann, 2007). 대중매체 접촉이 사회에서 외모에 대한 가치가 높다는 아동

살펴보기 14.2

섭식장애에 우호적인 웹사이트

인터넷은 정보의 좋은 출처이지만, 장애로 인해 고립되어 있는 사람들이 건강하지 못한 방법으로 서로 지지를 찾아내는 것을 도와주기도 한다. 인터넷 시대가 도래하면서, 'pro-ana' 및 'pro-mia'와 같이 거식증이나 폭식증을 찬성하는 웹사이트들이 증가했다. 이러한 웹사이트들은 최근 섭식장애의 장점을 지지하는 온라인상의 움직임으로 부상하고 있다. 이 사이트에서 사람들은 서로의 관점을 강화하고, 장을 비우는 방법이나 다른 사람에게 드러나지 않는 방법을 공유하고, 자신들이 선택한 생활방식을 옹호한다(Hass et al., 2011). 그러나 이러한 웹사이트들의 일부는 논쟁의 여지가 있고, 위험한 내용을 담고 있고, 불행하게도 회복을 위한 전문적인 서비스 웹사이트보다 'pro-ana' 웹사이트가 훨씬 더 많이 존재한다(Chesley et al., 2003).

잠재적인 위험을 인식한 웹서버들이 빠르게 폐쇄되기는 했지만, 여전히 많은 웹사이트들이 남아 있다. 'Ana가 전하는 편지'를 대부분의 개인 웹사이트에서 발견할 수 있다. "나는 당신에게 많은 것을 기대해요. 당신은 많이 먹지 말아야 해요. 나는 당신이 칼로리 섭취를 낮추고 운동을 늘렸으면 좋겠어요. 나는 극단적으로 당신을 압박할 거예요. 나를 거부할 수 없기 때문에 그렇게 해야 해요. 이제 곧 나는 항상 당신과 함께 할 거예요."

© Rob Wilson/Shutterstock.com

"이것이 디자이너들의 꿈의 사이즈이다. 스케치를 보면, 몸이 완전히 옷걸이 같다. 샘플이 작아질수록 더욱더 잘 맞는다. 자연스러운 신체상이 이들의 옷을 왜곡하는 것 같다. 마치 몸이 존재하지 않는 것 같다."(*Cosmopolitan*, 2001).

다음은 pro-ana 웹사이트의 다른 발췌 글이다.

"오늘 음식을 섭취하면 당신은 뚱뚱해질 거예요. 하루만 더 음식을 참아 보세요.

당신을 향해 웃지도 않고 무관심했던 남성들이 당신에게 호감을 보일 거예요.

필요 없는 음식을 섭취하지 말고 굶으세요. 그것은 추하고, 당신을 힘들게 만들 거예요.

그 어떤 것도 '마른' 기분만큼 좋지는 않아요."

"초콜릿 설사제에 대한 영양 정보를 알고 싶어요. 아는 사람이 있다면 알려 주세요. 나는 칼로리와 탄수화물을 제거하는 설사약에 집착하는 것을 믿을 수 없어요."

의 인식을 증가시킨다고 해도, 외모에 대한 또래들의 실제 대화가 어린 소녀의 삶에서 더 중요한 예측인자이다. 이러한 결과는 외모에 대한 자기 및 또래의 신념을 타겟(target)으로 하는 것처럼, 청소년 전기 소녀를 대상으로 한 개입 노력 또는 예방적 노력 그리고 미디어 정보 해독력이 유용함을 알게 해 준다.

섭식장애가 성적 역할의 정체성 때문에 여성에서 더 흔하다는 것을 반박하는 주장은 거의 없다. 21세기의 여성에 대한 이미지와 여성스러운 것이 무엇인가에 대한 추정은 대체로, 타인으로부터 관심을 끌고 칭찬을 받으려면 여자는 예뻐야 하고(즉, 뚱뚱하지 않음), 반면에 남자는 운동 또는 학업 성취가 높아야 한다는 생각에 근거하고 있다. 4학년 무렵에, 남아는 아니지만, 여아는 몸매 만들기와 자존감이 상관이 있다(Striegel-Moore & Bulik, 2007). 이러한 결과는, 젊은 여성의 정체성과 자기 가치감은 신체적 매력과 신체상에 의해 과도하게 영향을 받는다는 관점을 확인시켜 준다.

성 역할 정체성은 문화적 규준 및 기대와 아주 밀접하며, 따라서 문화적 배경이 서로 다른 여성들 간에 이상적인 체중에 대한 지각이 다르다는 것이 놀랄 일이 아니다. Cogan 등(1996)은 비만과 날씬함에 대한 태도에서 범문화적 차이를 살펴본 다음, 그것이 미국과 가나의 젊은 여성의 섭식 패턴에 어떻게 영향을 미치는지를 연구했다. 가나 여성의 경우에 미국 여성과 비교했을 때, 남녀 모두 신체 사이즈가 큰 것을 이상적인 것으로 평가했다. 미국 여성은 섭식 제한 및 섭식장애 행동 척도에서 점수가 더 높았으며, 과체중이 사회적으로 수용받기 어렵다고 지각하는 것으로 나타났다. 불편한 추세는, 체중과 외모에 대한 또래의 비평과 관련해서 미국 내의 아프리카계 소녀들 사이에서 날씬함에 대한 추동이 더 크다는 것을 지적하고 있다(Gilbert et al., 2009; Striegel-Moore et al., 2000).

성에 따른 기대와 연합된 문화적 압력은 이상적인 신체 사이즈에 대한 개인의 지각 및 관련된 섭식과 다이어트 패턴을 결정하는 강력한 결정 인자가 된다. 다행스럽게도, 이러한 사회문화적 패턴은 점차 섭식 행동과 생활양식의 선택에서 좀 더 건강한 규준으로 이동하고 있다. 섭식장애 증상, 다이어트, 신체 불만족은 지난 30년간 대학교 캠퍼스 내에서 유의미하게 감소하고 있다(Keel et al., 2007). 섭식장애와 건강한 생활양식에 대한 논의에 기여한 공중보건 광고, 토크쇼, TV 쇼 등의 증가는 이러한 여러 가지 섭식장애와 다이어트 패턴에 대한 예방 및 인식을 끌어올리는 데 한몫했다. 이 같은 자각 노력이 앞으로 적절한 영양과 신체 만족감의 중요성에 대한 사회문화적 메시지를 건강하게 변화시킬 것이다.

가정의 영향

처음 시작할 때부터, 연구자와 임상가들은 섭식장애의 원인에 대해 생각할 때 가족의 역할, 특히 부모의 정신병리가 갖고 있는 역할에 대해 큰 비중을 두고 있다. 이들은 가정 내에서 동맹, 갈등, 상호작용의 패턴이 몇몇 사람들에게는 섭식장애를 일으키는 인과적 역할을 할 것이라고 주장해 왔다(Minuchin, Rosman, & Baker, 1978). 10대의 섭식장애는 관심이 가정 내에 있는 기본적인 갈등에서 좀 더 명백한 (증상적) 문제로 이동한다는 점에서 기능적인 것일 수도 있다. 가족 역기능의 특정 패턴이 밝혀지지는 않았지만, 연구들은 가족 중에 섭식장애가 있는 가정은 통제 가정보다 역기능적임을 확인시켜 주고 있다(Holtom-Viesel & Allan, 2014).

어린 청소년의 가치관 형성에서 가족이 중요하기 때문에, 가정의 작용이 체중과 섭식 조절을 지나치게 강조하는 데 기여할 수도 있다는 것을 알 수 있다. 예를 들어, 딸의 체중에 대해 비판적이거나 자신이 자주 다이어트를 하면서 딸에게도 강요하는 어머니는 의도하지는 않았지만 딸의 섭식장애 발달에서 공모자가 되는 것이다(Eisenberg et al., 2012). 유사하게, 폭음 또는 약물 남용 부모들, 또는 자주 집을 비우거나 무관심하고 강압적이고 비판적인 부모들 역시 자녀가 폭식증이나 그 외 섭식장애를 발병시키는 기반을 제공하는 것이다. 섭식장애에서 회복 중인 젊은이는 다른 가족 구성원의 돌봄 또는 비판에 직면해야 하기 때문에, 이것이 회복을 방해할 수도 있다(Munn et al., 2010).

아동 성 학대가 섭식장애의 위험 요인이 될 수 있다는 초기의 임상적 추측은 이러한 중요한 쟁점에 대해 지속적으로 탐색함으로써 이를 지지하고 있다(Jacobi et al., 2004). 예를 들면, 한 번 이상의 성 학대 경험의 과거력이 있는 여성은 그렇지 않은 여성에 비해 폭식증이 있을 가능성이 3~5배 더 높다(Sanci et al., 2008). 아동기 성 학대는 폭식증(폭식 또는 장 비우기 같은)과 더 많이 연관될 수 있는데, 왜냐하면 이러한 행동은 우울과 같은 부정적인 내적 상태(우울 및 불안 같은)를 통제하려는 시도를 나타내며, 이는 초기 아동기 학대 때문일 수 있다(Holzer et al., 2008; Smolak, 2011).

유사한 결과가 학령기 아동의 인구 표본에서 보고되었는데, 잘못된 섭식의 위험이 있는 아동은 가족과 부모에 대한 부정적 지각 및 성 학대 또는 신체 학대 경험을 더 많이 보고했다(Neumark-Sztainer et al., 2000). 뿐만 아니라, 성적 학대를 받은 아동은 체중에 대한 불만 수준이 높고 장 비우기 및 다이어트 행동과 같이 섭식장애에 대한 조기 위험 신호를 많이 보고했다(Wonderlich, Rosenfeldt, et al., 2007). 최근의 연구에서는 아동 학대의 과거력과 섭식장애 사이의 관련성이 남성 동성애자 및 양성애자 사이에서도 분명해 보인다(Feldman & Meyer, 2007).

학대와 섭식장애 사이의 이러한 관련성은 아동기 성 학대가 섭식장애에 대한 특정 위험 요인이라기보다는 정신병리의 보편적인 위험 요인이라는 인식 때문에 주춤해졌다. 기타 외상 사건, 특히 개인의 안전감 그리고(또는) 안정감에 위협이 되는 사건(예: 가정 폭력의 목격, 폭력, 유괴 등)도 다른 정신과 장애가 있는 사람과 마찬가지로 섭식장애가 있는 사람에게서 아주 흔하다(Mitchell et al., 2012). 아동기 성 학대는 청소년기 및 성인기의 수많은 바람직하지 않은 결과들과 연관되어 있을 것이며, 그중에서 섭식장애가 두드러지는 것 같다.

가족 요인의 중요성은 바람직한 처치의 접근으로 이어

지며, 이 장의 뒷부분에서 살펴볼 것이다. 그럼에도 불구하고 가족 요인은, 이러한 역동이 있는 일부 가정에서는 섭식장애의 특정한 특징이 나타나지만 다른 가정에서는 발생하지 않는 이유를 설명하려면 개인 요인 및 사회문화적 요인도 함께 고려해야 한다.

심리적 차원

섭식장애의 출현에서 심리적 과정을 이해하려면 앞에서 언급된 강력한 사회적 힘과 문화적 힘을 기억해야 한다. 날씬해 보이도록 자신의 체중과 외모를 조절하라는 외부 압력은 특정한 심리적 특징과 상호작용하여 섭식장애의 위험을 증가시키는데, 특히 중요한 발달적 전환이 있는 동안에 더욱 그러하다. 이것은 생물학적 · 가족적 · 성격적 · 환경적 요인이라는 여러 층으로 둘러싸여서 복잡하게 상호작용하는 과정이다. 이러한 복잡성으로 볼 때 인과적 관련성을 꼭 찍어서 말하기는 어렵다.

섭식장애와 관련된 심리적 차원에 대한 고려 사항은 Hilda Bruch(1962, 1973)의 선구적인 노력에 의한 것인데, 그는 식욕부진증이 있는 사람들이 보이는 절식은 자율성 · 경쟁 · 통제 · 자기 존중에 대한 고군분투와 관련이 있다고 최초로 제안했다. Bruch는 이러한 투쟁을 자녀의 독립 요구에 대한 부모의 인식 및 확인의 실패와 가장 밀접하게 연계시켰다. 이것은 점차 신경성 식욕부진증의 주요 증상을 야기할 수 있는 더 큰 혼란으로 작용하는데, 즉 신체상에서의 장애, 내적 감각 또는 정서를 인식하고 반응하는 능력의 부재, 전반적인 비효율감 및 자기 통제력의 상실이다. Bruch의 초기 작업은 오늘날 사용되는 인지-행동적 개입의 발판을 마련했다. Bruch는 잘못된 발달상의 경험으로 빚어진 결과라는 생각에서 왜곡된 개념과 실수에 대해 점진적이지만 섬세한 명칭을 다시 붙이라고 제안했으며, 환자들이 더욱 순수하고 더욱 직접적인 방식으로 자신의 생각과 느낌을 표현하는 건강한 방식을 배우라고 격려했다(Silverman, 1997).

Arthur Crisp는 섭식장애의 이해와 처치 분야의 또 다른 선구자이다. 그는 신경성 식욕부진증을 정상적인 성인의 체중과 체격을 공포의 대상으로 여기는 공포성 회피장애의 한 유형이라고 생각했다. 그는 이 공포를 성장으로부터의 도피라고 은유적으로 표현했다(Crisp, 1997). 가족 및 문화적 영향 때문에, 젊은 여성은 사춘기가 되면서 성인의 크기와 체중에 근접하게 변하기 시작하고, 그러면서 자신을 뚱뚱하다고 지각하기 시작한다. 이에 대한 반응으로, 자신의 성장의 달갑지 않은 측면을 회피하는 방식으로 사춘기 이전의 체중을 갈구하고 유지하려 한다. 이러한 추구는, 이전의 체중을 유지하려는 시도가 강한 생물학적 저항과 맞부딪히게 되고, 이 자연의 힘에 대항하여 일종의 '보험'으로서 체중 감소를 계속해서 추구한다. 사실상, 식욕부진증이 있는 사람은 성장을 회피하려는 시도에서 통제력을 잃을까 두려워하고, 이는 체중이 43~45kg 이상 나가는 것에 대한 공포로 바뀐다. Hilda Bruch의 통찰과 마찬가지로, 이러한 설명은 처치에 대한 노력을 이끌어 냈다.

식욕부진증이 있는 청소년은 임상적으로 강박적이고 경직되어 있으며, 정서적 억제를 보이고, 익숙한 것을 선호하며, 인정에 대한 욕구가 크고, 변화에 대한 적응성이 나쁘다고 기술된다(Arcelus et al., 2013; Thompson-Brenner et al., 2008). 이러한 성격 특징은 사춘기와 같은 발달상의 사건에 취약하게 하고 조심스럽게 유지되는 자아감을 파괴한다. 식욕부진증 환자들에 대한 10년간의 추적 연구에서, 이들의 강박 사고 · 강박 행동 · 사회적 상호작용은 체중이 다시 돌아온 환자들 사이에서도 지속되었으며, 연구자들은 이러한 문제가 장애의 결과라기보다는 체질이라고 결론 내렸다(Nilsson et al., 1999). 더구나 청소년기 때 발병한 식욕부진증 5명 중 4명 이상이 식욕부진증 발병 후 10년 이내에 최소 한 번 이상의 주요 우울장애 또는 기분저하증 삽화를 경험했다(Ivarsson et al., 2000). 식욕부진증과 우울증 사이에 나타나는 흔한 관련성은 기분조절에 대한 영양 결핍의 영향뿐만 아니라(Mischoulon et al., 2011) 환경적 또는 신경생물학적 요인에서 유래된 빈약한 정서적 조절 때문일 수 있다(Haynos & Fruzzetti, 2011). 18년 후, 이 종단 연구에 참여했던 대부분의 젊은이들은 식욕부진증에서 회복되었으나 여전히 자신의 섭식을 제한하려고 지속적으로 노력하고 있었다(Wentz et al., 2012).

폭식증이 있는 청소년은 기분 변화, 통제 조절의 빈약, 갈등, 강박 행동을 포함해서 성격 특징이 다소 다르다(Arcelus et al., 2013; Krug et al., 2011). 대규모의 역학 연구에서, 폭식증이 있는 사람은 일생 동안 주요 우울장애를 발병시킬 가능성이 세 배 더 높았으며, 불안장애의 비율은 최소한 두 배 이상이었다. 특정 공포증, 광장공포증, 공황장애, 일반화된 불안장애 및 알코올 의존성 등은 폭식증을 보이지 않는 지역사회 주민보다 폭식증이 있는 사람에게서 더 많이 나타났다(Garfinkel et al., 1995). 더구나 식욕을 통제하기 위해 알코올이나 약물을 남용하는 것은 폭식증이 있는 청소년 임상 표본의 대략 1/3에서 나타난다(APA, 2013). 특히, 우울증은 청소년 여아에서 폭식 증상과 함께 공존했는데, 그 이유는 폭식 증상과 우울 간의 상호 관련성, 즉 각각의 장애는 다른 장애의 발병 위험을 증가시키기 때문이다(Smyth et al., 2007; Stice, Burton, & Shaw, 2004). 마지막으로, 심리적 요인의 관련성에서는 성별의 차이도 드러난다. 만성적인 폭식 증상이 있는 여성은 유사한 만성 증상을 가진 남성에 비해 날씬함에 대한 욕구를 더 많이 보고한 반면, 남성들은 완벽주의 및 대인관계에서의 불신을 더 많이 보고했다(Joiner et al., 2000; Keel et al., 2007).

섭식장애는 거의 항상 다른 장애와 동반된다. 무작위로 선정해서 정신과 장애에 관한 면접을 실시한 지역사회 청소년 표본에서, 섭식장애 진단 준거에 해당하는 90% 정도는 다른 임상 장애—주로 우울증이나 불안, 또는 OCD—를 가지고 있었다(Herzog & Eddy, 2007; Lewinsohn, Striegel-Moore, & Seeley, 2000). 유전적 관련성이 분명히 작용한다고 해도, 연구자들은 이러한 장애들 사이에서 공통적인 고리가 될 수 있는 완벽주의, 완고함, 신경증과 같은 성격 특징에도 초점을 두고 있다(Thompson-Brenner et al., 2008). 예를 들면, 완벽주의에 대한 욕구가 높은 사람과 일상생활에서 경험하는 스트레스 수준이 높은 사람은 우울 증상을 보일 가능성이 더 많다(Smyth et al., 2007). 유사하게, 완벽주의 점수가 높고 자신이 과체중이라고 지각하는 사람은 그들이 여러 해 동안 유지하고 있는 폭식 증상에 아주 취약하다(Holland, Bodell, & Keel, 2013; Tissot & Crowther, 2008). 간단히 말하면, 개인의 실제적인 자기(이 경우, 자신이 지각하는 체중)와 이상적인 자기(완벽을 향한 노력) 간의 차이가 섭식 문제의 가능성, 특히 여성들 사이에서 섭식 문제의 가능성을 증가시킨다.

앞에서의 정보가 역동적인 관점으로 조합되는 방식을 보기 위해 실제 예를 들어 보자. 폭식증 또는 식욕부진증이 있는 청소년은 섭식을 제한해서 체중을 감소하려는 노력이 자기 삶에 대한 통제력을 얻어서 더 나은 사람이 되는 방법이라고 느끼며, 이러한 신념은 아동기에 형성되어 초기 청소년기의 어려움에 직면하면서 작동하게 된다. 식욕부진증의 엄격성 또는 폭식증을 통제하려는 전쟁으로 발전하는 것은 보통의 식사 조절에서 시작되었을 수도 있다. 10대들은 체중과 신체상에 대한 불만 때문에 자신도 모르는 사이에 위험한 섭식 패턴을 시작하게 되고, 이러한 노력이 처음에는 체중의 감소와 통제력 및 자기의 가치가 높아졌다는 느낌으로 보상된다. **살펴보기 14.3**에 제시된 전직 체조선수 Erica Stokes의 사례는 이를 잘 보여 준다.

살펴보기 14.3

성공, 그 대가는?

체조선수였던 Erica Stokes는 자신이 처음으로 토했던 때를 확실하게 기억한다. 14세의 올림픽 후보이며 국가대표였던 그녀는 방금 점심을 먹었고, 평소처럼 자신이 뚱뚱하다고 느꼈다. Houston에 있는 선발 정예 체육 캠프에서 1년 내내 훈련을 받으면서, Erica는 자신의 4피트 10인치(145cm), 90파운드(40.77kg)의 체형을 유지해야 한다는 지속적인 압박을 받았다. 음식은 적이었다. 그리고 오늘 그녀는 이 원수를 물리칠 방법을 결정했다. 그녀는 화장실로 걸어 들어가 토했다. 그녀는 손가락을 사용하지 않았으며 그저 자신의 의지와 강한 복근으로 하여금 음식을 뱉어 냈다.

Erica는 다음과 같이 회상했다. "내 몸 속이 온통 불타는 것 같았고, 그것은 최악의 느낌이었어요. 그러나 조금 후에 안도감이 들었어요. 뱃속이 다소 가라앉았어요."

이후 Erica는 2년간 섭식의 악순환을 겪었다. 때로는 폭식하고 그러고는 토했다. "그것은 체중을 유지하려는 나름대로의 방식이었지요."라고 그녀는 생각했다. 그것은 단지 소수의 사람만이, 그리고 매우 날씬한 사람만이 스타가 될 수 있는, 강박적으로 체중을 의식해야 하는 스포츠 분야에서 성공하기 위한, 그리고 살아남기 위한 그녀의 방법이기도 했다.

출처: Allison Bell, *Dying to Win*, 1996, © Allison Bell.

식사 조절이 섭식장애로 이동하는 것은 놀라운 의지력 및 체중 감소에 대한 또래들의 관심으로 인해 조장될 수 있다(Marcos et al., 2013). 즉, 장애 그 자체가 표현할 수 없거나 해결할 수 없는 강력한 감정에 대처하는 방법이 되기 때문에 섭식장애의 기저에는 강력한 심리적 욕구가 있을 수 있다. 섭식장애의 수많은 결정 인자들의 이러한 역동적 과정이 시각적으로 **그림 14.5**에 제시되어 있다.

섭식장애가 있는 체조선수 및 기타 종사자들의 사례가 많아지면서, 경쟁이 치열한 스포츠 · 공연 예술 · 패션모델 분야는 많은 질타를 받고 있다. 이러한 활동 유형에서는 외모 또는 체중 제한 둘 다가 강조되며, 따라서 날씬해야 된다는 압박 때문에 섭식장애를 발달시킬 수 있는

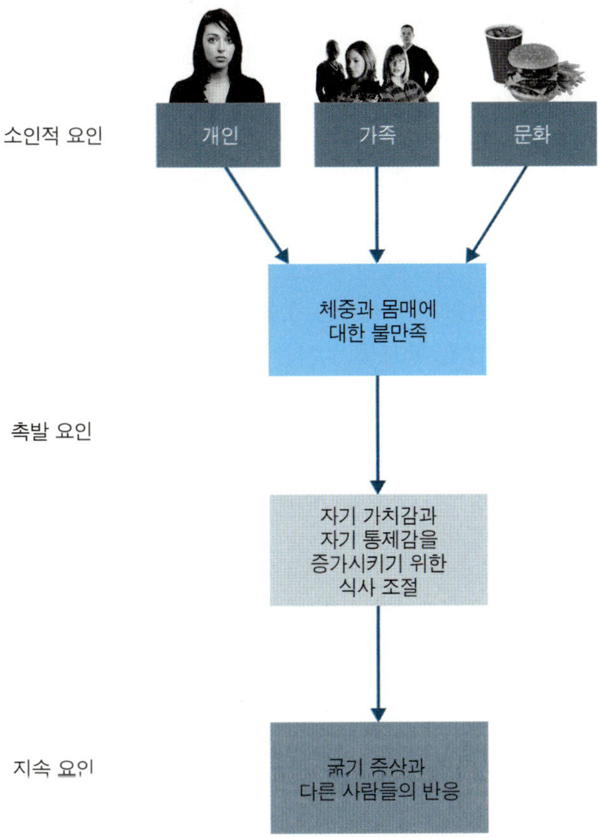

그림 14.5 섭식장애의 결정 인자들에 관한 역동적 관점.

출처: D. M. Garner, "Pathogenesis of Anorexia Nervosa," *The Lancet*, *341*, 1631-1635.

Photo Credits: (왼쪽에서부터 오른쪽으로) © iStockphoto.com/DRB Images, LLC; © iStockphoto.com/Claudiad; © michelaubryphoto/Fotolia.com

위험 요소로 종종 인용되었다(Hildebrandt, 2005). 섭식장애의 하위 임상 증상의 상승 비율이 여성 댄서들과 그 외 체중 관련 스포츠에 종사하는 운동선수들 사이에서 발견되고 있으나, 날씬함을 강조하는 스포츠에 참여하는 것과 섭식장애 사이의 관계는 상당한 논쟁이 있는 주제이다. 메타 분석 연구에서 연구자들은 스포츠 참여가 섭식장애에 취약한 환경이 있고, 또한 보호될 수 있는 상황 역시 있다고 결론 내렸다(Smolak, Murnen, & Ruble, 2000). 즉, 몸매에 대한 집중, 스포츠 유형, 수행 수준, 연령, 성격 변인들의 조합의 차이가 위험에 영향을 미칠 수 있다(Krentz & Warschburger, 2011; Swami & Szmigielska, 2013).

스포츠 참여는 소년과 남성의 자존감 수준이 높은 것과 관련이 있다고 오랫동안 알려져 왔으며, 몇몇 연구는 소녀와 여성에서도 사실이라고 제시하고 있다(Schmalz et al., 2007). 따라서 높은 자존감이 일반적으로 낮은 정신병리와 연관된다는 것을 감안하면, 스포츠 참여는 실제로 섭식 문제의 발달로부터 보호하는 기능을 할 수 있다. 반면에, 완벽주의 또는 성취욕이 많은 것과 같은 성격 특성은 섭식장애 환자와 운동선수 모두에게서 발견되기도 한다(Sassaroli et al., 2008). 일부 남성과 여성에게 있어서 스포츠 환경은 섭식장애의 위험을 증가시킬 수 있는 수행에 대한 압박과 건강하지 않게 혼합될 수 있다(DiPasquale & Petrie, 2013).

처치

섭식장애의 심리적 개입에는 흔히 개별 그리고(또는) 가족 중심의 심리치료가 있으며, 때때로 의학적 개입이 수반되기도 한다. 개입 형태의 효율성에 대한 증거는 아직 미진하지만 식욕부진증이 있는 청소년의 가족 중심 개입을 지지하는 증거가 증가하고 있다(Galsworthy Francis & Allan, 2014; Watson & Bulik, 2013). 폭식증에 대한 심리적 처치의 이익, 특히 인지-행동치료(CBT)는 희망적이다(Hay, 2013; Wilson, Grilo, & Vitousek, 2007). 지역사회 중심의 처치 전달에서의 문제들 중에서 한 가지는 환자가 체중 감소를 위한 처치만을 찾고(그리고 받고) 자신들의 섭식장애 증상을 숨겨서 적절한 정신건강 평가 및 처치를 받지 못한다는 것이다(Hart et al., 2011).

식욕부진증, 폭식증, 관련된 섭식장애가 있는 대부분의 청소년은 통원치료로 관리할 수 있다. 입원치료는 대개 동시 발병된 진단으로 인한 심각한 합병증을 갖고 있거나, 신체적 그리고(또는) 심리적 위험성이 높은 식욕부진증 청소년의 소수에게만 필요하다. 심리상담 및 통원심리치료가 가능할 경우, 입원치료는 대개 단기간이다(Gowers & Bryant-Waugh, 2004). 그러나 심리적 처치가 점점 더 기간을 단축해서 효율성을 보여야 한다는 압박감 때문에, 고위험 환자가 정상 체중에 도달하기도 전에, 주로 비용을 감소시키기 위해 너무 빨리 퇴원시킨다는 우려가 점점 커지고 있다(Pratt et al., 2003).

약물 처치

약물이 처음 선택하는 처치로 고려되지는 않지만, 섭식장애의 관리에서 도움이 된다고 인식하고 있다(Gowers & Bryant-Waugh, 2004). 식욕부진증 및 폭식증과 정서

장애 사이의 강력한 관련성 때문에, 섭식장애에서는 플루옥세틴(fluoxetine) 성분의 프로작(Prozac)과 같은 선택적 세로토닌 재흡수 차단제(SSRIs)가 가장 광범위하게 연구되고 사용되는 약물이며, 미국 식품의약품안전청으로부터 유일하게 허가된 치료제이다(Chavez & Insel, 2007). SSRIs로 인한 체중 감소의 이득이 정서 조절의 임상 시험에서 뜻하지 않게 발견되었다. 폭식증에도 대체로 같은 방식으로 탄수화물 수준의 증가가 일부 사람들의 기분을 고양시키는데(Haedt-Matt & Keel, 2011), 세로토닌 수준을 조절함으로써 인위적으로 안녕감을 얻을 수 있다.

그러나 지금까지 청소년의 식욕부진 증상을 치료하는 데에서 효과적 또는 유용하다고 입증된 약물은 없으며, 장기간 체중 유지를 개선시키고 왜곡된 자아상을 변화시키거나 재발을 방지한 것은 없다(Lock & Le Grange, 2006). 이와 대조적으로, 폭식증에 대한 처치에서 항우울제가 효과적인 역할을 한다는 데에는 의견 일치가 있지만, 대개 초기의 처치로 선택되지는 않는다. 폭식증이 있는 사람들은 다음 단원에 기술되듯이, 6개월 이상 약물이 지속되고 효과성이 입증된 심리사회적 처치가 동반되었을 때 항우울제와 선택적 세로토닌 재흡수 차단제에 우호적으로 반응할 수 있다(Touyz, Polivy, & Hay, 2008). 약물 치료는 특히 심리치료에 반응하지 않을 경우에 유용하지만, 약물만으로보다는 인지-행동치료(CBT)가 좀 더 효과적이고 종종 선호하는 선택이다(McHugh et al., 2013; Wilson et al., 2007).

심리사회적 처치

섭식장애에는 정서적 문제와 생리적 문제가 함께 존재하기 때문에 종합적인 처치 계획이 요구되는데, 이상적인 처치 팀은 내과 의사, 영양사, 심리치료사, 약사 등으로 구성한다. 섭식장애의 진단을 받고 다른 질병이 의학적으로 배제된다면, 임상가는 통원 치료 여부를 결정한다. 그런 후 가족의 참여가 필요하며, 그들의 협력을 요청하는 것에 덧붙여서 두려움과 걱정을 관리할 수 있도록 가족 구성원들을 도와주는 것이 중요하다. 나이가 어린 환자에게는 종종 가족의 참여가 필수적인데, 부모가 자녀의 안녕에 책임이 있고 처치가 성공하기 위해 지시하고 지도할 수 있기 때문이다. 몇몇 사례에서는 부모의 정신병리, 가족의 단절, 부모-아동 관계의 빈약함과 같은 가족 문제의 해결이 섭식장애의 극복에서 결정적이다. 회복된 환자는 자신의 회복에서 중심축이 되는 것은 가족 문제 및 대인관계 문제의 해결이라고 생각하고 있다(Lock & Le Grange, 2006).

식욕부진증은 원인과 경과로 인해 폭식증보다 처치에 덜 반응하는 장애이다. 그럼에도 불구하고, 길은 만들어지고 있다. 처치의 첫 번째 단계는 체중을 회복하고, 발생할 수 있는 의학적 합병증을 점검하는 것이다. 그러나 환자의 체중을 복구시키는 것은 과정에서 비교적 쉬운 부분이다. 많은 환자들이 처음에는 체중을 회복하지만(특히 입원했을 경우), 처음에 섭식의 통제에 대해 지나치게 강조했던 가족 요인 및 개인 요인을 다루지 않으면 체중 감소와 왜곡된 신념의 패턴으로 언제든지 돌아갈 수 있다.

식욕부진증의 처치에 대한 경험적 지지가 부족한 것은, 부분적으로는, 이 질환이 있는 사람들을 통제 집단에 무작위로 할당하지 못한다는 어려움도 있다. 그럼에도 불구하고, 이미 가지고 있는 임상적 지혜와 수정된 연구 설계에 근거해서 이 장애를 치료하는 데 유용한 '최선의 방법'이 진화하고 있다. 한 가지 대안은 처치의 상대적인 효과를 비교하기 위해서 환자들을 두 개의 다른 처치 조건에 할당하는 것(처치를 하지 않는 집단 또는 위약 통제 집단 없이)이다. 예를 들면, Touyz 등(2013)은 최소한 7년 이상 식욕부진증을 겪고 있는 환자를 대상으로 CBT와 전문가 지지 임상관리를 비교했다. 참여자들은 두 가지 중 하나의 처치에 할당되어 8개월 동안 30시간 이상의 외래 회기가 있었다. 12개월 후의 추후 검사에서 두 개입 모두 삶의 질과 사회 적응에서 의미 있게 개선되었으며, CBT 중재는 회복 준비에서 점수가 더 높았다.

언급했듯이, 가족 치료는 어리고 가족이 있는 집에서 사는 식욕부진증이 있는 사람들이 처음 선택하는 처치이다. 식욕부진증 소녀의 가족 구성원들이 표현하는 단란함의 겉치레는 은밀하거나 공공연한 공격성을 감추고 갈등을 피하려는 시도로 보인다. 따라서 가족 중심 개입에서는 건강한 의사소통 패턴을 확립하는 것이 종종 필요하다(Wilson et al., 2007). 전체 가족이 참여함으로써, 치료사는 외모와 신체상, 청소년에 대한 가족의 태도를 다룰 수 있으며, 이는 미묘하지만 중요한 판단이 될 수 있다. 체중이 적당한 수준으로 회복되고 가족의 지지를 좀 더 이용할 수 있게 되면, 앞서 언급한 것과 유사한 인지-행동적 방법을 통해 구체적으로 환자의 경직된 신념, 자존감, 자기 통제 과정에 중점을 둘 수 있다.

가족 치료가 반드시 모든 가족 구성원을 동시에 만나

야 하는 것(즉, 연합 가족치료)은 아니며, 일부 사례에서는 각각의 가족 구성원을 따로 만나는 것이 최선이 될 때도 있다. 예를 들면, 갈등 회피 또는 동맹과 같이 가족 구성원의 부정적인 상호작용 패턴에 맞서게 하는 것(Minuchin 등의 1978년 초기 작업과 유사하게) 대신, 치료사는 청소년 자녀의 섭식 패턴을 통제할 수 있도록 부모가 가족의 자원을 이용하게 하고, 부모의 사기를 높이고, 가족 구성원이 미래의 치료에 참여할 수 있도록 격려할 수 있다. 질병의 본질 및 그것의 처치에 초점을 맞춤으로써 차후 아동에 대한 비난 및 비난을 가족 구성원에게 돌리는 것을 피할 수 있다. 10대 딸과 분리해서 부모와 작업하는 것(물론, 상호작용 패턴 및 동맹에 도전시키는 것이 불가능할 수 있다)은 효과적인 접목 방식이며, 또한 비난과 적대감 수준이 높은 가족에게 특히 더 도움이 된다(Lock et al., 2010; Retzlaff et al., 2013).

언급했듯이, 폭식증의 가장 효과적인 현재의 치료는 개별 또는 가족 단위에서 실시되는 인지-행동치료이다(Rutherford & Couturier, 2007; Wilson et al., 2007). 인지-행동 치료사는 적절한 행동을 보상하고 시범 보이며, 또한 부모로 하여금 그들의 강박에 영향을 미칠 수도 있는 왜곡되거나 경직된 사고 패턴을 변화시키도록 도와서 섭식 행동을 변화시킨다. CBT는 폭식증의 표준적인 처치가 되었으며, 식욕부진증 처치의 이론적 기반을 형성해 왔다(Chavez & Insel, 2007). 이러한 증거 중심 처치는 가족 치료를 하기에는 나이가 맞지 않는 환자, 그리고 완만한 증상부터 심각한 증상에 이르는 환자들에게 적당하다.

CBT의 임상적 적용은 폭식이나 장 비우기 충동을 촉구하는 특정 단서를 다루는 것으로 확대되고 있는데, 그것은 또한 신체 불만족이나 날씬함에 대한 왜곡된 욕구처럼 일부 환자를 괴롭히는 기저의 대인관계 문제를 다룬다(Stice et al., 2008; Stice et al., 2011). CBT의 목표는 신체상 및 체중의 중요성에 대한 비정상적인 생각을 수정하고, 식욕의 억제와 토해 내려는 노력을 정상적인 섭식 및 활동 패턴으로 대체하는 것이다(Poulsen et al., 2014; Touyz et al., 2008). 폭식증 처치를 위한 CBT에는 몇 가지 요소가 들어 있다. 먼저 환자는 음식 섭취, 폭식, 장 비우기 삽화에 대한 자기 점검을 하고, 이런 삽화를 촉발하는 사고 및 감정을 스스로 점검하도록 교육받는다. 이것은 정기적인 체중 재기와 병행되는데, 제한적인 다이어트를 억제하도록 절제하던 섭식을 되돌리기, 섭식 행동을 정상화하기 위한 도입과 같이 바람직한 목적을 달성하는 방법에 대한 구체적인 권장사항, 섭식장애의 발달 및 유지와 관련되는 습관적인 인지적 오류와 기저의 가설을 겨냥한 인지 재구조화와 병행하며, 재발 방지를 위한 절차를 규칙적으로 검토하는 것과 병행한다.

CBT뿐만 아니라 다른 심리치료적 접근 역시 섭식장애를 치료하는 데 효과적임을 지적하는 증거도 있다. 선호되는 한 가지 접근은 섭식장애의 발달과 유지에 기여하는 상황 및 대인관계 문제를 다루는 대인관계 치료이다(McIntosh, et al., 2011). 인터넷과 지역사회 또는 학교 중심 교육 전략 역시 증상의 관리가 불가능해지기 전에 좀 더 환자를 도울 수 있는 실질적 방법으로 떠오르고 있다. 온라인으로 CBT 교육을 받을 수도 있고 목표를 이루기 위해 이메일 또는 사회적 관계망의 지원을 받을 수도 있다(Beintner, Jacobi, & Schmidt, 2014; Sanchez-Ortiz et al., 2011; Stice, Becker, & Yokum, 2013).

단원 정리

청소년기의 섭식장애

- 신경성 식욕부진증은 체중 유지에 대한 거부, 체중 증가 또는 뚱뚱해지는 것에 대한 강한 공포, 왜곡된 신체상, 무월경 등의 특징이 있다.
- 신경성 폭식증은 반복되는 폭식 삽화 후 스스로 토하거나 다른 방법을 사용하여 장을 비우려는 보상적인 노력을 한다. 신경성 폭식증이 있는 사람은 또한 체형 및 체중으로 인해 과도하게 영향을 받으며 음식에 대해 강박적이다.
- 폭식장애(BED)는 통제력 상실감이 수반되고, 다른 사람들보다 많이 먹는 기간이 있다. 폭식증과는 다르게 보상 행동은 보이지 않는다.
- 식욕부진증은 폭식증이나 폭식장애보다는 덜 흔하지만, 일찍(14~18세) 발병한다. 이 장애는 소년보다는 소녀에게 훨씬 흔하다.
- 치료하지 않을 경우, 섭식장애는 만성적이고 건강을 위협하는 심각한 질병이 될 수 있다. 폭식증과 폭식장애는 식욕부진증보다 회복률이 높다.
- 생물학적 요인이 섭식장애를 촉발시키는 것 같지는 않지만, 섭식·기분·지각·에너지 조절에 미치는 생물학적 영향이 장애의 유지에 영향을 미치는 것 같다.
- 서구 문화 및 가정생활의 특징이 섭식장애에 중요한 원인적 역할을 한다. 다이어트와 신체 외모에 대한 강조는 날씬함에 대한 욕구를 야기할 수 있다.

- 섭식장애는 동시 발병률이 가장 높은 장애 중 하나이다. 가장 흔한 공존 장애는 우울장애(기분저하증 포함), 불안장애(OCD 포함)이다.
- 식욕부진증이 있는 청소년은 임상적으로 강박적이고 경직되어 있고, 익숙한 것을 선호하며, 인정 욕구가 높고, 변화에 대한 적응력이 부족하다고 기술된다.
- 폭식증 또는 폭식장애가 있는 청소년은 기분의 동요, 낮은 충동 조절력, 강박 행동을 많이 보이는 경향이 있다.
- 섭식장애의 심리사회적 처치 및 약물 처치는 제한되어 있으며, 특히 도움이 된다고 하는 개입의 형태는 아직 밝혀지지 않았다. 임상적 접근은 가족의 의사소통 패턴의 변화가 중요하다고 강조한다.
- 식사 조절・폭식・장 비우는 행동을 지지하는 태도, 신념, 행동에 초점을 둔 인지-행동적 처치가 폭식증에 대해 가장 효과적인 심리사회적 처치이다. 우울증과 같은 동시 발병한 장애에 대해 병행하는 처치로 약물 개입이 있을 수도 있다.

✳ 학습 자료

단원 요약

섭식 패턴의 발달
비만
유아기 및 초기 아동기에 처음 발생하는 급식장애 및 섭식장애
청소년기의 섭식장애

핵심 용어

고정점(set point)
날씬함에 대한 욕구(drive for thinness)
대사율(metabolic rate)
보상 행동(compensatory behaviors)
성장기능부전(failure to thrive, FTT)
신경성 식욕부진증(anorexia nervosa)
신경성 폭식증(bullimia nervosa)
아동기 비만(childhood obesity)
이식증(pica)
음식 섭취 회피/제한 장애(avoident/restrictive food intake disorder)
잘못된 섭식 태도(disturbed eating attitude)
장 비우기(purging)
제한형(restricting type)
폭식(binge)
폭식/하제 유형(binge eating/purge type)
폭식장애(binge eating disorder, BED)

에필로그

Courtesy of David Wolfs

Annie(3세)

나는 편안하고 안전해요.
나는 우리 집에 있을 때 편안하고 안전해요.
나는 엄마랑 아빠랑 있을 때 편안하고 안전해요.
나는 침대에 누워 있을 때 편안하고 안전해요.
나는 내 곰이랑 있을 때 편안하고 안전해요.
나는 친구들과 있을 때 편안하고 안전해요.
나는 해님이 떠 있을 때 편안하고 안전해요.
나는 조용할 때 편안하고 안전해요
나는 무엇인가를 하고 있을 때 편안하고 안전해요.
나는 부드러운 슬리퍼를 신고 있을 때 편안하고 안전해요.
나는 우리 가족과 함께 있을 때 편안하고 안전해요.

용어 해설

가족력(family history) 배경 설문지 또는 인터뷰를 사용해서, 잠재적으로 중요한 발달 이정표 및 아동의 현재 어려움과 관련이 있는 역사적인 사건에 관해 부모로부터 정보가 수집된다.

가족 체계(family systems) 자신의 가족의 역학 관계에서 개인의 행동이 가장 정확하게 이해될 수 있다는 이론.

강박 사고(obsessions) 가능하지 않거나 비현실적인 사건 또는 크게 과장되어 있는 실생활의 사건에 초점이 맞추어져서 지속적이고 침습적이고 비합리적인 생각, 사상, 충동, 이미지.

강박장애(obsessive-compulsive disorder, OCD) 반복적이고 지속적인 생각, 충동, 이미지를 경험하는 장애인데, 침습적이고 원치 않는 경험을 하고 대부분의 사람들에게 명백한 불안이나 괴로움의 원인이 된다. 그러한 생각, 충동, 이미지를 무시하거나 억압하려고 시도하거나 다른 생각이나 행동으로 그것을 중립화(예: 강박 행동을 해서)하려고 한다.

강박 행동(compulsions) 강박 사고에 대한 반응으로 수행되는 반복적이고 목적이 있는, 의도적인 행동 또는 정신적 행동.

강압 이론(coercion theory) 강압적인 부모-자녀 상호작용이 반사회적 행동의 발달에서 연습의 장이 된다는 발달 이론. 특히, 4단계 도피 조건화 과정을 통해서 아동은 원치 않는 부모의 요구를 피하고 회피하기 위해 점점 더 강한 형태의 유해한 행동을 사용하는 방법을 학습한다.

개별 기술적 사례 형성(idiographic case formulation) 고유한 개체로서 개별 아동 또는 가족의 상세한 묘사를 강조하는 사례 공식화 또는 평가에 관한 접근법. 이 접근법은 모든 사람들에게 적용되는 일반적인 법칙을 강조하는 법칙 정립적 형성과 대조된다.

개입(intervention) 아동 및 가족이 현재 상황과 앞으로의 상황에 좀 더 효과적으로 적응하도록 돕기 위해 다양한 문제해결 전략들을 갖춘 많은 이론들과 방법들을 망라하는 광의의 개념.

거주 보호(residential care) 가정이나 학교가 아동에게 적절하게 제공해 주지 못하고 있는 아동을 특수화된 가정 밖의 환경에서 돌보는 동거 형태.

건강 증진(health promotion) 교육, 공공 정책 및 건강 증진을 위한 유사한 조치가 수반된 질병 예방 접근법.

검사(test) 피험자의 지식, 기술, 성격, 상태의 일부 측면을 평가하기 위해 표준 상태에서 주어지는 일 또는 일련의 작업.

경각(alerting) 자극에 대한 초기 반응을 말하며, 일어날 일에 대해 준비하는 능력을 말한다.

경도 지적 불능(mild intellectual disability) 경미한 지적 불능이 있는 아동은 취학 전 연령에서는 발달이 약간 지연되지만 초등학교 저학년에서 학업이나 행동 문제가 발생할 때까지는 확인되지 않는다.

고도 지적 불능(severe intellectual disability) 이들의 대부분은 유전적 손상과 같은 결함의 기질적 원인을 하나 이상 가지고 있고 발달에서 상당한 지연 그리고 눈에 보이는 신체적 특징이나 이상함 때문에 아주 어릴 때 확인된다.

고정점(set point) 신체가 '방어하고' 유지하려고 하는 편안한 체중 범위.

공동 반추(co-reumination) 다른 활동 또는 대화를 배제하기 위해 문제 또는 정서에 폭 좁게 초점을 맞춘 또래들 사이의 자기 노출 및 토론의 부정적 형태(친구들끼리 문제나 부정적 감정에 대해 반복적으로 오랫동안 이야기하는 것)

공유되지 않은 환경(nonshared environment) 같은 집에 살고 있는 형제들 사이의 행동 차이를 만드는 환경적 요인을 나타내는 환경 영향의 하위 유형. 공유되지 않은 환경 영향을 추정할 수 있으며 1.0에서부터 MZ 쌍둥이 상관관계를 빼어서 계산한다.

공유된 환경(shared environment) 같은 집에 거주하는 형제들 사이에 발달 결과에서 유사성을 산출하는 환경 요인을 나타내는 환경 영향의 하위 유형. 형제들이 공유된 유전학으로만 기대했던 것보다 더 유사하다면, 이는 형제들이 부부 갈등 또는 빈곤에 노출되거나 또는 유사한 방식으로 양육되는 것처럼 양쪽 형제들이 공유한 환경의 영향이라는 것을 의미한다.

공황(panic) 명백한 위협이나 위험이 없는 데에서 발생하는 투쟁/도피 반응의 예상치 못한 신체적 증상들.

공황발작(panic attack) 몇 분 이내에 정점에 이르는 심한 두려움 또는 격렬한 불편감이 갑자기 밀려오는 동안에 네 가지 신체적 및 인지적 증상(예: 심계항진, 발한, 떨림, 숨이 참, 가슴 통증, 어지럼증, 오한 무감각, 통제력 상실에 대한 두려움, 죽는다는 두려움)이 수반된다.

공황장애(panic disorder, PD) 반복적으로 경고 없이 덮치는 갑작스런 공포 감정과 공황발작이 특징인 불안장애의 한 형태. 신체적 증상에는 가슴 통증, 심계항진, 숨이 참, 현기증, 복부 스트레스 등이 있다. 또한 추가적인 발작과 그것이 가져올 수 있는 영향 및 결과 그리고 이러한 발작과 관련된 행동에서 심각한 부적응적 변화(예: 익숙하지 않은 장면의 회피, 활동의 회피)에 대해 지속적으로 걱정한다.

과잉행동(hyperactive) 특이하게 에너지 수준이 높고 조용히 하거나 조용한 상태를 유지할 수 없음을 나타내는 것.

과잉행동-충동성(hyperactivity-impulsivity) 운동 행동의 통제 불능, 행동의 억제가 잘 유지되지 않음, 반응을 지연시키거나 만족감을 지연시키지 못하는 것, 진행되고 있는 상황적 요구와 관련된 지배적인 반응을 억제할 수 없다는 것에 수반된 ADHD의 핵심 특징.

과잉행동-충동성 우세형(predominantly hyperactive-impulsive presentation, ADHD-HI) 'ADHD' 참조.

관계 장애(relational disorders) 아동 학대 및 방임처럼 관계라는 맥락에서 발생하는 장애. 관계 장애는 아동의 행동 패턴과 적절한 아동 양육 환경의 이용 가능성 사이의 연계를 의미한다.

관계적 공격성(relational aggression) 직접적인 신체적 위해가 아닌 관계 또는 사회적 지위의 손상을 통해 해를 입히는 간접적인 공격성의 형태. 이것은 욕설, 가십, 고자질, 배척, 우정을 철회하겠다는 협박, 앙갚음, 제3자 보복의 사용을 수반할 수 있다.

관심 유발 몸짓(protodeclarative gestures) 개를 가리키는 것처럼, 공유하고 있는 물체에 대해 타인의 시각적 주의를 향하게 하는 몸짓이나 발성. 상호작용에 다른 사람을 참여시키려는 주된 목적으로 행해진다.

광장공포증(agoraphobia) 도피가 어렵거나 당혹스러울 수 있는 일정한 장소 또는 일정한 상황에 홀로 있는 것에 대한 두려움 및 이러한 상황을 회피하는 것, 또는 공황과 유사하거나 기타 정상적인 생활을 하지 못하게 하는 증상이 있는 사건에서 도움을 받을 수 없다는 두려움이 특징인 불안장애의 형태.

교류(transaction) 피험자와 환경이 역동적인 방식으로 상호작용하여 장애의 표현에 기여하는 과정

교육적 방임(educational neglect) 아동의 기본적인 교육적 요구를 제공하는 데에서의 실패. 여기에는 만성적인 무단결석을 허용하고, 의무 교육 연령 아동을 학교에 입학시키지 않고, 특수 교육 요구를 돌보지 않는 것이 있다.

구조화된 관찰(structured observation) 일반적으로 클리닉이나 실험실에서 행해지는 피험자의 관찰인데, 피험자에게 수행할 특정한 작업이나 지시가 주어지며, 연구자는 특정한 정보를 찾는다.

급성 스트레스 장애(acute stress disorder) 침습, 부정적 기분, 해리, 회피, 각성과 관련해서 최소 9개 증상에서 극도의 외상적 스트레스 요인에 노출된 후에 1개월 동안 또는 1개월 이내에 생긴 외상 및 스트레스 관련 장애의 한 가지 형태. 외상 후 스트레스 장애(PTSD)와 대체

로 동일한 증상이지만 1개월 이하 지속된다.

긍정적 편견(positive bias) 자신의 행동이 뒷받침해 주는 것보다 높은 자존감에 대한 개인의 보고. 예를 들어, 자신의 능력에 대한 과장은 ADHD가 있는 아동이, 부모가 부정적인 시각으로 보는데도 불구하고 자기 부모와의 관계가 통제 집단 아동과 다르지 않은 지각하게 할 수 있다.

기대할 수 있는 환경(expectable environment) 건강한 발달에서 기본적이고 필수적이라고 생각할 수 있는 외적 조건 또는 환경. 유아를 위한 기대할 수 있는 환경에는 보호적이고 양육을 하는 성인 그리고 사회화의 기회, 나이 든 아동에게는 지지적인 가족, 또래와의 접촉, 환경을 탐구하고 습득하기 위한 충분한 기회이다.

기분부전장애(dysthymic disorder, DD) 또는 기분저하증(dysthymia) '지속성 우울장애(P-DD)'도 참조.

기분장애(mood disorder) 피험자가 극단적이고 지속적인 조절이 안 되는 정서 상태로 고통받는 장애. DSM-5 기분 장애에는 파괴적 기분 조절 곤란 장애, 주요 우울장애, 지속성 우울장애 및 양극성 장애가 있다.

기질(temperament) 정서, 활동 수준 및 관심 영역과 관련하여 아동의 타고난 반응성 및 자기 조절. 아동이 자신의 환경에 접근하는 방식을 형성하고 그 반대도 될 수 있는데, 안달복달 또는 두려움과 같이 발달 초기에 나타나는 행동에 대한 아동의 조직화된 양식.

기질 집단(organic group) 뇌손상 또는 부적절한 중추신경계 발달과 같은 분명한 기질적(신체적) 원인에서 비롯된 지적 불능.

기타 의학적 상태에 영향을 미치는 심리적 요인(psychological factors affecting other medical conditions) 신체적 질병을 악화시키거나 악화시키는 것으로 추정되는 심리적 장애 또는 조건.

낙인(stigma) 감정을 자극하는 부정적인 태도와 신념의 집단. 거부, 회피 및 차별에 관한 정보를 제공한다.

난독증(dyslexia) 낮은 지능 때문이 아닌 읽기의 장애.

날씬함에 대한 욕구(drive for thinness) 특히 젊은 여성들 사이에서, 체중을 더 많이 줄이는 것이 자신의 어려움을 극복하고 성공을 성취하는 데 대한 답이라고 믿는, 식이 요법과 신체 이미지의 기저에 있는 동기 부여의 변인.

내재화 문제(internalizing problems) 아동기에 시작하는 문제 행동으로, 불안, 우울증, 신체화 증상, 철회 행동이 포함된다.

내적 타당도(internal validity) 관련 없는 영향보다는 변인의 의도된 조작이 관찰된 결과, 변화, 집단 차이를 설명하는 정도(범위).

노출(exposure) 두려움에 대처하는 적절하고 효과적인 방법을 제공하면서 피험자를 그의 두려움의 근원에 노출시켜서(도망가거나 회피하지 않고) 불안장애를 치료하는 행동치료 기법.

뇌의 전두선조체 회로(frontostriatal circuitry of the brain) 전전두 피질과 기저핵으로 구성된 뇌의 구조. 주의력, 실행 기능, 지연된 반응 및 반응 구성과 연관된다. 이 구조 내에서의 비정상은 ADHD와 연결되어 있다.

뇌전도검사(electroencephalogram, EEG) 뇌의 전기적 활동을 기록하기 위해 전극을 피험자의 두피 표면에 테이프로 감고 뇌 기능을 전기 생리학적으로 측정하는 것. 뇌전도 기록은 상태 및 정서 변화에 민감하므로 이렇게 하는 것은 사회적 과정과 정서적 과정을 연구하는 데 특히 유용하다.

뇌 회로(brain circuits) 뇌의 한 부분을 다른 부분으로 연결하는 군집된 뉴런들로 이루어진 통로들(paths).

능력(competence) 환경에 적응하는 능력. 아동의 역량은 동일 연령 또래뿐만 아니라 개별적인 발달 과정과 비교한 아동의 수행과 관련이 있다.

다운증후군(Down syndrome) 21번 염색체가 정상적인 2개가 아니라 3개 있는 염색체 이상. 다운증후군 아동은 전형적으로 지적 불능이 중등도 수준이며, 의학적 문제의 가능성이 증가하고, 특이한 신체적 특징이 있다. 이 증후군은 21번 삼염색체성(trisomy 21)이라고도 한다.

다중 결말(multifinality) 다양한 결과가 유사한 시작에서 비롯되었다는 개념.

다중방식 평가 접근법(multimethod assessment approach) 인터뷰, 관찰, 설문 조사, 검사가 포함된 다양한 절차를 사용해서 다양한 환경에서, 서로 다른 정보 제공자들로부터의 정보 수집의 중요성을 강조하는 임상 평가.

단계적 노출(graded exposure) 피험자가 공포 장면에 점진적으로 노출됨.

단일 사례 실험 설계(single-case experimental design) 피험자 문제에 대한 임상적 처치의 영향을 평가하는 데 가장 자주 사용되는 연구 설계 유형. 단일 사례 실험 설계는 시간의 흐름에 따른 행동의 반복된 평가, 시간이 지나면서 동일한 피험자에 대한 처치 효과의 중복, 모든 처치 조건을 경험함으로써 피험자 자신이 주제를 통제하게 된다.

대명사 전도(pronoun reversal) 참조한 인칭에 따라 그것을 변경하지 않고 들은 대로 똑같은 인칭 대명사를 반복함. 예를 들어, "너 배고프니?(Are you hungry?)"라고 물었을 때 "나는 배고프다(I am hungry)."가 아니고 "너는 배고프다(You are hungry)."라고 대답할 수 있다.

대사율(metabolic rate) 에너지 소비의 신체 균형. 대사 속도는 식사 및 운동 습관과 함께 유전적 구성 및 생리적 구성에 의해 결정된다.

대사 조절(metabolic control) 개인의 혈당치가 정상 범위(당뇨병과 관련하여) 이내에 유지되는 정도.

동시 발병(comorbidity) 우연히 예상되는 것보다 더 큰 비율로 두 개 이상의 장애가 중복되는 것.

동의(assent) 사전 동의가 필요한 연구에 대한 아동의 충분한 이해 없이 연구 조사에 참여할 아동 입장에서 합의 형식의 증거.

동일성에 대한 집착(preservation of sameness) 자폐 스펙트럼 장애가 있는 아동의 특징인데, 누구도 아동을 방해할 수 없는 동일성 유지에 대한 불안하고 강박적인 고집을 보인다. 일상의 습관 · 사물의 배열 · 요청의 문구에서의 변화, 또는 바뀌거나 불완전한 광경은 기질 폭발이나 절망을 가져올 것이다.

동질 집단(cohort) 시간이 지남에 따라 동일한 기간 동안 동일한 문화적 또는 역사적 사건을 경험하는 사람들의 집단.

두려움(fear) 현재의 위험 또는 생명을 위협하는 응급 상황에 대한 경고 반응. 강력한 탈출 지향적 경향과 교감 신경계에서의 급증이 명백하다.

등교 거부 행동(school refusal behaviour) 아동이 수업에 출석을 거부하거나 하루 종일 학교에 있는 데 어려움이 있는 불안 행동의 한 형태.

마음 이론(theory of mind, ToM) 자신과 타인 모두에서 신념이나 욕구와 같이 직접 관찰할 수 없는 정신 상태에 대한 인식 및 이해. '정신화(mentalization)'라고도 한다.

만성 질환(chronic illness) 오래 지속되고 종종 회복이 불가능한 질병.

말소리장애(speech sound disorder) 아동이 특정한 소리를 분명하게 표현하는 것을 배우는 데에서 말의 속도를 조절하는 데 어려움을 겪거나 놀이 상대보다 뒤처지는 장애.

망상(delusions) 현실에 대해 그릇된 설명을 하는 강력한 신념 그리고 장애가 있는 사고 내용과 연루된 사고에서의 방해(disturbance).

매개변수(mediator variables) 특정한 결과를 산출해 가는 과정, 기제, 수단에 관한 변수.

메틸페니데이트(methylphenidate) 주의력결핍/과잉행동장애가 있는 아동을 치료하는데 가장 흔하게 사용되는 자극제. 리탈린(Ritalin)이라는 이름으로 판매된다.

명백-은밀 차원(overt-covert dimension) 한쪽 끝의 신체적 공격성과 같은 명백한 형태에서 다른 쪽에 은밀한 형태(즉, 감추어진 또는 교활한 행위)에 이르는 반사회적 행동의 연속선으로 구성되는 독립된 차원. 반사회적 행동의 명백한 형태는 외현화 차원의 공격적 하위 차원에 있는 것과 대략적으로 일치하는 반면, 은밀한 행동은 외현화 차원의 비행 하위 차원에 있는 것과 대략 일치한다.

명시자(specifier) DSM-5에서 특정의 특징(예: 발병 연령, 나이)을 공유하는 장애인들의 좀 더 동질의 하위 집단을 기술하고 장애의 치료와 관련된 정보(예: 동시 발생 상태)를 의사소통하기 위해 사용되는 용어.

목표 행동(target behaviors) 관심이 있는 주요 문제인 행동.

무선 통제 시행(randomized controlled trials, RCT) 특정한 문제를 갖고 있는 아동이 다양한 처치 및 통제 조건에 무작위로 배정된 처치 결과를 평가하는 데 사용되는 설계.

무선 할당(random assignment) 각 참가자가 어느 조건이든지 배정될 기회가 동등하게 연구 참여자를 처치 조건에 배정한다. 무선 할당은 독립 변수 이외의 특성이 처치 집단에 균등하게 분배될 가능성을 증가시킨다.

무쾌감증(anhedonia) 하는 일에서 즐거움의 부족 및 거의 모든 활동에 대해 관심이 결여되었다는 특징이 있는 부정적 기분 상태.

문제해결 기술 훈련(problem-solving skills training, PSST) 대인관계 상황, 특히 공격적인 아동의 대인관계 상황에서 품행 문제를 경험하는 아동과 청소년이 나타내는 인지적 결핍과 왜곡을 겨냥해서 하는 지도.

문화-가계성 집단(cultural-familial group) 유기체의 뇌 손상의 증거가 없는 지적 불능(ID)의 원인이며 흔히 경증의 지적 불능과 연관이 있다.

문화 양립성 가설(cultural compatibility hypothesis) 처치가 아동 및 가족의 문화적 패턴과 양립할 때 더 효과적일 것이라는 가설.

문화적 증후군(cultural syndrome) 특정의 문화 집단, 지역사회, 상황과 연관이 있는, 동시 발생하고 비교적 변하지 않는 증상들의 패턴. 이 증후군은 서구의 진단 범주들 중 하나에 잘 들어맞는 일이 거의 없다.

물질 관련 및 중독 장애(substance-related and addictive disorders) 이 장애에는 알코올, 카페인, 대마초, 환각제, 흡입제, 오피오이드, 진정제, 각성제, 담배 및 기타(또는 알려지지 않은) 물질을 포함한 10가지 개별 분류가 포함된다.

물질 남용(substance abuse) 지난 12개월 동안 물질 사용에 문제가 있는 패턴으로 심각한 결함 또는 고통을 가져온다.

물질 사용 장애(substance-use disorders, SUDs) 청소년기에 발생하는 장애이며, 기분, 지각, 뇌 기능을 변화시키는 물질의 자가 관리로 인한 물질 의존 및 물질 남용이 포함된다.

물질 의존(substance dependence) 심리적 의존이란 물질이 적절하게 기능할 필요가 있다는 주관적인 느낌을 말한다. 신체적 의존성은 물질이 일정하게 존재하는 데 몸이 적응할 때 발생하며, 내성이란 낮은 투여량에서 얻은 효과를 경험하기 위해 더 많은 물질을 요구하는 것을 나타낸다. 신체적 의존성은 남용된 물질의 섭취가 갑자기 중단되어 신체로부터 제거될 때 생기는 불리한 생리적 증상인 금단 증상을 유발할 수 있다.

민감기(sensitive periods) 발달에 대한 환경적 영향(좋은 것과 나쁜 것 모두)이 고조되는 시간의 창구. 따라서 학습의 기회를 높여 준다.

반구조화된 면접(semistructured interviews) 누가 면접을 수행하는지와 상관없이 비교적 일관된 방식으로 정보를 이끌어 내도록 고안된 특정 질문이 있는 면접. 면접 형식은 일반적으로 특정 장애에 대해 가장 중요한 측면이 들어 있다.

반사회성 성격장애(antisocial personality disorder, APD) 여러 가지 불법 행위에 몰입할 뿐 아니라 타인에 대해 무관심하고 타인의 권리를 침해하는 전반적인 패턴이 특징인 성인 장애.

반사회적 행동(antisocial behavior) '품행 문제' 참조.

반응-대가 절차(response-cost procedure) 부적절한 행동에 대한 반응에서 특권, 활동, 점수, 토큰과 같은 강화 요인의 상실과 연관시켜서 피험자의 행동을 관리하는 기법.

반응 금지법(response prevention) 아동이 도피 또는 회피 행동에 관여하는 것을 방지하는 데 사용하는 불안 처치 절차. 이 절차는 흔히 홍수법과 결합해서 사용된다.

반응성 애착장애(reactive attachment disorder, RAD) 초기 아동기의 사회적 방임으로 인해 혼란된 애착 행동 및 발달상 부적절한 애착 행동의 패턴이 특징인 장애.

반향어(echolalia) 아동이 단어 또는 단어의 조합을 즉시 또는 지연해서 앵무새같이 반복한다.

발달 검사(developmental tests) 유아 및 어린 아동을 평가하는 데 사용되는 검사로서, 일반적으로 초기 발달의 평가, 선별, 진단을 위해 수행된다.

발달 경로(developmental pathway) 특정한 행동의 순서 및 시기를 기술하고, 시간 경과에 따른 행동들의 관련성을 강조하는 개념.

발달 과제(developmental tasks) 능력의 광범위한 영역을 반영하고 아동이 성장하면서 이러한 각각의 영역들 안에서 전형적으로 진행되는 방식을 말해 주는 아동기의 심리사회적 과제.

발달 대 차이 논쟁(developmental-versus-difference controversy) 정신적 결함이 있는 아동의 발달 진행에 관한 논쟁. 발달상의 입장은 지적 결함에 관계없이 모든 아동은 동일한 발달 단계를 거쳐 동일한 순서로 진행하지만 진행되는 비율이 다르다고 주장한다. 서로 다른 입장은 정신적 결함이 있는 아동의 발달이 결함이 없는 아동의 발달과 다르고, 덜 순차적이며, 덜 구조화된 방식으로 진행된다고 주장한다.

발달력 또는 가족력(developmental history or family history) 아동의 현재의 어려움과 관계가 있을 수 있는 중요한 발달 이정표의 이력 및 사건에 관해 부모로부터 수집한 정보.

발달상 협응장애(developmental coordination disorder) 현저한 운동실조증(예: 어둔한) 및 운동 이정표를 달성하는 데에서의 지체가 특징인 장애.

발달의 구성(organization of development) 초기 적응 패턴은 시간이 지남에 따라 발전하고 구조화된 방식으로 고차 기능으로 변형된다는 가정. 예를 들어, 유아의 눈 맞춤과 음성은 발전하여 말과 언어로 변환된다.

발달적 종속(developmental cascade) 아동의 이전 경험과 상호작용에 의한 진행이 다른 체계들 전반에 퍼져서 아동의 발달 과정을 바꿀 수 있다.

발달 정신병리(developmental psychopathology) 발달 과정 및 발달 과제의 중요성을 강조하는 방식으로 아동기와 청소년기의 장애를 기술하고 연구하는 접근법. 이 접근은 비정상적인 발달을 이용하여 정상적인 발달을 알리는 경우와 그 반대의 경우가 있다.

발모광(머리털 뽑기 장애)(trichotillomania 또는 hair-pulling disorder) 자신의 머리카락을 강박적으로 당기거나 비틀어서 탈모가 된다.

발생률(incidence rate) 장애의 새로운 사례가 특정 기간 동안 나타나는 비율.

범주적 분류(categorical classification) 정보에 입각한 전문가 합의에 주로 기반을 둔 진단 체계이며, 이는 아동(및 성인) 정신병리 분야에서의 접근방식이다.

법칙 정립적 형성(nomothetic formulation) 모든 사람들에게 적용되는 일반 원칙을 강조하는 사례 형성 방법 또는 평가 방법. 이 접근법은 개인이나 가정을 고유한 개체로 자세하게 묘사하는 개별 기술적 사례 접근법과 대조된다.

병인학(etiology) 장애의 원인에 대한 연구. 병인학은 아동기 장애에 관해서 생물학적 · 심리적 · 환경적 과정이 어떻게 상호작용하는지를 고려한다.

보상 행동(compensatory behavior) 폭식 삽화에 뒤이어 체중 증가를 막기 위해 신경성 폭식증으로 고통받는 사람이 보이는 행동. 보상 행동에는 스스로 유도한 구토하기, 금식, 운동, 이뇨제 · 완하제 · 관장약 · 다이어트약의 오용이 있다. '장 비우기'도 참조.

보호 요인(protective factor) 관심 있는 부정적 결과에 선행해서 결과가 발생할 가능성을 감소시키는 변인.

복합 외상(complex trauma) 외상 후 스트레스 장애와 관련된 전형적인 증상을 초과해서 좀 더 복잡한 패턴으로 구성된 외상에 대한 반응.

복합형(combined presentation, ADHD-C) 'ADHD' 참조.

부모 관리 훈련(parent management training, PMT) 부모에게 자녀의 어려운 행동과 자녀의 반응에 효과적으로 대처하도록 가르치는 것을 목표로 하는 프로그램.

부적 정서성(negative affectivity) 소심증, 슬픔, 분노, 죄의식을 반영하는 지속적인 부정적 기분.

부정적 인지 3요소(negative cognitive triad) 자신, 세계, 미래에 대한 부정적 견해는 우울증이 있는 젊은이들의 특징이다. 이러한 견해는 무력감을 유지하고, 아동의 기분과 에너지 수준을 약화시키고, 우울증의 심각성과 관련이 있다.

부정적 인지 도식(negative cognitive schemata) 자기 비판적 신념과 태도가 포함된 기억에서의 안정된 구조인데, 피험자의 부정적 자기상과 일치하는 방식으로 정보처리를 이끈다. 이러한 인지 도식은 모순된 증거가 있는데도 견고하고 변화가 어렵다.

부주의(inattentive) 관심을 집중시키거나 유지하는 능력이 부족하다. 부주의한 아동은 일을 하거나 놀 때 정신적 노력을 유지하기 어려우며 듣고 있지 않는 것처럼 부주의하게 행동한다.

부주의 우세형(predominantly inattentive presentation, ADHD-PI) 'ADHD' 참조.

분류(classification) 아동 정신병리의 주요 범주 또는 차원과 그것들 사이의 경계와 관계를 나타내는 체계. 진단의 한 가지 정의는 분류 체계의 범주에 사례들을 배당하는 것이다.

분리불안장애(separation anxiety disorder, SAD) 부모와 분리되거나 집을 떠나는 것에 대해 나이에 맞지 않고 과도하고 무능력하게 만드는 불안을 나타내는 불안장애의 한 형태.

분자유전학(molecular genetics) 특정한 형질에서 변인 및 DNA 서열에서의 변화 간의 관계를 직접적으로 평가하는 유전학의 방법. 연관성 이상으로, 유전자 서열에서의 변화는 특성(들)에서의 변화를 일으키는 것으로 생각된다. 이 방법은 아동의 정신병리에 대한 유전적 영향을 보다 직접적으로 지원한다.

불안(anxiety) 강력한 부정적 정서, 긴장에 대한 신체적 증상, 미래의 위험 또는 불행에 대한 걱정을 예상하는 것이 특징인 기분 상태.

불안장애(anxiety disorder) 아동이 과도하고 심신을 쇠약하게 하는 불안을 겪는 장애.

불쾌감(dysphoria) 슬픔의 발작들이 계속 지속된다는 특징이 있는 부정적인 기분 상태.

비분리(nondisjunction) 감수 분열 시에 엄마의 21번째 염색체 쌍이 분리되는 것의 실패. 대부분의 다운증후군 사례에서, 여분의 염색체는 염색체의 이러한 분리 실패 때문이다.

비언어적 학습 불능(nonverbal learning disabilities, NLD) 사회적 기술, 공간적 방향, 문제해결과 같은 뇌의 우반구 기능과 관련된 손상이 특징인 학습 불능.

비연속성(발달)(discontinuity of development) 발달을 설명하는 이론적 입장으로, 정상적인 발달 및 비정상적인 발달적 변화가 급격하고 질적이라고 제안한다. Piaget와 Erikson과 같은 비연속성 이론가들은 아동이 질적으로 다른 발달 단계를 거친다고 주장한다.

비정상 수면(dyssomnias) 수면을 시작하거나 유지하는 어려움에 관여된 수면장애의 범주. 이러한 장애들은 종종 충분한 수면 취하기, 자고 싶을 때 자지 않음, 잠을 잔 후에 상쾌한 느낌이 없다는 문제가 특징이다.

사건수반 수면장애(parasomnias) 진행되는 수면을 간섭하는 행동적 또는 생리적 사건이 있는 수면장애의 한 가지 범주. 사건수면으로 고통받는 사람은 수면 중에 몽유병 및 악몽과 같은 특이한 행동을 종종 보고한다.

사례 연구(case study) 주로 개별 피험자에 대한 집중적이고 일화적 관찰 및 분석.

사전 동의(informed consent) 연구에 참여한다는 개인의 의지 표현인데, 연구의 성질에 대한 아동의 이해, 수반된 잠재적인 위험 및 이점, 예상되는 결과, 가능한 대안에 기반을 둔다.

사회공포증(social phobia) '사회불안장애' 참조.

사회불안(social anxiety) '사회불안장애' 참조.

사회불안장애(social anxiety disorder, SOC) 또는 사회공포증(social phobia) 정밀하게 조사하고 당혹스러울 수 있는 사회적 요구 또는 수행 요구에 대한 현저하고 지속적인 두려움. 이러한 상황을 피하기 위해 많은 노력을 기울이거나 두려움이 없다고 가면을 쓰면서 아주 많은 노력을 하는 어려움에 처할 수 있다.

사회인지(social cognition) 다른 사람들과의 관계에서 사람들이 자신을 어떻게 생각하는지 그리고 모호한 사건을 해석하고 문제를 해결하는 방법을 설명하는 구조.

사회인지 능력(social-cognitive ability) 사회적 단서에 주목하고, 해석하고, 반응하는 기술.

사회적 선택 가설(social selection hypothesis) 사람들은 자신과 비슷한 사람들이 있는 환경을 선택하는 경향이 있다는 전제.

사회학습(social learning) 명백한 행동과 그러한 행동에 직접 또는 간접적으로 영향을 미칠 가능성이 있는 인지적 매개체의 역할에 관심을 두는 행동 연구에 대한 이론적 접근.

삶의 질(quality of life) 신체적 · 심리적 · 사회적 기능으로 체감되는 생활 상태에 대한 개인의 주관적인 인식.

상관 계수(correlation coefficient) 두 변량 사이의 연관성의 정도를 기술하는 숫자.

상호 영향(reciprocal influence) 아동의 행동이 가족

의 다른 구성원의 행동에 영향을 미치고 영향을 받는다는 이론.

상호의존(interdependent) 비정상적인 아동 행동은 아동과 주변 환경 모두에 의해 결정되며, 이 두 요소가 서로 연결되어 있다는 가정을 적용한다. '교류'도 참조.

선별(screening) 특정한 부정적 결과의 위험에 처한 피험자를 확인하는 것.

선택적 주의(selective attention) 주변에서 과제와 관련되지 않은 자극을 무시하고 관련된 자극에만 오로지 집중하는 능력.

선택적 함묵증(selective mutism) 다른 상황에서는 말하는데도 불구하고 말하기가 기대되는 특정한 사회적 상황(예: 학교)에서 말하는 것을 일관되게 실패하는 불안 장애.

성격장애(personality disorder) 개인의 문화에서 기대하는 것과 눈에 띄게 벗어난 내적인 경험 및 행동의 지속된 패턴, 이는 임상적으로 심각한 고통이나 기능상 결함을 초래한다.

성마름(irritability) 쉽게 짜증내고 예민한 성난 기분. 기질 폭발이 특징인 주요 우울장애 및 파괴적 기분 조절 곤란 장애의 흔한 증상.

성장기능부전(failure to thrive, FTT) 연령의 5% 미만의 체중, 그리고(또는) 비교를 위해 표준 성장 차트를 사용하여 출생부터 현재까지 체중의 증가 속도에서 감속이 특징인 장애.

성 학대(sexual abuse) 아동의 성기를 애무하기, 성교, 근친상간, 강간, 남색, 노출증, 매춘이나 음란물 제작을 통한 상업적 착취를 포함해서 본질적으로 성적인 학대 행위.

수면 경악(sleep terrors) 깊은 수면 중에 발생하며 자율적 각성을 수반하지만 기억하지 못하고 잠에서 갑작스런 깨기가 특징인 사건수면의 한 형태.

수면 보행(sleep walking) 깊은 수면 중에 일어나는 사건 수면의 일종. 침대에서 일어나서 걸어 다니지만 잠에서 깨었을 때 이러한 활동을 기억하지 못한다.

스트레스 사건(stressful events) 외상 사건보다 덜 극단적인 사건으로 단일 사건 또는 다중의 또는 진행 중인 스트레스 상황이나 사건에서 비롯된다.

스펙트럼 장애(spectrum disorder) 증상, 능력 및 특징들이 서로 다르게 조합되고 심각성의 정도가 서로 다르게 표현되는 장애.

시상하부-뇌하수체-부신(hypothalamic-pituitary-adrenal, HPA) 뇌의 조절 체계가 시상하부 통제 중추와 뇌하수체 및 부신으로 구성된다. 스트레스에 대한 반응 그리고 정서를 조절하는 능력에 영향을 준다.

시행 훈련(discrete trial training) 준비 태세 기술 또는 기타 바람직한 행동을 가르치는 방법으로, 자극을 제시하고 특정한 반응을 요구하는 단계적인 접근이 동반된다.

식욕부진증(nervosa) 폭식의 재발 삽화에 연루된 섭식 장애인데, 이는 스스로 유도한 구토 또는 기타 제거의 수단에 의한 보상 노력이 뒤따른다. 폭식과 토하기를 반복(bulimia)하는 사람은 체형과 체중에 의해서도 과도하게 영향을 받으며 음식에 사로 잡혀 있다.

신경 가소성(neural plasticity) 발달 과정 전반에 걸쳐 입증된 뇌의 잘 변하는 성질(사용 의존성). 유아는 기본적인 뇌 절차를 가지고 태어났지만 경험은 해부학적 분화로 이어진다. 즉, 뇌의 특정 시냅스가 강화되고 안정화되는 반면, 다른 시냅스는 퇴화하고 사라진다.

신경성 식욕부진증(anorexia nervosa) 최소한의 정상적인 체중의 유지를 거부하고, 체중 증가에 대한 강한 두려움이 있고, 자신의 체구에 대한 지각 및 경험에서의 유의미한 방해가 특징인 심각한 섭식장애.

신경심리 평가(neuropsychological assessment) 손상되지 않은 중추신경계에 의존하는 것으로 알려진 행동의 객관적인 측정으로 뇌 기능과 연결시키려는 평가의 한 형태.

신경 영상(neuroimaging) 뇌의 구조 그리고(또는) 기능을 검사하는 방법. 신경 영상 절차에는 자기 공명 영상(MRI), 컴퓨터 단층 촬영(CT) 스캔, 양전자 방출 단층 촬영(PET), 기능적 자기 공명 영상(fMRI), 확산 MRI(dMRI)가 있다.

신경증적 역설(Neurotic Paradox) 불안이 불필요하거나 과도할 수 있다는 것을 알고 있는데도 다양한 장면에서 지나치게 불안해하는 아동이 자기 패배적 행동을 포기할 수 없다는 자기 영속적 행동 패턴.

신뢰도(reliability) 실험의 결과가 일관되거나 반복 가능한 정도(범위).

신체 이형 장애(body dysmorphic disorder) 다른 사람이 관찰할 수 없거나 미미해 보이는 신체적 외모에서의 손상이나 결점에 집착하는 특징이 있는 장애.

신체적 방임(physical neglect) 아동의 기본적인 신체적 요구를 제공하지 못하는 것인데, 여기에는 의료 서비스 찾기를 거부하거나 지연하는 것, 부적절한 음식을 제공하고, 유기하고, 집에서 내쫓거나 가출자가 집에 돌아오는 것을 거부하고, 부적절한 감독과 청결한 옷을 적절히 제공하지 않는 것이 있다.

신체 증상 및 관련 장애(somatic symptoms and related disorders) 장애에는 통증 및 현기증과 같은 일상적인 활동을 방해하고 증상의 심각성에 대한 걱정이나 불안을 동반하는 괴로움을 주는 신체 증상 및 염려가 포함된다.

신체 학대(physical abuse) 주먹질, 때리기, 걷어차기, 깨물기, 불로 지지기, 잡아 흔들기, 기타 의도적으로 아동을 해치는 신체적 상해를 가하거나 신체적 상해의 위험.

실시간 예기적 설계(real-time prospective designs) 연구 표본이 확인된 다음에 특정한 시간 간격으로 자료를 수집해서 종단적으로 추적하는 연구 설계.

실행 기능(executive functions) 미래의 목표를 달성하기 위해 아동이 문제해결 지향성을 유지할 수 있게 하는 고차적인 정신 과정. 실행 기능의 예에는 작업 기억, 정신적 계산, 사고의 유연성, 언어의 내면화, 반응 억제, 운동 협응, 각성 수준의 자기 조절, 성숙한 도덕적 추론 등이 있다.

심리적 장애(psychological disorder) 다음의 두드러진 증상 중에서 하나 이상을 포함하는 행동적 · 인지적 · 신체적 증상의 패턴이다. 즉, (1) 피험자에게 어느 정도의 고통, (2) 어느 정도의 불능을 나타내는 행동, (3) 고통 · 사망 · 통증 · 불능 · 자유의 심각한 상실.

심리적 학대(psychological abuse) 심각한 행동적 · 인지적 · 정서적 · 정신적 장애를 유발하거나 유발할 수 있는 부모 또는 양육자의 행위 또는 태만과 연루된 학대적 행동. '정서적 학대'라고도 한다.

아동기 발병 조현증(childhood-onset schizophrenia, COS) 18세 이전에 발병하고 장기적인 결과가 악화되는, 드물고 더 심해질 수 있는 조현병의 형태.

아동기 발병 품행장애(childhood-onset conduct disorder) 아동이 10세 이전에 장애의 최소한 하나의 증상을 나타내는 특정 유형의 품행장애.

아동기 비만(childhood obesity) 성별 및 연령에 근거한 기준에 비해 체지방의 과도한 축적이 특징인 만성적인 의학적 상태.

아동 학대(child maltreatment) 부모 또는 아동의 복지를 담당하고 있는 사람들에 의한 아동 폭력 및 방임. 아동 학대는 18세 미만의 사람들에 대한 신체적 학대, 방임, 성적 학대, 정서적 학대의 네 가지 주된 행위를 지칭하는 일반적 용어이다.

악몽(nightmares) 빠른 안구 운동(REM) 수면 중에 발생하며 대체로 생존, 안전, 자존감에 대한 위협을 수반하는 극도로 무서운 꿈을 반복해서 자세히 기억해서 각성한다는 특징이 있는 사건수면의 한 형태.

알로스타 부하(allostatic load) 만성 스트레스로 인한 생물학적 체계의 점진적인 '소모'를 말한다.

애착(attachment) 부모 또는 기타 중요한 양육 제공자와 정서적 유대를 확립하고 유지하는 과정. 이 과정은 일반적으로 생후 6개월에서 12개월 사이에 시작되어 진행되고, 유아가 자신의 세계를 탐색하고 학습하는 데에서 안전하고 일관된 기반을 제공한다.

양극성 장애(bipolar disorder, BP) 극도의 고조와 극도의 저조의 지속적인 결합이 특징인 기분장애의 한 유형. 조증의 삽화는 비정상적으로 고양되거나 과장된 기분이고, 행복감은 웰빙 감정의 과장된 느낌이다. 높은 것이 낮은 것으로 바뀌고, 또는 두 극단이 동시에 느껴질 수 있다.

언어장애(language disorder) 구어 또는 문자 언어를 이해하거나 산출하는 데에서의 어려움이 특징인 의사소통 장애.

에피네프린(epinephrine) 스트레스에 대한 반응에서 혈류로 방출되는, 부신에서 생성하는 호르몬인데, 위협 가능성에 대해 몸이 에너지를 충전하고 미리 준비한다.

이 호르몬은 아드레날린으로도 알려져 있다.

역학 연구(epidemiological research) 클리닉에 의뢰된 표본과 지역사회 표본에서 아동기 장애와 능력의 범위, 발병률, 유병률 및 동시 발생에 관한 연구.

연구(research) 일반적으로 의문에 대한 답을 체계적으로 찾아가는 방법으로 간주되는, 일정한 규칙을 따르는 질문 방법.

연구 설계(research designs) 관심 있는 의문 사항을 조사하는 데 사용되는 전략이다. 연구자가 관심 있는 변수에 대해 타당한 추론을 도출하는 조건들을 정리하는 방법을 자세히 설명한다.

연속성(발달)(continuity of development) 발달을 설명하는 데에서 정상적인 발달 및 비정상적인 발달적 변화가 점진적이고 정량적이라고 제안하는 이론적 입장. 연속성 이론가들은 발달이 뚜렷이 구별되는 단계에서 일어나기보다는 계속 진행 중인 부가적 과정이라고 주장한다.

예기치 않은 차이(unexpected discrepancy) 개인의 측정된 능력과 실제 수행 간의 격차 또는 불일치를 나타내는 학습장애에 대한 정의의 기본 전제.

예방(prevention) 미래에 원하지 않는 결과가 발생할 기회를 줄이기 위한 활동.

예후(prognosis) 장애의 경과 또는 결과에 대한 예측.

외상 사건(traumatic event) 죽음 또는 상해가 실제로 있거나 위협이 되는 해(harm) 또는 두려움에 노출되어 있으며 흔치 않은 또는 극심한 스트레스 요인으로 간주된다.

외상적 성 행동(traumatic sexualization) 아동의 성에 관한 지식과 행동이 발달적으로 부적절한 방식으로 형성되는, 아동 성적 학대에서 나타날 수 있는 한 가지 결과.

외상 집중 인지-행동 치료(trauma-focused cognitive-behavioral therapy, TF-CBT) 인지-행동, 애착, 인본주의, 권한 부여 및 가족 치료 모델의 요소를 통합하는 노출 치료의 한 형태.

외상 후 스트레스 장애(post-traumatic stress disorder, PTSD) 인간이 흔히 겪는 범위를 벗어난 압도되는 외상적 사건 또는 스트레스 사건에 노출되거나 목격에 뒤이어 지속적인 불안을 나타내는 외상 및 스트레스 관련 장애의 한 형태.

외적 타당도(external validity) 연구 결과가 일반화 될 수 있는 정도 또는 원래의 연구에 비해 사람, 장면, 시간, 측정, 특성으로 확장될 수 있는 정도.

외현화 문제(externalizing problems) 아동기 동안에 시작되고, 공격성 및 비행 행동과 같은 행동 분출 행동들(acting-out behaviors)을 망라하는 문제 행동들.

외현화 행동(externalizing behavior) 충동성, 과도한 행동, 공격 행동, 비행 행동이 혼합된 행동의 연속 차원.

요구 대상 지시 몸짓(protoimperative gestures) 원하지만 닿을 수 없는 대상을 가리키는 것처럼 요구를 표현하는 데 사용되는 몸짓이나 발성.

우생학(eugenics) 1883년에 Francis Galton 경이 '인종의 타고난 자질을 향상시키는 모든 영향들을 다루는 과학'이라고 처음 정의했다. 1900년대 초, 지적 불능이 있는 사람들의 요구에서 벗어나서 대중 및 전문가의 강조는 사회의 필요에 대해 고려하는 것으로 이동했다. 이들이 지역사회에서 행할 수 있다고 예상되는 피해로부터 사회가 보호되어야 했다. 이 잘못된 견해는 지적 불능이 있는 사람들의 권리와 발전의 기회를 제한하는 것이 정당한 것으로 제시되었다.

우연 훈련(incidental training) 자연적으로 발생하는 기회를 이용해서 행동을 강화시키는 데 작용하는 준비성 기술 또는 기타 바람직한 행동을 가르치는 방법.

우울적 반추 양식(depressive ruminative style) 우울한 개인이 나타내는 사고(thinking)의 양식. 오랫동안 부정적 사건에 관해 좁고 수동적인 초점 맞추기가 특징이다.

우울하게 만드는 인지(depressogenic cognitions) 우울한 증상들과 연관된 부정적 지각 및 귀인 양식과 신념.

위험 요인(risk factor) 관심 있는 부정적 결과에 선행하고(precede) 결과가 발생할 가능성을 높이는 변인.

유뇨증(enuresis) 5세 이상 또는 발달적으로 이와 동등한 사람에게서 발생하는 소변의 무의식적인 배출.

유병률(prevalence rates) 새롭거나 이전에 있었든지 간에, 특정한 기간 동안에 관찰된 어느 한 장애에 대한 사례의 수.

유분증(encopresis) 무의식적이든지 의도적이든지 간에, 의복에 하는 것처럼 부적당한 장소에 대변을 눈다.

유전성(heritability) 유전적 영향에 기여할 수 있는 특성의 변화 비율.

유전자-환경 상호작용(gene-environment interaction, GXE) 유전적 영향과 환경적 영향 및 그 시기를 설명하는 천성과 양육의 복잡한 상호작용.

유전자형(genotype) 개체의 특정한 유전적 구성.

유지(maintenance) 문제의 재발 또는 재발 방지를 위해 시간이 지나면서 처치를 더 잘 준수하게 하려는 노력.

음소(phonemes) 언어를 구성하는 기본 소리.

음운(phonology) 소리를 의미 있는 단위 또는 단어로 결합하는 규칙뿐만 아니라 음소를 배우고 저장하는 능력. 음운론에서의 손상은 의사소통장애 및 학습장애가 있는 대부분의 아동이나 성인이 읽기와 철자의 학습과 같은 언어에 기반을 둔 활동에서 문제가 생기는 가장 큰 이유이다.

음운 인식(phonological awareness) 소리와 문자 사이에 존재하는 관련성의 인식, 운과 두운의 탐색, 소리가 단어에 있는 음절 내에서 조작될 수 있다는 인식이 포함되어 있는 광범위한 구조.

음운 장애(phonological disorder) 분절 또는 소리 생성에서의 어려움(그러나 단어 표현에 꼭 필요하지는 않음)이 특징인 의사소통장애의 한 형태.

의사소통 일탈(communication deviance) 조현병 또는 분열형 성격장애가 있는 아동의 가정에서 관찰되는 대인관계 주의력 방해(disturbance) 및 사고 방해 척도. 의사소통 일탈이 큰 가정의 아동은 주의집중 기능이 가장 불량하고 가장 심각한 결함을 나타낸다.

의사소통장애(communication disorder) 말소리(음운 장애) 또는 말 유창성(말더듬)의 어려움, 의사소통하는데 말하기 어려움(표현 언어 장애), 다른 사람이 말하는 것을 이해하기 어려움(혼합된 표현-수용 언어 장애)에 관한 진단 용어.

의사 연구(analogue research) 일반화하고 싶은 상황과 유사하거나 근사치인 조건에서 특정의 관심 변인을 평가하는 연구.

이식증(pica) 영아 또는 걸음마기 유아가 먹을 수 없고 영양가 없는 물질을 지속적으로 먹는 섭식장애의 한 형태. 이 장애는 아주 어린 아동들 사이에서 발견되는 흔하고 덜 심각한 섭식장애 중 하나이다.

이중 우울증(double depression) 주요 우울 삽화가 개인의 이전의 지속성 우울장애에 겹쳐지면서 그 개인이 두 질환을 모두 나타내게 하는 예.

인슐린 의존성 당뇨병(insulin-dependent diabetes mellitus) 췌장이 인슐린의 양을 부적절하게 방출하기 때문에 인체가 탄수화물을 대사할 수 없는, 평생 지속되는 대사장애.

일반 지적 기능(general intellectual functioning) 지적 능력의 일반적인 수준인데, 표준화되고 개별적으로 실시되는 지능검사들 중 하나 이상의 평가에서 도출된 지능지수(IQ 또는 이에 상응하는)로 정의된다.

일반화된 불안장애(generalized anxiety disorder, GAD) 피험자가 만성적이거나 과장된 걱정 및 긴장을 경험하는 불안장애의 한 형태인데, 그렇게 된다는 명백한 이유가 없는데도 거의 항상 재난을 예상한다. 걱정은 흔히 떨림, 근육 긴장, 두통, 메스꺼움과 같은 신체적 증상을 동반한다.

일생 과정 지속(life-course-persistent, LCP) 경로 아동이 어릴 때 반사회적 행동을 해서 성인기로 지속되는 반사회적 행동에 대한 발달 경로.

임상적 서술(clinical description) 주어진 심리적 장애의 특징을 구성하는 독특한 행동, 생각, 감정의 요약.

임상평가(clinical assessment) 염려가 되는 행동, 인지, 정서뿐만 아니라 이러한 문제에 영향을 미칠 수 있는 환경적 상황을 구별하고, 정의하고, 측정하는 과정.

자극제 약물(stimulant medications) 뇌의 전두엽 영역에서 활동을 변화시키는 약물인데, 이 부위의 기능에 중요한 세 가지 이상의 신경전달물질, 즉 도파민, 노르에피네프린, 에피네프린. 세로토닌에 영향을 줌으로써 자극제는 일반적으로 ADHD 및 그와 관련된 결함의 증상을 관리하는 데 사용된다.

자기 교수 훈련(self-instructional training) 아동에게 정보를 다루는 언어적 단서를 가르치는데, 이것은 치료사나 교사가 먼저 가르치고, 아동이 스스로 과제를 계속 하도록 한다.

자기 자극 행동(self-stimulatory behaviors) 반복적인 신체 움직임 또는 손 펄럭이기 또는 연필을 회전시키기와 같은 물건 움직이기.

자연관찰(naturalistic observation) 아동의 자연 환경에서의 비구조화된 관찰.

자연 실험(natural experiments) 기존의 조건 또는 처치들 간에 비교가 이루어지는(즉, 무선 할당이 사용되지 않음) 실험.

자폐 스펙트럼 장애(autism spectrum disorder, ASD) DSM-5 신경발달장애인데, 사회적 의사소통 및 상호작용 기술에서 심각하고 지속적인 손상이 있고, 행동·관심·활동에 대해 제한적이고 반복적인 패턴이라는 특징이 있다.

자폐증(autism) '자폐 스펙트럼 장애' 참조.

자해 행동(self-injurious behavior, SIB) 머리 박치기, 눈 후비기, 심각한 긁힘, 되새김, 일부 유형의 이식증, 피부 속에 물건을 삽입하는 등 피험자 자신의 신체에 손상을 야기하는 심각하고 때로는 생명을 위협하는 행위.

잔인 및 무감동 대인관계 양식(callous and unemotional interpersonal style, CU) 죄책감 없음, 공감의 결여, 무관심한 태도, 피상적이거나 결핍된 정서적 반응, 자기도취적 및 충동성 특성과 관련된다는 특징이 있는 사회적 상호작용의 한 형태.

잘못된 섭식 태도(disturbed eating attitudes) 매력, 신체상, 사회적 수용에 대한 문화적 기준이 섭식 및 체중 증가를 조절하는 능력과 아주 밀접하다는 개인의 믿음.

장 비우기(purging) 스스로 유발한 구토와 설사약·이뇨제·관장약의 오용을 포함하여 섭취한 음식을 제거하려는 행동. '보상 행동'도 참조.

저장장애(hoarding disorder) 실제적인 가치와 관계없이, 소유물의 폐기 또는 주는 것의 지속적인 어려움이 특징인 장애.

적대적 귀인 편견(hostile attributional bias) 다른 아동의 의도가 분명하지 않을 때 공격적인 아동이 타인에게 부정적인 의도를 부여하는 경향성(예: 아동이 우발적으로 충돌한 경우에 의도적으로 그렇게 했다고 생각하기 쉽다).

적대적 반항장애(oppositional defiant disorder, ODD) 분노/과민한 기분, 논쟁적/반항적 행동, 강한 복수심의 패턴이 최소 6개월 이상 지속되며, 형제가 아닌 사람과의 상호작용 동안에 나타낸다.

적응 기능(adaptive functioning) 평범한 일상생활에서 요구되는 것에 효과적으로 대처하고, 독립적으로 생활하고, 지역사회의 기준을 준수할 수 있는 능력. 적응 기능은 지적 불능 수준을 정의하는 데 꼭 필요한 구성 요소이다.

적응 실패(adaptational failure) 발달 이정표를 성취하는 데에서 숙달하지 못하거나 진척이 없다.

적응장애(adjustment disorder) 흔치 않거나 불균형적인 방식으로 일반적인(및 덜 심한) 스트레스의 형태에 반응하는 개인에게 주어지는 단기간의 진단.

적합성(goodness of fit) 두 개가 들어맞는 정도. 예를 들어, 아동 정신병리에 관하여, 유아의 조기 기질과 부모의 상호작용 양식이 서로에게 들어맞는 정도를 나타내는 용어로 사용할 수 있다.

전두엽(frontal lobe) 각 대뇌 반구 전면에 위치한 뇌 영역, 즉 기억을 포함해서 우리의 사고와 추론 능력의 기초가 되는 기능의 대부분을 담당한다.

절망감 이론(hopelessness theory) 우울증을 겪기 쉬운 사람이 부정적인 사건의 원인을 설명할 때 내적·안정적·전반적 귀인을 하고, 긍정적인 사건에 대해서는 외적·비안정적, 특정적 귀인을 한다고 보는 견해. 이 귀인 양식은 자신의 삶에서 부정적인 사건에 대해 개인적인 비난을 하고, 미래에 대해서 무력감, 회피, 절망으로 이어지고, 이는 우울증을 더욱 심화시킨다.

정보처리 방해(information-processing disturbances) 사건이 인식되고 해석되는 방식에서의 인지적 오해와 왜곡.

정서 반응성(emotion reactivity) 정서적 경험의 역치와 강도에서의 개인차와 관련된 정서적 과정의 차원.

정서적 방임(emotional neglect) 아동의 기본적인 정서적 요구를 제공하는 데에서의 실패. 여기에는 아동의 애정 요구에 대한 현저한 부주의가 있고, 필요한 심리적 돌봄을 제공하지 못하고, 아동이 있는 데에서 배우자를 학대하고, 아동이 마약이나 알코올을 사용하는 것을 허용하는 것이다.

정서 조절(emotion regulation) 적응적 기능을 촉진하고 긍정적·부정적·중립적인 기분 사이에서 균형을 유지하기 위해 정서적 각성이 재지시되고, 통제되고, 수정되는 과정들.

정신병리적 특징(psychopathic features) 기만적이고 잔인하고 교묘히 조정하는 무자비한 행동 패턴.

정신화(mentalization) 다른 사람들과 자신의 정신 상태에 대한 인식. 마음 이론이라고도 한다.

정적 정서성(positive affectivity) 기쁨, 열정, 에너지와 같은 상태에서 나타나는 지속적인 긍정적 기분.

'제한된 친사회적 정서'라는 명시('with limited prosocial emotions' specifier 품행장애(CD)가 있는 청소년을 기술하기 위해 DSM-5에서 사용되는 용어인데, 다음의 세 가지 특징 중 적어도 2개 이상으로, 양심의 가책이나 죄책감의 결여, 잔인-공감의 부족, 수행에 대한 무관심과 관련된 대인 관계 및 정서적 기능의 지속적이고 전형적인 패턴을 나타낸다.

제한적이고 반복적인 행동(restricted and repetitive behaviors) 빈도가 높고 정해진 방식이 반복되고 환경에서의 동일성을 요구하는 것이 특징인 행동.

제한형(restricting type) 다이어트, 금식, 과도한 운동을 사용하여 체중 증가를 피하거나 체중을 빼는 거식증 유형. 식욕부진증의 현재 삽화가 있는 동안에 폭식 또는 정화 행동을 하지 않는다.

조작적 말 훈련(operant speech training) 아동이 좀 더 적절하게 언어를 사용하도록 돕기 위해 사용되는 전략. 아동의 발성을 성공적으로 증가시키는 단계별 접근법과 관련이 있다. 아동에게 소리와 단어를 모방하도록 가르친다. 아동에게 물체에 이름을 붙이고, 구두로 요청하고, 원하는 것을 표현하기 위해 언어를 표현적으로 사용하도록 가르친다. 이 훈련은 종종 자폐증이 있는 아동에게 적용된다.

조증(mania) 비정상적으로 고양되거나 팽창된 기분.

조현병(schizophrenia) 사고(망상), 지각(환각), 언어, 감정 및 행동에서 특징적인 장애를 수반하는 조현병 스펙트럼 장애의 한 형태.

조현병의 신경발달 모델(neurodevelopmental model of schizophrenia) 유전적 취약성 및 초기 신경발달상의 부상은 대뇌 피질, 백질, 해마, 소뇌, 변연계의 일부를 포함해서 많은 뇌 영역들 사이의 연결 결함을 초래한다는 모델. 이러한 결함 있는 신경 회로는 발달 진행 및 사춘기 동안의 사건(예: 시냅스 및 호르몬 변화)과 스트레스에 노출됨으로써 나타나는 역기능에 대해 취약하게 만든다. 신경발달 모델은 나중에 조현병을 유발하는 유아 및 아동이 정신병적 증상이 발병하기 전에 운동, 언어, 인지, 사회적 기능에서 발달상의 결함을 종종 나타낸다는 연구 결과와 일치한다.

종단 연구(longitudinal research) 동일한 개인이 다양한 연령/발달 단계에서 연구되는 연구 방법.

주요 우울장애(major depressive disorder, MDD) 다섯 가지 이상의 기분, 인지(예: 우유부단, 생각 또는 집중하지 못함), 정신운동(예: 초조 또는 지연), 신체적(예: 체중 감소, 수면 방해) 증상이 특징인 우울장애의 한 형태이다. 증상이 동일한 2주 기간 동안 있었고, 증상들 중 적어도 하나는 하루 중 거의 대부분, 거의 매일, 모든 활동 또는 거의 모든 활동에서 흥미 또는 즐거움이 현저하게 감소했다.

주의력결핍/과잉행동장애(attention-deficit/hyperactivity disorder, ADHD) 부주의하고 과잉행동-충동성이라는 두 개의 일반적 범주에서 일관되고 반복적으로 나이에 부적절한 행동을 보여서 생활 기능에 심각한 결함을 초래하는 장애.

주의분산(distractibility) 선택적 주의집중에서 결손을 설명하는 데 사용되는 용어.

주의 용량(attentional capacity) 주의를 기울일 수 있는 단기 기억에서의 정보량.

주의의 연합(joint attention) 관심의 초점을 다른 사람 및 상호 관심사의 대상에 조율하는 능력.

준임상 수준(subclinical levels of symptoms) 범주상의 진단을 하는 데는 숫자가 너무 적은 골치 아픈 증상들.

중개변인(moderator variables) 변인들 사이의 관계에서 방향 또는 정도에 영향을 미치는 요인.

중다 기초선 설계(multiple baseline design) 처치의 효과가 처치 시행의 결과로 하나 이상의 기초선에서 행동이 바뀌는 것을 입증해서 보여 주는 단일 사례 실험 설계.

중다체계 처치(multisystemic treatment, MST) 가족 구성원, 교직원, 또래, 청소년 법무부 직원, 기타 아동의 삶과 관계된 사람들을 참여시키고 부모 관리 훈련, 인지적 문제해결 기술 훈련, 부부 치료, 뿐만 아니라 특수교육 배치, 물질 남용 처치 프로그램에 의뢰, 법률 서비스에 의뢰와 같은 구체화된 개입 중재에 의지해서 문제행동의 여러 결정 요인들을 다루려고 시도하는 처치 접근법.

중앙 응집(central coherence) 좀 더 넓은 맥락을 고려하여 비교적 포괄적인 방식으로 자극을 해석하는 인간의 강한 경향성.

증거 중심 처치(evidence-based treatments, EBTs) 명백하게 구체화된 처치들이 특정 집단의 통제된 연구 조사에서 효과적이라고 나타났다.

중등도 지적 불능(moderate intellectual disability) 이 수준의 결함이 있는 아동 및 청소년은 경도 지적 불능이 있는 사람보다 지적으로 그리고 적응에서 결함이 더 많고, 초기 발달 이정표의 도달에서 지연이 나타나는 취학 전 연령에서 대체로 확인이 된다.

증폭 가설(amplifier hypothesis) 스트레스가 부모의 부적응적인 성향을 증폭시켜서 가정 관리의 관행을 방해하고 자녀를 지지해 주는 부모의 능력을 손상시킬 수 있다는 전제(premise).

지속성 우울장애(persistent depressive disorder, P-DD) 또는 기분저하증/기분부전장애(dysthymia/dysthymic disorder) 우울 또는 과민한 기분과 연관된 우울장애. 주요 우울장애(MDD)에서 나타나는 것보다 일반적으로 덜 심각하지만 더 오래 지속되는 증상(아동에서는 1년 이상)이 있고, 기능에서 심각한 결함이 있다.

지속적 주의 또는 경계(sustained attention or vigilance) 도전적이지 않고, 관심이 없는 과제나 활동 또는 피곤할 때 시간 경과에 따라 관심의 지속적인 집중을 유지할 수 있는 능력.

직접 지도(direct instruction) 학습장애가 있는 아동의 교육 접근법으로서, 지도하는 활동은 가르치는 기술의 활동과 근접해야 한다는 전제에 기초를 둔다.

진단(diagnostics) 증상의 검사에서 장애를 확인하는 것.

진 실험(true experiment) 연구자가 독립변인 또는 관심 있는 조건을 최대한 통제해서 피험자를 집단에 무작위로 할당할 수 있는 실험이며, 필요한 통제 조건이 포함될 수 있고 편견 가능성의 원인을 통제할 수 있다.

질병분류학(nosologies) 정신과 장애를 서술적 범주로 분류하려는 노력.

질적 연구(qualitative research) 관심이 있는 현상이 일어난 맥락에서 이 현상을 기술하고 해석하고 이해하려는 목적의 연구

집단 괴롭힘(bullying) 한 명 또는 그 이상의 아동들이 다른 아동을 반복적으로 신체적 접촉, 욕설, 얼굴 찌푸리기, 추잡한 몸짓, 집단에서의 의도적인 배제와 같은 부정적 행동을 하는 것.

차원적 분류(dimensional classification) 아동 정신병리의 진단 및 분류에 대해 경험적인 것에 기초한 접근법인데, 다수의 독립된 차원들이나 행동 특성들에서 모든 아동이 갖고 있는 정도가 다르다고 가정한다.

차이 관점(difference viewpoint) 지적 불능이 있는 아동의 인지 발달은 발달 속도와 상한선에서의 단순한 차이 이상으로 더 많은 방식에서 정상적으로 발달하는 아동의 인지 발달과 다르다는 견해.

찰과 장애(피부 뜯기 장애)[excoriation disorder(skin-picking disorder)] 피부 병변을 초래하는 재발되는 피부 뜯기, 피부 뜯기를 멈추려는 반복된 시도, 생활 기능의 중요한 영역에서의 심각한 곤란 또는 결함이 특징인 장애.

처치(treatment) 이미 발생한 바람직하지 않은 결과의 영향을 제거하거나 감소시킴으로써 성공적으로 적응할 수 있게 하는 교정적인 조치.

처치 계획과 평가(treatment planning and evaluation) 치료 계획을 세우고 그 효과를 평가하기 위해 평가 정보를 사용하는 과정

처치 효과(treatment effectiveness) 처치가 통제된 실험실 조건과는 반대로, 임상 현장에서 실제로 작용하

는 것을 보여 주는 정도.

처치 효율성(treatment efficacy) 처치가 임상 현장에서 전형적으로 사용되는 조건에서 벗어나는, 잘 통제된 조건 하에서 변화를 생성할 수 있는 정도.

청소년기 발병 품행장애(adolescent-onset conduct disorder) 10세 이전에는 품행장애 특성의 증상을 보이지 않는 품행장애의 특정한 유형.

청소년 비행(juvenile delinquency) 표 없이 몰래 영화를 보는 것부터 살인에 이르기까지, 청소년들이 법을 어기는 것을 묘사하는 데 사용되는 광범위한 용어.

청소년 제한(AL) 경로[adolescent-limited(AL) path] 아동의 반사회적 행동이 사춘기 즈음에 시작하여 청소년기까지 계속되고, 이후 젊은 성인기에 그만두는 반사회적 행동의 발달 경로.

체계적 둔감화(systematic desensitization) 불안을 치료하는 3단계 행동 치료 기법인데, (1) 아동이 이완하도록 가르치고, (2) 불안의 위계가 구성되며, (3) 아동이 이완되어 있으면서 불안을 자극하는 자극이 순차적으로 제시된다.

최고도 지적 불능(profound intellectual disability) 이 장애가 있는 개인은 전형적으로 발달이 현저하게 지연되고 비대칭적인 얼굴 특징과 같은 생물학적 기형 때문에 유아기에 확인된다.

최선의 실행지침(best practice guidelines) 특정한 임상적 상황에 대해 적절한 치료(들)에 관한 결정인데, 임상가와 환자를 돕기 위해 체계적으로 개발된 진술문.

충동적(impulsive) 가능한 결과를 거의 또는 전혀 고려하지 않고 행동하는 경향이 있다. 이 용어는 주의력결핍/과잉행동장애로 고통받는 아동을 설명하는 데 자주 사용된다.

취약-스트레스 우울 모델(diathesis-stress model of depression) 스트레스의 영향이 개별 위험 요인에 의해 완화되고 우울증의 발생은 피험자의 개인적 취약성과 생활 스트레스 간의 상호작용에 달려 있다고 제안하는 우울 이론.

취약 X 증후군(fragile-X syndrome) X 염색체의 한 영역이 취약해진 염색체 이상. 취약 X 증후군이 있는 아동은 전형적으로 중등도 지적 불능으로 고통받는다.

코르티솔(cortisol) 부신에서 생성된 스트레스 호르몬.

타당도(validity) 연구자가 측정하도록 설정한 차원 또는 구조를 실제로 평가한 측정의 정도(범위).

탄력성(resilience) 정신병리의 위험에 처해 있는데도 불구하고 부정적인 결과를 피할 수 있는 능력.

탈억제성 사회적 유대감 장애(disinihibited social engagement disorder, DSED) 사회적 방임으로 인해, 비교적 낯선 사람들과 지나치게 친숙하고 문화적으로 부적절한 행동 패턴이 특징인 장애.

태아 알코올 증후군(fetal alcohol syndrome) 알코올의 광범위한 태내 노출에서 유래된 장애. 이 장애가 있는 아동은 일반적으로 지적 기능, 중추신경계 역기능, 두개골 생김새의 결함, 행동 문제들, 성장 지연, 얼굴의 신체적 이상에서의 문제들로 고통받는다.

통합(inclusion) 특별한 요구가 있는 아동의 능력은 정상적으로 발달하는 또래와의 관계에서 개선되고 명칭 붙임과 특별 배치의 영향을 받지 않을 것이라는 전제(premise)에 기반을 둔 교육 전략.

통합 운동(inclusion movement) 장애의 심각성에 관계없이 정규 교실 장면에 장애인을 통합시킨다. 학교 교육과정은 이 아동들의 개인적인 요구와 능력을 충족시키는 데 적응적이어야 한다.

투사검사(projective test) 아동에게 잉크반점이나 사람 그림과 같은 애매한 자극을 제시하는 평가의 한 형태. 아동이 다른 사람 및 사물의 모호한 자극에 자신의 성격을 '투사'할 것이라고 가정한다. 인식하지 못하면서, 아동은 자신의 무의식적 사고와 감정을 임상가에게 드러낸다.

투쟁/도피 반응(fight/flight response) 노력들이 잠재적 위험에 대항해서 보호하는 것으로 향하는 지각된 위험이나 위협에 대한 즉각적인 반응인데, 위험의 출처에 직면하거나(싸움) 상황에서 달아난다(도망).

특정 공포증(specific phobia) 실제로 위험이나 위협이 거의 또는 전혀 없는 사물이나 상황에 대한 극단적이고 무능력해지는 공포. 특정 공포증이 있는 사람은 이러한 사물이나 상황을 피하기 위해 어떠한 고생도 마다하지 않는다. 그들은 극심한 공포나 두려움, 두려운 자극에 대한 생리적 각성을 경험하고, 두려움의 대상과 직면할 때 공포를 예견하고 회피한다.

특정 학습장애(specific learning disorder) 학문적 기술을 배우고 사용하는 데에서 특정한 문제들을 나타내는 진단 용어.

틱장애(tic disorders) 눈 깜빡임, 얼굴 찡그림, 킁킁거리기, 헛기침 또는 기타 등의 소리들처럼 갑작스럽고 반복적이고 비주기적인 움직임 또는 소리가 특징인 장애.

파괴-비파괴 차원(destructive-nondestructive dimension) 한쪽 끝에 동물에게 잔혹성 또는 재산의 파괴와 같은 행위에서부터 반대편에 논쟁하기 또는 과민반응처럼 비파괴적 행위에 이르는 연속성으로 구성되는 반사회적 행동의 독립된 차원.

파괴적 기분 조절 곤란 장애(disruptive mood dysregulation disorder, DMDD) 다음의 특징이 있는 DSM-5 우울장애이다. (1) 상황이나 도발에 대해 극도의 과잉 반응을 보이는 심한 기질 폭발, (2) 심한 기질 폭발들 사이에 존재하고 있는 만성적이며 지속적인 성마름 또는 화난 기분.

파괴적 행동장애(disruptive behavior disorder) 적대적 반항장애와 품행장애처럼 반사회적 행동의 반복적이고 지속적인 패턴을 설명하는 데 사용되는 일반 용어.

폭력 순환 가설(cycle-of-violence hypothesis) 여러 세대에 걸친 폭력 행동 패턴의 반복. 예를 들어, 아동 학대를 당한 사람은 성인이 되어 다른 사람에게 학대적인 경향이 더 많다.

폭식(binge) 과도한 양의 음식 및 통제의 부족 모두가 관여된 과식의 삽화

폭식/하제 유형(binge eating/purging type) 개인이 폭식 또는 제거하기 또는 두 가지 모두의 삽화에 규칙적으로 관여하는 식욕부진증의 한 유형.

폭식장애(binge eating disorder, BED) 통제력의 상실감으로 과도하게 먹는 기간이 관여된 장애. 폭식증과 유사하지만 보상 행위가 없으며 넘쳐나는 패스트푸드와 비만의 시기에 점점 확산되고 있다.

표준화(standardization) 서로 다른 평가 전반에 걸쳐 일관되게 사용할 수 있도록 측정 절차에서 일련의 표준 또는 규범이 구체화되어 있는 과정

표현 언어 장애(expressive language disorder) 정상적인 언어 이해에도 불구하고 표현에서의 손상이 특징인 의사소통장애의 한 형태.

표현형(phenotype) 관찰 가능한 개인의 특성 또는 행동(환경에서 유전자형의 표현).

표현형(presentation type) 다른 집단과 구분하게 만드는 공통점(증상, 병인, 문제의 심각성, 가능한 결과)이 있는 사람들의 집단을 설명하는 데 사용되는 용어.

품행 문제(반사회적 행동)[conduct problems(anti-social behavior)] 가족의 기대, 사회적 규범, 타인의 사적인 권리 또는 재산권을 위반하는, 연령에 부적절한 행위 및 태도.

품행장애(conduct disorder, CD) 사람 및 동물에 대한 공격 증상, 재산의 파괴, 속임수 또는 절도, 또는 심각한 규칙 위반이 명백하듯이, 타인의 기본권 또는 연령에 적합한 사회 규범 또는 규칙을 위반하는 반복적이고 지속적인 행동 패턴.

학습 불능(learning disabilities) 다음에 제시된 기술들, 즉 듣기, 말하기, 읽기, 쓰기, 추론, 수학에서 하나 이상을 숙달하는 데에서 나타내는 심각한 문제와 관련된 일반 용어.

학습장애(learning disorders) 아동의 연령, 학교 교육, 지적 능력에서 기대하는 것보다 성취 검사 결과가 상당히 낮은 것에 의해 결정된 읽기(읽기 장애), 수학(수학 장애), 쓰기 능력(쓰기 표현 장애)에서의 특정한 문제를 나타내는 진단 용어.

해독(decording) 읽기 위해 단어들을 부분으로 나누는데 필요한 기술.

해리(dissociation) 개인이 육체 또는 자아로부터 분리된 것으로 느끼는 의식의 변형된 상태. 이 과정은 자발적 또는 비자발적일 수 있으며, 이는 생명을 위협하는 상황으로부터 탈출 또는 저항이 불가능할 때 적응적인 것이 될 수 있다.

행동 관점 원칙(behavior lens principle) 아동 정신병리는 아동의 실제 행동과 아동의 문화에서 타인들이 보는 관점(렌즈)이 혼합되어 반영된다고 명시하는 원칙.

행동 분석(behavior analysis) 또는 **행동의 기능적 분석(functional analysis of behavior)** 아동의 문제 행동,

생각, 감정에 기여하는 요소들을 가능한 한 많이 판별하고 어느 것이 가장 중요하고(또는) 가장 쉽게 변화되는지에 대한 가설을 세우려는 노력.

행동 억제(behavioral inhibition, BI) 사건에 대한 초기 반응을 지연시키거나 시작이 된 행동을 정지시키는 능력.

행동 억제 체계(behavioral inhibition system, BIS) 새로운 사건, 선천적인 공포 자극, 보상이 없거나 처벌의 신호가 있을 때, 불안을 생성하고 진행되고 있는 행동을 억제하는 뇌의 하위 체계.

행동유전학(Behavioral Genetics) 유전적 성향과 관찰된 행동 사이의 연관 가능성을 조사하는 유전학의 한 분야.

행동의 기능적 분석(functional analysis of behavior) '행동 분석' 참조.

행동 평가(behavioral assessment) 특정한 장면에서 아동의 사고, 감정, 행동에 대한 평가. 이러한 평가에 기초해서 문제의 본질과 문제에 대해 수행 할 수 있는 것에 대한 가설이 공식화된다.

행동 활성화 체계(behavioral activation system, BAS) 보상 또는 비처벌(nonpunishment)의 신호에 반응하는 데에서 행동을 활성화하는 뇌의 하위 체계.

홍수법(flooding) 불안을 치료하는 절차로서, 피험자의 불안 수준이 약화될 때까지 불안 유발 상황에 장기간 반복된 노출을 수반한다.

화용론(pragmatics) 사회적 맥락 및 의사소통적 맥락에서의 적절한 사용에 관해 초점을 맞춘 언어의 측면.

환각(hallucinations) 사물이 실제가 아니거나 존재하지 않는데도, 사물을 보고, 듣고, 감지하는 지각에서의 혼란.

황홀감(euphoria) 행복감의 과장된 감각.

회고적 설계(retrospective design) 연구 표본에 있는 사람들에게 이전 시기에 관한 정보를 제공해 달라고 요구하는 연구 설계.

횡단 연구(cross-sectional research) 연령/발달 단계가 다른 사람들을 같은 시점에서 연구하는 연구 방법,

후생적(epigenetic) 독성물질, 섭식, 스트레스, 기타 여러 가지 환경 요인으로 인해 유전자 구조에서 기저에 있는 생물학적 변화들.

후유증(morbidity) 질병으로 인해 생긴 신체적 결과 및 기능적 결과와 한계의 다양한 형태.

2-요인 이론(two-factor theory) 고전적 조건화와 조작적 조건화의 조합을 통해 두려움의 학습과 유지를 설명하는 데 사용되는 이론.

A-B-A-B (반전) 설계(A-B-A-B reversal design) 행동의 기초선을 먼저 진행(A), 개입 단계가 뒤따르고(B), 개입이 제거되는 동안에 기초선으로 되돌아가고(A), 개입이 재도입되는 마지막 단계(B)가 되는 단일 사례 실험 설계 유형. 개입 단계 동안에만 변화가 있을 때, 이러한 행동에서의 변화는 개입 때문이라는 증거가 된다.

ADHD 과잉행동-충동성 우세형(predominantly hyperactive-impulsive presentation, ADHD-HI) 과잉행동-충동성 증상이 우세하다는 특징이 있는 주의력결핍/과잉행동장애의 표현. '주의력결핍/과잉행동장애'도 참조.

ADHD 복합형(combined presentation, ADHD-C) 부주의 증상과 과잉행동-충동성 증상의 결합을 특징으로 하는 주의력결핍/과잉행동장애의 표현. '주의력결핍/과잉행동장애'도 참조.

ADHD 부주의 우세형(predominantly inattentive presentation, ADHD-PI) 부주의 증상이 우세하다는 특징이 있는 주의력결핍/과잉행동장애의 표현. '주의력결핍/과잉행동장애'도 참조.

Angelman 증후군(Angelman syndrome) 15번 염색체의 이상과 관련된 유전적 장애. Angelman 증후군이 있는 아동은 전형적으로 중등도에서 고도의 정신 지체, 운동실조증(어색한 걸음걸이), 건들거리는 움직임, 손 펄럭거리기, 발작, 말의 부재, 큰 턱 및 입을 벌린 표정과 같은 독특한 얼굴 특징으로 고통을 받는다.

Prader-Willi 증후군(Prader-Willi syndrome) 15번 염색체의 이상과 관련된 복잡한 유전적 장애. Prader-Willi 증후군이 있는 아동은 전형적으로 왜소하고, 지적 불능 또는 학습 불능, 불완전한 성적 발달, 특정 행동 문제, 낮은 근긴장, 끊임없이 먹는 불수의적 충동으로 고통을 받는다.

찾아보기

[ㄴ]

[ㄷ]

[ㄹ]

[ㅁ]

[ㅂ]

[ㅅ]

[ㅇ]

[ㅈ]

[ㅊ]

[ㅋ]

[ㅌ]

[ㅍ]

[ㅎ]

[기타]

역자 소개

▣ 송영혜

전) 대구대학교 재활과학대학 학장
현) 대구대학교 명예교수

♣ 주요 저서

모래상자놀이치료: 통합적 접근(2016, 에버그린북스)
놀이치료 개론(2015, 에버그린북스)
아동심리검사 사례집(2012, 시그마프레스)
또래관계(2012, 시그마프레스)

▣ 김귀남

대구대학교 대학원 재활심리학과 석사
대구대학교 대학원 재활심리학과 박사과정

♣ 주요 역서

놀이치료 치료계획 및 중재(2009, 시그마프레스)
아동이상심리학(2012, 센게이지러닝 코리아)

▣ 한종수

경북대학교 학사
미국 대체의학 석사

♣ 주요 역서

아동심리치료: 발달이론들의 임상현장에서의 통합(2013, 시그마프레스)

아동이상심리학, 제6판
ABNORMAL CHILD PSYCHOLOGY

발 행 일 | 2017년 7월 31일 초판 1쇄 발행
저 자 | Eric J. Mash · David A. Wolfe
역 자 | 송영혜 · 김귀남 · 한종수
발 행 인 | 구본하
발 행 처 | 도서출판 **박학사**
주 소 | 서울시 마포구 월드컵북로5길 33 동아빌딩 2층
전 화 | (02)3142-3764~5
팩 스 | (02)3142-3766
웹사이트 | www.pakhaksa.co.kr
등록번호 | 제10-2230호

정가 32,000원 ISBN 978-89-98521-62-2